王江泾镇志

胡平

嘉兴市秀洲区王江泾镇地方志编纂委员会　编

方志出版社
Publishing House of Local Records

图书在版编目(CIP)数据

王江泾镇志/嘉兴市秀洲区王江泾镇地方志编纂委员会编. --北京:方志出版社,2021.6

ISBN 978-7-5144-4773-6

Ⅰ.①王… Ⅱ.①嘉… Ⅲ.①乡镇—地方志—嘉兴 Ⅳ.①K295.55

中国版本图书馆 CIP 数据核字(2021)第 179133 号

王江泾镇志

编　　者:	嘉兴市秀洲区王江泾镇地方志编纂委员会
责任编辑:	王海荣
出 版 者:	方志出版社
	地址　北京市朝阳区潘家园东里 9 号(国家方志馆 4 层)
	邮编　100021
	网址　http://www.zgfzcb.cn
发　　行:	方志出版社图书经销中心
	电话(010) 67110500
经　　销:	各地新华书店
设计排版:	杭州美迪图文设计有限公司
印　　刷:	浙江华泰印业有限公司
开　　本:	889×1194　1/16
印　　张:	55.75
字　　数:	1322 千字
版　　次:	2021 年 6 月第 1 版　2021 年 6 月第 1 次印刷
印　　数:	0001～3000 册

ISBN 978-7-5144-4773-6　　定价: 280.00 元

《王江泾镇志》编纂机构与人员

王江泾镇地方志编纂委员会

顾　　问　陈天荣　鉏新良　帅朝晖　李志伟

主　　任　李陈源　梁波凯　包国伟　莫放路

副 主 任　卜忠伟　万宏焘　王根林　边界明　刘渝靓　朱建明　朱晏秋
朱维达　齐　良　吴志荣　应　颖　张叶飞　张立忠　张富林
李永明　杨　阳　杨征帆　杨琳琳　沈　均　沈玉萍　沈宇伟
沈建伟　沈锦福　陈文辉　陈永明　陈定良　陈建良　陈荣根
陈祥森　陈惠琴　卓　然　周明明　季　翔　庞晓琳　林　军
范学森　郑书飞　金剑毅　姚佩英　姚空军　姚振清　姚银飞
祝伟宽　赵志良　赵琪峰　钟　夏　钮传林　闾　斌　倪金珠
翁　葳　翁松刚　郭林尧　钱　罡　钱丽莉　顾文斌　顾斌峰
高一萍　高立军　黄飞强　嵇建强　彭　洪　葛志平　蒋建平
谭雪峰

委　　员　王凤珍　王文英　王金荣　计红梅　冯　莉　冯卫峰　冯小玲
叶　光　孙　琪　朱月祥　朱丽琴　朱宝荣　严伟强　何雪芳
吴建荣　吴海法　吴爱明　张跃芬　怀海华　李梅祥　杨丽玮
沈叶芳　苏小华　陆三英　陆月英　陆宏祥　陆惠明　陈宏伟
陈国泉　陈炙焰　郁海华　郑　涛　俞祖华　姜金凤　闻立新
唐群英　徐胜强　钱智明　梁瑞文　龚建佐　谢忠林

王江泾镇地方志编纂委员会办公室

办公室主任　郭林尧（兼）

副　主　任　李忠林

《王江泾镇志》编辑部

主　　　编　欧福泰（2012年7月至2020年7月）

　　　　　　李忠林（2020年7月至2021年7月）

常务副主编　陈金奎

副　主　编　王金生　陈云飞

编　　　辑　沈锦福　陈宏伟　钱福卿　黄　莉　马雪龙　朱佳丽

审　　　稿　吴海红　邱　阳　郭杰光　董　雄

◎王江泾镇区鸟瞰图　　（葛中堂摄）

◎王江泾镇区一角　　（束建鸣摄）

科技楼
王江泾镇中学
德邦

◎长虹公园

HEALTHY PARK

◎长虹桥

◎王江泾镇政府办公大楼

◎闻川路北路

◎闻川路南路

◎北虹路东路

◎07省道

◎村级道路

◎王江泾大桥

◎运河扬帆　　（吴烨摄/1963年）

◎王江泾镇敬老院

◎王江泾镇广电中心

◎王江泾中心农贸市场

◎王江泾医院

◎居民小区

◎诚恒世嘉小区

◎嘉兴国鸿汽车站

◎嘉兴市公泰和食品有限公司

◎国家电网王江泾供电营业厅

◎王江泾邮电支局

◎禾城农商银行王江泾支行

◎中国银行王江泾支行

◎中国农业银行王江泾支行

◎太平村村民住宅小区(东区)

◎太平村村民住宅小区(西区)

◎长虹村村民住宅小区(东区)

◎晚稻机械化收割

◎油菜籽机械化收割

◎采摘葡萄

◎采挖莲藕

◎寺东埭闸站

◎农田灌溉渠道

◎国营养鱼场外荡捕捞　　（杜镜宣摄/1986年）

◎内塘养殖

◎王江泾青鱼干

◎四大家鱼原种场鱼种繁殖

◎南美白对虾养殖

◎梅家荡诚兴养殖场

◎王江泾牧场工人剪兔毛
（王友生摄）

◎珍珠养殖人工入片
（杜镜宣摄/1985年）

◎纺织前道车间

◎纺织整经车间

◎纺织女工技术操作比赛

◎双桥缫丝厂女工缫丝操作

◎嘉兴市农业科学研究院

◎嘉兴锦江热电有限公司

◎嘉兴·中国南方纺织城

◎新大众印染有限公司

◎天之华喷织有限公司

◎金乐染织有限公司

◎嘉兴市鸣业棉纺织造有限公司

◎礼恩派（嘉兴）有限公司

◎嘉兴市元丰纺织有限公司
嘉兴市锦丰纺织整理有限公司

◎明效丰汇控股集团有限公司

◎庆祝东风人民公社成立　（区档案馆供/1958年）

◎1965年，长虹桥畔热烈欢迎知识青年下乡务农

（杜镜宣摄）

◎秀洲区公推直选王江泾镇党委书记党员大会

◎1999年，抗洪抢险
（区档案馆供）

◎王江泾镇中学

◎王江泾镇中心小学

◎王江泾镇实验学校

◎王江泾镇实验学校运动场

◎王江泾镇中心小学

◎逸夫小学

◎民间舞蹈打莲湘

◎民间舞蹈挑花篮

◎新居民文艺会演

◎乒乓球比赛

◎农民篮球赛

◎象棋比赛

◎农民画《青鱼之乡》
（朱月祥作品）

◎灶头画
（施顺观作品）

◎国画《童年上学的地方》　　（何云泉作品）

◎国画《屹立千秋》　　（项维作品）

◎长虹桥　（2006年列为全国重点文物保护单位）

◎闻店桥　（2002年列为嘉兴市文物保护单位）

◎苏嘉铁路王江泾站碉堡群
（2009年列为嘉兴市文物保护单位）

◎双桥遗址出土文物石犁

◎双桥遗址出土文物陶鼎

◎双桥遗址出土文物石钺

◎花卉图扇面　（清・计楠）

◎柳塘泛舟图扇面　（清・盛沅）

◎山水图扇面　（清・陶琳）

◎行书《孝经》扇面　（清·沈景修）

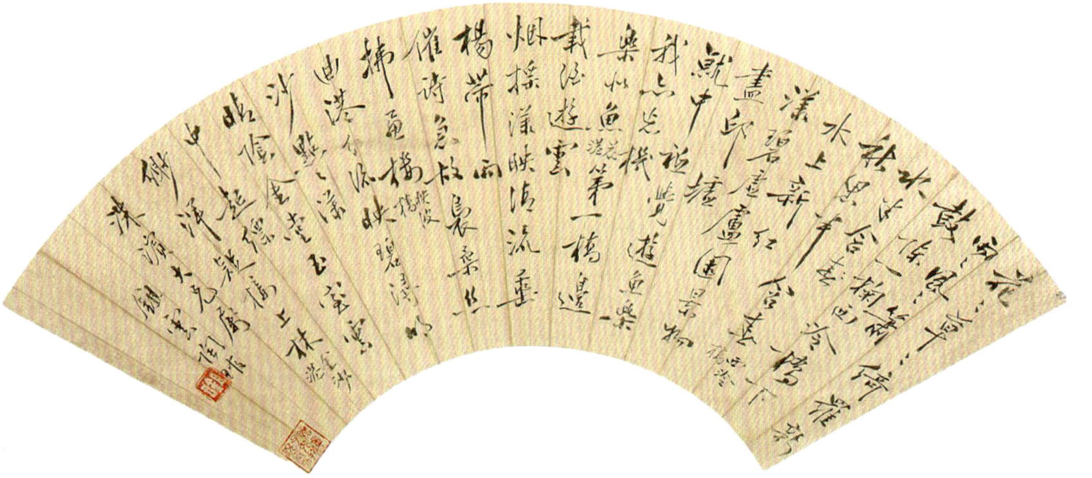

◎行书七言诗扇面　（清·陶琯）

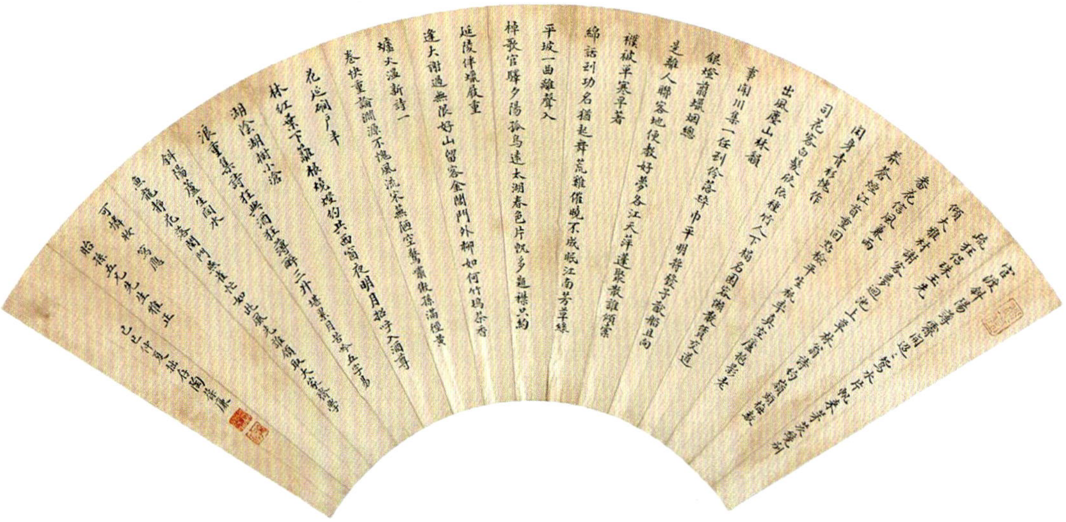

◎楷书扇面　（清·陶葆廉）

◎虹桥画舫图（清朝民间画家、嘉善人顾梁绘，现珍藏于嘉兴市博物馆）　　（束建鸣摄/2009年）

◎山楼纪梦图轴　（清·陶淇）

◎清供图轴　（清·张熊　王汝晋　陶琯　陶琳）

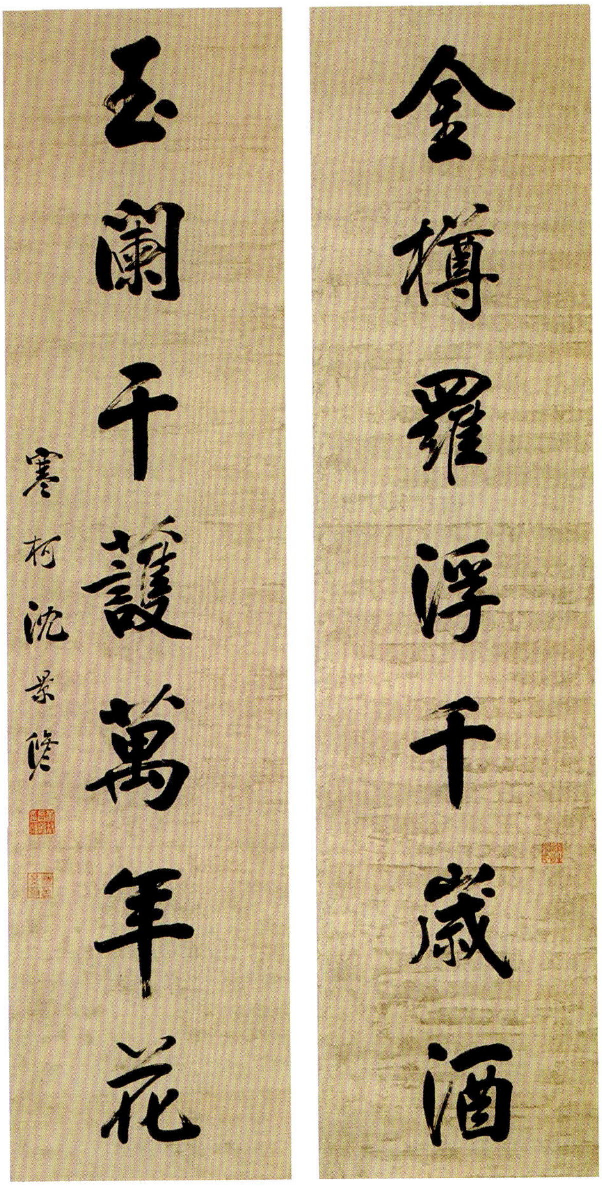

◎行书七言联　　（清・沈景修）

◎枇杷图轴　　（清・计芬）

◎长虹公园晨舞

◎农民休闲公园

◎四代同堂过端午节
（王友生摄）

◎端午节回娘家
（王友生摄）

◎年年有余

◎长虹寺（一宿庵）

◎莲泗荡网船会（一）

◎莲泗荡网船会（二）

◎网船会中的扎肉提香炉

序　一

嘉兴市秀洲区王江泾镇党委、镇政府领导专程前来北京，让我为《王江泾镇志》写序。看到来自家乡的亲人，我感到十分亲切。以前，王江泾镇正规的编志从未有过，这次编纂《王江泾镇志》，乃是该镇有史以来首部志书，真是可喜可贺。

盛世修志。近几年来，王江泾镇在镇党委、镇政府的正确领导下，经济社会取得了飞快的发展，特别是被列入浙江省小城市建设试点镇以来，城乡面貌发生了巨大的变化。这次《王江泾镇志》的修编，是在王江泾镇政通人和、社会安定、经济腾飞、万象更新的形势下进行的。这部《王江泾镇志》，对于王江泾镇记载历史、总结经验、展示风采、鼓舞当代、激励后人，都具有重要的现实意义和长远意义。

王江泾镇区域面积大，历史悠久，文化积淀深厚，特别是改革开放以来，王江泾镇的政治、经济、社会、文化建设取得了巨大的成就，积累了宝贵的历史经验。《王江泾镇志》的编纂，继承了地方志编纂"存史、资政、教化"的传统，全面真实地反映了王江泾镇的自然和社会的历史与现状，观点正确、体例科学、结构合理、内容真实，具有王江泾镇鲜明的时代特色和地方特色，既记述了王江泾镇千年古镇的沧桑岁月，又反映了王江泾镇在解放后，特别是近年来在社会主义物质文明和精神文明建设中创新发展的巨大变化。能将这千百年来浩瀚的历史都反映在一百多万字的《王江泾镇志》中，使人们从中看到王江泾镇翻天覆地的变化，这也充分说明我的家乡王江泾镇党委、镇政府的远见卓识，从而为后人留下了一部宝贵的研究王江泾镇的地方志。

最后祝愿王江泾镇建设得更美好，人民生活得更幸福！

是为序。

胡平

2012 年夏于北京

序　　二

盛世修志，是中华民族的优良传统。编纂社会主义新方志是承上启下、彰往昭来、资治当今、垂范后世的千秋大业。在邦言邦，在乡言乡，《王江泾镇志》是王江泾镇有史以来第一部展现本地政治、经济、文化、人物诸方面的地方志，这对于记载历史，总结经验，展示王江泾风采，鼓舞当代，激励后人，都具有重要的现实意义和长远意义。

追溯历史，从《王江泾镇志》中，我们可以看到，王江泾镇从春秋战国时小小的射襄城，到宋代时的闻川市，再到明代拥有七千户居民的大镇。从春秋战国时的农业渔业小集镇，发展到明代时“日出万匹、衣被天下”的丝绸名镇。这些历史的沿革，通过《王江泾镇志》，真实地还原给大家。特别令人欣喜的是，《王江泾镇志》实事求是地将中华人民共和国成立后王江泾镇由六个半乡镇撤并，直至2002年才基本定今域的过程反映得十分详尽。

本志修编纂既继承方志编纂“存史、资政、教化”的传统，真实地反映出王江泾镇内60多年来的成就，又充分体现党的十一届三中全会以来，特别是改革开放以来，王江泾境内所发生的翻天覆地的变化，谱写了王江泾镇欣欣向荣、物丰民富的新篇章。《王江泾镇志》是一部展示王江泾镇政通人和、社会安定、经济和社会事业蓬勃发展的传世之作。全志内容丰富、资料翔实、通贯古今。既记述了王江泾镇建制前当地人民传统的生产、生活和风土民情，又翔实地反映了建制以来，尤其是21世纪以后，王江泾镇在工业、农业、商业、交通、文化等方面百业俱兴的鼎盛新貌。

《王江泾镇志》的编印出版，为领导部门施政决策，推进王江泾镇现代化建设提供借鉴、参考的依据，也向广大人民特别是青少年一代提供了一份爱国、爱家乡的生动教材，是一件继往开来、服务当代、裨益后世的大好事。这一顺应民心、弘扬文化传统之举，得到镇党委、镇政府的高度重视和全镇人民的热情支持。

在编纂《王江泾镇志》过程中，工作人员栉风沐雨、不辞辛劳、访老问宿、考史稽书，搜集了方方面面的资料，努力做到观点正确、体例科学、结构合理、内容真实，客观地反映了王江泾镇各个历史阶段的情况，具有鲜明的时代特点和地方特色。

“但开风气不为师”。愿王江泾历史上首部《王江泾镇志》的问世，于邑人开卷有益，让生于王江泾、长于王江泾、工作和服务于王江泾及羁旅海内外的王江泾人，从中看到王江泾艰难竭蹶的昨天和高歌猛进的今天。

中共王江泾镇党委书记　陈天荣

王江泾镇党委副书记、镇长　李陈源

2016 年 8 月 18 日

凡　例

一、本志以马克思列宁主义、毛泽东思想、邓小平理论、“三个代表”重要思想、科学发展观、习近平新时代中国特色社会主义思想为指导，坚持辩证唯物主义和历史唯物主义的立场、观点和方法，实事求是、存真求实，力求全面、客观、系统地记述时限内王江泾镇行政区域内的自然、政治、经济、文化、社会的历史与现状，体现时代性、科学性、思想性、资料性。

二、本志系王江泾镇首部镇志，记述范围为2010年年末王江泾镇行政区划范围。上限追溯至事物发端，下限为2010年，详今明古、通贯古今。若干史实，为兼顾事件的完整性，作适当延伸。

三、本志采用章、节、目结构，横排门类，纵述史实。全书采用述、记、志、传、图、表、录7种体裁，以志为主体。全书立专志25章。

四、本志采用语体文、记述体，叙而不论，寓观点于材料之中。全书除一些人名、地名和专业名称等特殊用字外，均使用规范汉字。

五、本志记述机构或事物名称，若需使用简称，在首次出现时使用全称并括注规范简称，此后均用简称；记述地名，使用标准地名，如使用旧名或别名的，加注标准地名。

六、本志纪年，中华民国成立前，以朝代纪年，括注公元纪年；中华民国成立后使用公元纪年。年代前未标明世纪的即为20世纪。

七、本志区域称谓，古代，按当时建置直冠其名；近代，按各个时期本来名称书写，名称较长且重复出现时则采用规范通行的简称。志中凡称“省”，均指浙江省；“市”，均指嘉兴市；“区”，均指秀洲区（郊区）；“镇”，均指王江泾镇。沿用旧地名的括注今地名，如“永乐乡（今王江泾镇）”。

八、本志特殊用词，指代某一时间节点或时间区间。如：解放前后，指1949年5月7日嘉兴解放前后；“改革开放”前后，指1978年12月18日中共十一届三中全会前后。

九、本志人物入志，坚持“生不立传”原则，收录标准以对社会有较大影响或是有重大贡献的本籍人物为主，亦有少数定居本地的客籍人士；排列以卒年为序。在世人物对社会有较大贡献或与某一事件有密切关联的，采用以事系人的方式入志，列入人物简介。

十、本志中数字、标点符号使用，均按《出版物上数字用法》(GB/T 15835—2011)和《标点符号用法》(GB/T 15834—2011)等执行。计量单位，使用法定计量单位，历史上的度量衡视情况沿用原制，保留习惯用法，如“亩”等。志中“水位”用吴淞高程。

十一、本志中统计数据，原则上以《秀洲区统计年鉴》《王江泾镇统计年鉴》为准。统计部门未统计的数据一般以单位提供为准。明清以前的数据按所引文献资料书写。

十二、本志资料主要取自省、市(地)、县各级档案馆、图书馆及江苏省南京市中国第二历史档案馆、湖州市档案馆的资料，少量引用新闻媒体报道、社会调查、口述资料、名人手稿等，考证后入志。

目　　录

概　　述

嘉兴市秀洲区王江泾镇位于嘉兴市区北部，浙江省、江苏省交界处，为大运河入浙第一镇。先后被国家和省政府列为全国小城镇综合改革试点镇、全省首批小城市培育试点镇。地理坐标为北纬30°47′31″～30°58′26″，东经120°39′03″～120°47′10″。东与嘉善县陶庄镇、天凝镇，秀洲区油车港镇相连，南与秀洲区嘉北街道、新城街道相接，西与江苏省吴江区盛泽镇、秀洲区新塍镇毗邻，北与江苏省吴江区盛泽镇、黎里镇接壤，区域总面积127.3平方千米，户籍总人口79789人，新居民52575人。人口密度为每平方千米627人。镇政府驻地王江泾镇荷花村新镇路。

王江泾镇自然条件优越，素有"鱼米之乡"之称，历史上农业经济占主导地位。改革开放后，农业经济稳步上升，家庭纺织工业发展较快，农业与工业的结构比重发生重大变化。第一、二、三产业的比重从1988年的38.3∶53.1∶8.6，发展到2010年的7.2∶61.5∶31.3，第二产业经济的迅猛发展带动第三产业经济的繁荣。全镇综合实力进一步增强，人民生活水平逐步提高。2010年，全镇实现地区生产总值42.57亿元，人均生产总值53391元，农民人均纯收入13967元，地方财政总收入5.07亿元。先后获得全国创建文明村镇工作先进镇、全国和浙江省创先争优先进基层党组织、中国青鱼之乡、中国织造名镇、浙江省中心镇、浙江省经济百强镇、浙江省级文明镇、浙江省卫生镇、浙江省生态镇等称号。

一

镇域历史悠久，春秋战国时期，吴越两国在境内多次激战，境域曾归属过吴、越、楚等诸侯国。唐代，境内设复礼、永乐、思贤、麟瑞4个乡。集镇形成于南宋初年，因有一闻人民尚书在此居住，故曾名闻川。元代因王、江两大户兴起，遂称王江泾。明宣德五年(1430)，王江泾设为镇，为秀水县四镇之一，辖复礼、永乐、思贤、麟瑞4个乡。此后，境内建置多有变动。中华人民共和国成立后，境内设有长兴乡、廉让乡、王江泾乡、双桥乡等。1958年9月，南汇乡、澄溪乡、荷花乡合并成立东风人民公社；王江泾乡、嘉北乡合并成立双桥人民公社。1961年9月，南汇公社拆分为南汇、荷花、田乐、澄溪4个公社；双桥公社拆分为双桥、嘉北2个公社。1963年1月，增设虹阳公社。1984年1月，王江泾集镇和王江泾村从双桥乡划出，设为王江泾建制镇。1988年，双桥乡并入王江泾镇。1998年，虹阳乡、荷花乡并入王江泾镇。2001年4月，南汇镇、田乐乡及嘉北乡收藏村、宇四浜村、金鱼桥村、沈家桥村并入王江泾镇。至2010年，区域建置未再发生变动。全镇下辖33个行政村8个居委会。

王江泾镇属太湖流域运河水系，地势低洼，河网纵横，湖荡众多。全镇共有市、区、镇、村级河道242条，有莲泗荡、梅家荡、陆家荡、陈盛荡、天花荡等大小湖荡44个，是嘉兴境内湖荡浜漾分布最多的镇。水域总面积30.8平方千米，水域率24.2%。境内属东亚季风区，为典型的亚热带季风气候，是浙北平原温和冬冷夏热湿润区。夏冬季风交替明显，气候温和湿润，四季分明，光照充沛，降水量较丰，冬夏时间较长，降水量年内分配和年际分布不均，区域地势低洼，在季风气候影响下，极易发生洪灾雨涝危害。境内交通四通八达，有过境高速公路2条，省道1条，县区级、乡级公路7条，大小村道200多条。镇中心区域距上海、杭州、苏州和乍浦港均在1小时交通圈内。京杭运河贯穿境内，水陆运输极为便捷。

王江泾镇域名门望族甚多，历代人才辈出。自宋至清，考中进士57人，还有众多的名儒名家，光耀古今。清代名臣陶模官至两广总督，曾被誉为“清末循吏之冠”，一生政绩卓著，尤以治理西北边疆、维护国家主权和领土完整、促进民族团结为最。此外还有嘉兴辛亥革命七烈士之敖嘉熊、王维忱，台湾“积体电路之父”潘文渊，气象学家陶诗言，医学家蒋志新、罗振玉，教育家吴国淙，吴嘉湖独立团团长刘先正等。至2010年，获“全国三八红旗手”1人，省级以上劳模4人。

二

双桥文化遗址挖掘出土石锛、石斧、系列陶罐器皿、兽骨、谷物等器物，考古发现境内五千多年前已有水稻种植和家畜养殖。东汉至六朝数百年间，境内为“时和年丰、百姓乐业、谷帛殷阜”的地区。隋唐时，随着大运河的开通，治水营田，农业得到发展。北宋末，宋室南迁带来先进的耕作、种养技术，稻、麦、蚕桑、麻、棉、菜、果等种植业和家畜等养殖业进一步发展。明清时，镇域农业开始趋向精耕细作、集约经营，逐渐形成农桑牧渔综合经营的农业生态。中华人民共和国成立后，农业发展经历土地制度改革、农业合作化、人民公社化、家庭联产承包制等，逐步走出一条农、林、牧、副、渔全面兴旺的道路，农民人均收入逐年提高。20世纪80年代，政府引导农民大力发展水域资源经济，开发南官荡、南陶家荡、梅家荡、和尚荡4个国家级淡水商品鱼基地，共6000多亩。90年代后，政府对种养业实施结构性调整，提出“稳粮、扩经、增饲、良种”和“调整冬季，开发春季，稳定夏季，优化秋季”的思路，区域粮食、经济作物种养结构进一步优化，鱼、莲藕、菱、瓜果等经济作物产量大幅度提升。2010年，境内粮食播种面积9.5万亩，经济作物面积3.8万亩。莲藕、南湖菱等水生作物种植面积7000亩。水产养殖总产量6620吨，实现农业总产值4.5亿元。

镇域的工业始于民间手工业。明清时期，王江泾丝织业最为发达。精美的“亮地纱、实地纱、纺绸、罗、锦、绢”等丝绸佳品多被朝廷的织造局收购，为宫廷人员制作服装。民国时期，王江泾生产的丝绸产品与盛泽产品合称“盛纺”，于清宣统二年(1910)、1915年分别在意大利都灵博览会和美国旧金山巴拿马太平洋万国博览会上获得国际博览会金奖。抗日战争时期，不少工厂倒闭，工业萧条。中华人民共和国成立后，工业生产逐渐走上集体化道路，对手工业生产、私营工商业进行社会主义改造，实行公私合营，据统计，1953年春，王江泾地区农户拥有织绸机 2000 余台，日出千余匹。铁器社、木器社、竹器社先后创办。改革开放后，个私经济逐步放开。1983 年，田乐公社农民汝掌生率先购买一台铁木织机(动力)，创办家庭小作坊，成为嘉兴市农民创办家庭纺织业第一人。此后，传统家庭纺织业快速兴起。1988 年，王江泾镇开办南方丝绸市场，主要经营丝织原料、成品。20 世纪 90 年代，政府着力扶持个体私营经济，实施富民工程，区域特色经济取得长足发展。1992 年，田乐乡党委、乡政府提出“建小区、扶大户、育新品”的发展导向，动员 4 家规模较大的私营业主创办田乐工业小区，成为当时最大的纺织基地。此后，镇域家庭丝织业迅猛发展。1988 年 12 月，金陵制衣有限公司在王江泾镇创办，成为全区第一家与香港合资的工业企业。1993 年起，实施乡镇企业产权制度改革，集体企业逐步转制为股份合作制企业和民营企业，外商企业和港台商投资企业不断涌现。进入 21 世纪，王江泾工业园区、秀洲·中国丝织科技工业园相继建成，工业进入快速发展期。2002 年，王江泾镇获得嘉兴市利用外资工作“十强”乡镇称号；2004 年，获得“中国织造名镇”称号。至 2010 年，全镇规模以上工业总产值 180.35 亿元，利税 8.18 亿元，纳税 100 万元以上企业有 69 家。

镇域古时农商并重，南北朝时，王江泾已有稻米等农副产品交易。大运河开通后，成为连接南北的重要商埠。漕粮北运，船队经过集镇，居民沿埠购销货物，商品交易频繁。宋时，闻川市肆荟萃，享有“丝绸之府”之美誉。明清时，镇域丝绸织造兴旺，王江泾集镇发展为江南最早的丝织工商专业市镇。镇上店坊林立，各类酒肆、饭铺、旅舍、杂货店、茶馆等鳞次栉比，四方商贾俱居此收货交易，商业繁荣达到高峰。清咸丰十年(1860)遭焚毁而衰退。民国初年，双桥集镇有商店 41 家，王江泾集镇有商店 168 家，南汇集镇有商店 125 家，廊下集镇有商店 13 家。镇域的王江泾公泰和南货、南汇蒋正盛烟号较为著名，其中蒋正盛烟号“芝兰烟草”于 1915 年获得巴拿马太平洋万国博览会金奖。抗日战争时期，王江泾集镇惨遭战火蹂躏，商业萧条。中华人民共和国成立后，党和政府重视农村商贸业发展，各乡建立农村基层供销合作社，并于 1956 年对私营商业进行社会主义改造，建立公私合营商业户。此后，各集镇形成以供销社与合作商业为主、国营为辅的商业格局。其间，商品匮乏，多数商品凭票凭证限量供应。改革开放后，党和政府充分肯定个体经济的地位和作用，出台一系列扶持鼓励政策，境内个私商业得到快速发展。此后，各地开始投资兴办农贸市场、专业市场。1988 年，王江泾南方丝绸市场开市运营，拉动周边商贸业的繁荣。20 世纪 90 年代后，供销社等集体商业逐步转制为个人承包经营，连锁超市、专卖店、便利店等机构先后入驻镇区，商贸日新月异。至 2010 年，全镇有个私商业 1828 家，其中王江泾镇区 709 家，南汇、双桥、虹阳等 6 个集镇共 746 家。商贸等三产服务业固定资产投资 5.54 亿元，生产总值 13.44 亿元。镇域三产服务业经营额占秀洲区总额的 21.14%。

三

王江泾地处江苏、浙江两省交界处，历为军事要地。吴越征战时，在境内主城(王江泾镇双桥村)、射襄城(王江泾附近)屯兵。闻川也曾为吴伍子胥练水军处。宋代时，设有巡检司，掌管训练甲兵、巡逻州邑、擒捕盗贼等。明代时,倭寇侵扰境内,百姓深受其害,明军统帅张经在境内秋茂桥一带指挥军民围歼倭寇,大获全胜,史称“王江泾大捷”。清咸丰十年(1860)四月,清军与太平军在境内激战,清军败退嘉兴城,集镇遭战火焚烧七天七夜。民国时期,军阀混战,战火不断,加之土匪、湖匪骚扰,民不聊生。抗日战争时期,日军入侵王江泾,大火焚烧商业街区一里街三天三夜,市街化为废墟。在解放战争和剿匪反霸斗争中,镇域民众与吴嘉湖独立团和剿匪部队通力协作,消除匪患,维护地方治安。中华人民共和国成立后,驻地部队和地方人民武装部及民兵组织在参加抢险救灾、支援地方建设、保卫国家与地方安全、维护社会稳定等方面取得巨大成就。1999年,驻区某部在抗洪救灾中表现突出,受到国务院副总理温家宝的接见和赞扬。

镇域筑城较早,春秋战国时的射襄城为吴国抵御越国所筑。南宋初,闻人氏家族迁居运河东岸莫家村,形成闻川集市,并逐步向运河西面发展。从北方迁入的豪门大户纷纷在运河西筑路开店,形成较为兴旺的王江泾集镇。明清时,集镇拥有三街、十坊、五埭、二十六弄,居民万余人。清咸丰十年(1860),清军与太平军激战,集镇房屋大部被毁,巷弄破败不堪。后经乡绅们捐款相助,集镇得以恢复。抗日战争时期又遭日军涂炭,至解放前夕,未见恢复,集镇规模小且冷清。解放后,人民政府重视城乡建设。20世纪70年代,镇域集镇、农村开始修路拓建,王江泾供销社、合作商店、食品公司等单位在一里街新建营业场所,整修或翻建职工住宅等。

1984年,王江泾镇设为建制镇后,集镇面貌进一步改善。1985年,首次编制建设规划,开始改建一里街、新建万福路等主要干线道路。1993年,王江泾北虹大桥建成通车,从苏嘉公路到南汇镇、荷花乡、田乐乡的县道公路启用,镇域交通设施面貌改善。王江泾北虹路、闻川路等开始修建,南方大厦、长虹大厦及大批商业用房逐渐建成。以轻纺、丝绸、印染主要产业为依托,城镇规模迅速扩大。1998年王江泾镇被列入浙江省小城镇综合改革试点镇后,城镇建设进入快车道,镇区建设向东延伸,工业园区逐步向南推进。2002年,王江泾镇被列入全国小城镇综合改革试点镇。镇域开发按照“构筑发展大平台,八百农户大动迁”实施,开始迁移工业小区,腾让商业土地开发。2005年,编制《王江泾镇建设规划(2005—2020年)》,重点突出城乡协调发展,建设新农村。2008年,在太平村试点“两新工程”建设,全镇共投入资金4亿元,以中心镇区辐射若干个城乡一体新社区,提升城乡居民生活品质。至2010年,镇区建成二纵二横主干道路,筑起运河“三桥”——南虹桥、北虹桥、王江泾大桥,交通便捷。镇建成区面积7.16平方千米。全镇新农村集聚区8个,入住村民976户。全镇居民供水、垃圾集中处理均实现城乡一体化,覆盖率100%;居民生活用燃气入户率100%,公交通行率100%。全镇绿化覆盖率10.35%,镇区绿化覆盖率38.57%,绿地率34.33%,人均公共绿地面积12.16平方米。

四

王江泾历来崇教兴文,明嘉靖年间,创办闻湖书院,为嘉兴府最早建立的书院之一。清至民国时,书院、义塾、小学堂亦开办多所。民国后期推行国民教育。中华人民共和国成立后,境内教育事业快速发展，小学教育逐渐普及，学校建至各村。并在各村兴办冬学、民校，开展扫盲教育。1958年，嘉兴县第九中学、第十一中学分别在南汇、王江泾创办。改革开放后，政府加大对教育的投入，并推行九年制义务教育，改善办学条件，学校教育设施和教育质量不断提高。同时，幼儿教育和成人教育和谐发展，各乡镇建办幼儿园和成人文化技术学校。2001年，王江泾镇被浙江省教育厅命名为教育强镇。至2010年，全镇拥有中学1所、九年一贯制实验学校1所、中心小学1所(下辖完全小学6所和民工子弟学校2所)；全镇在校学生7399名，教师480名；有幼儿园7所，在园儿童1841名，教师79名。

王江泾文化底蕴深厚。古时，曾有许多文人骚客居住于此。唐代大文学家陆龟蒙曾在大坝村陆家池居住；宋代诗人苏轼两次到东禅寺并留下诗词佳作；明代诗人文徵明也曾到东禅寺并吟诗作赋；清乾隆皇帝下江南夜宿王江泾长虹寺(曾名一宿庵)，作诗吟咏江南风景。现存世赞颂王江泾人文风光的诗词500余首。解放后，党和政府重视农村群众文化体育工作。20世纪60年代，兴办农村俱乐部，活跃农村群众文化体育活动。改革开放后，群众文化呈现出百花争艳的景象，挑花篮、打莲湘民俗活动遍布各村。各乡镇掀起文化节活动热潮，“踏白船”比赛重新活跃在庙会民俗活动中。进入21世纪，以“长虹碧波文化节”为载体的群众文化活动每年都举行，深受群众喜爱；农村文化活动中心普及到每个村(社区)，有线电视实现全域覆盖。至2010年，全镇拥有文化中心1个、广播电视站1个、图书馆1个、标准篮球场25个，业余文(体)团队60支。

镇域名胜遗存众多，旅游资源丰富。国家级重点文物保护单位古运河、长虹桥，秀美壮观，古今名人逸士游览于此，吟诗作赋。长虹桥，曾为清乾隆皇帝下江南时地方官员接驾处。莲泗荡风景区是非物质文化遗产“江南网船会”的举办胜地，传承国内唯一大型“水上庙会”的千年历史文脉，每年吸引江浙沪数十万游客参加。另有长虹桥堍的长虹寺(曾名一宿庵)、长虹公园、一里街，抗日战争时期遗存的碉堡群、苏嘉铁路遗址，以及农家休闲旅游地印象古塘等景观、景点。2008年，王江泾镇民主村获“省级特色旅游村”称号。2009年，莲泗荡风景区被评为国家AA级旅游景区。至2010年，全镇有国家级重点文物保护单位1处、市级文物保护单位2处、市级文物保护点24处。

镇域的中医诊疗起步较早，在南宋端平年间即有人挂牌行医。明清时期，曾有多名中医名家。解放后，政府投入大量的财力、物力，除害灭病，开展爱国卫生运动。各乡(镇)、村先后开始创办联合诊所、卫生院、卫生室，并推行合作医疗。1965年，嘉兴第三医院(部分)搬迁至南汇公社，成立嘉兴县南汇地区医院，使嘉兴县东北片的医疗条件得到很大改观。1989年，双桥乡宣布消灭血吸虫病，为境内最后一个消灭血吸虫病乡(镇)。1998年，南汇镇西联村通过嘉兴市第一批卫生村考核。1999年，王江泾镇通过省级卫生镇考核。2001年9月，区政府印发《秀洲区发展社区卫生服务实施意见》，全镇启动农村社区卫生服务站建设。2004年，王江泾医院新大楼建成并投入使用，医院配有中心供氧、螺旋CT等先进的医疗设备。2007年，王江泾镇社区卫生服务中心通过省级规范化考评。2010年，全镇有区属医院1所、社区卫生服务站26个，医疗机构人员288名，医院床位204张。城乡居民合作医疗实现全覆盖。

五

王江泾镇历来人多地少，居民多务农桑，兼有织造和经商。中华人民共和国成立前，尽管物产丰饶、百姓勤劳，但由于政府腐败、兵匪侵扰、自然灾害频发，老百姓仍摆脱不了食不果腹、衣不蔽体的悲惨命运。中华人民共和国成立后，人民群众过上了幸福的生活，生活有了保障。1956 年起，政府对缺乏劳动能力、生活无依靠的鳏、寡、孤、独者实行保吃、保穿、保住、保医、保丧葬的“五保”政策。改革开放后，经济迅猛发展，人民生活水平显著提高，民生保障持续向社会化、广覆盖、大保障方向健康发展。1992 年，各乡镇逐步开展企业养老保险；2008 年，开始实行城乡居民社会养老保险。至 2010 年，镇敬老院集中供养城镇“三无”人员和农村“五保”老人 66 人，年人均供养费 6819 元；全镇低保户 644 户 1284 人，发放低保金标准为农村人均 2652 元、城镇人均 3600 元；全镇参加养老保险人数 18156 人，农民人均纯收入 13967 元，率先步入小康社会。

人民当家做主，社会安定和谐。1953 年起，境内各乡镇设立人民代表大会制，各乡镇均由村民选举产生人大代表，定期召开乡镇人民代表大会，选举产生各乡镇人民政府人员。“文化大革命”期间人民代表大会制度暂停，各公社成立革命委员会。1981 年恢复人民代表大会制度。1990 年起设人大主席团常务主席，主持乡镇人大工作。至 2010 年，王江泾镇共召开 8 届人民代表大会。加强党对政法工作的统一领导，使治安联防有序开展。进入 21 世纪，王江泾镇不断加强社会综合治理，完善调解纠纷机制，在打击刑事犯罪、禁毒禁赌扫黄上多有建树，使社会安定团结，百姓安居乐业。王江泾派出所累计被省公安厅授予集体三等功 3 次，王江泾法庭法官被评为嘉兴市“十佳调解能手”“十佳书记员”。

开展思想教育，提升干群素质。20 世纪 50 年代，开展“抗美援朝、保家卫国”宣传教育活动等，激发了群众的爱国情感。60—70 年代，组织开展“工业学大庆”“农业学大寨”，继续发扬艰苦奋斗、自力更生的精神，并掀起“比、学、赶、帮、超”的社会主义劳动竞赛等。80—90 年代，开展“五讲四美三热爱”“学雷锋树新风”活动；开展以社会主义、爱国主义、集体主义思想为主要内容的基本路线教育，促进了“精神文明、物质文明”两个文明的建设；统一干部群众的思想，开展基层党支部评比和目标考核。21 世纪初，相继开展“思源更思进”“百户和谐家庭”创评等活动，2010 年，全镇共评选出和谐家庭 200 户；全面开展农村基层组织“先锋工程”建设活动，开展学习党章、保持共产党员先进性活动等。镇各级党组织，镇工会、共青团、妇联等人民团体对各时期的教育活动积极组织、教育、引导，全镇干部群众思想素质不断提升，先进人物不断涌现，社会风气、面貌焕然一新。2004 年 10 月，王江泾镇被命名为浙江省文明镇；2006 年 10 月，被评为全国创建文明村镇工作先进镇。

王江泾镇是秀洲区的经济重镇、文化旅游强镇、文明生态名镇。随着经济社会的高速发展，产业结构的转型升级，城乡面貌日新月异，百姓生活幸福美满。激情跨越，逐梦前行。王江泾镇在镇党委、镇政府的领导下，在新时代的发展中，越来越显示出其特有的优势，必将成为江南平原上的一颗耀眼的明珠。

大事记

春秋战国

春秋时期 吴国为防越国进攻，在此筑射襄城(今王江泾集镇)、渚城(又名主城，今双桥一带)、墓城(今阳城村)；又有槜李池(今雁荡位置)，为吴王造舰处。

周敬王二十四年(前496) 越王允常死，吴王阖闾发兵攻越。越王勾践与吴王战于槜李，吴军大败。阖闾伤足，死于陉(今金桥附近)。

周元王三年(前473) 越国灭吴国后，境域隶属越国。

周赧王九年(前306) 楚国灭越国后，境域隶属楚国。

秦

秦王政二十五年(前222) 秦国灭楚国后，设由拳县(亦称囚倦)，境域隶属会稽郡由拳县。

汉

东汉永建四年(129) 分会稽郡为二：钱塘江以东为会稽，以西为吴郡，境域隶属吴郡由拳县。

三国

吴黄龙三年(231) 由拳县改为禾兴县，境域属禾兴县。

吴嘉禾元年(232) 六月，吴郡大水，禾兴等县庄稼被淹，百姓挨饿。

吴赤乌五年(242) 禾兴县改称嘉兴县，境域属嘉兴县。

晋

西晋建武元年(304) 高使君(佚名)为嘉兴监屯田校尉，领兵三千至嘉兴县北境屯田，王江泾等地得到开发。

东晋太和六年(371) 六月，吴郡大水，嘉兴等县农田被淹，百姓挨饿。

东晋年间 里人卜本常捐南秋圩(今大坝村)之地，与僧人雪巢一起创建寺庙。萧梁时赐额为保安讲寺。

隋

大业六年(610) 隋炀帝杨广敕开经过境内的江南运河。

唐

至德年间(756—758) 保安讲寺改为保安禅院。

贞元六年(790) 嘉兴等县大旱,井水干涸,百姓受饥挨饿,并发生疫情。

元和五年(810) 刺史王仲舒筑嘉兴运河石塘,自杉青闸向北至境内。

会昌五年(845) 保安禅院废。

大中元年(847) 重建保安禅院。

五代十国

后唐同光二年(924) 嘉兴置开元府,境域隶属开元府嘉兴县。

后唐天成三年(928) 六月,嘉兴一带大旱,飞蝗蔽日,白昼如同黑夜,百姓受灾严重。

后唐长兴三年(932) 开元府撤,嘉兴县隶属中吴府。

后晋天福三年(938) 在嘉兴县设置秀州,为吴越国所辖十三州之一,辖嘉兴等四县,境域隶属秀州嘉兴县。自此,秀州、苏州分设。

后周广顺三年(953) 嘉兴一带大旱,百姓卖儿鬻女。钱弘俶命官府拿出米粟布帛赎回被卖孩子归其父母,并下令开仓赈济灾民。

宋

北宋天圣元年(1023) 十月,疏浚两浙运河。

北宋庆历四年(1044) 三月,两浙大旱,境内受灾严重。

北宋元丰六年(1083) 太湖水泛滥,嘉兴等地被淹,百姓弃田卖牛,逃荒乞食。

北宋元祐年间(1086—1094) 建东禅寺(在今范滩村)。

南宋建炎元年(1127) 在运河东形成闻川集市。

南宋绍兴二年(1132) 五月,大雨不止,嘉兴等地低洼田地尽没,高地也被淹十之二三,百姓饥饿,一斗米值一千钱。

南宋隆兴二年(1164) 秀州大水成灾,田淹屋毁;次年大饥荒。

南宋隆兴年间(1163—1164) 建闻店桥。

南宋乾道三年(1167) 八月,秀州大水成灾,田地房屋皆被毁;积水到九月,庄稼皆腐烂。

南宋乾道七年(1171) 重修保安禅寺,升为保安讲寺。

南宋庆元元年(1195) 升秀州为嘉兴府,境域隶属嘉兴府嘉兴县。

南宋嘉定元年(1208) 嘉兴府升为嘉兴军节度使。同年或晚些时,嘉兴军节度使设王江泾巡检司,有巡检1员。

南宋德祐元年(1275) 十二月,士绅陶菊隐散家财,募义兵3000人,与元军大战于金桥一带。

元

元代初 由于王、江两大户在运河西集市兴起,遂称王江泾。

至元十四年(1277) 改设江浙行省嘉兴路嘉兴县,境内属之。

至顺元年(1330) 闰七月,嘉兴、湖州两路大水灾;次年大饥荒。

至顺年间(1330—1333) 朱张穹寿在闻湖建税暑亭。

至正二年(1342) 二月,嘉兴一带大水,田禾淹没,大风携太湖水汹涌而至,民屋顷刻倒塌,百姓称之为“湖翻”。

至正十六年(1356) 苗军先锋吕才率兵7000人屯王江泾,防御农民起义军张士诚部。

至正二十六年(1366) 嘉兴路改为嘉兴府。

元代 王江泾巡检司配弓兵30名。

明

洪武九年(1376) 嘉兴府隶浙江承宣布政使司。

洪武十四年(1381) 嘉兴府改隶浙江布政使司。

永乐九年(1411) 修长洲(原苏州所属县之一,在原吴县东)至嘉兴石土路。

宣德五年(1430) 析嘉兴县西北部境为秀水县,境域属之。

同年,设王江泾镇,辖复礼、永乐、思贤、麟瑞四乡,设巡检司,配弓兵40名,巡检2名。

同年,秀水县在离城北面27里处设闻店急递铺,在离县城北面18里处设金桥急递铺。

正统九年(1444) 嘉兴、湖州大水灾,江湖泛滥,堤防冲决,淹灭庄稼。

天顺元年(1457) 嘉兴大旱,运河枯竭,七月蝗灾。

天顺四年(1460) 四月至五月,杭州、嘉兴、湖州阴雨连绵,江河泛滥,麦禾俱伤,秀水等县颗粒无收。

天顺六年(1462) 重建保安讲寺。

成化二十三年(1487) 秋,嘉兴大旱,河底龟坼,禾苗尽枯。自六月至八月不雨,河流断航。

正德四年(1509) 七月七日,骤雨如注,至十日不停,禾苗腐烂,百姓大饥;次年五月又大水,庄稼几乎全毁,超一半的百姓流亡他乡。

嘉靖十六年(1537) 里人沈谧、盛周在闻湖(今梅家荡)建闻湖书院。

嘉靖十八年(1539) 七月十日,嘉兴雷雨,冰雹大如桃、李。

嘉靖二十三年(1544) 夏秋,杭州、嘉兴、湖州各县大旱,庄稼无收,米价极贵,百姓吃草根、树皮,卖妻鬻子,且疫病流行,饿殍充塞河流、田野。

同年,知府赵瀛浚运河塘,又修石塘,自杉青闸至王江泾,共27里。

嘉靖二十九年(1550) 三月二十一日午时,嘉兴大风,如扬沙雨,黑雾三日。

嘉靖三十四年(1555) 五月一日,明军统帅张经指挥各军与湖广土兵部,在王江泾围歼倭寇5000余人,斩倭寇首级1980余个,烧死、溺死不计其数,取得“王江泾大捷”,史称“自军兴以来,称战功第一”。

嘉靖四十三年(1564) 十一月十一日戌时,雷电大震,并伴龙卷风;十二月一日,白天雷鸣不已,晚上又刮大风;八日狂风终日,拔木扬沙,船只不通。

万历十年(1582) 七月十三、十四日,嘉兴大风雨拔木,湖水啸涌。

万历十五年(1587) 五月,杭州、嘉兴、湖州大水,江湖泛滥,数百里间一片汪洋,船可行田亩间;七月又飓风大雨,三府成片连湖。

万历十六年(1588) 春,嘉兴大雨水,自三月中连绵至五月,桑蚕、麦穗俱无收获,发生大饥荒,并伴瘟疫,王江泾同时遭灾,五谷皆槁。

万历二十年(1592) 秀水知县李培征集运河附近居民,疏浚运河自陡门至王江泾河段,以改善嘉兴以北运河通航条件。

万历二十三年(1595) 王江泾设常平仓,占地面积一亩七分三厘,积谷备赈。其主要做法是专主平粜,丰年照价收入,歉岁减价卖出,百姓称便。

万历三十六年(1608) 四月下旬到七月下旬,太湖流域七府梅雨加淫雨,造成特大水灾。嘉兴水位4.75米,高田水深数尺,低田丈余,陆地可行舟,屋舍俱坏,史称二百年一遇。

万历三十九年(1611) 始建长虹桥,天启元年(1621)长虹桥竣工。

万历四十年(1612) 嘉兴知府吴国仕疏浚运河自杉青闸至王江泾。

天启五年(1625) 重修闻店桥。

天启六年(1626) 七月一日,大风拔木,淫雨如注,屋舍俱毁,两昼夜方息。

崇祯十四年(1641) 春夏,杭州、嘉兴、湖州大旱,民食草根树皮;崇祯十五年(1642)、崇祯十六年(1643)大旱,飞蝗蔽天,疫病大作。

崇祯十七年(1644) 五月起至十一月十五日,杭州、嘉兴、湖州、松江、常州等府干旱190天,河底起尘,太湖涸可步行,路上饿殍相望。

清

顺治七年(1650) 王江泾巡检司配弓兵20名;并设防汛营,有千总1名,兵士60名,快唬船3条。

顺治九年(1652) 夏,大旱。自五月不雨至秋,七月河道水流绝,井水枯竭,运河见底,禾苗尽槁。

康熙五年(1666) 重修长虹桥。

康熙十二年(1673) 秀水县运河水泛滥,塘岸颓圮,知县李见龙躬督修筑,帮宽堤岸。

康熙二十四年(1685) 在复礼乡小律圩(今干家埭自然村)发现远古时的兽骨"龙骨"。

康熙四十二年(1703) 康熙帝南巡,二月十三日至浙江;十九日晚,御舟自浙回,泊船王江泾。

康熙四十七年(1708) 夏,杭州、嘉兴、湖州连续大雨,大水成灾,四野汪洋,禾苗尽淹,船可行于陆地。

康熙六十年(1721) 春,嘉兴知府吴永芳兴修运河北塘,自城外至王江泾30里,在旧塘外间段增筑石岸。

雍正二年(1724) 朝廷敕命全国祭祀刘承忠,称"刘猛将军"。

雍正十三年(1735) 裁王江泾巡检司,改设总捕府、同知府。

乾隆七年(1742) 撤总捕府、同知府,改设督导粮食与水利的通判衙门。

乾隆十八年(1753) 里人蒋彩如、钱其昌等倡捐改筑雁湖石堤荡埂,建彩东、彩虹、彩西三座桥,竣工后于彩东桥东构雁湖书院。

乾隆三十四年(1769) 自正月至六月大水灾,庄稼淹没,水退后又虫食禾苗,米价升至一石米二千八百文。

乾隆四十六年(1781) 六月十八日,王江泾一带飓风大作,自寅卯时起,一更至五更,风声中似有雷声,房屋为之撼动。同时淫雨倾盆,兼杂冰雹,家家室中水溢没胫。

乾隆五十年(1785) 夏,大旱,运河流域全受灾,河港干涸,引发大饥。翌年大疫,米价升至一石五千文。

嘉庆四年(1799) 重建禾同桥,俗称大木桥(在今虹阳村)。

嘉庆十七年(1812) 重修长虹桥。

道光二年(1822) 绍兴会馆在王江泾成立。

道光四年(1824) 里人计楠、陈楣等在雁湖之滨创办雁湖义塾。

道光八年(1828) 上海顺成民信局在王江泾设立分局。

道光十七年(1837) 建洪典桥(在今洪典村)。

道光二十二年(1842) 清朝钦差大臣、扬威将军奕经率部,与侵华英军谈判,途中屯居王江泾。

道光二十九年(1849) 五月,大雨成灾,河水泛滥成泽国,良田尽没,至六月水渐退。

道光三十年(1850) 八月,杭州、嘉兴、湖州大水。

咸丰九年(1859) 重建天德桥(在今东荷村)。

咸丰十年(1860) 四月二十七日,太平军全线南下,与清军在镇域交战,王江泾防汛营公署、一宿古庵遭焚毁,尽成焦土。六月十五日,清军与太平军在境内激战,清军大败。六月,太平天国在南汇、东禅寺、北胜湾设置乡官办事机构“局”。

同年,太平军将嘉兴府改名嘉兴郡,秀水县改称绣水县,境内及吴江县盛泽镇归属嘉兴郡绣水县。

同治元年(1862) 十一月,太平军王江泾驻军6名士兵“私扰民间”,镇守嘉兴的太平军荣王廖发寿发现后,将这6人枭首示众。

同治三年(1864) 一月,淮军总兵程学启部上万人占驻王江泾、金桥等地。同月,太平军荣王廖发寿率军由嘉兴出发与清军在王江泾一带激战,太平军败退。

同治四年(1865) 五月二十五日,大雨连下七昼夜,低田尽被洪水淹没。

同年,重建防汛营公署。

同治八年(1869) 八月三十日,杭州、嘉兴、湖州遭受水灾。

同治十年(1871) 三月二十二日,大风从西而来,如万马奔驰,屋瓦尽飞。

同治十一年(1872) 王江泾乡绅在镇上开设“兴仁善堂”,专门收养孤儿、弃婴。

同治十二年(1873) 王江泾镇设巡警局。

光绪初年 里人蒋人彦、盛传均、沈景修等在梅家荡正露圩西筑埂六百余丈,并植葭柳护堤埂、分巨浪,便于船只通行。

光绪六年(1880) 唐佩金捐资在王江泾市河南重建雁湖义塾。

光绪十五年(1889) 七月下旬,狂风骤雨历数昼夜之久,嘉兴府各属同遭水患。

光绪十六年(1890) 双桥农民耕作时发现石器、玉器、陶片等文物。据出土的陶器分析,该遗址属良渚文化。

光绪十九年(1893) 无锡邹寿祺与里人沈景修等募资重建一宿庵大殿、山门,增筑五桂轩、晚霞阁。

光绪二十年(1894) 七月,枭徒头目王均义率部与太湖水师提督李部在王江泾、盛泽间激战,王均义被击毙,官军死伤十余人。

光绪二十一年(1895) 十月二十二日,嘉兴一带被地震波及,造成一定损坏。

光绪二十三年(1897) 七月,南汇镇突现流民百余人,想在镇上聚赌,镇上居民不允许,流民横行骚扰,商店无奈罢市。

光绪二十四年(1898) 四月十二日,莲泗荡刘王庙按例举行网船会,雇班演戏,抬神像出游,突有王江泾帮集众打架,将殿上陈设之物捣毁殆尽。

光绪二十九年(1903) 嘉兴同盟会会员到王江泾镇宣讲,号召抵制美货,反美爱国。

光绪三十二年(1906) 南汇镇蒋紫澜创办南汇小学(由私塾改为学校)。

光绪三十三年(1907) 六月初,经革命党人敖嘉熊策动,青帮盐枭首领余孟庭率众在王江泾发动反清起义;八日夜,义军数百进攻南汇镇驻军,击毙数名清军士兵,并夺取枪炮装备。

宣统元年(1909) 五月十三日夜至十四日连降大雨,河水暴涨,水与岸平,低田尽遭淹没,秧田损伤十分之五。

同年十二月,清政府改革军制,嘉兴协分防王江泾设千总,兵丁60名,快唬船3艘,金桥、长虹桥各守兵5名。

同年,秀水县分设16个自治区,境内设有王江泾、双桥、廉让、南汇、澄溪(部分)、梅湖、渠东、尖墩角、塘汇(部分)9个区。

同年,天主教传入境内,由里人周云仙主持在王江泾镇上设立教堂。

宣统二年(1910) 六月,撤王江泾防汛营。

同年,秀水县府批准设立闻溪学堂。

宣统三年(1911) 七月十七日,因江苏圩堤溃决成灾,杭嘉湖成一片汪洋。

同年十二月,撤销嘉兴府,秀水县并入嘉兴县,境域属嘉兴县。

同年,唐佩金编纂《闻川志稿》20卷。

中华民国

1912年

1月,设嘉兴县警察署王江泾警察分署,辖甸上警察分驻所。

同年,嘉兴县改名为嘉禾县。

1913 年

王江泾警察分署更名为王江泾警察分所，辖甸上警察分驻所。

1914 年

嘉兴县商会王江泾分会、南汇分会成立。

同年，浙江省设置钱塘道，嘉禾县复称嘉兴县，隶属钱塘道嘉兴县。

1915 年

民国政府教育部颁布命令，初等小学改称国民小学，闻溪学堂改名为王江泾国民学校。

同年，南汇蒋正盛烟草店“芝兰”牌旱烟，在美国旧金山市举办的巴拿马太平洋万国博览会上获金奖。

1916 年

4 月 18 日，革命党人何嘉禄在吴江起兵反袁，后弹尽退至王江泾，嘉兴军政当局前往迎接。

1917 年

7 月，嘉兴统捐总局在王江泾设统捐分局。

8 月，因华蟆港、虹阳港等地连发劫案，嘉兴下属六县知事会商联防，协力查缉。

10 月 15 日，嘉兴各属风虫为灾，白穗遍野，乡民闹荒。

1918 年

2 月 13 日下午 2 时许，地震约 3 分钟，室中之篮、碗等物格格有声，人立地上头晕欲扑。

12 月，王江泾地主成立追租分处，在官府支持下加紧压榨农民。

1922 年

秋，多雨，河水高出田。10 月 4 日复大雨，稻田皆淹没，秋收多歉。

1923 年

2 月，南汇镇士绅蒋来仙、蒋息欧等发起，经各商号募捐，集资金 500 余元，疏浚南汇市河。

5 月，大水涨齐域内街道，稻田尽淹，夜半坍坝声及农民惊呼声鼎沸。

12 月 11 日，王江泾丝绸业商人周某等发起组织王江泾商界联合会，选举陆士华为会长。

同年，南汇蒋氏经营的一艘往返于南汇与嘉兴的汽轮客班开航。

1924 年

5—8 月，嘉兴河水干涸，田禾枯竭。

8 月初，江浙齐(燮元)、卢(永祥)战争爆发，两军一度战于嘉兴王江泾与吴江平望。同月 4 日，浙军第三十七团第二营炮兵第二连、水警第二连约 500 人，从王江泾出发进攻盛泽江苏军队，并攻占盛泽。9 月 3 日，江、浙军队激战于王江泾，民用船只被征用 10 余条。

9 月 27 日，皖军第八混成旅 1 个营进驻王江泾。

1926 年

梅湖乡陆家荡附近各庄圩发生严重螟灾，加上天旱，秧苗均被蛀断或枯焦而死。

1928 年

12 月，嘉兴县实行村里制。

1929 年

5 月，王江泾警察分所改为嘉兴县第七公安分局，辖甸上警察分驻所。

1930 年

12 月 19 日，双桥镇遭到盗匪洗劫，警察所被捣毁。

同年，王江泾成立保卫团，设团总 1 人，并成立王江泾镇防务公所。

同年，改村里制为村镇制，嘉兴县划为 7 个区 51 个镇 184 个乡。王江泾划归第三区，设王江泾镇公所、南汇镇公所。

1931 年

6—7 月，梅雨期长，降水量大，又加台风袭击，运河流域从东到西水涨 30～60 厘米，水灾严重，灾民流离，死亡甚多。

同年，石鹤龄等人在王江泾创办泾明电灯股份有限公司，装有 8 千瓦柴油发动机 1 台。

同年，嘉兴县蚕业改良区在双桥设立蚕业巡回指导所。

1932 年

嘉兴田赋征收处下设王江泾征收分处。

同年，修筑苏嘉公路时，在双桥发现大量玉器，惜全部散失，其范围约 10 万平方米。经考证，为良渚文化的重要遗址。

1933 年

3 月，嘉兴县第一区双桥乡作为嘉兴县民众教育馆择定实验区，以实施乡村民众教育。

6 月，苏嘉公路嘉兴经王江泾至吴江段通车。

9 月 5—6 日，两度飓风，草庐旧屋倒塌无数。

同年，境内乡以下编保甲，十户为一甲，十甲为一保。

1934 年

4 月，清明节期间，莲泗荡刘王庙举行迎神赛会，船舶麇集，人山人海，当刘猛将出会至王江泾长虹桥畔时，因观众拥挤，突发纷扰，引发踩踏，至踏毙 11 人，重伤 12 人。

6—8 月，连晴 83 天，无雨期 100 天以上，嘉兴大旱，最低水位 1.59 米，河道断流，大小河浜底朝天，田地龟裂，禾苗枯槁，伴有蝗灾，颗粒无收，灾民逃荒讨饭成群结队。

1935 年

2 月，苏嘉铁路动工修筑。

4 月 21 日，盛家廊下乡民集资演春台戏至第三天，因观众人多，部分观众登上假山石上观看，使假山倒塌，压死 6 人，伤 3 人。

7 月 1 日，嘉兴县地方农民银行在王江泾、新塍、王店、新丰等处设立农行办事处，当日开业。

8 月，境域隶属嘉兴行政督察专员公署嘉兴县。

同月，嘉兴县轮船局小客轮嘉兴—苏州、嘉兴—盛泽开航，途经王江泾停靠；嘉兴—南汇班同时开航。

9 月，国民政府上海顺成民信局在王江泾设立分局，从事国内邮件挂号业务。

11 月，设王江泾银币兑换处，废银币，统一使用法币。

同年，重建正兴桥（又名沈水石桥，在今荷花村），为三孔石板桥。

1936 年

4 月，途经域内的苏嘉公路、嘉湖公路与乍嘉公路三线连通。

7 月 15 日，苏嘉铁路建成通车，经过王江泾，在王江泾设有车站。

同年，县政府在城北 9 千米处的运河西岸，苏嘉公路两侧（今双桥农场处）设农业推广所，开办农业示范区，面积 100 多亩。抗日战争期间停办，抗日战争胜利后恢复。

同年，嘉兴架设 16.5 千伏配电线路，自江苏盛泽向新塍镇送电，线路延伸至王江泾。

1937 年

农历三月，刘王庙庙会，香客约有 10 万人。场地极度拥挤，造成踩踏致死 7 人、伤 40 余人的重大事故。

7 月 7 日，抗日战争全面爆发。国民革命军第八集团军总司令张发奎所部防守王江泾、南汇一线。

11 月 16 日夜，日军分两批从嘉善杨庙、荷花荡进占王江泾。次日，第三批日军侵袭，实施烧、杀、抢、掠，杀死居民 20 余人，烧毁房屋 1300 余间，大火 3 天不熄。

11 月 19 日，日军侵占嘉兴城，大批难民逃至南汇、油车港等乡镇。

12 月，日军一个大队在王江泾驻守，大队部设在铁店港樊家大院。

1938 年

4 月 14 日，王江泾镇 3 名日军至杨溪村调戏妇女，被民众殴伤。次日，日军报复该村，杀死农民 2 人，烧毁 300 余户 1048 间房屋，全村成为废墟。

5 月 28 日，占据王江泾的日军侵扰天凝镇，被游击队击毙 2 人。次日，日军占天凝，烧民房 2000 余间，杀平民 6 人。

5 月，侵华日军第十一混成旅团 1300 余人，占据嘉兴及王江泾、新塍、王店等地。

6 月 26 日，国民革命军朱希部会同民众，破坏苏嘉公路王江泾段日军军用电线 3 千米、桥梁 3 座。

1939 年

12 月，王江泾民间抗日武装拆毁苏嘉铁路平望南路铁轨，铁路运输受阻。

1940 年

9 月，嘉兴县王江泾镇中心国民学校民教（民众教育）部建立。

1941 年

5 月，成立中共嘉兴县委员会新塍中心支部鸡头浜（今虹阳村）支部，杨平为书记。

1942 年

1 月 18 日，王江泾民间抗日武装攻入镇内，缴获日伪军枪支 15 支。

同年，日军在苏嘉铁路、苏嘉公路筑竹篱笆、铁丝网，有些地段设电网，不准民众接近，并成立"爱路会"，强迫民众在苏嘉铁路沿线巡逻。

1943 年

梅湖乡改为镇建制。

1944 年

5 月，美英侨民福特等 5 人从上海集中营逃至虹阳，由游击队负责人刘先正接待转送后方。当年秋，又有英美人亨利等 3 人自上海集中营逃离，跋涉到达双桥，由刘先正转送后方。

同年，嘉兴县在敌占区内王江泾等 6 个镇设立秘密行政机构。

同年，苏嘉铁路被日军拆除，铁轨运至日本。

1945 年

年初，浙西保安独立支队(嘉兴县自卫总队)袭击王江泾日军工事，缴获轻机枪 3 挺、步枪 20 余支。

8 月下旬，日本投降后，日军在撤离双桥镇时，将物资抛沉河中。

10 月 3 日，由各路武装改编的忠义救国军进驻王江泾。

1946 年

7 月，南汇中心国民学校办附设幼稚班。

8 月，王江泾设田赋粮食管理办事处。

12 月，嘉兴设财政部浙江区货物税局嘉兴分局，王江泾设货物税征收重点税源区。

同年，入梅雨水多，7 月淫雨兼旬；9 月又遭暴风雨，灾情奇重，加上螟害，许多田地颗粒无收，收获或不及三成。

同年，成立王江泾区警察所、南汇警察分驻所。

同年，境内各保均成立保安队。

1947 年

吴寿彭从联合国救济总署购得美制耕耘机，在嘉兴县双桥乡农场耕作。

同年，旱灾，土地龟裂，河床干涸，村民只能饮混浊的黄泥浆水；7 月下旬雨量稀少；8 月中旬多晴少雨，河浜干涸，无法戽水，遭灾尤烈。

1948 年

6 月，浙江省保安司令部第一支队第一大队进驻王江泾。

8 月，县政府在王江泾酒厂设税务稽征员办事处。

同月，嘉兴遭遇台风、雷雨侵袭，王江泾等 4 个乡镇的早稻同时遭严重虫灾，受灾田总共 3 万余亩。

9 月，中共吴嘉工委与嘉兴县农会常务理事、嘉兴县参议员刘先正(王江泾籍)联系，策动境内各国民兵队准备武装起义。

12 月 13 日，国民党第七十五军第十六师第四十七团进驻王江泾。

1949 年

1 月，国民党步兵第十六团迁驻双桥、王江泾。

3 月 18 日，南汇镇被三四十名土匪抢劫，8 家商号遭抢。

4 月初，王江泾的国民兵队、汤连城的水警护航队、李世雄率领的双桥镇国民兵队、俞金水率领的双桥乡国民兵队、陈培显率领的王江泾冬防队等约 400 人，经策反先后起义。

4 月下旬，国民党暂编第八师进驻双桥、王江泾一带。

5月7日，嘉兴县全境解放。

同月，中共王江泾区委和区人民政府成立，辖王江泾乡、长兴乡、澄溪乡、廉让乡；双桥乡由塘汇区管辖；大律乡、新北乡由新塍区管辖；马河乡由嘉兴市（县级市）管辖。

同月，虹阳等地粮仓遭土匪抢劫，李世雄（王江泾籍）带领吴嘉湖独立团一个排，驻防双桥乡陆安坝，保护李家湾粮仓尚存的30万斤粮食。

同月，王江泾区中心校成立。

同月，境内各单位均建立治安保卫委员会。

6月，嘉兴县独立营2个连、解放军苏南兵团2个连进驻王江泾清剿土匪。

同月，中共嘉兴县委分别在王江泾区、塘汇区建立区中队。

同月，境内各乡建立民兵组织。

同月，解散原王江泾警察所，王江泾区、塘汇区设立公安员。

6—7月，连降大雨，运河水位暴涨，杭嘉湖遭水灾，境内洪涝灾害为全县最严重。

中华人民共和国

1949年

10月，为支援嘉兴剿匪，苏南部队第十九团进驻王江泾，次年5月离开。

同月，匪首计家珍率部抢劫7艘装运面粉支援前线的船队，10名解放军战士被杀害。

同月，王江泾区破获活动于杨溪村的“东南忠义救国军苏浙皖边区沪杭直属大队特务组”，匪首费家明被擒。

11月，嘉兴县农林场在双桥建立（地址在原民国时的嘉兴县农业示范区）。

同月，建立王江泾粮库，库址设于寨基浜。

同月，北桥乡烈义供销合作社成立，为嘉兴县首个农村供销社。

同月，王江泾下属各乡镇小集镇建立居民委员会、居民小组。

同月，王江泾区有土匪235人向人民政府投诚。解放军某部推广王江泾区举办投降俘虏管训班的经验。

6—12月，王江泾、曹庄、新塍等三地取得剿匪胜利，活捉计家珍、胡伯龙、张鹏飞等匪首。

1950年

1—4月，开展查田定产，分村、分互助组，改征收公粮为征收农业税。

2月，王江泾区、塘汇区分别建立人民武装部。

2—6月，调整行政区划，王江泾乡分设双阳乡、虹阳乡、北桥乡（同年6月并入虹阳乡）；廉让乡分设东林乡、荷花乡、洪典乡；长兴乡分设田乐乡、梅兴乡、南汇乡；双桥乡分设双南乡、双桥乡。

6月，王江泾区人民政府改称为王江泾区公所。

8月，嘉兴县设7个区71个乡、2个镇。境内荷花、东林、洪典、田乐、南汇、梅兴、双阳、虹阳隶属王江泾区；大律乡隶属新塍区；双桥乡、双南乡、马河乡、上睦乡隶属塘汇区。

10月，开展镇压反革命运动。境内匪首胡伯龙在江苏黎里镇被执行枪决。

12 月，中央公粮嘉兴县王江泾区支库成立。

同月，开展“抗美援朝，保家卫国”宣传活动。

冬，各乡开展土地改革运动。

冬，各乡、村建立冬学(扫盲教育)委员会。

同年，双桥乡、双阳乡、南汇乡、荷花乡先后成立供销合作社。

1951 年

4 月 29 日，王江泾镇工会成立，同时组建店员、手工业、炼染轴业、米厂、搬运业 5 个基层工会。

5—10 月，掀起抗美援朝捐献飞机大炮和优待烈军属活动热潮。

6 月 8 日，王江泾区妇代会成立。

10 月，王江泾清卫所、南汇清卫所成立。

11 月，成立国营浙江省水产养殖公司嘉兴养鱼总场，总场设在南汇集镇西。

同月，中国人民银行王江泾营业所成立，所址在一里街 66～68 号。

12 月，开展“三反”(反贪污、反浪费、反官僚主义)运动。

1952 年

1 月，开展“五反”(反行贿、反偷税漏税、反盗骗国家财产、反偷工减料、反盗窃国家经济情报)运动。

下半年，各乡逐步开展组织互助合作化运动，荷花乡麟塘村沈山三等 7 户农民成立境内最早的互助组。

同年，成立王江泾房地产管理委员会，管辖王江泾、双桥、荷花、虹阳、田乐；成立南汇房地产管理委员会，管辖南汇、油车港。

同年，各乡建立联合诊所。

同年，建立乡(镇)、村调解委员会。

1953 年

6 月 30 日，开展第一次全国人口普查。境内普查结果：双桥乡 5698 人、双阳乡 4812 人、梅兴乡 6798 人、南汇乡 5140 人、荷花乡 4806 人、洪典乡 4266 人、东林乡 5291 人、田乐乡 5655 人、虹阳乡 4617 人。9 个乡总人口 47083 人(不含双南乡沈家桥等 4 个村人口)，其中男 23951 人、女 23132 人。

7 月始，降雨偏少，7—8 月降雨 65.4 毫米，嘉兴连续旱灾天数 63 天，高温蒸发水分 322.4 毫米。

11 月，境内掀起实现“一化三改造”(即逐步实现社会主义工业化和逐步实现对农业、手工业及资本主义工商业的社会主义改造)为主要内容的总路线教育活动。

12 月，境内各乡按部署实行粮食统购统销。

同年，南汇供销合作社与荷花供销合作社合并为南汇四联供销合作社(南汇、荷花、梅兴、田乐)。

同年，王江泾区政法领导小组成立。

1954 年

3—4 月，田乐乡、梅兴乡、南汇乡、东林乡、荷花乡、洪典乡、双阳乡、双桥乡、双南乡先后召开第一届人民代表大会，选举产生各乡第一届人民委员会和乡长：田乐乡乡长沈景林，梅兴乡乡长李秉仁，南汇乡乡长陈春贵，双阳乡乡长姚阿大，双桥乡乡长陶来观，东林乡乡长仲兴观，荷花乡乡长宋锦荣，洪典乡乡长方振声。

4 月，原属塘汇区的双桥、栖真、上睦港、马库汇、池湾 5 个乡划归王江泾区管辖。

5 月 19 日至 6 月 28 日，遭 40 多天淫雨，南汇乡农户春花作物田全部受淹，秧田沉没，多个村庄民房进水。

6 月，王江泾区、塘汇区公安员分别改名为公安特派员。

10 月，撤销各乡供销合作社，建立王江泾区供销合作社。

同月，撤销王江泾区人民武装部。

同月，各乡先后建立信用合作社，为集体所有制合作金融机构。

10—11 月，南汇铁器生产合作社、南汇木器生产合作社、王江泾竹器生产合作社建立。

冬，各乡成立初级农业生产合作社。

同年，发放城镇居民购粮证，凭证购粮，记数不限量。

同年，王江泾吴大观碾米厂、南汇正兴米厂创办。

1955 年

春，全面实行粮食“三定”(定产、定购、定销)政策。

7 月下旬开始，境内降雨量明显减少，8—10 月累计降雨 67 毫米，是正常年降雨量(306.5 毫米)的 21.8%，全年粮食减产。

10 月，嘉兴县农业试验站在双桥乡建立。

11 月初，实行社会主义改造，王江泾镇、南汇镇将百货、茶叶、文具、卷烟、酒、盐、新药等 7 个行业共 85 户的私营商店改造成为首批公私合营企业。

同月，各乡再次掀起办初级农业合作社高潮。

冬，响应毛泽东主席发出的“一定要消灭血吸虫病”号召，各乡开展防治血吸虫病工作。

1956 年

1 月 1 日，王江泾区粮食管理所成立。

同月，城镇居民用粮开始实行定量、凭证、凭票供应。

同月，公安机关严厉打击王江泾、南汇等地的“小群派”反动组织，依法逮捕暗藏在教派内的反革命分子 5 名。

2 月，王江泾撤区并乡，双阳乡、虹阳乡、双桥乡合并为王江泾乡，荷花乡、东林乡、洪典乡合并为荷花乡，南汇乡、梅兴乡、田乐乡合并为南汇乡，双南乡更名为嘉北乡。王江泾乡、荷花乡、南汇乡分别召开第一届人民代表大会，选举产生各乡第一届人民委员会和乡长：王江泾乡乡长吴凤辉，荷花乡乡长仲兴观，南汇乡乡长沈景林。

春，境内各乡部分初级社实行合并，发展高级农业生产合作社。

4 月 15 日，浙江省嘉兴农业机器拖拉机站在双桥成立，为全省首批国家投资的 5 个拖拉机站之一。

8 月 1 日,强台风在象山登陆,沿海风力 12 级以上,受其影响,境内各乡倒塌的房屋、草舍不计其数。

10 月 7 日,王江泾乡、南汇乡、荷花乡分别召开第二届人民代表大会,选举产生各乡第二届人民委员会和乡长:王江泾乡乡长吴凤辉,南汇乡乡长沈景林,荷花乡乡长仲兴观。

11 月 1 日,南汇粮食管理所成立。

12 月,王江泾食品组建立,隶属嘉兴县食品公司。

同年,设立王江泾人民法庭。

同年,荷花乡被列为全县扫盲试点。

年底,实现乡乡通电话。

1957 年

1 月 1 日,在双桥农场建立嘉兴气象台,受上海气象台管辖。

4 月 12 日,南汇粮食管理所并入王江泾粮食管理所。

6 月 20 日至 7 月 5 日,受台风暴雨影响,境内农田受灾面积甚多,减产一成以上。

8 月,开展"反右派"斗争。

9 月,复设中共王江泾区委员会和区公所,区委员会下辖南汇、荷花、澄溪、王江泾 4 个党总支部;区公所下辖王江泾乡、荷花乡、南汇乡、嘉北乡。

同月,开展大规模的社会主义教育运动。

1958 年

1 月,设立双桥邮电支局。

同月,王江泾地区畜牧兽医站成立。

3 月,荷花乡召开第三届人民代表大会,选举黄兴强为乡长。

4 月 10 日,创建王江泾合作绸厂。

4 月 19 日,王江泾乡召开第三届人民代表大会,选举张海涛为乡长。

同月,南汇设立邮电所。

5 月,南汇乡召开第三届人民代表大会,选举沈小八为乡长。

同月,各乡组织学习中共八大二次会议提出的"鼓足干劲,力争上游,多快好省地建设社会主义"总路线。

7 月,南汇织绸生产合作社创办开业。

8 月,设立王江泾邮电中心支局,管理王江泾、塘汇两区邮电支局代办所。

9 月 9 日,南汇乡、澄溪乡、荷花乡合并成立嘉兴县第一个人民公社——东风人民公社,公社所在地设在南汇。

9 月 30 日,王江泾乡、嘉北乡合并成立双桥人民公社。

同日,撤销王江泾区供销合作社,建立双桥供销部、南汇供销部。

9 月,嘉兴县第九中学在南汇开办,为初级中学,收读南汇乡(田乐乡已并入)、澄溪乡、荷花乡学生。

同月，东风公社畜牧场场长张阿妹在北京参加全国农业战线先进代表大会，并受到毛泽东主席接见。

同月，南汇小学在南汇镇北大家港易地新建校舍，改名为南汇中心校。

10月，撤销王江泾区委、区公所。

同月，境内各生产队办大食堂，实行"吃饭不要钱"。

12月27日，东风公社、双桥公社分别组建治水兵团，参加开挖建设红旗塘工程，一期工程至1959年5月26日完成。

同年，东风公社粮食加工厂开业，为境内最早的社办企业。

同年，双桥、王江泾、嘉北、虹阳联合诊所合并成立王江泾联合医院。

同年，东风公社在荷花成立卫生分诊所，并在东林管区设民主医疗点、洪典管区设洪典医疗点。

1959年

3月下旬，动员农村青年赴宁夏支援边疆建设，东风公社(包括澄溪乡)260人、双桥公社62人(其中家属12人)援疆。

4月，东风公社、双桥公社建立人民武装部。

5月，东风人民公社更名为南汇人民公社。

同月，浙江省嘉兴农业机器拖拉机站更名为浙江省嘉兴八一拖拉机站。

7月31日，南汇粮食管理所复设。

8月1日，王江泾粮食管理所易名为双桥粮食管理所。

同月，双桥公社、南汇公社农业技术推广站成立。

12月4日，南汇公社召开第一次党员代表大会，选举产生中共南汇公社第一届委员会，王保林为书记。

12月13日，南汇公社、双桥公社分别再次组建治水兵团开挖建设红旗塘，二期工程至1960年6月5日竣工。

同月，双桥公社召开第一次党员代表大会，选举产生中共双桥公社第一届委员会，许文光为书记。

同年，王江泾成立嘉兴县第十一中学。

同年，人民解放军第二十军高炮团进驻王江泾。

1960年

成立王江泾公安派出所，位于镇区一里街50号。

同年，组织第二批青年社员赴宁夏支援边疆建设，南汇公社85人(其中家属20人)，双桥公社46人(其中家属11人)。

同年，长虹桥被列为县级文物保护单位。

1961年

4月，各乡开展学习传达中共八届九中全会提出的"调整、巩固、充实、提高"方针，贯彻执行《关于农村人民公社工作条例(草案)》(简称"六十条")；调整公社、大队、生产队规模，清退

“一平二调”物资，落实生产队“四固定”，划足社员自留地，实行按劳分配政策。

9月，调整人民公社规模，南汇人民公社分设为南汇、田乐、荷花、澄溪4个人民公社；双桥人民公社分设为双桥、嘉北2个人民公社。实行公社、大队、生产队三级所有，队为基础的体制。

同月，嘉兴县第九中学更名为嘉兴县南汇中学，嘉兴县第十一中学更名为嘉兴县王江泾中学。

10月4日，受26号台风影响，嘉兴暴雨成灾。

同年12月至1962年1月，南汇公社、田乐公社、荷花公社、双桥公社先后召开第四届人民代表大会，选举产生各公社第四届管理委员会及社长：南汇公社社长杨春荣，田乐公社社长朱阿马，荷花公社社长陈阿福，双桥公社社长王惠泉。

1962年

1月，南汇公社、双桥公社、田乐公社、荷花公社、双阳公社畜牧兽医站成立。

5月，双桥公社、田乐公社、南汇公社水利农机管理站成立。

6月，撤销王江泾区。

同月，撤销王江泾中学，师生并入南汇中学。

9月5日，受第14号台风侵袭，域内受灾严重，水稻田大部分受淹。当晚，降雨量为374.9毫米。

11月，虹阳公社、荷花公社水利农机管理站成立。

12月，嘉兴县双桥农场改名为嘉兴专区原种繁育场。

12月23日，南汇公社商贩联合会成立。

同年，荷花卫生分诊所升格为荷花公社卫生院，迁址于原公社试验场。

同年，南汇、荷花、田乐、双桥、虹阳食品站相继成立；恢复王江泾食品经营组。

1963年

1月，南汇公社召开第二次党员代表大会，选举产生中共南汇公社第二届委员会，宋锦荣为书记。

同月，双桥公社召开第二次党员代表大会，选举产生中共双桥公社第二届委员会，阮新法为书记。

同月，田乐公社召开第一次党员代表大会，选举产生中共田乐公社第一届委员会，王保林为书记。

同月，荷花公社召开第一次党员代表大会，选举产生中共荷花公社第一届委员会，金文福为书记。

2月，从双桥公社、新农公社、桃园公社分出14个生产大队成立虹阳人民公社。

同月，建立虹阳公社人民武装部。

3—6月，南汇公社、田乐公社、荷花公社、双桥公社、虹阳公社分别召开第五届社员代表大会，选举产生各公社社长：南汇公社社长杨春荣，田乐公社社长陶海林，荷花公社社长陈阿福，双桥公社社长陶来观，虹阳公社社长王惠泉。

6月7日，《浙江日报》刊登《用社会主义思想教育农民——嘉兴荷花民主大队的文化活动》调查报告。

9月13日，受12号台风影响，大风挟暴雨，嘉兴降雨244.4毫米，水位4.31米，良田受淹，粮食严重减产。

1964年

1月16日，中共中央、国务院下发《关于动员和组织城市知识青年参加农村社会主义建设的决定(草案)》，拉开知识青年上山下乡序幕。

4月，中共嘉兴地委批转地委宣传部关于学习嘉兴县荷花公社民主大队俱乐部活动经验的报告。

6月30日，开展第二次全国人口普查，境内普查结果：南汇公社11043人、荷花公社14740人、田乐公社8572人、双桥公社14102人、虹阳公社8194人，5个公社共计56651人(不含嘉北公社沈家桥等4个大队)，其中男性28939人、女性27712人。

同年，各生产大队普遍建办农村俱乐部。

同年，各公社组织开展社会主义教育运动(即围绕政治、组织、思想、经济问题的“四清运动”)。

同年，田乐卫生院成立。

1965年

3月1日，王江泾供销社、嘉北供销社调整为南汇供销社、双桥供销社。

8月，撤销王江泾房管会、南汇房管会，划归王江泾财税所管理。

10月，嘉兴第三医院(部分)搬迁至南汇集镇西的蚕溪荡西南滨，易名为嘉兴县南汇地区医院。

12月，设立双桥公社公安派出所、南汇公社公安派出所，取消公安特派员。

1966年

4—5月，南汇公社、田乐公社、荷花公社、双桥公社、虹阳公社分别召开第六届社员代表大会，选举产生各公社社长：南汇公社社长杨春荣，田乐公社社长费顺观，荷花公社社长陈阿福，虹阳公社社长王惠泉，双桥公社社长陶来观。

9月，学习宣传《中国共产党中央委员会关于无产阶级文化大革命的决定》，各大队红卫兵投入破“四旧”、立“四新”运动，多数大队更名为具有红色意义的名称。

秋，各生产大队俱乐部停办，改建“毛泽东思想文艺宣传队”，简称“文宣队”。

同年，田乐公社、双桥公社先后成立广播放大站。

同年，王江泾食品经营组更名为王江泾食品站。

1967年

6—7月，虹阳公社、荷花公社、南汇公社先后成立广播放大站。

12月，撤销双桥公社公安派出所、南汇公社公安派出所，各公社成立“群众专政指挥部”。

1968年

1—4月，南汇公社、田乐公社、荷花公社、双桥公社、虹阳公社先后成立革命委员会(简称“革委会”)，取代公社管理委员会。“革委会”集党、政、财权于一身。各公社革委会主任：南汇公社革委会主任杨春荣，荷花公社革委会主任陈阿福，双桥公社革委会主任沈星甫，田乐公社革委会主任朱阿马，虹阳公社革委会主任邹正奎。

8月，各公社建立革命委员会核心小组。

同月，南汇公社、双桥公社先后成立"打击投机倒把办公室"，分别由分管领导兼任主要负责人。

下半年，荷花公社办"戴帽子初中"(即初中班)。

10—12月，多批城镇知识青年在境内部分生产队插队落户。

1969年

1月，供销社实行以公社建社，分别设南汇供销社、荷花供销社、田乐供销社、澄溪供销社。

9月，嘉兴专区原种繁育场更名为嘉兴县双桥农场。

10月，全县掀起"人民防空"热潮，各公社广泛发动挖掘简易防空洞。嘉兴县人民防空领导小组在王江泾设立预指挥部。

1970年

2月，各公社建立党的核心小组，撤销各公社革命委员会核心小组。

同月，开展"一打三反"(打击现行反革命破坏活动，反对贪污盗窃、投机倒把、铺张浪费)运动。

4—10月，各公社建立公社党委。

5月，荷花公社召开第二次党员代表大会，选举陈阿福为书记。

6月，南汇公社召开第三次党员代表大会，选举许炳土为书记。

7月14日，田乐公社召开第二次党员代表大会，选举丁生观为书记。

同月，双桥公社召开第三次党员代表大会，选举宋锦荣为书记。

同月，虹阳公社召开第一次党员代表大会，选举邹正奎为书记。

10月，南汇公社围垦1000余亩的长荡，开展"围湖造田"。

同年，全面实行殡葬改革，推行火葬。

1971年

1月10日，各公社开展"农业学大寨"活动，荷花公社提出"奋斗两年，实现大寨式公社"的口号。

9月，南汇中学设立二年制高中部。

同年起，各公社创办电影放映队。

1972年

各公社设立专职保卫干部，负责辖区的治安管理。

同年，各公社成立计划生育领导小组。

1973年

春涝接夏涝。4—5月，降雨387.7毫米；6—7月，降雨357.3毫米。

8月1日18时，一股较强的龙卷风在虹阳公社境内形成，随后穿过双桥、栖真、塘汇等公社，全程20余千米。虹阳公社、双桥公社遭此袭击，被毁草棚15个、畜牧场2个、牛棚10个、烟囱6个。

11月起，各公社先后成立文化站。

同年，恢复王江泾人民法庭。

同年，在今双桥村小面积挖掘出距今约4700年的新石器时期的墓葬群及文物。

1974年

3月，开展“批林批孔”运动。

5月21日，王江泾变电所建成并投入使用。

7月，南汇公社红联大队缫丝厂转制为南汇公社缫丝厂，即队办企业转为社办企业。

8月19—20日，第13号台风在三门登陆，风力在12级以上，风驾大潮，境内受台风影响，受淹农田较多。

11月1日，吴江县一辆邮政车途经双桥公社时遭到枪击，汽车挡风玻璃被打碎，邮递员受伤，邮路中断6天。后对肇事者依法作出处理。

同年，建永进大桥（在田乐村）。

1975年

12月，嘉兴县赤脚医生大学开办，在虹阳设立嘉兴县赤脚医生大学分校。

冬，各公社大张旗鼓开展“农业学大寨”活动，大搞“园田化”等冬季农田基本建设。

1976年

1月，双桥公社、虹阳公社、南汇公社、荷花公社、田乐公社成立工业办公室。

4月15日，田乐公社农机修配厂创办。

9月9日，中共中央主席、中央军委主席毛泽东逝世，各公社组织开展悼念活动。

10月14日，中共中央公布粉碎江青反革命集团，各公社召开庆祝大会。持续10年的“文化大革命”结束。

同月，各公社设置公安员，组建治安办公室，管理社会治安。

1977年

8月21—23日，第7号台风环流与北方冷空气交汇形成暴雨袭击。嘉兴三日降雨240.9毫米，嘉兴水位4.01米。境内部分房屋倒塌，良田受淹。

12月，嘉兴县农科所在双桥成立。

1978年

1月，开展“一批双打”运动（即批判江青反革命集团，打击阶级敌人的破坏活动，打击贪污盗窃、投机倒把和各种资本主义非法活动）。

6月，嘉兴县南汇地区医院更名为嘉兴县南汇中心医院。

8月26日晚，嘉兴市养鱼场巡逻船在巡逻中发现养鱼荡边有人捕鱼而追赶，捕鱼人跳入水中欲逃跑却溺水而亡，后其家属、亲属及不明真相的群众上千人大闹养鱼场，发生了严重的打、砸、抢事件。后对此事依法作出严肃处理。

11月15日，嘉兴出海排涝长山河工程开工，各公社派出民工赴长山河开挖建设，奋战33天，提前完成任务。

同月，嘉兴县房地产管理处王江泾办事处成立。

1979 年

1 月，学习贯彻中共十一届三中全会精神，停止使用“以阶级斗争为纲”的口号，把工作重点转移到现代化建设上来。

4 月，南汇公社召开第四次党员代表大会，选举江关泉为书记。

5 月，贯彻中共中央指示，落实对“地主、富农、反革命分子、坏分子”的摘帽工作。

6 月 5 日，中共王江泾区委成立，为县委派出机构，下辖南汇、田乐、荷花、澄溪、双桥、虹阳 6 个公社。宋锦荣任书记。

12 月 25 日，田乐公社召开第三次党员代表大会，选举产生中共田乐公社第三届委员会，凌昌峰为书记。

同年，王江泾境内天主教恢复活动。

1980 年

1 月 1 日，中国农业银行王江泾支行成立。

同月，虹阳公社召开第二次党员代表大会，选举俞月初为书记。

2 月 3 日，双桥公社召开第四次党员代表大会，选举赵忠林为书记。

3 月 1 日，南汇公社召开第三次妇女代表大会。

3 月 3—24 日，阴雨连绵，淫雨长达 22 天，降雨 206.3 毫米，比常年雨量多 1.3 倍；6—7 月，降雨 404.9 毫米，造成域内早稻田谷发芽霉烂；7 月 30 日至 8 月 31 日，又有 22 天雨日。

8 月，王江泾影剧院建成并开放，院址在今万福路。

同月，荷花公社召开第三次党员代表大会，选举严德林为书记。

12 月 31 日，嘉兴县调整粮管所机构设置，实行“以区建所，以社建站”，南汇粮管所、双桥粮管所合并为王江泾粮管所。王江泾粮管所负责管理荷花公社、虹阳公社、双桥公社、澄溪公社、南汇公社、田乐公社的粮食购销业务。

同年，重修谢河桥（在今太平村）。

同年，南汇幼儿园创办，附设于南汇公社中心小学。

1981 年

1 月，嘉兴县并入嘉兴市（县级市），隶属嘉兴地区行政公署。

2 月，虹阳幼儿园创办，设于虹阳小学内。

同月，嘉兴县双桥农场更名为嘉兴市双桥农场，由市农业局管理。

4 月，设立王江泾公安派出所，辖虹阳、双桥、澄溪、荷花、南汇、田乐 6 个公社。

5 月，开展第一次地名普查。

7 月 3 日，田乐公社召开第七届人民代表大会，选举史桂兴为公社主任。

9 月 21 日，双桥公社召开第七届人民代表大会，选举张培基为公社主任。

10 月 5 日，南汇公社召开第七届人民代表大会，选举陆甫根为公社主任。

同月，虹阳公社召开第七届人民代表大会，选举李荣奎为公社主任。

同月，荷花公社召开第七届人民代表大会，选举产生公社管委会，管委会主任暂缺。

12 月，王江泾绸厂更名为嘉兴市绸厂。

同年，双桥遗址被公布为市级文物保护单位。

同年，重建金鱼桥（在金鱼桥村）。

1982 年

3 月 9 日，嘉兴县房地产管理处王江泾办事处更名为嘉兴市王江泾房地产管理处。

7 月 1 日，开展第三次全国人口普查，境内普查结果：南汇公社 13988 人，荷花公社 18555 人，田乐公社 11231 人，双桥公社 17842 人，虹阳公社 10662 人，嘉北公社沈家桥、金鱼桥、宇四浜、收藏 4 个大队共有 4455 人，全境总人口 76733 人，其中男性 38528 人、女性 38205 人。

9 月 12 日，虹阳公社召开第三次妇女代表大会。

9 月 27 日，双桥公社召开第五次妇女代表大会。

11 月，各生产队全面实行家庭联产承包责任制。

同年，开始建设陶家荡、和尚荡、屋梁荡、行灶（荇藻）湖等商品鱼基地。

1983 年

7 月 27 日，撤销嘉兴地区行政公署，建嘉兴市、湖州市，嘉兴市设城区、郊区。境内田乐、南汇、荷花、澄溪、双桥、虹阳公社隶属嘉兴市郊区。

同月，嘉兴市农业技术学校成立，设于王江泾中学内。

8 月 22 日起，开展严厉打击刑事犯罪活动。

12 月 27 日，荷花公社、南汇公社经市血吸虫病防治院考核验收，宣布消灭血吸虫病，转入巩固观察阶段。

12 月 17—30 日，实行政社分设体制改革，南汇、田乐公社为全区第一批政社分设试点，按照党政企分开要求，建立乡党委、人民政府、公社经联委三套班子。至 1984 年 1 月下旬，域内各公社均改为乡。

12 月，中共王江泾区委员会更名为中共王江泾工作委员会。工作委员会作为郊区区委的派出机构，负责检查监督所属公社的工作，不设行政机构。

同年，南汇市河实施疏浚拓宽开挖建设工程。

同年，嘉兴市养鱼场（南汇）场址迁至王江泾“地农场”（嘉兴市农科所区域）。

同年，南汇工商行政管理所并入王江泾工商行政管理所。王江泾工商所辖荷花乡、田乐乡、南汇乡、虹阳乡、双桥乡、澄溪乡、栖真乡。

1984 年

1 月 16 日，从双桥乡划出王江泾镇和王江泾村，建立区属镇王江泾镇。

2 月 9 日，王江泾公安派出所划归郊区公安分局管辖，辖虹阳乡、双桥乡、田乐乡、荷花乡；南汇乡由油车港公安派出所管辖。

同月，南汇乡、田乐乡、荷花乡人民政府设立村镇建设办公室。

同月，公安派出所管辖区域调整：王江泾派出所管辖虹阳乡、双桥乡、荷花乡、田乐乡；油车港派出所辖南汇乡、澄溪乡。

6 月 1 日，王江泾集镇开始供应深井自来水，为境内首家。

6月13—14日，入梅后，境内普降特大暴雨。

7月17日，双桥乡召开第八届人民代表大会，选举朱明生为乡长。

7月18日，虹阳乡召开第八届人民代表大会，选举李荣奎为乡长。

同月，王江泾镇召开首届人民代表大会，选举朱敏杰为镇长。

同月，南汇乡、田乐乡、荷花乡分别召开第八届人民代表大会，选举产生各乡乡长：南汇乡乡长张昌荣，田乐乡乡长王杏娜，荷花乡乡长朱菊生。

同月，建立中共王江泾工作委员会人民武装部，属郊区人武部派出机构，负责检查督导所属乡镇人武部工作。

8月，虹阳中学创办，初期学校设于虹阳镇北中心校内。

9月29日，王江泾镇召开第一次妇女代表大会。

同月，由荷花乡、南汇乡、田乐乡及嘉兴市养鱼场联合开发的“梅家荡商品鱼基地”工程开工围垦。

同月，各乡镇分别成立成人文化技术学校，开展乡镇的扫盲工作及乡镇企业职工文化技术的补习工作。

同月，秀洲区个体劳动者协会王江泾分会成立。

12月27日，虹阳乡经市血吸虫病防治院的验收，宣布消灭血吸虫病。

同年，各乡建立司法办公室。

同年，建立王江泾镇治安联防队。其余各乡镇也相继建立治安联防队。

同年，双桥中学创办，设于双桥中心校内。

1985年

2月，嘉兴至王江泾12路公交车通车。

7月，设立南汇乡公安派出所。

同月，王江泾镇城乡建设办公室成立。

7月29日至8月3日，受6号台风影响，境内大雨。其时早稻正处收割期，稻谷霉烂，损失较重。

8月，嘉兴市南汇中心医院部分设备、卫技人员迁至王江泾，与王江泾卫生院合并为王江泾医院。

9月5日，南汇乡改制为南汇镇，实行镇管村制。

9月10日，南汇镇召开第五次党员代表大会，选举陆甫根为书记。

9月14日，双桥乡召开第五次党员代表大会，选举仲建平为书记。

同日，荷花乡召开第四次党员代表大会，选举高振坤为书记。

9月16日，田乐乡召开第四次党员代表大会，选举史桂兴为书记。

9月17日，王江泾镇召开第一次党员代表大会，选举朱敏杰为书记。

9月18日，虹阳乡召开第三次党员代表大会，选举刘庆祥为书记。

12月18日，经市血吸虫病防治院验收，田乐乡、王江泾镇的血防工作达标，宣布消灭血吸虫病。

1986 年

2 月，设立荷花乡公安派出所、田乐乡公安派出所。

4 月 15 日，梅家荡商品鱼基地工程竣工并投产，建成鱼塘 310 个，鱼塘面积 4139 亩。区委、区政府于 30 日在王江泾召开梅家荡商品鱼基地工程竣工大会，同时表彰工程建设先进集体与个人。

7 月 28 日，受 7 号台风影响，嘉兴等地狂风暴雨，各乡镇均有受灾。

同月，“公泰和”栗酥获浙江省供销社优质产品金奖。

同月，设立王江泾经济区供销合作社，辖双桥乡、虹阳乡、荷花乡；同时设立南汇经济区供销合作社，辖南汇乡、田乐乡。

10 月，开展第一代居民身份证发放工作。

同年，荷花乡民主村在刘王庙旧址重建庙宇，命名为“刘公祠”。

同年，设立田乐乡公安派出所、荷花乡公安派出所；南汇乡公安派出所更名为南汇公安派出所。

同年，王江泾境内基督教恢复活动。

同年，双桥乡、虹阳乡、南汇镇、荷花乡、田乐乡实行“定收定支、超收分成、超支不补、结余留用、一年一定”的财政管理体制。

1987 年

5 月 8 日，双桥乡召开第九届人民代表大会，选举汪薛平为乡长。

5 月 9 日，虹阳乡、南汇镇分别召开第九届人民代表大会，分别选举朱明生为虹阳乡乡长、张昌荣为南汇镇镇长。

5 月 10 日，荷花乡召开第九届人民代表大会，选举金桂福为乡长。

5 月 11 日，王江泾镇召开第二届人民代表大会，选举严德林为镇长。

5 月 20 日，田乐乡召开第九届人民代表大会，选举沈海兴为乡长。

同月，王江泾粮管所七星粮站、栖真粮站的管理划归嘉兴市直属粮库。

8 月 25 日，区委、区政府在双桥乡召开“虫口夺粮”紧急现场会。

10 月，王江泾镇、南汇镇、田乐乡、荷花乡、虹阳乡水上交通管理站成立。

12 月 10 日，撤销中共王江泾工作委员会，撤销王江泾区人民武装部。

同年，田乐乡、双桥乡建立法律服务所。

同年，境内分别遭受 7 号台风和 12 号台风影响。其中 12 号台风为期 3 天，嘉兴站雨量 142 毫米。

1988 年

1 月 30 日，成立王江泾渔政分站，下辖王江泾、田乐、荷花、南汇、双桥、虹阳、油车港、栖真等乡镇和国营渔场。

4 月 2 日，日本名古屋大学教授森正夫一行 5 人，到王江泾考察研究明清时期城镇城隍庙历史。

4 月 28 日，日本筑波大学副教授永塚镇南和千叶大学讲师佐藤幸夫，到嘉兴双桥农场考察土壤状况。

同月，嘉兴市农业科学研究所划为郊区所属，改名为嘉兴市郊区农科所。

同月，南汇镇成立镇科学技术协会，并召开第一次会员大会。

5月23日，王江泾“南方丝绸市场”正式开业，占地面积6650平方米，设经营点110个。

6月，建立南汇法律服务所。

7月1日，分设王江泾财税所、南汇财税所。

8月8日，第7号台风在宁波象山登陆。嘉兴风力9～10级，伴有短时间大到暴雨，台风导致境内倒塌房屋甚多，人畜伤亡严重。

同月，撤销南汇中学建制，原南汇中学高中部并入王江泾嘉兴市农业技术学校，更名为“嘉兴市郊区王江泾中学”。同时撤销王江泾镇中学建制，将其并入王江泾中学。原南汇中学初中部并入南汇镇中学。

9月28日，南汇镇召开第六次党员代表大会，选举朱菊生为书记。

9月29日，虹阳乡召开第四次党员代表大会，选举刘庆祥为书记。

10月21日，荷花乡召开第五次党员代表大会，选举高振坤为书记。

10月11日，荷花乡长虹村被省水利厅定为圩区整治工程示范圩区。

10月12日，经省民政厅批准，双桥乡与王江泾镇合并，定名为王江泾镇。

11月18日，田乐乡召开第五次党员代表大会，选举陆甫根为书记。

11月24日，王江泾镇召开第二次党员代表大会，选举吕行为书记。

下半年起，各乡镇先后成立计划生育协会。

1989年

5月，撤销双桥法律服务所，成立王江泾法律服务所。

7月14日，郊区在王江泾镇、油车港镇推行村级干部养老保险试点。

7月15日，“双虹公路”(双桥—虹阳)建成通车。

8月30日，首次始使用邮政编码，王江泾镇、荷花乡、田乐乡为314016，南汇镇为314017，双桥乡为314024，虹阳乡为314025。

9月15日，受23号台风影响，普降大到暴雨，境内受灾严重。19日上午，省政府派工作组到王江泾等灾区检查指导抗灾工作。

同月，南汇镇举办首届“南汇之声”群众娱乐活动大赛；王江泾镇举办首届“长虹之声”文化节。

11月26日，35千伏荷花变电所建成并投入使用。

11月，荷花乡敬老院创办。

12月，建成杭州、嘉兴、湖州地区首个圩区建设试点工程——长虹圩区工程。

同年，经市血吸虫病防治院检验，双桥乡宣布消灭血吸虫病。至此，全境达到省消灭血吸虫病实行标准，转入巩固观察阶段。

同年，金陵制衣有限公司在王江泾成立，成为全区首个与香港合资项目。

同年，双桥中学更名为王江泾镇中学，校址在双桥集镇。

1990年

1月，王江泾镇敬老院创办。

3月10日，嘉兴市中国旅行社和中国国际旅行社苏州分社联办“苏嘉杭古运河逍遥游”专项旅游活动，并在长虹桥举行首航仪式。

4月14日，虹阳乡召开第十届人民代表大会，选举李荣奎为乡人大常务主席、陈志林为乡长。从此次大会开始，建立乡镇人大主席团并设立乡镇人大主席团常务主席。

4月15日，荷花乡召开第十届人民代表大会，选举金桂福为乡人大常务主席、姚良根为乡长。

4月18日，王江泾镇召开第三届人民代表大会，选举吕行为镇人大常务主席、金茂祥为镇长。

4月20日，南汇镇召开第十届人民代表大会，选举朱菊生为镇人大常务主席、史桂兴为镇长。

4月25日，田乐乡召开第十届人民代表大会，选举凌昌峰为乡人大常务主席、沈海兴为乡长。

同月，撤销南汇经济区供销合作社，恢复南汇供销合作社。

5月23日，浙江省委顾问委员会主任铁瑛到南方丝绸市场调研并为市场开业两周年活动剪彩、题字。

7月1日，开展第四次全国人口普查。王江泾镇18591人，南汇镇14239人，田乐乡11708人，荷花乡19661人，虹阳乡10784人，嘉北沈家桥村、宇四浜村、收藏村、金鱼桥村共4510人。全境总人口79493人，其中男39806人、女39687人。

8月29日，虹阳乡召开第五次党员代表大会，选举朱明生为书记。

9月1日，受15号台风影响，普降大雨，农田受淹损失严重。

9月4日，田乐乡召开第六次党员代表大会，选举陆甫根为书记。

9月7日，南汇镇召开第七次党员代表大会，选举朱菊生为书记。

9月15日，荷花乡召开第六次党员代表大会，选举金桂福为书记。

10月10日，王江泾镇召开第三次党员代表大会，选举吕行为书记。

同年，公路乍王线被核定为省道浙—07线，简称07省道。

1991年

5月，建立王江泾镇工会。

6月中旬起，境内遭受2次梅涝，1次雷暴袭击，造成史上罕见的洪涝灾害。

7月21日，中共中央政治局常委、国务院总理李鹏到虹阳乡虹阳村考察灾情。

10月17日，虹阳乡科学技术协会成立并召开第一次会员大会。

同月，王江泾镇举办第三届“长虹碧波”(即原“长虹之声”)文化节暨首届乡村运动会。

同月，各乡镇成立体育委员会。

同年，各乡镇分别召开残疾人协会第一次代表大会。

同年，各乡镇建立暂住人口管理小组。

同年，虹阳乡建自来水厂；1992年，该乡大部分村民吃上自来水(深井水)。

同年，田乐乡、南汇镇、虹阳乡均创办敬老院。

同年，东石桥圩区工程竣工，控制面积2130亩。

1992年

3月，王江泾镇政府办公大楼建成，位于07省道西，总投资200万元，建筑面积1600平方米。

6月1日，区政府在王江泾镇召开“国有土地有偿出让投标签协”会议。首次出让土地257平方米，出让年限为50年。

8月，田乐中学新教学大楼建成。

8月28日，嘉兴市第一代移动电话开通，荷花青荷管道供应处以4.8万元拍得嘉兴市第一部移动电话号码。

9月18日，荷花乡投资20万元建自来水厂。

同年，王江泾镇、田乐乡、荷花乡成立科学技术协会，分别召开第一次会员大会。

同年，在王江泾小桥港重建天主教堂。

同年，一宿庵新建观音殿，重建大殿，恢复原貌。佛教活动恢复。

同年，郎嘉桥遗址、金桥遗址、南墓城遗址、孙家汇遗址被公布为嘉兴市文物保护点。

1993年

1月1日，全国放开粮油市场价格，停止粮油票证使用流通，粮油与户口挂钩至此终结。

2月24日，南汇镇召开第八次党员代表大会，选举朱明生为书记。

2月25日，荷花乡召开第七次党员代表大会，选举金桂福为书记。

2月25日，王江泾镇召开第四次党员代表大会，选举王金根为书记。

2月26日，虹阳乡召开第六次党员代表大会，选举朱菊生为书记。

2月27日，田乐乡召开第七次党员代表大会，选举陆甫根为书记。

4月15日，王江泾镇召开第四届人民代表大会，选举王金根为镇人大常务主席、金茂祥为镇长。

4月16日，南汇镇召开第十一届人民代表大会，选举朱明生为镇人大常务主席、顾太文为镇长。

4月18日，荷花乡召开第十一届人民代表大会，选举金桂福为乡人大常务主席、李文雷为乡长。

4月29日，田乐乡召开第十一届人民代表大会，选举陆甫根为乡人大常务主席、於金牛为乡长。

同月，虹阳乡召开第十一届人民代表大会，选举李荣奎为乡人大常务主席、陈志林为乡长。

同月，投资150万元，建造王江泾镇新联自来水厂。

8月，平均降雨量达253毫米，是常年同期的3.7倍，超历史最高纪录，8月22日，王江泾水位4.26米，超过历史最高水位21厘米，造成严重洪涝灾害。

10月25日，中国银行嘉兴秀城王江泾支行成立，设于王江泾北虹路42号。

11月8日，王江泾北虹大桥竣工通车。投资180万元；桥长114米，宽8米。

11月18日，王江泾至荷花乡、南汇镇、田乐乡的县级公路建成，通车典礼在南汇镇举行。

同年，各乡镇老年体育协会成立。

同年，南汇镇在船圈荡南的大调圩开发建设集镇新区，投资 3698 万元，开发新区面积 168 亩。

1994 年

3 月 8 日，郊区首次公开拍卖骨干企业——新桥丝绸染整有限公司。

4 月，王江泾镇设立全区首个工业小区——嘉兴市龙泉富民经济开发区。

5 月，郊区私营企业协会王江泾分会成立。

6 月，嘉兴市绸厂职工宿舍安装有线电视前端接收设备，200 多户职工率先看上有线电视。

8 月，王江泾南方大厦建成开业，总投资 1080 万元，为集办公、商贸、娱乐、餐饮于一体的商用楼。

9 月 9 日，全国环保执法检查团到王江泾镇检查江浙交界水污染情况。

10 月，荷花、田乐、虹阳民警值勤室分别升格为荷花派出所、田乐派出所、虹阳派出所，隶属区公安分局管辖。

11 月起，各乡镇建立计划生育服务站。

同年，王江泾闻川北路建成，长约 1.5 千米，宽 30 米。

同年，修建塔桥（在今双塔村，秀洲与吴江交界处）。

1995 年

3 月 24 日，田乐乡安息堂建成启用。

4 月，莲泗荡刘公园由荷花乡人民政府接管，更名为莲泗荡公园。

5 月，中国人民保险公司王江泾中心所成立，并分设中保人寿王江泾中心所、中保财产王江泾中心所。

6 月 1 日至 7 月 6 日，王江泾累计平均降雨量 476 毫米，水位急剧猛涨，造成降水量 10 年一遇、洪水位 40 年一遇的洪涝灾害。

6 月 3—6 日，国家环保局协调小组到境内调查北部水域污染问题。同月，王江泾农贸市场从东菜场迁移至虹运路，市场占地面积 3500 平方米。

9 月，孙家浜纺机市场建成开业，占地面积 1.2 万平方米，营业用房 34 间。

11 月 8 日，省长万学运到荷花乡考察冬种工作。

同月，王江泾派出所“王江泾系列特大抢劫案侦破组”获省公安厅集体二等功。

1996 年

1 月 3 日，中国工商银行嘉兴市郊区支行王江泾分理处开业，地址在王江泾镇王荷路 2 号。

1 月 28 日，南汇镇召开第九次党员代表大会，选举金桂福为书记。

2 月 2 日，田乐乡召开第八次党员代表大会，选举陆甫根为书记。

2 月 7 日，王江泾镇召开第五次党员代表大会，选举金永和为书记。

2 月 8 日，荷花乡召开第八次党员代表大会，选举於金牛为书记。

2 月 9 日，虹阳乡召开第七次党员代表大会，选举朱菊生为书记。

3 月 12 日，南汇镇召开第十二届人民代表大会，选举金桂福为镇人大常务主席、倪顺荣为镇长。

3月14日，田乐乡召开第十二届人民代表大会，选举陆甫根为乡人大常务主席、何晓迪为乡长。

3月15日，王江泾镇召开第五届人民代表大会，选举金永和为镇人大常务主席、怀国华为镇长。

3月21日，虹阳乡召开第十二届人民代表大会，选举朱菊生为乡人大常务主席、李文雷为乡长。

同日，荷花乡召开第十二届人民代表大会，选举於金牛为乡人大常务主席、钱永祥为乡长。

4月下旬，开展反封建迷信、制止非法建造寺观教堂、滥建坟墓专项治理。

8月28日，全区第一家农村合作基金会业务部——荷花乡农村合作基金会业务部开业。

同月，荷花乡莲泗荡公园经区人民政府批准为刘承忠纪念馆。

同月，王江泾镇集镇防洪一期工程建成，总投资160万元。

同年，嘉兴市本级实行有线电视光缆大联网，各乡镇广播电视站可接收有线电视信号，部分居民看上有线电视。

1997年

1月1日，撤销王江泾税务所、南汇税务所，设王江泾中心税务所。

4月18日，荷花乡政府新办公大楼落成。

7月6日起，普降大雨，日平均降雨量137.7毫米。

8月，长虹桥被列为浙江省文物保护单位。

8月18日，受11号台风袭击，沿海风力11级，内陆10级，王江泾普降暴雨。

9月，南汇镇建立成人文化技术学校。

10月15日，省委常委、副省长刘锡荣到王江泾“长江流域四大家鱼良种场”考察。

同年，各乡镇先后建立刑释解教人员帮教安置协调小组和办公室。

1998年

3月，王江泾镇被列入浙江省小城镇综合改革试点镇。

4月，王江泾派出所所长周小明获“全国优秀人民警察”称号。

5月，行政区划调整，撤销虹阳乡、荷花乡建制，并入王江泾镇。

6月24日，王江泾镇召开五届四次人民代表大会，选举於金牛为镇长。

8月21日，撤销虹阳、荷花派出所，改设虹阳、荷花警务站，归王江泾派出所管辖。

9月，设立王江泾邮政支局，与电信支局分开设立。

同月，荷花信用社、虹阳信用社并入王江泾信用社。

11月13日，嘉兴养鱼场“长江四大家鱼”原种场通过国家级验收，成为国家第四家“长江四大家鱼”原种场。

12月4日，南汇镇被授予省级卫生镇称号。

12月11日，南汇镇安息堂建成启用。

12月，田青至南汇乡道桥梁：奈字圩桥、夹港大桥、西汀港桥、廊下大桥、建工桥、平安桥竣工通车；建民和大桥（在民和村）。

同月，王江泾镇被命名为市级卫生镇。

同年，农村第一轮土地承包合同到期，各村与农户签订第二轮土地承包合同。

同年，王江泾幼儿园更名为王江泾镇中心幼儿园。

同年，南虹安息堂建成启用。

同年，莲泗荡公园新建的刘公塔竣工，塔高43.8米，塔身八面七层。

1999年

1月8日，南汇镇召开第十次党员代表大会，选举陆甫根为书记。

1月18日，田乐乡召开第九次党员代表大会，选举陈志林为书记。

1月21日，王江泾镇召开第六次党员代表大会，选举金永和为书记。

1月27日，王江泾镇召开第六届人民代表大会，选举金永和为镇人大常务主席、於金牛为镇长。

1月29日，南汇镇召开第十三届人民代表大会，选举陆甫根为镇人大常务主席、倪顺荣为镇长；田乐乡召开第十三届人民代表大会，选举朱宝根为乡人大常务主席、何晓迪为乡长。

2月，嘉兴市荷花水产养殖有限公司成立。公司养殖基地面积2280亩，注册“嘉荷池青”青鱼干。

4月，境内部分行政村区划调整，王江泾镇由33个行政村调整为25个行政村；南汇镇由12个行政村调整为7个行政村。

同月，在王江泾镇南方路与07省道交会处，建成一座高16米，被誉为“浙北明珠王江泾”的镇标。

5月2日，境内各乡镇参加嘉兴市庆祝嘉兴市解放50周年大型文艺行街活动。

6月21日，嘉兴市郊区更名为嘉兴市秀洲区，境内各单位先后更名，隶属关系不变。

6月下旬，境内遭遇百年不遇的特大洪灾，王江泾水位4.9米，超历史最高水位0.51米，被称为“1999·6·30”洪灾。

同月，乡镇电管站体制、职能改变，由上级电力部门直接管理，改建为王江泾、南汇、田乐供电营业所。

7月8日，南京军区某集团军副军长到王江泾镇考察灾情，看望抗灾救灾的驻军官兵。

7月10日，中共中央政治局委员、国务院副总理、国家防汛抗旱总指挥温家宝到王江泾镇考察洪水灾情。

12月10日，红旗塘续建工程——运河塘至新塍新农港支河开挖拓宽工程动工，于2002年4月30日竣工。

同月，王江泾镇被命名为省级卫生镇。

2000年

3月，创立秀洲·中国丝织科技工业园。

4月，王江泾镇被命名为“浙江东海文化明珠”。

同月，在王江泾闻川南路新建王江泾医院，总建筑面积9000平方米，首期工程建筑面积5000平方米，投资400万元。

6月，刘承忠纪念馆更名为莲泗荡风景区。嘉兴市莲泗荡风景区开发有限公司成立。

7月1日，撤销王江泾中心税务所，建立嘉兴市地方税务局征管二局王江泾办税服务站。

8月22日，省委副书记、省长柴松岳一行到王江泾镇实地察看边界水质情况。

9月13日，王江泾商会成立。

同月，成立闻川居委会治安巡逻队，为全镇首支居民治安巡逻队。

10月17日，区委、区政府重新印发《关于推进"五个一"工程的实施意见》，对"五个一"工程的规划目标作了相应调整，调整后的规划目标是：以王江泾镇为龙头，联动发展新塍、王店、洪合三个中心镇建设；以王江泾镇民主村为龙头，联动发展18个中心示范村建设。

10月28日，王江泾镇第九届"长虹碧波"文化节开幕，开启"文化搭台，经济唱戏"的模式。

同月，王江泾镇被命名为市级文明镇。

同月，长虹公园景点第一期工程建设竣工，实行免费开放。

11月1日，开展第五次全国人口普查。王江泾镇50684人，南汇镇13932人，田乐乡11965人，嘉北乡4个村4609人。全境总人口81190人，其中男40290人、女40900人。

同年，王江泾镇、田乐乡、南汇镇分别成立纠纷调解中心。

同年，位于虹桥路与闻川路交叉口东南的王江泾镇中学新校址落成，占地面积50505平方米。

同年，嘉兴市中意纺织厂获得全区首张"个人独资企业营业执照"。

同年，王江泾一宿庵更名为长虹古寺。

2001年

3月，王江泾镇被省水产厅授予"青鱼之乡"称号。

4月，撤销南汇镇、田乐乡建制，并入王江泾镇；嘉北乡沈家桥村、收藏村、宇四浜村、金鱼桥村、栖真乡上睦村同时并入王江泾镇。

5月，王江泾镇被列入浙江省中心镇。

6月14日，镇农业技术推广站、水产技术推广站、经营管理站合并成立王江泾镇农业技术服务中心；撤销镇工业办公室，成立王江泾镇企业服务中心；撤销镇交通管理站，成立王江泾镇城镇监察中队；撤销镇法律服务所，组建社会中介服务机构；成立王江泾镇预算会计核算所。

同月，王江泾镇被命名为浙江省教育强镇。

同月，受2号台风(飞燕)外围影响，连降大到暴雨，造成洪涝灾害。王江泾水文站超危急水位65厘米。

同月，嘉兴市王江泾镇水产专业合作社成立，为全镇首个农民专业合作社。

7月10日，副省长章猛进到王江泾镇新桥、北荷村田头及公路沿线等地检查晚稻种植和农业结构调整工作。

同月，建立王江泾开发区，范围在北郊河以北至双桥沙河荡以南。

同月，南汇信用社、田乐信用社并入王江泾信用社。

8月12日、19日，第一批三峡移民先后抵达，全镇安置移民21户98人。

8月25日，王江泾镇中学新校舍竣工，占地面积8520平方米，总投资715万元。

10 月，欣悦印染有限公司成立并开业，为入驻镇工业开发区的首家印染企业。

11 月 22 日凌晨，长期遭受江苏盛泽镇工业污水侵害的王江泾镇千余名村民，在江浙边界麻溪河自发筑坝截污，被称为"民间零点行动"。同年 12 月 14 日拆除拦污坝。

同年，境内原各乡镇敬老院集中搬迁至王江泾镇敬老院，位于荷花社区新镇路。

同年，设立王江泾刑侦队，和王江泾派出所两块牌子、一套班子。

2002 年

1 月 18 日，王江泾镇召开第七次党员代表大会，选举陈志林为书记。

1 月 28 日，王江泾镇召开第七届人民代表大会，选举沈菊英为镇人大常务主席、沈凤兴为镇长。

4 月 14 日，调整部分行政村区划，全镇由 43 个行政村调整为 33 个行政村和 1 个居委会。

6 月，王江泾经济区供销合作社实行转制。

7 月 18 日，王江泾镇残疾人联合会第四次代表大会召开。

同月，王江泾镇被列入"全国小城镇综合改革试点镇"。

8 月，王江泾镇田乐中学并入王江泾镇南汇中学。

9 月 23 日，王江泾镇召开第七次妇女代表大会。

同月，嘉兴市王江泾万田圩水产特种养殖场成立，基地面积 455 亩，品牌"天然荡"鳖。

12 月，全镇各村卫生室更名为社区医疗卫生服务站。

同月，嘉兴礼海机械高科技有限公司建立开业。

同年，长虹生态公墓、长虹安息堂建成启用。

2003 年

1 月 8 日，嘉兴秀洲丝织工业园区一期工程经省发展计划委员会批准建立，由王江泾镇工业园区开发有限公司投资 2000 万元，占地 301 亩。

3 月 14 日，秀洲区政府同意王江泾镇调整城镇总体规划部分区块规划，对镇运河东侧部分居住、公共设施用地调整为工业用地，调整范围：南至虹桥东路，北至铁店港，东至迎宾路(荇藻河)，西至京杭大运河。调整面积为 70 公顷。

6 月 3 日，王江泾镇统计信息中心建立。

7 月 14 日，王江泾镇社会事业所成立。

7 月 27 日，王江泾镇召开以"构筑发展大平台，八百农户大动迁"为主题的大规模开发建设动员大会，打响小城镇建设"三区并进"基础设施建设大会战。

7 月 28 日，王江泾镇南汇中学科技行政图书楼及风雨操场建设项目启动，建筑面积 1 万平方米，投资 1000 万元。

7 月 30 日，王江泾、新桥、闻川、南汇、荷花、双桥、虹阳居民委员会更名为社区居民委员会。

8 月 1 日，王江泾镇污水管网与市污水管网建成贯通。

10 月，撤销南汇医院建制，成为王江泾医院南汇分院。

2004 年

1 月 13 日，王江泾镇全国小城镇综合改革试点方案经省体改办批准实施。

2月7日,商业部原部长胡平到秀洲新区、王江泾镇走访调研。

4月27日,开展全国第一次经济普查。

同月,秀洲区第一家村庄整治试点在洪典村开展。

6月,嘉兴市诚兴水产养殖服务有限公司成立,位于梅家荡,面积708亩。该公司生产的"梅家荡"青鱼干获浙江省农业博览会金奖和优质农产品奖。

同月,王江泾镇司法联动调解服务所成立。

8月3日,第二批三峡移民抵达,全镇安置移民8户31人。

9月21日,成立王江泾镇专职消防队。

10月,王江泾镇被列为嘉兴市换发第二代居民身份证试点镇。

同月,王江泾镇被命名为省级文明镇。

11月,王江泾镇被中国纺织工业协会授予全国织造名镇称号。

12月3日,中国纺织工业协会确定王江泾镇为第三批纺织产业基地特色镇。

2005年

1月5日,省委、省政府决定,授予王江泾镇田乐村、宇四浜村"全面小康建设示范村"称号。

5月,王江泾镇环境保护办公室成立。

6月10日,王江泾人民法庭与江苏省吴江市盛泽镇人民法庭签订省际司法协作协议,约定工作协助、联系交流和信息反馈等三项机制,为全省首创。

6月29日,王江泾镇召开第七届人民代表大会第六次会议,通过同意沈菊英辞去镇人大常务主席、沈凤兴辞去镇长职务的决定,补选吴云飞为镇人大主席、徐坤荣为镇长。

7月,成立王江泾镇企业监督管理和服务中心,并为市政府试点。

同月,嘉兴市鸣业棉纺有限公司建成全区第一座喷水织机废水处理设施。

8月,南汇镇中学、田乐中学、南汇中心小学三校合并,命名为王江泾镇实验学校,为区第一所九年一贯制实验学校。

8月4—6日,受第9号台风"麦莎"影响,嘉兴市内陆风力7～8级,阵风8～10级。全市平均过程降雨量118.4毫米,王江泾123.6毫米。王江泾的降雨量达88毫米。从9月10日起,王江泾河网水位开始上涨,到12日中午出现最高水位,王江泾站水位超过危急水位。

8月4日,空军嘉兴某部航材仓库炸弹挂弹架被盗。后王江泾派出所等迅速破案,先后抓获犯罪嫌疑人9名,追回全部被盗物品。

10月,在07省道建立王江泾镇超限运输车辆检测站。

11月29日,王江泾镇宇四浜村被命名为"浙江省绿化示范村"。

同年,王江泾镇被命名为首批浙江省体育强镇。

2006年

1月1日,《中华人民共和国农业税条例》废除,境内不再征收农业税。

1月15日,麻溪港大桥建成通车,至此,全区最后一个渡口——王江泾镇西雁村渡口被撤销,秀洲区结束了船渡历史。

1月起，原王江泾镇内部刊物《王江泾镇通讯》改版为面向全镇群众的《王江泾镇报》，4开双面版，每月1期。

5月，长虹桥被国务院公布为全国重点文物保护单位。

6月18日，07省道运河以西的行政村和王江泾、新桥、闻川社区，接通嘉兴嘉源给排水公司管网，进行集中统一供水，6.8万人喝上和城市一样的自来水，停用深井水。

10月，王江泾镇被评为全国创建文明村镇工作先进镇。

同月，全镇33个行政村、2个社区居委会全面实行垃圾分类处理，以减少垃圾处理成本，提高资源利用率。

10—12月，秀洲区至江苏省吴江市公路沿线连续发生货运车辆布片被盗案件，其中王江泾段发案10余起，该系列案被省公安厅列为督办案件。后此案告破，抓获犯罪嫌疑人14名。

11月29日，区开展古树名木普查工作，境内田青村1100年的银杏树名列全区第三位。

12月11日，王江泾镇召开第八次党员代表大会，选举周洪根为书记。

2007年

1月18日，王江泾镇召开第八届人民代表大会第一次会议，选举吴云飞为镇人大常务主席、徐坤荣为镇长。

1月21日，秀洲区首家民营控股集团——浙江民效丰汇控股集团有限公司成立。

1月30日，王江泾镇第八次妇女代表大会召开。

4月，07省道北郊河至江浙交界原三级公路改建的一级公路竣工通车。

5月10日，王江泾纺织行业协会成立。

5月14日，秀洲区农村信息化建设覆盖全区，镇内33个行政村全部开通宽带网。

同日，王江泾镇被列为省“十一五”中心镇培育工程的省级中心镇，被赋予部分经济社会管理权限，涉及财政、规费、资金扶持、土地、户籍等10个方面。

5月17日，王江泾镇安全生产监察中心成立。

6月26日，举行中国纺织市场升级研讨会暨嘉兴·中国南方纺织城建设工程开工庆典。

同日，位于王江泾镇区长虹路58号的嘉兴市图书馆王江泾分馆成立。

同月，王江泾工业功能区由嘉兴市甲级工业园区升格为嘉兴市特级工业园区。

8月8日，王江泾镇残疾人联合会第五次代表大会召开。

9月20日，遭受13号台风“韦帕”影响，境内降雨137.7毫米，最高水位3.86米，超过危急水位0.36米。

12月11日，据国家统计局浙江调查总队数据反馈，2006年全省乡镇经济社会综合发展水平测评中，王江泾镇再列全省百强之一。

12月18日，王江泾大桥落成通车。桥梁为双塔双索面斜拉桥，桥宽30米，桥梁全长245.16米，主桥长195.16米，主桥塔高31.34米。总投资3400万元。

12月31日，运河西二级供水管网工程建设全面完工，西片居民吃上嘉源给排水公司的自来水。

同年，网船会民俗文化被列入浙江省非物质文化遗产名录。

2008 年

1 月 4—7 日，以韩国修学旅行协会会长崔泰祥为团长的韩国首尔市教育访问团一行到王江泾中镇心小学、王江泾镇中学参观访问。

1 月 23 日，王江泾镇新居民事务所成立。

2 月 2 日，因遭受百年不遇的雪灾，北荷村菜场、太平桥菜场棚顶垮塌，造成 2 死 3 伤惨剧。

3 月，建迎宾桥，在乡道太平村至田丰线，桥长 230.5 米，宽 17 米。

4—8 月，开展“非物质文化遗产”普查。

4 月 20 日，开展全国第二次经济普查。

4 月，中国邮政储蓄银行王江泾支行成立。

6 月 26 日，修筑王江泾镇虹阳村至盛泽公路，全长 2.4 千米。

11 月 1 日，荷花、田乐、双桥、虹阳卫生院建制撤销，并入王江泾医院。

同月，在原址（王江泾小桥港）重建天主教堂。

12 月 1 日，区“两分两换”试点工作在镇内双桥村、太平村启动。

同年，改建的王江泾北虹桥农贸市场和南汇集镇农贸市场竣工，改建后的北虹桥农贸市场建筑面积 1812 平方米，南汇集镇农贸市场建筑面积 1490 平方米。

同年，莲泗荡风景区被列为浙江省“非遗——网船会”保护基地。

同年，镇政府投入 76 万元，在全镇建造 39 座村级垃圾聚集点。

2009 年

1 月 16 日，王江泾镇旧城改造安置房建设工程在市养鱼场开工，总投资 3800 万元，建筑面积 3.25 万平方米，可提供 358 套安置性用房。

3 月 21—22 日，首届“江南网船会”民俗活动在莲泗荡风景区举行。活动由王江泾镇人民政府主办，省文化厅、省海洋与渔业局领导和市宣传部、区有关领导参加。此后每年举办一届。

同月，嘉兴市秀洲区乐丰年莲藕专业合作社成立。

4 月 21 日，由南京先锐城市规划设计咨询有限公司编制的王江泾镇《“两分两换”试点总体规划》通过秀洲区城乡规划委员会的审查。

5 月 25 日上午，嘉兴·中国南方纺织城试营业暨布片区推介会在纺织城举行。

9 月 9 日，王江泾镇开通“手机党课”，搭建党员教育新平台。

同月，嘉兴市秀洲区秀丰果蔬专业合作社成立，位于虹南村石汇廊，种植面积 270 亩，以种植瓜果、蔬菜为主。

9—12 月，王江泾镇举办首届全民运动会，运动会分设成年组、老年组、残疾人组。有拔河、乒乓球、跳绳、象棋、篮球、气排球、门球、飞镖、趣味插秧等 10 余个项目。

10 月，市区城乡公交车开始运营，其中有嘉兴汽车北站—王江泾 132 路、汽车北站—南汇 133 路，汽车北站—田乐 135 路，汽车北站—虹阳 131 路。

10 月 27—28 日，首届嘉兴·中国南方纺织品交易会暨南方纺织城开业。

11 月 13 日，莲泗荡风景区被批准为国家 AA 级旅游景区。

11月29日，浙江省首座数字变电站110千伏田乐变电站建成运行。该项目投入运行将全面缓解王江泾镇西北片的用电难，提高供电的可靠性。

下半年，镇域全部自来水管网与嘉源自来水公司实施联网，城乡供水实现一体化。

同年，对太平、虹南村等农民集中安置房进行试点建设，完成太平村安置点285.9亩土地征迁、1153亩土地流转，虹南村300户农户进入安置小区。

同年，兴建王江泾镇广播电视中心，投资2000多万元，分别建造广电中心大楼和广电商务楼，占地面积5500多平方米，总建筑面积9900平方米。

2010年

1月3日，王江泾镇举行秀洲区公推直选中共王江泾镇党委书记党员大会，全镇2524名党员参选，陈天荣当选为镇党委书记。

2月3日，王江泾镇设立火车票代售处，为市本级第一家。

3月23日、28日，王江泾发生里氏2.3、2.2级地震。

3月26日，王江泾莲藕观光带建设启动，涵盖北虹桥—莲泗荡风景区—民和村、长虹村—梅家荡公路两侧50～100米范围，长约8千米，面积1000亩。

5月16日，区残联在王江泾举行第二十次全国助残日系列活动暨乐丰年莲藕种植助残基地启动仪式。

同月，“网船会”被列入国家级第三批民俗类非物质文化遗产名录，向全国公示。

8月18日，全长475米，其中桥身长175.56米、宽36.5米，道路宽42米，工程预计投资2000万元的王江泾镇迎宾路铁店港大桥建设工程开工。

9月10日，嘉兴市锦丰纺织整理有限公司印染废水处理系统恶臭废气的二次防治设施建成并运行。

11月1日，开展第六次全国人口普查。全镇常住人口（包括居住半年以上的外来人口，不包括离开半年以上的户籍人口）111121人；户籍人口79789人，其中男39285人、女40504人。

11月7日，王江泾镇为老服务中心建成启用，总投资100多万元，由原房管所大楼改造而成。

12月12日，全镇6个污水处理站全部建设完成，投入运行，日处理能力达26000吨。

12月28日，王江泾镇入围浙江省首批27个小城市培育试点镇行列，是市本级唯一入选的乡镇。

同年，王江泾镇卫生监督分所成立。

同年，王江泾镇被命名为“浙江省老年体育特色项目之乡”。

同年，东风、西雁、古塘村开展农村改厕项目试点工作。

第一章 建置 区划

镇域春秋战国时期隶属过吴、越、楚等诸侯国。秦实行郡县制后属由拳县。后由拳更名，则属禾兴、嘉兴，直至明设秀水县。唐天宝年间，境内主要有柿林、复礼、永乐、思贤、麟瑞5个乡。宋、元、明时，设有王江泾巡检司。明宣德五年(1430)，秀水县从嘉兴县析出，王江泾镇设立，为秀水县四镇之一。清代时，镇上设置过总捕、同知、通判衙门。民国时，境内有王江泾、南汇、双桥、廉让等乡镇，属嘉兴县管辖。中华人民共和国成立之初，境内各乡镇、公社等统属嘉兴县管辖。1983年7月，嘉兴撤销地区行政公署，建立省辖嘉兴市。嘉兴市分设城区、郊区。1999年6月，嘉兴市郊区更名为嘉兴市秀洲区。改革开放，特别是进入21世纪后，境内撤村建镇、撤乡扩镇频繁，区划调整较大。至2010年，全镇共有33个行政村、8个社区。

第一节 境 域

浙江省与江苏省在塔桥港的界牌

王江泾镇位于嘉兴市秀洲区北部。辖区东与嘉善县陶庄镇、天凝镇、秀洲区油车港镇上睦村、杨溪村、西湖村相交；南与秀洲区嘉北街道、新城街道交接；西与江苏省吴江黎里镇、秀洲区新塍镇小金港村、南洋村、观音桥村接壤；北与江苏省吴江市盛泽镇、黎里镇交界。全镇东西宽约8.5千米，南北长约15千米，辖区总面积127.3平方千米。镇政府驻地荷花村新镇路138号，驻地地理坐标：北纬30°47′31″～30°58′26″，东经120°39′03″～120°47′10″。镇域中心东距上海市区约100千米，南距嘉兴市区约11千米，西距杭州市区约90千米，北距江苏省苏州市约45千米。

第二节 建置沿革

唐天宝十年(751)前，嘉兴县曾建有50个乡，境内有柿林乡(部分)、复礼乡(部分)、永乐乡、思贤乡、麟瑞乡(一作麟提乡，部分)。

明宣德五年(1430)，嘉兴府设秀水县，与嘉兴县同城分治，境内属秀水县，王江泾镇从永乐乡(三十都)析出。

辛亥革命后，秀水县并入嘉兴县。

1943 年,梅湖乡更名为梅湖镇,王江泾区复名王江泾镇。

1945 年抗日战争胜利时,梅湖镇复名梅湖乡,双桥乡更名为双桥镇。

1947 年 8 月,南汇镇更名为长兴镇,双桥镇复名双桥乡。

1949 年 7 月,长兴镇更名为长兴乡,王江泾镇更名为王江泾乡。

1958 年 9—10 月,嘉兴县划为 14 个人民公社,王江泾境内有东风人民公社(1959 年 5 月更名为南汇人民公社)、双桥人民公社、新塍人民公社(部分)。

1983 年 7 月,嘉兴撤销地区行政公署,建立省辖嘉兴市。嘉兴市分设城区、郊区。

1984 年 1 月,政社分开后,各公社改称乡。同月,划出双桥乡的乡属集镇王江泾镇和王江泾村,增设王江泾镇。

1985 年 9 月,南汇乡改为南汇镇。

1988—2001 年,先后撤销荷花乡、虹阳乡、南汇镇、田乐乡建制,并入王江泾镇。

1999 年 6 月,嘉兴市郊区更名为嘉兴市秀洲区。

此后至 2010 年年末,境内建置未发生变动。

第三节　乡镇行政区划

自唐天宝十年(751)前嘉兴县建乡起,域内主要有柿林、复礼、永乐、思贤、麟瑞 5 个乡。

明宣德五年(1430),王江泾镇从永乐乡(三十都)析出,域内主要有王江泾镇、柿林乡、复礼乡、永乐乡、思贤乡、麟瑞乡。

据《闻川志稿》记载,清代时"镇界无明定区域。秀水县编户二百里,镇市凡四——王江泾、新塍、濮院、陡门,而县北只王江泾一镇。(王江泾镇)南尽秀水县界,北据吴江县界。南尽云者谓'镇南',赅秀水之北境也。以官制证之,曾设同、通,视为重地;以营制证之,泾镇千总汛地,南起金桥,东北至油车港(接嘉善之天凝庄),北与西北抵吴江所属黎里、黄溪(黄家溪)、盛泽界。曩时,行政经划固以郡城迤北,闻川左右周围二三十里内,各乡里悉统于泾镇"。

清宣统元年(1909)实行自治,域内有双桥区、王江泾区、廉让区、南汇区、梅湖区、渠东区、尖墩角区、塘汇区(部分)、新塍区(部分)。

1928 年,自治停止,实行村里制,域内有王江泾镇、南汇镇、上睦港镇(部分)、塘汇镇(部分)、新塍镇(部分)。

1934 年,嘉兴县重划 7 个区、27 个镇、37 个乡,域内有双南乡(部分)、双北乡、双中乡、双桥乡、南汇镇、王江泾镇、渠东乡、廉让乡、梅湖乡、尖墩角乡、复礼乡、里仁乡(部分)。

1942 年 4 月,汪伪政府在域内设有"双桥区"、"王江泾区"、"南汇区"、"塘汇区"(部分)、"新塍区"(部分)。

1943 年,嘉兴县划为 28 个镇、34 个乡,域内有双南乡(部分)、双中乡、南汇镇、王江泾镇、渠东乡、廉让乡、梅湖镇、尖墩角乡、复礼乡、里仁乡(部分)。

1945 年 9 月,抗日战争胜利时,嘉兴县改为 7 个区、27 个镇、38 个乡。域内有王江泾镇、南汇镇、梅湖乡、廉让乡、渠东乡、尖墩角乡、双桥乡(同年更名为双桥镇)、复礼乡、双中乡、双南乡(部分)、里仁乡(部分)。

1947年8月,嘉兴县将原有的65个乡镇编并为37个乡镇,域内有长兴镇、王江泾镇、双桥乡(原为双桥镇)、廉让乡、新北乡(部分)、三德乡(部分)、塘汇镇(部分)。域内较大的乡镇与村落有南汇镇、盛家廊下、金生港、王江泾镇、尖墩角、双桥镇、顾家浜、甸上、陶墩桥、刘王庙、虹阳港、白云桥等。

1949年5月,嘉兴县全境解放后,域内有马河乡(部分)、长兴镇(后更名为长兴乡)、澄溪乡(部分)、廉让乡、王江泾镇(后更名为王江泾乡)、双桥乡、三德乡(部分)、新南乡(部分)、新北乡(部分)。

1950年8月,嘉兴县划区建乡后,域内有东林、荷花、洪典(以上3个乡原为廉让乡)、田乐、梅兴、南汇(以上3个乡原为长兴乡)、双阳、虹阳、北桥(以上3个乡原为王江泾乡)、双桥乡、双南乡(部分)、马河乡(部分)、上睦乡(部分)、镇东乡(部分、1953年春更名为新农乡)、大律乡(部分)。同年6月,北桥乡并入虹阳乡。

1956年春,嘉兴县撤区并乡后,域内有南汇乡——由南汇、田乐、梅兴3个乡合并而成,荷花乡——由东林、荷花、洪典(除4个代表区)3个乡合并而成,王江泾乡——由双阳、虹阳、双桥(除5个代表区)合并而成,澄溪乡(部分)——由澄溪、洪典(4个代表区)、池湾(除5个代表区)合并而成;另有嘉北乡(部分)、新农乡(部分,由新农、斜桥、大律3个乡合并而成)。

1958年9—10月,嘉兴县划为14个人民公社,域内有东风人民公社(由南汇、荷花、澄溪3个乡合并成立)、双桥人民公社(由王江泾、嘉北2个乡合并成立)、新塍人民公社(部分)。

1961年9月,嘉兴县调整社队规模,域内有南汇人民公社、田乐人民公社、荷花人民公社、澄溪人民公社(部分)、双桥人民公社、嘉北人民公社(部分)、新农人民公社(部分)、桃园人民公社(部分)。

1963年2月,由原新农人民公社的新力、大律、东石桥,桃园人民公社的永兴、新建,双桥人民公社的尖墩角、东圩、长圩、光明、新联、阳城、虹阳、东南、天圩(一部分)14个大队合并建立虹阳人民公社。

1988年10月,撤销双桥乡,并入王江泾镇。

1998年5月,撤销荷花乡、虹阳乡,并入王江泾镇。

2001年4月,撤销南汇镇、田乐乡,与嘉北乡的宇四浜、收藏、沈家桥、金鱼桥4村及栖真乡的上睦村一起并入王江泾镇。同年6月13日,王江泾镇将上睦村行政区域委托油车港镇管理。

至2010年年末,镇域辖33个行政村、8个居委会。

第四节 乡镇建置变迁

【王江泾镇】

明宣德五年(1430)从秀水县永乐乡(三十都)析出。

清宣统元年(1909)更名为王江泾区。

1928 年复名王江泾镇。

1942 年 4 月又更名为王江泾区。

1943 年又复名王江泾镇。

1947 年 8 月，嘉兴县将原有的 65 个乡镇编并为 37 个乡镇，王江泾镇辖区再次扩大，但具体情况不明。

1949 年 7 月，更名为王江泾乡，乡政府驻地王江泾集镇。

1950 年 3 月，王江泾乡被拆分为双阳乡、虹阳乡、北桥乡，时为双阳乡，乡政府驻地王江泾集镇。

1952 年，成立王江泾居委会。

1956 年 2—3 月，双阳乡、双桥乡(除 5 个代表区)、虹阳乡合并为王江泾乡，乡政府驻地王江泾集镇。

1958 年 9 月，王江泾乡被撤销，与嘉北乡合并为双桥人民公社(公社驻地渚城浜南)。

1984 年 1 月，王江泾村与王江泾集镇从双桥乡划出，设立区属建制镇王江泾镇，辖王江泾村及射襄桥、港南埭、堂楼弄、万福 4 个居委会(由王江泾居委会分设而来)，总面积 3.88 平方千米，镇政府驻地王江泾集镇供销社综合厂，后迁一里街蔡家茶叶店。

1986 年 10 月，镇政府迁至济阳路。

1988 年 10 月，双桥乡并入王江泾镇，新增双桥居委会及新桥、西雁、杜家浜、腾云、古塘、范滩、金桥、双桥、丁家浜、洪泗、东风、渔业、王江泾村 13 个行政村，总面积 30.81 平方千米，镇政府驻地不变。

1991 年，射襄桥、港南埭、堂楼弄、万福 4 个居委会合并成立万福、长虹 2 个居委会。

1992 年 10 月，镇政府迁址 07 省道西侧大雁路。

1998 年 5 月，荷花乡、虹阳乡并入王江泾镇，新增荷花、虹阳 2 个居委会及东荷、民主、民和、振兴、农增、前进、北荷、建有、长虹、田丰、太平、洪典、新力、东石桥、虹阳、虹西、阳城、天星、尖墩角、东南 20 个村，总面积 72.64 平方千米，镇政府驻地不变。

1999 年 2—5 月，全镇行政村进行调整：渔业村与丁家浜村并入双桥村，农增村与前进村合并为荷花村，新力村与东石桥村合并为虹南村，虹西村并入虹阳村，尖墩角村与天星村合并为虹北村。

2000 年 4 月，万福、长虹 2 个居委会合并成立闻川居委会。同年 11 月，因王江泾集镇开发所需，土地陆续被征用，王江泾村更名为王江泾居委会。

2001 年 4 月，南汇镇、田乐乡、嘉北乡(宇四浜、收藏、沈家桥、金鱼桥 4 个村)、栖真乡(上睦村)并入王江泾镇，镇政府驻地不变。同年 6 月，根据秀洲区有关文件，王江泾镇上睦村行政区域委托油车港镇管理。其时，全镇总面积 127.3 平方千米，新增南汇居委会、田乐居民小组及小曲、华联、中联、红联、廊下、兴建、莫家甸、市泾、新农、永聚、大坝、田青、双塔、栋梁、宇四浜、收藏、沈家桥、金鱼桥 18 个村。

2002 年 4 月 14 日，全镇行政村进行调整，洪四村并入东风村，金桥村并入双桥村，东南村并入范滩村，振兴村并入民和村，建有村并入北荷村，田丰村并入长虹村，小曲村并入华联村，兴建村并入廊下村，新农村与永聚村合并为田乐村；另外，新桥村更名为新桥居委会，中联村更名为南汇村。至此，王江泾镇辖7个居委会(2003年7月改为社区)：王江泾、闻川、双桥、新桥、荷花、虹阳、南汇；1个居民小组(2008年改为社区)：田乐；33个行政村：东风、双桥、范滩、腾云、古塘、西雁、东荷、民主、民和、荷花、北荷、长虹、太平、洪典、虹南、虹阳、阳城、虹北、华联、南汇、红联、廊下、莫家甸、市泾、田乐、大坝、田青、双塔、栋梁、宇四浜、收藏、沈家桥、金鱼桥。

2005年10月，镇政府迁址荷花村新镇路138号直至2010年12月。

【原双桥乡】

唐至清代，部分属复礼乡，部分属永乐乡。

清宣统元年(1909)，称双桥区。

1928年，双桥区撤销。

1934年，嘉兴县设7个区27个镇37个乡，第一区设有双桥乡。

1942年4月，汪伪政府重设“双桥区”。

1943年，嘉兴县划为28个镇、34个乡，双桥区(乡)被撤销。

1945年抗日战争胜利时，嘉兴县重设双桥乡，并于同年更名为双桥镇，属新塍区。

1947年8月，嘉兴县将原有的65个乡镇编并为37个乡镇，双桥镇更名为双桥乡。

1949年5月，嘉兴解放后，属塘汇区。

1950年6月，双桥乡分设为双桥乡、双南乡。

1952年前后，双桥居委会成立。

1954年4月，双桥乡从塘汇区划出，归属王江泾区。

1956年2—3月，双桥(除5个代表区)撤销，与双阳乡、虹阳乡合并为王江泾乡。

1958年9月，王江泾、嘉北2个乡合并成立双桥人民公社，公社驻地渚城浜南。

1961年9月，双桥人民公社分设为双桥、嘉北2个人民公社，双桥人民公社辖吴家浜、洪村、味达港、丁家浜、金桥、水产、红卫、联丰、先锋、胜利、古塘、红兴、双阳、天圩、天星、杜家浜、新桥、王江泾、虹阳、东南、阳城、光明、新联、尖墩角24个大队，公社驻地不变。

1962年，尖墩角大队分设为尖墩角、东圩、长圩3个大队，公社所辖大队扩编至26个。

1963年2月，尖墩角、东圩、长圩、光明、新联、阳城、虹阳、东南、天圩(一部分)9个大队划给新建的虹阳人民公社，双桥人民公社所辖大队减至17个(原天星大队部分划入天圩大队)。

1966年，吴家浜大队更名为立新大队，洪村大队更名为永红大队，丁家浜大队更名为向阳大队，金桥大队更名为东方红大队，古塘大队更名为红旗大队，双阳大队更名为双胜大队，天圩大队更名为红专大队，杜家浜大队更名为永跃大队。

1968年，立新大队、永红大队合并为东风大队，味达港大队、向阳大队、东方红大队合并为双桥大队，红卫大队、联丰大队、先锋大队、胜利大队合并为卫东大队，公社由17个大队缩编为11个。同年，水产大队划出30户渔民归属虹阳人民公社。

1969年，红旗大队、红兴大队、双胜大队、红专大队合并为朝阳大队，永跃大队、新桥大队、王江泾大队合并为三忠大队，公社由11个大队缩编为6个。

1971 年，东风大队分设东风大队、洪村大队，双桥大队分设向阳大队、红旗大队、双桥大队、水产大队，卫东大队分设为卫东大队与利民大队，朝阳大队分设为朝阳大队与东升大队，三忠大队分设为永跃大队、新桥大队、王江泾大队，公社由 6 个大队扩编至 13 个。

1981 年，洪村大队更名为洪四大队，向阳大队更名为丁家浜大队，红旗大队更名为金桥大队，利民大队更名为范滩大队，卫东大队更名为腾云大队，朝阳大队更名为古塘大队，东升大队更名为西雁大队，永跃大队更名为杜家浜大队，公社由 10 个大队调整至 13 个。

1984 年 1 月，政社分设，双桥人民公社复名双桥乡，辖王江泾、新桥、西雁、杜家浜、腾云、古塘、范滩、金桥（原红旗大队）、双桥、丁家浜（原向阳大队）、洪四（原洪村大队）、东风、渔业（原水产大队）13 个行政村和双桥、射襄桥、港南埭、堂楼弄、万福 5 个居委会，总面积 30.81 平方千米，乡政府驻地即原公社驻地。同月，王江泾集镇（含射襄桥、港南埭、堂楼弄、万福 4 个居委会）与王江泾村从双桥乡划出，设立区属建制镇王江泾镇，双桥乡所辖缩编为 12 个行政村与 1 个居委会，乡政府驻地在双桥集镇。

1988 年 10 月，双桥乡建制被撤销，并入王江泾镇。

【原虹阳乡】

唐至清代，属永乐乡（部分）、复礼乡（部分）。

民国时，东部属王江泾区管辖，西部属新塍区管辖。

1939 年一度设尖墩角乡，乡政府驻地石古庙。

1950 年 3 月，王江泾乡分设为虹阳乡（因境内有虹阳港，故名）、双阳乡、北桥乡（同年 6 月并入虹阳乡）。虹阳乡政府驻地石古庙、阳城等。

1952 年前后，虹阳居委会成立。

1956 年 2—3 月，虹阳乡被撤销，与双阳乡、双桥乡（除 5 个代表区）合并成立王江泾乡。

1963 年 2 月，由新农人民公社的新力、大律、东石桥，桃园人民公社的永兴、新建，双桥人民公社的尖墩角、东圩、长圩、光明、新联、阳城、虹阳、东南、天圩（一部分）14 个大队合并成立虹阳人民公社，总面积 18.93 平方千米，公社驻地虹阳港南（供销社竹行北则）。同年，大律大队又分设为新民、宝良 2 个大队，东南大队分设为东南、沙村 2 个大队。至年底，虹阳人民公社辖虹阳居委会与新力、新民、宝良、东石桥、永兴、新建、尖墩角、东圩、长圩、光明、新联、阳城、虹阳、东南、沙村、天星（原属天圩）16 个大队。

1965—1966 年，光明大队并入虹阳大队，沙村大队并入东南大队，公社由 16 个大队缩编为 14 个。

1966—1968 年，尖墩角、长圩、东圩 3 个大队合并为红卫大队，东南大队与虹阳大队合并为东红大队，东石桥大队更名为东风大队，公社由 14 个大队缩编为 11 个。

1968 年，新民、宝良并入新力大队，阳城与新联合并为东方红大队，永兴与新建合并为永红大队，双桥人民公社从水产大队划出 30 户给虹阳人民公社组建水产大队。其时，虹阳人民公社下辖虹阳居委会与新力、东风、永红、水产、东红、东方红、红卫、天星 8 个大队。

1971 年，东红大队分设为虹阳、东红 2 个大队，公社由 8 个大队扩编至 9 个。

1976 年，公社驻地迁往河东街北。

1981 年，东风大队更名为东石桥大队，永红大队更名为虹西大队，东红大队更名为东南大队，东方红大队更名为阳城大队，红卫大队更名为尖墩角大队。

1984 年 1 月，政社分设，复称虹阳乡，辖虹阳居委会与虹阳、天星、尖墩角、阳城、虹西、东南、新力、东石桥、渔业(原水产大队)9 个行政村，乡政府驻地不变。

1996 年 5 月，渔业村并入虹阳村，全乡由 9 个行政村缩编为 8 个行政村。

1998 年 5 月，虹阳乡建制被撤销，并入王江泾镇。

【原荷花乡】

唐至清代，部分属麟瑞乡，部分属思贤乡。

清末至解放前大部分属廉让乡，部分涉及长兴镇(含南汇镇与梅湖乡)。

1949 年 5 月，嘉兴县解放；同年 7 月，设廉让乡，乡政府驻地荷花漤(办公设在广福庵内)，辖麟塘、建塘、人民、龙珍、兴隆、民丰、洪典、太平、甸上、九圩、杨溪、民和、民贤、新民、民主、前进 16 个村。

1950 年 2 月，廉让乡分设为 3 个乡 16 个村：西部为荷花乡(乡政府驻地荷花漤，故名)，辖麟塘、建塘、人民、龙珍、兴隆、民丰 6 个村；南部为洪典乡(乡政府驻地洪典桥，故名)，辖洪典、太平、甸上、九圩、杨溪 5 个村；东部为东林乡(乡政府驻地东林港，故名)，辖民和、民贤、新民、民主、前进 5 个村。

1950 年 7—8 月，花蓝村从田乐乡划入荷花乡，甸上村从洪典乡划入荷花乡，振兴村从梅兴乡划入东林乡。

1956 年 1—2 月，洪典乡、东林乡建制被撤销，并入荷花乡，原属洪典乡的杨溪村(含洪典乡第七代表区的九圩村部分区域)划归澄溪乡。荷花乡政府驻地荷花漤，有花伏、民和、麟塘、建塘、振兴、东方红(由民贤村与新民村合并而成)、人民、民主、龙珍、前进、兴隆、民丰、甸上、甸丰(由甸上村分设)、太平、洪典(含九圩村的部分区域合并而成)16 个高级社。

1958 年 9 月，荷花乡建制被撤销，与澄溪乡、南汇乡合并成立东风人民公社(1959 年 5 月更名为南汇人民公社)，麟塘、建塘、花伏 3 个高级社合并成立跃进大队，东方红高级社分设为东一大队、东二大队。

1959 年，人民大队分设为人民、建有、建新 3 个大队。

1960 年，洪典大队分设为洪典、南埭、史家浜、唐浜 4 个大队。

1961 年 9 月，荷花人民公社从南汇人民公社中分设出来，跃进大队分设为麟塘、建塘、花伏 3 个大队。其时，荷花人民公社辖麟塘、建塘、花伏、人民、建有、建新、洪典、南埭、史家浜、唐浜、太平、甸上、甸丰、兴隆、民丰、前进、龙珍、民主、振兴、民和、东一、东二 22 个大队，总面积 22.9 平方千米，公社驻地荷花漤。

1962 年，公社驻地迁至龙珍大队南、陶家荡北滩。

1965 年，麟塘、建塘 2 个大队合并为林塘大队(把“麟”改写成“林”)，洪典、南埭、史家浜 3 个大队合并为洪典大队，公社由 22 个大队缩编为 19 个。

1966 年，唐浜大队并入洪典大队，甸上大队并入甸丰大队，民丰大队并入兴隆大队，公社由 19 大队缩编为 16 个。

1967年，建有、建新2个大队并入人民大队，花伏大队更名为八一大队，林塘大队复名为跃进大队，龙珍大队更名为农增大队，兴隆大队更名为新农大队，振兴大队更名为立新大队，洪典大队更名为红旗大队，太平大队更名为红卫大队，民和大队更名为光明大队，甸丰大队更名为田丰大队，东一、东二、民主、前进4个大队保持原称，公社由16个大队缩编为14个。

1984年1月，政社分设，复名荷花乡，辖花伏、民和、林塘、振兴、东一、东二、建有、民主、农增、前进、长虹、田丰、太平、洪典14个行政村。

1990年5月，荷花居委会成立。

1996年5月，东一、东二2个村合并为东荷村，花伏、林塘2个村合并为北荷村，全乡由14个行政村缩编为12个。

1997年4月，乡政府迁址新镇路138号。

1998年5月，并入王江泾镇。

【原南汇镇】

唐至清代，属思贤乡。

清宣统元年(1909)实行自治，南部属南汇区、北部梅湖区。

1928年停止自治，南汇区、梅湖区被撤销，合为南汇镇。

1934年，嘉兴县划为7个区27个镇37个乡，其中有南汇镇与梅湖乡。

1942年4月，汪伪政府设“南汇区”。

1943年，嘉兴县划为28个镇、34个乡，南汇区被撤销，设南汇镇与梅湖镇，梅湖镇公所驻地廊下。

1945年9月，梅湖镇更名为梅湖乡。

1947年8月，南汇镇与梅湖乡合并为长兴镇。

1949年7月，长兴镇更名为长兴乡，乡政府驻地西大街宝禄弄。

1950年3月，长兴乡分设为田乐、梅兴、南汇3个乡，梅兴乡政府驻地廊下，南汇乡政府驻地西大街宝禄弄。

1952年，南汇居委会成立。

1956年2月，田乐、梅兴、南汇3个乡合并成立南汇乡，乡政府驻地西大街宝禄弄。

1958年9月，荷花、澄溪、南汇3个乡合并成立东风人民公社，公社驻地不变。

1959年5月，东风人民公社改称南汇人民公社，公社驻地不变。

1961年9月，南汇人民公社分设为南汇、田乐、荷花、澄溪4个人民公社，南汇公社驻地不变，辖南汇居委会与金珍、华溪、钮北、小曲、永联、溪中、双联、西联、莫家甸、龙花、合丰、蚕溪、梅兴、建工、廊下15个大队。

1968年，金珍、华溪、钮北3个大队合并为向阳大队，小曲、永联2个大队合并为红旗大队，溪中、双联、西联3个大队合并为东方红大队，莫家甸、龙花2个大队合并为红星大队，合丰、蚕溪2个大队合并为红联大队，梅兴、建工、廊下3个大队合并为永红大队，公社由15个大队缩编为6个。

1971年，向阳大队分设为金珍、向阳、胜利3个大队，东方红大队分设为溪中、双联、西联

3 个大队，永红大队分设为永红、建工、廊下 3 个大队，公社由 6 个大队扩编为 12 个。

1978 年，公社驻地搬迁至大家港西北段。

1981 年，向阳大队更名为华溪大队，胜利大队更名为钮北大队，红旗大队更名为小曲大队，红星大队更名为莫家甸大队，永红大队更名为廊下大队。

1984 年，政社分设，复称南汇乡，乡政府驻地不变，辖南汇居委会与金珍、华溪、钮北、小曲、溪中、双联、西联、莫家甸、红联、廊下、建工、梅兴 12 个行政村。总面积 16.25 平方千米。

1985 年 10 月，更名为南汇镇。

1999 年 4 月，金珍、华溪、钮北 3 个村合并为华联村，溪中、双联、西联 3 个村合并为中联村，建工村与梅兴村合并为兴建村，全镇由 12 个行政村缩编为 7 个。

2001 年 4 月，并入王江泾镇。

【原田乐乡】

唐至清代，属思贤乡。

民国时为梅湖乡。

1949 年 5 月，嘉兴解放；同年 7 月，设长兴乡，为长兴乡的一部分。

1950 年 3 月，长兴乡分设为 3 个乡，西北部为田乐乡（因境内有田北荡与陆家荡，取其谐音而得名），北部为梅兴乡，东南部为南汇乡。田乐乡政府驻地肖家湾。

1956 年 2 月，田乐、梅兴、南汇 3 个乡合并为南汇乡。

1958 年 9 月，南汇、荷花、澄溪 3 个乡合并成立东风人民公社。

1959 年 5 月，东风人民公社改称南汇人民公社。

1961 年 9 月，南汇人民公社分设为田乐、荷花、南汇、澄溪 4 个人民公社。田乐人民公社驻地肖家湾，下辖聚兴、永兴、新农、才来、市星、新联、新北、红旗、新民、复兴、田乐、田丰、田西、田东、社梁 15 个大队。

1964 年，永兴大队并入聚兴大队，田丰、田西 2 个大队并入田乐大队，公社由 15 个大队缩编为 12 个，公社驻地不变。

1966 年，才来大队更名为建新大队，市星大队更名为星火大队，新联、新北、红旗 3 个大队合并为心红大队，田东大队与社梁大队合并为东梁大队，公社由 12 个大队缩编为 9 个，公社驻地不变。

1968 年，聚兴大队更名为永红大队，建新大队与星火大队合并为卫东大队，新民大队与复兴大队合并为东方红大队，公社由 9 个大队缩编为 7 个，公社驻地不变。

1969 年，田乐大队更名为向阳大队，东梁大队更名为立新大队。

1981 年，永红大队更名为永聚大队，卫东大队更名为市泾大队，心红大队更名为双塔大队，东方红大队更名为大坝大队，向阳大队更名为田青大队，立新大队更名为栋梁大队。

1984 年，政社分设，复称田乐乡，辖永聚、双塔、大坝、栋梁、田青、新农、市泾 7 个行政村，乡政府驻地不变。总面积 19.34 平方千米。

2001 年 4 月，田乐乡并入王江泾镇。

第五节 村与社区

【东荷村】

位于镇域东端，距王江泾镇区约6千米。东与嘉善天凝道德村接壤，南隔丁家坟塘与油车港镇姜家湾村相望，西南为莲泗荡东北滩，西与民主村相邻，北为北白荡。2010年，全村行政区域面积1.9平方千米，耕地面积1662亩(水田1602亩、旱地60亩)；有5个自然村(三贤浜、卜家港、天德桥、西厍浜、虹漫之港)18个村民小组，562户2233人；经济总收入13508万元；村支部书记吴根兴，村委会主任王国英，村委会驻地西厍浜。

自唐至明，属嘉兴、秀水县麟瑞乡。清代时，属秀水县廉让乡。民国时，属嘉兴县廉让乡——村东片的天德桥(西)、卜家港(西)、三贤祠浜为廉让乡第七保，先后由于富春、于银龙、莫大金等任保长；村西片的虹漫之港、西厍浜为廉让乡第八保，先后由潘阿金、毛连生等任保长。

1949年7月，属嘉兴县廉让乡。1950年2月，廉让乡分设东林、荷花、洪典3个乡，村东片为东林乡民贤村，由周金生任村长，于和生任农会主任；西片为东林乡新民村，由高锦华任村长，莫大弟任农会主任。后，民贤村为东林乡第一、第二代表区；新民村为东林乡第三代表区。1954年初级社时，第一、第二代表区有民幸、民胜、民建、民丰、幸来5个初级社，分别由陈志松、杨其生、苏志明、于金明、周金生任社长；第三代表区有建民、建荣、红星、新幸、西厍浜5个初级社，分别由于志贤、陈云生、莫大弟、莫长生、高锦华任社长。高级社时，这10个初级社合并成立东方红高级农业社；后又拆分为东方红一社、二社，其中第一、第二代表区为东方红一社，第三代表区为二社。1956年2月，东林、荷花、洪典3个乡合并为荷花乡。其间由苏志明任两个村(合建)的支部书记。1958年9月，荷花、南汇、澄溪3个乡合并成立东风人民公社，为东风人民公社东一大队、东二大队。1959年5月，东风人民公社更名为南汇人民公社，为南汇人民公社东一大队、东二大队。1961年9月，南汇人民公社分设为南汇、田乐、荷花、澄溪4个人民公社，为荷花人民公社东一大队、东二大队。其间由周金生、莫大弟分别任两个大队的支部书记。1966年5月至1976年10月，东一大队先后由周金生、莫补铭任支部书记；东二大队由莫七斤任支部书记。1976年10月至1984年，东一大队分别由周金生、莫补铭、舒发兴任支部书记；东二大队由高德兴任支部书记。1984年后，分别更名为荷花乡东一村、东二村。东一村由于海荣任支部书记，于明华任村长；东二村先后由高德兴、潘梅兴、莫增福任支部书记，于金华、钮兴观先后任村长。1996年5月，东一村与东二村合并，由于两村地处原荷花乡东部，故取名东荷村。1998年5月，为王江泾镇东荷村一直至今。其间先后由莫增福、梁瑞文、于明华、祝永忠、于福林、吴根兴任支部书记，于明华、莫凯荣、王国英先后任村委会主任。

东荷村村民世代以农耕为主，但历来有不少人从事水上运输业，曾传有“朝求一升，夜求一合”“橹板干，口粮断”的民谣。解放后，以生产队为单位组织运输队，以运柴、泥、坯、砖瓦为主。最盛时，两个大队有20多条机动船、近百条拖船。20世纪50年代初，虹漫之港村民潘济丰发起，在长虹桥东堍建起2座砖窑；1954年又新增2座。1968年，东一、东二大队又在潘老四等人发起下，相继在东律圩建起4座窑墩。70—80年代，东一、东二大队还办有小规模的建筑队、水泥预制场、木材加工厂、丝织厂等队办企业。1978年后，两个大队有数十户村民办起家庭纺织业。90年代起，又有多户村民从事废金属回收。因废金属回收效益可观，原先从事运输业的村民也相继转行，东荷村也就成为小有名气的废金属回收村。2000年后，又有村民开始从事建筑钢管、箍件租赁行业，后逐年发展，成为村民致富的一条门路。

据清宣统《闻川志稿》记载，明代忠臣于谦后代于明末迁居东荷村，村里曾筑有垂裕堂，又建有三贤祠，祀于谦、项忠和另一忠臣(俟考)。于姓一直是东荷村的一个大姓。

【民主村】

位于镇域东部，距王江泾镇区约5千米。东与东荷村相接，西与荷花村相邻，北与民和村相交，南临莲泗荡，与油车港镇杨溪村隔荡相望，建汾公路紧靠村西侧，莲泗路及通往东荷的村道贯穿整个行政村，国家AAA级旅游景区——莲泗荡风景区坐落在村南部。2010年，全村行政区域面积1.75平方千米，耕地面积1534亩(水田1408亩，旱地126亩)；有7个自然村(刘王庙、王家浜、九曲、新浜、徐长湾、蒋家湾、杨家浜)14个村民小组，441户1920人；经济总收入38373万元，村支部书记王宝荣，村委会主任顾卫国。村委会驻地刘王庙。

自唐至明，属嘉兴、秀水县麟瑞乡；清代，属秀水县廉让乡；民国时，属嘉兴县廉让乡第九、第十保，由蒋永生、沈进发、陆胜荣先后任保长。

解放初，1949年7月，当地百姓以人民当家做主之意而取名民主村，属嘉兴县廉让乡。1950年2月，廉让乡分设东林、荷花、洪典3个乡，为东林乡民主村。同年8月，为东林乡第四、第五代表区。合作化时，以自然村或农户为单位成立多个初级社，后成立民主高级社，由陆三男负责。1956年2月，荷花、东林、洪典三个乡合并为荷花乡，为荷花乡民主村，由陆尽忠任支部书记，范阿马任村长。1958年9月，荷花、南汇、澄溪3个乡合并成立东风人民公社，为东风人民公社民主大队，由陆尽忠任支部书记，范阿马任大队长。1959年5月，东风人民公社更名为南汇人民公社，为南汇人民公社民主大队。1961年9月，南汇人民公社分设为荷花、南汇、田乐、澄溪4个人民公社，为荷花人民公社民主大队，由陆尽忠任支部书记，范阿马任大队长，至1969年。1969—1983年，先后由王金生、沈七斤、严德林、陆志明、陆照兴任支部书记，沈七斤、陆照兴、顾小弟先后任大队长。1984年后，更名为荷花乡民主村，直至1998年。其间先后由陆照兴、王松林、唐福林任支部书记，顾小弟、陆天寿、唐福林、沈巧林先后任村长(村委会主任)。1998年，荷花乡并入王江泾镇，为王江泾镇民主村。至2010年12月，先后由唐福林、祝永忠、王德观、于福林、陆永明、王宝荣任支部书记，沈巧林、王林荣、沈志平、顾卫国先后任村委会主任。

民主村村民世代以种植水稻、大小麦、油菜为主。由于村落三面环荡，地势又低，人多田地少，解放前有“莲泗荡边徐长湾，三天大雨就成灾；产量低，租米重，十家九户要讨饭”的民谣流传。解放后，广大农民依靠集体力量，自力更生，兴修水利，精耕细作，粮食产量连续位居全市榜首，因此，当时又有“莲泗荡边民主队，翻天覆地闹增产。产量高来收入多，家家户户笑颜开”的民谣流传。1957 年，村里买进第一条流动打水船灌溉抽水。1958 年，又率先种植连作晚稻，后在杭州、嘉兴、湖州地区得以推广。1961 年 1 月，因农业生产连年高产，大队书记陆尽忠应邀去北京参加国庆观礼。1962 年、1964 年，大队两次被评为“浙江省农业生产先进单位”。1979 年，全大队粮食亩产 966.5 千克，大队干部先后 4 次出席全国性农业生产会议，受到表彰并作经验介绍。

民主村紧靠莲泗荡，村民世代以农耕为主，但历来有不少人在农闲季节依靠捕鱼、捕虾来补充家用和佐餐。1963 年，由沈杏生、沈七斤等发起，在长虹桥东堍建造 2 座队办窑墩。1971 年，窑厂厂部迁至油车湾。1975 年 2 月，又在油车湾西建起平瓦厂（1986 年停产），先后由张根荣、刘天林负责。窑厂、砖瓦厂的形成，助推运输业的发展。1969 年，大队运输队只有 1 条挂机船；1978 年，发展到 12 条机动船、32 条拖船。另外，建筑业也是村民农闲时的一大副业。1968 年，大队成立建筑队，承建嘉兴八一陶瓷厂、橡胶厂、南湖布厂、汽钢厂等工程。1979 年，受光明大队等的影响，村民陆志明等人发起、筹建大队绸厂（在大队礼堂），并于当年投入生产（1986 年停办）。此后，家庭纺织业快速发展。2010 年，纺织产业是村民的支柱产业。由于刘王庙坐落于民主村，周围的一大批村民从事香烛生意致富。

【民和村】

位于镇域东北部，距王江泾镇区约 5 千米，东北距南汇集镇 3 千米。东与东荷村隔桥北荡相望，南与民主村、荷花村相交，西与北荷村接壤，背靠河泥荡、梅家荡，建汾公路南北向穿越村中部，村级水泥路遍及各自然村。2010 年，全村行政区域面积 2.43 平方千米，耕地面积 2138 亩（水田 2075 亩，旱地 63 亩）；有 15 个自然村（东林港、下北港、西湾里、蒋家浜、张家浜、庙前浜、戴方头、南姚浜、唐家浜、北洋埭、金家浜、庙后浜、化城浜、何字圩、后书浜）18 个村民小组，672 户 2774 人；经济总收入 87263 万元，村支部书记王炳荣，村委会主任凌伟华。村委会驻地戴方头。

民和村于 2002 年由民和与振兴两个村合并而成。民和村，解放初取人民团结和睦之意而得名；振兴村，解放初取振兴中华之意而得名。民和村自唐至清属嘉兴、秀水县思贤乡，民国时属嘉兴县廉让乡、庄连乡。原振兴村民国时属嘉兴县庄连乡第一保、第二保，乡长沈祯祥，保长先后由沈洪祥、沈荣官、宋春梅等担任；原民和村属廉让乡第十三、第十四保，先后由朱小七、沈福祥等任保长。

1949 年 7 月，民和村属嘉兴县廉让乡，振兴村属嘉兴县长兴乡；1950 年 2 月与 3 月，廉让乡分设为东林、荷花、洪典 3 个乡，长兴乡分设为田乐、梅兴、南汇 3 个乡，为东林乡民和村、梅兴乡振兴村，分别由王汉文、唐志田任村长。同年 7—8 月，振兴村由梅兴乡划入东林乡。1951 年土改时成立农会，分别由唐寿观、沈砚耕任农会主任。1953 年 3 月由村民就近自行组合成立多个互助组。1954 年，原民和村成立建设、旗星、中联、两联、东林、新建 6 个初级社，分别由王宝法、王金荣、沈方观、王寿兴、吴介昌、朱贵明任初级社社长；原振兴村成立万兴、永联、振联、前联、南联、顺联 6 个初级社，分别由沈阿咬、王宝林、吴金和、张道生、李金林、钱阿其任初级社社长。1956 年成立民和、振兴两个高级社时，由沈砚耕、张道生任社长。同年 2 月，东林、荷花、洪典 3 个乡合并为荷花乡。1958 年 9 月，荷花、南汇、澄溪 3 个乡合并成立东风人民公社，为东风人民公社民和大队、振兴大队。1959年5月，东风人民公社更名为南汇人民公社，为南汇人民公社民和大队、振兴大队。1961年9月，南汇人民公社分设为荷花、南汇、田乐、澄溪4个人民公社，为荷花人民公社民和大队、振兴大队。先后由王宝法、张道生任支部书记，沈砚耕、孙掌林先后任大队长。1966年，民和大队更名为光明大队，由王有生任支部书记，凌兴观任大队长；振兴大队更名为立新大队，由张道生任支部书记，孙掌林任大队长。1981年，光明大队复名民和大队，立新大队复名振兴大队。1984年后，分别为荷花乡民和村、振兴村，由黄全兴、薛金林分别任民和村支部书记、村长，张寿林、顾春华分别任振兴村支部书记、村长。1998年，荷花乡并入王江泾镇，为王江泾镇民和村、振兴村，至2002年。其间民和村由王宝荣任支部书记，吴永根任村长（村委会主任）；振兴村由刘赋荣、顾兴荣、王德观先后任支部书记，顾兴荣、顾春华先后任村长（村委会主任）。2002年3月，民和、振兴2个村合并为民和村，村委会设在原振兴村办公楼，至2010年12月。其间由王宝荣、王炳荣先后任支部书记，吴永根、凌伟华先后任村委会主任。

民和村村民世代以种植水稻、大小麦、油菜为主。由于原两村人多地少，振兴村村民在20世纪60年代初开挖6个鱼塘（占地40亩）养鱼、利用蔬菜地种桑养蚕、农闲期间外出做工等作为副业，民和村村民大多以传统的手工织绸作为副业。1968年，立新大队沈才春等人发起，在唐家浜、北漾埭、庙后浜相继建起3座窑墩。1970年，张仁兴等人组建起拥有200多名泥木工的立新大队建筑队，承接江、浙、沪的一些土建工程。1971年，薛金林等人发起，在原光明大队大礼堂创办光明丝绸厂，最盛时，有织机40台、经车2套、拖浆车2台，职工60多人，年产值达200多万元，利润25万元。同年，顾春华、姚志高等人在三王庙新建厂房18间，创办立新大队绸厂。最盛时有织机20台，经车2套，拖浆车1套，年产值100多万元，净利润15万元。1975年，吴介昌等人在东林港口创办民和预制场。1978年，薛金林等人在东林港南老校舍创办民和橡胶厂。由沈方观、王祖成等人创办的光明建筑队，是荷花公社最大的大队建筑队，盛时有泥木工等300多名、卷扬机9套、搅拌机1台，承建上海、江苏、嘉兴等地土建工程。1980年，民和大队队办企业总收入123万元，利润46.4万元，全大队集体分红人均321元，轰动整个荷花公社，并为大队积累数百万元的集体资产。80年代至90年代初，由于个私企业的发展，原两村的村办企业技术力量和员工流失，村办企业也相继转制关停，一大批私营企业相继诞生。1982年，王法林、吴三龙创办新联丝织厂，刘赋荣、高瑞荣创办南联丝织厂。新联丝织厂领取了境内首张私营企业工商营业执照。后来，两村众多农户相继购进织机，办起个私家庭企业。20世纪末，全村有织机1100多台；王永林等先富起来的人还分别在民和村、其他村、王江泾工业园区等创办了具有一定经济实力的个私企业。2010年，全村拥有各类织机2960台。

1992年，民和村投入80万元在祥字北圩建起民和自来水总厂，使全村村民用上了自来水。1993年，民和村在圆通桥北侧投资30万元，先后新建了村办公大楼、9间店面房（270平方米）、3间彩钢棚（蔬菜摊位，70平方米）、4间辅助房（化肥、农资仓库，100平方米）；振兴村在姜字北圩投入80多万元，先后新建村办公大楼、14间店面的蔬菜市场、3间老年活动室，又在戴方头新建占地6000平方米的开发小区，40多间店面房，逐步形成民和、振兴两个小村市。原振兴村在开发区统一规划，新建60多户别墅农民新村。1998年，王江泾经济区供销社在原振兴村承包土地，创办振兴农场，种植大棚蔬菜。

据记载，振兴村原为庄连镇，系由“彰陵”之讹称而得。彰陵镇明代以前为嘉兴五大镇之一，明末已衰落为村。据传原彰陵镇南北长4里，东西宽3.5里，镇上有众多商店，有油坊、糟坊、蜡烛坊、面店、缸瓷铺、茶店等，镇上又多寺庙，有东圣堂、两圣堂、报恩寺、化城禅寺、三王庙等残迹。报恩寺相传系元代朱张穹寿为纪念其父朱张恂而筑。朱张恂祖辈在宋室南渡时迁居彰陵镇；南宋祥兴二年（1279），元兵占领江南，南宋校尉朱张恂护驾至广东新会厓山，与少帝赵昺、丞相陆秀夫跳海同殉国难。其子朱张穹寿奉母命于元至顺年间在此筑报恩寺，并葬父衣冠于院中。

【荷花村】

位于镇域中部偏北，距王江泾镇区3千米，东与民主村相连，西、北两面与北荷村相邻，南与太平村隔莲泗荡、陶家荡相望。乡镇合并前，位于村南部的新镇为荷花乡政府驻地，2005年10月起为王江泾镇政府驻地。建汾公路东西向穿越村中部。2010年，全村行政区域面积3.5平方千米，耕地面积3088亩（水田2852亩，旱地236亩）；有21个自然村（钱家浜、厍浜、龙象庵、新浜、西浜、西泾埭、冯家桥、唐泥水浜、吊子湾、双福桥、毛坟港、南浜、李家浜、杨家湾、朱家簖、蜡烛浜、姚家桥、朱家头、姚家湾、汤家桥、田畈里）25个村民小组，759户3180人；经济总收入77841万元，村支部书记祝永忠，村委会主任于永根。村委会驻新镇路西建汾线北。

荷花村于1999年2月由农增、前进两村合并而成，因原荷花乡政府驻地于此而得名。

原农增村自唐至明，属嘉兴、秀水县麟瑞乡；清代时，属秀水县廉让乡；民国时，属嘉兴县廉让乡，为廉让乡第十二、第十三保，由张士充、凌大龙等任保长。1949年7月，以当地龙象庵、珍字圩两地名首字而得名龙珍村，属嘉兴县廉让乡。1950年2月，廉让乡分设为东林、荷花、洪典3个乡，为荷花乡龙珍村。后为荷花乡第五、第六代表区。合作化时，以自然村和农户名成立多个初级社。1956年2月，原荷花、东林、洪典三乡合并成立荷花乡，为荷花乡龙珍高级社，由盛八斤任支部书记，吕宝林任社长。1958年9月，为东风人民公社龙珍大队。1959年5月，为南汇公社龙珍大队。1961年，为荷花人民公社龙珍大队。1967年，因“龙珍”谐音，并赋予农业增产新意改“龙珍”为“农增”，由盛八斤任支部书记至1974年，吕宝林任大队长至1970年，袁宝生任大队长至1976年。1984年后，更名为荷花乡农增村。1998年，为王江泾镇农增村，先后由张金寿、吴瑞德、洪柏鸿任支部书记，宋瑞昌、钮金生、杨阿海、钱传根、张洪林、于永根先后任大队长（村长、村委会主任）。1999年2月，农增、前进2个村合并为王江泾镇荷花村。至2010年，先后由洪柏鸿、王永兴、孙松林、陶顺法、祝永忠任村支部书记（党总支书记），于永根、孙松林先后任村委会主任。

原前进村，解放前为廉让乡第八、第九保，由徐世兴、张六斤等任保长。1949年7月，取《义勇军进行曲》中“前进”两字而得名前进村，属嘉兴县廉让乡。同年年底成立农会，由杨茂林任农会主任，黄杏仁任村长。1950年2月，廉让乡分设为东林、荷花、洪典3个乡，为东林乡前进村。后为东林乡第十、第十一代表区。合作化时，以自然村和农户名成立多个初级社。1956年成立前进高级社，由徐金林任社长。同年2月，东林、荷花、洪典3个乡合并为荷花乡，为荷花乡前进高级社，王七金任支部书记，徐金林任社长。1958 年 9 月，为东风人民公社前进大队，范保林任支部书记，徐金林任大队长。1959 年 5 月，为南汇人民公社前进大队。1961 年 9 月，为荷花人民公社前进大队，徐金林任支部书记，沈阿寿任大队长，至 1984 年。1984 年后，更名为荷花乡前进村，罗永法任支部书记，单阿珍、王永兴先后任村长（村委会主任），至 1999 年。1999 年 2 月，农增、前进两村合并为荷花村。

荷花村村民世代以农耕为主。1968 年后，前进、龙珍大队的近百农民在农闲时参加公社建筑服务社，以搞建筑挣工资来换小队工分。1968 年，农增大队村民戴桂生等人在吊子湾建起第一座窑墩，1971 年又增加 1 座。1972 年，农增、前进大队先后办起丝织厂，两大队有 150 名劳力进厂工作。另外，农增大队还在新镇办有锯板厂。1976 年，前进大队村民张培生等在港南圩建起 2 座窑墩。改革开放后，农增、前进几乎家家有织机，少则 2 台，多则 20 余台，最盛时，农增、前进拥有各类织机 4500 多台。20 世纪 90 年代，村民王兴雄在建汾公路北侧创办村内第一家有一定规模的私营企业，后又有袁小仁、何根弟、王伟等创办的私营企业落户村内。

在通公路前，村民进出全部靠水路。自荷花乡政府入驻龙珍高级社（莲泗荡北滩）后，供销社、信用社、邮电局、中学、卫生院、农具厂、自来水厂、农电站、嘉兴养鱼场荷花分场、荷花建筑社等单位先后落户该高级社，逐渐成为荷花乡的政治、经济、文化中心。1958—1960 年，东风公社（南汇公社）在前进村南浜建起占地 10 亩的大型畜牧场，有 180 间猪舍，最多时存栏达 1000 多头，场长张阿妹。1961 年畜牧场停办后，荷花公社利用畜牧场原有房屋扩大供销社，设立苗猪收购部等。自此，此地逐渐形成一个新的集镇，俗称“新镇”，也叫“猡猡街”。

【北荷村】

位于镇域中部偏北，距王江泾镇区约 3.5 千米。东与民和村相邻，东南与荷花村隔白龙泾港相望，南与长虹村相交，西临京杭大运河与江苏吴江盛泽隔岸相对，西北与市泾村隔斜路港而望，北为梅家荡。王黎线南北向贯穿村西部，建汾线由南北向折东西向穿越村南部。2010 年，全村行政区域面积 4.62 平方千米，耕地面积 4048 亩（水田 3764 亩，旱地 284 亩）；有 15 个自然村（花字圩、伏字圩、西河池、白龙泾、河池浜、雉鸡浜、唐家路、生田圩、章家浜、谭家湾、甘家浜、盛家浜、吴家桥、朱家浜、西周浜）30 个村民小组，942 户 3757 人；经济总收入 52250 万元，村支部书记刘金水，村委会主任唐水根。村委会驻西河池。

北荷村于 1996 年 5 月由荷花乡林塘村与花伏村合并而成，因位于荷花乡北部而得名；2002 年 4 月，建有村并入北荷村。

原林塘村自唐至明属嘉兴、秀水县麟瑞乡；清代时，属秀水县廉让乡；民国时，属嘉兴县廉让乡。1949 年 7 月，属嘉兴县廉让乡，并以当地麟字圩、塘街路首字命名为麟塘村，杨来兴任村支部书记，刘金法任村长，后为荷花乡第九、第十代表区；1950 年 2 月，属嘉兴县荷花乡。合作化时，成立荷花乡麟塘、建塘 2 个高级社，由杨来兴、朱正泉任支部书记，杨寿松任社长。1958 年 9 月，麟塘、建塘、花伏 3 个高级社合并，为东风公社跃进大队，朱正泉、李秉仁先后任支部书记。1959 年 5 月，为南汇公社跃进大队。1961 年 9 月，跃进大队分为麟塘、建塘、花伏 3 个大队，为荷花公社麟塘大队。1966 年，麟塘、建塘大队合并，并将“麟”改为“林”，称林塘大队;1967 年,又改名为跃进大队;1981 年复称林塘大队。其间先后由李秉仁、杨来兴、沈春荣、谢掌观任支部书记,阮少林、杨宝兴任大队长。1984 年,更名为荷花乡林塘村,至 1996 年,先后由杨宝兴、刘金水任支部书记,刘金水、杨金富、沈根荣任村长(村委会主任)。1996 年,林塘、花伏村合并为北荷村。

原花伏村自唐至清属嘉兴、秀水县思贤乡;民国时,属嘉兴县梅湖乡。1949 年 7 月,属嘉兴县长兴乡,并以花字圩、篮字圩首字而命名为花篮村。1950 年 2 月,为田乐乡花篮村。同年 7—8 月划归荷花乡后,以花字圩和伏字圩首字取名花伏村。合作化时,成立花伏高级社。1958 年 9 月,花伏、麟塘、建塘 3 个高级社合并,为东风公社跃进大队。由朱正泉、李秉仁任支部书记。1959 年 5 月,为南汇公社跃进大队。1961 年 9 月,跃进大队分为麟塘、建塘、花伏 3 个大队,为荷花公社花伏大队。由张春桂任支部书记,何云林任大队长。1967 年又改名为八一大队,仍由张春桂任支部书记,何云林任大队长,至 1972 年。1981 年复名为花伏大队,其间由孙金观、何云林、张根荣先后任支部书记,张桂明任大队长,至 1983 年。1984 年为荷花乡花伏村,至 1996 年。其间由张根荣、袁传生、陈维明先后任支部书记,陆海兴、陈维明、徐金姑任村长(村委会主任)。1996 年,花伏、林塘村合并为荷花乡北荷村。1998 年 5 月,为王江泾镇北荷村,凌正荣为支部书记,沈根荣为村长。1999 年,汤志华任村委会主任。2002 年 4 月,建有村并入北荷村,至 2010 年 12 月,其间由刘金水任村支部书记,吴虎明、唐水根先后任村委会主任。

原建有村自唐至明,属嘉兴、秀水县麟瑞乡;清代时,属秀水县廉让乡;民国时,属嘉兴县廉让乡。1949 年 7 月,取人民当家做主之意而得名人民村,属嘉兴县廉让乡。1950 年 2 月,廉让乡分设为东林、荷花、洪典 3 个乡,为荷花乡人民村,由金桂春负责。后为荷花乡第七、第八代表区。合作化时,成立人民高级社,其间先后由金文福、金阿马、金掌金、顾金寿负责。1956 年 2 月,东林、荷花、洪典 3 个乡合并为荷花乡。1958 年 9 月,为东风人民公社人民大队,由顾金寿负责。1959 年 5 月,为南汇人民公社人民大队。同年,人民大队分为人民、建有(因境内有明代大臣卜大有出资修建的大有桥而得名)、建兴 3 个大队,分别由章有根、金培根、莫庚生任三个大队支部书记,朱金甫、董阿川、杨泉生任大队长。1961 年 9 月,分别为荷花公社人民大队、建有大队、建兴大队。1967 年,3 个大队又合并为人民大队,由章有根任支部书记,唐福生任大队长。1981 年复名为建有大队。1984 年,更名为荷花乡建有村;1998 年 5 月,为王江泾镇建有村至 2002 年 4 月并入北荷村。其间由顾金寿、唐生木、唐社林、金银根、金水根、王永兴先后担任支部书记;金掌兴、唐生木、唐金根、吴虎明担任村长、村委会主任。

北荷村村民世代以种植水稻、大小麦、油菜为主,兼种桑养蚕、纺织。1953 年,人民村办有王江泾农场,由陈春贵负责。1962 年,人民大队利用苏嘉铁路路基种植人民梨 15 亩,年产梨 6 万千克,品种极佳,口感上好;2010 年,由章炎荣种植的 10 亩人民梨畅销远近。1963—1965 年,靠近梅家荡的农田,在下派干部“齐泥”(音)的带领下,精心种植,喜获丰收,被浙江省评为科学实验先进单位,村干部何泉娜、张春荣分别出席省和国家先进科学实验大会并受到表彰。1967 年,人民大队在断洋桥(苏嘉铁路运河桥)建造 20 间猪舍,养殖种猪 8 头、母猪

6头,肉猪近百头,获得较好的经济效益。20世纪60—70年代,跃进大队许多生产队利用农闲季节开展运输和建筑等副业。1971年起,因受周边村的影响,人民、跃进、八一3个大队分别在吴家桥运河边、七里湾塘口、河池浜、张家门建起5座窑墩、办起3家砖瓦厂。1973年,跃进大队阮少林等人发起在大队礼堂创办丝织厂,有24台织机;八一大队张桂林等人发起在大队礼堂创办丝织厂,有12台织机。1975年,人民大队金掌兴等人发起在柴家浜创办有45台织机的丝织厂。同年,跃进大队马前春等人发起在河池浜创办跃进翻砂厂。1981年,花伏大队张桂林等人在大队礼堂南创办有6台针织横机的花伏针织厂。改革开放后,个私企业在各大队得到迅速发展,原先的队办企业相继关停转制。1984年,花伏村和林塘村在梅家荡商品鱼基地有479亩鱼塘养殖四大家鱼。20世纪90年代初,林塘村几乎家家办有家庭织机,最盛时全村拥有近3000台织机、经车200多套,95%以上的村民通过丝织创业走上富裕道路;1988年,建造32间商品房和农贸市场。1996年,北荷村建造村办公大楼。2002年,市泾村村民江海华等人投资80万元在村部西侧运河旁创办枫林农庄。2008年2月2日,江浙一带遭遇百年不遇冰雪灾害,北荷村农贸市场倒塌,发生了二死三伤的惨剧,经济损失120多万元。

【长虹村】

位于运河之东,与镇区仅一河之隔。东与荷花村相邻,南与太平村隔陶家荡、荇藻湖相连,西临运河,北与北荷村接壤。迎宾路南北向、王黎线东西向贯穿村中部。2010年,全村行政区域面积3.18平方千米,耕地面积2711亩(水田2482亩,旱地229亩);有10个自然村(铁店港、莫家村、孙家浜、浩浜、东木港、顾字角、荷花溇、甸上村、田湾里、杨家村)20个村民小组,716户2961人;经济总收入46078万元,村支部书记张国均,村委会主任曹有法。村委会驻莫家村南。

2002年,长虹村由原长虹村、田丰村合并而成,因位于长虹桥东堍而得名。春秋战国时,吴越两国多次在境内交战。位于村中部的铁店港,原名接战港,因吴越两国水师在此激战而得名。自唐至明,属嘉兴、秀水县麟瑞乡;清代,属秀水县廉让乡;民国时属嘉兴县廉让乡。

原长虹村民国时为廉让乡第十四、第十五保,由莫万春、王仁祥任保长。1949年7月,属嘉兴县廉让乡;1950年2月,为荷花乡兴隆村,后为荷花乡第三、第四代表区,由莫顺官、杨老虎等负责。合作化时,以圩头或自然村组建多个初级社;1956年,成立兴隆高级社,由杨老虎等人负责;1958年9月,为东风人民公社兴隆大队;1959年5月,为南汇人民公社兴隆大队。1961年9月,为荷花公社兴隆大队;1966年,民丰大队(原浩浜)并入兴隆大队;1967年,更名为新农大队;1981年,因大队名称与田乐公社新农大队重名,更名为荷花公社长虹大队。先后由杨老虎、姚八斤、费荣金任支部书记,罗福生、费阿三、金阿胃、俞即昌先后任大队长。1984年,为荷花乡长虹村;1998年,为王江泾镇长虹村;2002年,田丰村并入长虹村,至2010年12月。其间先后由费荣金、费松元、莫金荣、吴士根、莫进才、朱月祥、张国均任村支部书记,高阿荣、吴士根、张国均、曹有法先后任村委会主任。

原田丰村民国时为廉让乡第三、第四保,由陶大有、沈仿荣、章方生等任保长。1949年7月,属嘉兴县廉让乡;1950年2月,为洪典乡甸上村,后为荷花乡第一、第二代表区。合作化时，成立甸上、甸丰两个高级社，由赵阿四、莫小八、沈好弟、李大牛等负责。1958年9月，为东风公社甸上、甸丰两个大队。1959年5月，为南汇公社甸上、甸丰大队。1961年，为荷花公社甸上、甸丰大队。1966年，两大队合并成立甸丰大队；1967年取谐音改为田丰大队。1984年，为荷花乡田丰村。1998年，为王江泾镇田丰村。先后由李大牛、莫有根、王阿男、刘金水、莫永祥任支部书记，李关兴、钟福珍、陶水生、杨永兴、莫永祥等任大队长（村长、村委会主任）。2002年并入长虹村。

长虹村村民世代以种植水稻、大小麦、油菜为主，抗日战争胜利后曾利用苏嘉铁路路基种桑养蚕。原田丰大队（村）因紧靠陶家荡、荇藻湖，所以有部分人从事捕捞业。1963年，兴隆大队姚八斤等人发起，在长虹桥东南堍创办2座砖窑；随后，民主大队、东一大队的砖窑也落户兴隆大队，均在长虹桥东堍。20世纪70年代，新农大队在长虹桥东北堍创办水泥预制品厂，在铁店港创办丝织厂。1974年，田丰大队莫有根、王永春等人发起，创办田丰塑胶五金厂。1976年，李大牛等人发起，创办田丰纺织厂。1978年，新农大队在关帝庙东侧创办砖瓦厂。

1950年，荷花乡人民政府利用没收来的陶家地主的房屋，在甸上村设立甸上粮站。1964年，粮站向铁店港拓展，建成荷花粮站。后来，嘉兴养鱼场青鱼种场落户铁店港西段。1958年，东风公社利用兴隆大队的地理优势，在甸上大队的云深庵创办公社农具厂；后又在长虹桥东堍创办公社预制场。荷花信用社也在长虹桥东堍设点。1995年后，社队（乡村）办企业相继关停转制，个体纺织业迅速发展，并取代原有的传统农副产业。

1993年北虹大桥建成通车后，原长虹桥主干道的重心逐步向北偏移，先后有王江泾航运管理站、荷花水产养殖公司、南方水泥有限公司、长青纺织有限公司、昶兴纺织有限公司、荷花信用社、孙家浜纺机市场、王江泾广电中心、诚恒世嘉房地产、王江泾水文站、太湖流域污水检测站等单位和私营企业落户长虹村，一些商家也在北虹路两侧购地、建房。2010年，镇两新工程的别墅群落户莫家村（自然村）北、孙家浜东北，与诚恒世嘉连成一片，成为全镇最大的居民住宅区。

据《闻川志稿》载，王江泾的前身——宋代闻川市的中心就在莫家村和铁店港一带。当时，闻川市店铺林立，楼阁、庙宇相连，从运河边小石关一直延伸到莲泗荡。北宋、南宋交替之际，由闻川易名为王江泾的集市逐步向运河西岸发展，莫家村、铁店港一带的集市逐渐消失。1936年，苏嘉铁路建成，在莫家村设王江泾站。抗日战争时，日军侵占苏嘉铁路，并在王江泾火车站修筑碉堡群。1944年，苏嘉铁路被日军拆毁。另据史料记载，原甸上陶家庄园，系南宋末年将仕郎陶菊隐后裔所建；清末，其住宅面积达120亩，有房屋5048间，是近代嘉兴市农村最大的庄园。2010年仅剩6间房屋和5根船舫棚石柱。

【太平村】

位于镇区东1千米处。东与洪典村接壤，南与油车港镇上睦村一河之隔，西临京杭大运河，北隔荇藻湖、陶家荡与长虹村相连。洪太公路东西向穿过村中部，迎宾路南北向贯穿村东部，原苏嘉铁路穿越其西部。2010年，全村行政区域面积2.25平方千米，耕地面积1716亩（水田1497亩，旱地219亩）；有7个自然村（马家浜、三长子、木闸浜、俞家浜、高家浜、厍浜、卜家浜)12个村民小组,389户1593人;经济总收入30012万元,村支部书记马春华,村委会主任凌根奎。村委会驻地洪太公路南。

自唐至明,属嘉兴、秀水县麟瑞乡;清代时,属秀水县廉让乡;民国时,属嘉兴县廉让乡,为廉让乡第一、第二保。

1949年7月嘉兴解放后,属嘉兴县廉让乡,取名太平村,寓百姓安居乐业、太平无事;1950年2月,为洪典乡太平村。后为洪典乡第一、第二、第三代表区。合作社时,成立太平高级社。1956年2月,为荷花乡太平村,由马照寿任支部书记,赵阿仁任大队长。1958年9月,为东风公社太平大队;1959年5月,为南汇公社太平大队。1961年,为荷花公社太平大队;1967年,更名为红卫大队,由马照寿、于阿金、马胜熊先后任书记、大队长。1981年,复名为太平大队,由马照寿、马胜熊、高有声先后任支部书记、大队长。1984年,为荷花乡太平村,由陆仁林任支部书记,孙蚕宝任村长。1998年为王江泾镇太平村,至2010年12月。其间先后由孙蚕宝、卜根兴、陆永明、莫志荣、马春华任支部书记,孙蚕宝、凌根奎先后任村长(村委会主任)。

太平村村民世代以种植水稻、大小麦、油菜为主,另有专业桑园78亩。由于人多田少,又紧靠运河和陶家荡,农闲时,有许多村民从事捕捞、水上运输及建筑等行业。20世纪70年代,几乎家家户户养殖母猪,部分村民做起苗猪贩运业务。1972年起,马照寿等人先后发起并创办大队服装厂、丝织厂、水泥预制场、砖瓦厂和建筑队等。改革开放后,全村从传统农业逐步转向家庭纺织业,“卖掉母猪排织机,放下泥刀忙织绸”;最盛时,有各类织机2000多台。1995年元旦,洪太公路建成,卜玉泉等人先后在公路两侧创办村工业小区。同时,新的村办公大楼、自来水厂、农贸市场相继形成。2007年12月,村境内王江泾大桥、迎宾路相继建成通车。2009年,根据市委、市政府两新工程建设要求,太平村成为镇“两新”工程全面实施村。经过两年建设,363户农户住进联排别墅,达到退休年龄的老人都领到养老金。

【洪典村】

位于镇区东南3千米处,北濒莲泗荡,东北与油车港镇杨溪村接壤,东与油车港镇西湖村隔河相望,南临北官荡与油车港镇上睦村相接,西边与王江泾镇太平村相连。湖嘉申航道南北向贯穿村东部,洪太公路东西向穿越村中部。2010年,全村行政区域面积3.07平方千米,耕地面积2586亩(水田2357亩,旱地229亩);有13个自然村(洪典桥、唐浜、南埭、史家浜、小港、吴家漾、朱家湾、东浜、姚家浜、张世扇、董家浜、北埭港、升平桥)12个村民小组,523户2293人;经济总收入45098万元,村支部书记夏黎萍,村委会主任吴水根。村委会驻洪曲桥。

洪典村以境内洪典桥而得名。自唐至明属嘉兴、秀水县麟瑞乡;清代时,属秀水县廉让乡;民国时,属嘉兴县廉让乡;1946年,洪典村为廉让乡第十六至第十九保。

1949年7月,为嘉兴县廉让乡九圩村;1950年2月,为洪典乡九圩村(今王江泾镇洪典村)。1953年合作化时,有史家浜、小港、唐浜、陆家浜、洪南、洪西、联南7个初级社,分别由严关庆、董有生、莫大业、凌三男、吴二毛观、张阿马、唐大龙任社长。1955年,成立唐浜、九圩2个高级社。1956年,这两个高级社合并成立洪典高级社。1958年9月,为东风人民公社洪典大队,也属东风人民公社第六分管区,由莫本德任支部书记,莫大业任大队长;后由张少华、

为南汇村。

原溪中村自明至清属嘉兴、秀水县思贤乡。民国时，属嘉兴县梅湖乡。1949 年 7 月，属嘉兴县长兴乡；1950 年 3 月，为梅兴乡溪北村，后为梅兴乡第十二代表区。合作化时，先后组建溪北、溪林、溪中 3 个初级社；1956 年 2 月，梅兴、南汇、田乐 3 个乡合并为南汇乡。同年，这三个初级社合并为溪中社。1957 年 2 月，溪中、钮北、金珍、华溪社和永联、3 个建设初级社组建为建华高级社，为建华高级社四大队，由汝连生、董二观负责。1958 年 9 月，为东风公社溪中大队。1959 年 5 月，为南汇公社溪中大队。1961 年 9 月，仍为南汇公社溪中大队，由汝连生、董二观负责。1968 年，溪中、双联、西联大队合并成立东方红大队，先后由吴阿川、王宝根、吴永春、黄梅林负责。1971 年，东方红大队解体，分为 3 个大队，仍为溪中大队；1984 年，更名为南汇乡溪中村；1985 年，为南汇镇溪中村；1999 年 4 月，溪中、双联、西联 3 个村合并为中联村。其间先后由黄梅林、黄正华任支部书记，董二观、汝桂荣、计国祥、丁祥观、计红旗、张爱观、董韶春、史德华任大队长（村长、村委会主任）。三村合并后，由黄正华任支部书记，张金荣任村委会主任。2001 年，为王江泾镇中联村；2002 年 4 月，更名为南汇村，至 2010 年 12 月。其间先后由黄正华、计兴荣任村支部书记（党总支书记），张金荣、沈凤珍任村长（村委会主任）。

原双联村自明至清属嘉兴、秀水县思贤乡。民国时，属嘉兴县南汇镇（长兴镇）。1949 年 7 月，属嘉兴县长兴乡；1950 年 3 月，为南汇乡张家村，后为南汇乡第三代表区。合作化时，先组建小双社、大双社 2 个初级社；1956 年 2 月，合并为双联高级社。1958 年 9 月，为东风公社双联大队；1959 年 5 月，为南汇公社双联大队。1961 年 9 月，仍为南汇公社双联大队，先后由吴阿川、吴宝生负责。1968 年，双联、西联、溪中 3 个大队合并为东方红大队。1971 年，东方红大队解体，仍为双联大队；1984 年后，更名为南汇乡双联村；1985 年，为南汇镇双联村；1999 年 4 月，双联、西联、溪中合并为中联村。其间先后由吴阿川、陆甫根、杨二生、陈小六兒、俞永观、张根龙任村支部书记，吴宝生、吴海林、陆根甫、陈小六兒、杨二生、张根龙、金兴根先后任大队长（村长、村委会主任）。

原西联村自明至清属嘉兴、秀水县思贤乡。民国时，属嘉兴县南汇镇（长兴镇）。1949 年 7 月，属嘉兴县长兴乡。1950 年 3 月，为南汇乡第二村，后为南汇乡第二代表区。1956 年 2 月，组建西湾、新建、长溪桥 3 个高级社。1957 年，这三个高级社又与莫家甸高级社、建南高级社等组建为南汇高级社，为南汇高级社二大队，由吴阿川负责。1958 年 9 月，为东风人民公社西联大队；1959 年，为南汇公社西联大队。1961 年 9 月，仍为南汇公社西联大队，先后由吴永春、沈叙生负责。1968 年，西联、双联、溪中 3 个大队合并成立东方红大队。1971 年，东方红大队解体，仍为西联大队；1984 年，为南汇乡西联村；1985 年，为南汇镇西联村；1999 年 4 月，西联、双联、溪中 3 个村合并为中联村。其间先后由吴永春、杨永寿、沈阿六金、李余文、凌金荣、张根林、张金荣任村支部书记，沈叙生、李余文、凌金荣、张根林、张金荣、沈凤珍先后任大队长、村长（村委会主任）。

南汇村村民世代以种植水稻、大麦、小麦、油菜等农作物为主。清代，纺织业亦较为兴盛。20 世纪 60 年代，溪中、西联、双联先后采取租赁和新建的办法，各自创办砖窑。60 年代后期，双联大队张祥观、陆根富发起创办双联布厂。1969年，东方红大队为响应党和政府的号召“向荡夺粮”，于当年冬季动员全村村民围垦长荡。围垦中，先在荡底挖掘出大量泥煤，让社员当作燃料；1970年，荡内种植一年水稻；1971年，退田还荡。70年代初，溪中大队大部分农户以饲养母猪，培育、出售苗猪为副业。1974年，西联大队沈六金、张春观等人发起创办西联塑料厂，为嘉兴电控厂加工开关手柄。70年代中期，溪中大队叶长春等人发起创办溪中拉丝网厂，为嘉兴水泥造船厂加工造船拉丝网。1981年，双联大队创办珍珠养殖场。80年代，各村村民从事运输、废品收购、泥木工的颇多。此后，家庭纺织业发展，私营企业新万利等多家纺织企业相继落户村境内。

篮球是南汇村群众体育的传统项目。在21纪初的10年中，村篮球队在镇、区两级比赛中都获得过较好的成绩。在一些节假日，嘉兴五县两区和江苏的篮球爱好者聚集南汇切磋球艺。2005年，占地1000平方米的文化广场建成使用，成为南汇集镇居民休闲娱乐的主要场所。

2005—2006年，南汇村被命名为市级文明村；2009年，获评浙江省“双万结对，共建文明”活动先进单位。

【红联村】

位于镇域东北部，距镇区约8千米。东隔蚕溪荡（船圈荡）与南汇村相望、隔九军河与嘉善县天凝镇戴西港村相邻，南隔虎啸荡与东荷村相望，西与莫家甸村相交，北与廊下村相接。建汾公路东西向穿越村南部。2010年，全村行政区域面积1.49平方千米，耕地面积1294亩（水田1280亩，旱地14亩）；有6个自然村（蚕溪埂、姚家港、虎啸浜、九军河、横港、坟东港）15个村民小组，466户1657人；经济总收入48370万元，村支部书记俞兴荣，村委会主任唐振荣。村委会驻地蚕溪埂。

红联村于1968年由合丰、蚕溪两大队合并而成。自明至清，属嘉兴、秀水县思贤乡；民国时，为嘉兴县梅湖乡第二保，金子明任保长。

1949年7月，属嘉兴县长兴乡；1950年3月，为南汇乡复地村与梅兴乡复农村，后为南汇乡第四代表区和梅兴乡第一代表区（部分）。合作化时，先成立复地合作社，由蒋阿五、沈永林、钮小八负责；1954年，复地合作社分为梅南、姚家港、横港、建增、建南、合丰6个初级社，分别由俞好弟、俞小弟、夏补生、张金生、沈天生、钮小八任社长。后6个初级社合并为合丰、建南2个高级社，分别由钮小八、沈天生任社长。1958年9月，分别为东风人民公社合丰大队、蚕溪大队，分别由钮小八、俞小弟任支部书记，唐兴林等任大队长。军事化编制时，这两个大队分拆为第19、20、21、22、23连队，分别由俞好弟、俞小弟、夏补生、蒋雨龙、唐兴林负责。1959年5月，分别为南汇人民公社合丰大队、蚕溪大队。1961年9月，仍为南汇人民公社合丰大队、蚕溪大队，分别由怀来兴、俞小弟任支部书记，钮小八、张金生任大队长。1968年，合丰、蚕溪两大队合并为红联大队；1984年，为南汇乡红联村；1985年，为南汇镇红联村，至2010年。其间先后由俞照福、俞小弟、钮阿泉、唐金才、张五弟、唐振荣、俞兴荣任支部书记，俞小弟、王美林、唐金才、张金荣、俞金良、俞兴荣、唐振荣先后任大队长、村长（村委会主任）。

九军河和虎啸浜两个自然村历来有很多农民从事竹匠营生。所制作的竹篮、簸箕、箩筐、弯笼等器具牢固实用，远近闻名。相传在明代有一沈姓官员迁居于蚕溪埂自然村，为方便船只进出，在村东荡滩筑一泥埂，俗称“船圈埂”，讹称“蚕溪埂”，村、荡因此而名。因蚕溪埂离南汇集镇较近，1951 年，嘉兴养鱼场总部设于此。1963 年，沈金福等人创办大队窑厂。1964 年，俞照福等发起在蚕溪埂创办蚕溪缫丝厂（后更名为红联缫丝厂，由徐金海负责；1976 年，红联大队缫丝厂转为南汇公社丝厂）。1965 年，嘉兴第三医院搬迁至蚕溪埂建立南汇地区医院。1969 年，怀永林、严好弟等组建红联建筑组（1982 年，发展为南汇第二建筑队）。1970 年，俞宝康、顾关林创办水泥预制品厂。同年，顾关林、张大龙等人创办农机厂。1971 年，俞宝康等人创办大队翻砂厂（主要铸造铁器，1974 年与农机厂合并为农机厂）。1976 年，怀小六在蚕溪埂创办珍珠养殖场。

【廊下村】

位于镇域东北部，距镇区约 10.5 千米。东与华联村接壤，东南与南汇村隔钉靴荡相应，南与莫家甸村、红联村相交，西靠梅家荡，北与田青村、栋梁村隔菩提荡相望。南汇至田青村的村级公路是穿越廊下村、莫家甸村南北的主干道。2010 年，全村行政区域面积 3.58 平方千米，耕地面积 3129 亩（水田 3059 亩，旱地 70 亩）；有 13 个自然村（廊下、菩提湾、金银浜、西里圩、北栅、长安路、西湾头、廊下港、世德桥、钉靴圩、张家漾、九龙潭、仲家港）25 个村民小组，754 户 2950 人；经济总收入 17187 万元，村支部书记俞兴荣，村委会主任朱天荣。村委会驻廊下自然村。

廊下村因村委会驻地廊下而得名。廊下村于 2002 年由廊下、兴建（1999 年梅兴村与建工村合并为兴建村）两村合并而成。

原廊下村自明至清属嘉兴、秀水县思贤乡。民国时先后属梅湖区，南汇镇和梅湖乡，廊下为梅湖区公所驻地，由陈梅仙等任乡长，盛益生等任保长。1949 年 7 月，属嘉兴县长兴乡；1950 年 3 月，为梅兴乡渡农村，后为梅兴乡第三代表区。其间先后由朱顺龙、朱有生任村长。廊下为梅兴乡政府驻地。合作化时，先组建新联、新民、西龙 3 个初级社，分别由吴维良、沈福高、孟大弟任社长。1956 年 2 月，属嘉兴县南汇乡。后三个初级社组建为廊下高级社，由吴维良任社长。1958 年 9 月，为东风公社廊下大队；军事化编制时，为第三分营区，由吴维良为营长。1959 年 5 月，为南汇公社廊下大队。1961 年 9 月，仍为南汇公社廊下大队，先后由吴维良、史阿大任支部书记，金永高任大队长，至 1964 年。1965—1968 年，金永高任支部书记，吴正元任大队长。1968 年，廊下、建工、梅兴大队合并成立永红大队；1971 年，永红大队拆分，仍为永红大队。1981 年，复名廊下大队；1984 年，为南汇乡廊下村；1985 年，为南汇镇廊下村；2001 年，为王江泾镇廊下村。其间先后由金永高、史阿顺、陈雪荣、金阿春任支部书记，吴正元、朱根生、吴金寿、陈海生、陈金荣先后任大队长（村长、村委会主任）。2002 年兴建村并入廊下村，至 2010 年 12 月，其间先后由张五弟、俞兴荣任村支部书记，汝志明、朱天荣任村委会主任。

原建工村以建工初级社而得名。1949 年 7 月，属嘉兴县长兴乡；1950 年 3 月，为梅兴乡复农村（部分），后为梅兴乡第二代表区。其间先后由陆阿马、俞金山任村长，胡小弟、陈阿昌先后任农会主任。1955 年合作化时，成立新建、增建、建工 3 个初级社，分别由盛阿寿、盛炳文、胡志祥任社长。后这三个初级社合并成立建工高级社，由史阿大负责。1956 年 2 月，属南汇乡。1958 年 9 月，为东风人民公社建工大队；军事化编制时，为第二分管区，由史阿大任营长。1959 年 5 月，为南汇公社建工大队。1961 年 9 月，仍为南汇公社建工大队，由史阿大等负责。1968 年，建工、梅兴、廊下 3 大队合并为永红大队；1971 年，永红大队拆分，仍为建工大队。1984 年后，为南汇乡建工村；1985 年，为南汇镇建工村，至 1999 年。其间先后由胡志祥、史阿仁、沈杏弟、王好弟、汝志明任支部书记，沈杏弟、吴正元、胡志祥、史建明、汝志明、许永生任大队长、村长（村委会主任）。1983—1986 年，经联社（经济合作社）主任为汝志明。1999 年，建工、梅兴 2 个村合并为兴建村，由陆天林任支部书记，汝志明任村委会主任，至 2002 年。

原梅兴村因辖区位于梅家荡畔，又原属梅兴乡而得名。1949 年 7 月，属嘉兴县长兴乡；1950 年 3 月，为梅兴乡复农村，后更名为民主村，后又为梅兴乡第一代表区（部分）。其间先后由陆阿马、沈阿龙任村长，胡小弟、唐桂民任农会主任。合作化时，先成立梅兴一社（仲家港）、二社（张家漾）、三社（九龙潭）3 个初级社，分别由史德明、张明加、沈三毛任社长；后三社合并，成立民主高级社，由史德明任社长。1956 年 2 月，属南汇乡。1958 年 9 月，为东风人民公社梅兴大队；军事化编制时，为第二分营区，由史阿大任营长。1959 年 5 月，为南汇公社梅兴大队。1961 年 9 月，仍为南汇公社梅兴大队。1968 年，梅兴、建工、廊下三个大队合并为永红大队；1971 年，永红大队拆分，仍为梅兴大队。其间先后由史阿大、史阿仁任支部书记，宋顺兴、朱根生、吴正元任大队长。1984 年，为南汇乡梅兴村；1985 年，为南汇镇梅兴村；1999 年，梅兴、建工村合并为兴建村。1972—1999 年，先后由史阿仁、吴才兴、吴掌林、陆永林、王健龙、陆天林任支部书记，宋仁兴、沈阿龙、张金生、汝永才、吴掌林、吴明华任大队长、村长（村委会主任）。2001 年，为王江泾镇兴建村。其间，由陆天林任书记，汝志明任村委会主任。2002 年，兴建村并入廊下村。

廊下村村民世代以种植水稻、大麦、小麦、油菜为主。工副业方面，因东靠钉靴荡，西濒梅家荡，故有部分村民从事捕捞鱼虾。20 世纪 60 年代初，廊下、建工、梅兴 3 个村分别由金永高、胡志祥、史阿顺等发起创办各自的大队窑厂。70 年代后期，原廊下村新辟 3 个果园，共 25 亩，种植苹果和梨。

廊下，又称盛家廊下。据清代《秀水县志》载，廊下原名象龙港。传说明嘉靖时期，盛家在此共建有 1048 间房屋，有亭、台、楼、阁、花园、私塾等设施，其中的百桌厅可同时容纳 800 多人。因有奸臣举报到朝廷，说盛家可与皇宫媲美。皇帝知晓后，派人来查，幸有钦差大臣回禀说盛家只及皇宫“廊下”，盛家才免灾祸。自此，“盛家廊下”一名沿用。盛家在明清时期，世代都有人考中进士。清咸丰年间，皇帝钦赐盛家“世进士”三字。明末清初，吴日生带领太湖军抗清，封“长兴伯”，开府于此。

【莫家甸村】

位于镇域东北部，距镇区 9.5 千米。东与红联村相交，西靠梅家荡，南临河泥荡，北与廊下村接壤。2010 年，全村行政区域面积 1.59 平方千米，耕地 1393 亩（水田 1369 亩，旱地 24 亩）；有 4 个自然村（坟西港、莫家甸、陈义之港、凌家浜）15 个村民小组，500 户 1846 人；经济总收入 45215 万元，村支部书记沈金泉，村委会主任施为强。村委会驻陈义之港。

莫家甸村以自然村名命名。莫家甸自然村在明代已形成，因居有莫姓大户而得名。自明至清，属嘉兴、秀水县思贤乡。民国时，属嘉兴县南汇区第十二、十三保，先后由金忠明、金金和、吴永财、莫二和、戴明华、金阿三、沈金海、史金福、沈寿祥等任保长。1949 年 7 月，属嘉兴县长兴乡；1950 年 3 月，为南汇乡第五村，后为南汇乡第五代表区。其间先由俞大弟、杨阿金负责，后由张爱生、徐爱生负责。合作化时，成立莫家甸、建南（部分）2 个高级社，分别由戴德林、沈天生任社长；后为南汇高级社五大队，由吴阿川负责。1958 年 9 月，为东风人民公社莫家甸大队、龙花大队，分别由戴德林、顾阿马任支部书记。1959 年 5 月，为南汇人民公社莫家甸大队、龙花大队；1961 年 9 月，仍为南汇公社莫家甸大队、龙花大队。由顾阿马任龙花大队支部书记，俞四和任大队长；戴德林任莫家甸大队支部书记、戴连生任大队长。1968 年，莫家甸、龙花 2 个大队合并为红星大队，由顾阿马任支部书记，戴连生任大队长。1981 年，更名为莫家甸大队；1984 年，为南汇乡莫家甸村；1985 年，为南汇镇莫家甸村；2001 年，为王江泾镇莫家甸村。1970 年至 2010 年 12 月，莫家甸大队（村）先后由戴爱兴、沈仁兴、徐关兴、顾阿马、沈荣兴、施根林、俞林华、俞海良、朱宝荣、张伍弟、沈金泉任支部书记，戴连生、俞大弟、徐海荣、施根林、戴四林、徐福林、肖四兴、俞永根、金兴华、沈金泉、施为强先后任大队长、村长（村委会主任）。

莫家甸村村民世代以种植水稻、大麦、小麦、油菜为主。村内因人多田少，历史上有众多村民以捕捞鱼、虾为业，半渔半农，张弯笼、钓头、麦弓、丝网、滚钓、耥蚬子、耥螺蛳等样样都干。1963 年，龙花大队史阿海等人发起在李家港创办 2 座窑墩（后由沈海荣负责）。1964 年，因村民捕捞需要大量渔具，俞巧弟等人发起创办大队竹器厂，主要生产捕虾的弯笼等渔具。同年，杨永龙等人发起创办踏绳厂和踏绒线厂；金瑞林、金金海、肖金和等人在钮家港创办 2 座窑墩（1968 年两大队合并时，这两座窑墩翻建到龙花漾）。1965 年，杨小弟等人发起，在华联小曲创办 1 座窑墩；后翻建到莫家甸西小圩，并增建 1 座。20 世纪 60 年代，俞巧荣、唐阿兴等人发起创办大队养鸡场，莫金荣等人发起创办大队预制场；70 年代初，施大山、唐阿兴发起创办大队绸厂。80 年代至 90 年代初，全村有 80％的农户从事家庭纺织业，原有集体企业相继转制或关停。1992 年起，南汇镇政府在大调圩滩征用 400 多亩土地，开发建成南汇新镇区和南汇工业园区。

传承 100 多年历史的踏白船是莫家甸村的传统娱乐活动。最盛时，全村拥有 8 支踏白船队伍，常在附近的庙会和节假日中活动。解放前，莫家甸村是土匪出没的主要地方。解放初，解放军剿匪部队进驻金家浜，及时剿灭了莫家甸村一带的土匪和地主恶霸势力。

【市泾村】

位于镇域北部，距镇区约 6 千米。东靠田北荡、梅家荡，南与北荷村隔斜路港相邻，西隔京杭大运河与江苏盛泽相望，北与田乐村相接。王黎公路南北向穿越村西部。2010 年，全村行政区域面积 2.28 平方千米，耕地 1997 亩（水田 1880 亩，旱地 117 亩）；有 6 个自然村（市泾港、西小港、斜路浜、祥汇浜、北港、小南港）12 个村民小组，441 户 1921 人；经济总收入 17909 万元，村支部书记沈春荣，村委会主任藏永根。村委会驻市泾北路中。

市泾村因境内市泾港而得名。据清末《闻川志稿》记载:“市泾古有小市,固名市泾,在必暑圩南。”也作墅泾、柿泾。自唐至清,属嘉兴、秀水县思贤乡;民国时,属嘉兴县梅湖乡第十四、十五保,先后由房进来、周兴谷、钱小马、盛阿二任保长。1949年7月,属嘉兴县长兴乡;1950年3月,属田乐乡。同年7月,划为田乐乡第十四、十五代表区。1954年,组建太阳、市兴、天凝、兴隆、西一、西二、祥龙等多个初级社,分别由陶桂林、孟金林、沈大金生、沈三观、钱掌林、金申观、周四观、杨春观、吴阿南等任社长。1956年2月,属南汇乡。同年冬,与新农社等4个初级社合并成立新农高级社,由汝金生任社长。1958年9月,为东风人民公社新农大队,由王掌生负责。军事化编制时,为第一分管区第17、18连,分别由周四观、吴阿荣负责。1959年5月,为南汇人民公社新农大队。1961年9月,拆分为田乐公社才来大队、市星大队,先后由杨六金、周四观任才来大队支部书记,盛阿五任大队长;孟阿龙任市兴大队支部书记,金志真任大队长。1966年,两个大队分别更名为建新大队、星火大队,由周四观任建新大队支部书记,盛阿五任大队长;孟阿龙任星火大队支部书记,藏宏良任大队长。1968年,两大队合并成立卫东大队,先后由周四观、藏宏良、吉老虎负责。1981年,更名为市泾大队。1984年,为田乐乡市泾村,由吉老虎任支部书记,杨炳荣任村长。2001年4月,为王江泾镇市泾村,至2010年12月。其间先后由张浩生、汝小龙、张金荣、杨炳荣、孟晓宇、江海华、藏永根、沈春荣任支部书记,杨炳荣、沈雪根、张金荣、盛龙生、唐海兴、江海华、藏永根先后任村长(村委会主任)。

市泾村村民世代以种植水稻、大麦、小麦、油菜等为主,因东靠梅家荡也有少数人从事捕捞鱼虾。织绸在市泾一带有数百年历史,但在抗日战争时期基本消失。解放后有少部分人从事织绸行业。1972年,孟阿龙等人发起在大运河东岸创办大队砖瓦厂。1976年,盛高明等人发起创办大队丝织厂。80年代初,个体家庭纺织业开始兴起,以织造头巾纱为主。1983年,宋高明、史好弟等人成立嘉兴县纺织品贸易公司。到1984年年底,全村有各种生产和加工纺织品的设备193台(其中纺织机157台、定型机21台、移花机4台、加弹机3台、植绒机3台、水印花机2台、牵经机3台),890多人从事商业贸易。由于头巾纱产品行情较好,吸引全国各地的客商到此收购交易,后在原市泾村逐步形成头巾纱交易市场。自此,头巾纱织造业在市泾全面发展,有80%的家庭开始从事头巾纱织造,并很快成为市泾一带的支柱产业。1994年,田乐乡政府同意在市泾村率先创建村级工业园区,第一期占地27亩,钱传兴、罗春荣、周荣华率先进入工业园区建标准厂房。1996年,占地50亩的第二期工程和占地75亩的第三期工程相继开工,有当地30多家纺织企业进入工业园区投资建厂。至2010年,鸣业纺织、元丰纺织、越龙提花、鑫圆纺织、琛正纺织、杨氏工艺纺织、荣利喷织、田乐华兴纺织、荣宏纺织、海鑫经纬、金达植绒、晓晖纺织、盛升化纤织造、荣施工艺织造、源泉纺织、盛吴纺织、荣强丝织、丰盛喷织、神鹰轻纺整经、盛超纺织、起点整经等企业先后落户工业园区;同时,还有数十名来自外地的老板在此经商,使此地成为王江泾一带的纺织品集散地。另外,罗春荣、钱文云、卜菊明、金永根、汝兴龙等一批私营企业家在王江泾南北两个工业园区、江苏盛泽等地投资兴业。

2004年,市泾村被命名为嘉兴市文明村;2005年,被命名为浙江省卫生村。

【田乐村】

位于镇域北部,距镇区约8千米。东与田青村隔田北荡、北海荡相望,南与市泾村相邻,西临京杭大运河与江苏盛泽隔河为界，北与大坝村接壤。王黎公路先南北向再东西向穿越村中部。2010 年，全村行政区域面积 4.53 平方千米，耕地面积 3935 亩(水田 3704 亩，旱地 231 亩)；有 1 个小集镇(肖家湾)9 个自然村(长爿头、东珠、北家港、大湾、北海、田禾浜、上合路、沈家浜、史家湾)23 个村民小组，738 户 2923 人；经济总收入 24118 万元，村支部书记汝兴荣，村委会主任卜根荣。村委会驻肖家湾。

田乐村于 2002 年由原新农、永聚两村合并而成，因村委会所在地设在原田乐乡政府，故取名田乐村。自唐至清属嘉兴、秀水县思贤乡，民国时为嘉兴县梅湖乡。

原永聚村，解放前为梅湖乡第六、八保。1949 年 7 月，属长兴乡。1950 年 7 月，划归田乐乡。合作化时，组建长东、东珠、聚兴、大兴 4 个初级社，先后由卜龙生、储宝兴、吴咬弟、俞刘金、於金福等任初级社社长；1956 年 2 月，属南汇乡。同年冬，成立永兴、聚兴 2 个高级社，由吴咬弟等任社长。1958 年 9 月，属东风人民公社第一分管区，先后由王顺观、戴长命负责。1959 年 5 月，为南汇公社聚兴大队，由王顺观任支部书记，戴长命任大队长。1961 年 9 月，为田乐人民公社永兴大队、聚兴大队，由卜阿荣、钮阿根分别任支部书记，卜掌生、李林高分别任大队长。1964 年，两大队合并为聚兴大队，由钮阿根任支部书记，卜掌生任大队长。1968 年，改名为永红大队；1981 年，从原永兴、聚兴两大队各取一字，改名为永聚大队。其间先后由李林高、卜洪观任书记，卜掌生任大队长。1984 年，为田乐乡永聚村；2001 年，为王江泾镇永聚村。其间先后由陈水金、王兴观、於晓弟、卜正荣、卜根荣任支部书记，钮天荣、王兴观、於晓弟、顾海民、卜根荣、史胜明任村长(村委会主任)。2002 年 4 月，永聚、新农 2 个村合并为田乐村至 2010 年 12 月，由汝兴荣任支部书记，卜根荣任村委会主任。

原新农村民国时为梅湖乡第十五、十六保，卜德安、卜金福分别任保长。1949 年 7 月，属嘉兴县长兴乡。1950 年 7 月，划归田乐乡，为第十二、十三代表区。合作化时，组建新农、新禾、上兴、上农 4 个初级社，分别由汝巧观、卜根荣、黄阿男、凌春涛任社长；1956 年，与市泾大队境内的 7 个初级社合并成立新农高级社，由汝金生任社长。同年 2 月，属南汇乡。1958 年 9 月，为东风人民公社新农大队，先后由王顺观、戴长命负责。1959 年 5 月，为南汇人民公社新农大队。1961 年 9 月，为田乐公社新农大队，至 1983 年。其间先后由吴阿荣、汝菊生、史好弟任支部书记，汝金生、汝年弟、卜掌林任大队长。1984 年，为田乐乡新农村；2001 年 4 月，为王江泾镇新农村。2002 年，新农、永聚两村合并为田乐村。1984—2002 年，其间先后由张玉林、唐圣华、史福生、汝兴荣任村支部书记，卜金根、卜小弟、汝兴荣、卜正荣、卜宝根、卜根荣任村长(村委会主任)。

田乐村村民世代以种植水稻、大麦、小麦、油菜为主。1958 年，汝金生等人发起在田禾浜汝家角创办新农纺织厂，有手动织绸机 30 台，以生产薄绸为主，是田乐一带最早的队办企业；“文化大革命”早期，“割资本主义尾巴”被迫歇业；“文化大革命”后期重新开办，成为新农大队的经济支柱。20 世纪 60 年代，永红、新农两大队都办有粮食饲料加工厂。70 年代，汝寿生、汝培成等十余人到嘉兴农场学习杂交水稻的培育，后由公社分配到各个大队，使全公社的粮食连年增产。1974 年，卜雪南等人发起创办新农针织厂。同年，樊小毛等人创办永红大队砖窑厂。1975 年，卜掌生等人发起创办永红大队纺织厂。由于原永聚、新农均属人多田地少的村，1986 年梅家荡开发后，两村分别建立养鱼场，从事商品鱼养殖，顾美荣、卜根生分别任场长；几乎每个生产组都有村民从事珍珠养殖。

由于田乐村是原田乐乡政府所在地，一些社办企业也相继落户于此。1970 年，吴小六负责的田乐水泥制品厂在北海荡西岸建成投产。1975 年，徐福元等人在北海荡西岸创办田乐腐蚀酸胺肥厂。1976 年，卜传根、汝金生等人在北海荡西岸创办田乐丝织厂；同年，凌启明等人在北海荡边办起田乐珍珠厂。供销社、信用社、邮电所等单位在田乐公社成立后纷纷落户肖家湾。20 世纪 80 年代初，几乎家家户户从事纺织业，织造、原料供应、成品销售、纺织配件、印花、染色等组成产业链。90 年代初，新农、肖家湾两地分别开发工业小区，先后有诚恒、蓝天、荣成、明效丰汇、福欣、明阳、前荣等数十家纺织企业进入开发区投资兴业；与此同时，有一大批有经商意识的人奔赴全国各地从事纺织产品销售，在全国各地享有较高的知名度，使该村成为浙北地区最大的纺织产品基地。1993 年，在原新农村的小圩统一规划建起王江泾一带最早的别墅区，有 48 家农户搬迁于此。

【大坝村】

位于镇域最北端，南距镇区约 10 千米，北距江苏黎里镇 3 千米。东隔陆家荡与双塔村相望，东南与田乐村接壤，西南临京杭大运河，西北运河北侧为江苏省吴江市黎里镇黎阳村。2010 年，全村行政区域面积 3.33 平方千米，耕地面积 2920 亩（水田 2591 亩，旱地 329 亩）；有 7 个自然村（陆家池、史家村、南秋、史家路、七家扇、项家厍、寺下港）16 个村民小组，453 户 1703 人；经济总收入 7408 万元，村支部书记凌雅琴，村委会主任史应生。村委会驻陆家池。

大坝村因大坝港流经境内而得名。自唐至清，属嘉兴、秀水县思贤乡。民国时，属梅湖乡第十七保，先后由李庆福、施金福任保长。1949 年 7 月，属嘉兴县长兴乡第十七村；1950 年 3 月，属梅兴乡。同年 7 月，划为田乐乡新民村、复兴村，由凌才高任农会主任。1953 年，成立 5 个互助组，分别由李三观、凌富生、沈明奎、沈仁财、凌阿高负责。后又组建南东港、复兴、建民、建新、新建等 7 个初级社，分别由汤六金、史育财、凌富生、凌阿弟、凌才高、沈明奎、凌阿高任社长。1956 年，合并成立新民、复兴 2 个高级社，由汤六金等负责。同年 2 月，属南汇乡。1958 年 9 月，为东风人民公社新民大队、复兴大队，属东风公社第一分管区，由凌阿高负责。1959 年 5 月，为南汇公社新民大队、复兴大队，分别由钮六金、卜德贤任支部书记，萧福林、汤小康任大队长。1968 年，复兴、新民大队合并成立东方红大队，由吴三林任支部书记，凌才观、凌庆福先后任大队长。1981 年，更名为大坝大队，由吴三林任支部书记，凌庆福任大队长。1984 年，为田乐乡大坝村，先后由吴三林、沈海兴、沈品芳任支部书记，梅土金、凌坤荣、沈品芳、吴胜良任大队长（村长、村委会主任）。2001 年 4 月，为王江泾镇大坝村，先后由沈品芳、沈春荣、凌雅琴任村支部书记，吴胜良、史应生先后任村委会主任，至 2010 年 12 月。

据《闻川志稿》记载，南宋诗人陆游在《入蜀记》中记述他的行程时说："过合路，居人繁多，卖鲊者尤众。"明、清时，大坝村一带几乎家家有织机。抗日战争时，纺织业逐步衰退，村民主要以农耕为主。1968 年，依靠嘉兴下乡知青，创办大队胶木厂，为嘉兴电控厂加工电器零部件。1976 年，史金德等人发起创办东方红丝织厂，有 K611 织机 28 台、工人 50 多人，主要生产尼丝纺、涤平纺、头巾纱等产品。同年，沈留海、李金奎等人发起，在史家路、合路创办东方

红大队砖瓦厂，主要生产八五青砖、土瓦等。1986 年，李金奎等人创办村经纬厂，为当地织机户加工轴头。20 世纪 90 年代初，原有的村办企业相继转制或关停。2001 年，在南秋圩建立大坝工业开发区，占地 180 亩，凌晨丝织厂、群飞喷织厂、田乐纺织纤维工艺厂、吉隆喷织有限公司、东泰丝织厂、春蕾喷织厂、欣洋喷织厂、大丰纺织有限公司、强峰喷织厂等先后入驻开发区。

另据《闻川志稿》记载，东晋时，南秋圩建有保安寺，是嘉兴北部的胜迹，唐代陆贽、宋代张浚曾为之作记；唐代文学家陆龟蒙隐居于此，建有别墅、园林、池塘，“陆家池”因此得名；史家村早在唐代末就形成，明代大臣史仲彬、文学家史鉴（著有《西村集》）都出生于此。

【田青村】

位于镇域北部，南距镇区约 10 千米，北距江苏黎里镇 2.5 千米。东与栋梁村接壤，南靠菩提荡，西临田北荡、北海荡，北与双塔村相邻。王黎公路先东西向再折南北向穿越村中部。大家甸集镇位于村中心。2010 年，全村行政区域面积 2.82 平方千米，耕地面积 2463 亩（水田 2392 亩，旱地 71 亩）；有 1 个集镇（大家甸）、5 个自然村（祥迎港、田西港、小港、青字圩、奈字圩）13 个村民小组，500 户 1875 人；经济总收入 14280 万元，村支部书记王建华，村委会主任凌荣根。村委会驻大家甸集镇。

田青村于 1981 年取田乐大队的“田”字与青宇圩的“青”字而得名。该村自唐至清，属嘉兴、秀水县思贤乡。民国时，为嘉兴县梅湖乡第六、八保（田西港、小港、祥迎港、北海同属一个保；青字、奈字、东埂、西埂、北听同属一个保），先后由张金奎、朱金富、朱锦章、王阿荣、吴文锦、李家富、黄九林等人任两保保长。1949 年 7 月，属嘉兴县长兴乡；1950 年 3 月，属梅兴乡；同年 7 月划归田乐乡，成立祥北、喜乐、青龙、田乐 4 个村，分别由王文才、陆大甫、杨耀祥、倪金福负责。合作化时，组建田丰（迎丰）、田乐、新青、青友、田永 5 个初级社，分别由王文祥、倪金福、吴阿男、倪阿金、倪小狗、陆大富等人负责。1956 年 2 月，属南汇乡。同年冬，5 个初级社合并成立田乐高级社，由倪金福任社长。1958 年 9 月，为东风人民公社田乐大队，由倪金福任支部书记，李掌生任大队长。军事化编制时，属第二分管区。1959 年 5 月，为南汇人民公社田乐大队。1961 年 9 月，为田乐公社田乐大队，由倪金福任支部书记，倪阿金任大队长。后田乐大队分为田乐、田东、田西、田丰 4 个大队，先后由倪金福、朱连生、吴永春、王文华任支部书记，倪阿金、吴永生、柳春福等任大队长。1964 年，田乐、田西、田丰 3 个大队合并成立田乐大队；1969 年，改名为向阳大队；1981 年，更名为田青大队。其间先后由朱连生、钱海观、史阿坤任支部书记，史贵兴、钱顺观、倪阿金任大队长。1984 年，更名为田乐乡田青村；2001 年，为王江泾镇田青村，至 2010 年 12 月。其间先后由陆甫根、倪根林、史金根、沈春荣、王建华任支部书记，钱顺观、史金根、朱兴荣、沈叶昌、王建华、凌荣根先后任大队长（村长、村委会主任）。

田青村村民世代以种植水稻、大麦、小麦、油菜等为主。由于人多田少，又紧靠田北荡、北海荡、菩提荡，众多村民很早就从事水上运输和捕捞行业；同时，由于大家甸集镇坐落于田青村，故历来竹、木、铁、泥、漆“五匠”较多，最多时有近 100 人，泥木工最多时近 300 人，活跃在江、浙、沪一带从事土建工程。大家甸是田乐东北片的经济中心。王黎公路通车前，大家甸集镇的交通全部依赖水上船只运输，又远离中心城镇，为方便村民，自 1958 年起，供销社、食品站、信用社、粮站、卫生所、小学、农具厂、竹器厂、针织厂、服装厂、公社供销社经理部等 12 个单位先后落户于此。1962 年前后，供销社又在大家甸集镇新建 11 幢楼房，经营范围不断扩大，除田乐公社社员之外，南汇、江苏黎里、盛泽等地的百姓也经常到此交易，逐步形成了有一定规模、功能齐全的小集镇。1974 年，史阿坤等人发起在田西港南港口创办窑厂。1975 年，倪小狗等人发起创办钢窗厂。1976 年，龚寿观等人在田东荡边表字圩创办育珠场。1980 年，杨秀华等人发起创办绣花厂，倪阿金等人发起创办丝织厂。20 世纪 90 年代初，村民们纷纷弃农从工，办起家庭纺织企业。改革开放后，由于田乐乡政府设在肖家湾，中小学、医院、供销社、信用社等相关单位逐步向乡政府集聚，且田乐、市泾、大坝等村私营经济发展迅猛，大家甸集镇功能逐步衰退。

田青村有着悠久的历史。据《至元嘉禾志》记载："宋熙宁间，有僧智微在永州兜率寺受业，其僧母张氏年九十四岁造庵一所，名泗州大圣庵。"尚有庵中千年古银杏树见证。

【双塔村】

位于镇域北部，距镇区约 12 千米。东临吴江史北村，南接栋梁村，西靠陆家荡，北濒塔荡、铁皮荡。王黎公路南北向穿越村西部。2010 年，全村行政区域面积 2.75 平方千米，耕地面积 2409 亩（水田 2305 亩、旱地 104 亩）；有 9 个自然村（东潜、西潜、七家港、南听港、湾菱港、木行里、杨苏路、田北听、塔上）14 个村民小组，446 户 1642 人；经济总收入 12822 万元，村支部书记沈品芳，村委会主任凌根荣。村委会驻七家港。

双塔村取双潜自然村（东潜、西潜）的首字"双"和塔圩的首字"塔"而得名。自唐至清属秀水、嘉兴县思贤乡。民国时，为嘉兴县梅湖乡第七保，由钱寿奎任保长。1949 年 7 月，为嘉兴县长兴乡塔上村；1950 年 3 月，为梅兴乡第七村，由陆南卿任农会主席；土改时，东潜港东侧农户划入芥字港，即芥字村，为梅兴乡第六村。后为梅兴乡第五、六代表区。1953 年 3 月，开始成立互助组，先后由沈巧弟、李掌林、凌老二等人负责。1954 年秋，建光明、土明、友明、黎民、联潜、建荣、建新 7 个初级社，分别由吴茂荣、陆阿炳、凌才元、凌老二等负责。1955 年冬，合并为双潜、土明、塔上 3 个高级社，分别由吴茂荣、凌老二、李掌林、凌巾昌任社长。1956 年 2 月，归属南汇乡。1958 年 9 月，为东风人民公社第一、第二分管区，由吴永春、凌老二负责。1959 年 4 月，成立红旗、新联 2 个大队，由沈福盛任红旗大队支部书记，施银福任大队长；沈金和任新联大队支部书记，凌阿传任大队长。同年 5 月，分别为南汇人民公社红旗大队、新联大队。1961 年 9 月，拆分为田乐公社红旗、新联、新北大队，红旗大队、新联大队干部不变，新北大队由凌老二任支部书记、李关中任大队长。1966 年春，红旗、新联、新北 3 个大队合并为心红大队，先后由沈盛福、凌老二、王杏娜、凌启明、李尚政、陆金生任支部书记，凌阿传任大队长。1981 年，更名为双塔大队。1984 年，为田乐乡双塔村。2001 年，为王江泾镇双塔村。1985 年至 2010 年 12 月，先后由戚和生、沈建荣、戚建忠、凌根荣、沈品芳任村支部书记，凌双泉、戚建忠、凌根荣任村长（村委会主任）。村委会驻七家港。

相传在百年前，有张、李、平、萧、龚、孟、陶七姓同居一村，因此得名七家港。另据《闻川志稿》载，村境内古时有平家塔，系李姓人家居住，颇有名；《至元嘉禾志》称此处为思贤乡平塔里，圩头称塔圩，有百余户人家，邻近的湖荡称塔荡。全村水域面积约3600亩。20世纪40年代，三组郑百祥、一组马福生家购入“大隆牌”柴油机打水，是王江泾田乐一带最早用柴油机打水的村民。1972年，第11生产队率先养蚌育珠，后各生产队也相继养蚌育珠，大队有队办育珠场。1976年，陆阿炳等人请江苏吴县黄台乡袁彩张传授河蚌养殖和人工繁殖幼蚌技术，使村里的珍珠养殖形成养蚌育珠一条龙生产模式。与此同时，还利用水面养鱼种菱；以生产队为单位办起运输队，为民丰造纸厂运送稻草。

锯蒸笼板是村内的一项传统行业，明朝时就有此行业，解放前最盛时有近200人从事这项手工业，“凤记”“保记”“伍丰”等品牌，热销江苏苏州、常熟等地（1985年，此工艺基本消失）；自清朝开始，村里的织绢业风行江浙一带，“文化大革命”时被当作“资本主义尾巴”砍掉；皮蛋加工是村里的一项传统手工业（2010年时仍有少数村民从事皮蛋加工）。此外，村民们还利用农闲时间掼泥坯，卖予砖瓦厂。1964年，郁仲泉发起在新北大队办起土布厂。1968年，先后办起3家饲料加工厂。1972年，李关中等人发起在大队礼堂办起心红纺织厂。1979年，凌阿传等人创办心红服装厂。20世纪80年代初，村里办有水泥制品厂、铁屑饼块厂、溶剂厂、拉丝厂、柴包厂。1987年，吕祥观等人创办双塔第二布厂。1991年，江苏平望施建初等人创办安瓿瓶厂（一年后停产）。90年代后，原先的村办企业相继转制、关停。1995年开始，戚建忠、凌建忠、黄美华等先后办起个体纺织业；诸多农户也建办个体纺织企业，最盛时，全村有各类织机1145台。

【栋梁村】

位于镇域东北部，南距镇区约12千米，北距江苏黎里镇2.5千米。东与嘉善县陶庄镇翔生村和王江泾镇华联村毛漾荡相连，南与廊下村接壤，西与田青村、双塔村和江苏黎里镇奇士村相邻。王黎公路南北向穿越村西部。2010年，全村行政区域面积2.66平方千米，耕地面积2126亩（水田2033亩，旱地93亩）；有8个自然村（戴方港、西埂、东埂、史家港、芥字港、钱家庄、庙头、凌字圩）12个村民小组，396户1454人；经济总收入5828万元，村支部书记陆发忠，村委会主任李金红。村委会驻地大漾荡北滩戴方港自然村。

栋梁村原名东梁村。自唐至清，属秀水、嘉兴县思贤乡；民国时，属梅湖乡第六、第八保。1949年7月，属嘉兴县长兴乡；1950年3月，为梅兴乡芥字村，由费杏观负责；7月，为梅兴乡第十三、十四代表区；1954年秋成立建高、共明、社梁、田东4个初级社。1956年，合并为社梁、建明、田乐（田东划入田乐）3个高级社；同年2月，归属南汇乡。1958年9月，社梁高级社转为东风公社社梁大队，建明高级社并入田乐高级社转为东风公社田乐大队；军事化编制时，社梁大队属东风公社第二分管区，由周祥观负责。1959年5月，为南汇公社社梁大队。1961年9月，为田乐公社社梁大队，由凌永才任支部书记，凌阿大任大队长。1962年，田乐大队分为田丰、田西、田乐、田东4个小大队，田东大队李掌生任支部书记，周祥观任大队长。1966年春，田东、社梁两大队合并成立东梁大队，由凌永才任支部书记，李掌生任大队长。1969年4月，更名为立新大队。1981年，更名为栋梁大队。其间先后由凌永才、许春林任支部书记，李掌生、凌永生先后任大队长，至1983年。1984年，为田乐乡栋梁村；2001年，为王江泾镇栋梁村，至2010年12月。其间先后由沈永根、倪小金、凌天荣、张金荣、陆发忠任村支部书记，凌永生、陈晓龙、凌天荣、吴雪荣、曹阳、陆发忠、李金红任村长(村委会主任)。

栋梁村村民世代以种植水稻、大麦、小麦、油菜等为主,但也有不少人从事捕鱼、运输等。1963 年,周祥观、李掌生等人发起在西埂创办田东大队窑厂。1978 年,徐永顺、李掌生发起创办立新大队针织厂,主要生产袜子、尼龙衫;又在窑厂边创办大队丝织厂,主要生产头巾纱、双纱、过滤布等产品。1980 年,吴建业、吴雪荣等人发起在窑厂边创办大队铝厂,徐永顺等人发起创办大队珍珠养殖场。土地承包责任制实施后,众多村民在闲暇时做些小生意,村西片农户购入织机,从事个私纺织业;村东片 6 个生产组的农户从事废金属收购,利用农用船只穿梭于嘉善、江苏、嘉兴等地收购废金属。1992 年,村委会在村部东侧建造 24 间店面房,出租给农户集中堆放、经营不锈钢,形成浙北不锈钢交易市场。村民许永坤经营不锈钢多年,为栋梁一带最具经济实力的私营企业家。

【收藏村】

位于镇域东南部,北距镇区约 9 千米。南跨小红庙桥与嘉兴经济开发区相连,东临穆河溪,南至云海路,西至化龙桥港与嘉北街道南陶浜村交界,北接芦荡湾与双桥村丁家浜交接,北郊河东西向穿越村南部。2010 年,全村行政区域面积 1.33 平方千米,耕地 1156 亩(水田 1084 亩,旱地 72 亩);有 6 个自然村(长浜、小红庙、短浜、河南浜、芦荡湾、腰软浜)11 个村民小组,160 户 393 人;经济总收入 4150 万元,村支部书记陈引珍,村委会主任莫亚。村委会驻长浜。

收藏村因旧时的收字圩、藏字圩在这一带较有名,故取名"收藏"。明万历《秀水县志》对收字圩、藏字圩就有记载。自唐至清,属嘉兴、秀水县永乐乡(部分)、复礼乡(部分)管辖。民国时,属嘉兴县马河乡。解放初,为嘉兴县塘汇区马河乡收藏村,后为马河乡第十代表区。合作化时,为嘉北乡五社。1958 年 9 月,为双桥人民公社收藏大队,由张福生任支部书记,郁仁观任大队长。1959 年,与欧阳溇大队(南陶浜大队)合并成立化龙桥大队,由翁金法任支部书记,戴绍鑫任大队长。1961 年 9 月,原先合并的两个大队又分开,为嘉北公社收藏大队,由郁仁观任支部书记,胡阿龙任大队长。1963—1967 年,先后由陈爱生、张福生任支部书记,胡阿龙、郁仁观任大队长。1967 年,更名为永丰大队。1968 年,与胜利、前进大队合并成立光辉大队,由沈阿三任支部书记,钱耕良任大队长。1971 年,永丰、胜利、前进 3 个大队又分开,仍名永丰大队,至 1981 年。先后由张福生、陈阿小任支部书记,陈阿小、胡阿龙任大队长。1981 年,更名为收藏大队。1983 年 9 月,更名为嘉北乡收藏村,先后由李福根、周长观任支部书记,徐阿弟、周长观、莫亚任村长(村委会主任)。2001 年 4 月,为王江泾镇收藏村,先后由李福根、陈引珍任支部书记,莫亚任村委会主任,至 2010 年 12 月。

收藏村村民世代以种植水稻、大麦、小麦、油菜等为主。1952 年,全村动员开挖新河长 1.5 千米,直通穆河溪,俗称"三里长浜"。后在长浜创办粮饲加工厂、皮革厂、铅丝厂等村办企业。1969 年,创办光辉砖瓦厂。1974 年,创办永丰经编厂。20 世纪 80 年代初,村民陶文勇夫妇靠几台缝纫机起家,开始皮包加工;1994 年成立爱丽可皮件有限公司,形成集设计、开发、创造于一体的专业化箱包企业,企业拥有 600 多名工人,年生产总值 800 多万美元,产品热销世界各地。由于收藏村紧靠嘉兴城区,村民建起大棚,种植市民欢迎的时鲜蔬菜。穆河溪、芦荡湾也是村民种植南湖菱、红菱的基地。

收藏村南部紧靠嘉兴经济开发区,2000 年前,就有大批农户被征迁。2003 年 10 月,2 组、6 组、7 组、10 组、11 组农户相继被征迁,家家住进城市商品房,到退休年龄的老人均享受社会养老金。

【宇四浜村】

位于镇域南部,北距镇区约 9 千米,南距嘉兴市区 1.5 千米。东临花甲圩港与宇四浜村姚家甸相接,南隔庙头港与嘉北街道相望,西与东风村李家湾相交,东北靠沙河荡。07 省道南北向贯穿村东部,新塍公路从东至西横穿村南片。2010 年,全村行政区域面积 2.3 平方千米,耕地面积 1333 亩(水田面积 1070 亩,旱地面积 263 亩);有 9 个自然村(褚家浜、年婆湾、新浜溇、姚家甸、石灰桥、马头上、花甲圩、宇四浜、德芳桥)13 个村民小组,355 户 1208 人;经济总收入 3555 万元,村支部书记褚水荣,村委会主任曹金木。村委会驻花甲圩。

宇四浜村因村委会驻地宇四浜而得名。宇四浜由宇三圩、芳圩组成;又因村东、西各有 2 个浜,故得名宇四浜。自唐至清,该村属嘉兴、秀水县复礼乡(部分)、永乐乡(部分)。民国时,属嘉兴县双南乡。先后由陶再高、陶士年等任保长。解放初,为嘉兴县双南乡芳圩村,由汤小宝任支部书记,陶进才、许大观先后任村长。后为双南乡第四、五代表区。1953 年,成立互助组。1954 年,成立初级社,为双南乡五社。1956 年,撤销双南乡、马河乡,成立嘉北乡,为嘉北乡九社。1958 年 9 月,为双桥人民公社宇四浜大队,先后由田川、许文光、方刘荣任支部书记、大队长。军事化编制时,为第二分管区。1961 年 9 月,为嘉北公社宇四浜大队,先后由姚来宝、赵希林、陈增福、张宝泉、钱耕良任支部书记、大队长。1966 年,改名为嘉北公社前进大队,张宝泉任支部书记,钱耕良任大队长。1968 年,前进、胜利、永丰 3 个大队合并为光辉大队,由沈阿三任支部书记,钱耕良任大队长。1971 年,前进、胜利、永丰 3 个大队又分开,仍名光辉大队。1974 年 10 月,更名为前进大队,由张宝泉任支部书记,朱德明任大队长。1981 年,复名宇四浜大队。1984 年后,更名为嘉北乡宇四浜村。自 1983 年 6 月至 1993 年,由陈关木任支部书记,张春泉任村长。1993 年后,陶智勇任支部书记。1995 年 7 月,汤金泉任村长(村委会主任)。1998 年起,曹金木任村委会主任。2001 年 4 月,为王江泾镇宇四浜村,由陶志勇任书记,至 2005 年 6 月。2005 年 6 月至 2010 年 12 月,由褚水荣任村支部书记,曹金木任村委会主任。

宇四浜村属田多人少的村。村民一直以种植业为主业,农闲时也去嘉兴务工和贩卖蔬菜。20 世纪 60 年代末,创办光辉砖瓦厂(窑墩)。1974 年,陶智勇等人发起创办前进塑料厂,主要生产海燕牌电扇、金浪牌吹风机配件。1988 年,陈贵富等人发起,创办民政塑料厂,主要生产冰箱拉手、托盘等产品。

宇四浜村靠近嘉兴城区,王江泾工业园区坐落于此。2001 年下半年起,共征迁农户 280 户。2002 年,先后有欣悦天丝、礼恩派、元丰纺织、天伦纳米、新永联、金宇达、礼海机械等 30 多家镇骨干企业落户工业园区,有 2 万多名新居民在工业园区打工、居住生活。农贸市场、商业网点、民工公寓、民工子弟学校等都坐落于村境内花甲圩。2005 年,村办公楼、文化活动中心建成启用,全村 280 多户农户住进了别墅;另外,失地农民到退休年龄的都能领取社会养老金，年轻的也能就近找到工作。2005 年 11 月，宇四浜村被浙江省绿化委员会、省林业厅命名为“浙江省绿化示范村”；至 2010 年 12 月，宇四浜花甲圩小区已成为王江泾工业园区近 3 万名新居民工作、生活、娱乐的集聚区。

【金鱼桥村】

位于镇域西南部，北距镇区约 10.5 千米，南距嘉兴市区 6 千米。东与宇四浜村接壤，南与嘉北街道相接，西与沈家桥村相交，北与王江泾工业园区、东风村相邻，新塍公路东西向贯穿村南部。2010 年，全村行政区域面积 2.76 平方千米，耕地面积 2422 亩(水田 2068 亩，旱地 354 亩)；有 7 个自然村(金鱼桥、北周浜、河泥浜、雅家浜、金家扇、杨家桥、山家埭)15 个村民小组，337 户 1066 人；经济总收入 2630 万元，村支部书记卜如兴，村委会主任吴明华。村委会驻金鱼桥。

金鱼桥村因村委会驻地金鱼桥而得名。自唐至清，属嘉兴、秀水县永乐乡(部分)、复礼乡(部分)。民国时，属嘉兴县双南乡第八保，张天生等先后任保长。解放初，为嘉兴县双南乡芳圩村，后为双南乡第六代表区。土改时，陶进才任农会主任。1953 年，成立互助组，由蔡杜梅负责。1954 年，成立利东、嘉宇、嘉合 3 个初级社，分别由沈生官、王培有、王齐梅任社长。1956 年，为嘉北乡第六高级社，先后由王培有、王齐梅任社长。1958 年 9 月，为双桥人民公社金鱼桥大队，由王根荣负责。1961 年 9 月，为嘉北人民公社金鱼桥大队，由胡志良任支部书记，卜增良任大队长。1966 年，金鱼桥大队改名为勤俭大队。1968 年，与嘉北公社跃进大队、新兴大队合并成立嘉北公社东方红大队，由柳好观任支部书记，李方根任大队长。1971 年，东方红大队拆分为以前的 3 个大队，勤俭大队更名为伟民大队，张金华、卜增良先后任支部书记，张殿进任大队长。1981 年，复名金鱼桥大队，卜增良、张殿进分别任支部书记、大队长。1984 年，为嘉北乡金鱼桥村；2001 年 4 月，为王江泾镇金鱼桥村。其间先后由卜增良、卜如兴任村支部书记，王胜明、徐福生、贡全根、卜如兴、吴明华任村长(村委会主任)至 2010 年 12 月。

由于田多人少，村民一直以农耕为主。随着农业机械化水平的提高，农闲季节，不少青壮年外出打工，奔走在市区的各个建筑工地。1979 年，村民周金观等人投资 3000 元，靠 13 把榔头，办起伟民五金厂，加工箱包配件。1983 年，吴小毛、李有法等人投资 3 万元，创办伟民预制场，加工建房用水泥预制品；村民陆掌才等人投资 7 万元，创办伟民模具厂，加工模具配件。1986 年，张顺福等人投资 100 万元，建造厂房 1000 多平方米，购置 100 台缝纫机，创办友谊皮件厂，有员工 200 多人，生产的“鹏飞”牌系列软箱、“鹏灵”牌系列皮衣及羊皮衫、水貂皮大衣、风衣，畅销欧美市场，当年产值达 54 万元，利润 10 万元。1989 年，朱分林、陆掌才等人投资 50 万元，新建 3 层厂房(当时是新塍公路上较高的建筑)，购置缝纫机 100 多台，招募员工 200 多人，创办伟民民政皮件厂，当年产值 34 万元，被评为省出口创汇先进集体。1993 年，村民魏根等人投资 100 万元，新建康佳印染厂，员工达 50 多人。20 世纪 80 年代，金鱼桥村拥有 8 家队(村)办企业，是浙江省名村之一；90 年代后，原先的村办企业逐步转制或关闭、拍卖。

抗日战争时，金鱼桥村民金选仁组织贫苦百姓抗日；解放前，加入中共地下组织，并率部起义，被编入解放军。

【沈家桥村】

位于镇域西南部，北距镇区约 11.5 千米，西距新塍镇区 6 千米。东与金鱼桥村相接；南靠秀洲消防中队，与嘉北街道相交；西临升罗桥港，与新塍镇观音桥村隔港相望；北与虹南村、东风村相邻。新塍公路东西向贯穿村南部，秀洲大道直通沈家桥村中心。2010 年，全村行政区域面积 3.76 平方千米，耕地面积 3289 亩（水田 2714 亩，旱地 575 亩）；有 12 个自然村（沈家桥、升罗桥、庙桥头、平家浜、张家浜、王家湾、南庄头、俞家桥、柳家浜、陈家门、牛溪漾、杨门里）18 个村民小组，460 户 1456 人；经济总收入 3200 万元，村支部书记胡振明，村委会主任计海荣。村委会驻新塍公路张家浜南。

沈家桥村因村境内有沈家桥而得名。相传清光绪年间，有沈姓大户居住于此，在河上建造石桥 1 座，名沈家桥，村以桥得名。自唐至清，属嘉兴、秀水县柿林乡（部分）、复礼乡（部分）、永乐乡（部分）；民国时，属嘉兴县双桥乡第九保。解放初，为嘉兴县双南乡明盈村，由朱阿南任支部书记，俞金康任村长；后为双南乡第八、九代表区。合作化时，成立双南乡七社和前进社，分别由下派干部沈之意、马金华负责。1956 年，这两个初级社合并成立双南乡第十三高级社，由李六观任支部书记，李方根任社长。1958 年 9 月，为双桥人民公社沈家桥大队（升罗桥一带划归原新塍大公社），由李六观任书记，李方根任大队长。1961 年 9 月，为嘉北人民公社沈家桥大队，由李六观任书记，柳好观任大队长。1966 年，更名为跃进大队。1968 年，与勤俭大队、新兴（木桥港）大队合并为东方红大队，由柳好观任支部书记兼大队长（1968—1970 年）。1971 年，东方红大队分开后，仍名跃进大队；1981 年，复名沈家桥大队。其间先后由李六观、杨荣福任支部书记，柳好观、张阿土任大队长。1983 年后，更名为嘉北乡沈家桥村，由杨荣福任支部书记，张阿土任村长。1984 年，由胡振明任村支部书记，张阿土、胡振明、计海荣先后任村长（村委会主任），至 2010 年 12 月。2001 年 4 月，为王江泾镇沈家桥村。

沈家桥村村民世代以种植水稻、大麦、小麦、油菜为主。由于沈家桥村地势较高，旱地较多，故早在唐宋时期，当地居民就开始种桑养蚕。20 世纪 70 年代，沈家桥村有专业桑园 200 多亩，几乎家家户户都种桑养蚕。1976 年，李六观发起在沈家桥创办皮鞋厂，朱根发发起创办沈家桥胶木厂，沈福生创办五金厂和农机修配厂。后来，这些队办企业随私营企业的发展而相继转制、关停。1991 年，江志鑫在沈家桥创办城区纺织浆料厂。由于交通便捷，2000 年后又有木材加工、个体纺织、箱包、食品加工等企业落户于此。2001 年，嘉兴殡仪馆落户沈家桥 1 组，占地 72 亩。2006 年起，秀洲庄园、乐丰年莲藕专业合作社、华翰果蔬专业合作社在村内相继创办。2007 年，李利民在沈家桥创办嘉兴市乐丰年食品有限公司；2009 年，公司被嘉兴市人民政府认定为“市级农业龙头企业”、浙江省农业科技企业；公司主要生产畜禽、水产、蒸煮糕点等罐头真空包装系列食品。2010 年，村内有水果种植户 15 户，种植水果 400 亩；苗木培育户 1 户，培育苗木 184.6 亩；蔬菜种植户 2 户，种植蔬菜 10 亩。

【王江泾社区】

位于王江泾老集镇四周，是老集镇的外围区域。东临京杭大运河，南与新桥村接壤，西靠 07 省道，北与江苏盛泽杨桥港村隔后市河相望。建汾公路（北虹路）、长虹路、虹桥路东西向横穿社区北部、中部、南部，闻川路、07 省道南北向贯穿社区中部、西部。2010 年，社区行政区域面积 1.88 平方千米，有户籍居民 392 户 1293 人，社区支部书记丁苗关，居委会主任茹亚莉。居委会驻闻川路莲雁路交会处。

王江泾社区由王江泾村演变而来，以原村委会驻地王江泾集镇而得名，原有集体耕地 3580 亩(水田 1765 亩，旱地 1815 亩)。春秋战国时，吴国在此筑有射襄城，以抵御越国进攻。隋炀帝开凿大运河后，此处更为兵家必争之地。自唐至清，为嘉兴、秀水县复礼乡、永乐三十都。民国时，属嘉兴县王江泾镇。解放初，为嘉兴县王江泾乡联合村、中吉村，分别由徐世法、任有生负责。1950 年 3 月，为双阳乡联合村、中吉村，由崔松观任联合村村长，周阿荣、周凤岐先后任农会主任；任有生任中吉村村长，冯小泉任农会主任。后为双阳乡第一、二代表区。1954 年起，组建联心、建幸、建新 3 个初级社，分别由郭金来、陈炳海、冯小泉任社长。1956 年，3 个初级社合并成立王江泾高级社，先后由吴春荣、李士法负责。1958 年 9 月，为双桥人民公社王江泾大队。其间先后由李士法、沈洪庭、陈春贵任支部书记，吴春荣、祁炳高任大队长，王根荣任副大队长。1961 年 9 月，王江泾大队分为王江泾、新桥、杜家浜 3 个大队，均属双桥人民公社管辖。由陈春贵、王根荣先后任支部书记，张金甫任大队长，至 1968 年。1969 年，王江泾、新桥、永跃 3 个大队合并成立三忠大队，先后由王根荣、沈其良、李水清负责。1971 年，三忠大队分开，仍为王江泾大队。1984 年，更名为双桥乡王江泾村。同年 5 月，为王江泾镇王江泾村。其间先后由王根荣、张殿策、张阿惠任支部书记，张殿策、张阿惠、李建明先后任大队长(村长)。2000 年 11 月，撤销王江泾村，更名为王江泾居委会；2003 年，设为王江泾社区。1985—2010 年，先后由詹银康、丁苗关任支部书记，齐吉田、丁苗关、茹亚莉任村长(村委会主任、居委会主任、社区居委会主任)。

原王江泾村有后富庄、许家浜、马庵桥(小桥港)、陶家浜、后新桥 5 个自然村，钱家坟、四方汇是集镇居民和农民杂居之处。20 世纪 90 年代以前，村民们以种植水稻、大小麦、油菜为主。由于村北面的百姓紧靠集镇，农忙时以务农为主，农闲时有部分农民种植蔬菜、饲养畜禽拿到集镇上销售。另外，也有部分村民去嘉兴县建筑公司打工，到民丰造纸厂劳务输出；或在农贸市场经商，或从事水产品贩卖，或捕捞鱼虾，或在社队办企业做工。1972 年，周凤岐等人在陶家浜南创办磨片厂，生产平光眼镜、放大镜片。1975 年，朱老虎等人创办大队塑料厂，先后由崔松观、周春乐、詹银康、丁苗关负责，主要生产拉线开关、窗纱等产品，鼎盛时有工人 108 人。90 年代初，塑料产品逐步被淘汰，塑料厂转为经纬厂。1996 年，村办公楼由文昌阁迁建至 07 省道边(现王江泾供电所南)，并由集体出资在村办公楼前建造 4 幢厂房，租赁给纺织机械经销商茹传林等人。

随乡镇企业的发展，1975 年，双桥缫丝厂率先落户第三生产队(北雁荡东滩)，双桥砖瓦厂落户老太平桥南堍，王江泾粮站、嘉兴市绸厂剑杆车间、供销社食品厂、锦江热电厂、王江泾双桥染厂、金属结构厂、南方大厦、长虹大厦也先后落户村境内。1986 年，出于镇区建设发展需要，王江泾村被列入王江泾镇建设规划区。1993—1995 年，闻川路、王荷公路相继建成通车，村内的集体耕地逐步被征用。2 组是王江泾村最早被征用、撤销建制的一个生产组，后各生产组土地陆续被征用、撤销建制，马庵桥、许家浜 2 个自然村整村迁建至闻川路东长虹小区。王江泾供电所、王江泾工业小区、10 千伏变电站、木林森国际商贸城、承天世纪花园、青荷公司、虹景苑小区、中心小学、幼儿园、长虹公园、镇中学、中心医院、中心农贸市场、客运中心、南方纺织城等单位相继落户村内，使原先的王江泾小镇扩大数倍。全村女50周岁、男60周岁的村民随土地征用，享受征地农民退休养老金。

【新桥社区】

位于镇区南部，距嘉兴市区10千米。东临大运河，南隔蒋西港与腾云村相望，西与古塘村接壤，北为王江泾社区和南雁荡南岸。07省道南北向贯穿村社区，青荷路、科技路东西向横贯村中部与北部。2010年，社区行政区域面积1.78平方千米，有户籍居民455户1740人，支部书记金国香，居委会主任杨国庆。居委会驻07省道东青荷路交会处。

新桥社区由新桥村演变而来，原有耕地面积2954亩（水田2106亩，旱地848亩），有耕地面积772亩（水田724亩，旱地48亩）。原新桥村于1999年5月由新桥、杜家浜2个村合并而成，因境内有新桥而得名。新桥原名福星桥，位于蒋西港公路桥西100米处，是一座三孔石墩桥（1958年建机埠时拆除），当地人普遍叫该地为新桥头。自唐至清属嘉兴、秀水县复礼乡（部分）、永乐乡（部分），民国时为嘉兴县王江泾镇第四、五、六保，分别由俞孔生、李德法、张惠来任保长。

解放初，属嘉兴县王江泾乡。1950年3月，王江泾乡分设为双阳、虹阳、北桥3个乡，四保改为双阳乡中吉村（前富庄），五保改为双阳乡雨字村（雨字圩），六保改为双阳乡露字村（露字圩），分别由冯小泉、曹阿玉、钱大金（后为陈阿四）任村长。后杜家浜、新桥分别为双阳乡第三、四代表区。合作化时，中吉村、沈家兜、新桥头、张家桥、杜家浜5个初级社成立永建（新桥）、杜家浜2个高级社，由李士法等任永新高级社社长。1958年9月，新桥、杜家浜、王江泾3个村合并为双桥人民公社王江泾大队，先后由李士法、陈春贵任支部书记，吴春荣任大队长。1961年9月，王江泾大队又分为双桥公社新桥、杜家浜、王江泾3个大队，新桥大队先后由林荣观、李士法任支部书记，周玉棠任大队长；杜家浜大队由张掌坤任支部书记，曹阿玉任大队长。1966年，杜家浜大队更名为永跃大队，先后由居福根、王阿来负责；新桥大队长先后为冯立夏、沈其良。1969年，新桥、永跃、王江泾大队合并成立三忠大队，先后由王根荣、沈其良、李水清负责。1971年，三忠大队分开，永跃大队由曹阿玉任支部书记，张桂生、居福根先后任大队长，至1977年；新桥大队由李士法、沈其良先后任支部书记，沈其良、符福根、陈连生、戚全富先后任大队长，至1981年。1984年，为双桥乡新桥村、杜家浜村。新桥村由陈连生任支部书记，戚金富、杨永根、范士根、王洪根先后任村长，至1995年；杜家浜村由毛少良、周阿明先后任支部书记，周阿明、张敏荣、王才根、王元水先后任村长。1988年10月，为王江泾镇新桥村、杜家浜村。其间新桥村先后由陈连生、金国香任支部书记，范土根、王洪根、杨国庆任村长（村委会主任）；杜家浜村先后由周阿明、商新华、陆惠明任支部书记，张敏荣、王才根任村委会主任，至1999年。1999年5月，杜家浜村、新桥村合并为新桥村，由金国香任支部书记，杨国庆任村委会主任。2002年4月，撤销新桥村建制，成立新桥社区居委会；2003年，设为社区。至2010年12月，先后由金国香任支部书记，杨国庆、沈健任主任。

新桥村由杜家浜、倭墩浜、南厍、顾店桥、沈家兜、张家桥、前富庄、蒋西港、荷花浜、梅家浜、肖家荡、新桥头12个自然村。村民们世代以种植水稻、大麦、小麦、油菜等为主，也有部分农户从事土棉布纺织。1978年，永跃大队在小菜地种植梨和水蜜桃36亩，后又在果园附近开挖鱼池20亩。1961年,王江泾大泾染厂精简下放有51人落户新桥大队,且由吴锦文发起,利用大泾染厂的原班人马重新办起王江泾染厂,1964年停办。1968年,新桥大队又在长虹桥西堍办起染坊。1975年,新桥大队投入10万元在太平桥西堍征地4亩,扩建新桥王江泾染厂;1981年,新桥王江泾染厂由公社接管,每年补助新桥大队4万元。同年,经上级同意新建新桥染厂,首期投入20万元,1982年投产,边建设边生产,由张根发负责;1986年,新桥染厂分设新桥校办定型厂;1989年,又征地20亩,投入80万元创办新桥丝织厂。除染厂外,新桥大队还于1973年创办平瓦厂,1976年创办针织厂,1978年创办印花厂,1979年创办丝织厂。杜家浜村也于1986年创办丝织厂。全镇第一个村文化活动中心——新桥村文化活动中心于1990年落成使用。同时,在通往染厂的道路旁(现为青荷路),村里还建有农机服务站及30多间店面、一个小型的农贸市场、一所小学。2000年后,青荷路一带逐渐形成当地居民和外来新居民购物消费、娱乐的小集镇。

1994年,王江泾镇第一个工业小区——龙泉富民经济开发区落户于村内。随即,印染、纺织、棉纺、化纤、铜材、机械等数十家私营企业也相继落户,土地逐步被征用;至2010年,全村仅剩原杜家浜村3个生产组37户144人、312亩农田尚未征迁。

明嘉靖三十四年(1555)"王江泾大捷"后,部分倭寇尸体葬于倭墩浜。晚清两广总督陶模葬于顾店桥北。

【闻川社区】

位于镇区北部,辖区范围为老集镇区域。解放初,辖区内驻有王江泾区公所及王江泾乡人民政府,集镇的一般事项均由乡政府统一管理。1952年6月,王江泾居委会成立,由罗文康任主任。1953年年初至1955年,由夏金堂任主任;1956年年初至1958年,由沈有才任主任。其间居委会先后属双阳乡、王江泾乡管辖。1958年成立双桥人民公社,属双桥人民公社王江泾居委会,由赵永生任主任。1961年,大公社撤销后,仍属双桥公社,至1984年。其间先后由顾松泉、张继成、孟阿二、黄兆荣、朱金观、沈裕生等任主任或负责人。1984年1月,拆分为4个居委会:朱春妹任港南埭居委会主任,赵永生、田如发先后任射襄桥居委会主任,袁品珍任堂楼弄居委会主任,周月珍任万福桥居委会主任。1991年,4个居委会合并成立万福、长虹2个居委会,分别由钱福卿、周正荣任主任。2000年4月,万福、长虹两个居委会合并组建闻川居委会并建立党支部,由周雷生任支部书记,杭汤勤任主任。2003年,闻川居委会设为闻川社区居委会,至2010年12月,其间先后由张华、李忠林、徐玉林任支部书记,杭汤勤任主任。居委会驻王江泾一里街173号。

2010年,社区有37个居民小组,户籍居民1229户、2899人。

【南汇社区】

位于镇区东北8千米,辖区范围为南汇集镇。解放初,辖区内驻有南汇乡人民政府,集镇的一般事项均由乡政府统一管理。1952年,设立南汇居委会,由许四观任支部书记,杨月仁任主任;1954年起,由卜维生任主任;1958年,由杨月仁任主任;1962年,由刘光汉任主任;1996年,由张金寿任主任;2000年,由陆兴珠任主任。2001年4月,南汇镇并入王江泾镇,更名为王江泾镇南汇居委会;2003年,设为南汇社区居委会,其间由沈爱珍负责居委会具体工作。2010 年，有居民小组 17 个，户籍居民 719 户 1449 人，支部书记兼主任沈凤珠。居委会驻南汇村委会办公楼。

【双桥社区】

位于镇区南 5 千米，辖区范围为双桥集镇。1955 年设立双桥居委会，胡宝华任主任；1965 年，沈有财任主任；1966 年，倪志祥任主任；1977 年，马鸣泉任主任，至 1999 年。2003 年，设为双桥社区居委会。2010 年，有户籍居民 90 户 137 人。2000—2010 年，孙云任主任。居委会驻双桥村委会办公楼。

【虹阳社区】

位于镇区西南 6.5 千米，辖区范围为虹阳集镇。1990 年 5 月设立虹阳居委会。2003 年，设为虹阳社区居委会。2010 年，有 4 个居民小组，户籍居民 170 户 284 人。其间，先后由于柏森、李荣奎、曹志祥任主任。居委会驻虹阳村委会办公楼。

【荷花社区】

位于镇区东 3 千米，辖区范围为荷花集镇（又名荷花新镇）。1990 年 5 月，成立荷花居委会，马胜熊任主任；1996 年 11 月，张永秋任主任。1998 年 5 月，荷花乡并入王江泾镇，为王江泾镇荷花居委会；2003 年 10 月，设为荷花社区居委会。2010 年，有户籍居民 117 户 159 人，支部书记陆照兴，主任陆艳萍。居委会驻荷花村委会办公楼。

【田乐社区】

位于镇区北 8 千米，驻地肖家湾集镇。20 世纪 60 年代初设立居民小组 1 个，2008 年设立社区居委会，管辖范围为肖家湾、大家甸集镇的非农业户口居民。2010 年，下辖 2 个居民小组，有户籍居民 125 户 182 人，支部书记兼主任凌天荣。居委会驻田乐村委会办公楼。

【村与社区干部任职情况】

东荷村历届村级干部任职情况表

表 1－1

村(大队)	姓　名	职　　务	任　职　时　间	备　　注
民贤村、新民村	苏志明	支部书记	1952—1956	
民幸社	陈志松	社长	1954—1956	
民胜社	杨其生	社长	1954—1956	
民建社	苏志明	社长	1954—1956	
民丰社	于金明	社长	1954—1956	
幸来社	周金生	社长	1954—1956	
建民社	于志贤	社长	1954—1956	
建荣社	陈云生	社长	1954—1956	
红星社	莫大弟	社长	1954—1956	
新幸社	莫长生	社长	1954—1956	

续表 1-1

村(大队)	姓　名	职　　务	任　职　时　间	备　　注
西库社	高锦华	社长	1954—1956	
东一村	周金生	支部书记	1956.1—1968.8	
	吴龙生	大队长	1958—?	
	莫补铭	支部书记	1968.8—1978.3	
	莫补铭	革委会主任、大队长	1968—1979.6	
	周金生	支部书记	1978.4—1980.1	
	吴启明	村长	1979.6—1986.12	
	莫补铭	支部书记	1980.2—1981.1	
	舒发兴	支部书记	1981.2—1984.2	
	于海荣	支部书记	1984.3—1996.5	
	于明华	村长、村委会主任	1986.12—1996.5	
东二大队	莫大弟	支部书记	1956—1966	
	毛天寿	大队长	1958—?	
	莫七斤	支部书记	1966—1976	
	王瑞林	革委会主任	1968—1970.3	
	高德兴	支部书记	1976—1984	
	毛天寿	村长	1979.6—1986.6	
东二村	潘梅兴	支部书记	1984—1995.7	
	于金华	村长、村委会主任	1986—1996.5	
	莫增福	支部书记	1995.8—1996.5	
东荷村	莫增福	支部书记	1996.5—1997.9	
	梁瑞文	支部书记	1997.10—2000.3	
	于明华	村委会主任	1999.5—2002.5	
	于明华	支部书记	2000.4—2002.3	
	祝永忠	支部书记	2002.4—2008.7	
	王国英	村委会主任	2002.5—2008.5	
	于福林	支部书记	2008.8—2009.12	
	吴根兴	支部书记	2010.1—2010.12	全面负责村里工作
	莫凯荣	村委会主任	2008.6—2010.12	

民主村历届村级干部任职情况表

表 1－2

村(大队)	姓　名	职　　务	任　职　时　间
民主大队	陆尽忠	支部书记	1956—1964
	范阿马	大队长	1957—1964
	王金生	支部书记	1969—1971
	沈七斤	大队长	1969—1971
	沈七斤	支部书记	1971—1973
	严德林	革委会主任	1971—1973
	严德林	支部书记	1973—1979
	陆志明	支部书记	1979—1982
	陆照兴	大队长	1974—1982
	陆照兴	支部书记	1982—1984
	顾小弟弟	大队长	1982—1984
民主村	王松林	支部书记	1984.3—1989.1
	陆天寿	村长	1984.5—1987.12
	唐福林	村长	1987.12—1989.1
	唐福林	支部书记	1989.1—1990.12
	陆照兴	支部书记	1991.1—1992.3
	王松林	村长	1990.5—1992.5
	陆照兴	支部书记	1992.3—1996.3
	唐福林	村长、村委会主任	1992.5—1996.5
	唐福林	支部书记	1996.3—1999.3
	沈巧林	村委会主任	1996.5—1999.3
	祝永忠	支部书记	1999.3—2002.3
	王林荣	村委会主任	1999.5—2002.5
	王德观	支部书记	2002.4—2002.8
	于福林	支部书记	2002.9—2005.8
	王林荣	村委会主任	2002.5—2005.5
	陆永明	支部书记	2005.9—2007.9
	沈志平	村委会主任	2005.8—2007.11
	王宝荣	支部书记	2007.9—2010.12
	顾卫国	村委会主任	2007.12—2010.12

民和村历届村级干部任职情况表

表 1-3

村(大队)	姓名	职务	任职时间	备注
民和村	王福生	代理村长	1950—1952	
	王汉文	村长	1953—1955	
中联社	沈方观	社长	1953—1955	初级合作社
建设社	王宝法	社长	1953—1955	
旗星社	王金荣	社长	1953—1955	
西联社	王寿兴	社长	1953—1955	
东林社	吴介昌	社长	1953—1955	
建新社	朱贵明	社长	1953—1955	
万兴社	沈阿傲	社长	1953—1955	
振联社	吴金和	社长	1953—1955	
永联社	王宝林	社长	1953—1955	
前联社	张道生	社长	1953—1955	
南联社	李金林	社长	1953—1955	
顺联社	钱阿其	社长	1953—1955	
民和村	沈砚耕	社长	1956—1958	高级合作社
振兴村	张道生	社长	1956—1958	
振兴一连	孙掌林	连长	1958—1960	
振兴二连	吴大生	连长	1958—1960	
振兴三连	张道生	连长	1958—1960	
振兴四连	钱阿其	连长	1958—1960	
民和十三连	凌兴观	连长	1958—1960	
民和十四连	仲爱生	连长	1958—1960	
民和十五连	凌阿生	连长	1958—1960	
振兴大队	张道生	支部书记	1960—1970	
振兴大队	孙掌林	支部书记、大队长	1960—1968	
光明、民和村(大队)	王宝法	支部书记	1960—1972	
	沈砚耕	大队长	1960—1962	
	凌兴观	大队长	1962—1984	
	王有生	支部书记	1972—1984	

续表 1－3

村(大队)	姓　名	职　　务	任　职　时　间	备　　注
立新大队	王元春	大队长、革委会主任	1966—1976	
	吴介昌			
	钱阿其			
	杨荣观	大队长	1970—1975	
	杨荣观	支部书记	1975.6—1976.6	
	吴连宝	支部书记	1976—1979	
	张寿林	大队长	1976—1979	
	张寿林	支部书记	1979—1983	
	顾春华	大队长	1979—1983	
振兴村	刘赋荣	支部书记	1983—1995	
	顾兴荣	村长	1983—1987	
	顾春华	村长	1987—1992	
民和村	仲爱生	村长	1984—1985	
	黄全兴	支部书记	1984—1999	
	薛金林	村长、村委会主任	1986—2001	
振兴村	顾兴荣	村长、村委会主任	1992—1996	
	顾兴荣	支部书记	1996—1999	
	王德观	支部书记	1999—2002	
	张阿永	村委会主任	1996—2002	
民和村	王宝荣	支部书记	1999—2007.9	
	吴永根	村委会主任	2002.4—2005.6	
	王炳荣	支部书记	2005.6—2007.9	
	王炳荣	支部书记	2007.9—2010.12	
	凌伟华	村委会主任	2007.9—2010.12	

荷花村历届村级干部任职情况表

表 1－4

村(大队)	姓　名	职　　务	任　职　时　间	备　　注
前进村	杨茂林	农会主任	1949—1954	
	黄老仁	村长	1949—1954	

续表 1-4

村(大队)	姓　名	职　　务	任　职　时　间	备　　注
前进高级社	徐金林	社长	1955—1957	
前进村（大队）	王七金	支部书记	1957.9—1958.5	
	徐金林	大队长	1958—1959	
	范保林	支部书记	1958.6—1959.12	
	徐金林	支部书记	1960—1984.2	
	沈阿寿	大队长	1960—1984.2	
	罗永法	支部书记	1984.2—1999.2	前进村于 1999 年 2 月与农增村合并
	单阿珍	村长	1984.2—1996.5	
	王永兴	村委会主任	1996.6—1999.2	
龙珍大队	盛八金	支部书记	1957—1974	
	吕宝林	大队长	1957—1970	
农增村（大队）	袁宝生	大队长	1970—1976	
	张金寿	支部书记	1974—1976	
	梁瑞昌	大队长	1976—1982	
	钮金生	大队长	1979.3—1984	
	吴瑞德	支部书记	1984—1996	
	杨阿海	村长	1984—1987	
	钱传根	村长	1987—1991	
	张洪林	村委会主任	1992—1995	
	洪柏鸿	支部书记	1996—1999	
	于永根	村委会主任	1996—1999	
荷花村	洪柏鸿	支部书记	1999—2002	
	于永根	村委会主任	1999—2002	
	王永兴	支部书记	2002—2005	
	孙松林	村委会主任	2002—2005	
	孙松林	支部书记	2005—2008.10	
	于永根	村委会主任	2005—2010.12	
	陶顺法	支部书记	2008.10—2009.7	
	祝永忠	支部书记	2009.7—2010.12	

北荷村历届村级干部任职情况表

表 1－5

村(大队)	姓　名	职　　务	任　职　时　间	备　　注
林塘村（大队）	刘金法	村长	1951—1954	
	杨来兴	支部书记	1954—1956	
	杨寿松	社长	1954—1956	
	朱正泉	支部书记	1957—1959	
	李秉仁	支部书记	1960—1962	
	杨来兴	支部书记	1962—1965	
	沈春荣	支部书记	1966—1971	
	杨来兴	支部书记	1972—1974	
	阮少林	大队长	1957—1974	
	谢掌观	支部书记	1975—1980	
	杨宝兴	大队长	1975—1980	
	杨宝兴	支部书记	1981—1986	
	刘金水	村长	1984—1986	
	杨金富	村长	1981—1983	
	刘金水	支部书记	1987—1996.5	
	沈根荣	村长、村委会主任	1987—1996.5	
花伏大队	张春桂	支部书记	1961—1972	
	何云林	大队长	1961—1972	
八一大队	孙金观	支部书记	1973—1978	
	张桂明	大队长	1973—1983	
	何云林	支部书记	1979—1983	
花伏村	张根荣	支部书记	1984—1984.11	
	袁传生	支部书记	1984.12—1990.3	
	陆海兴	村长	1984—1986	
	陈维明	村长	1987—1992	
	张根荣	支部书记	1990.3—1996.6	
	徐金姑	村委会主任	1993—1996.6	
人民村	金桂春	村长	1950—1953	
	金文福	村长		
	金阿马	村长		
	金掌金	支部书记	1953—1955	

续表 1－5

村(大队)	姓　名	职　　务	任　职　时　间	备　　注
人民大队	顾金寿	支部书记	1956—1959	
	杨泉生	支部书记	1960—1962	
	章有根	大队长	1960—1962	
	章有根	支部书记	1962—1980	
	唐福生	大队长	1963—1980	
建有村	顾金寿	支部书记	1981—1983	1981年更名为建有大队
	唐生木	支部书记	1984—1986	
	金掌兴	村长	1984—1986	
	唐社林	支部书记	1987—1989	
	金银根	支部书记	1990—1992	
	唐生木	村长	1987—1992	
	金水根	支部书记	1993—2000.3	
	唐金根	村长、村委会主任	1993—2000.3	
	王永兴	支部书记	2000.4—2002.3	
	吴虎明	村委会主任	2000.4—2002.3	
北荷村	凌正荣	支部书记	1996—2001	
	沈根荣	村委会主任	1996—1998	
	汤志华	村委会主任	1999—2001	
	刘金水	支部书记	2002—2010.12	
	吴虎明	村委会主任	2002—2007	
	唐水根	村委会主任	2008—2010.12	

长虹村历届村级干部任职情况表

表 1－6

村(大队)	姓　名	职　　务	任　职　时　间
兴隆村	莫顺官	村长	1950—1954
兴隆高级社	莫老八	社长	1954—1958
民丰村	费阿三	村长	1950—1954
民丰高级社	俞即昌	社长	1954—1958
兴隆大队	杨老虎	支部书记、大队长	1959—1966

续表 1－6

村(大队)	姓　名	职　　务	任　职　时　间
民丰大队	费阿三	支部书记、大队长	1959—1966
新农大队	姚八斤	支部书记	1967—1979
	金阿胃	大队长	1967—1979
新农、长虹大队	费荣金	支部书记	1979—1984
	姚八斤	大队长	1979—1984
长虹村	费松元	支部书记	1985—1986
	高阿荣	村长	1984—1992
	费金荣	支部书记	1986—1993
	吴士根	村长、村委会主任	1992—2005
	费松元	支部书记	1993—1994
	费金荣	支部书记	1994—1996
	莫进才	支部书记	1996—2002
	朱月祥	支部书记	2002—2003.6
	莫永祥	支部书记	2003.6—2005
	张国钧	村委会主任	2005—2008
	吴士根	支部书记	2005—2008
	张国钧	支部书记	2008—2010.12
	曹有法	村委会主任	2008—2010.12
甸　上	莫小八	村长、社长	1950—1956
	赵阿四		
	李大牛	支部书记	1956—1966
	杨永兴	社长、大队长	1956—1962
	李关兴	大队长	1962—1966
田(甸)丰村(大队)	沈好弟	支部书记	1956—1966
	钟福珍	大队长	1958—1962
	陶水生	大队长	1962—1966
	李关兴	大队长	1967—1980
	李大牛	支部书记	1967—1979
	李关兴	支部书记	1980—1981

续表 1－6

村(大队)	姓　名	职　　务	任　职　时　间
田(甸)丰村(大队)	莫有根	支部书记	1981—1991
	杨永兴	大队长、村长	1981—1985
	陶金龙	村长	1986—1993
	王阿男	村长、村委会主任	1993—1999
	王阿男	支部书记	1991—1992
	莫永祥	支部书记	1993—1999
	刘金水	支部书记	1999—2002
	莫永祥	村委会主任	1999—2002

太平村历届村级干部任职情况表

表 1－7

村(大队)	姓　名	职　　务	任　职　时　间	备　　注
太平大队	马照寿	支部书记	1956—1959	
	赵阿仁	大队长	1956—1959	
	马照寿	支部书记	1959—1966	
	马胜熊	大队长	1959—1966	
红卫大队	马照寿	支部书记	1966—1969	
	马胜熊	大队长	1966—1969	
	马胜熊	支部书记	1969—1972	
	马照寿	大队长	1969—1972	
	马照寿	支部书记	1972—1978	
	马胜熊	大队长	1972—1978	
太平大队	马照寿	支部书记	1978—1981	
	马胜熊	大队长	1978—1981	
	马胜熊	支部书记	1981—1984	
	高有生	大队长	1981—1984	
太平村	陆仁林	支部书记	1984.2—1989.5	
	孙蚕宝	村长	1984.2—1989.5	
	孙蚕宝	支部书记	1989.5—1999.5	
	凌根奎	村长、村委会主任	1989.5—2002.5	
	卜根兴	支部书记	1999.5—2005.5	

续表 1－7

村(大队)	姓　名	职　　务	任　职　时　间	备　　注
太平村	凌根奎	村委会主任	2002.5—2005.5	
	陆永明	支部书记	2005.5—2008.5	
	莫志荣			
	孙蚕宝	村委会主任	2005.5—2008.5	
	马春华	支部书记	2008.5—2010.5	
	凌根奎	村委会主任	2008.5—2010.12	
	凌根奎		2010.5—2010.8	全面负责村里工作
	马永其		2010.8—2010.12	全面负责村里工作

洪典村历届村级干部任职情况表

表 1－8

村(大队)	姓　名	职　　务	任　职　时　间
洪典高级社	莫本德	支部书记	1956.11—1958.3
	莫大业	社长	1956.11—1958.3
洪典大队	莫本德	支部书记	1958.9—1959.10
	莫大业	大队长	1958.9—1959.10
	张少华	支部书记	1959.10—1963.3
	朱阿泉	大队长	1959.10—1963.3
史家浜大队	张少华	支部书记	1961.3—1965.12
	吴阿福	大队长	1961.3—1965.12
唐浜大队	莫本德	支部书记	1961.3—1965.12
	朱阿泉	大队长	1961.3—1965.12
南埭大队	张阿马	支部书记	1961.3—1965.12
	朱小六	大队长	1961.3—1963.10
	夏掌福	大队长	1963.10—1965.12
洪典村（大队）	唐四香	支部书记	1963.10—1965.12
	吴宝生	大队长	1961.3—1965.12
	张少华	支部书记	1965.12—1977.10
	朱阿泉	大队长	1965.12—1977.10
	张少华	支部书记	1977.10—1979.2

续表 1－8

村(大队)	姓　名	职　　务	任　职　时　间
洪典村（大队）	莫马生	大队长	1977.10—1979.2
	张少华	支部书记	1979.2—1983.1
	钮永兴	大队长	1979.2—1983.1
	张少华	支部书记	1983.1—1984.2
	钮永兴	大队长	1983.1—1984.2
	钮永兴	支部书记	1984.2—1986.10
	徐健明	村长	1984.2—1986.11
	钮永兴	支部书记	1986.10—1996.6
	严康福	村长、村委会主任	1986.10—1996.6
	钮永兴	支部书记	1996.6—2008.4
	吴水根	村委会主任	1996.6—2008.4
	夏黎萍	支部书记	2008.4—2010.12
	吴水根	村委会主任	2008.4—2010.12

东风村历届村级干部任职情况表

表 1－9

村(大队)	姓　名	职　　务	任　职　时　间
双南乡红农村	陈启声	村长	1949—1952
初级社	陈吟龙	代理主任	1953
第六高级社	陈吟龙	社长	1954—1956
嘉北乡第十一社	陈吟龙	社长	1956—1958
	姚建卿	大队长	1957—1958
红村大队	陈吟龙	支部书记	1958—1965
	姚有勇	大队长	1959—1961
	姚建卿	大队长	1961—1966
永红大队	陈仁观	支部书记	1966—1967
	陈吟龙	支部书记	
	姚建卿	大队长	1966—1967
双南乡第九村	俞金康	村长	1949—1951
双南乡明营村	俞金康	村长	1951—1952

续表 1－9

村(大队)	姓 名	职 务	任 职 时 间
嘉北乡第十二社	韩长寿	社长	1954—1958
吴家浜大队	韩长寿	支部书记	1958—1965
	陶生观	大队长	1958—1965
立新大队	韩长寿	支部书记	1966—1967
	戚志洪	大队长	1967—1968
东风大队	韩长寿	支部书记	1968—1971
	姚建卿	大队长	1968—1971
洪村大队	陈春明	支部书记	1972—1978
	姚建卿	大队长	1972—1978
	姚建卿	支部书记	1978—1981
	陈胜观	大队长	1978—1981
	陈胜观	支部书记	1981—1983
	李三根	大队长	1981—1983
东风大队	俞东根	支部书记	1972—1980
	戴根良	大队长	1972—1980
	戴根良	支部书记	1980—1983
	赵祖鑫	大队长	1980—1983
洪四村	陈胜观	支部书记	1984—1992
	陈胜观	支部书记	1992—1993
	姚佰荣	村长	1984—1990
	李文华	村长	1990—1992
	李文华	支部书记	1992—1999
	阮玉珍	村长、村委会主任	1992—2002
	李 勇	支部书记	1999—2002
东风村	赵祖鑫	支部书记	1984—1996
	高文平	村长、村委会主任	1984—1996
	高文平	支部书记	1996—2002
	陈云芳	村委会主任	1996—2002
	高文平	支部书记	2002—2006

续表 1-9

村(大队)	姓　名	职　务	任职时间
东风村	李　勇	村委会主任	2002—2006
	李　勇	支部书记	2006—2010.12
	俞龙军	村委会主任	2007—2010.12

双桥村历届村级干部任职情况表

表 1-10

村(大队)	姓　名	职　务	任职时间	备　注
双桥联社	董永春	支部书记	1955.1—1955.12	
	钮金观	社长	1955.1—1955.12	
双桥连心社	董永春	支部书记	1956.1—1956.12	
	孙登祥	社长	1956.1—1956.12	
双桥大队	董永春	支部书记	1957.1—1958.7	
	俞关荣	大队长	1957.1—1958.7	
味达港大队	董永良	支部书记	1960.8—1962.12	
	孙登祥	大队长	1960.8—1962.12	
	董永春	支部书记	1963.1—1968.12	
	钱阿巧	大队长	1963.1—1968.12	
双桥大队	朱汉民	支部书记	1960.8—1968.12	为双桥小大队
	俞关龙	大队长	1960.8—1968.12	
双桥大队	钱阿巧	支部书记	1969.1—1971.10	
	朱汉民	大队长	1969.1—1971.10	
	董永春	支部书记	1971.11—1978.1	
	吴忠祥	大队长	1971.11—1978.1	
	董永春	支部书记	1978.2—1980.12	
	朱叶青	大队长	1978.2—1980.12	
	朱叶青	支部书记	1981.1—1984.4	
	吴新华	大队长	1981.1—1984.4	
双桥村	朱叶青	支部书记	1984.5—1986.12	
	吴新华	村长	1984.5—1986.12	
	朱叶青	支部书记	1987.1—1988.12	

续表 1－10

村(大队)	姓　名	职　　务	任　职　时　间	备　　注
双桥村	褚福良	村长	1987.1—1988.12	
	朱叶青	支部书记	1989.1—1991.4	
	吴新华	村长	1989.1—1991.4	
	朱叶青	支部书记	1991.5—1994.4	
	吴新华	村委会主任	1991.5—1994.4	
	吴新华	支部书记	1994.5—1996.4	
	陶德宝	村委会主任	1994.5—1996.4	
	商新华	支部书记	1996.5—1999.4	
	陶德宝	村委会主任	1996.5—1999.4	
	商新华	支部书记	1999.5—2002.4	
	仲炳根	村委会主任	1999.5—2002.4	
	商新华	支部书记	2002.5—2005.4	
	仲炳根	村委会主任	2002.5—2005.4	
	商新华	支部书记	2005.5—2010.12	
	仲炳根	村委会主任	2005.5—2010.12	
水产大队	李茂生	大队长	1956.5—1958.4	
	李茂生	大队长	1958.5—1966.4	
	陈阿二	大队长	1966.5—1969.7	
	殴浩观	大队长	1969.8—1977.4	
	张银宝	大队长	1977.5—1978.3	
	李茂生	支部书记	1978.4—1983.4	
	张银宝	大队长	1978.4—1983.4	
	陈正华	支部书记	1983.5—1984.4	
	张少明	大队长	1983.5—1984.4	
渔业村	陈正华	支部书记	1984.5—1986.12	
	张少明	村长	1984.5—1986.12	
	张少明	支部书记	1987.1—1988.12	
	杨巧观	村长	1987.1—1988.12	
	张少明	支部书记	1989.1—1991.4	

续表 1－10

村(大队)	姓　名	职　　务	任　职　时　间	备　　注
渔业村	褚胜利	村长	1989.1—1991.4	
	张少明	支部书记	1991.5—1994.4	
	褚胜利	村委会主任	1991.5—1994.4	
	张少明	支部书记	1994.5—1996.4	
	褚胜利	村委会主任	1994.5—1996.4	
	张少明	支部书记	1996.5—1999.4	
	褚胜利	村委会主任	1996.5—1999.4	
红旗(金桥)大队	姜坦观	支部书记	1972.4—1979.12	
	王有才	大队长	1972.4—1979.12	
	李金尧	支部书记	1980.1—1984.3	1981 年改称金桥大队
	王有才	大队长	1980.1—1984.3	
金桥村	沈文祥	支部书记	1984.4—1986.12	
	胡秀珍	村长	1984.4—1986.12	
	沈文祥	支部书记	1987.1—1994.4	
	沈文祥	村长、村委会主任	1987.1—1994.4	
	陶寅生	支部书记	1994.5—1996.4	
	邱维尔	村委会主任	1994.5—1996.4	
	范炳康	支部书记	1996.5—2002.4	
	邱维尔	村委会主任	1996.5—2002.4	
丁家浜大队	汤茂林	支部书记	1958.1—1960.12	
	殷阿大	大队长	1958.1—1960.12	
向阳大队	蔡阿仁	大队长	1967.1—1968.12	1969—1971 年撤并
	何金宝	支部书记	1972.1—1975.12	
	蔡阿仁	大队长	1972.1—1975.12	
	蔡阿仁	支部书记	1976.1—1983.12	1981 年更名为丁家浜大队
	吴庆林	大队长	1976.1—1983.12	
丁家浜村	俞祖培	支部书记	1984.1—1994.4	
	许朱寿	村长、村委会主任	1984.1—1994.4	
	沈文祥	支部书记	1994.5—1996.4	

续表 1－10

村(大队)	姓 名	职 务	任 职 时 间	备 注
丁家浜村	俞祖培	村长	1994.5—1996.4	
	仲炳根	支部书记	1996.5—1999.4	
	杨永林	村委会主任	1996.5—1999.4	

范滩村历届村级干部任职情况表

表 1－11

村(大队)	姓 名	职 务	任 职 时 间	备 注
东南社	钱小二	社长	1956	
高级社	胡凤鸣	社长	1957—1958	
东南大队	万四观	支部书记	1959—1962	
	钱小二	大队长	1959—1962	
沙村大队	胡凤鸣	支部书记	1963—1964	
东南大队	万四观	书记	1963—1967	
	钱小二	大队长	1963—1967	
东红大队	陈来生	支部书记	1968—1970	
	杨引贵	大队长	1968—1970	
	钱小二	支部书记	1971—1977	
	陈政玉	大队长	1971—1977	
	魏泉观	支部书记	1978—1981	
	钱好观	大队长	1978—1981	
东南大队	魏泉观	支部书记	1981—1984	
	钱凤祥	支部书记	1984—1988	
	孟福明	支部书记		
	魏泉观	支部书记	1988—1997.9	
	朱新明	村长、村委会主任	1988.8—1997.9	
	朱新明	支部书记	1997.9—1999.5	
	张金荣	村委会主任	1997.9—1999.5	
	范云祥	支部书记	1999.5—2002.4	
	徐 群	村委会主任	1999.5—2002.4	
高级社	范武良	社长	1957—1958	

续表 1－11

村(大队)	姓　名	职　　务	任 职 时 间	备　　注
连丰	沈金华	支部书记	1959—1968	
	李来观	支部书记		
	李金生	大队长	1959—1968	
红卫	范武良	支部书记	1959—1968	
	陆阿根	大队长	1959—1968	
卫东大队	周光荣	支部书记	1968—1970	
利民大队	范武良	支部书记	1971—1976	
	许胜才	支部书记	1971—1976	
	范武良	大队长	1971—1976	
	沈华泉	支部书记	1977—1979	
	范掌泉	大队长	1977—1979	
	陆志观	支部书记	1980—1984.6	1981 年更名为范滩大队
	范掌泉	大队长	1980—1982.6	
范滩村(大队)	范掌泉	支部书记	1982.7—1987	
	计永年	大队长、村长	1982.7—1987	
范滩村	陆世荣	支部书记	1988—1994.6	
	计永年	村委会主任	1991—1994.6	
	计永年	支部书记	1994.7—1999.4	
	金云泉	支部书记	1999.5—2002.3	
	徐　群	村委会主任	1988—2002.3	
	万云祥	支部书记	2002.4—2008.3	
	徐玉林	村委会主任	2002.4—2007.3	
	王洪水	支部书记	2007.4—2010.12	
	阮士良	村委会主任	2008.6—2010.12	

腾云村历届村级干部任职情况表

表 1－12

村(大队)	姓　名	职　　务	任 职 时 间	备　　注
胜利	徐菊生	农会主任	1950—1955	
	陆阿大	社长	1956—1958	

续表 1-12

村(大队)	姓　名	职　　务	任　职　时　间	备　　注
腾云桥	刘忠和	农会主任	1950—1955	
	金宝观	社长	1956—1958	
胜利大队	张五四	支部书记	1960—1968	
	周光荣	大队长	1960—1968	
先锋大队	黄仁根	支部书记	1960—1968	
	黄宝荣	大队长	1960—1968	
卫东大队	周光荣	支部书记	1968—1970	
	张五四	大队长	1968—1970	
	张五四	支部书记	1970—1978	
	黄宝荣	大队长	1970—1978	
	吴万忠	支部书记	1978—1982	1981 年更名为腾云大队
	俞顺龙	大队长	1978—1982	
腾云大队(村)	俞顺龙	支部书记	1982—1984	
	钱正观	大队长	1982—1984	
腾云村	俞顺龙	支部书记	1984—1986	
	贝海荣	村长	1984—1986	
	俞顺龙	支部书记	1986—1992	
	沈有根	村长	1986—1992	
	沈有根	支部书记	1992—1993	
	钱正观	村委会主任	1992—1993	
	钱正观	支部书记	1993—1994	
	钱正观	村委会主任	1993—1994	
	周阿明	支部书记	1994—1996	
	范炳康	村委会主任	1994—1996	
	周阿明	支部书记	1996—1999	
	张建林	村委会主任	1996—1999	
	陆根荣	支部书记	1999—2002	
	陆惠明	村委会主任	1999—2002	
	范炳康	支部书记	2002—2005	

续表 1－12

村(大队)	姓　名	职　　务	任　职　时　间	备　　注
腾云村	张建林	村委会主任	2002－2005	
	陆惠明	支部书记	2005－2007	
	张建林	村委会主任	2005－2010.12	
	徐玉林	支部书记	2007－2010.5	
	张建林	支部书记	2010.5－2010.12	

古塘村历届村级干部任职情况表

表 1－13

村(大队)	姓　名	职　　务	任　职　时　间
古塘村	殷阿龙	农会主任	1949－1950
	殷阿君	村长	1949－1950
	沈阿发	农会主任	1950－1958
	金阿秀	村长	1950－1958
金南村	李阿二	村长	1949－1954
	李龙宝	村长	1949－1954
楼下村	卢海仁	农会主任	1950－1955
	孟来友	村长	1950－1955
	陈京生	村长	
古塘大队	周华生	大队长	1958－1978
	鲍好观	支部书记	1958－1979
	张勤康	支部书记	1979－1982
古塘大队、村	陈观根	支部书记	1982－1995
	殷春荣	大队长、村长	1983－1993.7
古塘村	殷建明	村委会主任	1993.8－1999.5
	田裕林	支部书记	1997.10－1999.6
	王洪水	支部书记	1996.6－2007.9
	鲍利强	村委会主任	1999.5－2005
	陆惠明	支部书记	2007.9－2010.5
	陈永明	村委会主任	2005－2010.5
	陈永明	支部书记	2010.5－2010.12

西雁村历届村级干部任职情况表

表 1－14

村(大队)	姓　名	职　　务	任　职　时　间	备　　注
双阳大队	沈洪庭	支部书记	1958—1964.4	
	王龙生	大队长	1958—1964.4	
	乐小毛	支部书记	1964.4—1966.4	
双胜大队	沈洪德	大队长	1966.5—1969.4	
	沈洪德	支部书记	1966.5—1969.4	
	莫志荣	大队长	1966.5—1969.4	
天圩大队	周巧观	支部书记	1958—1964.4	
	马阿二	大队长	1958—1964.4	
红专大队	周巧观	支部书记	1964.5—1969.3	
	郑仁元	大队长	1964.5—1969.3	
朝阳大队	周华生	支部书记	1969.4—1971.10	
	沈洪德	大队长	1969.4—1971.10	
东升大队	沈洪德	支部书记	1971.11—1972.3	
	沈洪庭	大队长	1971.10—1979.3	1981 年更名为西雁大队
	徐桂生	支部书记	1972.4—1984.4	
	莫志荣	大队长	1979.4—1984.3	
西雁村	周云华	支部书记	1984.5—1985.10	
	倪海云	村长	1984.4—1985.10	
	倪海云	支部书记	1985.11—1992.11	
	陆阿弟	村长	1985.11—1988.5	
	屠海林	村长	1988.6—1992.11	
	陆阿弟	支部书记	1992.12—2002.5	
	屠海林	村委会主任	1992.12—1999.5	
	陆志德	村委会主任	1999.6—2002.5	
	陈永明	支部书记	2002.6—2003.2	
	陆志德	村委会主任	2002.6—2004.9	
	陆志德	支部书记	2003.3—2010.12	
	潘根荣	村委会主任	2004.10—2010.2	

虹南村历届村级干部任职情况表

表 1－15

村(大队)	姓　名	职　　务	任　职　时　间	备　　注
新力高级社	高仁福	支部书记	1956.4—1961.4	
宝良大队	吴阿三	支部书记	1958.4—1961.4	
新力大队	杨启春	支部书记	1961.4—1968.3	
新力大队	杨启春	支部书记	1968.4—1971.4	
新民大队	顾小毛	支部书记	1961.4—1967.12	
新力大队	顾小毛	支部书记	1971.4—1974.4	合并后的新力大队
	高阿福	支部书记	1974.5—1984.3	
新力村	刘炳荣	支部书记	1984.4—1985.11	
	高传林	支部书记	1985.12—1999.4	
虹南村	高传林	支部书记	1999.5—2002.3	
	卜忠伟	支部书记	2002.4—2003.5	
	曹志强	支部书记	2003.6—2005.4	
	闻立新	支部书记	2005.4—2007.3	
	傅玉强	支部书记	2007.4—2010.12	
东石桥小大队	张有美	支部书记	1956.4—1961.3	
东石桥大队	陈普林	支部书记	1961.4—1969.4	
	沈寿生	支部书记	1969.5—1984.3	
东石桥村	张小牛	支部书记	1984.4—1986.10	
	曹志强	支部书记	1986.10—1999.4	
新力小大队	陈守法	大队长	1956.4—1968.3	
宝良大队	陈三观	大队长	1963.3—1968.7	
新民小大队	高阿福	大队长	1963.4—1968.3	
新力大队	吴阿三	大队长	1968.4—1974.4	
	高传林	大队长	1974.4—1984.4	
新力村	卜海荣	村长、村委会主任	1984.4—1999.4	
东石桥大队	沈寿生	大队长	1961.4—1969.4	
	陈普林	大队长	1969.4—1982.3	
	张小牛	大队长	1982.4—1983.3	
	沈玉根	大队长	1983.4—1984.3	

续表 1－15

村(大队)	姓 名	职 务	任 职 时 间	备 注
东石桥村	闻金林	村长、村委会主任	1984.3—1999.4	
虹南村	曹志强	村委会主任	1999.5—2003.6	
	傅玉强	村委会主任	2003.6—2007.4	
	陈荣根	村委会主任	2007.4—2010.12	

虹阳村历届村级干部任职情况表

表 1－16

村(大队)	姓 名	职 务	任 职 时 间	备 注
虹阳村	沈金观	农会主任	1950—1953	
	李小观	农会主任	1950—1953	
	陆肥生	农会主任	1950—1953	
	阮观生	农会主任	1954—1956	
	阮圣昌	农会主任	1954—1956	
虹阳村	杨引贵		“文化大革命”后期	
	陈来生		“文化大革命”后期	
原虹阳村	阮大宝		1956—1966	
	陈志观		“文化大革命”时期	
原新建村	蒋瑞文	农会主任	1950—1955	
	章良松	农会主任		
原新建大队	卜阿七	大队长	1958—1966	
	张巧观	支部书记	1958—	
原新建大队	吴正法	大队长	1966—	
原永红大队	张阿凤	支部书记	解放初至 20 世纪 70 年代	
原永兴大队	陶荣生	大队长	20 世纪 50—70 年代	
原永红大队	陆永观	支部书记	解放初至 20 世纪 80 年代	
	张阿男	大队长	20 世纪 70—80 年代	
原渔业村	李培森	大队长	1958.1—1964.12	
	顾胜林	大队长	20 世纪 50 年代至 1957 年 12 月	
	陈阿二	大队长	1965.1—1965.12	
	周金才	大队长	1966.1—1984.2	

续表 1-16

村(大队)	姓　名	职　　务	任　职　时　间	备　　注
原虹西村	鉏根生	支部书记	1984.3—1989.2	1981 年更名为虹阳大队
	陈海林	村长、村委会主任	1984.3—1994.2	
	王如松	支部书记	1989.3—1994.2	
	徐桂林	村委会主任	1994.3—1999.2	
	陈海观	支部书记	1994.3—1999.2	
原渔业村	周兴泉	村长	1984.3—1986.2	
	周富荣	支部书记	1984.3—1986.2	
	楮天根	村长	1987.3—1990.2	
	周福祥	支部书记	1987.3—1989.2	
	唐顺林	支部书记	1990.3—1991.2	
	褚天根	支部书记	1991.3—1996.2	
原虹阳村	阮永观	村长	1984.3—1986.2	
	阮永根	村长	1984.3—1986.2	
	阮海荣	支部书记	1984.3—1986.2	
	阮永根	支部书记	1987.3—1988.2	
	阮永根	村长、村委会主任	1988.3—1999.2	
	陈松泉	支部书记	1988.3—1999.2	
	仲传根	支部书记	1999.3—2005.2	
	卜忠伟	村委会主任	1999.3—2002.2	
虹阳村	阮建良	村委会主任	2002.3—2005.2	
	阮建良	支部书记	2005.3—2010.12	
	周福坤	村委会主任	2005.3—2010.12	

阳城村历届村级干部任职情况表

表 1-17

村(大队)	姓　名	职　　务	任　职　时　间
新联	宋小二观	农会主任	1950—1960
	张金宝	村长、大队长	
南墓城	仲来官	农会主任	1950—1960
	杨根生	村长、大队长	

续表 1－17

村(大队)	姓　名	职　　务	任　职　时　间
北墓城	杨阿生	农会主任	1950—1960
	杨阿巧	村长、大队长	
阳城、光明、新联	李金泉	联合支部书记	1961—1963
阳城大队	沈叙龙	大队长	1961—1963
光明大队	杨金官	大队长	1961—1963
新联大队	吴巧生	大队长	1961—1963
光明大队	李金泉	支部书记	1964—1965
	杨金官	大队长	1964—1965
	俞金山		
阳城大队	仲玉祥	支部书记	1964—1967
	沈叙龙	大队长	1964—1967
新联大队	宋小毛	支部书记	1964—1967
	吴巧生	大队长	1964—1967
东方红大队	仲玉祥	支部书记	1968—1971
	沈叙龙	大队长	1968—1971
	宋小毛	支部书记	1978—1980
	沈叙龙	大队长、支部书记	1978—1980
阳城村（大队）	仲玉良	支部书记	1981—1983
	沈叙龙	大队长	1981—1982.10
	周锦祥	代理大队长	1982.11—1984.1
	周锦祥	支部书记	1984.2—2007.8
	仲金根	村长	1984.2—1990.4
	宋根云	村长、村委会主任	1990.5—1996.4
	陆坤荣	村委会主任	1996.5—2007.8
	陆坤荣	支部书记	2007.9—2008.4
	陆坤荣	村委会主任(兼)	2007.9—2008.4
	陆坤荣	支部书记	2008.5—2010.12
	宋建华	村委会主任	2008.5—2010.12

虹北村历届村级干部任职情况表

表 1－18

村(大队)	姓　名	职　　务	任　职　时　间	备　　注
尖墩角	管引中	农会主任	1950—1961	党支部工作
	仲福官	村长	1950—1961	
尖墩角、东圩、长圩	黄跃明	联合支部书记	1961—1967	
尖墩角大队	诸定良	大队长	1961—1967	
东圩大队	唐金龙	大队长	1961—1967	
长圩大队	陆阿芳	大队长	1961—1967	
红卫大队	徐小狗	支部书记	1968—1970	
	张兴观	大队长	1968—1970	
	唐仁林	支部书记	1971—1982.2	
	张兴观	大队长	1971—1982.2	
尖墩角村	王根良	支部书记	1982.3—1986.2	
	朱家坚	大队长、村长	1982.3—1986.2	
	朱家坚	支部书记	1986.3—1987.4	
	陆根荣	支部书记	1987.5—1988.8	
	朱家坚	村长	1987.5—1988.8	
	王根良	支部书记	1988.9—1992.3	
	朱家坚	村长	1988.9—1992.3	
	仲传根	支部书记	1992.4—1999.3	
	朱家坚	村委会主任	1992.4—1996.4	
	朱福明	村委会主任	1996.4—1999.3	
天圩村、大队	周巧观	支部书记	1950—1961	
	马阿二	村长	1950—1961	
天星大队	马阿二	支部书记	1962—1966	
	金水有	大队长	1962—1966	
	金水有	支部书记	1968—1978	
	从家美	大队长	1968—1978	
	从家美	支部书记	1979—1980.6	
	曹锡云	支部书记	1980.7—1983.3	
	从家美	大队长	1980.7—1983.3	

续表 1－18

村(大队)	姓　名	职　　务	任　职　时　间	备　　注
天星村	从家美	支部书记	1983.4—1986.2	
	郑文根	村长	1983.4—1986.2	
	沈根泉	支部书记	1986.3—1987.4	
	马风仙	村长	1986.3—1987.4	
	曹锡云	支部书记	1987.5—1990.2	
	沈根泉	村长	1987.5—1990.2	
	郑文根	支部书记	1990.3—1999.3	
	沈根泉	村长、村委会主任	1990.3—1996.4	
	徐少坤	村委会主任	1996.5—1999.3	
虹北村	郑文根	支部书记	1999.4—2002.3	
	朱福明	村委会主任	1999.4—2002.3	
	朱福明	支部书记	2002.4—2007.8	
	徐少坤	村委会主任	2002.4—2007.8	
	周锦祥	支部书记	2007.9—2008.3	
	徐少坤	村委会主任	2007.9—2008.3	
	张云华	支部书记	2008.4—2010.12	
	徐少坤	村委会主任	2008.4—2010.12	

廊下村历届村级干部任职情况表

表 1－19

村(大队)	姓　名	职　　务	任　职　时　间	备　　注
渡农村	朱顺龙	村长	1949—1951	
	朱有生	村长	1952—1954	
初级社东片	胡维良	社长	1955—1957	
初级社中片	沈福高	社长	1955—1957	
初级社西片	孟大弟	社长	1955—1957	
高级社	吴维良	社长	1957—1958	
第三营	吴维良	营长	1958—1962	
廊下大队	吴维良	支部书记	1962—1964	
	史阿大	支部书记	1964—1965	

续表 1－19

村(大队)	姓　名	职　　务	任　职　时　间	备　　注
廊下大队	金永高	大队长	1962—1965	
	金永高	支部书记	1965—1969	
	吴正元	大队长	1965—1969	
永红大队	史阿顺	支部书记	1969—1971	
	朱根生	革委会主任	1969—1971	
	吴正元	大队长	1969—1980	
	朱根生	支部书记	1972—1980	
	金永高	支部书记	1980—1983	1981 年更名为廊下大队
	吴金寿	大队长	1980—1983	
廊下村	陈雪荣	支部书记	1983—1987	
	陈海生	村长	1983—1987	
	金阿春	支部书记	1987—2001	
	陈金荣	村长、村委会主任	1987—2001	
	张五弟	支部书记	2002—2008.4	
	汝志明	村委会主任	2002—2008.5	
	俞兴荣	支部书记	2008.4—2010.12	
	朱天荣	村委会主任	2008—2010.12	
伏农村	陆阿马	村长	1949—1951	
	胡小弟	农会主任	1949—1951	
	俞金山	村长	1952—1954	
	陈阿场	农会主任	1952—1954	
建工北片	盛阿寿	社长	1955—1958	
建工后漾	盛炳文	社长	1955—1958	
建工南片	胡志祥	社长	1955—1958	
建工大队	史阿大	营长、支部书记	1958—1965	
	胡志祥	支部书记	1965—1968	
	沈杏弟	大队长	1965—1968	
	沈杏弟	支部书记	1971—1983	
	胡志祥	大队长	1971—1983	

续表 1－19

村(大队)	姓　名	职　　务	任　职　时　间	备　　注
建工村	王好弟	支部书记	1983—1986	
	史建明	村长	1983—1986	
	王好弟	支部书记	1986—1995	
	汝志明	村长、村委会主任	1986—1995	
	汝志明	支部书记	1995—1999	
	许永生	村委会主任	1995—1999	
	陆天林	支部书记	1999—2002	
	汝志明	村委会主任	1999—2002	
伏农村	陆阿马	村长	1949—1951	
	胡小弟	农会主任	1949—1951	
	沈阿龙	村长	1952—1954	
	唐桂民	农会主任	1952—1954	
梅兴第一社	史德明	社长	1955—1958	
梅兴第二社	张明如	社长	1955—1958	
梅兴第三社	沈三毛	社长	1955—1958	
第二营	史阿大	营长	1958—1959	
梅兴大队	史阿仁	支部书记	1959—1968	
	宋仁兴	大队长	1959—1968	
梅兴大队	史阿仁	支部书记	1972—1974	
	宋仁兴	大队长	1972—1974	
	吴才兴	支部书记	1974—1977	
	沈阿龙	大队长	1974—1977	
	吴掌林	支部书记	1977—1983	
	张金生	大队长	1977—1983	
梅兴村	陆永林	支部书记	1983—1986	
	汝永才	村长	1983—1984	
	吴掌林	村长	1984—1986	
	王健龙	支部书记	1986—1989	
	吴明华	村长	1986—1989	

续表 1-19

村(大队)	姓　名	职　　务	任　职　时　间	备　　注
梅兴村	陆天林	支部书记	1989—1999	
	吴明华	村长、村委会主任	1989—1999	
兴建村	陆天林	支部书记	1999—2002	梅兴村、建工村合并为兴建村
	汝志明	村委会主任	1999—2002	

华联村历届村级干部任职情况表

表 1-20

村(大队)	姓　名	职　　务	任　职　时　间	备　　注
华溪村(大队)	陆其荣	农会主任	1950—1955	
	胡品生	村长	1950—1955	
	金正钦	农会主任	1956—1957	
	于维忠	村长	1956—1957	
	吴巧生	大队长	1958—1961	
	于金生	支部书记	1961—1968	
	金爱生	大队长	1961—1968	
向阳大队	王正华	支部书记	1968—1971	
	周爱生	大队长	1968—1971	
	金桂福	大队长	1971—1977	
	于金生	支部书记	1971—1980	
华溪村	金仁观	支部书记	1980.3—1982.3	
	胡凤生	大队长	1980.3—1982.3	
	胡凤生	支部书记	1982.3—1990.3	
	于金林	大队长、村长	1982.3—1990.3	
	凌根荣	支部书记	1990.3—1999.3	
	吴爱明	村长、村委会主任	1990.3—1995.3	
	胡仁观	村委会主任	1996.3—1999.3	
钮北村(大队)	张传兴	农会主任	1950—1952	
	黄福观	农会主任	1952—1955	
		大队长	1957—1959	
	张大观	支部书记	1957—1968	1968—1971 年与华溪、金珍大队合并
	金福林	大队长	1963—1968	

续表 1－20

村(大队)	姓　名	职　　务	任　职　时　间	备　　注
胜利大队	金福林	大队长	1974.4—1976.2	
	张三和	大队长	1972—1974	
	张大观	支部书记	1972—1979	
	周寿生	大队长	1976.2—1976.9	
	朱金荣	大队长	1976.9—1979.6	
		支部书记	1979—1982.4	
钮北村(大队)	朱金荣	村长	1988—1990	
		代理支部书记	1992—1993.4	
		村委会主任	1993—1995	
	张建明	支部书记	1982.4—1986.4	
	黄彩观	大队长	1979.6—1984.4	
	俞玉林	村长	1984.4—1984.7	
	俞文燕	代村长	1984.7—1986.4	
	盛金华	村长、村委会主任	1986.4—1993.4	
	吕明华	支部书记	1986.4—1992.9	
	朱金荣	村长	1993.4—1995.2	
	黄玉根	支部书记	1993.4—1995.2	
	盛金华	村委会主任	1995.2—1999.4	
	张建明	支部书记	1995.2—1996.3	
	沈汉泉	支部书记	1996.3—1998.2	
	吕明华	支部书记	1998.2—1999.4	
金珍村(大队)	吴阿三	村长	1950—1952	
	钱金荣	农会主任	1950—1952	
	王正华	金珍社长	1952—1956	
	周爱生	金南社长	1952—1956	
	王正华	建华高级社长	1956—1958	
		支部书记	1961—1973	其中 1968－1971 年在向阳大队任职
	周爱生	片长、大队长	1956—1974	
	周爱生	支部书记	1974—1980	

续表 1－20

村(大队)	姓　名	职　务	任职时间	备　注
金珍村(大队)	沈荣祥	大队长	1974—1980	
	沈荣祥	支部书记	1980—1983	
	凌珍华	大队长	1980—1983	
	汝锦华	支部书记	1983—1993	
	周永根	村长、村委会主任	1983—1993	
	王金和	支部书记	1993—1996	
	周永根	村委会主任	1993—1996	
	王金和	支部书记	1996—1999	
	汝建荣	村委会主任	1996—1999	
小曲村	唐毛五	村长	1950—1952	
	计阿二	农会主任	1950—1952	
永联初级社	苏七金	社长	1954—1956	
穗丰初级社	计阿龙	社长	1955—1955	
建设初级1社	计阿龙	社长	1956—1956	
建设初级2社	陈跃忠	社长	1956—1956	
建设初级3社	计富林	社长	1956—1956	
十一连	苏七金	连长	1958—1959	
十二连	计阿龙	连长	1958—1959	
十三连	胡阿大	连长	1958—1959	
小曲大队	计阿龙	支部书记	1960—1960	
	苏七金	大队长	1960—1960	
	计阿龙	支部书记	1961—1968	
	计阿大	大队长	1961—1968	
永联大队	苏明生	大队长	1961—1962	
	苏七金	大队长	1962—1968	
红旗大队	计阿大	支部书记	1969—1974	
	计阿龙	大队长	1969—1974	
	计阿龙	支部书记	1975—1980	
	孔一飞	大队长	1975—1980	

续表 1－20

村(大队)	姓　名	职　　务	任　职　时　间	备　　注
小曲大队(村)	孔一飞	支部书记	1981—1986	
	计银荣	大队长、村长	1981—1986	
	陈金林	支部书记	1987—1992	
	计海滨	村长	1987—1992	
	计海滨	支部书记	1993—1995	
	陈金林	村委会主任	1993—1995	
	计海滨	支部书记	1996—1999	
	计兴荣	村委会主任	1996—1999	
华联村	吕明华	支部书记	1999.3—2002.3	
	汝建荣	代理村委会主任	1999.3—2002.3	
	计兴荣	支部书记	2002.3—2005.3	
	王金和	村委会主任	2002.3—2005.3	
	计兴荣	支部书记	2005.3—2007.9	
	计新荣	村委会主任	2005.3—2008.3	
	黄正华	支部书记	2007.9—2010.12	
	计新荣	村委会主任	2008.3—2010.12	

南汇村历届村级干部任职情况表

表 1－21

村(大队)	姓　名	职　　务	任　职　时　间
双联大队	吴阿川	支部书记	1971.9—1973
	吴宝生	大队长	1971.9—1976
	陆甫根	支部书记	1973.5—1977.4
	陈小六兄	大队长	1977.5—1981.5
	杨二生	支部书记	1977.5—1981.5
	陈小六兄	支部书记	1981.6—1986.6
	杨二生	大队长	1981—1983.5
双联村	吴海林	大队长	1983—1985
	俞永观	支部书记	1986.6—1992.6
	陆根甫	村长	1986—1987.6

续表 1－21

村(大队)	姓　名	职　　务	任　职　时　间
双联村	陈小六兄	村长	1987.7—1992.7
	陈小六兄	支部书记	1992.7—1996.6
	张根龙	村长、村委会主任	1992—1996
	张根龙	支部书记	1996.7—1999.3
	金兴根	村委会主任	1996—1999
西联大队	吴永春	支部书记	1971.9—1978.12
	沈叙生	大队长	1971.9—1981
	杨永寿	支部书记	1979—1980.12
	沈阿六金	代理支部书记	1981—1984.3
	李余文	大队长	1982—1984
西联村	李余文	支部书记	1984—1985
	凌金荣	村长	1984—1985
	凌金荣	支部书记	1985—1991.8
	张根林	支部书记	1991.9—1996.4
	张金荣	支部书记	1996.5—1999.3
	张金荣	村长、村委会主任	1985—1995.12
	沈凤珍	村委会主任	1996—1999
溪中大队	黄梅林	支部书记	1971.9—1983.12
	董二观	大队长	1971—1974.12
	丁祥观	大队长	1975—1980
	计国祥	大队长	1981—1982
	汝桂荣	大队长	1983—1984
溪中村	黄正华	支部书记	1984—1999.3
	计红旗	村长	1985—1986
	张爱观	村长	1987—1989
	丁祥观	村长	1990—1992
	董韶春	村委会主任	1993—1996
	史德华	村委会主任	1996.6—1999
中联村	黄正华	支部书记	1999.4—2002.3

续表 1－21

村(大队)	姓 名	职 务	任 职 时 间
中联村	张金荣	村委会主任	1999.4—2002.3
南汇村	黄正华	支部书记	2002.4—2007.9
	张金荣	村委会主任	2002.4—2004.12
	计兴荣	支部书记	2007.10—2010.12
	沈凤珍	村委会主任	2005.1—2010.12

红联村历届村级干部任职情况表

表 1－22

村(大队)	姓 名	职 务	任 职 时 间	备 注
合丰大队	怀来兴	大队长	1961—1965.3	
	钮小八	支部书记	1961—1965.3	
蚕溪大队	俞小弟	支部书记	1961—1965.3	
	蒋海荣	大队长	1961—1965.3	
合丰大队	朱应生	支部书记	1965.3—1968.5	
	怀小六	大队长	1965.3—1968.5	
红联村(大队)	俞照福	支部书记	1968.5—1981.3	合丰、蚕溪合并为红联大队
	俞小弟	支部书记	1981.3—1982.5	
	王美林	大队长	1968.5—1979.3	
	唐金才	大队长	1979.3—1984.1	
	钮阿泉	支部书记	1982.5—1988.4	
	唐金才	村长	1984.1—1988.5	
	唐金才	支部书记	1988.5—1989.3	
	俞金良	村长	1987.5—1989.3	
	张金荣	村长、村委会主任	1989.3—1996.5	
	钮阿泉	支部书记	1989.3—2001.5	
	俞兴荣	村委会主任	1996.5—2002.5	
	俞兴荣	支部书记	2002.5—2008.4	
	唐振荣	村委会主任	2002.5—2010.12	
	张五弟	支部书记	2008.5—2009.11	
	唐振荣		2009.12—2010.12	全面负责村里工作

莫家甸村历届村级干部任职情况表

表 1－23

村(大队)	姓　名	职　　务	任　职　时　间
莫家甸大队	戴德林	支部书记	1965—1968
	戴连生	大队长	1965—1968
龙花大队	顾阿马	支部书记	1965—1968
	俞四和	大队长	1965—1968
红星大队	顾阿马	支部书记	1968—1970
	戴连生	大队长	1968—1970
	戴爱兴	支部书记	1970—1971
	戴连生	大队长	1970—1971
	沈仁兴	支部书记	1972—1973
	俞大弟	大队长	1972—1973
	徐关兴	支部书记	1974—1980
	俞大弟	大队长	1974—1980
莫家甸村(大队)	顾阿马	支部书记	1981—1983
	徐海荣	大队长	1981—1983
	沈荣兴	支部书记	1984—1987
	俞林华	村长	1984—1987
	施根林	支部书记	1988—1990
	戴四林	村长	1988—1990
	俞林华	支部书记	1991—1994
	徐福林	村长、村委会主任	1991—1994
	俞海良	支部书记	1994—1996
	俞永根	村委会主任	1994—1996
	朱宝荣	支部书记	1996—1998
	金兴华	村委会主任	1996—1997
	沈金泉	村委会主任	1997—1998
	张五弟	支部书记	1999—2002
	沈金泉	村委会主任	1999—2002
	沈金泉	支部书记	2002—2010.12
	施为强	村委会主任	2002—2010.12

市泾村历届村级干部任职情况表

表 1－24

村(大队)	姓　名	职　　务	任　职　时　间	备　　注
祥兴社	钱掌林	社长	1954.2—1956.2	初级社
祥龙浜社	吴阿南	社长	1954.2—1956.2	初级社
来丰社一社	周四观	社长	1954.2—1956.2	初级社
来丰社二社	杨春观	社长	1954.2—1956.2	初级社
太阳社	陶桂林	社长	1954.2—1956.2	初级社
	孟金林	社长	1955.2—1956.2	初级社
天凝社	沈三观	社长	1953.2—1956.2	初级社
青龙社	金巾观	社长	1953.2—1956.2	初级社
市兴社	沈大金生	社长	1953.2—1956.2	初级社
新农高级社	汝金生	社长	1956.2—1958.2	
新农大队	王掌林	支部书记	1958.2—1961.2	
17 连	周四观	连长	1958.2—1961.2	
18 连	吴阿荣	连长	1958.2—1961.2	
才来大队	杨六金	代理支部书记	1961.2—1964.2	
	周四观	支部书记	1964.2—1968.12	
	盛阿五	大队长	1961.2—1968.12	
市兴大队	孟阿龙	支部书记	1961.2—1968.12	
	金志真	大队长	1961.2—1968.12	
建新大队	周四观	支部书记	1966.2—1968.12	
	盛阿五	大队长	1966.2—1968.12	
星火大队	孟阿龙	支部书记	1966.2—1968.12	
	藏宏良	大队长	1966.2—1968.12	
卫东大队	周四观	革委会主任	1968.12—1971.2	
	周四观	支部书记	1971.2—1981.2	
	藏宏良	大队长	1968.12—1981.1	
	吉老虎	支部书记	1981.2—1981.1	
市泾村(大队)	藏宏良	大队长	1981.2—1984.1	1981 年更名为市泾大队
	吉老虎	支部书记	1984.1—1986.5	
	张浩生	支部书记	1986.5—1988.4	

续表 1－24

村(大队)	姓　名	职　　务	任　职　时　间	备　　注
市泾村(大队)	杨炳荣	村长	1984.1—1988.1	
	汝小龙	支部书记	1988.1—1990.10	
	沈雪根	村长	1988.1—1989.2	
	张金荣	村长	1989.2—1990.10	
	张金荣	支部书记	1990.10—1996.5	
	杨炳荣	村长、村委会主任	1990.10—1996.5	
	杨炳荣	支部书记	1996.5—2002.5	
	沈雪根	村主委会任	1996.5—1999.5	
	盛龙生	村主委会任	1999.5—2002.5	
	孟晓宇	支部书记	2002.5—2006.7	
	唐海兴	村主委会任	2002.5—2005	
	张金荣	支部书记	2006.7—2007.9	
	江海华	村委会主任	2005.5—2007.9	
	江海华	支部书记	2007.9—2009.3	
	藏永根	村委会主任	2007.9—2009.3	
	藏永根	支部书记	2009.3—2009.5	
	沈春荣	支部书记	2009.5—2010.12	
	藏永根	村委会主任	2009.3—2010.12	

田乐村历届村级干部任职情况表

表 1－25

村(大队)	姓　名	职　　务	任　职　时　间	备　　注
新农初级社	汝巧观	社长	1955—1956	
新禾初级社	卜根荣	社长	1955—1956	
上兴初级社	黄阿男	社长	1955—1956	
	凌春涛	社长	1955—1956	
长东初级社	卜龙生	社长	1955—1956	
东珠初级社	储宝兴	社长	1955—1956	
聚兴初级社	吴咬弟	社长	1955—1956	
大兴初级社	俞刘金	社长	1955—1956	
	於金福	社长	1955—1956	

续表 1－25

村(大队)	姓 名	职 务	任职时间	备 注
新农高级社	汝金生	社长	1956—1958.10	
聚兴高级社	吴咬弟	社长	1956—1958.10	
新农村(大队)	吴阿荣	支部书记	1958.4—1963	
	汝金生	大队长	1958.4—1963	
	汝菊生	支部书记	1963—1970	
	汝金生	大队长	1963—1970	
	史好弟	支部书记	1970—1983	
	卜掌林	大队长	1970—1983	
	张玉林	支部书记	1983—1986	1981 年更名为新农大队
	卜金根	大队长、村长	1983—1992	
	唐圣华	支部书记	1986—1995	
	汝兴荣	村委会主任	1992—1996	
	史福生	支部书记	1995—1996	
	卜正荣	村委会主任	1996—1999	
	汝兴荣	支部书记	1996—2002	
	卜宝根	村委会主任	1999—2002	
永聚大队	王顺观	支部书记	1959—1961	
	戴常明	大队长	1959—1961	
	钮阿根	支部书记	1961—1966	
	李林高	大队长	1961—1964	
	卜阿荣	支部书记	1961—1964	
	卜掌生	大队长	1961—1983	
	李林高	支部书记	1966—1976	
	卜洪观	支部书记	1976—1983	
永聚村	陈水金	支部书记	1984—1986	
	钮天荣	村长	1984—1986	
	王兴观	支部书记	1986—1996	
	王兴观兼	村长	1986—1992	
	於晓弟	村委会主任	1992—1996	

续表 1－25

村(大队)	姓　名	职　　务	任　职　时　间	备　　注
永聚村	於晓弟	支部书记	1996—1999	
	顾海明	村委会主任	1996—1999	
	卜正荣	支部书记	1999—2000	
	卜根荣	村委会主任	1999—2011	
	卜根荣	支部书记	2001—2002	
田乐村	汝兴荣	支部书记	2002.4—2010.12	
	卜根荣	村委会主任	2002.5—2010.12	

大坝村历届村级任职情况表

表 1－26

村(大队)	姓　名	职　　务	任　职　时　间	备　　注
	凌才高	农会主任	1950—1953	
新民村	肖福生	村长	1953.7—1956	
复兴大队	汤六金	社长、支部书记	1956—1959	
新民大队	林阿高	社长、支部书记	1956—1959	
	萧福林	大队长	1959—1960	
复兴大队	卜德贤	支部书记	1959—1961	
	汤小康	大队长	1964—1967	
	史育才	大队长	1967—1969.3	
	陈小金	支部书记	1961—1969.3	
新民大队	钮六金	支部书记	1959—1969.3	
	沈明奎	大队长	1960—1969.3	
东方红大队	吴三林	支部书记	1969.4—1981.4	
	凌才观	革委会主任	1969—1972.5	
	吴三林	革委会主任	1972.6—1976	
	凌才观	大队长	1969.5—1980.4	
	凌庆福	大队长	1980.4—1981.4	
大坝大队	凌庆福	大队长	1981—1983.6	1981 年更名为东方红大队
	吴三林	支部书记	1981.4—1984.3	
大坝村	梅土金	村长、村委会主任	1983.6—1992.6	

续表 1－26

村(大队)	姓　名	职　　务	任　职　时　间	备　　注
大坝村	沈海兴	支部书记	1984.4—1985.4	
	史洪高	支部书记	1985.4—1999.4	
	凌坤荣	村委会主任	1992.6—1996.6	
	沈品芳	村委会主任	1996.6—1999.6	
	沈品芳	支部书记	1999.6—2007.9	
	吴胜良	村委会主任	1999.6—2008.4	
	沈春荣	支部书记	2007.9—2008.4	
	史应生	村委会主任	2008.4—2010.12	
	凌雅琴	支部书记	2008.4—2010.12	

田青村历届村级干部任职情况表

表 1－27

村(大队)	姓　名	职　　务	任　职　时　间	备　　注
祥北村	王文华	农会主席	1949.7—1952.6	
青龙村	倪小狗	村长	1950.7—1954.3	
喜乐村	陆大富	村长	1950.7—1954.3	
田乐村	柳春福	村长	1950.7—1954.3	
祥北村	王文才	村长	1950.7—1954.3	
田丰初级社	王文华	社长	1952.7—1954.3	
田乐初级社	倪金福	社长	1952.2—1955.11	
新青初级社	吴阿男	社长	1952.2—1955.11	
青友初级社	倪阿金	社长	1952.2—1955.11	
田永初级社	陆大富	社长	1952.11—1958.3	
田乐高级社	倪金福	社长	1956.11—1958.3	
田乐大队	倪金福	支部书记	1961.10—1963.6	
	倪阿金	大队长	1961.10—1963.6	
	吴永春	支部书记	1963.7—1964.6	
	黄毛嘉	大队长	1963.2—1964.6	
田西大队	朱连生	支部书记	1963.2—1964.6	
	柳春福	大队长	1963.2—1964.6	

续表 1－27

村(大队)	姓名	职务	任职时间	备注
田丰大队	王文华	支部书记	1963.2—1964.6	
	吴永生	大队长	1963.2—1964.6	
田乐大队	钱海观	支部书记	1964.6—1969.8	
向阳大队	朱连生	支部书记	1969.8—1973.9	
	倪阿金	大队长	1969.8—1973.9	
	钱海观	支部书记	1973.8—1979.3	
	史桂兴	大队长	1973.8—1979.3	
	史阿坤	支部书记	1979.4—1984.3	
	钱顺观	大队长	1979.4—1984.3	
田青村	钱顺观	村委会主任	1984.10—1986.5	1981年向阳大队更名为田青大队
	陆甫根	支部书记	1984.2—1986.9	
	钱顺观	村委会主任	1986.5—1988.8	
	陆甫根	支部书记	1986.9—1988.9	
	钱顺观	村长	1988.8—1990.9	
	倪根林	支部书记	1988.9—1990.9	
	史金根	村长、村委会主任	1990.9—1992.5	
	倪根林	支部书记	1990.9—1993.5	
	史金根	村委会主任	1993.5—1996.5	
	倪根林	支部书记	1993.5—1996.5	
	史金根	支部书记	1996.5—1998.5	
	朱兴荣	村委会主任	1996.5—1998.5	
	沈春荣	支部书记	1998.5—1999.5	
	沈叶昌	村委会主任	1998.5—1999.5	
	沈春荣	支部书记	1999.5—2002.5	
	沈春荣	支部书记	2002.5—2005.5	
	王建华	村委会主任	1999.5—2002.5	
	沈春荣	支部书记	2005.5—2007.9	
	王建华	村委会主任	2002.5—2005.5	
	王建华	支部书记	2007.9—2008.4	

续表 1－27

村(大队)	姓　名	职　　务	任　职　时　间	备　　注
田青村	王建华	村委会主任	2005.5—2008.5	
	王建华	支部书记	2008.4—2010.12	
	凌荣根	村委会主任	2008.5—2010.12	

双塔村历届村级干部任职情况表

表 1－28

村(大队)	姓　名	职　　务	任　职　时　间	备　　注
塔上村	陆南卿	农会主席	1949.7—1954.3	
双潜村	李掌林	村长	1953.7—1956.11	
土明村	吴茂荣	村长	1953.11—1954.4	
塔上村	陆阿炳	村长	1953.11—1954.4	
双潜村	凌财元	村长	1954.2—1954.11	
土明村	吴茂荣	村长	1954.2—1954.11	
塔上村	凌老二	村长	1954.2—1954.11	
双潜村	凌巾昌	村长	1956.11—1958.3	
土明村	吴茂荣	村长	1956.11—1958.3	
塔上村	凌老二	村长	1956.11—1958.3	
红旗大队	沈福盛	支部书记	1960.3—1965.7	
	施银福	大队长	1960.3—1965.7	
新联大队	沈金和	支部书记	1960.3—1962.5	
	凌阿传	大队长	1960.3—1962.3	
新北大队	凌老二	支部书记	1960.3—1965.7	
	李关中	大队长	1960.3—1965.7	
新联大队	史阿三	支部书记	1962.3—1965.7	
	章飞荣	大队长	1962.3—1965.7	
心红大队	沈福盛	支部书记	1965.7—1967.3	
	凌阿传	大队长	1965.7—1967.3	
	凌老二	支部书记	1967.3—1970.3	
	凌阿传	大队长	1967.3—1970.3	
	王杏娜	支部书记	1970—1978.10	

续表 1－28

村(大队)	姓　名	职　　务	任　职　时　间	备　　注
心红大队	凌启明	支部书记	1979.10—1983.3	
	李尚政	代理支部书记	1978.10—1979.10	
	凌阿传	大队长	1978.10—1983.3	
双塔村(大队)	陆金生	支部书记	1983.5—1985.4	1981 年更名为双塔大队
	凌双泉	大队长	1983.5—1985.4	
	戚和生	支部书记	1985.4—1992.4	
	凌双泉	村长	1985.4—1992.4	
	沈建荣	支部书记	1992.4—2002.5	
	凌双泉	村委会主任	1992.4—1994.5	
	戚建忠	村委会主任	1994.5—2002.5	
	戚建忠	支部书记	2002.5—2006.5	
	凌根荣	代理支部书记	2006.5—2007.7	
	沈品芳	支部书记	2007.7—2010.12	
	凌根荣	村委会主任	2002.5—2010.12	

栋梁村历届村级干部任职情况表

表 1－29

村(大队)	姓　名	职　　务	任　职　时　间	备　　注
社梁大队			1958—1960	
田东大队	李掌生	支部书记	1961—1965	
	周祥观	大队长	1961—1965	
社梁大队	凌永才	支部书记	1961—1965	
	凌阿大	大队长	1961—1965	
东梁大队	凌永才	支部书记	1966—1969	
立新大队	凌永才	支部书记	1969.4—1978	
东梁大队	李掌生	大队长	1966—1978	
立新大队	李掌生	大队长	1969.4—1978	
栋梁村(大队)	许春林	支部书记	1978—1983	1981 年更名为栋梁大队
	凌永生	大队长	1978—1983	
	沈永根	支部书记	1983.12—1990.10	

续表 1－29

村(大队)	姓　名	职　　务	任　职　时　间	备　　注
栋梁村(大队)	凌永生	村长	1983.12—1989.12	
	陈晓龙	村长	1989.12—1990.10	
	倪小金	支部书记	1990.10—1996.3	
	凌天荣	村长、村委会主任	1990.10—1996.3	
	凌天荣	支部书记	1996.3—2005.3	
	吴雪荣	村委会主任	1996.5—1999.5	
	曹　阳	村委会主任	1999.5—2005.4	
	张金荣	支部书记	2005.3—2006.7	
	陆发忠	村委会主任	2005.4—2006.7	
	陆发忠	支部书记、村委会主任	2006.7—2008.3	
	陆发忠	支部书记	2008.3—2010.12	
	李金红	村委会主任	2008.3—2010.12	

收藏村历届村级干部任职情况表

表 1－30

村(大队)	姓　名	职　　务	任　职　时　间
收藏大队	张福生	支部书记	1958.7—1959.8
	郁仁观	大队长	1958.7—1959.8
化龙桥大队	翁金法	支部书记	1959.9—1960.12
	戴绍鑫	大队长	1959.9—1960.12
收藏大队	郁仁观	支部书记	1961.1—1962.12
	胡阿龙	大队长	1961.1—1962.12
	陈爱生	支部书记	1963.1—1964.8
	胡阿龙	大队长	1963.1—1964.8
	张福生	支部书记	1964.9—1966.9
	郁仁观	大队长	1964.9—1966.9
光辉大队	沈阿三	支部书记	1968.7—1971.8
	钱耕良	大队长	1968.7—1971.8
永丰大队	张福生	支部书记	1971.9—1978.8
	陈阿小	大队长	1971.9—1978.8

续表 1－30

村(大队)	姓　名	职　　务	任　职　时　间
永丰大队	陈阿小	支部书记	1978.9—1983.8
	胡阿龙	大队长	1978.9—1983.8
收藏村(大队)	李福根	支部书记	1983.9—1989.7
	徐阿弟	村长	1983.9—1986.7
	周长观	村长	1986.8—1989.7
	周长观	支部书记	1989.8—1991.7
	莫　亚	村长、村委会主任	1989.8—2010.12
	李福根	支部书记	1991.8—2008.4
	陈引珍	支部书记	2008.5—2010.12

宇四浜村历届村级干部任职情况表

表 1－31

村(大队)	姓　名	职　　务	任　职　时　间
宇四浜大队	田　川	支部书记	1957—1959.9
	许文光	支部书记	1959.10—1960.2
	方刘荣	支部书记	1960.2—1960.4
	姚来宝	支部书记	1960.4—1960.8
	赵希林	支部书记	1960.9—1961.12
	陈增福	支部书记	1962.1—1965.10
前进大队	张宝泉	支部书记	1965.11—1969.10
	钱耕良	大队长	1965.11—1969.10
光辉大队	沈阿三	支部书记	1969.11—1974.9
前进大队	张宝泉	支部书记	1974.10—1981
宇四浜村(大队)	张宝泉	支部书记	1981—1983.4
	陈关木	支部书记	1983.4—1993
	张春泉	村长、村委会主任	1983.6—1995.7
	陶智勇	支部书记	1993—2005.6
	汤金泉	村委会主任	1995.8—1998
	曹金木	村委会主任	1998—2002.5
	褚水荣	村委会主任	2002.6—2005.5

续表 1－31

村(大队)	姓　名	职　　务	任　职　时　间
宇四浜村(大队)	曹金木	村委会主任	2005.6—2010.12
	褚水荣	支部书记	2002.6—2005.5

金鱼桥村历届村级干部任职情况表

表 1－32

村(大队)	姓　名	职　　务	任　职　时　间	备　　注
金鱼桥大队	胡志良	支部书记	1958—1965	
	张殿进	大队长	1959—1965	
勤俭大队	张殿进	支部书记	1965—1969	
	卜增良	大队长	1965—1969	
伟民大队	张殿进	大队长	1971.3—1984.9	1981 年更名为金鱼桥大队
	张金华	支部书记	1971.3—1971.9	
	卜增良	支部书记	1971.9—1984	
金鱼桥村(大队)	卜增良	支部书记	1984—1998.9	
	徐福生	村长、村委会主任	1984.9—1995.9	
	卜如兴	支部书记	1998.9—2010.12	
	卜如兴	村委会主任	2005.4—2008.4	
	贡全根	村委会主任	1995.9—2005.4	
	吴明华	村委会主任	2008.4—2010.12	

沈家桥村历届村级干部任职情况表

表 1－33

村(大队)	姓　名	职　　务	任　职　时　间	备　　注
民盈村	朱阿男	支部书记	1954—1958	
	俞金康	村长	1949—1953	
十三社	李方根	社长	1958—1961	
	李六观	支部书记	1959—1968	
跃进大队	柳好观	大队长	1961—1970	
	李六观	支部书记	1971—1978	
东方红大队	柳好观	支部书记兼大队长	1968—1970	

续表 1－33

村(大队)	姓　名	职　　务	任　职　时　间	备　　注
沈家桥村(大队)	张阿土	大队长	1971—1983	1981 年更名为沈家桥大队
	杨荣福	支部书记	1978—1987	
	胡振明	村长	1984—1987	
	胡振明	支部书记	1987—2010.12	
	张阿土	村长、村委会主任	1987—2005	
	计海荣	村委会主任	2005—2010.12	

新桥村(社区)历届村级干部任职情况表

表 1－34

村(大队)	姓　名	职　　务	任　职　时　间	备　　注
中吉村	冯小泉	村长	1949—1956	
露字村	曹阿玉	村长	1949—1956	
雨字村	钱大金	村长	1949—1953	
	陈阿四	村长	1953—1956	
中吉村初级社	陈炳生	初级社社长	1956—1957	
沈家兜勇性社	沈金荣	初级社社长	1956—1957	
新桥头建新社	范阿芳	初级社社长	1956—1957	
张家桥	费阿毛	初级社社长	1956—1957	
杜家浜兴勇社	李士法	初级社社长	1956—1957	
王江泾高级社	陈春贵	高级社社长	1957—1958	
王江泾大队	王根荣	支部书记	1959—1961	
	吴春荣	大队长	1959—1961	
新桥大队	林荣观	支部书记	1961—1962	
	周玉棠	大队长	1961—1966	
	李士法	支部书记	1962—1966	
杜家浜大队	张掌坤	支部书记	1961—1966	
	曹阿玉	大队长	1961—1966	
新桥大队	沈其良	革委会主任	1968	
永跃大队	王阿来	革委会主任	1968	
三忠大队	王根荣	革委会主任	1969—1970	

续表 1－34

村(大队)	姓　名	职　　务	任　职　时　间	备　　注
三忠大队	王根荣	支部书记	1970—1971	
	沈其良	大队长	1970—1971	
新桥大队	李土法	支部书记	1972—1973	
	沈其良	大队长	1972—1973	
	沈其良	支部书记	1974—1981	
永跃大队	曹阿玉	支部书记	1972—1977	
	居福根	支部书记	1978—1995	
	周阿明	大队长	1978—1983	
新桥村(大队)	陈连生	支部书记	1981—1995	
	戚金夫	大队长、村长	1982—1992	
	王洪根	村委会主任	1992—1995	
杜家浜村	毛少良	支部书记	1984—1986	
	周阿明	村长	1984—1986	
	周阿明	支部书记	1987—1993	
	张敏荣	村长	1986—1991	
	王才根	村委会主任	1992—1999.5	
	商新华	支部书记	1994—1996.5	
	陆惠明	支部书记	1996.5—1999.5	
新桥村	金国香	支部书记	1996.5—1999.5	
	王洪根	村委会主任	1996.5—1999.5	
	金国香	支部书记	1999.5—2003.7	2002 年 4 月改建为新桥居民委员会
	杨国庆	村委会主任	1999.5—2003.7	
新桥社区	金国香	支部书记	2003.7—2010.12	
	杨国庆	社区主任	2003.7—2008.5	社区居民委员会
	沈　健	社区主任	2008.5—2010.12	

王江泾村(社区)历届村级干部任职情况表

表 1－35

村(大队)	姓　名	职　　务	任　职　时　间
联合村	崔松观	村长	1952—1956
中吉村	冯小泉	农会主任	1952—1953

续表 1-35

村(大队)	姓　名	职　　务	任　职　时　间
联新社	郭金来	社长	1956—1957
建辛社	陈炳海	社长	1954—1956
建辛村	冯小泉	社长	1954—1956
王江泾大社	李士法	支部书记	1957—1958
	吴春荣	社长	1957—1958
王江泾高级社	李士法	支部书记	1958—1959
	吴春荣	大队长	1958—1959
	祁炳高	大队长	
	沈洪庭	支部书记	1959—1960
	陈春贵	支部书记	1960—1961
	王根荣	支部书记	1962—1968
	张金甫	大队长	1962—1968
三忠大队	王根荣	革委会主任	1969—1972
王江泾大队	王根荣	支部书记	1972—1979
	张殿策	大队长	1969—1979
	张殿策	支部书记	1979—1982
	张阿惠	大队长	1979—1982
	张阿惠	支部书记	1982—1984
王江泾村	张阿惠	支部书记	1984—1985
	李建明	大队长	1982—1984
	詹银康	支部书记	1985—2000
	齐吉田	村长、村委会主任	1985—2000
王江泾社区	詹银康	支部书记	2000—2005
	齐吉田	社区主任	2000—2005
	丁苗关	支部书记	2005—2010.12
	丁苗关	社区主任	2005—2010.3
	茹亚莉	社区主任	2010.3—2010.12

第二章　自然环境

镇域地处浙北平原，地势平坦低洼，地层分布与地层顺序基本齐全，土壤以松散的不可和黏土为主，养分较为丰富，平均海拔3.92米，河流、湖泊和荡漾众多，地下水资源量大，矿产资源有煤与天然气。气候为亚热带季风气候，四季分明，春、秋时间短，冬、夏时间长，气温有利于丰富的动植物的生长。一年中，春季和秋季雨量较多，易造成洪涝灾害；空气平均湿度较大，全年雾日一个月左右，降雪量与积雪日数历年不同，气压变化受控于东亚高低气压活动中心。除洪涝灾害外，风灾、旱灾、冻灾也时有发生，历史上还曾有过虫灾和震灾。

第一节　地　质

【地势】

镇域地势平坦，无山冈丘峦，平均海拔3.92米，西南高东北低，但相差不到1米。

【地貌】

镇域地处秀洲区北部水网地带，属长江三角洲冲积平原，河港纵横交叉，湖泊荡漾星如棋布，是典型的江南水乡，素有"鱼米之乡"之美誉。

【地质】

镇域地质构造主要属海西—印支时期（地台阶段）华夏古陆北缘王江泾—乌镇复背斜，构造单元主要为华夏式构造乌镇—嘉兴隆起带，断裂构造主要为王江泾—乌镇断裂。地层分布与地层顺序基本齐全。地质沉积有河流相、湖泊相、海相，沉积厚度从西南（80米）向东北（326米）逐渐变厚。

根据《07省道（嘉兴—王江泾段）富兴桥工程地质施工勘察报告》和运河东铁店港北《诚恒世嘉二期工程地质施工勘察报告》记载，镇域工程地质如下：

富兴桥一带（位于新桥社区与腾云村交界处）

勘探深度内地基土根据其成因时代、岩性特征、物理力学性质可划分12个工程地质层，18个工程地质亚层。自上而下为：

①层填土：黄褐—褐灰色，松散，岩性以黏性土为主，Z2号孔含少量碎石块，土质不均。②层亚黏土：灰褐—灰黄色，硬塑，厚层状构造，稍有光滑，无摇震反应，干强度中等，韧性中等，中偏高压缩性，含铁锰质氧化斑点。③层淤泥质亚黏土：灰色，流塑，上部厚层状，下部鳞片状，稍有光滑，无摇震反应，干强度中等，韧性中等，高压缩性，含少量半腐殖物残替及有机质。④层亚黏土：褐灰色，软塑，厚层状构造，稍有光滑，无摇震反应，干强度中等，韧性中等，

高压缩性，含少量有机质及零星贝壳碎片。⑤层亚黏土：褐黄色—浅蓝色，软塑，厚层状构造，稍有光滑，无摇震反应，干强度中等，韧性中等，中压缩性，含铁锰质氧化结核及斑点，粉粒含量较高。⑥1层亚黏土：灰色，软塑，厚层状构造，稍有光滑，无摇震反应，干强度中等，韧性中等，中偏高压缩性，粉粒含量稍高，局部含粉土团块。⑥2层亚黏土与粉砂互层：灰色，亚黏土呈软塑状态，单层厚度3～5厘米；粉砂呈中密状态，单层厚度1～2厘米，层厚比1∶2～1∶3，稍有光滑，无摇震反应，干强度中等，韧性中等，中压缩性。⑥3层亚黏土：灰色，软塑，厚层状构造，稍有光滑，无摇震反应，干强度中等，韧性中等，中偏高压缩性，含少量有机质，夹粉土薄膜。⑦层亚黏土：灰蓝色，硬塑，厚层状构造，稍有光滑，无摇震反应，干强度中等，韧性中等，中压缩性，土质较均一。⑧1层亚黏土与粉砂互层：灰色，亚黏土呈软塑状态，单层厚度5～10厘米；粉砂呈中密状态，单层厚度4～8厘米，层厚比1∶1～1∶2，稍有光滑，无摇震反应，干强度中等，韧性中等，中压缩性。⑧2层亚黏土：灰色，软塑，厚层状构造，稍有光滑，无摇震反应，干强度中等，韧性中等，中压缩性，粉粒含量偏高。⑨1层亚黏土：浅蓝色，软塑，厚层状构造，稍有光滑，无摇震反应，干强度中等，韧性中等，中压缩性，粉粒含量较高，含粉砂团块。⑨2层亚黏土：灰色，软塑—流塑，厚层状构造，稍有光滑，无摇震反应，干强度中等，韧性中等，中压缩性，局部粉粒含量偏高。⑩1层黏土：蓝灰色，流塑软塑，厚层状构造，光滑，无摇震反应，干强度高，韧性高，中压缩性，土质均一。⑩2层亚黏土：灰色，软塑，向下逐渐变为硬塑，厚层状构造，稍有光滑，无摇震反应，干强度中等，韧性中等，中压缩性，粉粒含量较高，含粉砂团块。⑪1层亚黏土与粉砂互层：上部50厘米呈灰绿色，下部灰色，粉砂呈中密—密实状态，单层厚度1～4厘米；亚黏土呈软塑硬塑状态，单层厚度2～7厘米；层厚比1∶2～1∶3，局部为粉砂，稍有光滑，无摇震反应，干强度中等，韧性中等，中压缩性。⑪2层粉砂：灰白—浅灰色（稍泛褐色），密实，湿，局部为中细砂，无光泽反应，摇震反应迅速，干强度低，韧性低，低压缩性，含云母，局部含少量黏性土夹薄层。⑫层亚黏土：浅蓝色，硬塑，厚层状构造，光滑，无摇震反应，干强度高，韧性高，中压缩性，土质较均一。

诚恒世嘉一带（长虹村铁店港北）

①层填土：场地内均有分布，其成分复杂，上部属新近回填，以黏性土为主，含少量碎石、砖块等杂物，松散，且底部多为藕田中的淤泥质土，性质较差，尚未硬化。②层粉质黏土：普遍分布于场地浅部，物理力学性质相对较好，厚度小，埋深较大，下卧层淤泥质粉质黏土，属于软弱压缩层，性质较差。③层淤泥质粉质黏土：均有分布，厚度3.7～9.8米，具高压缩性，局部相变为淤泥，是浅基础的主要压缩层。平均含水量46.5%，物理力学性质极差。④层物理力学性质较好，平均厚度9米左右，上部为软弱土层。⑤层粉质黏土：物理力学性质较差，属于区域第二软弱层，厚度2.9～13.3米，厚度变化大。⑥层为场地内第二持力层，在南侧局部地段正常分布，其他地段均以次生层出现。由于次生层属非正常沉积形成，受后期沉积环境等影响，层位变化较大，其顶板标高-23.46～-31.7米，厚度1.0～9.2米。⑦1层粉质黏土，中偏高压缩性，性质较差。⑦2层粉质黏土：性质较⑦1层略好，顶板标高-31.06～-40.27米，厚度0.7～7.8米。⑦3层黏质粉土：受沉积环境影响，其沉积的颗粒粗细不均，其性质变化较大，且仅在局部地段有分布。⑧层粉质黏土：含较多半腐殖物根茎，性质较差。⑨层粉质黏土

夹砂质粉土:性质较好,但其埋深变化较大。⑩层及⑪层,性质较好,埋深在50米左右。

根据富兴桥、诚恒世嘉两处采样,镇域均无不良地质现象,周围环境也无不稳定因素,地基土沉积年代久远,地层单元成层明显,组成结构较简,各地层水平方向上物理力学性质较均匀,垂直方向上物理力学性质均匀性略差,场地和地基稳定性好,抗震设防烈度为6度。

【地下水】

地下水类型和埋藏 由孔隙潜水及承压水组成,其中孔隙潜水主要赋存于浅部填土、粉质黏土及淤泥质、粉质黏土中;承压水赋存于深部砂质粉土中。

地下水水力特点和补给 由于土层中有承压水,渗透性较强;地下水主要受大气降水的补给,并受邻区地表水、地下水的影响,水位呈动态变化,年变化幅度在1.0米左右。

地下水(侵)腐蚀性 根据区域水文地质资料,可以判定地下水对混凝土具有微腐蚀性,对钢筋混凝土结构中钢筋具微腐蚀性,对钢结构具有弱腐蚀性;附近不存在污染源,亦无污染史,场地土属常规土质,故可判定土对建筑材料具微腐蚀性。

【地面沉降】

镇域地势低平,地面大部分海拔3~3.5米,也有少数面积低于3米,最低的低于2.8米,高于3.5米仅为少数。20世纪90年代起,由于地下水开采等原因,嘉兴市域地面沉降向整个平原蔓延,形成以嘉兴市区为中心,王江泾等乡镇为次一级中心的巨型地面沉降漏斗。1999年,嘉兴市进行地面水准沉降的测量,根据1976—1999年王江泾水文站的水准点高程和水尺零点高程均呈沉降变化,王江泾为主要沉降区,水尺沉降幅度为61.9厘米。至2000年,境内沉降量达到537毫米,沉降速率达每年30~50毫米。根据浙江省水利水电勘测设计院编制的《杭嘉湖地区防洪规划报告》,该防洪规划实施后,王江泾等嘉兴北部地区可降低高水位6~17厘米,缩短高水位持续时间6~12天。特别是1999年6月的特大洪涝灾害后,河道开挖和疏浚更是加大力度,取得较大的成效。至2004年,境内累计沉降近800毫米。

1990年王江泾镇境内田面高程情况表

表2-1

乡 镇	村或圩名	水田面积(亩)	田面高程分类				平均高程(米)
			3~3.2米面积(亩)	3.2~3.4米面积(亩)	3.4~3.6米面积(亩)	3.6~3.8米面积(亩)	
南汇镇	红联、莫家甸村	2792	1197	1110	485		3.2
田乐乡	大坝村	2237	84	1847	201	105	3.35
田乐乡	栋梁村	2461	2274	187			3.12
荷花乡	东一、东二村	1259	256	984	19		3.2
王江泾镇	丁家浜	2725	1119	1278	328		3.24
王江泾镇	味达港	1164	301	500	363		3.34

续表 2－1

乡　镇	村或圩名	水田面积(亩)	田面高程分类				平均高程(米)
			3～3.2 米面积(亩)	3.2～3.4 米面积(亩)	3.4～3.6 米面积(亩)	3.6～3.8 米面积(亩)	
虹阳乡	尖墩角	3116	500	1450	1166		3.36
虹阳乡	虹西村	4537	1000	2650	887		3.3

【矿藏资源】

天然气储藏　第四纪以来，镇域一带是浅海、海湾和三角洲等海相环境，有利于生成天然气。据历代文献资料记载，境内地面上曾多次发生火球燃烧现象，这极有可能是天然气自燃所致。20 世纪 80 年代，经钻井钻探，郊区王江泾、双桥发现气苗。天然气埋深的情况：

气层类型：砂；气层埋深 37～42～56 米；气层编号：2 号；发现地点：双桥。气层类型：砂；气层埋深 100～126 米；气层编号：4 号；发现地点：双桥。气层类型：砂；气层埋深 150 米；气层编号：5 号；发现地点：双桥、王江泾。气层类型：砂；气层埋深 180～190 米；气层编号：6 号；发现地点：双桥、王江泾、北圣湾。气层类型：砂；气层埋深 230 米；气层编号：7 号；发现地点：双桥、王江泾。这些砂层夹于海相黑色淤泥黏土中，单个气藏量不大，一般长 300～4000 米，宽 300～800 米，贮气量 1 万～3 万立方米。气藏在砂层顶部，下为水层，一个砂体打 1～2 口井，每口井可出天然气 50～100 立方米/日，大的日产可达千余立方米，适于就地小规模开采利用。浅层天然气是以碳氢化合物为主的混合物，以甲烷为主要成分（一般占 80%），还含有重烃、硫化物等成分，每立方米气体可发热量 8800 大卡，相当于 1 千克标准煤，燃烧温度 1600℃，火焰蓝色。

王江泾镇天然气埋深情况表

表 2－2

气层类型	气层埋深(米)	气层编号	发现地点
砂	37～42～56	2	双桥
砂	100～126	4	双桥
砂	150	5	双桥、王江泾
砂	180～190	6	双桥、王江泾、北圣湾
砂	230	7	双桥、王江泾

【土壤资源】

土壤性质　镇域跨度大，各地土壤性质也各不相同。据嘉兴市城区、郊区土壤主剖面理化性状登记表、嘉兴市第二次土壤普查农化样品汇总表和嘉兴市旱地土壤常规分析化验结果报告表统计，境内土壤性质情况大致如下：

王江泾镇域内土壤主剖面理化性状情况表(一)

表 2-3 (以 15 个自然村的采样为例)

自然村	土种名称	母质	海拔(米)	地下水位(厘米)
原虹阳 7 队	腐心青紫泥田	湖沼相		61
原阳城 10 队	小粉底青紫泥田	湖海相		77
原小曲 12 队	半青紫泥田	湖河相	1.4	29
原溪中 3 队	小粉底青紫泥田	湖河相	1.2	32
原东一 7 队	泥炭青粉泥田	湖沼相	1.7	20
原阳城 9 队	腐土甲青粉泥田	湖海相		66
原东一 1 队	青紫泥田	湖相	1.5	20
原林塘 10 队	泥炭青粉泥田	湖相	1.5	48
原大坝 2 队	腐心青粉泥田	湖相	1.5	59
原农场试验队	腐心青紫泥田	湖沼相	3.47	66.5
原双桥 10 队	黄心青紫泥田	湖海相	1.5	20
原金桥 4 队	腐土甲青紫泥田	湖沼相	1.7	18
原古塘 22 队	腐心青粉泥田	湖沼相		26
原宇四浜 1 队	青紫泥田	湖相	1.8	66
原军垦农场	烂青紫泥田	湖相		

王江泾镇域内土壤主剖面理化性状情况表(二)

表 2-4 (以 15 个自然村的采样为例,照应表 2-3)

自然村	机械组成(%)										
	土粒含量(毫米)									砂/黏	质地名称
	1.0~0.5	0.5~0.25	0.25~0.05	0.05~0.01	0.01~0.005	0.005~0.001	<0.001	总量(毫米) <0.01	总量(毫米) >0.01		
原虹阳 7 队	0.04	0.08	3.53	47.57	11.57	24.31	12.9	47.78	52.22	3.69	重壤土
	0.04	0.19	2.38	42.13	9.5	17.89	27.87	55.26	44.72	1.51	重壤土
	—	0.10	1.54	47.34	11.09	6.7	33.23	52.64	47.36	1.42	重壤土
	—	—	2.9	30.22	9.53	15.88	40.97	66.38	33.62	0.74	轻黏土
原阳城 10 队	0.02	0.12	4.27	48.75	12.72	21.9	12.93	46.84	53.16	3.77	重壤土
	0.02	0.10	2.48	42.63	9.36	16.63	28.78	54.77	45.23	1.48	重壤土
		0.10	3.44	34.35	17.69	9.57	34.85	62.11	37.89	0.99	轻黏土
	0.02	0.04	13.21	45.07	9.21	5.33	27.12	41.66	58.34	1.66	中壤土

续表 2－4

自然村	机械组成（%）										
	土粒含量（毫米）									砂/黏	质地名称
	1.0～0.5	0.5～0.25	0.25～0.05	0.05～0.01	0.01～0.005	0.005～0.001	＜0.001	总量（毫米）			
								＜0.01	＞0.01		
原小曲12队	0.06	0.24	1.31	37.66	13.98	13.12	33.63	60.73	39.27	1.12	轻黏土
	0.06	0.30	0.57	37.01	13.75	13.96	34.35	62.06	37.94	1.08	轻黏土
	0.11	0.73	0.93	39.94	13.66	11.77	32.86	58.29	41.71	1.22	重壤土
	—	0.63	22.31	48.13	10.46	5.44	13.60	29.5	70.5	3.54	重壤土
原溪中3队	0.04	0.19	5.9	43.64	15.96	18.31	15.96	50.23	49.77	2.73	重壤土
	0.04	0.36	0.47	46.73	14.54	9.55	28.31	52.4	47.6	1.65	重壤土
	0.02	0.18	7.69	48.83	8.52	11.63	23.13	48.28	51.72	2.11	重壤土
	0.02	0.02	2.14	69.13	12.21	6.3	10.18	28.69	71.31	6.80	轻壤土
原东一7队	0.03	0.25	4.56	50.68	16.55	17.79	10.14	44.48	55.52	5.60	中壤土
	0.04	0.21	1.85	53.59	17.52	15.66	11.13	44.31	55.69	4.81	中壤土
	0.04	0.39	1.55	56.59	12.35	9.47	19.61	41.43	58.57	2.89	中壤土
原阳城9队	0.01	0.09	2.7	44.94	19.86	20.07	12.33	52.26	47.74	3.64	重壤土
	0.08	1.21	2.99	34.82	16.93	26.84	17.67	62.82	37.18	1.97	轻黏土
	—	0.04	0.56	47.9	8.29	12.44	30.77	51.5	48.5	1.56	重壤土
	0.04	0.04	1.2	49.45	20.91	8.17	20.19	50.48	49.52	2.45	重壤土
	—	0.06	5.78	46.27	10.28	11.52	25.99	47.79	52.21	1.78	重壤土
原东一1队	0.17	0.36	3.38	36.55	14.63	24.44	20.47	59.54	40.46	1.79	重壤土
	0.13	0.62	0.67	34.51	15.69	20.29	28.09	64.07	35.93	1.23	轻黏土
	—	0.02	4.31	32.14	17.00	16.44	30.09	69.53	30.47	1.07	轻黏土
原林塘10队	0.04	0.16	3.51	50.73	13.46	19.05	13.05	45.56	54.44	3.89	重壤土
	0.21	0.45	1.42	43.29	12.09	16.51	26.03	56.22	43.78	1.66	重壤土
	0.02	0.05	6.31	31.48	14.1	21.06	26.98	62.14	37.86	1.17	轻黏土
	—	0.8	2.63	65.88	11.15	2.84	16.7	30.69	69.31	3.94	中壤土
原大坝2队	0.05	0.14	1.42	51.85	14.97	18.44	13.13	46.54	53.46	3.95	重壤土
	0.02	0.09	6.0	45.22	11.56	8.21	28.9	48.67	51.53	1.56	重壤土
	0.06	0.20	19.35	44.37	12.99	16.02	7.01	36.02	63.98	6.33	中壤土
	0.02	0.13	4.67	47.98	10.91	7.41	28.88	47.20	52.8	1.66	重壤土

续表 2-4

自然村	机械组成（%）										
	土粒含量（毫米）									砂/黏	质地名称
	1.0～0.5	0.5～0.25	0.25～0.05	0.05～0.01	0.01～0.005	0.005～0.001	<0.001	总量（毫米）			
								<0.01	>0.01		
原农场试验队	0.08	0.25	7.55	34.24	17.63	20.54	19.71	57.88	42.12	1.74	重壤土
	0.12	0.25	4.46	39.40	18.66	20.52	16.59	55.77	44.23	2.35	重壤土
	0.02	0.08	0.21	29.06	17.64	14.32	38.67	70.63	29.37	0.75	轻黏土
	0.15	0.58	5.44	20.84	15.62	18.13	39.24	72.99	27.01	0.53	轻黏土
原双桥10队	0.10	0.21	2.98	38.56	19.80	21.26	17.09	58.15	41.85	2.26	重壤土
	0.10	0.27	3.01	31.15	15.57	15.99	33.91	65.47	34.53	0.92	轻黏土
	0.08	0.73	1.5	24.14	14.7	13.03	45.83	73.55	26.45	0.53	轻黏土
	0.17	1.44	1.53	29.15	18.73	14.99	33.99	67.71	32.29	0.86	轻黏土
原金桥4队	0.02	0.04	3.65	35.28	15.65	22.21	23.24	61.01	38.99	1.52	轻黏土
	—	0.08	0.89	32.64	13.68	14.11	38.60	66.39	33.61	0.85	轻黏土
	0.02	0.11	2.83	31.28	12.52	13.97	39.27	65.76	34.24	0.80	轻黏土
	—	0.02	2.07	44.10	11.28	8.4	34.13	53.81	46.19	1.29	重壤土
原古塘22队	0.04	0.13	5.25	39.62	11.47	20.5	22.99	54.96	45.04	1.72	重壤土
	0.04	0.15	4.94	39.31	13.44	16.2	25.92	55.56	44.44	1.52	重壤土
	0.02	0.25	1.05	44.16	15.16	9.76	29.6	55.69	44.31	1.49	重壤土
	0.02	0.02	3.67	53.75	13.19	6.75	22.60	42.54	57.46	2.38	中壤土
原宇四浜1队	0.02	0.07	3.43	33.45	18.78	29.79	14.46	63.03	36.97	2.31	轻黏土
	0.02	0.13	1.22	25.71	13.93	20.36	38.63	72.92	27.08	0.67	轻黏土
	0.02	0.13	3.69	15.84	13.73	17.95	48.64	80.32	19.68	0.33	中黏土
	0.02	0.23	3.59	20.07	12.67	20.06	43.36	76.09	23.91	0.46	中黏土
原军垦农场	0.04	0.11	0.82	17.17	71.46	22.54	37.86	81.86	18.14	0.45	中黏土
	0.06	0.21	0.31	19.23	19.23	24.57	36.39	80.19	19.81	0.53	

土壤养分　土壤养分是植物营养的基础，是构成土壤肥力的一个基本要素。镇域土壤养分基本情况如下：

王江泾镇域内土壤主剖面理化性状登记表(三)

表 2－5 （以 15 个自然村的采样为例，照应表 2－3）

自然村	层次代号	层次厚度（厘米）	酸碱度（pH）	有机质（%）	氮		磷		钾		CEC（毫克当量/100 克土）
					全氮（%）	碱解氮（ppm）	全磷（%）	速效磷（ppm）	速效钾（ppm）	缓效钾（ppm）	
原虹阳 7 队	A	0～13	6.1	3.44	0.203	150	0.049	6.5	79	433	23.92
	P	13～24	6.7	3.50	0.190	144	0.050	7.9	76	461	23.94
	An	24～28	7.7	2.43	0.099	39	0.024	3.8	65	497	21.41
	G	28～100	7.7	1.31	0.072	19	0.028	4.7	116	579	29.21
原阳城 10 队	A	0～13	6.2	3.23	0.190	152	0.043	4.7	66	383	21.68
	P	13～27	7.6	2.24	0.136	93	0.43	3.3	76	379	20.56
	G	27～61	7.7	1.45	0.067	30	0.028	3.5	82	416	20.63
	W	61～100	7.8	0.42	0.037	12	0.053	4.7	74	523	12.39
原小曲 12 队	A	0～15	7.5	3.26	0.188	138	0.053	8.7	109	492	24.08
	P	15～34	7.6	2.88	0.165	118	0.051	7.8	103	533	23.52
	G	34～64	7.3	1.98	0.095	53	0.039	4.2	121	552	20.76
	An	64～100	5.1	17.11	0.619	337	0.619	2.3	79	202	43.17
原溪中 3 队	A	0～14	6.2	3.31	0.183	131	0.051	9.5	105		23.27
	P	14～32	7.5	1.87	0.087	50	0.044	4.2	103		19.84
	G	32～64	6.7	3.69	0.135	81	0.040	3.1	107		22.71
	W	64～100	4.7	1.48	0.058	41	0.028	2.0	69		9.81
原东一 7 队	A	0～15	6.0	3.11	0.171	142	0.050	7.1	74		19.46
	P	15～30	6.4	2.53	0.145	120	0.053	10.5	76		18.51
	G	30～76	7.2	1.56	0.076	47	0.076	22.5	121		17.70
	Ap	76～100	5.8	20.35	0.670	377	0.036	5.9	184		54.47
原阳城 9 队	A	0～15	6.2	4.15	0.229	182	0.047	5.1	91		22.95
	P	15～25	6.7	2.94	0.171	130	0.045	5.2	90		22.85
	An	25～37	7.6	3.12	0.114	53	0.031	2.6	61		22.83
	G	37～74	7.8	0.71	0.039	17	0.026	2.2	49		12.84
	W	74～100	8.1	0.44	0.036	12	0.054	5.0	101		
原东一 1 队	A	0～12	6.3	4.75	0.241	185	0.067	26.5	156	432	26.42
	P	12～30	6.6	4.25	0.214	149	0.066	26.8	157	597	26.73
	G	30～100	7.5	1.68	0.076	28	0.030	7.8	158	585	20.85

续表 2－5

自然村	层次代号	层次厚度（厘米）	酸碱度（pH）	有机质（%）	氮		磷		钾		CEC（毫克当量/100克土）
					全氮（%）	碱解氮（ppm）	全磷（%）	速效磷（ppm）	速效钾（ppm）	缓效钾（ppm）	
原林塘10队	A	0～15	6.1	3.30	0.183	143	0.053	6.8	77		19.56
	P	15～28	7.4	2.70	0.109	56	0.046	5.8	104		21.89
	Ap	28～64	7.0	11.82	0.399	216	0.036	4.6	164		43.37
	W	64～100	7.6	0.96	0.043	24	0.038	2.0	82		7.86
原大坝2队	A	0～14	5.7	2.66	0.150	121	0.045	5.5	41		19.01
	P	14～24	7.7	1.97	0.112	81	0.048	6.2	49		18.54
	G	24～70	7.8	0.97	0.051	20	0.042	3.2	42		
	An	70～100	7.7	5.24	0.163	76	0.023	3.1	64		30.89
原农场试验队	A	0～18.5	5.8	3.76	0.202	161	0.055	15.3	84	439	23.61
	P	18.5～36.5	6.3	3.43	0.190	146	0.056	14.7	89	392	22.43
	An	36.5～57.5	7.4	2.36	0.097	47	0.027	4.7	104	447	22.85
	W8	57.5～100	7.4	0.62	0.051	17	0.042	4.4	149	681	20.36
原双桥10队	A	0～16	6.3	3.65	0.204	166	0.056	14.3	102	433	24.57
	P	16～31	6.6	3.59	0.197	151	0.057	18.6	112	448	24.99
	G	31～55	7.3	3.02	0.100	59	0.043	19.6	148	339	31.90
	W	55～100	7.5	0.77	0.057	31	0.178	119.6	187	671	25.45
原金桥4队	A	0～13	6.1	4.0	0.204	182	0.052	9.9	102	427	23.40
	P	13～29	7.2	2.98	0.170	129	0.043	5.4	109	511	22.91
	An	29～40	7.3	5.74	0.210	117	0.028	4.5	122	381	29.70
	G	40～100	7.6	0.83	0.050	23	0.025	5.5	120	431	16.25
原古塘22队	A	0～14	6.7	3.65	0.208	178	0.045	6.0	92		21.21
	P	14～23	7.2	3.52	0.194	154	0.045	5.8	96		19.85
	An	23～50	7.9	2.27	0.095	49	0.032	4.1	98		18.98
	G	50～100	8.0	0.52	0.033	17	0.034	2.8	82		9.99
原宇四浜	A	0～14	6.2	3.76	0.200	153	0.046	7.1	78		26.02
	P	14～23	7.1	3.29	0.169	119	0.041	6.1	81		25.96
	G	23～75	7.4	1.77	0.085	26	0.032	7.2	186		28.50
	W	75～100	7.3	1.06	0.062	21	0.063	5.3	179		24.70
原军垦农场	A	0～16	7.6	2.16	0.121	82	0.055	10.4	155		23.15
	G	16～100	7.5	2.09	0.102	53	0.046	5.6	116		20.98

另外，据嘉兴市旱地土壤常规分析化验结果报告表统计，镇域内的旱地，荷花片、田乐片一带，主要土种为青紫土，略带少量小粉土，有机质含量1.12%～2.91%，全氮量0.080%～0.148%，碳/氮(ppm值)7.58～10.32，碱解氮(ppm值)65～172，速效磷(ppm值)8.0～38.5，速效钾(ppm值)46～334，酸碱度(pH值)5.7～7.0；双桥片、虹阳片一带，主要土种为堆叠土，有机质含量1.57%～2.18%，全氮量0.108%～0.142%，碳/氮(ppm值)8.35～8.90，碱解氮(ppm值)89～136，速效磷(ppm值)83.2～26.9，速效钾(ppm值)18.7～105，酸碱度(pH值)6.0～7.5。

第二节 气 候

【气候特征】

镇域地处北亚热带南缘，属东亚季风区，为典型的亚热带季风气候，属于浙北平原温和冬冷夏热湿润区。夏冬季风交替明显，气候温和湿润，四季分明，光照充足，降水量较丰，冬夏时间较长，酷热严寒却短，光、热、水的配备有利于农作物生长。降水量年内分配和年际分布不均，再加上地势偏低平，在季风气候影响下，灾害性天气频繁，雨涝危害常见。气候分布和灾害影响年际变化大于地域分布。

【四季划分】

镇域四季变化的显著特点为春秋短冬夏长。秋季两个月略余，春季两个半月略不足，夏季三个月左右，冬季近四个半月。

四季划分以候平均气温为标准。候平均气温高于22℃时为夏季，候平均气温低于10℃时为冬季，介于两者之间为春秋季。

王江泾镇常年四季划分情况表

表2-6

季节	春	夏	秋	冬
日期	4月2日至6月12日	6月13日至9月17日	9月18日至11月18日	11月19日至4月1日
天数	72天	97天	62天	134天

由于冷暖空气之间对峙和强弱不同，四季中也会出现短暂季节反常变化，往往在三五天左右。春季阴凉多雨，夏季炎热湿润，秋季月朗日清，冬季寒冷干燥。

春季是冬季风转为夏季风的过渡季节。从4月初入春，天气开始多变化，“春天孩儿面，一天变三变”。此后受南方海洋暖湿气流逐渐活跃影响，暖空气增强，气候渐暖。但同时北方又有寒流南下，寒暖气流相交，忽冷忽热。冷空气来临时，温度明显下降；冷空气过后，气温又明显回升。其间，时常有春雷、低温、晚霜出现，同时也有高温天气。4—5月，是春雨最多期，多雷雨和连绵阴雨天气。

夏季盛行东南风。由于海洋暖湿空气与西伯利亚寒冷空气交锋频繁，6月中旬至7月中旬,出现长达1个月左右的梅雨期。天气闷热潮湿,忽晴忽雨,大雨和暴雨也持续出现,降雨量可占全年的四分之一左右。每年有2～4天日降雨量在25毫米以上。夏季风强,很容易推动雨带迅速北上,所以有时会出现“空黄梅”“短黄梅”时节。但也有夏季风弱而雨带滞留很久的,这时就会出现“翻转黄梅”,容易产生雨涝灾害。7月中旬后,梅雨结束,进入晴日为主的炎热盛夏季节。一般7月、8月两个月间,最高温度在35℃以上。最热的7月份,平均温度在28℃左右。但酷热天气较短,每年大约15天。盛夏时节,天气炎热干燥,有时在午后会出现雷雨,虽降雨强度大,但时间短。

秋季冷空气持续南侵,温度逐渐下降,是一年中温度和降水变幅较大的季节。由于镇域河荡众多,又近海洋,水域对气候影响显著,降温较缓。冷空气过后,在干冷空气控制下,湿度减小,天气多晴朗,利于晒农作物。遇降雨稀少年份,易现旱情。

冬季雨水较少,特别是12月和1月,受西北气流的影响,雨水少,气温低,平均雨量不足50毫米,平均气温0℃略微偏上。近年来,随着气候转暖,暖冬现象时有发生,降雪、冰冻天数相应减少。

【气象要素】

日照　镇域年平均日照2100小时左右。在季节分配上,夏季各月日照时数较多,尤其是7月份、8月份,月平均日照超过250小时。冬季各月日照时数较少,一般月平均日照125～145小时,2月份、3月份为最低值。

王江泾镇常年年、月平均日照时数情况表

表2-7

月　份	1	2	3	4	5	6	7	8	9	10	11	12	全年
日照时数（小时）	145	127	145	154	174	170	251	268	178	181	163	158	2114

气温与活动积温　镇域年平均气温15.4℃～16.4℃,终年活动积温5000℃以上。冬季气温一般以1月份为代表,年际均值3.2℃～3.6℃。夏季气温一般以7月份为代表,月平均气温27.5℃～28.7℃。最高气温超过35℃的高温天气年均值为11天,多一些的年份超过20天。春秋气温一般以4月份、10月份为代表,月平均气温分别为13.9℃～15℃和17.3℃～18.5℃。

王江泾镇常年年、月平均气温情况表

表2-8　　单位:℃

月　份	1	2	3	4	5	6	7	8	9	10	11	12	全年	年较差
平　均气　温	3.2	4.5	8.7	14.6	19.6	23.8	28	27.9	23.3	17.5	11.8	5.8	15.7	24.8

气温制约着农业生产，是影响农作物生长与发育的主导因素。由于镇域气候属冬冷夏热的季风气候，一年中只能有或长或短的一段时期可以作为农作物的生长期。日均温度稳定在≥5℃的持续期，称为植物的生长期；日均温度稳定在10℃的持续期，称为植物活跃生长期；日均温度15℃的持续期，则称为栽培喜温作物的适宜生长期。

王江泾镇常年各月气温平均日较差情况表

表 2－9　　单位：℃

月　份	1	2	3	4	5	6	7	8	9	10	11	12	全年
平　均 日较差	7.3	7.0	7.1	7.3	6.7	5.9	6.0	5.9	6.8	8.5	8.1	7.9	6.9

界限温度初终日期及间隔日数：农限温度0℃，初日2月2日，终日1月5日，农耕期347天，活动积温5732℃；农限温度5℃，初日3月3日，终日12月5日，生长期279天，活动积温5348℃；农限温度10℃，初日4月2日，终日11月19日，植物活跃生长期232天，活动积温4972℃；农限温度15℃，初日4月26日，终日10月25日，喜温作物适宜生长期183天，活动积温4282℃。活动积温是农作物生长发育所必需的总热量，即一定温度界限内的温度累加值。大多数农作物和植物，在日平均温度稳定在≥10℃期间，生长得最为活跃，所以多采用植物活跃生长期的积温作为衡量热量资源的重要指标之一。

地温　镇域地表温度，历年平均为19.3℃，年差、日差大于气温；地中温度，历年平均10厘米深为18.2℃，20厘米深为18.0℃，冬季随深度增加而增高，夏季随深度增加而降低，年际、月际变幅随深度增加而减少。

无霜期　镇域一年里无霜期为228～245天，“清明断雪，谷雨断霜”。据市气象站资料显示：境内平均初霜日为11月13日，平均终霜日为3月27日，年平均霜日43天。

降水　镇域年平均降水量1150～1200毫米。一年内，4—9月，水量较为集中，约占全年降水量的70%。年均降水日数140天左右，其中3月中旬至7月上旬，平均降水480毫米左右；8月中旬至9月中旬，平均降水210毫米左右。降水量年际变化较大。

王江泾镇常年年、月平均降水分布情况表

表 2－10

降　水	1	2	3	4	5	6	7	8	9	10	11	12	全年
降水量 （毫米）	45	70	81	115	122	144	107	100	148	66	45	45	1089
降水日数 （天）	9.9	10.8	13.5	15.0	14.8	13.8	11.6	10.6	12.4	9.1	8.0	8.5	138

降雪和积雪日数　镇域年均降雪日 5～7 天，主要出现在 1—2 月，偶尔也有 11 月中下旬就见雪的，最迟在 4 月中旬还能见到雪。大部分年份，积雪不超过 10 厘米，但有些年要超过 20 厘米。近年来，由于地球气候变暖，降雪已大为减少，甚至全年无雪。

雾　镇域年平均雾日为 30 天左右。全年 10 月、11 月、12 月为多雾月份，1 月、2 月次之。大雾笼罩时，能见度往往只有数十米至 100 米，甚至不足 10 米。近年来，由于空气污染加剧，雾日正逐渐增多，对交通、人体健康、农作物生长均带来不利影响。

湿度　镇域空气相对湿度 80％～83％，最低相对湿度 8％～13％。四季相对湿度为：春季 80％～84％；夏季 82％～85％；秋季 81％～85％；冬季 77％～80％。

气压　镇域气压主要受控于东亚高低气压活动中心，年均气压 1016～1016.3 百帕。气压年内变化以 7 月份最小，1 月份最大。

王江泾镇多年月平均气压情况表

表 2－11　　单位：百帕

月　份	1	2	3	4	5	6	7
气　压	1025.9	1024.5	1020.5	1015.4	1010.7	1006.4	1004.0
月　份	8	9	10	11	12	全年	
气　压	1005.8	1012.3	1019.4	1024.0	1026.0	1016.2	

风　镇域之风受控于季风环流。冬季盛行偏北风，夏季盛行东南风，春秋两季分别是冬夏两环流形态的转换季节。年平均风速 2.6～3.8 米/秒。8 级以上大风（≥17 米/秒）的年日数平均为 5.7 天（次）。冬春季节的大风主要受北方冷空气影响，夏秋季节的大风主要受台风过境影响。

第三节　河流与水文

镇域河流密布，荡漾众多，其中分布在镇域边界的界河有 34 条（段）；分布在全镇各村和社区内的河流 232 条（段）、浜 207 条，大小荡漾 55 个。

【界河】

京杭大运河王江泾段　京杭大运河嘉兴至苏州段，也称“苏州塘”。大运河自北向南经过王江泾镇域，过境运河全长 19400 米，分北、中、南三段。北段运河，西岸属江苏吴江盛泽镇，东岸为王江泾镇，自北而南涉及的村有大坝村、田乐村、市泾村、北荷村、长虹村，共长 9200 米；南段运河，东岸属油车港镇，西岸为王江泾镇，自北而南涉及的村、社区有新桥社区、腾云村、双桥村、收藏村，共长 7700 米；中段运河，西岸自北而南为闻川社区、王江泾社区，东岸自北而南为长虹村、太平村，共长 2500 米。运河河底宽 52.7 米，河底高程为－1.0 米。4 米水位时，过水断面积为 336 平方米；5 米高程时，河面平均宽 82.6 米。

黎泾港 位于镇域北隅，为大坝村与江苏黎里的界河。南北走向，南口出运河，北通陆家荡，全长2600米。河西为江苏黎里。交界河在河的南部，分为两段，共长900米。

塔桥港 位于镇域北隅，为双塔村与江苏黎里的界河。东西走向，西接陆家荡，东接塔荡，长600米。港的北岸是江苏黎里。

栋梁后港 位于镇域北隅，为栋梁村与江苏黎里的界河。东西走向，东连原黄荡，西接三角漾，长约500米。港的北岸是黎里镇红星村，南面是栋梁村的姜字圩和凌字圩。

小华港 位于镇域东北隅，为华联村与嘉善陶庄镇翔胜村的界河。南北走向，南接毛漾荡，北接南胜自然村，交界河段长450米。港的东岸为陶庄镇翔胜村。

肖家坝港和计家漾 位于镇域东北隅。南北走向，北接小曲漾，南至嘉善陶庄镇南窑墩自然村，为南汇村与嘉善县的界河。西岸是南汇村，东岸是嘉善陶庄镇利生村。交界水域长约800米。

石家港 位于镇域东北隅，为南汇村与嘉善县的界河，长550米。东西走向，东通嘉善陶庄的"钥匙潭"，西连嘉善天凝鲶鱼口。港北属南汇村，港南为嘉善天凝镇戴西港村、凝北村。

大双港 位于镇域东北隅，为南汇村与嘉善县的界河，长1300米。东西走向，东连接石家港，西接南汇市河。港南属嘉善天凝戴西港村，港北是南汇村的大双港自然村。

九军河 位于镇域东北隅，为南汇集镇和红联村与嘉善天凝戴西港村的界河，长800米。南北走向，河西是南汇集镇和红联村，河东为天凝戴西港村。

卜家港和天德桥港 位于镇域东隅，两港相连，长990米。南北走向，北起北白荡，南接高水漾，为东荷村与嘉善天凝戴西港村的界河。西岸为东荷村，东岸为嘉善天凝戴西港村。

丁家坟塘 位于镇域东隅，长680米。东西走向，东接高水漾，西接莲泗荡，为东荷村与油车港镇合心村的界河，南岸为油车港合心村。

烧鸡港 位于镇域中部，在洪典村东北隅。南北走向，南通张天荡，北连油车港戴家荡，长150米。东岸为油车港杨溪村。2010年，河道拓宽至80米，改建为湖嘉申航道。

张四扇港 位于镇域中部，在洪典村东隅。东西走向，西至张天荡，东通卜家潭，长300米。港南是油车港镇西湖村。

行连桥港 位于镇域中部、运河东，为太平村与秀洲区油车港镇的界河，长1484米。东西走向，东接北埭港，西出口是运河。港南岸为油车港镇上睦村，交界河段长900米。

王江泾后市河 属麻溪塘的东端河段，位于镇区北隅，为王江泾社区与江苏盛泽的界河。东西走向，东出口是运河，西接北雁荡，河长约1000米，宽40～60米，河北为盛泽群铁村。

麻溪塘 位于镇域西北部，为西雁村和虹北村与江苏盛泽的界河。东西走向，西起江苏吴江，经虹北村、西雁村北部，穿越北雁荡，东至京杭大运河，长约5000米。属虹北村、西雁村与江苏交界的麻溪塘长700米，河北为江苏盛泽。

石桥湾港 位于虹北村西北隅。南北走向，为与江苏盛泽的界河，南接草庵头港，东北与马庵浜港相连。西岸与北岸是江苏盛泽镇圣塘村，东面是虹北村，长700米。

墓城港 位于镇域西隅。南北走向，贯穿阳城村南北，经过杨家浜、王家浜、马家浜、园的浜，长2200米。北部为阳城村与江苏盛泽的界河，河东属江苏，交界河段长350米。

仲家坝港　位于虹北村村部西北。东南—西北走向，东南起仲家坝浜底，西面出口与江苏省吴江市盛泽镇圣塘村交界，西北面是江苏吴江盛泽镇圣塘村，东南面是虹北村，长300米。

屠家湾港　位于镇域西隅，在阳城村最北部，为阳城村与江苏盛泽的界河。东西走向并弯曲，河北属江苏盛泽，长600米。

外西港　位于镇域西隅，为阳城村与江苏盛泽的界河。南北走向，长2600米。中部河面较宽，称"小海里"，南端为虹阳村与江苏盛泽交界处，河西属江苏盛泽。

桃红桥港　位于镇域西隅，为虹阳村与新塍镇的界河。南北走向，北部在新塍境内，南接虹阳港，交界河段长800米，河西为新塍镇。

永红港　位于镇域西南隅。东西走向，东接和尚荡，西连圩井港，长2500米。西段为与新塍镇的界河，长500米，河北属新塍镇。

沙银港　位于镇域西南隅。南北走向，为虹阳村与新塍镇的界河。河西属新塍镇，交界河段长500米。

怀丝桥港　位于镇域西南隅，为虹南村与新塍镇的界河。南北走向，南接留根桥港（便民桥闸站）。河西为新塍镇南洋村，交界河段长约1000米。

留根桥港　位于镇域西南隅。北部为东西走向，南部为南北走向，长1400米。河西为新塍镇。

仲昌桥港　位于镇域西南隅，为虹南村与新塍镇的界河。南北走向，是虹南村与新塍镇观音桥村的交界河道。北接大力港和干家埭港的交汇处，南接味达港，长620米。河西为新塍镇观音桥村。

东石桥港　位于镇域西南隅，为虹南村与秀洲区新塍镇的界河。南北走向，北接味达港，南接升罗桥港，长1100米。河西为新塍镇观音桥村。

升罗桥港　位于镇域西南隅。南北走向，南连南杨家桥港，北接虹南村庆月桥港，为沈家桥村与新塍镇的界河，长2200米。河西为新塍镇观音桥村。

南杨家桥港　位于沈家桥村正南隅，为沈家桥村与新城街道的界河。东西走向，东接沈家桥村杨家桥港，西邻升罗桥港。

雁泾港　位于镇域南隅，为金鱼桥村与嘉兴经济开发区的界河。东西走向，南岸是嘉兴经济开发区，长约700米。

南港　位于镇域南隅，为金鱼桥村与嘉北街道的界河。东西走向，西接雁泾港，东至宇四浜村境内再出北郊河，长约1000米。南岸为嘉北街道西洋浜。

长浜　为收藏村与嘉兴经济技术开发区的界河，坐落在长浜自然村内，长1200米。南北走向，南出口是北郊河。

北横港　为收藏村与嘉兴经济技术开发区的界河。东西走向，呈带状分布在收藏村南面，北接北郊河，西接化龙桥港。河南是阳海景怡南区。

【村域河流】

东荷村

急(汲)水桥港　位于村西隅。南北走向，南通莲泗荡，北连北白荡，长280米。

虹漫(来)之港 位于村南部。东西走向,东接高水漾,中间有汪家漾,西至莲泗荡。原长570米,后西端填埋120米,现长450米。

东荷新开河 位于村东部。南北走向,南起高水漾北滩,北接笠帽港中点,长650米。

笠帽港 位于村北部。东西走向,西起三贤祠浜后浜浜口小漾,直过东原与卜家港南段相连,东端已填成水田,港长450米。

九坟墩小港 为东良字圩与九坟墩圩之间的小港,长约100米。九坟墩圩已与东良字圩连成一体,原小河已填埋硬化为村道。

民主村

徐长湾 位于徐长湾内和江南圩之间。东西走向转南北走向,两面口子多连通莲泗荡,长约700米,宽13米,平均水深1米。

大寨河 位于王家浜西北面。东西走向,开挖于1976年。东连王家浜,西连汤家桥,长500米,宽14米,平均水深1米。

九曲港 位于村西北部。东北部连通桥北荡,西连通姚家桥港,长约1300米,宽约15米,平均水深1.3米。

上塔港 位于王家浜西南。东西走向,东连通王家浜,西连通竖头港,长约600米,宽17米,水深1.5米。1976年上塔港全部被填平。

竖头港 位于村西南。南北走向,南出莲泗荡,北接大寨河,长510米。

民和村

下北港 位于村最东边。南北走向,南自东林港中段,北至下北港水闸,河水流入里荡,长558米,宽约20米。

东林港 位于村东部。东西走向,西起自新桥港中段,东至东林港水闸,河水流入东荡,长528米,宽约25米。

新桥港 位于村中部。南北走向,南起戴方头公路桥,北至唐家浜水闸,长约350米,宽约35米,河水流入东林港和河泥荡。

草家楼港 南北走向,是祥字圩和姜字圩的交界河流。南起济阳庙,北至与戴方头港交汇处,河水流入新桥港,长550米,宽20米。

戴方头港 位于村中部。东西走向,西起于几车浜口,东至戴方头公路大桥,河水流入新桥港,长372米,宽约28米。

陶士桥港 东西走向,自戴方头港至几车浜口,河水流入戴方头港,长650米。

周家港 南北走向,南起于姜字圩西港口,北至陶士桥港中段交汇处。河水流入陶士桥港,已断流,长250米,宽约20米。

(野)油车港 位于村最西边。南北走向,河水由南往北流,南起于陈家桥西漾,北至北漾埭港,长450米,宽约25米。

北漾埭港 位于村北隅。东西走向,西起油车港,东至北漾埭闸门,河水流入河泥荡,长995米,宽25米。

草田港 位于村东部,南北走向,南出北白荡,北接虎啸荡,长240米。

荷花村

西泾埭港　位于西泾埭。南北走向，是荷花村与北荷村的交界河道。南连石桥港，北抵龙象庵港，东面是荷花村，西面是北荷村，长1300米。

石桥港　位于西泾埭。东西走向，是荷花村与长虹村的交界河道。东至陶家荡，西连西泾埭港；南面是长虹村，北面是荷花村，长600米。

白龙泾港　位于白龙泾。东西走向，是荷花村与北荷村的交界河道。东至民和村东林港，西连姚婆荡北口；南面是荷花村，北面是北荷村，长1300米。

双福桥港　位于双福桥。东西走向，原长虹圩区内河，东至汝头港，西接陶家荡，长620米。

宜观桥港　位于姚家湾。南北走向，原长虹圩区内河，南接双福桥港，北至民和村戴方头港，东面是汤家桥，西面是姚家湾，长860米。

龙象庵港　位于龙象庵，原长虹圩区内河。东西横穿龙象庵，东至杨家湾，西接姚婆荡，长675米。

杨家湾　位于杨家湾，坐南朝北，在荷花村北部，北面出口是龙象庵港，长500米。

北荷村

唐家路港　位于村中部唐家路自然村内，原长虹圩区内河。东西走向，西接运河，东连梅家荡商品鱼基地围河，长1745米。

南洋港　位于村东部，一部分东西走向，一部分南北走向。东连梅家荡商品鱼基地围河，北接唐家路港，长约1500米。

西桥港　位于村北部，一部分东西走向，一部分南北走向。东接梅家荡商品鱼基地围河，北连斜路港，并建有水闸1座，长约1000米。

斜路港　位于村最北边。东西走向，东接梅家荡中心河水闸，西连运河。港南为北荷村，港北为市泾村，长600米。

大有桥港　位于村南部，原长虹圩区内河。东西走向，西接运河，东连姚婆荡，长700米。

吴家桥港　位于村最南端。东西走向，西连运河，东接荷花村石桥港。公路桥东是长虹村与北荷村的交界河道，公路桥西是北荷村内河道。长1750米。

长虹村

铁店港　位于村中部。东西走向，西起运河，东到陶家荡，是通往红旗塘嘉善、上海方向的必经通道，长1850米，宽约30米。

小桥港　西接孙家浜，东到陶家荡，长995米。

长虹村新开河　南北走向，北起铁店港，南通杨家村港，长207米。

莫家村港　南北走向，南面过西出口入大运河，长595米。

杨家村港　位于村东南部。南北走向。行灶河鱼池开发后接通运河，南面通往行灶河，北接新开河，中间横向通往浩浜，长660米。

东木港　位于村东部。东西走向，东起荷花石桥港，西至孙家浜，长1200米。

朝南埭河　位于村南部。南北走向，北起陶家荡水闸，南至行灶河，长1600米。

太平村

谢河桥港 位于村中部。南北走向,南面通往行连桥港,北面是长虹村行灶河,东面是光字圩,西面是三长子,长1228米。

陆家泾港 位于村西北部。东西走向,西面通运河,东面是长虹村行灶河,南面是三长子,北面是长虹村浩浜,长1001米。

洪典村

洪典桥港 位于村委会西南。东西走向,东通北官荡,西连北埭港,长400米。

金家堂桥港 位于村委会西北。南北走向,南连北埭港,北通陶家荡,东接横港,长500米。

洪典横港 位于村委会西北。东西走向,东连唐浜,西连金家堂桥港,长300米。

洪典小港 位于村委会东。南北走向,南连北官荡,北通吴家漾,长600米。

昇平桥港 位于村委会东。南北走向,南至北官荡,北至张天荡,长约200米。

南埭港 位于村委会西南。东西走向,东通北官荡,西接岳良荡,长500米。

北埭港 位于村委会西。东西走向,东连洪典桥港,西通岳良荡,长300米。

东风村

鸭奶桥港 位于村西北部。南北走向,南面流向百花洋,北面流向和尚荡,由鸭奶桥港、丁家桥港、许家港三部分组成,是三个村的交界河流,长1413米。

王家湾港 位于村南部。东西走向,入口是鸭奶桥港,流向百花洋,长1236米。

长浜港 位于村东南部。南北走向,自洪四港通至金鱼桥施家洋口,长2694米。

秀兴桥港 位于村东北部。南北走向,自秀新桥港流向红旗塘,长1638米。

日晖桥港 位于村南部。东西走向,东至双桥村沙河荡,西至金鱼桥施家洋口,长2032米。

双桥村

双桥村小港 因莫家埭拆迁,已被填埋。

北楼港 位于村东北面。南北走向,北接农科院,为断头浜,南接圣塘头港,长680米。

金东港 位于村东面。南北走向,北接南洋荡,南接雷门荡,长275米。

圣塘头 位于村东北。南北走向,北接北娄港,南接蓝荷湾,长500米。

陈家桥 位于村北面。南北走向,北接石安坝,南接钱家溪,长约1000米。

石安坝 位于村北面。东西走向,西接钱家溪,长600米。

主城坝 位于村北面。东西走向,西接陈家桥河,东接圣塘头河,长约1000米。

双桥王家楼 位于村北面。东西走向,西接钱家溪,东接断头浜,长150米。

张家港 位于村东北面。东西走向,西接西津湾,东临南阳荡,长479米。

毛家港东 位于村西面。南北走向,北接钱家溪,南连圣角桥港,长680米。

毛家港西 位于村西面。南北走向,北接钱家溪,南连圣角桥港,长1100米。

桥头港 位于村东南。南北走向,南接芦荡湾,北连蓝荷湾,长1500米。

陈家港 位于村南面。东西走向,东接向阳桥港,西连小沙河荡,长256米。

向阳桥港 位于村东南面。南北走向,南接分庄庙,北连双桥港(红旗塘),长949米。

保富桥港 位于村东南面。东西走向,东接芦荡湾,西连分庄庙,长930米。

圣角桥港　位于村西面。东西走向,东面往南拐入红旗塘,西接西毛家港,长350米。

范滩村

沙村港　位于村南部。东西走向,东通钱家溪,西至和尚荡,长1329米。

寺前港　东西走向,东通六墩荡,西至和尚荡(已被填),长500米左右。

南城港　东西走向,因筑高速公路已被填。

狗头坝港(坝港)　位于村西部。南北走向,北起坝港桥,南接沙村港,长约500米。

钱家溪　位于村东南。东西走向,荡西大部分在双桥村地段。

南溪桥港　从钱家溪流入,是一条短而宽的河。

小金桥港　南北走向,北起孙家汇,南入钱家溪。河流狭窄不通船只,长1821米。

洋溇港(杨柳港)　位于村东南部。南北走向,北起杨柳港桥,南至利民港,从范滩荡流入,流到后港,长约1000米。

后港　又称横向港。从大运河西侧分流经三元桥入天花荡,长约2000米,宽约10米。

三官溇河　自后港大河的西侧入天花荡。

石贤桥河　位于村东北部。南北走向,为小金桥港接长条港的分段溪,流入天花荡,是一条短小支流,近来出现淤沙,长500米。

利民港　位于村东部。东西走向,西起小金桥港,东接杨柳港,长470米。

朱家港　位于村西北部。东西走向,西起坝港,东接六墩荡,长1100米。

腾云村

石家浜河　又名腾云桥港。从西北环桥港入口向东,经石家浜、腾云桥、寺前村后,由九里桥流入运河。20世纪70年代,新开一段河,从唐家库入运河。长2766米。

龙抢珠港　又名西木桥港。从新桥港新桥边入口经姚家头、贝家头汇入腾云桥港。南北走向,再曲折向东,长1050米。

东洋浜河　从新桥港三里桥西350米流入,向东南和龙抢珠港一起汇入腾云桥港河,长1185米。

唐家舍港　位于村东部,东西走向,西起腾云桥港,东接大运河,长350米。

寺前村港　东西走向,西起东家漾口,东至寺前村东闸,长600米。

古塘村

古塘泾　位于村东南部。东西走向,东接新桥港,西伸向天花荡,长600米,是古塘村和范滩村的交界河道。

天花坝　位于村北部。南段为南北走向,北段为东西走向,西面出口为长条港,长550米。

新开河　位于王江泾集镇西南隅。南北走向,北接陶三浜,长440米。

长条港　位于村西南部。南北走向,是古塘村与西雁村的交界河道,属于双北圩区内河,北至西雁荡,南至双桥荡,两侧是田地,长1800米。

西雁村

双阳湾　在镇西。南北走向,属于双桥圩区。东至新桥村,南至溇下浜,北至江苏省盛泽镇吉桥村龚家湾。

小天圩港 位于村北部小天圩自然村。南北走向，北起江苏盛泽闸门，南至高永根住房，长800米。

新桥社区

前富庄港 位于居委会南。东西走向，东接大运河，西接肖家荡，长约2000米，宽20米。

顾店桥港 位于居委会西北。南北走向，是古塘村和新桥居委会的交界河道，北接王家湾小荡，南接蒋西港，西靠古塘村，长2150米，宽20米。

后富庄港(西段) 位于居委会北。东西走向，东接大运，西接杜家浜，长约2000米。

沈家兜港 位于居委会东南。南北走向，南接蒋西港，北接前富庄，东、西两岸为沈家兜自然村，长约1000米。

蒋西港 位于居委会南。东西走向，南靠腾云村，西接顾店桥，东接大运河，长1850米，宽25米，是国家级排洪河道。

王家湾(小荡) 位于居委会西北，呈长方形，东西长1080米，南北宽540米，东靠王家湾自然村，北靠西雁村双漾湾自然村，西靠古塘溇下浜自然村，南靠杜家浜港西自然村。

新桥新开河 位于居委会西南。1957年开挖，东西走向，长600米。1975年，搞田园化建设，将河填埋重新种田。

王江泾社区

万福桥港 位于社区中西部。南北走向，北连太平桥港(也称镇北闸站)，南接小桥港，流经闻川社区，长960米，宽20米，深约2米。

一里街市河 位于社区中部。东西走向，西与万福港相连，东接镇东闸站。2000年清淤过。长630米，宽约20米，深约2米。

小桥港 位于社区中部。东西走向，西与万福港相连，东接小桥港闸站。长670米，宽20米，深约2米。

后富庄港 位于社区南部。东西走向，西至荷花浜，东至京杭大运河，长680米，水深约2米，宽20米。

虹南村

陈家桥港 位于村西部。南北走向，自陈家桥南闸口至新开河。南接新塍镇南洋村徐家埭港，北接新开河河段，长700米。

大力港 位于村中部。南北走向，北接虹南村与虹阳村的交界河段，南与村内干家埭港相连，长1396米。

石桥汇港 位于村东部。南北走向，南接东风阿娜桥港，北出和尚荡，长1299米。

范家漾港 位于村北隅。南北走向，是虹阳村和虹南村的交界河道。北接虹阳村南浜自然村，南接虹南村农田保护区，西面流经新开河，东面流经港南槽自然村落，长400米。

干家埭港 位于村西南部。东西走向，西接仲昌桥港，东接壤东风村阿娜桥港，长1184米。

庆月桥港 位于虹南村西南部。东西走向，西部接东杨家浜河段，东部连接许家港，长1103米。

红旗塘 位于村南部。东西走向，北面是虹南村农田区，南面是虹南村新建小街井新区，长1050米。属浙江省重点水利工程。

虹北村

马庵浜港 位于村东北部，乍嘉苏高速公路横穿该河。西与石桥湾港相连，北面出口是麻溪塘，长335米。

塔上港 位于村西北部。南北走向，南接寺东埭，北接草庵头港，长200米。

草庵头港 位于村西北部。东西走向，东接塔上港和石桥湾港，西接潘香港，长320米。

寺东埭港 位于村北部。东西走向，东与麻溪相连，西北接塔上港，长1830米。

黑鸭港 位于村西北隅。东西走向，东接天花荡出口处，西北与潘香港相连，西南与虹阳村东蒋港相连，是虹北村和虹阳村的交界河道，南面是虹阳村，北面是虹北村，长300米。

钱家地港 位于村东北部。东西走向，东起金堂桥(广福桥)与麻溪相连，东北面是西雁村，西北面和南面是虹北村，长260米。

长浜港 位于村西部。南北走向，南接天花荡，北与寺东埭相连，长970米。

石桥湾港 位于村西北部。南北走向，南起石桥湾闸，北至南港桥，长2220米。

阳城村

乌沙河 位于村西北。南北走向，南接木桥港于宋家浜口，北与张家坝相连，长1300米。

庄西港 位于村南面，与虹阳村交界。东西走向，东接虹阳村车里港，西接外西港，长400米。

木桥港 位于村南部。东西走向，东至虹阳车里港，西接宋家浜口和乌沙河南段，长约1000米。

潘香港 位于镇域西北隅。南北走向，港的北部长约300米，东侧为虹北村，西侧为江苏盛泽圣塘村。

南港 位于村中部。东西走向，自桑园里至宋家浜，长924米。

虹阳村

北家村河 位于村西北隅。南北走向，南连永红港，北接庄西港，长250米。

虹阳港 位于村西北隅。南北走向，南接和尚荡，北连圩井港，长2500米。

东蒋港 位于村西北隅。倒“7”形，北连黑鸭港，东接天花荡，长580米。

芦埂里港 位于村西部。东西走向，东接石门河，西连鸡头浜，长1500米。

收藏村

板桥港 位于村南部。为收藏村与嘉兴经济技术开发区的界河，南北走向，因拆迁，已被填埋。

化龙桥港 位于村西部。南北走向，北起庙洋荡闸，南接北郊河，长1000米。

宇四浜村

年婆湾港 位于年婆湾。东西走向，西起小木桥港，东至宇三浜的水河桥堍，长约1000米。

花甲圩港 位于花甲圩—姚介甸西漾。南北走向，长约2000米。

姚家甸港 位于姚介甸西漾—沙河荡。南北走向，长800米。

北港 东起河道闸门，西至宇三港，长1500米。

华云港 位于村东部，南北走向，北起大沙河塘，南接北郊河，长2000米。

姚湾 东北走向,长 250 米。

长泾港 位于村中部。南北走向,北起宇四浜港,南接北郊河,长 800 米。

沈家桥村

小白荡港 在沈家桥的西北面。东西走向,西接升罗桥港最北端,东邻沈家桥港中北部,东部连接虹南村庆月桥港。

沈家桥港 在村中心地带。南北走向,南接南杨家桥港,北连庆月桥港,长 1979 米。

庙桥港 在村西部。南北走向,北起俞家桥港,南至杨家桥港,长 1200 米。

俞家桥港 在村西部。南北走向,南起庙桥港,北至沈家桥港,长 1200 米。

沈家桥村新开河 在村中西部。东西走向,东出口连接俞家桥港,西出口连接庙桥港,长 1200 米。

金鱼桥村

长泾港 在村东隅宇四浜小区内,长约 400 米,属小区排水河流。

小木桥港 在村中部。南北走向,长约 800 米。

庙头村港 位于村东南部。东西走向,自北郊河至杨家桥港,长 1350 米。

杨家桥港 位于村西部。南北走向,自雁泾港至王家湾港,长 1659 米。

金鱼桥港 位于村中部。东西走向,自杨家桥港至木桥港,长 1200 米。

新开河 位于村中部。南北走向,自河泥浜至金鱼桥港,长 1100 米。

木桥港 位于村东南部。南北走向,自庙头村港至沙河荡,长 1236 米。

宇三港 位于村中部。东西走向,西起木桥港,东接华云港,长 1500 米。

宇四港 位于村东北部。北起华云港,南接宇三港,长 1500 米。

华联村

大华港 位于村北部。西南—东北走向,西南接毛漾荡,东北接长安荡,长 550 米。

杨家河港 位于村北部。东西走向,西接毛漾荡,东接小曲荡,港北是金珍圩,港南是大曲圩,长 700 米。

华蝶港 位于村西部。南北走向,北接毛漾荡,南接钮家港与西丈路港交汇处,长 1100 米。

东上路港 位于村东南部。东西走向,西接西上路港,东入小曲荡,长 600 米。

西上路港 位于村南部。东西走向,东接东上路港,西接钮家港,长 600 米。

小曲港 位于村东部。南北走向,北接小曲荡,南接小曲漾,长 600 米。

钮家港 位于村南部。东西走向,西接廊下港,东接西上路港,长 950 米。

南汇村

王家坝港 位于村北部。东西走向,东面接唐林港,西出丁靴荡,长 1268 米。

唐林港 位于村东北部。东西走向,西接王家坝港,东出长荡,成“7”字形,长 575 米。

长溪桥港 位于村西部。东西走向,东出长荡,西接丁靴荡,水流较急,长 380 米。

大家港 位于村南部。南北走向,北通桥湾里和北厅埂,南与南汇市河、十字路港相接,长 738 米。

小双港 位于村东南部。南北走向,北起长荡,南与大双港交汇,北段在华联村境内,长

423 米。

莫家甸村

莫家甸新开河　在村西南部。为避风浪，在荡边筑一条窄小的埂，里面就形成一条小河。南北走向，南出口为梅家荡，北为廊下九龙潭闸门，长 720 米。南出口已被填埋。

陈(仁)义之港　位于村西部。东西走向，东起坟西港，西至新开河，长 837 米。

坟西港　位于村中部。南北走向，南接龙花漾，北接坟西港北漾，长 745 米。

戴家港　位于村西南部。东西走向，东起河泥荡，西连梅家荡中心河，长 300 米。

潘家港　也叫南厅港，位于村北隅。东西走向，南岸是西路圩，北岸为长圩，东接坟西港北漾。

廊下村

北小港　位于村北部。东西走向，东连绿鸭桥港，西出菩提荡，长 800 米，宽 12 米，水深 2 米。

长安路港　位于村南部。东西走向，东起钉靴荡口，西至张家家漾北口，长 750 米，平均宽 18 米，水深 2 米。

九龙潭港　位于村西南隅。东西走向，东起姚家港口，西至梅家荡闸门，长 1580 米，平均宽 15 米，水深 2 米。

廊下港　位于村中部。东西走向，东起绿鸭港口，西至梅家荡闸门，长 1500 米，平均宽 22 米，水深 2 米。

绿鸭桥港　位于村东隅。南北走向，南起徐家漾口，北至毛漾荡口，长 1200 米，平均宽 15 米，水深 2 米。

西港　位于村西部。南北走向，南起长安路港，北至廊下港，长 350 米，平均宽 18 米，水深 2 米。

西汀港　位于村西部。南北走向，南起廊下港，北至菩提荡，长 510 米，宽 18 米，水深 2 米。

新开河　南北走向，南起仲家港口，北至廊下港，长 400 米，平均宽 20 米，水深 2 米。

仲家港　位于村西部。东西走向，东起长安路港，西至梅家荡，长 990 米，平均宽 18 米，水深 2 米。

红联村

姚家港　位于村北部。东西走向，东起丁靴荡，西接九龙潭港，长 750 米。

坟东港　位于村西隅。南北走向，南起大南港，北至横港，长 800 米。

横港头　位于村中部。东西走向，西起横港漾，东接蚕溪荡，长 700 米。

南汇社区

南汇市河　位于南汇社区中部，东西走向，东起沙白漾，西接蚕溪荡，长 360 米。

市泾村

市泾新开河　位于村最西面。南北走向，南接市泾港，北通新农洋家湾，长 320 米。

市泾港　位于村中部。东西走向，西接大运河，东通梅家荡商品鱼基地围河，长约 1700 米。

西小港 位于村西南部。南北走向,北接市泾港,南通梅家荡商品鱼基地围河,长 560 米。

小南港 位于村东南部。南北走向,北接市泾港,南通梅家荡商品鱼基地围河,长 220 米。

天凝港 位于村一组居民区。南北走向,南通市泾港,北接田北荡,长 700 米。

斜路港 位于村南隅。与北荷村交界,东西走向,西接大运河,东通梅家荡商品鱼基地围河,南面为北荷村,北面为市泾村,长 400 米。

财字圩港 位于村西部。南北走向,北接斜路港,南至鑫圆纺织厂,长 320 米。

祥湾里 位于村南部。南北走向,北接斜路港,南至市泾农贸市场,长 330 米。

栋梁村

史家港 位于村东部。南北走向,自长港交叉口至戴方港交叉口,长约 400 米。

前长港 位于村西部。东西走向,西连北海荡,东到北钩漾,长约 300 米,从坟浜口到北钩漾。

芥字港 位于村东北部。南北走向,北连后港,南接钱家庄港,长 700 米。

钱家庄港 位于村东部。东西走向,西连大漾荡,东连毛漾荡,长 700 米。

戴方港 位于大漾荡西。东西走向,西起北钩漾,东到大漾荡,长约 400 米。

三爿田港 位于村东部。东西走向,东接芥字港西通树枝漾,长约 400 米。

东厅港 位于村东部。南北走向,是连通原黄荡与毛漾荡的一条长约 200 米的小河,河较深,60 吨的铁船可通行。

石瓦子港 位于大漾荡的东南角。是大漾荡通往毛漾荡的一条短港。南北走向,长不足 100 米。

黄姑路港 位于大漾荡的西南角。原是菜字圩和菜字圩之间通往田东荡的一条短港,东西走向,20 世纪 50 年代已将港填埋。

中辛港 位于村北部。东西走向,东面与三角漾相连,西到双塔村的东潜港。

双塔村

东潜港 位于村东部。南北走向,北起铁皮荡,南至栋梁村的后长港,长约 1100 米。

南小港 位于村东部,为东潜港支流。东西走向,西起东潜港,东至三角漾,长 320 米。

北小港 位于村东部,为东潜港支流。东西走向,西起东潜港,东至漾观音荡,长 180 米。

西潜港 位于村中部。南北走向,北起铁皮荡,南至田青村后长港,此港田青村段又称“庙港”,长 1400 米。

七家港 位于村北部。南北走向,北起塔荡,南至东面横江接通,西面与南听港接通,长约 760 米,平均水深 1.2 米。

新开河 河道开在东潜圩南部。东西走向,河北属双塔村,河南属田青村,西口在西潜港,往东未开通,实际上只是浜,长 450 米。

南厅港 位于村南部。东起七家港,西至一亩荡,田青村段又称“横港”,长 560 米,河中段与湾菱港相通。

湾菱港、桥头港 位于村西南部。湾菱港南起南厅港中西段,向北至木行里桥头,与桥头港相连,桥头港西口与西厅港和盐店漾相接。两港总长 680 米。

西厅港、盐店漾 位于村西部。西厅港与盐店漾相连,南北走向,西厅港南接一亩荡,北接盐店漾,长200米;盐店漾北口塔荡,长350米,面积近100亩。

后大湾港 位于村西南部。东西走向,东接一亩荡,西出陆家荡,长250米,水流急,水深超5米。

杨苏路港 位于村西部。东北—西南走向,东北端接盐店漾,西南端出陆家荡,长350米。

田青村

文汇港 位于青字圩和奈字圩之间。东西走向,东接田东荡,西通田北荡,长450米,平均宽度80米,东西两端宽度各约30米,中间最宽处达120米。

小港 位于大家甸的北边。东西走向,东连田东荡北端喇叭口,西接田西港,长425米,平均宽度15米。

前长港(南长港) 位于北海圩与南海圩之间。东西走向,东接戴方港,西接北海荡,长840米,平均宽度15米。

后长港(北长港) 位于田青村和栋梁村北部。东西走向,东接树枝漾,西连一亩荡,北面是东潜圩、徐家圩,南面是北海圩、镇海圩,长约2000米。

田西港 位于青字圩西,南海圩的东侧。南北走向,北端通前长港,南接田北荡,长750米,平均宽度50米,最宽处在此港中段达65米。

祥迎港 位于村北部。南北走向,南接南长港,北接北长港,东面是镇海圩,西面是北海圩,长590米,平均宽度20米。

隔港 位于村东南隅,在奈字圩和廊下村的西小圩之间。东西走向,长300米,宽60米。

大坝村

大坝河 位于陆家荡与京杭大运河之间。南北走向,北接陆家荡,南口入运河,长500米,宽80米,最深处6米。

史家路港 位于村东南部。东北西南走向,西南通运河,东北入陆家荡,长1500米,宽10米,最深处2米。

史家村港 位于村西北部,离苏浙交界线约400米。东北—西南走向,东北入陆家荡,西南通运河,长约2000米,宽10米,最深处2米。

寺下港 位于村中西部。东西走向,东口接大坝河,西接新开河,长600米,宽10米,最深处2.5米。

七家扇港 位于村北部,是史家村港的支流,于史家村港中部向东后,90度折向北重回史家村港北段,长约800米,宽12米,最深处2.5米。

小收圩港 位于村西南部。南北走向,北起寺下荡,南接大运河,长300米。

田乐村

杨家湾 位于原新农村区域内。南北走向,南连新开港,北接田禾浜,长约500米。

上合路港 位于村南部。东西走向,东起史家湾,西至苏嘉运河,是上合路两岸居民的主要用水河道,长750米。

史家湾 东西走向,西接上合路港,东至田北荡,南接肖池湖套闸,北岸为史家湾农户居住地，长 170 米。

后上合路港 位于村南部。东西走向，西起南上合路港，东至田北荡，全长 330 米。

长爿头港 位村中部。南北走向，南起上合路港，北至朱家路港，长 380 米。

朱家路港 位于村中部。东西走向，西起运河，东至田北荡，长 1120 米。

肖家湾长港 位于村北部。南北走向，南起朱家路，往北通北海荡，长 470 米。

北家港 位于村北部。南北走向，北起陆家荡，往南通北海荡，长 270 米。

大湾港 位于村东北部。东西走向，西起北海荡，东至陆家荡，长 430 米。

【村域河浜】

东荷村

倪家浜 自汪家漾北滩向北延伸 50 米处为丁字形口，再向东延伸 80 米(即浜长)至浜底。

董家浜 自汪家漾北滩向北延伸 127 米，再向西延伸 87 米(即浜长)至浜底。已填埋 65 米，仅存 22 米。

漾北浜 北沿附属倪家浜和董家浜。

三贤祠浜前浜 南北走向。浜口在高水漾北滩，长 200 米。

三贤祠浜后浜 浜的形状类似喇叭。朝北的浜口建有水闸，长 864 米。

西厍浜(一) 南北走向。南起丁家坟塘，穿过虹米之港的汪家漾直达北浜口，长 378 米，两头有水闸。

西厍浜(二) 南北走向。北起浜口西岸荡滩转西处，南伸 270 米处为原西厍浜浜底。20 世纪 70 年代，利用董家浜 150 米南段，南接 70 米长的汪家漾，再接漾南 200 米长的无名浜。

民主村

王家浜 位于王家浜自然村。南北走向，南入莲泗荡，北到王家浜机埠，西接大寨河，北面连通新开河。河道宽 14 米，平均水深 1 米，长 332 米。

民主新浜 位于新浜自然村内。东西走向，东连接莲泗荡，向西到新浜浜底。河道宽约 13 米，平均水深 1 米，长 542 米。

杨家浜 位于杨家浜自然村。南北走向，南面连通九曲港，长约 200 米，宽约 10 米，水深 1 米。

罗家浜 自九曲港至罗家浜浜底，长 217 米。

民和村

张家浜 位于东林港东首南侧，是民和村 1 组村民的集居区。南北走向，长 572 米，宽 20 多米。

姜家浜(又名蒋家浜) 位于祥字圩与重字圩交界处。东西走向，长 200 多米，宽约 5 米。

蔡家浜 位于重字圩西侧。东西走向，长约 200 米，宽 20 米，已填平成农田。

西湾里 位于河泥荡东南侧荡边。东西走向，长 150 米，宽 25 米，浜水流入河泥荡。

唐家浜 在羽字圩北侧。东西走向，长约 180 米，宽 25 米，浜水流入新桥港。

北漾埭东浜、中浜、西浜 均位于羽字北圩，在北漾埭港东段南侧。南北走向，浜与浜间距约 80 米，浜的长度均在 100 米左右，宽约 15 米。

化城浜　位于羽字北圩中段北侧，浜形似90度直尺，南北走向约200米后浜尾朝东延伸约150米，浜宽约28米，浜水流入北漾埭港。

北厍浜　位于化城浜中段西面，东西走向，浜长约70米，宽约15米，水流入化城浜。

庙后浜　位于羽字西圩北侧，浜形像90度直尺，南北走向约160米，浜尾向西延伸100多米，宽20多米，浜水流入北漾埭港。

庙前浜　位于三王庙前，南北走向，长120多米，宽20多米，浜水流入陶士桥港。

吴家浜　位于何字圩北面西侧，东西走向，长120多米，宽约18米，浜水流入油车港。

宋家浜　位于原报恩寺北面，东西走向，长约150米，宽20多米，已被填平成良田。

周家浜　位于周家港中段南侧，东西走向，长约100米，宽约10米，已被填平。

后书浜　位于羽字圩中段南侧，东西走向，长约160米，宽约28米，浜水连通戴方头港。

祝家浜　位于后书浜南约80米处，东西走向，长约120米，宽约14米，浜水连通戴方头港。

几车浜　位于小姜圩中部，浜呈L形，浜口朝西，东西走向约120米后浜向南延伸近200米，宽约18米，浜水流入戴方头港，1963年填平成农田。

白马浜　位于西港中段东侧，东西走向，长约100米，宽约15米，已被填平。

南姚浜　位于姜字圩中部西侧，成C形，浜口朝西，浜身先向东伸展约140米，再向南延伸约160米，浜尾又向西延伸约50米，最宽处达30米，浜水流入西港。

金家浜　位于龙字圩东侧南边，东西走向，长约150米，宽约20米，浜水流入油车港。

南浜　位于金家浜南100米处，东西走向，长约80米，宽约16米，浜水流入油车港。

池家浜　位于万寿南桥西堍南侧，东西走向，长约50米，宽约25米，浜水流入油车港。

西浜　位于金家浜自然村的最后面，与北荷村交界处，南北走向，长约170米，宽约16米，浜水流和入白龙泾港。

油车浜　位于龙字圩北侧东首，南北走向，长约70米，宽约15米，浜水连通梅家荡围河。

荷花村

钱家浜　位于荷花村西部，南北走向，南连石桥港，北至龙象庵港，长835米。

荷花新浜　位于荷花村中部，坐北朝南，在荷花村村委会旁，南面出口是陶家荡，长415米。

厍浜　位于荷花村北部，南北走向，自浜底至白龙泾港，长约480米。

唐泥水浜　位于荷花村西部，东西走向，西起姚婆荡，长320米。

蜡烛浜　位于荷花村东北部，南北走向，北出白龙泾港，长350米。

李家浜　位于荷花村东南部，东西走向，东出宜观桥港，长400米。

北荷村

河池浜　位于北荷村东部，坐南朝北，北面出口是南洋港，长约200米。

南新浜　位于北荷村东南部，东西走向，东面出口是南洋港，长约450米。

章家浜　位于北荷村西北部，坐北朝南，南面出口是唐家路港，长约250米。

雉鸡浜　位于北荷村西部，北面出口是唐家路港，长约150米。

新开浜　位于北荷村西部。1953年，由于田间灌溉需要新开，坐南朝北。北边出口是唐家路港，长400米。

胡家浜 浜南面出口是白龙泾港，坐北朝南，长约150米。

西板桥浜 位于北荷村西北部，出口是西桥港，坐南朝北，长约350米。

甘家浜 位于北荷村西南部，出口是大有桥港，坐北朝南，分东浜、西浜，长1100米。

西周浜 位于北荷村西南部，北面出口是大有桥港，坐南朝北，长约200米。

过西浜 位于北荷村南部，坐西朝东，东面出口是姚婆荡，长约300米。

柴家浜 位于北荷村南部，坐南朝北，北面出口是姚婆荡，长约300米。

斛子浜 位于北荷村东南，东西走向，东面出口是西泾埭，长约100米。

朱家浜 位于北荷村东南，东西走向，东面出口是西泾埭，长约100米。

无名浜 位于北荷村北部，东西走向，长约1200米，宽10米，深1.5米。

长虹村

孙家浜 位于长虹村中部，南北走向，南出口是铁店港，长840米。在浜中部向东分支有河道小桥港。

浩浜 位于长虹村西南部，是杨家村港的支流，呈L形，长480米。

陶家浜东浜、西浜 位于田丰村中心地带，东西走向，东面通往陶家荡，中间被阻断，形成东浜、西浜两个浜。

张家浜 位于田湾里，西南走向，自陶家荡至朝南埭，长约1000米。

荷花荡(湾) 位于村中心地带。

太平村

木闸浜 位于太平村东北部，东西走向，浜口通谢河桥，长1428米。

三长子浜 位于太平村西部，出口靠西，贯通京杭运河，长670米。

库浜 位于太平村东部，长257米。

俞家浜 位于太平村南部，浜口朝西，通陶谢河桥港，长323米。

马家浜 位于太平村东南部，浜口通连桥港，长650米。

洪典村

史家浜 浜口朝西，通北官荡，长517米。

赵家浜 是史家浜的分支，浜口朝南。

唐浜 位于村北部，浜口朝北，通陶家荡，长约500米。

姚家浜 位于村西部，浜口朝南，通洪典桥港，长380米。

陆家浜 位于村西部，浜口朝南，通洪典桥港，长490米。

东浜 位于村南部，浜口朝南，在南埭港东端，长200米。

董家浜 位于村南部，浜口朝南，长290米。

卜家浜 位于南埭港西端，浜口朝北。

朱家湾浜 位于南埭港西端，浜口朝南，长350米。

南华浜 位于南埭西元洪字圩西南端，浜口朝西，通岳良荡，已在1975年填浜成田。

北华浜 位于南埭西元洪字圩西边，浜口朝西，通岳良荡，已在1975年填浜成田。

东风村

西小浜　位于东风村西部，坐东朝西，自红旗塘至西小浜底，出口是鸭奶桥港，长 374 米。

苗家浜　位于东风村南部，坐东朝西，自秀兴桥至苗浜港，出口是秀新桥港，长 375 米。

吴家浜　位于东风村中部，坐西朝东，自秀兴桥港至吴家浜底，出口是秀兴桥港，全长 386 米。

陶家浜　位于东风村西部，由西向北转弯，自红旗塘至陶家浜底，出口是鸭奶桥港，长 320 米。

张溇浜　位于东风村东部，坐南朝北，自红旗塘至张溇浜底，出口是红旗塘，长 436 米。

陆安坝　位于东风村东部，与双桥村交界，坐东朝西，自白杨湾港至浜底断头，长 329 米。

陆家浜　位于东风村北部，坐北朝南，自红旗塘至陆家浜底，长 853 米。

双桥村

长楼浜　位于双桥村东北，东西走向，西接圣塘头，长 500 米。

诸观浜　位于双桥村西面，东西走向，往南入红旗塘，浜底在西，长 316 米。

坝浜　位于双桥村东南，南北走向，浜口在南，接芦荡湾，长 264 米。

陈家浜　位于双桥村东南，东西走向，浜口在西，接桥头港，长 300 米。

高家浜　位于双桥村东南，东西走向，东接运河，西接桥头港河，长 590 米。

黄鳝浜　位于双桥村东南，东西走向，浜口在西，接桥头港，长 400 米。

金带浜　位于双桥村东南，东西走向，浜口在西，接桥头港，长 200 米。

叶家浜　位于双桥村东南，东西走向，浜口在西，接桥头港，长 200 米。

阮家浜　位于双桥村西南，东西走向，浜口在东，接茧厂白场，长 100 米。

范家浜　位于双桥村南面，东西走向，浜口在东，接向阳桥港，长 200 米。

丁家浜　位于双桥村东南面，南北走向，浜口在南，接保富桥港，长 800 米。

孙家浜　位于双桥村东南面，东西走向，浜口在东，接丁家浜，长 500 米。

吴家浜　位于双桥村东南面，东西走向，浜口在西，接丁家浜，长 200 米。

范滩村

计丝浜　靠近天花荡边，东西走向，东通六墩荡，长约 50 米。

陈家浜　位于六墩荡西，东西走向，东通六墩荡，长约 100 米。

忠义浜　位于六墩荡西，东西走向，东通六墩荡，长约 180 米。

天龙浜　位于六墩荡西，东西走向，东通六墩荡，长约 250 米。

网船浜　位于魏家扇自然村的最南面，靠近北溪桥，长 50 米，东通六墩荡。

钱家浜　又名寺后浜，位于六墩荡西，东西走向，东通六墩荡，长 800 米，中途有两个弯曲，长 500 米。

张家浜　位于钱家浜之南，东西走向，靠近东禅寺，西通寺前港，长 80 多米。

沙村浜　位于沙村自然村，东西走向，西通沙村港，长 100 多米。

蒋家浜　位于范滩村西南部，北面连接沙村港，西与东风村接壤，东面连接弯头，长 60 多米。

蛇出浜 位于范滩村西北角，与虹阳村接壤，曾作为垃圾填埋场。

东小浜 位于范滩荡东边，浅湾浅水，已填平造房。

打洞浜 位于范滩荡西边，由钱家溪流入，长约200米。已被填平。

腾云村

陈古浜 位于腾云村南部，东西走向，在公路东侧200米处折向南，出口为达桥港，现被07省道分割为东陈古浜、西陈古浜，长868米。

申家浜 位于腾云村西部，南北走向，北出口在石家浜王家头，南段于20世纪60年代已填掉约60米河面，现浜长315米。

古塘村

杨家浜 位于古塘村中东部，东西走向，东出口接肖家荡，长673米。

沈家浜 位于古塘村中部，南段为东西走向，北段为南北走向，西面出口为长条港，长540米。

陶三浜 位于古塘村北部，东西走向，西接长条港。浜南是古塘村，浜北是西雁村，长620米。

娄下浜 位于古塘村北部，东西走向，东接过店桥港，西接陶三浜，是条两头通的浜。浜南是古塘村，浜北是西雁村，长620米。

西雁村

北城浜 位于西雁村西北部，东西走向，浜东口入西雁荡，长490米。

中城浜 位于西雁村西雁荡西，东西走向，东出口在西雁荡，长500米。

徐家浜 位于西雁村东部，南北走向，东北与江苏省盛泽镇兴桥村龚家湾交界，长1500米。

虹南村

顾斋浜 位于虹南村中部，东至西再折南走向，东出口在和尚荡，折弯处又向西与大力港相通，长718米。

银家浜 位于虹南村中北部，南北走向，北为银家浜断口，南与新开河延伸段连通，南面是虹南村，北面是虹阳村，长250米。

荷花浜 位于虹南村东南部，东西走向，是干家埭港的南部延伸河段，东为荷花浜断口，北部连接干家埭港，长621米。

东杨家浜 位于虹南村南部，东西走向，东部接壤庆月桥港，西部流经新塍镇观音桥村，浜南岸是沈家桥村，长1260米。

阳城村

屠家湾 位于阳城村西北部，南北走向，自红庙桥至西港，长700米。

张家坝 位于阳城村西部，东西走向，自乌沙河至外西港，长488米。

朱家浜 位于阳城村东南部，东出口为南港，长220米。

虹阳村

王家池浜 坐北朝南，南出口为朱家路鸡头浜，长300米。

鸡头浜 位于虹阳村西南部，南北走向，南出口位于便民桥，长350米。

虹北村

万家浜 位于虹北村东北部，坐西朝东，东南面出口是寺东埭港，长 288 米。

叶家浜 位于虹北村西南部，坐西朝东，东面出口是长浜港，长 400 米。

收藏村

长浜 位于长浜自然村内，南北走向，南面出口是北郊河，长 1200 米。

腰软浜 位于化龙桥自然村内，在收藏村的西北部，西面与化龙桥港交界。

河南浜 位于芦荡湾自然村内，在收藏村的北部，西至化龙桥港，北与双桥村丁家浜交界。

湾头浜 位于收藏村的南面，接上坟桥港。因拆迁，已被填埋。

短浜 位于收藏村 2、7 组两个组内。因拆迁征地，只剩 30 米左右。

小红庙前浜、后浜 位于收藏村小红庙自然村内。因拆迁，已被填埋。

缪家浜 位于收藏村化龙桥自然村的南面，西与化龙桥港接通。

千步浜 位于长浜自然村内，东西走向，东接长浜。

宇四浜村

褚家浜 位于褚家浜自然村，南北走向，长 300 米。

宇四浜 位于宇四浜自然村，东西走向，向北、向西北两小浜填 40 米左右，长 550 米。

金鱼桥村

河泥浜 位于金鱼桥村北部，长约 500 米。坐北朝南，南出口为杨家桥港。

雅家浜 位于金鱼桥村南部，长约 500 米。东西走向，东出口为木桥港。

北周浜 位于金鱼桥村东南部，东西走向，西出口木桥港，长 553 米。

沈家桥村

平家浜 位于沈家浜村东南部，东西走向，西出口为沈家桥港，长 260 米。

张家浜 位于沈家浜村中东部，东西走向，东出口为杨家桥港，长 200 米。

柳家浜 位于沈家浜村东北部，东西走向，东出口为杨家桥港，长 200 米。

华联村

北家浜 位于华联村西南部。东西走向，西出口在绿鸭港，长 400 米。

华蟆漤 位于华联村中部的大曲圩，漤出口在华蟆港北部东岸，由西往东走向再折向南，长约 1000 米。

北吉漤 位于华联村南部，与南汇村交界，东西走向，东出口在肖家坝港，长 580 米。

南汇村

南北浜 位于南汇村西部，东西走向，西出口在蚕溪荡，长 380 米。

庙浜 位于南汇村中部。浜旁有一座小庙，故名庙浜。南北走向，距浜底近百米处有一出口（向东）通长荡，长 250 米。

红联村

虎哨浜 位于红联村南部，东西走向，西出口在虎哨荡，长 400 米。

廊下村

金银浜 位于廊下村东部，南往北走后又折东，出口在廊下港，长 940 米。

莫家甸村

杨家浜 位于东莫家甸自然村,东西走向,浜口向南,出河泥荡,长约 50 米。

金家浜 位于东莫家甸自然村,浜口朝南,出河泥荡,内折向西,长 30 米。

东坟浜 位于东莫家甸自然村,浜口朝南,出河泥荡,内折向东,长 50 米。

西坟浜 位于西莫家甸自然村,浜口朝南,出河泥荡,内折向东,长 50 米。

凌家浜 位于莫家甸村西北部,浜口向东,浜底向西,长 50 米。

沈家浜 位于莫家甸村西北荡口角,浜口朝北,出九龙潭,长 20 米。

杨家浜 位于莫家甸村西北荡口角。

坟浜 位于莫家甸村南部龙花漾,东西走向,浜口向西,长 60 米。

史家浜 位于坟西港最南面。已被填。

市泾村

斜路浜 位于市泾村西南部,南北向,南面出口斜路港,长 272 米。

祥汇浜 位于市泾村南部,坐西朝东南,长 300 米。

董家浜 位于市泾村西南部,南北走向,北通市泾港,长 300 米。1996 年上半年填埋。

清水浜 位于市泾村东南部,坐西朝东,东接天凝港,长 200 米。

弯笼浜 位于市泾村中部,坐北朝南,北通市泾港,长 250 米。20 世纪 70 年代用土填埋。

盐店浜 位于市泾村西部,坐北朝南,长 200 米。20 世纪 70 年代用土填埋。

王家浜 位于市泾村东南面,长 300 米。20 世纪 70 年代用土填埋。

西浜 位于市泾村南面(现市泾村农贸市场),坐西朝东,长 400 米。2005 年上半年建造村农贸市场用土填埋。

田乐村

田禾浜 位于田乐村南部,南北走向,南连杨家湾,北接上合路港。长 200 米。

后浜 位于田乐村南部,东西走向,西起王黎公路,东至田禾浜。长 450 米。

柳浜 位于田乐村中部,坐东朝西,东起长爿头,西入朱家路港。长 360 米。

大湾柳浜 位于田乐村北部,坐北朝南,南入大湾港。长 200 米。

大坝村

南秋 7 浜 位于南秋自然村,河浜的出口为陆家荡。

小圩浜 南北走向,长 200 米,宽 8 米,深 1.5 米。

汤家浜 位于小圩浜的西面,东西走向,长 100 米,宽 8 米,水深 2 米。

凌家浜 位于汤家浜西面,东西走向,长 230 米,宽 6 米,水深 2 米。

陈家浜 位于凌家浜西面,东西走向,长 80 米,宽 8 米,水深 1.5 米。

史家浜 位于陈家浜的西面,东西走向,长 70 米,宽 8 米,水深 2 米。

张家浜 位于史家浜的西面,东西走向,长 60 米,宽 8 米,水深 2 米。

严字浜 位于张家浜的西面,东西走向,长 70 米,宽 8 米,水深 2 米。

孟家潭 位于大坝村北部,项家厍港南,面积 30 亩,20 世纪 70 年代填平后造田,因地势低洼,于 2007 年开挖成鱼塘。

平家楼浜　位于大坝村南部，出口在史家港，长 200 米。

田青村

吴家浜　位于青字圩南面，东西走向，出口在田东荡，长 50 米，宽 30 米。

倪家浜　位于吴家浜的北面，东西走向，出口在田东荡，长 40 米，宽 30 米。

顾家浜　位于倪家浜的北面，东西走向，出口在田东荡，长 120 米，宽 20 米。

钱家浜　位于顾家浜的北面，东西走向，出口在田东荡，长 50 米，宽 20 米。

吴家浜　位于钱家浜的北面，东西走向，出口在田东荡，长 50 米，宽 20 米。

坟浜　位于吴家浜的北面，东西走向，出口在田东荡，长 150 米，宽 15 米。

张家浜　位于田西港碧鸡桥西堍，东西走向，出口在田西港，长 50 米，宽 20 米。

于家浜　位于小港南侧，南北走向，出口在小港里，长 50 米，宽 15 米。

明圆寺前浜　位于田西港明圆寺的前面，东西走向，出口在田西港，长 30 米，宽 15 米。

明圆寺后浜　位于田西港明圆寺的后面，东西走向，出口在田西港，长 50 米，宽 20 米。

冷水浜　位于南海圩，长约 100 米，宽 12～15 米，浜口在北海荡。20 世纪 70 年代填平造田。

双塔村

戚家浜　位于荷花浜的北面，因此地常年居住戚姓人家，故叫戚家浜，长 140 米，宽 10 米。

染店浜　位于戚家浜的北面，早先有人在此开设染坊，故叫染坊浜，长 150 米，宽度超过 10 米，水深 1.5 米。

南海浜　位于染店浜的北面，此浜因在纱机浜和乌龟浜的南面故叫南海浜，长 50 米，宽 12 米。

纱机浜　位于南海浜的北面，清朝时人们在此纺纱织布，故叫纱机浜，长 150 米，宽 10 米。

乌龟浜　位于纱机浜的北面，长 30 米，宽 8 米。

栋梁村

新开河浜　位于栋梁村东部重字圩，坐东朝西，西入大漾荡。于 1992 年新开挖。

坟浜　位于镇海圩西面，与田青村交界，坐北朝南，浜出口前长港，原长 300 米左右，北段已被填平 150 米左右。

新桥社区

荷花浜　位于新桥居委会西北，西接后富庄港向南中口，东到荷花浜底，南从浜底接荷花浜北底，南岸靠荷花浜自然村，北靠荷花浜小圩头。

杜家浜　位于新桥社区西北部，北口接连王家湾小荡口，全长 500 米。南到杜家浜港西口，西接杜家浜港西口，东接倭墩浜浜口，南北靠王家湾及杜家浜自然村，西南靠杜家浜港西自然村。是一条防洪内浜。

倭墩浜　位于新桥中北部，东西走向，东接后富庄港，西接杜家浜东口（2003 年开通），南岸靠倭墩浜自然村，北岸靠倭墩浜自然村，长 500 米。

干家浜　位于新桥社区中部，南北走向，长 100 米。

北厍浜　位于新桥社区中部，南北走向，长 200 米。

王江泾社区

陶家浜 东起万福港浔阳桥，西至07省道，长160米，已被填平。

许家浜 浜成L形，西起07省道东南丁阿毛住房，长约230米，已被填平。

小河浜 位于王江泾村后新桥自然村西与国营渔场交界处，浜呈L形，北起后市河，西至原东社庙，长约150米，已被填平。

【荡漾】

梅家荡 位于王江泾集镇东北，运河之东。原东西长2300米，南北宽2700米，面积3.72平方千米，周长9.861千米，是嘉兴市最大的湖泊。据明、清各版《嘉兴府志》《秀水县志》记载，该荡在宋代称闻湖，因一复姓闻人的尚书居住于此而得名。当地土话读“闻”为“门”，又讹为“梅”，后代遂写作“梅湖”，俗称梅家荡。明代大学士朱国祚著有《梅家荡棹歌》，可见当时已有此称。荡东岸自北而南依次为廊下村与莫家甸村，南岸自东而西依次为民和村与北荷村，西岸自南而北依次为北荷村与市泾村，北岸自西而东依次为市泾村与田北荡。1984年6月，周边乡镇围湖2.8平方千米，建设鱼塘310个，使荡面减至0.92平方千米。

莲泗荡 位于王江泾集镇及运河之东。荡东西长4100米，总面积3.595平方千米，周长17.8千米，一般水深1.5～2米，最大水深3.5米。荡东岸是东荷村，东南至南依次为油车港镇杨溪村与合心村，西南至西依次为洪典村与长虹村，西北至北为长虹村与荷花村，东北是民主村。据《闻川志稿》记载，该荡清代以前称为连四荡，自清初起与连三荡一起合称思贤荡。1984年，莲泗荡西部的陶家荡部分水域(即荇藻湖)围荡建池养鱼。1995年4月起，原荷花乡人民政府因发展旅游业所需，将连四荡改写成“莲泗荡”。

陶家荡 在太平村委会北500米，总面积0.335平方千米。荡东面即莲泗荡，南面、西南为太平村，西北、北面为长虹村。据清《闻川志稿》载：“陶家荡：在甸上村之东，东与连四荡相吞吐，荡之西南隅别名荇藻湖，湖中种有许多莲花。”1983年围荡养鱼。

荇藻湖(行灶河) 位于陶家荡(莲泗荡的一部分)西，因湖中长满荇藻而得名，总面积、周长不详。清道光初年，甸上陶家在湖中广植荷花，“荇藻观荷”成了清代王江泾镇“十二景”之一。后由于自然及人为(围湖造田、开垦鱼塘)因素，荇藻湖逐渐缩小成河流，之后又被讹写为行灶河。如今的行灶河，东连陶家荡，南至太平村木闸浜，西至太平村谢河桥港，北至长虹村新开河。

陆家荡 位于镇域最北部大坝村，总面积1.5538平方千米，周长8.193千米，最大水深5米。荡东岸是双塔村，南岸和西岸是大坝村，北岸是江苏省吴江市黎里镇，其中属王江泾镇管辖的为0.95平方千米。荡南过东通往北海荡有一段河道，河的两端建有水闸2座，河面建有桥梁2座。据清光绪《嘉兴府志》载，唐代陆龟蒙曾隐居于此，并建有别墅、园林、池塘，故又名陆家池。

天花荡 位于镇域西南部，又名天荒荡、尖墩角荡。荡东面是古塘村和西雁村，南面是范滩村，西面是虹阳村、虹北村，北与西雁荡相连，总面积1.52平方千米，周长7.5千米，最大水深4米。

田北荡 位于镇域东北部，原田乐乡与南汇交界处。荡东北面为田青村，东南面为廊下村，南面与梅家荡连接，西面是田乐村，与肖池湖连接，北经庞家桥入北海荡，总面积 1.0583 平方千米，周长 6.575 千米，最大水深 4 米。

和尚荡　位于镇域西南部，虹阳村南面。东面是范滩村，南面是虹南村、东风村，西面和北面紧挨虹阳村与天花荡相连，总面积 1.1827 平方千米。1984 年围荡养鱼，荡面减至 0.335 平方千米。

六灯荡　位于范滩村中部。荡东、西两面是范滩村，南面连接钱家溪，北面与天花荡相连，总面积 0.1538 平方千米。

钱家溪　位于范滩村南部。荡东面是双桥村和范滩村，南面是双桥村，西面是范滩村，北面是天花荡，总面积 0.472 平方千米，周长 4.9 千米。

范滩荡　位于范滩村东南部，总面积 0.139 平方千米，周长 1.4 千米。据《闻川志稿》记载，原范滩村在明代时已形成村落，万历年间已有“范家港”之名，后境内的水泊称范滩荡；清代时，范滩荡为风景区，荡内有 4 个小岛，其中一岛称小普陀。据记载，“范滩左右，洲渚错落，村树迷离，水国幽境也”。范滩荡于 1983 年起被嘉兴市邮电局开发，为嘉兴市邮电局员工休闲中心。

大沙河荡　位于双桥村南部。荡东面为 07 省道，南面为镇经济开发区，西面是双桥村，北与小沙河相连，总面积 0.817 平方千米。

东荡、西荡　位于双桥村（原金桥村）东部。荡东面是运河，南面是收藏村，西面和北面是双桥村，总面积 0.2092 平方千米。

南洋（阳）荡　位于双桥集镇东部。荡东面靠近运河，总面积 0.0587 平方千米。

小荡　位于西雁村东部。荡东面和南面是新桥居委会，西面和北面是西雁村，东北是军垦农场，总面积 0.0574 平方千米。

肖家荡　位于新桥社区与古塘村中间。荡东面是新桥居委会，南与顾店桥港相连，西面是古塘村，北面是西雁村，总面积 0.0526 平方千米。

荷花荡　位于双桥村南部，又称芦荡湾。荡的东出口是运河，南面是收藏村，西面和北面是双桥村，总面积 0.265 平方千米，周长 3.4 千米。

姚婆荡　位于王黎公路东侧北荷村境内。荡东面是荷花村，其余三面为北荷村，总面积 0.1375 平方千米，周长 1.7 千米。

河泥荡　位于梅家荡东南。荡东面和南面是民和村，北面是莫家甸村，西与梅家荡连接，总面积 0.415 平方千米，周长 2.8 千米。

北官荡　位于洪典村东南部。荡北部东、西、北三面是洪典村，南面与油车港镇南官荡连通，总面积 0.8737 平方千米，周长 5.05 千米。

岳良荡　位于太平村南部，总面积 0.4657 平方千米。该荡由南岳良荡、北岳良荡组成，荡东面是洪典村，南面与西面是油车港镇上睦村，北面是太平村。

南雁荡　位于王江泾集镇西。荡东面是王江泾集镇，南面是王江泾镇工业功能区（北区），西南面为新桥居委会，西北面是江苏省盛泽镇吉桥村，总面积 0.7527 平方千米，周长约 3 千米。据《闻川志稿》载，春秋战国时期，该荡与北雁荡、西雁荡原为一个荡，合称“槜李池”，后又称雁湖、雁门荡、雁荡。后世因围湖造田，先将西雁荡从雁湖中分隔；清乾隆年间，里人为防风浪，又在雁湖中填出一条荡埂，始有南雁荡、北雁荡之分。1969 年 10 月，对南雁荡进行围荡造田；20 世纪 70 年代，围荡建农场，又围荡养鱼。

北雁荡 位于王江泾集镇西，为闻川社区与江苏吴江盛泽的交界水域，总面积 0.30108 平方千米，周长约 2 千米。荡东岸即 07 省道，南岸与南雁荡隔荡埂相望，西岸与北岸属盛泽，北滩东接王江泾后市河，西接麻溪塘。

西雁荡 位于王江泾集镇西，西雁村中部。荡东面是西雁村和古塘村，南面与天花荡相连，西面是虹北村和西雁村，北面是西雁小天圩，中间荡埂有郎家桥、圣堂桥，总面积 0.485 平方千米，周长 2.78 千米。

北白荡(桥北荡) 位于民主村、东荷村北面，总面积 0.698 平方千米，周长 3.79 千米。荡为长条形，呈西南—东北走向。荡东南是东荷村，西南面是民主村，西面是民和村，荡北有一圩为也属东荷村土地。圩北有一荡称虎啸荡，与北白荡相连，北面是红联村。荡的东北部称“十字路荡”，与嘉善县交界。

虎啸荡 位于红联村南，总面积 0.4 平方千米，周长 3.6 千米。自小田港东出口，绕中田圩东滩至草田港北出口，南为东荷村草田圩，东与北白荡相连。

塔荡 位于镇域最北面。荡南岸是双塔村，西连陆家荡，东、北两岸是江苏省黎里镇，总面积 0.2953 平方千米，最深处 4 米，周长 5.437 千米。

北海荡 位于田乐村东北部。荡东岸是田青村，南经宠家桥港与田北荡相连，西、北两岸也是田青村，总面积 0.363 平方千米，周长 3.383 千米。

大洋荡 位于栋梁村东南部。荡东面和南面是栋梁村菜字圩，西面和北面也是栋梁村。东通毛洋荡、南连菩提荡，总面积 0.22 平方千米，周长 2.315 千米。

原王荡 位于栋梁村东北部。荡东邻嘉善汾玉镇，南连接茅洋荡，西岸是栋梁村，北面是江苏吴江黎里镇，总面积 0.1312 平方千米。

蚕溪荡 位于南汇老集镇和南汇村西湾里之西。荡东岸是南汇村，南岸是南汇集镇新区，西岸和北岸是红联村，总面积 0.1739 平方千米，周长 2.293 千米。

钉靴荡 位于红联村北部。荡东面是南汇村，南面和西面是红联村，北面是廊下村，总面积 0.305 平方千米，周长 2.571 千米。

茅洋荡(毛洋荡) 位于华联村西北部。东面和南面是华联村，西面是菩提荡和栋梁村，北与原王荡相邻，总面积 0.490 平方千米，周长 4.736 千米。

小曲荡 位于华联村东部。荡东北岸、东岸及东南岸为嘉善县陶庄镇翔胜村和原渔业村，其他在华联村境内，总面积 0.54 平方千米，周长 4.25 千米。

菩提荡 位于廊下村西北部。荡东、南、西三面都是廊下村，北面是栋梁村和田青村，总面积 0.745 平方千米，周长 4.4 千米。

长荡 位于南汇村中部。荡东面是嘉善县陶庄镇，其余三面是南汇村，总面积 0.575 平方千米，周长 3.00 千米。

高水漾荡(高师漾) 位于东荷村东南部。荡南岸是秀洲区油车港镇，东、西、北三面是东荷村,总面积 0.14 平方千米,周长 1.8 千米。

进山荡　位于双桥村境内。荡面成圆形,南连钱家港,北通钱家溪,总面积约 0.0335 平方千米。

罗家荡　位于市泾村南部,圆形,总面积 0.00201 平方千米。南通梅家荡,东、西、北三面为市泾村。

张天荡　位于洪典村东北,圆形,总面积 0.067 平方千米。东岸、南岸为油车港镇西湖村,西岸、北岸为洪典村。

田东荡　位于田青村境内青字圩东。总面积 0.105 平方千米,周长 1.7 千米。

肖池湖　位于田乐村境内东南部,总面积 0.047 平方千米。荡南至汝家角,北连史家湾,东接田北荡,西至上合路。

铁皮荡　位于镇域北隅。荡东面与漾观音荡相连,南面为双塔村,西面与塔荡相接,北面为江苏吴江黎里。双塔村境内水域 0.8 平方千米,平均水深 2 米。

漾观音荡　位于镇域北隅。荡东面接栋梁后港,南面为双塔村,西面接铁皮荡,北面为江苏吴江黎里。双塔村境内水域 0.16 平方千米,平均水深 2 米。

长安荡　位于华联村北埂自然村北,为华联村与嘉善陶庄镇翔胜村的交界水域,属嘉善县。交界水域呈东西走向,长 600 米,南为华联村。

计家漾　位于南汇村肖家坝自然村之南。漾东北面是嘉善陶庄镇利生村,南面与王家坝港、唐林港相通,西面是南汇村,北面与肖家坝港相连。

盐店漾　位于双塔村杨苏路自然村东南角上,是由陆家荡进入塔荡的主要通道。全长 100 米,水深 2 米,总面积约 0.067 平方千米。

吴家漾　位于洪典村东北隅,为洪典村与油车港镇杨溪村的交界水域。漾西部呈南北走向,东部呈东西走向,交界处长约 600 米。漾西岸、南岸为洪典村。

荷花漾　位于莫家甸村西小圩边。前些年已开发为鱼池,总面积 0.0134 平方千米。

扎勾漾　位于田青村东部。漾东面是戴方港,南面是大家甸,西面是前长港,北面是史家港,总面积 0.004 平方千米,平均水深 3 米。形状像只钩子,故称扎勾漾。

田西港北漾　位于田青村中部。漾东面是附第圩,南面是田西港,西边是前长港,北面是北海圩,总面积 0.012 平方千米,平均水深 3 米。

祥迎港南漾　位于田青村北部。漾东面是镇海圩,南面是附海圩,西边是前长港,北面是祥迎港,总面积 0.006 平方千米,平均水深 3 米。

祥迎港北漾　位于田青村北部。漾东面是庙港,南面是祥迎港,西边是后长港,北面是徐家圩,总面积 0.0147 平方千米,平均水深 4 米。

广阳庙庙漾　位于田青村西部。漾东面是后长港东段,南面是镇海圩,西边是后长港西段,北面是西潜港,总面积 0.012 平方千米,平均水深 4 米。

南长港坟浜漾　位于田青村南(前)长港中间,长港公路桥与老桥之间。总面积 0.008 平方千米,平均水深 3 米。

【水文】

1951—2005 年王江泾镇水文特征情况表

表 2－12

警戒水位		危急水位		最高水位		最低水位	
日期	定值（米）	日期	定值（米）	日期	定值（米）	日期	定值（米）
1999 年前	3.2	1999 年前	3.5	1999 年 6 月 30 日	4.9	1979 年 1 月 26 日	2.2
2000 年后	3.1	2000 年后	3.5				
年最大降雨量		年最小降雨量		一日最大降雨		三日最大降雨	
雨量（毫米）	日期	雨量（毫米）	日期	雨量（毫米）	日期	雨量（毫米）	日期
1667.4	1999 年	658.6	1978 年	201.3	1963 年 9 月 12 日	313.8	1962 年 9 月 5—7 日

说明：表格数据来源于王江泾水文报汛站资料

【王江泾水文站】

水文工作与水利事业密不可分。中华人民共和国成立后，党和政府重视水文工作。由于王江泾水位变化具有地处平原、水流平缓以及水位受黄浦江潮水顶托影响显著等特点，1955 年，嘉兴县人民政府在王江泾设立了水文观测站。

王江泾水文站的主要职能，除水量巡测外，还包括降水量观测、水位观测、水文测验、水质监测、水准校测等。据水文站有关数据显示，王江泾历史最高水位为 1999 年 6 月 30 日的 4.9 米，最低水位为 1934 年的 1.59 米。

1999 年，嘉兴市进行地面水准沉降的测量，1976—1999 年，王江泾水文站的水准点高程和水尺零点高程均呈沉降变化，王江泾为主要沉降区。王江泾的水尺沉降幅度为 61.9 厘米。2000 年，浙江省水利水电勘测设计院编制了《杭嘉湖地区防洪规划报告》。规划工程实施后，遇 1954 年雨型，王江泾等嘉兴北部地区可降低高水位 6～17 厘米，缩短高水位持续时间 6～12 天。

2003 年 12 月 25 日，省水文勘测局局长王永辉等领导考察王江泾水文站迁建工程。2004 年 7 月 30 日，省北大门国家级水文观测站王江泾水文站站址迁建工作完成，并正式投入运行。从 2010 年，王江泾水文站作为省、市两级布设的报汛站，每年 4 月 15 日至 10 月 15 日汛期，及时传递雨情、水情等情报，供防汛抗旱指挥部研究决策。

第四节　动植物资源

【植物资源】

王江泾镇属典型的亚热带季风气候，气候温和，光照充足，雨量丰沛，水肥土沃，因此适合多种植物生长。

粮油类　水稻(粳稻、籼稻、糯稻)、麦子(大麦、小麦、元麦)、玉米、高粱、土豆(马铃薯)、番薯、油菜、蚕豆、大豆、豌豆、赤豆、绿豆、刀豆(四季豆)、豇豆、芝麻、蓖麻、向日葵、花生等。

果蔬类　白菜、青菜、菠菜、生菜、甜菜、荠菜、莼菜、苔心菜、苋菜(有红、白二种)、芥菜、雪菜、茭菜、卷心菜、黄花菜、花菜、菠菜、芹菜、大头菜、韭菜、韭黄(芽)、香菜、生姜、小香葱、胡葱、大蒜、辣椒、马兰头、茼蒿、甘蓝(如土油菜)、茇、萝卜(有红、白二种)、胡萝卜、茄子、番茄、草莓、莴苣笋、竹笋、芋艿、荷兰豆、扁豆、毛豆、豇豆、刀豆、四季豆、茭白、慈姑、荸荠、莲藕、菱、西瓜、南瓜、冬瓜、黄瓜、丝瓜、甜瓜、苦瓜、匏瓜(葫芦)、瓠瓜(地蒲)、葡萄、梨、桃、柿、橘、柑橘、枇杷、石榴、白果、无花果、甘蔗、莲子、百合等。

竹木类　椿树、梧桐、杨、柳、冬青、皂荚、石楠、白杨、黄杨、松柏、榆、檀、槐、楝、桧、枫、楮、桑、樗(臭椿)、柏、槿、朴、柘、棕榈、银杏、女贞、柞、马尾松、桧柏、大叶榉、榔榆、臭椿、香椿、苦楝、香樟、枫杨、无患子、麻栎、乌桕、构树、丝绵木、杞柳、喜树、南酸枣、水杉、池杉、泡桐、川楝、杜仲、海岸松、白榆、滇楸、雪松、刺槐、南杨杉、杂交柳、华南苏铁、黄山松、火炬松、长叶松、海岸松、偃松、台湾五针松、华南五针松、白皮松、云杉、黄杉、红杉、南洋杉、孔雀杉、墨西哥落羽杉、蜀柏、花柏、洒金柏、凤尾柏、绒柏、翠柏、千头柏、云片柏、露丝柏、伽罗木、深山含笑、印度橡胶树、红花油茶、云南山茶花、日本茶梅、柠檬、四季橘、法国冬青、金银花、山栀子、凸头栏、黑荆、中国槐、黄檀、锦鸡儿、银荆、蟠桃、日本樱花、寿星桃、贴梗海棠、西府海棠、绣线菊、北京杨、意大利杨、钻天杨、光皮桦、白榆、珊瑚朴、大叶桉、细叶桉、青榉树、黄榉树、椁树、青桐树、桦树、弹树、白桃树、合欢树、无花果树、油杆竹、窑毛竹、毛巾竹、钢铁头竹、芦竹、石厘竹、石千竹、王莽竹、淡竹、紫竹、黄金间碧玉竹、黄枯竹、石竹、木竹、斑竹、桃子竹、燕竹、慈竹、苦竹、篾竹、竹筱、水竹、凤尾竹、早竹、淡竹、方竹、短穗竹、青皮竹、扁柏、龙柏、地柏、球柏、马尾松、罗汉松、黑松、雪松、五针松、锦松、金边黄杨、大叶黄杨、瓜子黄杨、红枫、青枫、香樟、女贞、铁树、夹竹桃、南天竹、文竹、泽竹、棕榈、垂柳、柳、碧桃等。

花卉类　樱花、金桂、银桂、蜡梅、白玉兰、广玉兰、牡丹、紫荆、紫薇、紫藤、紫玉兰、芍药、吊兰、美人蕉、芭蕉、水仙花、大丽花、兰花、含花、荷花、菊花、凤仙花、鸡冠花、太阳花、洛阳花、牵牛花、茑萝花、迎春花、栀子花、樱花、海棠、芙蓉、含羞草、矮桃、九嶷绿萼梅、宝珠山茶、一串红、爬山虎、常青藤、五色椒、一丈红、千日红、石蜡红、花石榴、六月雪、万年青、月季、蔷薇、珊瑚、玫瑰、杜鹃、山茶、雀梅、茉莉、仙人掌、仙人球、仙人条等。

药草类　益母草、夏枯草、虎耳草、鱼腥草、大蓟草、小蓟草、仙鹤草、地丁草、铁苋菜、扁蓄、洛石藤、伸筋草、皂角刺、合欢皮、米仁、泽泻、丹参、芍药、仙鹤草、红花、瓜蒌、落得打、活血丹、天胡、茅根、旱莲草、蒲公英、车前子、马齿苋、紫花地丁、七叶一枝花、蛇莓、薄荷、臭梧桐、大青叶、枇杷叶、荷叶、淡竹叶、夜交藤、金丝荷叶、紫苏、青蒿、半枝莲、莲心、地骨皮、枸杞、大力子、芦根、天花粉、栝楼、一包针、山药、马兜铃、铁皮石斛等。

绿肥类　紫云英(花草)、浮萍、湖羊草、水葫芦、篦棘草等。

附:人工种植的真菌类植物

蘑菇、平菇、香菇、草菇、金针菇、灵芝、真姬菇(蟹味菇)、杏鲍菇、鸡腿菇、凤尾菇、地衣、草蕈、野木耳、树蕈等。

【动物资源】

饲养动物

家畜类 猪、水牛、黄牛、山羊、湖羊、绵羊、兔、狗等。

家禽类 鸡、鸭、鹅、鸽子等。

水产类 青鱼、草鱼、鲢鱼(白鲢)、鳙鱼(花鲢、胖头鱼)、鲫鱼、鲤鱼、鳊鱼、鲶鱼、鳗鱼、螃蟹、虾、鳖、黄鳝、河蚌、田螺、蚬子、乌龟等。

蛇虫类 蚕、蜜蜂、牛蛙、蜗牛、地鳖虫等。

野生动物

兽类 老鼠、田鼠、松鼠、黄鼠狼、猪獾、狗獾、水獭、野兔、狸猫、刺猬、蝙蝠等。

禽类 老鹰、大雁、喜鹊、燕子、麻雀、乌鸦、八哥、画眉、白头翁、竹叶青鸟、布谷鸟、黄春、斑鸠、乌春、鹁鸪、稻鸡、野鸡、野鸭、野鸬鹚、百灵鸟等。

水产类 黑鱼、鳜鱼、鲫鱼、白鱼、鲶鱼、鳗鱼、甲鱼、鲈鲤鱼、川鲦鱼、胖鲏鱼、玉柱鱼、棍子鱼、黄牙鱼、黄鳝、泥鳅、蟹、螃蜞、虾、蚌、乌龟、螺蛳、田螺、蛤蜊、蚬子等。

蛇虫类 青肖蛇、水蛇、火赤练蛇、灰里鞭蛇、竹叶青蛇、蚱蜢、螳螂、蝴蝶、蜻蜓、金龟子、蟋蟀、知了、金铃子、织布娘、蜘蛛、蚂蚁、蜈蚣、壁虎、穿山甲、蚯蚓、蜗牛、地鳖虫、蚂蟥、蜒蚰、蝼蛄、蟾蜍、青蛙、疙瘩、癞蛤蟆、蝎子、苍蝇、胡蜂、蜜蜂、蟑螂、地蒲虫、毛虫、蚯蚓、水蛭、蚊子、蝴蝶等。

第五节 自然灾害

境内最主要的自然灾害为洪涝灾害,其次为风灾、旱灾、冻灾,历史上还有少许虫灾和地震活动。台风按雨季分,应属“第二个雨季”,即每年8月至9月下旬,个别年份至10月上旬。台风来临时,多数会带来暴雨,特点是时间短,强度大,危害大。自古以来,嘉兴市域内因临杭州湾,受台风影响较大。镇域地处太湖流域,地势低洼,上游来水甚多,出水不畅,如台风伴有暴雨时,则极易发生严重灾害。

【洪涝灾害】

镇域地处太湖流域,地势低洼,排水不畅,每遇天久大雨,上游之水一并泄入境内,因此历史上洪涝灾害较多。据《嘉兴市志》载,民国以前,涉及境内的特大水灾18次,分别为南宋3次,元代4次,明代4次,清代7次。民国3次。

东晋太和六年(371)六月,吴郡大水,嘉兴等县禾稼荡没,黎庶饥馑。

北宋元丰六年(1083),太湖泛滥,秀州水浸,民弃田卖牛,逃荒乞食。

南宋绍兴二年(1132)五月,霖雨不止,浙西水灾。湖、秀州中下之田皆淹没,上田亦损十之二三,两浙饥,斗米千钱。

南宋隆兴二年(1164),秀州大水成灾,浸城郭,坏庐舍,破圩田,次年大饥荒。

南宋乾道三年(1167)八月,秀州大水,坏田庐,积潦至九月,禾稼皆腐。

元至顺元年(1330)闰七月,嘉兴、湖州两路大水灾,次年大饥荒。

元至正二年(1342)二月，嘉兴郡饥。大水，田禾淹没，大风驾太湖水汹涌而来，民庐顷刻倒荡，民曰“湖翻”。

明正统九年(1444)，嘉兴、湖州大水灾，江湖泛滥，堤防冲决，淹灭禾稼。

明天顺四年(1460)四月、五月，杭州、嘉兴、湖州阴雨连绵，江河泛滥，麦禾俱伤，秀水等县颗粒无收。

明正德四年(1509)七月七日，骤雨如注，至十日不霁，禾腐烂，民大饥。

明正德五年(1510)五月，大水害禾稼，民饥益甚，流移者半。

明万历十五年(1587)五月，杭州、嘉兴、湖州大水，江湖泛滥，数百里间一片汪洋，舟行田亩间；七月，又飓风大雨，三府成片连湖。

明万历十六年(1588)春，嘉兴大雨水，自三月中连绵至五月，蚕、麦、禾俱无，大饥疫。

明万历三十六年(1608)四月下旬到七月下旬，太湖流域七府梅雨加淫雨，造成特大水灾，嘉兴水位4.75米，高田水深数尺，低田丈余，陆地行舟，庐舍俱坏，史称两百年一遇。

清康熙四十七年(1708)夏，杭州、嘉兴、湖州连续大雨，大水成灾，四野汪洋，田禾尽淹，舟行于陆。

清乾隆三十四年(1769)，自正月至六月大水灾，禾稼淹，水退后又虫食，禾几尽，米价腾贵至石米二千八百文。

清道光二十九年(1849)五月，淫雨为灾，河水溢，势成泽国，大水，禾田淹没无存，至六月渐退。

清道光三十年(1850)八月，杭州、嘉兴、湖州大水。

清同治四年(1865)五月二十五日，大雨连下七昼夜，低田尽被洪水淹没。

清同治八年(1869)八月三十日，杭州、嘉兴、湖州遭受水灾。

清光绪十五年(1889)七月下旬，狂风骤雨，通宵达旦，历数昼夜之久，嘉兴府各属同遭水患。

清宣统元年(1909)五月十三日夜、十四日连降大雨，河水暴涨尺许，水与岸平，低田尽遭淹没，秧田损伤十分之五，农民纷纷到县里告知灾情。

清宣统三年(1911)七月十七日，因江苏圩堤溃决成灾，杭州、嘉兴、湖州一片汪洋。

1922年秋季，多雨，河水高出田；10月4日又大雨，稻田皆淹没，风雨为灾，秋收多歉。

1923年5月，大水，涨齐境内街道，田稻尽淹，夜半坍坝声及农民惊呼声鼎沸。但政府赈济款一直未发放，灾民情况十分困难。灾民数中：双桥164户，王江泾312户，廉让614户，尖墩角245户，渠东532户，玉溪228户，南汇842户，梅湖922户。

1931年6—7月，梅雨期长降水量大，又加台风袭击，运河流域从东到西水涨300～600毫米，水灾严重，灾民流离，死亡甚多。

1942年7月，海宁八堡，海塘溃决50余米，海水倒灌内河。田禾受害，嘉兴、桐乡、海盐等地告急。

1946年，入梅雨水多，7月淫雨兼旬。9月又遭暴风雨，灾情奇重，螟害有颗粒无收或收获不及三成者。

1949年6月，运河水位暴涨，境内水灾严重。

1954年5—8月，嘉兴地区梅期长达76天，其中梅期雨日51天，境内田中积水一般都在1米左右，最深处达1.6米以上，河水与田连成一片，春花倒伏，霉烂而减产，水稻秧田与苗田沉没，大田水深无法插种，多个村庄的民房进水。

1962年9月5日，受第14号台风侵袭，境内受灾严重，水稻田大部受淹。当日晚，一夜降雨量174.9毫米。

1973年，春涝接夏涝，4—5月，降雨387.7毫米；6—7月，降雨357.3毫米。

1980年3月3—24日，阴雨连绵，淫雨长达22天，降雨206.3毫米，比常年雨量多1.3倍；6—7月，降雨404.9毫米，造成早稻田谷发芽霉烂；7月30日至8月31日，又有22天雨日。

1984年，入梅后，6月13—14日，受到地面静止锋气旋波以及高空切变线低涡缓慢东移影响，普降特大暴雨；14日，境内水位高3.91米，接近历史最高水位。

1987年，境内遭受两次水灾：7月降水历时长，降水强度较小，降水总量不大；9月，降水历时短，降水强度较大，降水总量中等。

1988年6月15—23日，连续阴雨，其中6月19日暴雨，降雨70毫米，低田受淹。

1991年，入汛初始，气候异常，梅雨来得早而猛，暴雨连绵，5月19日入梅，梅期历时51天，降雨天数31天，总降雨量510.3毫米，雨日之多、强度之大、持续时间之长为历史罕见；6月1—20日，水位达4.05米，超过危急水位0.55米；7月1日起，又连降大雨，水位又升到4.03米；7月15日14时，水位又超过4米，受灾严重。7月21日下午，国务院总理李鹏和国务院秘书长罗干等一行，在省、市领导陪同下，到嘉兴市郊区察看灾情，还到虹阳乡虹阳村走访农民杨连荣家。

1993年8月，天气反常，前期雨日较多，8月1—25日，降雨量253毫米，是多年同期的3.7倍，超历史最高纪录，水位急剧上升，并长期居高不下，再加上上游客水大量下泄，下游黄浦江正逢天文大潮，严重影响洪水东泄；8月22日，水位4.26米，超过历史最高水位21厘米，造成严重洪涝灾害。在严重的灾害面前，镇党委、镇政府紧急行动起来，广泛发动、精心组织全社会力量，奋力进行抗洪救灾工作。西雁村的党员干部分组包片包段，加强值班巡逻，群众自愿拿出7000多个编织袋，经过1200多名干部群众昼夜奋战，加高加固圩堤1500米，并立即组织排涝，保护1780亩农田和432户农户的住宅安全。

1995年6月1日至7月6日，累计平均降雨量达476毫米，水位急剧猛涨，造成了降水量十年一遇、洪水位四十年一遇的洪涝灾害。

1997年，梅汛推迟，至7月6日起普降大雨，7月10日又骤降暴雨，平均一日降雨量137.7毫米。

1999年，自6月7日开始入梅以后，境内普降大到暴雨，河网水位连连暴涨，第一次降雨6月7—11日，降雨149.6毫米，最大一日降雨49.7毫米；第二次降雨6月15—18日，降雨61.3毫米；第三次降雨6月23日至7月1日，降雨量达403.6毫米，其中6月30日水位4.9米，超历史最高水位0.51米，被称为“1999·6·30洪灾”。7月7日，副省长章猛进到境内考察灾情，查看恢复生产、种植稻种情况；7 月 8 日，南京军区某集团军副军长到境内考察灾情。田乐乡党委、乡政府，田乐乡田青村、永聚村，王江泾镇古塘村、洪典村、阳城村、范滩村党支部，嘉兴市南方丝绸市场，南汇镇莫家甸村、廊下村、廊下村党支部，王江泾粮食管理所、王江泾交警中队，在此次抗洪抢险行动中被评为嘉兴市先进集体。

2000 年起，嘉兴市、秀洲区和王江泾镇兴起水利建设高潮，建成可抵御 50 年一遇洪涝灾害的大包围圩堤。此后至 2010 年，王江泾镇无大规模的洪涝灾害发生。

【台风(热带风暴)灾害】

北宋元祐五年(1090)，秀州数千人诉风灾，吏以为有诉水旱而无诉风灾，闭拒不纳，老幼相践踏死者十一人。

明嘉靖十八年(1539)七月十日，嘉兴雷，雨雹，大如桃李实。

明嘉靖二十九年(1550)三月二十一日午刻，嘉兴大风扬沙雨，黑雾者三日。

明嘉靖四十三年(1564)十一月十一日戌时，雷电大震，龙卷风。十二月朔，雷鸣，夜大风。八日狂风终日，拔木扬沙，舟楫不通。

明万历十年(1582)七月十三日、十四日，嘉兴大风雨，拔木，湖水啸涌。

明万历二十七年(1599)五月二十五日，嘉兴怪风拔木。

明天启六年(1626)七月一日，大风拔木，淫雨如注，室庐俱毁，两昼夜方息。七月朔，雷电骤至，狂飓搏击，屋瓦皆飞。

清同治九年(1870)四月十三日，嘉兴大风毁屋。

清同治十年(1871)三月二十二日，大风从西而来，如万马奔驰，屋瓦尽飞。

民国时期，据历史记载，嘉兴境内有台风的年份共 13 次。其中涉及境内的：

1933 年 9 月 5—6 日，两度飓风，草庐旧屋倒塌无数。

据 1948 年 8 月 28 日《申报》载：嘉兴遭遇台风、雷雨侵袭，农作物损失严重，王江泾等四个乡镇的早稻发现椿象虫及吸液等虫，稻禾出现枯黄色。王江泾农会等向县农会呼吁，请有关当局派员勘灾，设法防治挽救。总计王江泾等乡镇的受灾田总共 3 万余亩。

1956 年 8 月 1 日，强台风在象山登陆，沿海风力 12 级以上，受其影响，境内倒塌房屋、草舍不计其数。

1957 年 6 月 20 日至 7 月 5 日，受台风、暴雨影响，境内农田受灾面积甚多，减产一成以上。

1961 年 10 月 4 日，受 26 号台风影响，嘉兴暴雨成灾。

1962 年 9 月 5 日，受第 14 号台风影响，嘉兴因台风登陆与北方冷空气相交，普降大暴雨，到 7 日，境内降雨达 313.8 毫米，稻田淹没，一片汪洋，房屋倒塌之严重，损失巨大。

1963 年 9 月 13 日，受 12 号台风影响，大风挟暴雨，嘉兴降雨 244.4 毫米，水位达 4.31 米，良田受淹，粮食严重减产。

1973 年 8 月 1 日 18 时，一股较强的龙卷风在虹阳公社境内形成，随后穿过双桥、栖真、塘汇等公社，全程 20 余千米。境内虹阳、双桥公社遭此袭击，损坏草棚 15 个、畜牧场 2 个、牛棚 10 个、烟囱 6 个。

1974年8月19—20日,第13号台风在三门登陆,风力在12级以上,风驾大潮,冲毁围垦新海塘37千米,沿海近2万亩农田受淹,境内各地受台风影响,受淹农田甚多。

1977年8月21—23日,第7号台风环流与北方冷空气交会形成暴雨袭击,嘉兴3天降雨240.9毫米,嘉兴水位4.01米,境内各处房屋倒塌,良田受淹。

1985年7月29日至8月3日,受6号台风影响,嘉兴下大雨,境内早稻正处收割期,稻谷霉烂,损失较重。

1986年7月28日,受7号台风影响,嘉兴等地狂风暴雨,境内各乡镇均受灾害。

1987年,境内分别遭受7号台风和12号台风影响;其中12号台风为期3天,嘉兴站雨量142毫米。

1988年8月8日,第7号台风在宁波象山登陆,嘉兴风力9～10级,伴有短时间大到暴雨,降雨20毫米左右。这次台风,境内倒塌房屋甚多,人畜伤亡严重。

1989年9月15日,受23号台风袭击,境内普降暴雨、大暴雨,农田、鱼塘受淹严重。

1990年9月1日,受15号台风影响,境内普降大雨,农田受淹损失严重。

1994年8月21日,第17号台风在瑞安登陆,中心风力12级以上,嘉兴沿海风力9级,境内损失惨重。

1997年8月18日,受11号台风袭击,沿海风力11级,内陆10级,境内普降暴雨。时值天文大潮(农历七月十六日),形成台风、大潮、暴雨三碰头,沿海出现了历史最高潮位,海塘、河堤严重受损。

1998年7月3—5日,王江泾镇遭受龙卷风和雷雨风袭击。

2001年6月23—26日,受2号"飞燕"台风影响,嘉兴普降大雨,降雨量235.3毫米,水位上涨,王江泾水文站超危急水位65厘米,境内受灾严重。

2005年8月4—6日,受第9号台风"麦莎"影响,嘉兴市内陆风力7～8级,阵风8～10级,全市平均过程降雨量118.4毫米,境内达到123.6毫米。从8月5日起,境内河网水位开始上涨,超过警戒水位0.93米左右。同年9月11—12日,受第15号台风"卡努"影响,嘉兴市内陆风力8～10级,全市平均降雨量98.6毫米,境内降雨量88毫米。从9月10日起,境内河网水位开始上涨,到12日中午出现最高水位,王江泾水文站高于危急水位。

2007年9月20日,遭受13号台风"韦帕"影响,境内降雨137.7毫米,最高水位3.86米,超过危急水位0.36米。

【旱灾】

因境内河网纵横,港、湖、荡密布,地面平坦,历史上旱灾发生并不多;但旱灾之年,往往会伴随虫灾,因此所带来的损失也较为严重。

唐贞元六年(790),嘉兴等县大旱,井泉竭,民饥渴且疫者甚众。

南宋咸淳七年(1271)夏,大旱,运河干涸。

明景泰六年(1455),夏旱,斗米百钱,饥民死者甚众。

明天顺元年(1457),大旱,运河枯竭,七月蝗灾。

明成化二十三年(1487)秋,嘉兴大旱,河底龟坼,禾尽槁。自六月不雨至八月,溪港皆不通舟，先是嘉兴诸邑，船尾率画锄镬之属，不约而同，莫知所起意者，水道枯涸，藉此器以疏浚。

明嘉靖二十三年(1544)夏秋两季发生特大旱灾，粮食严重歉收，灾后1斗米的价格涨至200钱以上，百姓卖妻鬻子，食草木为生，且疫病流行，民皆束手待毙，饿殍盈野塞河。

明崇祯十四年(1641)春夏，杭州、嘉兴、湖州大旱，民食草根树皮。崇祯十五年(1642)、崇祯十六年(1643)亦旱，飞蝗蔽天，疫病大作。

明崇祯十七年(1644)五月，不雨，至十一月十五日乃雨，河底起尘，道殍相望。杭嘉湖松常等府干旱一百九十天，太湖涸，可步行。饥，疫。

清顺治九年(1652)夏，大旱。自五月不雨至秋，七月溪流绝，井泉竭，运河见底，禾苗尽槁。

清雍正二年(1724)夏，嘉兴等地旱。

清乾隆二十年(1755)夏，嘉兴大旱，河竭。

清乾隆五十年(1785)，大旱歉收，支河汊港皆涸，岁大饥，翌年大疫。米价腾涌，石米五千文。

清嘉庆十九年(1814)夏，大旱灾。秋，八月米价腾贵，饥民大掠，食树皮草根。

清咸丰六年(1856)夏，五月不雨至九月，河涸，地生白毛。六月亢旱，支河皆涸。

1912—1948年，嘉兴共发生旱灾10次，境内均受到影响。

1917年10月15日，嘉兴各属风虫为灾，田禾秀而不实，白穗遍野，乡民闹荒。

1924年5—8月，嘉兴河水干涸，田禾枯竭。

1926年，梅湖乡陆家荡附近各庄圩发生严重螟虫灾害，秧苗均被蛀断，益以天旱，大多枯焦而死。

1934年6—8月，连晴83天，无雨达100天以上，气温39℃～40℃，太湖流域普遍大旱，不雨达十旬以上，嘉兴最高气温达42℃，总降水量仅86.2毫米，域内河底生草，小浜断水，灌水困难，禾苗枯萎，并发生蝗灾，粮食颗粒无收，河底龟裂，南湖见底，民食树皮草根，或纷纷流徙他乡，乞食灾民高达39.3万人，饿毙、时疫身亡及自尽者时有所闻。

1947年夏，旱灾，土地龟裂，河床干涸，饮水大成问题，村民只能饮混浊的黄泥浆水；至7月下旬雨量稀少，8月中旬多晴少雨，河浜干涸，无法戽水，遭灾尤烈。

中华人民共和国成立后至2010年，嘉兴的旱灾共发生12次。其中20世纪50年代5次：1951年、1953年、1955年、1958年、1960年；20世纪60年代2次：1961年、1967年；20世纪70年代1次：1978年；20世纪80年代2次：1988年、1990年；20世纪90年代至2010年2次。这些旱灾中，对境内影响最大的是1953年和1955年的旱灾。

1953年7月始，降雨偏少，7—8月降雨65.4毫米，嘉兴连续旱灾天数63天，高温蒸发322.4毫米。

1955年7月下旬开始，降雨量明显减少，8—10三个月累计降雨67毫米，是正常年量(306.5毫米)的21.8%，加上晴热水分蒸发量大，水位明显降低。此时苗田急需灌水，因当时无机械电力灌溉，只能用人力、风力、畜力三车抗旱，但河浜又浅，上水困难，部分田地只能歉收或绝收，全年粮食减收。

王江泾一带位居杭嘉湖平原下游，海拔较低，又因地面沉降，河床抬高，水系变化等原因，近50年来未发生旱灾。

【冰冻灾害】

境内历史上严重的冰冻灾害为数不多。

南宋绍兴三十一年(1161)，戊子大雨雪，至己亥逾旬不止，禁旅、垒舍有压者时久，雪甚寒。

明景泰元年(1450)正月，嘉兴大雪两旬，积至丈许后，雨黑雪乃止。是时，民多饥死，鸟雀死者几尽。

明景泰五年(1454)二月，大雪四十日，覆压民居，诸港冰结，舟楫不通。

明正德五年(1510)十二月，冰坚半月。

清康熙五年(1666)十二月七日夜，大雨雪，冰厚盈尺，舟楫不通。

清康熙二十九年(1690)十一月，大雪，河道冻绝。

清嘉庆五年(1800)正月十六日，大雪，平地三尺余。

清咸丰十一年(1861)十二月二十七日，太湖结冰。

据史载，元朝至19世纪末，太湖结冰21次。

1930年1月，连日朔风怒号，寒气刺骨。8日，河流均被冻封，所有往来航轮一律停驶。是月，出现历史上最低气温-11℃。

解放后，嘉兴的冰冻灾害不甚多，较为严重的：

1976年11月14日至1977年3月4日，嘉兴连续普降大雪，长期低温冰冻，结冰44天，地面积雪月余，最低气温-12.4℃，境内农作物冻害非常严重。

2008年2月初，嘉兴连续普降大雪，王江泾镇上下迅速行动，全力以赴抗御雨雪冰冻灾害。在镇党委、镇政府的领导下，境内厂矿企业、彩钢工棚、危旧直管公房和农村危房内工作和居住的人员全部转移，并防止桥梁及主要道路、农村道路交叉口的交通堵塞。在抗御雨雪冰冻灾害中，将灾害损失降到最低。同年2月2日上午，北荷村菜场发生顶棚垮塌事件，共有5名群众受伤，经嘉兴市第一医院全力抢救，其中2人因伤势较重抢救无效死亡，其余伤员转危为安。另外，当天太平桥菜场也发生倒塌，幸无人员伤亡。两菜场直接经济损失达150多万元。

【地震活动】

镇域属浙闽粤沿海地震带，也属杭州湾地震块段，受到黄海地震的影响。据史载，从吴嘉禾三年(234)有地震记录以来至2010年年底，嘉兴共发生地震102次，其中3级以上49次。16世纪以来，大致每世纪有地震18～19次，但大多在5级以下，仅造成轻微破坏。境内地震活动虽较弱，未发生过6级以上地震，但因人口稠密，财富集中，同样级别的地震，破坏性则比山区和边远地区为大。清光绪二十一年(1895)十月二十二日，境内被地震波及，损坏较重。1918年2月13日下午2时许，地震约有三分钟，室中之篮、碗等物格格有声，人立地上者竟头晕欲扑。

第三章　人口与计划生育

早在新石器时代，镇域已有先民繁衍居住。良渚文化双桥遗址的发掘证明，五千多年前，双桥一带已是一个先民的中心聚居区。春秋战国时期，吴国在境内筑射襄城、主（渚）城、墓城，镇域人口进一步聚集。隋大业六年（610），新开挖的运河穿越镇域南北，便捷的水运使人口迅速增长。南北宋之际，北方居民大量南迁，镇域人口急剧增加。至明代，镇区有 7000 多户家庭。清咸丰、同治年间，由于战乱，居民数量锐减。民国时期，内忧外患，战乱频繁，人口又有下降。中华人民共和国成立后，居民生活安定，人口快速增长。1953 年，镇域（不包括嘉北 4 个村）人口为 47083 人；1965 年，增长至 59750 人；1968 年，达 64480 人。从 20 世纪 70 年代初起，境内实行计划生育，人口增长速度得到有效控制，1973 年全境人口为 74401 人，至 1990 年为 79675 人，17 年仅增长 5000 多人。2010 年年底，全镇户籍人口 79789 人。

第一节　人口数量

明代时，镇区居民多达 7000 余户。清乾隆中期至清道光年间，王江泾镇 3 条街道店坊林立，居民增至 10000 余户。清咸丰十年（1860），太平军与清军在王江泾一带激战，城乡破坏严重，人口大量死亡，镇区仅存 300 家。后经召集外省、外地居民前来务工、经商和垦荒，境内人口才逐渐增加。1937 年 11 月，日军侵占王江泾，实行“三光”政策，境域遭到毁灭性破坏，居民惨遭屠杀，许多老百姓逃亡到外地，境内人口锐减。

中华人民共和国成立后，镇域人口数量的增减有几个不同的历史时期：解放初，政府鼓励多生，属人口快速增长期；1959—1961 年，因受三年经济困难的影响，出生率和增长率急剧下降；1962—1972 年，为人口出生的第二次高峰期；1972 年后，全面推行计划生育，人口增长平稳；1980 年起，提倡一对夫妇只生育一个子女，人口增长进入稳定期。

【户籍人口】

境内历代人口数量，民国前无具体记载。1928 年 10 月，嘉兴县第一期人口调查统计显示，王江泾警察分所管辖的王江泾区 2191 户 9478 人，渠东区 869 户 3444 人，梅湖区 2878 户 11194 人，南汇区 2262 户 9801 人，廉让区 3143 户 12997 人。辖区内共 11343 户 46914 人，其中男 24593 人、女 22321 人。

中华人民共和国成立后至 2010 年，全国开展六次人口普查，境内每次普查的人口数量如下：

1953 年 6 月 30 日，第一次全国人口普查：双桥乡 5698 人、双阳乡 4812 人、南汇乡 5140 人、梅兴乡 6798 人、田乐乡 5655 人、东林乡 5291 人、荷花乡 4806 人、洪典乡 4266 人、虹阳乡 4617

人。9个乡总人口47083人(不含双南乡沈家桥、宇四浜、收藏、金鱼桥村4个村人口数)。

1964年6月30日,第二次全国人口普查:南汇公社11043人、荷花公社14740人、田乐公社8572人、双桥公社14102人、虹阳公社8194人。5个公社人口为56651人(不含嘉北公社沈家桥、宇四浜、收藏、金鱼桥等4个大队人口数)。

1982年7月1日,第三次全国人口普查:双桥公社17842人、南汇公社13988人、虹阳公社10662人、荷花公社18555人、田乐公社11231人、嘉北公社沈家桥等4个村4455人,全境总人口为76733人。

1990年7月1日,第四次全国人口普查:王江泾镇18591人、南汇镇14239人、荷花乡19661人、田乐乡11708人、虹阳乡10784人、嘉北乡4个村4510人。全境人口79493人。年底人口数为79675人。

2000年11月1日,第五次全国人口普查:境内王江泾镇户籍人口50684人,南汇镇户籍人口13932人,田乐乡户籍人口11965人,嘉北乡4个村户籍人口4609人,共计81190人。年底人口数为80934人。

2010年11月1日,第六次全国人口普查:全镇户籍人口为79515人,常住人口111121人。全镇年底户籍人口为79789人。

1961—2010年部分年份王江泾镇户籍人口情况表

表3-1 单位:人

年份	王江泾镇	双桥乡(公社)	虹阳乡(公社)	荷花乡(公社)	南汇镇(公社)	田乐乡(公社)	嘉北4个村	全域
1961		13714	7233	13523	10029	7610		5个公社52109
1963		14106	8082	14624	10931	8457		5个公社56200
1965		15254	8625	15559	11260	9052		5个公社59750
1968		15702	9583	16696	12718	9781		5个公社64480
1970		16676	9927	17333	12987	10231		5个公社67154
1973		17385	10388	17955	13467	10681	4528	74401
1975		17586	10505	18064	13647	10815	4584	75201
1978		17904	10607	18255	13709	11064	4689	76228
1980		17713	10544	18274	13740	11098	4487	75856
1983		17906	10700	18748	13991	11319	4400	77064
1985	3546	14195	10577	18548	13791	11218	4339	76221
1988	18129	撤并	10719	19394	14244	11579	4485	78550
1990	18378		10818	19841	14343	11785	4510	79675
1991	18457		10859	20008	14378	11852	4516	80070

续表 3－1

年份	王江泾镇	双桥乡（公社）	虹阳乡（公社）	荷花乡（公社）	南汇镇（公社）	田乐乡（公社）	嘉北4个村	全　域
1992	18602		10887	20169	14389	11844	4537	80428
1993	18635		10928	20301	14406	11905	4526	80721
1994	18700		10936	20414	14432	11974	4512	80968
1995	18901		10969	20407	14437	12011	4509	81234
1996	18940		11084	20501	14397	11983	4508	81395
1997	18915		11120	20560	14320	12020	4491	81426
1998	50780		撤并	撤并	14200	11950	4480	81410
1999	50657				14052	11924	4421	81055
2000	50724				13953	11932	4325	80934
2001	80643				撤并	撤并	撤并	80643
2002	80201							80201
2003	79804							79804
2004	79744							79744
2005	79449							79449
2006	79435							79435
2007	79404							79404
2008	79342							79432
2009	79546							79546
2010	79789							79789

【人口迁入】

镇域人口大规模迁入主要始于北宋末和南宋初。历史上，杭州、嘉兴、湖州一带共有3次北方世族大规模南迁。境内的大户人家，其祖先大多为三次人口南迁而来。闻人氏，原为“山东人，汉末辟地于吴，见礼于孙吴”，五代十国后周显德四年(957)迁至王江泾。其子孙世代显贵；王江泾又名闻川，即以闻人氏而得名。由于战乱，北宋末和南宋初的第三次大规模南迁，更多的北方世族迁至境内，如金桥（今双桥村）的陶氏家族、南汇的盛氏、沈氏家族等。明清和民国时期，地区之间人口流动更为频繁，入迁境内者更多，如市泾的卜氏家族、王江泾镇上的计氏、芥字港的费氏家族等。

据清宣统《闻川志稿》载，王江泾镇在清乾隆、嘉庆时期以后，有居民1万余户。清咸丰十年(1860)，集镇遭遇兵祸，城乡破坏严重。清同治初年，仅入驻300余户。由于屡经战乱，清末,境内人口锐减,部分田地荒芜,外省、外地人前来垦荒的众多。尤其在民国后期至解放初期,长江以北江苏地区和浙江省绍兴、宁波、萧山等地区的移民到此搭草棚定居,垦荒立业或给地主做长工、打短工以及做小生意者甚多。

解放后,外籍人迁入境内定居一直未曾中断。迁入人口主要有以下几种:20 世纪 60—70 年代,上海、杭州、嘉兴等城市的知识青年到境内插队落户的有 1248 人,80 年代初极大部分回城;大、中专院校历届分配到王江泾、南汇、双桥等集镇或乡镇中学工作的毕业生;自 20 世纪 80 年代初的改革开放后,部分经济贫困地区的外省农村青年妇女到境内寻找配偶迁入的较多;2001 年和 2004 年安置长江三峡移民 29 户 129 人。

据 2010 年年底王江泾镇户籍人口显示,全镇有省内非嘉兴籍及外省籍人口共 13444 人,其中省内 6867 人,外省籍人口 6577 人。省内中,有绍兴籍 4090 人,萧山籍 744 人、宁波籍 480 人、台州籍 227 人,诸暨籍 192 人、黄岩籍 139 人、余杭籍 131 人、杭州市籍 102 人,另有上虞、安吉、淳安等县均在 50 人以上;省外的,有江苏籍 3784 人、四川籍 725 人、安徽籍 481 人、湖南籍 470 人、河南籍 338 人,贵州籍、江西籍、云南籍均有 100 余人;湖北、广东、山东、重庆等籍都在 50 人以上;其他还有上海等 10 多个省市籍的少量人口。这些客籍人口分布在全镇各村、社区,其中新桥社区和闻川社区客籍人口最多,各超过 1000 人,王江泾社区、双桥村、古塘村、东风村、沈家桥村、虹南村各超过 600 人;北荷村、腾云村、虹北村、金鱼桥村、虹阳村、田乐村、长虹村、阳城村各有 300~600 人。

【人口迁出】

历史上,镇域内曾有不少人外流于全国各地,甚至远居海外,此数字已无法稽考,如境内大户闻人氏、盛氏、蒋氏、陶氏等。明洪武三年(1370),因浙江一带地狭人稠,朝廷徙苏州、松江、嘉兴、湖州、杭州五郡无田农民 4000 余户,到临濠(安徽凤阳)垦荒,官府供给耕牛和种子,三年不征税。其时,城乡富豪亦有勒令迁往京师和凤阳者。清咸丰十年(1860),王江泾镇毁于兵燹,十九瓦砾,丝织业遭到重创,富裕机户纷纷避迁盛泽,许多机工也纷纷逃往盛泽等地。清末,嘉兴府对王江泾一带的织机课以重税,亦迫使众多机户流至外地。

解放后,较大规模的人口迁出主要有:1958 年,在“大跃进”大办工业的热潮中,境内有部分农民、工人、干部去浙江安吉、长兴等地,开矿挖煤、炼铁、修筑铁路和公路等(1961 年,其中多数人返回,也有部分人在当地安家落户);1958 年,嘉兴县移民并村时,境内有部分村民移居到建设乡(今王店镇)落户,后多数人回原籍;1959 年和 1960 年,政府曾先后动员一批城乡居民及干部,支援宁夏等边疆建设,南汇公社先后有 345 人(包括澄溪乡部分),双桥公社有 108 人报名赴宁夏(数年后大部分陆续返回原籍,少数在当地落户);每年均有一批学生被录取在全国各地的大中专院校就读,毕业后则分配在其他城市工作;每年有一批应征青年入伍服兵役,入伍后,有的长期在部队服役,有的转业定居在外地城市工作,成家立业;20 世纪 90 年代起,一些集镇居民和农村居民陆续在嘉兴等城市购房定居。另外,自改革开放后,人口流动越来越活跃,到外地经商的人口逐年增加。据 2000 年全国第五次人口普查资料统计,王江泾镇、南汇镇、田乐乡外流半年以上的户籍人口共 4189 人。2010 年的第六次全国人口普查资料反映,全镇外流半年以上的户籍人口 11287 人,其中外流在嘉兴市内 7059 人,市外省内的1498人,在省外的2730人。省外流往地较多的有江苏、上海、辽宁、湖北、四川,其次为北京、广东、安徽、陕西等,基本遍布全国各地。

第二节　人口分布

【区域分布】

根据第一次全国人口普查数据,1953年,镇域9个乡的人口共47083人(不包括嘉北沈家桥等4个村),分布为:双桥乡5698人,占全境12.1%;双阳乡4812人,占10.22%;南汇乡5140人,占10.92%;梅兴乡6798人,占14.44%;田乐乡5655人,占12.01%;东林乡5291人,占11.24%;荷花乡4806人,占10.21%;洪典乡4266人,占9.06%;虹阳乡4617人,占9.81%。2010年年底,全镇总人口79789人,分布在33个行政村和8个社区中。

1961—2000年若干年份王江泾镇人口分布情况表

表3-2

区　　域	1961年		1975年		1990年		2000年	
	人　口(人)	占全境(%)	人　口(人)	占全境(%)	人　口(人)	占全境(%)	人　口(人)	占全境(%)
王江泾镇					18378	23.07	50724	62.67
双　桥	13714	24.57	17586	23.39				
荷　花	13523	24.23	18064	24.02	19841	24.90		
虹　阳	7233	12.96	10505	13.97	10818	13.58		
南　汇	10029	17.97	13647	18.15	14343	18.00	13953	17.24
田　乐	7610	13.64	10815	14.38	11785	14.79	11932	14.74
嘉北4个村			4584	6.10	4510	5.66	4325	5.34

2010年年底王江泾镇人口分布情况表

表3-3

村、社区	户　数(户)	人　口		村、社区	户　数(户)	人　口	
		数　量(人)	占全镇(%)			数　量(人)	占全镇(%)
合　　计	22169	79789		荷花社区	117	159	0.20
闻川社区	1229	2899	3.63	虹阳社区	170	284	0.36
双桥社区	90	137	0.17	南汇社区	719	1449	1.82
王江泾社区	392	1293	1.62	新桥社区	455	1740	2.18

续表 3－3

村、社区	户数(户)	人口		村、社区	户数(户)	人口	
		数量(人)	占全镇(%)			数量(人)	占全镇(%)
田乐社区	125	182	0.23	阳城村	406	1503	1.88
东风村	726	2501	3.13	虹北村	632	2377	2.98
双桥村	1263	4272	5.35	市泾村	440	1915	2.40
范滩村	616	2521	3.60	田乐村	739	2916	3.65
腾云村	434	1661	2.08	大坝村	453	1698	2.13
古荡村	442	1665	2.09	双塔村	446	1611	2.02
西雁村	443	1684	2.11	栋梁村	396	1461	1.83
东荷村	562	2233	2.80	田青村	499	1869	2.34
民主村	443	1889	2.37	南汇村	647	2348	2.94
民和村	673	2782	3.49	华联村	787	2876	3.60
荷花村	764	3140	3.94	廊下村	756	2952	3.70
北荷村	945	3749	4.70	莫家家村	500	1846	2.31
长虹村	716	2961	3.71	红联村	468	1659	2.08
太平村	389	1614	2.02	收藏村	160	387	0.49
洪典村	520	2243	2.81	沈家桥村	463	1438	1.80
虹南村	617	2263	2.84	宇泗浜村	356	1206	1.51
虹阳村	831	3262	4.09	金鱼桥村	340	1053	1.32

【人口密度】

镇域人口密度，民国以前及民国时期无考。解放后，运河东岸南汇、荷花乡的人口密度一直高于其他区域，嘉北乡的沈家桥等 4 个村和虹阳乡处于密度低的区域。2010 年，全镇人口密度为每平方千米 626.8 人。

1961—2000 年若干年份王江泾镇人口密度情况表

表 3－4　　单位：人、人/平方千米

区域	1961 年		1975 年		1990 年		2000 年	
	人口	密度	人口	密度	人口	密度	人口	密度
王江泾镇					18374	596	50724	698
双桥	13714	454	17586	582.5				

续表 3－4

区域	1961年		1975年		1990年		2000年	
	人口	密度	人口	密度	人口	密度	人口	密度
荷花	13523	590.5	18064	789	19841	866		
虹阳	7233	382	10505	555	10818	571.5		
南汇	10029	617	13647	840	14343	882.5	13953	858.5
田乐	7610	393	10815	559	11785	609	11932	617
嘉北4个村			4584	451.5	4510	444	4325	426

【农业和非农业人口分布】

1958年11月，国家规定户口管理分为城镇、农村、集体和暂住户口，分别进行登记管理，同时规定“农业户口”和“非农业户口”的界限。从此，各公社有农业户口和非农业户口的区别。1961年，境内各集镇的非农业人口为王江泾1769人、南汇1705人、双桥281人、虹阳138人。

1984年，国务院印发《关于农民进入集镇落户问题的通知》后，1985年境内各乡镇部分农民迁离农业户口，迁入集镇办理“自理口粮”，成为非农户口。迁入王江泾镇各居委会的共有1500余人；迁入南汇镇居委会789人；迁入虹阳居委会165人；迁入田乐居委会204人；迁入荷花居委会约有600人。1987年，自理口粮户口人员又陆续迁回到原户口所在村。

1992年，根据省人民政府和嘉兴市郊区人民政府关于农民进城镇落户问题的规定，每人缴纳10000元的城镇基础设施建设费，可迁入王江泾镇各居委会，办理城镇“蓝印户口”；1995年，其他集镇办理“蓝印户口”的基础设施费降至7000元。根据1995年前后的年度集镇非农人口统计，境内共有1000余人办理蓝印户口。同年，全境总人口81234人，其中农业人口75726人，占总人口的93.22%，非农人口5508人，占总人口的6.78%。

2010年年底，全镇户籍人口79789人，其中农业人口71647人，占总人口的89.8%，非农业人口8142人，占总人口的10.2%。

1963—2000年若干年份王江泾镇农业和非农业人口分布情况表

表 3－5　　单位：人

年份	王江泾		双桥		荷花		虹阳		南汇		田乐		嘉北4个村
	农业人口	非农人口	农业人口	非农人口	农业人口	非农人口	农业人口	非农	农业人口	非农人口	农业人口	非农人口	农业人口
1963	在双桥公社		11480	2383	14424	197	7901	181	9772	1152	8312	145	
1971	在双桥公社		15386	1606	17236	345	9614	493	12043	1118	10254	142	
1978	在双桥公社		16354	1550	18069	186	10358	249	12539	1170	10901	163	4689

续表 3－5

年份	王江泾		双　桥		荷　花		虹　阳		南　汇		田　乐		嘉北4个村
	农业人口	非农人口	农业人口	非农人口	农业人口	非农人口	农业人口	非农	农业人口	非农人口	农业人口	非农人口	农业人口
1985	1017	2529	13244	951	17813	735	10075	509	11217	2574	10232	986	4339
1990	16033	2345			19057	334	10436	382	13168	1175	11541	244	4510
1995	16049	2852			20033	374	10227	469	12929	1508	11706	305	4509
2000	45363	5361							12444	1509	11932	309	4325

第三节　人口构成

【民族构成】

镇域历为汉族聚居地，少数民族人口较少。据 2000 年第五次全国人口普查统计，境内(嘉北乡沈家桥、宇四浜、收藏、金鱼桥 4 个村未计入)的常住人口(包括人在户不在人口)中，有少数民族 69 人。其中苗族 18 人、土家族 25 人、壮族 8 人、彝族 5 人、畲族 4 人，朝鲜族、黎族、土族各 2 人，满族、瑶族、白族各 1 人。据 2010 年第六次全国人口普查统计，全镇常住人口(包括人在户不在人口)中，有少数民族 458 人，其中壮族 109 人、苗族 70 人、彝族 59 人、回族 51 人、布依族 38 人、土家族 35 人、侗族 9 人、满族 7 人、其他少数民族 80 人。

【性别构成】

解放前，因社会上有“重男轻女”倾向，男女性别比例失衡。民国以前，镇域内无人口性别的记载。1928 年，王江泾警察分所辖的王江泾、渠东、梅湖、南汇、廉让等 5 个区 172 圩，总户数为 11343 户，总人口 46914 人。其中男性 24593 人，占 52.42%；女性 22321 人，占 47.58%。男女性别比为 110.18，男性明显多于女性。在总人口中，20 岁以下人口：男 10231 人、女 8802 人；21～40 岁人口：男 8904 人、女 6813 人；41 岁以上人口：男 5458 人、女 6706 人；外出人口：男 1710 人、女 522 人。

解放后，提倡男女平等，“重男轻女”思想逐步克服，男女性别比例趋向平衡。2010 年年底，全镇总人口 79789 人，其中男性 39285 人，占 49.24%；女性 40504 人，占 50.76%。

1953 年王江泾镇男女性别情况表

表 3－6

乡　别	总人数(户籍人口)(人)			占总人口的百分比(%)		性别比(女＝100)
	合　计	男	女	男	女	
双桥乡	5698	2995	2703	51.86	48.16	110.80

续表 3－6

乡　别	总人数(户籍人口)(人)			占总人口的百分比(%)		性别比(女＝100)
	合　计	男	女	男	女	
双阳乡	4812	2606	2206	54.16	45.84	118.13
梅兴乡	6798	3352	3446	49.31	50.69	97.27
南汇乡	5140	2603	2537	50.64	49.36	102.60
荷花乡	4806	2455	2351	51.08	48.92	104.42
洪典乡	4266	2127	2139	49.86	50.16	99.43
东林乡	5291	2662	2629	50.31	49.69	101.26
田乐乡	5655	2756	2899	48.74	51.26	95.07
虹阳乡	4617	2395	2222	51.87	48.13	107.79
合　计	47083	23951	23132	50.87	49.13	103.54

说明:数据来源于第一次全国人口普查资料

1964 年王江泾镇男女性别情况表

表 3－7

公　社	总人数(户籍人口)(人)			占总人口的百分比(%)		性别比(女＝100)
	合　计	男	女	男	女	
双桥公社	14102	7323	6779	51.93	48.07	108.02
虹阳公社	8194	4320	3874	52.72	47.28	88.63
南汇公社	11043	5567	5476	50.41	49.59	101.67
荷花公社	14740	7428	7312	50.39	49.61	101.59
田乐公社	8572	4301	4271	50.17	49.83	100.70
合　计	56651	28939	27712	51.08	48.92	104.43

说明:数据来源于第二次全国人口普查资料

1982 年王江泾镇男女性别情况表

表 3－8

公　社	总人数(户籍人口)(人)			占总人口的百分比(%)		性别比(女＝100)
	合　计	男	女	男	女	
双桥公社	17842	9041	8801	50.67	49.33	102.73
虹阳公社	10662	5455	5207	51.16	48.84	104.76

续表 3－8

公　　社	总人数(户籍人口)(人)			占总人口的百分比(%)		性别比(女=100)
	合　计	男	女	男	女	
南汇公社	13988	6905	7083	49.36	50.64	97.49
荷花公社	18555	9256	9299	49.88	50.12	99.54
田乐公社	11231	5600	5631	49.86	50.14	99.45
嘉北4个村	4455	2271	2184	50.98	49.02	103.99
全　　域	76733	38528	38205	50.21	49.79	100.85

说明:数据来源于第三次全国人口普查资料

1990年王江泾镇男女性别情况表

表 3－9

乡　　镇	总人数(户籍人口)(人)			占总人口的百分比(%)		性别比(女=100)
	合　计	男	女	男	女	
王江泾镇	18591	9418	9173	50.66	49.34	102.67
虹阳乡	10784	5459	5325	50.62	49.39	102.52
南汇镇	14239	7104	7135	49.89	50.11	99.57
荷花乡	19661	9752	9909	49.60	50.40	98.42
田乐乡	11708	5799	5909	49.53	50.47	98.14
嘉北4个村	4510	2274	2236	50.42	49.58	101.70
全　　域	79493	39806	39687	50.07	49.93	100.30

说明:数据来源于第四次全国人口普查资料

2000年王江泾镇男女性别情况表

表 3－10

乡　　镇	总人数(户籍人口)(人)			占总人口的百分比(%)		性别比(女=100)
	合　计	男	女	男	女	
王江泾镇	50684	25217	25467	49.75	50.25	99.02
南汇镇	13932	6902	7030	49.54	50.46	98.18
田乐乡	11965	5897	6068	49.29	50.71	97.18
嘉北4个村	4609	2274	2335	49.34	50.66	97.35
全　　域	81190	40290	40900	49.68	50.32	98.73

说明:数据来源于第五次全国人口普查资料

2010年年底王江泾镇男女性别情况表

表3-11

全镇总人数（人）			占总人口的百分比(%)		性别比（女=100）
合计	男	女	男	女	
79789	39285	40504	49.24	50.76	97.70

【年龄构成】

1928年，王江泾警察分所辖王江泾、渠东、梅湖、南汇、廉让5个区、172圩，有总人口46914人，其中20岁以下人口19033人，占总人口的40.57%；21～40岁人口15717人，占总人口的33.50%；41岁以上人口12164人，占总人口的25.93%。解放后，根据历次人口普查数据看，镇域人口年龄结构在逐步变化，从1990年和2010年两次普查的各组年龄人口对比来看，0～14岁的少年儿童从1990年的占总人口19.34%下降到2010年的13.22%；15～64岁组由1990年占比73.26%上升到76.91%；65岁以上老人组由1990年的占比7.4%上升到9.87%。

1990年王江泾镇人口年龄分布情况表

表3-12

年龄分组	人口数(常住人口)(人)			占总人口百分比(%)		
	合计	男	女	合计	男	女
总人口数	75083	37532	37451		50.05	49.95
0～14岁人口	14605	7330	7275	19.34	9.78	9.70
15～64岁人口	54929	27891	27038	73.26	37.20	36.06
65岁及以上人口	5549	2332	3217	7.40	3.11	4.29
60岁及以上人口	8555	3897	4658	11.41	5.20	6.21
80岁及以上人口	653	176	477	0.87	0.23	0.64

说明：数据来源于第四次全国人口普查资料（不含嘉北片4个村人口）

2000年王江泾镇人口年龄分布情况表

表3-13

年龄分组	人口数(常住人口)(人)			占总人口百分比(%)		
	合计	男	女	合计	男	女
总人口数	82723	40947	41776		49.50	50.50
0～14岁人口	16209	8197	8012	19.60	9.91	9.69

续表 3－13

年龄分组	人口数(常住人口)(人)			占总人口百分比(%)		
	合计	男	女	合计	男	女
15～64 岁人口	58628	29216	29412	70.87	35.32	35.55
65 岁及以上人口	7886	3534	4352	9.53	4.27	5.26
60 岁及以上人口	11145	5307	5838	13.47	6.41	7.06
80 岁及以上人口	1026	282	744	1.24	0.34	0.90

说明:①数据来源于第五次全国人口普查资料(不含嘉北片 4 个村人口);

②常住人口包括常住的户籍人口、居住半年以上的非户籍人口,不包括离开半年以上的户籍人口。(下表同)

2010 年王江泾镇人口年龄分布情况表

表 3－14

年龄分组	人口数(常住人口)(人)			占总人口百分比(%)		
	合计	男	女	合计	男	女
总人口	111121	56862	54259		51.17	48.83
0～14 岁人口	14685	7758	6927	13.22	6.99	6.23
15～64 岁人口	85463	43888	41575	76.91	39.50	37.41
65 岁及以上人口	10973	5216	5757	9.87	4.69	5.18
60 岁及以上人口	16209	7779	8430	14.59	7.00	7.59
80 岁及以上人口	2148	789	1359	1.93	0.71	1.22

说明:数据来源于第六次全国人口普查资料

【文化构成】

中华人民共和国成立前,镇域居民受到文化教育的人口一直很少,具体无资料记载。1949 年后,教育事业发展迅速,文化教育在农村逐渐普及。根据 1982 年、2000 年、2010 年的人口普查,镇域 6 岁以上居民受教育人口(小学以上)分别占 58.1%、88.04%、89.85%。

1982 年王江泾镇居民受教育程度情况表

表 3－15　　单位:人、%

公社	总人口	6 岁及 6 岁以上人口	文盲、半文盲人口	受教育人口				
				小学	初中	高中	大学	合计
双桥公社	17842	16594	5144	7368	3219	842	21	11450

续表 3-15

公　　社	总人口	6岁及6岁以上人口	文盲、半文盲人口	受教育人口				
				小　学	初　中	高　中	大　学	合　计
虹阳公社	10662	9840	4038	4052	1390	359	1	5802
南汇公社	13988	12909	5098	4866	2163	751	31	7811
荷花公社	18555	17224	6727	7283	2646	566	2	10497
田乐公社	11231	10406	4137	4092	1751	423	3	6269
嘉北4个大队	4455	4175	1388	1906	772	109		2787
全域合计	76733	71148	26532	29567	11941	3050	58	44616
占6岁以上人口的百分比			37.29	41.56	16.78	4.29	0.08	
占总人口的百分比								58.14

说明：数据来源于第三次全国人口普查资料

2000年王江泾镇居民受教育程度情况表

表 3-16　　单位：人、%

乡　镇	总人口	6岁及6岁以上		未上过学人口		扫盲班人口		小　学		初　中		高　中		中　专		大　专		大学本科	
		人数	占比	人数	占比	人数	占比	人数	占比	人数	占比	人数	占比	人数	占比	人数	占比	人数	占比
王江泾镇	55279	51666	93.46	4452	8.61	1380	2.6	25982	50.29	17029	32.96	1911	3.70	692	1.34	173	0.33	47	0.09
南汇镇	14237	13367	93.92	1567	11.72	323	2.42	6180	46.23	4548	34.02	556	4.16	133	1.0	56	0.42	4	0.03
田乐乡	13307	12512	94.03	1144	9.14	409	3.27	6065	53.02	4385	35.05	393	3.14	81	0.65	35	0.28		
合　计	82823	77545	93.63	7163	9.23	2112	2.72	38227	49.30	25962	33.48	2860	3.69	906	1.24	264	0.34	51	0.07

说明：①数据来源于第五次全国人口普查资料；

②此表中数据为常住人口数，下表同

2010年王江泾镇居民受教育程度情况表

表3-17　　单位：人、%

总人口	6岁及6岁以上		未上过学人口		小　学		初　中	
	人　数	占总人口的百分比	人　数	占6岁及以上的百分比	人　数	占6岁及以上的百分比	人　数	占6岁及以上的百分比
111121	105166	85.03	10681	10.15	35903	34.14	49489	47.05
	高　中		大学专科		大学本科		硕士研究生	
	人　数	占6岁及以上的百分比	人　数	占6岁及以上的百分比	人　数	占6岁及以上的百分比	人　数	占6岁及以上的百分比
	7166	6.82	1440	1.37	475	0.46	8	0.01

说明：数据来源于第六次全国人口普查资料

【职业构成】

解放前和解放初，镇域居民多务农，少数居民从事手工业、商业、家庭丝织业或渔业。20世纪60年代起，社、队工业逐步发展，80年代实行家庭联产承包责任制后，家庭工业和个私企业的发展，从事工业、商业、交通运输业、服务业的居民快速增长，据1982年、2000年、2010年人口普查资料，农林牧渔的从业人员在总人口中的占比，从1982年的72.42%，下降到2010年的6.13%，制造业的从业人员在总人口中的占比从1982年的17.63%，提高到2010年的59.08%。

1982年王江泾镇域在业人口情况表

表3-18　　单位：人、%

行　业　分　类	双桥公社	虹阳公社	南汇公社	荷花公社	田乐公社	在业人口合　计	占在业人口百分比
农牧林渔业	8742	5840	6556	9771	6664	37573	72.42
制造业	2486	963	2077	1787	1591	8904	17.63
建筑业	239	128	425	1126	287	2205	4.5
交通运输邮电通信业	74	40	17	58	73	262	0.52
商业饮食物资供销仓储业	524	145	331	180	141	1320	1.75
公用事业管理和居民服务	47	5	17	10	11	90	0.18
卫生体育和社会福利事业	85	46	122	54	38	345	0.67
教育、文化艺术事业	139	66	140	97	97	539	1.07
科学研究和综合工作	24	1		2	6	33	0.07

续表 3－18

行　业　分　类	双桥公社	虹阳公社	南汇公社	荷花公社	田乐公社	在业人口合　计	占在业人口百分比
金融、保险业	23	9	18	7	7	64	1.3
国家机关政党和群众团体	54	23	27	22	32	158	3.1
在业人口合计	12437	7266	9730	13114	8947	51494	
总人口	17842	10662	13988	18555	11231		

说明:资料来源于第三次全国人口普查资料

2000 年王江泾镇在业人口情况表

表 3－19

行　业　分　类	在业人口(人)	占在业总人口的百分比(%)
农、林、牧、渔业	1388	25.78
制造业	2633	48.02
电力煤气及水的生产和供应业	34	0.63
建筑业	185	3.37
地质勘查业、水利管理业	4	0.07
运输、仓储及邮电通信业	204	3.79
批发和零售贸易、餐饮业	718	13.34
金融、保险业	12	0.22
社会服务业	115	2.14
卫生、体育和社会福利业	28	0.52
教育、文化艺术及广播电影电视业	73	1.36
国家机关、党政机关和社会团体	49	0.91
在业人口合计	5384	

说明:数据来源于第五次全国人口普查资料,此表为 10%户的长表普查数据

2010 年王江泾镇在业人口情况表

表 3－20

行　业　分　类	在业人口(人)	占在业总人口的百分比(%)
农、林、牧、渔业	452	6.13
制造业	4355	59.08
电力、燃气及水的生产和供应业	45	0.61

续表 3－20

行　业　分　类	在业人口(人)	占在业总人口的百分比(%)
建筑业	659	8.94
交通运输、仓储和邮政业	297	4.03
信息传输、计算机服务和软件业	24	0.33
批发和零售业	1024	13.89
住宿和餐饮业	122	1.66
金融业	10	0.16
租赁和商务服务业	54	0.73
房地产业	21	0.28
科学研究、技术服务和地质勘查业	4	0.05
水利、环境和公共设施管理业	16	0.22
居民服务和其他服务业	135	1.83
教育	35	0.47
卫生、社会保障和社会福利业	19	0.28
文化、体育和娱乐业	24	0.33
公共管理和社会组织	75	10.02
在业人口合计	7371	

说明：数据来源于第六次全国人口普资料，此表为10%户的长表普查数据

【家庭构成】

清代前，镇域居民在家庭结构中盛行大家庭制，其中一户人家三世同堂、四世同堂的不在少数。民国时期，家庭规模逐步缩小。1928年嘉兴县每户平均4.5人，王江泾警察分所辖区共11376户，人口45914人，每户平均4.12人。

解放后，随着经济的发展，年龄结构发生变化，实行计划生育后，城乡家庭规模逐步趋向小型化。家庭二代户、三代户组成占大多数，四世同堂已较少，五世同堂的家庭逐步消失。根据历次人口普查，镇域居民家庭构成情况如下：

1953年王江泾镇家庭户构成情况表

表 3－21

乡　别	总人口(人)	户　数(户)	平均每户(人)	乡　别	总人口(人)	户　数(户)	平均每户(人)
双阳乡	4812	1569	3.06	虹阳乡	4617	1323	3.45
双桥乡	5698	1298	4.39	南汇乡	5140	1321	3.89

续表 3－21

乡　　别	总人口（人）	户　数（户）	平均每户（人）	乡　别	总人口（人）	户　数（户）	平均每户（人）
梅兴乡	6798	1781	3.82	东林乡	5291	1565	3.38
田乐乡	5655	1560	3.63	洪典乡	4266	1144	3.73
荷花乡	4806	1280	3.75	9 个乡合计	47083	12841	3.67

说明：数据来源于第一次全国人口普查资料（不含嘉北 4 个村数据）

1964 年王江泾镇家庭户构成情况表

表 3－22

公　　社	总人口（人）	户　数（户）	平均每户（人）	公　社	总人口（人）	户　数（户）	平均每户（人）
双桥公社	14102	3582	3.94	荷花公社	14740	3712	3.97
虹阳公社	9094	2233	3.67	田乐公社	8572	2375	3.61
南汇公社	11043	3023	3.65	5 社合计	57551	14925	3.86

说明：数据来源于第二次全国人口普查资料（不含嘉北 4 个村数据）

1990 年王江泾镇家庭户构成情况表

表 3－23

乡　　镇	总人口（人）	户　数（户）	平均每户（人）	乡　镇	总人口（人）	户　数（户）	平均每户（人）
王江泾镇	18122	5416	3.35	田乐乡	11679	3308	3.53
虹阳乡	10711	3019	3.55	嘉北 4 个村	4510	1389	3.25
南汇镇	14144	4050	3.49	全　域	78827	22409	3.52
荷花乡	19661	5227	3.76				

说明：数据来源于第四次全国人口普查资料

2000 年王江泾镇域家庭户构成情况表

表 3－24

王江泾镇			南汇镇			田乐乡			合　　计		
人口（人）	户数（户）	平均每户（人）	人口（人）	户数（户）	平均每户（人）	人口（人）	户数（户）	平均每户（人）	人口（人）	户数（户）	平均每户（人）
53233	14621	3.64	13772	3936	3.50	11964	3066	3.90	78969	21623	3.65

说明：数据来源于第五次全国人口普查资料

2000 年王江泾镇域家庭户规模情况表

表 3－25

种　类	王江泾镇		南汇镇		田乐乡		合　计	
	户　数（户）	占总户数的百分比（%）	户　数（户）	占总户数的百分比（%）	户　数（户）	占总户数的百分比（%）	户　数（户）	占总户数的百分比（%）
一人户	1126	7.70	340	8.64	155	5.06	1621	7.52
二人户	2140	14.64	745	18.93	442	14.42	3327	15.39
三人户	3682	25.18	949	24.11	654	21.33	5285	24.44
四人户	3402	23.27	850	21.60	682	22.24	4934	22.82
五人户	2877	19.68	690	17.53	702	22.90	4269	19.74
六人户	1114	7.62	304	7.72	321	10.47	1739	8.04
七人户	206	1.41	46	1.17	88	2.87	340	1.57
八人户	54	0.37	10	0.25	18	0.59	82	0.38
九人户	3	0.02	1	0.03	3	0.10	7	0.03
十人及以上户	17	0.12	1	0.03	1	0.03	19	0.08
总户数	14621		3936		3066		20623	

说明：数据来源于第五次全国人口普查资料（不含嘉北 4 个村数据）

2000 年王江泾镇域家庭同堂代数情况表

表 3－26

乡　镇	王江泾镇		南汇镇		田乐乡		合　计	
	户　数（户）	占总户百分比（%）	户　数（户）	占总户百分比（%）	户　数（户）	占总户百分比（%）	户　数（户）	占总户百分比（%）
一代户	3016	20.63	1001	25.43	536	17.48	4553	21.06
二代户	5689	38.91	1577	40.07	1141	37.21	8407	38.88
三代户	5542	37.9	1252	31.81	1252	40.83	8046	37.21
四代户	374	2.56	106	2.69	137	4.47	617	2.85

说明：数据来源于第五次全国人口普查资料

第四节　姓　氏

【姓氏数量】

根据 2010 年 12 月王江泾镇户口在册人口统计，全镇有 329 个姓氏，绝大部分是单姓，复姓仅 2 个。其中 4000 人以上的姓氏 5 个，分别为：张姓 5818 人，占总人口的 7.28%；沈姓 5067 人，占 6.34%；吴姓 4203 人，占 5.26%；王姓 4175 人，占 5.22%；陈姓 4004 人，占 5.01%。4000 人以下 2000 人以上的姓氏 5 个，为杨、李、朱、徐、陆；2000 人以下 1000 人以上的姓氏 12 个，为金、周、顾、钱、莫、卜、唐、凌、俞、史、于、计；1000 人以下 500 人以上的姓氏 16 个；500 人以下 100 人以上的姓氏 47 个；100 人以下的姓氏 244 个。

2010 年王江泾镇 100 人以上姓氏情况表

表 3－27　　　　　　　　　　　　　　　　　　　　　　　　　　单位：人

排序	姓氏	人数	排序	姓氏	人数	排序	姓氏	人数	排序	姓氏	人数	排序	姓氏	人数
1	张	5818	18	凌	1170	35	高	572	52	施	274	69	钟	166
2	沈	5067	19	俞	1143	36	刘	557	53	赵	273	70	殷	165
3	吴	4203	20	史	1109	37	董	551	54	严	269	71	万	161
4	王	4175	21	于	1103	38	马	532	55	曹	262	72	夏	158
5	陈	4004	22	计	1012	39	潘	497	56	梁	262	73	方	154
6	杨	2802	23	陶	951	43	倪	454	57	毛	258	74	郭	147
7	李	2542	24	胡	905	41	范	453	58	褚	257	75	袁	146
8	朱	2536	25	黄	872	42	孟	415	59	罗	230	76	任	143
9	徐	2506	26	仲	842	43	丁	394	60	冯	230	77	姜	140
10	陆	2063	27	姚	800	44	费	388	61	诸	215	78	邵	140
11	金	1845	28	盛	719	45	何	382	62	郁	200	79	崔	136
12	周	1571	29	蒋	712	46	阮	363	63	宋	197	80	郑	128
13	顾	1569	30	戴	689	47	章	343	64	汪	192	81	堵	121
14	钱	1479	31	许	676	48	谢	336	65	吕	186	82	储	120
15	莫	1461	32	孙	675	49	薛	305	66	魏	181	83	龚	106
16	卜	1397	33	汝	656	50	汤	304	67	林	178	84	戚	103
17	唐	1388	34	钮	603	51	叶	303	68	邱	178	85	孔	100

说明：数据来源于各村统计上报

100 人以下的姓氏 244 个，根据各姓氏的人数，从多至少排列，依次为：鲍、怀、卢、平、寿、於、苏、庞、江、柳、程、傅、鲁、茹、洪、田、贝、葛、邹、余、韩、石、项、符、杜、屠、缪、包、干、翁、景、萧、尹、祝、商、边、邓、山、房、乐、樊、焦、单、梅、茅、彭、舒、童、路、吉、党、秦、詹、刑、付、曾、桑、左、尤、庄、柏、熊、祁、劳、纪、齐、秋、贡、颜、华、成、雷、谭、桂、过、季、柴、段、来、白、韦、车、赖、束、康、岳、毕、卞、荀、嵇、楼、窦、贺、欧、杭、邬、奚、言、闻、解、文、应、藏、龙、宣、初、蒲、伍、衡、戎、咸、占、常、聂、滕、巫、温、禹、仇、耿、向、虞、查、管、浦、乔、裘、摩、赏、昌、步、贾、卿、冉、易、宗、支、封、甘、屈、柯、候、代、阚、娄、池、关、覃、喻、苗、黎、从、蒯、谈、游、谷、洋、时、台、吾、饶、梅、胥、妞、裴、普、沃、晏、种、仓、但、弗、栾、郎、全、靳、花、芮、佘、彦、鄢、翟、竺、祖、鉏、谌、官、亢、稽、穆、闵、牛、南、武、闫、锺、楮、银、丰、茶、笪、伏、富、篮、操、艾、安、巩、眭、钦、树、郜、席、化、霍、赫、问、荣、茆、密、母、尚、殳、沙、首、司、省、舍、礼、冷、骆、辛、莘、伊、阎、强、泰、甄、战、卓、印、阳、欧阳、申屠。

【姓氏分布】

在全镇329个姓氏中，部分姓氏的分布较为集中，一个行政村或自然村数百人同一个姓氏的现象较为普遍。仅分列全镇同一姓氏人数超过4000人、2000人、1000人的22个大姓的分布情况。

4000人以上的姓氏主要分布　张姓：荷花村536人、南汇村472人、虹北村425人、廊下村367人、北荷村367人、双桥村287人、华联村212人；沈姓：南汇村344人、民和村287人、西雁村277人、大坝村228人、红联村221人、华联村216人、民主村216人、双桥村213人、南汇社区208人；吴姓：廊下村474人、田青村330人、双桥村329人、民和村322人、洪典村263人、东荷村223人；王姓：民和村458人、北荷村321人、长虹村297人、虹南村244人、闻川社区207人；陈姓：虹阳村497人、东风村352人、华联村297人、廊下村219人、虹南村207人、古荡村203人。

2000人以上的姓氏主要分布　杨姓：虹阳村316人、北荷村216人、虹南村155人、沈家桥村155、双桥村154人；李姓：双塔村324人、栋梁村175人、民和村156人；朱姓：廊下村290人、虹阳村215人、洪典村208人、田青村183人、虹南村157；徐姓：莫家甸村220人、洪典村176人、双桥村156人、北荷村156人；陆姓：民主村234人、廊下村198人、范滩村162人。

1000人以上的姓氏主要分布　金姓：北荷村279人、廊下村146人、华联村141人、市泾村138人；周姓：东荷村152人、虹阳村144人；顾姓：民主村201人、田乐村175人、双桥村169人；钱姓：范滩村291人、市泾村111人；莫姓：长虹村318人、洪典村247人、东荷村200人；卜姓：田乐村543人、虹阳村212人、虹南村124人；唐姓：洪典村224人、虹北村176人；凌姓：栋梁村197人、大坝村154人、双塔村144人、民和村136人；俞姓：红联村250人、莫家甸村201人；史姓：田乐村192人、栋梁村186人、田青村160人、廊下村115人；于姓：东荷村564人；计姓：华联村266人、范滩村210人。

【名门望族】

北宋末年，由于战乱等原因，大批中原地带的达官贵族迁居王江泾，并相对集中居住，因此，王江泾的名门望族甚多。据《嘉兴明清望族疏证》等史料记载，境内明、清时期的望族简介如下。

闻人氏　宋以前即有闻人氏居嘉兴闻湖。明洪武初年，因明太祖朱元璋注目江南富户，举族避迁余姚。闻人氏名人有闻人颖立、闻人茂德、闻人耆年、闻人规、闻人宏等。

廊下盛氏　其先祖为广陵（今江苏扬州）人。北宋靖康末年，扈跸南渡。初居临安（今杭州)，后徙居嘉兴南汇廊下，盛辕为嘉兴盛氏之始迁祖。自盛辕后三代起，盛誉起为闻湖西派，盛敬为闻湖东派。盛氏闻湖东派十传至盛万年，始迁居嘉兴城北门香严浜，西派居乡间廊下。盛氏名人有盛周、盛万年、盛民誉、盛世佐、盛沅、盛藻、盛枫、盛支焯、盛支炳、盛善持、盛时霖、盛大镛、盛世绮、盛由、盛完、盛誉、盛茂、盛寔、盛士表、盛子邺、盛大镛等。

雁湖陶氏　原籍浔阳(今江西九江)。南宋建炎年间，陶观随宋高宗南渡，奉命屯戍秀州抵御金兵，落户于金桥(今王江泾镇金桥自然村)，世代任武职。传至陶菊隐，时值南宋德祐元年(1275)，元兵南侵，陶菊隐奉诏勤王起兵抗元，兵败家毁。宋亡后，义不臣元，隐居在王江泾镇上，筑“忠孝堂”以明志；又艺菊千本，因以为号。后举家迁往杭州。元末，陶菊隐子维一、维义从杭州返居雁湖。再数传至清代，其后裔陶薰迁居青浦金泽，陶薰弟陶甄分居于嘉善西塘。清末，陶模(曾任两广总督)一房迁居嘉兴南门报忠埭(今斜西街)。雁湖陶氏名人有陶造图、陶俨、陶煦、陶照、陶谟、陶朗先、陶模、陶熙、陶九韶、陶廷锦、陶涵中、陶学瞻、陶玉珂等。

甸上陶氏　明末，雁湖(即王江泾镇上)陶氏的一支分居甸上。中华人民共和国成立前，有陶氏后裔迁往台湾。甸上陶氏名人有陶世仁、陶琯、陶琳、陶馥、陶馨、陶一鸣、陶崇信、陶元镛、陶诗言等。

南汇沈氏　长溪(今南汇)沈氏，其先祖汴州(今开封)人。北宋南渡后，居会稽(今绍兴)，不久徙居华亭之七保。元末，有庭芝者自华亭徙嘉兴迁善乡。其子沈瑾始赘秀水思贤乡之长溪，为长溪沈氏之祖。另有一种说法是，沈氏于明代迁居南汇，始迁祖为沈度。多洛肯《明代浙江进士研究》载，“三世进士”全国有60例，浙江就有14例，沈氏是其中之一。沈氏名人有沈谧、沈启源、沈自邠、沈德符等。

闻川计氏　先世籍隶吴江。清初计东(字甫草)寄籍秀水王江泾，其后裔候选都司昭武公计鉴正式入籍王江泾。计氏名人有计楠、计标、计光炘、计光耀、计光炤、计光焕、计埰、计珠仪、计珠蓉、计芬、计城等。

墅泾卜氏　先世原籍河南获嘉。元至正年间，卜官三始赘居嘉兴秀水之思贤乡三十三都上保必暑字圩之萧陈湖(今田乐村田禾浜)，为嘉兴卜氏之始祖。其后裔有迁居平湖者。卜氏名人有卜宗洛、卜大同、卜大有、卜大顺、卜陈彝、卜五典、卜万祺、卜二南、卜长生、卜雨、卜蒙、卜曰谋等。

闻川王氏　王周，嘉善人，赘于秀水王江泾。屡试不第，家雁湖之滨。后世名人有王倖、王锡命、王明福、王士珠等。

南汇蒋氏　清代后期望族。名人有蒋人彦、蒋潮宗、蒋可宗、蒋长林、蒋志新等。

第五节　长寿老人

解放前，因生活水平和医疗水平不高等原因，镇域长寿老人颇少。解放后，随着医疗卫生和社会保障事业的发展，居民平均寿命提高，长寿老人不断增多。至2010年年底，根据各村统计，全镇90岁以上在世老人共有124人，其中男16人，占12.9%，女108人，占87.1%；90岁以上已故老人139人，其中男28人，占20.14%，女111人，占79.86%。

王江泾镇90岁以上老人情况表

表3－28　（截至2010年12月31日）

序号	姓　名	性　别	年龄(岁)	出生年月	家　庭　住　址
1	周阿妹	女	101	1909.6	华联村23组
2	孔二宝	女	101	1909.7	沈家桥村18组
3	蒋兰珍	女	99	1911.9	腾云村杨柳港12号
4	张阿香	女	97	1913.5	古塘村杨家浜2号
5	莫金宝	女	97	1913.10	虹北村尖墩角
6	徐大宝	女	97	1913.11	民和村金家浜37号
7	郑吟芬	女	96	1914.6	古塘村长条港1号
8	沈桂宝	女	96	1914.3	长虹村7组
9	卜凤珠	女	95	1915.10	田乐村田乐浜东17号
10	陈大宝	女	95	1915.12	田乐村田乐浜14号
11	卜三娜	女	95	1915.12	田乐村沈家浜1号
12	陶二宝	女	95	1915.11	虹阳村杨荡湾90号
13	肖阿中	女	95	1915.11	市泾村3组
14	王桂宝	女	95	1915.4	东风村24组
15	李阿龙	女	94	1916.3	虹阳村东埭37号
16	于龙宝	女	94	1916.2	东荷村12组
17	吴龙宝	女	94	1916.3	东荷村7组
18	蒋龙宝	女	94	1916.7	范滩村杨柳港4号
19	张四宝	女	94	1916.2	民和村北漾埭28号
20	张富宝	女	94	1916.5	双桥村39组
21	曹必芳	女	94	1916.7	闻川社区新友谊公寓
22	金晓金	女	93	1917.10	双塔村东潜
23	王二宝	女	93	1917.7	双塔村西潜
24	严大宝	女	93	1917.5	双桥村11组
25	沈桂宝	女	93	1917.2	虹南村27组
26	徐金宝	女	93	1917.11	北荷村港南埭65号
27	王文香	女	93	1917.4	东风村河泥浜24号
28	潘三宝	女	93	1917.4	东荷村14组

续表 3－28

序号	姓 名	性 别	年龄(岁)	出生年月	家 庭 住 址
29	钱三宝	女	93	1917.11	洪典村董家浜 26 号
30	康米囡	女	93	1917.4	收藏村
31	朱阿连	男	93	1917.11	南汇村 24 组
32	吴连宝	女	93	1917.7	民和村化城浜 22 号
33	吴四宝	女	93	1917.9	民和村化城浜 7 号
34	顾泳华	女	93	1917.6	南汇社区东大街 40 号
35	严大宝	女	93	1917.5	双桥村 11 组
36	李北龙宝	女	93	1917.11	栋梁村戴方港
37	金龙珠	女	93	1917.11	市泾村 3 组
38	吴阿掌	女	93	1917.8	市泾村 9 组
39	于大宝	女	93	1917.9	华联村 11 组
40	张培春	男	92	1918.9	阳城村
41	陈来宝	女	92	1918.1	阳城村
42	唐传金	女	92	1918.2	民主村 11 组
43	卜有宝	女	92	1918.12	虹南村 11 组
44	吴芝芬	女	92	1918.5	虹南村 17 组
45	陈阿凤	女	92	1918.5	虹南村 16 组
46	鲍福英	女	92	1918.12	北荷村港南埭 6 号
47	李二宝	女	92	1918.5	东风村里家湾 26 号
48	顾李宝	女	92	1918.6	东风村黄家楼 11 号
49	陈仁宝	女	92	1918.2	西雁村油东浜
50	陈来宝	女	92	1918.8	西雁村北城浜
51	凌大妹	女	92	1918.12	东荷村 12 组
52	顾阿巧	女	92	1918.11	东荷村 16 组
53	蒋金宝	女	92	1918.5	红联村
54	徐龙宝	女	92	1918.11	红联村
55	郭阿三	女	92	1918.3	宇泗浜 1 组
56	李阿文	女	92	1918.9	大坝村史家路
57	唐金宝	女	92	1918.8	民和村北漾埭 26 号

续表 3－28

序号	姓　名	性　别	年龄(岁)	出生年月	家　庭　住　址
58	陆大宝	女	92	1918.8	腾云村石家浜 38 号
59	商三宝	女	92	1918.2	双桥村 10 组
60	高阿妹	女	92	1918.4	荷花村西浜 1 号
61	吴大妹	女	92	1918.10	双塔村东潜
62	徐金宝	女	92	1918.2	洪典村唐浜东 2 号
63	陆二宝	女	92	1918.7	田青村田西港 112 号
64	汤大宝	女	91	1919.11	北荷村河池浜 1 号
65	周银香	女	91	1919.1	东风村吴家浜 24 号
66	戴龙宝	女	91	1919.1	莫家甸村 10 组
67	沈桂宝	女	91	1919.11	虹北村尖墩角
68	王梦贤	男	91	1919.11	虹北村长浜
69	鈕永春	男	91	1919.10	虹阳村南村 26 组
70	于宝宝	女	91	1919.1	东荷村 3 组
71	夏掌生	男	91	1919.10	荷花社区
72	傅二娜	女	91	1919.1	南汇村 18 组
73	张阿文	女	91	1919.12	大坝村南秋
74	沈玉英	女	91	1919.1	南汇社区东大街 84 号
75	刘光汉	男	91	1919.9	南汇社区东大街 124 号
76	王小宝	女	91	1919.12	南汇社区新街 25 号
77	沈大宝	女	91	1919.8	腾云村龙抢珠 11 号
78	莫金荣	男	91	1919.12	腾云村腾云桥 38 号
79	孟金林	男	91	1919.9	市泾村 9 组
80	盛阿妹	女	91	1919.1	华联村 1 组
81	史三宝	女	91	1919.1	双塔村西潜
82	盛阿羊	女	91	1919.4	民主村 3 组
83	朱好仁	女	91	1919.7	田青村田西港 88 号
84	朱三宝	女	91	1919.11	田青村田西港 85 号
85	莫大阿仁	女	91	1919.12	长虹村 12 组
86	杨阿金	女	90	1920.1	阳城村

续表 3－28

序号	姓　名	性　别	年龄(岁)	出生年月	家　庭　住　址
87	陈三娜	女	90	1920.12	阳城村
88	金宝娜	女	90	1920.3	市泾村 3 组
89	徐小水	男	90	1920.10	虹南村 27 组
90	潘大宝	女	90	1920.7	虹南村 26 组
91	杜爱照	女	90	1920.11	东风村长浜 70 号
92	高小宝	女	90	1920.12	东风村外蒋湾 19 号
93	孙尚慧	女	90	1920.2	虹阳社区
94	诸凤英	男	90	1920.7	虹北村尖墩角
95	潘七宝	女	90	1920.12	虹北村尖墩角
96	张有琳	男	90	1920.7	虹北村尖墩角
97	陈三宝	女	90	1920.1	虹阳村杨家湾 79 号
98	陈七宝	女	90	1920.12	虹阳村东蒋 43 号
99	阮桂宝	女	90	1920.11	虹阳村南埭 1 号
100	李阿宝	女	90	1920.7	虹阳村南村 26 号
101	苏好妹	女	90	1920.9	洪典村
102	于五成	男	90	1920.12	洪典村
103	吴仁宝	女	90	1920.7	红联村
104	黄七妹	女	90	1920.5	荷花村蜡烛浜 15 号
105	张小八	男	90	1920.11	南汇村 25 组
106	陈小四	男	90	1920.7	大坝村南秋
107	李白妹	女	90	1920.7	大坝村史家路
108	顾阿四	男	90	1920.2	腾云村寺前村 29 号
109	莫桂荣	男	90	1920.12	腾云村腾云桥 21 号
110	丁慧珍	女	90	1920.2	双桥村 21 组
111	沈娥宝	女	90	1920.7	双桥村 17 组
112	高兴宝	女	90	1920.6	双桥村 1 组
113	杨二宝	女	90	1920.5	栋梁村西埂
114	孟爱宝	女	90	1920.1	市泾村 9 组
115	储金宝	女	90	1920.11	市泾村 9 组

续表 3－28

序号	姓　名	性　别	年龄(岁)	出生年月	家　庭　住　址
116	陈阿妹	女	90	1920.12	华联村 32 组
117	王阿娜	女	90	1920.2	闻川社区一里街 287 号
118	周文贤	女	90	1920.10	闻川社区东菜场路
119	计杏珠	女	90	1920.11	闻川社区东菜场路
120	陈瑞华	女	90	1920.12	廊下村 15 组
121	倪仁宝	女	90	1920.4	田青村青字 92 号
122	黄阿金	女	90	1920.11	田青村奈子 18 号
123	沈爱花	女	90	1920.1	北荷村唐家路 92 号
124	高阿妹	女	90	1920.12	长虹村 9 组

王江泾镇 90 岁以上已故老人情况表

表 3－29　（截至 2010 年 12 月 31 日）

序号	姓　名	性　别	享年(岁)	生　卒　年　月	生　前　住　址
1	莫八妹	女	103	1887.5—1990	长虹村 1 组
2	沈小妹	女	101	1901.3—2002.3	虹北村尖墩角
3	陆大宝	女	100	1907.12—2007.10	华联村 28 组
4	吴寒宝	女	99	1886.9—1985.12	阳城村
5	毛金宝	女	99	1903.3—2002	东荷村
6	周巧英	女	99	1911.9—2010.12	南汇村 1 组
7	倪四宝	女	99	1891.11—1990.4	西雁村
8	沈阿大	女	99	1906.6—2005.2	廊下村 6 组
9	仲来宝	女	98	1911.6—2009.10	虹北村尖墩角
10	潘关兴	男	98	1912.4—2010	东荷村 11 组
11	吴阿娜	女	98	1906.3—2004.3	太平村 6 组
12	陈秀珠	女	98	1906.3—2004.3	闻川社区闻川路 138 号
13	朱五宝	女	98	1904.12—2002	东荷村 12 组
14	沈大宝	女	97	1912.2—2009.5	莫家甸 1 组
15	胡梅观	女	97	1913.5—2010.10	华联村 25 组
16	陈四宝	女	97	1906.6—2003.2	阳城村

续表 3－29

序号	姓　名	性　别	享年(岁)	生　卒　年　月	生　前　住　址
17	蔡阿大	女	97	1909.10—2006.4	虹南村 5 组
18	冯小妹	女	97	1910.12—2007.5	虹北村仲家坝
19	金大宝	女	97	1906.11—2003.8	民和村金家浜 30 号
20	李仁林	男	96	1912.2—2008.11	双塔村
21	唐阿二	女	96	1914.1—2010.3	田乐村上合路南 11 号
22	钱碧英	女	96	1912.12—2008.10	闻川社区东菜场 1 号
23	周凤仙	女	96	1910.8—2006.4	虹南村 26 组
24	钱长友	男	96	1914.10—2010.11	东风村 12 组
25	莫大观	男	96	1911.2—2007.11	民主村 6 组
26	唐香花	女	96	1913.12—2009.3	田乐村北家港 3 号
27	王老太	女	96	1907.9—2003.8	西雁村北城浜
28	周三观	男	96	1906.9—2002.2	市泾村 12 组
29	吴凤宝	女	96	1914.9—2010.4	新桥社区 18 组
30	俞小妹	女	95	1904.5—1999.2	莫家甸村 9 组
31	陈二宝	女	95	1915.10—2010	收藏村
32	吴小娜	女	95	1913.5—2008.6	阳城村
33	殷大宝	女	95	1911.3—2006.3	虹南村 1 组
34	吴阿五	女	95	1910.6—2006.1	阳城村
35	杨阿妹	女	95	1908.2—2003.11	莫家甸 13 组
36	丁士康	男	95	1914.9—2009.2	荷花社区
37	陈四宝	女	95	1914.12—2009	廊下村
38	王三宝	女	95	1905—2000.1	民主村 9 组
39	沈阿金	女	95	1915.11—2010	东荷村 12 组
40	朱阿大	女	94	1891.3—1985.12	阳城村
41	王和尚	男	94	1889.9—1983.11	虹北村马庵浜
42	龚龙宝	女	94	1916.10—2010.12	南汇村 14 组
43	鲁阿花	女	94	1915.4—2009.8	东风村 16 组
44	吴阿三	女	94	1915.4—2009.8	阳城村
45	许阿荣	女	94	1916.10—2010	栋梁村东埂

续表 3－29

序号	姓　名	性　别	享年(岁)	生　卒　年　月	生　前　住　址
46	蒋咬弟	女	94	1915.8—2009.1	新桥社区 1 组
47	严大宝	女	94	1900.12—1994.1	东风村 19 组
48	潘爱宝	女	94	1906.10—2000.6	虹北村钱家地
49	沈阿金	女	94	1912.7—2006.1	市泾村 8 组
50	汝仁龙	男	94	1914.10—2008.9	市泾村 10 组
51	张五宝	女	93	1910.9—2003.9	虹北村尖墩角
52	沈大宝	女	93	1914.1—2007.6	西雁村龚家湾
53	沈大宝	女	93	1907.2—2000.3	西雁村
54	陈阿泉	女	93	1915.7—2008.2	西雁村楼下浜
55	吴美玉	女	93	1917.7—2010.1	华联村 22 组
56	魏好哪	女	93	1916.4—2009.12	阳城村
57	吴菊英	女	93	1913.10—2007.1	闻川社区闻川路 138 号
58	姚永兴	男	93	1915.10—2008.12	东风村 19 组
59	徐金宝	女	93	1915.10—2008.9	太平村 12 组
60	李来宝	女	93	1917.3—2010.4	新桥社区 3 组
61	王二宝	女	93	1908.7—2001.12	民主村 8 组
62	蒋宝生	男	93	1917.10—2010.12	民主村 5 组
63	莫阿三	女	93	1911.4—2004.7	长虹村 12 组
64	沈大娜	女	93	1897.8—1990.10	阳城村
65	沈小娜	女	93	1897—1900.4	虹南 19 组
66	陈四宝	女	93	1910.4—2003.2	东风村 22 组
67	计宝来	男	93	1905.10—1998.7	东风村 20 组
68	诸二娜	女	93	1916.12—2009.7	虹北村尖墩角
69	沈阿二	男	93	1916.9—2009.8	宇泗浜村 4 组
70	周大宝	女	93	1907.9—2000.3	收藏村
71	王连珍	女	92	1907.1—1999.12	虹北村马庵浜
72	曹二宝	女	92	1907.1—1999.12	虹北村万家浜
73	陆二宝	女	92	1901.12—1993.12	虹北村寺东埭
74	郑二宝	女	92	1916.2—2008.12	宇泗浜村 2 组

续表 3－29

序号	姓　名	性　别	享年(岁)	生　卒　年　月	生　前　住　址
75	宋阿龙	女	92	1917.2—2009.11	市泾村 9 组
76	王秀珍	女	92	1918.3—2010.10	闻川社区一里街 104 号
77	张四宝	女	92	1915.2—2007.8	虹南村 1 组
78	沈二娜	女	92	1907.9—1999.11	莫家甸村 7 组
79	陆三宝	女	92	1915.6—2007.12	莫家甸村 11 组
80	朱宝塔阿大	女	92	1910.11—2002.12	廊下村 21 组
81	胡领兄	男	92	1906.10—1998.11	东风村 2 组
82	曹巧女	女	92	1912.1—2004.12	西雁村中城浜
83	俞爱妹	女	92	1918.4—2010.1	华联村 16 组
84	陆二宝	女	92	1917.12—2009.12	民主村 5 组
85	张一鸣	男	92	1909.12—2001.7	虹北村尖墩角
86	朱大宝	女	92	1912.6—2004.4	阳城村
87	胡兴宝	女	92	1913.12—2005.5	市泾村 5 组
88	吴引宝	女	92	1918—2010.1	虹南村 15 组
89	褚巧宝	女	92	1912.12—2004.11	虹南村 4 组
90	计商宝	女	92	1909.4—2001.2	东风村 20 组
91	计凤珠	女	92	1906.12—1998.5	东风村 20 组
92	沈顺林	男	92	1915.11—2007.3	东风村 4 组
93	陶生娜	女	91	1915.4—2006.11	东风村 19 组
94	施小姑娘	女	91	1901—1992.6	虹南村 13 组
95	吴金娜	女	91	1917.8—2008.11	虹南村 8 组
96	诸仁兴	男	91	1903.3—1994.8	虹北村尖墩角
97	袁老太	女	91	1882.10—1973	虹北村钱家地
98	张银宝	女	91	1912.9—2003.12	虹北村仲家坝
99	王顺金	女	91	1918.1—2009.1	虹北村石家桥湾
100	吴顺和	男	91	1919.10—2010.10	民和村化城浜 7 号
101	张金娜	女	91	1894.8—1985.8	阳城村
102	夏其能	男	91	1899.5—1990.9	阳城村
103	胡金宝	女	91	1919.5—2010.1	华联村 22 组

续表 3-29

序号	姓　名	性　别	享年(岁)	生　卒　年　月	生　前　住　址
104	陈大香	女	91	1896.1—1987.2	王江泾社区
105	杨三宝	女	91	1911.12—2002.12	莫家甸村1组
106	徐四宝	女	91	1911.7—2002.11	莫家甸村9组
107	沃文宝	女	91	1911.1—2002.5	新桥社区13组
108	吴锌良	男	91	1918.3—2009.1	新桥社区5组
109	徐振达	男	91	1913.11—2004.5	闻川社区北虹路21号
110	唐二宝	女	91	1906.2—1997.1	市泾村6组
111	汝阿龙	女	91	1904.12—2005.5	市泾村2组
112	乔志远	男	91	1919.9—2010.1	新桥社区16组
113	王兴宝	女	91	1917.10—2008.4	新桥社区14组
114	陆金娜	女	91	1919.6—2010.4	虹南村10组
115	朱好娜	女	91	1919.7—2010.4	虹南村8组
116	王阿娜	女	91	1913.12—2004.2	东风村24组
117	陆阿金	女	91	1918.11—2009.5	民主村12组
118	莫小宝	女	91	1918.8—2009.1	民主村7组
119	宋金和尚	男	90	1913.5—2003.8	西雁村北城浜
120	沈金娜	女	90	1919.10—2009.10	虹北村长浜
121	唐五观	男	90	1920.6—2010.12	虹北村寺东埭
122	朱二宝	女	90	1913.10—2003.2	虹南村22组
123	张阿娜	女	90	1915.1—2005.4	虹南村4组
124	王双全	女	90	1917.8—2007.1	虹南村25组
125	费金宝	女	90	1906.5—1996.6	阳城村
126	沈金娜	女	90	1902.12—1993.7	阳城村
127	沈阿娜	女	90	1905.5—1995.8	阳城村
128	杨龙宝	女	90	1916.9—2006.10	市泾村6组
129	江仁义	男	90	1919.7—2009.3	市泾村8组
130	吴阿三	女	90	1911.5—2001.2	市泾村9组
131	高阿土	男	90	1903.3—1993.11	阳城村
132	肖才林	男	90	1914.10—2004.10	市泾村3组

续表 3－29

序号	姓　名	性　别	享年(岁)	生　卒　年　月	生　前　住　址
133	徐金凤	女	90	1917.2—2007.11	王江泾社区
134	林阿大	男	90	1907.12—1997.12	王江泾社区
135	余金宝	女	90	1920.4—2010.4	宇泗浜村 7 组
136	宋三娜	女	90	1912.1—2002.2	东风村 11 组
137	计老虎	男	90	1914.4—2004.8	西雁村楼下浜
138	沈大宝	女	90	1917.1—2007.9	西雁村
139	谢小娜	女	90	1920.6—2010.12	民主村 9 组

第六节　计划生育

【计生管理】

中华人民共和国成立后，随着人民生活水平的不断提高和医疗条件的改善，人口增长加快。1953 年，镇域(不包括嘉北 4 个村)人口为 47083 人，至 1965 年，人口已增长至 59750 人，1968 年，增长至 64480 人。20 世纪 60 年代末，境内开始实行计划生育，鼓励已婚夫妇落实避孕节育措施。1973 年，育龄妇女普遍采取节育措施。计划生育实行数年后，人口出生率明显下降。与实行计划生育前比较，1968 年，南汇、荷花、田乐、双桥、虹阳 5 个公社的人口出生率 26‰～30‰；人口自然增长率 18‰～23‰。1974 年，5 个公社的人口出生率，最低的荷花公社已降至 9.23‰，最高的南汇公社降至 14.06‰。1973 年，全境人口(包括嘉北 4 个村)74401 人。至 1978 年，5 年的平均人口自然增长率，最低的荷花公社降至 2.67‰，最高的双桥公社降至 6.21‰。全境人口 76228 人，5 年人口增长 1827 人。

1980 年，计划生育工作的重点转移到普遍提倡一对夫妇只生育一个孩子。各公社根据上级精神制定下发“计划生育若干问题的意见”。同年起，各公社独生子女领证人数迅速上升，双桥公社 398 人，田乐公社 342 人，荷花公社 293 人，南汇公社 240 人，虹阳公社 185 人。独生子女领证率都在 70％以上。

1982 年，计划生育被列为基本国策，境内各公社层层发动，向群众进行基本国策教育，开展“计划生育宣传月”活动，通过广播、电影、黑板报、举办培训班等形式，向群众进行国策宣传，传播计划生育业务知识。此后，基本国策宣传教育和优生优育知识宣传成为常态化工作。1980—1985 年，境内多数乡镇(公社)的一孩率 80％～90％。荷花乡(公社)被评为县级计划生育先进单位。

20 世纪 80 年代中期，出现周期性生育高峰。1988 年，嘉兴市政府出台调节生育高峰措施，区、乡镇、村和单位层层分解生育指标，签订计划生育目标管理责任书，各级党政一把手亲自抓。1990年，王江泾镇出生243人，出生率13.27‰，一孩率84.4%，自然增长率6.89‰；南汇镇出生218人，出生率15.21‰，一孩率73.4%，自然增长率8.3‰；荷花乡出生339人，出生率17.18‰，一孩率76.4%，自然增长率10.6‰；田乐乡出生180人，出生率15.38‰，一孩率75.6%，自然增长率8.46‰；虹阳乡出生160人，出生率14.83‰，一孩率86.9%，自然增长率7.23‰。1999年，王江泾镇出生544人，出生率10.73%，一孩率63%，自然增长率3.73‰；南汇镇出生124人，出生率7.7‰，一孩率55.83%，自然增长率-0.1‰；田乐乡出生134人，出生率11.23‰，一孩率60.4%，自然增长率4.27‰。进入新世纪，全镇出生率每年保持在10‰以下，一孩率每年在60%以上，自然增长率出现负增长。2010年，全镇出生617人，出生率7.74‰，一孩率67.54%，自然增长率0.7‰。

自国家推行计划生育政策以后，境内有不少在计划生育第一线工作的干部受到上级的表彰。受到省级以上表彰的：1983年，田乐乡计划生育分管干部王杏娜被评为省级计划生育先进个人；1986年，王杏娜又被评为全国计划生育先进个人；1996年，王江泾镇计划生育专职干部陆月英被评为省级计划生育先进个人；2000年，陆月英获国家计生委先进个人称号。

流动人口计生管理　20世纪80年代起，流动人口逐年增加，境内各乡镇将流动人口的生育管理纳入重要的议事日程，并安排专人负责。1987年6月，浙江省下发《外出人口和外来人口计划生育管理暂行规定》，对外来、外出流动人员统一使用由户籍所在地乡镇人民政府出具的计划生育证明。1993年7月1日起，对外来、外出流动人员纳入人口问题的综合治理。乡镇计生办实行专人管理，开展摸底调查，建立人口生育档案，与有关企业和个体老板签订流动人口计划生育工作管理责任书，部分龙头企业建立流动人口计生协会。全镇聘请40名协管员，公安、计生、劳动等部门协同，使流动人口的计划生育得到有效管理。1999年，共登记输入外来人口暂住证5300余张，发出催办通知书3206份，向外来人员户籍地发出函条联系单1834份。2004年，与外来人口居住的出租房主签订计划生育责任书758份，外来人员共2402人。2008年1月，王江泾镇新居民事务所成立，负责管理流动人口的计划生育。2010年，有外来已婚育龄妇女16962人。

1989—2010年王江泾镇计划生育情况表

表3-30

年度	人　口 (人)	其中育龄妇女 (人)	出生人数 (人)	出生率 (‰)	自然增长率 (‰)	一孩率 (%)
1989	18242	5477	278	15.35	3.28	83.45
1990	18387	5576	243	13.27	6.83	84.4
1991	18451	5619	244	13.25	6.73	51.98
1992	18602	5553	280	15.11	9.2	54.8
1993	18634	5478	233	12.51	5.21	57.85
1994	18693	5503	208	13.39	5.62	59.22

续表 3-30

年度	人　口 (人)	其中育龄妇女 (人)	出生人数 (人)	出生率 (‰)	自然增长率 (‰)	一孩率 (%)
1995	18901	5460	222	11.81	5.0	60.81
1996	18940	5414	227	12.00	4.11	62.83
1997	18915	5438	214	11.36	4.12	69.77
1998	50780	14205	595	11.72	3.92	62.85
1999	50657	14209	544	10.73	3.73	63.0
2000	50724	13890	491	9.69	3.12	63.46
2001	80643	21985	728	9.01	2.17	62.57
2002	80201	22053	652	8.11	0.35	63.91
2003	79804	21912	526	6.57	-1.5	79.85
2004	79744	21698	631	7.91	-0.7	65.02
2005	79449	21531	579	7.27	0.33	79.97
2006	79435	21431	512	6.44	-0.3	75.2
2007	79404	21236	506	6.37	-0.1	67.6
2008	79342	21043	475	5.98	-1.5	67.83
2009	79546	21222	546	6.87	-0.3	67.4
2010	79789	21394	617	7.74	0.7	67.54

说明:表中1989—1997年为双桥乡并入王江泾镇后的数据;1998—2000年为虹阳、荷花乡并入后的数据;2001—2010年为全镇数据。另,数据来自王江泾镇计划生育办公室

【计生管理机构】

计划生育领导小组　20世纪60年代,农村计划生育具体工作由当地卫生部门兼管,当地医院妇产科负责计划生育的宣传工作。1973年,双桥、虹阳、南汇、荷花、田乐等公社先后建立计划生育领导小组。领导小组组长分别由公社、大队主要领导担任。1984年,农村行政体制改革后,各乡镇计划生育领导小组都由乡镇主要领导担任组长,并由一名副乡(镇)长具体分管计划生育工作。

计划生育办公室　1979年9月,各公社设立计划生育办公室,并配备1名计生专职干部,1998年6月,双桥乡并入王江泾镇后,王江泾镇计划生育办公室设主任,陆月英任主任,2001年5月至2010年,王江泾镇计生办专职干部有5人,主任依次为陆月英、苏小华、徐建伟、齐良。

计划生育服务站　1994年11月,王江泾镇、田乐乡建立乡镇计划生育服务站。1995年1

月，南汇镇、荷花乡、虹阳乡建立计划生育服务站。每个计划生育服务站配备 1 名工作人员。2001—2010 年，行政区划调整后，镇计划生育服务站配备 3 名工作人员。

【计生政策】

计划生育实行以鼓励为主的政策。1964 年 2 月，浙江省人民委员会颁布《关于实行计划生育若干问题暂行规定》。之后，各项政策措施逐步完善。1979 年《浙江省计划生育若干问题的规定》，对晚婚年龄定为农村男 25 周岁、女 23 周岁。同年 10 月起，根据浙江省革委会下发的《浙江省计划生育若干问题的规定》，对只生育一个孩子的夫妇，由县计划生育委员会发给“独生子女光荣证”。每年发给儿童保健费 30 元，农村记 300 工分，到 14 周岁为止。独生子女保健费随着经济的发展，逐年提高到每年 40 元、50 元。2002 年，独生子女保健费提高到每年 100 元。有条件的单位，独生子女可凭“独生子女证”享受统筹医疗、免费入幼儿园。分配住房时，独生子女可以按 2 人计算，农村建房按 2 人分配宅基地。对只生一胎的育龄妇女，给予 6 个月的哺乳假，工资按 80%发给，不影响其他待遇。

对符合晚婚条件结婚者，在原有婚假的基础上增加婚假天数。1982 年，嘉兴市规定，凡在企事业单位工作，男女双方符合晚婚条件结婚的，在国家规定的婚假的基础上，再增加婚假 12 天；实行晚育的，除国家规定的产假外，再增加产假 15 天。1990 年，嘉兴市规定，男方可享受 5～7 天的护理假。

2003 年起，王江泾镇人民政府落实有关计划生育优先优惠的若干政策：对计划生育户发展种植养殖、个私工业给予优先贷款；对独生子女意外亡故、致残家庭，落实帮扶结对；农村独生子女家庭，建房宅基地面积按两个孩子安排；对自愿终身一孩的农村特困户，减免九年制教育杂费；对独生子女特困户，适当降低合作医疗保险筹集金；适当减免安装自来水开户费；对结扎对象，减免两个月个体工业税费；优先推荐介绍计划生育子女在镇范围企业就业等 8 条优先优惠政策。

2006 年，落实省、市、区关于农村部分计划生育家庭奖励扶助政策，对符合夫妇均为农业户口，1933 年 1 月 1 日后出生，年满 60 周岁；1973—2001 年未违反过计划生育法规政策；有现存一个子女等条件的，按每人不低于 600 元标准发放奖励扶助金，2009 年奖扶标准提高到每人每年不低于 720 元。2006 年，全镇享受奖扶的对象 342 人；2007 年新增 136 人，退出 1 人；2008 年新增 82 人，退出 24 人；2009 年新增 136 人，退出 5 人；2010 年新增 144 人，退出 9 人。

2008 年起，落实国家关于独生子女伤残死亡家庭特别扶助政策。根据秀洲区关于计划生育特别扶助制度实施方案，对于独生子女死亡后未再生育或合法收养子女的夫妻，由政府给予每人每月不低于 150 元的扶助金，直至亡故；独生子女伤、病残后未生育或收养子女的夫妻，政府给予每人每月不低于 120 元扶助金，直至亡故或子女康复。2008 年，全镇享受特别扶助的对象 48 人，2009 年和 2010 年各新增 4 人。

【晚婚晚育】

旧时，农村早婚现象十分严重。1950 年，《中华人民共和国婚姻法》颁布后，规定男满 20 周岁、女满 18 周岁才可登记结婚，早婚现象很少出现。1963 年，县级计划生育办公室建立后，各地开展提倡晚婚和计划生育宣传，采取多种形式对广大群众和青年男女进行教育。20世纪60年代，王江泾区的青年男女晚婚率在40%左右。1979年，《浙江省计划生育若干问题的规定》颁发，规定晚婚年龄为男25周岁、女23周岁。1980年，双桥公社晚婚率为95.2%，南汇公社为92.9%，荷花公社为89.6%，田乐公社为89.9%，虹阳公社为88.8%。20世纪80年代，为晚婚率最高阶段。1981年，国家颁布新修订的《中华人民共和国婚姻法》，规定男年满22周岁、女满20周岁可登记结婚。1982年《浙江省计划生育条例》规定，按法定年龄推迟3年以上为晚婚，妇女24周岁以上生育为晚育。国家干部、职工、城镇居民一对夫妇只生育一个孩子，农村普遍提倡一对夫妇只生育一个孩子。1985年，境内各乡镇贯彻实施《计划生育条例》对优生优育的规定，全面推行婚前检查制度，禁止有严重遗传疾病的夫妻生育。

20世纪90年代，晚婚率有所降低。1995年，境内的晚婚率为王江泾镇76.9%、南汇镇63.2%、荷花乡45.4%、田乐乡44%、虹阳乡82.8%。21世纪后，晚婚政策有所放宽。2000—2010年，全镇的晚婚率为30%～49%。

1984—2010年王江泾镇域青年男女晚婚率情况表

表3-31　　单位：%

年份	王江泾镇	双桥乡	虹阳乡	荷花乡	南汇镇	田乐乡
1984	73.33	63.41	43.3	58.2	72.41	87.9
1985	57.1	62.5	60.4	78.6	75	79.9
1988	71.63	71.63	71.4	87.4	57.9	72.2
1990	76.85		73.8	46	59.4	54.03
1992	80.84		57.1	44.7	59.5	44.78
1995	83.64		82.8	48.4	63.2	43.96
1998	68.84				92.31	68.75
2000	43.6				32.9	39.96
2001	46.6					
2002	41.19					
2003	40.44					
2004	40.97					
2005	43.9					
2006	48.76					
2007	37.74					

续表 3-31

年份	王江泾镇	双桥乡	虹阳乡	荷花乡	南汇镇	田乐乡
2008	31.31					
2009	32.86					
2010	42.29					

【优生优育】

20世纪70年代，实行避孕药具免费供应，各公社使用避孕药具的人逐渐增多。20世纪80年代，避孕药具由乡、镇计划生育办公室管理，由各村、组计划生育联络员分发到各育龄妇女手中，方便了采用药具节育的育龄妇女。以后，乡镇、村的计划生育管理机构和服务网络逐渐完善，综合性节育措施广泛推广。1985年起，开展孕妇孕期健康检查。1992年全镇规范婚前检查，并在婚姻登记前对男女青年进行健康指导，了解双方有关近亲血缘关系、既往史及健康状况。2000年全面开展优生检测。2009年全镇实施免费婚检医学检查和免费优生检测一条龙服务。

第七节　外来人口管理

【新居民管理机构】

自20世纪80年代起，镇域丝织工业发展迅速，外来务工人员不断增多。1984年4月，境内各乡镇由派出所对外来流动人口进行登记管理。1991年，各乡镇成立暂住人口管理小组。2000年3月，王江泾镇成立流动人口管理领导小组。2008年1月，成立王江泾镇新居民事务所。同年2月21日，成立王江泾镇新居民事务所服务管理领导小组，组长为徐坤荣，常务副组长为孙超，领导小组下设办公室，为常设机构，办公室主任为苏小华。新居民事务所办公室具体负责新居民服务管理的组织、检查、考核和综合管理。办公室设于王江泾镇长虹路58号。

2010年，王江泾镇按区域分布设立新居民中心站9个(南汇、荷花、田乐、闻川、新桥、虹阳、双桥、宇四浜、工业功能区)；村、(社区)新居民工作站35个；企业(新居民100人以上)新居民工作站23个；新居民志愿者服务点15个。新居民工作站受当地党支部、村委会(社区)的领导，业务上受新居民事务所的指导，按上级和村(社区)新居民服务管理工作小组部署，组织实施新居民服务与管理。

【外来人口登记管理】

进入21世纪后，外来流动人口迅速增加。在管理上，由于户籍管理制度较严，外来人口在王江泾镇都不登记户口，仅登记办理暂住证。据2000年人口普查资料显示，境内有外来常住人口(居住半年以上者)9807人。2008年起，对外来人口开始办理临时居住证，同时登记办理新居民证。2010年年末，在王江泾派出所和镇新居民事务所登记的外来人口52555人，其中来自河南省11081人、四川省9850人、安徽省8569人、江苏省4637人、贵州省的3503人。

来自江西省、湖北省、重庆市、浙江省(非嘉兴籍)的均超过2000人,来自云南省、湖南省的均超过1000人,全国其他省市也有不少人在境内常住。新居民在王江泾镇从事务工的有43738人、经商的1926人、服务业的556人、其他行业1941人。

2010年王江泾镇外来人口登记情况表

表3-32 单位:人

登记单位	人数	登记单位	人数	登记单位	人数
合计	52555	西雁村	489	田乐村	1039
闻川社区	7802	东荷村	36	大坝村	274
双桥社区	123	民主村	46	双塔村	54
王江泾社区	1171	民和村	24	栋梁村	25
荷花社区	23	荷花村	707	田青村	34
虹阳社区	234	北荷村	431	南汇村	432
南汇社区	695	长虹村	1785	华联村	24
新桥社区	4831	太平村	249	廊下村	27
田乐社区	1	洪典村	43	莫家甸村	24
东风村	1540	虹南村	58	红联村	123
双桥村	4614	虹阳村	821	收藏村	5073
范滩村	122	阳城村	230	沈家桥村	3971
腾云村	754	虹北村	402	宇四浜村	6787
古荡村	30	市泾村	705	金鱼桥村	6702

【外来人口服务】

20世纪80—90年代的外来人口服务只局限于办理暂住证登记和计划生育登记服务。2008年王江泾镇新居民事务所成立后,全镇设立58个新居民工作站,为新居民办理登记工作和发放居住证,为育龄新居民提供避孕药具,定期为育龄新居民做好生育检查。1990—2010年,为新居民发放安全生产、交通法规等宣传手册5万多份;为新居民提供技能培训,有3500多名新居民得到相关技能培训;举办新居民趣味运动会2届;在新居民学生中开展“百善孝为先,感恩正践行”活动1次;举办全区性新居民文艺会演和书画作品展览1次。

第四章　镇村建设

王江泾镇的镇村建设历史悠久，早在春秋时期，吴国为了防御越国，在两国边界修筑射襄城。宋元时，在射襄城遗址旁形成集镇。宋至明，丝绸纺织业不断发展，王江泾渐成江浙两省交界处一大丝绸贸易重镇。清乾隆、嘉庆时期以后，镇上有三街七桥二十六弄，商业繁荣。清咸丰十年(1860)清军与太平军在境内激战，集镇遭到破坏。1937 年又遭侵华日军焚烧，集镇受毁严重。

解放后，政府重视城乡建设。镇域农村和集镇居民的居住条件逐步得到改善。改革开放后，农民开始翻建住宅，逐步住上楼房。90 年代起，县道、乡道、村道公路相继在镇域建成通车，促进各乡镇的经济发展和镇村建设，王江泾、南汇、双桥、虹阳等乡镇驻地都有不同程度的新区开发建设。王江泾北虹路、闻川路、长虹路、虹桥路等主要街路相继建成。1998 年，王江泾镇被列入浙江省小城镇综合改革试点镇；2002 年，被列入全国小城镇综合改革试点镇。2008 年，启动“两新工程”建设，加快了新市镇与新农村建设步伐。至 2010 年，全镇已建成 8 个农民新村；镇区高楼林立，道路宽敞，镇建成区面积由 1985 年的 1.6 平方千米扩展到 7.16 平方千米。

第一节　建设规划与管理

【城镇建设规划】

改革开放前，境内镇村建设没有长远规划，具体建设项目采用一事一议的办法进行。1984 年，王江泾镇从双桥乡析出为建制镇，开始编制镇村建设规划。至 2010 年，境内(王江泾镇、原南汇镇)曾编制 5 次城乡建设规划。

1985 年规划　1985 年，王江泾镇政府委托上海同济大学编制《王江泾镇建设规划(1986 年—2000 年)》。依托新建成的王江泾—荷花公路，将镇区北片 20 公顷建成丝绸工业园区。规模较大或有一定污染的工业企业安置在苏嘉公路以西，设防护隔离绿化带，以减少对生活居住区的干扰。充分利用运河、公路，组成水陆运输网络，将镇区东北河岸作为仓库区。镇南作为生活区、公共设施、商业设施集聚区，为居民提供一个良好的生活环境。镇区人口每年增长 10‰，到 2000 年，镇区总人口 4363 人。

1994 年规划　1994 年 4 月，王江泾镇政府委托嘉兴市城乡规划设计院编制《王江泾镇总体规划(1995 年—2010 年)》。规划分两期实施。近期为 1995—2000 年，定位为江浙两省交界处丝绸贸易重镇、嘉兴市郊区北片中心镇。城镇人口 1.5 万人，建成区面积 1.5 平方千米。

建立嘉兴市龙泉富民经济开放区，依托王江泾南方丝绸市场，带动周边8个乡镇经济的发展。远期为2000—2010年，区域包括荷花乡长虹村、田丰村、太平村和栖真乡上睦村(部分)。镇区分为中心综合区、生产建筑区、居住建筑区和运河绿化文保区。建成区面积3平方千米，城镇人口3万人。6月1日，郊区人民政府批准王江泾镇总体规划实施。

1995年规划(南汇镇)　1995年9月，南汇镇至王江泾镇的公路通车后，南汇镇政府委托杭州大学城乡规划设计研究院编制《南汇镇总体规划》。规划以依托旧城，发展新区，逐步拓展城镇规模为原则。以南汇新区步行商业街开源路和主干道南王公路为开发目标，建成开源路、南王路延伸段、红联路、宝禄路4条道路，平安桥、建南桥2座桥梁；南汇新区建成农行南汇营业所、农商银行、供销大厦、商业大厦、汽车站、南汇娱乐城、南汇医院、农贸市场等。南王公路南侧建成占地5.13公顷的商业和工业区，南汇旧城的商业向新区转移。形成以老镇为依托、以南王公路(南汇—王江泾)两侧为发展主轴的南汇城镇格局。

2005年规划　2005年，王江泾镇政府委托南京大学城市规划设计研究院编制《王江泾镇建设规划(2005年—2020年)》。主要突出区域城乡协调发展。规划分两期实施。近期为2005—2010年，远期为2011—2020年。产业发展区块分为农业产业区、工业产业区、旅游产业区。居民生活区利用良好的自然景观、低廉的地价和便利的交通条件，发展房地产业，吸引城市居民居住。生态建设则严格保护北郊河绿地、西北片楔形绿地、生态廊道以及大面积的生态空间，为城市提供郊野空间。基础设施则强化与中心城区之间交通的联系，加强给水、排水、电力、电信等管线与中心城区的衔接。全镇形成“三轴”：07省道发展轴、迎宾路发展轴、京杭运河生态景观轴。“两区”：中心镇区、镇南区。“两片”：湿地保护片、农业发展片。建立城镇优先建设区、城镇策略发展区、农村优先发展区、生态廊道保护区、设施廊道控制区、生态农业发展区。

2010年规划　2010年，王江泾镇被浙江省列为全省小城市综合试点镇，为建设好城乡一体化的小城市，镇政府委托南京大学城市规划院上海分院、上海同砚建筑规划设计公司编制《王江泾镇总体规划(2010年—2030年)》。将全镇定位为“中国织造名镇、江南湿地新城、浙北商贸重镇”，重点投资项目140项。为进一步完善小城市配套功能，在镇区中心区域引进佳源集团南方不夜城项目，推进南方纺织大厦、“7+1”万福大厦、诚恒世嘉、木林森景佳花园、依云小镇等项目建设，建设铁店港大桥及迎宾大道南延段、青荷东路、滨河路、镇北路等道路，建设王江泾汽车站、镇中心小学、镇中学风雨操场和食堂等工程。城镇生活污水统一进管网，加强全镇的绿化造林等工作。

【管理机构】

民国前，境内镇村建设无专职部门管理。每逢造桥铺路、疏浚河道等，多由地方士绅发动募捐兴工。民国时，镇村建设由国民政府嘉兴县乡镇建设联合办事处管理。中华人民共和国成立后至1983年，镇村建设由嘉兴县建设局管理。1984年，双桥乡、南汇乡、田乐乡、荷花乡、虹阳乡、王江泾镇分别成立村镇建设办公室，管理辖内镇村建设。1985年7月，王江泾镇成立城乡建设办公室(简称“城建办”)，负责人为李爱珍。1988年，双桥乡并入王江泾镇，城建办由沈凤兴负责。1995年由李玉生负责。1998年7月，荷花乡、虹阳乡并入王江泾镇，镇城建办由陈建明负责。自 1985 年起，南汇镇城乡建设办公室先后由李庆兴、朱宝荣负责。其他乡的城建办负责人均由土地管理所负责人兼任。

2001 年 5 月，南汇镇、田乐乡并入王江泾镇后，王江泾镇城建办由钱传根负责。2005 年 8 月起由朱宝荣负责。2010 年 1 月起，由夏振林负责。

第二节 镇区建设

【古镇兴衰】

春秋战国时，吴国为御越国在王江泾修筑射襄城。南宋初，闻人氏家族自闻湖迁居至京杭大运河东岸（今莫家村），后形成闻川集市。并逐步向运河西岸发展，在运河与市河口修筑闻店桥。元代初形成一里街，后又陆续在市河和万福港修筑 6 座石桥。元时，王、江两大户兴起遂称王江泾。

明宣德五年（1430），王江泾被正式命名为镇，其时与新塍、陡门、濮院三镇合称秀水四大镇。鼎盛时，镇上有一里街、丝行街、百岁街，以这三条街为中心建有十坊、五埭、二十六弄，且建有多处私家园林和祠庙，称“闻湖八景”。镇区店坊林立，街市繁荣，7000 多户居民在王江泾居住、劳作、经商。明嘉靖年间，倭寇扰犯，烧杀抢掠，镇区遭到极大破坏。嘉靖三十四年（1555），“王江泾大捷”后镇区建设缓慢恢复。明天启元年（1621）建成横跨运河的长虹桥，加速镇区各业发展。清康熙、乾隆皇帝南巡时多次经过王江泾，浙江和嘉兴的官员在王江泾接驾，亦促进王江泾的繁荣。清咸丰十年（1860）四月，清军与太平军在境内激战，镇区大部建筑被毁，商家纷纷外逃至江苏盛泽等地，商贸业走下坡路。清末民国初，民族工业的发展，促进运河重镇王江泾的发展，陶模等乡绅力邀外迁乡绅回乡，集镇经济和基础设施渐渐恢复，但仅存一里街及周家大院、蔡家茶叶店、书场、老当里、姚家老宅等建筑。20 世纪 30 年代，筑苏嘉公路、苏嘉铁路后，工商业有所发展。1937 年 11 月，日军入侵，镇上被日军烧成废墟而衰落。

【旧城改造】

二十世纪五六十年代，王江泾集镇公共设施建设缓慢。20 世纪 70 年代，供销社、合作商店、食品公司等单位在一里街对营业场所和职工住宅进行翻建和新建。80 年代初，嘉兴市绸厂、供销社企业的发展壮大及区级驻镇部门入驻王江泾镇，开始建造万福桥、修筑万福路、改造一里老街。新建农贸市场、影剧院、王江泾医院、自来水厂、区工委办公楼、法庭办公楼、王江泾中学教学楼等公共设施。1984 年，王江泾设为建制镇。1985 年，编制城镇发展规划。同年，一里街自东向西浇筑为水泥路，农贸市场由一里街迁往射襄桥北侧。1987 年，镇上全部改装自动交换电话；建起 35 千伏变电所 1 所，容量 6400 千伏安。

1988 年，建成王江泾南方丝绸市场。1989 年，镇区拆除一里街荤菜场、郁家桥旧平房、耶稣教堂、王江泾房管所车间等旧危房 869 平方米，易地建造 830.7 平方米，总投资 16.59 万元。1991—1993 年，拆除“公泰和”食品厂、杨家弄材料仓库、王江泾汽车站等危旧房 862 平方米，原（易）地翻建 2400 平方米，总投资 54.8 万元。新造万福桥至苏嘉公路、郁家路、北虹路等路面3000平方米，投资38.76万元。

【新区开发】

1993年，北虹大桥建成通车，打通王江泾与运河以东荷花、田乐、南汇三乡镇的陆路交通。1994年，编制《王江泾镇总体规划》。北虹路沿路建设加快，南方大厦、长虹大厦、农业银行、中国银行、信用社、电信、名流娱乐城及大批商业用房入驻营业。建闻川北路，建雁荡小区，同年共有建设项目25个，建筑面积4.5万平方米，总投资3000多万元。城镇主要干道面积3万多平方米。1995年，镇政府投资160万元，进行镇区防洪工程施工；同年，分别投资150万元、130万元，建设郁家路、北虹路。1997年，对原有城镇建设规划进行重新编制，制定近期规划和远期规划。建成以南方丝绸市场为主体，集商业、办公、住宅于一体的综合小区，引进新加坡投资的龙泉花园和丰陆园区项目，组建富民经济小区和长虹工业小区，建成能抵御20年一遇洪涝的镇区防洪工程。

1998年3月，王江泾镇被列入浙江省小城镇综合改革试点镇，加快建设进度。同年，王凝公路、建汾公路沿线加大开发力度，昶兴公司、长青公司、沈家浜纺机市场、荷花信用社和长虹村商业用房等主体建筑在公路沿线相继建成，使城镇建设向运河东侧延伸，镇区面积扩大。1999年，新建长虹公园，用地面积7万平方米，一期工程用地3万平方米，其中绿地面积15000平方米，投资280万元。建造王江泾镇幼儿园，建筑面积3280平方米，投资178万元。2000年，位于王江泾大桥西侧的镇中学新校舍建成，占地面积8520平方米，投资715万元。2001年，王江泾工业园区逐步向南推进，使镇区规模扩大。2002年，王江泾镇被列入全国小城镇综合改革试点镇，镇区建设步伐加快。建造王江泾开发区纵二路，全长1850米，路幅42米，投资980万元；建造纵四路(新塍公路至横二路)，全长1078.5米，路幅22米，总投资427万元；建造横四路，全长1420米，路幅19米，总投资420万元。建造嘉兴市农业银行王江泾分理处营业用房，建筑面积900平方米，总投资140万元。

2003年7月，实施“构筑发展大平台，八百农户大动迁”开发建设，迁移工业区，腾出镇区土地搞城镇建设。征迁范围：南区为王江泾开发区区块，分路西、路东两个小区块。路西小区块南至老新塍路，北至石灰桥港，西至金鱼桥港，东至07省道。路东小区块南至北郊河，北至煤气站，西至07省道，东至京杭大运河。中区为王江泾丝织科技园区块，含腾云村、新桥村。北区为镇区区块，总称“一点两线”：“一点”即规划的镇行政中心区块；“两线”即闻川路中段贯通和07省道拓宽。拆迁涉及6个村、43个生产组、近800户农户(包括小企业)，人口2500人。总投入约2亿元。至2004年，共投入2亿元资金用于镇区道路和公共设施建设。镇区面积增加至4平方千米，常住人口2.5万人。2002—2004年，共投入城镇基本建设3亿多元，城镇化水平提高6个百分点。投资1800万元的王江泾医院新医疗大楼建成投入使用，建筑面积5413平方米。2005年，委托南京大学城市规划设计研究院对区划调整后的镇区重新规划调整，建设规划向运河东发展。同年，投资470万元，兴建镇中学体育馆。2006年，完成《07省道街景规划设计》《长虹公园二期建设的初步设计方案》。投资2500万元用于镇区道路建设，通过BT方式筹资3500万元建造王江泾大桥，新建公园路、莲雁路。2007年，投入1.7亿元用于镇区道路、桥梁、公共设施建设和城乡一体化供水工程建设。2008年5月，启动

“两新”工程(即现代新市镇和城乡一体新社区建设工程),出台《王江泾镇新农村建设实施意见》。在全镇各村开展新一轮村庄规划编制,制定《关于推进王江泾农房改造集聚,加快现代新市镇和城乡一体化新社区建设意见》,开展太平村、长虹村村民进镇区集中建房安置试点工作。至2009年年底,980户农户报名入住镇区安置房。同年,38幢1036套多层安置房、别墅建成使用,484户入住;544幢联排别墅建成。诚恒世嘉首期25000平方米别墅结顶;建设北虹小区、嘉鱼苑、“7+1”万福大厦、依云小镇、木林森景佳花园、南方纺织城、南方不夜城等房地产、商业项目。2010年,镇区基础设施投资8653万元,共完成镇区建设投资4.6亿元,建设镇区绿地面积218万平方米、公园1个、停车场2个。运河东侧的迎宾路、青荷东路、滨河路、镇北路等道路建成使用;城镇生活污水管网、镇防洪墙工程等公益设施、王江泾汽车客运中心建成使用;建设长虹公园二期工程、王江泾中心小学新校舍。镇区面积7.16平方千米。

【街、路、弄】

一里街　东西走向,东起运河西岸,西至西市河。街形成于元代初,全长570米,街宽2～3米,盛于明代至清咸丰年间,衰于清咸丰十年(1860)及1937年。解放初至20世纪90年代前为王江泾集镇唯一的商贸街道,如今已不是商贸主街。(参见第二十一章文化旅游第九节)

闻川路　位于镇区中心,南北走向,南起新桥,北至北虹路。以长虹路为界,北段(亦称闻川北路)建于1994年,南段(亦称闻川南路)建于1999年。全长2998米,路宽30～36米。街道穿越万福路、一里街、长虹路、虹桥路、青荷路。路边分布银行、移动公司、药房、烟草公司、中心农贸市场、锦江热电厂、戴梦得超市、医院、镇中学、承天世纪花园、木林森国际商贸区及其他店铺。

北虹路　东西走向,东起北虹桥,西至苏嘉路。建于1992年。全长850米,宽18米。沿途有禾城农商合作银行、中国银行及南方大厦等单位、商店数百家。

万福路　位于北虹路南,东西走向,东起大运河,西至万福桥,中与鸿运路、闻川路、济阳路相交。重筑于1996年,全长588米,宽8米,水泥路面。王江泾镇自来水厂、派出所、影剧院等分布路边。

长虹路　东西走向,与北虹路、万福路、一里街并行,东起长虹公园,西至07省道。建于1998年,长460米,宽15米,中段与闻川路相交。沿途有王江泾长虹小学、王江泾中心幼儿园、中国电信王江泾营业厅、王江泾供电营业厅等。

莲雁西路　东西走向,位于王江泾社区居委会南,社会停车站北,东起闻川路,西至07省道。初建于1996年,2010年扩建,长236米,宽8米。沿途有王江泾社区居委会、王江泾变电所等。

虹桥路　位于镇区南部,东西走向,东起迎宾大道,西至新桥开发区西端。以07省道为界,以东为虹桥东路,宽28米,长500米,以西为虹桥西路,宽15米,长900米,建于2004年。沿途有新桥开发区、王江泾医院、王江泾镇中学、王江泾大桥、王江泾镇中心小学等。

后新桥路　位于北虹大桥西堍北街的南北横道,长300米,宽2～5米。东临运河,北靠新开河,西通北虹小区。20世纪90年代建造,为居民住宅区。

东菜场路　位于一里街北,靠近大运河,南北走向,南起塘口路与一里街的交界处,北至万福路，全长120米，路宽6米。为20世纪80年代原射襄桥下夹河拆桥填河填筑。1989年，曾作为菜场，后一直沿称此名。

鸿运路　位于镇区东部，南北走向，南起一里街，北至北虹路。1998年建成，全长180米，路宽8米，东与钱家弄相连，西与万福路相通，街边均是店铺商场，小商品市场、东菜场分布于路之东、西两侧。

中意街　南北走向，南起万福路，北至北虹路。因中意公司而命名为中意街。为镇中心繁华地段。1998年建，全长100米，宽10米。

南方路　南北走向，南起苏嘉路，北至太平桥。因在原南方市场、南方大厦边上，故名南方路。1998年建。长632米，宽10米。

济阳路　南北走向，南起万福路，北至江苏省界河。1998年建。全长266米，宽6米。路边有卫生监督所、嘉兴市养鱼场等。

贸易街　东西走向，东起南方路，西至苏嘉路。因靠近南方市场，周围居民大都经商，故名贸易街。1994年建。长266米，宽8米。

公园路　位于长虹公园西，路呈“]”形分布，北起闻川路郁家桥南东侧60米处，东至耶稣堂前折向南延伸，至中心农贸市场外东南角，再折向西至闻川路。长780米，宽6米。2000年建。沿途有王江泾耶稣堂、长虹公园、王江泾中心农贸市场等。

科技路　南北走向，北自虹桥西路，南至南厍浜组，穿越青荷西路，2004年建。长1767米，宽24米。

青荷路　东西走向，东自闻川南路新桥丝织厂，西至07省道北青荷东路，穿越科技路、工业园区。2000年建，长1581米，宽16米。

古塘路　东西走向，东自07省道，西至古塘村倒桥头。穿越新桥新区。2006年建，长700米，宽16米。

荣成路　东西走向，西自07省道，东至沈家兜。2007年建。长400米，宽8米。

钱家弄　南北走向，南起一里街，北至鸿运路。因巷弄边居民多姓钱，故名钱家弄。清同治元年(1862)建。长168米，宽窄不一。

史家弄　南北走向，南起一里街，北至居民住宅。因巷弄边居民多姓史，故名史家弄。清光绪四年(1878)建。长14米，宽窄不一。

金家弄　南北走向，南起一里街，北至杨家弄。因巷弄边居民多姓金，故名金家弄。1958年建。长50米，宽窄不一。

杨家弄　东西走向，东起鸿运路，西至淘沙弄，南靠一里街，北通万福路。1924年建，长50米，宽1.5米。1998年，在旧城改造建设中，稍往西移，原南北走向改为东西走向。弄内全为20世纪70年代所建居民住宅。

淘沙弄　南北走向，南起一里街起，北至万福路。清光绪十七年(1891)建。长105米，宽3米。

曹家弄　南北走向，南起一里街，北至王江泾绸厂老宿舍，清咸丰六年(1856)建。长50米，宽2米。

堂楼弄

堂楼弄 南北走向，南起一里街，北至万福路，清同治三年(1864)建。长106米，宽窄不一。

朱家弄 南北走向，南起一里街，北至居民住宅，清光绪二十六年(1900)建，长30米，宽窄不一。

镇西弄 南北走向，南起一里街，北至万福路，清光绪元年(1875)建，长146米，宽窄不一。

【主要公共、商贸设施建筑】

王江泾信用社大楼 位于北虹路北侧，闻川路北端起点东。1992年建，营业用房800平方米，职工宿舍880平方米。

荷花信用社大楼 位于运河东北虹路北侧，1994年建。营业用房720平方米，职工宿舍660平方米。

南方大厦 位于北虹路与南方路交会处，1992年动工兴建，1995年竣工投入使用，由王江泾供销社投资1080万元建造。大厦主体高6层，建筑面积6146平方米，设有商场、宾馆、餐饮、娱乐等经营场所。

长虹大厦 位于北虹路与南方路交叉点西北，1992年动工兴建，1995年竣工投入使用。由王江泾粮管所投资450万元建造。大厦主体高6层，建筑面积2200平方米，设有商场、宾馆、娱乐、餐饮等经营场所。

王江泾烟草大楼 位于长虹路与闻川路交会处东南，1999年6月建，占地面积1376平方米，建筑面积3500平方米，共3层，总投资225万元，2000年竣工投入使用。

王江泾镇中学 位于王江泾大桥西侧运河畔，虹桥路与闻川路交叉口。2000年建，占地面积50505平方米，建筑面积20975平方米。2005年，投资470万元，新建体育馆1座，建筑面积3100平方米。

国家电网办公楼 位于长虹路与07省道交会处东北，2000年建，占地面积3705平方米，建筑面积3530平方米，共3层，总投资380万元。2002年投入使用，有综合办公大楼、营业用房、仓库和其他辅助房等。

王江泾医院 位于王江泾大桥西堍，虹桥路1号，2004年建，占地面积23亩，建筑面积1.2万平方米，投资1800余万元。大楼整体构型为P形，分门诊、住院两个部分。

王江泾客运服务公司汽车站 位于07省道东侧王江泾莲雁路路口，2007年建，建筑面积9620平方米，总投资1500万元。

木林森国际商贸城 2007年建，东至闻川路西侧，西至07省道东侧，北与王江泾客运站相邻，建筑面积13万平方米。

广电中心大楼 位于运河东北虹路南，2009年建，为王江泾镇广播电视站办公大楼，占地面积5500平方米，建筑面积9900平方米，含广电中心大楼和广电商务楼。总投资2000多万元。

南方纺织城 位于镇区北部07省道的西侧，为大型纺织原料、成品交易市场，2007年动工兴建，2009 年 10 月竣工投入使用，总投资 4.5 亿元，建筑面积 10.5 万平方米，设有 588 个独立商铺。

第三节　集镇建设

【南汇集镇】

位于镇区东北 8 千米处。明代时称长溪。因长溪有南、西、北三处居民会聚，明末清初在其南汇形成市集，故名南汇。清代中期南汇已成为嘉兴北部的重要集镇，镇上除建有众多商店外，还建有沈家厅、孙家墙门等大户建筑群。清末在沈家厅后建办南汇小学。1929 年，镇上有商店 126 家，其中蒋正盛烟号远近闻名，其芝兰牌——“蒋奇”烟草在 1915 年获巴拿马太平洋万国博览会金奖。蒋氏在集镇西部建起占地十余亩的大宅院“三溢堂”(解放后全部房屋由南汇粮站用于储粮)。市街长 500 米，分段设北大街、中大街、西大街，各街建有一段颇有特色的“廊下街”，街的一侧建有马家弄、大弄、宝禄弄 3 条大巷弄。镇上先后驻有南汇区、镇公所。水上交通有客货混载轮船 1 艘，往返于嘉兴、南汇间，另有载船 4 艘，开往嘉兴、盛泽、黎里、王江泾等地。

中华人民共和国成立后，集镇先后驻有南汇乡人民政府、东风(南汇)人民公社、南汇镇政府等党政机构；设有供销社、合作商店、信用社、农行分理处、邮电所、粮管所、南汇中心医院、卫生院、中学、小学和市国营养鱼场等单位；水上交通每天有 2 班嘉兴至南汇的客运轮船。1958 年，在原南汇小学校舍创办嘉兴县第九中学，南汇小学易地新建，设为南汇公社中心小学。1965 年，嘉兴第三医院搬迁至南汇蚕溪埂建立南汇地区医院。1978 年，在中大街白场南填浜设立农贸市场，公社驻地北迁新建办公大楼。1983 年，疏浚拓宽南汇市河，建混凝土护堤、建南桥等，新建供销社商场、合作商店商场、银行信用社营业楼、粮管所、粮站等营业楼，迁建农贸市场，公社大礼堂改建为影剧院。1985 年，南汇设为建制镇。20 世纪 80 年代后期，建自来水厂(地下水)，供应镇区及周边村居民饮用。

1992 年，南汇镇政府征用蚕溪荡南岸近 30 公顷土地，开发建设新区。1993 年，县道建汾公路竣工通车，穿过南汇新区。此后新区先后建成开源路、南王路、安康路、蚕溪路、建南街、平安路、南凝路 7 条街路，总长 4200 米；在主要街路两旁建有农行分理处、信用社、供销社、集体商业总店、医院、邮电所、保险公司、电管站、汽车站等单位的营业大楼；新建 2000 平方米的农贸市场；各单位和各个私商店陆续迁入新区，并开设多家中大型超市；文化娱乐业如舞厅、轮滑、溜冰、娱乐城在热闹区开张；在开源路、王南路先后建多幢商品住宅房供应居民。华亚织造、新万利织造、铁厂等多家规模私营企业落户在新、老镇区旁。至 20 世纪 90 年代后期，新区各种基础设施建设基本配套，老集镇衰退成无商业区域。

2001 年，因乡镇行政区划调整，南汇建制镇撤销。2005 年，王江泾镇南汇中学、南汇中心小学合并为镇实验学校。投资 250 万元建学校标准环形塑胶跑道运动场和校园景观，镇实验学校占地面积扩至 4.80 公顷。2009 年，集镇新区西部建成占地面积 1.6 公顷的汇源广场住宅小区。2010 年，集镇建成区面积 0.65 平方千米，常住人口 649 户、1694 人。设有超市、家电、服装、通信、餐饮等各类商铺 260 多家和农贸市场 1 个，建有可供居民文体活动的灯光球场1块,设有嘉兴至南汇的城乡公交车线路1条。

【双桥集镇】

位于镇区南5千米处。清乾隆、嘉庆年间初有小集。20世纪30年代,遂成小集镇。解放初,有茶店、肉铺、豆腐坊等小店11家。1958年,为双桥公社驻地,建有供销社、信用社、粮站、学校、卫生院、邮电所、汽车站等公共设施。1985年,新建中学教育楼,建筑面积1200平方米。1988年,双桥乡并入王江泾镇。是年,育才路建成。1993年,政府投资130万元、香港邵逸夫捐资50万元港币扩建双桥小学。此后,集镇农贸市场建成,供销社、信用社、邮电所、卫生院、农电站等单位大楼相继落成,众多商铺开发。建民路、建业路、振兴路、健康路、双桥街等街路建成通车,总长1600多米。2010年,集镇面积0.4平方千米,常住人口271户、718人。设有超市、杂货店、餐馆、药店等各类商铺150多家。

【荷花集镇】

又名荷花新镇。位于镇区东3千米处的陶家荡北岸。1961年,荷花供销社利用原东风公社畜牧场旧舍开办苗猪收购部,并在其西荒地上建房,设竹木部、棉百部、药店等门市部,荷花公社办公楼建在商业区西。此后,信用社、卫生院、邮电所、农机厂、纺织厂等单位相继建立,遂形成集镇。1993年,建汾公路建成通车,集镇建设向北拓展,先后建成莲泗路、荷新路、新镇路3条街路,总长1185米。路旁新建供销社、信用社、农电站、邮电等大楼。1994年7月,成立荷花乡村庄集镇建设领导小组,下设办公室。1997年,荷花乡政府北迁(约200米)新建办公大楼。1998年,撤销荷花乡建制并入王江泾镇。2005年,王江泾镇政府暂迁原荷花乡政府大楼内办公。2010年,集镇面积0.25平方千米,常住人口149户、382人。设有各类商铺30多家。

【虹阳集镇】

位于镇区西南6.5千米处。集镇形成于20世纪30年代。中华人民共和国成立后,为虹阳乡政府、虹阳公社驻地,信用社、学校、卫生院、广播站、邮电所、医院、粮站、运输队等单位入驻。20世纪90年代初,嘉兴至虹阳公路通车,建有虹阳公交站。虹阳小学、卫生院、信用社等单位及虹阳村委会扩建新大楼。1995年,修建虹西街道,原集镇大街向西延伸150米,面积1050平方米;投资12万元,埋设下水道。2003年,桃虹公路通车后,集镇商贸区由原来的南北向改为沿公路两侧东西向发展。先后建成兴虹路、天虹路、河西街、河东街、新福路等街路,总长2700米。2010年,集镇建成区面积0.5平方千米,常住人口346户、914人。设有各类商铺230多家。

【肖家湾集镇】

位于镇区北8千米处。1958年,东风公社第一分管区入驻,1961年,为田乐公社驻地,遂形成集镇。先后建有学校、广播站、信用社、邮电所等单位。1990年,集镇有商店28家。2010年,集镇建成区面积0.15平方千米,常住人口80户、175人。设有小商品市场、农贸市场、小型超市等50多家商铺。

【大家甸集镇】

位于镇区北9.5千米处。解放前,此地为一块无主坟地。1956年,兴建会场,创办畜牧场。1958年,为南汇公社第二分管区驻地,渐形成集镇。嗣后相继建有供销社、信用社、粮站、卫生院、学校等单位,并开办针织厂、竹器厂、服装厂等企业。20世纪90年代,集镇为当地纺织品交易区。随着肖家湾工业区的建成，商贸业及工业始向肖家湾迁移，集镇逐渐衰弱。2010 年，集镇建成区面积 0.10 平方千米，常住人口 66 户、120 人。设有 40 多家商铺。

第四节　乡村建设

【乡村住房建设】

解放前，镇域村落均是自然形成，依水筑屋，村落众多，聚居分布稀、密不一。住房多为砖木结构的平房，亦有少量草棚（外迁者居多）。农家住房大多较挤，有三间房的已属不错。新中国成立后的 20 多年里，因经济发展缓慢，农村住房建设少有进展。20 世纪 70 年代，一些居住条件较差的农户翻建新房，但多为平房。80 年代起，农村经济发展逐渐加快，农民开始翻建楼房。1981 年，南汇公社共新建农房 161 户、324 间，面积 7069 平方米。其中：平房 136 户、271 间、面积 5691 平方米；楼房 25 户、53 间，面积 1378 平方米。进入 90 年代，农民新建楼房住宅进入高潮期，建平房的都属辅助用房。90 年代后期，农民开始建小洋楼、小别墅，造型别致，内装修亦较讲究。21 世纪初，建造小别墅的农民越来越多，大多拆掉 80—90 年代的旧楼房，重新建新楼，且建三层楼的亦不少。

农民新村　1993 年，郊区在田乐乡新农村启动小康型农民住宅建设试点，采取统一设计、统一规划、统一施工方法，该年建设 9 幢小康型农民住宅，每幢造价 15 万元，总投资 135 万元。后又增建 45 幢农民别墅。后有荷花乡振兴村在戴方头港、长虹村在孙家浜分别于 1994 年和 1995 年建起有一定规模和档次的农民住宅小区。2003 年起，宇四浜村、双桥村、腾云村、虹南村实施建设农民新村。至 2008 年，4 个村建成农民新村 5 个，占地面积共 127 公顷，入住农户 874 户；全镇共建成农民新村 8 个，入住农户 976 户。2010 年，镇政府在长虹村孙家浜启动两新工程建设。

2010 年王江泾镇完成新农村建设情况表

表 4－1

村　　名	新村坐落地名	建设启动时间（年）	建房户数（户）	新村占地面积（亩）
田乐村（原新农村）	原新农村	1993	54	
长虹村	孙家浜	1995	24	15
虹南村	小街井	2007	319	313
	顾斋浜	2008	117	130
腾云村	范滩荡滨	2007	105	65
原振兴村	戴方头港	1994	24	24
双桥村	渚城浜	2004	77	40
宇四浜村	花甲圩	2004	256	300

渔民新村 境内从事内河捕捞的渔民较多，有外地的也有本地的。这些渔民以船为家，长年累月住在船上，生活困苦。公社化后，双桥、虹阳公社将渔民组织起来，各成立1个水产大队。1968年，该两个公社为渔民建造住房，安排渔民陆上定居。双桥公社水产大队、虹阳公社水产大队在王江泾、双桥、金桥、虹阳等大队内建立4个居民点，安排一大批渔民上岸定居，并建起捕、养结合而又稳定的生产基地。

【村庄整治】

2000年，首次启动以洪典村为试点的村庄整治工作，实施道路硬化、河道净化、路灯亮化、环境绿化、墙体白化、卫生洁化“六化”标准建设。2003年，确定10个保洁试点村，投资50万元，购置7900个垃圾桶、85辆保洁车，新建垃圾中转站77个、垃圾填埋场8个；投资400多万元，新建、改建道路10.2千米。洪典村建有5个垃圾中转站和1个垃圾填埋场。民和村投入28万元，修筑1550米长的水泥路，村、组道路全部硬化，并投资3万多元安装路灯。2004年，全镇消灭露天粪缸1.58万个，消灭率98.5%；安装三格式瓦筒化粪池7845套，新增农户卫生厕所1650户；清除建筑性坟墓7040座，将其放置安息堂1237个，就地深埋5803个。是年，宇四浜村创建“省级小康示范村”，通过省级考核组验收。2005年，全镇有3个村创建“省级小康示范村”，25个村被列入市级村庄整治重点村，5个村创建“市级一般整治村”。2009年，建立村庄、河道、道路、绿化“四位一体”长效管理，由保洁公司承包管理，镇政府与各村(社区)签订农村环境卫生长效管理工作责任书，各村与保洁公司签订承包合同，实行每月督查。至2010年，镇政府投资1000多万元，用于整治美化村庄环境卫生；投资7700万元，新建、扩建垃圾处理站13个，集中治理散户喷水织机等。

【“两新”工程】

2008年，王江泾镇为嘉兴市实施“两新”工程试点镇，启动“两新”工程建设。2009年，镇政府制定“1+X”城乡一体新社区布点规划，即以中心镇区来辐射若干个城乡一体新社区。用规划引导和搬迁奖励等办法推进集聚，并出台实施节地奖励政策，自行拆除原住房及地面设施，将宅基地全部退还给村集体，并自愿永久放弃农村宅基地的，可申请货币补偿。在虹南村先行建造新社区集聚点，集聚点建成一排排整齐气派的别墅，全村585户农户纳入搬迁规划，188户入住新居。做到宅基地与承包地分开，土地自愿流转，房屋易地安置，每集聚一户可节约0.7亩宅基地。2010年，太平村312户开始土地流转，面积达1100多亩，土地流转签约率99.9%；两个村民小组的76户征迁进展顺利。全镇共投入资金4亿元，确保“两新”工程建设顺利推进。全面启动“1+X”规划布点的新社区建设，完成2800户农民搬迁任务，报名搬迁农户近2000户。

第五节 房地产开发

改革开放后，境内房地产开发逐步开始。1991年，镇区开工建造建筑面积12102平方米的雁荡小区，为境内最早实施的房地产开发项目。1993年，建汾公路和王黎公路贯通，北虹路、闻川路、长虹路、虹桥路等主要街路相继建成，道路两旁的房地产开发快速跟进。1994

年，成立郊区房地产开发公司王江泾分公司、南汇分公司，分别在各自镇区开发房地产。1995年3月，王江泾房地产开发分公司在镇区投资200万元，建造商品住宅、商业用房，建筑面积4000平方米；投资90万元，新建农贸市场南侧2幢商住楼，建筑面积2000平方米。南汇房地产开发分公司投资100万元，建造商品住宅及商业用房，建筑面积2500平方米。是年3月8日，新加坡外商和嘉兴荷花管道供应处合资成立龙泉房地产公司，为郊区首个涉外房地产企业。并共同投资500万美元，在王江泾镇区联合开发龙泉花园，占地面积3330平方米，建筑面积18676.8平方米，在郊区所属中外合资房地产项目中规模第二。王江泾村投资10万元，建造商业用房，建筑面积1800平方米。10月20日，镇政府发布《关于实施〈王江泾镇城镇建设管理规定〉的通知》。

1996—2001年，王江泾镇区房地产开发建设进入高潮，集体、私人均分别投资在镇区开发房地产。王江泾镇村镇建设开发有限公司先后投资775万元，在北虹路、长虹路侧建造商品房，建筑面积共1.4万平方米。其中1999年7月，兴建的首期外来民工租赁式“安居工程”竣工使用。这一工程占地面积1700平方米，宿舍79间，有夫妻间、单人间、集体间，每间均有卫生设施，可供500多人居住。所有房间都以低廉的成本价租金优惠提供给外来民工居住。王江泾房管所投资605万元，先后在杨家弄、寨基浜建造商品房9000平方米；嘉兴承天世纪房地产开发有限公司投资8000万元，在闻川路以西、07省道以东、虹桥路以南，开发承天世纪花园住宅小区，建筑面积6.5万平方米。

2002—2010年，王江泾镇经济快速发展，特别是被列入浙江省小城镇综合改革试点镇和全国小城镇综合改革试点镇后，镇区房地产开发建设进一步加快，参与房地产开发的不仅有本土房地产开发企业，还有大量私人和非当地房地产企业。其中王江泾镇村镇建设开发有限公司、莲泗荡新市镇建设投资开发有限公司等当地企业共投资6.29亿元，先后在闻川路侧、北虹路侧、太平村等建造商品房、安置房，建筑面积共31.03万平方米；十多个私人业主投资1668万元，先后在闻川路与长虹路交叉口、闻川路东侧、闻川路西侧建造商住用房，建筑面积1.15万平方米；非当地房地产企业嘉兴市华盛城镇建设开发有限公司、嘉兴市汇丰房地产开发有限公司投资2.46亿元，先后开发虹景苑小区、承天世纪·顺和苑一期、汇源花苑等，建筑面积共10.3万平方米。

第六节　公用事业

【供水】

镇区居民历来以饮用河水为生。改革开放以后，由于境内乡镇企业和农村家庭工业发展迅速，集镇人口急剧增长，河流过于窄小，水质急剧下降。为确保居民饮水质量，1983年，政府自筹资金在淘沙弄23号处打出第一口百米深井，建造自来水厂，出水80吨/小时。无水塔，建120吨水池，用压力泵供水，装水管进户。后在万福路92号设营业厅。1984年6月1日起供水。初时供水分早上、中午、傍晚分三个时段。1985年，在万福路又新开一口120米深井，出水80吨/小时。1986年起使用变频供水设备，24小时供水。1988年，镇区建成区自来水供水管道10.5千米，日供水量320吨。1986—2000年，先后在虹阳集镇、南汇集镇、宇四浜村、田青村、田乐村、栋梁村、东林村、太平村、华联村、小曲村、市泾村、双塔村、大坝村、廊下村、洪典村、红联村、莫家甸村、虹南村钻深井建水塔，深井水供应覆盖率100%。2000年7月，建造古塘村地面水厂，提供分质工业用水，为秀洲区首创。2005年11月，大坝村、双塔村膜法水处理厂投入使用，为嘉兴市首家膜法水处理厂。是年，王江泾自来水厂日生产能力500吨，实际供水400吨，管网长度23.5千米，受益人口1.35万人。2007年6月，王江泾、双桥自来水厂率先联网嘉源自来水公司；至2009年下半年，全镇实现城乡一体化供水。至此，除两口战备井外，其余深水井封存。

【排水】

解放前，境内无系统的污水排泄设施。雨水、污水直接排入河流。中华人民共和国成立后，疏通阴沟，街面拓宽改造。改革开放后，随着经济建设加快，地面沉降使镇区经常处于高水位状态，排水不畅。1988年，王江泾镇排水管道3.1千米。南汇镇排水管道2.1千米。2009年8月，开始实施城镇生活污水收集管网工程。当年完成管网11.13千米、沉井提升泵3个、窨井565座。2010年4月，王江泾镇城镇生活污水管网工程竣工，工程总投资794.827万元，完成排水管网11.13千米，新建3个沉井提升泵、565座窨井，受益居民1601户、1万余人。主要收集中学、小学、幼儿园、医院、农贸市场、邮电所等单位和虹景苑、承天世纪花园、北虹小区、国营渔场小区等住宅区范围的污水。

【供电 照明】

供电 1931年，境内创办泾明电灯股份有限公司，装有8千瓦柴油发电机组1台，供电功率较小，仅供少数富裕人家使用。1962年，杭州至海宁的36千伏输电线路、35千伏长安变电所向境内供电。1974年5月21日，王江泾变电所投入使用，1号主变压器6300千伏安，2号主变压器3200千伏安，进线1条35千伏，出线5条10千伏。1984年，输通新安江电源，镇变电所总容量6400千瓦，向集镇和农村照明进行供电，但每逢“双夏”“三秋”等用电高峰，农村断电现象比较频繁。为了保证工作和生产的正常需要，一些企事业单位均自备发电机，自行供电。1989年11月26日，荷花变电所投入使用，1号主变压器6300千伏安，进线1条35千伏。出线3条10千伏。1993年，王江泾新变电所安装11万伏变压器，为境内供电提供保障。20世纪90年代初，农村个私企业蓬勃发展，一些个体织机户备有小功率柴油发电机。2000年后，为了解决居民用电紧张矛盾，境内严格执行有序用电工作方案，供电中按照“先生活，后生产”的原则，确保人民群众的生活用电，用电高峰时段尽量少拉电、争取不拉电。至2010年，境内供电由国家电网王江泾营业所负责保障供应，年用电总量12.59亿千瓦时。盛夏高峰时，集镇和农村居民的生活用电基本能保证。

供电管理 20世纪60年代初，嘉兴供电局成立后，王江泾有周士恒等组建电力升压站，协助农村电力升压，后成立王江泾电力工段。先后由周士恒、张其龙任工段长。1978年成立王江泾供电管理站，先后由刘永龙、张其龙、夏纪成任供电管理站站长。1982年，王江泾供电管理站更名为王江泾供电所。1984年起，域内各乡成立农村电力管理站，负责农村电力管理。双桥、虹阳、荷花、南汇、田乐乡电力管理站分别由仲世荣、张海泉、盛永根、张加荣、许金福任站长。2002 年，王江泾供电所新办公大楼建成，先后由夏纪成、劳柏金、李国光、钱宝铭、陆明、周飞林任供电所所长。2007 年，供电所建置撤销，由王江泾农村电力管理站负责域内电力管理，盛永根负责农电站工作。

照明　解放前，境内居民晚上照明大多使用油灯(油盏火)，也有一些家庭使用煤油灯、汽油灯。中华人民共和国成立初期，夜间照明主要还是矿烛或煤油灯，农村有的使用菜油灯。夜间行走基本不用照明灯，生活条件较好人家使用灯笼照明，手电筒极少使用。20 世纪 60 年代后，随着新安江水电站的建立，境内逐步通电，农户家庭开始用上电灯。路灯也在集镇道路逐步安装。1983 年，境内道路路灯委托电力部门代管。1984 年，镇区仅 23 盏路灯。20 世纪 80 年代末，境内路灯共有 318 盏，用电容量 12.68 千瓦，线路 6.36 千米。此后，随着集镇开发与发展，镇区万福路、北虹路、闻川路、济阳路、鸿运路、贸易街、南方路、雁荡路、中意街等都相继安装路灯。1996 年，为改变镇区形象，在镇区太平桥至新桥龙泉富民经济区路段安装 36 盏路灯。2007 年 4 月，07 省道嘉兴至王江泾段拓宽工程竣工通车，依照城市道路功能要求，王江泾至嘉兴的路灯全线贯通。至 2010 年，全镇路灯 1404 盏，总用电量 288.84 千瓦，线路 56.15 千米。

【民用燃料】

20 世纪 60—70 年代使用的煤油炉

解放前，集镇居民和乡村农民使用的燃料主要为秸秆、茅草、树枝、木片等，一些茶馆则用砻糠、稻草作为主要燃料。解放后，人民政府采购煤炭制作煤球供应居民作燃料。1950 年，境内居民煤球燃料由所在供销社采办，煤球供应纳入国家计划，居民一户一张煤球卡，按人口多寡定量，每月按计划凭卡供应，以供应集镇居民为主。单位集体食堂，可向供销社申请，由供销社每月调拨一定数量的砻糠作燃料。集镇也有少量居民使用柴草灶。1970 年，蜂窝煤饼问世，由于供应量少，居民就购买煤粉自制煤饼。农村居民仅以稻柴作燃料不够用，有的就将牛粪晒干作为燃料。境内许多湖荡底有一种黑色沉积物可作燃料，人们称之为“泥煤”，农民将其从湖底耙上，晒干后作为燃料。还有购买多管油炉(经济炉)作燃具，使用柴油、火油作燃料。部分农民还从民丰造纸厂去买纸浆渣(纸糟)，将纸浆渣晾干后作燃料。

20 世纪 80 年代后期，液化石油气逐渐进入居民家中，从而改变了集镇居民和农民的燃料结构。1985 年 8 月，嘉兴市建立嘉兴市煤气公司，为境内部分居民家庭供应液化石油气。境内最早建立的液化石油气站位于原王江泾汽车站西，由杨溪村开办。1987 年，为境内居民提供液化石油气燃料的煤气站多分布在苏嘉公路旁，其中有：嘉北顾家村的嘉兴轻工系统液化石油气站，占地面积 7202 平方米；苏嘉公路沙河桥边的电控厂液化石油气站，占地面积 4669 平方米。1992 年 7 月，南汇镇工业办公室投资 30 万元，在建汾公路通往廊下村的路口开设嘉兴市南汇液化气服务站；1993 年 9 月，又投资 35 万元建仓库建筑面积 200 平方米，场地1300平方米。1994年8月，拆杨溪煤气站920.47平方米、交通管理检查站162.56平方米，新建嘉兴市郊区液化气公司王江泾储配站，为境内较大的液化石油气供应站。1996年，桃虹公路腾云路口、原镇汽车站各有1个液化石油气站(后拆)。1999年5月，市泾村北路西口建办市泾加油站。进入21世纪，人民的生活水平提高，居民逐渐使用多功能电饭煲、微波炉、电磁炉，此前的煤、气等民用燃料逐渐退出。至2010年，境内还有液化石油气站4个，其中双桥沙河荡2个、沈家桥、南汇各1个。

第七节　房产管理

【管理机构】

解放前，王江泾镇除国民小学、寺庙等部分公用场所，别无公有房产。解放后，由于土改没收的地主与资本家房产、无主房产、寺庙、旧政府遗留房产等需要管理，1952年，成立嘉兴县王江泾房地产管理委员会，管辖王江泾、双桥、荷花、虹阳、田乐房产事宜；成立嘉兴县南汇房地产管理委员会，管辖南汇、油车港房产事宜。均隶属嘉兴县财政科。1953年，王江泾、南汇房地产管理委员会隶属县民政科。1956年，隶属县财政科。1956年7月，改属县财粮科。1960年，隶属县商业局。1962年2月，王江泾、南汇房地产管理委员会隶属嘉兴县财政局，业务由嘉兴县房地产管理所指导。1965年8月，王江泾、南汇房地产管理委员会撤销，划归王江泾财税所管辖。1979年，成立嘉兴县房地产管理处(公司)王江泾办事处，隶属嘉兴县基本建设局。1982年3月，嘉兴县房地产管理处(公司)王江泾办事处改称嘉兴市王江泾房地产管理所。1983年10月，王江泾房地产管理所改属嘉兴市郊区建设局，业务归口郊区房地产管理处。七星、栖真乡房地产管理由塘汇房地产管理所移交王江泾房地产管理所。1986年8月18日，析出嘉兴市油车港房地产管理所，负责油车港镇、栖真乡、七星乡的房地产管理。1997年6月，撤销油车港房地产管理所，并入王江泾房地产管理所。2000年7月，七星乡的房地产管理划归秀城区。2003年7月，王江泾房地产管理所被列为生产经营性事业单位。2008年，完成改制。2010年，王江泾房地产管理所性质为生产经营性事业单位。

【公房管理】

解放前，国民政府实行土地私有化，多由富裕人家买地建私房，政府根据房屋课捐纳税。房屋租赁一般都在私人间进行。集镇公有住房较少，仅分布于官署、学校、庙宇等。解放初，人民政府通过对国民党政府弃留下来的房地产，对地主恶霸、反革命分子、官僚资本家的房地产的接管、没收，至1952年，境内集镇(王江泾、双桥、南汇)共接管、没收为公有住房的共633间、面积15750平方米。1952年，王江泾、南汇房管会从事接管、代管私房，管理所有公房工作，执行“以租养房”政策，对公房租金实行统一标准，以大米(以斤为计量单位)计租，按居住间数缴纳租金。租金划分为非住宅房和住宅房两类。公房首先解决部分劳动人民的居住困难户，如安置、调整部分军、烈属，五保户及生活困难户的住房。王江泾、南汇房管会从事公房管理、公房租金收缴事宜。随着公房管理范围的逐步扩大，境内公房开始形成管理、收房租、修缮合一的管理格局。公房修缮由于资金、人力的局限，仅为集镇公房进行必要的添门、加窗和室内采光、通风、地坪等，以保证住户最起码的居住条件。当年，王江泾集镇直管公房租赁给无房居民 275 户使用，每月租金共 651.32 元。区、乡政府，税务所、店员工会、镇工会、妇联会、工人纠察队、居民办、工商联、粮仓等公房拨用或免租使用。1953 年，公房租赁将大米计租改为人民币计租。

1958 年起，境内对私房进行社会主义改造，向私房宅基地及小块庭院收取土地使用费，部分私房迅速腾出转为公房，解决了部分居民的住房。1959 年，境内公房租赁户首次领到嘉兴县(市)国家经租房屋租用证，在公房管理上实行房管会与租户代表相结合的管理模式。民用公房租金标准根据房屋结构、设备、层次等，分为五大类、十六个等级，将原先以间计租改为以实际使用面积计租，月租金 0.06～0.16 元/平方米。当时正值私房社会主义改造结束，大量住户随房转入公房范围，使原来租金畸高畸低，相差悬殊。在集镇居委会配合下，对不合理部分进行评估，对畸高的分期逐步拉近标准距离；畸低的在原租户外迁时，新租户搬入和进行中修以上的房屋，给予调整提高租金。

1962 年，国家提倡在公房管理维修中，要“节约用料，利用旧料，搞好维修”，王江泾房管会在公房维修中，自力更生、“找米下锅”，购进泥砖坯代替八五砖，采购石粉代替石灰，从山区采购杂木棍代替正品木材，解决了一时的公房维修困难。嘉兴县房管处在王江泾集镇召开全县“利用代用品，代替木材制作门框、窗框”现场会，将王江泾经验向全县推广。1965 年 8 月，集镇设房租收取点，住户上门缴房租。1958—1966 年，通过新建、改造等方法，境内不断增加公房面积，集镇共建造公房 5399 平方米。1967 年，集镇公房面积增至 34642 平方米。1970 年，境内实行新的民用住宅公房租金标准，按楼、地面、门窗、内顶、内墙、设备等房屋结构 6 项、16 级定分计算，公房月租金为 0.08～0.17 元/平方米，延至 1988 年。各单位的自管房租金自定，低于直管公房租金标准。1979 年，成立集镇建立落实房产政策办公室，对 20 世纪 70 年代接管的私房落实归还政策，采取发还、作价收购、补偿等措施。公房租金由承租户单位代扣为主，上门收取为辅。20 世纪 70 年代，集镇(王江泾、南汇)接管私房转为公房共 51 户、建筑面积 3137.09 平方米。政府还建造公房 13424 平方米。

1986 年，集镇建造各类公房 8678 平方米。公房租金由租户单位代扣的占租金总额的四分之三；非住宅公房租金主要通过银行，以同城托收办法处理。至 1988 年，王江泾镇、南汇镇各类公房总面积 21.25 万平方米。镇上非住宅租金标准以幢的建筑面积，共设 4 类、9 级，按房屋结构、使用性质、损耗程度而定。如染坊、豆腐坊、盐仓库、酒酱店、澡堂等，租价高于其他商店、仓库、作坊；办公用房低于商店用房租价。非住宅租金标准为 0.35～1.05 元/平方米。1989 年，由于公房破旧危房多、面积小且分散，于是对王江泾一里街菜场、郁家桥北端旧平房、基督教堂等破旧危房拆除，自筹资金易地建造。1991 年 4 月，将直管非住宅公房租金调整为 0.42～2.35 元/平方米。学校、幼儿园，行政、事业单位，居委会、福利性单位使用的公房不调租。镇上在公房维修中，突出小修保养，抓好大中修理，保证租金对维修的投入，努力改善住宅公房的条件，基本实现公房管养结合。1992 年，王江泾房管所投资 60 万元，对镇上直管公房 23 处、2303.2 平方米的危房进行易地拆建。1993 年 3 月，拆建危房 700 平方米。2002 年，为加快旧城改造进程，在镇区北虹路小区建造 2 幢拆迁周转房，建筑面积 6100 平方米，总投资350万元。2010年，王江泾房管所直管公房640余套，共收缴租金122.62万元，其中回收旧欠租金4776.6元；房地产管理收入186.13万元；维修公房540户（次），建筑面积2700平方米，投入资金8.53万元。

【住房分配和住房改革】

中华人民共和国成立后，集镇居民住房实行分配制度。居民需要分配公房，由用房者本人申请，经所在单位或居委会证明，确实符合分房条件者，由各房地产管理所分期分批直接分配。但集镇公房较少，居住条件窄小、简陋，住房非常紧张，三代同堂的现象非常普遍。20世纪70年代，集镇一些效益较好的企事业单位开始建设职工集体宿舍，如王江泾绸厂在镇区曹家弄底建有2幢二层集体宿舍。1980年后，由于国家资助统建的房屋已远远不能满足居民需求，采取以企业自建为主，国家统建为辅的方针，房管所给予一定资助。各单位自行建造的住宅房实行自行分配；国家资助统建的住宅，仍由房管所分配，主要解决无力自建的企事业单位职工。同时考虑烈军属、军队转业户、拆迁户和落实政策户等的需要。职工迁入新居后，原租公房仍由原租单位重新分配。单位所建住房的维修及房租收入等，均有建房单位负责。1990年后，随着职工数量急剧增加，多数单位无力由单位自建来解决职工住房困难，国家逐步取消福利分房，集资建房模式开始兴起。由单位集体出面征用土地，根据本单位职工自身经济实力，统一规划建造住房，所需经费基本上由用户摊派，有条件的单位酌情补助。多数乡镇为解决机关干部、学校教职工、事业单位人员的住房困难，采取集资建房办法来解决。集资建的房产基本上归用户所有。有的单位“三证”[①]俱全，有的单位未办全，在以后住房补贴中，按有关政策区别对待。王江泾镇、南汇镇分别成立房屋所有权登记发证领导小组和发证办公室。1990年11月30日，王江泾镇第一次核发房产权证，所有权人凭证管业，凭证可进行房屋出售出租、买卖、继承分析、赠予交换、申请扩建改建、办理拆迁补偿等。镇区第一批有50户私房户领证。

1992年10月，境内各乡镇根据《嘉兴市区公房制度改革方案实施细则》，将所有公房纳入房改轨道，成套公房按成本价、综合价向职工出售。王江泾镇成立房改领导小组，下设房改办公室。1995年，各乡镇根据《嘉兴市市区公有住房出售管理办法》，开始逐步实行住房公积金制度。1997年，逐步开始商业住房贷款业务。2000年，逐步实行住房分配货币化。2008年，随着境内房地产的开发建设，境内集镇、农村居民个人购房消费猛增。2010年，境内住房制度改革效果明显，房改房可以交易，许多集镇、农村居民购买商品房，全年办理公私房交易794户，建筑面积155599.04平方米，成交金额达4.32亿元；办理私房登记836户、单位房登记64件，建筑面积分别为14.53万平方米、40.2万平方米。居民住房难的问题基本解决。

【门牌编号】

民国前，境内门牌编号情况不详。民国时，王江泾镇区曾有几次门牌编号。一里街自东至西全都编上门牌号。1955年，首次全部将镇区门牌编号，由王江泾房管所管理。1992年，王江泾派出所对全镇门牌进行清理整顿。2008年，集镇门牌编号由镇民政办管理。2009年

① “三证”，即房产证、土地证、契税证。

3 月，对全镇门牌进行一次系统的整顿、规范和统计。镇区有沿街门牌 1892 块，沿街楼牌 171 块，弄牌 43 块，弄内牌 292 块，大牌 55 块；五个居委会有沿街门牌 1635 块，沿街楼牌 40 块，弄牌 43 块，弄内牌 148 块，大牌 3 块；32 个村、2 个社区有门牌 19872 块；自然村牌 428 块。总计沿街门牌 3527 块、沿街楼牌 211 块、弄牌 86 块、弄内牌(包括村门牌)20312 块、大牌 486 块。全镇总计 24622 块。门牌的规格：弄牌 45 厘米×15 厘米；楼(幢)牌小区幢牌 90 厘米×50 厘米；沿街楼号牌 45 厘米×15 厘米。沿街门牌规格：大门牌(用于企业单位大门)60 厘米×40 厘米；路幅大于 10 米的道路沿街门牌规格是 30 厘米×20 厘米；路幅介于 10 米和 25 米之间的是 21 厘米×15 厘米；路幅小于 10 米的是 18 厘米×14 厘米。户室牌是 15 厘米×10 厘米。村民小门牌是 18 厘米×14 厘米。门牌均为蓝底白字。

第五章　国土资源管理、环境保护

解放前，土地以私人所有为主。解放后，历经土地改革、合作化和人民公社化运动，农村土地为集体所有，土地管理实行城乡土地分割、部门分散管理体制。1978年，境内规定征用土地必须根据占地多寡，履行相应级别的申请报批手续。20世纪80年代，国家先后对中外合资企业建设用地、村镇建房用地、城镇建设征用等颁布条例，加强土地管理，节约用地，制止乱占耕地、滥用土地。1982年，新修订的《中华人民共和国宪法》，规定中国土地制度的各项原则。1988年，境内乡镇设立土地管理办公室。1994年，各乡镇成立土地管理所。1998年，农户在耕地、非耕地建房时，根据人口数量确定宅基地面积。2002年，成立镇国土资源所。2010年，境内基本农田保护面积5858.38公顷。

第一节　国土资源管理

【管理机构】

解放后，国土均由县政府管理。1986年3月，嘉兴市郊区农林局设土地管理股后，各乡镇于1986年4月设土管员1名。1988年12月，各乡镇设立土地管理办公室。1994年各乡镇成立土地管理所。1988年12月至1998年5月，荷花乡先后由朱永生、于福林、钮正荣任土管办、土管所负责人；虹阳乡先后由陈海观、陈忠明、朱富荣任负责人；1988年12月至2001年4月，南汇镇先后由盛永祥、王健龙、朱宝荣任土管办、土管所负责人；田乐乡由李阿林任土管办、土管所负责人；王江泾镇由钱智明任土管办、土管所负责人。2001年，钱智明任王江泾镇土管所所长。2002年1月，嘉兴市设立国土资源局秀洲分局后，各镇土地管理所更名为国土资源所，负责对镇域国土资源的规划、开发、管理，钱智明任所长；2007年3月，戴炳荣任所长。

【用地规划】

2005年，王江泾镇政府完成2005—2020年用地规划。规划耕地保有量6536.26公顷，基本农田保护面积确保5858.30公顷，标准农田面积确保3348.15公顷，开发整理复垦土地总规模为498.23公顷，建设占用耕地面积控制在219.25公顷以内。至2020年，城乡建设用地在1348.29公顷以内；新增建设用地在243.04公顷以内，其中新增城镇用地158.63公顷、农村居民点用地80.79公顷、其他建设用地2.78公顷；全镇园地保有570.43公顷、林地6.92公顷、其他农用地979.44公顷；全镇城乡建设用地面积1346.55公顷，占全镇土地总面积的

11.19%。其中城镇用地 612.29 公顷、农村居民点 500.83 公顷、独立建设用地 233.43 公顷、交通水利用地 107.63 公顷、其他建设用地 33.98 公顷、未利用地 2431.41 公顷。

2005—2020 年王江泾镇规划用地情况表

表 5－1

<table>
<tr><th>序号</th><th colspan="2">用地代码</th><th>用地名称</th><th>面积(公顷)</th><th>占建设用地比例(%)</th></tr>
<tr><td rowspan="2">1</td><td colspan="2">R</td><td>居住用地</td><td>394.7</td><td>28.2</td></tr>
<tr><td>其　中</td><td>R22</td><td>公共服务设施用地</td><td>27.1</td><td>2.0</td></tr>
<tr><td>2</td><td colspan="2">C</td><td>公共设施用地</td><td>168.1</td><td>12.0</td></tr>
<tr><td>3</td><td colspan="2">M</td><td>工业用地</td><td>319.7</td><td>22.8</td></tr>
<tr><td>4</td><td colspan="2">S</td><td>道路广场用地</td><td>172.2</td><td>12.3</td></tr>
<tr><td>5</td><td colspan="2">T</td><td>对外交通用地</td><td>1.2</td><td>0.1</td></tr>
<tr><td>6</td><td colspan="2">W</td><td>仓储用地</td><td>59.5</td><td>4.3</td></tr>
<tr><td>7</td><td colspan="2">U</td><td>市政公用设施用地</td><td>8.1</td><td>0.6</td></tr>
<tr><td rowspan="3">8</td><td colspan="2">G</td><td>绿地</td><td>276</td><td>19.7</td></tr>
<tr><td rowspan="2">其　中</td><td>G1</td><td>公共绿地</td><td>52.2</td><td>3.7</td></tr>
<tr><td>G2</td><td>生产防护绿地</td><td>223.8</td><td>16.0</td></tr>
<tr><td colspan="3">合　计</td><td>城市建设用地</td><td>1399.5</td><td>100</td></tr>
<tr><td>9</td><td colspan="2">其他用地</td><td>水域</td><td>176.3</td><td></td></tr>
<tr><td colspan="3">总　计</td><td>规划总用地</td><td>1575.8</td><td></td></tr>
</table>

【征用土地】

解放前，土地私有，无统一的土地征用制度。中华人民共和国成立后，人民政府严格管理土地征用。1978 年始，随着经济建设的发展，境内各企业、事业单位均有扩大用地的需要，征用土地宗数增多。凡要征用土地，必须按土地使用的范围、内容，履行相应级别的申请报批手续。此后规定，凡单位或个人要征用土地，均须按征用土地规定办理，向有关部门申请，报土地管理部门审批。持有批准文件后，由乡镇土管办公室派员勘查现场，定点画线，发给正式批准书，方可施工。

1989 年起，国家机关、企事业单位征用耕地一次性在 3 亩以下，非耕地一次性在 10 亩以下，由县级土地管理部门审查，县政府批准，并报省、市土地管理部门备案。征用耕地 5 亩以上、非耕地 20 亩以上，须经省土地管理部门审查，省政府批准。征用耕地 1000 亩以上、非耕地 2000 亩以上，须经省政府审查，报国务院批准。用地单位要缴纳征地费用，实行“以亩计价”。省政府在征用耕地收缴造地费中规定，征用 1 亩土地，使用单位应缴纳造地费 3000 元，还需缴纳青苗树木等补偿费。房屋拆迁另缴纳安置费等。除了支付上述费用外，1987 年 4 月 1 日，境内开始实行用地单位或个人缴纳耕地占用税，按地区类别每亩核算缴纳费用。境内在征用土地管理上，禁止企事业单位、城镇居民、农村农户随意占用土地，严格禁止占用耕地建造私房。根据经济社会建设需求，掌握征用地政策，确保生态平衡和可持续发展。1995 年，虹阳集镇拓宽虹阳大街，经审批，在虹阳村、虹西村征用土地 519.4 平方米。2003 年，为扩大镇区面积，对工业园区、居民住宅区重新规划，统一建造农民住宅区，征用近 800 户农户土地，使镇区面积增加至 4 平方千米。

2004 年 7 月，由于开发太湖流域红旗塘工程需征地，涉及王江泾镇东风村、虹南村、双桥村、上睦村和油车港镇、新塍镇等村，征地总面积 66.8674 公顷，其中耕地 40.9174 公顷，涉及基本农田面积 3.5348 公顷。区国土局在王店镇建设村落实划补基本农田面积 3.5348 公顷，为嘉兴市 5 万亩土地整理项目一期工程中的净增耕地。7 月 20 日，为建设太湖流域杭嘉湖北排通道工程征地，涉及王江泾镇市泾村、洪典村、长虹村、古塘村、范滩村、新桥村、腾云村、上睦村和油车港镇等村，征地面积 34.0957 公顷，涉及基本农田面积 4.176 公顷。在王店镇建设村划补基本农田面积 4.176 公顷，为嘉兴市 5 万亩土地整理项目一期工程中的净增耕地。至 2010 年，境内耕地占补平衡，耕地面积保有 6920 公顷。

【农户建房用地】

农村个人建房用地，自 1986 年《中华人民共和国土地管理法》颁布后，执行“一户一宅”制度。同年，各乡镇设立土地管理员，农户建房需经过村、乡镇、区审批。1998 年，郊区对农户建房用地标准的规定为：小户（1～3 人），在非耕地上建房，不得超过 80 平方米；在耕地上建房，不得超过 75 平方米。中户（4～5 人），在非耕地上建房，不得超过 120 平方米；在耕地上建房，不得超过 110 平方米。大户（6 人及以上），在非耕地上建房，不得超过 140 平方米；在耕地上建房，不得超过 125 平方米。独生子女，可按 2 人计算，户照顾 20～30 平方米。1998 年后，新的《中华人民共和国土地管理法》规定，农民个人建房用地同其他建设用地一样纳入年度计划管理，凡占用耕地的，均需预先办理农用地转用手续，再按照规定的审批程序、权限批准农民个人建房用地。2004 年 12 月，调整农村宅基地标准：大户（4 人及其以上），使用耕地不得超过 125 平方米，使用原宅基地的不得超过 140 平方米；小户（3 人及其以下），使用耕地不得超过 110 平方米，使用原宅基地的不得超过 120 平方米。另外，根据农村粮、油、畜、桑发展需要，增加承包农户安排农副业生产用房面积 20～30 平方米。按照临时用房报批，只准建造平房，不得与住宅混建。2009 年 10 月，再次调整农村宅基地标准：大户（4 人及以上），城镇规划区内宅基地建筑占地面积最高不得超过 110 平方米，城镇规划区外宅基地建筑占地面积最高不得超过 120 平方米；小户（3 人及以下），城镇规划区内宅基地建筑占地面积最高不得超过 90 平方米，城镇规划区外宅基地建筑占地面积最高不得超过 100 平方米，独生子女按 2 人计算。

对下列 11 种情况的建房申请不予批准：不符合土地利用总体规划和村镇规划；户口不在村里；子女与父母分户；兄弟、姐妹未达到法定结婚年龄分户；已婚嫁的男女在两地申请建房；出租、出卖或以其他形式转让房屋和宅基地；征地拆迁已安置；已得到政府节约宅基地奖励，以未达到面积标准为由申请宅基地；夫妻双方以多占宅基地为目的而离婚申请宅基地；“四至”不清，土地有争议、纠纷；其他情况不应建房或安排宅基地。

【基准地价】

2002 年，境内实行国有土地出让基准地价。在征用土地中，王江泾镇东到苏嘉运河，南到长虹路，西至乍王公路，北到北虹路属于一类土地，商业基准地价为565元/平方米，住宅基准地价为300元/平方米，工业基准地价为170元/平方米；东到苏嘉运河，南到北虹路，西至近期规划区边界，北到北虹路属于二类土地，商业基准地价为410元/平方米，住宅基准地价为230元/平方米，工业基准地价为150元/平方米；镇规划建设区内其他用地及王江泾工业开发区（含二期）属三类土地，商业基准地价为330元/平方米，住宅基准地价为180元/平方米，工业基准地价为130元/平方米；原南汇、田禾、荷花、虹阳、双桥集镇及工业区等其他估价区域属四类土地，商业基准地价为220元/平方米，住宅基准地价为140元/平方米，工业基准地价为115元/平方米。

【基本农田保护】

1997年，荷花乡政府和土管部门对历年来遗留的占用农田问题进行检查，发现由于国家建设和集体建设，“两户一体”[①]超占耕地面积41153.92平方米，立即纠正。“两户一体”未批先建补办手续755户，补交费用67.38万元，罚款27454元。建房验收后，领回押金19.88万元。全乡报批集体建设用地8项，面积27.76亩；工业小区20户，面积45.66亩；农民建房105户，面积12508.74平方米；其中占用耕地525.8平方米。“两户一体”48户，面积3732.84平方米，其中占用耕地2240.8平方米。对这些违反保护基本农田政策的行为，均作出严肃处理。该乡还盘活农村宅基地，拆除老宅基10984平方米（包括原宅基翻建）。复耕公路边低洼田、窑墩基、废弃田、圩堤旁的可耕田，复耕128.7亩，投入资金174万元。2000年后，境内经济建设猛进，用土地增多，占用的基本农田以置换的形式运作，基本农田受到保护。2004年11月，国土资源部第一批重点急需建设项目、省批重点交通基础设施项目07省道改建工程征集农耕地，用地涉及境内部分村（社区）、单位的基本农田，均采取调整为建设留用地。其中腾云村基本农田面积3.6275公顷，待置换用地0.8876公顷，合计4.5151公顷；双桥村基本农田4.7764公顷，待置换用地0.2876公顷，合计5.064公顷；宇四浜村基本农田0.5897公顷，待置换用地2.0268公顷，合计2.6165公顷；王江泾社区待置换用地5.573公顷；新桥社区待置换用地3.242公顷；双桥农场基本农田2.6054公顷，待置换用地0.6627公顷；市农科院基本农田0.3807公顷；区农科所基本农田0.6176公顷。划补基本农田均在阳城村、虹南村、南汇村3个村土地整理项目中的净增耕地。至2010年，境内基本农田保护面积5858.38公顷，其中一类基本农田面积5716.44公顷、二类基本农田面积141.94公顷。

2010年王江泾镇基本农田保护区地块情况表

表5-2 单位：公顷

行政村	地块总面积	基本农田面积	Ⅰ类基本农田面积	Ⅱ类基本农田面积	其中耕地面积
新桥村居委会	34.27	32.17	19.09	13.08	32.17
东风村	358.12	331.93	331.93	0.00	331.93

① “两户一体”，即承包户、重点户，经济联合体。

续表 5－2

行政村	地块总面积	基本农田面积	Ⅰ类基本农田面积	Ⅱ类基本农田面积	其中耕地面积
双桥村	488.66	459.76	446.86	12.90	459.76
腾云村	143.29	135.20	101.08	34.12	135.20
范滩村	295.74	274.34	274.34	0.00	274.34
古塘村	174.19	161.74	161.74	0.00	161.74
西雁村	159.33	147.28	147.28	0.00	147.28
东荷村	107.34	101.42	101.42	0.00	101.42
民主村	92.73	86.33	86.33	0.00	86.33
民和村	145.79	137.22	137.22	0.00	137.22
荷花村	201.17	188.61	188.61	0.00	188.61
北荷村	291.14	269.70	267.19	2.51	269.70
长虹村	85.81	80.68	65.14	15.54	80.68
太平村	58.14	53.65	45.57	8.08	53.65
洪典村	180.54	171.02	171.02	0.00	171.02
虹南村	358.30	330.05	317.08	12.97	330.05
虹阳村	351.82	331.67	330.50	1.17	331.67
阳城村	196.58	179.16	179.16	0.00	179.16
虹北村	225.09	209.45	209.45	0.00	209.45
华联村	236.64	221.92	221.92	0.00	221.92
红联村	55.05	51.41	51.41	0.00	51.41
莫家甸村	116.55	110.63	110.63	0.00	110.63
市泾村	99.33	92.23	88.68	3.55	92.23
廊下村	207.19	193.78	193.78	0.00	193.78
大坝村	215.45	204.54	204.54	0.00	204.54
田青村	154.05	144.39	144.39	0.00	144.39
双塔村	184.10	172.37	172.37	0.00	172.37
栋梁村	138.95	133.28	131.88	1.40	133.28
收藏村	45.30	41.95	41.95	0.00	41.95
宇泗浜村	52.06	48.92	39.87	9.04	48.92

续表 5－2

行政村	地块总面积	基本农田面积	Ⅰ类基本农田面积	Ⅱ类基本农田面积	其中耕地面积
金鱼桥村	163.07	153.04	145.50	7.54	153.04
沈家桥村	216.61	201.81	201.81	0.00	201.81
南汇村	151.69	141.97	129.65	12.32	141.97
田乐村	246.54	231.63	223.91	7.72	231.63
军垦农场	1.77	1.47	1.47	0.00	1.47
双桥农场	34.83	31.66	31.66	0.00	31.66
合　　计	6267.24	5858.38	5716.44	141.94	5858.38

第二节　环境保护

【绿化】

公园绿化　王江泾镇区原没有公园。改革开放后，逐渐在镇区建起长虹公园，公园内开始绿化。1986 年，长虹桥桥畔种上垂柳，运河边布置园林建筑小品；借景长虹桥，建设一块以水体为主，别具一格的依傍运河绿化地。1995 年，长虹桥畔占地 5.02 公顷，设置绿化带，绿化带平均进深 10～30 米。1997 年，在长虹桥西侧动工建设一座占地 35 亩的长虹公园，建有大量绿化带，还建有凉亭、老年门球场，设置健身器材等设施。2000 年，长虹公园一期完工，种植许多树木、花草，建筑风格古朴典雅，富含江南韵味。2010 年，对长虹公园和涟泗荡风景区重新绿化。长虹公园重新设计、改造，营造自然植物景观，加强绿化养护管理，提升公园档次。莲泗荡风景区造林绿化 30 余亩，31300 平方米，道路绿化 23880 平方米，提升旅游区的环境。新建一个 15 亩湿地生态公园，新增绿化面积 3520.7 亩。

城镇绿化　20 世纪 90 年代中期，镇区新建居住区绿地占居住区总用地比例达到 30%以上，居民小区建有小公园。镇区主干道绿带面积占道路总用地比率在 20%以上。单位附属绿地面积占单位总用地面积比率大于 30%。其中工业企业、仓储、商业中心等绿地率大于 20%；产生有害气体和污染的工厂绿地率大于 30%，学校、医院、机关团体、公共文化设施等单位的绿地率大于 35%。2003 年，投入资金 250 万元，在 07 省道王江泾过境段实施绿色长廊工程。共分两个标段：南标段从北郊河至双桥集镇，北标段从新桥收费站至王江泾镇区。累计长 5.5 千米，回填土方 2.5 万立方米，施工面积 14.7 万平方米。对沿线两侧 30 米范围进行大规模环境集中整治，拆除违章、危旧、临时建筑 1.1 万平方米。栽种 20 万株杜英、湿地松、杨柳等具有防护和景观双重功能的生态公益林带。2004 年，城镇的绿化覆盖率达 36%，人均绿化面积 7.3 平方米。2005 年，城镇绿化向人文、生态方面发展，利用河道、道路、市政走廊等生态廊道，将外围的大面积乡野生态景观引导到城镇中；滨水绿化、道路绿化等公共绿地植物搭配多层次、多样化、富有季相变化的植物群落。沿河滨水绿化控制10～15米滨水绿化带，丰富滨水空间的内容，成为城镇居民喜爱的重要公共空间。2010年，打造“市级绿色小城镇”，在绿化建设中提升1个公园、2个商城、3个园区、4个道口、6条主干道，全面提升工业南区、工业中区、工业北区3个工业区道路和河道两边的绿化面积。元丰大道成为南区的景观通道，虹桥路成为具有代表性的绿色景观通道。对07省道绿化带重新进行补植，新播三叶草草坪3万平方米，种植夹竹桃绿篱11千米、33300株，安排常年管护人员，进一步提升07省道形象，精心打造“绿色通道”品牌。以工业功能区为重点，实施绿色企业形象工程，工业区绿化53亩，城镇绿化11亩，营造长18千米王江泾段古运河河畔林带，广玉兰、香樟树分布两旁，共造林297亩。结合生态型水产养殖塘建设工程，对外围堤岸实施绿化，种植垂柳、广玉兰等38.2千米。积极探索多元化投入机制，吸引民间资本、区外资本来城镇投资发展林业，尝试由苗木种植大户投入，采用无偿用地，合同期满留好林带的造林办法，营造一条长1500米，宽80米，面积180亩的沿河绿化带。全镇森林覆盖率10.35％，镇区绿化覆盖率38.57％，绿地率34.33％，人均公共绿地面积12.16平方米。

农村绿化　中华人民共和国成立以后，农村没有大面积植树搞绿化，但农民利用农村的沟、渠、路旁以及房前屋后，以及一些零星土地，进行零星植树造林，改善了农村生态环境。1954年后，农民一般在“四旁”[①]植树。20世纪50年代初，党中央提出“绿化祖国，实行大地园林化”号召，境内在农村开展群众性绿化植树造林活动。20世纪60年代中期至70年代初期，根据“田成方，林成网，渠成带”的农田林网化要求，境内以道路为骨架，加速“四旁”绿化，通过“四旁”种树，构建农田林网。20世纪70年代起，社、队在机耕路两旁植树。改革开放以后，村民自觉种植经济林，政府对植树年年落实资金。进入21世纪，结合村庄整治和新农村建设，创建“绿化示范村”，抓住新农村建设的有利时机，扎实推进村庄绿化。2006年，全镇投入资金20万元，组织苗木9.4万株，发放给各行政村，提高绿化率。廊下村在公共场所、房前屋后、主要道路、河道两侧等地的绿化覆盖率达25％以上。2008年，新增圩堤绿化48.9千米，种植树木31200余株。2009年，古塘村获得市级“绿化示范村”称号，提升了农村绿化档次。农村绿化建立起养护管理长效机制，落实专职护林员6名，由专业人员具体负责绿化养护管理、病虫害防治、森林防火工作，同时开展“林权到户”管护试点工作，明确林权归属和管理责任，做到林有其主，主有其权，权有其责，责有其利。2010年，全镇农村绿化林地面积16257.6亩，创建市级绿化示范村6个。

【“三废”治理】

工业废水治理　20世纪80年代前，境内工业污水排放量不多，基本未造成环境危害。80年代起，纺织业蓬勃发展，开始有污水排放，造成环境污染。80年代中期，先后建起王江泾染厂、新桥染厂、大众染厂、金乐染厂等，污染开始严重。除境内企业产生的污染外，还受到上游客水的严重污染。90年代，吴江市盛泽镇丝绸印染业迅猛发展，众多企业排放的大量超标污水流入

① “四旁”，即村旁、宅旁、路旁、水旁。

下游境内，使境内水样多年一直超劣五类，深受其害。2001年，国家环境保护总局召开协调会，着重解决江苏盛泽和浙江嘉兴边界水污染纠纷问题，多次责令盛泽镇采取切实措施，避免污染事故的再次发生。2001年，盛泽有三次大规模、大面积污水侵害境内事件。2001年11月22日，由于江苏盛泽污水侵入，引起王江泾村民自发的“零点行动”。此后，境内加大对污水的治理力度，每年投入巨资，建造污水集中处理站，纺织企业均设有污水排网管道，污水集中入管网。2008年，镇政府对分布较散的喷水织机企业进行治理，根据喷水织机分布的情况，采用“能联则联，控制单建，鼓励淘汰”治理模式，进一步完善和优化集中建站的设置和工艺。同年，在南汇村建造废水处理站，2009年8月建成投产，增添2台污水处理设备。铺设地下管道，将39家纺织企业排放的废水集中到废水处理站集中处理。总投资5375万元兴建的王江泾镇污水集中治理工程，铺设污水管网59.2千米，建造泵站13座、污水处理站19座。90%以上的织机户排放的工业污水纳入污水管网，进站处理。日处理污水48200立方米，年减排化学需氧量污染物5242.14吨。13家重点排污企业排污全部达标。建造嘉兴市丝织科技园废水处理站、市泾村废水处理站、田乐村废水处理站、大坝村废水处理站、荷花村废水处理站等6座废水处理站，日处理能力28300吨，总投资1500万元，入网喷水织机8348台。设计规划总投资近5000万元的6座废水集中治理站，即在南汇、红联—莫家甸、洪典、民和、北荷、荷花(二期)分别建造集中式处理站。2010年，全镇投入3500万元，建成6个污水处理站并投入运行，日处理能力26000吨。田乐村污水处理站扩建，总投资250万元，新增污水日处理能力5000吨，8420台喷水织机产生的污水全部入网集中处理。全镇总计有16768台喷水织机集中入网处理。

工业废气治理　改革开放后，境内废气的产生主要集中于锦江热电公司、新嘉爱斯热电厂。由于加大对废气污染的治理，锦江热电公司、新嘉爱斯热电厂加大了对废气排放的治理。至2010年，锦江热电公司对废气污染源的锅炉设备进行集中整治，将1号、2号煤粉炉的烟气排放安装除尘器，并加上双碱法旋流塔；对3号、4号循环流化床进行电袋除尘器加炉内喷钙脱硫。这些消除废气设施安装后，由锅炉产生的废气经过脱硫、脱硝、除尘，全部达标排放。新嘉爱斯热电厂将锅炉废气经过脱硫、脱硝、除尘后，也全部达标排放。境内其他企业则通过锅炉废气水过滤、水膜除尘或重力除尘处理，达标排放。印染企业的定型机废气则通过水喷淋处理后达标排放。这些措施使得境内空气质量明显好转。

固废治理　2002年，一些分散生产经营废金属加工的家庭作坊焚烧取铜，既造成资源浪费，又污染环境。建工村、南汇村、莫家甸村、红联村等这种情况较多。2004年，为治理固体废物，镇政府禁止焚烧铜线铜皮。12月30日，拆除廊下村塑料铜芯线焚烧土窑炉。2006年，莫家甸村嘉兴市煜豪废塑铜沫有限公司先后购进两台环保型的多功能废电缆粉碎机，智能控制，一次投料，多机完成；同时，设备配有分离机械，使废金属处理数量大、分离效果好。月处理废金属150吨。2010年，对染料袋、染料桶、废油等危险固废和医疗固废，按照环保要求专门收集，委托有资质的单位回收处理。各废水处理站、企业污水处理站收集的污泥，委托新嘉爱斯热电公司焚烧，进行无害化处理。其他普通固废进行回收综合利用。境内居民生活垃圾堆放在114个垃圾集聚点，最后运至嘉兴市步云热电厂焚烧无害化处理。2010年，境内生活垃圾处理量27850吨，无害化处理率达100%。

2010年王江泾镇11家重点排污企业稳定达标排放情况表

表5－3

序号	企业名称	工业废水排放量（吨/日）	化学需氧量（排放量）（千克/日）	工业废气排放量（万标立方米/日）	二氧化硫排放量（千克/日）	氮氧化物排放量（千克/日）	烟尘排放量（千克/日）	工业固体废物产生量（吨/日）	达标情况
1	嘉兴市金乐染织有限公司	6928.44	665.13	61.13	326.04	178.3	122.26	24.04	达标
2	嘉兴市金宇达染整有限公司	3555.72	341.35	18.66	99.54	54.44	37.33	12.65	达标
3	欣悦棉整有限公司	1824.49	175.15	13.23	70.54	38.58	26.45	3.28	达标
4	嘉兴市艺达印染有限公司	2294.97	220.32	51.37	273.98	149.83	102.74	28.27	达标
5	嘉兴市新永联纺织整理有限公司	4613.51	442.9	44.82	239.04	130.73	89.64	30.34	达标
6	嘉兴市锦丰纺织整理有限公司	6133.33	588.8	39.56	211.01	115.4	79.13	19.63	达标
7	欣悦印染有限公司	4089.35	392.58	37.63	200.67	109.74	75.25	18.68	达标
8	嘉兴市天伦纳米染整有限公司	5794.99	556.32	23.44	125.01	68.37	46.88	12.63	达标
9	嘉兴市南洋印染有限公司	1216.14	116.75	46.99	250.6	137.05	93.98	24.3	达标
10	嘉兴市新大众印染有限公司	2162.57	207.61	28.08	149.76	81.9	56.16	21.45	达标
11	嘉兴新桥丝绸染整有限公司	3255.25	312.5	16.81	89.66	49.03	33.62	8.51	达标

【生活污水、垃圾治理】

解放前，集镇和乡村卫生条件差，无公共厕所，马桶均在河内洗，对水环境造成一定的污染。中华人民共和国成立后，党和政府重视环卫工作，集镇由清卫所工人到各家各户收集马桶，统一倒洗，大粪转运到粪池，由公社作为肥料分配到各生产队。从20世纪60年代起，王江泾集镇分别在一里街钱家弄、杨家弄、淘沙弄、堂楼弄、赵家弄建起公共厕所。中小学、企事业单位设有厕所。20世纪70年代，农村重点清除露天粪缸和简陋破漏厕所，生产队建集体厕所，设专职清卫员倒马桶。90年代起，鼓励农户建卫生厕所，设三格式无害化粪池。2004年，全镇清除露天粪缸1.58万个，清除率98.5%；安装三格式瓦筒化粪池7845套，新增卫生厕所农户1650户；2010年8月，秀洲区在宇四浜村实施"分散型农村生活污水减排试点项目"建设。同年年底，镇区建有公共厕所14座，全镇共建有卫生厕所22000余座。

2003年，镇内10个村确定为卫生保洁试点村，治理生活垃圾，镇政府投入50多万元，购置7900个垃圾桶、85辆保洁车，新建垃圾中转站77个、垃圾填埋场8个。2004年。各村建立专职保洁队，修建垃圾中转站，新建垃圾填埋场，为每户农户发放垃圾回收桶。境内垃圾集中收集、全面洁化村共31个。2005年11月，投资6万多元，在镇区添置全自动垃圾清扫车、人工垃圾清扫车、手推清扫车各1辆。其中全自动垃圾清扫车的配置在秀洲区为第一家。2009年，通过公开招标，全镇由5个保洁公司承包管理5个片的"四位一体"工作，实行以片为单位的市场化运作。2010年，投资7700万元，新建、扩建13个垃圾处理站。农村有村级垃圾聚集点共114座，聘用保洁员355名。保洁员每天到农户家上门收集垃圾，用三轮车统一送运到村里的集聚点，并由镇统一运送至垃圾压缩房，运至嘉兴市步云垃圾焚烧厂进行无害化处理。

【环保管理机构】

2001年，王江泾镇政府设置兼职环保助理。2004年10月，镇政府设立专职环保助理。2005年5月，成立镇环境保护办公室，设工作人员5名。2007—2010年，镇环保办下设环境监察中队，工作人员7人。2000年、2002年、2004年，镇环境保护办公室分别被秀洲区建委评为先进集体；2006年10月，被嘉兴市人民政府评为先进集体。2000—2010年，镇环保办主任先后由朱宝荣、郁海华担任。

附记：

民间"零点行动"

王江泾镇地处太湖流域下游，上游来水水质好坏，直接影响着王江泾人民赖以生存的水环境。

20世纪90年代以来，江苏吴江市盛泽镇丝绸印染业迅猛发展，成为名扬天下的化纤和真丝绸纺织生产基地，盛泽镇众多印染企业排放的大量超标污水注入王江泾镇，使下游"邻居"王江泾镇深受其害。水环境恶化，污染范围逐年扩大，危害程度不断加剧，渔业生产损失惨重，人民深受污染之苦，生产、生活受到严重侵害。

1998年12月31日，国务院对太湖流域实行“零点行动”。1999年1月1日零点，国家环保总局副局长、“聚焦太湖”前线指挥部代总指挥宋瑞祥通过新闻传媒，向世人宣布：到1998年12月31日，太湖流域1035家重点排污单位中的878家验收合格，157家实现关、停，达标率为97.3%。太湖流域水污染防治工作取得阶段性进展，此举世称“零点行动”。2001年，国家环保总局召开协调会，下发《关于印发江苏盛泽和浙江嘉兴边界水污染纠纷协调会议纪要的通知》，多次责令盛泽镇采取切实措施，避免污染事故的再次发生。但2001年仍出现三次大规模、大面积的严重污水侵害事件。

2001年11月22日，江苏盛泽的污水再次侵入，致使嘉兴秀洲区王江泾镇等部分农田和水域遭受严重污染，大批农作物和养殖水产品死亡，激起当地民愤。11月22日凌晨，秀洲区王江泾镇的村民自发组织，到王江泾镇与江苏省盛泽镇交界的麻溪，挂起“为了子孙后代坚决堵住污水”“还我一江清水，还我鱼米之乡”等大幅标语，将数十艘船、数万只装满土石的麻袋，投入麻溪与西雁荡交汇处，筑起一道近40米宽的土坝，阻挡污水进入。这起事件后来被称为民间“零点运动”。此事惊动了各级领导和各大媒体，在周边地区引起了较大的反响。筑坝拦污事件发生后，嘉兴市各级领导高度重视，立即采取措施，派人赶赴现场做疏导工作。并派出公安人员赶到现场，以防事态扩大。经过劝说和工作，2001年11月22日下午4时，群众全部被劝走。11月23日清晨，副省长章猛进赶赴嘉兴秀洲区王江泾镇，查看现场，并传达了中央领导和省委书记张德江、省长柴松岳的有关指示精神。11月24日晚上6时，在中央领导的直接关心下，经过水利部和国家环保总局两天两夜的协调，浙江省与江苏省两地就嘉兴市与江苏盛泽边界的水污染纠纷达成了协调意见。经过市、区、镇、村干部大量艰苦细致的工作，取得了大部分群众的理解和支持。12月14日，根据江浙两省协调意见精神，经过市、区、镇、村干部大量艰苦细致的工作，取得了大部分群众的理解和支持，拆除了群众自发筑起的截污坝。同年12月20日，全国人大常委会副委员长、全国妇联主席彭珮云率浙江的全国人大代表到嘉兴视察，听取了区委副书记、区长俞四兴代表区委、区政府作的关于江浙边界王江泾镇水污染纠纷情况的汇报。

2002年1月25日，嘉兴、吴江环保部门对江苏吴江流入浙江嘉兴的水质进行联合检查，结果表明王江泾断面水质已得到明显改善，水体基本稳定在Ⅲ类左右，盛泽水污染治理初见成效；1月29日，国家王江泾水质自动监测站正式启动运行。

第六章　水　利

镇域地处太湖下游低洼地区，从古到今，在梅雨和台风季节里，极易发生洪涝灾害。除水害，兴修水利，是历代地方官府治境安民的大事。早在春秋时期，吴国就在境内开挖河道，疏通水利。解放后，人民政府重视水利建设，在1954年特大水灾后，水利建设即成为各农业合作社每年冬季的主要任务。为解决嘉兴北部重涝区东泄排涝问题，1958年，嘉兴地区实施红旗塘重点排涝开挖工程，境内东风公社、双桥公社组织民工，参与红旗塘开挖建设。20世纪60年代中期起，农田基本建设掀起高潮，土地平整、调整田块、沟渠配套建设全面开展，排灌全面实现机电化。70年代起，护堤修筑以块石为主，以抵御风浪侵袭，同时开展联圩建闸，搞小包围圩区建设。80年代后期起，政府加大水利建设投入，各乡镇大力开展圩区整治工程建设，提高了抵抗洪涝灾害的能力，但在遇上1999年“6·30”特大洪涝灾害，水位达到4.9米时，出现部分圩堤毁坏，带来较大损失。进入21世纪，王江泾镇水利建设继续加大投入，进一步开展河道疏浚和护堤修筑，全面开展圩区外围的生活区防洪墙建设，确保全镇生产和居民生活不受洪涝的侵害。

第一节　重点排涝工程

解放后，境内先后实施红旗塘工程、东排(北排)两项重点排涝工程。组织民工参与长山河出海排涝工程和南排大横港工程建设。

【红旗塘工程】

1958年，为将嘉兴北部的河道与上海红旗塘干河连接，经大蒸港泄入黄浦江，新开红旗塘，此塘成为贯穿嘉兴北部地区的东泄骨干河道。工程共分两个阶段进行。

工程第一阶段：1958年12月，由嘉兴县(含今嘉善县)组织发动17个公社数万名民工，开始进行红旗塘开挖工程。工程分二期实施：第一期为1958年12月至1959年5月，组织17个公社3万名民工，开挖地段从东风(南汇)公社殷家港至西塘公社和尚塘河段，长15千米，完成土方519.89万立方米。划分东风、双桥，红旗、干窑公社共4个兵团的任务，全段长5037米，1958年12月27日开工，用90天时间，完成土方180万立方米，占总任务的90%。第二期为1959年12月至1960年6月。嘉兴县组织17个公社(境内双桥、南汇公社参加)1.3万名民工，开挖地段分两段施工，东段从和尚塘至界河塘，西段从殷家港至沉石荡，总长近6千米，完成土方量237.42万立方米。红旗塘工程浙江段完工后，上海段5.1千米并没有同期实施，并在浙沪交界处浙江境内残留堵坝。直到1991年6月中下旬，因太湖流域遭受特大洪灾，国家防总指挥部命令打通太湖至黄浦江的泄洪通道，7月5日，堵截33年的堵坝被炸开，红旗塘下游段正式接通。

工程第二阶段：为红旗塘续建工程。1998年3月，嘉兴市及秀洲区成立红旗塘工程指挥部。1999年年底，王江泾镇相应成立红旗塘工程领导小组，下设办公室，负责涉及此项工程的农户住宅拆迁、借地等政策处理及相关协商工作。涉及境内的工程为配套支河的开挖拓宽，上接新塍新农港，向东贯穿虹南、东风、双桥、范滩等行政村，出口连接大运河。1999年12月10日，该项目在虹南村开工。境内河段工程：位于东风村的东风节制闸1座，闸宽4米，底板高程0.5米，2002年4月30日竣工；建机耕桥2座、人行桥6座；部分地段生产区块石护岸新建顶高4.5米，生产区防洪墙堤顶5.3米。2007年，红旗塘续建工程全部竣工。

【东排工程】

1999—2009年，实施杭嘉湖东排工程。东排通道工程上游是湖州市，中下游为江苏省吴江市，途经王江泾镇至太浦河和嘉善境内。河道工程包括河道拓浚、新开和修建堤防、护岸及防洪墙。工程项目有：

大坝村水道 河道西入口为京杭运河，东出口为陆家荡。原河道弯曲，两岸均为农田。全部拓浚长度494米，拓浚后河底宽34～42米，河底高程-2米，过水断面面积由143平方米扩大至270平方米。新建防洪墙234.5米，块石护岸824.6米，堤防加固994米。新建机耕桥1座，长142米，宽5米，结构是双柱式墩台，预应力板梁，1999年11月15日竣工。

原王荡西水道 为省界河道，河道入口为杨观音荡，出口为原王荡，长627.33米，拓浚河道194米，新建堤防194米、护岸200米、防洪墙410米。

双北圩南水道 即新桥港，河道西入口为天花荡，东出口为京杭运河，全部拓浚长度3155.75米，拓浚后河底宽13米，河底高程0米，过水断面面积由18平方米扩大至65平方米。新建堤防4720米，建防洪墙1900米，堤顶高程黄浦水位5.3米。新建人行桥2座，分别是：观音人行桥，长68米，宽4米；刘家浜人行桥，长48米，宽4米，均于2001年11月10日竣工。

铁店港 河道西入口为京杭运河，东出口为莲泗荡(陶家荡)。全部拓浚长度1861.48米，拓浚后河底宽11米，河底高程0米，过水断面面积由37平方米扩大至60平方米。新建堤防1599.5米，块石护岸1335米，防洪墙1232米。新建万安公路桥，长116米，宽12米，2003年9月5日竣工；丰产机耕路桥，长112米，宽8米，2003年11月21日竣工。

斜路港 河道西入口为京杭运河，东出口为梅家荡围河。全部拓浚长度256.93米，拓浚后河底宽4米，河底高程-0.5米，过水断面面积由43平方米增至50平方米。新建堤防370米。

【长山河出海排涝工程】

1978年冬，嘉兴地区发动嘉兴、嘉善、桐乡等7县组织各公社民工参加嘉兴地区杭嘉湖南排工程的长山河出海排涝工程大会战。1978年11月16日至12月20日，境内南汇公社出动民工907人，开挖长度92.14米，开挖土方33538立方米，肥土土方4388立方米；田乐公社出动民工909人，开挖长度92.56米，开挖土方36672立方米，肥土土方4027立方米；荷花公社出动民工132人，开挖长度142.46米，开挖土方54484立方米，肥土土方6174立方米；双桥公社出动民工1484人，开挖长度129.51米，开挖土方49082立方米，肥土土方7373立方米；虹阳公社出动民工938人，开挖长度171.63米，开挖土方21553立方米，肥土土方6474立方米，筑坝6座，筑坝土方315立方米。

【南排大横港工程】

位于王店镇南梅村，东起海盐横港乡，西至沪杭铁路105号桥。1993年10月，各乡镇组织人员参加南排大横港开挖工程建设。南汇镇开挖长度为34.64米，土方8951立方米；王江泾镇开挖长度为63.42米，土方15304立方米；田乐乡开挖长度为36.71米，土方9459立方米；荷花乡开挖长度为53.86米，土方13607立方米；虹阳乡开挖长度为46.29米，土方9492立方米。

第二节 河道疏浚

境内河道疏浚古已有之。北宋乾兴元年(1022)，发运使董之、员外郎杨及督王江泾等嘉兴北部乡村疏浚运河。元末，张士诚为便于运输粮草及士兵，对包括运河在内的境内主要河道进行疏浚。明永乐元年(1403)，户部尚书夏原吉在境内疏浚运河；明正统五年(1440)秋，疏浚运河河道，以便农作；明嘉靖二十六年(1547)，嘉兴知府赵瀛疏浚治理境内运河，同时筑河塘；明万历二十年(1592)，秀水知县李培征集运河附近居民，疏浚自王江泾至陡门的运河段，以改善嘉兴以北运河通航条件。清康熙六十年(1721)春，嘉兴知府吴永芳疏浚嘉兴至王江泾15千米的运河河道，并修补塘岸；疏浚王江泾集镇市河。1923年2月，南汇镇市河"年久失浚，渐形淤塞"，士绅蒋莱仙、蒋息欧等发动当地居民进行疏浚。1946年11月，嘉属运河水利工程处成立，整理疏浚王江泾至崇德县西界高桥河段，全长137千米。

解放后，人民政府对嘉兴至王江泾运河段进行清淤，境内农民每年在河道中所捻出的河泥肥料达60万立方米。1951年，王江泾区发动群众疏浚黄家浜港，受益田500亩；疏浚天士港，受益田500亩。其时，疏浚河道都采取先在河道两头筑坝，然后抽干河水，采用人力肩挑或铁锹人工手传方式的"蚂蚁传提"，极为费工。1956年，南汇乡修圩61个，疏浚河道41条，筑坝70个，合计受益田23500亩。1981年11月，南汇公社与田乐公社之间的杜家港(隔港)拓宽。杜家港拓宽工程全长294米，最窄段拓宽14米，东、西两进出口拓宽4.4米，并兴建块石护岸354米。

20世纪80年代，实行家庭联产承包责任制后，农民不积土杂肥，致使河道淤泥不断增多，河道泄洪和调蓄的功能削弱，且居民生活垃圾倾倒河中，更导致河床抬高。1983年9月，南汇乡对南汇市河进行拓宽、挖深，河面宽度达20～25米，深度达到吴淞水位零米。90年代中后期，境内开始使用机械疏浚河道。1995年，王江泾镇拥有5条挖泥船，用于疏浚河道及加高加固圩堤。同年10月23日，郊区政府在荷花乡召开全区冬季农田水利建设流动检查交流会，对王江泾、田乐、荷花等乡镇开展的清沟排水、疏浚河浜、加高加固圩堤等农田水利建设项目，组织检查和交流。

1996年，为提高味达港汛期泄洪能力，加快郊区西部新塍片涝水东泄，解决部分乡村通航运输，王江泾味达港疏浚工程调集挖泥船只，疏浚 5.2 千米，开挖土方 2.2 万立方米，加高圩堤 4.73 千米。

1997 年，田乐乡投入 3.1 万元购置一条挖泥船，至 7 月底，清除淤泥 10400 立方米。2002 年，王江泾镇对梅家荡养殖基地的水利设施和中心河道进行修理和疏浚，第一期工程为改建闸站 2 座，修筑块石护岸 1200 米，疏浚中心河道，总投资 76 万元；镇区河道疏浚 1.56 千米，土方量 1.13 万立方米，总投资 22.42 万元；南汇集镇区河道疏浚 0.77 千米，土方量 0.87 万立方米，总投资 16.3 万元；南汇片廊下等村疏浚 3 条北排行洪河道，总长度 4.55 千米，土方量 3.5 万立方米，总投资 64.8 万元。

疏浚后的农村河道

2003 年 1 月起，全镇开展“万里清水河道工程”。至 2004 年，疏浚河道 21 条、19.85 千米。2005 年 12 月，分期分批疏浚整治河道，改善河道面貌，恢复原有的生态功能、调蓄功能和泄洪功能，实现“河畅、水清、岸绿”。2006 年 4 月，东风村、虹北村河道整治工程完工，共有东风村苗浜、黄家楼、东小浜，虹北村塔上港、黑鸭港等 12 条河道、9.14 千米，土方量 6.83 万立方米，拦污栅 12 座，总造价 87.95 万元。2007 年，疏浚整治的河道有市泾村青龙桥河，双塔村赖字圩(塔荡)，栋梁村重字圩，廊下村北小圩，南汇村石家港，华联村小曲圩、小曲荡，荷花村西浜，虹北村小圩里，双桥村上圩、荷花荡、东南湾，莫家甸村东莫家甸，和尚荡鱼荡，共建生活区防洪墙 1.4 千米、生产区护岸 3.54 千米，总投资 193.9 万元；疏浚双塔村南听港、湾菱港，田青村田西港、塘迎港等 12 个村、26 条河，总长度 16.08 千米，土方量 12.86 万立方米，总投资 184.94 万元。2009 年 7 月，对 7 个行政村的 36 条河道进行治理，清淤长度 23.14 千米，土方量 14.68 万立方米，投资 148.69 万元。2010 年，为使王江泾工业园区环境得到进一步的提升，对工业园区河道进行全面整治，共整治河道 4.032 千米，清淤拓浚土方量 4.967 万立方米，新建护岸 5.224 千米，沿河绿化 4.42 万平方米，新建节制闸 2 座，新建排水闸站 2 座，总投资 964.79 万元。河道普遍得到疏浚，并制定河道长效管理方案。

2001—2010 年王江泾镇疏浚整治河道工程量情况表

表 6-1

年　份	数　量(条)	长　度(千米)	土方量(立方米)	年　份	数　量(条)	长　度(千米)	土方量(立方米)
2001	14	12.08	55500	2003	12	10	42000
2002	13	10.70	49200	2004	12	15.04	76700

续表 6－1

年　份	数　量（条）	长　度（千米）	土方量（立方米）	年　份	数　量（条）	长　度（千米）	土方量（立方米）
2005	7	5.2	29100	2008	28	27.76	147100
2006	9	8.94	46500	2009	417	100.447	417700
2007	58	39.05	218700	2010	33	34.228	164300

第三节　护堤修筑

【运河堤修筑】

唐元和五年(810)，刺史王仲舒在疏浚河道的同时，筑嘉兴运河塘，其石塘自杉青闸向北至闻川(今王江泾)，长 13.5 千米。北宋嘉祐五年(1060)，转运使王纯臣在苏州、嘉兴北片(王江泾等地)修筑田塍，并使田塍相接以御风涛；又令县官让农户自作塍岸，以护农田和屋舍；北宋政和元年(1111)十月，朝廷下诏在王江泾等地治水、创立圩岸。元初，嘉兴运河沿岸王江泾居民自发将陈旧、废毁的堤岸进行修补；后朝廷又动用开江兵等兵卒，在治理运河过程中，对周边的河沟、港汊进行沟通，修垒堤岸，开置水堰。明永乐三年(1405)，左通政赵居任督民修筑运河塘岸，自崇德北抵吴江，种植榆树、柳树护堤，总 12 个乡 29 个区，计 750 围；永乐九年(1411)，尚书夏原吉修长洲(今苏州地区)至嘉兴石土桥路 35 余千米，泄水口 131 处；明弘治八年(1495)，政府又易土木以石，巩固堤岸；明嘉靖二十三至二十六年(1544—1547)，嘉兴知府赵瀛“令属邑司水者各修其涂，而善运河之塘”，筑“石塘起杉青迄闻川(王江泾)，凡 27 里”。明万历三十二年(1604)，吴江知县刘时俊补筑土石，自王江泾至长洲(今苏州)县界 88 里；万历四十年(1612)七月，嘉兴知府吴国仕将杉青闸至王江泾一带的旧塘重新进行修筑，将以前土石各半的塘岸“尽甃以石”。清康熙九年(1670)，浙江巡抚范承谟兴工修运河塘路，途经王江泾，筑成石塘 4382 丈，桥梁 632 座；康熙十二年(1673)，河水泛滥冲毁塘岸，秀水知县李见龙亲自督促修筑，帮阔堤岸。1921 年秋，遇大水，许多河岸的护堤泥土均被河水冲毁，坍损不堪，官府拨款兴修护堤。同年 12 月，嘉兴县署责令王江泾区等自治委员，“调查应修圩岸，勘明丈数，估计工价，绘具图说，列表报县，以凭转呈省中拨款兴工”。

1958 年起，运河王江泾段开始断断续续地修筑石帮岸和加固堤岸。1973 年后，对王江泾运河两岸坍塌或过低的护岸进行不定期的修补和增高。1984 年，修筑田乐乡苏嘉运河块石护岸毁损段，整修缺口 58 处，长度 285 米。1995 年，郊区政府下拨王江泾镇第一期航道护岸工程经费第一次 3 万元、第二次 6.6 万元，完成长度 600 米；同年，田乐乡第一期航道护岸工程经费第一次 6 万元、第二次 4.4 万元，地点在苏嘉运河塘，完成长度 650 米；2004 年 7 月至 2005 年 12 月，对乍嘉苏运河航道进行改造，累计投入 4077 万元，建设护岸 2.6 万立方米，总长 25000 多米。

【培修圩堤】

境内圩头多达140余个，圩内水田高程普遍在3.2米左右。圩四周的圩堤是抵抗洪涝灾害的保护墙，历朝地方官府注重圩堤加固事项，但大多圩堤的高度及宽度仅能抵御一般洪涝灾害。

整修圩岸(摄于1998年)

1954年，因受长达51天梅雨侵袭，境内河水高涨，农田涝灾严重，并使大部分村庄进水。水灾中，梅兴乡莱字圩圩围低于河水约7厘米，全圩被水淹达70天之久。经大力排涝，水稻产量仍比1953年平均产量减产300余千克，其他各乡减产亦很严重。此后，兴修水利，圩堤加高加固成为各农业社每年冬春季的重要任务。1954年冬至1955年3月，王江泾区完成培修圩堤314处，95250丈，花人工81940工，疏浚河、挖浜10条118丈，花人工2050工。1955年3月，莱字圩护岸加固工程发动民工4200名，完成填土方3050立方米，运碎砖485立方米，完成编篱护岸1242米，全圩护岸加高40厘米，加宽150厘米。

1957年12月，南汇乡800名民工投入圩堤建设，全乡共投入水利建设共187897工，共完成各类水利工程长度6597米，其中加高加宽圩堤3357米、块石护岸1216米、防汛墙824米、筑田埂1200米，共砌筑石块2000立方米。同时，为防御圩堤“蓑衣漏”漏水，采取在圩堤开挖中心沟，用松泥加石灰填入沟内夯实，起到治理圩堤漏水作用。1958年起，王江泾、双桥、南洋荡(南雁荡)新建石帮岸8万立方米。为抵御大风浪的侵袭，此后，境内地处湖荡边的护堤在圩岸加高加宽土方的同时，逐渐加筑砌石护岸。

20世纪60—70年代，境内各公社的圩堤培修有计划地每年进行，对处于小河港的圩堤，采取土方培修，处于湖荡和宽阔河港的圩堤逐步修筑石方护堤。

1981年11月，南汇公社田北荡和菩提荡之间的杜家港拓宽，兴建块石护岸354米。1982年5月，虹阳公社市河新建护岸130米，整修护岸802米，两岸道路及新桥东西街道改建混凝土路1721平方米；双桥公社修建集镇市河部分石帮岸70米、混凝土路502米。1983年，南汇公社镇西平安桥北南汇地区医院与嘉兴市养鱼场之间的一段堤岸，全长300米，改砌块石护岸。1984年，兴建双桥乡苏嘉运河王江泾、水产队、新桥段块石护岸，其中王江泾村长度为1705米，河埠17处，出水管口21处；水产队长度150米(内外坡复式断面)，河埠1处；新桥村长度800米，河埠6处，出水管口9处。修筑双桥港东岸块石护岸，长度150米；整修双桥乡苏嘉运河金桥村、丁家浜村段块石护岸；修筑王江泾镇的苏嘉运河块石护岸，维修块石护岸坍塌段175米，水泥砂浆段200立方米。1989年，境内内塘护岸工程为田乐乡田北荡长度300米，梅家荡围河220米，荷花乡北官荡390米，王江泾镇太平桥港160米。进入90年代，圩区整治工程全面实施，在圩区内河的圩堤已无需加高培修，开始将重点转入圩区外围的护堤修筑。

【圩区外围护堤修筑】

20世纪80年代后期，境内圩区整治工程开始实施，圩区外围护堤的修筑逐渐开展。1987年，荷花乡开展铁店港护岸一期工程，长度2千米。1988年1月，双桥乡开展麻溪、天花荡段的岸坡现浇混凝土护岸工程250米；6月，苏嘉运河田乐乡大坝段兴建块石护岸600米，双桥乡西雁村段兴建现浇混凝土护坡工程600米。1988年，荷花乡圩区工程涉及7个村，水田面积1.11万亩；圩区护堤修筑定出标准，在原有圩堤高程4.3米的基础上加高加宽，堤顶高达5.2米，顶宽2米以上。11月，荷花乡圩区共加固加高圩堤5.76千米，土方1.2万立方米，投工0.6万工。12月，荷花乡长虹圩区中的建有村完成1616米土方圩堤，出动劳力2000多工。同年，田乐乡田西圩区完成加高加固土方圩堤16.72千米，新建块石护岸1372米，维修水闸3座。是年，兴建商品鱼基地外围河岸坡防护工程，加高商品鱼基地外围河的岸坡和堤坝，其中梅家荡1800米，荷花乡田丰村650米，和尚荡800米。

1996年，兴建王江泾集镇防洪工程护堤，工程起点小桥港，终点部队北雁荡，全长2693.4米，堤岸标高平均4.5米，其中最高4.75米，最低4.2米，有364米以房屋基础代替防洪堤。同年，建设丁家浜村300米护岸工程、36个护岸阀门；王江泾镇西雁荡第一期航道护岸工程，长度为重力式228米，护坡式444米；梅家荡、养鱼场第一期航道护岸工程位于斜路港，长度为重力式75米，护坡式426米。同年7月，王江泾集镇防洪工程建成，总投资160万元，其中建防洪堤全长2500米。斜路港航道护岸已建多年，由于来往船只频繁，护岸塌损严重，1997年3月，田乐乡、荷花乡、南汇镇、国营渔场共投资7.8万元，对梅家荡斜路至书院墩的322米护岸进行维修。同年，田乐乡在“7·10”梅涝和第11号强台风中，以圩区为主的水利工程发挥的排涝作用效益明显。但在强台风中，全乡圩区损坏外围圩堤880米，出现不安全地段5900米，乡政府立即组织抢修，由此使各乡镇对圩区外围堤岸的建设更加重视。1999年6月下旬，境内遭遇特大洪涝灾害，最高水位达4.9米，王江泾镇多处圩堤出现决口，造成多个村农田和生活区严重受淹，圩区的护堤修筑再次引起高度重视。

进入21世纪，利用5只机械挖泥船，在近10年中每年循环加固圩区外围圩堤20千米，完成土方近50万立方米。

2000年2月，新建王江泾万田港等河道护岸工程，总建设长度9720米，总投资340.2万元。同年6月，南汇镇共计完成内塘护岸工程建设长度3136米。同年12月，实施河道护岸工程，王江泾镇北荷村对已加高加固到高程5.6米、顶宽2米的圩堤，又将标准提高到6米；田乐乡加高加固圩堤达到高程5.5米、顶宽2.5米标准，共完成高标准加高加固圩堤20千米，完成计划的87%。同时，在市泾、永聚、田青、双塔、栋梁等村新建护岸2900米，投资101.5万元；南汇镇投工9.71万工，投资190万元，完成土石方8.71万立方米，加高加固圩堤5.85千米，新建块石护岸0.85千米；王江泾镇：在虹北等12个村新建护岸4470米，投资156.45万元；梅家荡管理站：新建护岸230米，投资5.8万元。同年，田乐乡进行斜路港护岸工程，总投资349.5万元。王江泾镇北荷村对已加高加固到5.6米高程、顶宽2米的圩堤，又将标准提高到6米。王江泾镇补助资金31.2万元,完成加高加固圩堤33.5千米,完成计划的111.7%。2002—2003年,全镇护堤修筑7.43千米。2004年,全镇新建块石护岸和浇筑防洪墙11.6千米。全镇每年用于水利建设的资金超过4000万元。为防汛抗洪,各村建立应急小分队,制定人员转移方案,备足防汛物资。

2002—2003年王江泾镇护岸工程情况表

表6-2

村或单位	河道名称	建设地点	长度(米)	总投资(万元)
双桥村	杨家浜	杨家浜	500	25
	沙河荡	沙河荡南滩	700	35
南汇村	长荡	北听埂	550	40
西雁村	麻溪塘	小天圩	200	7
莫家甸村	虎啸荡	大调圩	100	5
	河泥荡	东小圩	100	3.5
华联村	大华港	大调圩	100	3.5
红联村	蚕溪塘	蚕溪塘库上	150	5.25
	平安桥港	平安桥	100	7.5
虹阳村	天花荡	杨荡湾	150	12.5
虹北村	和尚荡	冬瓜潭	200	7
长虹村	陶家荡	东汇头	350	17.5
洪典村	升平桥港	升平桥	400	25
市泾村	斜路港	斜路港东	200	10
收藏村	短浜	北郊河口	150	7.5
田乐村	北家港	北家港北	200	7
双塔村	陆家荡	杨苏里口	300	10.5
商品鱼基地	梅家荡	外围河花字圩	360	12.6
	梅家荡	河泥荡荡滩	400	14
	梅家荡	中心河	120	4.2
	丹白荡	外围河木栅浜	200	7
	梅家荡	外围河东闸门	450	15.75
	梅家荡	河泥荡荡滩	50	1.75
	梅家荡	中心河	600	21
	陶家荡	外围河木栅浜、唐浜	500	24.5
	和尚荡	外围河东闸门南	300	10.5

【防洪墙建设】

圩区整治工程建成后，全镇大部分居民生活区处在圩区内圩，但仍有部分居民生活区处在圩区外围，对这些生活区防洪问题逐步采取建防洪墙方式解决。防洪墙采用水泥混凝土建成，墙宽 30 厘米左右，墙高达到吴淞水位 5 米。

1996 年 12 月，王江泾镇区防洪工程建成，总投资 160 万元，防洪堤全长 2500 米。2000 年 5 月，对南汇镇旧镇防洪设施进行改造，具体为 800 米防洪墙；下水道工程全长 980 米，窨井 24 个；排涝泵站 2 个，总投资 40.008 万元。同年，王江泾镇区防洪工程建设再次拉开，建防洪墙 2693 米，投资 56.5 万元。2001 年，建设北官荡护岸工程，总长 15030 米，其中生活区护岸 6310 米，工程总投资 618.7 万元。

2006 年 5 月，被列入秀洲区河道护岸工程河道：红联村蚕溪埂、外长圩，生活区 1.15 千米，总投资 57.5 万元；南汇村大双港、小双港，生活区 1 千米，总投资 50 万元；廊下村菩提湾东，生活区 0.505 千米，总投资 25.25 万元；廊下村菩提湾西，生活区 0.535 千米，总投资 23.25 万元；田乐村北海圩，生活区 1.15 千米，总投资 57.5 万元；双桥村保富桥，生活区 0.1 千米，总投资 5 万元；莫家甸村东莫家甸，生活区 0.92 千米，总投资 46 万元；长虹村东汇头，生活区 0.15 千米，总投资 7.5 万元。当年共计建生活区河道护岸长度 5.51 千米、生产区河道长度 3.356 千米，总投资 392.96 万元。

2007 年，荷花村西浜，建生活区防洪墙 100 米，生产区护岸 100 米，总投资 8.5 万元；虹北村小圩里，生活区防洪墙 300 米，生产区护岸 200 米，总投资 22 万元；莫家甸村东莫家甸，生活区防洪墙 500 米，总投资 25 万元。

2008 年，按照“应急优先、生活区优先”的原则，启动实施北部防洪工程。在修筑加固护堤时，实行长期有效的管理。以村为单位，建立主要领导负责制，落实专人负责，开展经常性巡堤，土方圩堤加固工程验收合格后，由镇里统一规划种植绿化，严禁在圩堤上种植季节性作物，严禁搭建违章建筑以及设置码头、临时堆场等。并将堤防管理列入镇对村年度工作考核，由镇组织相关部门对堤防管理进行验收。

2009 年，在建设秀洲区北排、红旗塘配套河道工程中，大坝村和西雁村，建设大坝圩区改造和西雁荡生活区防洪墙，其中新建水闸 1 座，排涝闸站 2 座，改建排涝闸站 2 座，新建生活区防洪墙 1030 米，总投资 592.6 万元；田乐、田青、栋梁、市泾、民主、华联、南汇、廊下、莫家甸、双桥等 13 个村，新建排涝站 6 座、单闸 7 座、改造排涝站 2 座、单闸 15 座；新建防洪墙 3144 米，改造防洪墙 1604 米，总投资 1727.42 万元。2010 年，民主村刘公园钢筋混凝土防洪闸站、防洪墙工程建设完成，700 多米长的防洪墙可以抵御 20 年一遇的洪水；西雁村和大坝村生活区防洪闸站、防洪墙完工。至年末，全镇建成生活区防洪工程总长度达 20 千米。

第四节　圩区建设

【联圩建闸】

境内河流密布，自然圩众多，圩圈护堤长，护堤修筑任务极大。20 世纪 70 年代起，境内部分生产大队以 2 个或多个自然圩之间建防洪水闸，搞小范围抗灾。1977 年，南汇公社红星大队、红联大队建包围圈，总面积 4133 亩，投资 3.8 万元；虹阳公社天星大队包围圈面积 1330 亩，红星大队包围圈面积 3106 亩。至 1980 年，境内建有包围圈水闸：虹阳公社 12 座，双桥公社 15 座，荷花公社 5 座，南汇公社 13 座，田乐公社 20 座，共 65 座。水闸的结构大都是宽 3 米左右的摇臂式闸门，开、关闸门采用人力操作。但这些小包围圈的建成，只能抗御小范围区域的洪灾，因大多没有建排涝设施，仅靠灌溉机埠排涝，防洪抗灾效果有限。80 年代末，根据省、市、区统一规划，境内全面开展整治境内低洼涝区，采取较大范围的联圩建闸，并建排涝站的圩区整治工程建设。

1980 年王江泾镇境内建有包围圈排涝工程基本情况表

表 6－3

公社	建成包围圈（个）	控制面积		建排涝站							建水闸（座）
		总面积（亩）	其中水田（亩）	站数（个）	变压器		电动机		水泵		
					台数（台）	千伏安	台数（台）	千瓦	台数（台）	流量（立方米/秒）	
南汇	3	7190	5619	5	5	210	10	166	10	3.15	13
荷花	2	1993	1323	2	2	100	2	34	2	0.8	5
田乐	7	18373	12207	8	8	575	17	470	17	8	20
双桥	3	16096	11724	6	8	500	14	369	14	6.25	15
虹阳	3	9703	7138	3	4	300	10	241	10	4	12

【圩区综合整治】

进入 20 世纪 80 年代，因受水土流失、河床抬高、地面沉降和南排受阻、东排不畅等影响，境内雨灾时有发生。1987 年，省、市、区水利部门在王江泾区域开展圩区普查，进行圩区规划和可行性研究。1988 年 10 月，省水利厅确定境内荷花乡长虹圩区作为圩区整治工程的示范圩区，由省设计院设计规划实施。此后，境内低洼圩区整治工程建设全面展开。

套闸

圩区整治采取将数个自然圩，甚至十多个自然圩连成一个防洪区，在沿圩区外围各港口建水闸，在某些水闸旁建一个排涝站。如遇洪涝灾害，即可同时排涝快速降低圩区内水位。1991 年，境内长虹圩区等 7 个圩区建成，投入使用，荷花乡长虹圩区控制面积农田

7323 亩(后与东林圩区合并为荷花圩区,控制总面积增至 18150 亩,其中农田面积 12807 亩);田乐乡田西圩区控制总面积 9000 亩,其中农田面积 6896 亩;南汇镇镇北圩区总面积 12810 亩,其中农田面积 9065 亩;虹阳圩区控制农田面积 8691 亩;王江泾镇腾范圩区控制农田面积 9991 亩;东石桥圩区控制农田面积 2130 亩;嘉北沈家桥圩区控制农田面积 3287 亩。7 个圩区共有控制面积(农田)52567 亩,建排涝站 42 座、套闸 14 座、单闸 64 座。同年 6—7 月,发生洪涝灾害,工程已完成的圩区,抗洪作用明显。但未实施圩区整治和未完成工程的圩区,损失较大。田乐乡栋梁圩区工程老化失修,洪水大量涌入,经济损失严重。

1992 年,田乐乡田东圩区建成,控制总面积 10254 亩,其中农田 6823 亩。1993 年,荷花乡虹南圩区建成,控制农田面积 5500 亩;双东圩区建成,控制农田面积 1386 亩;王江泾镇双北圩区建成,控制农田面积 5303 亩。1996 年 3 月,王江泾镇筹集资金 160 万元,动工兴建老集镇区防洪工程,同年 7 月竣工。工程总防洪面积 1.5 平方千米,投工 2.5 万工,建成镇北、镇中、镇南水闸 3 座,镇南、南雁排水站 2 座,小型应急排水站 3 处,铺设排水管 1 千米,三闸二站有 2.5 千米围堤相连,围堤吴淞标高 5 米。

2000 年,王江泾镇丁家浜圩区建成,控制农田面积 3237 亩。2001 年,南汇集镇圩区建成,控制农田面积 1807 亩。同年,城洪圩区建成,控制农田面积 13262 亩。此后,在全镇范围内逐年对已建成的圩区进行整治,对部分排涝设施实施改造、扩建。2002 年,对全镇 9 个村、13 处排涝站、水闸设施进行改造,投资 106 万元。2004 年,王江泾镇城镇防洪工程扩建并加固:圩区范围东至苏嘉运河塘,南至新桥港,西接江苏吉桥村及双北圩区内隔堤,北至太平桥港。外围圩堤总长 11.23 千米,其中内河堤 3.57 千米,内河河道总长 7.42 千米。共有水闸 9 座,钢闸门、排涝站 6 座,装机容量 317 千瓦,水泵 13 台,变压器 5 台 400 千瓦。同年,全镇改建排涝站水闸 13 座,新建、改建圩区 4 个。

2009 年,大坝圩区建成,控制面积 1956 亩。至此,全镇已建成大小圩区 19 个,控制农田面积 111449 亩。至 2010 年,19 个圩区共建有排涝站 104 座,排涝装机动力 151 台、5134 千瓦,建套闸 22 座、单闸 168 座。每圩区设立圩区管理站,设负责人和管理员若干名。

2010 年王江泾镇圩区分布情况表

表 6-4

圩区名称	控制农田面积(亩)	受益村名	排涝站 座	排涝站 动力(台/千瓦)	套闸(座)	单闸(座)	建设(改建)时间	备注
田东圩区	6823	栋梁、田青、双塔	3	6/164	3	10	1992 年 7 月	2010 年改造 4 座
田西圩区	6596	大坝、田青、市泾	7	12/362	2	18	1991 年 6 月	2008 年改造 2 座,2009 年改造 2 座
大坝圩区	1956	大坝	4	7/186	1	5	2009 年 8 月	
南汇圩区	9065	华联、廊下、红联、莫家甸、南汇	6	11/354	3	14	1991 年 5 月	2008—2010 年增建 9 座

续表 6－4

圩区名称	控制农田面积（亩）	受益村名	排涝站		套闸（座）	单闸（座）	建设（改建）时间	备注
			座	动力（台/千瓦）				
南汇集镇	1807	红联、南汇、莫家甸	4	7/170		5	2001 年 5 月	
洪南圩区	5500	太平、洪典、长虹	4	7/177	3	5	1993 年 5 月	
荷花圩区	12807	民主、长虹、北荷、荷花、民和	11	10/434	5	16	1991 年至 1996 年 5 月	2008—2010 年改建 8 座
双东圩区	1386	东荷	5	10/237		7	1993 年	2008—2010 年新改建 4 座
双北圩区	5303	西雁、古塘	5	9/247		6	1993 年 5 月	
虹阳圩区	8691	虹北、西雁、虹阳、阳城	11	18/621		14	1991 年 5 月	2009—2010 年新改建 8 座
虹新东圩区	9781	虹阳、虹南、范滩、东风	15	22/593	1	20	1996 年 9 月	
腾范圩区	9991	腾云、范滩、双桥	8	14/430		14	1991 年 6 月	2010 新改建 5 座
东石桥圩区	2130	东风、虹南	3	5/96		5	1991 年	
丁家浜圩区	3237	双桥	3	5/103		8	2000 年 7 月	
城洪圩区	13262	东风、双桥、金鱼桥、宇四浜	8	17/531	2	9	2001 年 7 月	
沈家桥圩区	3287	沈家桥	1	2/110	1	1	1991 年 6 月	
王江泾圩区	1475	王江泾、闻川、新桥	3	5/156		7	一期 1996 年 二期 2001 年	
梅家荡圩区	7000	商品鱼基地	2	4/120	1	2	1985 年 7 月	
收藏圩区	1352	收藏	1	1/22		2	1995 年 8 月	
合计	111449		104	151/5134	22	168		

说明：资料来源于秀洲区水利局

【圩区工程选介】

长虹圩区 位于嘉兴运河以东原荷花乡境内，北靠梅家荡，南临莲泗荡，一般田面高程 3.3 米。该圩区原为 10 个自然圩，经 1991 年整治后合并为一个圩区，总面积 7.41 平方千米，圩堤全长 13.7 千米（顶高 5 米，顶宽 2～2.5 米），有排涝站 5 座（装机 8 台 214 千瓦），排灌两用机埠 20 座 260 千瓦，水闸 10 座。圩区内个私丝织工业发达，还有学校、镇属企事业单位及商业网点，人口 6623 人，耕地 7826 亩(其中水田 7323 亩)。1995 年 6 月，为纪念整治杭嘉湖低洼涝区建造圩区工程，秀洲区人民政府在荷花乡长虹圩区(西角圩)立起三角形状的治水纪念碑，嘉兴市水利局局长廖金宽题词“治水纪念碑”，秀洲区副区长周志明题词：“兴修水利、造福人民”。2000 年，圩区内工农业总产值近 2 亿元；设有圩区管理站，管理人员 12 人；制定《长虹圩区运行管理办法》，各段圩堤划分给有关行政村管理，水闸、排灌站由圩区管理站负责运行，当王江泾水位达到 3.7 米时，关闸排涝，巡查圩堤。圩区达到 20 年一遇防洪、10 年一遇排涝的标准。1988 年 10 月，被列为全省圩区整治工程示范圩区。圩区经历了 1991 年、1993 年、1995 年、1997 年的洪水考验，发挥了显著的防洪效益。1999 年“6·30”特大洪水中，圩区内安然无恙，减灾效益总计为 1298.9 万元。后长虹圩区与东林圩区合并为荷花圩区(含民主、民和、荷花、长虹、北荷 5 个村)，控制面积扩大至 12807 亩。

王江泾镇区防洪工程　王江泾镇区圩区范围东至大运河西岸，南至蒋西港，西至雁荡东岸，北至北市河；含王江泾社区、闻川社区、新区社区，控制面积为 5.11 平方千米，其中农田面积 1475 亩。圩区地势呈船形，东西高，中间低；一般田面高程 3～3.5 米，最低在 2.8 米以下；圩外河网率 12.8%，圩内河网率 2.8%，是杭嘉湖平原水网密度最高地区。1996 年 3 月，王江泾镇区第一期防洪工程动工，7 月竣工，控制面积 1.5 平方千米，总投资 141.6 万元，并成立王江泾圩区管理站。同年 12 月，镇政府在长虹公园北侧建亭立碑纪念防洪工程。1997 年 8 月 27 日，太湖局局长唐胜德考察圩区建设。1999 年 9 月，启动第二期防洪工程建设，总投资 212 万元，2000 年 6 月竣工。2002 年 1 月，第三期王江泾镇区防洪工程建设启动，总投资 419 万元。建成后的防洪工程外围圩堤总长 11.23 千米，内有河道 6 条，总长 8.28 千米。防洪工程共设有单闸 9 座、排涝站 6 座、水泵 13 套、排涝动力 325 千瓦。至 2010 年，圩区外河圩堤顶高提高到黄浦水位 5 米，堤身拓宽至 3～3.5 米，最宽处达 5 米。2010 年起，实施新一期工程。

王江泾镇防洪工程纪念亭

南汇集镇防洪工程　南汇集镇一期防洪工程重点在市河北岸，为老集镇区域。2001 年 1 月开工建设，同年 6 月竣工。控制面积 1.77 平方千米，新建排涝站 2 个，66 千瓦，在集镇东、西两头新建排涝站 2 座及大家港单闸等 6 座水工建筑物，修筑市河防洪护岸 450 米，工程总投资 89 万元。南汇集镇二期防洪工程重点在市河南岸，涉及红联村和正联村(嘉善)的部分区段，2005 年 1 月动工，控制面积 0.97 平方千米，受益农田 34.53 公顷，工程标准为防洪 20 年一遇；建成九军河南 70 千瓦排涝闸站，虎啸浜 44 千瓦闸站——配 24 英寸水泵 2 套、80 千瓦变压器 1 台、架设高压输电线路；新建九军河涵洞 1 座，完成九军河河道疏浚 700 米，新建防洪墙 1131 米，改建防洪墙 577 米，工程总投资 162.63 万元。

附一：

20 世纪 80 年代王江泾镇域各乡镇拥有圩头情况表

表 6－5

乡镇名	圩名	圩内总面积（平方千米）	其中耕地（亩）		乡镇名	圩名	圩内总面积（平方千米）	其中耕地（亩）	
			水田	旱地				水田	旱地
南汇	合计	11.41	12726	170	南汇	路字	0.33	350	
	一文	0.04	56			南路	0.34	360	
	大光	0.14	195			西路	0.35	406	
	金珍	0.48	536			南新昌	0.03	35	
	大曲	0.79	842			大调	0.71	843	
	小曲	0.32	374			东小	0.09	123	
	生字	0.13	114			正路	0.26	252	39
	北吉	0.8	955			西小	0.04	29	
	东小吉	0.14	175		田乐	合计	14.53	15457	953
	东李	0.95	1039	13		小圩	0.05		
	中李北小	1.33	1415	2		栋梁	2.11	2209	51
	西李西小	0.4	445			中心	0.18	209	4
	南吉	0.57	680			北心	0.07	56	14
	丁靴	0.26	325	24		东潜	0.73	913	44
	正吉	0.33	347	15		奈字	0.17	188	6
	西吉大	0.08	101			正海	0.21	251	8
	南小吉	0.17	213			青字	0.42	390	15
	西吉小	0.41	440	13		附海	0.08	82	5
	小双	0.16	238			双字	0.36	403	21
	大双	0.81	783	24		咸家	1.28	1312	173
	钳路	0.67	659	40		北海	0.51	509	26
	长圩	0.28	394			东效	0.36	414	15

续表 6－5

乡镇名	圩　名	圩内总面积（平方千米）	其中耕地（亩）		乡镇名	圩　名	圩内总面积（平方千米）	其中耕地（亩）	
			水田	旱地				水田	旱地
田乐	钱才	0.06	11	8	荷花	伏字	0.56	601	19
	大湾	0.35	404	17		生田	0.21	225	13
	改字	0.27	265	8		林字	1.81	2040	142
	内必署	0.44	520	17		李字	0.62	651	32
	才字	0.15	172	42		张字	1.05	1223	83
	赖字	0.62	646	32		珍字	0.42	484	25
	南号	0.24	290	11		农字	0.52	468	25
	中往	0.27	290	10		虹字	1.25	1309	137
	来字	0.63	450	67		古首	0.31	322	23
	史家	1.95	2185	127		被字	0.64	556	102
	谈字	0.58	638	60		宿字	0.57	469	36
	外必署	0.62	700	69		辰字	0.81	1050	14
	树下港	1.82	1950	103		光字	1.02	1019	93
荷花	合计	18.44	18750	1420		独字	0.08	35	5
	包围圈	1.44	1259	76		夜字	0.79	582	65
	草田	0.18	240	13		曲字	0.41	358	49
	中全	0.13	150	10		西元红	0.3	320	37
	西全	0.29	349	15		春字	0.17	199	38
	翔字	0.77	713	43		钱春小	0.04	36	2
	海字	0.83	1034	87		叙字	0.3	319	15
	风字	0.2	146	12		长字	0.1	111	10
	羽字	0.69	552	28	双桥	合计	26.68	27963	2809
	姜字	0.57	633	46		小天	0.25	259	15
	介字	0.42	459	53		大天	0.64	725	43
	万田	0.18	175	3		双北	7.32	7831	402
	河字	0.11	102	5		腾云	2.79	3017	615
	珍字	0.58	561	54		大条	0.89	1028	46
	花字	0.1		10		洋圩	0.82	1010	39

续表 6－5

乡镇名	圩　名	圩内总面积（平方千米）	其中耕地（亩）		乡镇名	圩　名	圩内总面积（平方千米）	其中耕地（亩）	
			水田	旱地				水田	旱地
双桥	二城	0.59	749	51	双桥	石北溇	0.17	218	16
	陈家桥	0.27	211	27		汤家湾	0.1	108	15
	百娘	1.1	994	73	虹阳	合计	16.65	16487	2239
	二里	0.63	579	168		大天	0.99	1052	105
	三里	0.81	826	116		圩一	2.03	2064	214
	镇北	0.45	409	83		宿一	2.69	2535	423
	步字	1	1098	139		立三	0.2	164	30
	律字北	0.54	610	70		立二	0.49	430	86
	律字南	0.46	466	63		小圩	0.23	250	30
	陈家村	0.27	328	48		长弄	0.86	957	87
	西港	0.26	223	40		鸡头浜	0.59	455	69
	洪四	2.98	2842	327		陈苏	1.28	1330	164
	原圩	0.43	410	68		余字	0.46	508	45
	塘田	0.06		11		大力	2.53	2700	420
	人字	0.59	754	57		荡南	0.11	96	15
	东者	1.31	1368	71		三百亩	0.28	289	35
	钮东	0.63	603	69		耳朵北地	1.22	1170	140
	十字帖	0.94	918	99		又地	0.57	476	70
	藏字	0.25	229	34		东辰	0.58	452	72
	沙河桥	0.11	150	4		东石桥	1.54	1559	234

说明：资料来源于嘉兴市郊区圩区现状普查资料汇总

附二：

清末民国初期境内各区所属乡圩名称

王江泾区：古永乐乡三十都之北境。所属圩：东北结、西北结、大中结、小中结、南结、雨、露、为字、大霜、内霜圩在复礼乡。

泾东区：古思贤乡三十三都西区。所属圩：东被、西被、北辰、南辰、阙、首、果、李、麟、寒、黎、列、南臣、北臣、嵌臣、珍、张、育、宿。

闻湖区：思贤乡三十三都东区及西区之北。所属圩：中李、西李、昭五正结、嵌结、昭一西结、昭一北小结、垂一南小结、清、奈、南海、东海、北海、正海、附海、芥、姜、北麟、中辛、南辛、北辛、昭五正潜、东潜、西潜、西小潜、男、大小咸、赖、化、伏、来、才、嵌才、伤、改、必署、淡、东效、南北效、大往、中北往、岂、大小藏、南北秋、大小收。

南汇区：亦思贤乡三十三都东西二区。所属圩：露、正露、中露、东露、西南露、嵌露、恩二南结，大小霜、大小阙、昭一北结、东李、恩四珍称，大调、深五姜，东西羽、垂一河、龙。

尖斗阁区：古复礼乡三十都之北境。所属圩：金、又地、北地、宿一南北、宿三、列一、列二上下、列三、余一东、余一西、余二、大天上、大天中、小天。

（参考清宣统《闻川志稿·乡圩》）

第五节 农田排灌

【传统灌溉】

千百年来，境内农民种植水稻，农田灌溉主要依赖水车。水车有人力车、牛力车、风车三种，都为木制，也称龙骨车。人力车，俗称踏水车，一般由 4 人脚踏车轴驱动车水，最少需 2 人，一天能灌溉 3 亩田左右；牛车，即牛盘车，有固定车基和圆形车盘，用一头耕牛盘绕走带动车盘，驱动水车车水；风车，俗称水风车，有固定支架和可移动支架，横梁可装 6 块篷布，以风力旋转带动水车车水。解放前，境内农田灌溉大部分依靠人力车灌溉，一般农户置有一把水车，贫困户无力单独置办，数户合置；牛车仅少数富有人家拥有。公社化时，基本每生产队置有 1 把牛盘车或风力水车。水车排灌在 20 世纪 60 年代中期基本退出。

【机械排灌】

解放初，境内有极少农户已购置小功力柴油机进行灌溉，功力 1.5～3 匹马力，用于带动水车车水。极大部分农户仍用人力水车灌溉。1957 年年底，南汇、王江泾集镇分别建立抽水机站，用水泵抽水。农业社筹资购买柴油机抽水机，装于船上，可流动抽水排灌。至 1958 年 7 月，荷花乡民办抽水机站有机器 8 台，马力 133 匹。从此，进入机械排灌与水车排灌并存阶段。60 年代，各生产大队普遍拥有抽水机船 1 条。后因电力排灌设施建设充分完善，机械排灌于 70 年代逐渐淘汰。

【电力排灌】

1961 年，10 千伏输电线进入境内，电力排灌起步。1962 年，各公社、大队新建机房，进入电力排灌时代。南汇公社共有 1.35 万亩水田，排灌设备有抽水机 9 台，121 千瓦；电动机 16 台，机埠 196 千瓦；人力、风力水车 317 部，折合 50 千瓦。共 267 千瓦。加上县里拨给抗涝排灌设备，包括机器电动机具 211 千瓦，共 478 千瓦。

1962 年年底至 1963 年春，境内建成机房 86 座，装机动力为 1380 千瓦。1964 年 11 月，南汇、新塍、凤桥抽水站合并为嘉兴县抽水机站，位于王江泾镇。至 20 世纪 60 年代后期，境内各生产大队的每个圩头都建有 1 个或数个排灌机埠，各排灌机埠按照所负担面积配有一定容量的排灌设备。70 年代起，各生产队置有可机动的小型排灌设备，如潜水泵。

1980 年王江泾镇域内各公社电力排灌设施基本情况表

表 6－6

公社	机埠（座）	排灌面积		动力设备				
		排涝（亩）	灌溉（亩）	变压器		电动机		水泵
				台	千伏安	台	千瓦	台
南汇	41	12991	13393	30	1200	54	638.5	51
荷花	69	16518	19205	43	1410	75	789.3	75
田乐	39	15904	15905	30	860	38	471.5	38
双桥	57	27392	27392	37	1365	60	694.5	60
虹阳	34	8700	17088	30	930	37	513	37

1982 年，田乐乡有排灌机械 51 台，828 千瓦。90 年代起，境内实施圩区整治工程，圩区建成大量排涝站，排灌机埠的排涝负担量大大减轻。

2008 年，在小型农田水利建设中，按照“民办公助”建设原则，实施太平、大坝灌区（一期）新建工程，新建泵站 13 座，改建 1 座，新建防渗衬渠道 27.62 千米，总投资 213.4 万元，受益面积 5296 亩，涉及 6 个行政村，受益农户 3082 户。

至 2010 年，全镇有灌区 132 个，建有排灌机埠 505 座，抽水装机容量 5089 千瓦，12 英寸以上水泵 657 台，排灌设施齐全。

【土地整理与沟渠建设】

历史上，由于自然形成和长期单家独户生产等原因，境内水田大小不一、高低不平、朝向各异、田埂弯曲、无渠系，形成了一些“箱子田”“烂水田”，制约农田排灌和作物的合理布局，粮食亩产平均只有 250 千克左右。随着机械灌溉和电力灌溉的出现，20 世纪 50 年代末起，各公社组织修建田间沟渠，便于机电排灌。

1964 年冬起，在“农业学大寨”运动中，嘉兴专署水利局在双桥公社腾云大队建设田间排灌渠系，经过一个冬春的努力，完成土石方 1.23 万立方米，投工 1.2 万工日，平均每个男女劳力完成 30 工日，修建干渠、支渠 8560 米，田间排灌毛渠 14900 米，配套渠系建筑物 144 处，实现了排灌分系、能灌能排；全大队旱涝保收农田面积从 1200 亩增加到 1990 亩，占全大队水田 99.05%；1965 年春粮平均亩产比上年增加 13.8 千克，达到 67.4 千克；油菜平均亩产达到 75.5 千克，比上年增加 39.2 千克；早稻平均亩产 315 千克，比上年增长 28.5%。

20 世纪 60 年代中期至 70 年代初，各公社广泛开展平整土地、扩大水田面积、统一田爿、整理沟渠的农田基本建设。各生产队进行挑地墩、填低洼、改筑田塍、调整田块，达到农田中无坟墩、土墩，田塍直挺，农田朝向统一，宽度统一。沟渠建设根据各地农田高低格局的差别，采取排灌分系或排灌并用方式。随着手扶拖拉机耕田的逐步推广，各生产队根据需要开始修筑部分机耕道。

80 年代后期起，沟渠建设进入高效、节能型发展。境内部分村逐步采取自筹资金，修建水泥衬砌渠道。1988 年，田乐乡完成机耕路维修 31.22 千米，渠道整修 64.5 千米，干渠、支渠、毛渠三沟配套工程 9300 亩。

灌溉用的沟渠

1995 年，各乡镇在灌溉设施更新改造的基础上，全面开展田间沟渠整治工程，使水源聚得拢、排得出；1997 年底，王江泾镇共筑衬砌渠道 87 千米。同年，田乐乡建设节水型渠道 6400 米，修建排灌渠道 52100 米。2000 年，南汇镇硬化渠道 1.5 千米。

此后，先后实施的田间沟渠工程：1998 年，双桥、东风、腾云、古塘、范滩 5 个行政村实施农业综合开发项目，筑路、渠系硬化等工程；1999 年，在新桥村进行园区建设；2000 年，在双桥村实施土地平整项目；在太平、洪典、长虹开展农业综合开发(其中太平为子项目)；南汇镇新筑机耕路 5.5 千米；2001 年，在北荷、民主、民和等村开展农业综合开发(其中北荷为子项目)；2002 年，开展规模较大的标准农田建设项目，涉及 29 个行政村，整治面积 2.83 万亩；2006 年，双塔、廊下等 10 个村开展标准农田建设。2008 年，太平村、大坝村灌区(一期)新建防渗衬渠道 27.62 千米，受益面积 5296 亩，涉及 6 个行政村，受益农户 3082 户。2010 年，全镇经过近十年农田基本建设，各村基本建成旱涝保收的农田基础设施。

第六节　水利管理机构

【水利农机管理站】

1962 年，各公社成立机电管理站，简称机管站，管理全社的水利农机设施和电力设施。1984 年 3 月，水利农机和电力管理职能分设，境内 5 个乡镇设水利农机管理站、电力管理站 2 个机构。2001 年行政区划调整，原 5 个乡镇的水利农机管理站均合并在王江泾镇水利农机管理农机站。

1962—1984 年王江泾镇域各公社机管站负责人一览表

表 6－7

名　称	姓　名	职　务	任职时间
双桥公社	毛来生	负责人	1962.5—1972.3
	顾银观	负责人	1972.3—1978.8
	顾掌观	负责人	1978.8—1984.3
虹阳公社	仲少坤	负责人	1963.1—1984.3

续表 6－7

名　　称	姓　　名	职　　务	任　职　时　间
荷花公社	苏芝明	负责人	1962.11—1984.3
田乐公社	倪三龙	负责人	1962.5—1969.5
	朱佰荣	负责人	1969.5—1980.6
	汝永昌	负责人	1980.6—1984.3
南汇公社	吴中良	负责人	1962.5—1984.3

1984—2010 年王江泾镇域各乡镇水利农机管理站负责人一览表

表 6－8

名　　称	姓　　名	职　　务	任　职　时　间
虹阳乡	仲少坤	站长	1984.3—1986.10
	张桂春	副站长	1986.10—1998.5(全面负责)
荷花乡	苏芝明	站长	1984.3—1986.5
	王志贤	副站长	1986.5—1991.5(全面负责)
	金银根	站长	1991.5—1998.8
南汇镇	吴中良	站长	1984.3—1990.4
	计永生	站长	1990.4—1997.10
	凌金荣	站长	1997.10—2001.5
田乐乡	汝永昌	站长	1984.3—1993.7
	卜小弟	站长	1993.7—1995.7
	倪根林	负责人	1995.7—2001.6
王江泾镇	顾掌观	站长	1984.3—1986.2
	顾银观	站长	1986.2—1996.5
	戚杏东	站长	1996.5—1998.8
	金银根	站长	1998.8—2001.6
	陈国泉	站长	2001.6—2007.11
	闻立新	站长	2007.11—

第七章　交通　运输　邮电

王江泾地处长江三角洲流域，河道开阔，水网密布，京杭大运河贯穿镇域南北，水路交通自古以来四通八达，十分便捷。明清时期石桥建造颇多，使镇域的多数村庄和道路得到连接。陆路大部分为坎坷不平的泥路，仅有运河西侧的官塘和几条驿道较平而宽大。1933 年，苏嘉公路通车；1936 年，苏嘉铁路通车。苏嘉公路、苏嘉铁路在王江泾均设有车站，使境内局部地区的陆路交通运输状况得到很大的改变。1923 年，水上机动船客运在南汇开设，1935 年王江泾设有客轮通航。解放后，嘉兴航运公司对以上两地设有每天数班的固定客运轮班，嘉兴到苏州的客轮在王江泾均有停靠站。20 世纪 60 年代起，田乐、南汇、虹阳等地开始有农客班通航。90 年代，实现乡乡通有公路，并有 40 多辆个体小公交在乡镇驻地与嘉兴、盛泽之间载客经营。2000 年后，开始建设乡村道路，逐步实现村村通公路，居民私家车快速增多，使水上运输迅速向陆路运输转变。2009 年，城乡公交运营体制改革启动，公交回归国营，镇域各片均有公交车通行，居民进出更加方便。2010 年，镇域有主要航道 7 条，建有装卸码头 18 个；有过境的 07 省道和 2 条过境的高速公路，三级公路县道 4 条，三级和四级公路乡道 3 条，以及四级公路的村道 200 多线段。

邮政通讯自明代起设有闻店桥、金桥急递铺，以传送公文。清道光八年（1828），王江泾设有民信分局，后设邮政代办所。1919 年，南汇、王江泾等镇开始办理电话业务，境内装机 300 户；后又办理电报业务。解放后，镇域王江泾、双桥、荷花、田乐、南汇设邮政代办所，各乡实行邮递员制度，社社通邮。20 世纪 60 年代，各乡设立邮电所，各生产大队装有电话。80 年代末，境内开通程控电话，电信通讯和移动通信发展迅速。2010 年，全镇有固定电话 26195 部、移动电话 45800 部，户均拥有电话 3.2 部，宽带网入户数 9690 户。

第一节　道　路

【古道】

古时，境内的陆路交通主要为驿道与官塘。春秋战国时期，王江泾镇地处吴越两国交界之处，筑有射襄城、渚城、墓城等城堡，有驿道可通。隋朝开凿大运河时，在境内运河西侧筑堤为纤路（纤道）。唐穆宗时，刺史王仲舒将纤道改筑为塘路，即后世所称的官塘。自此，驿道与官塘形成一张陆路交通网。

境内河湖荡密布。元初，里人朱张穹寿出资在闻湖中筑堤一条，并在堤两端修建“寻梅”“问柳”二桥，形成从廊下至墅泾东西走向的一条荡中陆道。清雍正年间，鉴如和尚化缘十多年，将雁湖荡埂填成长堤，并在东、西两端各建木桥一座，但此泥堤、木桥常被飓风恶浪吹倾冲垮。清乾隆十八年(1753)夏,里人蒋彩如、钱其昌等倡捐将雁湖荡埂改筑石堤及三座石桥;乾隆二十七年(1762)秋,石堤和三座石桥竣工,长堤东起王江泾白浪水汇,西接吴江故字圩,并在中桥东侧建起冠鳌亭和雁湖书院。清光绪初年,里人蒋人彦、盛传均、沈景修等出资在闻湖中央亦筑湖堤一条,位于正露圩(今莫家甸村)西,南北走向,长六百余丈。湖中筑堤,既为穿越湖荡造就一条陆路,便于行人,又可让舟楫靠近湖堤下风位航行,堤能挡住巨浪,使行船安全。

20世纪30年代之前,境内主要的陆路还有陆续被改建掉的驿道与其他经逐年形成的小路,其中有清代的岸路:

嘉兴—王江泾镇(塘路),自北门外杉青闸起,沿官塘北行至王江泾镇,全长12千米。

嘉兴—双桥,自北门起经栅堰桥、三官桥、板桥、北圣桥、沙河桥、陈家桥、至双桥,全长7.25千米。

双桥—王江泾镇,自双桥起经柴家浜、乌灯浜(即倭墩浜)、海云桥至王江泾镇,全长5.1千米。

王江泾镇—南汇镇,自长虹桥东起经沈(孙)家浜、石桥头(沈水石桥)、冯家桥、张连村(即庄连村)、圆通桥、大中桥至南汇镇,全长6.5千米。

王江泾镇—盛家廊下,自长虹桥东起经大有桥、张连村(庄连村)、水桥、丰北至盛家廊下,全长7千米。

王江泾镇—甸上,自长虹桥东起至甸上,全长1.5千米。

王江泾一里街北经后新桥—江苏吴江盛泽史家村石桥路,全长约2.5千米。

这些乡村道路大多为坎坷不平的泥路,偶有石板路。1933年、1936年苏嘉公路、苏嘉铁路的建成,原有的官塘逐渐遭废弃。

【苏嘉铁路】

1932年,国民政府决定修建连接京沪、沪杭甬两条铁路的苏嘉线。1934年春,国民政府铁道部委令京沪、沪杭甬铁路管理局(两路局)代为测量设计。12月1日,铁道部苏嘉铁路工程处成立,由工程师陈思诚主持施工。1935年2月22日,铁路正式动工。全线从嘉兴起分三段施工。1936年3月,主体工程基本完成。4月25日17时,铁路全线接轨。4月28日进行首次试车。7月15日正式通车。线路起自苏州站,沿运河、苏嘉公路南下,途经相门、吴江、八坼、平望、盛泽(以上位于江苏境内)、王江泾6个站而达嘉兴站,全长74.44千米,为单线准轨铁路;路基全部为填土,桥梁、涵洞99座,最长的67.4米,耗资法币360余万元。车站内用钢轨,车站外线路用胶济铁路平底式美国旧轨。全线皆用洋松枕木。枕木来自加拿大。王江泾至苏州59.621千米,王江泾至嘉兴14.819千米。客车时速为35千米,货车为30千米,旅行时间为2小时55分。嘉兴、吴县(苏州)之间,每日各对开混合列车4次,各车次均在王江泾停靠。

苏嘉铁路76号桥墩(摄于2008年)

1937年8月,苏嘉铁路嘉兴段多次惨遭日军轰炸。嘉兴、苏州被日军占领后,日军迫使数千名民工加紧修复苏嘉铁路。1939 年 4 月 26 日，苏嘉铁路全线修复完毕。日军在沿线各站均建有碉堡，王江泾镇火车站旁也建有三座碉堡。1944 年 3 月初，日军开始拆除苏嘉铁路。至 5—6 月，钢轨悉数被拆，仅剩道砟和枕木。不久，枕木也被掠夺。沿线桥梁于 1935 年 1 月 12 日拆除完毕。到解放时，苏嘉铁路仅存路基。

【07 省道（乍王公路）】

由杭沪线乍浦岔路口经平湖、新丰、嘉兴至王江泾（省界），长 58.61 千米。20 世纪 30 年代初，国民政府在沿海构筑国防工事，行政院经济委员会安排建筑自浙江乍浦至江苏福山的公路，乍浦至王江泾为乍福路的一段。1930 年，修成乍浦至平湖段；1931 年，修成平湖至嘉兴段，并即交付军用民运，通称乍平嘉公路。嘉兴至王江泾段，于 1933 年建成。1936 年接通苏州和湖州，称苏嘉公路和嘉湖公路。始建时路基宽 7.5 米，碎砖路面宽 3 米，全线共计桥梁 67 座。解放后，各段仍分别营运。1952 年 11 月后，嘉兴至王江泾段碎砖路面改为砂石路面，路基宽 8.5 米。1972 年，全线桥梁改建为永久性桥梁，达到载荷汽—13，拖—60，净宽 7 米；1982 年，乍平嘉、嘉王（苏嘉公路）两段合称乍王公路，列为省道，路线编号为 506。1985 年，省道嘉兴至王江泾段砂石路面改为沥青路面。改建标准为平丘三级，路基宽 8.5 米，沥青铺设路面宽 7 米，平均日车流量达 9000 辆次，最高时达上万辆。1990 年，该线被核定为省道浙—07 线，简称 07 省道。1993 年 12 月 29 日，07 省道嘉兴至王江泾段平丘一级公路改建工程开工。1995 年 7 月 1 日，一期改建工程完工，全线半幅通车，累计投入 8182.2 万元，占一期工程投资额的 106.01%，占工程投资总额的 49.24%。同日，二期工程开工。1996 年 7 月 1 日，07 省道嘉兴至王江泾段一级公路改建工程提前半年全线建成通车。改建后的公路路基宽 25 米，机动车道为 4×3.75 米，非机动车道为 2×3 米，中央设 1.5 米绿化分隔带，机动车道与非机动车道间设防撞护栏，设计行车时速达 100 千米，实际投资超 1.6 亿元。

2005 年 8 月 26 日至 2007 年 4 月 28 日，新 07 省道（道路编号 S202）嘉兴至王江泾段（北郊河至江浙交界太平桥，全长 10.356 千米）进行拓宽工程建设。拓宽前为双向四车道，日车流量在 1.6 万辆左右；拓宽后为双向六车道，路基宽 45 米，路面宽 32 米，行车速度为 100 千米/小时，日均车流量达 2 万多辆。此外，全线沥青路面应用国际上较为先进的 Superpave 技术，具有优良的高温抗车辙性能和较好的抗水损害能力；路灯设置、港湾式公交候车站、绿化和交通安全设施等，按照城市道路标准施工。2010 年，07 省道嘉兴至王江泾段每天车流量在 1.8 万辆左右。

【高速公路】

乍嘉苏（常台）高速公路　浙江省公路主骨架“两纵两横五连”中的一连，分别连接沪杭高速和沪宁高速。路幅 60 米，双向四车道，路基宽 28 米，路面宽 21.5 米，沥青混凝土路面，时速 120 千米/小时，嘉兴段通车日期为 2002 年 10 月 25 日。路线自南向北，于北城浜跨大溪河进入江苏省，境内穿越沈家桥、虹南、虹阳、阳城、虹北 5 个村，长 6 千米。

申嘉湖高速公路　为上海至嘉兴至杭州高速公路，境内穿越腾云、范滩、虹阳 3 个村，长 9 千米。双向 6 车道，路基宽 35 米，路面宽 33.5 米，沥青混凝土路面，通车日期为 2007 年 12 月。

【县道】

新塍公路 X305　S202 胜利路口至沈家桥村，三级公路，长 4.4 千米。双车道，路基宽

8.5 米，路面宽 7 米，沥青混凝土路面，2003 年通车。

洛（东）油（车港）线 X313 从洛东到油车港，共 4 段，其中 3 段涉及境内：桃园界至虹阳集镇，长 7 千米，三级公路，双车道，路基宽 8.5 米，路面宽 7 米，2003 年铺设沥青混凝土路面；虹阳集镇至 S202 虹阳路口，三级公路，长 5.8 千米，双车道，路基宽 8.5 米，路面宽 7 米，2003 年铺设沥青混凝土路面；S202 腾云路口至南虹大桥，三级公路，长 1 千米，双车道，路基宽 8.5 米，路面宽 7 米，2003 年铺设沥青混凝土路面。总长 13.8 千米。

建（有）汾（玉）线 X309 起于王黎线吴家桥（原属建有村），止于与嘉善汾玉交界，三级公路，全长 11.7 千米，双车道，路基宽 8.5 米，路面宽 7 米，2005 年铺设沥青混凝土路面。

王（江泾）黎（里）线 X308 起于 07 省道北虹路西口，止于与江苏黎里交界，三级公路，长 14.235 千米，双车道，路基宽 8.5 米，路面宽 7 米，2006 年铺设沥青混凝土路面。

【乡道】

虹（阳）盛（泽）线 Y304 虹阳集镇至盛泽交界，三级公路，长 2.498 千米，双车道，路基宽 8.5 米，路面宽 7 米，沥青混凝土路面，通车日期为 1994 年。

田（青）南（汇）线 Y312 田青至南汇集镇，三级公路，长 4.953 千米。其中田青至廊下长 2.379 千米，双车道，路基宽 8.5 米，路面宽 7 米，沥青混凝土路面，通车日期为 2005 年；廊下至坟东港桥长 2.001 千米，四级公路，单车道，路基宽 6 米，路面宽 5 米，水泥混凝土路面，1998 年建成通车；坟东港桥至红联长 0.254 千米，四级公路，单车道，路基宽 6 米，路面宽 5 米，沥青混凝土路面，1998 年建成通车；红联至南汇集镇长 0.319 千米，四级公路，单车道，路基宽 6 米，路面宽 5 米，沥青混凝土路面，2006 年建成通车。

荷（花）油（车港）线 Y313 荷花（建汾线）至东荷东津浜桥（东荷村与油车港镇交界桥）长 2.053 千米。建汾线至民主小学，四级公路，单车道，路基宽 6 米，路面宽 5 米，沥青混凝土路面，2003 年建成通车；民主小学至东津浜桥，单车道，路基宽 6 米，路面宽 5 米，水泥混凝土路面，2002 年通车。

【村道】

自 1993 年全区实现乡乡通公路后，境内有些村开始修筑村道，但多为砂石路面。2000 年后，村道建设稍有加快；2003 年，提出实施乡村康庄工程建设后，村道建设发展较快。2005 年后，全镇绝大部分村道路面实现硬化。2010 年，全镇通村公路共有 123 条线段、123.63 千米。

2010 年王江泾镇运河东片村道情况表

表 7－1

线路名称	起止点		全长（千米）	等级	路基（米）	路面（米）	路面材质
	起点	终点					
田黎线至双塔村线	田黎线	双塔村	1.17	四	6	5	水泥混凝土
南厅港至木行里线	南厅港	木行里	0.61	四	4.5	3.5	砂石路面

续表 7-1

线路名称	起止点		全长（千米）	等级	路基（米）	路面（米）	路面材质
	起点	终点					
田黎线至栋梁村线	王黎线	栋梁村	1.179	四	6.5	5	水泥混凝土
新农至王黎线线	新农	王黎线	0.421	四	6.5	5	水泥混凝土
王黎线至市泾村线	王黎线	市泾港	0.958	四	6	5	沥青混凝土
市泾村部至商字圩线	村部	商字圩	0.544	四	5	4	水泥混凝土
东港至北港线	东港	北港	0.341	四	6	4.5	水泥混凝土
市泾村老村部至王黎线	老村部	王黎线	0.689	四	6.5	5	沥青混凝土
王黎线至市泾港线	王黎线	市泾港	0.372	四	6.5	5	水泥混凝土
田乐至大坝线	田乐	大坝	2.582	四	6	4.5	水泥混凝土
肖家湾至北海圩线	消家湾	北海圩	1.028	四	6	4.5	水泥混凝土
朱庆庵至朱家路线	朱庆庵	朱家路	0.64	四	4.5	4	水泥混凝土
朱庆庵至原田乐中学线	朱庆庵	田乐中学	0.365	四	6	4	水泥混凝土
王黎线至东庄角线	王黎线	东庄角	0.906	四	6	4.5	水泥混凝土
后浜至师家浜线	后浜	师家浜	0.84	四	4.5	3.5	水泥混凝土
市泾北路至汝家角线	市泾	汝家角	0.385	四	4.5	3.5	水泥混凝土
市泾村村部至项家库线	村部	项家库	1.1	四	5	3.5	水泥混凝土
陆家池至七家扇线	陆家池	七家扇	0.51	四	5	3.5	水泥混凝土
大坝桥至史家村线	大坝桥	史家村	0.735	四	5	3.5	水泥混凝土
北家港至平家娄线	北家港	平家娄	1.059	四	4.5	4	水泥混凝土
王黎线至青字线	王黎线	青字	0.303	四	4.5	3.5	砂石
王黎线至田西线	王黎线	田西	0.47	四	6	5	水泥混凝土
戴方港至东埂线	戴方港	东埂	0.719	四	6	5	水泥混凝土
建汾线至大家港线	建汾线	大家港	0.47	四	4.5	3.5	水泥混凝土
建汾线至小双圩线	建汾线	小双圩	2.42	四	4.5	3.5	水泥混凝土
大家港至八听港线	大家港	八听港	0.621	四	4.5	3.5	水泥混凝土
建汾线至南汇线	建汾线	南汇线	1.62	四	6	5	水泥混凝土
华联村部至建汾线	华联	建汾线	0.375	四	6	5	砂石
建汾线至华螟港线	建汾线	华螟港	0.909	四	4.5	3.5	砂石
华溪至钮北线	华溪	钮北	1.316	四	5	4.5	水泥混凝土

续表 7－1

线路名称	起止点		全长（千米）	等级	路基（米）	路面（米）	路面材质
	起点	终点					
建汾线至小曲桥南线	建汾线	小曲桥	1.154	四	7	5	水泥混凝土
建汾线至小曲桥北线	建汾线	小曲桥	0.721	四	6	5	水泥混凝土
小曲港西至小曲港东线	小曲西	小曲东	0.63	四	5	3.5	砂石
金银浜至廊下线	金银浜	廊下	1.366	四	5	4	水泥混凝土
戴方港至东埂线	戴方港	东埂	0.343	四	6	5	水泥混凝土
仲家港至汇西公路	仲家港	汇西路	0.643	四	6	4	水泥混凝土
九龙潭至仲家港线	九龙潭	忡家港	0.764	四	5	4	水泥混凝土
汇西公路至世德桥线	汇西路	世德桥	1.086	四	5	4	混凝土、砂石
世德桥至长安路	世德桥	长安路	0.465	四	5	3.5	砂石
廊下桥至后漾线	廊下桥	后漾	0.778	四	5	4	砂石
红联至莫家甸线	红联	莫家甸	0.879	四	5	4	沥青贯入式
红联至横港桥线	红联	横港桥	0.649	四	5	4	沥青贯入式
横港至姚家港	横港	姚家港	0.313	四	5	4	水泥混凝土
赵家浜至洪典村部	赵家浜	洪典村	1.076	四	4.5	3.5	水泥混凝土
洪典村部至王黎线	洪典村	王黎线	3.816	四	7	5.5	沥青混凝土
升平桥至史家浜线	升平桥	史家浜	0.322	四	4.5	3.5	沥青混凝土
唐浜底至吴家洋线	唐浜底	吴家洋	0.708	四	4.5	3.5	沥青混凝土
北小港桥至唐浜底线	小港桥	唐浜底	0.742	四	4.5	3.5	沥青混凝土
唐浜底至横港桥线	唐浜底	横港桥	0.385	四	4.5	3.5	沥青混凝土
工业小区至南埭桥	工业小区	南埭桥	0.809	四	4.5	3.5	沥青混凝土
南埭桥至南埭南	南埭桥	南埭南	0.222	四	4.5	3.5	水泥混凝土
开发区到太平村新村部	开发区	太平新村	0.26	四	7	5.5	沥青混凝土
太平村部至垃圾中转站	村部	中转站	0.901	四	4.5	3.5	沥青混凝土
垃圾中转站至三长子	中转站	三长子	0.323	四	4.5	3.5	砂石
高家浜至木闸浜线	高家浜	木闸浜	0.393	四	4.5	3.5	沥青混凝土
浩浜路口至浩浜线	浩浜路口	浩浜线	0.804	四	4.5	3.5	水泥混凝土
田丰小区至东湾头线	田丰小区	大园	0.705	四	6	5	沥青混凝土
甸上至朝南埭线	甸上	朝南埭	0.647	四	4.5	3.5	水泥混凝土

续表 7－1

线路名称	起止点		全长（千米）	等级	路基（米）	路面（米）	路面材质
	起点	终点					
田丰小区至铁店港线	田丰小区	铁店港	0.927	四	4.5	3.5	水泥混凝土
大园至东木港线	大园	东木港	0.686	四	6	5	水泥混凝土
安息堂至北虹东路线	安息堂	北虹东路	1.161	四	6	5	水泥混凝土
北虹东路至莫家村	北虹东路	莫家村	0.367	四	4.5	3.5	砂石
莫家村至北虹村部	莫家村	北虹村部	0.631	四	4.5	3.5	水泥混凝土
王黎线至北荷村	王黎线	北荷村	0.741	四	7	5	水泥混凝土
北荷村至金家浜	北荷村	金家浜	1.598	四	7	5	沥青混凝土
金家浜至民和	金家浜	民和	1.13	四	5	4	水泥混凝土
民和至民和亭子	民和	民和亭子	1.189	四	6	4	水泥混凝土
建汾线至龙象庵桥线	建汾线	龙象庵桥	1.166	四	5.5	4	水泥混凝土
龙象庵至荷花集镇	龙象庵	荷花集镇	1.211	四	6	5	水泥混凝土
荷花集镇至供电所	荷花集镇	供电所	0.318	三	8	7	沥青混凝土
建汾线至荷花丝织线	建汾线	荷花丝织	0.331	四	5	4.8	水泥混凝土
毛坟港桥至建汾线	毛坟港桥	建汾线	0.451	四	4.5	3.5	水泥混凝土
汲水桥至东荷线	汲水桥	创新5桥	0.705	四	6	5	沥青混凝土
三贤寺浜至港东线	三贤寺浜	港东	0.391	四	4.5	3.5	砂石
庙桥至刘家畈线	庙桥	刘家畈	0.624	四	6	5	水泥混凝土
民主小学至民主村线	民主小学	民主村	0.388	四	6	5	沥青混凝土
民主小学至新浜线	民主小学	新浜	0.326	四	4.5	3.5	水泥混凝土
王家浜至杨家浜线	王家浜	杨家浜	0.981	四	4.5	3.5	水泥混凝土
东林港至张家浜线	东林港	张家浜	0.374	四	4.5	3.5	水泥混凝土
民和凉亭至下北港西线	民和凉亭	下北港西	0.394	四	4.5	3.5	沥青混凝土
下北港东至建汾线	下北港东	建汾线	0.737	四	5	4	水泥混凝土
建汾线至三皇庙线	建汾线	三皇庙	0.56	四	6	4	水泥混凝土
王黎线至花字圩线	王黎线	花字圩	0.352	四	6	4.5	水泥混凝土
太平村至田丰线	太平村	田丰村	1.576	四	20	17	沥青混凝土
王黎线至西小港线	王黎线	西小港	0.596	四	5.5	5	水泥混凝土
栋梁公路至凌字圩线	栋梁公路	凌字圩	0.57	四	5.5	5	水泥混凝土

续表 7－1

线路名称	起止点		全长（千米）	等级	路基（米）	路面（米）	路面材质
	起点	终点					
钱家庄至凌字圩线	钱家庄	凌字圩	0.988	四	5.5	5	水泥混凝土
钱家庄至芥字圩线(1 组)	芥字圩 1 组	芥字圩	0.152	四	5.5	5	水泥混凝土
钱家庄至芥字圩线	钱家庄	栋梁公路	0.268	四	5.5	5	水泥混凝土

2010 年王江泾镇运河西片村道情况表

表 7－2

线路名称	起止点		全长（千米）	等级	路基（米）	路面（米）	路面材质
	起点	终点					
新腾至石家浜线	新腾	石家浜	1.07	四	4.5	3.5	水泥混凝土
07 省道至古塘自来水厂	07 省道	自来水厂	0.703	四	8.5	7	水泥混凝土
自来水厂至古塘村部	自来水厂	古塘村部	1.479	四	4.5	3.5	水泥混凝土
垃圾房至陶三浜线	垃圾房	陶三浜	1.002	四	4.5	3.5	水泥混凝土
民政工贸至新开河	民政工贸	新开河	0.446	四	6	4.5	水泥混凝土
新开河至西雁	新开河	西雁	0.502	四	5.5	5	水泥混凝土
黄家楼至陈家桥线	黄家楼	陈家村	0.46	四	5	4	水泥混凝土
味达港至计家桥线	味达港	计家桥	1.894	四	4.5	3.5	水泥混凝土
白洋湾至西双桥线	白洋湾	西双桥	1.029	四	5	4	水泥混凝土
07 省道至野毛汇线	07 省道	野毛汇	1.395	四	4.5	3.5	水泥混凝土
07 省道至范滩界	07 省道	范滩界	6.314	四	6	4	水泥混凝土
范滩界至东风村计家桥	范滩界	计家桥	0.357	四	7	3.5	水泥混凝土
07 省道至收藏村线	07 省道	南陶浜	1.639	四	5	4	水泥混凝土
长浜至芦荡湾线	长浜	芦荡湾	0.75	四	4.5	3.5	粒料加固土
嘉塍线至苗头村	嘉塍线	苗头村	0.973	四	15	9	沥青混凝土
庙头村至嘉塍线	庙头村	嘉塍线	0.485	四	18	12	沥青混凝土
杨家桥至金家扇线	杨家桥	金家扇	0.549	四	4.5	3.5	水泥混凝土
嘉塍线至河泥浜线	嘉塍线	河泥浜	0.449	四	4.5	3.5	水泥混凝土
嘉塍线至金鱼桥村线	嘉塍线	北邹浜桥	0.637	四	4.5	3.5	水泥混凝土
沈家桥至合观桥	沈家桥	合观桥	4.798	四	6	5	水泥混凝土
合观桥至虹阳(新腾线)	合观桥	新腾线	1.105	四	4.5	3.5	水泥混凝土

续表 7-2

线路名称	起止点		全长（千米）	等级	路基（米）	路面（米）	路面材质
	起点	终点					
东风桥至许家港线	东风桥	许家港	0.494	四	4.5	3.5	砂石
顾斋浜至石汇廊线	顾斋浜	石汇廊	0.654	四	7	3.5	砂石
西雁村至阳城村线	西雁村	阳城村	6.039	四	6	5	水泥混凝土
乌沙河至外西港线	乌沙河	外西港	0.522	四	7	3.5	砂石
庄西至张家坝线	庄西	张家坝	0.877	四	6	3.5	砂石
水厂至天星线	水厂	天星	1.32	四	6	5	水泥混凝土
石桥湾至中城浜	石桥湾	中城浜	0.861	四	6	5	水泥混凝土
中城浜至北城浜	中城浜	北城浜	0.776	四	5	3.5	水泥混凝土
北城浜至盛泽	北城浜	盛泽	0.571	四	5	3.5	砂石
西雁至虹北线	西雁	虹北	0.424	四	6	5	水泥混凝土
虹阳至虹南线	虹阳村	虹南村	1.288	四	6	5	水泥混凝土
西雁至西雁一组	西雁村	西雁一组	1.685	四	6	5	水泥混凝土
西雁一组至07省道	西雁一组	07省道	1.069	四	6	5	水泥混凝土

第二节　桥　梁

镇域河道纵横，桥梁众多。20世纪60年代以前，桥梁以石桥为主，有百余座，另有少量木桥。60年代起，政府重视桥梁建设，在许多无桥的要道处逐步新建钢筋混凝土桥梁，同时修建、改建危桥，建造农业机耕道桥梁。80年代末，县道洛油线公路桥梁开始建造。90年代，修建通往南汇镇、田乐乡的县道公路桥梁；嗣后，乡道、村道的公路桥梁陆续修建。2003年，对全镇400余座桥梁进行调查和摸底，将117座不配套的桥梁列为危桥，接着逐年全面进行危桥改造。2010年，全镇存石桥50座，省道公路桥梁10座、县道公路桥梁51座、乡道公路桥梁13座、村道公路桥梁81座，其他村级桥梁220多座。

长虹桥

【现存石桥】

长虹桥　位于长虹寺东侧，跨京杭大运河。三拱石拱桥，东西向。为浙北平原地区在软基上修建的最大的三孔实腹巨型石拱桥。

闻店桥

济阳桥

浔阳桥

世德桥

始建于明万历三十九年(1611)至明天启元年(1621),清康熙五年(1666)重修,清嘉庆十七年(1812)再修。桥长72.8米,桥顶宽4.9米,东西桥阶斜长为30米,东西两坡各设55级石阶(石阶条石为57块),中孔净跨16.2米,拱矢高约10.7米。东西两边孔净跨9.3米,拱矢高7.2米。长虹桥于1960年被列为嘉兴县文物保护单位;1981年被列为嘉兴市级文物保护单位;1997年被列为省级文物保护单位;2006年被列为全国重点文物保护单位。

闻店桥 位于一里街东首、古运河西岸,是从运河进入市河的第一座桥。南北走向,距长虹桥90米。单孔有栏石拱桥,长24.40米,顶宽3.60米,底宽4.50米,拱跨8.50米,拱高3.60米。桥西楹联为“迂回迓越水之波彩虹跨岸,襟带汇闻湖之景金雁联堤”,桥东楹联为“连步康衢新构良辰吉日,扶摇利涉永安海晏河清”。桥南侧壁刻有“放生官河”。南宋隆兴年间,由闻人滋(字茂德)出资兴建。明天启末圮,里人蒋之华集他人重修。清道光七年(1827),里人重建。2002年11月被列为嘉兴市文物保护点。

济阳桥 位于王江泾市河西端,又名圣堂桥。三孔梁式有栏板桥,南北走向。明朝中期,陶氏出资兴建。两端各有9级石阶,长26.6米,宽3米,最大跨度为16.1米。桥面石护栏已残破不堪。据《闻川志稿》记载,桥北堍有钱彦癯(名经纶,字业巨,号彦癯,以医著称)祠,讹称土地祠。2002年被列为嘉兴市文物保护点。

浔阳桥 位于王江泾市河西侧,又名浔庄桥。东为湾龙轩,西去陶家浜,东西走向,跨市河。明朝中期,陶氏出资兴建。单孔有栏拱桥,两端各有18级石阶,长16.58米,桥顶宽2.7米,底宽3.2米,拱跨7.2米。2002年被列为嘉兴市文物保护点。

世德桥 位于王江泾社区后富庄以北、虹景苑以南，俗称“后富庄桥”。南北走向，单孔无栏板桥。东、西桥额镌“世德桥”。桥长12.15米，顶宽1.6米，底宽2米，桥孔跨度4.05米。两端各有8级石阶。桥额另镌有“光绪十七年十一月吉旦”。闻川路建成后停用。

张家桥

张家桥　位于新桥居委会西500米，南北走向，横跨前富庄港。始建年代无考。1939年重建。桥东、西两侧有楹联，东侧楹联为“鸿飞渐卜风云会，人冰恒沾雨露息”，西侧楹联为“千尺卧波浮月镜，两涯陟磴步云梯”。桥重修于2010年，总投资12万元。桥长24.9米，宽2.5米，最大跨度为6米，单孔板桥，两端各有13级石阶。

郎嘉桥

郎嘉桥　位于西雁村部西侧，东西走向，跨西雁荡。清乾隆五十三年(1788)重建，三孔梁式有栏板桥。南、北桥额镌“郎嘉桥”。桥面两侧各有石护栏，另有狮子望柱各4根。桥长24.1米，宽2.3米，高2.5米，最大跨度16.2米。2002年被列为嘉兴市文物保护点。

陈家桥

陈家桥　位于双桥村委会东南方向1000米处，东西走向，跨砖桥港。三孔梁式无栏板桥。始建年代不详。南、北桥额上镌有“重建陈家桥”，额旁镌有“光绪”字样。桥长16.2米，顶宽1.6米，底宽1.75米，三孔跨长11.35米。南、北均有楹联，南侧楹联为“村号陈家万家仁寿，桥成辛岁每岁丰享”，北侧楹联为“北接双溪成占利济，南通越水共庆安康”。

计家桥

计家桥　位于双桥村委会西北方向1000米处，东西走向，跨吴家浜，为三孔无栏板桥，始建年代不详。南、北桥额镌有“重建计家桥”，额旁镌有“光绪十二年二月吉旦立”。桥长为16.55米，顶宽1.6米，底宽1.7米，三孔跨总长12.85米。东桥台已坍塌，石阶已用水泥铺平。

绿涧桥　位于双桥村委会东北方向1500米处，跨里荡，三孔梁式无栏板桥。始建年代

绿涧桥

圣棡桥

兴福桥

张家桥

不详。东、西桥额镌有“重建绿涧桥”，额旁镌有“宣统三年”。桥长17.65米，顶宽1.65米，底宽1.9米，三孔跨长10.85米。东、西两端分别有7级和10级石阶。

圣棡桥　位于双桥村委会驻地西南方向1600米处，南北走向，跨毛家港，三孔梁式无栏板桥。始建年代不详。清乾隆三十七年(1772)重建。东、西桥额镌有“重建圣棡桥”。桥长为12.5米，宽2.5米，最大跨度7米。

兴福桥　位于双桥村委会驻地东南方向2700米处，东西走向，跨丁家浜，三孔梁式无栏板桥。始建年代不详。南、北额镌有“重建兴福桥”，额旁镌有“光绪二十年”。桥长19.65米，顶宽1.6米，底宽1.8米，三孔跨总长12.9米，中孔净跨2.95米。两端各有8级石阶。桥南北均有楹联，南联为“人求清福□放平来，家要长兴事赶前去”，北联为“北望吴江帆影稳，南通越水橹声逸”。

张家桥　位于双桥村委会驻地东北方向800米处，南北走向，三孔梁式无栏板桥。原称“长家桥”。因这一带居民多姓张，故又称张家桥。始建年代不详。东、西桥额镌有“重建长家桥”，重建年代不明。东、西两侧有楹联，东侧楹联为“北接度虹皆利济，南连秀水永安澜”，西侧楹联为“风恬滑笏银涛暖，日丽垂虹秀水长”。桥长为10米，宽2.5米。东侧已建新水泥桥，故原石桥不再通行。

日晖桥　位于东风村日晖桥自然村东面，南北走向，跨日晖桥港，与宇四浜村交界。五孔梁式无栏板桥。桥长28.5米，顶宽1.65米，底宽1.80米，五孔跨总长21.65米。始建年代不详。桥东、西两侧刻有楹联，东侧楹联为“旭日光辉腾上下，安澜康乐界东西”，西侧楹联为“虹架碧流开一鉴，脉连红水接双桥”。桥南、北端石阶均用水泥板铺平，桥面新增铁护栏，北桥台已坍塌。

秀兴桥　位于东风村洪四自然村西，东西走向，跨吴家浜。三孔梁式无栏板桥。因四周风景秀丽，故名秀兴桥。建于清光绪二十六年(1900)，已不再使用。东、西端分别有3级和4级石阶。桥长18.25米，宽1.5米，三孔跨总长14.55米。

洋桥　位于长浜自然村最南面，东西走向。此地段是整条长浜最窄的一处，日军侵华时为方便行军而搭建，当地人称之“洋桥”。桥于1995年重建，为水泥混凝土板桥，桥长8米，宽2米，最大跨度为3米。

腾云桥　位于腾云桥自然村中部，为单孔板桥。始建于清代。因跨于腾字圩和云庄庙边，故名。重建于1975年。桥长6米，宽1米，最大跨度2米，高1.5米。

紫福桥　位于腾云村东洋浜中部，为单孔板桥，距运河300米。寓意紫气东来，福如东海。建于清咸丰五年(1855)。桥长8米，宽1米，最大跨度2米，高1米。

周相公庙桥　位于金鱼桥村东南，横跨在庙头村港上，呈南北走向。建于清朝，桥面由九块大石板铺成，桥长19米，宽2.5米，最大跨度18米。桥边原有“周相公庙”，故名。桥南属嘉北街道地界。

东杨家桥　位于沈家桥村东南面，跨杨家桥港，东西走向。三孔梁式无栏板桥。始建年代不详。南、北桥额镌有“重建东杨家桥”，北桥额旁镌有“宣统三年二月”。桥长21.45米，宽1.70米，高3.3米，三孔跨总长17.10米，由9块长条形石板架成。南侧中间一桥面已更换成水泥板。

西杨家桥　位于沈家桥村东南面，东与东杨家桥相距1.34千米。南北走向，跨杨家桥港。三孔梁式无栏板桥。始建年代无考。现桥重修于2001年。桥长20米，宽1.65米，底宽2.00米，高2.6米，三孔跨总长16.10米。

日晖桥

秀兴桥

紫福桥

东杨家桥

东、西两侧各有楹联，东侧楹联为“□□岔接新塍路 玉蝀平分古庙边”；西侧楹联因树木遮挡未录。

延庆桥 位于荷花村与民和村交界处，俗称“陈家桥”，南北走向，跨蜡烛浜。三孔无栏板桥。始建年代不详。东、西桥额镌有“重建延庆桥”。1998年重修。桥长16.85米，顶宽1.60米，底宽1.90米，三孔跨总长11.55米。

双福桥 位于荷花村双福桥自然村境内，南北走向。双福桥始建于清同治十三年(1874)。相传建桥时，桥东、西两边的百姓为取桥名而发生争执。石匠师傅为劝双方和好，便取名“双福”。因原桥高而无护栏，在2005年重建。现桥长15.8米，宽3米，最大跨度12米，已无石阶。

宜观桥 位于荷花村，横跨在宜观港，东西走向。始建年代不详。南、北桥额镌有“重建宜观桥”，额旁镌有“光绪十五年”。单孔无栏板桥。桥长13.10米，顶宽1.75米，底宽2.10米，桥孔跨度5.90米。东、西端分别有9级和10级石阶。

正兴桥 位于荷花村1组，俗称“沈水石桥”，南北向。三孔梁式有栏板桥。桥长19.35米，顶宽2.10米，底宽2.60米，三孔跨总长11.30米。由四块石板并列组成，单板最大跨度5.64米，桥底距水面高度2.48米。南、北落坡略呈喇叭状，北为10级台阶，南为9级。始建年代不详。东、西桥额镌有“重建正兴桥”，额旁镌有“中华民国二十四年”。东、西侧有楹联，东侧楹联为“春风野草寻乌巷，夜月渔舟傍绿杨”，西侧楹联为“足蹑云根平步上，水溅柳汁染衣来”。已在桥面加筑水泥护栏。

洪典桥 位于洪典村委会西南200米处，东西向，跨洪典港。三孔梁式无栏板桥。清道光十七年(1837)，当地名人洪甫主持建造，故

西杨家桥

延庆桥

宜观桥

正兴桥

名。南、北均有楹联，南侧楹联为“砥天杠梁联荷陌，泄闲村落锁晴江”，北侧楹联为“西接长流承种福，东迎旭日庆升平”。南、北桥额镌有“鼎建洪典桥”。桥长17.55米，顶宽1.60米，底宽2.00米，三孔跨长11.65米。东、西两端各有8级石阶。属市级文物保护点。

洪典桥

长生桥 位于洪典村委会东北约0.3千米处，东西向，跨小桥港，建于清宣统二年(1910)。单孔无栏板桥，桥长11.55米，顶宽1.70米，底宽1.80米，桥孔跨度4.45米。东、西两端分别有9级和6级石阶。其中西端的石阶已改成水泥坡。

长生桥

种福桥 位于洪典村委会驻地以西约0.3千米处，亦称吼桥，南北走向，跨吼桥港。始建年代不详。重建于清光绪四年(1878)。三孔梁式无栏板桥。桥长17.65米，顶宽1.60米，底宽1.75米，三孔跨长11.10米。桥东、西两侧均有楹联，东侧楹联为“修石梁者种福德，环玉带兮镇山门”，西侧楹联无考。

种福桥

谢河桥 位于太平村谢河桥港内，东西走向，三孔梁式有栏板桥。始建于清乾隆四十九年(1784)，清嘉庆十七年二月(1812)重修，清光绪十年(1884)重建。桥长19.85米，顶宽2.20米，底宽2.50米，三孔跨长14.45米。桥东南、北堍均有楹联，南侧楹联为“两姓捐输重建构，三星朗曜朕波纹”，桥北侧楹联无考。

谢河桥

长生桥 位于民主村蒋家湾，又名潘家桥，东西横跨九曲港。始建年代不详。三孔梁式无栏板桥，桥长约18米，顶宽1.65米，底宽1.90米，三孔跨长12.45米，单孔最大跨度5.2米，桥底距水面高度2.56米，由三块石板并列组成。东、西落坡略呈喇叭状，两端各有7级石阶。

天德桥 位于东荷村与嘉善县天凝镇交界处，东西向，跨天德桥港，三孔梁式无栏板桥。旧时，港东桥南有座天德庵，故名。又称

长生桥

天德桥

圆通桥

便民桥

"天德庵桥"。始建年代不详。清咸丰九年(1859)七月重建。桥南楹联为"东接魏塘十里棹歌回鹤渚,西通秀水数声菱唱透鸳湖",桥北楹联为"杰构赖人功当□□功不易,嘉名赐天德意知肯德必昌"。桥长24.75米,顶宽1.65米,底宽1.90米,高2.6米,三孔跨长15.60米。东、西端分别有台阶12级和11级。2010年3月,被列为嘉兴市文物保护点。

圆通桥 位于民和村东林港中段,南北向,单孔有栏板桥。因坐落于圆通庵前,故名。始建年代不详。解放后几经维修,仍较完整保留原貌。桥面有望柱4根,两端各有石阶11级。桥长12.90米,顶宽1.85米,底宽2.35米,跨度4.50米。

长安桥 位于民和村周家港南端,报恩寺后,东西走向,单孔梁式无栏板桥。始建年代不详。重建于明代。乡村道路建设时,已拆除部分旧桥,另一部分至2010年仍保留。

陈家桥 位于民和村陈家港中段,南北走向。明代古桥。三孔梁式有栏板桥,桥面两侧有块石做成的栏板护手,栏板上刻有图案。桥长20米,桥面宽2.5米,跨度12米。桥面石栏板被撬去。

便民桥 位于虹阳村村委会西南方向9.5米处,东西向,跨鸡头浜,三孔梁式无栏板桥。始建年代不详。南、北桥额镌有"重建便民桥",重建于清光绪十六年(1890)。桥长17.30米,顶宽2.15米,底宽2.40米,三孔跨长12.40米。东、西端分别有石阶6级和7级。

金堂桥 位于虹北村,又称"广福桥",南北走向,系单孔梁式有栏桥板桥。该桥为清光绪二十七年(1901)一大户出资建造。桥长为9米,南北踏步各长2.5米,桥面由4块石板组成,石长4.5米,宽1.6米,最大跨度4米,栏杆已无。

仁德桥　位于虹北村村民委西北方向0.9千米处，俗称“石桥湾桥”，东西走向，跨石桥湾港，三孔梁式无栏板桥。始建年代不详。清光绪五年(1879)重建。桥长21.2米，顶宽1.6米，底宽2.00米，三孔跨长13.20米。东、西端分别有石阶11级和9级。

仁德桥

东石桥　位于虹南村村民委员会西南2.4千米处，又称“正兴桥”，建于1912年，东西向，跨东石桥港，系三孔梁式无栏板桥。桥长19米，顶宽1.6米，底宽1.70米，高3.2米，三孔跨长13.05米。东、西端分别有石阶4级和6级。

怀丝桥　位于虹南村，东西走向，跨怀丝桥港，系三孔无栏梁式板桥。桥长20米，宽2.6米，高3.2米，最大跨度13米。该桥建于清代。属嘉兴市文物保护点。

仲昌桥

仲昌桥　位于虹南村，东西走向，跨于干家埭港，系五孔无栏梁式板桥。桥全长21.8米，宽3.2米，高5米，最大跨度16米。该桥建于清道光元年(1821)，属嘉兴市文物保护点。

万福桥　位于虹南村干家埭港东部河段，南北向，系三孔梁式无栏板桥。始建年代不详。1920年重建，东、西桥额镌有“重建万福桥”。桥长20.5米，顶宽1.65米，底宽1.95米，三孔跨长12.50米。南、北端各有石阶11级。桥体南部桥墩位置损坏严重。

万福桥

留耕桥　位于虹南村陈家桥自然村西南部，桥名寓农耕能丰衣足食之意。桥建于1930年，用石块和石板建成。桥长10米，宽2.2米，高3.3米，最大跨度8米。

升平桥　位于虹南村，连接虹南村顾斋浜自然村东西两岸。建于清代。桥体石料结构，为板桥。桥长10米，宽1.6米，高2.5米，最大跨度8米。桥体已有所破损。

会堂桥　位于阳城村与江苏省吴江市盛泽镇的交界处，亦名“红庙桥”，东西走向，跨

会堂桥

北溪桥

昌家桥

北岳庙桥

观音桥

南港。传说桥北原有一座红墙庙宇，庙有一大会堂，供香客聚会，故称会堂桥。始建年代不详。清光绪十年(1884)重建，系三孔梁式无栏板桥。桥长19.25米，顶宽1.65米，底宽1.70米，三孔跨长14.9米。两端各有石阶6级。石阶两侧加铺水泥坡道。属市级文物保护点。

北溪桥　位于范滩村天花荡南至穆溪的入口处，原名石穆溪众福桥，东西向，桥上仍保留石刻“穆溪象福桥”字样，当地一直称为“北溪桥”。始建年代不详。1931年大修，换过桥柱石。桥全长36.4米，桥宽2.2米，最大跨度5米，桥面由4块石板铺成。1992年8月列为市文保点。2001年7月3日被过往船只撞断桥柱后桥梁掉下，后在2002年修复。修复后，东段桥梁比西边的石板桥宽1米左右，并将东西石阶做水泥斜坡，可通行小型汽车。

昌家桥　位于范滩村沙村港东段、钱家角北面，南北走向，系三孔梁式无栏板桥。始建年代不详。清光绪十二年(1886)重建，南、北桥额镌有“重建昌家桥”。桥全长10.27米，宽1.90米，三孔跨长21米。南、北端分别有石阶8级和6级。此桥梁为白色石板，不多见，中间一桥面石已改为水泥板。

北岳庙桥　在范滩荡东南端，连接屋庙小青墩处。始建年代不详。桥长42米，宽2米，跨度30米，为三孔桥。

观音桥　位于古塘村长条港上，东西走向。单孔无栏，长约16米，宽约2米。始建年代不详。桥南侧有楹联“路逢西圩流秀水，桥兴千古镇长条”，北侧“虹形高架映波方，雁茜斜兮连蹬润”。

长浜桥　位于长浜河底。1962年建，长25米，宽1.2米，高2.5米，最大跨度17米。

庙桥　位于市泾港与小南港交叉处，南北走向。因桥边曾有一小庙，故名庙桥。1950年建，板桥，长16米，宽2.5米，最大跨度15米。

【07省道公路桥】

2010年王江泾镇域内07省道桥梁情况表

表7-3

桥　　名	所　在　位　置	建造年月	桥长(米)	桥宽(米)	跨径(米)
北圣桥	乍王线49.024千米处	2007年4月	24.04	45	20
大沙河桥	乍王线50.11千米处	2007年4月	55.74	45.5	52
陈家桥	乍王线50.766千米处	2007年4月	13.8	45.5	13
双　桥	乍王线51.271千米处	2007年4月	64.04	45.5	60
港达桥	乍王线53.168千米处	2007年4月	42.04	45.5	39
新　桥	乍王线53.577千米处	2007年4月	17.54	45.5	13
腾云桥	乍王线53.851千米处	2007年4月	42.04	45.5	39
富星大桥	乍王线54.68千米处	2007年4月	671.04	45.5	667
前富庄桥	乍王线55.64千米处	2007年4月	51.74	45.5	48
后富庄桥	乍王线56.236千米处	2007年4月	45.45	45.5	42

【县道嘉塍线公路桥】

光辉桥　在宇四浜村境内，跨花甲圩港，东西走向。1998年重建，长30米，宽10米，跨径20米，钢筋混凝土结构。

年婆湾桥　又名平桥，在宇四浜村境内，东西走向。跨年婆湾港，东西走向。2002年重建，长25米，宽8米，跨径15米。

伟民桥　在金鱼桥村境内，跨小木桥港，东西走向。2008年重建，长18米，宽8米，跨径15米。

伟民二号桥　在金鱼桥村境内，跨新开河，东西走向。2008年重建，长15米，宽8米，跨径14米。

伟跃桥　在金鱼桥村境内，跨杨家桥港，东西走向。2007年重建，长19米，宽8米，跨径17米。

新庙桥　在沈家桥村境内，跨庙桥港，东西走向。1999年重建，长16米，宽7.8米，跨径14.8米。

新沈家桥　在沈家桥村境内，跨沈家桥港，东西走向。2003年重建，长15.8米，宽8米。

【县道洛油线公路桥】

闸门桥　在虹阳村境内，位于洛油线1.5877千米处，建于1995年12月，长14米，宽7.5米，跨径8米。

虹阳港桥　在虹阳村境内，位于洛油线16.529千米处，建于2006年12月，长25.8米，宽8米，跨径25米。

曾家桥　在虹阳村境内，位于洛油线17.14千米处，现桥建于1998年12月，长49.6米，宽7.5米，跨径36米。

坝港桥　在虹阳村境内，位于洛油线18.306千米处，现桥重建于2011年，长18.8米，宽7.5米，跨径18米。

南溪桥　在范滩村境内，位于洛油线19.187千米处。桥南80米处原有一石桥，名南溪桥，清光绪五年(1879)重建。已圮。1988年在石桥基北建公路桥，仍名南溪桥。现桥重建于2011年，长39.4米，宽7.5米，跨径38.6米。

小金桥　在范滩村境内，位于洛油线19.809千米处。原为三孔石桥，建于清乾隆二十一年(1756)。1988年改建为公路桥。2007年重建，长14.81米，宽8米，跨径14.1米。

杨娄港桥　又称洋溇泾桥，在范滩村境内，位于洛油线20.552千米处，现桥重建于2011年，长21.81米，宽7.5米，跨径21米。

东阳浜桥　在腾云村境内，位于洛油线22.201千米处，现桥重建于2007年2月，长18.6米，宽8米，跨径17.8米。

南虹大桥　在腾云村与油车港交界处，跨大运河，位于洛油线22.579千米处。1990年12月建，拱桥，长95.4米，宽7.5米，跨径70米。

【县道王黎线公路桥】

万福桥　位于王江泾北虹路西端，王黎线0.379千米处。1990年7月建，长28米，宽8米，最大跨度28米。

北虹大桥　位于王江泾北虹路东端，跨大运河，在王黎线1.02千米处。1991年8月建，长144.6米，宽7.5米，跨径140米。

吴家桥　在长虹村境内，位于王黎线2.582千米处。1991年8月建，长26.8米，宽7.5米，跨径22米。

太平桥　在北荷村境内，王黎线3.328千米处，2010年12月建，长30米，宽7.5米，跨径29.2米。

大有桥　在北荷村境内，位于王黎线3.811千米处，该桥原为三孔石桥，建于明代，因由卜大有出资建造，故名大有桥。1914年、1959年重修。1991年建公路桥，2010年10月重建，长32.8米，宽7米，跨径32米。

唐家路桥　在北荷村境内，位于王黎线4.914千米处。原为石桥。1991年建公路桥，2010年重建。长22.8米，宽8米，跨径22米。

斜路桥　在北荷村和市泾村交界处，位于王黎线5.956千米处。跨斜路港，1973年建水泥桥，名“团结桥”。1991年8月扩建，更名斜路桥。长37.5米，宽7.5米，最大跨径26米。

市泾浜桥　在市泾村境内，位于王黎线8.863千米处，建于1991年。2010年重建，长24.2米，宽8米，跨径26米。

上岸路桥　在田乐村境内，位于王黎线8.08千米处，建于1991年7月，长28.1米，宽7.5米，跨径18米。

长脚浜桥　在田乐村境内，位于王黎线8.424千米处，建于1991年7月，长12.6米，宽

7.5 米，跨径 6 米。

朱家路桥 在田乐村境内，位于王黎线 8.852 千米处，建于 1992 年，2010 年 12 月重建，长 31.4 米，宽 8 米，跨径 22 米。

庞家桥 在田乐村境内，位于王黎线 9.456 千米处，建于 1992 年 8 月，长 68.8 米，宽 7.5 米，跨径 68 米。

田西桥 在田青村境内，位于王黎线 10.222 千米处，建于 2010 年，长 26 米，宽 8 米，跨径 20 米。

小港桥 在田青村境内，位于王黎线 10.97 千米处，建于 1998 年 7 月，长 14 米，宽 8 米，跨径 10 米。

南长港桥 在田青村境内，位于王黎线 11.202 千米处，建于 2000 年，长 16.8 米，宽 7.5 米，跨径 16 米。

北长港桥 在田青村境内，位于王黎线 11.664 千米处，建于 2000 年，长 16.8 米，宽 7.5 米，跨径 16 米。

广阳庙桥 在田青村境内，位于王黎线 11.871 千米处，建于 2000 年，长 16.8 米，宽 7.5 米，跨径 16 米。

南听港桥 在双塔村境内，位于王黎线 12.589 千米处，建于 2000 年，长 16.8 米，宽 7.5 米，跨径 16 米。

双塔新桥 在双塔村境内，位于王黎线 13.435 千米处，建于 1998 年 11 月，长 52.8 米，宽 7.5 米，跨径 52 米。

塔桥 在双塔村境内，位于王黎线 14.158 千米处，建于 1994 年 5 月，长 70 米，宽 5.5 米，跨径 50 米。

【县道建汾线公路桥】

创业桥 在北荷村境内，位于建汾线 0.777 千米处，建于 1990 年 11 月，长 28.1 米，宽 7.5 米，跨径 18 米。

钱家桥 在北荷村境内，位于建汾线 1.258 千米处，建于 1990 年 10 月，长 24.1 米，宽 7.5 米，跨径 16 米。

新浜桥 在荷花村境内，位于建汾线 1.716 千米处，建于 1990 年 12 月，长 13.8 米，宽 7.5 米，跨径 13 米。

宜观桥 在荷花村境内，位于建汾线 2.429 千米处，建于 1990 年，长 13.6 米，宽 7.5 米，跨径 13 米。

小河桥 又名戴方头大桥。在民和村境内，位于建汾线 3.837 千米处。建于 1992 年，单孔拱形桥。2000 年改建为三孔桥。2006 年 11 月重建，长 26.8 米，宽 8 米，跨径 18 米。

平安桥（万兴桥） 在民和村境内，位于建汾线 4.424 千米处。原为石桥，名万兴桥，始建年代不详，重建于明代，长 16 米，宽 3.2 米，已拆除。1992 年，在原桥南约 100 米处建单孔拱形公路桥，称新桥。2009 年 10 月重建，长 20 米，宽 8.5 米，跨径 19.2 米。

小中桥 在莫家甸与民和村交界处，位于建汾线 5.321 千米处，原为三孔石板桥，名“建中桥”，惯称小中桥，于60年代倒塌，1971年建为水泥拱桥。1990年11月，在原桥西侧建公路桥，长46.2米，宽7.5米，跨径36米。

大中桥 在莫家甸村境内，位于建汾线5.751千米处。原为石板桥，20世纪60年代坍塌，改建为水泥桥。公路桥建于1990年11月，长41.3米，宽7.5米，跨径30米。

人民桥 在南汇社区境内，位于建汾线6.667千米处，原为南汇市河西木桥，1972年改建为钢筋混凝土结构拱桥，名人民桥。公路桥建于1990年11月，长36.7米，宽7.5米，跨径26米。

长溪桥 在南汇村境内，位于建汾线8.094千米处，建于1998年2月，长40.7米，宽7.5米，跨径36米。

溪中桥 在南汇村境内，位于建汾线8.463千米处，建于1998年3月，长24.7米，宽7.5米，跨径24米。

钮北桥 在华联村境内，位于建汾线8.871千米处，建于1998年5月，宽7.5米，跨径36米。

华蝶港桥 在华联村境内，位于建汾线9.453千米处，建于1998年5月，长22.7米，宽7.5米，跨径20米。

金珍桥 在华联村境内，位于建汾线10.405千米处，建于1999年10月，长44.8米，宽7.5米，跨径42米。

东听港桥 在华联村境内，位于建汾线11.272千米处，建于1999年10月，长26.6米，宽9.6米，跨径26米。

【乡道、村道公路桥及其他钢筋混凝土桥梁】

东荷村

汲水桥 位于东荷村与民主村接壤处，原为石板桥，坐落在汲水桥港中端偏北处，东西走向，有一百多年历史。1984年拆除后，在桥址南48米处，重建单孔拱形桥。2002年3月，改建为公路桥，长52米，跨径46米，宽5.5米。

创新四号桥 位于原西厍浜浜底，往东200米处为东荷村村委会。始建于1996年12月。2008年重建，长22米，宽5.5米，高2.3米，跨径16米。

创新五号桥 位于三贤祠浜新开河，始建年代不详。2007年重建，在原桥处南移42米，长55米，宽5米，高2.5米，跨径11米。

东津浜桥 位于丁家坟塘西律圩。南通油车港，北通汲水桥。2002年12月建，长62米，宽7.5米，高4.5米，跨径56米。

新德桥 位于卜家港南口，为嘉兴和嘉善交界处。2004年10月建，东西走向，长68米，宽5米，高2.5米，跨径17米。

民主村

大寨河桥 位于王家浜西部。因横跨大寨河南北两岸而得名。2001年建，长25米，宽8米，高3.5米，最大跨径10米。

东风桥 连接湾塘里与河东埭，原为木桥，1971年重建为钢筋混凝土拱桥，长20米，宽2.5米，高3.5米，最大跨径13米。

丰产桥　位于大寨河中部。因该桥连接丰字圩与菜字圩，故以“菜”谐音“产”而名。现桥建于1998年，长15米，宽5米，高3米，最大跨径7米。

九曲桥　位于民主村湾塘里西南部。因该桥建于九曲港之上，故名九曲桥。现桥建于1997年，长15米，宽4米，高3米，最大跨径7米。

莲泗荡大桥　位于莲泗荡风景区，在莲泗荡北岸，故名。2001年建，长80米，宽8米，高7米，最大跨径20米。

民主桥　位于民主村民委驻地西南10米处。原是木桥，1965年以后建为水泥便桥。1971年重建为钢筋混凝土拱桥，长15米，宽3.5米，高2.5米，最大跨径10米。

南丰浜桥　位于南丰浜莲泗荡口，连接莲泗荡风景区，跨南丰浜东西两侧。现桥建于2001年，长25米，宽8米，高3.5米，最大跨径10米。

民和村

圆通桥(新)　位于东林港中段，紧靠老石桥西侧，南北走向。1997年12月建造，长10米，宽5.5米，跨径6米，单孔桥。

民和大桥　位于下北港底头，黄家浜南口，南北走向，1998年12月建造，长40米，宽5.5米，最大跨径34米，单孔，拱形。

张家浜桥　位于张家浜口，东林港北岸，建于1958年，初建是座木桥。60年代，改建成钢筋混凝土结构的单孔桥，长20米，宽2.5米。1996年12月重建，长12米，宽5.5米，跨径6米。

万寿桥　位于陶士桥港西端北岸，跨野油车港中段河面，东西走向。原为石桥，建于元朝，明代重建过。现改建成钢筋混凝土结构的单孔拱形桥，长18米，宽4米。又名万寿北桥。

万寿南桥　位于万寿桥南约80米的野油车港中段，1997年建，单孔，拱形，长28米，宽4米多，跨径约20米，东西走向。因坐落于万寿桥之南，故名万寿南桥。

万福桥　位于陶士港中段，南北走向。原是单孔石桥，据传建于元代，明代重建过。1985年在原址改建成钢筋混凝土结构的单孔拱桥，长16米，宽4米，跨径10米。

万安桥　位于陶士桥港东段。原为单孔石桥，南北走向，约建于元代，明代重建过。1982年在原址改建为钢筋混凝土结构的单孔拱形桥，长16米，宽4米，跨径9米。

立新桥　位于戴方头中段。1949年前是一座竹桥，后改建为木板桥，南北走向，桥名戴方头桥。1966年改建成钢筋水泥结构的单孔桥，名立新桥，长16米，宽2米。

永安桥　位于草家溇港中段，村民惯称草家溇桥。原桥为单空石桥，始建年代不详，重建于明代。1981年，在原永安桥南约30米处，新建钢筋混凝土结构的单孔拱形平桥，长15米，宽约4米，最大跨度10米，东西走向。2005年12月，在此桥南侧重建，长19米，宽5.5米，跨径13米。

胜利桥　位于下北港的南端。原是木板结构，20世纪60年代中期改建成钢筋混凝土结构的多孔桥，长为12米，宽约3米，东西走向，是下北港东、西两侧的主要通道。

梅家荡围河一号桥　位于北漾埭北侧。南北走向，南通北漾埭，北通莫家甸，1980年建造，单孔，拱形，长18米，宽3米，跨径12米。

梅家荡围河二号桥 位于民和村野油车港东港口。1979 年建造，长 18 米，宽 3 米，跨径 12 米，南北走向，南通羽字西圩庙后浜，北连梅家荡养鱼场。

荷花村

冯家桥 位于冯家桥自然村内，东西走向。因当地大多数人姓冯，故名。现桥建于 2005 年，长 15 米，宽 4 米，跨径 11 米。

龙象庵桥 位于龙象庵自然村内，南北走向。原系一木桥，因桥建在龙象庵港上，故名。现桥建于 1997 年，钢筋混凝土结构，长 20 米，宽 2 米，跨径 15 米。2003 年 12 月重建，长 26 米，宽 5.5 米，跨径 22 米。

毛坟港桥 位于毛坟港中段，南北向。现桥建于 2004 年，长 15 米，宽 5 米，跨径 13 米。

茅湾桥 位于毛坟港与姚家湾交界处，东西走向。现桥建于 1990 年，长 20 米，宽 5 米，跨径 18 米。

茅湾新桥 位于茅湾桥南。2000 年建，长 25 米，宽 3 米，跨径 20 米。

南浜桥 位于南浜河上，原为单孔石桥，南北向。重建于 1992 年，块石预应梁结构，长 15 米，宽 3 米，跨径 15 米。

新南浜桥 位于南浜桥西 100 多米处，2003 年建造，18 米，宽 6 米，跨径 15 米。

库南桥 位于库浜自然村，南北走向。因桥处库浜偏南部，故名库南桥。现桥重建于 2003 年，长 22 米，宽 5.5 米，跨径 16 米。

双福桥 位于双福桥自然村，南北走向。原为石桥，重建于 2005 年，钢筋混凝土结构，长 15.8 米，宽 3 米，跨径 12 米。

太平桥 位于库浜自然村内，东西走向。原为木桥，后改建为水泥桥，重建于 2009 年，钢筋混凝土结构，长 15 米，宽 4 米，跨径 10 米。

新镇北桥 位于新浜南段荷花新镇，东西走向，水泥桥。1990 年南移数米重建，长 15 米，宽 4 米，跨径 10 米。因桥南 50 米处还有一桥，故名新镇北桥。

新镇南桥 位于新浜南段荷花新镇南，东西走向，水泥桥。因桥北 50 米处另有一桥，故名新镇南桥。1990 年原地重建，长 15 米，宽 5 米，跨径 10 米。

杨家湾桥 位于杨家湾自然村，东西走向。1997 年重建，块石预制板结构，长 15 米，宽 3 米，跨径 12 米。

姚家桥 位于姚家桥自然村内，东西走向。此地人多数姓“姚”，故名姚家桥。建于 1983 年，水泥桥，长 15 米，宽 5 米，跨径 15 米。2002 年 3 月重建，钢筋混凝土结构，长 26 米，宽 5.5 米，跨径 16 米。

和平桥 位于荷花村与北荷村的交界，跨白龙泾，俗呼“新桥”，南北走向。原为无栏平石桥。1998 年改建，钢筋混凝土结构，长 20 米，宽 4 米，跨径 15 米。2007 年 12 月重建，钢筋混凝土结构，长 18.8 米，宽 5.8 米，跨径 18 米。

北荷村

复兴桥 连接伏字圩、花字圩两个自然村。原为无栏平板石桥，后改建为水泥桥，2008 年改建为钢筋混凝土结构，长 10 米，宽 4 米，跨径 8 米。

南洋(漾)桥　位于河池浜自然村内，横跨南洋(漾)港上。2007 年兴建，钢筋混凝土结构，长 15 米，宽 4 米，跨径 10 米。

南新桥　位于村委会前 500 米，在西河池自然村内，跨南新浜。1996 年建，钢筋混凝土结构，长 8 米，宽 4 米，跨径 8 米。

万福桥　位于唐家路港上，南北走向。原为单孔小石桥，长 18 米，宽 1.6 米，重建于清嘉庆十七年(1812)。1999 年改建为钢筋混凝土公路桥，长 12 米，宽 3 米，跨径 22 米。

长虹村

万安桥　位于铁店港西段，南北走向，原为石桥，始建年代不详。1989 年东移重建为钢筋混凝土单孔跨桥，长 30 米，宽 3 米。2003 年 8 月再次重建为六孔桥，河内设二排桥墩，其余均设在岸上，中间孔距 20 米，孔边 28 米，净宽 6 米。

丰产桥　位于田丰粮站与东木港之间，跨铁店港东段，南北走向。1996 年建，钢筋混凝土结构拱桥，长 35 米，宽 3 米，跨径 32 米。2003 年 12 月重建成六孔小型水泥公路桥，净宽 5.5 米，两边坡长各 45 米，中孔宽 20 米，全长 112 米，跨径 111 米。

衍淙桥　又称孙家浜桥，位于孙家浜，东西走向。原是有栏三孔石板桥，桥上镌有桥名"衍淙桥"，清光绪十八年(1892)重修，长约 6 米，宽 1.6 米。1989 年 6 月改建单孔水泥桥，跨径 10 米，净宽 2.5 米。

果昇桥　位于果字角，原为两块洋松木板搭建的小桥，无名。后改成两块水泥板。1998 年从原址南移，重建单孔水泥桥，孔距 4 米，宽 3 米，取名"果昇桥"。

果兴桥　位于果字角，南北走向，原为小石桥，无名。2004 年 8 月改建成单孔水泥平桥。孔距 7 米，净宽 3 米，取名"果兴桥"。

生产建设桥　在莫家村，东西走向。原为平板小石桥，20 世纪 90 年代改建成单孔水泥桥，孔距 3.20 米，水泥边坡 1.8 米，取名"生产建设桥"。

东木港桥　位于东木港自然村内，跨东木港，故名。南北走向。原是小木桥，后改建成石桥。1994 年 12 月改建为钢筋混凝土桥，长 10 米，宽 5.5 米，跨径 6 米。2002 年重建。

浩浜小石桥　位于浩浜，原为木板桥，后翻建为石板桥，20 世纪 90 年代建单孔水泥桥，孔距 4 米，水泥柱栏杆。

安乐桥　位于新开河，为进出安息堂的桥梁。2001 年建造，桥宽 3.5 米，铁柱栏杆。

无名小桥　王江泾通往莫家村的一座小石桥，已改建为钢筋混凝土平桥，南北走向。

杨家村港小桥　位于原田丰开发区西，东西走向，东通向田丰村公路，西通往万安桥。

上丰桥　位于陶家浜南，南北走向。20 世纪 80 年代建，桥长 100 米左右，为单孔拱形水泥桥。

朝阳桥　位于朝南埭，南北走向，南往行灶湖(荇藻湖)、太平村。

洪太桥　位于洪太路，朝阳桥之西，南北走向。南往行灶湖(荇藻湖)、太平村方向，北往王江泾。

太平村

马家浜桥　位于马家浜入口处约 200 米处，东西走向。现桥建于 1967 年，长 16 米，宽

1.8 米，跨径 13 米。

行连桥　位于太平村与上睦村的交界，南北走向，南为上睦村，北为太平村。2004 年重建，长 23.5 米，宽 3.5 米，跨径 19.9 米。

巩固桥　东接俞家浜，西接三长子，东西走向。建于 1965 年，长 22 米，宽 2.5 米，跨径 18 米。

新巩固桥　位于老巩固桥北 100 米处，东西走向，东接俞家浜，西接三长子。建于 1998 年，长 25 米，宽 5.7 米，跨径 22.5 米。

太平桥　位于高家浜，南北走向。建于 1995 年，长 21.4 米，宽 4.2 米，跨径 16.6 米。

三长子桥　位于三长子内浜，南北走向。建于 2002 年，长 15.5 米，宽 3.6 米，跨径 11.5 米。

小桥港桥　南北走向，南为陆家泾，北为长虹村。建于 2001 年，长 16 米，宽 3.8 米，跨径 14.6 米。

新谢河桥　跨谢河桥港，北距老谢河桥 100 多米。东西走向，2007 年建，长 24.1 米，宽 8.2 米，跨径 18.1 米。

木闸浜桥　位于木闸浜内，南北走向。北为渔场，南为木闸浜。建于 1986 年，长 24.2 米，宽 3.5 米，跨径 12.7 米。

迎宾桥　位于迎宾大道中段，因路而得名。南北走向，横跨陆家泾港。建于 2006 年，长 19.2 米，宽 40 米，跨径 14.2 米。

滨河桥　位于滨河路中段，因路而得名。南北走向，横跨三长子河浜。建于 2010 年，长 25 米，宽 16.2 米，跨径 18.6 米。

洪典村

洪典新桥　位于村委会南 100 米处。南北走向，南通东浜，北通洪典商业街。建于 2003 年，长 17 米，宽 5 米，跨径 14.6 米。

天打桥　位于洪典村村委会西南 2 千米处。南北走向。解放前是三孔石板桥，长 20 多米。此桥倒塌后曾重建过，1995 年建造成闸站。

横港桥　位于村委会西北约 0.5 千米处。南北走向，北通渔场，南连唐浜和村工业区。建于 1997 年，长 14.2 米，宽 3 米，跨径 11.6 米。

张四扇桥　位于村委会东北约 2 千米处。南北走向，南端是油车港镇西湖村，北端是张四扇杨家头。建于 1995 年，长 19.8 米，宽 1.8 米，跨径 17.3 米。

北埭桥　位于村委会驻地约 0.5 千米处，在北埭自然村东边。南北走向，建于 1997 年，长 17.7 米，宽 3 米，跨径 19.2 米。

北小港桥　位于村委会驻地东北大约 0.6 千米处，在小港自然村北部，东西走向，建于 1998 年，长 12.8 米，宽 3.1 米，跨径 13.6 米。

彩虹桥　位于洪典村村委会驻地以西约 0.4 千米处。南北走向。建于 1996 年，长 18 米，宽 5 米，跨径 18 米。

长春桥　位于洪典村委会驻地以东北约 0.9 千米。跨烧鸡港，连接长字圩和春字圩。建于 1988 年，长 29.6 米，宽 3.1 米，跨径 27 米。

金家堂桥 在太平村驻地以东0.9千米、洪典村西600米处，横跨金家堂港。原为石桥，建于清乾隆三年(1738)，长6米，宽2米。1996年10月拆除，改建成钢筋混凝土结构拱桥，仍名金家堂桥，长13米，宽5米，跨径10米。

南埭桥 位于洪典桥村委会西南约0.7千米处，在南埭港自然村，南北走向，原为小水泥桥，1997年改建成钢筋混凝土结构拱桥，长22.4米，宽5米，跨径22米。

升平桥 位于洪典村委会驻地以东约0.4千米处，东西走向，原为三孔石桥，始建年代不详，清光绪二十五年(1899)重修。1970年重建，钢筋混凝土结构，长32米，高5.5米，宽约3.5米，跨径30米。

小港桥 位于洪典村委会以东驻地0.2千米处。东西走向，建于1996年，长16.3米，宽5米，跨径15.6米。

东风村

彩桥 位于池上自然村西与长浜自然村东北交界处，南北走向。原为木桥，名"菜桥"。危桥改造后，改名为"彩桥"。现桥建于2002年，长15米，宽5米，跨径6米。

长浜桥(老) 位于长浜自然村的中心，跨长浜河，东西走向。建于1990年，长5米，宽3.5米，跨径6米。

新长浜桥 位于长浜自然村的中心，跨长浜河，东西走向，建于2008年，长21米，宽5米，跨径12米。

陈家桥 位于大兴桥自然村西，鸭奶桥自然村北，南北走向，跨红旗塘。因当地多为陈姓人家，故名。建于2000年，长60米，宽5米，跨径50米。

大兴桥 位于大兴桥自然村中心，南北走向，跨红旗塘。建于2000年12月，长72米，宽5.5米，跨径60米。

丁家桥(老) 跨丁家桥港。东西走向，因当地住户丁姓为多，故名。建于1985年，长15米，宽1.5米，跨径6米。

丁家桥(新) 位于丁家桥自然村，跨丁家桥港，东西走向。建于2010年，长14米，宽5米，跨径10米。

东木桥 位于李家湾自然村南面，东西走向。原为木桥，1996年改建成钢筋混凝土结构，长20米，宽3米，跨径10米。

蒋湾桥 位于蒋湾里自然村中心，东西走向。建于2000年，长25米，宽3米，跨径15米。

李家湾桥 位于李家湾自然村东面，南北走向。建于1998年，长25米，宽3米，跨径15米。

陆家浜桥 位于陆家浜自然村南面，东西走向。原桥仅是两块石板搭成，1998年改建为块石与预制板结构，长10米，宽2米，跨径8米。

钮家桥(新) 位于钮家桥自然村的中心段，东西走向。1993年建，长18米，宽5米，跨径9米。

钮家桥(老) 位于钮家桥自然村的中心段，东西走向。1980年重建，钢筋混凝土结构，长20米，宽1米，跨径10米。

三碰桥 位于三碰桥自然村与南村角自然村交界处,南北走向。1980 年重建,块石预制板结构,长 10 米,宽 1.5 米,跨径 7 米。

文革桥 位于三碰桥自然村最东面,与双桥村交界处,东西走向。因在“文化大革命”时建,故名。2004 年重建,长 15 米,宽 3 米,跨径 7 米。

吴家桥 位于洪四自然村北面,跨红旗塘。南北走向,建于 2000 年,长 60 米,宽 5 米,跨径 18 米。

秀兴桥(新) 位于洪四自然村西,吴家浜自然村北,大兴桥自然村东南。东西走向,2005 年重建,长 16 米,宽 4 米,跨径 15 米。

张家港桥 位于洪四自然村西北面,陆家浜自然村东面,跨张家港,东西走向。2000 年建,长 5 米,宽 3 米,跨径 2 米。

双桥村

坝头桥 位于村委会西北方向 0.8 千米处,南北走向。建于 2001 年,块石预制板结构,长 6 米,宽 3 米,跨径 10 米。

保富桥 位于村委会东南方向 2 千米处,东西走向。建于 1998 年,长 20.5 米,宽 5 米,跨径 18 米。

东方红大桥 位于村委会东北方向 0.8 千米处,东西走向。建于 2003 年,长 25 米,宽 5 米,跨径 8 米。

东毛港桥 位于村委会西南方向 1.5 千米米处,跨东毛家港,东西走向。建于 2003 年,长 6 米,宽 3 米,跨径 6 米。

高家浜东桥 位于村民委东北方向 2.5 千米处,南北走向。建于 2004 年,长 18 米,宽 3 米,跨径 8 米。

高家浜西桥 位于村委会东南方向 2.3 千米处,南北走向。建于 2005 年,长 18 米,宽 5 米,跨径 7 米。

高介浜桥 位于村委会东南方向 2.5 千米处,跨高家浜,东西走向。建于 2004 年,长 20.5 米,宽 5 米,跨径 8 米。

新绿洞桥 位于村委会东北方向 1.5 千米处,南北走向。建于 2005 年,长 28 米,宽 5 米,跨径 6.5 米。

圣椈桥 位于村委会西南方向 1.6 千米处,跨圣椈港,东西走向。建于 2006 年,长 10 米,宽 5 米,跨径 8 米。

石安坝桥 位于村委会西北方向 1.4 千米处,东西走向。建于 2003 年,长 8.5 米,宽 4 米,跨径 7 米。

石口里桥 位于村委会西北方向的石口里自然村内,东西走向。建于 2004 年,长 12 米,宽 4 米,跨径 8 米。

万丰桥 位于村委会东南方向 1 千米处,南北走向。2007 年建,长 55 米,宽 6 米,跨径 25 米。

吴家浜桥 位于村委会东北方向 2.5 千米处,南北走向。2006 年建,长 6.5 米,宽 4 米,跨径 8 米。

西毛家港桥　位于村委会西南方向 1.3 千米处，跨毛家港，东西走向。现桥建于 2008 年，长 6 米，宽 3 米，跨径 4.5 米。

新计家桥　位于村委会西北方向 1 千米处，东西走向。2005 年建，长 19 米，宽 3.5 米，跨径 8 米。

新兴福桥　位于村委会东南方向 2.7 千米处，东西走向。2006 年建，长 12 米，宽 3.5 米，跨径 9 米。

新诸家桥　位于村委会西北方向 1.1 千米处，东西走向。2006 年建，长 10.5 米，宽 4 米，跨径 8 米。

延寿桥　位于村委会西南方向 0.8 千米处，南北走向。2000 年 12 月建，长 66 米，宽 5.5 米，跨径 60 米。

诸家桥　位于村委会西北方向 1 千米处，东西走向。2004 年建，长 9.5 米，宽 3 米，跨径 8 米。

主城浜桥　位于村委会西北方向 0.8 千米主城浜自然村内，南北走向。建于 2010 年，长 9.5 米，宽 2.5 米，跨径 8 米。

金桥（又名泾桥、陉桥）　位于金桥港（新农港）与大运河的交叉口。始建年代不详。原为三孔石板桥，20 世纪 70 年代改建成水泥桥。2001 年 3 月内移约 30 米重建。清光绪《嘉兴府志》卷五《桥梁》："泾桥，在城北十三里。俗呼金桥。"明许恂如《泾桥》诗："泾桥蜿偃控龙湫，经水遥连笠泽流。回首阖闾遗恨处，半规新月似纯钩。"

范滩村

斜桥　位于东禅寺西南方向，别名保宁桥。单孔石板桥，桥长 10 米，宽 4 米。桥呈东北至西南朝向。1974 年建造机埠，桥改为水闸门。

新昌家桥　位于沙村港中段，南北走向。1993 年建，长 30 米，宽 4 米，跨径 30 米。

红卫桥　位于沙村港西段，南北走向。1978 年建，长 20 米，宽 2 米，跨径 18 米。

钱家角桥　位于钱家角，东西走向。长 20 米，宽 2 米，跨径 16 米。

计家桥　位于进山荡南边，东西走向。原为石板桥，长 30 米，宽 3 米。2006 年，在石桥北新建钢筋混凝土结构拱桥，长 40 米，宽 4 米，跨径 30 米。

坝桥　位于范滩荡东北方，洋溇港入口处。桥长约 6 米，为单孔石堤桥，始建年代不详。已改建为钢筋混凝土桥，长 20 米，宽 1.8 米，跨径 18 米。

李家坝桥　位于李家坝自然村。1956 年建，三孔结构水泥桥，长 30 米，宽 1.5 米，跨径 28 米。

腾云村

胜利桥　位于石家浜西部，东西走向，原名石家浜桥。1966 年前为木桥，同年 7 月改建为水泥板桥，更名为胜利桥。2005 年重建为钢筋混凝土结构拱桥，长 13 米，宽 5 米，跨径10 米。

秋茂桥　位于寺前村自然村内，原名九里桥，为运河西岸纤塘上的石桥，后西移 300 米，建成单孔无栏石板桥，更名秋茂桥，已毁。2000 年，在原石桥址西 150 米处建钢筋混凝土结构桥，仍名秋茂桥，长 25 米，宽 12 米，跨径 4 米。

西木桥 位于 07 省道进入东洋浜、姚家头处，原为木桥，名西木桥。1978 年改建为单孔钢筋混凝土拱桥，仍名西木桥，长 13 米，宽 4 米，跨径 10 米。

古塘村

环桥头 位于环桥港，故名。南北走向。建于 1994 年，长 27 米，宽 3.5 米，跨径 20 米。

三元桥 位于天花荡东，南北走向。建于 2001 年，长 20 米，宽 3 米，跨径 15 米。

团结桥 位于西雁村和古塘村交界处，南北走向。建于 1971 年，长 8 米，宽 1.5 米，跨径 7 米。

楼下桥 位于西雁满香园葡萄种植基地南 200 米，古塘村东北入口处。南北走向，原桥始建年代不详。现桥重建于 1997 年，为钢筋混凝土结构拱桥，长 17 米，宽 4 米，跨径 8 米。

水泥桥 位于古塘村委会西 200 处，跨长条港，东西走向。建于 1998 年，长 5 米，宽 1.5 米，跨径 5 米。

福寿桥 位于古塘村北街郎南入口和杨家浜东入口处。跨杨家浜，南北走向。2008 年建，长 18 米，宽 5 米，跨径 15 米。

西雁村

圣堂桥 位于西雁村委会西 0.25 千米处。因旁有圣堂庙，故名。原桥始建年代不详。现桥建于 1995 年，长 28 米，宽 5 米，跨径 16 米。

麻溪港桥 位于西雁村北城浜北 0.5 千米处，跨麻溪港，南北走向。建于 2004 年，长 30 米，宽 7 米，跨径 26 米。

双漾湾桥 位于西雁村双漾湾，东西走向。建于 1998 年，长 8 米，宽 4 米，跨径 6 米。

虹南村

合观桥 位于虹南村委会北 1 千米处的港南槽自然村，跨范家洋港。原为石桥，始建年代不详。1978 年 2 月，改建为钢筋混凝土拱桥，长 23.4 米，宽 5.9 米，跨径 20 米。

千家埭桥（老） 位于千家埭自然村，原为石拱桥，始建年代不详。1986 年改建为钢筋混凝土结构拱桥，长 21.7 米，宽 5.5 米，跨径 19 米。

千家埭桥（新） 位于千家埭自然村，为老桥旁的水泥桥，亦称千家埭桥，1993 年建，长 26 米，宽 6.5 米，跨径 30 米。

新东石桥 位于小街井自然村边，横跨红旗塘。2000 年建，长 60.2 米，宽 5 米，跨径 80 米。

大力桥 位于大力港自然村北部，跨大力港，1965 年建，长 19 米，宽 3.8 米，跨径 17 米。

陈家桥 位于虹南村委会西北方向，跨陈家桥港，因村内有一陈姓大户，1900 年出资建桥，故名陈家桥。20 世纪 90 年代改建成钢筋混凝土结构，长 21 米，宽 3.6 米，高 5 米，跨径 19 米。

新怀丝桥 位于怀丝桥港旧石板桥边。2004 年为保护古石桥而建，南北走向，长 20 米，宽 5 米，跨径 18 米。

新开河桥 位于新开河自然村。1993 年建，长 17.5 米，宽 3.2 米，跨径 15 米。

东风桥 位于小街井港。因桥在原东风大队办公楼后，故名。1970 年建，长 21.5 米，宽

5.5 米，跨径 16 米。

新仲昌桥 位于仲昌桥港旧石板桥边，为保护古石桥而建。南北走向，长 25 米，宽 4.5 米，跨径 20 米。

庆月桥 位于庆月桥自然村。原为石板桥，1996 年改建成钢筋混凝土结构，长 22.8 米，宽 5.4 米，跨径 17 米。

新东石桥 位于小街井自然村边，跨红旗塘。2000 年建，长 60.2 米，宽 4.5 米，跨径 51 米。

石汇桥 位于虹南村委会东南方向 0.9 千米处，该地原是石芦丛荒地，后人移居后称石汇佬，故名。现桥建于 1987 年，长 18.5 米，宽 2.7 米，跨径 14 米。

三村桥 位于仲昌桥自然村南部，跨红旗塘，因建桥时有东风、东石桥、新力三村合并，故名。现桥建于 2000 年，长 60.4 米，宽 5.5 米，跨径 80 米。

新力桥 位于虹南村委会西北 200 米处。原为石拱桥，后改建水泥桥。现桥建于 1992 年，钢筋混凝土结构，长 24 米，宽 5.5 米，跨径 20 米。

闻家门桥 位于虹南村东南部闻家门聚落，跨鸭奶桥港。现桥建于 1987 年，长 20.2 米，宽 4.4 米，跨径 17 米。

虹阳村

庄西大桥 位于虹阳村委会西北方向，跨庄西港。1986 年建，2004 年重修。长 19.3 米，宽 2.5 米，跨径 15 米。

北桥 位于虹阳村委会西南方向，跨南浜港北端，故名。2008 年建，长 23 米，宽 5.5 米，跨径 23 米。

车来桥 位于虹阳村驻地东南方向，跨坝港。1997 年建，长 13 米，宽 3 米，跨径 10 米。

车里桥 位于虹阳村委会西南方向，跨车里港。1989 年建，长 21 米，宽 3.5 米，跨径 18 米。

东蒋桥 位于虹阳村委会东北方向，跨东蒋港。1983 年建，2011 年 5 月重建，长 14 米，宽 5 米，跨径 12 米。

东内河桥 位于虹阳村委会西南方向内河东端。1976 年建，长 45 米，宽 3.2 米，跨径 38 米。

内河桥 位于虹阳村委会西南方向，跨内河。1972 年建，长 20 米，宽 4 米，跨径 18 米。

南桥 位于虹阳村委会西南方向，跨南浜港。因在港的南端，故名南桥。2008 年建，长 23 米，宽 5.5 米，跨径 23 米。

石门桥 位于虹阳村委会西南方向，跨永红港支流。因桥立于石门之上，故名石门桥。1972 年建，长 15 米，宽 4 米，跨径 10 米。

西内河桥 位于虹阳村委会西南方向内河西段。1975 年建，长 20 米，宽 3 米，跨径 18 米。

西庄西桥 位于虹阳村委会西北方向庄西港西端。1993 年建，长 20 米，宽 3 米，跨径 16 米。

徐家桥 位于虹阳村委会西南方向徐家门庄，跨南浜港。1988 年建，长 10 米，宽 3 米，跨径6米。

渔农桥 位于虹阳村委会东南方向东蒋港。在原水产村与东蒋交界处。2005年建，长33米，宽5.5米，跨径28米。

沙银港桥 位于虹阳村委会西南方向沙银港自然村。1983年建，长22米，宽2.8米，跨径18米。

阳城村

兴隆桥 位于阳城村委会西侧100米处，乍嘉苏高速公路西侧。1994年建机耕桥。1998年重建，长15.5米，宽3.5米，跨径13米。

胜利桥 位于南墓城中段，在乍嘉苏高速公路西侧。原名道士桥，砖石结构，始建年代不详。1987年改建为钢筋混凝土结构，长15.5米，宽3.5米，跨径13米。

阳城桥 位于阳城小学门口，1968年搭建简易竹桥，后改建成水泥板桥。现桥建于1988年，钢筋混凝土结构踏步桥，长15.5米，宽3.5米，跨径13米。

万春桥 连接北墓城港东、港西。原为三孔石板桥，明万历年间建。1980年改建为钢筋混凝土结构拱桥，长16米，宽4米，跨径13米。

乌沙河桥 1988年建，钢筋混凝土结构踏步桥。

新乌沙河桥 位于原乌沙河桥南50米。1993年建，长18米，宽4米，最大跨径16米。

庄西桥 位于虹桃公路北庄西自然村，原为三孔有栏石桥，1986年重建为钢筋混凝土结构踏步桥，长17米，宽4米，跨径15米。

潘香桥 位于潘香港南段400米处。原为三孔石板桥，1986年改建成钢筋混凝土结构，长16米，宽4米，跨径13米。

虹北村

长浜北桥 位于虹北村委会西40米处，跨长浜港，东西走向。1990年前为三孔砖木桥，始建年代不详。后改建成3米长的单孔水泥机耕桥。2005年重建，单孔钢筋混凝土公路桥，长18.1米，宽5米，跨径14米。

寺东埭桥 位于虹北村委会北100米外，跨寺东埭港，南北走向。2006年建，长6.8米，宽5米，跨径5米。

石桥湾桥 位于石桥湾自然村，东西走向，跨石桥湾港。1999年建，长31米，宽5米，跨径25米。

育德桥 位于虹北村委会西北方向，乍嘉苏高速公路桥洞西侧，南北走向。1991年建，长18.5米，宽3米，跨径15米。

南港桥 位于虹北村委会西北方向，南北走向，跨南港。1991年建，为3米宽的机耕桥。2005年改建为钢筋混凝土结构，长为20米，宽5米，跨径16米。

塔上桥 位于虹北村委会西北方向，南北走向，跨塔上港。1991年建3米宽的机耕桥，名联谊桥。2006年改建，更名为塔上桥，钢筋混凝土结构，长24.1米，宽5米，跨径20米。

长浜南桥 位于尖墩角和长浜自然村交界处，跨长浜港，东西走向。初建于20世纪70年代初，为3米宽的机耕桥。2006年，在原桥北改建成钢筋混凝土结构，长5.9米，宽2.2米，跨径 5 米。

收藏村

化龙桥　位于收藏村委会西，跨化龙桥港。始建年代不详。明万历《秀水县志》已载此桥名，清乾隆五十五年（1790）重建。相传此桥建造时官府出资一部分，其余由专人走访每家每户集资得来，故名。后村以桥名。1986 年改建成单孔钢筋混凝土拱桥，长 68 米，宽 3.5 米，跨径 25.5 米。

小红庙桥　位于收藏村委会东 250 米处的北郊河上，以当地地名小红庙命名。1996 年建，长 380 米，宽 5 米，跨径 80 米。

新开河桥　位于长浜和芦荡湾两个自然村交界处，跨新开河。1987 年 6 月建，长 25 米，宽 1.5 米，跨径 18 米。

宇四浜村

宇三桥　位于褚家浜自然村宇山港南段，南北走向。长 15 米，宽 5 米，高 2.5 米，最大跨径 8 米。

金鱼桥村

小木桥　位于金鱼桥村南面，跨小木桥港，东西走向。原为木桥，1965 年改建成钢筋混凝土结构，长 17 米，宽 2.5 米，跨径 16 米。

计家桥　位于金鱼桥村东南，跨庙头村港，南北走向。因地处计家村，故名计家桥。1972 年建，长 20 米，宽 3 米，跨径 18 米。

金鱼桥　位于金鱼桥村北面，跨金鱼桥港，南北走向。原为石桥，相传明代建造石桥挖土时发现一对金鱼，故名金鱼桥。1980 年 12 月改建成钢筋混凝土结构，长 32 米，宽 5.5 米，跨径 24 米。

沈家桥村

柳家桥　位于柳家浜自然村，东西走向。古桥由 9 块长条形石板铺成，始建年代不详。2000 年改建成钢筋混凝土结构，长 31.8 米，宽 3.4 米，跨径 26.7 米。

庙桥　位于嘉塍公路新庙桥以北 0.5 千米处，跨庙桥港，东西走向。古时该地有座寺庙，故名，原石桥始建年代不详。1988 年改建成钢筋混凝土结构，长 18.47 米，宽 3.4 米，跨径 16 米。

庆月桥　位于柳家桥港西侧，南北走向。1989 年建，长 22.57 米，宽 5.5 米，跨径 22 米。1995 年重建，长 32 米，宽 5.5 米，跨径 24 米。

沈家桥　位于沈家桥港中部，跨沈家桥港，东西走向。相传清光绪年间有两户沈姓大户共同捐资修建该桥，故名。原为石桥，由九块石板（三块并列）铺设而成。2004 年改建成钢筋混凝土结构，长 20.45 米，宽 2.3 米，跨径 17.89 米。

俞家桥　位于沈家桥村委会以西 0.76 千米处。南北走向，因当地居民多为俞姓，故名。1998 年建，长 17.4 米，宽 3.5 米。

华联村

华蟆港水闸桥　位于华蟆港北端。建于华蟆港水闸边，故名。东西走向，2007 年建，长 5

米，宽3米，跨径3米。

华蟆港桥(北) 位于华蟆港中段。东西走向，1970年建，长20米，宽3米，跨径20米。

绿鸭桥 位于北家浜自然村西，跨绿鸭桥港，东西走向。2006年建，长17米，宽5米，跨径17米。

金珍大桥 位于金珍南埂自然村，跨杨家河。南北走向，1973年建，长40米，宽3米，跨径35米。

大华港桥 位于金珍北埂自然村西，跨大华港。1965年建，长18米，宽1.8米，跨径15米。

新大华港桥 位于金珍北埂自然村西，跨大华港。2003年建，长18米，宽1.8米，跨径15米。

丰收桥 位于小曲港水闸南50米处，东西走向，1963年建，2005年重建，长22米，宽5米，跨径5米。

大曲溇桥 位于华蟆港中段偏北的大曲圩溇出口处，南北走向。1971年建，长12米，宽3米，跨径15米。

小曲桥 位于小曲自然村，跨西上路港。南北走向，1965年建，长43米，宽3米，跨径40米。

幸福桥 位于小曲自然村小曲港中段，东西走向。1965年建，三孔板式桥，长20米，宽1.8米，跨径18米。

南汇村

幸福桥 位于肖家坝自然村，东西走向，东为嘉善县陶庄镇利胜村，1976年建，长15米，宽3米，跨径13米。

长溪桥 位于长溪桥自然村，跨长溪桥港，南北走向。原为石桥。1980年改建，长25米，宽3米，跨径22米。

万福桥 位于王家坝自然村，跨王家坝港，南北走向。2002年建，长18米，宽3米，跨径16.5米。

前进桥 位于王家坝自然村，跨王家坝港，南北走向。1980年建，长15米，宽3米，跨径14米。

大家港桥 位于大家港自然村北部，跨大家港，东西走向。2000年建，长20米，宽5米，跨径17米。

跃进桥 位于唐林港，南北走向，1980年建，长20米，宽3米，跨径17.5米。

大双港桥 位于大双港自然村，南北走向，2008年建，长20米，宽5米，跨径18米。

红联村

横港桥 位于横港自然村，跨横港，南北走向，2003年建，长35米，宽5.5米，跨径5米。

姚家港东桥 位于姚家港自然村，跨姚家港东段，南北走向，1978年建，长20米，宽3.5米，跨径3.5米。

姚家港中桥 位于姚家港自然村中段，南北走向，2003年建，长25米，宽3米，跨径3米。

姚家港西桥 位于姚家港自然村西段，南北走向，2003年建，长32米，宽5米，跨径5米。

平安一桥 位于红联村大南港东段,南北走向,南接南汇集镇新区,1970 年建,长 20 米,宽 3 米,跨径 3 米,已属于危桥。

平安二桥 位于红联村大南港西段,南北走向,南接南汇集镇新区,1996 年建,2007 年重建,长 38 米,宽 7 米,跨径 7 米。

虎啸浜桥 位于虎啸浜自然村,南北走向,1983 年建,长 20 米,宽 2 米,跨径 2 米。

坟东港桥 位于坟东港自然村中部,东西走向,2003 年建,长 20 米,宽 4 米,跨径 4 米。

坟东港南桥 位于坟东港自然村南,东西走向,2003 年建,长 20 米,宽 5 米,跨径 5 米。

廊下村

西汀港桥 位于廊下村西北方向,跨西汀港。东西走向,1980 年建,长 20 米,宽 3 米,跨径 15 米。

世德桥 位于廊下村东南方向,南北走向,原为古石桥,始建年代不详。1988 年改建为钢筋混凝土结构拱桥,长 20 米,宽 3 米,跨径 15 米。

张家漾石门桥 位于廊下村偏西南方向。东西走向,1983 年建,长 15 米,宽 1.8 米,跨径 10 米。

梅兴桥 位于廊下村西南方向。南北走向,1970 年建,因建桥时为梅兴村,故名。长 15 米,宽 1.8 米,跨径 10 米。

长安路东桥 位于长安路港东段。南北走向,1964 年建,长 15 米,宽 1.8 米,跨径 10 米。

长安路西桥 位于长安路港西段。南北走向,1998 年建,长 25 米,宽 5 米,跨径 20 米。

金银浜桥 位于金银浜自然村,东西走向,1999 年建,长 16 米,宽 5 米,跨径 12 米。

廊下大桥 位于廊下港西段,南北走向,1998 年建,长 20 米,宽 5 米,跨径 15 米。

永建桥 位于廊下村南,南北走向,1980 年建,长 20 米,宽 3 米,跨径 15 米。

夹港大桥 位于廊下村与田青村交界的夹港,南北走向,1988 年建,长 40 米,宽 3 米,跨径 35 米。

长安路中桥 位于长安路港自然村中段,南北走向,1976 年建,长 20 米,宽 3 米,跨径 18 米。

仲家港桥 位于仲家港自然村,跨仲家港,南北走向,1962 年建,长 15 米,宽 1.8 米,跨径 11 米。

梅兴公路桥 位于廊下村偏西南方向。东西走向,1996 年建,长 15 米,宽 3.5 米,跨径 12 米。

西港桥 位于廊下村西港,东西走向,东为正吉圩,西为小圩。1970 年建,长 17 米,宽 1.8 米,跨径 10 米。

梅家荡 3 号桥 位于廊下村西,东西走向,西为梅家荡,是梅家荡上第三座桥。1984 年建,长 30 米,宽 4 米,跨径 25 米。

梅家荡 4 号桥 位于廊下村西,东西走向,西临梅家荡,是梅家荡上第四座桥。1984 年建,长 30 米,宽 4 米,跨径 25 米。

莫家甸村

东木桥 位于陈义之港自然村，跨陈义之港，南北走向，1955年建，木桥，1975年改建成钢筋混凝土结构。

坟西港桥 位于坟西港中段，东西走向。原为大木桥，1968年在稍南处重建为小水泥桥。2001年，在此桥旁建一座钢筋混凝土公路桥，长约24米，宽5.5米。小水泥桥已被拆除。

陈义港桥 位于陈义之港自然村，跨陈义之港，南北走向。2001年建，长24米，宽5.5米。

潘家港桥 位于潘家港，南北走向，长30米，宽5米。

市泾村

元丰桥 位于市泾村斜路浜口，王黎公路往东100米，东西走向。因元丰公司出资建造，故名。2009年建，长8米，宽5米，跨径8米。

新庙桥 位于市泾港与小南港交叉处，在庙桥边上，南北走向。2003年建，长6米，宽5米，跨径5米。

大木桥 在市泾港与西小港交叉处，南北走向。原为木桥，故名大木桥。2003年改建为钢筋混凝土结构，仍用旧名，长6米，宽5米，跨径5米。

太阳桥 位于市泾港与天壬港交叉处，南北走向。2005年建，长6米，宽5米，跨径5米。

商阳桥 位于市泾港与天壬港交叉处，太阳桥旁，东西走向。因村民为便于经商而集资所建，故名，1988年始建。2005年重建，长6米，宽5米，跨径5米。

市泾港桥 位于市泾港西端，南北走向。1995年始建，2010年重建，长34米，宽7.5米，跨径24米。

新开河桥 位于市泾北路西端，东西走向，因河取名，始建于1995年，重建于2009年，长12米，宽5.3米，跨径6米。

天壬桥 位于天壬港中部，东西走向。2000年建，长12米，宽5米，跨径6米。

青龙桥 位于市泾港东端，南北走向。原为石桥，始建于20世纪40年代；80年代建水利大包围而改建成水闸，为两用桥，长12米，宽2.5米，跨径4米。

小南港桥 位于小南港南端，东西走向。初建为石木结构的小桥。20世纪80年代重建为水泥踏步桥，长12米，宽2米，跨径6米。

刘家板桥 位于西小港中部，东西走向。始建于中华人民共和国成立初期，桥面由3块木板组成。1998年改建为钢筋混凝土结构，长12米，宽2.5米，跨径6米。

梅家荡3号桥 位于市泾村3组市泾港口东北方向，东西走向。1985年10月建，长33米，宽3.3米，跨径23.5米。

田乐村

永进大桥 位于北海和大湾自然村之间。桥所在地原名永红大队，故名永进大桥。1974年建，长56米，宽3米，跨径50米。

大威桥 位于大湾港的分支上，东西走向。原为木桥(闸门桥)，1991年改建为钢筋混凝土拱桥。1995年改建为钢筋混凝土公路桥。原名大湾桥，后写成大威桥。桥长12米，宽3米，跨径10米。

北家港桥　位于北家港自然村，跨北家港。20 世纪 70 年代始建，踏步拱桥，名钮北桥。2005 年重建，改名为北家港桥，长 15 米，宽 3 米，跨径 12 米。

永北桥　位于现北家港码头，原为水泥桥，桥名小圩桥。2005 年重建，呈南北向，南接肖家湾（永新桥，北接大威桥），钢筋混凝土结构，桥长 10 米，宽 3 米，跨径 5 米。

北永新桥　位于肖家湾港港口，南北走向。原为石板桥，初建由嘉利新厂的老板投资，因位处田乐村北面，故名北永新桥。2000 年东移约 50 米，改建为钢筋混凝土结构，长 13 米，宽 4.5 米，跨径 8 米。

肖家湾桥　位于肖家湾港上，东西走向。2000 年在老桥北面约 30 米处重建此桥，原桥废止。现桥钢筋混凝土结构，长 12 米，宽 3 米，跨径 9 米。

南永新桥　原为石拱桥。1976 年危桥改造，为钢筋混凝土桥。南北走向。因该桥是原永聚村通往新农的要道，在田乐村南面，故名南永新桥，又称新桥。

长东桥　原为石桥，1977 年危桥改造建成水泥桥，东西走向。因是连接长爿头和东珠的桥梁，故名。1997 年重建，长 13 米，宽 3 米，跨径 10 米。

永兴桥　位于长爿头港。原是石拱桥，东西走向，名钮家桥。2005 年危桥改造，改建为公路桥，长 9 米，宽 2 米，跨径 6 米。

永安桥　位于田乐村上合路港，南北走向，原为小石桥，始建年代不详。桥北有永福庵，故名。1976 年改建成水泥桥。1986 年重建，长 15 米，宽 4 米，跨径 10 米。

新村桥　位于上合路港，南北走向。原属新农行政村，故名新村桥，为石墩木板桥。1962 年东移约 80 米，改建成钢筋混凝土拱桥。2005 年重建，长 10 米，宽 3.5 米，跨径 10 米。

张家桥　位于上合路港上，东西走向。原为石墩木板桥，始建年代不详。1976 年北移 30 米改建为钢筋混凝土结构，长 12 米，宽 3 米，跨径 8 米。

后浜桥　位于后浜，南北走向。原为石板桥，始建年代不详。2005 年改建为钢筋混凝土结构，长 5 米，宽 3 米，跨径 3 米。

新农桥　位于田禾浜河上，东西走向。原为石墩木板桥，始建年代不详。1976 年北移 30 米左右改建成钢筋混凝土拱桥。因位处原新农村，故名。2005 年重建，长 8 米，宽 3 米，跨径 4 米。

大坝村

凌家浜桥　位于凌家浜，东西走向。1974 年建，长 8 米，宽 1.8 米，跨径 5 米。

史家桥　位于史家村自然村。原为水泥结构小桥，2004 年重建，长 9.7 米，宽 3.7 米，跨径 8 米。

嘉利新桥　位于大坝村与田乐村交界处史家路港上。由嘉利新喷织有限公司出资建造，现桥建于 2004 年，长 12 米，宽 6 米，跨径 8 米。

国梁桥　位于史家路西面港南和港北的小河道上，南北走向。原为水泥小桥，原名史家路西桥。2004 年重建，由陆国良投资改造，故改名为国梁桥，长 12 米，宽 4 米。

大坝桥　位于陆家南秋的大坝港上。1981 年建。1999 年重建成钢筋混凝土结构，长 128 米，宽 5 米，跨径 80 米。

寒家斗桥 位于史家路河道上，南北走向。该小地名为寒家斗，故名。原为小木桥，1976年改建成钢筋混凝土结构，长 11 米，宽 1.8 米，跨径 8 米。

寺下港桥 位于大坝村寺下港，南北走向。原桥为木结构，名鸳鸯桥。20 世纪 80 年代改建成水泥桥。2009 年，村委会与个体老板共同出资重建，命名为“寺下港桥”，钢筋混凝土结构，长 9.2 米，宽 3.5 米，跨径 6 米。

新民桥 原为水泥踏步桥，南北走向，因该桥在新民大队，故称新民桥。1982 年改建成钢筋混凝土结构，长 11 米，宽 2.8 米，跨径 5 米。

横港桥 跨横港，东西走向。原为小木桥，1973 年改建为钢筋混凝土结构，长 10 米，宽 2 米，跨径 8 米。

秀虹桥 位于史家路河道上。2004 年因秀虹纺织有限公司出资建造，故名。长 11 米，宽 5 米，跨径 8 米。

闸门桥 位于史家路，南北走向。初建时作为闸门之用，故名。始建年代不详。1980 年改建，块石、水泥预制板结构，长 8 米，宽 2 米，跨径 5 米。

项家厍桥 位于项家厍，跨项家厍港，东西走向。原为小木桥，始建年代不详。1974 年改建，桥面由 8 块水泥板组成，长 12 米，宽 2 米，跨径 12 米。

田青村

奈字圩桥 位于奈字自然村，跨文汇港，2002 年建，长 15 米，宽 8 米，跨径 12 米。

田乐大桥 位于奈字自然村，跨文汇港，原为木桥，1956 年改建为水泥踏，因位于田乐公社境内，故名田乐大桥。长 20 米，宽 2.5 米，跨径 18 米。

向红桥 位于田西港自然村，跨田西港。1971 年建，长 15 米，宽 2.5 米，跨径 11 米。

田西港桥 位于田西港自然村内，跨田西港。现桥建于 2005 年，长 14 米，宽 5 米，跨径 12 米。

小港西桥 位于小港自然村小港西侧，1954 年建，块石预应梁结构，长 13.5 米，宽 2.5 米，跨径 11 米。

小港中桥 位于小港自然村小港中段，2006 年建，块石预应梁结构，长 12 米，宽 2 米，跨径 10 米。

南长港桥 位于小港北侧南长港上，1956 年建，长 8 米，宽 2 米，跨径 6 米。

迎丰桥 位于祥迎港自然村，跨祥迎港，东西走向。桥名取祥迎港的“迎”，田丰大队的“丰”。1963 年建，长 16 米，宽 2.5 米，跨径 14 米。

祥迎港桥 位于祥迎港。现桥建于 2002 年，钢筋混凝土结构，长 16 米，宽 4 米，跨径 11 米。

北长港桥 位于祥迎港北侧的长港上。现桥建于 2005 年，长 16 米，宽 4 米，跨径 14 米。

杨桥 位于后长港，因建该桥的师傅姓杨，故名杨桥。1962 年建，长 15 米，宽 3.2 米，跨径 11 米。

庙港桥 位于祥迎港自然村北侧，跨庙港。现桥建于 1998 年，长 16 米，宽 6 米，跨径 11 米。

双塔村

东潜北桥 位于东潜港北面,东西走向。现桥建于2000年,钢筋混凝土结构,长8米,宽2.5米,跨径8米。

东风桥 位于东潜港中段,东西走向。1971年建,因在"文化大革命"时期,取名为东风桥,长8米,宽2.5米,跨径8米。

东潜南桥 位于东潜南端,东西走向。单孔平桥,长6米,宽1.5米,跨径6米。

红旗桥 位于西潜港的中段,跨西潜河,东西走向。该地曾名红旗大队,故名。1965年建,长7米,宽2米,跨径7米。

西潜港桥 位于西潜港南首,东西走向。现桥建于2008年,长8米,宽5米,跨径8米。

七家港桥 位于七家港上,东西走向。现桥建于2009年,长10米,宽5.5米,跨径8米。

七家港北桥 位于七家港北端,东西走向。2005年重建为钢筋混凝土结构,长7米,宽3米,跨径5米。

七家港中桥 位于七家港中间,东西走向。20世纪60年代建,简易便桥,长7米,宽1米,跨径5米。

湾菱港桥 位于湾菱港,东西走向。2001年建,长5米,宽3米,跨径4米。

木行里桥 位于木行里河道上,南北走向。现桥建于2002年,长5米,宽3米,跨径4米。

南听港中桥 位于南听港中段,南北走向。现桥建于2000年,长10米,宽3米,跨径8米。

栋梁村

立新桥 位于戴方港,南北走向,步行桥。1971年建,长15米,宽3米,跨径12米。

史家港桥 位于史家港,距村入口约0.4千米,东西走向。现桥建于2005年,长15米,宽5米,跨径13米。

光明桥 位于史家港自然村,东西走向。1968年建,长15米,宽1米,跨径13米。

后长港桥 位于栋梁村委会约1.5千米处,跨后长港,南北走向。现桥建于1971年,长15米,宽2米,跨径12米。

栋梁桥 位于栋梁村与田青村交界处,东西走向。由栋梁村出资建造。现桥建于2005年,长12米,宽5米,跨径10米。

庙头桥 南北走向,北接庙头。百年前,此处有一花果庙,故名。现桥建于2006年,长25米,宽5米,跨径21米。

凌字圩桥 位于凌字圩西部。南北走向,现桥建于2005年,长15米,宽5米,跨径11米。

芥字港桥 位于芥字港与钱家庄自然村交界处,跨芥字港,东西走向。现桥建于2005年,长18米,宽5米,跨径17米。

芥字桥 位于芥字港自然村,跨芥字港,东西走向。此桥原址在张家场,为木桥。1937年迁至现址,建石墩松木板桥。1960年用两块钢筋混凝土水泥板换下松板。现桥重建于1981年,钢筋混凝土结构,长20米,宽3米,跨径18米。

人民桥 位于为芥字港凌字圩,东西走向。现桥建于1966年,长20米,宽2米,跨径17米。

东梁桥 西距庙头桥50米左右。南北走向。1981年建,长20米,宽5米,跨径17米。

钱家庄桥 位于钱家庄自然村,南北走向。现桥建于1992年,长15米,宽3米,跨径12米。

新开河桥 位于重字圩自然村。1991年开挖新河并建桥。现桥建于2010年,块石预应梁结构,长5米,宽3米,跨径4米。

王江泾社区

王江泾大桥 位于虹桥路东端,东西走向,跨大运河。2006年6月18日开工建造,2007年12月18日举行通车仪式,总投资3400万元。双塔双索面斜拉桥,宽30米,桥梁长245.16米,其中主桥长195.16米,另有引坡长380米,主桥塔高31.34米。

新寿宁桥 位于小桥港河上,与闻川北桥平行。1978年建,长22米,宽4米,跨径20米。原为王江泾社区南北主干桥,闻川路修建后,此桥停用,只作部分居民通行之用。

新桥社区

闻川南桥 位于前富庄东南侧,跨前富庄港,在闻川南路,南北走向。2000年建,长30米,宽20米,跨径10米。

顾店桥 位于新桥居委会西北1.4千米处,跨顾店桥港,东西走向。原为三孔石板桥,长25米,宽2.5米,最大跨径4米,两端各有7级石阶,始建年代不详。1995年拆除重建成钢筋混凝土结构拱桥,长30米,宽5米,跨径6米。

仁寿桥 位于新桥居委会西南0.5千米,跨顾店桥港,东西走向。原为三孔石板桥,长25米,宽2.5米,最大跨径4米,两端各有7级台阶,始建年代不详。2010年拆除重建成钢筋混凝土拱桥,长30米,宽4米,跨径6米。

闻川社区

迎曦桥(郁家桥) 位于一里街市河中。原为单孔石拱桥,相传元末司农郁遵创建,里人立祠于桥边,又称郁家桥。清同治七年(1868)重建。1988年12月,因建闻川路,石拱桥改建为钢筋混凝土桥梁,长18米,宽10米,跨径18米。

万福桥 位于一里街市河西北,浔阳桥北50米处,单孔石拱桥。清光绪十六年(1890),杨文海、徐椿、顾宝清等募资重修。20世纪70年代垮塌。1982年改建为钢筋混凝土结构,长28米,宽4米,跨径26米。

南汇社区

东木桥 位于南汇集镇东部,跨大家港,东西走向,原为木桥,1962年改建为块石桥埠,单孔钢结构板桥。1991年重建为钢筋混凝土结构拱桥,长10米,宽5.5米,跨径6米。

建南桥 位于南汇市河中段,南北走向,长30米,宽3.5米,建于1984年。桥西60米处原有一座三孔石板桥,名西石桥,20世纪80年代初坍塌。

注:数据来自各村、社区。

2010年王江泾镇乡道桥梁情况表

表7－4

桥　　名	所　在　线　路	建造时间	桥长(米)	桥宽(米)	跨径(米)
北蒋桥	虹阳至盛泽线	1994年12月	24	5.5	18
奈字圩桥	田青至南汇线	1998年12月	30.8	7.5	30
夹港大桥	田青至南汇线	1998年12月	78.8	7.8	78
西汀港桥	田青至南汇线	1998年12月	27.8	8	27
廊下大桥	田青至南汇线	2000年	42	5.5	26
建工桥	田青至南汇线	1998年12月	40	7.5	32
姚家港桥	田青至南汇线	2006年5月	26	7.8	20
横港桥	田青至南汇线	1989年12月	24	5.5	18
坟东港桥	田青至南汇线	2003年12月	16	5.5	8
平安桥	田青至南汇线	2002年12月	36.8	7.8	36
姚家桥	荷花至油车港线	2002年3月	26	5.5	16
汲水桥	荷花至油车港线	2002年3月	52	5.5	46
东津浜桥	荷花至油车港线	2002年12月	62	7.5	52

2010年王江泾镇村道桥梁情况表

表7－5

桥　　名	所　在　线　路	建造年月	桥长(米)	桥宽(米)	跨径(米)
戚家港桥	田黎线至双塔村东潜线	2007年1月	10.8	5.8	10
西潜桥	田黎线至双塔村东潜线	1995年12月	10.8	6	10
施家港桥	田黎线至栋梁村线	2003年12月	22.5	5.8	22
新开河桥	王黎线至市泾线	2004年12月	22	5.5	6
北港桥	村部至商字圩	2002年12月	16	5.5	6
永新桥	田乐至大坝线	2000年12月	14	5.5	6
嘉利新桥	田乐至大坝线	2000年12月	16	5.5	6
大坝桥	田乐至大坝线	1998年12月	126	5.5	116
永北桥	肖家湾至北海线	2005年12月	24	5.5	16
大湾柳浜桥	肖家湾至北海线	1984年12月	20	5.5	12
肖家湾桥	朱庆庵至朱家路线	2005年12月	16	5.5	8
长脉头桥	王黎线至东庄角线	1983年12月	20	5.5	12

续表 7－5

桥　　名	所　在　线　路	建造年月	桥长(米)	桥宽(米)	跨径(米)
张家桥	后浜至师家浜线	1980 年 12 月	22	5.5	14
陆家池桥	村部至项家厍线	1990 年 12 月	16	5.5	6
秀红桥	北家港至平家娄线	2004 年 12 月	12.8	5.5	12
大家港桥	建汾线至小双圩线	2001 年 12 月	26	5.5	22
陆鸭桥	钮北至廊下线	2004 年 12 月	31	5.5	23
丰收桥	建汾线至小曲港东线	2005 年 12 月	18	5.5	6
金银浜桥	金银浜至廊下线	2001 年 12 月	24	5.5	16
张家漾桥	仲家港至汇西公路线	1998 年 12 月	10	5.5	6
坟西港桥	红联至莫家甸线	1999 年 12 月	24	5.5	16
陈义之港桥	红联至莫家甸线	1999 年 12 月	24	5.5	18
横港桥	红联至横港桥线	2005 年 12 月	24	5.5	16
升平桥	赵家浜至王黎线	1992 年 12 月	42	5.5	36
小港桥	赵家浜至王黎线	1992 年 12 月	22	5.5	16
金家塘桥	赵家浜至王黎线	1997 年 12 月	22	5.5	18
太平桥	赵家浜至王黎线	1995 年 12 月	16	5.5	12
三号桥	赵家浜至王黎线	1997 年 12 月	24	5.5	18
杨家村桥	赵家浜至王黎线	1997 年 12 月	24	5.5	18
万安桥	赵家浜至王黎线	2003 年 12 月	116.8	5.5	116
彩虹桥	工业小区至南埭线	1999 年 12 月	22	5.5	18
南埭桥	工业小区至南埭线	1997 年 12 月	26	5.5	22
巩固桥	开发区至太平村线	1997 年 12 月	27	5.5	22
路家泾桥	皓浜路口至皓浜线	1995 年 12 月	10	5.5	6
丰产桥	大园至东木港线	2003 年 12 月	112	5.5	111
东木港桥	大园至东木港线	1994 年 12 月	10	5.5	6
一号桥	王黎线至民和线	1997 年 12 月	38	5.5	32
永安桥	王黎线至民和线	2005 年 12 月	19	5.5	13
圆通庵桥	王黎线至民和线	1997 年 12 月	10	5.5	6
龙象庵桥	建汾线至龙象庵桥线	2003 年 12 月	26	5.5	22
新桥	建汾线至龙象庵桥线	2007 年 12 月	18.8	5.8	18
库南桥	龙象庵至厍浜线	2003 年 12 月	22	5.5	16

续表 7－5

桥　名	所　在　线　路	建造年月	桥长(米)	桥宽(米)	跨径(米)
创新四号桥	建汾线至东荷线	1996 年 12 月	22	5.5	16
九曲桥	王家浜至杨家浜线	1999 年 12 月	8	8.8	6
张家浜桥	东林港至张家浜线	1996 年 12 月	12	5.5	6
民和大桥	下北港东至建汾线	1998 年 12 月	40	5.5	34
外桥	王黎线至花字圩线	1997 年 12 月	16	5.5	8
仁寿桥	07 省道至古塘村线	1993 年 12 月	34	5.5	28
延寿桥	味达港至计家桥线	2000 年 12 月	66	5.5	60
向阳桥	07 省道至野毛汇线	1982 年 12 月	28	5.5	22
小洋桥	07 省道至东风村线	2004 年 12 月	52	5.5	36
钮家桥	07 省道至东风村线	1995 年 12 月	26	5.5	20
大兴桥	07 省道至东风村线	2000 年 12 月	72	5.5	60
化龙桥	07 省道至收藏村线	2003 年 12 月	32	5.5	26
长泾港桥	嘉塍线至宇四浜西线	2003 年 12 月	21	5.5	13
金鱼桥	嘉塍线至金鱼桥村线	1980 年 12 月	32	5.5	24
庆月桥	沈家桥至虹阳线	1995 年 12 月	32	5.5	24
东石桥	沈家桥至虹阳线	2000 年 12 月	72	5.5	60
干家埭桥	沈家桥至虹阳线	2003 年 12 月	26	5.5	20
小河桥	沈家桥至虹阳线	1998 年 12 月	12	5.5	20
合观桥	沈家桥至虹阳线	2004 年 12 月	26	5.5	22
2 号桥	沈家桥至虹阳线	1998 年 12 月	36	5.5	28
双阳湾桥	西雁村至阳城村线	2003 年 12 月	36	5.5	26
圣堂桥	西雁村至阳城村线	1990 年 12 月	54	5.5	48
寺东埭桥	西雁村至阳城村线	1990 年 12 月	22	5.5	18
长浜北桥	西雁村至阳城村线	2005 年 12 月	24	5.5	18
磐香桥	西雁村至阳城村线	2004 年 12 月	22	5.5	20
塔上桥	水厂至天星线	2005 年 12 月	24	5.5	20
南港桥	水厂至天星线	2005 年 12 月	24	5.5	20
石桥湾桥	石桥湾至西雁村线	2000 年 12 月	364	5.5	30
麻溪港桥	中诚浜至盛泽线	2005 年 12 月	120.8	5.5	120

续表 7－5

桥　　名	所　在　线　路	建造年月	桥长(米)	桥宽(米)	跨径(米)
谢河桥	中诚浜至盛泽线	2008 年 3 月	8.5	17	8
迎宾桥	中诚浜至盛泽线	2008 年 3 月	230.5	17	230
陆家泾桥	中诚浜至盛泽线	2008 年 3 月	8.5	17	8
漊下浜桥	西雁至 07 省道线	2008 年 3 月	13.5	7	13
过店桥	西雁至 07 省道线	2008 年 3 月	13.4	7	13
元丰桥	王黎线至西小港线	2010 年 10 月	10	5.5	8
苗头桥	栋梁公路至凌字圩线	2010 年 9 月	33	5.5	30
凌字桥	钱家庄至凌字圩线	2010 年 9 月	18	5.5	16
芥字港桥	钱家庄至凌字圩线	2010 年 9 月	14	5.5	10

说明:数据来源于区交通部门

第三节　站　场

【汽车站、停车场、收费站点】

国鸿王江泾汽车站　位于 07 省道东侧、莲雁路变电所南侧。占地面积 8019 平方米,发售嘉兴汽车站开往苏州、湖州快客线路的客票。2010 年 12 月启用。

王江泾汽车站　位于王江泾集镇西侧。1933 年 6 月,苏嘉公路建成通车,王江泾设客运汽车站。此后,该汽车站一直延用至 20 世纪 70 年代。1978 年 5 月,重建王江泾汽车站,建筑面积 172 平方米,系嘉兴郊区第一家乡镇汽车站。1992 年 9 月撤销。

双桥汽车站　位于双桥集镇东侧。1933 年 6 月,苏嘉公路建成通车,双桥设客运汽车站。此后,该汽车站一直延用至 20 世纪 80 年代,后撤销。

南汇汽车站　位于南汇集镇南侧王南路,1993 年王江泾至南汇公路通车后建成设立,建筑面积 200 平方米,停车场面积 1400 平方米。于 2003 年左右弃用。

虹阳汽车站　位于虹阳集镇。1996 年建造,建筑面积 460 平方米,停车场面积 1500 平方米。后在建虹阳卫生院时拆除。

王江泾三角停车场　位于雁荡小区三角地带,1992 年建。停车场面积 2660 平方米,建筑面积 150 平方米,总投资 15 万元。1999 年拆除。

王江泾苏嘉公路西侧停车场　位于苏嘉公路西侧原派出所至木检站之间,1995 年建。停车场面积 3455 平方米,建筑面积 680 平方米。

S202 省道(07 省道)王江泾(收费)站　2006 年 12 月建成使用,设有 8 个收费窗口。2010 年,收费站日车流量约 1.8 万辆。

【苏嘉铁路王江泾站】

位于王江泾镇运河东，铁店港北，建于1936年7月。同年7月15日，苏嘉铁路通车，铁路全长74.44千米，共设苏州、相门、吴江、八坼、平望、盛泽、王江泾、嘉兴等8个站。王江泾站为三等站，车站建有站房1座、到发线1条、月台2座。同年6月28日《申报》载，王江泾火车站的职员，除向京沪、沪杭两路各站调充，以补充熟练者外，还对新进职员进行招考。铁路局委任尹寿华为王江泾站站长，盛泽鲍配合工作。1937年11月，嘉兴县被日军占领后，日军控制苏嘉铁路。1939年4月26日，全线修复完毕。同年4月30日，苏嘉铁路由日伪华中铁道株式会社霸占。苏嘉铁路王江泾站站长、司机、职员、检票员几乎都是日本人，中国员工只能担任杂役。1944年3月，苏嘉铁路废弃，铁轨和枕木被拆除，王江泾火车站结束使命，现仅存3处碉堡遗迹和1块“王江泾站”站牌，站牌长216厘米、高56厘米。

【加油站】

王江泾加油站　位于陶家浜南07省道旁，1988年5月建，为镇办集体企业。站区面积2997平方米，加油泵4台，负责人为陶建平。1996年，转制后由凌卫堂经营。

虹阳加油站　位于虹阳集镇东南，1996年8月建，经营人为邵帮花。

建有加油站　位于王黎线和建汾线交会处吴家桥公交站东边，1998年6月建，由东风村王文萍创办经营。

王黎加油站　位于田乐村长爿头，2000年12月建，经营人为刘士杰。

市泾加油站　1999年成立，总股本25万元，由汝顺荣、卜建华等个人创办，经营范围为汽油、柴油，有加油机3台、油罐3个，建筑面积90平方米。

王江泾水上加油站　位于长虹公园东南角(小桥港运河口岸)，经营0号柴油为主，占地面积300平方米。1990年3月，王江泾加油站投资15万元，与王江泾清卫所联办。1997年，因集镇防洪工程所需撤销。

王江泾水上加油站(摄于20世纪90年代)

第四节　水　路

【航道】

镇域有干线航道1条，为四级航道，长19.4千米；支线航道5条，其中六级航道2条，七级航道3条，总长39.73千米。

乍嘉苏线王江泾段　即苏州塘王江泾段，大坝村与江苏交界的黎泾港口至收藏村与嘉北街道交界处，长19.4千米，河底宽52.7米，河底高程-1.0米。4米水位时过水断面面积336平方米，5米高程时平均河面宽82.6米。为四级航道。乍嘉苏线航道是浙北黄金水道，2010

运河水上运输(摄于2005年)

年,船舶日均流量在170艘次左右,月流量约5100艘次,年流量约61200艘次。日船舶运输货物量约8万吨。

嘉田线 乍嘉苏线斜路港口—田乐大家甸,航线里程(不包括重复里程)4.67千米,通航船舶吨位40～60吨,水深2.0米,为七级航道。嘉兴至田乐航线总里程22.85千米。

嘉南线 乍嘉苏线王江泾—南汇,航线里程(不包括重复里程)8.58千米,通航船舶吨位10～30吨,水深1.00～1.5米,底宽6～8米,为六级航道;附线,航线0.4千米,航道起讫为丰产桥口—荷花,航道里程(不包括重复里程)0.4千米,通航船舶吨位40～60吨,水深2.0米。南汇至嘉兴航线总里程22.07千米。

南小线 南汇码头—小曲荡口,航线里程(不包括重复里程)4.22千米,通航船舶吨位20吨,水深1.3米,底宽8米,为七级航道。

南陆线 南汇人民桥—陆家荡口,航线里程(不包括重复里程)10.08千米,通航船舶吨位30吨,水深1.09米,底宽5～10米,为六级航道;附线,航线1.09千米,航道起讫为南汇码头—河泥荡口,航道里程(不包括重复里程)1.09千米,通航船舶吨位5～10吨,水深0.6～1.0米,底宽8米。

嘉桃线 乍嘉苏线金桥口—桃园,航线里程12.18千米,为七级航道。

除以上干、支线航道外,还有3条短程航道,铁店港:西接苏州塘,东至莲泗荡,长1.9千米,河底高程为-0.64米,河道底宽9米,河面宽15米。虹阳港:自沙银港至和尚荡,长2.3千米,河底高程为0.2米,河底宽16米,河面宽25米。大坝港:南接苏州塘,北连陆家荡,接塔荡铁皮荡,入章湾荡,经浦螺荡、汾湖入太浦湖,原有河道长0.55千米,河底高程0.4米,河底高程0.4米,河底宽度18米,河面宽27米。

【苏嘉运河纤道】

苏嘉运河纤道在旧时是一条运河塘路和水路纤道的两用道路,王江泾到嘉兴杉青闸纤道总长12千米,位于运河西岸。运河纤道始建于隋唐,以后历代多次修筑。1933年,苏嘉公路通车后，纤道的陆路功能逐步衰退，主要用于船舶航行中的拉纤。20 世纪 60 年代，纤道所筑的石头陆续被盗，木桩被拔，部分桥梁倒塌，塘岸受损。后随着船舶航行机械化率的普及提高，逆风拉纤方式淡出航运，纤道的原有使用价值彻底消失。80 年代起，运河两岸护堤的水利建设得到重视。1996 年 7 月，境内开工建设运河两岸砌石护岸，并绿化两岸。2000 年 10 月，运河王江泾段两岸砌石护岸竣工验收，并于同年 11 月被交通部评为优良工程。

第五节　运　输

【水路货运】

民国以前，船是主要的交通运输工具，农民常用船载农副产品到县城或附近的市镇进行交易。清代，一种运输服务性质的儎船（小航船）来往于乡村与市镇之间，以载客为主，载货为辅。丝绸织机户采购生丝、腊线等原料、生活日用品及出售丝绸大多依靠儎船。各村均有儎船，每村少则 1 艘，多则 2～3 艘。

1933 年 6 月，苏嘉公路通车，少量货运转为汽运。1946 年以后，南汇小曲等地建起许多砖窑，砖坯和砖瓦以及烧制的燃料运输量较大，内运或外运大多用较大的木帆船运输。

70 年代水路运输场景

解放后，水上运输业逐渐成为各生产大队和生产队的一项主要副业收入。1959 年年底，南汇人民公社组建一支运输队，初时运输船都为手摇船，后购买一艘轮船。1961 年，南汇公社分为 4 个公社，轮船分给荷花、田乐公社，两公社立即组建一个运输队。据 1962 年对南汇公社金珍、双联以及澄溪公社姜家湾等 6 个大队的调查，6 个大队共有专业运输船 92 条、818 吨，另有农船 109 条，从事运输劳动力占总劳动力的 20%以上；运输船的载重一般为 8～10 吨，为木船，每条船每年运货量为 800～1000 吨；上半年以运化肥、农药、饲料机电、排灌物资为主，下半年以运稻谷、农副产品和日用工业品为主。1965 年 3 月，虹阳公社农村手工业综合加工服务社创办专业运输队。南汇公社于 1973 年成立农副业运输队，共有农副业船 73 艘、434 吨；农忙以农为主，农闲搞运输，运输业务由县运输指挥部统一安排。1979 年，荷花公社、田乐公社的运输队分设为荷花运输队、田乐运输队。后随家庭工业的兴起，各公社运输队先后解散，客、货运由私人开办。

1993 年后，公路建设陆续完善，货运逐渐向陆运转移。2004 年前，水域航道还存在水泥挂桨机船舶；2007 年前，还存在钢质挂桨机船。后为确保航道安全，对上述船舶实行禁航，有条件的进行船舶改装，达到运输船舶标准化，运输船舶落舱机械化。乍嘉苏线航道上下行船舶日流量平均为 175～210 艘次，年船舶流量近 7 万艘次；日运输货物量约 8 万吨；重载船队年进港 120 拖次左右。运输船舶主要有浙江、江苏、安徽、河南、山东、上海、江西和湖北等，主要运载煤炭、石料、黄沙、水泥、钢材、砖、粮食、石英砂、玻璃、成品油和危化品等货物。

码头 早些年，镇域水运码头设施简陋，货物储存场地较小，船舶到码头进行装卸货物的吨位不大，大多数为100～300吨。至2010年，乍嘉苏线干线航道个体经营的码头的设施较为规范，如嘉兴市王江泾镇强力装卸码头、嘉兴市秀洲区王泾镇南虹砂石供应站、嘉兴承天世纪房地产开发有限公司、嘉兴市秀洲区王江泾中虹吊机码头、嘉兴市秀洲区王江泾长虹砂石场、嘉兴市秀洲区王江泾建友码头装卸站、嘉兴市秀洲区王江泾市泾码头等。码头前沿护岸完好，船舶停泊有序，船舶吨位逐渐增大，最大的船舶证书载货量为1200吨，船的长度为56米。每个码头都在创建诚信码头，按照港航管理部门的要求实行装卸作业，实行船舶到码头后报港签证。码头主要堆放煤炭、石料、黄沙、砖、煤渣等原材料。2010年，辖区共有25家码头，年进出口货物总量为280.92万吨。

2010年王江泾镇货运码头情况表

表7-6

码头名称	地点	码头泊位（个）	泊位长短（米）	靠泊能力（吨级）
王江泾镇广泉装卸服务站	杭申线航道支线华云港右岸	1	54	500
嘉兴市世纪交通工程有限公司乍嘉苏水上加油点	乍嘉苏线与北郊河交叉口西北岸	1	100	500
嘉兴市锦江热电有限公司	乍嘉苏航道王江泾大桥北侧西岸	4	255	300
嘉兴秀洲南方水泥有限公司	乍嘉苏线航道长虹桥南360米东岸	4	300	500
嘉兴市公兴混凝土有限公司	乍嘉苏线南虹桥南侧航段西岸	2	203	300
王江泾镇沙河桥砂石转运站	双桥村日晖桥港口沙河荡西南岸	3	102	50 * 1 100 * 2
王江泾镇强力装卸码头	乍嘉苏线申嘉湖高速公路桥南153米东岸	2	126	300 * 1 500 * 1
王江泾镇中虹吊机码头	乍嘉苏线长虹桥北侧东岸	2	83	300
王江泾镇荷花建材经销处	嘉南线王江泾陶家荡北岸40米处	1	40	100
嘉兴市承天世纪房地产开发有限公司	乍嘉苏线王江泾青荷管道公司航段一支流内	5	470	300
王江泾镇南虹砂石供应站	乍嘉苏线南虹桥北西岸	1	40	300
嘉兴市新嘉爱斯热电有限公司	乍嘉苏线航道南虹桥南侧航道西岸一支流内	5	470	300
王江泾镇虎啸浜砂石供应站	嘉南线航道虎啸浜航段东岸	1	50	100

续表 7－6

码头名称	地点	码头泊位（个）	泊位长短（米）	靠泊能力（吨级）
嘉兴市新陆地沥青有限公司	嘉桃线航道左岸一汉河沙河荡南岸沙河桥西侧	1	40	100
嘉兴市姚氏新型建材有限公司	嘉桃线航道双桥东侧航段南岸汉河内	1	40	50
王江泾镇长虹砂石场	乍嘉苏线航道北虹桥北支港	1	41	300
王江泾镇虹达码头	乍嘉苏线航道北虹桥东岸南侧	1	48	300
王江泾镇北家港砂石经营部	嘉田线航道北海荡西岸	1	50	100
王江泾镇建友码头装卸站	乍嘉苏线苏嘉铁路跨塘桥桥墩北侧250米东岸	1	50	300
王江泾镇建荣砂石供应站	嘉田线航道庞家桥北侧100米左右	1	50	100
王江泾镇海清建材经营部	嘉桃线航道支线沙河荡	1	100	100
王江泾镇市泾码头	乍嘉苏线航道市泾港北侧东岸	1	48	300
王江泾镇孙丽码头	嘉桃线航道07省道东侧一小浜内	1	68	100
嘉兴市昌新铸钢件有限公司	嘉南线航道大中桥北侧右岸	1	40	100
王江泾镇成强砂石销售店	嘉南线航道万安桥东侧航段右岸	1	40	100

【水路客运】

清代起，境内流行一种名叫俴船（小航船）的交通工具，乡民如需在附近的市镇往来，除自己用船外，都乘民间开航的俴船，至民国中期才出现轮船载客。

客轮航班　1923年，南汇蒋氏经营一艘往返于南汇与嘉兴的汽轮客班，中途停靠油车港等站。以后嘉兴县的小客轮发展较快。1935年8月，嘉兴县各轮船局在境内经营的航线为：宁绍轮局，“宁安”号船，4吨，36匹马力，速率10千米，嘉兴—苏州，经过处有王江泾、平望、八坼、吴江；通源轮局，“致平”号船，5吨，速率9千米，嘉兴—盛泽，经过处有王江泾；王清记轮局，“清扬”号船，10吨，25匹马力，速率11千米，嘉兴—南汇，停靠油车港、栖真寺、杨庙、塘汇；永济轮局，“清裕”号船，7吨，24匹马力，速率10千米，南汇—嘉兴，停靠天凝庄、油车港、杨庙。1937年，嘉兴—盛泽有两艘船，一天开8次，途经王江泾镇各码头；南汇—嘉兴也有班次。抗日战争时期，嘉兴县轮船运输业基本上属于瘫痪状态。1945年后，嘉兴客运轮船业迅速发展，其中客运航线有嘉兴至苏州、盛泽。这些客运航线均在王江泾、虹阳、双桥等集镇码头停靠。此外，还开设从县城开往南汇客运航线。南汇客班停靠在嘉兴塘湾街（今北京路）复兴茶店后埠。解放前夕，中途在王江泾停靠的轮船有5艘，即周庄、嘉兴间的义新3号轮，苏州、嘉兴间的顺兴轮，嘉兴、平望间的顺新2号轮，嘉兴、盛泽间的顺新1号轮和庆裕轮等。此外，水上运输还有航快班船，以客运为主，兼营货运。每船大多可载客20人左右，载货20担左右。据1946年船舶登记，盛泽经王江泾至嘉兴4班，经南汇4班，经南汇、陶庄至芦墟1班，经王江泾至栖真寺1班，至王江泾1班，经王江泾至嘉善1班。1948年，又有茂兴轮自盛泽通航嘉兴，中途在王江泾停靠。这些水上客运航班，方便境内居民的出行和货物的运输。解放后，境内南汇、王江泾两地与嘉兴客运站一直有客运航班通航，由嘉兴地区、县等公私合营、国营航运企业经营。据1964年统计的嘉兴航区客运航线、班次运行时刻表反映，境内的客运航线有：嘉兴—陶庄航班，嘉兴开航时间14:30，陶庄开航时间5:30，沿途停靠塘汇、油车港、汪家坟、戴西港、南汇、汾玉；嘉兴—南汇航班，嘉兴开航9:30，南汇开航12:30，沿途停靠塘汇、钱家桥、杨庙、九号窑、油车港、汪家坟、戴西港；嘉兴—盛泽航班，盛泽开航时间5:30，嘉兴开航时间16:00，沿途停靠洪庙浜、上丈港、王江泾、建新、八一、七里卡、前跃桥等码头。嘉兴—陶庄航班于60年代后期改为嘉兴—南汇班，嘉兴开航时间12:30，南汇开航6:00。据1985年统计，嘉兴—南汇，有两艘客轮对开；嘉兴—盛泽，有一艘客轮，当天来回，沿途停靠王江泾。客运企业为浙江省航运公司嘉兴分公司。1993年11月王江泾至南汇公路通车，嘉兴—南汇线随后撤销。

农客班　1965年，田乐公社史柏生等人办起田乐至嘉兴的农客班轮船，沿途停靠夹港、北海荡、肖家湾、南听港港口小安泉、大坝、新农、卫东、八一、王江泾，终点停靠于嘉兴杉青闸，后有拖船1艘。1973年，虹阳公社已开通虹阳至嘉兴的农客班载客，同年8月又增加客驳船一艘。改革开放后，水上客运个体户和联户运输蓬勃兴起，从事营业性载客附货的“农客班”发展较快。据1985年统计，有田乐—嘉兴农客班1艘，轮船客位80座，80马力，当天来回；虹阳—嘉兴农客班1艘，客位77座，40马力，当天来回；南汇—盛泽农客班1艘，客位54座，40马力，当天来回。后又有南汇—嘉兴农客班1艘，中途停靠荷花新镇、王江泾。1993年11月，王江泾至南汇镇、田乐乡的县道公路竣工通车，个体中巴车载客应运而生，水上客运迅速萎缩，各农客班难以相继，先后停航。南汇—嘉兴农客航线于1996年10月撤销。

【陆路货运】

古代，镇域大宗货物运输靠水路，小宗货物运输走纤道、驿道，用推车、货担搬运。1933年6月，苏嘉公路嘉兴至吴江通车，路经双桥、王江泾两集镇，为两镇和公路附近村庄带来一些陆路运输的方便。1989年，虹阳乡至07省道通车；1993年，王江泾至南汇镇、田乐乡公路通车。自此，陆路交通运输快速发展，民间购车搞运输业的人日益增多。

物流中心(王江泾南方联托运中心)　2000年前为自发形成的王江泾纺织联托运市场，2001年后已具雏形，2003年由民营企业嘉兴市秀洲区南方联托运中心有限公司规划投资建设。市场位于王江泾镇07省道东侧、莲雁路北侧、王江泾变电所北面，占地面积约45亩，建筑面积7488平方米。其中一期市场南侧25间二层营业房，建筑面积2500平方米，2004年5月竣工投入使用；北侧32间三层营业房，建筑面积4988平方米，2007年9月落成，10000平方米停车场油面硬化工程于2007年12月完工，总投资约3000万元，入驻13个经营部(2010年合并成11个)，从事运往全国各地的纺织品货物托运业务。为规范联托运行业，加强市场管理，抽调交通、公安、工商、镇政府等工作人员组建南方联托运市场管理委员会及其办公室。开通广东、武汉、福建、河北、北京、天津、山东、温州、柯桥、义乌等12条纺织物流线路，主要运送到8个省、市，每月运输量为2.5万吨。开始采用“一点一线”，即一个专业户承包一条运输线经营管理模式。2010年1月，全面引入市场竞争机制，取消“一点一线”承包经营管理模式，放开运行模式，提高经济效益。同年，王江泾南方（纺织）联托运市场全年货运量为21.575万吨，全年物流经营产值达6750万元，比前几年增加1650万元。

2004—2010年王江泾纺织联托运物流交易情况表

表7-7

年份	摊位（个）	成交额（万元）	年份	摊位（个）	成交额（万元）
2004	267	100040	2008	259	131428
2005	267	102437	2009	284	380000
2006	267	125267	2010	407	497000
2007	267	139858			

说明：数据来源于2014年区统计年鉴

2010年王江泾纺织联托运物流各站货物运量情况表

表7-8

货站名称	物运量	货站名称	物运量
嘉捷货运站	6.6万吨	浦义柯货运站	1.0万吨
嘉迅货运站	0.16万吨	佳鑫货运站	1.6万吨
宏盛货运站	3.3万吨	京津货运站	0.06万吨
俊舟货运站	0.7万吨	军达货运站	0.8万吨
温通货运站	0.055万吨	普宁货运站	5.0万吨
易成货运站	2.3万吨	总计	21.575万吨

【汽车客运】

1933年6月，嘉兴至苏州公路（苏嘉公路）建成通车，沿线在王江泾、双桥设汽车站，开始有客运汽车。

解放后，苏嘉公路的汽车客运没有中断过，嘉苏线班车浙境停靠双桥、王江泾站，嘉（兴）湖（州）线班车也停靠王江泾站。

1985年2月，嘉兴至王江泾开辟12路公交车，起点在嘉兴火车站，终点在王江泾镇，线长

17千米。1994年7月10日,12路从火车站改道到原社会停车场—王江泾。1995年5月22日,12路从社会停车场改道到嘉兴汽车西站—王江泾。1998年7月,12路从汽车西站改道到精严寺—王江泾。2001年12路从精严寺改道到汽车北站—王江泾。

1989年7月15日,嘉兴至郊区虹阳乡的双虹公路正式通车,开通了以虹阳集镇为起点,与苏嘉公路连接,岔口为招呼站,每天往返4个班次的客运班车。同年,新桥村村民洪小宝、王江泾村村民任国标合购一辆中巴车,运营嘉兴—王江泾线客运,为王江泾线最早的民营小公交。后双桥村仲守林购第二辆小公交;1991年,王江泾村蒋惠民购第三辆小公交。

1993年11月8日,王江泾至田乐乡、南汇镇公路建成通车。次日,嘉兴汽车运输公司对嘉兴—南汇线、嘉兴—田乐线试通客运班车。1995年这两条线的小公交营运班车相继开通。至1997年,王江泾—嘉兴线的小公交有16辆,南汇—嘉兴线的小公交22辆,田乐—嘉兴线的小公交9辆,虹阳—嘉兴线的小公交6辆。同时,南汇—吴江盛泽、田乐—吴江盛泽的小公交各有4辆。

2009年10月,市区城乡公交运营体制改革工作正式启动,原王江泾、南汇、田乐、虹阳至嘉兴各条线的民营公交接受政府收购,公交回归国营。随后镇内开通线路有:嘉兴汽车北站—王江泾132路、汽车北站—南汇133路,汽车北站—田乐135路,汽车北站—虹阳131路。市本级城乡公交实行一票制,由原来3元至5元直降至2元,IC卡刷卡减半,一小时内换乘再优惠0.5元,特殊人员票价减免。

2010年王江泾镇域城乡公交线路通车情况表

表7-9

线路编号	起讫点	沿途停靠站点	班次(班)	车辆(辆)	里程(千米)
K131	汽车北站—桃园	汽车北站、阳光小区、穆溪左岸、食品工业园、昌盛北路城北路、云海路口、胜利、元丰大道、陈家村、双桥、农场、虹阳路口、杨柳港、范滩、李家坝、东南村、加油站、虹阳卫生院、虹阳车站、虹阳电站、北家村、庄西、桃虹桥、桃虹西桥、原仲店村、小金港村、桃园东、桃园	60	6	17.9
K132	汽车北站—王江泾	汽车北站、阳光小区、穆溪左岸、食品工业园、昌盛北路城北路、云海路口、胜利、元丰大道、陈家村、双桥、农场、虹阳路口、腾云路口、古塘路口、新桥头、中学路口、长虹路口、王江泾、王江泾邮电局、北虹桥、长虹公园、社会停车场	100	10	15.1

续表 7－9

线路编号	起　讫　点	沿途停靠站点	班次（班）	车辆（辆）	里　程（千米）
K133	汽车北站—南汇	汽车北站、阳光小区、穆溪左岸、食品工业园、昌盛北路城北路、云海路口、胜利、元丰大道、陈家村、双桥、农场、虹阳路口、腾云路口、古塘路口、新桥头、中学路口、长虹路口、王江泾、王江泾邮电局、北虹桥、服务中心、纺织市场、连成织造、吴家桥、创业桥、荷花村、前进开发区、民主村、民和村、三惶庙路口、亭子、纺织园区、医院路口、南汇车站	60	6	23.0
K135	汽车北站—田乐	汽车北站、阳光小区、穆溪左岸、食品工业园、昌盛北路城北路、云海路口、胜利、元丰大道、陈家村、双桥、农场、虹阳路口、腾云路口、古塘路口、新桥头、中学路口、长虹路口、王江泾、王江泾邮电局、北虹桥、服务中心、纺织市场、连成织造、吴家桥、建友、甘家浜、北荷村、八一、斜路港、市泾村、市泾北路、新农、永聚南路、田乐、田乐卫生院、田西港桥、田青	50	5	24.3

【铁路客运】

1936 年 7 月 15 日，由国民政府建造的苏嘉铁路正式通车。全线共有苏州、相门、吴江、八坼、平望、盛泽、王江泾、嘉兴 8 个站。王江泾设立一个火车站，为三等站。嘉兴—吴县（苏州）每日各对开混合列车四次，票价：苏州至王江泾（特快）一等二元九角、二等一元八角五分、三等一元，（普通）一等二元三角、二等一元五角，三等八角五分。

1937 年 11 月，日军侵占王江泾，苏嘉铁路被日军控制。1944 年 3 月，日军拆除苏嘉铁路，王江泾铁路客运结束。

第六节　交通管理

【乡镇交通管理站】

20 世纪 80 年代，实行家庭联产承包责任制后，农户船只大幅度增多，水上交通秩序混乱，船舶无证航行，交通事故不断发生。1988 年，境内各乡镇成立水上交通管理站，负责辖区内船舶的安全管理。1993 年，各乡镇水上交通管理站均更名为乡镇交通管理站，负责水上交通及乡村道路的管理。20世纪90年代末，乡镇交通管理站的职能为乡村道路的建设与管理，水上交通管理由嘉兴市城郊港航管理处负责。乡镇水上交通管理站成立之初，各站站长均由分管乡镇长担任，另设一名副站长全面负责。

王江泾镇水上交通管理站 1989年12月成立，汪薛平任站长；1994年10月，顾万金任站长；1998年7月，朱云春任站长；1999年6月，田裕林任站长。2001年6月14日，王江泾镇交通管理站撤销，成立王江泾镇城镇监察中队。

原其他乡镇水上交通管理站 南汇镇水上交通管理站：1988年12月成立，史桂兴任站长，陈翔麟任副站长。1994年9月，黄永明任站长。2001年4月并入王江泾镇。荷花乡水上交通管理站：1989年5月成立，李文雷任站长，张金福任副站长。1992年6月起，唐生木任站长。1998年5月并入王江泾镇。虹阳乡水上交通管理站：1989年1月成立，朱明生任站长，唐阿二任副站长。1996年3月，阮永观任站长。1998年5月并入王江泾镇。田乐乡水上交通管理站：1989年5月成立，钱金元任站长，陆海弟任副站长。1994年10月，王兴观任站长。2001年4月并入王江泾镇。

【07省道王江泾收费站】

2006年12月28日，07省道王江泾收费站正式启用，共有8个收费窗口。当时日均车流量1.6万辆。随着07省道扩建工程完成，2010年，07省道王江泾收费站日车流量达1.8万辆左右。

【乍嘉苏高速公路王江泾主线收费站】

2002年10月，乍嘉苏高速公路嘉兴段建成通车，设立乍嘉苏高速公路王江泾收费站。2007年，经有关部门同意，乍嘉苏高速公路王江泾收费站更名为乍嘉苏高速公路王江泾主线收费站。

【07省道王江泾超限运输检测站】

2001年设立，位于王江泾双桥农场路段，借用嘉兴市运管处07省道稽查站的站房。2005年10月，兴建新站；2007年4月，新站正式投入使用。检测站占地28亩，主体大楼建筑面积498平方米，卸货仓库400余平方米。检测站有职工24名，其中路政员19名、协管员4名、路政工作人员1名；有4个外勤检查分队和1个内勤处理分队，实行四班两倒、24小时全天候工作制度。

【王江泾港航管理检查站(海事所)】

1986年前，王江泾水域的航运管理归嘉兴市航运管理处直属城郊航管所管辖。1986年11月，建立王江泾港航管理检查站，专事王江泾水域的交通管理。2002年8月30日，增挂“嘉兴市城郊地方海事处王江泾海事所”牌子，实行王江泾港航管理检查站、王江泾海事所两块牌子、一套班子，专事王江泾水域的交通管理。2010年，王江泾港航管理检查站(海事所)主要监管辖区通航水域运输、安全、事故处置、港口、费用征收、船舶检验，水上水下施工等。辖区定级航道有5条，其中四级航道1条(乍嘉苏线，俗称京杭古运河)；六级航道2条，分别是嘉南线、南陆线；七级航道3条，分别是嘉桃线和嘉田线、南小线。王江泾港航管理检查站(海事所)在册船舶105艘，载重20536吨。

2007年，王江泾港航管理检查站（海事所）工作人员边胜获评“浙江省基层站所（办事窗口）行风建设先进个人”“浙江交通十大感动人物”；2008年，获评“全国交通系统文明执法标兵”；2009年，获评“全国交通运输系统劳动模范”“嘉兴十佳身边好人”。

【王江泾公路养护机构】

解放后，嘉兴至王江泾公路先后由苏嘉湖汽车公司、嘉兴养路段养护。1958年1月，王江泾公路由嘉兴汽车站养路队养护。1961年4月至1972年，王江泾公路先后由杭州养路大队嘉兴工区、嘉兴养路总段养护。1972—1982年，先后由嘉兴公路段、浙江省嘉兴县公路段养护。1983—1986年，由嘉兴市公路段养护。1986—2010年，先后由嘉兴市郊区县乡公路养护站、嘉兴市郊区县乡公路养护管理所、嘉兴市秀洲区公路养护管理所、秀洲区公路管理段养护。

【王江泾木材检查站】

1988年，根据浙江省林业厅《关于开展森林植物检疫工作的通知》，成立王江泾木材检查站，位于07省道（原王江泾镇政府北侧），办公用房964.28平方米。主要查验木材运输证和森林植物检疫证书。1995年9月，迁至双桥农科所西侧（07省道西侧）。2005年，王江泾木材检查站迁至07省道西侧、公路交通检查站北侧，建筑面积698.53平方米，停车场900平方米。

第七节 邮政 信息

【邮政机构】

春秋战国时期，境内已有官办邮传。秦至唐代，邮驿制度较为完善，但以“民驿”（官府派公差投递信件）为主。宋代时，“民驿”改为“兵驿”（军队派士兵投递书信），设急递铺（一般十里为一铺），主要传递官府文件和高官显宦的家信，不允许寄私人信件；境内有秋茂铺、嘉兴北界首铺。元时承袭宋制。明宣德五年（1430）起，秀水县从嘉兴县析出，撤秋茂铺，改设金桥铺，嘉兴北界首铺改名为闻店铺。清代，承袭明制。自宋至清，各急递铺一般设铺长1名、铺兵5～10名。为解决民间私人书信往来之需，明永乐年间，一些商人组织起来经营民信局，传递民间书信和物品，兼带现金。清道光八年（1828），顺成民信局在王江泾设有分局（总局在上海）。清光绪二十二年（1896），清政府决定“裁驿归邮”，开办“大清邮政”，但少量驿站还存在着。光绪三十二年（1906），王江泾设有邮政代办所。清宣统三年（1911）七月，清政府勒令关闭民信局，但响应的极少。

1914年元旦起，国民政府实行新邮区制，境内增设南汇代办所；同时，因快船传递文书较佳，境内各驿站撤销。1935年，国民政府严令取缔民信局，意欲结束长达533年历史的民间书信、物品传递，但成效不大。1937年淞沪抗战开始，境内邮政业务被迫停办。1940年2月1日，王江泾代办所恢复。1945年8月抗日战争胜利后，增设虹阳港、双桥代办所；同年12月1日，南汇代办所恢复。

1949年5月王江泾解放后，上述4个邮政代办所由人民政府接管。与此同时，各地民信局及民间信客、航快船船民等私自带运信函、物品者，逐渐退出历史舞台。1951年9月1日，嘉兴邮政、电信两局合并，设嘉兴邮电局。1953年，成立王江泾邮电局，位于镇区一里街185号，负责人为顾时谷，下辖王江泾邮政代办所。1956年，为简化局所名称，统一按照业务收入将邮电分支机构划分为邮电支局与邮电所两类，并以地名来区别。同年3月，增设王江泾邮电所。1958年1月，设立双桥邮电支局；4月，设立南汇邮电所。同年8月，王江泾设立邮电中心支局，位于王江泾镇区一里街，支局长宗越东，管理王江泾、塘汇两区邮电支局及代办所。1960年10月，设南汇邮电支局、双桥邮电支局、田乐邮电所。1961年，双桥邮电所改为委办。1962年9月，撤销双桥邮电支局，改为委办。同年境内有王江泾、双桥（含嘉北）、虹阳、南汇、田乐、荷花邮电所（成立于1961年前后），工作人员分别为5人、4人、2人、4人、2人、2人。1965年，王江泾设邮电支局。1972年7月，撤销田乐邮电所，改为田乐代办所。同年，王江泾邮电支局管辖南汇邮电所、双桥邮电所、栖真邮电所、油车港邮电所。1987年1月18日，王江泾邮电支局储蓄点正式开业。2月，田乐代办所又改为田乐邮电所；5月15日，设立双桥邮电所，由王江泾支局管理。至1995年，朱建明、符福林、王耿践、刘斌先后任王江泾邮电支局局长。

1997年，王江泾邮电支局下辖南汇、田乐、荷花三个邮电所，各所均设邮政储蓄代办点。1998年，邮政、电信分开经营，设立王江泾邮政支局，局长杨红芳；下辖虹阳、南汇、田乐、荷花、双桥5个代办所，前4个所主任分别为陈幸芳、沈国良、于慧平、柳钢，双桥代办所依旧由支局管理。2002年1月5日，沈振飞为支局长；9月26日，荷花邮政储蓄代办点搬迁到象贤，更名为象贤邮政储蓄代办点。同月，荷花邮政代办所撤销。

2004年2月28日，田乐邮政储蓄所搬迁至市区邮电路11～13号，更名为邮电路邮政储蓄所。2008年，王江泾邮政支局的储蓄划归银行系统，支局系纯邮政营业支局。局长沈伟捷；下辖南汇、虹阳、双桥、田乐4个邮政所，其中双桥、田乐也为纯营业所；虹阳、南汇邮政所主任分别为陈幸芳、邬惠江。

2010年，王江泾邮政支局位于北虹路98号。

【邮路与业务】

王江泾自古就设有驿道、驿馆（元代始称驿站），接待过往官员和驿传人员，民间书信一般托人捎带。清光绪三十二年（1906），朝廷撤销驿递制度，境内始用水道邮路（雇快船传递文书），路线为嘉兴—王江泾—平望—苏州。光绪三十三年（1907），邮政代办所开始出售邮票。1917年，王江泾、南汇代办所业务为汽轮运邮件、包裹收寄。1932年，王江泾、南汇代办所增加汇票业务。1933年，王江泾的邮件运输传递的汽车邮路为嘉兴—王江泾。每日往返运邮各3次，单程5小时可达。1936年7月15日，苏嘉铁路通车。同年9月10日起，带运的邮件可从苏嘉铁路王江泾站直接送达王江泾各地。1935年9月，顺成民信局王江泾分局增加国内邮件挂号业务。1937年，境内陆上邮路有苏嘉铁路线、苏嘉湖汽车邮路线，水上邮路有轮船快班线。1948年，虹阳港邮政代办所转递邮件的地点为竹丝港、天元浜；南汇邮政代办所转递邮件的地点为钮家港、南梗、南陶浜、蜂汉港、金村埂、廊下、史家港；王江泾邮政代办所转递邮件的地点为洪典桥、杨溪、刘王庙、杨家湾、唐家路、富庄溪、沈家斗、古桥港；双桥邮政代办所转递邮件的地点为主人浜、石牌浜、石口里、范滩、蓝荷湾、陈家村、阮家浜、姚家浜。境内邮政业务均由嘉兴邮政局管辖，邮运交通工具为汽船与航船。水路邮政线路为：嘉兴至南汇每天2班、嘉兴至虹阳港每天1班；陆路邮政线路为嘉兴至双桥、嘉兴至王江泾，每天2班。

1949年5月，嘉兴解放。境内各邮政代办所的业务种类有平信、平快、明信片、新闻纸、印刷品类、挂号信、报刊等；包裹业务有普通包裹、特种包裹。另有报刊发行。同年9月起，境内建立义务信报投递员。解放初期，嘉兴经双桥至王江泾的邮路为公路，另有水道邮路13条。王江泾、双桥的邮路均由汽车运输，南汇、虹阳港的邮路则由轮船运输。

1950年，嘉兴县至王江泾区王江泾邮政代办所的邮路运输为汽车，每天2班，范围为东林乡、荷花乡、洪典乡、澄溪乡、南汇乡、田乐乡、梅兴乡、双阳乡、虹阳乡9个乡。嘉兴县到虹阳乡、南汇乡、双阳乡、澄溪乡有直达邮班，运输工具有汽车、轮船、民船，一天1班或2班，当天到达。王江泾区到澄溪乡、南汇乡有直达邮路，运输工具为民船，一天1班，当天可到达。东林乡、洪典乡、田乐乡、梅兴乡未设邮政机构，由投递员投递。

1955年4月，开设嘉兴至梅兴乡步班邮路，全长27千米。1954—1955年，王江泾、荷花、南汇等邮政代办所进行整顿和改造，由私商代办改由供销社或国营商店办理，同时开辟自办邮路，使邮路联乡贯村，重点解决乡级政权自投问题，同时直接投递至部分学校和村庄。1956年，王江泾、双桥、田乐、荷花等乡实行农业合作社邮递员制度，每乡有2个邮递员，社社通邮。

1958年，王江泾、双桥、荷花、田乐等乡大部分农业社可看到当天的县级党报。1961年11月1日起，为确保邮政通信的安全，王江泾邮电支局可以办理特挂信函的收寄和窗口投递；南汇邮电所、双桥邮电所不办理特挂信函、保价邮件，只投递领取邮件通知单，由收件人凭单向王江泾邮电支局领取。同年11月1日起，根据规定，王江泾邮电支局、南汇邮电所可以收寄和投递包裹。同年，王江泾邮电支局、南汇邮电所、双桥邮电所可以办理普通汇兑业务。1963年2月10日起，南汇邮电所开办“特挂”信函业务。同年5月1日起，王江泾支局停办国内保价邮件业务。当年王江泾邮电支局、南汇邮电所经办电报、长话、特挂、汇兑、包裹业务；虹阳港代办所代办长话业务，双桥代办所代办长话、汇兑、包裹业务；荷花公社在洪典、新街(即新镇)设有邮票代售处，在东林(校)、东一、龙真(即龙珍)、杨溪、洪典(校)设有邮件报刊接转点(邮站)；田乐公社在公社、杜家甸设有邮票代售处，在新农设有邮件报刊接转点(邮站)。1964年1月1日，嘉兴局恢复双桥代办所的汇兑业务。同年11月3日，双桥邮政代办所开办特种挂号信函业务，收寄粮票、布票、油票、户口迁移证、粮食转移证、共青团组织关系等。此后，境内各邮政代办所均开办特种挂号信函业务。1966年10月21日，王江泾农村投递增加频次，即由每周投递3次，增加到每周投递6次。1968年11月3日起，双桥代办所开办“特挂”信函业务。1971年2月24日，嘉兴至王江泾开始建起摩托车邮路，全长16千米。1971年，王江泾地区的几个公社，都能看到当天的《浙江日报》。1972年，办理邮电业务的有王江泾邮电支局、南汇邮电所、双桥邮电所、虹阳邮电代办所、田乐电信代办所。1972—1973年，王江泾农村投递实现车步混合班，减轻了投递员的体力消耗，自行车投递路线明显加长。

1986年，王江泾邮电支局恢复邮政储蓄业务，王江泾各邮政所经营业务主要项目有出售邮票、办理挂号信、投递信件报刊、邮政汇款、邮寄包裹、收订报刊等，并于同年起，分别开办邮政储蓄、电子汇兑、代理保险、EMS特快专递、基金理财、飞机票、汽车票、电话充值等业务。1997年，嘉兴至王江泾、南汇等乡镇开始汽车通邮。

【邮政编码】

1980年7月1日，王江泾各邮局开始宣传推行邮政编码。1988年，境内正式推行邮政编码，王江泾镇区（含荷花乡）邮政编码为314016，双桥为314024，虹阳为314025，田乐为314026，南汇为314017。

【电信】

1915年，由商人周子楫等发起合股创设嘉兴通利电话股份有限公司，办理城镇电话。1919年，嘉兴通利电话公司在南汇、王江泾等镇创办电话业务，装机300户左右。1923年12月15日，嘉兴中兴电话公司在王江泾设长途电话。1924年，嘉兴至南汇、王江泾的电话线为商办电话线。同年2月1日，嘉兴电报局嘉兴至桐乡的电报线路分辖双桥，嘉兴至苏州的电报线路分辖王江泾。1925年9月5日，王江泾设置临时军用报房；9月22日撤销。1935年，南汇设嘉兴县中兴电话公司电话交换机零售处。1937年元旦，增加王江泾—新塍电话线路，设有1对电话线。抗日战争期间，乡村电话遭到破坏。1947年2月，嘉兴县乡镇电话所借挂嘉兴—王江泾乡线1条。同年8月，嘉兴电话局在嘉兴至王江泾间架设乡村电话单线，线路总长13.5千米。1948年8月，嘉兴电话局在双桥、王江泾均设立电话交换站，电话线路总长14千米。

1950年1月，王江泾区政府、王江泾乡政府各有嘉兴县乡村电话所安装的通往嘉兴县政府的公务电话线路1条，线路长度15千米，民用营业电话未开放。1953年6月，嘉兴县乡村电话所并入嘉兴县邮电局，自此嘉兴至王江泾的一条电话单线由嘉兴县邮电局接管。公社化以后，嘉兴至双桥开通直达邮电线路。1958年，荷花片22个大队全部装上电话机。1960年，王江泾区双桥、南汇、荷花、田乐片均设有电话交换机和双向会议电话，生产大队全部通上电话。

1961年上半年，双桥（含虹阳）、南汇、荷花公社的电话交换机产权属县邮电局所有，田乐公社属公社所有。

1963年，王江泾邮电支局电话交换点设在王江泾集镇，交换机实有部数容量为1/50（部/门），实占门数30门，会议电话终端机2部，电话用户总数28户，连接在地方国营交换机上的有28部，连接在非地方国营交换机上的有32户。1964年4月21日，王江泾至虹阳的农话中继线开通使用。同年8月21日，嘉兴至王江泾的农话中继线开通使用。1966年，双桥、虹阳、荷花、嘉北之间的电话通话，可通过王江泾总机实现，每次基本话价0.08元。1969年，取消农村电话分级通话费，规定南汇、王江泾、新塍至余新、凤桥、新丰、王店、新篁相互间通话，以每三分钟叫号的基本话价为0.1元。1970年5月，王江泾邮电支局、南汇邮电所可以办理电报业务。同年年底，王江泾区各公社实现广播载波化，在原有广播线杆路上，同时开放电话及广播载波。1971年6月，邮电体制改革，王江泾邮电中心支局、南汇邮电支局的邮政与电信业务分开运作。1977年3月17日，王江泾邮电支局安装嘉兴县局自制的PCM24路脉码机，笛簧自动交换机100门开通自动电话，仍保留下属邮电所及公社电话交换所的直达和迂回电路。

1979 年，王江泾邮电支局电话线路开始接入嘉兴市内自动电话网。1981 年 5 月 25 日，王江泾开设至盛泽的长途电话电路一对。1982 年，王江泾—虹阳埋设空管电缆一条，全长 6.5 千米。1983 年 5 月，王江泾支局迁入新建的办公房开始营业，支局自动号“68”，原有通往嘉兴、盛泽的线路不变。1984 年，境内增加自动交换机，并总装自动电话机及脉码机等设备。同时，镇乡电路均逐步更换并使用电缆，乡村电话实现自动化。同年，荷花、南汇、田乐、虹阳、王江泾总机门数容量 500 门，实际装机用户 300 户左右。其中田乐实装电话 41 门，总机容量 50 门；南汇实装电话 65 门，总机容量 100 门；荷花实装电话 45 门，总机容量 50 门；王江泾实装电话 117 门，总机容量 400 门；虹阳实装电话 50 门，总机容量 100 门；双桥实装电话 45 门，总机容量 50 门。

1986 年，荷花乡全部开通自动电话。1987 年，南汇、王江泾邮电支局升格为三级局。同年 4 月 17 日，设立双桥邮电所，开通自动电话。同年年底，王江泾邮电支局安装使用 BDC10 电子储存电传机，均用电传双工电路，从而使 70%以上的电报由话传改为电传。同年末，王江泾电话交换点纵横制交换机容量为 400 门，实占容量为 334 门；南汇电话交换点磁石制交换机容量为 100 门，实占容量为 71 门。1990 年，境内开通使用国内 1240RSU 程控电话，自动交换机总容量增加至 1600 门，实际装机用户 1000 户左右。1998 年，邮政、电信分开经营，设王江泾电信公司。2001 年，王江泾镇住宅电话覆盖率 71%，宽带网络逐步覆盖。2005 年，开通农村小灵通业务。2008 年，开始运营 CDMA 移动 3G 网络。2010 年，王江泾电信公司位于长虹路 155 号，全镇电话装机容量 3 万余门，固定电话 26195 部、光纤上网 1 万余户。

【中国移动王江泾办事处】

20 世纪 90 年代初，出现移动电话产品，后迅速发展。1992 年 8 月 28 日，第一代蜂窝式模拟移动电话在嘉兴市区开通，系从美国 MO－TORORA 公司引进。境内有较多企业经营者购置移动电话。嘉兴市区于移动电话开通当天，举行移动电话号码选号拍卖活动，境内嘉兴市青荷管道供应处负责人以 4.8 万元购得“90611”号码，成为嘉兴市第一个经拍卖得到移动电话号码的用户。后中国移动嘉兴分公司在王江泾镇设立办事处，下设若干个片区经营网点。2010 年，中国移动王江泾办事处在长虹大厦办公。

【中国联通王江泾营销中心】

1996 年，成立中国联合网络通信有限公司嘉兴分公司王江泾营销中心，下设若干个经营网点。2003 年 8 月，中国联通王江泾营销中心有职工 4 人，负责人为徐志豪，位于王江泾镇南方路 1 号。2009 年 8 月，迁至王江泾镇闻川路 145 号。2010 年，该营销中心位于王江泾镇北虹路，有职工 6 名，负责人为徐志豪。共有 2G 基站 30 个，3G 基站 22 个；有 3 个网格，网点核心渠道 10 家，直供网点 35 家。

第八章　农　业

镇域地处杭嘉湖平原，土壤肥沃，气候适宜于农作物生长。自古以来，农业较为发达，农作物品种繁多。农业生产主要以种植水稻为主，其次为大麦、小麦、油菜、蚕豆等。

中华人民共和国成立后，实施土地制度改革，农民分到了土地，发展农业生产的积极性大幅度提高。水稻实行单季改双季的耕作方式，品种从高秆改矮秆，间作改连作，提高作物栽培技术，并推广使用化肥农药，粮食单产和总产大幅度增加。1982 年实行家庭联产承包责任制后，全面发展农林牧渔生产，走“种、养、加”相结合的道路，逐步建立起种植业、养殖业和农产品加工业相结合的农业生产体系。1985 年起，调整农业产业结构，利用当地水面优势，建立水产品养殖基地，发展水产养殖业和特种水产品，开发农产品加工业，促进产品转化增值，并鼓励农民开办畜禽场、养殖场、果园等，发展都市型农业，出现农户土地承包经营权流转和种养业经营大户。1990 年，境内有耕地面积 108156 亩，粮食作物播种面积与经济作物种植面积的比例（简称粮经比）为 92∶8。农村经济总收入 37207 万元。农林牧渔业总产值 7439 万元，农业（种植业）与林牧渔业产值比为 39∶61。

20 世纪 90 年代后，随着社会主义市场经济的逐步建立和完善，高效科技农业的推广，2001 年，境内开始调低粮食种植面积，发展蔬菜、水果等多种经营，向区域化、规模化方向发展。一批农业龙头企业崛起，形成“企业＋基地＋农户”的经营模式，以养猪、鸡、鸭为主的畜禽业和水产养殖业迅速发展，先后创建农民生产专业合作社 15 家。2010 年年末，全镇有耕地面积 100655 亩，农作物复种指数为 152％，粮经比为 61.7∶38.3。全镇农业总产值 4.71 亿元，其中渔业产值 1.81 亿元，占全镇农业总产值的 38.4％；畜牧业产值 9539 万元，占全镇农业总产值的 20.26％。农民人均纯收入 13967 元。2001 年，王江泾镇被命名为浙江省“青鱼之乡”。

第一节　生产关系变革

【土地制度改革】

解放初，王江泾区共有土地 101297.1 亩，其中水田 87405.1 亩、地 4994.8 亩、荡 8463.4 亩、滩 433.8 亩，占全县土地总面积的 10.46％。私有土地 100353.9 亩，其中田 87153.4 亩、地 4303.3 亩、荡 8463.4 亩、滩 433.8 亩；公有土地 251.74 亩，其中学田 15.35 亩、庙产田 236.39 亩；荒地 692.52 亩，其中私荒的生荒地 368.07 亩、熟荒地 186.65 亩，公荒的生荒地 111.4 亩、熟荒地 26.4 亩。1950 年 10 月，境内全面推行土地改革，至 1951 年 2 月，土改基本结束;同年 3—9 月,转入土改复查阶段,颁发土地所有证、房产所有证。在土改中,王江泾区共有 10356 户无田或少田的农民分得 61774 亩土地。土改前地主所有土地占全部土地的 66%,土改后仅占 2.3%;富农无大出入;中农土改前占 15%,土改后占 30.7%;贫农土改前占 12.1%,土改后占 55.7%;雇农土改前占 0.15%,土改后占 3.6%。另外,没收地主耕牛 120 头、房屋 1501 间、家具 6934 件、船 96 条、水车 165 部、稻桶 165 个、砻 95 部、风车 77 架、锄头和铁搭 1302 把、犁耙耖 500 把、蚕具 2564 件,其他 2896 件,余粮 79035 千克,收缴的财物全部分发给贫农,计发农户 4959 户。

1950 年 10 月南汇乡土改前各阶层占有及使用土地情况表

表 8-1

阶　层	户　数(户)	人　口(人)	占有土地(亩)	出租土地(亩)	租入土地(亩)	使用土地(亩)
地主	16	96	602.56	469.40	32.05	165.3
半地主式富农	1	5	15.84	9.99	0.6	4.65
富农	9	56	78.04	53.7	75.39	99.73
中农	270	1461	800.19	42.55	1761.76	2519.41
贫农	513	2036	387.63	6.8	2158.82	2539.65
雇农	26	66	9		24.21	26.11
鳏寡孤独	4	4	2.85		5.3	8.15
工人	32	107	0.97		18.25	19.22
宗教职业者	6	27	5.2	4.7	10.05	10.55
渔民	4	15	0.5		0.1	0.6
小手工业者	5	24	4.28		0.6	4.82
小商贩	49	169	24.46	16.5	13.16	21.07
贫民	20	60	18.2	17.8	10.6	11.2
自由职业者	6	30	0.4		0.2	0.6
工商业资本家	6	30			1.5	1.5
职员	4	18	8.5	8.5	2	2
游民	4	6			0.1	0.1
总计	975	4210	1951.46	629.14	4114.13	5436.44

说明:统计数据不含外乡地主占有土地量

1950年12月王江泾区4个乡土改前后各阶层土地占有情况表

表8-2 单位：亩

时间	阶层	南汇乡	东林乡	梅兴乡	田乐乡
土改前	地主	602.56	447.22	2296.61	6970.93
	富农	93.88	195.63		53.09
	中农	800.19	1015.83	277.73	226.9
	贫农	387.63	988.24	44	160.75
	雇农	9	19.73		
	其他	65.35	36.33	117.9	392.36
土改后	地主	75.9	78	88.96	392.36
	富农	159.17	218.55	414.65	431.25
	中农	1949.65	2172.98	2314.41	120.35
	贫农	2862.57	5033.90	6391.43	2511.84
	雇农	82.22	170.69	276.2	6112.28
	其他	416.73	291.27	533.79	265.43

说明：统计数据不含外乡地主占有土地量

1950年12月王江泾区8个乡土地财物收缴情况表

表8-3

名称	南汇乡	东林乡	虹阳乡	双阳乡	梅兴乡	田乐乡	荷花乡	洪典乡
土地(亩)	372.31	1365.05	2255.56	3580.18	10820.2	7420.57	5230.05	7642.09
农具(件)	97	57	60	27	40	20	240	61
耕牛(头)	3	2	29	26	2	2	5	
多余房屋(间)	380	63	60	27	118	40	157	48
得地户(户)	322	1249	594	547	1603	1500	568	1059

说明：统计中不包括外乡地主占有土地量

1951年2月王江泾区8个乡土改前后各阶层土地占有情况表

表8-4

时间	阶层	南汇乡(%)	东林乡(%)	虹阳乡(%)	双阳乡(%)	梅兴乡(%)	田乐乡(%)	荷花乡(%)	洪典乡(%)
土改前	地主	31.12	6.39	26	30	82.02	88.64	32	85
	富农	4.5	1.63	10	5		0.68	27	1

续表 8－4

时　　间	阶　层	南汇乡（%）	东林乡（%）	虹阳乡（%）	双阳乡（%）	梅兴乡（%）	田乐乡（%）	荷花乡（%）	洪典乡（%）
土改前	中农	41.01	37.91	1.4	13	11.14	3.64	6.2	3.5
	贫农	19.95	36.99	70	40.3	1.6	2.32	10	2
	雇农	0.07	0.73	0.6	0.2				
	其他	3.27	1.34	2	6.5	4.24	4.72	5	8.5
土改后	地主	1.35	1.2	4.8	1.38	2.24	0.89	0.44	0.5
	富农	2.86	7.44	15	13	3.65	4.15	4.32	7
	中农	35.33	23.9	25.3	30.62	32.8	23.1	25.22	29
	贫农	51.52	55.37	45.62	49.9	45.29	63.77	61.12	65
	雇农	1.48	1.88	1.32	2.5	8.88	2.76	6.24	0.5
	其他	7.56	3.21	7.96	2.09	7.14	5.33	7.66	7

【农业合作化】

互助组　1952 年 3 月，荷花乡麟塘村农民沈三山牵头组织 7 户农户合作搞农业生产，成立沈三山互助组，为境内最早的互助组。早期的互助组规模比较小，形式分临时互助组、季节互助组和常年互助组。互助组各成员之间的土地等生产资料归个人所有，成员之间相互帮助生产；也有互助组共享生产资料的，如荷花乡兴隆村成立的沈老三互助组，共 15 户，有田 122.1 亩，整劳力 11 人、半劳力 8 人（其中妇女整劳力 1 人、半劳力 5 人），该组通过开垦荒塘、捉鱼等办法，购买 1 部水风车、1 条小船，换进 1 头壮牛及部分旧的生产工具。当年粮食总产量 31260.5 千克，亩产最高的 400 千克，最低的 150 千克，平均每亩 256.02 千克。据不完全统计，至年末，境内建有互助组 704 个，其中常年互助组 105 个、临时互助组 599 个。有 4021 户农户和 36803 亩田参加互助组织，分别占总户数的 40％和总田亩的 44％。1953 年 2 月，中共中央颁发《关于农业生产互助合作的决议》后，互助组的规模开始扩大，沈三山互助组与王阿顺临时互助组合并，并吸收 6 户单干户，有农户 28 户。至年末，境内共成立各类互助组 836 个。农民通过生产互助及精耕细作、增施肥料、改良土壤等，粮食亩产增至 350 万千克，晚稻平均亩产增至 282.5 千克，比上年增长 10％。荷花乡各互助组水稻平均亩产 350 千克，比上年增长 27％，比全县平均亩产高 33％，创造全县农业生产的最高纪录。其中沈三山互助组有田 165 亩，平均亩产 418.5 千克，另有 9.5 亩，亩产达 500 千克；沈老三互助组 1953 年粮食总产量 36443.5 千克，亩产最高的 475 千克，最低的 200 千克，平均亩产 298.5 千克，比上年增产 14.2％，增产 5183 千克粮食。

1953 年 10 月梅兴、荷花等 8 个乡的互助合作组情况表

表 8－5

名称	常年组				临时组			
	组数（个）	户数（户）	人数（人）	农田面积（亩）	组数（个）	户数（户）	人数（人）	农田面积（亩）
梅兴	12	102	385	978	77	345	1167	3345.6
荷花	17	207	801	1865	74	619	2121	4608.3
虹阳	9	89	415	913	69	352	1870	4516.6
东林	10	66	750	396	144	774	3129	4491.3
双阳	8	63	230	375	66	351	1290	3816.2
田乐	12		435	1249	48		1234	3647.3
洪典	8	70	289	611	18	117	416	819.92
南汇	11	86	441	668	79	459	1836	2743

1953 年南汇、虹阳等 8 个乡的重点互助组情况表

表 8－6

名称	组数（个）	农田总面积（亩）	总产量（千克）	平均亩产（千克）	互助组名称
南汇	3	144.5	53346	370	吴阿川、张金生、吴荣春
虹阳	1	142.8	39089.5	273.5	杨金观
荷花	3	372.7	145440	385	沈三山、唐七斤、吴宝生
东林	3	145.4	53404.5	368.5	朱关明、张道生、于文华
梅兴	1	70	18445	264	汝连生
田乐	3	382.84	121226.5	316.5	吴咬荣、汤六斤、仲阿二
双阳	1	138	38812.5	281	陈雪洪
洪典	1	120	39600	330	唐四香

初级农业生产合作社 互助组在耕种先后及劳动工具的使用、劳动用工和质量等方面时有矛盾。1953 年 12 月，中共中央发布《关于发展农业生产合作社的决议》。1954 年，境内各乡农民在互助组的基础上，开始组建初级农业生产合作社（以下简称初级社）。入社条件：社员以土地入股，耕畜、农具作价入社，由社实行统一经营；社员参加集体劳动，劳动产品在扣除农业税、生产费、公积金、公益金和管理费用之后，按照社员的劳动数量和质量及入社的土地等生产资料的多少进行利益分配。当年南汇乡组建立初级社 44 个，95％的合作社的粮食产量要比互助组时有提高。如东林乡胜联初级社有社员 22 户，田 129.95 亩，地 6.56 亩，水稻平均亩产 300

千克，总产量 38985 千克；梅兴乡双潜建荣农业社，种植 17 亩双季间作稻，平均亩产 362 千克。但因初级社规模不等，时聚时散，部分农民仍对初级社处于观望状态。同年 10 月，王江泾区有农户 18971 户，其中 7008 户参加初级社，共组社 262 个。组建规模，小社 15 户左右，大社 50 户以上，大部分 16～30 户。1955 年 4 月，省委决定实行“全力巩固，坚决收缩”的方针，5—6 月，各乡对难以办好的合作社进行收缩。1955 年 10 月，中共七届六中全会通过《关于农业合作化问题的决议》，各乡再次掀起创办初级社的高潮，各村选择党团员骨干较多、基础较好的互助组先行试办 2～3 个初级社，办成后再全面铺开。同年年底，境内共建初级社 210 个，入社农户 5905 户。

1955 年南汇、田乐等乡初级社组建情况表

表 8－7

乡别	南汇	田乐	梅兴	荷花	双桥	东林	双阳	洪典	虹阳	合计
社数(个)	23	29	33	30	14	39	7	9	26	210
户数(户)	699	906	895	993	356	947	182	295	632	5905

高级农业生产合作社　初级社的性质为集体化，但生产资料却为私人占有，在农田灌溉、病虫害防治等方面也存在一定矛盾；另外，初级社无法实现完全计划经济和全面的社会控制，且受规模所限，其区划范围与基层行政达不到统一。1956 年 3 月，中共中央发布《关于农业生产合作社扩大和升级中有关生产资料若干问题的处理办法的决定》，境内各乡开始将初级农业生产合作社升级为高级农业生产合作社（以下简称高级社）。高级社对农民私有化的土地无偿转为集体所有，实行土地、大中型农具等主要生产资料全部折价入社的公有制，并严格执行计划经济，其中种植面积、劳力安排、收益分配均受政府支配，特别是在收益分配上取消土地分红，完全实行按劳分配。同年秋，王江泾乡将原来的 5 个小型高级社和 42 个初级社及 3 户单干户扩并为 11 个高级社，其中最大社为 539 户，最小社为 168 户，平均每社 300 户，全乡每个劳力平均负担耕地 5.57 亩，每头耕牛平均负担水田 48.5 亩，水稻亩产 269.76 千克，比上年增长 9%；南汇乡将原来的 14 个小型高级社、17 个初级社、34 户单干户扩并为 9 个高级社，其中最大社为 1077 户，最小社为 285 户，平均每社 491 户；荷花乡将原来的 9 个小型高级社、42 个初级社、105 户单干户扩并为 13 个高级社，其中最大社为 369 户，最小社为 123 户，平均每社 249 户。

1956 年秋王江泾、南汇、荷花乡高级社组建情况表

表 8－8

名称	建高级社(个)	土地总面积(亩)	总农户(户)	参加人数(人)	劳动力		建社前基础				
					男(人)	女(人)	小型高级社		初级社		单干户(户)
							社数(个)	户数(户)	社数(个)	户数(户)	
王江泾乡	11	35634	3191	12271	3617	2780	5	574	49	2599	3

续表 8－8

名　称	建高级社（个）	土地总面积（亩）	总农户（户）	参加人数（人）	劳动力		建社前基础				
					男（人）	女（人）	小型高级社		初级社		单干户（户）
							社数（个）	户数（户）	社数（个）	户数（户）	
南汇乡	9	35746	4450	17218	5050	5298	14	3281	17	1102	34
荷花乡	13	22826	3305	12278	4412	3559	9	1558	42	1597	105

【农村人民公社】

1958 年 3 月至 9 月初，中共中央发布《关于把小型农业合作社适当并为大社的意见》和《关于在农村建立人民公社问题的决议》，掀起农村人民公社化运动。同年 9 月 9 日，由南汇、荷花、澄溪 3 个乡合并成立东风人民公社，总户数 10892 户，总人口 41560 人，水田面积 65095 亩，旱地 2361 亩，鱼塘 96 亩，劳动力 16666 人，设分管区 7 个，连队 152 个（次年调整为分管区 5 个，生产大队 35 个，生产小队 344 个，操作组 685 个）；9 月 30 日，由王江泾、嘉北 2 个乡合并成立双桥人民公社。总户数 7306 户，总人口 27334 人。1959 年，设管理区 4 个，生产大队 27 个，生产小队 197 个，操作组数 555 个，有水田 71728 亩、旱地 6324 亩，鱼塘 1373 亩，劳动力 10700 人。1961 年 9 月，境内调整公社规模，南汇公社分设为南汇、田乐、荷花、澄溪 4 个公社；双桥公社分设为双桥、嘉北 2 个公社。

1958 年东风人民公社组建前后情况表

表 8－9

类　别	公社化前		公社化后		参加户数类别			
	农业社数（个）	生产队数（个）	分管区地点	连队数（个）	农业社（个）	单干户（户）	非农业户（户）	合　计（户）
一	3	64	长廾头	21	1142	15	2	1159
二	4	37	祥迎港	12	815	4	1	820
三	4	107	南汇镇	27	2156	6	341	2503
四	6	58	刘王庙	23	1326	14	2	1342
五	6	72	倪家坟	21	1280	4	2	1286
六	4	108	洪典桥	21	1299	5	5	1309
七	6		油车港	27	1734	65	288	2087
合计	33			152	9752	118	641	10506

公社管理体制　人民公社分为公社、生产大队、生产队三个管理层级。在所有制上经历公社所有制、大队所有制、生产队所有制三个阶段：1958 年建社初，实行的是公社所有制，为

“政社合一”体制，工、农、商、学、兵五位一体。公社管理委员会替代原有的乡政府，既是国家的基层政权组织，又是农村集体经济组织。原农业生产合作社的土地、牲畜、农具等生产资料和其他公共财产均归公社所有，社员个人经营的自留地、林木、牲畜等也归公社所有，公社范围内实行无偿协作。生产劳动组织编团、营、连、排、班，实行组织军事化、行动战斗化、生活集体化。办大食堂、幼儿园、托儿所、畜牧场。东风（南汇）公社办有公共食堂 171 个，32705 人用餐，办有托儿所 155 个、幼儿班 73 个、幼儿园 8 个。社员劳动不评分，按月发基本工资。粮食实行供给制，吃饭不要钱。食堂由于“放开肚皮吃饭”，数月后粮食严重短缺，不得不采取定量供应，使用饭票。1959 年，将公社所有制改为以生产大队为基本核算单位的公社三级所有制。恢复社员自留地，分配上改为工资制与工分制相结合。食堂增加，规模缩小。同年，南汇公社办有公共食堂 370 个；双桥公社办有公共食堂 256 个、托儿所 105 所、幼儿园 29 个。1961 年，贯彻落实《农村人民公社工作条例（草案）》（即六十条），确定实行以生产队为基本核算单位的公社三级所有制。从此，生产队完全成为独立核算和组织生产和分配的单位，生产队内部实行按劳分配、多劳多得的分配政策。此种管理体制一直延续到 1982 年实行家庭联产承包责任制前。

经济收益分配 公社化初期，采取工资制与供给制结合的分配方式。1959 年，采取工分制与供给制相结合的分配方式，工分按全年实做工分参加分配，供给部分为粮食。1961 年，实行以生产队为基本核算单位，各生产队在每年年终进行收益分配核算，生产队全年总收入扣除当年的农业税、生产成本和费用开支，提留出公积金、公益金等公共资金，其余的为社员可分配部分。1961 年前，社员可分配收入仅为总收入的 50%，多数生产队年人均收入仅 50～60 元。1963 年起，可分配收入占总收入的 60%以上，年人均收入也逐年上升，至 1964 年，大多数生产队人均收入超百元。至 20 世纪 70 年代后期，年人均收入达 200 元以上。各生产队在年终核算时，可分配部分按各户工分分摊计算到户，扣除每户粮食等实物折款、预借支后，大部分农户有数十元至数百元的余款，但也有 10%～20%的农户由于家庭劳动力少或当年预借支数多而超支，生产队会将这些农户的超支款（倒欠款）结转至下年。

1961—1982 年荷花公社经济收益分配情况表

表 8-10

年 份	人 口（人）	总收入（元）	支出部分			社员分配	
			费用支出（元）	国家税金（元）	集体提留（元）	分配总额（元）	每人平均数（元）
1961	13146	1457895	379894	85351	86059	906591	69.00
1962	13801	1690898	474656	86440	57601	1072201	78.00
1963	14388	1998351	441034	95642	97116	1364559	94.84
1964	14829	2629818	436870	98417	245643	1848888	124.70
1965	15362	2755444	455993	95921	252517	1959490	127.60
1966	15802	3145556	537590	100744	376707	2130515	135.00

续表 8-10

年 份	人 口（人）	总收入（元）	支出部分			社员分配	
			费用支出（元）	国家税金（元）	集体提留（元）	分配总额（元）	每人平均数（元）
1967	16220	3204921	572768	101925	314180	2216048	136.60
1968	16532	3065736	539975	99452	384991	2041318	123.50
1969	16869	3506605	691374	99940	544948	2170343	129.00
1970	17143	3524927	774884	99129	477285	2173629	127.00
1971	17425	3661735	842785	101536	365010	2352404	135.00
1972	17471	4132562	851069	99003	442265	2740225	156.00
1973	17680	4010559	916330	97860	392495	2603874	147.28
1974	17800	4412781	1012713	97401	493633	2809034	157.81
1975	17819	4111117	998390	97490	425441	2589796	145.30
1976	17904	4826310	1033776	97118	612587	3082829	172.20
1977	17973	4627804	1095244	98486	532343	2895731	161.12
1978	18192	5511736	1201763	97704	727902	3484367	191.53
1979	18031	6690607	1284285	115257	887464	4403601	244.22
1980	18048	6221634	1389087	114953	612028	4105566	227.45
1981	18213	5716502	1322929	120580	520818	3752175	206.02
1982	18438	6677407	1302516	126445	705183	4543263	246.00

粮食分配 从建立初级农业合作社起，各社所产粮食实行集体统一分配，除缴纳国家征购任务，集体留出种子、储备粮后其余粮食分配给农民。1957 年 10 月，嘉兴地区制定农业社以人定量分配“三定”口粮，境内执行以人头为定量的等级标准：1～3 岁 75 千克，4～6 岁 125 千克，7～9 岁 160 千克，10～13 岁 190 千克，14～17 岁 240 千克，18～55 岁分甲等 325 千克、乙等 300 千克、丙等 275 千克，56 岁及以上 260 千克。此法总称“三等九级一照顾”，后习惯性称“老三定口粮”。人民公社化初期，各地开办公共食堂，实行“吃饭不要钱”的供给制。1962 年后，粮食分配也曾在以人定量中划出一部分按劳动工分分配，后又被取消。由于粮食产量逐年提高，从 1964 年起，政策允许在口粮分配中，按老三定标准再提高一部分分给社员，提高的数量视生产队当年的粮食产量及分配情况而定，一般在 15%上下，20 世纪 70 年代后，提高至 20%左右。1963 年起，粮食分配中增加“饲料粮”类目，即为农家肥、出售毛猪和化肥奖励等。1983 年，实行家庭联产承包责任制后，各户承包田收成的粮食，除缴纳国家征购粮外，其余均由农户自行安排。1985 年，粮食统购改为定购，农户按合同定购缴粮。1992 年，国家取消粮食合同定购，粮食交易进入市场化管理。

1961—1982 年荷花公社粮食分配情况表

表 8 - 11

年 份	人 口（人）	粮 食 总产量（千克）	国 家 征购粮（千克）	集 体 留 粮（千克）	社员部分 合 计（千克）	社员部分 口 粮（千克）	社员部分 饲料粮（千克）	人 均 口 粮（千克）
1961	13146	5775688.5	2956344	374091	2429762	2429762		184.5
1962	13808	6377237	2733097.5	586753.5	3057386	3057386		221
1963	14412	7640852	3208584.5	632115.5	3800152	3478967	321185	241.5
1964	14801	9588854.5	4136651.5	738133	4714070	3977656.5	736413.5	269
1965	15364	9920874	3828536	706315	5386023	4356320	1029703	283.5
1966	15799	11018445	4127609.5	2349915.5	5806667	4538951.5	1267715.5	287.5
1967	16220	11132514	4442373.5	897448.5	5792692	4455247	1337445	274.5
1968	16532	9902051.5	3870076	916807	5115168.5	4315260.5	799908	261
1969	16877	11031555	4018559.5	1381740.5	5631255	4637527	993728	272.5
1970	17145	11687653	3783743.5	1931207.5	5972702	4851919.5	1120782.5	283
1971	17382	10709490.5	3854057	1164590.5	5690843	4653265	1037578	268
1972	17598	12322990	4166439.5	1642721	6513479.5	4987377	1526452.5	283.5
1973	17678	11967170	4277394	1265873.5	6423902.5	4848326.5	1525576	274
1974	17799	12042692	4064351.5	1352020.5	6626320	4990010	1636310	280.5
1975	17819	10771530	3803811.5	1329633.5	5638085	4472245	1165840	251
1976	17905	12185754	4009979	1503535	6672240	5180982.5	1491257.5	288.5
1977	17978	11436482	3862390.5	1201298.5	6372793	4887488.5	1485304.5	272
1978	18177	14338725	4391887.5	1711827.5	8235010	5975552.5	2259457.5	328.5
1979	18107	15707379.5	4745296	1774155.5	9187928	6206887	2981041	343
1980	18039	11642526	3072414.5	1113220.5	7456891	4971883	2485008	275.5
1981	18191	11896234.5	3218186.5	1035644.5	7641400.5	4992597	2648803.5	274.5
1982	18342	14273905.5	4093983.5	960846.5	9219075.5	5654651	3564424.5	308.5

【家庭联产承包责任制】

1982 年秋，境内各生产队全面实行家庭联产承包责任制，将土地所有权与使用权相对分离：土地归集体所有，由农户承包经营，农户与生产队签订承包合同；土地承包分口粮田与责任田，责任田占 60%左右，口粮田占 40%左右，旱地、桑地一并承包到户；为适应承包户人口、劳动力的变化，以及其他公用土地的需要，生产队均留下 10%左右的机动田分别划给农户种植；农户在完成粮食征购任务（1985 年起取消粮食征购，改为定购）、缴足国家税金和集体的

"两金一费"(指公积金、公益金、管理费)后,剩余农副产品不受任何制约,全部自主安排。1984年1月,中央提出"土地承包期一般应在15年以上"。同年11月,承包土地的农户均领到土地使用证。至1997年,实施第二轮土地承包制,将第一轮土地承包期限延长30年。全境共签订土地承包合同21538个。

两田制 即将农户在1982年分到承包土地中的口粮田与责任田拆分为二,农户保留每人半亩左右的口粮田自己耕种,余下的责任田全部由村经济合作社集体发包给种植养殖专业户经营。实行土地所有权、承包权、经营权三权分离的形式。1995年秋,王江泾镇王江泾村率先推行两田制。1996年9月,区委、区政府要求在二、三产业比较发达、条件基本成熟的乡镇,按照先试点后推开的步骤,在1997年晚稻播种前全面推行两田制。同年10月,王江泾镇、虹阳乡全面推行两田制,南汇镇、荷花乡、田乐乡仅在部分村推行。1997年8月,中央叫停"两田制"做法。1998年10月,中央提出坚持以家庭承包经营为基础、统分结合的双层经营体制,境内各乡镇进一步完善落实农户分散经营和集体统一经营两个层次相结合的经营形式,并与农户签订土地承包协议。

规模化经营 土地承包后,农户土地承包经营权流转情况经常发生。起初,委托亲友代耕,继而出现转包、出租、转让等多种形式。20世纪80年代后期,境内始出现农业经营大户。农业经营户主要分为外地流入农民和当地农民。1990年,田乐乡大坝村的吴明荣和虹阳乡东石桥村的张鸿生被嘉兴市人民政府评为1989年度优秀售粮户。1994年,王江泾镇新桥村种粮大户李吉祥承包水田258亩,向国家交售粮食100吨。1995年,王江泾镇有30亩以上种粮大户21户,承包水田总面积2129亩,其中王江泾村有承包户7户,承包责任田338.7亩;南汇镇的种粮大户承包水田共有505亩。此后,镇域规模化经营的种粮大户逐年增多。2010年,全镇有种粮大户324户,流转承包水田面积21303亩。

1995年王江泾镇各村种粮大户承包水田情况表

表8-12

村名	承包户姓名	承包水田总面积(亩)	村名	承包户姓名	承包水田总面积(亩)
东风	谢正观	95	新桥	李吉祥	258
	谢学胜	168		徐益芳	149
金桥	季加强	95		李健康	54
	刘必贵	70	古塘	雷忠秀	117
腾云	刘振华	118		沈永兴	86
	王才根	77		王永林	32
范滩	徐玉林	60	杜家浜	吴月儿	109
	陆根林	48		董焕君	171

续表 8－12

村　名	承包户 姓　名	承包水田总面积 （亩）	村　名	承包户 姓　名	承包水田总面积 （亩）
杜家浜	王海明	75	王江泾	马凤珍	51
西　雁	王法喜	58		高小堂	166
	黄志荣	72	合　计	21 户	2129

2010 年王江泾镇农田流转承包面积情况表

表 8－13

村　名	承包大户数 （户）	流转承包面积 （亩）	种植大麦、小麦、水稻面积（亩）		
			合　计	大麦、小麦	水　稻
民　主	3	243	273	30	243
民　和	3	211	281	70	211
荷　花	5	896	1162	312	850
北　荷	12	1410	2380	990	1390
长　虹	8	729	729		729
太　平	4	615	615		615
洪　典	17	2106	2105		2105
东　风	40	1629	2725	1095	1630
双　桥	22	1551	1926	310	1616
范　滩	19	997	1818	821	997
腾　云	17	754	1523	796	727
古　塘	9	608	1075	510	565
西　雁	7	509	874	385	489
虹　南	36	616	1165	554	611
虹　阳	20	1391	1392	658	734
阳　城	22	1114	2082	978	1104
虹　北	22	768	1455	687	768
廊　下	1	235	310	75	235
华　联	6	653	654		654
南　汇	3	931	1670	740	930
红　联	2	210	211		211

续表 8-13

村名	承包大户数（户）	流转承包面积（亩）	种植大麦、小麦、水稻面积（亩）		
			合计	大麦、小麦	水稻
莫家甸	2	166	136		136
市泾	4	448	608	160	448
田乐	10	712	1028	336	692
大坝	8	818	1178	360	818
田青	1	115	135	20	115
栋梁	1	220	220		220
收藏	1	52	52		52
沈家桥	1	110	110		110
宇四浜	6		950	475	475
金鱼桥	7	312	890	675	215
新桥	5	177	354	177	177
合计	324	21303	32086	11214	20872

产业结构调整 实行家庭联产承包责任制后，农业产业结构发生较大调整，农民劳动生产完全自主，家庭剩余劳动力可到企业做工或搞副业生产，各类专业户和家庭工业、个私企业的发展较快，经济收入更为活跃，农业收入的比例逐渐缩小，三产及其他副业经济收入的比例快速提升，农民人均纯收入稳中有升。1985 年 1 月，中共中央再次指出要“大力帮助农村调整产业结构”，“支持发展畜牧业、水产养殖业、林业等产业”。同年，荷花、澄溪、虹阳、南汇、田乐等乡围垦开发商品鱼基地 7507 亩。双桥乡双桥村创办养鸡场 1 个、占地 5000 平方米，兴办果园 1 个、占地 13 亩；王江泾种兔场饲养育种长毛种兔 50 只。至 1991 年，调整农业产业结构后，王江泾镇经济作物种植面积 3188 亩。其中西瓜种植面积 62 亩，亩产 339 千克，总产量 21 吨；荸荠种植面积 19 亩，亩产 379 千克，总产量 7.2 吨；蔬菜种植面积 1547 亩，亩产 1212 千克，总产量 1874 吨；绿肥 315 亩，含草籽种植面积 20 亩；其他作物种植 1245 亩，总产量 674 吨；蚕种养殖 6 张。同年，南汇镇油菜种植面积 3188 亩，总产量 339 吨；渔业产量 765 吨；生猪饲养量 1.7 万头。2010 年 4 月，镇政府印发《发展生态高效都市型农业的若干政策意见》，在调整产业结构上，以流转低洼田为主，探索发展湿地农业；大力鼓励流转低洼农田，开展水生作物种植、稻田养殖；鼓励种植莲藕、菱角、茭白、水芹、慈姑等水生作物，对新发展水生作物种植成规模并对农户有带动示范作用的村、企业、专业合作社给予奖励，企业、专业合作社按规模及示范带动作用大小给予 1 万～5 万元奖励；建设一条莲藕种植示范带，鼓励沿线的太平村、长虹村、北荷村、荷花村、民和村、民主村、洪典村成片进行土地流转。当年，全镇经济作物种植面积 5.85 万亩，其中油菜籽面积 15109 亩，亩产 152 千克，总产量 2302 吨；瓜果

种植面积 2532 亩，亩产 1597 千克，总产量 4043 吨；蔬菜种植面积 31382 亩，亩产 1377 千克，总产量 43217 吨；花卉苗木面积 638 亩；其他面积 8876 亩。农作物复种指数 52%，粮经比为 61.7∶38.3。

第二节　农田耕作制度

早在新石器时代，镇域即有先民从事农牧生产，开垦田地，种植水稻。春秋吴越时期，开始种植麦类。唐宋时，出现粮食一年两熟，稻、麦并茂。明清时，农业生产已形成精耕细作、集约经营的模式。解放初，境内逐步进行水田耕作制度改革，不断提高粮油复种指数。1953 年起，嘉兴地区开始试种双季稻，即早稻与连作晚稻。1954 年，各乡开始少量推广种植双季稻，先在冬闲田或红花草田收割后种植早稻，早稻收割后种植连作晚稻，部分农田实现一年水稻二熟制。此后，改制面积逐步扩大。1958 年，开始三熟制，即大麦—早稻—连作晚稻。同年，东风公社双季稻种植面积(包括连作晚稻秧田)占总农田面积的 26.9%、间作稻(指早稻行距间套种晚稻的双季稻，次年取消种植)面积占 21.5%、单季晚稻面积占 41.6%。由于栽培技术、劳动力、肥料的不足，在几年中双季稻的产量均偏低。1961 年，调减双季稻种植面积，增加单季稻种植面积。1963 年，境内单季晚稻种植占 77%，连作稻仅占 23.2%。1964 年起，单季稻种植面积又逐年减少，双季稻种植面积增加。1965 年双季稻面积超过 50%。1970 年起，随着水稻品种的更新、栽培技术的进步和化肥供应的增加，南汇、荷花等公社全部种植双季稻，全年粮食作物复种指数达 200%以上。1985 年，粮食购销政策发生变化，统购改为定购，农民缴粮任务开始减轻，部分农户开始种植单季晚稻。1992 年，国家取消粮食定购，放开粮食价格，粮食销售市场化，连作稻种植面积逐年减少，单季晚稻种植普遍化。至 2000 年，境内农户不再种植双季稻。此外，由于地面沉降，水位上涨，镇域运河东片大部分农田在冬季常遭水浸，不适宜种植春花作物，因此春花作物种植面积甚少，运河西片春花作物种植不受影响。

1956—1991 年荷花乡(公社)改制种植早稻情况表

表 8－14

年　份	农田总面积(亩)	早稻种植面积(亩)	改制率(%)	年　份	农田总面积(亩)	早稻种植面积(亩)	改制率(%)
1956	20057	5056	30	1963	19090	2763	17.4
1957	19744	6359	36	1964	19142	6457	40.5
1958	19674	9796	60	1965	19151	8232	53.5
1959	19786	7283	73.8	1966	19151	12116	76
1960	18917	1233	78	1967	19161	12829	80.3
1961	19216	5430	34	1968	19330	14023	87
1962	19096	3861	41.4	1969	19280	14262	88.8

续表 8－14

年　份	农田总面积（亩）	早稻种植面积（亩）	改制率（%）	年　份	农田总面积（亩）	早稻种植面积（亩）	改制率（%）
1970	19248	17130	100	1980	18929	15891	100
1971	19151	17169	100	1981	18930	15861	100
1972	19040	16630	100	1982	18930	15836	100
1973	19017	16215	100	1983	18930	15896	100
1974	19015	16206	100	1984	18930	15830	100
1975	19008	16209	100	1985	19309	15941	100
1976	18984	16190	100	1988	19241	15137	94
1977	18978	16158	100	1990	18617	15407	100
1978	19065	16150	100	1991	18583	15325	92.5
1979	19073	16040	100				

说明：1989 年荷花乡（公社）改制种植早稻情况不详

第三节　粮食作物

【水稻】

境内种植的水稻分籼稻、粳稻、糯稻 3 类。由于栽培时间和生长期的不同，籼稻、粳稻中又有早、中、晚稻之分。解放前，主要种植粳稻，一年一季，为晚稻，也种植小部分糯稻。如 1946 年，渠东乡（今王江泾镇荷花）晚稻总产 258500 千克，糯稻总产 9000 千克。中华人民共和国成立初期，部分地方开始种植早熟晚粳稻。20 世纪 50 年代中期，开始种植双季稻。90 年代后，水稻种植逐步由二熟改为一熟，至 2000 年，农户已不再种植双季稻，全部种植单季晚稻。

早稻品种　20 世纪 50 年代初，境内主要种植“嘉兴白皮”品种；中期，引进“莲塘早”“南特”品种；后期，引进“芒早粳”品种。60 年代，引进“矮脚南特”品种，并成为当家品种。此外，还种植早熟品种“矮南早 1 号”“二九青”“二九南 1 号”“二九陆 1 号”等；中熟品种“圭陆矮 3 号”“圭陆矮 8 号”“珍圭 51 号”；晚熟品种“团粒早”“熟矮南早 39 号”等。60—70 年代，因稻种种性退化、植株变形、产量下降等，开始选育推广早稻品种“先锋 1 号”“青秆黄”“原丰早”“竹科 2 号”“温选青”“广陆矮 4 号”等，其中“广陆矮 4 号”成为当家品种。80 年代至 20 世纪末，主要有“二九丰”“嘉兴灿

水稻

222”“嘉兴灿 758”“早莲 31”等。

晚稻品种　20 世纪 50 年代，境内主要种植“老来青”品种。60 年代，有“农垦 58”品种。70 年代，有“农虎 6 号”“嘉湖 4 号”“矮粳 23”等品种，并少量种植晚稻杂交品种。80 年代，有“秀水 48”“丙 620”品种。90 年代，开始种植“丙 620”“秀水 37”单季晚稻新品种。2000 年后，有“秀水 110”“秀水 04”等晚稻新品种。

育秧技术　露地水育是境内水稻传统育秧方式。解放初，采用清水浸种，用柴囤催芽，秧田灌水平整后播上种谷，盖上毛灰。1954 年推广盐水淘种谷、落谷稀培育壮秧。60 年代初，用泥水淘种，早稻育秧催芽采用挖长方形小地窖催芽。1968 年 5 月初，双桥公社双桥大队 4 队开始试验用河泥浇灌在平整的旱地场上做秧板，待河泥略干播上种谷，盖上棚架式尼龙薄膜。秧龄 20 天左右时带土移栽至大田，此种小苗带土移栽方法不用拔秧，省工省秧田，被广泛应用至两熟制、三熟制的早稻种植中（连作晚稻育秧一般采取水育大秧，培育“老健秧”，秧田播种须稀播，秧田面积与大田面积比例为 1∶6，秧龄一般在 30 天以上）。1968 年，双桥公社推行的“小苗带土移植栽培”技术，被推选为全国农业学习的典型。70 年代中期起，早稻育秧基本采用尼龙薄膜棚架式；80 年代中期起，采用尼龙薄膜平铺覆盖保温方法育秧。90 年代中期，单季晚稻推广旱育稀植新技术，旱育即为做秧板不上水，干耕、干平整、干施底肥，然后上水用泥锹拓平秧板即可播谷；稀植为移植大田插小株，可省种谷省秧田，苗分蘖较强。2000 年后，境内农户和种粮大户逐步推广单季稻大田直播（散播）新技术，直播每亩种子 3～3.5 千克。至 2010 年，一直沿用此项育秧技术。

栽培技术　解放初，单季晚稻移植栽培沿用传统的宽行距、大株稀植的栽培方法，土地利用率不高，产量也低。20 世纪 50 年代中期，种植双季早稻移植推行窄行小株密植，连作晚稻推行宽行密植。1958 年，由于生产乱指挥，双季稻过度密植，造成产量减产。60 年代，推行适度密植，早稻一般 3.5×4.3 寸左右，连作晚稻一般 3.5×4.7 寸，植株稍大。单季晚稻推行小株宽行，一般 4.5×5 寸左右。此种植密度一直沿用至 80 年代，变化不大。2000 年前后，推行晚稻免耕直播新技术，即种子直接散播于田坂上；也有耕地植种一年翻耕一次，接着免耕数年。此项免耕直播种植法具有省工、省种子、苗分蘖率高、产量高等优点。

病虫害防治　境内水稻病虫害主要有螟虫、稻飞虱、纵卷叶虫、纹枯病、稻瘟病、白叶病等。解放前，仅有滴滴涕、鱼藤粉、硫黄、漂白粉等农用药剂，品种单一，农户也较少使用。1926 年 6 月，梅湖乡（今田乐）陆家荡附近各庄圩“发生螟虫灾害严重，秧苗均被蛀断，益以天旱，大都枯焦而死。”中华人民共和国成立后，化学农药逐步发展，使用面积日益扩大，各类农药从杀虫剂发展到杀菌剂、灭草剂、杀鼠剂以及植物生长调节素等品种，农药供应量与年俱增。20 世纪 50 年代，开展群众性人工防治螟害运动，采取点灯诱蛾、拔白穗、采卵块、挖稻根等方法，遏制螟害。1957 年后，采用“六六六”农药防治。60 年代中期，推广使用有机磷农药，大面积的病虫害基本控制，但个别年份仍有大的灾情发生。70 年代后期，采取农业、生物和合理使用农药相结合的综合防治技术。选用抗病（虫）品种、种子消毒处理、科学运筹水肥，提高水稻自身的抵抗性；实行“两查两定”（一查病虫发生期，按最佳控害效果，定防治适期；二查病虫害发生量，控防治指标，定防治对象田），选择对口农药适时喷药防治。80 年代后，受气候等外部环境影响，晚稻稻飞虱危害频繁。1985年境内的稻飞虱等灾情均较严重。1987年8月，境内晚稻遭到第四代褐稻虱高峰期侵袭，每亩田块的平均虫量达40万～50万只；至第五代褐稻虱，每亩虫量增至400万～600万只，为历史上最大灾情发生年的一倍以上。1990年，由于早稻稻瘟病重病田块多，残留菌源大，加上病源菌生理小种的变化，境内病害影响较严重。1993年，晚稻遭受白叶枯病、稻瘟病的影响较严重。1996年，境内一代螟虫危害较大，二化螟稻根虫源密度比常年增长2.25～16倍，是几年来残虫量最高的一年。同年，由于持续高温，纵卷叶虫为大发生年。1997年，出现早稻的稻飞虱、稻纵卷叶螟和纹枯病。1999年，水稻纹枯病发病严重，经防治仍有部分损失。2005年8月，由于外来虫源大量迁入，单季晚稻田间褐飞虱虫量突增，部分田块达到大发生及特大发生程度。2007年，又是褐飞虱大发生年，三、四代混合发生，采用"甲胺磷""扑虱灵""吡虫啉"防治。2010年，出现晚稻的二化螟病等病虫害，得到有效防治。

肥料 境内主要包括有机肥、绿肥、杂肥、化肥等。至2010年，境内使用过的化学肥料有氨水、废氨水、石灰氮、碳酸氢氨、氯化铵、硫酸铵、尿素、过磷酸钙、氯化钾、复合肥等。有机肥：解放前，人畜粪尿、河泥、水草、饼肥（菜籽饼）等种植业的主要肥料。20世纪50年代起，农业社或生产队大搞积肥，冬、春季节捻河泥；夏季割青草、扒水草、耥螺丝；耕种时节出猪羊灰，利用部分蚕豆秆及早稻草直接回田与河泥相伴沤制为草塘泥作有机肥料。80年代后，由于化肥供应量充足，农户不再种植绿肥和积土杂肥，除蔬菜瓜果外，水稻已不再施人畜粪尿等有机肥料。绿肥：主要为紫云英，俗称"红花草""草子"。明代时已有种植，20世纪50年代起，大多生产队红花草播种面积占耕地总面积的30%左右。花草供肥对改土作用巨大，一般1亩花草可壅2～3亩，故有"猪灰、红花草，农家两个宝"的说法。花草不仅是肥料，而且是农畜的青饲料。绿肥除了红花草外，还有水葫芦、水花生（俗称河养草）、水浮莲等绿肥作物。随着耕作制度的变化，80年代中期后绿肥基本消失。化肥：20世纪50年代，境内化肥的应用面仍较小。70年代，化肥用量逐渐增加，成为水稻的主要肥料。实行家庭联产承包责任制后，除农户家自有的畜粪尿有机肥外，其余的均使用化肥，如磷肥、氯化铵、硫酸铵、尿素、碳酸氢氨、复合肥等。种植水稻分基肥、分蘖肥、孕穗肥、粒肥等施肥环节。基肥一般在水田翻耕前或翻耕后施，分蘖肥在插秧后半月左右施，孕穗肥在抽穗前1个月施。

种植和产量情况

1957—1971年南汇乡（公社）水稻种植情况表

表8-15

年份	早稻			连作晚稻、单季稻			两季合计	
	种植面积（亩）	亩产（千克）	总产（千克）	种植面积（亩）	亩产（千克）	总产（千克）	亩产（千克）	总产（千克）
1957	5001	145.5	729300	14253	121.5	1731800	172.5	2461000
1958	7464	202	1510150	14251	190	2708900	296	4219050
1959	3433	187.5	644700	13782	263	3628750	310	4273450

续表 8－15

年份	早稻			连作晚稻、单季稻			两季合计	
	种植面积（亩）	亩产（千克）	总产（千克）	种植面积（亩）	亩产（千克）	总产（千克）	亩产（千克）	总产（千克）
1960	9373	161.5	1514350	11278	181.5	1487400	266	3001750
1961	3530	212.5	750202	12887	195.5	2518494	252.5	3268696
1962	2344	235	550234.5	12838	200	2569541.5	243	3119776
1963	1891	253.5	479123	12771	323.5	4129856.5	360	4608979.5
1964	4238	289.5	1227770.5	12726	336.5	4286441	433.5	5514211.5
1965	4951	367	1816357.5	12739	312.5	3976220.5	455	5792578
1966	7515	325	2443639.5	12739	330.5	4207962.5	522	6651852
1967	7851	318.5	2497671	12782	325.5	4161279.5	521	6658950.5
1968	8197	306	2507557	12796	245	3132032	440.5	5639564
1969	8607	327.5	2816645	12798	317	4036465.5	535.5	6873110.5
1970	11313	312.5	3538447	12778	279	3570137.5	556.5	7109584.5
1971	11623	307	3568409.5	12786	224	2861337.5	503	6429747

1975 年南汇、荷花、田乐等 5 个公社水稻种植情况表

表 8－16

公社	早稻			晚稻			其中	两季合计	
	种植面积（亩）	亩产（千克）	总产（千克）	种植面积（亩）	亩产（千克）	总产（千克）	单季稻面积（亩）	亩产（千克）	总产（千克）
南汇	10782	343	37014.5	12711	262.5	33350.5		553.5	70365
荷花	16209	320.5	51922	19008	258	49004.5		531	100926.5
田乐	10687	320	34227.5	12985	249.5	32379	280	513	66606.5
双桥	19411	265.5	5091.5	27853	248	69104	5314	431	120019
虹阳	14175	278.5	39486.5	17938	230	41309.5	1611	450.5	80796

1983—1998 年若干年份王江泾镇境内 5 个乡镇水稻种植情况表

表 8－17

年份	乡镇	早稻			晚稻			两季总产（吨）
		种植面积（亩）	亩产（千克）	总产（吨）	种植面积（亩）	亩产（千克）	总产（吨）	
1983	双桥	22900	331	7580	27835	328	9130	16710
	虹阳	14873	322	4795	17775	328	5830	10625

续表 8－17

年份	乡镇	早稻			晚稻			两季总产（吨）
		种植面积（亩）	亩产（千克）	总产（吨）	种植面积（亩）	亩产（千克）	总产（吨）	
1983	南汇	1046	348	3640	12678	323	4095	7735
	荷花	15908	317	5035	18933	305	5765	10800
	田乐	13071	330	4320	15531	320	4970	9292
1988	王江泾	20468	341	6986	27055	379	10257	17243
	南汇	9163	298	2731	12673	354	4487	7218
	荷花	15137	304	4595	19241	417	8016	12611
	田乐	11206	314	3515	15630	394	6155	9670
	虹阳	13036	345	4498	16646	372	6179	10677
1991	王江泾	21648	320	6920	26980	400	10793	17713
	南汇	9155	366	3355	10867	425	4616	7971
	荷花	15326	334	5127	18523	427	7912	13039
	田乐	12234	342	4179	15469	406	6280	10459
	虹阳	13909	315	4382	16667	391	6513	10895
1994	王江泾	5008	362	1813	26082	454	11840	13653
	南汇	200	175	35	11922	520	6202	6237
	荷花	213	305	65	18156	545	9868	9933
	田乐	679	271	184	14859	498	7403	7587
	虹阳	1242	429	533	16373	553	9053	9586
1998	王江泾	658	322	212	59378	586	34807	35019
	南汇				11909	605	7205	7205
	田乐				14782	593	8763	8763

2001—2010年王江泾镇水稻(单季晚稻)种植情况表

表 8－18

年份	水稻面积（亩）	亩产（千克）	总产（吨）	年份	水稻面积（亩）	亩产（千克）	总产（吨）
2001	89309	525	46919	2006	72806	545	39669
2002	81075	560	45402	2007	72832	539	39271
2003	78370	566	44385	2008	72700	569	41366
2004	75417	564	42571	2009	72508	570	41329
2005	74355	534	39706	2010	72541	569	41244

【大麦、小麦】

大麦、小麦，属冬种夏熟粮食作物，境内种植大麦、小麦的历史，几乎与种植水稻同步。南宋建都临安，大量官兵和民众南渡至浙，多食麦面，因之嘉兴小麦种植扩大，大麦种植寥寥。民国时期，小麦种植面积远超大麦。1946 年，渠东乡（今王江泾镇荷花）7 个保共种植小麦 35500 千克。解放初，境内仍以种植小麦为主。1956 年改变水田耕作制度后，因大麦比小麦早熟半月有余，更为适应三熟制早稻的季节茬口，故大麦、小麦的种植比例有所调整。20 世纪 70 年代起，在扩大双季稻种植的同时，也相应增加大麦种植面积。1983 年实行家庭联产承包责任制后，农户大小麦种植比例逐步改变，大麦种植减少，小麦增加。1999 年，王江泾镇：小麦种植面积 2.45 万亩，总产量 5900 吨；大麦种植面积 6782 亩，总产量 1653 吨。南汇镇：小麦种植面积 6105 亩，总产量 1404 吨。田乐乡：小麦种植面积 1007 亩，总产量 262 吨；大麦种植面积 3630 亩，总产量 822 吨。2001 年，全镇大麦种植面积 383 公顷，总产量 1207 吨；小麦种植面积 378.4 公顷，总产量 1294 吨。2010 年，全镇小麦种植面积 4591 亩，亩产 266 千克，总产量 1223 吨；大麦种植面积 5302 亩，亩产 271 千克，总产量 1440 吨。

小麦品种　20 世纪 50—60 年代，境内主要种植“矮立多”“浙农 9 号”“和尚麦”；70 年代，种植“六五白壳”“扬麦 1 号”“浙麦 1 号”等；80 年代起至 2010 年，种植“扬麦 3 号”“扬麦 4 号”“浙麦 2 号”“浙麦 3 号”“7539 号”等品种。

大麦品种　境内种植的有经济价值的普通大麦有 2 个亚种，即二棱大麦亚种和多棱大麦亚种。20 世纪 50 年代，主要种植“立夏黄”；60 年代，种植“立夏黄”“矮白洋”“浙农 12”“无芒六棱”等；70 年代初，推广早熟、高产的大麦良种“早熟三号”；90 年代，种植“浙农 2 号”“沪麦 4 号”“秀 80—7”；2000 年后，主要种植“花 30”。

栽培技术　民国时期，大麦、小麦种植多为浅耕小塧，以点播为主，土地利用不均，产量不高。20 世纪 60 年代，逐步推广宽塧条播。70 年代起，推广深沟宽塧，薄片深翻，沟渠与农田基本建设相配备，以利于降低地下水。种子采取散播。产量较高，但用工太多。80 年代中期起，推行播稻板麦（不翻耕），播种后开沟，沟内的泥撒于田坂上，扒均削细，达到基本不露籽。稻板麦有省工、省时、穗多、高产等特点。

1957—1971 年南汇乡（公社）大麦、小麦种植情况表

表 8-19

年　份	小麦			大麦		
	种植面积（亩）	亩　产（千克）	总　产（千克）	种植面积（亩）	亩　产（千克）	总　产（千克）
1957	1121	27.5	30500	257	22.5	5750
1958	1930	37	71000	208	61	11700
1959	2453	61	140600			
1960	2387	67	160650	752	72.5	54700
1961	2033	47.5	96989.5	1433	46	66122.5

续表 8－19

年份	小麦			大麦		
	种植面积（亩）	亩产（千克）	总产（千克）	种植面积（亩）	亩产（千克）	总产（千克）
1962	1483	61	94522	71	68.5	4875.5
1963	1772	54	96003.5	547	64	34840
1964	1289	50.5	99568	2429	63.5	154040
1965	1356	99	134692	990	92.5	91401.5
1966	1773	85.5	151737.5	1275	97	123386.5
1967	2698	76.5	20559.5	1991	110	218539.5
1968	1905	79	150280	1810	116.5	210595
1969	1873	82	15373.5	2021	84.5	171200.5
1970	2148	86.5	185939	2656	125	332125.5
1971	1480	125.5	185836.5	3758	158.5	594929.5

1965—1980 年若干年份田乐公社大麦、小麦种植情况表

表 8－20

年份	小麦			大麦		
	种植面积（亩）	亩产（千克）	总产（千克）	种植面积（亩）	亩产（千克）	总产（千克）
1965	1827	108.5	198488.5	4963	122	59589
1968	2223	110	244527	1731	131	226372.5
1970	2375	100	237664	2491	123.5	307516
1973	764	50.5	38656	4312	51.5	223126.5
1975	540	67	36271	3879	79.5	307249.5
1978	584	179	104455	4283	208	890616
1980	769	181.5	139608	5348	199	1063241

2001—2010 年王江泾镇大麦、小麦种植情况表

表 8－21

年份	小麦			大麦		
	面积（亩）	亩产（千克）	总产（吨）	面积（亩）	亩产（千克）	总产（吨）
2001	5676	228	1294	5745	210	1207

续表 8-21

年 份	小麦			大麦		
	面积（亩）	亩产（千克）	总产（吨）	面积（亩）	亩产（千克）	总产（吨）
2002	4132	223	920	5506	203	1118
2003	3842	204	782	4286	185	795
2004	4828	221	1068	4803	203	975
2005	4375	232	1013	6468	252	1631
2006	4114	229	943	6367	258	1646
2007	4518	230	1038	6578	215	1415
2008	4215	264	1112	6187	255	1576
2009	4385	246	1077	5946	233	1387
2010	4591	266	1223	5302	271	1440

【蚕豆】

俗称大豆，是一种粮、菜、肥兼用型作物。镇域蚕豆品种分大粒型和小粒型两种，大粒型蚕豆粒型较宽扁，俗称“牛踏扁”，有青皮和白皮；小粒型蚕豆，籽粒较小而圆厚，俗称“香珠豆”“小青豆”。皮色分青、白、紫三种，以青皮为主。20 世纪 80 年代前，境内一般种植小粒型蚕豆，后发展为种植大粒型蚕豆。蚕豆的生长发育期为 217～221 天，属中迟熟类型；亩产 50～125 千克，高产年可达 150 千克以上；茎秆鲜草作绿肥，亩产 2000～2500 千克。解放后，蚕豆与大麦、小麦一并作为春粮作物，收获的干蚕豆可抵缴粮食征购任务，分与农户的即列入粮食分配。蚕豆种植地比较灵活，除在农田种植，也可在田头地角种植。播种多采用“豆拐”打潭，播后用毛灰覆盖。种植用工较少，不用施肥，一般不用除虫，但也受气候条件和病害等不确定因素影响，产量较不稳定。90 年代起，运河东片农户很少在农田中种植蚕豆。

1957—1971 年南汇公社(乡)蚕豆种植情况表

表 8-22

年份	种植面积（亩）	亩产（千克）	总产（千克）	年份	种植面积（亩）	亩产（千克）	总产（千克）
1957	1924	23	44750	1962	4739	80	378740
1958	1834	30	54650	1963	6044	42	253755
1959	804	56.5	45600	1964	4791	60.5	289382
1960	1478	56	82900	1965	4702	62	289040.5
1961	2864	53.5	153903	1966	1883	61.5	115414

续表 8－22

年份	种植面积（亩）	亩产（千克）	总产（千克）	年份	种植面积（亩）	亩产（千克）	总产（千克）
1967	704	52	38828.5	1970	832	77.5	64465
1968	1162	66	76898	1971	797	126.5	100695
1969	1289	46	59360				

1965—1980 年田乐公社蚕豆种植情况表

表 8－23

年份	种植面积（亩）	亩产（千克）	总产（千克）	年份	种植面积（亩）	亩产（千克）	总产（千克）
1965	4014	54	216780	1973	1215	47	57060.5
1966	1827	64.5	118206.5	1974	1201	101.5	57060.5
1967	1303	41	53107	1975	1522	54.5	82467
1968	1407	68	95439.5	1976	1653	77	127117
1969	1440	59.5	85664.5	1977	1384	35	48600.5
1970	1451	70	10385.5	1978	1235	122	150781.5
1971	1062	118.5	126017	1979	992	149.5	148148.5
1972	1038	101.5	105138.5	1980	968	105.5	101911

2004—2010 年王江泾镇蚕豆种植情况表

表 8－24

年份	面积（亩）	单产（千克）	总产（吨）	年份	面积（亩）	单产（千克）	总产（吨）
2004	1701	118	200	2008	2664	123	327
2005	2410	125	302	2009	3093	139	429
2006	2567	119	305	2010	3480	147	513
2007	2044	119	243				

【杂粮】

境内杂粮主要有大豆、豌豆、玉米、番薯、土豆等。

大豆 俗称毛豆，又名黄豆（包括青豆、黑豆、紫豆等）。明清至中华人民共和国成立初期，大豆种植面积较广。此后，多半为农民在田边、地头、岸旁零星种植。品种较为繁杂，主要有“五月白”“六月白”“大扁青”，还有较迟熟的“等西风”等。

豌豆 又名寒豆。明万历《秀水县志》已有栽培记述。境内种植豌豆，多利用零星杂地、房前屋后种植，采摘嫩荚做蔬菜佐餐。

玉米　又名玉蜀黍。早在明代已有种植。20世纪60年代，境内农民种植的品种多是杂乱的农家土品种；70年代，引进杂交春玉米"丹玉6号"；80年代中期，引进"苏玉1号""苏玉4号""丹玉13号"等杂交良种。2000年后，提倡健康养生，多吃粗粮，引进优质玉米品种"浙风糯2号"等。

番薯　又称番芋。据史载，明万历三十六年（1608），农学家徐光启将番薯从福建引入上海，继而在江浙一带传播种植，境内自清代起种植。民国时期，以绍兴籍移民种植为主。20世纪50年代，境内的番薯品种有"白皮白心""红皮白心""黄皮白心"等。其中"红皮白心"肉质甜嫩，生食颇为可口，但产量较低。1956年，开始引进"胜利百号"，薯形较大，淀粉含量多，产量亦高。但其风味不及原先地方品种。此后，因地理环境及多种因素，农民多在自留地上种植番薯，品种有黄皮黄心、紫薯、小香薯等。

【粮食作物年产量】

1952年，王江泾区水稻种植面积85100亩，亩产255千克，总产量2170.05万千克；1966年，双桥、虹阳、南汇、荷花、田乐5个公社耕地面积93222亩，全年粮食亩产481千克，总产4486.25万千克；1979年，荷花公社民主大队全年粮食亩产966.5千克，位居全县之首。1983年，南汇公社有耕地面积913.33公顷，粮食种植面积806.66公顷，全年亩产732.5千克，总产量886万千克；田乐公社有耕地面积1113.33公顷，粮食种植面积986.66公顷，全年亩产718千克，总产量1059万千克；双桥公社有耕地面积2066.66公顷，粮食种植面积1773.33公顷，全年亩产698千克，总产量1858万千克；荷花公社有耕地面积1386.66公顷，粮食种植面积1213.33公顷，全年亩产684.5千克，总产量1237.5万千克；虹阳公社有耕地面积1293.33公顷，粮食种植面积1126.66公顷，全年亩产717千克，总产量1209.5万千克。1999年，王江泾镇有耕地面积4386.8公顷，粮食种植累计面积（为春粮、早晚稻面积之和，下同）7075.26公顷，总产量38700吨；田乐乡有耕地面积1046.8公顷，粮食种植累计面积1295.13公顷，总产量9130吨；南汇镇有耕地面积807.66公顷，粮食种植累计面积1202.2公顷，总产量7249吨。2001年，全镇有耕地面积6909.2公顷，粮食种植累计面积6665.93公顷，总产量49346吨。2010年，全镇有耕地面积6713.33公顷，粮食种植累计面积6296.93公顷，总产46890吨，平均亩产248千克。全镇有种粮大户324户，承包流转土地1420公顷。

1956—1971年南汇公社粮食作物年产量表

表8-25

年份	农田面积（亩）	亩产（千克）	总产（千克）	年份	农田面积（亩）	亩产（千克）	总产（千克）
1956	15019	310	4703750	1960	13671	241	3300050
1957	14253	178.5	2544250	1961	12887	278	3585711
1958	14251	305.5	436650	1962	12838	280	3593863.5
1959	13782	323.5	4459650	1963	12771	391	499378

续表 8－25

年份	农田面积（亩）	亩　　产（千克）	总　　产（千克）	年份	农田面积（亩）	亩　　产（千克）	总　　产（千克）
1964	12726	475	6057251.5	1968	12796	475	6077337
1965	12728	495	6307722	1969	12798	565.5	7237244.5
1966	12739	553	7042140	1970	12778	512	7692114
1967	12782	557	7122043	1971	12782	572	7311008

1961—1982 年荷花公社粮食作物年产量表

表 8－26

年份	农田面积（亩）	亩　　产（千克）	总　　产（千克）	年份	农田面积（亩）	亩　　产（千克）	总　　产（千克）
1961	18849	306	5767150	1972	19040	646	12304493
1962	19117	328.5	628032	1973	19017	627	11924682
1963	19090	400	7639214	1974	19015	630.5	11984970
1964	19142	488	9338137	1975	19008	566	10755272
1965	19165	514	9848710	1976	18984	641	12166800.5
1966	19151	571.5	10947100	1977	18978	599	11364163.5
1967	19161	574.5	11018850	1978	19073	749	14280045.5
1968	19161	489.5	9378900	1979	19065	815	15537459.5
1969	19330	566.5	10954292	1980	18929	606.5	11480984.5
1970	19245	607	11676928.5	1981	18930	624	11811163
1971	19151	557	10665883.5	1982	18930	751.5	14223187

1988—1999 年王江泾镇境内 5 个乡镇粮食作物年总产量表

表 8－27

年份	王江泾镇		虹阳乡		荷花乡		南汇镇		田乐乡	
	耕地面积（亩）	总产量（吨）	耕地面积（亩）	总产量（吨）	耕地面积（亩）	总产量（吨）	耕地面积（亩）	总产量（吨）	耕地面积（亩）	总产量（吨）
1988	30087	19368	18908	12382	20783	14714	12920	8313	16440	11504
1989	30035	23535	18920	13308	20367	14640	12907	8668	16344	11835
1990	29999	20354	18866	13538	19957	15304	12761	9420	16261	13119

续表 8－27

年份	王江泾镇		虹阳乡		荷花乡		南汇镇		田乐乡	
	耕地面积（亩）	总产量（吨）	耕地面积（亩）	总产量（吨）	耕地面积（亩）	总产量（吨）	耕地面积（亩）	总产量（吨）	耕地面积（亩）	总产量（吨）
1991	29847	19063	18810	12270	19869	14813	12519	9920	16164	12059
1992	29476	18395	18748	9393	19781	15003	12328	9393	15936	12043
1993	29024	14107	18667	10061	19585	11373	12233	6841	15751	8985
1994	28628	14020	18475	10280	19359	10836	12030	6562	15673	7825
1995	28423	14100	18422	10217	19268	10887	11906	7021	15600	8208
1996	28347	15668	18411	11422	19254	12582	11900	8591	15588	10523
1997	28409	17241	18433	11265	19414	12620	12101	8551	15716	10286
1998	65856	40069					12120	8434	15698	9757
1999	65802	38737					12115	7249	15702	9130

2001—2010 年王江泾镇粮食作物年总产量表

表 8－28

年份	耕地面积（亩）	粮食种植面积（亩）	总 产 量（吨）	年份	耕地面积（亩）	粮食种植面积（亩）	总 产 量（吨）
2001	103638	99989	49346	2006	101021	92886	44475
2002	102286	97251	48550	2007	101128	90243	43000
2003	102267	97752	48430	2008	101106	92056	46366
2004	102281	96628	46250	2009	100655	95753	47106
2005	102313	95371	44550	2010	100655	94454	46890

说明：表中的粮食种植面积为春粮面积加水稻面积之和

第四节　经济作物

【油菜籽】

古称芸苔。油菜未成熟时，叶子可当蔬菜；成熟后，菜籽可榨油。1946 年，渠东乡（今王江泾镇荷花）7 个保种植油菜产籽 18750 千克。解放后，境内油菜籽产量为 20～40 千克/亩。1953 年，王江泾区种植油菜 15212 亩，亩产 35 千克，总产量 532.42 吨。1956 年，王江泾乡种植油菜 2853.77 亩，亩产 27.1 千克，总产量 77.34 吨。60 年代后，淘汰土种油菜，改变栽培技术，产量逐步提高。1963 年，田乐公社种植油菜 1823 亩，南汇公社 1334 亩，荷花公社 1939

亩，双桥公社1813亩，虹阳公社1200亩。1979年，南汇公社油菜籽亩产达105千克。1983年，南汇公社油菜种植面积145.06公顷，亩产91千克，总产量19.74万千克；田乐公社油菜种植面积160.93公顷，亩产103千克，总产量24.86万千克；双桥公社油菜种植面积307公顷，亩产94千克，总产量43.11万千克；荷花公社油菜种植面积201.86公顷，亩产91千克，总产量27.535万千克；虹阳公社油菜种植面积164.46公顷，亩产101千克，总产量25.02万千克。1999年，王江泾镇菜种植面积1281.06公顷，亩产125千克，总产量2399吨；田乐乡油菜种植面积501.73公顷，亩产139千克，总产量1046吨；南汇镇油菜种植面积259公顷，亩产130千克，总产量505吨。2001年，全镇油菜种植面积2416.4公顷，亩产128千克，总产量4639吨。2005年，全镇种植油菜28886亩，亩产132千克，总产量3813吨。2010年，油菜种植面积骤减，为15109亩，亩产152千克，总产量2302吨。

1963—2010年若干年份王江泾镇域油菜种植情况表

表8-29

名称	年份	面积（亩）	亩产（千克）	总产（吨）	名称	年份	面积（亩）	亩产（千克）	总产（吨）
田乐乡（公社）	1963	1823	24.75	45.25	虹阳乡（公社）	1963	1236	20.85	25.77
	1975	1655	35.5	58.3		1975	1836	27	49.8
	1986	3173	111.3	353.3		1986	2830	89.45	253.15
	1993	2587	122.92	318		1993	2249	124.06	279
	1999	7526	138.98	1046	双桥乡（公社）	1963	1813	9	16.2
南汇镇（公社）	1963	1334	20.5	27.35		1975	3043	36	109.35
	1975	1666	31.5	52.5		1986	6734	84.6	569.7
	1986	2762	73.62	202.5	王江泾镇	1993	3790	113.98	432
	1993	1824	89.91	164		1999	19200	124.95	2399
	1999	3890	129.82	505		2003	30541	107	3268
荷花乡（公社）	1963	1939	16.5	35.45		2005	28886	132	3813
	1975	2661	37.5	99.15		2007	17072	150	2554
	1986	3380	95	320.25		2009	15753	152	2393
	1993	1249	112.09	140		2010	15109	152	2302

品种　20世纪50年代，种植的油菜品种有“三月黄”“灯笼种”“姜黄种”等，俗称“土油菜”；60年代，引进“胜利”新品种；80年代，引进“九二58系”等品种；2000年后，多种植“沪优15”“浙优6号”“双72”“双低”等品种，菜油芥酸含量由原来的45%降低到5%以下，油脂中油酸和亚油酸含量比原有油菜品种提高一倍。

育秧　秋分播种，选择高处旱地做秧地，精整苗床，落籽均匀，施足基肥、追肥，初时保持秧地土壤湿润，及早除草育苗。用药物防治病虫害，确保秧苗健壮。

移栽　境内传统的油菜种植方法是农田翻耕为狭畦，沟较宽，土地利用率不高。用木制圆锥打潭移栽，潭口盖灰泥以保护菜根。20世纪70年代，始推行宽畦深沟，合理密植，土地利用率提高。80年代后，逐步推行免耕移栽，菜苗直接种在田坂上，栽插工具改用尖型刀具在土上开缝栽插秧苗。施复合肥做随根肥，每亩移栽密度7000棵左右。

【蔬菜】

境内蔬菜栽培，据史载，南宋时种植蔬菜22种；明万历《秀水县志》载，种植蔬菜34种；清代增加到53种。农户均以自给为主，余者上市。1961年后，农民分到自留田（地），多用来种植蔬菜，蔬菜种植面积扩大。1963年，虹阳公社蔬菜面积817.5亩、莲藕面积270亩。至80年代初，蔬菜种植较为平稳，为农民（散户）自留地种植，生产队集体种植的较少。1982年，南汇公社建办菌种场。1983年实行家庭联产承包责任制后，境内种植蔬菜面积逐步上升，出现大棚蔬菜，采用控温栽培，蔬菜品种多样，一年四季供应充足，时令蔬菜的区别不再那么明显。1990年，虹阳乡种植蔬菜面积636亩，亩产600千克，总产量381.6吨；培育鲜蘑菇0.5亩；菱产量32吨。王江泾镇种植荸荠19亩，亩产379千克，总产量7.2吨。1998年年初，王江泾供销社搭建蔬菜大棚16个，面积97亩，种植番茄、茄子等蔬菜；11月13日，市政府在此举行“百亩拥军‘菜篮子’基地”签约仪式。王江泾镇新桥村让出100亩优质良田，作为驻嘉兴部队的“菜篮子”基地，并列入市政府“菜篮子工程”，享受市政府的优惠政策。同年，王江泾镇蔬菜种植2.94万亩，亩产1205千克，总产量3.54万吨。2001年，全镇蔬菜种植面积1411.2公顷，总产量26460吨。2004年起，开发南湖菱、莲藕种植基地3500亩，为南湖菱的主产区。2010年，开发湿地农业，建设莲藕种植示范带，王江泾镇北荷村、民和村、洪典村等种植莲藕3700亩，建汾公路两旁种植莲藕160多亩，太平村种植莲藕1150多亩。全镇种植蔬菜2092.13公顷，亩产1377千克，总产量43217吨。莲藕24.66公顷。同年年末，全镇建有蔬菜专业合作社9家，其中“乐丰年”被评为市级著名商标。

【林木】

境内林业主要由平原林、经济林和花卉苗木3部分组成，种类分观赏类树木、竹类和经济林类，树种多为银杏、马尾送、桧柏、大叶榆、榔榆等。解放前，林地较少，农民利用房前屋后、河浜岸边、坟茔荒地种植些林木、竹园。解放后，政府重视绿化造林，利用田边、圩边、渠边、河边栽种树木。1966年1月，荷花公社民主大队开垦旱地18亩，种植苗木2万余株。70年代中期起，引进“三杉”等速生树种。1991年，古塘村培育苗木基地170多亩。王江泾自来水厂在建汾公路与王黎公路交叉口建有林木苗圃1个。2003年，全镇植树30万株，种植苗木4444亩，苗木收入1091万元。2005年，古塘村又开发原生态苗木基地60多亩，全村种植苗木500多亩。同年，全镇种植苗木6262亩，林业产值35万元。2009年，南洋生态农庄在金鱼桥村建成苗木生产基地400多亩，种植白玉兰、桂花林、紫薇林、果树林。2010年，全镇种植花卉苗木42.53公顷，产值37万元，占全镇农林牧渔业总产值的0.08%。

2010年王江泾镇古树名木情况表

表8-30

树　种	所　在　地	树　龄	树　高	胸　围
银　杏	范滩村东南寺旧址	900年	18米	5米
银　杏	王江泾一宿庵内	250年	23米	1.8米
银　杏	田青村泗洲大圣庵旧址	1100年	25米	5.6米
银　杏	大坝村原小学校前	350年	15米	2.5米

【水果】

据史书记载，明清时甸上（今长虹村）多产矮桃，味甚甜。清光绪《嘉兴府志》记载："闻溪即王江泾，多矮桃，长不盈尺，结实甚巨而佳。"农民爱在房前屋后种植桃树，虹阳一带的农民喜种柿树、蜜梨、葡萄、西瓜。1962年，荷花公社人民大队第一生产队利用原苏嘉铁路路基，种植梨树。当时种植的蜜梨，甜中带鲜，口感特好，"人民梨"远近闻名。1963年，虹阳公社种植西瓜4.54亩，亩产50.8担，总产230.63担；小瓜面积58.7亩，亩产11.3担，总产623.46担。1974年，荷花公社种植甘蔗6亩，亩产500千克，总产量3吨；西瓜29亩，亩产1103千克，总产量32吨；梨子种植17.8亩。1975年，双桥公社种植西小瓜62.5亩，其中西瓜3亩；田乐公社种植西小瓜73亩；双桥公社种植西小瓜63亩。1983年实行家庭联产承包责任制后，种植水果成为农民新的经济收入增长点。曾长期从事梨树管理的农民章炎龙，在农田试验种植蜜梨树2.5亩，获得成功，后逐年扩大到12亩。同年，荷花公社农民开发庭院果园，尝试栽培槜李2000余株。2000年，果蔬专业合作社兴起，水果种植面积猛增。至2010年，全镇种植瓜果面积2532亩，亩产1597千克，总产量4043吨。秀丰果蔬专业合作社种植的西瓜注册了"长虹桥"商标。

【蚕桑】

栽桑　境内自古为江南的丝绸生产、贸易中心，种桑养蚕为农民家庭经济的主要来源。据史料记载，明代时已培育大小梅、红鸡爪、睦州青等桑树品种。至明万历年间，境内种桑业极盛，生丝资源丰富。清乾隆时期，农民植桑1亩的收入，约为3亩多水稻的收入（良田1亩以产米3石计）。清雍正《浙江通志》中记载王江泾一带有"晚青桑、白皮桑、荷叶桑、鸡脚桑、扯皮桑、尖叶桑、火桑、山桑、红头桑、槐头青、鸡窠桑、水竹、青鸟桑"等桑树品种。种法有七："一收椹、二播种、三置棚、四浇灌、五缛耘、六割桑、七移栽"。清代程瑞禴《泊王江泾》诗中，对农民大量种植桑树留有"千秋桑叶留人采，万顷湖田待雨耕"之佳句。民国时，运河西域旱地较多，栽桑也多；运河东域荷花一带栽桑较多，北片南汇和田乐一带很少种有桑树。抗日战争爆发后，桑园惨遭砍伐。解放初期，境内种桑稍有恢复。20世纪60年代，国家提倡"以粮为纲"，桑田大量减少，部分公社利用田边、圩边、渠边、河边栽桑。1963年，虹阳公社桑园面积7.6亩，亩产81担，总产615.6担。1966年1月，荷花公社民主大队利用田边、圩边、渠边、河边栽种桑树17400棵，相当于43亩专业桑园。同年，荷花公社有专用桑地178亩。1975年，双桥公社有专用桑地 889 亩。1976 年,南汇公社有专用桑地 30 亩,荷花公社有专用桑地 548 亩。1983 年,荷花公社桑园面积 9.66 公顷,虹阳公社桑园面积 57.4 公顷,双桥公社桑园面积 40.1 公顷。此后,各乡镇专用桑地逐年减少,1990 年,仅有虹阳乡桑园面积 8.52 公顷。进入 21 世纪,私营企业发展较快,种桑养蚕经济效益不高,蚕桑业继续萎缩。2001 年,全镇桑园面积 15.33 公顷。2005 年,全镇有专用桑地 1.67 公顷。至 2010 年,全镇专用桑地面积基本不变。

养蚕 解放前,渠东区(今荷花)的玄宁观为育蚕场址,育蚕制种分赠给养蚕农户。1951 年,土地改革完成后,境内改良蚕种的配销任务是春期配售蚕种 3200 张,秋期配售蚕种 350 张。1965 年,荷花公社产蚕茧 43 担、双桥公社 94 担、虹阳公社 134 担、田乐公社 1 担。1976 年,荷花公社 556 担、双桥公社 609 担、虹阳公社 643 担、田乐公社 14 担、南汇公社 23 担。1983 年,荷花乡年养蚕 213 张,总产量 114 担;虹阳乡年养蚕 709 张,总产量 492 担。1986 年,双桥乡蚕茧总产量 51 担,虹阳乡蚕茧总产量 194 担。1993 年,虹阳乡蚕茧总量 2 吨。2000 年后,养蚕呈下降趋势。2001 年,全镇年养蚕 43 张,总产量 2 吨。2005 年,王江泾镇饲养蚕茧 50 张,其中春蚕 29.5 张、秋蚕 20.5 张,蚕茧总产量 2.22 吨。2009 年,饲养蚕茧 48 张,其中春蚕 26 张、秋蚕 22 张,蚕茧产量 2 吨。

收茧 1917 年,虹阳港茧厂为嘉兴县仅有的 5 家茧厂之一。1931 年,嘉兴县蚕业改良区在双桥设立巡回指导所,设有双桥陈文明的恒大第二茧行、南汇蒋莱仙的恒裕茧行、王江泾石鹤龄的天丰茧行 3 个茧行收购站。中华人民共和国成立后,1951 年起,蚕茧由省丝绸公司委托各供销社代收包烘。1985 年,省政府取消派购蚕茧,采取合同收购,合同以外的蚕茧可自由上市,议购议销。1986 年,由于改定基数外的蚕茧价格可浮动,出现多头收购,抬价争购的“蚕茧大战”,部分蚕茧向外省流出。至 1988 年,蚕茧收购恢复正常。1997 年 5 月,基层供销社收茧划给嘉兴市丝绸公司管理。此后,基层供销社告别蚕茧代收、代烘、代运“三代”业务。

第五节 畜禽饲养

【家畜饲养】

猪 唐代以前,境内农民就开始饲养猪,为自家食用。至宋代,家庭养猪已初具规模。清《浙江通志》载,明代中期,因明正德皇帝朱厚照忌“猪”音与其姓同,下旨禁养,当时生猪“一时埋弃俱尽”。清代,境内的农家养猪普遍。清光绪《嘉兴府志》载:“古人云,种田不养猪,秀才不读书,必无成功。”民国时期,农民贫困,一般农家养猪极少,只有地主、富农等富裕人家才常年养猪。解放前,南汇乡四村 8、9、10 三个组、27 户农民只有一户养猪 2 头。中华人民共和国成立后,政府鼓励养猪,一户农家一般能养 1～2 头猪,过年时宰杀年猪,或为举办婚丧嫁娶办宴而用。此时猪的品种多为嘉兴黑猪、二元杂交白猪。1953 年,荷花乡第五选民区养猪 141 头,比 1949 年的 25 头增加近 5 倍;1956 年,荷花乡民主社养猪业名列全乡前茅,饲养母猪 64 头、肉猪 110 头。1958 年公社化时,由集体统一饲养,生猪饲养量有所下降。东风公社在陶家荡北创办全社第一个畜牧场,由东风公社副社长张阿妹负责管理。1959 年,民主大队兴办 1 个大队畜牧场和 9 个小队畜牧场,饲养母猪 84 头、肉猪 114 头、小猪 380 头、公猪 2 头,计

580头。1961年1月，国家政策调整，集体畜牧场解体，开始提倡生猪公养和私养并举，饲料供应增加，生猪饲养量快速回升。1963年，鼓励农民多养猪，粮食分配中设有饲料粮奖励项目，饲料粮按猪灰和出售毛猪计算。同年，虹阳公社各生产队兴办畜牧场，饲养母猪、小猪和肉猪，以满足积肥需要。1971年，虹阳公社生猪年末存栏10399头，其中集体牧场64个，生猪1895头；配种公猪4头，母猪718头，未断奶的小猪3081头，出售肥猪5921头。1972年，荷花公社集体畜牧场饲养生猪3005头，其中母猪291头、肉猪1044头、小猪1670头，当年全社生猪年末存栏20483头。1976年，荷花公社户均饲养生猪（下同）6.13头，虹阳公社6.9头，田乐公社5.6头，双桥公社5.2头，南汇公社4.95头。1978年7月1日，实行收购毛猪嘉奖化肥的规定，每收购1头合格猪（出净肉35千克），奖售饲料25千克、棉布66.67厘米、化肥3千克。1986年，荷花乡畜牧业生产保持基本稳定发展，全乡农户投售商品猪12723头，平均每户2.7头；全年饲养量31711头，户均6.7头。20世纪90年代，因饲料业的发展，采用配合饲料喂猪，生猪生长期限缩短为3～4个月。市双桥农场新培育出二元猪、三元猪品种，养猪大户纷纷涌现，养猪使农民增收致富。2000年后，境内丝织业发展较快，生猪饲养量逐年减少。2005年，全镇年末生猪存栏58083头，全年饲养量140342头。2010年，全镇生猪年末存栏37000头，全年饲养量为118800头。

1963—2010年若干年份王江泾镇境内生猪饲养情况表

表8-31

乡镇	年份	全年饲养（头）	肉猪出栏（头）	年末存栏（头）	其中存栏母猪（头）
南汇	1963	5466	695	4771	504
	1965	9829			448
	1976	15888			1437
	1983	22081	7900	14171	
	1988			8900	
	1995	17832	9390	8442	150
	1999	14900	10400	4500	117
田乐	1963	5563			
	1965	10730	5101	5629	
	1976	14705	5312	3907	
	1983	22598	12114	10431	
	1988			7200	
	1995	14917	8450	6467	
	1999	11685	7590	4185	34

续表 8－31

乡　镇	年　份	全年饲养（头）	肉猪出栏（头）	年末存栏（头）	其中存栏母猪（头）
荷花	1963	11568			
	1965	20921	7903	13018	
	1976	25531	6536	48995	
	1983	35231	13866	21139	2000
	1988	29246	8499	20700	
	1995	30010	16260	13750	
虹阳	1963	5365			
	1965	11054	5090	5964	
	1976	15171	6158	9013	472
	1983	28346	13016	15016	
	1988			11700	
	1995	26471	11121	15350	462
双桥	1963	7389			
	1965	15776	6732	8844	
	1976	21273	7920	13353	
	1983	31624	18014	13587	
王江泾	1988			12300	
	1995	22746	13359	9387	
	1999	68600	39400	29200	1936
	2001	120755	69907	50848	2595
	2003	120696	76341	45355	2195
	2005	140342	82259	58083	1568
	2008	119676	83378	36298	1251
	2010	118815	81811	37004	1799

牛　境内以饲养水牛、黄牛为主，主要使役于农田耕翻等农活。雄牛大多阉割，有利于畜力劳作，专事农事。耕牛未老病时，一般不会宰杀。三国东吴时，军队畜有“官牛”屯田。唐宋时，境内除耕作外，农民还用牛力来拖船、车水、打油、磨面、运输，以及“用牛挽船过堰”。清代至民国初年，境内绍兴籍移民用牛力“复垦荒地”，牛成为耕作的主要动力。日军入侵时，耕牛

被掠夺滥杀,饲养量锐减。民国时,普通农户家养不起牛,只有地主、富农家才有。1946年,双桥镇农村有耕牛170头。中华人民共和国成立后,耕牛的饲养量上升。20世纪50年代初,实行土地改革时,耕牛作为主要的生产资料分配给农民。部分农民还自己购买耕牛,有独户购买,也有联户购买。1953年,王江泾区有耕牛803头。1956年,南汇乡有水牛327头;荷花乡有黄牛8头、水牛114头;王江泾乡有黄牛168头、水牛114头。1958年公社化后,每个生产队一般饲养1～2头耕牛,用于耕作、车水。当年东风人民公社有公黄牛5头、水牛428头。70年代中期,手扶拖拉机取代了耕牛,耕牛数量呈下降趋势。1975年,双桥公社饲养水牛237头。1977年,荷花公社年末存栏能耕田的水牛81头。1979年,南汇镇年末存栏能耕田的水牛43头。1983年后,农业机械化普及,饲养耕牛数极少。1991年,虹阳乡年末存栏耕牛9头,王江泾镇年末存栏耕牛3头,南汇镇年末存栏耕牛1头,田乐乡年末存栏耕牛12头。1995年,虹阳乡有耕牛1头。1999年,田乐乡年末存栏水牛7头,全年出栏水牛5头。2000年,王江泾镇年末存栏耕牛6头。2003年,全镇良种牛及乳牛年末存栏14头。2005年,全镇年末存栏7头。至2010年,境内除养殖一些供食用的菜牛外,已无耕牛。

羊 境内养羊多为家庭饲养,数量较少,主要供自家食用。品种主要有湖羊、山羊。《越绝书》中有春秋时期吴国养羊的记载,时称"白山羊"。东晋初,北方世族南迁,将绵羊带入境内。南宋后,养羊有很大发展。明朝时,"以桑养羊,以羊粪壅桑"形成良性循环。清代,政府鼓励农民养羊,并提倡用羊粪肥田。民国初期,养羊业处于兴旺时期,羊肉堪称肉类之上品。徐文潮有诗赞曰:"羔羊切脍和葱椒,烹得腥膻气尽消;稻蟹莼鲈难与匹,须添美酒一寒瓢。"1937年抗日战争全面爆发后,养羊量大幅度下降。中华人民共和国成立后,农户养羊逐步恢复。1953年,王江泾区有山羊2196只、绵羊1818只。农业合作化后,家庭养羊量减少。1958年公社化时,境内年末存栏山羊1025只、绵羊1840只。1963年起,由于养猪有饲料粮奖励政策的鼓励,农户养羊量大幅度减少。南汇公社1963年年末存栏153只,1964年仅44只。荷花公社1964年年末存栏211只,1965年118只,1966年仅21只。1971年起,农户养羊量逐步上升,当年虹阳公社年末存栏484只。1975年,双桥公社年末存栏1256只。1983年后,养羊可增加农户副业收入,出现规模养羊户。虹阳乡:1990年年末存栏864只,其中山羊709只,年内出栏747只;1995年年末存栏1438只,其中山羊1365只、湖羊30只、绵羊43只,年内出栏1180只。王江泾镇:1991年年末存栏200只,其中山羊167只、湖羊33只;1999年年末存栏2398只,年内出栏1808只;2000年年末存栏2486只,其中山羊2270只、湖羊216只,年内出栏2733只。2004年,全镇有30只以上的规模养羊户80户,最大户养羊80多只。2005年,全镇年末存栏2461只,年内出栏2785只。2010年,全镇年末存栏2102只,年内出栏2565只。

兔 历史上,境内农民很少养兔,偶有养殖中国白兔和灰兔(俗称草兔),均属肉用兔,以食青草为主。中华人民共和国成立后,政府鼓励发展养兔业,农户养兔逐步成为一项新兴副业。1958年,由于生猪和家禽私人饲养受到限制,农民转养兔子的较多。当年,东风人民公社饲养兔子778只。至1959年年底,民主大队饲养兔子达1500多只。三年经济困难时期,饲养菜兔量大增,用以补充肉食品之不足。20世纪60年代后期,农户养猪快速发展,饲养菜兔基本停滞，改养皮用兔（力克斯）和毛用兔（德国长毛兔）。改革开放后，兔毛成为出口紧俏产品，供销社系统从资金、物资、技术等方面扶持长毛兔生产，发展集体养兔和养兔专业户，养兔业再次兴起。1980年，双桥公社双桥大队1队钮花宝有兔房7间，兔笼300个，饲养长毛兔758只。年收获兔毛29.3千克，种兔89只，小兔18只，合计收入1616.55元，并获评嘉兴地区“银花、银兔、银茧赛”先进个人。1984年，由于兔毛紧俏，曾有“若要富，先养兔”的口号。1985年起，王江泾种兔场饲养育种联邦德国进口的50只长毛种兔。1986年，兔毛国际市场形势逆转，价格惨落，境内兔子饲养量大减。此后几年，兔毛出口依然不畅，价格偏低，生产继续滑坡。1991年，王江泾镇兔子年末存栏492只，其中肉用兔15只、长毛兔477只；年内出栏数260只，产兔毛213千克。20世纪90年代中后期，肉用兔的饲养略见回升。1995年，虹阳乡年末存栏兔1450只，其中肉用兔1450只；年内出栏845只，产兔肉1.27吨。2000年，全镇兔年末存栏1250只，产兔肉2.32吨。2003年，全镇兔年末存栏4835只，其中肉用兔4500只、长毛兔335只，年内出栏4557只，产兔肉9.84吨、兔毛1吨。2005年，全镇兔年末存栏491只，其中肉用兔26只、长毛兔465只，年内出栏149只，产兔肉0.22吨、兔毛0.04吨。2010年，因市场、效益等，养兔业萎缩，仅有个别农家饲养以供食用。

【家禽饲养】

镇域农民家禽饲养除常见的鸡、鸭、鹅外，还有鸽子、鹌鹑及从国外引进的七面鸟等，但数量较少。民国期间，境内有鸡鸭孵坊，但无规模化养殖场所。1946年，双桥镇养鸡2399羽、鸭359羽，蛋13490个；渠东乡养鸡900羽、鸭453羽。中华人民共和国成立后，家禽的饲养量有所增加，农户以养鸡、鸭为多。1958年公社化时，提倡家禽集中公养，限制农户私养。同年，东风人民公社养鸡1338羽、鸭1679羽。1959年，南汇公社民主生产队饲养鸭200多羽、鸡1500多羽。后因集体饲养鸡鸭大多亏损被解散。20世纪60—70年代，因粮食紧张，社员饲养家禽有限量，一般每户2～4羽。家庭联产承包责任制后，粮食丰产，鸡鸭的饲养量逐年增多，出现家禽养殖专业户。1984年7月，双桥乡双桥村创办5000平方米的养鸡场，购入40多组养鸡笼子，购进种鸡3000羽。同年12月起，种鸡产蛋率为60%。1989年，虹阳乡饲养500羽以上的家禽养殖大户有81户。1990年，虹阳乡饲养家禽25.7万羽（含养殖户），家禽年末存栏60416羽，其中鸡46516羽、鸭8290羽、鹅5610羽；年内出栏257078羽，其中市场出售223610羽、自食33468羽。1991年，王江泾镇年末存栏家禽4.18万羽，年内出栏2.58万羽；虹阳乡年末存栏家禽7.62万羽，年内出栏3.86万羽；南汇镇年末存栏家禽2.18万羽，年内出栏2.09万羽；田乐乡年末存栏家禽2.32万羽，年内出栏4.09万羽；荷花乡年末存栏家禽1.71万羽，年内出栏2.56万羽。1999年，王江泾镇家禽年末存栏11.34万羽，年内出栏15.02万羽；田乐乡年末存栏2万羽，年内出栏3.42万羽；南汇镇家禽年末存栏2.61万羽，年内出栏3.79万羽。2000年后，私营工业发展较快，农民多从事织机业或进企业务工，养鸡、鸭的数量明显减少。2005年，全镇2000羽以上的养鸡专业户有44户，均为镇内农民，饲养量5万余羽；养鸭专业户60户，其中王江泾籍养鸭户5户，其余55户均为浙江江山籍农民来租地饲养。当年全镇家禽年末存栏23.42万羽，其中肉禽11.96万羽、蛋禽11.46万羽；家禽年内出栏22.72万羽，其中鸡12.25万羽、鸭7.64万羽、鹅2.83万羽；禽肉340.88吨，禽蛋产量 437.32 吨。2010 年，全镇有养鸭户 30 余户，年末家禽存栏 22.6 万羽，年内出栏 24.75 万羽。域内鸡的品种主要有三黄鸡、萧山鸡、芦花鸡、当地草鸡和白毛乌骨鸡、新浦东、浦红、宝星、海星、依莎褐、爱拔益加等；鸭的品种有绍兴麻鸭、北京鸭和樱桃谷、狄高鸭等肉鸭；鹅的品种有浙东白鹅、太湖白鹅、永康灰鹅和狮头鹅等。

【东风公社畜牧场】

20 世纪 50 年代中期，政府鼓励农民为国家多投售肥猪。1958 年，东风公社在陶家荡北岸（今荷花村）创办公社集体畜牧场，为嘉兴县首家。由东风公社副社长（澄溪分管区千金寺人）张阿妹（女）任畜牧场场长。1958 年畜牧场养猪 103 头，1959 年养猪 404 头，1960 年 5 月，生猪存栏 1042 头，其中公猪 4 头、培育公猪 26 头、母猪 159 头、培育母猪 282 头、肉猪 195 头、小猪 376 头。鸡存栏 500 羽，鸭存栏 2350 羽，兔存栏 50 只。牧场饲养员和种植饲料专业队人员共 122 人。饲料自给自足，有饲料地 180 亩，其中有藕 35 亩、南瓜 40 亩、番薯 30 亩、高粱 15 亩、其他瓜类 60 亩，同时繁殖大球藻、小球藻。畜牧场建有瓦屋猪舍 3 座 132 个棚，草屋 2 座 60 个棚。畜牧场的肉猪全部投售给国营食品公司。1958 年 9 月，场长张阿妹被评为全国农业战线先进人物，去北京参加先进表彰会，并受到毛主席的接见。畜牧场于 1961 年 9 月关闭，结束养殖。

第六节　水产业

【水产养殖概况】

明嘉靖年间，有绍兴籍人士移居境内，利用天然河流湖泊，建造拦鱼竹簖，放养鱼种，繁育成鱼，俗称“外荡养鱼”。为有文字记载以来最原始的养鱼方式。1930 年，绍兴人赵来英与严天华等分别在双桥乡钱家溪、沙河荡及运河东的钉靴荡、蚕溪荡、沉石荡、沈家荡以及东千亩荡从事养鱼。1931 年，绍兴人严正泰和湖州菱湖人鲁阿松合办专事水产生产经营的泰山公司，并在连三荡、莲泗荡和陶家荡养殖鱼类。由于在荡中建簖放养鱼种，正逢大水，引起周围群众误解，结果连续发生拔簖事件。事后，当地人又在莲泗荡南杨溪村杨树路港口设“永禁设簖养鱼”碑石。此后，境内外荡养鱼方式几乎夭折。

中华人民共和国成立后，党和政府重视水资源利用，境内水产养殖业发展较快，1951 年在南汇镇建立嘉兴养鱼总场，发展外荡养鱼。由于水产品长期由国家统一收购，随着经济的发展，水产品的供应跟不上需求量的快速增长，20 世纪 80 年代初，市场上出现“吃鱼难”问题，为此，国家下拨扶持资金建设商品鱼基地，境内的梅家荡、和尚荡、南陶家荡先后被确定为国家重点建设区域。从 1982 年起，境内荷花、虹阳、南汇、荷花、田乐 5 个乡镇（公社）及嘉兴养鱼场投入开发建设，至 1986 年年末，共开发商品鱼基地 5 个，总面积 6395 亩。同时在外荡采用围网养鱼和网箱养鱼，改进养殖技术，使产量稳步上升，并确定以养殖青鱼为驻地品种。1991 年，王江泾镇外荡养殖总面积 1116 亩，其中大水面 877.8 亩、小外荡 155 亩、围网 67.3 亩、网箱 15.9 亩，全年内、外荡养殖产量 576.4 吨，占全镇农业总产值的 13%；南汇镇养殖总面积 820 亩，其中大水面 684.6 亩、拦港拦浜 10 亩、围网 123 亩、网箱 2.4 亩，全年内、外荡养殖产量764.6吨，占全镇农业总产值的28%；田乐乡养殖总面积1856亩，其中小外荡60亩，全年内、外荡养殖产量511.4吨，占全乡农业总产值的11.3%；虹阳乡外荡、池塘总面积5086亩，其中围网42.2亩、网箱9.8亩，全年内、外荡养殖产量1010.2吨，占全乡农业总产值的21%；荷花乡池养面积2051亩，全年水产养殖总产量1312吨，占全乡农业总产值的23.6%；嘉兴养鱼场外荡养殖总面积269亩，其中围网189亩、网箱80亩。1996—1997年，共开挖9498亩稻田鱼塘，发展青鱼和特种水产养殖。1998年年底，镇域各乡镇的集体养鱼场全面实行家庭承包经营，原来20多个集体养鱼场分散为近千个农户经营。承包后，各经营户产权清晰，有效调动养殖户的积极性。1999年，王江泾镇水产养殖面积1.2万亩，总产量3463吨，增长6.15%；田乐乡水产品养殖面积2600亩，总产量780吨，增长3.7%；南汇镇水产品养殖面积2250亩，总产量1210吨，增长8.04%。2001年起，王江泾镇在重点发展青鱼养殖的同时，开始发展河蟹、甲鱼特种水产养殖，总面积368亩；淡水珍珠产量超2吨。同年6月，嘉兴市王江泾镇水产专业合作社成立，系全镇、全区首个水产合作社。2004年，全镇名特优水产品养殖面积1.2万亩。青鱼、鲫鱼专养鱼塘1万亩，青鱼良种繁育场通过省级验收。2007年，省政府授予王江泾镇水产养殖"特色优势产业强镇"称号。2010年年末，全镇有水产养殖面积4.62万亩，全年渔业产值1.81亿元，占全镇农林牧渔业总产值的38.37%。全镇建有规模化水产养殖基地7个，标准化养殖面积7347.3亩。全镇有青鱼养殖水产专业合作社5家，大小青鱼加工企业近20家，其中省级农业龙头企业1家，省级农业科技型企业1家，市级龙头企业4家。全镇年青鱼加工1000吨，青鱼无公害水产品产地11个(青鱼9个，青鱼干制品2个)，认证面积5906亩，"王江泾青鱼干"在省农博会、渔博会上连获金奖。自此，全镇渔业已形成从原种—良种—标准化生产—加工销售的一条龙产业链。

1983—1999年部分年份王江泾镇境内水产养殖情况表

表8-32

年份	乡镇	外荡养殖			池塘养殖		总计	
		面积(亩)	其中小精高(亩)	产量(吨)	面积(亩)	产量(吨)	面积(亩)	产量(吨)
1983	双桥公社	4692		78.5	174	21.7	5136	100.2
	虹阳公社	3311		66.1	57	7.7	3368	73.8
	荷花公社				210	29.5	210	29.5
	南汇公社	810		28.95	36	4.35	846	33.3
	田乐公社	125		8.5	26	2.95	151	11.45
1988	王江泾镇	4692	185	179.2	884	401.35	5576	580.55
	虹阳乡	3311	38	160	1775	980	5086	1140
	荷花乡			10	2189	1187.1	2189	1197.1

续表 8－32

年份	乡镇	外荡养殖			池塘养殖		总计	
		面积（亩）	其中小精高（亩）	产量（吨）	面积（亩）	产量（吨）	面积（亩）	产量（吨）
1988	南汇镇	810	140	46.9	1285	535.3	1603	582.2
	田乐乡	1900		100	793	434.54	2693	534.54
1992	王江泾镇	4692	237	212	845	365.45	5537	577.45
	虹阳乡	3311	52	124.6	1775	911.4	5086	1036
	荷花乡				2133	1281.67	2133	1281.67
	南汇镇	810	136	66	1279	756.91	2089	822.91
	田乐乡	1856	60	90	753	464.18	2609	554.18
1996	王江泾镇	4692	530	205.5	856	392.25	5548	897.75
	虹阳乡	3311	18	102.4	1775	932.6	5086	1035
	荷花乡				2185	1420	2189	1420
	南汇镇	870	119	30	1287	1026	8342	1056
	田乐乡	1856	227	32	753	581	2609	613
1999	王江泾镇	7747	919.9	250	4340	3213	12087	3463
	南汇镇	910	256	126	1342	1077	2252	1203
	田乐乡	1859	240	109	753	668	2612	777

2003—2010 年部分年份王江泾镇水产养殖情况表

表 8－33

年份	外荡养殖		池塘养殖		其他养殖		总计	
	面积（亩）	产量（吨）	面积（亩）	产量（吨）	面积（亩）	产量（吨）	面积（亩）	产量（吨）
2003	11989		8295				20284	
2006	26377	340	9688	6707	10135	3410	36065	10457
2008	26377	732	9688	7059	10135	3806	36065	11597
2009	26377	89	9688	6368	10360	5123	36065	11580
2010	26377	89	9688	6768	10360	5225	36065	12082

【品种　产量】

境内水产品种繁多。清嘉庆《嘉兴县志》卷十七《物产》中，曾记载境内有青鱼、草鱼、鲢鱼

(白鲢)、鳙鱼(花鲢、胖头鱼)、鲫鱼、鲤鱼、鳊鱼、鲶鱼、鳗鱼、螃蟹、虾、鳖、黄鳝、河蚌、田螺、蚬子、乌龟等20余种鱼类和水产品。解放前,渔民捕鱼的渔具较为简单,人工饲养的形式也较单一,渔业产量不高。当时境内共渔船600多条、捕螺蛳船900条,历年鱼类产量15000担左右、螺蚬产量20万担左右(以农田用肥为主)。中华人民共和国成立后,渔民主要采用麦弓、小铁钓、湾龙等渔具捕捞外河、荡的野生鱼、虾。1984年,和尚荡、陶家荡、梅家荡、北岳良荡等商品鱼基地建成后,水产养殖产量快速增长。1984—1986年,市政府下达内塘、外荡淡水鱼派购任务。内塘:荷花乡洪典大队1984年为136担,1985年175担,1986年193担;双桥乡金桥大队1984年为162担,1985年168担,1986年210担;双桥乡范滩大队1984年为63担,1985年188担,1986年250担;荷花乡、澄溪乡陶家荡1984年为675担,1985年2024担,1986年2698担;虹阳乡和尚荡1984年为580担,1985年1739担,1986年2318担;嘉北乡沈家桥大队1984年为88担,1985年110担,1986年110担。外荡:1984—1986年国营渔场7000担,虹阳乡水产队840担,虹阳乡水产队(捕捞)70担,双桥乡水产队600担,双桥乡水产队(捕捞)285担,南汇乡小曲荡渔场127担。1986年,荷花乡内荡养鱼面积1853亩,比1983年增加1654亩,增长81.2%,水产品总产量20301担,年增加19301担,增长1930%。荷花乡水产业创产值258万元,上缴国家税金4.8万元,创利12.7万元。1988年,荷花乡内荡养鱼2121亩,年产量28642担,年增加5408担;创产值515.5万元,比上年增加142.5万元;上缴国家税金10.6万元,创利80万多元。1999年,田乐乡鱼类产量为783吨,其中青鱼251吨、草鱼125吨、鲢鱼162吨、鳙鱼73吨、鲫鱼128吨、鳊鱼17吨、鲤鱼20吨、甲鱼5吨、其他2吨;虾蟹类1.21吨。同年2月,王江泾镇荷花水产养殖公司每天销往各地的鲜鱼3万多千克。2000年,境内水产养殖面积24575亩,养殖产量6360.44吨,其中青鱼产量1534吨。2010年,全镇青鱼年产量4800吨,青鱼加工1000吨。其他水产养殖产量1818吨,其中泥鳅20吨、鲶鱼6吨、黄颡鱼6吨、黄鳝2吨、鳜鱼70吨、鲈鱼27吨、黑鱼1吨、鮰鱼80吨、罗氏沼虾376吨、南美白对虾470吨、河蟹5吨、鳖755吨。观赏鱼2000条。

1991—2010年部分年份王江泾镇渔业分品种产量情况表

表8-34　　单位:吨

类别	品　种	1991年	1999年	2005年	2006年	2008年	2009年	2010年
鱼类	小　计	4172	5460	7907	9037	9403	9903.5	10204
	青　鱼		1298	3885	4005	4088	4273	4288
	草　鱼	895	992	410	378	428	478	488
	鲢　鱼	1670	1262	2140	1988	2138	2238	2350
	鳙　鱼	493	473	1182	1006	1046	1096	1180
	鲤　鱼	319	260	62	7	10	15	20
	鲫　鱼	40	733	40	1311	1396	1446	1446

续表 8-34

类别	品种	1991 年	1999 年	2005 年	2006 年	2008 年	2009 年	2010 年
鱼类	鳊鱼	573	405	186	160	190	230	300
	泥鳅				2		14.5	20
	鲶鱼					2	6	6
	黄颡鱼				4	5	7	6
	黄鳝				2	2	2	2
	鳜鱼				70	70	70	70
	鲈鱼				22		27	27
	黑鱼						1	1
甲壳类	小计	3.7	15	655	1083	1126	875.5	970
	虾类	3.5		652	1080	1122	867.5	965
	蟹类	0.2	2	3	3	4	8	5
贝类	小计		502		231	233	233	123
	河蚌				190	190	190	80
	螺				4	42	42	42
	蚬					1	1	1
其他	小计		10.18		106	118	568	785
	鳖		8		58	68	518	755
	珍珠		2.18		48	50	50	30

【鱼种繁殖】

1951 年 11 月，嘉兴养鱼总场在长虹桥东堍建办王江泾鱼种分场，在原苏嘉铁路路基段开挖池塘 175 亩。1957 年，嘉兴养鱼场还不能自行繁殖大批鱼种，仍需要外购鱼种。10 月 26 日，嘉兴专员公署向菱湖鱼种产销委员会采购淡水鱼种分配给嘉兴县，以供应嘉兴养鱼场。嘉兴县在境内设立 2 个鱼种供应点，第一供应点设于栖真乡桃墩农业社，负责供应王江泾、塘汇及王店 3 个区；第二供应点设于王江泾镇长虹桥堍关王庙嘉兴鱼种场，负责供应新塍、新丰、凤桥等 3 个区。1958 年，随嘉善县农场鱼种场的并入，嘉兴养鱼场的鱼种繁殖技术得到提升。1960 年 5 月，王江泾鱼种场人工繁殖鲢鱼、鳙鱼获得成功。鱼种场就地取材，自繁自育花白、鲢鱼。1963 年，鱼种场突破草鱼和青鱼人工繁殖技术，奠定规模养殖青鱼的基础，并结束向长江采集鱼苗的历史。1994 年 10 月，嘉兴养鱼场建设国家级长江四大家鱼良种场场址，由嘉兴养鱼场梅家荡基地改为嘉兴养鱼场荇藻湖分场。1995 年年初，嘉兴养鱼场向国家申办长江四大家鱼（青鱼、草鱼、鲢鱼、鳙鱼）原种场。11 月 9 日，嘉兴养鱼场行灶湖分场被农业部列为国家级长江四大家鱼原种场。每年可向社会提供提纯复壮后的青鱼、草鱼、鲢鱼、鳙鱼原种后备亲鱼3000组以上，鱼种50万尾以上，年产优质鱼苗1.5亿尾，夏花鱼种750万尾，鱼种7万千克，后备亲鱼2万千克，淡水鱼良种可覆盖全省。1998年11月13日，国家级长江四大家鱼原种场竣工，并通过农业部的验收。原种场占地1631亩，其中池塘310亩，外荡种子库1321亩，总投资449万元。1999年，转制后的嘉兴养鱼场下设四大家鱼原种场（国家级）、青鱼良种场（省级）等分场。养殖水域面积1.5万亩，年产鱼总产量2000余吨，渔业总产值3500余万元。2002年，嘉兴养鱼场投资213.78万元，在梅家荡国家商品鱼基地建成省级青鱼良种繁育场。2004年，嘉兴养鱼场青鱼良种繁育场通过省级良种场验收，设计生产能力为年产良种青鱼苗8000万尾，夏花鱼种1000万尾，鱼种100万尾。王江泾镇青鱼养殖面积也从最初500余亩发展到10000余亩。

【青鱼养殖】

1963年，市养鱼场王江泾苗种场突破青鱼人工繁育技术后，青鱼养殖慢慢发展成型。嘉兴市养鱼场在外荡与其他鱼种混养少量青鱼，1982年起，相继开发梅家荡陶家荡、和尚荡、屋梁荡、行照湖五大商品鱼基地，青鱼养殖逐步从套养转变为主养的模式。90年代开发9000多亩稻田鱼塘，青鱼养殖面积快速增长。2000年，市养鱼场含四大家鱼在内的内塘水产养殖水面24575亩，产量6360.44吨，其中青鱼产量1534吨。2001年，全镇青鱼养殖面积1万亩。2003年，全镇鱼类产量共计8713吨，其中青鱼产量3030吨。2005年，青鱼产量3855吨。至2010年，全镇1万亩青鱼养殖中标准化养殖面积7347.3亩，规模化养殖基地7个，青鱼养殖水产专业合作社5家。青鱼产业遍布27个行政村，养殖农户521户，年产青鱼4800吨，产值1.23亿元，占全镇渔业产值的68.07%。梅家荡、陶家荡等青鱼主产区被列入省级现代渔业园区创建点。

【青鱼深加工】

镇域鱼产品深加工古已有之。旧时，渔家晾晒腌制鱼类，以方便贮存。南宋诗人陆游曾到过王江泾，目睹市场上售卖的腌制鱼产品，他在《入蜀记》中写道："过合路（在镇北域史家村、史家路），居人繁夥，卖鲊者尤众。"这种名为"鲊"的鱼产品，其实就是当地渔民自行腌制的鱼干。解放后，境内水产业的发展时急时缓，青鱼的养殖量也时多时少，青鱼干的制作较少。改革开放后，境内青鱼生产发展迅速，并形成青鱼深加工产业。1998年，荷花水产养殖公司试制"嘉荷池青"青鱼干成功，投放市场后深受消费者喜爱。自此，王江泾青鱼干加工业逐步兴起。2010年，全镇有荷花、诚兴、泌蜜园等青鱼加工企业近20家，其中省级农业龙头企业1家，省级农业科技型企业1家，市级龙头企业4家。全镇青鱼年加工1000吨、20万条，总产值1.2亿元，占全区商品青鱼上市量的20%。有青鱼干制品无公害产地2个。同时，青鱼加工企业通过与浙江理工大学等院企合作，在传统青鱼干的基础上，先后研发冷冻调理制品、醉鱼干、休闲食品等产品。王江泾青鱼干产品在省农博会、渔博会上连获金奖，并注册"梅家荡""嘉湖池青""越水"等商标。

【特种水产养殖】

河蚌育珠　1970年3月，南汇公社部分生产队利用港滩沿边浜湾、池潭等水面，创办珍珠养殖场。1972 年起,田乐公社双塔大队各生产队相继开展河蚌育珠。1980 年,田乐公社有 6 个生产大队河蚌育珠,采珠 251.8 千克,收入 34.9 万元,获利 25 万元。双桥公社双桥、西雁大队利用湖荡创办珍珠养殖场。1981 年,双桥公社水产大队创办 2 个珍珠养殖场。1983 年,境内共建办育珠场 101 个,1—5 月插养河蚌 265290 只。其中田乐公社有育珠场 77 个,同期插养河蚌 80346 只。1995 年,王江泾镇渔业村养珠户杨巧官养珠十余年,承包水域 300 余亩,年产珍珠 100～150 千克。1999 年,王江泾镇淡水珍珠产量超 2 吨。2003 年,全镇产淡水珍珠 34 吨。2005 年,全镇产淡水珍珠 46 吨,2009 年为 50 吨,2010 年为 30 吨。

其他特种水产养殖 1999 年,湖州菱湖镇渔民沈林富到王江泾镇承包 280 亩水面进行特种水产养殖业,其中养殖鲑鱼 30 亩,放养小鱼 250 亩作为鳜鱼的饲料,2000 年投入 50 万元,改养新品种南美白对虾。2002 年起,万田圩水产特种养殖场成立,开始养殖“天然荡鳖”。2003 年,全镇特种水产产量:鳜鱼 54 吨、加州鱼 30 吨、黑鱼 25 吨、河蟹 3 吨、沼虾 18 吨、青虾 187 吨、河虾 40 吨、甲鱼 30 吨、贝类 600 吨、其他 78 吨。2010 年,全镇特种水产养殖产量:河蟹 8 吨、沼虾 376 吨、南美白对虾 470 吨、甲鱼 755 吨、泥鳅 20 吨、黄颡鱼 6 吨、鳜鱼 70 吨、鲈鱼 27 吨、鲟鱼 80 吨、贝类 233 吨。

【养殖场选介】

嘉兴养鱼场 原名浙江省水产养殖公司嘉兴养鱼总场。1951 年 11 月建立,归属省农业厅水产局管理,总场址设在南汇集镇西。当年开辟养鱼水面 19176 亩,以外荡养鱼为主,下设田乐、南汇、荷花、油车港 4 个分场。1954 年 7 月,更名为地方国营嘉兴养鱼总场,简称嘉兴养鱼场,归省农业厅水产局和县农林科(同年 11 月改为县建设科)双重领导。1955 年,接收栖真乡的东、西千亩荡,建立池湾分场。同年 6 月,改由省农业厅水产局和县农业水利局双重领导。1956 年,利用废弃的苏嘉铁路王江泾段开挖池塘 175.98 亩,建立下属单位王江泾鱼种场。1958 年 4 月,省水产养殖公司嘉兴鱼种场并入嘉兴养鱼场。同年 10 月,嘉兴、嘉善并县时,接收原嘉善养鱼场,建立魏塘鱼种分场。外荡养殖面积最多时为 1958—1960 年,一度有水面 33651 亩。1959 年 3 月,原嘉善县农场的鱼种场并入嘉兴养鱼场,更名为地方国营嘉兴养鱼总场魏塘分场。嗣后,随着行政区划的调整,1961 年,划出池湾分场、魏塘分场、魏塘鱼种分场。1968 年,划出虹阳分场。1972 年,划出蒋家漾水面。1983 年,嘉兴养鱼场总部(南汇)场址迁至王江泾地农场。同年,养鱼场外荡面积 22815 亩,水产品产量 470 吨,池塘面积 319 亩,水产品产量 6.25 吨。至 1985 年,外荡实际养殖面积为 15058 亩,仍设田乐、南汇、荷花、油车港 4 个分场。1986 年,在商品鱼基地建设中,梅家荡经围垦后,嘉兴养鱼场其中开设池塘 1072 亩。1990 年,全场有固定职工 111 人,合同工 127 人。嘉兴养鱼场在坚持渔业为主的同时,还发展副业,在王江泾建造一座年产 5000 吨的水产颗粒饲料厂。同年,渔场产商品鱼 766.53 吨,创利(包括副业)21.13 万元。20 世纪 90 年代后期,嘉兴养鱼场实行转制,其中的水面养殖由个人承包经营。2010 年,渔场拥有内、外荡养殖水面 1.56 万亩,下属有国家级四大家鱼原种场、省级青鱼良种场。全场渔业年总产值 4100 余万元,是省级青鱼标准化养殖示范区,王江泾镇水产专业合作社良好农业规范(GAP)体系核心区,并被农业部认定为水产健康养殖示范场,内塘养殖基地为浙江省无公害水产产品养殖基地,所生产的青鱼、草鱼、鲢鱼、鳙鱼被农业部农产品质量安全中心认定为无公害农产品。"莲泗荡"青鱼注册商标于2006年获评嘉兴市著名商标。

梅家荡诚兴养殖场 养殖主体为嘉兴市诚兴水产养殖服务有限公司,1997年创建,2004年6月成立。养殖区域集中在梅家荡商品鱼基地,拥有养殖面积708亩,年销售额8650万元,带动周边养殖户1200多户。企业先后通过ISO9001:2008质量管理体系、QS食品质量安全、有机食品和无公害农产品等多项认证。"梅家荡"商标获评浙江省著名商标、浙江省名牌产品;青鱼产品获第十届中国国际农交会优质产品金奖、省农博会产品金奖。

荷花长虹养殖场 养殖主体为嘉兴市荷花水产养殖有限公司,1999年2月成立。养殖水面主要集中在王江泾镇长虹村,养殖基地面积2280亩,带动周边养殖户520多户。年销售额1825万元。该公司注册的"嘉荷池青"青鱼干制品在省农博会上多次获得金奖,并被评为"省级著名商标"和市级名牌产品。产品通过省科技成果鉴定、ISO9001:2000质量体系认证、QS质量体系认证、国家质量监督检验检疫总局原产地标记管理注册认证,是浙江省农业科技企业。

万田圩水产特种养殖场 位于王江泾镇长虹村,2002年9月成立。养殖水面455亩,年销售额610万元。2000年,被农业部认定为水产健康养殖示范场,"天然荡鳖"多次被嘉兴市农博会和省农博会、省鱼博会评为优质产品。2005年,"天然荡鳖"被认定为无公害农产品。2010年6月,"天然荡鳖"被认证为有机食品。

秀源水产养殖场 养殖主体为嘉兴市秀源水产有限公司,2007年5月成立,位于王江泾镇长虹村。拥有精养池塘225.6亩,连接各水产基地1271亩,年销售额840万元。主要经营水产养殖,销售渔货、饲料、渔药、水产品加工等,并为渔农提供技术服务。2008年3月,公司注册"秀源"商标,并通过QS质量体系认证。

南陶家荡养殖场 1982年12月,由荷花、澄溪2个乡联合围垦建设,1984年建成投产。养殖基地面积1932亩。当年放养面积1237亩,水产品产量463.6吨。1990年总产量804吨。2010年,有多个承包户承包该养殖场。

和尚荡养殖场 位于市郊西北部,原系虹阳乡水产大队经营的水面。1983－1984年,经围垦改建成池塘,面积1575亩。基地建成后,放养面积逐年增加,1985年投产池塘1025亩(不包括44.2亩酸性塘),水产品产量522.8吨,1990年产量上升到836.6吨。2010年,和尚荡养殖场分别由多个承包户承包。

梅家荡养殖场 境内建设规模最大、投工耗资最多的国家级商品鱼基地。1984年9月动工,由荷花乡、田乐乡、南汇镇和国营嘉兴渔场及23个村联合开发。工程共开挖土石方319.38万立方米,挖成鱼塘310个,总面积4139亩。工程总投资595.5万元。1986年4月放水养鱼。当年由27个单位经营。首年投产面积3124亩,鱼类产量1155吨。1990年,鱼类产量2600吨,比原来的外荡养鱼产量提高17倍。2005年,梅家荡青鱼养殖基地通过省级标准化示范基地验收。2006年,梅家荡养殖场的青鱼及其加工制品通过原产地标记注册认证。2008年,养殖场被国家标准化委员会列入青鱼标准化养殖示范区。2010年,梅家荡养殖场由多家水产养殖公司及个人独立经营。

【渔民】

境内自古已有渔民撒网、放钓、用鱼鹰捕鱼，以船为家。1947年，嘉兴县渔会成立王江泾办事处。1953年，双阳乡有渔民136户537人，渔船141条。1954年，王江泾区成立渔业互助组13个，渔民151户561人，渔船168条。政府安排渔民在南雁荡等地养鱼，其中有111户431人，117条船发展外荡养鱼，占渔民总数的73.5%，共入股1620万元（旧币）、324股。1956年3月，王江泾、南汇、荷花、双桥等乡有渔民370户，组建高级合作社5个，其中85户转入农业合作社。1958年公社化时，原王江泾乡渔民组成双桥公社水产大队。1968年，政府对渔民进行渔业改造，让“连家渔船”的渔民陆上定居，外地籍的渔民则劝其返回原籍。同年3月，双桥公社水产大队划出30户成立虹阳公社水产大队。1969年，双桥公社在蓝荷湾建渔民定居点，安排渔民在陆上居住。1981年，虹阳水产大队有渔民154人，水面4640亩，以捕捞和养殖淡水鱼为主，当年产鲜鱼2570担。同年，双桥水产大队有渔民67户，内荡育鱼池32亩，外荡水面1800亩，年产鲜鱼1700担。

第七节　特色农业经济

【农民专业合作社】

2001年6月，嘉兴市王江泾镇水产专业合作社成立，为境内首个农民专业合作社。至2010年年末，全镇有农民专业合作社15家，注册农产品商标8件，创地理标志产品1个、浙江省著名商标1个、嘉兴市名牌产品5个、嘉兴市著名商标7个。

王江泾水产专业合作社　2001年6月创建，位于梅家荡，注册资金50万元。有社员410人，技术人员32人。其中工程师1人，助理工程师8人。带动周边千余户养殖户和经营户的发展。2010年，合作社养殖水面46200亩，年产量12880吨。合作社初步成为集种苗繁殖、养殖生产、加工营销、技术培训、贷款担保于一体的专业合作组织，是浙江省级示范农民专业合作社。

嘉兴市天生水产专业合作社　2007年9月创建，位于万安桥南，注册资本10万元。拥有股东15人，接纳社员40人，带动农户50余户。2010年，养殖面积650亩，销售水产品200吨。

秀洲区巾帼果蔬专业合作社　2005年6月创建，位于金鱼桥村。2006年，总产量887.5吨，产值497万元，利润285万元。2010年，有社员158人，养殖水面720亩，年产量420吨。

嘉兴市华中粮油专业合作社　2007年4月创建，位于宇四浜村，注册资金30万元。2010年，有社员102人，带动农户700多户，辐射秀洲区12个行政村。农作物种植面积3500亩，年产量29750吨。

嘉兴市秀洲区勤禾粮油专业合作社　2008年1月创建，位于双桥村，注册资金80万元。2010年，实施水稻机械化插秧1190亩左右，为秀洲区高产示范基地、嘉兴市级示范性合作社、浙江省级示范性合作社、全国农技推广示范县科技示范户，其生产的大米产品通过无公害农产品认证。同年，种植农作物3500亩，产量2228吨。理事长吴水荣被评为2010年度省级优秀种粮大户。

嘉兴市吴越青鱼专业合作社　2008年9月创建,位于和尚荡商品鱼基地,注册资金5万元。是一家市级规范合作社、区级示范合作社,有固定资产85万元,养殖面积560亩,年产各类水产品500.3吨,主要养殖中华鳖、青鱼、鲢鱼、鳙鱼、青鱼干等;拥有技术人员4人、职工12人。

秀洲区乐丰年莲藕专业合作社　2009年3月创建,位于沈家桥村,注册资金55万元。主要从事莲藕种植、销售;为社员组织采购生产所需的生产资料;为社员提供莲藕种植、销售的技术指导、咨询服务。2010年,在册社员105户,社员均认购股金。同年,莲藕种植面积1200亩,辐射带动秀洲区北部(王江泾)农民种植莲藕1800亩,合计种植面积3000亩。合作社先后被认定为嘉兴市市级示范性农民专业合作社和浙江省级示范性农民专业合作社。合作社基地被认定为浙江省莲藕无公害产地、浙江省无公害水产品养殖基地,莲藕被认定为无公害农产品、绿色食品。"乐丰年"商标被评为嘉兴市著名商标。

嘉兴市秀洲区鼎溢果蔬专业合作社　2005年7月创建,位于虹南村,注册资金10万元。主要经营水果(葡萄)、蔬菜的种植及销售。有职工8人、技术人员2人、社员46人,带动农户30户,种植面积580亩,其中葡萄386亩、蔬菜194亩。2010年,年产量3000吨,销售收入520万元,利润52万元,产品销往嘉兴、杭州、苏州、湖州等地。

秀洲区秀丰果蔬专业合作社　2009年10月创建,位于虹南村石汇廊,注册资金50万元。种植面积270亩,主要种植瓜果、蔬菜。2010年,有社员56户,并带动59户种植户和经营户的发展。

秀洲区华翰果蔬专业合作社　2009年8月创建,位于沈家桥村,注册资金5万元。主要经营水果(葡萄)、蔬菜的种植及销售,并为社员组织采购所需的生产资料,提供葡萄种植技术指导、咨询等服务。2010年,种植果蔬52亩,产量130吨,固定资产92万元,有社员38户,并带动56户种植户和经营户的发展,产品销往嘉兴、杭州、苏州、湖州等地。

嘉兴市南溪水产专业合作社　2009年11月创建,位于范滩村南溪桥,注册资金120万元。同年,合作社所生产的青鱼干被区信用办、王江泾镇评为优质产品奖。2010年3月,注册"闻湖"商标。至年末,有职工12人,养殖面积280亩,下设4家分支企业。

【农业龙头企业】

2010年王江泾镇区级以上农业龙头企业基本情况表

表8-35

企业名称	行业	职工数(人)	基地面积(亩)	当年产值(万元)	当年销售额(万元)	固定资产(万元)	级别	被认定年份
嘉兴市泌蜜园蜂产品有限公司	加工	50	1000	3000	3000	1500	省级	2008
嘉兴市诚兴水产养殖服务有限公司	加工	80	708	4127	3699	367	市级	2008
嘉兴市乐丰年食品有限公司	加工	102	1003	2500	1578	354	市级	2009

续表 8－35

企业名称	行业	职工数（人）	基地面积（亩）	当年产值（万元）	当年销售额（万元）	固定资产（万元）	级别	被认定年份
嘉兴市双龙牧业有限公司	基地	13		1000	1000	275	市级	2010
嘉兴市荷花水产养殖有限公司	加工	48	2280	3580	3580	157	市级	
嘉兴市王江泾万田圩水产特种养殖场	基地	20	455	568	568	190	市级	
嘉兴市秀源水产有限公司	加工	18	1272	788	637	219	区级	2008
嘉兴市公泰和食品有限公司	加工	18	3773	548	640	246	区级	2009
浙江印象古塘农业科技有限公司	休闲	62	1194	860	660	606	区级	2009
嘉兴市闽航米业有限公司	加工	16		860	603.8	97	区级	2010

【无公害农产品认证】

2002—2010 年王江泾镇无公害农产品产地认证情况表

表 8－36

生产单位	产品名称	产地规模			认证时间
		种植面积（公顷）	水产面积（公顷）	蜂产品（箱）	
嘉兴市荷花水产养殖有限公司	嘉荷池青青鱼、青鱼干		133.33		2003.12
嘉兴市王江泾镇水产专业合作社	南美白对虾		64		2004.12
嘉兴市泌蜜园蜂产品有限公司	蜂蜜、蜂王浆			2000	2005.5
嘉兴市秀洲区巾帼果蔬专业合作社	黄瓜、西瓜、番茄等	48			2005.11
嘉兴市王江泾镇水产专业合作社	青鱼、鲢鱼、鳙鱼、鲫鱼		56.2		2007.12
浙江嘉兴长江四大家鱼良种场	青鱼、鲢鱼、鳙鱼、鲫鱼		12.6		2007.12
嘉兴市吴越青鱼专业合作社	青鱼、鲢鱼、鳙鱼、鲫鱼、草鱼、中华鳖		37.36		2008.11
嘉兴市诚兴水产养殖服务有限公司	青鱼、鲫鱼、草鱼、鲢鱼、鳙鱼、青鱼干		35.46		2010.12
嘉兴市秀洲区乐丰年莲藕专业合作社	莲藕	66.7			2010.12
嘉兴市秀洲区王江泾镇丰源水产苗种养殖场	南美白对虾、罗氏沼虾		20		2010.12

【休闲观光农业】

2006年，王江泾镇休闲观光农业启动建设。2008年，嘉兴市田园乡村俱乐部、枫林生态农庄、莲泗荡休闲中心、行照湖渔乐休闲园、秀洲庄园被定为区级休闲观光农业基地；嘉兴市泌蜜园蜂产品有限公司为区级骨干农业龙头企业，王江泾镇水产专业合作社为区级示范专业合作社，绿华生态休闲农庄、枫林生态农庄为区级休闲观光农业示范基地。

王江泾莲藕观光带　2010年3月26日启动建设，涵盖北虹桥—莲泗荡风景区—民和村、长虹村—梅家荡公路两侧，长约8千米，宽50～100米，面积1000亩。

行灶湖鱼庄　位于王江泾镇区东1千米处。依托浙江嘉兴长江四大家鱼原种场而建，占地面积298亩。项目投入资金680余万元，建有池塘28个，水面面积226亩，供垂钓的鱼塘10个，有10余个品种；建有2000平方米停车场等基础设施，可同时停放汽车50辆以上；园区有专职管理人员5人、讲解员2人；建有农家特色餐饮馆1个。园内环境优美，花草相间，绿树成荫，形成集垂钓中心、农家特色餐饮馆、长江四大家鱼原种选育与保存于一体的休闲渔业基地。基地每日可接待游客300余人。2010年，接待来客9000余人次，营业收入71万余元。园区建设有高标准鱼塘40余亩，垂钓鱼塘138亩，放养鲫鱼、鳊鱼、青鱼、草鱼、鲈鱼等3.9万千克；另外还饲养白水鱼、黑鱼、兴国红鲤、丽水田鲤、罗非鱼等新品种；四周主道水泥路硬化，环池塘四周建有钓台4个，休闲房100平方米，休息凉亭4座等。垂钓中心可供200人同时垂钓。

秀洲庄园　又名王江泾加庆休闲农庄，坐落于沈家桥村平家浜。南距嘉兴市区4千米、北距王江泾镇10千米，西距新塍镇10千米，紧靠秀洲大道、新城大道。总投资466万元，面积170亩，建有门楼、桥各1座，停车场、道路，餐饮、住宿、会议室、KTV包厢、棋牌室678平方米，垂钓鱼塘及配套设施30亩，大棚水果、绿化、广告牌、观光亭、室内装修、水电及其他配套设施齐全，集种植、观光、餐饮、娱乐于一体。每天接待80多人次，日营业额8500多元；年销售收入255万元，实现销售利润42万元。

六墩荡休闲农庄　坐落于范滩村。南距嘉兴市区8千米，北距吴江区盛泽镇6千米。注册资金180万元，面积108.6亩，集种植、观光、餐饮、娱乐于一体。有职工18人、管理人员8人。每月接待700人次，月营业额18.5万元。年销售收入222万元，其中露天蔬菜、苗木36万元，果树采摘及销售33万元，烧烤区56万元，休闲娱乐97万元，可实现销售利润21万元。

【湿地农业】

镇域地处太湖流域地势低洼地区，运河以东的19个村近年的平均田面高程仅在吴淞水位2.8米，而外河水位常在3.2米左右，威胁农业生产的发展。镇政府从实际情况出发，探索特色农业，尝试在地势低洼田发展以水生种植和种养结合（稻—鱼、藕—鱼共生）两种湿地农业模式。2009年起，全镇有水生作物14500亩，其中莲藕种植面积11200亩，南湖菱种植面积3300亩，另有种养结合面积3000亩。创建秀洲区北部湿地农业综合示范园、种养结合特色示范园、淡水虾特色示范园、青鱼产业特色示范园、沙河荡龟鳖精品示范园、吴越青鱼精品示范园、印象古塘渔业精品示范园。先后建立浙江印象古塘农业科技有限公司、浙江北部湾湿地农业科技有限公司、嘉兴市三益农业开发有限公司、嘉兴市乐丰年莲藕专业合作社、嘉兴市吉丰农产品专业合作社、嘉兴市秀洲区忠保农产品专业合作社等，累计投入建设资金5868万元。另外，启动“荷塘叶色”农业综合体项目。项目涉及洪典村、太平村、长虹村、陶家荡、北官荡。同时实施车道、绿道、河道改造，使游客车里可赏、田间可走、水上可游。

第八节　农机具

古代，农民常用的农具有锄头、铁铲(又叫铁耖，分方头、圆头两种)、铁锴(分四齿、六齿两种，四齿的有满封铁锴、散齿铁锴、络沟铁锴，六齿的叫耙水产铁锴或塘耙)、犁(分铁、木两种)、刀耙、篾机、横、扬抄、稻床、稻桶、石辘轴、粪桶、料子、扁担、土笪、耥、风车、栲栳、畚箕、笪、扁、笆斗、谷箩、箩头(捻河泥用)、牵耙、调桶、豆拐、稻镢、镰刀、水车等。

农田拖拉机耕作(摄于20世纪60年代)

打稻机和谷箩(摄于20世纪60年代)

【农业机械推广应用】

民国时期，境内始有农机。20世纪40年代初，东潜圩(今双塔村)的马志梅家购有1台1.5匹的大隆牌柴油机，动力带动水车排灌。1947年秋，浙江十区专员吴寿彭变卖无锡土地后，从浙江省善后救济总署购置2台美制耕耘机(即拖拉机，配有汽油机)，在嘉兴县双中乡(今双桥)开办私人农场——春晖农场，进行机械耕作。

1953年，开始推广改良农具和半机械化新式农具，有双人脚踏打稻机、喷雾器、喷粉器、水田犁、雷公耙、水风车等。同年秋，浙江省政府、嘉兴专员公署派员到双桥乡、荷花乡推广新式打稻机，其中双桥乡2台、荷花乡3台。1954年，农业部、一机部、供销总社联合在双桥农场召开全国新式畜力农具会议，并确定双桥农场、王江泾农场作为双轮双铧犁冬耕试验点，数年后境内共有182台双轮双铧犁。后在推广使用中因耕作效率不高等不再使用。1956年嘉兴农业机器拖拉机站成立后，在部分农田使用拖拉机耕作。1958年起，各地开始实施电力排灌。1961年起，逐步推广电动打稻机，数年后脚踏打稻机被淘汰。60年代中期起，推广电犁耕作，电犁主要有浙江省研制的浙农63—40型、嘉兴县研制的南湖64—50型。20世纪70年代初，开始用手扶拖拉机耕田，至70年代中期全部使用手扶拖拉机耕作。

1983年实行家庭联产承包责任制后，除农田排灌机械设备仍由集体拥有统一使用外，其他农机具如农船、打稻机、扬谷排风扇、稻桶、粪桶等全部分给农户，或由数家农户合用，手扶拖拉机逐渐从集体拥有转变为个体拥有。1987年，双桥农场引进吉林延吉产2ZT—735型机动插秧机，并试验用窄行距手动插秧机进行插秧。同年，又引进1台桂林－2号稻麦两用联合收割机，全喂入式，与上海－50型轮式拖拉机配套作业。1990年，为解决泥土深的水田机耕难问题，虹阳机管站定点生产手扶拖拉机配套防陷轮，可降低拖拉机在水田行驶打滑程度。同年，嘉兴市农科所与嘉兴市农机培训班协作，研制穴式点播机。1991年，南汇镇机耕总面积23452亩、机动脱粒面积28210亩；荷花乡机耕总面积34935亩、机动脱粒面积40792亩；田乐乡机耕总面积29589亩、机动脱粒面积36346亩；王江泾镇机耕总面积50747亩、机动脱粒面积51660亩。1995年，王江泾镇腾云村种粮大户刘振华对58亩小麦田全部采用收割机收割，采用高留茬秸秆还田，不需专门配备旋耕埋草机，省工省力。秸秆还田每亩相当于30担左右的猪羊灰。21世纪初起，镇域农户和种粮大户的晚稻基本租用联合收割机收割。

【农机具拥有量】

1958年，荷花乡有抽水机12台(计143匹)，民办抽水机站1个(抽水机6台，计120匹)、双铧犁12部、三用机船1只、风力水车6部。同年，东风人民公社成立时有收割机307台、手摇捻泥机9台、喷雾器32部、喷粉器14部、有梁深耕犁144部、无梁深耕犁11部、双铧犁58部、双铧深耕犁18部、单铧犁39部、单铧深耕犁12部、脱粒机691台、装轴承脱粒机91台、抽水机8台(35匹)、水风车343架、装轴承水风车52架。

1974年，南汇公社拥有手扶拖拉机28台，326匹马力；电犁9部，76千瓦；机引犁5部，机引耙6部；电动机211台，1035千瓦；柴油机13台，163马力；农用水泵118台；饲料粉碎机12台，青饲料粉碎机9台，碾米机16台，磨粉机6台；人力插秧机3台；电动脱粒机122台；人力喷雾器143架，机动喷雾器20架，喷粉机28架；胶轮手推车6辆；农用木船292条，农用水泥船260条，抽水机船11条，运输船52条，轮船2条。荷花公社拥有手扶拖拉机24台，288匹马力；电犁20部，167千瓦；机引犁33部，机引耙19部；电动机271台，1306千瓦；柴油机26台，421马力；农用水泵126台；饲料粉碎机14台，青饲料粉碎机19台，切碎机1台，砻谷机3台，碾米机24台，磨粉机20台；人力插秧机7台；脚踏脱粒机4台，电动脱粒机180台；人力喷雾器307架，机动喷雾器4架；胶轮手推车6辆；农用木船353条，农用水泥船246条，抽水机船14条，运输船94条，轮船2条。田乐公社拥有手扶拖拉机21台，248匹马力；电犁15部，124千瓦；机引犁29部，机引耙29部；电动机191台，889千瓦；柴油机12台，162马力；农用水泵56台；饲料粉碎机10台，青饲料粉碎机3台，切碎机1台，碾米机14台，磨粉机10台；机动插秧机3台，电动脱粒机161台；人力喷雾器225架，机动喷雾器2架，喷粉机50架；胶轮手推车1辆；农用木船333条，农用水泥船91条，抽水机船6条，运输船52条，轮船4条。双桥公社拥有手扶拖拉机8台，87匹马力；电犁67部，533千瓦；机引犁67部，机引耙67部；电动机240台，1275千瓦；柴油机22台，94马力；农用水泵75台；饲料粉碎机13台，青饲料粉碎机34台，砻谷机2台，碾米机23台，磨粉机8台；人力插秧机2台，机动插秧机2台；脚踏脱粒机1台，电动脱粒机251台；人力喷雾器296架，机动喷雾器45架，喷粉机32架；胶轮手推车 44 辆;农用木船 191 条,农用水泥船 209 条,抽水机船 1 条,轮船 2 条。虹阳公社拥有手扶拖拉机 8 台,68 匹马力;电犁 48 部,389 千瓦;机引犁 48 部,机引耙 48 部;电动机 161 台,867 千瓦;柴油机 8 台,156 马力;农用水泵 49 台;饲料粉碎机 10 台,青饲料粉碎机 12 台,切碎机 1 台,砻谷机 2 台,碾米机 14 台,磨粉机 9 台;人力插秧机 11 台;电动脱粒机 152 台;人力喷雾器 217 架,机动喷雾器 9 架,喷粉机 9 架;胶轮手推车 17 辆;农用木船 139 条,农用水泥船 136 条,抽水机船 7 条,运输船 3 条,轮船 1 条。双桥农场拥有拖拉机 2 台,70 马力;电犁 2 部,16 千瓦;机引犁 5 部,机引耙 4 部;旋耕机 1 台;电动机 40 台,175 千瓦;柴油机 1 台,8 马力;农用水泵 5 台;饲料粉碎机 1 台,青饲料粉碎机 1 台,切碎机 3 台;人力插秧机 9 台;电动脱粒机 11 台;人力喷雾器 10 架,机动喷雾器 3 架;胶轮手推车 22 辆;农用木船 6 条,农用水泥船 5 条,轮船 1 条。

2000 年,王江泾镇农机机械总动力 35799 千瓦,其中柴油机 16913 千瓦、汽油机 91 千瓦、电动机 18795 千瓦。耕作机械 681 台,柴油机动力 6079 千瓦;农用小型手扶拖拉机 680 台、6075 千瓦。机引配套农具 1103 台,其中旋耕机 680 台、开沟机 416 台、秸秆还田机 7 台。纯农田拖拉机 680 台,直播机 1 台、4 千瓦。收获机械动力合计 7423 台、9973 千瓦。其中柴油机 11 台、177 千瓦;电动机(脱粒打稻机)7412 台、9796 千瓦;联合收割机 9 台、170 千瓦;机动割晒机 2 台、7.26 千瓦。植保机械(汽油机)59 台、91 千瓦。排灌机械动力 787 台、7102 千瓦。农副产品加工机械动力 169 台、1915 千瓦,其中柴油机 2 台、18 千瓦;电动机 167 台、1897 千瓦。粮食加工机械 99 台。田园管理机 1 台、5 千瓦。运输机械动力 1338 台、10634 千瓦。农用运输车 62 辆、2414 千瓦。其中运输型拖拉机 83 辆、732 千瓦。机耕作业面积 5.8 万亩。机械植保作业面积 9 万亩。机械收获面积 1 万亩。机收水稻面积 1 万亩。农机户 1640 户、1640 人,其中专业户 981 户、1962 人。乡村农机人员 2292 人,其中拖拉机驾驶员 735 人。农用运输车司机 1475 人。农机修理人员 82 人,农机经营单位 2227 户。农机经营总收入 1909 万元。

2010 年,全镇农业机械总动力 4.42 万千瓦,其中柴油机 2.15 万千瓦、汽油机 363 千瓦、电动机 2.23 万千瓦。耕作机械 1072 台,其中大中型拖拉机 51 台、小型拖拉机 1021 台。种植机械 32 台。收获机械 3035 台,其中联合收割机 67 台、机动脱粒机 2968 台。植保机械 153 台;排灌机械 1.21 万千瓦;农副产品加工机械 974 千瓦;运输机械 4621 千瓦;渔业机械 7354 千瓦。

【嘉兴八一拖拉机站】

1956 年 4 月,浙江省嘉兴农业机器拖拉机站在双桥乡成立,并开始推广机械耕作。它是全省首批国家投资的 5 个拖拉机站之一,也是全省 3 个稻区拖拉机站之一。初建站,配有捷克热托-25K 中型拖拉机 1 台、美制福特拖拉机 1 台,房屋 300 平方米,年末固定资产 59988 元,职工 17 人。设正、副站长各 1 名,机耕队队长 2 名,驾驶员 8 名,还有机务、农艺技术员各 1 名,隶属嘉兴农业系统,服务附近农场、农业生产合作社。同年,完成作业量 2170.55 亩,平均每台拖拉机 1085 亩。1958 年 7 月,中国人民解放军赠款支援农业机械化,新址迁至新丰镇西塘桥南扩建拖拉机站。

第九节　农技服务机构

【农科站】

1936年，嘉兴县农业推广所在双桥镇建立，并开办农业示范区双桥农场，进行农业技术的试验、示范。抗日战争时期曾一度中断。嘉兴解放后，县政府接管原有的农业推广所，保留至1953年。1953年，建立王江泾区农业技术推广站。1959年，南汇公社农业技术推广站和双桥公社农业技术推广站（简称农技站）建立，设农业技术员与植保员，由县农技部门下派技术人员提供农业技术服务。20世纪70年代起，境内各公社先后建立农科站。2001年，乡镇行政区划调整后，镇农科站与镇水产站、经管站合并组建王江泾镇农业技术服务中心。

王江泾镇境内农科站负责人（农技员）一览表

表8－37

名　　称	姓　名	职　　务	任　职　时　间
荷花乡（公社）农科站	陆福生	负责人、站长	1972.8—1998.4
虹阳乡（公社）农科站	陶坤海	站长	1982.1—1992
	徐茂盛	站长	1993—1998.4
	阮新法	站长	1959.8—
双桥乡（公社）农科站	骆铁民	局下派负责人	1960—1984.11
王江泾镇（双桥乡）农科站	吴新生	站长	1984.12—1998.4
王江泾镇农科站	陆福生	站长	1998.5—2001.4
南汇镇（公社）农科站	金文福	站长	1959.8—
	徐海高	局下派技术员	—1973
	杨永龙	植保员	1971.8—1981
	蒋荣海	技术员	1974—1980
	李德荣	站长	1981—1988.6
	杨永龙	负责人	1988.7—1991.6
	俞永观	站长	1991.7—2001.4
田乐乡（公社）农科站	陈阿龙	农技员（兼负责人）	1965.5—1983.7
	於金牛	经理兼站长	1983.8—1987.7
	陈阿龙	站长	1987.8—1998.8
	倪小弟	站长	1998.9—2001.4

【水产站】

1984年1月起，境内各乡镇先后建立水产站。经过1998年、2001年两次撤乡并镇后，于2001年6月，镇水产站、农科站、经管站合并成立王江泾镇农业技术服务中心。

1984—2001 年王江泾镇境内水产站负责人一览表

表 8－38

名　　称	姓　名	职　　务	任　职　时　间	备　注
荷花乡养殖经营部	唐松林	经理	1984.1—1998.4	水产站前身
荷花乡水产站	唐松林	站长	1984.1—1998.4	
虹阳乡养殖公司	魏泉观	经理	1984—1987.6	水产站前身
虹阳乡水产站	杨玉泉	站长	1987.7—1998.4	
南汇镇水产养殖公司	沈荣兴	经理	1990—2000.2	水产站前身
南汇镇水产站	王小保	站长	2000.3—2001.4	
田乐乡水产养殖服务部	吉老虎	经理	1988.8—1989.9	水产站前身
田乐乡水产养殖服务部	吴金马	负责人	1989.10—1994.2	水产站前身
田乐乡水产站	陆甫根	站长	1994.3—1998.4	
双桥乡农副业公司	褚永平	副经理（主持全面工作）	1985—1989	水产站前身
王江泾镇水产站	褚永平	副业办水产站负责人	1990—1998.4	
王江泾镇水产站	褚永平	站长	1998.5—2001.4	

【经营管理站】

经营管理站（简称经管站）的前身为 1983—1984 年成立的各乡（公社）经营管理办公室，1990 年年初更名为经营管理站，主要管理各村（大队）的经济活动（财务）。在 1998 年、2001 年撤乡并镇后，于 2001 年 6 月，经营管理站、农科站、水产站合并成立王江泾镇农业技术服务中心。

1983—2001 年王江泾镇境内经营管理站负责人一览表

表 8－39

名　　称	姓　名	职　　务	任　职　时　间	备　注
荷花乡（公社）经营管理办公室	杨金根	主任	1983.9—1984.4	经管站前身
荷花乡经营管理站	盛柏林	负责人	1984.5—1990.3	
荷花乡经营管理站	沈志荣	站长	1990.4—1993.4	

续表 8-39

名称	姓名	职务	任职时间	备注
荷花乡经营管理站	王松林	站长	1993.5—1997.6	
	怀根昌	站长	1997.7—1998.4	
虹阳公社经营管理办公室	何贵富	负责人(乡辅导会计)	1983—1990.2	经管站前身
虹阳乡经营管理站	王镇东	负责人(乡辅导会计)	1990.3—1991.9	
		站长	1991.10—1998.4	
王江泾镇(双桥乡)经营管理站	沈其良	办公室副主任	1984.4—1985	经管站前身
		站长	1986—1990.12	
	沈小弟	站长	1991.1—1993.6	
	潘国荣	站长	1993.7—2001.4	
南汇镇(乡)经营管理站	钱玉坤	负责人	1983.9—1987.4	
	苏克强	负责人(镇辅导会计)	1987.5—1989.12	
	王健龙	站长	1990.1—1996.5	
	盛永祥	站长	1996.6—2001.4	
田乐乡经营管理站	陈可淦	站长	1990.1—1992.12	
	费宏伟	负责人	1993.1—1996.6	
	张金荣	站长	1996.7—2001.4	

【农业技术服务中心】

简称农技服务中心。2001年4月撤乡并镇后，于同年6月，镇农科站、水产站、经营管理站合并成立农业技术服务中心。农技服务中心负责人：主任王永华(2001.5—2002.12)，副主任陶顺法(2003.1—2004.12，主持工作)，主任吴海法(2005.1—2010.12)。

【畜牧兽医监督管理所(畜牧兽医站)】

前身为王江泾地区畜牧兽医站，1958年1月成立。1962年1月起，双阳公社(后改名为虹阳公社)及王江泾区所辖的南汇公社、双桥公社、田乐公社、荷花公社均建立畜牧兽医站。1988年10月，双桥乡并入王江泾镇，王江泾镇畜牧兽医站成立。1998年5月，虹阳乡、荷花乡畜牧兽医站并入王江泾镇畜牧兽医站。2001年7月，田乐乡、南汇镇畜牧兽医站并入王江泾镇畜牧兽医站。2006年10月，王江泾镇畜牧兽医站更名为王江泾镇畜牧兽医监督管理所。有工作人员7人，办公地址在荷花新镇。畜牧兽医监督管理所主要管理苗猪、生猪交易市场，负责苗猪的检疫、防疫、仔猪阉割、药品配给、饲料供应等工作。

王江泾镇境内畜牧兽医站(所)站(所)长一览表

表 8－40

名　　称	姓　名	职　务	任 职 时 间
王江泾地区畜牧兽医站	蒋国华	站长	1958.1—1962.1
双阳公社畜牧兽医站	魏宝官	站长	1962.1—?
虹阳乡(公社)畜牧兽医站	陈荣明	站长	? —1998.5
荷花乡(公社)畜牧兽医站	莫仁才	站长	1962.1—?
	周永兴	站长	? —1986.10
	顾福泉	站长	1986.10—1998.5
南汇镇(公社)畜牧兽医站	蒋国华	站长	1962.1—1970.3
	莫阿大	站长	1970.3—1980.5
	吴阿菊	站长	1980.5—1986.10
	王良人	站长	1986.10—2001.7
田乐乡(公社)畜牧兽医站	周有生	站长	1962.1—?
	沈才根	站长	? —1983.5
	沈品荣	站长	1983.5—2001.7
双桥乡(公社)畜牧兽医站	方水兰	站长	1962.1—1967.1
	姚德兴	站长	1967.1—1978.1
	朱老虎	站长	1978.1—1985.7
	高关荣	站长	1985.7—1998.5
王江泾镇畜牧兽医站	高关荣	站长	1998.5—2001.7
	谢忠林	站长	2001.7—2006.10
王江泾镇畜牧兽医监督管理所	谢忠林	所长	2006.10—2010.12

第十节　驻镇农业科研单位

【嘉兴市农业科学研究院】

原名嘉兴地区农业试验站，1953 年 3 月成立，位于双桥乡。1956 年，更名为嘉兴地区农业科学研究所。1984 年 10 月，改称嘉兴市农业科学研究所。1997 年，更名为嘉兴市农业科学研究院(所)，简称为市农科院。农科院以应用研究为主，重点解决农业生产中的关键性和共性技术问题。

1965 年 11 月，被县农业局派往杭州做“农垦 58”(密植)的人员满载荣誉回到荷花公社

农艺专家姚海根(右一)

(时有民主大队的于庄南、莫炳芳、顾福生,龙珍大队的洪阿金、徐阿二、林塘王寿生、谢培元、谢天生、郑兴官)。1979 年,地区农科所针对晚稻长期受寒潮侵袭致使产量低而不稳的情况,培育出耐寒品种“农虎六号”,提升晚稻产量。新品种被评为全国水稻良种,获全国科学大会成果奖,并被推广到上海、江苏、湖南等省、市。同年 10 月 2 日,《浙江日报》报道嘉兴地区农科所开发水稻新品种的情况。1984 年,嘉兴市在郊区双桥乡设立综防示范区。“七五”“八五”期间,连续两次被评为“全国综合实力百强所”;“九五”期间被评为全国标兵所;“十一五”期间,在全国农业科研机构综合科研能力评估中,名列全国百强院所第 75 位。至 1994 年,育种专家姚海根已培育出水稻新品种 30 个,获得各类科技成果奖励 19 项(次),并获国家级有突出贡献的中青年专家、全国五一劳动奖章获得者、全国先进工作者和浙江省特等劳模等荣誉。农科院育成的晚粳、晚糯水稻良种推广范围遍及长江中下游晚粳稻区,在浙江、上海和苏南一带,从“六五”到“八五”的 15 年间,水稻良种覆盖率一直保持在 75%左右。加上近年来育成的早籼良种,农科院育成的水稻品种累计推广面积达 1.7 亿亩,增产粮食 35 亿千克,经济价值 40 亿元。创办以来,农科院共获各级科技成果奖励 185 项。其中国家级 4 项,部、省一等奖 9 项,二等奖 14 项;授权专利和获农作物新品种保护权 15 项;发表学术论文 627 篇,其中 SCI 收录 9 篇。育成“农虎”“秀水”“嘉育”等水稻系列品种 132 个,其中国家审定 16 个、外省市审定 28 个。在长江中下游地区稻区累计推广水稻良种近 4 亿亩。

2005 年起,市农科院与大学合作,共建“中科院遗传发育所浙江嘉兴农作物高新技术育种中心”“中科院生态环境研究中心嘉兴科技创新基地”“浙江大学嘉兴农业与环境资源创新基地”,同时建有国家农作物区试验站、国家水稻原良种繁育基地和浙江省水稻育种试验基地。全院设有水稻遗传与育种、经济作物育种、春花作物育种、农业生态环境等 5 个研究室;建有生物工程、分子生物学、农产品品质与安全、土壤农化与作物生理生化等各类实验室,并与中科院生态环境研究中心共建“嘉兴生态环境科技创新实验室”,构建起农作物病虫害抗性、品质等多个农艺特性鉴定技术平台,拥有设施完备的标准化试验园区 300 亩、设施栽培大棚 50 亩。2008 年,海南南繁育种科研楼、生活楼共 1600 平方米。2010 年,在建的办公楼、科研楼、培训楼和专家楼共 7200 平方米建筑即将竣工。此外,农科院每年建立各类试验示范和成果转化基地 20 余个,面积 5000 余亩;与农业龙头企业合作,实施优质稻米订单生产,每年种植 20 万余亩;与各级种子企业合作,实施水稻良种育繁推广一体化,年生产水稻、大麦原良种 25 万千克;年培训农技人员和种植大户等 1000 余人。

至 2010 年,市农科院在双桥院部外,还设有王江泾镇古塘村现代农业园区、南湖区的东进现代农业园区、海南省陵水县的海南育种基地。全院在编职工 53 名、科技人员 43 名,其中正高职称 5 名、副高职称 16 名、博士 3 名、硕士 18 名；有国家级突出贡献专家 1 名，享受国务院特殊津贴专家 4 名，省特级专家 1 名，省“151”工程人才 4 名，市学科带头人 3 名。

1978—1988 年嘉兴市农业科学研究院获国家级科研成果情况表

表 8－41

年份	类　别	等　级	主要完成人	主要完成单位	颁奖部门
1978	重大贡献奖		宋彝宪等	浙江省嘉兴地区农科所品种组	全国科学大会
1985	国家进步奖	一等奖	孙祥良(参加)	全国褐稻虱迁飞研究协作组、嘉兴地区农科所(参加)	国家科技奖评审委员会
1987	国家进步奖	三等奖	(严明富等)	浙江省农科院植保所、嘉兴市农科所等	国家科技奖评审委员会
1988	国家星火奖	单项荣誉奖		嘉兴市农科所	全国星火计划成果展览交易会

嘉兴市农业科学研究院获省部级奖项科研成果情况表

表 8－42

成果名称	类　别	等级	主要完成人	主要完成单位
早稻品种“二九南一号”“二九陆 1 号”“珍桂 51”；晚稻品种“嘉湖四号”；小麦品种“九兰”	省科技成果奖	一等奖	早稻品种：陈志谦等；晚稻品种：杨尧城等；小麦品种：何南扬等	嘉兴地区农科所育种组
晚粳新品种“秀水 48”	省科技成果奖	一等奖	姚海根等	省晚粳育种协作组、嘉兴地区农科所
优质、高产多抗早籼嘉育 948 的选育与推广	省进步奖	一等奖	杨尧城、吴伟、毛利豪、高小弟、方俞明、管耀祖、方江林、王岳钧、禹盛苗、边永高、项盛顺等	嘉兴市农科院、浙江省种子公司、浙江省早籼稻育种攻关协作组
大麦细胞工程育种技术体系的建立与“花 30”选育	省进步奖	一等奖	龚来庭(第七完成者)	上海市农科院、嘉兴市农科院
半矮生一密穗源库优化型单季晚粳稻新品种秀水 110 的选育和推广	省科技奖	一等奖	姚海根、姚坚、吴伟、汤美玲、赵剑群、程旺大、边永高、姚金林、朱建方、叶信苗、孟兴中、张加放、徐兴伟	嘉兴市农科院、浙江省种子总站、嘉兴市种子管理站、湖州市种子公司、嘉善县种子公司

续表 8－42

成果名称	类　别	等级	主要完成人	主要完成单位
利用花培技术育成的晚粳新品种嘉花 1 号的选育和应用	省科技奖	一等奖	姚海根、王淑珍、吴伟、汤美玲、张月华、姚坚、杨治斌、边永高、程旺大、陈仁强、郭恒德等	嘉兴市农科院
水稻条纹叶枯病与介体灰飞虱发生规律、监测预警与持续控制技术	省科技奖	一等奖	王华弟、陈剑平、俞晓平、张恒木、孙祥良、祝增荣、孙国昌、沈卫新、朱金良、傅强、朱明泉、蒋学辉、宁国云	嘉兴市农科院（第五完成单位）
水稻条纹叶枯病与传毒媒介灰飞虱发生规律、监测预警与持续控制技术研究	中国植保学会科技奖	一等奖	孙祥良（第五完成人）	嘉兴市农科院
南方稻区水稻良种区域试验结果及其应用	中科院进步奖	一等奖	梁上舒、刘永正、滕利生	嘉兴市农科所

【秀洲区农业科学研究所】

1977 年 12 月，县农业局从双桥农场划出一部分土地作为实验基地，成立嘉兴县农业科学研究所，属事业性质。1984 年更名为嘉兴郊区农业科学研究所。1988 年 4 月，划为区政府直属单位，业务归郊区农林局。1994 年 1 月，确定为正科级事业单位。1999 年 9 月更名为秀洲区农业科学研究所，简称区农科所。2003 年，被确定为纯公益类事业单位，由区农经局主管。

1979 年，来乐春带领的团队研制成功水稻新品种“二九丰”，具有较强的抗稻瘟病和白叶枯病，农民们纷纷引种，种植比例占到全省早、中熟品种的 63％。1984—1992 年，累计在省内外推广 4191 万亩，增产粮食 4.2 亿千克，创效益 5 亿多元。1984—1990 年，育成“嘉灿 758”“嘉灿 222”，省内外累计推广面积 5868 万亩（其中省内累计推广面积 341 万亩），增产粮食 14.67 亿千克。1996 年，开展杂交水稻研究和杂交水稻新组合的选育。在籼粳二系不育系选育、高柱头外露率粳型材料筛选、叶色标记不育系的选育方面，取得了突破。培育出“嘉乐优 2 号”、“培二优 2859”、“嘉粳 3694”、“嘉乐优 100”、不育系“151A”等组合和品种，通过省级品种审定或鉴定，在生产上大面积运用。2002 年，研究培育的杂交粳稻嘉秀优 1 号（151A/DH22）、嘉秀优 4 号（151A/DH32）、嘉秀优 5 号（151A/DH46）三个杂交粳稻参加嘉兴市杂交稻区域试验和鉴定试验，结果市区试六点平均亩产嘉秀优 4 号达 600.7 千克，比对照 1 八优 161 增产 8.20％，比对照 2 秀水 63 增产 8.08％，产量居市区试 15 个品种首位。参加市杂交粳稻新品系鉴定试验的嘉秀优 5 号各试验点平均亩产 601.9 千克，比对照 1 和对照 2 分别增产13.48%和16.26%,产量居16个品种首位。大田示范也获高产,嘉秀优4号示范1.627亩,平均亩达637.3千克。新培育的杂交稻组合在试验和大田示范中长势旺盛,穗大粒多,耐肥抗倒,产量比常规粳稻显著增产,外观米质与常规优质稻相仿,食味比常规稻明显改善,口感更好。其中"嘉乐优2号"具有产量高、米质优、株型适中、抗病力强、抗倒性好等诸多优点,且比常规品种增产10%以上。从2004年以来,连续3年在嘉兴市水稻高产示范方验收中夺得单产第一名;三年最高亩产分别为715千克、812.1千克、752.7千克,其中2005年全区推广种植面积5000多亩,创造了嘉兴晚稻单产历史纪录。

【嘉兴市双桥农场】

位于双桥乡,故名双桥农场。距离嘉兴市区9千米处,在运河西岸、苏嘉公路两侧。场址原为荒田,1934—1935年,双桥村的吴银宝祖父在此开垦荒田70亩左右,后因田租废弃。1936年,县政府在此设立农业推广所,创办农业示范区,建造房屋10余间。抗日战争爆发后,农场建筑、设备均遭破坏,仅剩鸡舍3间、农舍4间。抗日战争胜利后,恢复建置,归属农业推广站管辖,有职工10余人。耕地面积扩大到100多亩,东部有水田51亩、旱地29亩,由县政府聘请农技人员直营,从事农业研究试验、治虫推广;西部有水田、旱地各20亩,租给农民王阿华耕种,后收回。1949年11月,改建为嘉兴县农林场,归属县实业科(1950年5月改为建设科)管理。1951年春,更名为嘉兴县农场;同年5月,归属县农林科。1952年9月,改属县建设科(县农林科撤销);同年12月,嘉兴专区农民协会试验区农场、嘉兴县塘汇区农场并入县农场。1953年7月,更名为嘉兴专区原种繁育场;同年11月,仍归属县农林科(复建)。1955年6月,改属县农业水利局管理;同年10月,改称地方国营嘉兴县双桥农场。1956年3月,双桥农场改称嘉兴农业试验站,归嘉兴专员公署领导。1958年2月,嘉兴农业试验站并入嘉兴专区农业科学研究所。1959年4月,复称嘉兴县双桥农场,归县农业局管理。1961年1月,嘉兴县双桥农场与农业专科学校、农科所合并,行政上对外仍挂三块牌子;同年12月,嘉兴县双桥农场划为嘉兴粮食研究所的附设场,由省、专署、县三级领导。1962年12月,复称嘉兴专区原种繁育场,由嘉兴专署直管。1964年3月,改由县人民委员会代管;同年9月,下放给嘉兴县,由县农业局管理,场名不变。1966年,再次复称嘉兴县双桥农场。1981年3月,更名为嘉兴市双桥农场,由市农业局管理。1983年11月,划归嘉兴市农林局管理。

1954年,嘉兴县双桥农场被浙江省指定为"全国新式畜力农具"试点单位。同年,国家下拨双铧犁3台。1957年,嘉兴县在双桥农场举办双铧犁训练班,专门培训供销社双铧犁推广干部,参训人员200余人。1960年,双桥农场成为嘉兴电犁推广试点之一,机型为浙农二号和浙农三号牵引机,配移行小车,四角牵行,犁为浙农七号犁,动力为10千瓦和7千瓦。20世纪70—80年代,农场选育的双糯4号为嘉兴地区糯稻的当家品种,被推广至浙江和江苏、上海郊区等地。1979年,黑猪被省科委列为重点科研项目,在嘉兴双桥农场建立黑猪选育基地。畜牧场培育的嘉兴黑猪I系列,具有早熟、产仔多、稳产高产的特点,广为江苏、四川、福建、广东等省所引育。同年,农业部将包括嘉兴黑猪在内的太湖猪列为全国选育品种,并应法国农业部的要求,相赠嘉兴黑猪,供其育种研究。1990年,双桥农场有职工150人,其中固定职工 83 人、干部 17 人。土地总面积 638 亩，其中耕地面积 366 亩、果园 31 亩、鱼塘 117 亩。按经营项目分成农业、畜牧、水产、果树 4 个承包单位。拥有大中型拖拉机 2 台、小型及手扶拖拉机 2 台、机动插秧机 1 台、各类排灌动力机械 4 台、联合收割机 1 台、机动脱粒机 2 台、谷物烘干机 3 台、种子精选机 1 台、碾米机 1 台，农林耕作、排灌、脱粒和农副产品加工基本实现机械化。同年，双桥农场以繁育稻麦良(原)种和饲养瘦肉型出口猪为主，兼营多种经营。全场生产粮食 225.6 吨，出口生猪 1415 头，提供鲜鱼 53 吨。工农业总产值 501.56 万元，其中农业 191.04 万元、工业 310.52 万元，净盈利 4.95 万元。2008 年，双桥农场黑猪遗传资源保护场被列为省级原种场，场内存栏纯种嘉兴黑母猪 100 多头，每年可向社会提供嘉兴黑猪种猪 500 多头。同年，被列入 2008 年度中央国债资金补助的保护场改扩建项目正式动工建设，总投资 189 万元，其中中央财政补助 100 万元，市级财政配套 89 万元。

第九章　工　业

域内的工业发展较早。南宋时期，家庭纺织业已作为农民的一项副业。至明代，境内丝织业发达，丝织产业已到了较高的水平，产品不断增多，成为江南的丝绸重镇之一。清乾隆、嘉庆年间，丝绸工业发展更是达到鼎盛时期，有“日出万匹”之称，丝织品曾被织造府收购，用于制作皇室宫廷服装，王江泾镇成为江南著名的丝绸交易集散地。清咸丰十年(1860)，清军与太平军在境内激战，境内工业受到极大摧残。战后，境内农户将织品售至盛泽绸行，与盛泽织品统称“盛纺”。清宣统二年(1910)，“盛纺”在南洋劝业会和意大利都灵博览会上获得金奖；1915年又在美国旧金山巴拿马太平洋万国博览会上获得金奖。民国时期，家庭丝织业发展缓慢。1934年，境内有织机户5250户，占全部农户的53.74%。抗日战争爆发后，纺织业遭受重创，至1949年有织机户近1000户。解放后，政府重视工业生产。1952年，荷花、洪典、东林、田乐、双阳5个乡共有家庭织机1780台，开工织机632台，涉及22个村，产品有村正纺、文绢、花纺、复兴纺等，年产量11.9万匹。1953年起，实施手工业、私营工业改造，兴办公私合营企业。1958年起，各公社社办、队办企业陆续创办。改革开放和实行家庭联产承包责任制后，家庭丝织业在境内得到恢复，并快速发展。1988年，南方丝绸市场建立，吸引大量销售商，促进境内纺织业发展。至1990年，境内有织机户1万余户，普通织机2.5万台。20世纪90年代后，境内工业发展较快，工业门类涉及较广。1992年，田乐乡首先办起大坝、市泾工业小区，王江泾、南汇等工业园区相继建立，大批私营企业入驻，为境内纺织工业提档升级创造了条件。2004年，王江泾镇获得全国“织造名镇”、全国纺织产业基地特色镇称号。2010年，全镇有工业企业5200余家，职工3万余人。其中规模以上220余家；工业总产值180.35亿元，工业增加值24.66亿元，合同利用外资3375万美元，实际利用外资2835万美元。规模以上工业主营业务收入120.87亿元，实现利税8.18亿元。全镇工业形成纺织、印染、服装、家居、建材、机械、电子、金属制品、化工、热电、造纸等产业结构。

第一节　工业体制

【县属工业】

中华人民共和国成立前，境内集镇都开有小型手工作坊，经营染色、铁木竹、缝纫等行业，其中王江泾集镇30余家，南汇集镇20余家，双桥、虹阳集镇都建有一些手工业作坊。1954年，王江泾、南汇集镇分别将分散的手工业作坊组建成竹器、木器、铁器等生产合作社。1955年，南汇组建草绳生产合作社、服装生产小组。1957年，王江泾将5家私营炼染坊合并成立公私合营大泾炼染厂。同年，创办南汇织绸生产合作社。1958 年 4 月，建办王江泾合作织绸社。1958 年，王江泾大泾染厂、南汇米厂和大泾炼染厂由嘉兴县工业科管辖；其他手工业由嘉兴县手工业局管理。1960 年，王江泾农具厂等 5 家县属企业下放双桥公社管理；南汇被服厂等 6 家县属企业下放南汇公社管理。

1961 年，在国民经济全面调整时期，双桥、南汇公社管理的手工业企业仍归县手工业管理局管理。由县手工业管理局所辖境内 13 家企业固定资产原值 16.87 万元，年工业总产值 41.3 万元。1966 年 7 月，王江泾铁器社、王江泾木器社、王江泾竹器社由县手工业局下放至双桥公社，独立核算、自负盈亏，接受公社、县手工业局双重领导，以公社为主。10 月，县手工业局下属企业王江泾织绸社、南汇织绸社分别下放双桥公社、南汇公社。1972 年，县属企业王江泾绸厂、南汇织绸厂划归县轻工业局领导。县轻工业局辖境内企业有南汇铁竹社、王江泾铁器社、王江泾木器社、南汇木器社、南汇织绸厂、王江泾织绸厂、王江泾被服厂、南汇被服厂、王江泾竹器社。

1957 年、1964 年、1972 年王江泾、南汇两集镇主要手工业企业基本情况表

表 9－1

企业名称	1957 年		1964 年			1972 年			
	职工（名）	年总产值（元）	职工（名）	年总产值（万元）	利润（元）	职工（名）	年总产值（万元）	固定资产（万元）	利润（万元）
王江泾铁器社	30	27921	34	4.41	10776	72	12.49	4.78	2.28
王江泾木器社	37	33535	43	8.38	6891	44	9.17	3.25	0.89
王江泾竹器社	42		42	4.81	7277	42	4.28	2.15	亏 0.42
王江泾织绸社			38	11.51	8146	63	33.72	2.8	5.72
王江泾被服社						37	5.83	1.73	0.02
南汇铁器社	27	18774	32	2.96	4637	46	5.35	3.4	0.23
南汇竹器社			29	3.25	4014				
南汇木器社	47	34907	35	8.67	655	34	9.12	2.92	1.61
南汇织绸社			63	15.93	12667	82	38.6	4.89	6.04
南汇被服社	9	15000	20	7.22	1682	30	15.04	0.97	0.09
南汇草绳社	32	12566							

1973 年 1 月，各公社管理的手工业企业转为县手工业局管理。1978 年 4 月，嘉兴县手工业局改称嘉兴县第二轻工业局，境内由嘉兴县手工业局管理的企业改由嘉兴县第二轻工

业局管理。同年,境内县属二轻企业有南汇铁竹社等8家。1979年1月,王江泾绸厂归嘉兴县丝绸工业公司管辖。11月,王江泾铁器社更名为嘉兴王江泾铁器铸造厂,为嘉兴县二轻企业。1981年5月,境内嘉兴市服装八厂、嘉兴市电器四厂归嘉兴市(县级)二轻局管理。7月,嘉兴市服装八厂并入市属嘉兴市电器四厂。同年12月,王江泾绸厂更名为嘉兴市绸厂。1982年1月,南汇绸厂更名为嘉兴市第二绸厂,由市二轻局管理。8月,设立嘉兴市第二轻工业局王江泾办事处,管理境内市二轻企业。1983年,市二轻在境内的企业有王江泾铁器铸造厂、王江泾电器四厂、嘉兴市第二绸厂、南汇金属制品厂、南汇木器塑料厂。1985年,境内市属企业中,嘉兴绸厂职工423人,建筑面积894平方米,年工业总产值429.83万元;嘉兴市第二绸厂收购南汇镇丝织厂。1996年,嘉兴市第三丝织厂(原嘉兴市第二绸厂)与日商合资创办浙江嘉兴市永利丝线有限公司。1998年7月31日,嘉兴绸厂破产,500多名职工进行分流安置。此后,嘉兴市第三丝织厂、嘉兴市电器四厂、嘉兴市胶木电器厂先后歇业关停。

【乡镇工业】

中华人民共和国成立初期,无乡办企业,主要依靠集镇的手工业作坊来满足当地百姓的生产和生活需求。1958年"人民公社化"期间,成立东风人民公社加工厂,为境内最早的社办工业。10月,响应党中央大办钢铁工业、加速社会主义建设的号召,成立王江泾区钢铁厂,建起小高炉76座、土窑128座,累计出铁25吨。1959年,东风公社、双桥公社社(队)工业企业58家,职工713人;南汇公社社队企业49家,职工247人。1960年,双桥公社社办工业企业8家,总产值104.03万元,销售收入57.36万元,利润4.79万元;南汇公社社办工业企业14家,总产值85.92万元,销售收入68.56万元,利润10.74万元。1961年,各公社兴办各种为农服务的农具厂、粮食加工厂、被服厂等小企业。1965年,双桥公社有社办工业9家。

1983年后,由于体制变化,社办工业改为乡(镇)办工业。1985年,南汇镇办工业企业9家,职工990人,工业产值621.98万元;荷花乡办工业企业5家,职工421人,工业产值242.73万元;田乐乡办工业企业7家,职工529人,工业产值267.49万元;双桥乡办工业企业10家,职工726人,工业产值1104.17万元;虹阳乡办工业企业8家,职工368人,工业产值198.58万元;王江泾镇办工业企业8家,职工250人,工业产值97.06万元。1989年,国家号召扶持乡镇办工业,乡镇工业出现上升势头。王江泾镇办工业企业21家,职工1083人,工业总产值1.26亿元,税金136.29万元,利润182.87万元,固定资产826.22万元。王江泾镇成为郊区第一个工业产值超亿元的乡镇。1992年,随着私营工业的发展,乡镇工业所占比重下降,王江泾镇、南汇镇、田乐乡、荷花乡、虹阳乡的乡镇工业产值分别占各自乡镇工业总产值的43.65%、14.67%、0.34%、1.29%、42.71%。1994年,乡镇企业开始转制,3月,王江泾新桥印染厂转制为集体所有制(股份合作)的嘉兴市新桥丝绸染整有限公司。1999年,由于乡镇企业转制,乡镇工业产值占比减少。王江泾镇工业总产值16.15亿元,其中镇办工业3.23亿元;田乐乡工业总产值4.93亿元,全为私营工业产值;南汇镇工业总产值3.49亿元,其中镇办工业2511万元。2000年,乡镇企业转制结束,乡镇工业全部改制为其他经济成分企业。

【村办工业】

村办工业始于1958年"人民公社化"期间生产大队所办的企业。1959年，双桥公社三塔大队4名土木匠靠12把榔头、几把锯子，在破庙中办起三塔大队农机厂，后发展到10多间厂房、8个车间，土车床9台，职工140多人，制造油浸开关。20世纪60年代中期，南汇、荷花、田乐、虹阳、双桥、嘉北等公社许多大队办起砖瓦厂。至20世纪70年代后期，境内共有队办企业砖窑57座。1978年，队办工业从原来产品单一向多行业发展，建办水泥制品、丝织、服装、五金塑料、机械修配等工业。1981—1992年，双桥公社新桥大队投入20万元，建办染厂，后发展为员工138人，固定资产450余万元，年销售收入1310万元，利润34万元；创办新桥校办定型厂，后发展为员工150多人，年销售收入470万元，利润115万余元；创办新桥丝织厂，占地20亩，投资80万元。新桥染厂成为嘉兴郊区骨干龙头企业，多次受到市、区、镇表彰奖励。

1982年，田乐公社有队办工业企业26家，纺织企业有近半，生产的印花头巾纱远销山东、河北等省。1984年8月，双桥乡洪四村聘请上海知青陆玉昆，创办金陵服装厂，后与香港亿成时装有限公司合资创办金陵制衣有限公司，征地13亩，建造2000平方米的厂房，招收员工350多人，年销售额达800多万元，实现年利润100多万元，引领嘉兴一带的服装行业。1985年，双桥乡双桥村先后与上海丝毯总厂、上海开发公司徐汇商场、省市服装公司、市外贸局、市供销社、土产公司等10多家工厂、单位挂钩联系，联营企业和业务交往，开始从单一的生产向多样化经营转变。全村有羽绒、丝毯等8家企业，职工985人，占全村总劳力的71%。村办工业总产值69万元，税收9.16万元，人均收入575元，比1979年翻一番多。1985年，南汇镇村办工业企业47家，职工1673人，工业产值427.16万元；荷花乡村办工业企业48家，职工1633人，工业产值558.19万元；田乐乡村办工业企业15家，职工1123人，工业产值249.96万元；双桥乡村办工业企业40家，职工1278人，工业产值996.98万元；虹阳乡村办工业企业28家，职工942人，工业产值417.21万元。1992年，私营工业发展，村办工业中的技术骨干纷纷跳槽到私营企业，村办工业比重下降。其中私营经济发展最早的田乐乡村办工业占全乡工业比例近于消失。村办工业产值占乡镇的比重：王江泾镇43.7%，南汇镇12.08%，田乐乡0.38%，荷花乡2.4%，虹阳乡2.18%。1999年，村办工业由于改制，规模急剧缩小。2000年，村办工业不再存在，全部改制为其他经济成分工业。

20世纪60—80年代王江泾镇境内村办工业企业一览表

表9-2

村　名	村(队)企业名称
收藏村	皮革厂、粮饲加工厂、铅丝厂、砖瓦厂、经编厂
宇四浜村	粮饲加工厂、砖瓦厂、塑料厂
金鱼桥村	粮饲加工厂、水泥预制场、五金厂、木工厂、模具厂、印染厂、皮件厂
沈家桥村	农机修配厂、皮鞋厂、胶木厂、粮饲加工厂

续表 9－2

村　　名	村(队)企业名称
东荷村(东一)	丝织厂、砖瓦厂、水泥预制场、木材机械加工厂、建筑队、粮饲加工厂
(东二)	丝织厂、砖瓦厂、水泥预制场、建筑队、粮饲加工厂
北荷村(建有)	丝织厂、印花厂、砖瓦厂、粮饲加工厂
(花伏)	针织厂、丝织厂、砖瓦厂、粮饲加工厂
(林塘)	丝织厂、砖瓦厂、翻砂厂、粮饲加工厂
民和村(振兴)	丝织厂、砖瓦厂、建筑队、运输队、粮饲加工厂
(民和)	丝织厂、水泥预制场、粮饲加工厂、建筑队
荷花村(农增)	冲板厂、砖瓦厂、丝织厂、建筑队、粮饲加工厂
(前进)	丝织厂、砖瓦厂、建筑队、粮饲加工厂
民主村	丝织厂、冲板厂、运输队、平瓦厂、建筑队、粮饲加工厂
长虹村(田丰)	丝织厂、砖瓦厂、胶木厂、塑料五金厂、建筑队、粮饲加工厂
(长虹)	丝织厂、砖瓦厂、水泥预制场、粮饲加工厂
洪典村	丝织厂、元钉厂、化工厂、砖瓦厂、水泥预制场、粮饲加工厂
太平村	丝织厂、服装厂、砖瓦厂、水泥预制场、粮饲加工厂
东风村(洪四)	丝织厂、五金厂、并线厂、砖瓦厂、水泥预制场、被服厂、金陵服装厂、粮饲加工厂
(东风)	丝织厂、五金厂、铁器修配厂、绸厂、砖瓦厂、饲料加工厂
双桥村(丁家浜)	丝织厂、砖瓦厂、饲料加工厂
(金桥)	并线厂、饲料加工厂、金桥铸件厂、丝织厂、粮饲加工厂
(双桥)	服装厂、修配厂、饲料加工厂、塑料厂
(渔业)	塑料厂、电器厂
范滩村(范滩)	仪表厂、水泥预制场、粮饲加工厂、翻砂厂、粮饲加工厂
(东南)	丝织厂、粮饲加工厂、砖瓦厂
腾云村	丝织厂、修配厂、粮饲加工厂、小五金厂、印花厂、水泥预制场、服装厂、钢材拉丝厂
古塘村	绸厂、塑料厂、粮饲加工厂
西雁村	粮饲加工厂、纺织厂、缫丝厂
新桥村(杜家浜)	丝织厂、粮饲加工厂、印花厂
(新桥村)	针织厂、袜厂、平瓦厂、印花厂、粮饲加工厂、印染厂

续表 9-2

村 名	村(队)企业名称
王江泾村	塑料厂、粮饲加工厂
虹阳村(虹西)	工艺织厂、粮饲加工厂
(渔业)	丝织厂
(虹阳)	丝织厂、手套厂、胶木厂、粮饲加工厂
虹南村(新力)	丝织厂、砖瓦厂、粮饲加工厂
(东石桥)	丝织厂、农机修理厂、粮饲加工厂
阳城村	丝织厂、粮饲加工厂
虹北村(天星)	丝织厂、天星铅厂、粮饲加工厂
(尖墩角)	丝织厂、粮饲加工厂
南汇村(西联)	纺织厂、砖瓦厂、粮饲加工厂、塑料厂
(溪中)	砖瓦厂、钢丝网厂、粮饲加工厂、并铁厂
(双联)	纺织厂、砖瓦厂、粮饲加工厂
红联村	砖瓦厂、丝织厂、粮饲加工厂、竹器加工厂、水泥预制场、农机厂、翻砂厂、缫丝厂
莫家甸村	纺织厂、砖瓦厂、粮饲加工厂、水泥预制场、竹器加工厂、绒线厂、踏绳厂
廊下村(建工)	纺织厂、砖瓦厂、粮饲加工厂
(梅兴)	丝织厂、砖瓦厂、粮饲加工厂
(廊下)	纺织厂、砖瓦厂、服装厂、粮饲加工厂
华联村(小曲)	砖瓦厂、纽扣厂、粮饲加工厂、平瓦厂
(钮北)	纺织厂、粮饲加工厂、砖瓦厂
(金珍)	纺织厂、砖瓦厂、水泥预制场、粮饲加工厂
(华溪)	粮饲加工厂、纺织厂、五金厂、沙发厂、木器厂、砖瓦厂、农具厂
田乐村(新农)	丝织厂、针织厂、粮饲加工厂
(永聚)	丝织厂、砖瓦厂、粮饲加工厂
市泾村	丝织厂、砖瓦厂、粮饲加工厂
大坝村	丝织厂、砖瓦厂、胶木厂、经纬厂、粮饲加工厂
田青村	丝织厂、砖瓦厂、粮饲加工厂、钢窗厂、绣花厂
双塔村	纺织厂、织绢厂、锯板厂、服装厂、溶剂厂、粮饲加工厂、土布厂、安瓿瓶厂、水泥预制场
栋梁村	丝织厂、针织厂、砖瓦厂、粮饲加工厂、铝厂

1992—1995年王江泾镇境内村办工业总产值情况表

表9-3 单位:万元

年　份	荷花乡	虹阳乡	南汇镇	田乐乡	王江泾镇
1992	262	175	809	27	1992
1993	166	281	870	12	1993
1994	150	1979	1203	3	11830
1995	122		1464	860	1949

【个体私营工业】

中华人民共和国成立前,境内丝绸纺织、炼染、木器等工业均为个私性质。规模较大的:泾明电灯厂,投资额4000元,年营业额2700元,员工4人;泾明碾米厂,员工7人,年碾米2.0万石,年营业额3000元;万丰碾米厂,员工7人,年碾米1.5万石,年营业额2250元;同昌碾米厂,员工7人,年碾米2.0万石,年营业额3000元;鸣盛碾米厂,员工7人,年碾米2.5万石,年营业额3750元;蒋正盛卷烟厂,员工8人。南汇镇7名业主经营12座砖瓦窑,员工75人。境内农村有1000多台家庭织机。

中华人民共和国成立初期,个私工业继续稳定发展。1953年,国家通过公私合营的方式,逐步将个私工业转变为公私合营。1956年,境内工业公私合营社会主义改造完成,人民政府对个私企业清产核资,将公私合营企业中私股总额,由政府付给资本家固定息率股息,对资本家妥善安排工作。境内公私合营的染坊、竹木社、卷烟厂等逐渐转为集体所有制性质。1958年"大跃进"高潮中,发展国营工业以及社办、队办集体工业,限制和禁止个私工业。1978年,改革开放后,农村实行家庭联产承包责任制,境内家庭纺织业开始兴起。1983年,田乐公社农民汝掌生花400元买了1台旧丝织机,织起头巾纱,成为农民办家庭织机第一人。1987年,境内农户拥有织机1万余台,每年向市场提供各种丝织品6000万米。1988年,将小、穷、亏集体企业,租赁、兼并、拍卖给个人,发展个体、联户工业。王江泾镇共有各种联户企业23家,个体织机775台。1989年,全镇工农业总产值1.26亿元,成为嘉兴市郊区第一个实现亿元产值的乡镇。其他乡镇个体织机达万台,每天生产丝绸产品50万米。

1992年,贯彻落实邓小平南方谈话精神,境内个私工业进一步发展,工业产值和乡(镇)、村集体工业比重各占一半。同年境内乡镇工业产值6.14亿元,其中集体工业3.09亿元,占50.33%;个私工业3.05亿元,占49.67%。各乡镇个私工业所占比重:王江泾镇12.65%,南汇镇73.25%,田乐乡99.28%,荷花乡96.31%,虹阳乡55.11%。境内采取乡村集体企业转制形式,将企业转为个私性质。1993年,王江泾镇鼓励村干部、机关干部家属带头搞个私工业,使全镇个私工业经济成为新的经济增长点,织机比上年增加400多台,产值增加3600万元。政府对个私工业采取工商登记放宽、银行信贷开放、集体土地可以经过审批后征用办厂、建立工业开发区等措施,使个私工业大步发展。田乐乡将15家乡办企业采取"一脚踢"承包或清产核资及转制的形式,逐年收回投资资金,转为个体经营或停办。1994年,个私工业成为经济重要增长点，个私工业产品结构由低档次向高档次发展；扩大规模，向规模型、基地型发展。王江泾、虹阳、南汇等乡镇积极发展个体联户工业，引导个体联户向工业小区和集镇开发区聚集，形成生产基地和生产规模专业化；引导个体联户工业走松散型联营、前后道工序联营、产供销联营的发展路子。

1999年，王江泾镇个私工业产值14.18亿元，占全镇工业总产值的81.45%。2000年，王江泾镇个私工业企业共6463家，其中私营企业50家、个体企业6413家。为规范个私工业的经营行为，鼓励更新设备，2001年，王江泾镇政府规定个私工业企业必须依法每月缴纳税费。并鼓励个私工业发展高档无梭设备，规定高档喷水织机每台月耗电量为800千瓦时，其中进口设备日本井田30型织机、尼桑53型织机额定用电量1200千瓦时，超过部分不计征。2003年，全镇个私工业企业7313家，其中私营企业127家、个私企业7186家。个私工业中的盈利企业7026家，利润1.15亿元，职工1.91万人，固定资产原值18.62亿元，资本金7.11亿元，税金3000万元。2010年，全镇共有规模以上私(民)营工业企业180家，员工13919人，主营业务收入87.95亿元。

【外商和港澳台投资工业】

1988—2002年，境内外商或香港、台湾独资或合资企业共12家。1988年，王江泾镇洪四服装厂与港商合资成立金陵制衣有限公司，为境内最早的港商投资企业。纺织业外商、港澳台商投资项目较多，有台资企业嘉兴斯陵制衣有限公司、中捷合资嘉兴双美印染有限公司、新加坡投资嘉兴青荷化纤有限公司、加拿大合资嘉兴新桥丝绸染整有限公司、香港亿宏集团独资亿宏纺织(嘉兴)有限公司、香港合资嘉兴新国浩喷织有限公司等。机械、热电等行业也引进外商或港台客商投资，其中有新加坡投资嘉兴青荷管道有限公司、中英合资企业锦江热电厂、台资堡隆机械(嘉兴)有限公司、美国礼恩派(嘉兴)有限公司、中美合资嘉兴康麦隆电器有限公司。2002年，王江泾镇被嘉兴市委、市政府评为嘉兴市利用外资工作“十强”乡镇。

2003年，王江泾镇共有外商和港澳台商投资企业22家，其中中外合资企业10家、中外合作企业3家、与港澳台合资企业9家。从业人员1330人，其中中外合资企业655人、中外合作企业180人、与港澳台合资企业495人。当年招商引资1506万美元，其中中外合资企业659万美元、中外合作企业180万美元、与港澳台合资企业667万美元。当年外商和港澳台商投资企业工业增加值8803万元；营业收入36115万元；利润6254万元；税金1977万元。2005—2010年，建立中美合资嘉兴维特拉家具有限公司、中外合资嘉爱斯热电有限公司、中外合资新嘉爱斯热电公司、台商投资星锐缝纫机嘉兴有限公司、港商独资威雅电子(嘉兴)有限公司、港商投资嘉兴赛诺机械有限公司。2010年，境内外商和港澳台商投资企业共19家，职工4340人，主营业务收入22.15亿元。其中港澳台商投资企业11家，职工2899人，主营业务收入13.78亿元；外商投资企业8家，职工1441人，主营业务收入8.37亿元。

第二节 镇村企业产权制度改革

1988年，双桥乡对亏损的乡村企业进行产权制度改革，采取租赁、兼并、拍卖、转让的方法。双桥洪四服装厂转制为与香港合资的金陵制衣有限公司。境外的先进服装技术和理念，使得金陵制衣有限公司迅速成为嘉兴市服装业的新星，年工业总产值数千万元，产品还进入上海市场销售，十分红火。此后数年，镇村企业产权制度改革缓慢地进行，进展不快。1992年邓小平南方谈话后，思想得以进一步解放，加快了镇村企业产权制度改革的步伐。1993年，境内对乡（镇）村集体企业有计划、有步骤地推进产权制度改革。主要形式有股份合作、转让、租赁、兼并、集团、合资以及关停、破产等。乡镇村企业产权制度改革大多采取股份合作制形式，即通过资产评估，界定产权，设立乡镇村集体股，由乡镇集体资产经营管理公司作为乡镇集体股的产权代表，派出股东，参加董事会，参与企业的经营决策，实现政企分开，使企业真正成为独立法人。王江泾镇建立企业股份合作制改革领导小组，从理顺资产关系入手，对不同类型的企业采取不同的方法。2月，7家乡村集体企业拍卖给个体、私营业主和1家集体企业，为城镇建设筹集630万元资金；对8家小企业，采取租赁的办法；对5家骨干企业，采取资产增值承包办法。改制企业利税达到300多万元，三项资金占用率下降16.6%，资产增值700.81万元。镇的年工业产值达4.09亿元，增长40.86%，名列郊区各乡镇第一，各项经济综合指标考核名列全区第二。1993年，曾创利100多万元的郊区区级明星企业新桥印染厂被招标拍卖，被两名个体经营者以528.008万元揭标成交，为全区首次公开拍卖骨干集体企业。田乐乡对15家乡办企业的产权制度改革采取“一脚踢”承包或清产核资及转制的形式。同年，虹阳造纸厂、虹阳建筑公司、南汇建筑公司、南汇五金塑料厂、双桥上海针织厂嘉兴分厂、双桥建筑公司、双桥化工厂等企业均采取承包形式。2000年，乡（镇）村集体工业企业产权制度改革完成，乡（镇）村集体工业企业全部改制为私营或其他经济成分企业。

第三节　工业园区

1990年，王江泾镇新桥村在07省道边设置境内第一个工业小区——新桥工业小区。此后，镇域各乡镇及部分村相继建立工业园区。1992年，田乐乡在王黎公路边分别建立市泾工业小区、大坝工业小区，王江泾镇在07省道边建立王江泾工业园区。政府对工业园区的发展进行政策引导，扶持发展。至2010年，全镇有镇级工业园区1个，即王江泾工业园区，占地面积8平方千米，企业160家，职工16791人，工业总产值111.22亿元，利税8.18亿元；村级工业园区11个，占地面积共1615.47亩，企业共232家。

【园区规划】

1985年，王江泾镇政府在编制的《王江泾镇建设规划（1986—2000年）》中，将镇区北片20公顷规划为丝绸工业园区。

1994年4月，规划从1995年至2000年，在王江泾工业园区内建立嘉兴市龙泉富民经济开放区。规划共分10期开发建设，总投资800万元。

1995年9月，南汇镇政府规划在南王公路南侧建立红联工业小区，占地5.13公顷。

2000年，王江泾镇将优化工业园区的重点向龙泉富民经济开发区倾斜，将开发区规划面积从25公顷扩大到150公顷，进区企业18家，总资产2.8亿元。

2004年，规划嘉兴秀洲丝织工业园区占地面积4.07平方千米，其中北区2.19平方千米，南区 1.88 平方千米。

2005 年 11 月，编制王江泾镇城乡协调发展规划，规划工业园区占地面积 7 平方千米。其中南区 3.3 平方千米，北区 3.7 平方千米。

2010 年，王江泾工业园区规划总面积 18 平方千米，开发建设超过 8 平方千米，分北区、南区。北区东至京杭大运河，南至蒋西港，西至古塘泾港，北至长虹路和南雁荡；南区东至 07 省道，南至北郊河，西至新南洋路，北至沙河荡。

【园区发展】

1992 年，田乐乡创办市泾村工业小区，总投资 3000 多万元，占地面积 1.8 公顷。1993 年 9 月，王江泾镇政府在 07 省道边建立工业园区内私营经济投资区，第一期开发 3.33 公顷，引进轻纺、五金电器、塑料制品等企业。1994 年 4 月，王江泾镇在工业园区内建起龙泉富民经济开放区，占地面积 315 亩，引进企业 12 家。1997 年，建立虹西工业园区等 12 个工业小区。荷花乡工业小区征迁农户 20 户，占地面积 45.66 亩。南汇镇、虹阳乡、荷花乡、王江泾镇先后创办工业小区，规模较大的有洪典工业园区、王江泾工业园区、新桥工业园区、南汇工业园区、虹阳工业园区、市泾工业园区。1994—1997 年，建立长虹工业小区，占地面积 60 亩；田乐乡工业园区（市泾工业小区面积 5 公顷、大坝工业小区面积 4 公顷），虹西工业小区（总面积 9 公顷），荷花新镇工业小区（面积 8 公顷），荷花建有工业小区（面积 6 公顷）。1997 年，南汇镇、村两级共开发建设私营工业小区 4 个，面积 49.8 亩。其中镇工业小区占地 36 亩，有 10 户经营户，总投入 2020 万元。廊下、华溪、红联工业小区占地 13.8 亩，引进经营户 6 户，总投入 355 万元。1998 年，虹南工业园区、建有工业园区扩大规模，占地面积分别为 17 公顷和 7 公顷。

1996—1999 年，王江泾镇共创办 6 个工业小区。1999 年，龙泉富民经济开放区二期工程启动，开发面积 100 亩。2000 年 3 月，建立秀洲・中国丝织科技工业园。2001 年 7 月，扩大王江泾园区，在北郊河以北至双桥沙河荡以南，嘉兴市元丰纺织有限公司、金乐染织有限公司分别投资 8400 万元、760 万元建起厂房。工业园区总投资 3 亿多元。2002 年，王江泾工业园区进入产出期，上缴的财政收入以 35% 的幅度增长，当年上缴财政收入 4433 万元，占全镇财政总收入的三分之二。同年，工业园区向新兴产业发展，引进中美合资嘉兴礼海机械高科技有限公司，总投资 250 万美元，生产智能家居；引进总投资 1200 万美元的美国独资企业礼恩派（嘉兴）有限公司，生产电动智能家居。智能家居新兴产业逐渐在园区兴起，成为园区经济重要载体。

2003 年，开发建设秀洲丝织工业园区一期工程，投资 2000 万元，占地面积 301.65 亩。7 月，扩大王江泾工业园区，开发南区、中区、北区。其中南区开发 07 省道路西、路东区块。路西区块南至老新塍路，北至石灰桥港，西至金鱼桥港，东至 07 省道；路东区块南至北郊河，北至煤气站，西至 07 省道，东至京杭大运河。中区开发王江泾丝织科技园区块，其中有腾云村、新桥村。北区开发涉及 6 个村、43 个生产组、近 800 户农户（包括小企业），人口 2500 人左右。总投入 2 亿元。王江泾工业园区入驻企业 207 家，职工 8620 人，总产值 26.66 亿元，营业收入 27.39 亿元，利润 5081 万元，税金 4716 万元。2004 年 11 月，王江泾工业园区所在的王江泾镇被中国纺织工业协会列为全国“织造名镇”。2005 年 3 月，工业园区被确定为嘉兴市重点工业功能区(工业园区)。2008 年,工业园区被确定为嘉兴市特级工业功能区(工业园区)。

2010 年,王江泾工业园区企业 160 家,职工 16791 人,工业总产值 111.22 亿元;利税 8.18 亿元。主要产业有纺织、印染、智能家居、化工、服装、五金、塑料、机械、热电等。其中纺织业 67 家,印染业 11 家,智能家居及相关企业 15 家,五金家电、塑料服装等其他企业 60 多家。国家级高新技术企业 7 家,省级科技中小型企业 3 家;省级企业(行业)技术中心 2 家。主要企业有嘉兴市鸣春棉纺织有限公司、浙江明效丰汇控股集团有限公司、礼恩派(嘉兴)有限公司、嘉兴市舒福德电动床有限公司、嘉兴市龙泉铜业有限公司、嘉兴康麦隆电器有限公司、嘉兴市南洋集团公司、嘉兴新嘉爱斯热电有限公司等。

【招商引资】

1999 年,镇政府出台政策,鼓励个体和私营企业与外商、港商、台商等合资企业到镇区投资创业,从项目洽谈、立项报批,到用地、用电、申领工商执照、税务登记等手续均由镇工业办公室和开发区办公室实行“一站式”全程服务,投资额在 200 万美元以上,其经营期 10 年以上的从获利年度起,第一至第二年免所得税,第三至第五年由财政全额返还,第六至第十年由财政返还 50%。

2002 年,进工业园区外资企业 8 家,合同利用外资 3559 万美元,实际利用外资 1528 万美元,累计利用外资 1840 万美元。2007 年 3 月,镇党委、镇政府发文,凡进入在工业功能区投资的项目,达到双控指标要求的,优先安排土地指标。凡企业进行技术改造,引进国外先进纺织设备的,除享受国家有关进口设备免税政策外,当年年度投资超 1000 万元以上的项目给予奖励,奖励额度为投入 1000 万元以上的大项目按 2%奖励。2008 年,鼓励个私(民营)工业提升纺织产业,推进织造、印染、针织、植绒等产业链延伸发展,同时,为鼓励规模纺织企业技术革新,加快提档升级,镇政府决定对 28 家龙头企业给予 3～5 年的政策扶持。2010 年,园区累计进驻港澳台商投资企业 11 家、外商投资企业 8 家,利用资金 8607 万美元。

【征迁安置】

1997 年,荷花乡建立工业小区,征迁农户 20 户,土地面积 45.66 亩。2003 年,征迁王江泾、新桥、宇四浜、收藏、双桥等 6 个村,43 个组,近 800 户农户(包括小企业)、2500 人左右,并投入约 2 亿元,为被征农户购买养老保险等。至 2010 年,共征 2016 户,征用土地 614.4 公顷。建造花甲圩、腾云、长虹、太平 4 个安置小区,建造安置房 1036 套,合计建筑面积 12.35 万平方米。

【基础设施建设】

1997 年,王江泾镇开发建设长虹工业小区,先行搞好基础设施,由镇政府统一规划、统一征地、统一设计,做好通电、通水、通电信“三通”,吸引以轻纺为主的个体私营企业户,用地采用行政划拨和有偿出让两种形式。1998 年 5 月,建设孙家浜纺机市场,方便王江泾工业园区企业调剂、购买纺机设备。2002 年,投资 980 万元,在工业园区建造长 1850 米、宽 42 米的纵二路;投资 427 万元,建造长 1078.5 米、宽 22 米的纵四路;投资 420 万元,建造长 1420 米、宽 19 米的横四路。同年,园区开发面积 4474 亩,基础设施共投资 7483 万元。2004 年,王江泾工业园区基础设施投入 4500 万元,建成道路 2.5 千米,绿化面积 5.1 万平方米。2007 年,基础设施投入 8000 万元,园区内竣工标准厂房 5 万平方米。2008 年,在园区边建造 2.5 万平方米诚恒世嘉别墅区及北虹小区、嘉鱼苑、万福大厦、依云小镇、木林森景佳花园、南方不夜城等配套设施，完善园区生产、生活功能。2010年，工业园区基础设施投入8600万元，完善园区排污管道建设。至年末，工业园区基础设施建设共投入14.5亿元。园区内建成元丰路、欣悦路、新永联路等道路12.8千米，桥梁2座，铺设园区污水主管网28.4千米。

【村级工业园区】

2010年王江泾镇村级工业园区情况表

表9－4

工业园区	园区创办年份	占地面积(亩)	企业数(家)
田乐村工业园区	1992	272.14	35
大坝村工业园区	1992	101.79	10
市泾村工业园区	1992	213.14	35
虹阳村工业园区	1996	168.85	43
虹北村工业园区	2001	99.44	9
洪典村工业园区	1997	30.49	12
荷花村工业园区	1997	122.85	10
南汇村工业园区	1997	149.99	17
莫家甸村工业园区	1998	107.01	27
红联村工业园区	1998	88.58	15
华联村工业园区		34.16	12

第四节　工业门类

【服装生产加工】

中华人民共和国成立前，境内服装业十分薄弱。农民自制土布来制作自家衣服。中华人民共和国成立后，服装生产加工业发展甚慢，无成规模的服装企业。1955年11月，建立南汇被服组，为境内最早的服装企业。1958年，成立人民公社后，南汇公社建立服装加工厂、服装制帽厂，双桥公社建立被服厂等服装生产加工企业。20世纪80年代初，境内一些队办服装生产企业建立。至1984年，镇域共有服装企业10多家。改革开放后，人民生活水平逐渐提高，对服装的款式要求同时提高，1985年，双桥乡双桥村与上海徐汇商场，省、市服装公司，嘉兴市外贸局等单位挂钩，开办羽绒服生产企业8家。双桥服装厂生产的滑雪衫分别到省二轻系统产品展销会、全国旅游业内销产品会参展，产品打入上海市场，远销29个省、自治区、直辖市，销售总额48万元，利润4万多元。1988年，金陵制衣有限公司与上海新风洗染店在上海金陵东路400号，联办上海金陵服装经营部，金陵服装大受上海市民欢迎。1986年开始，“西装热”减退，服装企业受到市场影响，行情走低，一些企业歇业。但规模服装企业则引进先进设备，注重品牌化。21世纪初，浙江明效丰汇控股集团专门聘请意大利顶级专家进行亚麻服装设计，成功注册“欧林诺”品牌，同时还在上海成立研发机构。浙江缇斯玛托时装有限公司与意大利牵手合作，将服装设计目标锁定35～45岁成功女性这一特殊消费群体，推出自己的品牌时装。2010年，境内服装生产规模以上企业4家，工业总产值9241万元。

嘉兴市金陵制衣有限公司 位于王江泾镇双桥。原名为双桥洪四服装厂，1985年创办，陈胜观任厂长，占地面积2亩，总资产40万元，年产值200万元，销售额185万元，税金2万元，利润3万元，职工80人。1988年，转制为金陵制衣有限公司，董事长为陈胜观，总经理先后为陆玉坤、朱叶青。1990年，占地面积15亩，总资产1058万元，年产值1641万元，销售额1990万元，税收9.8万元，利润75万元，员工400人，年产各类服装40万件，出口创汇143.49万美元。在上海市金陵路设立销售部，金陵服装当时在上海也较有影响。1993年，生产经营出现滑坡，当年销售收入440.97万元，税金0.08万元，利润-17.94万元。1997年，经营亏损歇业。

云庆服饰(嘉兴)有限公司 位于王江泾工业园区新塍公路，1999年3月成立，法人代表为金云庆。2004年与香港时尚环球合作，有多个国外品牌公司与该公司结为伙伴关系，产品远销美国、英国、法国、日本等国。2010年，员工200多人(高级技术人员40多人)，占地面积40821平方米，建筑面积9909平方米，总资产2000多万元，年产50万件各类服装。

嘉兴市曙光时装有限公司 位于王江泾工业园区元丰大道196号，成立于2005年，法人代表为张永良，是一家专业生产裘皮服装企业。2010年，固定资产4000万元，年生产各类裘皮服装10万件、服饰50万件(套)。

【家具】

解放前，境内无家具生产企业，一般的民用家具均靠民间工匠打造而成。解放初，集镇设有箍桶、打篮，棺材、油漆等家具制造作坊。农村较大的村落也有同样的小作坊。1953年后，王江泾、南汇等集镇成立木器合作社，生产床、橱、台桌、椅凳及桶钵等民用家具。1965—1989年，境内先后建立双桥公社红专大队木工厂、南汇公社皮件厂、南汇向阳大队沙发厂、南汇红旗大队沙发厂、王江泾家具木器厂、双桥拼木地板厂、宇东拼木地板厂等家具企业，生产的产品有雕花家具、皮箱、五斗橱、三联橱、樟木箱、地板等，规模不大，职工分别有数十人。2002年11月，引进中美合资嘉兴礼海机械高科技有限公司，位于王江泾开发区，生产智能家具，总投资250万美元，注册资本200万美元。2004年后，先后有嘉兴礼海机械高科技有限公司、嘉兴维特拉家具有限公司、嘉兴市舒福德电动床有限公司、嘉兴露倍利家具有限公司等企业入驻境内，家具业开始走规模化、高档化道路，逐渐成为境内一大新兴产业。2010年，家具业规模以上企业有7家，工业总产值13.5亿元，税收1121万元，利润1.96亿元。销售收入超亿元企业有礼恩派(嘉兴)有限公司、嘉兴礼海机械高科技有限公司、嘉兴维特拉家具有限公司。

礼恩派(嘉兴)有限公司 位于王江泾工业园区欣悦路123号，建于2002年，为美国五百强企业——礼恩派集团投资组建的全资子公司，法人代表为茅建华。主要生产为活动床配套的机械伸展装置。2003 年 4 月投产。建立公司技术研发中心,研发人员 10 人。2005 年,家居产品远销世界各地,销售收入 5.02 亿元。2006 年,工业总产值 7 亿元,税金 4000 万元,为嘉兴市、秀洲区纳税大户,年销售额名列美国礼恩派集团全世界各地 400 多家企业前 50 名,经济效益名列前 20 名。被评为全国千家最具成长性中小工业企业。2007 年,自主研发出 160 多个大系列的多功能沙发机械伸展装置,研发申报 28 项发明专利和 23 项新产品,产品在国际市场的占有率达 55%。2009 年,公司美国籍专家吉姆·艾维瑞特获浙江省"西湖友谊奖"。2010 年,占地面积 75 亩,厂房面积 2.8 万平方米,总资产 1500 万美元,销售收入 55018 万元,利润 8795 万元,税金 1663.66 万元,员工 700 名。

嘉兴礼海机械高科技有限公司 位于王江泾工业园区南区新永联路 410 号,成立于 2002 年 7 月,与美国南湾国际有限公司合资,法人代表为唐国海。主要从事高档五金件、电子元器件等家居行业产品的开发和制造。主要产品有电动沙发、按摩椅、护理用床、家用电动床等。2005 年获嘉兴市"出口创汇先进企业"称号。2006 年,总投资 9720 万元,建造生产用房建筑面积 8.5 万平方米,研制开发可调升降式多功能电动床、新型防火内衬面料、防火弹簧床垫以及用于制作床垫、沙发的记忆海绵,销售收入 2.43 亿元,利税 4050 万元。自动调节装置等 9 项新产品通过省级鉴定。2007 年 8 月,成立秀洲区特色产业区礼海机械科技产业区,开发研制"记忆海绵"新产品,成为秀洲区核心竞争力较强的外贸龙头企业。2008 年,获国家"高新技术企业"称号。2010 年,占地面积 207.2 亩,总资产 8.75 亿元,固定资产 8.15 亿元,销售收入 1.9 亿元,利润 8741 万元,税金 796.42 万元,员工 350 多名。

嘉兴市舒福德电动床有限公司 位于王江泾镇工业园区中区。2005 年成立,为国内最早生产美式可调节电动床厂家,创办人为唐国海,占地面积 11.62 亩,员工 500 余人。主要产品有简易可调节电动床、遥控分离式电动床、分层式电动床等各类保健、按摩多功能电动床。2008 年,成立技术研发中心,研发满足人体舒适性要求的各类功能性电动床。出口销售额占总收入的 80%,在国内电动床行业中占有较大市场份额,产品远销美国、欧洲、澳洲、亚洲多个国家和地区。2010 年,占地面积 24.7 亩,总资产 30.15 亿元,销售收入 5921 万元,税金 97 万元,利润 512 万元,员工 500 名。产品获得国家质量监督检验检疫总局"电器产品型式验证确认书",是中国最大的电动床制造商。

【农具】

解放前,境内农具制作仅为铁器、木器、竹器等家庭作坊,制作或修理一些常用农具。解放初,农具需求量大增,农具家庭作坊随之增多。1950 年,双桥乡胡阿寿、沈阿毛、陈长寿、杜来观 4 名个体木匠,筹资 9 斗米,在王江泾村许家浜创建双桥乡木器工场,主要生产、经营木器农具,支援农业生产。1953 年 1 月,成立王江泾木工生产合作社,位于王江泾镇区河南埭 3 号。1954 年,逐步组织铁器、木器、竹器联合社,将原来分散经营的铁匠、木匠、竹匠组织起来,有计划地生产农村、农业所需要的产品。1957 年,王江泾木工生产合作社发展到 37 人,工业总产值 3.36 万元。1958 年 9 月,东风公社开办农具厂。8 月 25 日,王江泾木工社合并为王江泾铁木农具厂。12 月 9 日,王江泾竹器社并入王江泾铁木农具厂,改名为嘉兴县王江泾农具厂,开始试制新型锯板机、同盟锯、木制车床、铜部司、除虫照明灯,均为嘉兴地区首创。

1959年，农具业加速实现技术改造，支援农业建设。双桥公社农具机械厂锻工车间将手工冲车骨眼改进为脚踏冲眼机，工效提高10倍以上。王江泾农具厂风力劈篾机、锯板机、粉碎机、手摇鼓风机等技术革新项目30余项，分别提高工效1～25倍。

1961年，各公社办起各种为农服务的小企业。创办的荷花公社农具厂、南汇竹器生产合作社、南汇木器生产合作社、南汇船橹生产合作社、王江泾木器社都承担农具制造、修理任务。1963年，王江泾木器生产合作社将职工32人分布在双桥、虹阳公社工作，承担35个大队、316个生产队的农具修制，一年制作农船14条，木犁、粪桶、扁担、稻桶等其他农具37106件；修理农船、水车等农具2603件。年工业总产值5.27万元。1964—1983年，境内农具业先后有田乐农具厂、田乐竹器厂、田乐农机厂、虹阳农机厂、虹阳公社农具厂、王江泾农具厂、双桥农具厂、南汇农机厂等。2001年后，随着农业新技术、新设备的不断出现，原有的传统农具逐渐被淘汰，王江泾农具厂、双桥农具厂、虹阳农机厂、虹阳农具厂、荷花农具厂、田乐农机厂、田乐农具厂、田乐竹器厂等农具企业先后歇业或转产。

【塑料】

早期境内无塑料生产行业。1968年，创办南汇纽扣厂，开始用塑料等生产纽扣。1971年，王江泾木器塑料社生产尼龙轴承保持架，为农药机械厂及轴承厂产品配套。1970年，创办南汇民政塑料厂，生产多种塑料注件。1972年，王江泾木器塑料社单独建立了塑料车间，能修理工业、农业生产所需的塑料模具。1973年，由于木材供应紧张，塑料成为代替木材的原料，王江泾木器社改名为王江泾木器塑料社。1975年，王江泾木器塑料社用塑料生产出9英寸、12英寸电视机输出变压器塑料件，共生产31.5万件。后增添30克卧式油泵注塑机2台，专门生产电视机塑料配件。1976年，成立王江泾电视机元件厂，并进王江泾木器塑料厂、王江泾竹器塑料社，专为沈阳电视机厂、武汉电视机配件二厂、苏州电视机组件厂、上海电视机十五厂、四川宜宾八九九厂等国内数十家企业生产电视机塑料配件。1981年5月，王江泾电视机元件厂更名为嘉兴市电器四厂，生产塑料电器。1983年，南汇西联塑料厂投资1.8万元，购进60克注塑液压油泵机床1台。1984—1987年，成立嘉兴塑料五厂、双桥民虹塑料彩印厂。嘉兴市电器四厂专辟塑料车间，主要生产各种塑料元件，有2台60克卧式油泵注塑机、2台45克立式油泵注塑机、1台塑料切粒机等。1998年，境内塑料乡村办企业转制为个私民营。2001年11月，王江泾建业塑料厂投资500万元，建起建筑面积1.2万平方米生产用房。同年，境内还创办嘉兴市洲洋塑业有限公司、嘉兴市荣旭塑业有限公司、王江泾立新塑料厂。2010年，境内塑料制品业规模以上企业有3家，工业总产值4457万元。

2010年王江泾镇塑料业情况表

表9-5　　单位：万元

企业名称	销售收入	税收	利润
嘉兴市洲洋塑业有限公司	1879	61	31
嘉兴市荣旭塑业有限公司	687	43	13

续表 9-5

企业名称	销售收入	税收	利润
嘉兴市王江泾佩清塑料厂	243	9	4
嘉兴市五峰嘉塑业有限公司	42	15	1
嘉兴市南洋塑料化工有限公司	11842	753	622

【五金】

古时，集镇就有家庭五金业专门生产织机配件的筘，还有为数不少的筘店，是为最早的五金业。清咸丰、同治年间，境内五金业十分兴旺，有打铜炼铁之处。在镇区西1千米，有钟姓居民集中的村落，善制铜铁类响器，该处便称"打铜汇"。民国时期，五金业大多为个体经营，规模不大。1954年，各乡镇将分散经营的五金业个体工匠组成联合社。1958年8月，小五金业主加入王江泾农具厂。南汇镇五金业主并入南汇铁器社。1964年，创办王江泾综合厂，主产五金电器，年产值和年销售额各10万元，职工25人。1970—1990年，境内先后建立南汇拉丝厂、王江泾金属结构厂、田乐螺钉厂、双桥人民公社日用五金厂、双桥红村大队综合、田乐五金机械厂、东风小五金厂、王江泾铁器铸造厂、嘉兴电容器厂、洪四村工艺塑料厂、金桥村翻砂厂、双桥村铸件厂、范滩村铸件厂、腾云村拉丝厂、铸件厂等五金企业，但规模都不大。1995年5月，创办龙泉铜材厂，主要从事废铜加工，占地26亩，总资产1896万元，职工154人，为境内最大的五金企业。1998年，五金业乡村企业均转制为个私企业。2010年，五金业工业产值7.62亿元。规模以上企业2家。

嘉兴市龙泉铜业有限公司 位于07省道王江泾工业园区北区青荷路203号，成立于1995年5月。原名嘉兴市龙泉铜材厂，法人代表为徐建良，位于王江泾镇龙泉富民经济开放区，为民政福利生产企业，主要从事废铜加工业。2000年12月更名为嘉兴市龙泉铜业有限公司。主要生产铜材轧杆、铜杆拉丝。2009年，入选嘉兴市"嘉兴慈善奖"（机构奖）候选单位。2010年，占地面积26亩，建筑面积6800平方米，总资产1896万元，注册资金1000万元，销售收入4.68亿元，利润697万元，税金6972.68万元。员工154名，其中残疾职工75名。自主研发的"铜杆连铸连轧温度、水压控制生产工艺"项目获嘉兴市科技进步三等奖；"消烟除尘冷却塔""消烟除尘二次燃烧室"项目获国家知识产权局实用新型专利证书。

2010年王江泾镇五金业情况表

表 9-6　　单位：万元

企业名称	销售收入	税收	利润
嘉兴市龙泉铜业有限公司	46780	428	697
嘉兴市金亿铜业有限公司	3173	69	73
嘉兴市盛泰金属制品有限公司	1395	30	-6

续表 9-6

企业名称	销售收入	税收	利润
嘉兴市腾云翻砂厂	446	16	9
嘉兴市奇丰冲压件有限公司	248	12	-33
王江泾铸件一厂	38	1	2
嘉兴市南汇金属制品厂	10		1

【机械电器】

机械电器工业起步较晚，1958年，步入“人民公社化”时期，在“大办钢铁”热潮中，各公社办起了一些小型机械加工厂，如荷花公社机械维修制造厂、修船厂等。20世纪60年代，开始逐步发展机械电器业。1964年，创办王江泾综合厂，总资产10万元，主产电器配件等，年销售额10万元，职工25人。1975年，创办荷花轻纺机械厂，总资产16.73万元，主营简单的农机具制造和维修，年销售额5.42万元，利税1万元，职工10人。20世纪70年代后期至80年代后期，境内电器产业上了一个台阶，从原本只是生产简单电器向电视机元件发展，直至自行能够生产电视机。1976年，境内先是生产9英寸、12英寸电视机变压器，为苏州电视机厂、上海电视机厂配套生产。以后，由于生产的电视机元件质量好，产品扩大到16英寸、19英寸电视机变压器及电视机行频、扼流圈等关键部件，产品供应范围扩大到上海电视机一厂、上海无线电四厂、石家庄电视机厂等企业。1979年，嘉兴电器四厂还能生产出12英寸“南湖牌”黑白电视机，在当地引起轰动。其间，境内建立双桥电器厂、南汇红联大队纺织机械厂、田乐五金机械厂、双桥利民仪表附件厂、南汇中学电机厂，使机械电器业品种更多，销路更广。1986年，嘉兴市电器四厂为嘉兴电扇厂试制成功“模拟自然风”“远红外遥控电扇开关”；王江泾长虹电缆厂试产HQ型铜芯纸绝缘铅套电话电缆，质量达到部颁标准。但随着国外电视机元件生产线的引入，境内电视机元件生产企业嘉兴市电器四厂、嘉兴市胶木电器厂开始走下坡路。直至20世纪90年代末，嘉兴市电器四厂、嘉兴市胶木电器厂分别歇业。21世纪初期，一些起点较高的机械电器业入驻境内，使这一行业又有了新的起色。2006年6月，嘉兴礼海机械高科技有限公司在王江泾镇工业功能区建造总建筑面积8.5万平方米厂房，年销售收入2.43亿元，利税4050万元，总投资9720万元。2010年，境内机械电器业中，有色金属冶炼及压延加工业规模以上企业2家，工业总产值5.05亿元；通用设备制造业规模以上企业4家，工业总产值6.83亿元；专用设备制造业规模以上企业3家，工业总产值4206万元；电气机械及器材制造业规模以上企业3家，工业总产值3.73亿元。机械电器业已能生产成套机械设备，实现产值13.5亿元，占工业经济总量的19%。机电出口企业12家，出口交货值6.44亿元。

嘉兴市电器四厂 位于王江泾镇一里街郁家桥南堍。创建于1953年1月，为几名木匠组成的王江泾木工生产合作社。1958年8月25日，为嘉兴县王江泾铁木农具厂。12月9日，改名为嘉兴县王江泾农具厂。1961年9月，拆分为王江泾木器社、王江泾铁器社、王江泾竹器社。1966年7月，王江泾木器社再次下放双桥公社，改名为双桥公社王江泾木器手工业合作社。1973 年 1 月,改名为王江泾木器塑料社。1978 年 4 月,改名为王江泾电视机元件厂。1981 年 5 月,改名为嘉兴市电器四厂。1987 年,企业占地面积 3000 平方米,厂房 1390 平方米,3 个车间(塑料、胶木、元件),主要生产胶木电器配套产品及电子元件产品,员工 88 人,为嘉兴市二轻工业公司所属集体所有制企业。1991 年,工业总产值 93.01 万元,职工 63 人,销售收入 96.3 万元,流动资金 39.6 万元,固定资产原值 20.8 万元,利税总额-5.9 万元。1997 年,企业经营不善破产。

嘉兴康麦隆电器有限公司 位于王江泾工业园区,2002 年 12 月创办,为美国斯通斯国际有限公司投资兴办,生产家用、商用制冷电器及石油机械。产品相继通过国家“CCC”认证和“CB”“CE”出口系列认证,为国内燕京、青岛、雪花、金龙泉、金星等近 20 家啤酒及饮料企业供应展示柜。2010 年,占地面积 30000 平方米,员工 200 余人,年生产能力 10 万台家用、商用立式、卧式展示柜、商用岛柜及小型冷库。

嘉兴市胶木电器厂 1955 年 1 月创建,名为王江泾铁器合作小组。1956 年,改名为王江泾铁器合作社。1958 年 8 月,与王江泾木器社合并,改名为王江泾铁木农具厂。1958 年 12 月,并入王江泾竹器社,更名为嘉兴县王江泾农具厂。1960 年 5 月,下放给双桥公社,由县手工业联社和双桥公社双重领导。1961 年 9 月,拆分为王江泾铁器社。1966 年,为双桥公社王江泾铁器合作社。1973 年 1 月,转为县属手工业企业。1979 年,更名为嘉兴县王江泾铁器铸造厂。1981 年 3 月,嘉兴服装八厂胶木车间并入。1984 年,增设嘉兴市胶木电器厂,试制油浸纸介电容器。1985 年,与嘉兴开关厂联办闻川电容器厂,投资 5 万元。王江泾铁器铸造厂改为嘉兴市闻川电容器厂,与嘉兴市胶木电器厂并存,生产胶木塑料电器配件。销售收入 73.07 万元,税金 0.36 万元,利润 1.99 万元。1986 年 4 月,新产品电容器通过鉴定并投入生产。1986 年 6 月,由于电容器产品被塑料薄膜电容器替代,电容器停止生产。1997 年,企业歇业。

2010 年王江泾镇机械电器业企业情况表

表 9-7 单位:万元

企业名称	销售收入	税金	利润
礼恩派(嘉兴)有限公司	55018	117	8795
嘉兴礼海机械高科技有限公司	19011	166	8141
嘉兴康麦隆电器有限公司	11999	72	253
星锐缝纫机(嘉兴)有限公司	5435	211	297
嘉兴多源机械有限公司	2260	1	80
威雅电子(嘉兴)有限公司	1871	80	236
嘉兴赛诺机械有限公司	1654		-35
堡隆机械(嘉兴)有限公司	1133	6	40

【化工】

中华人民共和国成立前，境内无化学工业。解放后，化工业缓慢形成。1959—1981 年，境内化工业先后创办南汇化肥厂、嘉兴养鱼场土硝厂、澄溪土硝厂、双桥制药厂、双桥民政化工厂、双桥化肥农药厂等企业，规模都不大，产品主要有化肥、硫酸、土硝等。1960 年，双桥公社化工厂将 30 余种野生植物研制成化肥、农药，研制出土化肥 30 余种、22.5 万千克，还利用稻根制糖、酿酒 1785 千克，成为农业技术革新的一大新闻。双桥制药厂生产的禽药也为当地和周边农民饲养家禽提供了禽药保障。1992 年，境内开始有较大规模的化工企业，嘉兴市南洋塑料化工有限公司等入驻，主营化工产品。但其他化工企业由于规模小，产品在市场缺乏竞争力，先后歇业。2010 年，化工业规模以上企业 3 家，工业总产值 1.01 亿元。

嘉兴市南洋塑料化工有限公司 创建于 1992 年，位于王江泾镇工业园区南洋路。运用国内外先进生产工艺与流程，专业致力于 ANY 系列液态环氧树脂固化剂——甲基四氢苯酐的生产与销售，同时提供环氧树脂增韧剂、稀释剂、促进剂等配套产品。拥有甲基四氢苯酐生产流水线 2 条，年产 1 万吨甲基四氢苯酐。通过 ISO9001 质量管理体系认证和 14001 环境体系认证，为全国环氧树脂技术应用学会会员单位。产品行销全国各地，30%出口欧洲、东南亚市场。2010 年，销售收入 2.28 亿元，税金 753 万元，利润 622 万元。

嘉兴洛克化学工业有限公司 2002 年创建，为嘉兴诚恒公司和台湾合资企业。占地面积 44034 平方米，建筑面积 14390 平方米。采用先进的 DCS 操作控制系统，采用台湾技术，生产销售色浆、皮革光滑剂、聚氨酯树脂、聚氨基甲基酸酯胶粘剂、聚氨酯涂层剂、皮革顶层涂饰剂、皮革光亮剂及中间产品聚酯多元醇。建立一套完整的质量管理体系和现代化的管理模式。2010 年，销售收入 7467 万元，税金 147 万元，利润 7 万元。

【建材】

自古以来，境内就有制作砖瓦、石灰传统。较多农民具有制作砖坯手艺，多地办起砖瓦窑厂。清光绪三十三年(1907)，士绅陶溥成、陶汉江建办泾东窑业公司，建窑 10 座，生产的砖瓦供应上海、苏州、南京等地，后因盛行平瓦，土瓦销路困难，辛亥革命后停业。民国时，境内砖瓦业兴盛，以致取土毁田严重，政府出面干涉。中华人民共和国成立后，建材业是集体经济的一大支柱，农民收入的一个来源，砖瓦窑建起较多。直至 20 世纪 80 年代中期，窑业由于取土过甚，才慢慢消失。2010 年，建材业 2 家，工业总产值 3.14 亿元。

制土坯 民国时期，境内制作砖瓦成风，“汊港纷歧，窑墩栉比，附近乡民，于农事闲暇之时，挑掘田岸泥土，制成砖坯，售诸窑户，获利尚巨”。每人每日可制坯 400～600 块。1936 年，南汇镇 2130 户中，制坯者 400 户，年产土坯 5000 万块，供附近砖窑烧砖。抗日战争胜利后，境内坯业曾极盛，一时每 1 万块生坯，可卖得糙米 2 石 5 斗。金圆券抢购风潮时，生坯价高，涨至每 1 万块得米 4 石左右。1946 年，南汇小曲村建有私办窑墩 12 个。1948 年至解放前夕，境内制坯业渐趋衰落。1949 年 7—8 月，坯业扶摇直上，每 1 万块生坯上涨至米 4 石左右。1950 年，制坯业是农民重要的副业生产，其中长兴乡占 70%，几乎农户都参与此业。1958 年，制坯副业停止，1962 年后逐渐恢复生产。20 世纪 70 年代初，为保护耕地，南汇等公社提倡到外地买泥制坯。80 年代中期，取泥制坯被禁止，境内土窑砖瓦厂烧砖用土坯全部向外地购买。

砖窑 20世纪60年代中期起，南汇、荷花、田乐等公社根据当地副业的传统特点，建起砖窑烧制砖瓦。烧制的砖均为8.5英寸规格的青砖。青砖除供应大队社员建房外，大部分销售外地，为集体和农民家庭经济增加了来源。二十世纪七八十年代，砖瓦厂生产达到高峰，境内共有窑墩56座，其中公社办3座、大队办52座、石灰窑1座，平瓦厂2家。双桥公社有窑墩4座，其中社办2座，队办2座，平瓦厂1家。虹阳公社窑墩4座，其中社办1座，队办3座。荷花公社有窑墩12座，全为队办。田乐公社有窑墩8座，石灰窑1座，为队办。南汇公社有窑墩26座，平瓦厂1家，全为队办。嘉北公社收藏、宇四浜大队有窑墩1座。20世纪90年代，农村建房普遍采用9.5英寸红砖，境内8.5英寸青砖销路不畅，队办砖瓦厂随之逐渐淘汰停产，或承包给个人经营。21世纪初，为保护环境，砖瓦厂全部停办。

东一、东二村在长虹桥东堍的窑墩（摄于20世纪80年代）

水泥预制场 20世纪60年代后期，境内开始生产水泥预制构件，产品有水泥桁条、门窗框架、五孔板及水利闸门、桥板等。至20世纪80年代，队办水泥预制场13家，其中荷花公社6家，南汇公社2家，田乐公社1家，双桥公社3家，嘉北公社1家。20世纪90年代后期，水泥五孔板使用量减少，水泥预制场先后停产，仅剩数家转制给个人。

嘉兴秀洲南方水泥有限公司 隶属中国建材南方水泥有限公司，占地面积2.67万平方米，总投资1.26亿元，员工90人，法人代表为张云峰。产品为32.5复合硅酸盐水泥、42.5级普通硅酸盐水泥。通过ISO9001：2008质量管理体系、ISO14001：2004环境管理体系、《职业健康安全管理体系》(GB/T28001－2001)和计量水平确认合格证等认证。2005年，获得浙江省资源综合利用企业认定。2008年4月，通过市级清洁生产企业评定。连年为区“纳税重点企业”“工业龙头企业”。2010年，销售收入2.37亿元，税金1056万元，利润3127万元。

嘉兴锦江建材有限公司

嘉兴锦江建材有限公司 2010年，占地40亩，总资产12600万元，销售收入2.37亿元，利润3127万元，税收735.40万元，职工90人。

【建筑业】

境内建筑业起始何时，史无记载。民国期间，民用建筑都由“把作”(师傅)带徒弟凭经验建造民房。南汇、荷花等地许多农民学有泥木手艺，为当地或出外建房。史料载，1934年，泥木匠每工0.56～0.7元，工时超8小时。解放初，泥木匠承接建房仍延续解放前方式。人民公社化后，荷花、南汇等公社、大队开始组织建筑队。1962 年，荷花公社创办首个建筑队，职工 54 人。1963 年，南汇公社合丰大队第一、二、三生产队共有泥、木工 32 人，占总人口的 15%，其中泥工 27 人、木工 5 人。泥工以收入的 70%、木工以 60%交生产队，其余 30%和 40%为工具、技术补贴。生产队按外出务工者交钱多少来评工分。1964 年，创办田乐公社建筑队，职工 150 人。1969 年，南汇公社红联大队成立建筑组。1971 年 4 月，荷花手工业服务社在嘉兴城镇搞建筑，人员 400 多人；后成立荷花公社建筑社。1973 年，建立南汇建筑公司，职工 80 人，总资产 10 万元，年产值和年销售额各 150 万元。1975 年，成立双桥建筑公司，资产 20 万元。1978 年，南汇公社泥木工近 1000 人，成立南汇建筑队，职工 372 人。1979 年，南汇、双桥、田乐、荷花、虹阳公社建筑队并入嘉兴市第四建筑公司。1982 年，南汇公社红联大队建筑队改为南汇第二建筑队(1991 年解散)。

1984 年 10 月，成立王江泾建筑队，总资产 10 万元，年产值 40 万元，职工 60 人。1987 年，成立南汇建筑总队。双桥建筑公司年产值 300.6 万元，税收 1.5 万元，利润 2 万元，职工 150 多人。1988 年，王江泾建筑队改为王江泾建筑公司，双桥建筑公司并入。成立虹阳建筑公司，总资产 12 万元，年产销 160 万元，职工 90 人。1990 年，虹阳建筑公司转制，职工 109 人。1993 年，虹阳建筑公司、南汇建筑公司转制。1998 年，成立浙江华兴建设有限公司，为国家房屋建筑工程施工总承包二级、市政公用工程施工总承包三级、地基与基础专业承包三级、建筑装饰装修专业承包三级、土石方工程专业承包三级、爆破与拆除工程专业承包三级、机电设备安装工程专业承包三级等综合性施工企业，注册资本 1905.5 万元，各类管理、技术人员 258 名，年施工能力 100 多万平方米。2002 年，双桥建筑公司、虹阳建筑公司、荷花建筑队、田乐建筑队、南汇建筑公司被撤并。华兴建设有限公司通过 ISO9001：2000 国际质量管理标准认证。2004 年，华兴建设有限公司董事长被授予市“优秀社会主义事业建设者”、市优秀建筑业企业经理称号。2005 年 2 月，南汇中学教学楼、王江泾医院医疗用房工程获秀洲区长虹杯优质工程奖。2009 年，镇政府对 50 万元以上工程建设项目进行全面排查，对工程建设领域存在的突出问题进行集中治理。2010 年，建筑业产值 1.5 亿元。

浙江华兴建设有限公司　前身是虹阳建筑公司，创办于 1975 年，属乡办企业。1998 年 3 月，转制为浙江华兴建设有限公司。是国家房屋建筑工程施工总承包二级、市政公用工程施工总承包三级、地基与基础专业承包三级、建筑装饰装修专业承包三级、土石方工程专业承包三级、爆破与拆除工程专业承包三级、机电设备安装工程专业承包三级等综合性施工企业。注册资本 1905.5 万元，管理、技术人员 258 名，年施工能力 100 多万平方米。2002 年，通过 ISO9001：2000 国际质量管理标准认证。2010 年，总资产 1906 万元，销售收入 2.44 亿元，税金 716.10 万元，利润 216 万元，职工 258 人。

【热电】

1993 年，嘉兴市政府、郊区政府决定在王江泾镇区边创办中外合资锦江热电厂。1995 年 11 月，嘉兴市计划委员会同意在镇闻川路建造锦江热电厂。1996 年 12 月，杭州锦江集团公司、嘉兴市郊区资产投资中心、英国国家电力公司组建嘉兴锦江热电有限公司。1997 年 1 月，锦江热电厂建成投产。2001 年 3 月，锦江热电有限公司扩建王江泾印染城供热管网，总长1600米,管道直径426毫米,供热能力75吨/小时,投资350万元。2002年2月,成立王江泾锦江热电供热管理委员会。6月,锦江热电有限公司供热价格为80～90元/吨。在电厂南侧征地24000平方米用于堆场、绿化,总投资500万元。7月,锦江热电有限公司建设西线供热环线,铺设直径219毫米管道1500米,新增供热能力15吨/小时,新增产值700万元,总投资100万元。8月,锦江热电有限公司建设南线直径426毫米管道800米,虹桥西路铺设直径219毫米供热管道800米、直径159毫米管道700米,新增供热能力60吨/小时,供热产值2000万元,总投资300万元。

2005年,锦江热电有限公司向嘉兴经济技术开发区供电。装机容量62000千瓦,3机组(台),发电量47204.49万千瓦时,上网电量42324.61万千瓦时。中外合资嘉爱斯热电有限公司在双桥村建办扩建项目新嘉爱斯热电公司,总投资6.7亿元,职工200余人,建设3台220吨/小时高温高压循环流化床锅炉,配套建设7.5万千瓦的供热发电机组,对外供汽能力达350吨/小时。2006年6月,新嘉爱斯热电公司建成并投入运行。新嘉爱斯热电厂、锦江热电厂污水入管网处理后排放,工业大户由热电厂集中供热,工业用水统一供应地表水,使得空气清新,遏制地面沉降,减轻企业成本。2009年9月,新嘉爱斯热电有限公司污泥焚烧综合利用热电联产技改项目正式启动。2010年,共有规模以上电力热力生产和供应业企业2家,工业总产值9.71亿元,主营业务收入9.34亿元,税收1487万元,利润9973万元。

嘉兴锦江热电有限公司 位于镇区闻川路,由英国国家电力公司、杭州锦江集团公司和嘉兴市郊区政府合资组建,1995年立项,总投资2.8亿元。首期工程设备有2台25兆瓦汽轮抽气式发电机组,配2台130吨/小时中温中压煤粉炉及配套设施,从事供热、供电及副产品的开发和生产。年发电量31.5万千瓦时,供热24万吨。1997年投产。2004年1月,增加1.2万千瓦机组1台,装机总容量达到6.2万千瓦,居嘉兴市地方电厂之首。2005年,发电量4.72亿千瓦时,上网电量4.23亿千瓦时,供热量6141587吉焦。2010年,员工131人,发电量2.9亿千瓦时,销售收入3.08亿元,税金1119万元,利润4236万元。

嘉兴锦江热电有限公司

嘉兴新嘉爱斯热电有限公司 位于王江泾工业功能区中区,占地面积174亩,主要经营发电、供热和热电厂副产品的生产和综合利用,是一家集发电、供热于一体的热电联产企业,员工200多人。2004年,新嘉爱斯热电项目启动建设,总投资6.7亿元,建有3台220吨/小时高温高压循环流化床锅炉,配套1台25兆瓦背压式汽轮发电机和1台50兆瓦抽凝式汽轮发电机组,同时有规范高效的烟气净化系统。建成热网主管道97千米,热用户97家。投资2.5亿元,建设污泥焚烧综合利用热能联产技改项目,新建日处理2050吨污泥干化生产线和

2台220吨/小时高温高压循环流化床污泥焚烧锅炉，配套1台50兆瓦背压式汽轮发电机组，并开展农业废弃物焚烧综合利用发电、供汽项目。为嘉兴市节能降耗先进单位、秀洲区纳税超千万元企业、重点龙头企业。通过ISO14001环境管理体系认证和清洁生产审核，获得全国设备管理优秀单位、全国设备管理创新企业奖、浙江省污染物减排先进单位、浙江省特种设备节能减排示范企业、浙江省节能先进单位、2009年浙江省绿色企业称号。2010年，销售收入6.26亿元，税金3467万元，利润5737万元。

【造纸】

1923年，南汇镇建立大中纸厂。1959年，双桥公社创办三塔造纸厂。1985年，建办虹阳造纸厂，位于虹阳乡阳城村，占地14亩，总资产80万元，主产工业用纸，年产值200万元，年销售额180万元，税收3万元，利润3万元，职工60人。1995年，虹阳造纸厂转制为个私企业，改名为嘉兴市虹亚纱管纸业有限公司。2005年，嘉兴市虹亚纱管纸业有限公司建起污水回收装置，经污水循环利用后，一年节水70万吨，节省水资源费7万元、排污费15万元。沉淀下来的污泥可添作产品的辅料，增加纸管的强度，一年节省原料费80万元。污水处理达标后，每年减少化学需氧量(COD)排放量70吨左右。2010年，造纸及纸制品业企业仅嘉兴市虹亚纱管纸业有限公司1家，销售收入6511万元，税金170万元，利润250万元。

【印刷】

1987年，创办双桥民虹塑料彩印厂，占地2.5亩，总投资20万元，年产值20万元，销售额20万元，税收1万元，利润3万元，职工14人；1990年转制成股份合作制；1998年迁往外地。1998年，创办南汇耀松印刷厂，位于南汇集镇安康路；2002年迁至南汇集镇南王公路南；2010年有职工8人，销售额200余万元。21世纪初，境内还建起数家小印刷企业，生产时间不长而停业。2002年1月，嘉兴亚美商标有限公司在丝绸工业园区建造厂房建筑面积5800平方米，投资50万美元。2010年，境内无印刷企业。

第五节　丝绸纺织业

【丝绸生产】

境内丝织业历史悠久。北宋时，文学家苏轼曾3次到永乐乡(今王江泾镇)，写过反映王江泾丝绸纺织业兴旺的诗《浣溪沙·麻叶层苘叶光》。南宋末，丝织业加速发展，成为江浙两省交界处丝绸集镇，店坊林立，市街繁荣。明代，朝廷重视对丝绸纺织业的生产，境内成为官府织染局织造内廷缎匹和其他宫用丝织品所需面料供应地，居民“多织绸，收丝缟之利，居民可七千余家”。在明代《喻世明言》《警世通言》等小说中，都写到了境内丝绸纺织业的繁荣景象。清乾隆、嘉庆年间，境内“日出万绸”，织机户大多集中于荷花、田乐、双桥一带。清咸丰十年(1860)，清军和太平军在境内激战，丝绸重镇毁于兵燹，丝绸户纷纷避居盛泽。但由于有较好的基础，丝绸纺织还是顽强地在境内发展。清末，有织机户千余家从事家庭手工业生产。

民国初期，农村织机户约占农户的50%，品种有绢绸、印度绸、中山葛等，年产50万匹左右，南汇镇、梅湖乡、王江泾镇、廉让乡、尖墩角乡织绸户最多。1934年，南汇镇2130户，其中织绸者就有850户，年产绸68000匹。织机户每家织机有一台的，也有数台的。织工多为自家成员，男女均善织造。抗日战争时，境内丝绸纺织生产遭受日军破坏，织工纷纷逃离王江泾，丝织生产一落千丈。解放前夕，境内有家庭织机户近1000户。

1934年王江泾镇境内织绸产量及产值情况表

表9－8

乡镇名	总户数（户）	织绸者户数（户）	平均工作日数（日）	每户平均织绸匹数（匹）	全乡（镇）织绸匹数（匹）	平均单价（元）	总价（元）
南汇镇	2130	850	180	80	68000	3.0	204000
梅湖乡	2401	1700	240	90	153000	4.5	688500
王江泾镇	1043	400	200	100	40000	5.5	220000
廉让乡	2983	1500	200	100	150000	5.5	825000
尖墩角乡	1213	800	208	100	80000	5.5	440000
总　计	9770	5250	205.6	94	491000	4.8	2377500

1949年，廉让乡、长兴乡、南汇乡、双阳乡、王江泾乡为丝织生产旺盛区，当地农民又将丝绸纺织生产作为家庭主要副业。1952年，荷花乡、洪典乡、东林乡、田乐乡、双阳乡共有织机1780台，开工织机632台，涉及22个行政村，产品有标正纺、文绢、花纺、复兴纺等，年产量11.9万匹。1953年，王江泾地区农户有织绸机2000余台，日出千余匹，由省丝绸公司委托嘉兴供销社收购。后由于发展粮食生产，抑制家庭织机业，丝绸纺织业日渐衰落。1956年以后，丝绸纺织生产开始恢复提高，特别是1957年和1959年发展更快。双桥公社双阳、天圩、尖墩角三个大队在1956年，绸机425台，织绸52856匹；1957年，绸机541台，织绸75886匹；1958年，绸机660台，织绸57608匹；1959年，绸机801台，织绸57895匹；1960年，绸机561台，织绸25721匹。50年代后期，国家对农民家庭丝绸纺织生产进行限制和禁止，家庭丝织生产停止。1964年，境内社队丝绸纺织业增多，有双阳农工丝厂、南汇公社红联大队缫丝厂、王江泾织绸社、田乐公社丝织厂、荷花公社丝织厂、南汇公社丝织厂、双桥缫丝厂、南汇公社缫丝厂等。

1983年，自田乐公社农民汝掌生买了1台旧织机赚了第一笔钱后，许多农民跟着买织机，搞起了家庭丝织，丝织业迅速发展起来。1990年，境内织机户达1万多户，普通织机的总数达2.5万台，个私民营丝织业发展迅速，其中有荷花乡裕大丝织厂、长青丝织厂，南汇镇雄昌丝织厂等。1992年8月，嘉兴市绸厂被命名为省级先进企业，并经省批准为首家出口产品直接包装的丝绸纺织企业。产品有桑绢绫、素绉缎、双绉、乔其和丝绵绸等近20种。其中“保俶塔牌”15608和15609真丝与绢丝交织的桑绢绫出口外销，被评为省优产品，远销东欧、日本和中国香港、澳门等10多个国家和地区。1993年，乡镇村集体性质的丝织业由于原有管理体制的束缚，市场无法开拓，原料采购困难，加上家庭丝织业的兴盛，生产经营十分困难，集体企业开始转制。2000年，丝绸纺织企业近百家，个体企业数千家。2003年，境内拥有各类织机3万余台，其中无梭织机近1.5万台。生产星星绸、春亚纺、涤平纺、泥丝纺、美丽绸、涤绉、双绉、乔其纱、水仙绒、中启麻等丝织品，远销全国各地及东南亚、中东、欧洲、美洲等。年产中高档面料和里子布超过10亿米。全镇丝织业固定资产投入4.21亿元。2004年，丝绸纺织业引进无梭织机取代有梭织机，时境内织机2.8万多台，其中无梭织机2.3万多台，织造企业及个体工商户6300多户，其中年销售收入在5000万元以上的企业10家，3万多人从事丝织业，丝绸年产量超过25亿米，产品遍及全国大部分省、市及地区，远销欧美等国家，丝织企业对全镇财政税收的贡献达85%以上。11月，王江泾镇被中国纺织工业协会授予“全国织造名镇”称号。2010年，境内有丝绸纺织业企业989家，其中规模以上企业171家，工业总产值86.63亿元。11月12日，镇政府首次举办“上海时装周走进王江泾”专场晚会，设计师对王江泾纺织企业生产的纺织面料进行服装定制设计，并在专场晚会上进行现场时尚秀展示。晚会展示20套古代服饰、42套现代流行服装、18套礼服。

【丝织设备】

明清时，境内丝织机多为手拉织机，也称射梭机，即用右手握着车把，随着车轮的转动上下摆动，一抽一拉地循环往复。射梭机每分钟的纬速在20梭左右，一个工班产量3米。民国时，丝织机多为旧式射梭机。这种木机构造简单，只能织素绸，总门面叉分成两种，不能互织。射梭机全套售价约十一二元。1931年以后，改为由射梭机改造成的拽梭机，也称龙头木机，增加了打梭板、皮吉等零件，在梭子运行方面得到改进，产品门幅可以加宽，由原来的63厘米加宽到90厘米，纬速也得到提高。大多数农户的织机还是以旧式木机和龙头木机为主。20世纪40年代，织机为脚踏手拉式，每台机器每天可织真丝绸10米多，双桥乡、南汇乡等地有2100余台绸机，每年生产100余万匹绸缎。1949年，双桥乡共有土布机434台。

中华人民共和国成立后，丝织设备基本还是沿用旧时的脚踏纺织木机。1952年，王江泾区拥有丝绸纺织木机1771台。1961年，丝绸纺织有所减少，双桥公社、南汇公社的双阳、兴农等24个生产大队投入生产的织机1000余台。1963年，王江泾织绸社、南汇织绸社分别将脚踏织机改装成电动织机。20世纪70年代中期，集体企业开始使用从国营企业淘汰下来的铁木丝织机和全铁丝织机。20世纪80年代，嘉兴绸厂最早开始使用较为先进的剑杆织机，以后逐渐推广至农民家庭织机户。1988年，嘉兴市第二绸厂购置8台丝绒机并迅速投产，年产5万米，产值40万元，利润5万元，产品销往港澳地区，并出口东欧、苏联。

20世纪90年代初至2010年，开始逐步使用先进的喷水织机、喷气织机，能生产优质丝织面料。1992年，浙江元丰纺织有限公司投资400多万元，引进100台当时先进的K611喷水织机、1台牵经车，成为田乐乡最大的丝绸纺织企业。2003年，全镇拥有各类织机3万余台，其中无梭织机近1.5万台。由于丝织设备的更新换代，丝织品有水波纹、弹力涤棉、人棉布、弹力色丁麻、雪纺、弹力雪纺、千禧麻、春亚纺系列、斜纹绸、五枚缎等高档丝织面料。2004年，投入丝绸纺织设备改造资金10多亿元，引进各类纺织进口设备共1047套，改造提升喷水织机 7000 台。规模以上企业共有各类织机 20000 余台，其中进口喷气织机超过 5000 台，进口喷水织机 2000 台，国产喷气织机近 1000 台，国产喷水织机 14000 台。

2006 年，境内丝织机共 31756 台，其中喷水织机 25995 台（进口喷水织机 1103 台）、喷气织机 1624 台（进口喷气织机 1341 台）、剑杆织机 547 台。2010 年，境内丝织机共 36217 台，其中喷水织机 32428 台（进口喷水织机 2172 台）、喷气织机 3114 台（进口喷气织机 2986 台）、剑杆织机 417 台。经浆并机 152 套（进口 35 套）。

【丝绸工艺】

清代，民间丝绸纺织工艺已相当精细，有“络丝、挽工、牵经、刷边、运经、扎扣、接头、修绸、看庄等工序，或一人兼数事，或专司一业”。民国时期，丝织工艺根据丝绸的种类不同而原料不同，生产工艺有用天然丝的，有用人造丝的，也有天然丝与人造丝合用的，用平时经验积累，织工每月工资八元，一匹绸两日即能完成。生产工艺已形成较成熟的丝织工艺，其中有理丝、织造、炼染等。解放后，家庭织机户仍延续数十年传承下来的生产工艺。1950 年，王江泾区双阳乡龚家村等，织绸达到全县最高纪录。龚家村共有 83 户农民，依靠传统工艺而出产的绸缎有 4 种不同的样式，即素绸、蚕绸、洋纺及印度纺。20 世纪 60 年代后期，境内丝织工艺多采用化学纤维原料（锦纶、涤纶、丙纶、维纶、氨纶和腈纶）混合使用织成产品。2009 年，镇政府鼓励企业改进生产工艺，提高企业自主创新能力。企业开展校企合作，先后与浙江大学、上海东华大学等 10 所高等院校建立了合作关系，全年建立省级研发中心 1 个、省级科技型中小企业 1 家，省级新产品 13 项，新产品产值率达到 13%。2010 年，境内丝绸业从改进生产工艺入手，产品转型升级。工艺技改投入 2 亿多元，占工业生产性投入的 80%以上。不少企业通过引进新技术、新设备、新工艺，加快了丝织产品的提档升级，延伸了丝织产业链，加大了科技创新力度。通过生产工艺进步，全镇丝织产品结构不断优化，新产品率达 40%，中高档率达到 70%左右。

【丝绸印染】

丝绸印染为丝绸产品后道工序。明清时期，织机户将坯布运至集镇炼染坊染色整理加工。染坊印染坯布时，用桑紫灰、草木灰、纯碱、石灰、胰子等原料，生产工具为陶锅、土灶、竹

印染成品

具竿，境内称呼“一缸两棒”。燃料主要使用柴草。生丝经炼印后，脱去胶质，可直接用于裁制衣服。民国时，集镇有多家炼染坊。20世纪30年代，集镇有炼染坊十余家。1937年7月，由于日本侵略军实行“三光”政策，染坊均被烧毁。解放前夕，王江泾集镇开设董惠记炼染坊、聚兴炼染坊、永兴炼染坊、义大炼染坊、大泾炼染坊5家炼染坊，南汇集镇1家潘记染坊，主要染色产品为真丝绸、人造丝。

解放后，炼染坊为附近织机户漂染丝织品。1957年，大泾炼染坊等5家炼染坊合并至大泾炼染坊，改名为公私合营王江泾大泾染厂，职工30多人。1960—1976年，境内较有规模的印染企业有王江泾染坊、南汇染厂、南汇正大协记染坊、南汇染织厂。1976年“文化大革命”结束后，印染业扩大规模。王江泾染厂从王江泾搬迁至新桥，异地扩建，占地8亩。新桥炼染场并入王江泾染厂。1980—1989年，丝绸业带动了印染业，境内先后建办新桥印花厂、王江泾区印花厂、新桥印染厂、王江泾染整厂、田乐印花厂、王江泾轧光轧花印染厂、虹阳工艺染织厂、双桥染厂、双桥印染厂、虹阳工艺染织厂、艺达印染公司。1987年，王江泾印染厂、双桥印染厂和新桥印染厂3家厂的工业总产值达2185.7万元。1990年，王江泾镇丝织印染厂共3家：王江泾印染厂、双桥印染厂、新桥印染厂，拥有漂染、印花、染色、定型等全套设备，日印染能力30多万米，合计销售额2778万元，税利469万元。2002年，嘉兴市金乐染织有限公司、嘉兴市大众丝绸印染有限公司、嘉兴市新桥丝绸染整有限公司被命名为王江泾镇骨干企业。建办嘉兴市天伦纳米染整有限公司、嘉兴市新大众印染有限公司。2003年，境内丝织印染固定资产投入3.09亿元。2006—2010年，印染企业先后引进先进印染设备和技术，累计设备投入1.5亿元。2010年，境内丝织印染业11家，工业总产值21.55亿元，年印染加工22亿米。欣悦印染有限公司、嘉兴市金乐染织有限公司、嘉兴市天伦纳米染整有限公司、南洋印染有限公司、嘉兴市新大众印染有限公司、嘉兴市金宇达染整有限公司为龙头企业。

【丝绸产品】

明清时期，丝织产品多为里子面料和亮地纱、实地纱、纺绸、罗、线春、锦、绢、绵绸等，清时，江南织造局派官员到苏州、盛泽采购丝绸品，以供朝廷宫中之用。清乾隆、嘉庆以后，境内丝织业所产种类较多，其中有亮地纱、实地纱、纺绸、罗、线春，锦、绢、绵绸等，王江泾成为江南地区丝织业的中心。当时，江南一带将王江泾丝绸和盛泽丝绸统称为“盛纺”，与杭州所产之“杭纺”齐名。清宣统二年(1910)，在南洋劝业会和意大利都灵博览会上，由王江泾丝绸、盛泽丝绸合在一起的“盛纺”获得金奖。20世纪初，丝绸纺织产品有绢绸、印度绸、中山葛等。宣统二年，在南洋劝业会和意大利都灵博览会上，由王江泾丝绸、盛泽丝绸合在一起的“盛纺”捧得最高奖项。民国时期，丝绸纺织产品主要有绢绸、印度绸、中山葛、双连、尺八半、二零半、二三等，产品轻薄、肥亮、光滑、柔软，堪称上品。1915年首届巴拿马太平洋万国博览会上，王江泾丝绸、盛泽丝绸合二为一的“盛纺”获得金奖。

解放初，丝织产品以标正纺、文绢、花纺、复兴纺为主，也生产少量画绢等高档产品。产品年产量20万匹。嘉兴绸厂生产桑绢绫、素绉缎、双绉、乔其纱和丝绵绸等20种高档产品，有些产品还出口至苏联、东欧等国家。1959年，在庆祝中华人民共和国成立10周年，境内为大城市的十大建筑物生产800余匹画绢，全省仅有境内南汇公社的兴农、太平、甸上、民丰4个大队生产，经销国内外，深受各地赞扬。1961 年，丝织产品又上台阶，品种繁多，有画绢、复兴纺、标准纺、改进纺、统纱等六七种，远销国内外。其中画绢最为有名，经上海加工以后，除了作画绢以外，还能制成缎扇、八角灯、建筑物糊窗等，成为嘉兴县稀有绸绢。1988 年，丝绸纺织产品主要为星星绸、春亚纺、涤平纺、美丽绸、尼丝纺、涤绉、双绉。其中的色布则大部销往温州、义乌、内蒙古等地，成交额达 3915.67 万元。20 世纪 80 年代至 90 年代初，丝绸纺织产品主要有头巾纱、春亚纺、涤平纺。20 世纪 90 年代后期，以元丰纺织为代表的境内大企业开始增添新设备，生产高档西装面料。2000 年起，大企业开始与国内纺织高校产学研合作，不断提升新产品开发能力。每年打样 100 多种面料，然后根据市场需求，选择近 10 种大量生产。2010 年，境内丝织品产量 30 亿米，种类超过 5000 种。产品主要有各类弹力面料、色织面料、记忆/仿记忆面料等中高档休闲时装面料以及各种功能型面料。丝绸产品拥有省级著名商标 6 个，市名牌产品 20 个。

【丝绸销售】

中华人民共和国成立前，依靠水网交错、河道纵横的优势，农民摇着满载丝织布的小船到县城或附近的市镇进行交易。史载，清初集镇绸庄交易多集中在镇东会源桥北，“日中为市，交易而退”。清乾隆时，镇东会源桥北交易区迁到镇西北。织机户向绸行购买真丝，自己运经、上浆，织出的绸缎再向绸行交换真丝回来，或售卖成现钱。有不少专业的航船往返于江苏盛泽绸行，三天一小送，五天一大送，农户将织出的绸缎卖给绸行，再换购回白厂丝。清咸丰十年(1860)，王江泾毁于兵燹，镇上绸缎铺大多迁往比邻的盛泽。民国时，境内所产丝绸纺织品销售至全国各地，织绸业繁荣。1934 年，仅梅湖乡农户每户每年平均生产绸布 90 匹，全乡全年生产 15.3 万匹。农民出售绸匹，多由盛泽镇绸业“领头”前来收购。盛泽镇上所谓“领头”(也称“领业”，相当于如今的营销户)272 家，专以代替王江泾等地农民脱售绸匹为业，从中赚取佣金。20 世纪 30 年代，集镇有绸坊 7 家，丝绸产品多销售至一水之隔的江苏盛泽镇。1937 年 11 月，日本侵略军入侵王江泾镇，丝绸商铺均毁于战乱之中。解放前夕，集镇丝绸坊仍未恢复如前。

中华人民共和国成立后，丝织销售由国家统购统销，个人不得经营，丝织产品均由县商业局或丝绸公司收购，原料也实行计划供应，配给到各家企业，企业的产量则由国家下达。1952 年，荷花、洪典、东林、田乐、双阳 5 个乡、22 个村每月生产销售标正纺、文绢、花纺、复兴纺等土绸 9920 匹。改革开放后，由于境内传统的丝绸纺织业又呈兴旺态势，出现了一大批丝织产品营销人员，这些人员到各家庭织机户中收购丝绸纺织产品，然后再由他们销售到全国各地。1984 年，田乐乡在市泾村建立纺织品市场，大坝村有 60% 的农民营销家庭织机户的纱巾产品。1988 年 5 月，在 07 省道边开办南方丝绸市场，王江泾及桐乡、绍兴、吴江等县市客商前来经营，丝绸产品大部销往温州、义乌、内蒙古等地，成交额达 3915.67 万元。2004 年，南方丝绸市场的丝织产品销售遍及江苏、上海、福建、云南、四川、武汉、辽宁等全国大部分城市及地区，成为浙北地区最大的轻纺生产销售基地。2010 年，境内丝绸产品主要销往绍兴轻纺城、盛泽东方市场、辽西西柳市场，并销往广东、广西、云南、武汉、兰州、成都、洛阳、石家庄、北京等全国各省市。丝织业销售收入 76.5 亿元。

【企业选介】

嘉兴市绸厂 始创于1958年4月，为王江泾织绸合作社，初时有18台脚踏木机，38名职工。1963年3月更名为王江泾绸厂。1975年3月建造第一织造车间1幢，面积约600平方米；7月添置丝织铁机30台和自动纡子车1台。1976年7月扩建准备车间1幢(8楼8底)面积约600平方米；1980年新建第二车间面积约1000平方米，添置ZK272阔幅丝织机10台。1981年12月，更名为嘉兴市绸厂。1984年1月归属嘉兴市丝绸公司领导，调整产品结构，改善经营管理，当年盈利229185元。自1987年起连续两项技术改造，投入资金561万元，新建空调织造车间、准备大楼各一幢，技改土建面积7487平方米，装机容量192台。厂容厂貌为之一新，主产能力扩大一倍以上。1990年全厂有织造主机252台，年生产各种绸缎229万米，产值达4187万元，利润201万元，上缴国家税收118万元，出口创汇525万美元。1990年后经上级批准又实施投资2118万元的重大技改项目，建造5769平方米的标准厂房，从意大利引进先进水平的剑杆织机24台。至1990年年底，全厂占地面积30887平方米，建筑面积27826平方米，在册职工743人，是王江泾一带最大的集体企业。同年被省人民政府授予省级先进企业、省出口创汇先进企业、特级信用企业等称号。1994年起由于国内外丝绸行情低落，销售明显下降，企业效益明显逐年下降，至1997年已资不抵债陷入困境。1998年7月31日依法实施破产。

嘉兴市鸣春棉纺织造有限公司 位于王江泾镇工业北区，1996年成立，法人代表为罗春荣。总资产1.5亿元，员工600多人，占地面积150多亩，厂房面积3.8万平方米。拥有日本丰田喷气织机96台，重磅喷水织机1000多台，倍捻机418台，分条整经10套，日本津田驹整浆并设备1套。年生产各类中高档面料6000万米。产品主要有雪纺系列、色丁系列、仿麻产品、涤棉、腈棉等各种规格的里面料。2010年销售收入1.81亿元，利润678万元，税金187.58万元。

浙江明效丰汇控股集团有限公司 位于王江泾镇工业功能区北区，1997年成立，占地面积518亩，总资产6.2亿元，法人代表为卜菊明。原名嘉兴市明效丰汇纺织有限公司。2001年，在王江泾工业园区征地518亩，创办嘉兴市明效丰汇工业园。9月，成为嘉兴市16家工业园之一。建办嘉兴市越峰麻纺有限公司。2005年，率先在国内6个大类和10多个国家分别注册商标。1998—2005年，被评为嘉兴市AAA级企业。2004—2005年，被评为嘉兴市“突出贡献工业企业”，被评为浙江省“诚信企业”称号。2006年12月，成立浙江明效丰汇控股集团，为秀洲区首家民营控股集团，下辖5家企业：明效丰汇投资开发有限公司、越丰麻纺有限公司、明越纺织有限公司、越洋棉麻有限公司、明效丰汇贸易公司。主要生产棉纱、亚麻纱及棉麻混纺纱、亚麻布。注册资本1亿元，并注册可在20个国家使用的“明效丰汇”国际商标。2008年2月，“明效丰汇”商号被认定为浙江省知名商号。麻纺织产品单项产量居全国第四位。为嘉兴市最大的棉纺织基地之一，在浙江省同行业中名列第六位。2010年，销售收入8.1亿元，利润5466万元，税金1172.41万元，员工1800人。

嘉兴市新万利织造有限公司 位于王江泾镇工业园区南洋路。1996年成立，占地面积78亩，建筑面积4万平方米。原址位于南汇镇南汇村，陈玲珠创办。2005年，成立嘉兴市万利东风纺织有限公司。2006 年,有 380 多名职工,引进了日本丰田喷气织机,年生产能力 800 万米以上,生产高档服装面料、棉麻织物,销售收入 2800 余万元,产品远销欧美 10 个国家。2007 年 3 月,引进世界最先进的比利时双剑杆平绒织机、配套梳毛剪毛机,年产 200 万米高档沙发面料,产品填补国内高档汽车及沙发面料的空白。2010 年,销售收入 1.15 亿元,利润 104 万元,税金 197.08 万元,员工 380 人。

浙江南洋集团 位于嘉兴市秀洲区王江泾镇工业园区,1992 年成立,占地 45 亩,员工 600 人,法人代表为李有福。以浙江南洋集团为母公司,旗下控股多家子公司,主营印染等业务。拥有国产、进口定型机 14 台,电脑横开门卷染机 152 台。年加工各式面料 2.5 亿米。2010 年,销售收入 2.28 亿元,税金 733.63 万元,利润 622 万元。

嘉兴市诚恒纺织实业有限公司 位于王江泾镇田乐工业小区,1997 年成立,总投资 1.5 亿元,员工 300 余人,法人代表为沈金荣。1999 年,为嘉兴市第一家引进先进喷气织机企业。2002 年,淘汰全部喷水织机,全部采用喷气织机。有高速津田喷气织机 160 台、针织大圆机 12 台、3.6 米整浆并设备 1 套、倍捻机 60 台。2010 年,销售收入 7362 万元,税金 504.05 万元,利润 1 万元。

嘉兴市荣祥喷织有限公司 位于王江泾镇中国丝织科技工业园,2000 年成立,注册资本 2180 万元,占地 82.5 亩,职工 860 人,法人代表为毛凤荣。引进丰田喷气织机 192 台、丰田整浆并设备 3 套;有先进喷水织机 760 台、丰田喷气织机 96 台、倍捻机 200 多台、丰田及韩国整浆并设备 5 套。生产各类水波纹、各种仿记忆系列面料、弹力涤棉、人棉布、漏空布、弹力色丁、3/3 斜、复合雪纺、弹力雪纺、千禧麻、尼克条、花瑶、麂皮绒、桃皮绒、菱形格、花格、米通格等各种坯布、成品布面料。2010 年,销售收入 2.04 亿元,税金 36.41 万元,利润 394 万元。

嘉兴市佳瑞思喷织有限公司 位于王江泾镇中国丝织科技工业园,2000 年成立,占地面积 3.5 万平方米,建筑面积 2.5 万平方米,法人代表为沈金才。拥有日本丰田 JAT710 电子多臂喷气织机(含四喷双径双轴)140 台、国内先进多臂喷水双喷织机 500 台、配套倍捻机产品系列 60 台,引进日本丰田 EXPRESS610 型整浆并设备 1 套。主要面料有提花产品、泉棉方格布、涤纶系列、弹力纱卡等系列。年产布料 4500 多万米,其中部分高档产品销往韩国、美国、意大利、印尼、日本、秘鲁、印度等国家和中国香港、台湾等地区。2010 年,销售收入 1.49 亿元,税金 97.42 万元,利润 207 万元。

嘉兴市秀洲恒丰纺织有限公司 位于王江泾镇荷花工业小区,1998 年成立,占地面积 22.71 亩。法人代表为何根弟。引进国外先进水平的日本产津田驹、丰田喷水织机及前道设备,有喷水织机 377 台、喷气织机 155 台、整浆并设备 2 套及各类配套设备。2004 年,成立嘉兴市恒悦纺织有限公司,投资 1.8 亿元,新建生产厂房 2.56 万平方米,购置先进的涡流纺纱设备、48 台日本村田涡流纺纱机、国产清梳联设备 3 套、浆条机 39 台等设备,生产涡流纱的粘胶、涤粘、阳离子涤纶、纯涤等多个品种。2010 年,销售收入 1.21 亿元,税金 198.66 万元,利润 243 万元。

嘉兴市天之华喷织有限公司 位于王江泾镇中国丝织科技工业园,2002 年成立,是一家以生产纺织品,销售化学纤维、针纺织品、丝织品、染料为经营范围的民营纺织企业,资产总额

2.46亿元，员工350人，法人代表为董坚强。拥有日本进口丰田JA230喷气织机320台、日本进口丰田浆丝机1套、国产浆纱机2套、日本进口短纤用浆纱机1套、比利时进口GA250—7.5空压机5台等。2010年，销售收入1.7亿元，税金436.74万元，利润172万元。

嘉兴市秀洲三洲喷织有限公司 位于嘉兴市秀洲区王江泾镇虹北村，成立于2000年3月，占地面积17亩，固定资产1500万元，员工150人，法人代表为许志发。是一家专业生产家纺和服装面料的织造企业。有喷水织机240台，主要产品有锦涤纺、春亚纺、塔丝纺、桃皮绒、麂皮绒等，年生产面料2500万米。2010年，销售收入1.15亿元，税金231.58万元，利润182万元。

浙江元丰纺织股份有限公司 位于嘉兴市秀洲区王江泾工业功能区南区，1994年成立，占地面积25万平方米，总投资8亿元，员工1600人，法人代表为钱文云。下属嘉兴市元丰纺织有限公司、嘉兴市锦丰染整有限公司。拥有日本进口丰田喷气织机800台，其中四喷多臂机108台；丰田整浆并设备5套；倍捻机100台等织造设备；韩国进口溢流染色机88台、定型机10台；德国奎斯特轧然生产线2条等染整设备及配套辅助设备。年生产量1.8亿米丝绸。为全国长丝织造行业“十强”企业、全国纺织服装业500强、浙江省AAA企业。主要产品为全棉、腈棉、涤棉交织弹力布、斜纹等各类中高档休闲服装面料，产品出口欧美、中东、东南亚等地区。2010年，销售收入8.42亿元，税金1766.02万元，利润3527万元。

嘉兴市华亚织造有限责任公司 原位于王江泾南汇工业小区，1997年成立，占地面积18.6万平方米，总投资3亿元，员工900人，法人代表为沈卫平。现位于王江泾南方纺织城，下设华亚织造生产厂（1997年成立）、华秀纺织生产厂（2009年6月成立）、华美贸易公司（2010年3月成立，下设成品销售贸易事业部和坯布销售事业部）。是王江泾镇工业龙头企业之一。拥有日本津田驹先进的成套织造生产设备、5套整经机、浆纱机、并轴机设备及1000台高速喷水多臂机、电子双喷织机等。年产坯布1.8亿米，成品面料5000万米。主要生产高档高密尼丝纺、春亚纺、桃皮绒、塔丝隆、麂皮绒等各种面料。通过ISO9001：2000质量管理体系认证。2010年，产值6亿元，销售收入1亿元，税金186.84万元，利润135万元。

嘉兴市越龙提花织造有限公司 位于王江泾镇中国丝织科技工业园，1996年成立，占地面积100亩，法人代表为汝兴龙。拥有各类大型提花织机400多台，包括200台数码大提花机。提花机最大幅宽250厘米。生产女装面料和床上用品面料，品种有蛋白纤维、玉米纤维、记忆纤维等10个系列。主打产品有服装面料、纺织面料、提花面料、床上用品、全真丝床品等，产品远销欧美等国家和中国香港、台湾等地区。建有产品研发中心。与王江泾镇企业服务中心共同出资，筹建了嘉兴市越锦纺织科技服务有限公司。为国家级高新技术企业、嘉兴市优秀科技型企业、嘉兴市专利示范企业等称号。2010年，销售收入1.48亿元，税金153万元，利润611万元。

嘉兴市新荣成纺织有限公司 位于秀洲区王江泾07省道荣成路1号，2004年成立，占地面积90亩，建筑面积5.5万平方米，法人代表为沈桂荣。拥有日本丰田喷气织机136台、喷水织机388台，以及进口整浆并等各种配套设备，年产面料6000万米。生产时装面料、箱包面料及家纺用布，品种有腈棉纺、涤棉纺、弹力棉、记忆纺等。2010年，销售收入7801万元，税金122.24万元，利润78万元。

嘉兴市金沙伟业纺织有限公司　位于王江泾工业功能区南区，2005年成立，占地面积30亩，厂房面积1.8万平方米，员工120多人，法人代表为董庆强。拥有日本进口丰田JA－230喷气织机144台，配套国内外先进整浆并设备。主要生产贡缎、双面斜、府绸、骑兵斜、棉腈双层、灯芯绒、纱卡、菠萝格等纺织面料。2010年，销售收入1.02亿元，税金241万元，利润110万元。

嘉兴市新华宝喷织有限公司　位于王江泾工业功能区南区，2004年成立，占地面积58.89亩，总资产2亿多元，员工200多名，法人代表为郑宝灯。引进日本津田驹、丰田喷水织机，韩国双龙头机，法国丝陶必尔龙头喷水机600多台，以及配套的浆纱机、整经机、并轴机、倍捻机等一系列国际先进纺织设备，年产3500多万米高档时装面料。2009年，创办浙江华琦实业有限公司，与多所纺织高校和专业研发中心签订长期合作协议，年研发上百个品种。2010年，销售收入8374万元，税金229万元，利润209万元。

嘉兴市金利坚精纺有限公司　位于王江泾镇中国丝织科技工业园，2005年成立，占地面积18亩，总资产1亿元，法人代表为姚炳荣。生产氨纶丝覆丝、罗缎、腈棉布、化纤布等服装面料，年产化纤织品面料2700万米。有包覆丝机80台、日本爱机包覆丝机4台、ES－408高速及配有龙头喷水国产织机180台。2010年，销售收入1.05亿元，税金8万元，利润71万元，员工190人。

嘉兴市秀洲新兴纺织有限公司　位于王江泾镇荷花工业小区，1999年成立，占地面积14亩，总资产5800万元，法人代表为袁小仁。拥有多臂喷水织机800台，3套整、浆、并流水线，6台1000型高速加弹机。年产各类面料、里料8000万米，各类弹力丝4000吨，产品远销世界各地。2010年，销售收入1.11亿元，税金141万元，利润232万元，员工120人。

嘉兴市明阳丝绸有限公司　位于王江泾田乐工业小区，2003年成立，占地面积23.6亩，总资产5700万元，法人代表为徐永明。主要从事丝花用布加弹丝到后整理的生产。2010年，销售收入6820万元，税金177万元，利润74万元，员工71人。

嘉兴市亚杰喷织有限公司　位于王江泾镇中国丝织科技工业园，2002年成立，占地面积20.5亩，总资产500万元，法人代表为沈金忠。拥有日本丰田喷气织机156台，其中四喷多臂双径轴36台，双喷多臂20台，丰田整浆并设备1套，2台分条整经车，生产棉腈双层类、全棉弹力类、天丝、莫代尔、竹纤维、亚麻系列，各类化纤加捻产品、20°～30°尼龙单丝系列。2010年，销售收入8633万元，税金172万元，利润95万元，员工80人。

亿宏纺织(嘉兴)有限公司　2002年成立，香港亿宏集团独资企业，位于王江泾镇中国丝织科技工业园，占地面积21.6亩，总资产1亿元，法人代表为孙明民。拥有喷气织机110台，整浆并设备1套。引进的津田驹9100型喷气织机是世界上最先进的喷气织机之一，生产全棉弹力布、涤棉弹力布、人棉弹力布、腈棉弹力布等。2008年，成立外贸部，产品主要销往亚洲、欧洲、美洲、非洲等地20余个国家。2010年，销售收入5525万元，税金8万元，利润23万元，员工65人。

嘉兴市发扬喷织有限公司　2000年成立，位于王江泾镇中国丝织科技工业园。占地面积27.5亩，总资产8800万元，法人代表为杨永兴。引进德国祖克浆纱设备和日本丰田JAT710喷气织机，生产弹力和非弹力提花纯棉类面料，产品高支全棉、天丝、铜氨丝、粘胶纤维、大豆纤维和莫代尔等天然材料织物，年产量1000余万米，其中纯蚕丝高档面料，销往日本、美国市场。2010年，销售收入6043万元，税金163万元，利润156万元，员工145人。

嘉兴市金鹭喷织有限公司 位于王江泾镇中国丝织科技工业园，2002年成立，注册资金388万元，占地面积23.4亩，总资产8000万元，企业法人代表为金培忠。拥有日本进口丰田喷气织机128台、德国史陶比尔进口多臂机20台，进口整套设备1套。主营各类全棉布、涤棉布、腈棉布的生产和销售，销往绍兴、广州等地的纺织市场。2010年，销售收入7856万元，税金186万元，利润149万元，员工130人。

嘉兴市昶兴喷织有限公司 位于王江泾镇07省道收费站北200米处，2002年成立，法人代表为王永林。拥有600多台多臂喷水织机、日本进口津田驹整浆并设备2套、倍捻机200多条以及各类辅助设备20多套，年产各类高档面料5000多万米，为服装、家纺企业承担各类面料染色及深加工。2010年，占地面积45亩，总资产1.5亿元，销售收入7338万元，税金1万元，利润92万元，员工300人。

嘉兴市百达喷织有限公司 位于王江泾镇中国丝织科技工业园，2000年成立，占地面积10.3亩，总资产4600万元，法人代表为王明荣。拥有自营进出口权，生产各种规格面料里料，拥有喷水织机300多台，宽幅喷水织机50多台，进口整浆并设备1套，年产化纤面料、涤棉及全棉面料2500万米，形成一条完善的半成品加工生产线，产品远销南美洲、欧洲、东南亚各地和中国香港。2010年，销售收入6302万元，税金111万元，利润74万元，员工60人。

嘉兴市吉尔达纺织有限公司 位于王江泾镇中国丝织科技工业园，1992年成立，占地面积14.5亩，总资产6700万元，法人代表为卜叶忠。有3个下属子公司：嘉兴市创吉纺织有限公司、嘉兴市创业纺织有限公司、昆山市多多纺织印染有限公司。拥有从日本、韩国等引进的1000多台喷水织机、100多台喷气织机和30多台染整设备，年产量9亿多米。生产化纤面料以及涤纶、腈纶、棉相交织面料，产品有千鸟格、七线格、九线格仿记忆面料等，用于男装、女装面料、功能性休闲运动系列。后处理产品有高档服装口袋布、箱包里布系列、喷水棉布等。2010年，销售收入4391万元，税金128万元，利润109万元，员工600人。

嘉兴市秀洲区王江泾镇建春织造厂 位于王江泾镇青荷路西路，2002年成立，占地面积9.5亩，总资产3000万元，法人代表为於春生。主要产品有400T(消光)、340T(消光)、300T(消光)、300T(半光)，强捻交织棉、缎桃系列，人字斜系列，300T格子系列，240T格子系列，龙头提花系列，子母条系列等，产品销往国内各纺织市场，并出口日本、东南亚等。2010年，销售收入4073万元，税金144万元，利润115万元，员工42人。

嘉兴市凌晨丝织厂 位于王江泾镇田乐工业小区，1997年成立，占地面积14.4亩，总资产5000万元，法人代表为顾巧荣。生产加工各种高质量的化纤布料，产品有特宽弹力色丁、雪纺、水洗绒、涤塔夫、春亚纺等。拥有230型喷水龙头机800台、进口整浆并设备2套、200台倍捻车，技术力量雄厚。2010年，销售收入5007万元，税金142万元，利润20万元，员工90人。

嘉兴市永泰纺织有限公司 位于王江泾镇荷花新镇，2003年成立，法人代表为杨永和。

拥有喷水龙头织机、喷气织机 380 台，其中有龙头三喷、四喷 50 台，配备倍捻机 30 台，以及整经车等。主要生产菱形格、运动斜、变化斜、变斜、桃皮绒、贡缎等春亚纺提花类休闲面料、各类水晶缎、弹力色丁等仿真丝产品，以及腈涤纺、缎面尼龙系列、仿金属等面料。2010 年，占地面积 9.2 亩，总资产 8000 万元，销售收入 3458 万元，税金 57 万元，利润 89 万元，员工 58 人。

嘉兴市蓝天纺织有限公司　位于王江泾镇田乐工业园区，1998 年成立，占地面积 13.5 亩，总资产 3000 万元，法人代表为钱富华。生产设备有倍捻机、高速整经机、全电脑控制浆纱机、210 厘米平织机、电子双喷 210 厘米高速喷水多臂机。主要生产各类喷水化纤布，年生产能力 1500 万米，产品有浴帘面料系列、窗帘面料系列、服装面料系列、里料系列、涂层系列，销往全国各地以及欧美市场。2010 年，销售收入 4489 万元，税金 118 万元，利润 53 万元，员工 88 人。

嘉兴市荷花丝织经纬厂　位于荷花新镇，1985 年成立，占地面积 5 亩，总资产 3450 万元，法人代表为徐建明。有喷水织机 300 台，其中 3.2 米 80 台、3 米 90 台、2.6 米 70 台、多臂机 60 台，整浆并前道 1 套、分条整经机 2 套、加弹机 3 台，配套发电机组 400 千瓦。主要生产各类面料、里料、磨毛春亚纺、160～320 厘米特宽磨毛布、窗帘布、广告布等喷水产品。2010 年，销售收入 3973 万元，税金 87 万元，利润 32 万元，员工 51 人。

嘉兴市星洲纺织有限公司　位于王江泾镇虹北村，2004 年成立，占地面积 12 亩，总资产 6460 万元，法人代表为戚金富。注册资金 1000 万元。拥有日本丰田 JAT710 型喷气织机 96 台、意大利卡尔迈耶整浆并设备 1 套，生产全棉、交织棉、色织布等服装面料。年产量 800 万米。2010 年，销售收入 3495 万元，税金 49 万元，利润 54 万元，员工 130 人。

嘉兴市宏亮纺织有限公司　位于双桥村，2002 年成立，占地面积 16.6 亩，总资产 6000 万元，法人代表为裘建良。拥有多臂双喷机 200 多台，倍捻机 200 多台，生产各类雪纺珠、强捻雪纺、混合雪纺等仿真丝面料，年产 2000 多万米，产品远销欧美、东南亚及中国港澳台地区。2010 年，销售收入 2633 万元，税金 66 万元，利润 58 万元，员工 128 人。

嘉兴市秀虹织业有限公司　位于王江泾镇中国丝织科技工业园，2000 年成立，占地面积 38.4 亩，法人代表为史连根。拥有先进植绒线 2 条、多套色印植一体化植绒线 2 条、印花线 2 条、绒毛生产线 3 组，产品用于沙发、窗帘、家具软装修、床上用品、墙纸、服装、鞋材、工艺品等。2010 年，销售收入 986 万元，税金 3 万元，利润 25 万元。

嘉兴市新桥丝绸染整有限公司　位于王江泾镇工业功能区北区，1994 年成立，占地面积 60 亩，总资产 5000 万元，法人代表为曹海根。系中外合资企业（加拿大 CSI 工业系统公司）。主营化纤里料及面料的后整理染色，拥有韩国定型机 6 台及国内先进的一系列配套印染设备，主要产品有春亚棉、牛津布、桃皮绒、塔丝绒、涤塔夫等。通过 ISO9001：2000 质量管理认证、ISO14001：2004 环境管理认证以及清洁生产验收。2010 年，销售收入 6899 万元，税金 476.50 万元，利润 184 万元，员工 500 人。

嘉兴市新大众印染有限公司　位于王江泾镇工业功能区北区，2002 年成立，占地面积 160 亩，总资产 1.5 亿元，法人代表为丁明法。使用日本、德国、韩国及中国台湾的先进红外线染色打样机，电子测色、配色系统，染机电脑集中控制系统，前处理、拉磨毛、整纬和后整理等成套设备，日印染能力200万米。通过ISO9001：2000质量管理体系认证，是浙江省科技型中小企业、嘉兴市民营科技型企业、嘉兴市印染研发中心。2010年，销售收入9374万元，税金435.29万元，利润634万元，员工1200人。

嘉兴市双桥印染有限公司 位于双桥村，1985年成立，占地面积54.7亩，总资产3100万元，法人代表为沈朝良。采用德国、中国台湾、韩国等地先进设施，从事针织、化纤、棉类、丝绸等染整加工。2010年，销售收入3964万元，税金287万元，利润103万元，员工200人。

嘉兴市金乐染织有限公司 位于王江泾工业功能园区北区，1995年成立，占地面积180亩，总资产1.6亿元，法人代表为金永根。拥有国际先进的印染设备横开门染缸120台，斜型溢流机88台，定型机18台。从事加工印染及生产销售各类涤棉、化纤里料、化纤高档面料。产品有麂皮绒、桃皮绒、牛津布等系列产品。先后获得"重合同、守信用企业"、市级民营科技型企业、区级科技研发中心、江南大学研究生实习基地称号。2010年，销售收入1.67亿元，利润284万元，税金1134.69万元，员工916人。

欣悦印染有限公司 位于王江泾开发区，2001年成立，占地面积142.4亩，总资产8亿元，法人代表为苗忠兴。系与香港合资企业。从事各类绿色环保高档化纤交织混纺织物印染及后整理加工，承接全棉、涤棉、棉麻、绒毛、府绸、粘胶和TENCEL、丽赛、竹纤维、彩色棉、Modal纤维、聚乳酸(玉米)纤维等织物的烧毛、印花、染色及后整理加工。获得浙江省企业技术中心称号。通过ISO9000质量管理体系、ISO14001环境管理体系认证，是浙江省第一家通过CQC国际生态纺织品认证的纺织印染企业。2010年，销售收入3亿元，税金1076.12万元，利润745万元，员工1200人。

嘉兴市天伦纳米染整有限公司 位于王江泾工业园区，2002年成立，占地面积106亩，总资产1.3亿元，法人代表为唐金奎。隶属江苏盛虹集团。从事纺织品染整加工，有9台台湾产ST82300HO定型机、1台干湿两用磨毛机、1台连续式平幅水洗退浆机，以及高温高压溢流染色机、高温高压卷染机、美国进口母液配制及滴液系统、红外打样机等先进设备，产品销往美国、德国。2007年，通过ISO14000环境质量管理体系及ISO9000质量管理体系认证。2010年，销售收入1.35亿元，利润480万元，税金945.30万元，员工500人。

嘉兴市新永联纺织整理有限公司 位于王江泾工业功能区南区，2002年成立，占地面积102.73亩，法人代表为王强。拥有国际先进的日本、韩国喷水织机，从韩国、意大利、中国台湾等地购买定型机、磨毛机、液流染色机、OS精炼机、成品检验机等染整设备150多台(套)，加工各类合纤、天然纤维及交织物的染整，年生产能力1.5亿米，生产和加工各种化纤和全棉类产品。2010年，销售收入1.07亿元，利润474万元，税金609.40万元，员工1000人。

嘉兴市金宇达染整有限公司 位于王江泾工业园区新永联路，2003年成立，占地面积106亩，法人代表为沈斌。以棉、化纤印染精加工为主。拥有10台定型机、100多台染缸、1台锅炉。主要为春亚纺、涤塔夫等白坯染色后定型成品为主。年染色能力3亿米。曾为嘉兴市节能减排先进企业。2010年，销售收入8755万元，利润103万元，税金505.24万元，员工500人。

嘉兴市艺达印染有限公司 位于虹阳村，2000年成立，占地面积48亩，总资产6700万元，法人代表为陆福林。拥有染缸、横开门 80 台，溢流 50 台，定型机 8 台。生产以中高档面料染色精加工为主，产品有记忆布、金属丝、麂皮绒、尼丝纺等，日生产能力 50 万米。通过 ISO9000 质量管理体系认证、ISO14000 环境管理体系认证。2010 年，销售收入 5230 万元，税金 278 万元，利润 102 万元，员工 300 人。

第六节　工业管理

【管理机构】

乡(镇)工业办公室　1958 年，在“大办工业”的热潮中，境内社办、队办企业开始创办，各公社由一名领导干部兼管工业。20 世纪 60 年代，南汇公社、荷花公社发展砖瓦窑业较快，南汇、荷花公社建立窑业管理委员会，管理社办(队办)砖瓦窑业。1976 年“文化大革命”结束，境内双桥、荷花、田乐、南汇、虹阳公社成立工业办公室，对社(队)企业管理服务。公社党委确定一名班子成员分管工业。社办企业实行嘉兴县革委会社队企业办公室和公社工业办公室双重管理。1984 年，王江泾镇从双桥乡划出成立区属建制镇后，成立王江泾镇工业办公室，设主任、副主任。同年，乡(镇)工业办公室改名为乡(镇)工业公司，设经理、副经理及下属工作人员若干。1991 年，乡(镇)工业公司重新改为乡(镇)工业办公室。乡(镇)工业办公室的职责是执行上级有关工业的政策，搞好乡办、队办集体资产的保值、增值，对工业生产进行计划、调度、检查、监督；选择发展快、经济效益好、产品有竞争能力的企业入驻境内；配合国土部门在工业园区建设中，与村、农户的协调工作；为入驻工业园区企业协调做好电力、水利、金融、环保等工作。2001 年 6 月，撤销王江泾镇工业办公室，成立王江泾镇企业服务中心。

1976—2001 年王江泾镇境内工业管理服务机构负责人一览表

表 9－9

乡　镇	姓　名	职　务	任职时间
双桥乡	仲英全	工业办公室主任	1976.1—1978.6
	沈洪德	工业办公室主任	1978.6—1980.10
	李文雷	工业办公室主任	1980.11—1984.6
	凌友堂	工业公司经理	1984.6—1986.5
	沈福昶	工业公司负责人	1986.6—1988.10
荷花乡	钱阿其	工业办公室主任	1976.1—1992.5
	陆仁林	工业办公室主任	1992.6—1998.7
田乐乡	许再明	工业办公室负责人	1976.1—1980.12
	凌永才	工业办公室主任	1981.1—1984.5
	史阿坤	工业办公室主任	1984.6—2001.7

续表 9－9

乡　　镇	姓　　名	职　　务	任　职　时　间
南汇镇	沈小虎	工业办公室主任	1976.1—1980.6
	俞照福	工业办公室主任	1980.7—1982.8
	汝根林	工业办公室主任	1982.9—1991.6
	朱立新	工业办公室主任	1991.7—2001.7
虹阳乡	沈福昶	工业办公室负责人	1980.3—1983.2
	曹锡云	工业办公室主任	1983.3—1985.4
	王根泉	工业办公室主任	1985.5—1986.5
	刘炳荣	工业公司经理	1986.6—1987.6
	陈荣根	工业办公室主任	1987.7—1998.7
王江泾镇	沈福昶	工业办公室主任	1988.10—1990.12
	沈其良	工业办公室主任	1990.12—1998.8
	周春乐	工业公司经理	1984.6—1988.7
	陈荣根	工业办公室主任	1998.7—2001.7

镇企业服务中心　2001 年，王江泾镇成立企业服务中心，负责管理境内所有工业企业。工作职责主要是为企业发展和改革当好参谋，协助制订境内企业发展规划并组织实施年度计划，履行政府职责，贯彻执行《中华人民共和国乡镇企业法》，积极开展外引内联，促进境内个私经济发展。引导、督促境内企业合法生产经营，协调与有关部门的关系以及经济活动关系。维护企业和职工的合法权益。指导企业管理，为企业经营活动，产品展销、项目申报、新产品开发、技术创新、融资、创立品牌、职工教育培训等工作提供咨询和服务。负责管理境内企业集体资产，提高资产营运效益，确保集体资产保值和增值。负责境内集体企业财务、统计等各项报表的编制工作，做好上传下达，完成上级业务主管部门下达的各项工作和任务。2005 年 6 月，王江泾镇成为秀洲区设置企业监督管理与服务中心试点，撤销龙泉富民经济开放区管理办公室，在编人员划入王江泾镇企业服务中心。镇企业服务中心更名为镇企业监督管理与服务中心。中心含安全生产与环境监察中队。定为纯公益性事业单位，核定编制 14 名，其中 6 名主要从事安全生产监察、环境监察、职业卫生等工作。至 2010 年，保持这一管理体制。

2001—2010 年王江泾镇企业服务中心负责人一览表

表 9－10

姓　　名	职　　务	任　职　时　间
陈荣根	企业服务中心主任	2001.8—2005.1

续表 9-10

姓　名	职　务	任职时间
朱建明	企业服务中心主任	2005.1—2007.3
卜忠伟	企业服务中心主任	2007.4—2009.7
吴爱明	企业服务中心主任	2009.7—2010.12

【招商引资管理】

1999 年,王江泾镇规定到王江泾投资兴业的企业,项目洽谈、立项报批、用地、用电、申领工商执照、税务登记等手续均由镇工办和开发区办公室实行“一站式”全程服务,鼓励个体和私营企业与外商、港商、台商等合资建办能源、交通、市政公用设施等基础设施项目,以及高新技术项目和对地方产业有重大推动作用的项目。投资额在 200 万美元以上,经营期 10 年以上的,从获利年度起,第一至第二年免征所得税;第三至第五年由财政全额返还;第六至第十年由财政返还 50%。2000 年 4 月,王江泾镇在龙泉富民经济开发区举行招商引资信息发布会,20 多家企业与镇签订总投资 1.9 亿元的投资合同。长虹工业园区引进的嘉兴市中意纺织厂,领到全区首张个人独资企业营业执照。

2002 年,通过招商引资的政策引导,引进外资企业 8 个,实际利用外资 1528 万美元,累计利用外资 1840 万美元。三资企业出口产品交货值 20284 万元。2004 年,王江泾镇鼓励民营企业招商引资,吸引外资投入。全镇合同利用外资 3806 万美元,实际利用外资 817 万美元,引进区外资金 41800 万元,实现外贸出口交货额 4.39 亿元。越龙、新大众等 8 家企业分别与浙江理工大学等 7 所大专院校实施校企合作,开发外贸产品。2005 年,王江泾工业园区内三资企业 19 个,合同利用外资 2232 万美元,实际利用外资 984 万美元,累计利用外资 3561 万美元,企业出口产品交货值 5.09 亿元。2007 年 3 月,镇政府发布文件,鼓励企业到工业功能区投资,凡进入工业功能区投资的鼓励类工业项目,并达到双控指标要求的,优先安排土地指标。凡企业进行技术改造,引进国外先进纺织设备的,除享受国家有关进口设备免税政策外,当年度投入超 1000 万元以上的项目给予奖励,奖励额度为投入 1000 万元以上项目按 1‰奖励,投入 5000 万元以上的大项目按 2‰奖励。

2010 年,累计引进港澳台商投资企业 11 家、外商投资企业 8 家,实际利用外资 8607 万美元。境内涉外企业共 54 家,出口交货值 22.95 亿元。其中出口 500 万元以上 42 家,出口交货值 11.48 亿元,其中纺织业 25 家,出口交货值 4.2 亿元;机电行业 12 家,出口交货值 6.44 亿元。其他有 5 家企业出口交货值 8361 万元。其中直接自行出口额 8.59 亿元,外贸进口额 1.18 亿元。

【规上企业管理】

1998—2010 年,国家对年销售收入 500 万元以上的非国有工业企业或个私工业企业,称为规模以上企业(简称规上企业)。

1998 年,田乐乡为培养规上企业,在全市首家建立中小企业互助会,由郊区投资中心、田乐乡工业办公室和 12 家企业会员共同筹集注册资本,实施对会员企业提供贷款担保等服务的封闭型运行。为推动企业上规模上水平，规定，凡在工业园区内技改投入的企业，完成指标奖励 800 元；超过指标，每超 5%奖励 80 元，以此类推。新增喷水、剑杆织机，每增 1 台奖励 50 元。对新增喷水、剑杆织机及前道电价实行优惠，对设备技术改造，新增的喷水、剑杆织机及前道等新技术项目，每千瓦时电由所在村或单位优惠给企业 5 分。这些政策刺激了规模企业上水平，使得鸣春纺织有限公司、元丰纺织有限公司等规模企业的总产值占全乡产值的一半以上。境内还不断引进投资大、效益好的大企业，引进总投资 1.8 亿元的荷花恒丰纺织厂、总投资 1.5 亿元的鸣春棉纺织厂、总投资 3 亿元的荣祥喷织厂等，逐渐形成规模企业集群效应。至 1999 年，王江泾镇规上企业工业产值 16.16 亿元，田乐乡 4.93 亿元，南汇镇 2.49 亿元。

2003 年，境内合理调整工业发展布局，做大做强丝织产业，打造国内重要的丝织业科研中心、生产织造中心和先进纺织机械制造基地，引进培育高档家具制造等规上企业，开拓新兴产业。引进年销售收入 2.4 亿元的嘉兴礼海机械高科技有限公司、投资总额 1500 万美元的礼恩派(嘉兴)有限公司等。鼓励发展传统丝织规上企业，当年总资产超亿元的有 4 家，5000 万元以上的有 6 家，2000 万元以上的有 14 家，1000 万元以上的有 28 家，500 万元以上的有 52 家。2004 年，王江泾镇制定工业发展战略，在做大做强丝织产品的同时，全力打造长三角重要的纺织制造基地和纺织科研中心，迅速形成以化纤、织造、印染、成衣加工等为主的现代纺织产业集群。全镇 1 亿元以上企业 7 家，营业额 13.23 亿元；5000 万元以上企业 8 家，营业额 5.57 亿元；1000 万元以上企业 56 家，营业额 14.65 亿元；500 万元以上企业 14 家，营业额 1.1 亿元。

2006 年，王江泾镇出台鼓励规上企业发展高新技术的政策，规定企业与高校、科研院所建立合作关系，并取得经济效益或社会效益的，一次性给予奖励人民币 1 万～3 万元；企业创办技术中心，经认定为国家、省、市级的，分别给予 10 万元、6 万元和 3 万元的奖励。2007 年，境内纺织业总产值占全区纺织业四分之一，占全镇工业经济总量的 73%，但纺织业发展不平衡，设备老化，附加值低，产品结构不合理，缺乏市场竞争力。王江泾镇出台政策，要求规上企业创业创新，一定要实施转型发展。对有实力、上规模的规上企业引导提升；对实力不足但又有发展希望的转行扶持；对规模小、效益差、污染重的逐步淘汰。同时，境内在调整产业结构中，大力发展高新技术产业，适度降低纺织业在工业经济中的比重，腾出一定的空间和资源，发展非纺织新兴产业。同时，促进纺织业规上企业提升转型。同年，全镇 1 亿元以上企业 19 家，营业额 39.76 亿元；5000 万元以上企业 23 家，营业额 16.1 亿元；1000 万元以上企业 96 家，营业额 21.32 亿元；500 万元以上企业 16 家，营业额 1.31 亿元。

2008 年，经济形势出现金融危机，境内规上企业受国内人民币升值、贷款利率增长、原材料价格上涨、企业用工成本增加和美国次贷危机等因素影响，但 200 多家规上企业生产正常，没有一家企业停产，纺织业仍然保持平稳增长势头。王江泾镇要求规上企业采取“调外进内”营销战略，将 60%的产品由外销转为内销，减轻人民币升值造成的产品出口压力。并针对部分规上企业设备落后、产品科技含量不高等问题，规定，凡企业进行技术改造，引进国外先进设备的，除享受国家进口设备免税政策外，对当年投入超 1000 万元以上的项目给予奖励，奖励额度为投入 1000 万元以上项目按 1‰奖励，投入 5000 万元以上的大项目按 2‰奖励。为鼓励规模纺织企业创新，加快提档升级，带动全镇纺织行业的发展，决定对 28 家规模龙头企业中的纺织企业给予3～5年政策扶持，以此推进纺纱、织造、印染产业链延伸发展。浙江元丰纺织股份有限公司引进国际先进喷气织机768台，固定资产达到7亿多元，在全国喷气织机行业名列第三，年产值达到6亿元。同年，全镇拥有先进喷水、喷气、剑杆、片梭大提花4大类无梭织机26770台，形成以织造、印染、化纤、缫丝等纺织产业一条龙为主导的产业结构。

2010年，王江泾镇抓住嘉兴接轨上海机遇，大力发展现代纺织产业及新兴产业，全镇形成纺织、印染、家具、热电四大产业。尤其是纺织规模企业的产业集群化程度增强，已从二十世纪八九十年代的家庭作坊发展到丝织工业园区、印染加工区集群化生产，纺织规模企业集群化园区率达85%。全镇注册工业企业989家，其中规上企业205家。在规上企业中，丝织业150家，印染业11家，服装鞋帽业1家，皮革、皮毛、羽绒业3家，家具制造业7家，造纸及纸制品业1家，化学原料及化学制品业3家，塑料制品业3家，非金属矿物制品业2家，有色金属冶炼及压延加工业2家，通用设备制造业4家，专用设备制造业3家，电器机械及器材制造业3家，电力热力生产和供应业2家，橡胶制品业1家，工艺品及其他制品业9家。全镇工业产值180.35亿元，其中规上企业121.29亿元。规上企业产值超5亿元4家，达28.27亿元，占规上企业工业产值的23.3%；超1亿元25家，达47.34亿元，占39%。规上企业利税共8.18亿元，主营业务收入120.87亿元。规上企业年投资项目180个，投资总额14.49亿元，其中设备技改投入10.32亿元。嘉兴市越龙提花织造有限公司投入5000万元，开发数码提花项目，使床上用品在市场上的份额不断扩大，企业产品的低中高比例由原来的3∶2∶1调整为1∶2∶3，企业竞争力大为增强。鸣业纺织改进工艺，使棉纺围巾的产量逐年加大；元丰纺织的系列高端面料成为森马、美特斯邦威等品牌供应商；华秀纺织生产的运动服面料成为耐克、李宁、阿迪达斯等国内外运动服企业的供应商；星洲纺织生产的面料成为国内薄型面料领军企业雅戈尔衬衫的免检面料供应商。

2010年王江泾镇工业龙头企业主要经济指标完成情况表

表9-11　　单位：万元

企　业　名　称	全年主营业务收入	实　缴　税　金
嘉兴新嘉爱斯热电有限公司	62601	3467.00
浙江元丰纺织股份有限公司	84154	1766.02
嘉兴锦江热电有限公司	30808	1119.00
浙江明效丰汇控股集团有限公司	80964	1172.41
礼恩派(嘉兴)有限公司	55018	1663.66
嘉兴锦江建材有限公司	23740	735.40
欣悦印染有限公司	29977	1076.12
嘉兴礼海机械高科技有限公司	19011	196.42
机械天伦纳米染整有限公司	13478	945.30

续表 9－11

企业名称	全年主营业务收入	实缴税金
嘉兴市鸣春纺织有限公司	18101	187.58
嘉兴市华兴建设工程有限公司	24374	716.10
嘉兴市南洋投资有限公司	22842	733.63
嘉兴市新永联纺织整理有限公司	10674	609.40
嘉兴市金乐染织有限公司	16679	1134.69
嘉兴市天之华喷织有限公司	16958	436.74
嘉兴市荣祥喷织有限公司	20432	36.41
嘉兴市龙泉铜业有限公司	46780	6972.68
嘉兴市金宇达染整有限公司	8155	505.24
机械新桥丝绸染整有限公司	6899	476.50
嘉兴市新大众印染有限公司	9374	435.29
嘉兴市新万利织造有限公司	11492	197.08
嘉兴市秀洲恒丰纺织有限公司	12079	198.66
嘉兴市越龙提花织造有限公司	14759	153.00
嘉兴市新荣成织造有限公司	7801	122.24
嘉兴市华亚织造有限公司	10049	186.84
嘉兴市佳瑞思喷织有限公司	14878	97.42
嘉兴市诚恒纺织有限公司	7362	504.05
嘉兴市秀洲三洲喷织有限公司	11518	231.58

第十章 商贸服务业

境内南北朝时已有稻米等农产品的交易，唐宋时已有丝织品的买卖。北宋时，随闻川市的崛起，集市贸易逐步兴起。南宋时，集市商贸更为繁荣。明宣德年间，王江泾发展为镇。明末清初，位于镇域东北的南汇镇悄然兴起，境内商贸业进一步发展。清乾隆、嘉庆之际，王江泾集镇已是烟火万家，店铺林立，农副产品贸易蒸蒸日上，丝织品更是畅销国内外。清嘉庆年间，位于镇域南部的双桥集镇逐渐形成，进一步推动了境内的商贸业。清咸丰十年（1860），清军与太平军在王江泾镇内激战，大火连烧七天七夜，房屋成废墟，商贸惨遭打击。20世纪30年代初，位于镇域西部的虹阳集镇形成。其时，王江泾集镇商贸已恢复正常。1937年11月，日军侵占王江泾，又在镇区连烧三天三夜，使商贸业再次走入低谷。解放后，党和政府鼓励发展商贸业，由供销社为主体，经营境内的饮食、服务、百货、修理等行业，各乡镇也先后成立供销社下属的商店、店摊，各村还建起供销社下伸店，方便群众购物。国营、集体、私营等商业形式的共存，再加上后来的改革开放政策，境内商贸业呈现蓬勃发展势头。1988年，南方丝绸市场建立，纺织品、纺织原料的供销形成一条龙。20世纪90年代，境内商贸业改制较大，归属供销社的商业企业大部转制或关停，众多个私商贸企业兴起。至2010年，境内各式大小市场近20个，个私商店1800余家，中国·南方纺织城成为江浙沪一带的纺织品集散中心，商贸等第三产业的经营额占整个秀洲区的21.14%。嘉兴市龙泉物资再生利用有限公司、嘉兴市旭宇轻纺贸易部、嘉兴市正通进出口有限公司名列秀洲区服务业亿元企业。

第一节 明清及民国时期商业

据《嘉兴市商业志》记载，嘉兴（含境内）在南北朝时已盛产稻米，“一岁或稔，则数郡充饥”；到了唐代，更有“嘉禾一穰，江淮为之康；嘉禾一歉，江淮为之俭”之说。五代时，境内外贸越来越兴旺。到了宋代，随着闻川市的崛起，商贸空前繁荣；南宋时，闻川市已成为嘉兴最繁华的集镇之一。两宋交替之际，闻川市由运河之东逐渐移往运河之西，并渐用新名王江泾。沿河布局的市镇“当要冲，闤阓殷阗”，“估舶列市梢，人家夹河岸”，粮食、丝绸等农副产品大量转销，渐成江浙两省交界的一大商贸市镇。到了明代中叶，“居者七千余家”，号水陆孔道、辐辏之通渠，成了嘉、秀二邑的主要农村集镇。明万历时期，成为秀水县四大镇（新塍、王江泾、濮院、陡门）之一。

明清时，境内蚕茧之利，倍于稼穑，发展迅速；蚕月到来，运河“两岸比户皆缫丝声”。清康熙三十五年(1696),康熙皇帝南巡路过此地时曾言:“朕巡省浙西,桑林被野,天下丝缕之供,皆在东南;而蚕桑之盛,惟此一区。”清乾隆、嘉庆之际,集镇更是繁盛,周围村坊都种桑养蚕,以织绸为业,“日出千匹,衣被数州郡”。镇上有丝行街、一里街、百步街三条,店坊林立,四方商贾俱居此收货,做买卖的挨挤不开。嘉庆时,有一祖籍安徽的汪氏以“负贩丝绸”为业,往来于王江泾与盛泽之间,后在镇上创设绸行;清道光二年(1822),绍兴的丝绸商人与当地的丝绸商人在镇上创立绍兴会馆。清咸丰十年(1860),集镇几尽毁于战火,汪氏将绸行迁至盛泽镇,改名为汪永亨绸行;其他丝绸商人亦纷纷举迁。自此,镇上的丝绸贸易再难以恢复到盛时景象。清光绪四年(1878),嘉兴的重点市镇出售生丝 7241.91 担;光绪五年(1879),王江泾、王店、新塍、石门等出售生丝 8536.68 担。光绪二十八年(1902)二月,嘉兴禾商以王江泾镇绅商盛萍旨(名沅)为首,动议创办嘉兴民间商会,汇集各业公所联名呈请省会行政官厅,经核准设立“嘉兴府商务总局”,由此开嘉兴商界民间自治之先河,成为全省乃至全国最早实行专职管理商务的府级机构之一。事后,众绅商推举盛萍旨为总办,局址在嘉兴城中芝桥街谭宅内。光绪三十一年(1905),嘉兴爱国人士祝廷锡、褚博甫、张选青到镇上开展抵制美货的爱国宣讲活动。光绪三十二年(1906),大家又推盛萍旨为嘉郡商务总会总理。清代外运的丝绸多数从苏州和上海中转,王江泾与盛泽的绸业界人士联合出资,在上海的苏州河畔合资建了盛泾公所,来往绸船均泊于此起卸。

民国初,王江泾镇是嘉兴的商业市镇,入境货物以洋布、洋纱、洋广杂货、药材、苏缎、颜料、南北货、腌腊、红白糖、皮货、瓷器、黄豆襄饼、烟漆、桐油等为大宗,出境货物以绸缎、布匹、丝茧、米豆、菜籽为大宗,其过境中转者有茶叶、纸、竹木等货物。嘉兴第一区的双桥集镇共有商店 41 家,资本额 2610 元,年营业额 26000 元,员工 77 人;嘉兴第三区的王江泾集镇共有商店 168 家,资本额 91370 元,年营业额 535200 元,员工 736 人;南汇集镇共有商店 125 家,资本额 57250 元,年营业额 378000 元,员工 520 人;虹阳港集镇共有商店 22 家,资本额 1520 元,年营业额 14000 元,员工 27 人;廊下集镇共有商店 13 家,资本额 260 元,年营业额 1000 元,员工 13 人。1914 年,王江泾、南汇设立商会分会,均由嘉兴县商会管辖。同年 12 月 11 日,王江泾丝绸业商人周某等发起,组织建立王江泾商界联合会,选举陆士华为会长。1924 年 12 月 14 日,王江泾镇商界联合会各职员任期已满,照章改选,经讨论后,主张继续办理;12 月 21 日,改选正副会长及各部职员。1931 年以后,境内的工厂有泾明电灯厂、泾明碾米厂、万丰碾米厂、同昌碾米厂、鸣盛碾米厂;拥有家庭织机的共有 1000 余家,每台月产绸 13～14 匹,年产值 170 万元,年产丝绢 1 万匹、印度纺 2 万匹、中山葛 2 万匹,年产绸 14 万匹,80%直销盛泽,20%转销上海。

抗日战争期间,日军实行“三光”政策,镇域受到毁灭性破坏,至解放前夕未见恢复。据《中国经济志》载,1935 年时,王江泾集镇有商店 160 余家,南汇集镇有商店 120 多家。日军占领王江泾后,农产品价格低落,茧丝尤甚,农村经济不振,商店纷纷关停,商业呈现衰退现象。1947 年,境内丝绸业略有好转,天丰茧行收购春茧 572.43 担,双桥恒大茧行收购春茧 688.57 担、秋茧 86.88 担。丝绸业的发展,带来商贸业的转机。

第二节　解放后个体私营商业

解放初期，由于资源匮乏，物价波动，境内商业仍处于低迷徘徊阶段，停业、歇业、解雇劳工者甚多，但渐现恢复端倪。其时，王江泾集镇有商铺126家，南汇集镇有商铺128家。

解放初王江泾集镇商铺情况表

表10－1

序号	商店名称	序号	商店名称	序号	商店名称
1	天丰茧厂	23	布店	45	沈伯年烟什
2	元昌米行	24	义兴仁南货	46	付德兴馄饨
3	砻店	25	蔡家茶叶	47	文和酱园
4	篮店	26	德荣仁碗店	48	放丝茧收绸
5	竹行	27	唐双寿馄饨	49	周家焕粽子
6	过家杂货店	28	沈四宝酒酱	50	玉花茶馆店
7	来来看旧衣	29	张锦仁剃头	51	沈中南酱油店
8	唐伯伯糖店	30	水果店	52	沈大块头糖果店
9	丁家灯笼店	31	尹裕坤铁匠	53	孔氏剃头店
10	什货店	32	支家银匠店	54	棺材店
11	计卫生包子店	33	公泰和	55	胡伯康鞋子
12	刘金成剃头店	34	鲁元金铜匠	56	高氏棺材店
13	阿松木匠点	35	茶馆	57	王齐云布店
14	王谟贤布店	36	殷宝龙铁店	58	纸扎店
15	沈泰昌烟杂	37	王家棉花店	59	当房
16	杨掌金豆腐	38	郁家丝线店	60	许家棺材店
17	陶四德药店	39	朱家布店	61	鞋子店
18	史菊英烟什	40	崔家茶馆	62	李继山私塾
19	许金虎茶馆	41	包兰芬烟什	63	油漆店
20	丁金生面店	42	味和酱园	64	费家烟什
21	许桂荣饭店	43	许家大饼店	65	吴春培酒店
22	盛家缝纫店	44	采芝阁药店	66	什货店

续表 10－1

序号	商店名称	序号	商店名称	序号	商店名称
67	陶仁花医生	87	罗同仁咸货	107	张师母烟什
68	何红女	88	张三娜鱼行	108	陶掌官糖果
69	久康米行	89	郁阿三肉店	109	吴金龙鱼行
70	酒浆店	90	银匠店	110	吴天法豆腐店
71	纸扎店	91	王传庆豆腐店	111	沈福庭航船
72	毕家米行	92	大同乐茶馆（唐二宝）	112	郁志荣肉店
73	鸦片墩	93	消防龙房	113	吴天德小百货
74	金福楼茶馆	94	棺材店	114	爱记茶馆
75	沈仲馨鱼行	95	九制局药店	115	卖糖炒货
76	大头三官肉店（后给许糕团）	96	沈家丝线店	116	肖杏生肉店
77	公泰和分店	97	陈诗连咸鱼店	117	恒昌米行
78	寿根纸扎店	98	仲小五柴行	118	洪根粽子
79	盛老奎布店	99	小和尚水果	119	阿和饭店
80	眉寿堂药店	100	蒋昌如丝线	120	万春园茶馆
81	消防龙房	101	过家烟什	121	电话局
82	夏阿福山芋	102	大头三官肉店	122	许一帆烟什
83	徐老板	103	篮店	123	缪阿四什货
84	沈秋波咸鱼店	104	阿凤饭店	124	杨四官团子店
85	过家烟什店	105	张家鱼行	125	何天才团子店
86	蔡家茶叶	106	陈家茶馆	126	芦篚店

解放初南汇集镇商铺情况表

表 10－2

序号	店　名	序号	店　名	序号	店　名	序号	店　名
1	竹　行	6	杨家杂货店	11	三益堂备弄	16	查二官烟杂
2	糖　坊	7	朱龙生米店	12	宝善堂药店	17	沈志良面店
3	民顺米行	8	王五豆腐店	13	周春园茶馆	18	吴雪华烧饼
4	三益堂	9	白弟箍桶店	14	计三官饮食店	19	红行酱油
5	鱼　行	10	胡记杂货店	15	阿春铜匠店	20	天天布店

续表 10－2

序号	店　　名	序号	店　　名	序号	店　　名	序号	店　　名
21	史寅生茶叶店	48	荣庆咸鱼店	75	杨记酱油店	102	潘记染坊
22	沈益良杂货	49	陈记豆腐店	76	金七和鱼行	103	王志宝缝纫店
23	周德鹏理发	50	孙同源布店	77	史锦明理发	104	王善良杂货店
24	顺兴泰南货店	51	凌记米行	78	沈善康豆腐店	105	付玉林杂货店
25	张厚夫外料	52	新春园茶馆	79	张记肉店	106	陈记豆腐店
26	布　店	53	李石荣杂货	80	得意楼茶馆	107	李好宝酱油店
27	朱松华酱油店	54	周记肉店	81	张阿大菜馆	108	陆记米店
28	宝禄南货店	55	凤民石灰店	82	沈记杂货	109	王双林桶店
29	唐步云茶叶店	56	烟杂店	83	孙仪芳牙科	110	王炳荣银匠店
30	任德官鞋店	57	林记糖杂店	84	徐百东西内科	111	嘉生水果店
31	小四官水果店	58	潘记牙科	85	周来芳烧饼店	112	高南昌布店
32	吴镇东烧饼店	59	周阿弟水果	86	于记杂货	113	方天庆熟食店
33	七宝豆腐店	60	宝二纸扎店	87	沈家长弄	114	金龙油添店
34	老四百货店	61	顾家布店	88	沈年卿杂货	115	裕昌南货店
35	孙记羊肉店	62	陈兆林杂货	89	张兴高糕饼	116	邹毛官团子店
36	张慕贤豆腐	63	复兴南货	90	阿小糖果店	117	施大男纸扎店
37	周志贤茶叶	64	老王茶馆	91	张桂宝烟杂	118	陈记茶叶店
38	沈利生铁店	65	凌生杂货店	92	云生外药材店	119	许新民酱油店
39	唐老虎棺材店	66	董记咸肉店	93	沈竹君烟杂	120	醒狮台茶馆
40	董富良外科诊所	67	采珠谷药店	94	黄老板馄饨	121	张鼎昌布店
41	蒋记酱油店	68	蒋正盛烟店	95	徐桂荣缝纫	122	同德堂药店
42	沈小弟铁店	69	蒋正盛杂货店	96	沈百君南货	123	天顺南货
43	周记鱼行	70	卜记肉店	97	徐鼎章南货	124	卜维生布店
44	王阿三铁店	71	金振玉照相馆	98	孙记小百货	125	王记小百货
45	如意轩	72	宜泉茶馆	99	吴昌荣中医内科	126	染　坊
46	俞五福鱼行	73	吴德宝水果	100	阿五染店	127	江记糕作场
47	卜记杂货店	74	明园茶馆	101	吴宝康米行	128	新仁米厂

三年经济恢复时期(1950—1952 年)，各乡先后创建供销社、食品组、粮站等集体商业单位，供应销售居民生活和生产资料，物价稳定，与此同时，个私商业逐渐萎缩，商店减少。1952

年12月，境内个体、私营商业有所提升，商店又陆续增加。后随着粮食统购统销的实行和对个私棉布业的调整，以及公私合营等政策的落实，个私商业再次走入低谷。至1955年，王江泾镇私营商业户（商店）减少至158家，其中：粮食、鲜肉、鲜鱼、南货、腌腊、棉布、土绸、烟什、国药、糖果、茶叶、竹行等22个行业，共90户172人（其中职工42人），资本额39548元；饮食业方面有面饭、熟食、糕团、茶馆等3个行业，共27户38人（其中职工1人），资本额1303元；服务业方面有理发、炼坊、染坊、轴坊等2个行业，共10户56人，资本额3509元；非法商贩有烟什、水果等22户22人，资本额173元；工业方面有碾米厂1个行业，1户6人，资本额1373元；手工业方面有椿作、缝纫2个行业，共8户10人，资本额587元。同年4月，国营商业贯彻以“批发为主”的经营方针，对私商贯彻“统筹兼顾，全面安排，积极而稳步改造”的方针，对私营零售商采取多项安排措施。后来，国家对粮食、棉布、食油实行计划收购和计划供应，自由市场逐渐缩小，国营商业、合作社、粮管所、粮油厂的领导地位和全民优势日益凸显，百货、南北货、烟酒等行业由国营商业控制大部分或全部货源，这些行业不同程度上纳入国家计划经济的轨道。同年11月初，王江泾、南汇两镇对百货、茶叶、文具、卷烟、酒、盐、新药7个行业（分别有48户、37户）的个体私营商业进行社会主义改造，成为首批公私合营企业。

1956年，各乡政府大力号召私营工商户走公私合营的社会主义道路，商业网点开始压缩，商业机构门市部设置大体分成收购、批发、零售、饮食、服务5个部分。同年3月起，一批私营业主进入供销系统，过渡为供销社的正式工作人员。同时，为加强对茧丝绸市场的管理，全区在双桥、栖真两地设立春茧收购站，负责人分别为钱阿巧、江关泉。同年10月，私营工商业社会主义改造基本结束。1957年2月，王江泾乡有10个合作小组115户，其中纯商业7个小组84户，饮食服务业3个小组31户。

1958年10月，城市集体合作商业变为国营网点，集镇农村集体合作商业随同基层供销社改组为人民公社供销部。如东风人民公社，原荷花、澄溪、南汇3个乡5个供销社，20个公私合营商店，52个合作商店，集体、个体商业全部过渡为全民商业，部分从业人员到农村当农民。自由市场被关闭，小商小贩被取消，网店被收缩，导致了流通渠道单一，商品收购不全。

1959年，嘉兴县取消人民公社供销部，变为县商业局管辖的基层供销部，实行国营、集体、个体合一，小商小贩“一步登天”，过渡为全民企业的职工，集体商业经济形式消失。

1961年，商业体制调整，部分个体商业户从全民商业中划出，境内各集镇出现自发的个体商贩。“文化大革命”开始后，公私合营商业合并为国营商业管理。1968年5月之前，南汇镇共有商业、饮食业、手工业144户，从业人员253人；改造后，有公私合营的8户，合作商店3个15户，合作小组12个116户。

改革开放以后，农村工农业生产全面发展，党和政府重新肯定个体私营经济的作用。20世纪80年代，境内个体私营商业迅速发展，各集镇个私商店日渐增多，市场日益繁荣。90年代，境内各供销社、集商总店的商业逐步承包给个人经营，2000年起，各集商总店和供销社先后实行转制，成为个体商业。至2010年，全镇共有个体、私营商店（含加工场）1828家，其中分布在王江泾镇区709家，其他6个集镇746家，33个行政村373家。

2010年王江泾镇个私商业商店分布情况表

表10－3　　　　单位：家

业别	王江泾镇区	南汇集镇	荷花集镇	虹阳集镇	双桥集镇	大家甸集镇	肖家湾集镇	乡村	合计
餐饮	101	30	3	10	2	1	13	35	195
水果	9	4	2	4	2	1	1		23
日用百货	61	37	1	15	11	5	5		135
食品副食品	120	35	2	60	44	9	16	219	505
祭祀品	6	1		1		1			9
旅馆	6	2							8
服装鞋帽	142	40	1	16	8	1			208
床上用品	3	1		1					5
家具	3			1	2				6
五金机电塑料	58	16	1	20	9	3	3	68	178
建材装潢	46	11	3	27	6		5		98
通信设备	17	4	2	11	9		1	9	53
药店	11	4	1	7	5		1		29
车辆销售维修	24	7	2	7	8	1	1	27	77
理发美容	45	10	2	3	1	3	3	15	82
浴室	6	2	1	1		1			11
娱乐场所	12	4	5	6	3	3			33
文印广告	7	4		3	1				15
彩票	3	2	1						6
超市	8	4	5	9	2	2	4		34
中介	2						1		3
农副产品		30		3	1	1	1		36
农资产品	4	6	2	8	2	2	2		26
图书文具	4	2	1	1	1				9
金银首饰	4	1		1					6
废品回收		2		6	1		1		10
燃料器械	2	1	1	1	1				6

续表 10－3

业别	王江泾镇区	南汇集镇	荷花集镇	虹阳集镇	双桥集镇	大家甸集镇	肖家湾集镇	乡村	合计
花木	2	3		4	1				10
加工厂	3	3		3	3				12
合计	709	266	36	229	123	34	58	373	1828

第三节　供销合作社商业

民国时期，国民政府倡导合作事业，连年在城乡创办合作社。据《嘉兴市供销志》载，1935年，嘉兴县双桥养鸡合作社成立。另据1943年《合作社监察书》载，中国合作社嘉兴县支社“王江泾分社普通社员数620个（其中城区社员13个，乡区农民社员607个），出资口数623个，出资金18690元；双桥分社普通社员数596个（其中城区12个，乡区农民社员584个），出资口数597个，出资金17910元；南汇分社普通社员数700个（其中城区15个，乡区农民社员685个），出资口数731个，出资金21930元。普通社员出资一股30元，特别社员、关系社员出资一股120元。另南汇小学有7人为特别社员、关系社员，出资金840元”。1947年，各县成立合作联社（简称县联社），但多数为地方势力操纵。

解放后，县联社由人民政府接管。1949年12月，北桥乡烈义供销合作社成立，为嘉兴县首家农村供销合作社（简称供销社）。1950年3月起，各乡纷纷建立供销社。同年6月，北桥乡并入虹阳乡，烈义供销社扩建为虹阳港供销社。至1951年年初，境内各供销社发展平稳，王江泾区供销社有9个门市部，资金5280元。

1951年9月王江泾镇境内各供销社主要物资供应数量情况表

表 10－4　　单位：万元（旧币）

供销社	单位	鲜肉		咸肉		鲜鱼		红糖		白糖		线粉		笋干		花生		糯米		咸鱼	
		数量	金额	数量	金额	数量	金额	数量	金额	数量	金额	数量	金额	数量	金额	数量	金额	数量	金额	数量	金额
双桥	担	33	2178	17	891	17	528	17	990	8.5	663	8	408	8.5	680	17	330	8.5	153	8	288
虹阳	担	54	3664	27	1458	27	864	27	1620	6.5	507	14	689	14	1080	27	540	14	243	14	476
双阳	担	46	3036	23	1242	23	786	23	1380	6	468	11.5	586.5	11.5	920	23	460	11.5	207	11.5	414
洪典	担	40	2640	20	1080	20	640	20	1200	5	390	10	510	10	800	20	400	10	180	10	360
南汇	担	30	1920	15	810	15	480	15	900	3	234	7.5	3825	7.5	600	15	300	7.5	135	7.5	270
东林	担	38	2508	19	1026	19	608	19	1140	5	390	9.5	4845	9.5	760	19	380	9.5	171	9	324

1953年1月，南汇、东林（同月并入荷花供销社）两社合称南汇四联供销社（南汇、梅兴、田乐、荷花）。同年12月，王江泾区所有供销社的营业额为4390150元（其中推销1753325元）。1954年3月起，各乡镇供销社与合作社、互助组开始签订供销合同，供销不足或多余，区级乡镇之间可进行调运，各乡镇供销社与手工业者进行加工订货，扩大生产资料经营。当年，王江泾区的市场总额达5265645元（合作社3770043元，私商1495602元），营业额达7431843元（其中推销3661821元）。1955年5月，王江泾区供销社成立。1958年9月30日，王江泾区供销合作社撤销，实行公私合营，个体小商小贩、合作商店划入供销社统一领导与核算，建立双桥公社供销部、南汇公社供销部。不久改为国营商业在农村的供销部。

1960年，全县凭证凭票限量供应的商品多达104种，有时持票还购不到商品，各供销部针对这一情况及时做好调配工作。1961年3月起，各供销部复名供销社，但机构设置不变。同年8月，双桥供销社有营业员254名，南汇供销社有营业员177名，荷花供销社有营业员51名，田乐供销社有营业员30名。同年10月，各公社的供销社、集体商业及市场贸易恢复，且保留一些独立经营户，调整农副产品收购政策，实行奖售或议购，稳定18种主要商品价格和服务费用，部分商品开展高价供应。公私合营、合作商店和合作小组等多层次的商业经济形式重新出现。1962年5月，各供销社对合作商店和小组给予资金、货源上的扶持，鼓励他们多进国营、供销商业不经营的商品，促使店组有所盈余。同年9月开始发布票。同月，各供销社开始精减职工，保留全民所有制职工数。1963年9月至1964年8月，布票发放范围与标准：非农业户口每人6.2市尺（1市尺＝33.33厘米），农业户口每人3.1市尺；各补助用布票：全民所有制和集体所有制职工每人4.5市尺，专业淡水渔民每人3市尺；另有生育、死亡用布补助，结婚不补助。另外，常住户口在城镇的居民每人发放3市尺，常住户口在农村的干部和职工每人发放3市尺。1964年，嘉兴县“开放农村四坊”——米粉干（包括挂面、薯面等）、豆腐（包括豆腐皮）、磨粉（包括制淀粉）和榨油等加工作坊。1965年起，为支援农业生产，在每年“双抢”农忙期间，各供销社组织“货郎担”和货船下乡，将“双抢”农民需要的物资送到各生产队。

1983年起，各供销社开始以自然门店为独立核算单位，实行“第一步利改税”，即由向主管部门上缴利润改为向财政部门缴所得税。同年7月，供销社实行体制改革，恢复供销社在组织上的群众性、管理上的民主性、经营上的灵活性（简称恢复“三性”），通过增股扩股，召开社员代表大会，选举产生供销合作社理事会、监事会。双桥供销合作社理事会主任为唐其祥，虹阳供销合作社理事会主任为唐金富（1988年5月起主任为沈伟民），荷花供销合作社理事会主任为吕坤明，南汇供销合作社理事会主任为蒋嘉昌，田乐供销合作社理事会主任为徐永兴。1986年7—8月，调整供销社设置，南汇供销社、田乐供销社组建南汇经济区供销社；双桥、虹阳、荷花供销社组建王江泾经济区供销社。经济区供销社实行统一管理、分级核算、各负盈亏、自主经营、分头纳税的新体制。

1990年4月，撤销南汇经济区供销合作社，恢复南汇供销社、田乐供销社建制。1992年，区供销社在虹阳供销社实行柜组承包制试点，供销社11个门市部承包给职工个人经营。1993年起，境内各供销社逐步推行门市部个人承包经营制。1997年，王江泾供销社有职工

131人，南汇供销社有职工83人，虹阳供销社有职工36人，田乐供销社有职工30人，荷花供销社有职工23人。随着境内1998年、2001年两次撤乡并镇，原各供销社先后并入王江泾经济区供销合作社。

2002年6月，王江泾镇经济区供销合作社在各集镇的门市部全面转制给个体经营，但供销社机构依旧保留。

省级荣誉：1955年度，南汇供销社被评为“浙江省供销合作社系统先进集体”；1962年度，南汇供销社综合商店被评为“浙江省供销合作社系统先进集体”；1985年度，双桥供销社被评为“浙江省供销合作社系统先进集体”。

【王江泾供销社】

机构 1950年成立，原名双阳乡供销社，设在王江泾集镇，主任为莫元增。1953年6月起，杨留生任主任。同年8月，更名为王江泾供销社。1955年5月，王江泾区供销社成立，王江泾供销社撤销。1958年9月30日，王江泾区供销社撤销，建立双桥供销部、南汇供销部。双桥供销部设在双桥集镇，主任为周正荣。1961年7月，双桥公社供销社恢复，王江泾设立分站，站长为沈顺娜。同年10月，王江泾供销站重又更名为王江泾供销社。1962年9月起，各供销社开始精减职工，保留全民所有制职工数。至同年年底，基层社保留229人，其中定员225人，待处理4人；公私合营保留89人（包括大泾染厂21人），其中定员89人。1986年7月，王江泾经济区供销社成立，王江泾供销社撤销。

经营 1952年2月，推销土绸3780匹。同年5月底，有基层社社员1384人。同年10月，代购稻谷55万千克。1953年7月至1954年4月，共收购稻谷2821753.5千克，计金额464135元；黄豆6923千克，计金额1485元；大米4217千克，计金额926元。1963年度，王江泾供销社利润138964元（计划143000元），通过纳税形式上缴国家财政193600元，分配给社员红利5746元，自有流动资金519109元。商品销售总额4960950元（1962年4428357元），毛利532718元（1962年507171元），缴纳营业税金117426元，商品流通费用支出287481元，其中用于业务方面的运费、搬运费、保管费、挑选整理费、包装费、商品损耗、手续费、利息等10个项目132245元；用于管理费开支的工资、工资附加费、干部培养费、固定资产折旧、低值易耗品推销、租赁费、经营管理费等7个项目155236元。商品经营利润127811元（1962年89538元），其他营业外收入27545元（净收入8412元），全年净利润总额138964元。同年年底，全社自有资金613440元（社员股金40756元、20564股，包括嘉北、桃园公社划入部分；公积金363883元，一小部分是嘉北、新塍供销社划入；奖励基金积余3643元，公益金结余1378元，福利基金积余2049元，折旧基金积余12207元，合营、合作商店、小组股金38087元，其他资金积余12175元）；有资产914264元（库存商品643734元，农副产品6744元，加工原料749元，其他定额资产32496元，结算资产138210元，固定资产9381元，其他不参加业务周转的资产84950元）；纯购进1311843元，其中农副产品440278元。1964年2月，全社有180多名职工和40多个门市部。1980年5月24日，由县供销社投资、土产公司负责经办，在王江泾建起嘉兴县土产公司良种繁殖场。1984年8月，建王江泾贸易公司，对内仍与供销社一套班子，对外挂两块牌子，实行独立核算，自负盈亏。同年，下属商业企业公泰和联合食品厂建立。

【王江泾区供销社】

机构　1955年5月成立，位于王江泾集镇，主任为张永春，设有王江泾、南汇、澄典、栖真、双桥、虹阳港6个供销站和田乐、上睦(马厍汇)2个供应站，分别属南汇站、栖真站领导。1955年5月，区社成立时，有生产资料、棉布、百货、鲜肉腌腊、竹木5个门市部、3个收购站、4个茧厂、1家棉布代销店、6家棉布经销店，有职工144人(其中男131人，女13人)，商业户及摊贩457户。同年10月，门市部发展到32个，另有2个加工厂。同年年底，镇上有代销店4户，从业人员19人，职工5人。1956年公私合营时，有国营1户，5人；私营13户，5个核算单位，职工47人，从业人员91人。1958年9月30日，区供销社撤销，建立双桥、南汇2个供销部。

经营　1955年5月，商业户及摊贩有87968元资金，合作社有339462元资金，积累资金285360元。同年10月，有股金54101元。同年年底，区社共有社员27078股，占全区人口的36%，股金54059元，平均每股2元，全年盈余总额(包括所得税)79205元。根据县社指示，全社分红额占比13.6%，计10800元，平均每股4角，每元分得红利2角，一律发放现金。同年年底，王江泾集镇有代销店4户，资本1553.30元，其中流动资金891.37元，收入1001.62元，支出657.91元，每人月平均工资26.39元(资方)、22.90元(劳方)，盈343.71元。1956年公私合营时，国营全年营业额105365元，盈828元；私营中盈利2个核算单位2345元，亏3个核算单位771元，主任为于炳祥。同年6月，其下伸店情况如下：

1956年王江泾区供销合作社商业下伸店情况表

表10-5

供销社	下伸店坐落地	店员情况		服务范围居民		商店业别	经营形式	经营品种
		户	人	户	人			
王江泾	关阳庙	1	1	367	1290	百货	单户经营	烟什、小百货、腌腊、糖果
	尖墩角	2	2	314	1216	水果	合作小组	酒酱、小百货、腌腊、糖果
	马安浜	1	1	181	701	水果	单户经营	酒酱、小百货、腌腊、糖果
	龚家村	1	1	165	647	水果	单户经营	酒酱、小百货、腌腊、糖果
	罗字村	1	1	191	666	烟什	合作小组	酒酱、小百货、腌腊、糖果
	洪典桥	2	3	335	1377	鲜鱼	单户经营 分散设点	酒酱、小百货、腌腊、糖果
	刘王庙	1	1	838	3377	百货	单户经营	酒酱、小百货、腌腊、糖果
	彰陵村	1	2	357	1434	酒酱	单户经营	酒酱、小百货、腌腊、糖果
南汇	廊下	2	2	369	1475	烟百	联柜分销 商品分工	烟什、糖果、糕饼、酒酱、咸鱼、小百货

续表 10－5

供销社	下伸店坐落地	店员情况		服务范围居民		商店业别	经营形式	经营品种
		户	人	户	人			
南汇	新农	2	2	442	1664	腌腊	合作小组	烟什、糖果、糕饼、酒酱、咸鱼、小百货
	澄溪	2	2	354	1384	腌腊	合作小组	烟什、糖果、糕饼、酒酱、咸鱼、小百货
合计	11处	16	18	3913	15231			

【王江泾经济区供销社】

机构 1986年7月成立，设在王江泾集镇，主任为唐其祥，辖双桥、虹阳、荷花3个乡。1997年6月起，辖双桥、虹阳、荷花、南汇、田乐5个分社，区社下设生产资料、竹木、棉布、文具、针织、烟什、五金、农机、中新药、副食品、冷饮、化纤等门市部(商店或批发部)。1998年6月起，主任为徐永兴。2002年6月开始转制。1990年11月至2010年，先后由徐永兴、李伏兴、徐永兴、沈金翔任主任。

经营 1986年7月，组建后的王江泾经济区供销社实行"统一管理，分级核算，统负盈亏，承认差别"制度。同月，区社全力以赴支援农村"双夏"，向富阳提供2000把扫帚，向栖真竹器厂订购200个粪桶，从绍兴购进2000个畚斗，组织了100吨碳铵，并做好农业用油的调遣。同年，区社国内纯购进营业额263万元，增长5%；国内纯销售营业额722万元，增长5%；营业利润10.9万元，增长10%；工业产值298万元，增长5%；年利润60.7万元，增长28.6%。1992年6月，投资1080万元，主体六层楼，高度25米，建筑面积6145.99平方米，集商场、宾馆、餐饮、娱乐等设施于一体的南方大厦在北虹路与南方路交会处开始动工兴建，1995年竣工并投入运行。

【南汇供销社】

机构 1950年成立，设在南汇集镇，主任为杨桂生。1953年1月，南汇供销社与荷花供销社合并为南汇四联(南汇、梅兴、田乐、荷花4个乡)供销社，设在南汇镇，陆老四、杨桂生先后任主任。1955年5月，王江泾区供销社成立，南汇供销社降格为南汇供销站。1958年9月30日，王江泾区供销社撤销，建立双桥供销部、南汇供销部，南汇供销部设在南汇集镇，主任为沈进林。1961年9月，南汇供销部复名南汇供销社，但机构按原供销部不变。同月，南汇人民公社分设为南汇、荷花、田乐、澄溪4个人民公社，南汇供销社撤销，各人民公社分别建立自己的供销社。1985年，征地3000平方米成立食品厂，建造厂房800平方米，主要生产糕点。同年，投入资金10万元建办机械加工厂，主要加工各种机械零部件。1986年7月，南汇、田乐两个供销社组成南汇经济区供销社；1990年4月，南汇经济区供销社又撤销，南汇供销社、田乐供销社恢复。1997年6月1日起，南汇供销社易名为王江泾经济区供销合作社南汇分社，下设生产资料、竹木、棉布、百货、五金、农机、副食品批发、文具、油糖、烟什、中新药等门市部

（商店）。2002 年 6 月，供销社开始转制，南汇供销分社撤销。1962—2002 年，先后由蒋加昌、朱荣勋、沈进林、黄来生、蒋加昌、钱传林、唐佰华、沈金翔任主任。

经营　1952 年 5 月底，有基层社社员 1336 人。1956 年公私合营前，供销站有商业、饮食业、服务业、手工业 144 户，从业人员 253 人，正式职工 32 人。公私合营后，下辖公私合营 5 个、8 户、45 人，营业额 121419 元，盈 3 户、2831 元；下辖合作商店 3 个、15 户、75 人，营业额 74857 元，盈 2 个、1799 元；合作小组 12 个、116 户。同年，供销社设有 3 个中心商店，2 个生产资料门市部，1 个棉布门市部，1 个副食品门市部，1 个百货门市部，1 个什货门市部，1 个竹木门市部，1 个小土产、废品收购门市部。1961 年年底，南汇供销合作社下辖酒酱、小百货、烟什业、理发、水果、茶馆、面饭、糕团等 8 类 17 个商铺的合作商店，共 63 人；合作小组及下伸店 23 个、32 人；公私合营商店 1 个、24 人；公私合营酒酱商店 1 个、3 人。1962 年 9 月，全社有职工 65 人，下设 12 个门市部，担负南汇公社、15 个生产大队、130 个生产队、10478 人的购销任务，完成总收购额 229971 元，销售总额 915644 元，利润 40066 元。1965 年“双抢”期间，组织“货郎担”和货船下乡，将“双抢”工具 18351 件主动送到 312 个生产队。同年 10 月，在供销社仓库和粮管所中间北侧的空白场上建化肥、农药仓库 100 平方米（实际用地 160 平方米，折合 0.24 亩）。1968 年 5 月之前，南汇镇共有商业、饮食业、手工业 144 户，从业人员 253 人，其中职工 32 人；改造后，有公私合营的 8 户，合作商店 3 个 15 户，合作小组 12 个 116 户。1982 年 7 月 1 日起，供销社的水作工场、招待所、两个“三代”部门（代购、代销、代营）由全民所有制恢复为集体所有制经济商业企业。1983 年 4 月前，建造蘑菇收购部 100 平方米，仓库 200 平方米。1984 年 8 月，建立南汇供销社贸易公司。1993 年 2 月，在南汇开发区建造 1280 平方米的综合商场。同年 3 月，在莫家甸村市场旁新建振南加油站（占地面积 1 亩，建房资金 4.95 万元）。同年 8 月，投资 3 万元购买中大街私房 4 间 75 平方米作仓库。1994 年 9 月，在南汇镇新区开源路新建商厦“南汇供销大厦”，供销大厦注册资金 170 万元，其中流动资金 70 万元。1997 年 8 月，在供销大厦底楼开设“天天录像室”。

【南汇经济区供销社】

机构　1986 年 7 月，由南汇、田乐两个供销社组成，由区社主任徐永兴兼任南汇经济区供销社主任。田乐供销社主任为汝金观。组建后的南汇供销合作社实行“统一管理，分级核算，统负盈亏，承认差别”制度。1990 年 4 月，南汇经济区供销合作社撤销，分设南汇供销社、田乐供销社。

经营　1989 年 2 月，与南汇工业公司联合建办南汇废品回收站，为联营集体。

【双桥供销社】

机构　1950 年成立，设在双桥集镇，主任为谢祥斌，隶属塘汇区。1954 年 4 月，由塘汇区划归王江泾区。1955 年 5 月，王江泾区供销社成立，双桥设立供销站。1958 年 9 月 30 日，王江泾区供销社撤销，建立双桥供销部、南汇供销部，双桥供销部设在双桥，主任为周正荣。1961 年 3 月，双桥供销部复名双桥供销社，但机构按原供销部不变，主任为张永春；同年 7 月，迁址王江泾集镇，集体性质，先后由沈光远、史昌林任主任，下设王江泾、虹阳、双桥 3 个分站，站长分别为沈顺娜、许维坤、陆老四。同年 9 月，双桥人民公社分设为双桥、嘉北 2 个人民公社，双桥供销社撤销。同年10月，双桥公社供销站更名为双桥公社供销社。1986年7月，王江泾经济区供销社成立，下辖双桥、荷花、虹阳3个乡供销社，双桥乡供销社主任先后由蒋学根、马鸣泉担任。1989年10月，双桥乡供销社更名为王江泾经济区供销合作社双桥分社，下设生产资料、五金农具、副杂品、棉布百货、中新药等门市部（商店）。2002年6月，供销社开始转制，双桥供销社撤销。1962年至2002年，先后由潘炳荣、张永春、沈光远、唐其祥、金建林、蒋学根、马鸣泉任主任。

经营　1952年10月，代购稻谷50万千克。1957年年底，有采购中心商店10个、职工25人，生产资料中心商店8个、职工18人，生活资料中心商店20个、职工70人，综合性商店3个、职工20人，茧站3个、职工10人，其他20人。1961年7月，全社有职工106人，资本金19640元，其中固定资金9190元、流动资金10450元。同年年底，有生产资料门市部、水产地货门市部、畜牧蛋品门市部、采购门市部、副食品门市部、文具门市部、百货门市部、棉布门市部、棉百门市部、烟杂门市部、长虹饭店11个分支机构，有公私合营水作店2个、14人，公私合营南货店2个、13人，公私合营酒酱店1个、4人，理发合作商店1个、6人，面饭合作商店1个、15人，糕团点心合作商店1个、14人，下伸合作小组4个、11人，水果合作商店1个、13人，下伸合作商店12人，茶饭合作商店3个、14人，酒酱合作商店1个、3人，百什合作商店3个、11人。1965年“双抢”期间，组织“货郎担”和货船下乡，出动干部职工51人、小商贩95人。同年11月，供销社稻田养绿萍经验“五落实”（思想、人员、萍种、政策、责任）向全县推广。1980年10月，创办王江泾针织印花厂、王江泾针织经编厂（设在王江泾镇）；同年11月，建立双桥线纺厂，企业性质为县属集体所有制。1984年5月，与双桥村经联会联办养鸡场。同年，又创办嘉兴市第二丝织厂，厂址设在王江泾镇港南埭（原双桥制药厂）。1985年，王江泾针织经编厂易名为王江泾涤纶经编厂，主要产品为涤纶蚊帐。

【荷花供销社】

机构　1950年成立，设在后来的荷花集镇上，主任为陆老四，下辖荷花、东林、洪典3个乡。1952年秋，洪典供销社（1951年1月成立）因亏损巨大，并入荷花供销社。1953年1月，东林供销社（1951年1月成立）先与南汇供销社合并为南汇四联供销社，社址设在南汇镇；同月，东林供销社又并入荷花供销社，南汇四联社演变为南汇、梅兴、田乐、荷花4个供销社。陆老四、杨桂生先后任主任。1955年5月，王江泾区供销社成立，荷花供销社受其管辖。1958年9月30日，王江泾区供销社撤销，建立双桥供销部、南汇供销部。南汇供销部部址设在南汇集镇，荷花乡受其管辖。1961年10月，荷花供销社恢复，主任为韩雪荣。1986年7月，王江泾经济区供销社成立，荷花供销社受其管辖。1988年5月起，由高德兴任主任。1997年3月1日起，更名为王江泾经济区供销社荷花分社，下设生产资料、竹木、棉布、百货、副食、五金、农机、副食品批发等门市部（商店）。2002年6月，供销社开始转制，荷花供销社撤销。1962—2002年，先后由谢德观、韩雪荣、刘广林、吕坤明、高德兴、李伏兴、沈万荣任主任。

经营　1952年2月，洪典供销社推销绸机200台。同年5月底，洪典供销社有基层社社员1571人，东林供销社有基层社社员1332人。1961年年底，供销社下辖8个合作小组、21人。1974年7月，供销社在集镇上征地6分，建屠宰场仓库及猪棚4间，计100平方米。1985

年创办纺织厂，主要生产各种纺织品。

【虹阳供销社】

机构 1949年12月成立，为解放后嘉兴县境内第一个供销社，时称嘉兴县北桥乡烈义供销社。1950年3月，调整行政区划，王江泾乡分设双阳乡、虹阳乡、北桥乡。同年6月，北桥乡并入虹阳乡，烈义供销社扩建为虹阳供销社，设在虹阳集镇，主任为张生泉。1954年起，主任为杨阿巧。1955年5月，王江泾区供销社成立，设在王江泾集镇，主任为张永春，虹阳乡设立供销站。1958年9月30日，王江泾区供销社撤销，建立双桥供销部、南汇供销部，虹阳供销站受双桥供销部管辖。1961年7月起，站长为许维坤。同年10月，更名为虹阳公社供销社。1986年7月，王江泾经济区供销社成立，虹阳乡供销社受其管辖，主任为姜智勇。1988年5月起，沈伟民任主任。1998年9月，更名为王江泾经济区供销社虹阳分社，下设生产资料、竹木、棉布、百货、副食、五金、农机、副食品批发、中新药等门市部(商店)。2002年6月，供销社开始转制，虹阳供销社撤销。1962—2002年，先后由许维坤、唐金富、李明华、姜智勇、沈伟民任主任。

经营 1952年2月，推销土绸3600匹。同年5月底，有基层社社员1822人。1961年年底，供销站有糕团面饭茶馆小组4个15人，理发烟什水果下伸小组5个19人。1965年5月，供销社综合商店所在地征地0.585亩，建造简易仓库1幢200平方米，用于放农药、化肥等。1981年4月1日起，虹阳供销社综合商店分别调整为百什商店和饮服商店，实行独立核算、自负盈亏。1985年，投资20万元创办纺织厂，主要生产各种纺织品。1992年10月，区供销社在虹阳供销社实行柜组承包经营制试点，11个门市部在职工中公开招标后承包给职工经营，使原微利亏损的门市部，实现承包利润14.35万元。

【田乐供销社】

机构 前身为田乐供销站。1953年成立，南汇供销社与荷花供销社合并为南汇四联(南汇、梅兴、田乐、荷花4个乡)供销社，并由四联社派出人员去田乐乡设立供销站，设在长爿头，站长为沈理。1955年5月，王江泾区供销社成立，田乐乡供销站降格为供应组，由南汇供销站领导。1958年9月30日，王江泾区供销合作社撤销，建立双桥供销部、南汇供销部。南汇供销部设在南汇集镇，田乐乡受其管辖。1961年10月，田乐供销社恢复，集体性质，设在大家甸，主任为潘星隆。1986年7月，南汇、田乐两个供销社组成南汇经济区供销社；1990年4月，南汇经济区供销社又撤销，分设南汇、田乐2个供销社，田乐供销社主任为徐永兴。1997年6月1日起，田乐供销社更名为嘉兴市南汇经济区供销合作社田乐分社，主任为汝金观，下设生产资料、竹木、棉布、百货、五金、农机、副食品批发、中新药等门市部(商店)。2002年6月，供销社开始转制，田乐供销社撤销。1962—2002年，先后由陆老四、潘星隆、吕坤明、徐永兴、汝金观、林金冲、吴菊平、范炳良、戚月芬、史阿根任主任。

经营 1961年10月，有生产资料门市部、竹木门市部、果品门市部、棉百门市部、烟杂门市部、农副产品采购商店、饮食商店、茶食水作工场、中心门市部9个分支机构，职工36人，资本金16944元，其中固定资金2000元、流动资金14944元，下辖合作小组6个、14人。1965年10月，供销社征用田东大队土地0.485亩(323平方米)，建造综合商店仓库200平方米，用于堆放农药、化肥；建造简易棚屋63平方米，用于存放油桶。1984年12月，投资95550元扩建综合服务大楼735平方米。1985年，与栋梁村联合投资20万元创办工业用布厂，主要生产各种工业过滤布。1996年10月，实行生猪定点屠宰，全乡设生猪定点屠宰场1个，各肉商经营户出售的猪肉均要经定点屠宰场屠宰，兽医检验合格，胴体加盖检验章，交纳各项费用55元/头后，方可出场销售。

第四节　集商总店商业

清末民国初时，民间也曾出现过合作商店。域内出现得比较早的是服务行业的民间合作商店，如创建于1912年11月的双桥面饭合作商店。抗日战争期间，商业凋零，大部分商店纷纷闭业。1947年，嘉兴县合作联社成立，民间合作商店又逐渐恢复。1949年5月，嘉兴解放后，县合作联社由嘉兴人民政府接管。

1952年10月，遵照中央“调整商业”的指示，嘉兴县积极执行对私营工商业的扶持与改造政策，帮助私营工商业参加城乡交流活动，鼓励他们进行销售与贩运业务。并对私营商业销售资金上扶持，以稳定市场，满足群众需求。

1956年1月，域内各集镇私营商店走上公私合营之路，小商贩实行合作化，组成合作商店。同年6月，王江泾集镇有公私合营商店8家，涉及染坊、茶叶、水作、酒酱、南货5个行业，总资产22267.55元；王江泾区供销社商业网下神17户、34人(其中王江泾11户、28人，南汇6户、6人)，涉及烟什、糖果、腌腊、小百货、酒酱5个行业。当年年底，南汇供销社有合作商店11个、75人，营业额74857元，盈2户、1799元。同年，双桥集镇31户个私商中，有30户接受了改造，其中15户改造为公私合营(12户为资产核算、3户为代购代销)，15户组成合作小组，涉及南货、点心、理发、切面、茶食、茶店、国药、水果、烟什、水作、酒酱、鲜肉、鲜鱼等行业，还有1户2人为流动摊位未参与改造；虹阳港22户个私商全部参与了改造，其中11户改造为公私合营(资产清算2户、代购代销9户)，11户组成合作小组；洪典13户个私商中有4户参与了改造，1户公私合营(代购代销)，3户组成合作小组，还有9户未参与改造。

1957年，王江泾集镇有2个合作商店、4个门市部、14名职工，换证登记资本额1166元，全年营业额69783元。其中鲜鱼业1个、门市部2个、职工6人，换证登记资本额965元，全年营业额65498元；服务业1个、门市部2个、职工8人，换证登记资本额201元，全年营业额4285元。另外，镇上还有合作小组和自营户(小商小贩)，其中参与包税定额的合作小组有7个半、88户，涉及棉布、南货、百货、烟什、酒酱、糖果、腌腊、下伸等10个行业，总营业额329397元，课税171179元，定额360431元，实销383132元。同年年底，南汇集镇有3个合作商店、9个门市部，其门市部为南货3个、理发2个，水作4个，全年总营业额87656元；112个合作小组及自营户、113个门市部，具体情况为棉百6个，水果腌腊13个，烟什22个，流动什货12个，糖船什货4个，下伸什货7个，酒酱茶叶茶食9个，饮食19个，点心业4个，茶店业8个，综合性8个，全年总营业额474432元。

1957年王江泾集镇商业合作小组和自营户情况表

表10－6

行业名称	个数（个）	户数（户）	从业人员（人）	换证登记资本额（元）	全年营业额（元）	行业名称	个数（个）	户数（户）	从业人员（人）	换证登记资本额（元）	全年营业额（元）
缝纫业	1	7	9	693	2090	磁席业		1	1	342	6774
机织业	2	23	42	2866	78165	棉布业		2	2	765	21590
补鞋业	1	5	6	61	1054	石灰业		1	1	20	4364
水作业		1	2	40	1122	竹器业		1	1	30	486
切面业		1	2	130	2918	下伸店		12	24	1418	93998
商　业	9	81	113	12444	370642	餐饮业	1	13	19	1493	32344
烟杂业	2	35	43	5120	143386	糕点业		3			3060
酱酒业	1	4	7	1346	36800	茶店业	1	9	19	1151	13128
南货业		2	4	1741	15982	理发业		6	15	343	6003
腌腊业	1	2	3	150	6972	轧花业		2	6	311	1530
糖果业		3	4	286	6220	陶器业		1	2	250	1500
水果业	1	15	18	385	19065	合营户		16	32	589	14787
百货业	1	3	5	841	14230	合　计	14	167	257	17172	446456

1957年双桥、虹阳商业合作小组、自营户情况表

表10－7

行业名称	户数（户）	从业人员（人）	换证登记资本额（元）	全年营业额（元）	行业名称	户数（户）	从业人员（人）	换证登记资本额（元）	全年营业额（元）
烟杂业	15	24	3776	92186	旧货业	1	2		8980
水果业	3	4	209	7086	点心业	9	17	2350	17363
酒酱业	3	6	605	22678	茶店业	9	18	2366	14707
鲜鱼业	1	4	760	17160	理发业	6	15	343	6003
南货业	3	5	1365	21112	合　计	53	100	12639	215796
茶食业	3	5	863	8521					

1958年9月东风人民公社成立时，有5个供销社、20个公私合营商店、52个合作商店、93个合作小组。同年10月，国营商业、合作商业首次合并，域内各集镇及农村集体合作商业随

同各基层供销社改组成人民公社供销部。同年，各公社(集镇)的个体经营工商业者响应上级号召走集体化道路，相继成立工商业联合委员会(简称“工商联”)。当时，王江泾工商联合委员会的办公地址在原万春园茶馆对面——王江泾一里街136号(邮编门牌号193号)的楼上，约20平方米。首任领导为周家炘。成立初期，员工有七八十人之多，这是王江泾合作商店历史上员工最多的时期。

1959年，工商联改称合作商店。王江泾合作商店由周兆林任首任主任；南汇合作商店下设的店铺有茶馆、饭店、理发店、旅馆、豆腐店、鱼行、肉店、水果店、什货店、副食品店等，经营油盐酱醋、铁锅碗筷、扫帚簸箕、针线烟杂、鞋袜百货、笔尺纸墨等。同年稍晚，域内各人民公社供销部取消，实行国营、集体、个体的“三线合一”，变为商业局下属的国营商业基层供销部，小商贩过渡为全民所有制企业职工，造成商业网点大量减少，集体经济形式消失。

1961年4月，域内商业重新恢复国家、集体、个体三种经营体制，合作商业又从供销社划出单独成为合作商店，各商店自主经营，独立核算，但由供销社归口管理。当时，南汇供销社管辖的合作商店有酒酱店1个、5人，小百货店3个、6人，烟什业店3个、6人，理发店1个、8人，水果店3个、8人，茶馆店3个、14人，面饭店1个、10人，糕团店2个、6人，另有合作小组23个、32人，公私合营商店1个、24人，公私合营酒酱商店1个、3人；双桥供销社管辖的公私合营商店有水作店2个、14人，南货店2个、13人，酒酱店1个、4人，合作商店有理发店1个、6人，面饭店1个、15人，糕团点心店1个、14人，水果店1个、13人，下伸店12人，茶饭店3个、18人，酒酱店1个、3人，百什店3个、11人，合作小组有水果糕团下伸组4个、11人；虹阳有糕团面饭茶馆小组4个、15，理发烟什水果下伸小组5个、19人；荷花有合作小组8个、21人；田乐有合作小组6个、14人。同年，王江泾镇供销社有面饭合作商店，有职工12人，地址在王江泾镇东市，资本金1539元，其中固定资金400元、流动资金1139元；鲜鱼合作商店，职工2人，设在王江泾镇东市，资本金386元，其中流动资金386元；茶馆合作商店，职工15人，设在王江泾镇西市，资本金1695.8元，其中固定资金475元、流动资金1220.8元，设有东部分店、中部分店；糕团裹粽合作商店，职工14人，设在王江泾镇中市，资本金1017元，其中固定资金200元、流动资金817元，糕团分店，设在王江泾西市；烟杂合作商店，职工9人，设在王江泾镇中市，资本金1337.3元，其中固定资金505.2元、流动资金832.1元，设有东市分店、西市分店；理发合作商店，职工6人，设在王江泾镇中市，资本金205元，其中流动资金205元。同年6月19日，中共中央发出《关于改进商业工作若干规定》，要求把过去拆散的合作商店、小组恢复起来。同年10月，省人委颁发《浙江省商贩管理暂行办法》，允许小商小贩参加集市贸易，从事城乡贩运；一些适宜分散经营的小百货、零星蔬菜、小吃、日用杂品和修理服务行业，从合作商业中退出来，另行登记发证；恢复一些货郎担下乡串乡购销、设摊、送货上门、夜间售货等方便群众的服务项目；重申小商小贩是从事商品流通的劳动者，与私营工商业者要有区别地对待。同年8月，县供销社分两次划出合作商店、合作小组人员。至此，合作商店、合作小组出现了一个相对稳定的时期。1964年2月，荷花合作商店有职工15人。

1966年“文化大革命”开始后，域内刮起割除资本主义尾巴浪潮，对集体商业在资金、货源、税收、劳动工资、福利等方面进行严格控制，集体商业人员下放农村设点和参加劳动。

1969 年，“二代店”实行“贫管”。1970 年，一些集体商业组成“三统”（统一使用人员、统一调配经营、统一核算）、“两不变”（人员性质不变、工资福利待遇不变）的“三代店”（代购、代销、代营），即所谓“企业过渡，人员不过渡”。

1977 年，域内各公社的合作商店又归属县供销社集商科领导和管理。中共十一届三中全会以后，合作商店、合作小组的从业人员全部并入供销合作社各专业公司的零售部门。1978 年起，集体商业纷纷跨行业、增网点，自由购销，批零兼营。1981 年年底，供销社归口让合作商店独立核算，允许依法自主开展经营活动。1982 年，“三代店”恢复为合作商店。

20 世纪 70—80 年代，王江泾集镇与南汇集镇的商店大致有饭店、旅馆、小百货店、副食品店、茶馆、理发店、水果店、豆腐店、碗店、小吃店、糕团点心店、烟什店、什货店、照相馆等；双桥集镇、荷花新镇、虹阳集镇及田乐大家甸集镇的商店也大致相同，有药店、茶馆、理发店、水果店、早夜店等。

1984 年 12 月，各乡镇的合作商店与供销社分开管理，各集镇成立集体商业总店机构，归属嘉兴市供销集体企业公司（又称集商公司）管辖。王江泾合作商业总店经营有长虹商场、长虹饭店、长虹旅社等商业店铺，并在新桥、朝阳、西雁设有下伸店。

1985 年 11 月，域内各集体商业总店下属各商店开始实行独立核算、自负盈亏的经营体制。1986 年，王江泾镇上最大的商场——长虹商场（一里街 113～123 号）开张，有职工 50 多人，日净利润达万元。1988 年，境内各合作总店开始由郊区供销总社接管，后改名为集体商业总店。

1993 年，荷花、虹阳、双桥的集商总店管理并入王江泾集商总店，自 1984 年至撤并，荷花集商总店先后由张瑛、张永庆任经理；虹阳集商总店先后由汤国良等任经理；双桥集商总店先后由钱文荣、孙永良任经理。1995 年，南汇、田乐集商总店管理并入王江泾集商总店。南汇集商总店先后由沈富根、汝明生、沈富根任经理，田乐集商总店先后由范国良等任经理。各集商总店的管理虽经合并，但下属各商店的经营依旧不变。1997 年，集商总店开始大面积实行承包经营制。1999 年，承包合同到期，承包经营制结束。2000 年，集商总店开始转资改制，职工自谋出路，单位给予安置费，集体商业结束。自 1984 年起，王江泾集商总店先后由周石友、吴国忠、钮乐娟、张志善、聂宝祥、罗剑荣担任经理。

第五节　粮油　食品购销

中华人民共和国成立前，市场上的粮食购销，基本上都集中在个私商手中。在食用油方面，大部分的农民把自己田地里生产出来的油菜籽拿到油坊中去加工，或者直接换取油自家食用；少数的农民把多余的油菜籽直接卖给油坊，或把多余的油卖给个私商，再由个私商进行销售。1946 年 8 月，王江泾设有田赋粮食管理办事处；1949 年，办事处主任为王泽民。当时，由于粮油过度集中在个私商手中，再加上国民政府的腐败，物价飞涨，市场混乱。

【粮油征购销】

域内的粮油购销主要是指粮食（包括稻谷、大麦、小麦、蚕豆）与油料作物（油菜籽、菜油）

的征购与销售。

1949 年 5 月，嘉兴各县先后解放，政府采取一系列措施遏制物价，粮油市场趋于稳定。为确保党政机关干部、当地驻军和过境部队的粮草供应，同月，各县在县委统一部署下，开始以区为单位在农村预征预借粮草，待公粮秋征时扣还。同年 10 月开始征收公粮。1950 年起，粮食征购改称农业税，粮食购销由市场经营。各乡供销社成立后，粮油销售由供销社代办。1953 年秋冬起，嘉兴县开始实施统购统销，农业税的现粮任务与统购合并为粮食征购任务，按先征后购原则进行征购，严禁个私商自由经营粮食，农民凭社员证购油，居民凭购粮证供应，凭证不限量。1954 年 2 月，食油实行统购统销，由国营粮食部门统一经营，严禁私营购销和加工。同年 6 月，双桥、南汇、王江泾、虹阳等 23 个集镇建立国家粮食市场，并发放城镇居民购粮证，凭证购粮计数不限量。1955 年，各乡粮食实行“三定”(定产、定购、定销)和“四留”(留口粮、留饲料、留种子、留储备粮)，依照分级累进的统购比例，辅以民主评议，按户拟定粮食统购任务。农业税现粮征收，只限余粮户；自给户、缺粮户的农业税缴纳代金。同年 8 月，给镇上居民发放新的购粮证与购粮票。

1955—1957 年王江泾镇域内粮食“三定”情况表

表 10－8 单位：千克

乡　别	定　产　量	定　征　购	定　销　售
荷　花	6935400	3431300	50600
王江泾	8569500	5314450	586200
南　汇	9883200	5473850	338550

1956 年 1 月 1 日起，发放全国通用粮票和浙江省定额粮票、浙江省周转粮票等，居民购买粮食凭票购买。农业集体化以后，农业税由各村为核算单位缴纳。1957—1961 年，实行食油“全购全销”，农民生产的油菜籽，除留种子外，全部由国家统购，然后根据入库数据按一定比例返销给农民食油和菜饼，发给油、饼票，凭票供应。1958 年春，粮食征购销实行大包干，确定包干指标，且 5 年不变。

1961 年 12 月底，城乡以户定量人口供应，南汇粮管所发放的定粮为每人每月平均 12.575 千克，双桥粮管所发放的定粮为每人每月平均 12.735 千克；南汇粮管所发放给社办企事业单位员工的定粮为每人每月 17.1 千克，双桥粮管所发放给社办企事业单位员工的定粮为每人每月 15.84 千克。1962 年，各公社恢复统一征购、统一销售、统一储备、统一库存的管理制度。同年年底，南汇粮管所发放的定粮为每人每月平均 12.735 千克，双桥粮管所发放的定粮为每人每月平均 12.395 千克。1963 年，农村储备粮制度建立，实行藏粮于民。1965 年，粮食议购议销开始。1966 年起，又实施粮食超基数的加价收购。1968 年，实行油菜籽统购统销大包干。1971 年，调整油菜籽统购包干任务，实行“一定三年不变”。1983 年，土地承包到户，粮油征购包干任务分解到户，分户交售，以队为核算单位。1984 年，油菜籽收购计划取消，实行收购一道价，按

“倒四六”比例价敞开收购。1985年4月，改粮食统购统销为合同定购，合同定购任务逐级下达，由农户自报，以村民小组为核算单位与国家签订定购合同。嗣后，粮油价格逐步放开。

【粮油储存】

嘉兴历代官府重视粮仓建设。明万历二十三年(1595)，知县李培在王江泾、陡门、濮院、新塍建常平仓4座，王江泾常平仓占地面积1亩7分3厘，积谷备赈，专主平粜，岁丰则照价以入，岁俭则减价以出。

1949年9月10日，嘉兴专员公署命令财粮机构分设；10—12月，嘉兴县粮食局王江泾区粮库成立，先后由张兴儒、姚连荣、沈志康负责，库址设在寨基浜。1950年7月，粮库有仓库4座81间，9名管理员，仓库容量217.5万千克；8月，有仓库5座，仓库容量350万千克。同年12月，易名为中央公粮分库嘉兴县王江泾区支库。1953年12月，成立粮食收购站，站长为王宝林，下设澄溪、南汇、荷花分站。1954年10月，廉凤来任粮库主任。1955年9月，有7处粮仓，253间，仓库容量1810万千克。同年11月，张连观任粮库主任。

1966年，田乐粮站建立(拆尼姑庵建)，有仓房3座，可容粮100万千克。

1971年，双桥粮食管理所在金桥建立筒仓。1972年3月，田乐粮站征用1.98亩土地建造土圆仓。1973年5月10日，双桥粮管所征地3.49亩建粮食基地。20世纪70年代中期，双桥粮食管理所在油车港镇开日产大米50吨的车间。1978年10月，双桥粮管所征地0.94亩，在蓝荷湾仓点增建可容150万千克的仓库(北门口)。

1980年，双桥粮食管理所和南汇粮食管理所分别在双桥蓝荷湾、南汇北大街建起550万千克储粮站1座。1981—1983年，王江泾粮站扩建仓容量400万千克的粮仓，虹阳站扩建仓容量200万千克的粮仓。1982年10月，虹阳粮站向虹西大队21队征地6亩多建仓基地。1983年6月，王江泾粮管所征用双桥公社王江泾大队1队后新桥外塘(东北圩口)水田5亩、旱地2.18亩、其他0.3亩(共7.48亩)建造粮库，计划储粮325万千克。同年，虹阳、田乐、南汇、蓝荷湾各站分别建造了HH27×2700型时产3500千克的流化烘干机各一套。同年，虹阳粮站投资15万元扩建、升高粮仓3座，每座建筑规模为472.5平方米，总建筑面积1417.5平方米，仓容量为315万千克。1984年11月，王江泾饲料中心站建立。1985年5月，中心站投资5万元增建150万千克的饲料仓库。1986年7月，王江泾粮食管理所有仓容达25060立方米，容量4007.5万千克。

1990年4月，王江泾粮站建造12米跨度棚仓，储存粮食50万千克；澄溪粮站建造12米跨度棚仓，储存粮食35万千克。同年12月，王江泾粮站增建烘谷塔1座，增建可储存粮食197万千克的简易粮仓1座。1997年2月，撤并王江泾粮站和双桥粮站，建制为王江泾粮站(下设王江泾分仓和双桥分仓)，王德明为站长。

【粮油管理机构】

南汇粮管所 1956年11月1日成立。1957年4月12日并入王江泾粮管所。1959年7月31日又恢复，张兴儒、汪松林、江开阳、孙恺镇先后担任负责人或主任。至1963年，有职工48人。当时，南汇粮站、荷花粮站(1964年前建，站址在甸上)和田乐粮站(1966年建，站址在大家甸)均由南汇粮管所管辖。1980年，在南汇镇北大街建起550万千克储粮站1座。同年

12 月 31 日，嘉兴县革命委员会对县下属粮食管理机构进行调整，以“区设所，社建站”为原则，南汇粮管所与双桥粮管所合并为王江泾粮管所。

王江泾粮管所　1956 年 11 月 1 日成立。1957 年 4 月 12 日，南汇粮管所及油车港粮管所并入王江泾粮管所。1958 年，王江泾粮食管理所发明、创造一款三用轻便三轮车，可一次性载重 400～500 千克，用于粮食包装、散装、栲栳装运输，效率提高 10 倍。1959 年 7 月，南汇粮管所分设。同年 8 月 1 日，王江泾粮管所易名为双桥粮管所，周志才、查志祥先后负责。至 1963 年，双桥粮管所有职工 36 人。1980 年，双桥粮管所在双桥蓝荷湾建起 550 万千克储粮站 1 座。同年 12 月 31 日，嘉兴县革命委员会对县以下粮食管理机构进行调整，以“区设所，社建站”为原则，南汇粮管所与双桥粮管所合并为王江泾粮管所，查志祥、金佳熊、严嘉乐、范恩光、章自强先后负责，辖荷花、虹阳、双桥、澄溪、南汇、田乐 6 个公社。1984 年 6 月，原塘汇粮管所管辖的七星粮站、栖真粮站划归王江泾粮管所领导和管理。同年 11 月，王江泾、新丰等 6 个饲料中心站建立。1987 年 7 月，七星粮站和栖真粮站划归嘉兴市直属粮库领导和管理。1990 年，王江泾粮食管理所共有 153 名干部职工，所辖各粮站与 13 家种粮大户建立联系点。虹阳粮站还经常为农民测试种子发芽率。1993 年 1 月 1 日，全国放开粮油市场价格，停止粮油票证使用流通，粮油与户口挂钩至此终结。2008 年 8 月，企业改制，全体员工进行身份置换，各站成立粮油经营部。

王江泾粮食管理所历年来获得的荣誉：1985 年 4 月，王江泾粮食管理所防化员刘文华被评为“一九八四年度浙江省保粮先进工作者”；1986 年 10 月，王江泾粮食管理所七星站保验员被评为“浙江省粮食系统优质服务优胜工作者”；1987 年 8 月，王森华（市粮食局工业普查办公室办事员）获国家级先进工作者称号。

【食品购销】

域内的食品购销，主要是指牲畜、禽蛋及水产品的购销，后专指生猪的收购、加工、销售。解放前乃至新中国成立后的前几年中，域内的食品主要由个私商进行购销。1956 年 12 月，王江泾食品经营组成立后，食品购销始走上正轨。1958 年 4 月起，因食品组并入供销社，食品由供销社进行购销。1962 年 4 月，经营组又从供销社划出，重又掌握食品购销。1966—1971 年，域内各食品站均并入当地供销社，食品又由供销社购销。1972 年，各食品站复建。1981 年时，王江泾食品站收购生猪 32245 头，担价（每 50 千克毛猪的价格）62 元，鲜肉零售价每千克 2 元，销售 7787 头；调拨 24421 头，销售额 476.4 万元，上缴税收 11.7 万元，创利 18.2 万元。2010 年，王江泾食品分公司收购生猪 59085 头，担价 700 元左右，鲜肉零售价每千克 18.6 元，自营销售 13241 头，批发给个体 31062 头，代加工 14782 头，销售总额 3612.7 万元，实现利润 125.3 万元，上缴税收 10.6 万元。

王江泾食品分公司　前身为“王江泾食品经营组”，1956 年 12 月成立，隶属嘉兴县食品公司，组长为汪长根。3 个月后，由周正荣接任。1958 年 4 月，经营组并入王江泾供销社，改名为农副产品收购部。1961 年，县食品公司实行一条鞭机构设置，即县食品公司下设经营组，经营组下设购销站，购销站附设流动点或专业组。当时，王江泾经营组依旧托管于王江泾供销社，下设荷花、双桥、南汇、澄溪 4 个购销站，其中南汇购销站附设水产专业组，澄溪购销站附设田乐流动点。1962 年 4 月，农副产品收购部又从供销社划出，恢复食品经营组，组长周正荣。在此期间，域内各乡食品经营站（简称食品站）相继成立。当时，双桥食品公司有国营人员 6 人，田乐食品公司有国营人员 2 人，南汇食品公司有国营人员 4 人，荷花食品公司有国营人员 1 人。1966 年年初，王雪林接任王江泾食品经营组组长。同年下半年，王江泾食品经营组更名为王江泾食品站。同年年底起至 1971 年，域内各食品站均并入当地的供销社，成为当地供销社的一个肉食门市部。1972 年，域内各肉食门市部又从当地的各供销社划出，复建食品站。1976 年，由县食品公司下派高顺全为王江泾食品站站长负责全面工作。1980 年 11 月，荷花乡政府领导黄佰明调任王江泾食品站站长。1984 年 1 月，新的市食品公司组建后，王江泾食品站下辖荷花、虹阳、王江泾 3 个食品组；油车港食品站下辖油车港、南汇、田乐 3 个食品组。1988 年年初，油车港食品站郭志刚调入王江泾食品站任副站长，负责全面工作。1989 年 3 月，荷花食品组吴志高接任王江泾食品站站长。1993 年，荷花、虹阳 2 个食品组并入王江泾食品站。同年，嘉兴市食品公司将王江泾食品站更名为王江泾食品分公司，组织关系隶属王江泾粮管所支部，主要以经营生猪为主，以收购、加工、销售为主要业务，辅助对分公司闲置资产的出租，以增加收入。另外，配合镇政府参加定点屠宰管理工作。1995 年，南汇、田乐 2 个食品组并入王江泾食品分公司。食品组虽经合并，但其下的生猪屠宰场依旧保留。2003 年 7 月，王江泾食品分公司成立党支部，支部书记由吴志高兼任。

王江泾食品分公司原办公地点在王江泾集镇港南埭员工和家属住宅区。1992 年，在老万福桥西侧——原屠宰场前面建造双层四底办公大楼一幢。1999 年，因王江泾与荷花、南汇公路建设及集镇规划需要，拆除原建的办公大楼，在原址北侧改建三层六开间的办公大楼。不久，王江泾屠宰场搬迁至北虹大桥西侧（王江泾粮站前），办公大楼占地面积 1.1 亩，建筑面积 720 平方米。

乡镇合并前，域内其他乡镇屠宰场所在地：南汇——南汇集镇农贸市场南、虹阳——虹阳集镇、田乐——肖家湾集镇、荷花——北虹大桥东、双桥——双桥集镇。乡镇合并后，域内生猪屠宰由王江泾屠宰场统一负责。

第六节　专业市场

【嘉兴·中国南方纺织城】

老市场——嘉兴市南方丝绸市场　1988 年 2 月 24 日，王江泾镇砖瓦厂负责人朱光良在当地政府的支持下，将位于 07 省道东、老太平桥东南（今南方路东侧）的两个窑墩拆除，将 8000 平方米的地块分为 4 块，同时开工兴建“嘉兴市南方丝绸市场”。同年 5 月，139 间营业用房竣工。同年 9 月，市场正式开业，主营化纤原料及纺机配件。市场建成

南方丝绸市场开业典礼（摄于 1988 年）

后，朱光良转任市场经理。1990年，在老太平桥西南(现南方路西侧)扩建南方市场。同年5月23日，朱光良邀请中共浙江省委顾问委员会主任铁瑛为市场开业两周年活动剪彩。铁瑛在郊区领导钱雪林、赵友六、顾春雅等陪同下到访，并题写“嘉兴市南方丝绸市场”9个大字。1992年夏，新区建设完成，铁瑛再度到访南方丝绸市场。其时，丝绸市场占地50亩，建筑面积22000平方米，店面298间，年交易额20多亿元，江苏、福建、绍兴柯桥等地时常有人前来参观。

1987—2010年嘉兴市南方丝绸市场领导任职情况表

表10－9

姓　　名	职　　　　务	任　职　时　间
朱光良	经理	1987.5—1994
徐永华	扩建办办公室主任	1992—1994
姚海林	经理	1994—1996.6
周春乐	经理	1996.6—2010.12

新市场——嘉兴·中国南方纺织城　位于07省道西侧(紧挨07省道)，在老市场的西南方向，2007年6月27日开始动工兴建。2009年5月25日，原料区进行试营业，并组建网上交易市场。同年10月28日，总投资4.5亿元、建筑面积10.5万平方米、有588个独立商铺的新市场竣工并投入运营，同时举办第一届“嘉兴·中国南方纺织品交易会”。新市场设有化纤原料、服装辅料和纺织面料三大区块，交易品种有化纤原料、坯布、棉纱、各色成品面料及床上用品等。其中化纤原料经营户有189家，占经营户总数的40%；化纤原料及坯布经营户219家，占经营户总数的46%(其中原料19%，坯布27%)；棉纱经营户11家，占比2%；成品布、面料经营户43家，占比9%，床上用品等纺织成品经营户14家，占比3%；原料与非原料总体比例为59∶41。

经营户约50%为当地企业，约40%来自绍兴、盛泽、广东等，如盛泽福华世家、浙江台华等知名纺织企业。近两年，随境内纺织企业不断加大产品研发力度，产品档次进一步提升，产品品种日益丰富。明效丰汇的亚麻袜子和意大利品牌服装、越龙提花的家纺产品等纷纷推出；鸣业织造的围巾、诚恒纺织的品牌服装市场份额不断扩大；元丰纺织成为森马、美特斯邦威等知名品牌系列高端面料供应商，华秀纺织成为波司登等羽绒服品牌企业的羽绒服面料供应商，星洲纺织成为国内薄型面料领军企业雅戈尔衬衫的免检面料供应商。纺织城内银行、税务、会计事务、仓储等配套设施齐全，经营户或经营单位可享受优惠政策。

2010年11月12日，嘉兴·中国南方纺织城举办第二届“中国南方纺织品交易会”。两届交易会的成功举办，为纺织城的可持续发展奠定了基础。

2009年与2010年南方纺织城交易情况表

表10－10

年　份	开设经营户	市场交易额	网上交易额	纳　税　额
2009	250家	38亿元		不足500万元
2010	382家	50亿元	118亿元	889万元

纺织城管理委员会　2004年3月，嘉兴·中国纺织城管理委员会成立。2004年4月，区政府任命陈志林（2004.4－2005.4）为主任，沈凤兴（2004.4－2005.5）为副主任，吴云飞（2004.4－2008.6）为专职副主任。2005年5月，任命周洪根（2005.5－2009.12）为主任；同月，任命徐坤荣（2005.5－2008.5）为副主任。2006年7月，任命姚空军（2006.7－2010.12）为副主任。2007年3月，任命朱建明（2007.3—2009.4）为主任助理。2008年5月，任命邹敦钦（2008.5—2009.10）为主任助理；同年6月，任命陈天荣（2008.6—2010.8）为副主任，李陈源（2008.6—2010.8）为常务副主任。2010年8月，任命陈天荣（2010.8—2010.12）为主任，陈荣根（2010.8—2010.12）为常务副主任。

【市泾纺织品市场】

1984年年初由当地经销头巾纱的个体商贩自发设立，最早位于市泾村村道（即后来的王黎公路市泾村段）东侧，摊位用五孔板（水泥楼板）搭建而成，全部露天，俗称市泾纺织品市场，客商主要来自周边各省市。同年4月，田乐乡政府成立市场管理机构——嘉兴市纺织品贸易服务公司（俗称“田乐市泾头巾纱交易市场”），经理为史好弟。市场创办之初，占地不到2亩，把市泾小学设为办公和客商居住用房，依旧露天用楼板搭建交易摊位50余个。当时市泾村不通公路，只有水路，每天有一艘田乐大家甸到嘉兴的客班船和一艘盛泽到嘉兴的客班轮船路过市泾。为满足客户需求，市泾村就专门增加一艘11吨水泥船，每天从市泾开往嘉兴火车站。之后织机改造，市场经营扩大到尼丝纺、涤平纺、春亚纺等，客商大多来自哈尔滨、沈阳、诸暨、义乌等，其中最多的是义乌客商，摊位也发展到近200个。1987年，由于受到当时办市场姓“社”姓“资”的困扰，市场被迫停办。

【孙家浜纺机市场】

位于长虹村孙家浜——大运河东侧与王黎公路西侧之间，1994年由荷花乡工业办公室组建，1995年9月18日建成营业，主要销售配套的纺织机械及零部配件。市场占地面积约12000平方米，经营用房34间（每间40平方米），店面房15间（其中包括办公室2间、值班室1间）。市场建成之际，受资金等因素的制约，以每间36000元卖掉13间经营用房给经营户，并且签订10年使用权协议。2005年9月，回收出租房，改为收取每月300元的管理费。另外21间经营用房和12间店面房，也签订租房协议。在市场东侧有一块空地，原为市场停车场。2010年市场房租收入256200元，服务费收入126480元，合计总收入382680元。支出管理人员工资，每月1450元，奖金约为行政在编人员的50%；支出值班人员的工资，每月900元；清洁工工资，每月450元；电工工资，每月250元，累计支出全年工作人员经费（含工资、社保等）

215996.78元。另外,支出营业税17602.35元,其他费用73647.74元。总计全年支出307246.87元,年盈利75433.13元。市场管委会历任领导为费松元、刘富荣、陆水明、朱月祥、陆世荣。市场现状:市场北侧,原属长虹村建设的总面积约为6000平方米纺机经营用房已出售给经营户个人,长虹村不再向经营户收取任何费用;市场南侧,李金泉的汽修厂已获得土地使用证,土地性质为工业用地。

【王江泾小商品市场】

位于鸿运路与北虹路交叉处的西南角,1996年建造,1997年10月开业。有营业房40间,每间约16平方米,南北相向各20间,中间留有一条约10米宽的人行道,总占地面积约1500平方米。主要经营服装鞋帽及小百货。

【农贸市场】

为规范农副产品的交易,20世纪80年代中期起,境内各集镇开始建造农贸市场。至2010年,镇域共有10个具备营业资格的农贸市场。

2010年王江泾镇域农贸市场情况表

表10-11

市场名称	位　　置	建筑面积(平方米)	商铺与摊位数(个)	建造年份
王江泾镇农贸市场	鸿运路中段东侧	3000	263	1986
南汇农贸市场	南汇新区王南路	2000	296	1993
北胜湾农贸市场	新塍公路旁南陶浜村	8735	610	2005
王江泾中心农贸市场	闻川路与莲雁路交会处东北	13800	860	2005
双桥农贸市场	双桥集镇	1000	29	1988
虹阳农贸市场	虹阳集镇	1200	14	1990
荷花新镇农贸市场	荷花新镇	450	15	1989
田乐农贸市场	肖家湾集镇	353	17	1988
大家甸农贸市场	大家甸集镇	300	23	2009
新桥农贸市场	青荷东路	1500	29	1988

第七节　名店　老店

【公泰和】

公泰和,全名公泰和南货店,清同治四年(1865),震泽人张竹溪所创,位于一里街东段,主营酥糖及糕饼。同治六年(1867),公泰和南货店生产的“三酥一饼一糕”(栗酥、桃酥、袜底酥、月饼、荤米糕)在同行业的比试中以质取胜。尤其是栗酥,因制作工序独特,“麻香浓郁、甜而不腻、脆而不疏、上口不黏”，成为境内的一大特产；每年网船会期间，几乎所有的船民和游客都竞相争购。张竹溪死后，因其子张元善尚幼小，店铺由其妻经营。1937 年日军侵占王江泾后，公泰和关门停业。抗日战争胜利后，公泰和第三代传人张元善重振家业，在一里街杨家弄开设作坊。1953 年公私合营，公泰和以资方身份并入王江泾供销社。由于当时粮食按计划分配，公泰和食品虽然供不应求，但不能大规模生产。1984 年，由王江泾供销社食品工场与王江泾镇综合厂、双桥制药厂联合成立嘉兴市王江泾公泰和联合食品厂，厂址从杨家弄迁至王江泾自来水厂北面。同年 10 月，投资 32 万元扩大再生产，征地建房，新增生产设备及糕点品种，年产值 98 万元，职工 73 人。厂长由张培荣、张国来、周亮亮、吴海荣先后担任。同年 12 月，申请注册公泰和栗酥商标。1985 年 1 月，嘉兴市市长周洪昌率嘉兴经济考察团赴香港招商引资，将公泰和栗酥作为嘉兴特产赠送香港朋友。同年，公泰和商标成为国家工商总局最早注册的商标之一。1986 年，公泰和联合食品厂年销售额达 100 多万元。同年，公泰和食品被评为浙江名牌产品，获浙江省供销社优质产品金奖，新加坡、马来西亚等东南亚国家慕名前来订购。同年，中央电视台《话说运河》栏目到嘉兴拍摄，公泰和食品作为运河地方特色产品被拍摄介绍。1989—1991 年，公泰和因发展环境等，连续换了三任厂长。1992 年，张元善病逝，公泰和品牌也销声匿迹。2009 年，由田青村朱荣伟发起聘请原公泰和食品厂的师傅为把作师傅恢复生产，在首届由政府举办的江南网船会上，公泰和重新开张。出生于王江泾镇的商业部原部长胡平得知此事后，为百年老字号公泰和题名。

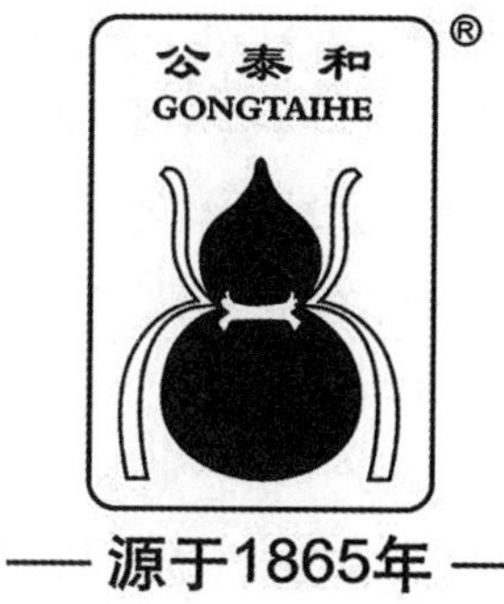

公泰和商标

【蒋正盛烟号】

原为一销售日常生活用品的店铺，清道光十三年(1833)由南汇人蒋氏所创，位于南汇镇中大街，主营肥皂、火柴、香烛、烟草等。传到蒋长林父亲手里时，专门做烟草生意，并改名为“蒋正盛烟号”。蒋长林是“蒋正盛烟号”的第二任掌柜。1913 年，蒋长林病逝，其长子蒋紫澜(1879—1955，名潮宗，字紫澜)辞去南汇镇小学校长职务，开始管理和发展祖业。1915 年，烟号生产的“芝兰牌——蒋奇”烟草，经官府推荐，参加在美国举行的“巴拿马太平洋万国博览会”，夺得金奖，并获荣誉奖词。后蒋紫澜在江浙两省开设几家分店。当时，较有名望的分店为油车港镇的“蒋正丰烟号”、江苏吴江黎里镇的“蒋同盛烟号东店”“蒋同盛烟号西店”。另外，盛泽镇、同里镇、芦墟镇、莘塔、八拆、陈墓、角直、娄曲镇，昆山的周庄，上海的青浦、朱家角、练塘、金泽，嘉善等都有烟号的分店，在上海还有专门的办事处。“杭州有个宓大昌，嘉兴有爿蒋正盛，黎里有家蒋同盛。”嘉兴籍诗画家吴藕汀在《药窗诗话·杜家港》写道：“这条街的中央有块空地，人称‘孙家白场’……大的店家，要数蒋正盛烟号的旱烟，因香烟缺少，销路很广，只有早晨有售，一霎即完。”另据上海三联书店在 1943 年出版的《嘉兴烟草志》中记载，蒋氏烟号“年产烟丝 24 万市斤，

蒋正盛芝兰特制

除江苏、浙江外，还远销日本、欧美和非洲”。后来，蒋紫澜在南汇镇上建有名为“三益堂”的豪宅和开设的数十家商店，一度被称为“蒋半镇”。抗日战争全面爆发后，烟号的各分店陆续与蒋家失去联系，蒋紫澜携着全家老小开始逃亡。抗日战争胜利后，由于蒋紫澜的精神遭到严重刺激，便把打理商业及日常事务全权交给14岁就进烟号当学徒的账房先生刘光汉。1950年，“蒋正盛烟号”易名为“正盛协烟号”，由刘光汉任经理。1956年3月，烟号被南汇镇供销社接管，公私合营，全称“南汇镇供销社烟杂门市部”，刘光汉以私方代理人的身份进入供销社工作。至此，“蒋正盛烟号”消失。

【孙家馆】

位于王江泾集镇，主营酒菜熟食。创办于何时已无考，最早记载见于清乾隆、嘉庆年间张燕昌的《雁湖棹歌》：“秋鸟屠坟味更鲜，侬家饷客佐清筵。尝来别有闲风味，又见披绵落翠烟。”清光绪年间吴受福的《古禾杂识》也有记载。其特色菜肴为咸菜冻麻雀。烹调法为：一次取数百只麻雀(须稻熟时产于嘉善陶庄、马疃等处的黄雀)，拔毛，去脏腑，洗净，上盖以切细的腌雪里蕻(须嘉兴塘汇产)，置于铁锅内，锅内放两斤重的奶脯猪肉一块，略加酱油、盐，加水，加黄酒，加赤砂糖，文火煮4～5小时，致雪里蕻细末黏附麻雀上，起锅，冷冻。清末，孙家馆关闭，其咸菜冻麻雀之法也失传。

第十一章　金融　保险

明清时期，境内商贸繁荣，镇上设有钱庄、当铺。清光绪三十四年（1908），出现保险业务。民国后，钱庄逐渐被信用社、银行等替代，外商保险业务不断挤入。1928年11月，设立王江泾信用合作社。1933年，嘉兴农民银行在镇上设立王江泾借贷所。1935年6月25日，借贷所升格为办事处。1936年，中国保险公司嘉兴代办处设立，保险业务渗入境内。抗日战争全面爆发后，信用社、银行、保险机构均停办。抗日战争胜利后，各家银行的分支机构均设立保险代理机构。解放后，原有的保险、金融机构相继停歇或被人民政府接管。1950年，中国人民保险公司嘉兴县支公司成立，境内保险业务由其开展。1951年11月，中国人民银行王江泾营业所（后更名为中国农业银行王江泾支行）成立。1954年，各乡镇纷纷建办起集体所有制性质的信用社。改革开放后，境内金融机构逐渐增多，保险业务也开展起来。2010年，境内金融存款共34.48亿元，各项贷款23.54亿元，存贷比率68.27%。

第一节　金　融

【浙江禾城农村合作银行王江泾支行】

1954年10月，随着农业互助合作运动的迅速发展，嘉兴县各乡的农民先后自愿组建集体所有制合作金融机构——信用社（也叫信用分社）。当时，境内的信用社有王江泾信用社、双桥信用社、南汇信用社、荷花信用社、田乐信用社、虹阳信用社。1958年9月，东风人民公社、双桥人民公社成立，设东风信用总部和双桥信用总部。东风信用总部设在南汇老药店——原南汇信用社，主任为顾志明，分管南汇信用社、荷花信用社、澄溪信用社；双桥信用总部设在双桥，分管双桥信用社、虹阳信用社、嘉北信用社。20世纪60年代起，南汇信用社的主要负责人先后为陈先和、徐金生、蒋天诚、倪圣瑜等。浙江禾城农村合作银行王江泾支行就是在合并这些信用社的基础上于2005年6月建立起来的。总部设立于北虹路83号。至2010年，支行有8个分理处：南汇分理处、荷花分理处、虹阳分理处、田乐分理处、双桥分理处、新桥分理处、南方市场分理处、开发区分理处。支行先后被评为市级“文明单位”、嘉兴市级“青年文明号”、“全省农村农信系统学习型党组织建设先进单位”、“省级巾帼文明岗”、“优秀驻镇单位”等。

王江泾信用社发展轨迹情况表

表 11－1

时　间	单位地址	工作人员（人）	网点（个）	负责人	存贷款业务情况	其　他
50 年代	一里街 6～68 号	3	1			1954 年 10 月成立，为由农民自愿组织起来的集体所有制合作金融机构
60 年代	一里街 175 号					1960 年 10 月双桥信用社恢复，王江泾信用社成为双桥信用社王江泾分社
70 年代	一里街 96 号					1978 年迁址
80 年代	一里街 230 号					1981 年迁址
90 年代	王江泾镇长虹北路 52 号	52	7	俞惠良 沈新华 倪志祥 潘培华	1999 年存款 18671 万元，贷款 12320 万元	1991 年 6 月王江泾分社升格为王江泾信用社并迁至长虹北路，双桥信用社降格为双桥分社。1998 年 11 月，王江泾信用社追加营业用房建筑面积 261 平方米；追加职工宿舍建筑面积 387.76 平方米，追加投资 45 万元，追加后营业用房合计建筑面积 981 平方米，职工宿舍合计建筑面积 1047.76 平方米，合计投资 142 万元。1998 年 9 月荷花信用社、虹阳信用社、王江泾信用社合并为王江泾信用社
2000 年至 2010 年	王江泾镇北虹路 83 号	68	8	金　涛 汪跃强	2001 年存款 36646 万元，贷款 23485 万元；2010 年存款 178135 万元，贷款 140487 万元	2001 年 7 月，田乐信用社、南汇信用社并入。2002 年 7 月总部迁至北虹北路。2005 年 6 月，嘉兴市秀洲区信用合作联合社变更为浙江禾城农村合作银行，王江泾信用社更名为浙江禾城农村合作银行王江泾支行

双桥信用社发展轨迹情况表

表 11－2

时　间	单位地址	工作人员（人）	网点（个）	负责人	存贷款业务情况	其　　他
50 年代	双桥集镇	2	1	陈春明 陈巧林 周　勇 王荣生	1959 年存款 6.8 万元，贷款 4.5 万元	1954 年成立，为由农民自愿组织起来的集体所有制合作金融机构； 1958 年 9 月，双桥人民公社成立，王江泾、嘉北两乡信用社合并为双桥人民公社信用合作社，同时与人民银行双桥营业所合并，称双桥信用总部
60 年代	双桥集镇	5	2	周华生 张永茂 倪志祥	1969 年存款 42 万元，贷款 13 万元	1960 年 10 月双桥信用社恢复，并在王江泾镇一里街 175 号设王江泾分社
70 年代	双桥集镇	9	2	倪志祥	1979 年存款 124.60 万元，贷款 19.84 万元	1978 年王江泾分社迁至一里街 96 号
80 年代	双桥镇镇	15	2	徐淡明	1989 年存款 1228.62 万元，贷款 760.67 万元	1981 年王江泾分社迁至一里街 230 号
90 年代	双桥集镇					1991 年 6 月王江泾分社升格为王江泾信用社，双桥信用社降格为双桥分社。1995 年 8 月，双桥分社投资 45 万元，在乍王公路双桥段逸夫小学新建建筑面积为 495 平方米的营业用房 1 幢。1998 年双桥分社迁至双桥开发小区新大楼办公

南汇信用社发展轨迹情况表

表 11－3

时　间	单位地址	工作人员（人）	网点（个）	负责人	存贷款业务情况	其　　他
50 年代	南汇集镇老街	2	1	沈金和	1959 年存款 5.3 万元，贷款 3.8 万元	1954 年成立，为由农民自愿组织起来的集体所有制合作金融机构

续表 11－3

时　间	单位地址	工作人员（人）	网点（个）	负责人	存贷款业务情况	其　　他
60 年代	南汇集镇老街	4	1	张永茂	1969 年存款 35 万元，贷款 7.8 万元	
70 年代	南汇集镇老街	8	1	张永茂	1979 年存款 40 万元，贷款 20 万元	
80 年代	南汇镇中大街 44 号	11	1	张关林	1989 年存款 400 万元，贷款 350 万元	1982 年 3 月，营业所与信用社在原丝织三厂东建造了 1 幢建筑面积为 414.5 平方米的办公和宿舍用房
90 年代	南汇镇开源路 27 号	14	2	金　涛 卜巧荣	1999 年存款 4049 万元，贷款 2076 万元	1995 年新增南汇储蓄所，1999 年撤销；1996 年新增中大街储蓄所
2000 年至 2001 年	南汇镇开源路 27 号	17	2	卜巧荣	2001 年 6 月 30 日，存款 3282 万元，贷款 2917 万元	2001 年 7 月 21 日并入王江泾信用社

荷花信用社发展轨迹情况表

表 11－4

时　间	单位地址	工作人员（人）	网点（个）	负责人	存贷款业务情况	其　　他
50 年代	荷花猪猡街	3	1	姚阿马	1959 年存款 4.2 万元，贷款 2.9 万元	1954 年成立，为由农民自愿组织起来的集体所有制合作金融机构
60 年代	荷花猪猡街	3	1	姚阿马	1969 年存款 30 万元，贷款 7.5 万元	1965 年 12 月 4 日，中国人民银行嘉兴县支行王江泾办事处荷花信用社成立
70 年代	荷花新镇	5	1	范宝林	1979 年存款 65 万元，贷款 15 万元	1979 年 10 月，增建 3 间二层楼
80 年代	荷花新镇	9	1	潘金林 边美珍 陆照兴	1989 年存款 603 万元，贷款 212 万元	
90 年代	北虹路北虹大桥东	14	2	林寿生 卜学松 俞鑫贤	并入时存款 3526 万元，贷款 2768 万元	王荷公路通车后，长虹桥储蓄点撤销。1997 年新增新镇分社（2004 年 11 月撤销）。1998 年 9 月荷花信用社并入王江泾信用社

虹阳信用社发展轨迹情况表

表 11－5

时　间	单位地址	工作人员（人）	网点（个）	负责人	存贷款业务情况	其　　他
50 年代	虹阳桥边	2	1	王兴观	1959 年存款 1 万元，贷款 0.3 万元	1954 年成立，为由农民自愿组织起来的集体所有制合作金融机构
60 年代	虹阳桥边	3	1	杨志观	1969 年存款 3 万元，贷款 1 万元	
70 年代	虹阳桥边	5	1	王志良	1979 年存款 50 万元，贷款 10 万元	
80 年代	虹阳桥边	8	1	俞伟良	1989 年存款 400 万元，贷款 297 万元	
90 年代	虹阳村天虹路 17 号	10	1	卜学松	并入时存款 3753 万元，贷款 3290 万元	1998 年 9 月虹阳信用社并入王江泾信用社

田乐信用社发展轨迹情况表

表 11－6

时　间	单位地址	工作人员（人）	网点（个）	负责人	存贷款业务情况	其　　他
50 年代	肖家湾	2	1	平三和	1959 年存款 5.3 万元，贷款 3.8 万元	1954 年成立，为由农民自愿组织起来的集体所有制合作金融机构，时称南汇信用社田乐分部
60 年代	大家甸	3	1	王顺观	1969 年存款 34.8 万元，贷款 8 万元	
70 年代	大家甸	4	1	王顺观	1979 年存款 60 万元，贷款 18 万元	
80 年代	大家甸	8	2	卜庆观	1989 年存款 374 万元，贷款 247 万元	1989 年新增新农分社
90 年代	肖家湾	13	2	徐福元 金　涛	1999 年存款 4185 万元，贷款 3128 万元	1995 年新增田乐大介甸储蓄所，1999 年 1 月撤销
2000 年至 2001 年 7 月	大家甸	16	2	金　涛	2001 年 6 月 30 日，存款 4432 万元，贷款 3893 万元	2001 年 7 月并入王江泾信用社

【中国农业银行王江泾支行】

前身是中国人民银行王江泾营业所，成立于1951年11月，设在一里街，首任主任为金士进。同年12月，朱钜森任主任。后任主任有来伯明、吴连江、周桢祥、王荣生。

至1952年3月24日王江泾区夏荒贷款情况表

表11－7

乡　别	户数	贷放绸机数	贷放金额	贷放口粮人数	户数	贷放金额	共计金额
荷　花	74户	64台	1207万元	101人	36户	226万元	1433万元
南　汇				9人	5户	20万元	20万元
虹　阳	138户	121台	1849万元	7人	6户	34万元	1883万元
东　林	27户	23台	450万元				450万元
田　乐	50户	22台	435万元	4人	3户	16万元	451万元
洪　典	8户	8台	120万元				120万元
双　阳	57户	46台	845万元				845万元
合　计	354户	284台	4906万元	121人	50户	296万元	5202万元

1953年，营业所搬迁到斜对面的王江泾区政府内（原一里街50号）。

1956年，人行、农行分家，中国农业银行王江泾营业所工作组组长为朱加生。1957年，农行又并入人民银行，主任为顾志明。1966年5月，倪琛俞为营业所主任兼政治指导员。后来的主任有蒋安新（副所长，全面负责）。

1980年1月1日，人行、农行再次分家，恢复嘉兴县农业银行，中国农业银行王江泾支行正式成立，设在王江泾镇一里街原蔡家茶叶店，面积220平方米，主任为蒋安新。1980年12月，因营业与住宿所需，营业所向双桥公社王江泾大队的二队和七队征用1.16亩宅基地，建造一幢四层大楼。1981年7月至1984年8月，张亚荣任主任。1984年，支行搬迁至一里街西端，双层四底，635平方米。同年8月至1986年3月，魏洪良任主任；后来的主任有朱峰（1986.3—1990.12）、李峥（1991.1—1992.12）、孙宏卫（1992—1993.12）、蔡云彪（1994.1—1998.12）、吴文荣（1999.1—2000.3）、魏建兴（2000.3—2004.3）、徐拥军（2004.4—2006.12）、周志豪（2006.12—2010.10）、范学森（2010.10— ）。1989年，王江泾营业所租用王江泾供销社营业用房开办一里街储蓄所（1997年2月搬迁至闻川路与一里街交会处，建筑面积600平方米，投资33万元）。1994年，支行搬迁至南方南路，面积为880平方米。2002年7月，嘉兴市农业银行王江泾分理处原址翻建，建造营业用房，建筑面积900平方米，总投资140万元。

20世纪80年代初，支行存款100万元左右，发放贷款几十万元，主要发放对象为王江泾绸厂、王江泾供销社等几家大型的企业和社办集体企业。2009年获评省分行文明建设先进单位。2010年，各项存款65501万元（其中储蓄存款53039万元，对公存款12462万元）、各项

中国人民银行王江泾营业所全体工作人员合影(摄于20世纪50年代)

贷款49451万元(其中个人贷款15671万元)。

【中国银行嘉兴秀城王江泾支行】

中国银行嘉兴秀城王江泾支行是中国银行嘉兴市分行在王江泾镇的常设金融服务机构,成立于1993年10月25日,原址位于王江泾镇北虹路42号,有员工7名,负责人为陈德才,主要业务涉及本外币个人存款业务。1997年4月,迁至北虹路385号(现北虹路西与南方路交叉口)新落成的中国银行大楼(1996年2月始建,由嘉兴中行出资兴建,建筑面积2002平方米,高20.7米,总层数为6层)。自1997年至2010年,先后由王权、褚亚中、金成俭、姜学彪、徐宏任负责人。2003年1月13日,经嘉兴银监批准由办事处升格为支行,业务涉及公司及个人存款、贷款、结算、票据贴现、保险、外币兑换及代客外汇买卖(个人实盘)等。2010年本外币存款3.85亿元,贷款1.4亿元。

【中国工商银行王江泾分理处】

1995年12月,设立中国工商银行嘉兴市秀洲区支行王江泾分理处。翌年1月正式营业,位于王江泾镇王荷路2号,负责人为王建伟。1997年,由于业务量较少,该分理处撤销。

【中国邮政储蓄银行王江泾支行】

中国邮政储蓄银行银行王江泾支行成立于2008年4月,位于王江泾镇北虹路98号(后改为369号),先后由黄萍、许雁斌任行长。在传统业务之外,先后推出“绿卡通”“商易通”等个人金融产品,以及代理保险、基金、国债和储汇聚财、天富、创富、财富等系列邮银特色的理财产品。至2010年年底,储蓄存款余额2.5亿元,累计发放贷款809笔,累计发放金额1.55亿元,其中结余贷款260笔,结余金额6000多万元。

第二节　保险业

20世纪50年代初,王江泾聚兴坊染坊等企业已参加财产保险,“大跃进”至“文化大革命”时期保险业务基本停止。1981年,恢复各乡镇的保险业务。

1986年3月,中国人民保险公司嘉兴市支公司在域内各乡镇设立保险代办处,同年5月、6月间开办业务。主要业务有学生平安保险、趸缴养老保险、简易人身保险、独生子女保险、家庭财产保险、企业财产保险、农民建房保险。代办处设立后,虹阳乡先后由朱金才、刘生华、杨慧芳负责,双桥乡由杨连根负责,王江泾镇先后由李忠林、杨连根、任珍珠负责,荷花乡由董春荣负责,田乐乡先后由凌巧生、王伟国、陈根荣负责,南汇镇先后由陈根荣、周元负责。代办处在各乡镇政府大楼内办公。为扩大业务,便于工作,1992年7月,王江泾代办处在南方丝绸市场建造一幢上下两层、总面积为480平方米的保险大楼；1994年1月，南汇代办处在开元路与建汾公路交界处东北侧建造一幢三层、总面积为1710平方米的保险大楼。1995年5月，中国人民保险公司王江泾中心所正式设立，并分设中保人寿王江泾中心所和中保财产王江泾中心所，经理分别是周元、王桂元。所址在原王江泾代办处。

2005—2010年中国人民保险公司王江泾中心所主要保险业务情况表

表11-8

险种 年份	学生平安保险		人身意外保险		农民建房保险	
	人数（人）	保险费（万元）	人数（人）	保险费（万元）	户数（户）	保险费（万元）
2005	10800	86.4	726	8.71	123	4.92
2006	10432	83.46	907	13.61	136	5.44
2007	9896	79.17	811	12.17	78	3.12
2008	9756	78.05	877	17.54	87	3.48
2009	9687	77.50	1021	20.42	219	13.14
2010	9457	75.66	1018	20.36	336	20.16

第十二章　工商管理　财税

域内工商管理可追溯到清末，当时由嘉兴府商务总会进行管理。民国时期，由嘉兴县国民政府建设科（实业科）管理。解放初期，先后由县工商科、商业局管理，管理内容为私资重估、工商登记、代商管理、行商管理以及市场管理和企业登记。“文化大革命”期间，由打击投机倒把办公室管理。1973 年 10 月起，由王江泾工商行政管理所、南汇工商行政管理所管理。2010 年，境内工商业由王江泾工商行政管理所管理。

境内乡镇财政，解放前一般由乡（镇）公所收取，用于上缴嘉兴县财政及支付乡（镇）公所管理人员的报酬以及学堂等开支。1957 年，试行乡一级财政；1958 年“人民公社化”时又取消。1986 年，各乡镇财政全面建立。1988 年，王江泾、双桥合并后设王江泾镇财政组，境内其他乡镇也先后设立财政组。1997 年 7 月，财政组升格为财政所。2000 年 10 月，各乡镇财政组下设核算组。2001 年 4 月，南汇镇财政所、田乐乡财政所并入王江泾镇财政所。同年 7 月，核算组升格为预算会计核算所。2010 年，王江泾镇财政总收入 2.13 亿元，财政总支出 2.33 亿元。

古时，境内税务一般由府、县直接管理。民国时期，设有王江泾田赋征收处、王江泾税捐稽征分处、王江泾田赋粮食管理办事处等。解放后，境内设有王江泾区税务所、南汇税务稽征小组。1958 年，试行工商统一税。1973 年，设立王江泾区财政税务所。1995 年 7 月，财税所分设为国税所、地税所、财政所。1996 年 12 月，各机构进行撤并、调整，财税所改名税务所。2009 年 12 月至 2010 年，成立王江泾纳税服务中心，承担王江泾镇、油车港镇范围内 1620 户内资企业和 3300 户个体工商户的日常税收征管工作。

第一节　工商行政管理

【管理机构】

南汇工商行政管理所　1973 年 10 月成立，位于南汇公社政府大楼，辖区为南汇、田乐、澄溪 3 个公社，由张加铭全面负责（1980 年 1 月起任所长）。1981 年，迁至南汇中大街。1983 年，并入王江泾工商行政管理所。

王江泾工商行政管理所　1973 年 10 月成立，位于王江泾镇一里街，辖区为王江泾、双桥、荷花、虹阳、七星、栖真 1 个集镇 5 个公社，由管引忠全面负责。1983 年，南汇工商行政管理所并入，管理所管辖范围调整为王江泾、荷花、南汇、田乐、虹阳、澄溪、栖真、七星 1 个集镇 7 个乡（双桥乡工商行政管理并入王江泾镇）。同年，位于王江泾镇陶沙弄 1 号的新办公大楼破土动工,1984 年竣工启用。1994 年,位于王江泾镇大雁路 2 号的新办公大楼竣工启用。2006 年 7 月,迁至原荷花信用社(北虹路东莫家村南)。2009 年 10 月,迁至王江泾广电中心二楼。1979—2010 年,管理所先后由管引忠、傅月忠、张加铭、田福观、金建德、田福观、陈士明、钱金甫、陈小弟、徐建军、王亚琴、夏泳、钱峰负责。

1989 年 4 月 7 日、1991 年 3 月 27 日,田福观两次被评为 1987—1988 年度、1989—1990 年度全省工商行政管理系统先进工作者;1993 年 6 月 14 日,工商所被评为省首批规范化工商局;1999 年 12 月 19 日,工商所被评为省级文明规范化工商所;2000 年 2 月、2002 年 1 月,陈小弟两次被评为 1999 年度、2001 年度全省工商行政管理系统经济卫士;2005 年 12 月 14 日,工商所被评为全省第一批"红盾风采——数字化工商所";2007 年 1 月 19 日,夏泳被评为 2006 年度全省工商行政管理系统"红盾风采——经济卫士";2008 年 1 月 8 日,工商所被评为全省二星级文明规范注册窗口;2009 年 12 月 14 日,工商所被评为省级卫生先进单位;2010 年 1 月,工商所被评为全省"红盾风采"四星级文明规范工商所;同年 6 月 18 日,北荷村消费维权监督点被评为全省农村消费维权先进联络站,吴虎明被评为全省农村消费维权先进监督员。

【企业登记管理】

1979 年起,嘉兴县重新开展工商企业普查登记管理工作,从事纺织业的陆宗仁取得域内第一张个体户营业执照。1980 年,南汇工商行政管理所、王江泾工商行政管理所配合嘉兴县工商行政管理局开展工业企业普查;1981 年 8 月至 1982 年 2 月,又对社队企业进行普查登记、核发营业执照。与此同时,对 1978 年至 1981 年年底登记发证的工商企业,全面换发全国统一的营业执照。1983 年,王江泾工商行政管理所对合作经济进行登记发证,辖区有证工商业户 223 户,其中纯商业 85 户、饮食业 45 户、服务业 6 户、修理业 28 户、手工加工业 59 户,非农业户口占总户数的 46%,农业户口占 54%;另有合作经济 27 户。1984 年,办理所有变更企业的登记和歇业手续,并查处所有违纪企业。同年 11 月 15 日,对辖区内工商企业重新换发全国统一营业执照,对无证经营、违反企业管理条例和连年亏损的企业分别作出停、并、转、撤处理,对个别公司进行清理整顿。1986 年,对辖区内所有工商企业进行验照、换照。1987 年,对北片家庭织机户(共 1 万余户)发照。1988 年,对辖区内所有合作经营组织进行整顿。1990 年后,对个体户实行定量管理,在私营企业中开展年检工作,完善各项规章制度。在此形势下,新开业的企业减少,老企业歇业的增多;同时,对不足 3 万元自有资金和 8 家从业人员的独立核算、自负盈亏的企业转作营业单位登记,对企业进行广泛的法制教育和技术培训,并经常开展各项检查。1993 年 6 月,辖区 8 个乡镇、15182 户个体经营户,分别聘请 8 个乡镇纪委书记担任工商所义务监督员。1994 年 9 月,辖区内有工商企业 1199 家,个体工商户 16683 家,私营企业 130 家。1995 年 12 月,辖区内有个体工商户 17300 家,其中家庭工业 12480 家,私营企业 223 家,集体企业 760 家。2000 年 4 月 3 日,秀洲分局局长王柏生、副局长李周良带领个私科工作人员到王江泾镇长虹开发区,上门为嘉兴市中意纺织厂颁发全区首张个人独资企业营业执照。

【市场管理】

1973 年 10 月,王江泾、南汇工商行政管理所建立,其主要职能是管理公私合营遗留下的个体小组，参与马路市场管理，打击投机倒把，物资票证分配签署意见及配合地方政府进行治安管理。1979 年，市场全面开放，市场管理逐步走向以服务为主。同年 7 月至翌年 2 月，管理所对旅馆、旧货、印铸刻字、修理等特种行业进行清理整顿、重新登记发照。1987 年起，管理所对各类工商企业进行不定期的检查。1988 年 5 月 23 日，南方丝绸市场开业，郊区工商行政管理局在丝绸市场内设置市场管理办公室，协助王江泾工商行政管理所开展各项工作，并对各经营户实行工商优惠政策。同月 24 日，重点加强春茧市场管理，核发蚕茧收烘许可证，清理蚕茧收烘渠道，在新塍、王江泾、王店等地设卡阻止蚕茧外流。同年年底，工商所大力打击贩卖卷烟、走私鳗苗等违法违章行为。1989 年 8 月 2 日，为打击走私贩私、投机倒把等违法行为，治理经济环境，郊区工商局在王江泾建立工商检查站，张加铭任站长，与王江泾公路检查站等单位联合办公；7 日，根据区社会文化管理委员会的部署，工商所协同公安、文化部门集中力量对全镇文化市场进行检查整顿，展开“扫黄打非”斗争。1997 年 1 月，开展“1997 红盾打假行动”“打假保节日，打假保春耕，打假保健康，打假净市场”行动。2002 年 3 月，开展“反误导、反侵权、反假冒”的“三反”行动。

【经济合同管理】

1950 年 9 月起，嘉兴县开始建立合同管理制度。企业之间履行合同的情况由工商行政部门负责监督管理。社会主义改造基本完成之后，各类合同的管理，除农副产品预购合同由当地政府负责监督执行外，其余皆由各业务主管部门管理。1966 年后，合同制被否定。1978 年，恢复经济合同，由各级工商行政部门管理。1982 年，主要开展《中华人民共和国经济合同法》宣传教育及经济法规咨询服务活动。1984 年，组织力量对以前签订的合同进行全面清查。1990 年后，经济合同管理制度逐步走上正轨。

【商标、广告管理】

清末，“蒋正盛烟草”为境内最早使用商标的品牌。1950 年 9 月，嘉兴县开始实行商标注册制度。1959 年 1 月，嘉兴县通令各工商行政管理部门，凡未办理注册手续的商标，在市场上停止使用。“文化大革命”期间，商标被视为“封、资、修”停用。1979 年，恢复商标注册制度。1987 年，推行商标使用许可制度，开始为用户办理注册商标手续，并纠正使用商标中的违章行为和商标的印刷管理。随着商标的大量使用，管理所加强对商标的印刷管理。1989 年起，用户制作广告须向市工商局、城建局、公安局提出申请。

【经济监督检查】

解放初期，一些不法之徒进行黄金、银圆黑市买卖。1951 年，嘉兴县开展打击投机倒把斗争。1952 年，结合“五反”运动，全县再次开展打击投机倒把斗争。1968 年起，境内各公社陆续建立打击投机倒把领导小组及其办公室。1979 年，全国又开展打击投机倒把的专项斗争。1982 年，各县坚决贯彻执行中央《打击经济领域内严重犯罪活动的决定》。1985 年后，工作重点转向查处利用价格双轨制转手倒卖重要生产资料和紧俏耐用消费品的案件。1986—1990 年，开展打击走私贩私活动。1990 年，进一步深入开展“打假”斗争。

第二节 财 政

【财政体制】

1957 年嘉兴县进行乡财政试点，1958 年人民公社化后取消。1985 年 8 月，再次进行乡镇级财政试点。1986 年，境内南汇、田乐、荷花、双桥、虹阳 5 个乡镇均建立乡镇一级财政，并实行“划分范围，核定收支，收支挂钩，超收分成，超支不补”的体制，各乡镇建立财政组，各财政组设组长一名，由乡乡、镇长担任，同时设财政总会计一名，业务上受区财政局指导。同年，王江泾镇建立半级财政，预决算由郊区财税包干。1988 年，双桥乡并入王江泾镇，王江泾镇建立镇一级财政，设财政组和财政总会计。同年，乡镇财政实行“核定收支，递增上交，超收分成，歉收自补”的体制。1994 年 1 月 1 日起，郊区实施“收支挂钩，核定基数，超收分成，自求平衡”新的乡镇财政管理体制，新体制的实施，能调动乡镇财政的积极性，扩大乡镇财政的总量。1998 年，郊区再次调整乡镇财政管理体制，实行“划分税种，核定基数，综合分成，自求平衡”的新模式。1999 年 5 月，王江泾镇、南汇镇、田乐乡财政组相继改建为乡镇财政所，各财政所设所长一人：南汇镇财政所由许玉林任所长；田乐乡财政所由孟福观任所长；至 2010 年，王江泾镇财政所先后由於金牛、阮海荣、冯小玲、郑涛任所长。

【财政收支】

乡镇财政收支由一般预算资金收支、基金预算收支（预算外基金收支）、专用基金收支（乡镇自筹资金收支）三部分组成。其中一般预算收入为按财政管理体制划归镇财政的国税及上级有关补助收入。一般预算支出有农业和水利支出及工业交通部门事业费、文体广播事业费、教育与卫生事业费、抚恤和社会福利救济费、社会保障补助费、行政管理费、其他部门事业费支出等。基金预算收入包括工业部门基金收入、交通部门基金收入、商贸部门基金收入、文教部门基金收入、农业部门基金收入、土地有偿使用收入、其他财政税费附加收入、基金预算调拨共 8 类。基金预算支出在乡镇一级财政以发展教育事业、兴修水利工程为大宗。专用基金收入是按财政或上级主管部门有关规定提取，或上级财政部门拨入的专门用途的资金，包括修购基金、职工福利基金、医疗基金、科技成果转化基金、住房基金及其他基金等。专用基金的用途明确、单一，须专款专用。

1986—2000 年南汇镇财政收支情况表

表 12－1 单位：万元

年份	合计		预算内资金		预算外资金		政府性基金资金		税收收入
	收入	支出	收入	支出	收入	支出	收入	支出	
1986	30.19	25.61	20.80	17.02	1.45	1.42	7.94	7.17	83.21
1987	34.93	30.73	27.98	24.92	3.30	3.08	3.65	2.73	103.78
1988	47.53	43.94	32.28	33.06	4.37	4.58	10.88	6.30	110.19

续表 12-1

年份	合计		预算内资金		预算外资金		政府性基金资金		税收收入
	收入	支出	收入	支出	收入	支出	收入	支出	
1989	62.41	58.85	42.94	38.45	9.41	9.43	10.06	10.97	146.48
1990	72.92	84.29	51.09	63.84	12.11	11.89	9.72	8.56	149.49
1991	117.94	93.45	57.89	52.49	13.26	13.50	46.79	27.46	197.33
1992	124.98	103.88	42.80	46.88	14.57	14.57	67.61	42.43	207.69
1993	86.48	199.92	19.59	50.80	23.99	23.99	82.08	125.13	168.97
1994	252.00	235.92	97.61	82.24	25.42	25.42	128.97	128.26	315.41
1995	382.30	379.53	52.57	72.63	215.55	184.54	114.18	122.36	241.09
1996	281.24	307.41	54.64	52.50	86.34	118.10	140.26	136.81	272.03
1997	352.33	334.45	80.28	64.12	57.56	56.74	214.49	213.59	399.26
1998	415.16	416.98	84.70	93.74	291.03	290.06	39.43	33.18	182.27
1999	525.00	529.89	117.63	115.83	398.67	400.85	8.70	13.21	300.88
2000	622.28	614.01	142.43	141.51	463.15	457.64	16.70	14.86	281.83

1986—1997 年荷花乡财政收支情况表

表 12-2 单位:万元

年份	合计		预算内资金		预算外资金		政府性基金资金		税收收入
	收入	支出	收入	支出	收入	支出	收入	支出	
1986	28.04	20.53	20.20	16.35	7.76	4.10	0.08	0.08	84.09
1987	65.86	46.40	53.98	35.38	7.77	8.93	4.11	2.09	139.71
1988	57.50	61.54	35.89	42.28	5.36	5.75	16.25	13.51	166.57
1989	65.98	66.61	35.35	39.13	10.82	8.47	19.81	19.01	165.60
1990	141.78	113.90	69.28	63.64	23.84	15.90	48.66	34.36	266.79
1991	220.35	206.00	87.80	93.82	30.40	35.58	102.15	76.60	436.48
1992	348.36	301.46	74.32	77.46	56.44	76.60	217.60	147.40	602.44
1993	347.73	390.62	40.94	67.02	47.44	34.60	259.35	289.00	654.02
1994	595.10	478.06	105.91	82.57	0.56	0.56	488.63	394.93	861.32
1995	714.12	742.82	11.73	80.38	80.15	80.15	622.24	582.29	467.34
1996	730.67	797.08	76.59	58.00	12.53	12.53	641.55	726.55	511.86
1997	845.42	728.93	82.03	79.37	54.03	51.82	709.36	597.74	640.33

1986—2000年田乐乡财政收支情况表

表12-3　　单位:万元

年份	合计		预算内资金		预算外资金		政府性基金资金		税收收入
	收入	支出	收入	支出	收入	支出	收入	支出	
1986	43.32	36.36	22.73	17.48	5.94	5.94	14.65	12.94	79.92
1987	44.64	33.90	35.12	27.26	5.56	4.13	3.96	2.51	125.19
1988	35.88	46.27	25.61	34.36	7.49	6.10	2.78	5.81	99.29
1989	53.63	43.64	36.69	28.88	9.96	9.17	6.98	5.59	123.30
1990	74.87	80.65	52.97	60.26	15.07	13.85	6.83	6.54	151.58
1991	105.42	90.63	53.33	52.18	16.37	11.51	35.72	26.94	185.45
1992	196.25	138.76	59.08	61.06	34.11	19.21	103.06	58.49	278.41
1993	259.22	275.06	24.32	44.80	33.35	34.29	201.55	195.97	280.89
1994	330.27	322.07	65.04	47.52	50.87	58.76	214.36	215.79	347.41
1995	351.01	408.20	23.27	58.89	70.47	47.58	257.27	301.73	236.32
1996	380.08	366.57	45.24	40.30	65.13	58.73	269.71	267.54	281.28
1997	483.27	497.83	74.92	74.83	62.00	105.28	346.35	317.72	339.30
1998	425.42	408.52	73.45	74.08	268.80	256.48	83.17	77.96	201.88
1999	479.50	474.30	80.02	75.80	383.52	384.24	15.96	14.26	226.98
2000	756.71	764.45	70.88	68.68	658.36	664.73	27.47	31.04	259.67

1986—1997年虹阳乡财政收支情况表

表12-4　　单位:万元

年份	合计		预算内资金		预算外资金		政府性基金资金		税收收入
	收入	支出	收入	支出	收入	支出	收入	支出	
1986	23.37	20.27	17.21	15.55	4.30	4.27	1.86	0.45	60.67
1987	43.10	36.59	22.72	18.66	6.78	6.80	13.60	11.13	79.84
1988	45.07	38.20	26.06	21.76	7.85	7.49	11.16	8.95	91.34
1989	52.71	53.86	32.19	33.71	8.54	7.91	11.98	12.24	106.33
1990	91.44	83.22	46.58	49.46	13.02	9.58	31.84	24.18	169.32
1991	66.74	52.01	45.94	42.79	20.80	9.22	0.00		207.13
1992	121.97	107.00	41.16	43.69	36.98	17.95	43.83	45.36	269.7
1993	168.03	168.28	54.30	58.00	43.50	65.65	70.23	44.63	334.83

续表 12－4

年份	合计		预算内资金		预算外资金		政府性基金资金		税收收入
	收入	支出	收入	支出	收入	支出	收入	支出	
1994	231.00	240.35	48.64	55.21	46.92	55.09	135.44	130.05	339.53
1995	344.23	358.79	28.05	46.51	79.49	88.81	236.69	223.47	307.88
1996	360.86	388.85	27.60	34.5	41.38	75.78	291.88	278.57	299.25
1997	287.47	273.95	38.26	37.17	34.62	30.00	214.59	206.78	325.81

1986—1998 年王江泾镇财政收支情况表

表 12－5　　单位：万元

年份	合计		预算内资金		预算外资金		政府性基金资金		税收收入
	收入	支出	收入	支出	收入	支出	收入	支出	
1986	34.02	25.75	22.74	16.08	9.47	9.35	1.81	0.32	96.71
1987	36.23	33.88	21.78	22.52	6.72	5.61	7.73	5.75	106.25
1988	60.56	50.37	34.13	24.98	12.02	9.60	14.41	15.79	181.64
1989	166.29	143.89	87.94	67.83	33.35	33.40	45.00	42.66	350.93
1990	158.63	167.61	95.70	116.59	31.02	21.35	31.91	29.67	542.51
1991	186.35	199.67	91.45	102.84	54.62	55.25	40.28	41.58	607.22
1992	164.41	174.62	78.79	82.41	45.83	51.95	39.79	40.26	631.86
1993	80.40	184.70	24.70	73.99	40.88	46.13	64.22	64.58	611.52
1994	211.31	206.72	94.79	92.62	24.34	30.54	92.18	83.56	717.62
1995	458.60	449.57	86.69	91.64	210.05	185.26	161.86	172.67	757.06
1996	528.09	505.84	174.81	130.50	64.63	84.51	288.65	290.83	965.17
1997	571.18	551.68	230.52	218.41	70.66	58.07	270.00	275.20	1302.00
1998	1399.56	1510.70	296.60	351.96	1007.33	1067.04	95.63	91.70	2077.11

说明：(1)1986—1988 年为双桥乡财政组数据，当时王江泾镇不设财政组；

(2)1998 年为王江泾镇、荷花乡、虹阳乡合计数

2001—2010 年王江泾镇财政收支情况表

表 12－6　　单位：万元

年份	合计		预算内资金		预算外资金		政府性基金资金		税收收入			
	收入	支出	收入	支出	收入	支出	收入	支出	合计	国税	地税	财政
2001	4819.39	4642.08	902.29	848.33	3585.66	3467.86	331.44	325.89	3098.79			

续表 12－6

年份	合计		预算内资金		预算外资金		政府性基金资金		税收收入			
	收入	支出	收入	支出	收入	支出	收入	支出	合计	国税	地税	财政
2002	8560.07	8327.17	1542.57	1361.61	6404.22	6384.22	613.28	581.34	5509.14			
2003	17324.54	17277.30	2197.91	2287.33	14326.44	14296.97	800.19	693.00	7779.72			
2004	15909.52	15917.26	3161.03	3249.01	11566.16	11415.99	1182.33	1252.26	10437.89			
2005	13323.55	13492.88	4681.38	4647.92	6960.73	7192.91	1681.44	1652.05	15557.25			
2006	17428.04	17161.69	7073.06	6828.11	8574.23	8429.26	1780.75	1904.32	26112.72	21360.35	4445.17	307.20
2007	26478.22	26552.92	4037.08	4334.06	12776.89	12631.50	9664.25	9587.36	36310.30	29510.96	5874.00	925.34
2008	16976.78	15362.56	5035.92	4964.29	6600.50	6702.74	5340.36	3695.53	38736.52	31913.52	6727.83	95.17
2009	19718.32	19357.59	6166.51	6106.59	6892.00	6968.00	6659.81	6283.00	42614.68	34044.90	8079.23	490.55
2010	21324.87	23285.68	8662.53	8650.74	5023.56	5183.91	7638.78	9451.03	50684.02	39241.72	9914.46	1527.84

2007—2010 年王江泾镇财政一般预算支出情况表

表 12－7

项目	2007 年支出（万元）	2008 年支出（万元）	2009 年支出（万元）	2010 年支出（万元）
支出合计	26552.92	15362.56	19357.86	23285.67
一般公共服务支出	3928.04	3106.41	3021.25	3956.14
公共安全	3.27	34.39	148.79	127.32
教育	954.33	844.43	663.82	1453.82
科学技术	166.70	158.80	237.00	250.00
文化体育与传媒	129.38	76.30	209.70	126.07
社会保障和就业	498.42	784.74	962.11	1272.95
医疗卫生	487.51	759.00	986.33	1320.80
环境保护	278.60	972.38	956.46	889.83
城乡社区事务	17217.99	4759.42	6149.13	8860.44
农林水事务	2045.23	2608.35	3208.78	4005.71
交通运输	22.58	184.37	144.98	217.30
商业服务业等事务	667.37	422.20	140.70	274.03
粮油物资储备与管理			2496.91	
资源勘探电力信息等事务				467.16
住房保障支出				8.10
其他支出	153.50	651.77	31.90	56.00

第三节　税　务

【税务机构】

旧时税务机构　明清时期，王江泾镇的课税特别繁重，由政府直接收取。1914 年，嘉兴县设嘉南、嘉北等 8 个茧捐局。1917 年 7 月，嘉兴统捐总局在王江泾设统捐分局。1918 年 12 月，王江泾地主成立追租分处，在官府支持下加紧压榨农民。1924 年 2 月，设浙江省卷烟特税总局，于嘉兴设第二区卷烟特税分局，其中辖王江泾卷烟特税稽征分驻所。1926 年，省政府公布《浙江省卷烟特税公栈章程》，以组织公栈的形式控管税源，招商承办，于第二区分局下成立嘉兴卷烟特税公栈，下设王江泾第十分栈等。1927 年，全国开办卷烟统捐，浙江省卷烟特税收归部办，王江泾第十分栈撤销。1928 年 4 月，王江泾统捐分局更名为王江泾统捐征收分局。1931 年 1 月裁厘时，机构撤销。1932 年 11 月，嘉兴县田赋征收处设嘉兴、秀州 2 处总柜，下设王江泾等 5 个征收分处，由嘉兴县田赋征收处核算部、收款部、管串室分工负责。废庄书制，配置地籍员管理地籍及催征事项。1935 年 4 月，浙江省政府委员会议决，改善田赋征收管理制度，全面实行经征、经收分管制。同年 7 月，公布《浙江省田赋征收章程》，规定田赋由县政府经征。1938 年，田赋改征田亩捐，由县政府办理征收，王江泾等区、乡公所负责经征。1945 年 12 月，嘉兴设财政部浙江区货物税局嘉兴分局，王江泾镇设立货物税征收重点税源区。王江泾酒厂被派驻税收员就厂征收。1946 年 8 月，嘉兴县税捐稽征处对各乡镇税收的多少，划分等级编制，按税票状况，设税捐稽征分处，王江泾稽征分处为嘉兴县税捐稽征处下属一级稽征分处；同月，王江泾区设田赋粮食管理办事处，实施田赋征实（征收稻谷），处内设经征、整籍、推收等科。1948 年 8 月，财政部浙江区货物税局嘉兴分局撤销，归并于财政部嘉兴国税稽征局；同月，嘉兴在王江泾酒厂设税务稽征员办事处。1949 年 5 月，嘉兴县解放，上述机构全部撤销。

王江泾税务所　1950 年 1 月，境内废除旧社会苛捐杂税，依法统一征收 14 种中央税和地方税，即货物税、工商业税、盐税、印花税、利息税、特种消费行为税、使用牌照税、屠宰税、房产税、地产税、交易税、关税、遗产税和薪给报酬所得税。同年 6 月，政务院财经委发布调整税收的决定，内容包括调整税种，将房产税和地产税合并为城市房地产税，暂不开征薪给报酬所得税和遗产税；调整税目；调整税率。规定改进了征收方法，简化了纳税手续。1951 年 3 月 11 日，屠乐桓代理王江泾区税务所所长。1952 年 1 月起，全县开始使用临时商税统一发票。1953 年 1 月，嘉兴县政府在东栅口等 6 处设立税务稽征小组，4 人任各组组长，储慧泉为南汇组组长；王江泾区公所税务所所长为曹玉富。同年 9 月 14 日，调冯政善为王江泾税务所代理所长。同年修正税制，政务院财经委公布了《关于税制若干修正及实行日期通告》《商品流通税试行办法》，试行商品流通税，简化货物税，修订工商营业税，取消特种消费行为税，整顿交易税。1955 年 2 月 5 日，王江泾税务所南汇稽征组组长褚慧泉提为王江泾税务所副所长，负责全面工作；王江泾税务所副所长冯政善提为王江泾税务所所长。

1958 年改革税制，在全国范围内试行工商统一税，将货物税、产品流通税、营业税、印花税合并为工商统一税；改变纳税课征环节；确定计税依据；改变原来列举产品征税方法；鼓励发展协作生产。

1973年简并税制。“文化大革命”期间，全国试行工商税，合并税种，简并税目、税率，废除一些征收方法。同年9月，嘉兴县财政金融局撤销，建立嘉兴县财政税务局，王江泾区设立财政税务所，许善祥任王江泾财政税务所所长。1984年12月起，王江泾财税所负责双桥乡、虹阳乡、荷花乡、栖真乡、澄溪乡、南汇乡、田乐乡、七星乡、王江泾镇的税款解缴。1986年6月，王江泾财税所分设为王江泾、栖真两个财税所，王江泾财税所管辖南汇、田乐、荷花、双桥、虹阳五个乡镇及王江泾镇的财政税务业务。同年起，除新塍、王店、王江泾三镇外，其余各乡镇均实行“定收定支、超收分成、超支不补、结余留用、一年一定”的一级财政管理体制。1988年7月1日，王江泾、南汇财税所设立，王江泾财税所管荷花、双桥、虹阳、王江泾镇，所址设在王江泾镇；南汇财税所管田乐、南汇镇，所址设在南汇镇。

1992年3月，顾揖明任嘉兴市财税局郊区分局王江泾财税所所长，沈维宗任指导员并负责全面工作；陆勇任嘉兴市财税局郊区分局南汇财税所副所长，负责全面工作。1994年，顾揖明连任嘉兴市财税局郊区分局王江泾财税所所长；陆勇升为嘉兴市财税局郊区分局南汇财税所所长。1995年7月，财政税务所分设国税所、地税所、财政所：顾揖明任嘉兴市国家税务局王江泾税务所所长；陆勇任嘉兴市国家税务局南汇税务所所长。1996年7月起，撤销原嘉兴市财政局栖真所的油车港组，栖真组管辖范围划归王江泾所管理，顾揖明任嘉兴市财政局王江泾财政所所长；沈志荣任嘉兴市财政局南汇财政所副所长，主持全面工作。1997年1月1日，撤销嘉兴市国家税务局郊区分局所属的南汇税务所、王江泾税务所，设立王江泾中心税务所。同年10月13日，褚益鑫任王江泾中心税务所副所长，负责全面工作，辖王江泾、荷花、虹阳、南汇、田乐、油车港、栖真、七星8个乡镇税收管理。同月20日，顾揖明任王江泾中心税务所所长。

1999年1月，褚益鑫、许建中任嘉兴市地方税务局王江泾中心税务所副所长；同年8月，王江泾镇财政所建立，黄永清任所长。2000年1月，嘉兴市地方税务局征管二局王江泾办税服务站成立；褚益鑫任嘉兴市秀洲区王江泾财政所所长。同年6月底，中心税务所撤销；7月，沈明华任嘉兴市地方税务局征管二局王江泾办税服务站副主任，主持全面工作。同年7月1日起，撤销嘉兴市地方税务局新塍中心税务所、王江泾中心税务所、王店中心税务所、新丰中心税务所；嘉兴市地方税务局秀洲区分局更名为嘉兴市地方税务局征管二分局。更名后的嘉兴市地方税务局征管二分局负责秀洲区所辖的新城街道、原解放街道的塘汇乡居委会和王店镇、洪合镇、建设乡、新塍镇、洛东乡、高照乡、王江泾镇、田乐乡、油车港镇、栖真乡、南汇镇、嘉北乡、塘汇乡等13个乡镇及经济开发区范围内的地方税收征管工作，并在新塍、王江泾、王店设立办税服务站。2001年1月，沈明华任嘉兴市地方税务局征管二局王江泾办税服务站主任，直至2006年1月。2002年10月，成立王江泾镇农村税费改革领导小组，组长沈凤兴。2006年2月，金明祥任嘉兴市地税二分局王江泾延伸申报点主任；2009年2月，由许国清接任。2009年12月，嘉兴市秀洲区国税分局王江泾纳税服务中心成立，承担王江泾镇、油车港镇范围内1620户内资企业和3300户个体工商户的日常税收征管工作。地税王江泾延伸申报点位于王江泾镇北虹路237号，负责王江泾、油车港2个镇5968户纳税人的地税征收管理工作，其中：企业1410户，个体工商户4558户；有在编干部4名，协税员5名，设置服务窗口5个，办理辖区内纳税人变更、注销登记和停业、复业登记管理；各类发票的领购；企业的税收征收管理；个体工商户的税收征收管理；委托代征税款户和外来经营户的税收征收管理；受理企业各类税费减免的申请等工作。

【税种与征收】

农业税　清代实行征地地丁银制度，地丁即田赋。清光绪二十八年(1902)，清廷为筹集庚子赔款，加派粮捐，每地丁银一两，加征制钱300文。清宣统三年(1911)，浙江光复初，都督汤寿潜宣布“自本年九月起，蠲免钱粮、厘金一足年”。1912年否定原案，照例征收。田赋中的地丁，按原额计征，原征漕粮税改为抵补金，折合银圆继续征收；改厘金为统捐，统捐税归省；田赋属国税，每年分上忙(夏熟)、下忙(秋熟)两期征收。由于田赋收入占国家财政收入的比重很大，所以限期不缴处以罚金，或派警严催，或传票勒追，从严处理。征收标准按田亩等级，一般每亩征收稻谷一斗二升(折9千克)。后新增地方附加税，又称“放捐”，包括教育、建设、警备、自治经费等，合计每亩征收稻谷六斗(折45千克)。由于田赋附加种类不一，名称各异，稽征人员往往乘机任意勒索，中饱私囊。1915年，嘉兴县民陶葆廉等18人联名向财政部吁请减轻田赋负担，经获准停征当年抵补金附加；同时，嘉兴县知事公布前三年实征地丁及抵补金附加数额，计银圆409622元，占正税的24.8%。1932年，天赋改制，废除地丁、抵补金名目，改征上、下期田赋。1937年冬，境域被日军占领，国民政府税收停征。中华人民共和国成立后，田赋改称农业税(又称公粮)，规定每户农业税按人均收入不超过150千克稻谷的免征，超过此数的实行全额累进税率，最低税率为1%～30%，最高税率为40%～50%，并规定出租地和佃耕地的不同计征办法，合理地增加地主负担。1950年，根据“新解放区农业税暂行条例”规定，每户人均收入不超过75千克主粮的免征，人均收入为75.5～95千克者征收3%，超过205.5千克者按最高税率42%征收，分40级累进计征，全县农业税的实际负担率为21.4%，占财政总收入的78%。1951—1952年，根据合理负担，鼓励增产的原则，逐步实行按评定常年亩产依率计征、依法减免、增产不增税的政策；农业税税率相应修改为23级计征，曾取消免征点，每户人均常年应产量收入在75千克以下的征8%，最高1000千克以上的征30%。1953年起，农村逐步实行合作化，农业税按评定常年产量确定平均税率，以农业生产合作社为单位，按全社平均税率计征，由农业社统一上缴给国家。至1957年统一按24级税率计征，恢复免征点。每户人均常年应产量收入75千克以上未满100千克的起征7%，最高975千克以上的征30%。其间对农业生产合作社按照入社农户的原税额汇总计征。1958年，继续实行增产不增税和灾歉减免办法，将土地按优劣分成三类，然后以正常年景产量评定常年亩产计征；并按照《中华人民共和国农业税条例》规定，废除原来以个体经济为基础的累进税制，实行有地区差别的比例税制，按实计征，全县平均税率19.1%。1961年，进一步平衡税负，原来负担重、收入低者多降，负担轻、收入高者少降，调整后的税率比1958年总水平有所下降。1959—1961年，按生产大队计征；1962年开始按生产队计征，税率调整为7%～13%，1963—1990年，全市平均税率稳定在11%左右。

1961年南汇等4个公社农业税任务分配情况表

表 12－8

公社	计税总产量（千克）	平均税率（%）	正税额（元）	10%附加税（元）	正附税合计（元）	1960年正附税金额（元）	1961年比1960年减少正附税（元）	减少（%）	1961年每亩水田平均金额（元）
南汇	3218350	8	5149	515	5664	12328	6664	54.0	43.1
田乐	3872950	8	6197	620	6817	18119	11302	62.4	43.1
荷花	4998400	8	7997	800	9797	20103	10306	54.0	45.8
双桥	6259600	8.5	10641	1064	11705	25712	13467	53.5	38.3

1980年度南汇等5个公社因灾减免农业税情况表

表 12－9

公　社	减免队数（个）	减免数量（千克）	折合金额（元）
南　汇	29	30934	7052.94
荷　花	27	33725.5	7689.42
田　乐	3	5156	1175.57
双　桥	13	18395.5	4194.18
虹　阳	11	18479.5	4213.32

1983年起，农村实行家庭联产承包责任制，农业税由村统一缴纳，承包专业户应缴税款由村逐户结算；1988年起，改以粮为主为折征代金。1990年全市农业税的实际负担率为3.2%，占财政总收入的3.9%。1993年起又改征稻谷。

1993年田乐乡农业税应征缴纳数情况表

表 12－10

村　别	总　额（元）	社会减免		应征总额（元）	缴纳记录（元）
		户数（户）	金额（元）		
市　泾	29392.8	10	169.48	29223.32	29392.8
新　农	20145.6	4	130.4	20015.2	20145.6
永　聚	33464.4	14	440.25	33024.15	33464.4
大　坝	42675	14	317.2	42357.8	32675
田　青	36792.6	13	280.59	36512.01	36792.6

续表 12－10

村　别	总　额（元）	社会减免		应征总额（元）	缴纳记录（元）
		户数（户）	金额（元）		
双　塔	35188.8	9	223	34965.8	35188.8
栋　梁	32630.4	9	281.4	32349	32630.4
合　计	230289.6	73	1842.32	228447.28	220289.6

1994—1999年，农业税依然执行粮食征收、货币结算的办法，一般都委托粮站征收。2000年开始，随着粮食流通体制的调整，国家定购任务的取消，农业税征收也由原来的粮食站征收改为以村代征为主，实行代金征收。2006年1月1日，《中华人民共和国农业税条例》废除，农业税从此免征。

工商业税　清代及民国时期，境内工商业税主要有盐税、牙税、当税、货物税、烟酒税、营业税、所得税、屠宰税、契税和房捐、戏捐、统捐等。清光绪九年(1883)，蚕茧一项从百货厘金中划出，单独定捐率征收。光绪二十七年(1901)，酒类从百货厘金中划出，单独制定章程与土烟叶一起，开征烟酒捐；秀水县开征膏捐(鸦片烟土)。光绪二十八年(1902)，清廷为筹集庚子赔款，开征钱当业捐。1912年，地方税(包括契税、牙税帖捐、当税帖捐、钱业捐、房捐等)另定税则。1914年，嘉兴县开征茧捐、货物附加税，百货、烟、酒统捐附加10%。1915年8月，开征屠宰税。民国后期，税收分国税和地方税两类。国税包括所得税(营业所得税、工资所得税、租赁所得税、利息所得税、行商所得税、综合所得税等)、土地税、营业税、特种营业税、印花税、契税等；地方税包括营业牌照税、使用牌照税、通行税、遗产税、卷烟统税、香烛特税、盐税、竹木专税、箔类税、饴糖税等，还有筵席娱乐捐、房捐、警捐、国难特捐及名目繁多的其他杂捐。后规定一省之内统一捐目，统一捐率，一次捐足，定名为统捐，也就是国税，归中央政府所有。1923年3月，浙江省为筹集省道经费，决定开征卷烟特税。1946年8月起，因地方政府开支不够，将国税中的契税、土地税、营业税等划归地方所有。境内被日军占领期间，按货值抽75%的统税，还征收多种杂税，如鸦片公卖、商会费、壮丁费等。1949年1月，设屠宰税，按只征税。嘉兴解放后，暂沿用国民党政府旧税制征收中央税和地方税。1950年1月起，实行全国统一的复税制，有货物税、遗产税、工商业税、盐税、交易税、薪给报酬所得税、存款利息所得税、关税、屠宰税、房产税、地产税、特种消费行为税、车船使用牌照税、印花税等15个税种。1950年3月起开征契税和工商业所得税。1951年4月，开征棉纱统销税；10月开征土布货物税。1952年3月起，调整临时商业税税率，包括：粮食、棉花、药材，税率为6%；其他货品为8%，山货不另定税率，按其他货品计征；药酒为2%(愈风酒、虎骨木瓜酒)，其他药酒为3%。同年5月起，固定工商业户提货单贴花，提货单超过15万元，应贴花500元；未满15万元，贴花200元。1953年，商业与工业的税收对象为国营、合作社、公私合营、私营(按经济性质)；行业有轮船、旅店、电焊、车行、机器、翻砂、印刷、铁店、南北货、腌腊、绸布、新药、盐业、卷烟、酱酒、粮食、茶食、糖果、洗染、针织、运输、纸业、伞业、屠宰等。同年，国家对税制作了修改，得到简化，试行商品流通税。1949—1958年，王江泾工商税收主要有商品流通税、货物税、工商营业税、工商所得税、印花税、屠宰税、交易税等；1958年年底，这些税收合并为工商统一税，并从工商业税中分解出独立税种——工商所得税。1963年4月，调整工商所得税税率。同年12月，改革工商税收制度，开征工商统一税，进一步简化了税制。1963年度，王江泾供销社社利润138964元(计划143000元)，通过纳税形式上缴国家财政193600元；商品销售总额4960950元(1962年4428357元)，缴纳营业税金117426元。1970年，再次革新税收体制。1973年，试行工商税。从此，对国营企业只收工商税，对集体企业只收工商税和工商所得税。1979年，先后开征涉外所得税。1982年6月2日，《关于荷花公社砖瓦厂要求减免税报告的批复》同意在1981年内给予减免工商税3500元的照顾。1983年7月，开始施行"利改税"，对有盈利的国营企业征收所得税，税率均为55%，并对税后利润征收调节税。1984年10月，施行第二步税收改革，把工商税分解为产品税、增值税和营业税，税后利润由企业支配，从而使企业扩大了财权。1985年，施行"划分税种，分级包干"的财政体制，并开征奖金税、建筑税、城市维护税、教育附加费。1986年起开征调节税。1988年，重新开征印花税。至1990年，全市共开征28种税收(不包括盐税)，其中工业产品税和商业营业税为两种主要税种。1995年始，统一使用增值税专用发票。2002年，税种主要有两类，即国税和地税。国税有增值税、消费税、企业所得税；地税有营业税、城市维护建设税、企业所得税、个人所得税、农业税和农业特产税、渔业税、房产税、城市房地产税、车船使用税、车船使用牌照税、城镇土地使用税、土地增值税、契税、耕地占用税、印花税、筵席税、资源税17种税和文化事业建设费、教育附加费、农村教育事业附加费、水利建设专项资金、职工基本养老保险金、职工工伤保险费、职工医疗保险费、职工生育保险费8种费。

第十三章 中国共产党地方组织

域内的中国共产党组织成立较早。1941 年 5 月，中共嘉兴县委成立中共新塍中心支部鸡头浜支部(今属虹阳村)。解放后，王江泾区和各乡镇先后建立党组织。1958 年 10 月，建立中共东风公社委员会、中共双桥公社委员会，1959 年召开党员代表大会，各大队建立党支部或党总支。1961 年 6 月起，南汇、荷花、田乐、双桥、虹阳五个公社按照上级党委要求召开党员代表大会，选举产生各公社党组织领导班子。后行政区划调整，自 1985 年 9 月至 2010 年 12 月，王江泾镇共召开八次全镇党员代表大会，选举产生 8 届党委领导班子。

第一节 党的组织

域内最早的党组织为中共鸡头浜(今属虹阳村)支部，1941 年 5 月建立，隶属于中共新塍中心支部。1941 年 5 月至 1942 年 4 月，由杨平任支部书记；1942 年 4 月至 1950 年 3 月，由罗金友任支部书记。1949 年 5 月 18 日，中共嘉兴县委派宋光明、马庆同等 9 人组成县委工作队，到达王江泾，建立中国共产党王江泾区委员会(简称中共王江泾区委)。不久，嘉兴县委工作队接管长兴乡、廉让乡、澄溪乡、王江泾乡。10 月中旬，省工作团部分成员到王江泾区，刘更生等 5 人到王江泾乡开展工作，建立人民政权，组织农民协会，领导农民开展剿匪反霸斗争，同时建立中共王江泾乡支部，隶属中共王江泾区委。同年年底，王江泾区下辖的 4 个乡中，除澄溪乡外均建立党支部。

1950 年 1 月，王江泾乡的陈春贵等 7 人是地方人民政府成立后第一批入党党员。同年 3 月，王江泾区划建小乡，共设 9 个乡。长兴乡分设为田乐、梅兴和南汇 3 个乡，同时撤销长兴乡党支部；廉让乡分设为东林、荷花和洪典 3 个乡，同时撤销廉让乡党支部；王江泾乡分设为双阳、虹阳和北桥 3 个乡(北桥乡建立不久又并入虹阳乡)，同时撤销王江泾乡党支部。1953 年上半年，成立中国共产党双阳乡、虹阳乡联合党支部(简称联合支部)，隶属中共王江泾区委领导，下设双阳、虹阳 2 个党小组，有党员 7 名。同年 9 月，双阳乡和虹阳乡分别成立中国共产党双阳乡支部和虹阳乡支部，均属中共王江泾区委领导。

1953 年，王江泾区有党支部 8 个(其中机关支部 1 个、农村支部 7 个)，共有中共党员 54 名。

1954 年年底，王江泾区有党支部 10 个，党员 200 名。

1956 年 2 月，撤区并乡，各乡均建立党总支部，隶属中共嘉兴县委。为加强党的领导，各乡以高级农业生产合作社为单位建立党支部。王江泾乡 11 个高级农业生产合作社都建立党支部，加上机关支部，共有12个党支部、35名中共党员。

1957年9月19日，中共嘉兴县委下发《关于恢复本县六个区的通知》，重建中共王江泾区委，下辖南汇、荷花、田乐和王江泾4个乡党总支部，有中共党员407名。1958年8月，中共中央政治局通过《关于在农村建立人民公社问题的决议》；9月，全县农村开始人民公社化运动，南汇、澄溪和荷花等3个乡党总支部合并建立中共东风公社临时工作委员会；王江泾、嘉北2个乡党总支部合并建立中共双桥公社临时工作委员会。同年10月，王江泾区委撤销。中共东风公社委员会、中共双桥公社委员会正式成立。东风公社有中共党员373名，双桥公社有中共党员303名。1959年5月，中共东风公社委员会更名为中共南汇公社委员会；12月，南汇公社、双桥公社分别召开第一次党员代表大会，选举产生中共南汇公社第一届委员会、中共双桥公社第一届委员会。

1961年5月，中共嘉兴地委批准《中共嘉兴县委调整嘉兴县人民公社和生产队规模的要求》。同年6月，境内各公社分别建立党委。1962年1月，经省、地委批准，建立中共王江泾区委，负责检查督导田乐、南汇、荷花、澄溪和双桥5个公社党委工作。6月，王江泾区委撤销。1963年1月，各公社分别召开党员代表大会，选举产生中共田乐公社第一届委员会、中共荷花公社第一届委员会、中共南汇公社第二届委员会、中共双桥公社第二届委员会。1963年2月，增设虹阳人民公社，建立虹阳公社党委。

1966年5月，"文化大革命"开始。同年冬，田乐、南汇、荷花、双桥、虹阳5个公社党委均受到冲击，党组织被迫停止活动。1968年1—4月，先后成立荷花、虹阳、田乐、南汇、双桥人民公社革命委员会(简称公社革委会)。同年8月，又先后建立荷花、田乐、南汇、双桥、虹阳革命委员会党的核心小组。1969年8月开始，逐步恢复基层党组织活动，各公社党委的恢复建立，革委会的核心小组终止。开展整党建党运动。1970年5月，荷花公社召开党员代表大会，选举产生中共荷花公社第二届委员会。6月，南汇公社召开党员代表大会，选举产生中共南汇公社第三届委员会。7月，田乐公社、双桥公社、虹阳公社先后召开党员代表大会，分别选举产生中共田乐公社第二届委员会、中共双桥公社第三届委员会、中共虹阳公社第一届委员会。1974年，各公社建立"批林批孔小组"，各公社党委再次受到冲击。

1976年10月，"文化大革命"结束。各公社党委领导成员逐步调整和充实。1979年4月，南汇公社召开党员代表大会，选举产生中共南汇公社第四届委员会。同年6月，为加强对农村工作的检查督导，经省委批准，建立中共王江泾区委，为中共嘉兴县委派出机构，负责检查督导田乐、南汇、荷花、澄溪、双桥和虹阳6个公社党委。同年12月，田乐公社召开党员代表大会，选举产生中共田乐公社第三届委员会。1980年1月，虹阳公社召开党员代表大会，选举产生中共虹阳公社第二届委员会；2月，双桥公社召开第四次党员代表大会，选举产生中共双桥第四届委员会；10月，荷花公社召开第三次党员代表大会，选举产生中共荷花公社第三届委员会。

1981年3月，中共嘉兴县委撤销，建立中共嘉兴市委，境内各公社党委均隶属中共嘉兴市委。1983年8月，经国务院批准，嘉兴市改为省辖市，市区设城、郊二区，开始实行市辖县的体制。同年10月25日，根据中共浙江省委《关于嘉兴市郊区领导班子成员任职的通知》，建立中共嘉兴市郊区委员会。王江泾区委为中共嘉兴市郊区委员会派出机构，境内各公社党委隶属中共嘉兴市郊区委员会，接受中共王江泾区委指导。

1983年12月至1984年1月，根据中共中央、国务院关于《政社分开，建立乡政府，同时按乡建立乡党委》的指示，境内各公社党委改建为乡党委，中共王江泾区委更名为中共王江泾区工作委员会（简称中共王江泾区工委）；嘉兴市人民政府转发省人民政府《关于建立六个区属镇的批复》，王江泾集镇和王江泾村从双桥乡划出，建制王江泾镇，为区属镇。1984年6月14日，中国共产党王江泾镇委员会（简称中共王江泾镇委）成立，镇党委领导成员由中共郊区区委任命，辖11个党支部，有党员66名。

1985年9月，南汇乡改为建制镇，南汇乡党委随之改为南汇镇党委。同年6—9月，田乐乡、南汇镇、荷花乡、双桥乡、虹阳乡、王江泾镇，先后召开党员代表大会，选举产生乡、镇党委领导班子。9月17—18日，王江泾镇第一次党员代表大会召开，选举产生中共王江泾镇第一届委员会。至年底，王江泾镇有15个基层党支部，中共党员145名。1987年12月，中共王江泾区工委撤销。1988年10月，双桥乡并入王江泾镇，实行镇管村体制；11月，成立王江泾镇党代会筹备领导小组；11月24—25日，王江泾镇党员代表大会召开，选举产生中共王江泾镇第二届委员会。

1990年10月，王江泾镇党员代表大会召开，选举产生中共王江泾镇第三届委员会。

1993年2月，王江泾镇党员代表大会召开，选举产生中共王江泾镇第四届委员会。

1996年2月，王江泾镇党员代表大会召开，选举产生中共王江泾镇第五届委员会。

1998年5月21日，中共嘉兴郊区委员会和郊区人民政府根据浙江省民政厅和嘉兴市人民政府的批复，决定荷花乡、虹阳乡并入王江泾镇，同时撤销原有的乡党委，建立王江泾镇筹建工作领导小组；6月23日，郊区区委决定，成立新一届中共王江泾镇委员会。

1999年1月21—22日，王江泾镇党员代表大会召开，选举产生中共王江泾镇第六届委员会。

2001年4月，根据秀洲区委发布的文件精神，实施乡镇、街道行政区划调整工作，撤销南汇镇、田乐乡、嘉北乡建制，将南汇镇、田乐乡和嘉北乡的4个行政村（沈家桥、金鱼桥、宇四浜、收藏）、栖真乡的上睦村并入王江泾镇；5月，组建新一届中共王江泾镇委员会。

2002年1月18—19日，王江泾镇党员代表大会召开，选举产生中共王江泾镇第七届委员会。

2005年5月，中共王江泾镇党委成员进行调整，周洪根任书记，徐坤荣、陈兴荣任副书记。

2006年12月11—12日，王江泾镇第八次党员代表大会召开，选举产生中共王江泾镇第八届委员会。2010年1月，在秀洲区委的领导下，王江泾镇全体党员在浙江省首次开展乡镇党委书记“公推直选”，选举陈天荣为王江泾镇党委书记。

1949—1987 年历届中共王江泾区委员会成员一览表

表 13－1

机构名称	姓　名	职　务	任　职　时　间	备　　注
中　共 王江泾区 委员会	宋光明	书记	1949.5—1950.6	1949 年 5 月建立
	马吉德	书记(兼)	1949.10—1950.3	
	李培祥	委员		1949 年 5 月至 1950 年 6 月，先后任委员
	刘守义	委员		
	马庆同	委员		
	王升言	委员		
	刘更生	委员		
	秦维山	委员		
	侯砚忠	委员		
	张如桂	委员	1949.5—1949.9	1949 年 9 月被土匪暗杀
中　共 王江泾区 委员会	宋光明	书记	1950.6—1951.5	1956 年 3 月，中共王江泾区委撤销
	康润仁	书记	1951.5—1952.8 任委员 1952.8—1953.8 任副书记 1953.8—1954.4 任书记	
	卢　芳	书记	1954.9—1955.10	
	王玉昌	书记	1955.9—1956.5	
	侯砚忠	副书记	1950.6—1951.5 任委员 1951.5—1952.9 任副书记	
	王保林	副书记	1951.5—1953.9 任委员 1953.9—1956.5 任副书记	
	邹正奎	副书记	1954.9—1955.9	
	宋宝泉	第二副书记	1953.3—1954.4 任委员 1954.4—1954.9 任第二副书记	
	李培祥	委员		1950 年 6 月至 1956 年 5 月，先后任委员
	刘守义	委员		
	谭庆秋	委员		
	王金龙	委员		
	陈宗池	委员		
	张昌荣	委员		
	张庆荣	委员		
	沈小八	委员		

续表 13－1

机构名称	姓　名	职　务	任　职　时　间	备　　注
中　共 王江泾区 委员会	廉凤来	委员		1950 年 6 月至 1956 年 5 月，先后任委员
	陈玉英(女)	委员		
	张连观	委员		
	李德法	委员		
	金文福	委员		
	查国康	委员		
	张永春	委员		
	王绪振	委员		
中　共 王江泾区 委员会	韦白明	书记	1957.9—1958.2 任书记 1958.2—1958.8 任副书记	1957 年 9 月重建，下辖南汇、荷花、澄溪、王江泾乡党总支。1958 年 10 月，王江泾区委撤销
	朱映霞	书记	1958.3—1958.10	
	田　川	代理书记	1958.3—1958.6 任副书记 1958.6—1958.9 任代理书记	
	卢　芳	委员	1957.9—1958.10	1957 年 9 月至 1958 年 10 月，先后担任委员
	王信臣	委员	1957.9—1958.10	
中　共 王江泾区 委员会	尉玉伦	书记(兼)	1962.1—1962.7	1962 年 1 月建立中共王江泾区委员会。田乐、南汇、荷花、澄溪、双桥 5 个公社党委隶属于县委，同时受王江泾区委检查督导。同年 6 月，区委撤销
	王保林	副书记	1962.1—1962.7	
中　共 王江泾区 委员会	宋锦荣	书记	1979.5—1983.12	1979 年 6 月建立。田乐、南汇、荷花、澄溪、双桥、虹阳 6 个公社党委隶属于县(市)委，同时受王江泾区委检查督导
	江关泉	委员		1979 年 5 月至 1983 年 12 月，先后担任委员
	徐傅荣	委员		
	沈金海	委员		
	徐富金	委员		

续表 13－1

机构名称	姓　名	职　务	任　职　时　间	备　　注
中　共 王江泾 工　作 委员会	宋锦荣	书记	1983.12—1984.3	1983 年 12 月，中共王江泾区委员会更名为中共王江泾工作委员会。田乐、南汇、荷花、油车港(澄溪)、双桥、王江泾、虹阳、栖真和七星等 9 个乡(镇)党委隶属于郊区区委，同时受王江泾工委检查督导。1987 年 12 月，中共王江泾工委撤销
	凌昌峰	书记	1984.3—1986.4 任副书记 1986.4—1987.11 任书记	
	徐傅荣	委员	1983.12—1987.11	
	徐富金	委员	1983.12—1987.11	
	朱海泉	委员	1983.12—1987.11	
	朱敏杰	委员	1983.12—1987.11	
	胡　寅	委员	1983.12—1987.11	

1949—1988 年中共双桥乡(公社)委员会(支部)领导一览表

表 13－2

机构名称	姓　名	职　务	任　职　时　间	备　　注
中　共 双桥乡 支　部	王连合	书记(兼)	1949.6—1950.6	1949 年 6 月建立。1950 年 6 月，双桥乡分设为双桥、双南 2 个乡；同时，中共双桥乡支部撤销
中　共 双桥乡 支　部	黄顺根	书记	1953.12—1956.2	1953 年 12 月建立。1956 年 2 月，并入王江泾乡党总支
中　共 双桥人 民公社 委员会	田　川	书记	1958.9—1958.11	1958 年 9 月，王江泾、嘉北 2 个乡党总支合并建立中共双桥公社临时工作委员会。10 月，正式建立中共双桥公社委员会。1959 年 12 月，双桥公社召开第一次党员代表大会，选举产生中共双桥公社第一届委员会
	许文光	书记	1958.9—1958.11 任副书记 1958.11—1959.11 任书记	
	阮新法	书记	1959.8—1959.12 任副书记 1959.12—1961.2 任书记 1961.2—1961.6 任副书记	
	方刘荣	书记	1961.2—1961.6	
	张连观	副书记	1958.9—1959.3	
	吴春林	副书记	1958.9—1958.12	
	王宪经	副书记	1958.9—1961.7	
	陶来观	副书记	1958.9—1960.5	
	王昌林	副书记	1958.9—1959.12	

续表 13－2

机构名称	姓　名	职　务	任　职　时　间	备　　注
中　共 双桥人 民公社 委员会	刘金陵	副书记	1959.3—1959.6	
	董永春	副书记	1959.10—1961.7	
	章伟祥	副书记	1959.11—1961.6	
	张永春	副书记	1960.2—1961.7	
	王惠泉	副书记	1960.2—1961.6	
	韩凤祥	副书记	1961.2—1961.7	
中　共 双桥人 民公社 委员会	阮新法	书记	1961.6—1966.2	1961 年 6 月建立。1963 年 1 月，双桥公社召开第二次党员代表大会，选举产生中共双桥公社第二届委员会
	王惠泉	副书记	1961.6—1963.3	
	张永春	副书记	1961.7—1962.10	
中共双桥 人民公社 委员会	陶来观	负责人	1966.5—1968.4	
	沈星甫	副书记	1966.5—1968.4	
中共双桥 人民公社 革命委员会 核心小组	宋锦荣	组长	1970.5—1970.7	1968 年 4 月，建立公社革命委员会。1970 年 5 月，建立党的核心小组
中共双桥 人民公社 委员会	宋锦荣	书记	1970.7—1976.10	1970 年 7 月，双桥公社召开第三次党员代表大会，选举产生中共双桥公社第三届委员会
	沈福昶	副书记	1970.7—1976.10	
	杨含清	副书记	1972.2—1972.3	
	陈星辉	副书记	1972.5—1975.10	
	张连观	副书记	1973.7—1976.10	
	张昌荣	副书记	1974.4—1976.10	
中共双桥 人民公社 委员会	宋锦荣	书记	1976.10—1978.5	1980 年 2 月，双桥公社召开第四次党员代表大会，选举产生中共双桥公社第四届委员会
	赵忠林	书记	1978.3—1978.10 任副书记， 其中 1978.5—1978.10 主持工作； 1978.10—1984.1 任书记	
	沈福昶	副书记	1976.10—1980.3	
	张连观	副书记	1976.10—1979.11	
	张昌荣	副书记	1976.10—1977.1	

续表 13－2

机构名称	姓　名	职　务	任　职　时　间	备　　注
中共双桥人民公社委员会	周志明	副书记	1977.5—1978.1	
	张永春	副书记	1977.10—1984.1	
	沈洪德	副书记	1978.3—1981.1	
	张培基	副书记	1980.2—1984.1	
中　共 双桥乡 委员会	顾政宇	书记	1984.1—1985.9	1984 年 1 月，中共双桥公社委员会改建为中共双桥乡委员会
	仲建平	书记	1984.1—1984.4 任副书记 1984.4—1985.9 任代理书记 1985.9—1985.11 任书记	
	吕　行	书记	1986.6—1987.12	
	朱明生	副书记	1984.6—1987.2	
	汪薛平	副书记	1987.2—1987.12	
中　共 双桥乡 委员会	吕　行	书记	1988.1—1988.11	1985 年 9 月 14－15 日，双桥乡召开第五次党员代表大会，选举产生中共双桥乡第五届委员会。1988 年 10 月，双桥乡与王江泾镇合并，撤销双桥乡党委，调整充实了王江泾镇党委
	汪薛平	副书记	1988.1—1988.11	
	陈兴荣	委员	1988.1—1988.11	
	周兴福	委员	1988.1—1988.11	
	崔志明	委员	1988.1—1988.11	

1953—1998 年中共虹阳乡（公社）委员会（支部）领导一览表

表 13－3

机构名称	姓　名	职　务	任　职　时　间	备　　注
虹阳乡 支　部	张生泉	书记	1953 年上半年—1954.10	1953 年上半年，建立双阳、虹阳乡联合支部。1953 年 9 月，建立虹阳乡党支部。1956 年 2 月，并入王江泾乡党总支
	沈金观	书记	1954.10—1955.9	
	吴凤辉	书记	1955.8—1956.2	
	姓名不详	副书记	1954 年 11 月前后	
中共虹阳人民公社委员会	袁木金	书记	1963.2—1964.3	1963 年 2 月建立
	张有昌	书记	1964.3—1966.5	
	邹正奎	副书记	1963.4—1966.5	
	张炳年	副书记	1965.10—1966.5	

续表 13－3

机构名称	姓　名	职　务	任　职　时　间	备　注
中共虹阳人民公社委员会	张有昌	书记	1966.5—1968.2	
	邹正奎	副书记	1966.5—1968.2	
	张炳年	副书记	1966.5—1968.2	
中共虹阳人民公社革命委员会核心小组	邹正奎	组长	1970.5—1970.7	1968年2月，建立公社革命委员会。1970年5月，建立党的核心小组
中共虹阳人民公社委员会	邹正奎	书记	1970.7—1972.3	1970年7月，虹阳公社召开第一次党员代表大会，选举产生中共虹阳公社第一届委员会
	陶海林	书记	1970.7—1972.3 任副书记 1972.3—1975.12 任书记	
	俞月初	副书记	1972.5—1976.10， 其中 1975.12—1976.10 主持工作	
	江关泉	副书记	1972.5—1974.4	
	朱敏杰	副书记	1973.5—1976.10	
	王志良	副书记	1974.6—1975.9	
	罗雪浩	副书记	1974.6—1975.9	
中共虹阳人民公社委员会	俞月初	书记	1976.10—1978.1 任副书记，主持工作； 1978.1—1978.10 任书记	1980年1月，虹阳公社召开第二次党员代表大会，选举产生中共虹阳公社第二届委员会
	朱敏杰	书记	1976.10—1979.9 任副书记， 其中 1978.10—1979.9 主持工作， 1979.9—1984.1 任书记	
	李荣奎	副书记	1978.3—1984.1	
	顾政宇	副书记	1978.3—1981.3	
	钱仁观	副书记	1981.10—1984.1	
中　共虹阳乡委员会	刘庆祥	书记	1984.1—1987.12	1984年1月，中共虹阳公社委员会改建为中共虹阳乡委员会
	李荣奎	副书记	1984.1—1987.2	
	朱明生	副书记	1987.2—1987.12	
	陈志林	副书记	1987.3—1987.12	
	李荣奎	调研员	1987.2—1987.12	

续表 13－3

机构名称	姓　名	职　务	任　职　时　间	备　　注
中　共 虹阳乡 委员会	刘庆祥	书记	1988.1—1988.9	1985 年 9 月 18—19 日，虹阳乡召开第三次党员代表大会，选举产生中共虹阳乡第三届委员会
	朱明生	副书记	1988.1—1988.9	
	陈志林	副书记	1988.1—1988.9	
	吴夏莲(女)	委员	1988.1—1988.9	
	黄品荣	委员	1988.1—1988.9	
中　共 虹阳乡 委员会	刘庆祥	书记	1988.9—1989.12	1988 年 9 月 29—30 日，虹阳乡召开第四次党员代表大会，选举产生中共虹阳乡第四届委员会。后区委任命朱明生为书记、高松泉为副书记，任命陆根荣为委员
	朱明生	副书记	1988.9—1989.12	
	陈志林	副书记	1988.9—1990.8	
	吴夏莲(女)	委员	1988.9—1990.8	
	黄品荣	委员	1988.9—1990.8	
	朱明生	书记	1989.12—1990.8	
	高松泉	副书记	1990.1—1990.8	
	陆根荣	委员	1990.5—1990.8	
中　共 虹阳乡 委员会	朱明生	书记	1990.8—1992.10	1990 年 8 月 29—30 日，虹阳乡召开第五次党员代表大会，选举产生中共虹阳乡第五届委员会。后区委任命朱菊生为书记。区委组织部任命王柏林、曹锡云为委员
	陈志林	副书记	1990.8—1993.2	
	高松泉	副书记	1990.8—1993.2	
	吴夏莲(女)	委员	1990.8—1993.2	
	张惠明	委员	1990.8—1992.12	
	陆根荣	委员	1990.8—1992.10	
	姚高玉	委员	1990.8—1992.12	
	朱菊生	书记	1992.10—1993.2	
	王柏林	委员	1992.12—1993.2	
	曹锡云	委员	1992.12—1993.2	
中　共 虹阳乡 委员会	朱菊生	书记	1993.2—1996.2	1993 年 2 月 26—27 日，虹阳乡召开第六次党员代表大会，选举产生中共虹阳乡第六届委员会。后区委任命李文雷为副书记，任命沈永林、胡苗、王永良为委员
	陈志林	副书记	1993.2—1994.4	
	高松泉	副书记	1993.2—1996.2	
	王柏林	委员	1993.2—1995.12	
	吴夏莲(女)	委员	1993.2—1996.2	
	曹锡云	委员	1993.2—1996.2	

续表 13－3

机构名称	姓　名	职　务	任　职　时　间	备　注
中　共 虹阳乡 委员会	李文雷	副书记	1994.4—1996.2	
	沈永林	委员	1995.12—1996.2	
	胡苗(女)	委员	1995.12—1996.2	
	王永良	委员	1995.12—1996.2	
中　共 虹阳乡 委员会	朱菊生	书记	1996.2—1998.5	1996年2月9－10日，虹阳乡召开第七次党员代表大会，选举产生中共虹阳乡第七届委员会。1998年5月21日，虹阳乡撤销，虹阳乡党委并入王江泾镇党委
	李文雷	副书记	1996.2—1998.5	
	高松泉	副书记	1996.2—1998.5	
	沈永林	委员	1996.2—1998.5	
	吴夏莲(女)	委员	1996.2—1998.5	
	胡苗(女)	委员	1996.2—1998.5	
	王永良	委员	1996.2—1998.5	

1949—1998年中共荷花乡(公社)委员会(支部)领导一览表

表 13－4

机构名称	姓　名	职　务	任　职　时　间	备　注
中　共 廉让乡 支　部	宋光明	书记(兼)	1949.10—1950.2	1949年10月建立。1950年2月，廉让乡分设为东林、荷花和洪典等3个乡；同时，党支部撤销
中　共 东林乡 支　部	仲兴观	书记	1953年秋—1956.2	1953年秋建立。1956年2月并入荷花乡党总支
中　共 荷花乡 支　部	宋锦荣	书记	1953.11—1955.5	1953年秋建立。1956年2月并入荷花乡党总支
	陆大兴	书记	1955.5—1956.2	
	(姓名不详)	副书记	1954年11月前后	
中　共 洪典乡 支　部	莫本德	书记	1954年秋—1955.6	1954年秋建立
	唐四香	书记	1955.6—1955.12	
	陈阿福	书记	1955.12—1956.2	

续表 13－4

机构名称	姓　名	职　务	任　职　时　间	备　注
中　共 荷花乡 总支部	陆大兴	书记	1956.2—1958.3	1956 年 2 月，荷花、东林 2 个乡党支部和洪典乡党支部（部分党员）合并，建立荷花乡党总支部
	陈阿福	副书记	1956.2—1958.3	
	仲兴观	副书记	1956.2—1958.3	
	黄兴强	副书记	1958.2—1958.3	
	金文福	副书记	1958.3—1958.9	
	夏和海	书记	1957.2—1958.2 任书记 1958.2—1958.8 任副书记	
	王信臣	书记	1958.3—1958.6	
	薛关林	副书记	1956.1—1958.4	
	汤阿关	副书记	1956.5—1958.3	
	陆大兴	副书记	1958.3—1958.9	
中共荷花 人民公社 委员会	金文福	书记	1961.6—1965.3	1961 年 6 月建立。1963 年 1 月，荷花公社召开第一次党员代表大会，选举产生中共荷花公社第一届委员会
	王汉兴	书记	1965.3—1966.5	
	陈阿福	副书记	1961.6—1966.5	
	陆大兴	副书记	1962.6—1963.10	
	范玉明	副书记	1965.10—1966.5	
中共荷花 人民公社 委员会	王汉兴	书记	1966.5—1968.1	
	陈阿福	副书记	1966.5—1968.1	
	范玉明	副书记	1966.5—1968.1	
中共荷花 人民公社 革命委员会 核心小组	陈阿福	组长	1969.8—1970.5	1968 年 1 月，建立公社革命委员会。1969 年 8 月，建立党的核心小组
中共荷花 人民公社 委员会	陈阿福	书记	1970.5—1976.10	1970 年 5 月，荷花公社召开第二次党员代表大会，选举产生中共荷花公社第二届委员会
	范玉明	副书记	1970.5—1973.5	
	黄伯明	副书记	1973.4—1976.10	
	董掌生	副书记	1973.4—1974.4	
	王峰林	副书记	1974.6—1975.9	

续表 13－4

机构名称	姓　名	职　务	任　职　时　间	备　　注
中共荷花人民公社委员会	陈阿福	书记	1976.10—1978.5	1980 年 10 月，荷花公社召开第三次党员代表大会，选举产生中共荷花公社第三届委员会
	宋锦荣	书记	1978.5—1979.5	
	严德林	书记	1979.3—1980.4 任副书记 1980.4—1984.1 任书记	
	黄伯明	副书记	1976.10—1979.12	
	褚惠泉	副书记	1978.4—1980.10	
	徐善良	副书记	1979.12—1984.1	
	吴中强	副书记	1980.10—1984.1	
中　共 荷花乡 委员会	吴中强	书记	1984.1—1985.9	1984 年 1 月，中共荷花公社委员会改建为中共荷花乡委员会
	高振坤	书记	1985.9—1987.12	
	朱菊生	副书记	1984.1—1985.9	
	金桂福	副书记	1985.9—1987.12	
中　共 荷花乡 委员会	高振坤	书记	1988.1—1988.10	1985 年 9 月 14—15 日，荷花乡召开第四次党员代表大会，选举产生中共荷花乡第四届委员会
	金桂福	副书记	1988.1—1988.10	
	吴志勇	委员	1988.1—1988.10	
	金培荣	委员	1988.1—1988.10	
	倪顺荣	委员	1988.1—1988.10	
中　共 荷花乡 委员会	高振坤	书记	1988.10—1989.12	1988 年 10 月 21—22 日，荷花乡召开第五次党员代表大会，选举产生中共荷花乡第五届委员会。后区委任命金桂福为书记、李文雷为副书记。区委组织部任命周史金为委员
	金桂福	副书记	1988.10—1989.12	
	姚良根	副书记	1988.10—1990.9	
	何小弟	委员	1988.10—1990.9	
	姚菊英(女)	委员	1988.10—1990.9	
	金培荣	委员	1988.10—1990.5	
	倪顺荣	委员	1988.10—1990.9	
	金桂福	书记	1989.12—1990.9	
	李文雷	副书记	1990.3—1990.9	
	周史金	委员	1990.1—1990.9	
中　共 荷花乡 委员会	金桂福	书记	1990.9—1993.2	
	姚良根	副书记	1990.9—1992.3	

续表 13-4

机构名称	姓　名	职　务	任　职　时　间	备　注
中共荷花乡委员会	李文雷	副书记	1990.9—1993.2	1990年9月15—16日，荷花乡召开第六次党员代表大会，选举产生中共荷花乡第六届委员会。后区委任命洪根祥、孙祥玮为副书记。区委组织部任命姚金宝（女）、钱传根（荷花籍）为委员
	何小弟	委员	1990.9—1992.5	
	沈菊英（女）	委员	1990.9—1992.12	
	周史金	委员	1990.9—1993.2	
	倪顺荣	委员	1990.9—1993.2	
	洪根祥	副书记	1992.4—1992.12	
	孙祥玮	副书记	1992.12—1993.2	
	姚金宝（女）	委员	1992.4—1993.2	
	钱传根	委员	1992.12—1993.2	
中共荷花乡委员会	金桂福	书记	1993.2—1995.3	1993年2月25—26日，荷花乡召开第七次党员代表大会，选举产生中共荷花乡第七届委员会。后区委任命於金牛为书记，倪顺荣、钱永祥为副书记，陆惠明、陆根荣为委员
	李文雷	副书记	1993.2—1994.4	
	孙祥玮	副书记	1993.2—1994.4	
	周史金	委员	1993.2—1995.4	
	姚金宝（女）	委员	1993.2—1996.2	
	钱传根	委员	1993.2—1996.2	
	倪顺荣	委员	1993.2—1996.2	
	於金牛	书记	1994.4—1995.3 任副书记 1995.3—1996.2 任书记	
	倪顺荣	副书记	1994.4—1996.2	
	钱永祥	副书记	1995.3—1996.2	
	陆惠明（女）	委员	1994.8—1996.2	
	陆根荣	委员	1995.12—1996.2	
中共荷花乡委员会	於金牛	书记	1996.2—1998.5	1996年2月8—9日，荷花乡召开第八次党员代表大会，选举产生中共荷花乡第八届委员会。后区委任命陆巧珠为副书记。1998年5月21日，荷花乡党委撤销，并入王江泾镇党委
	钱永祥	副书记	1996.2—1998.5	
	倪顺荣	副书记	1996.2—1997.3	
	陆爱兴	委员	1996.2—1998.5	
	陆根荣	委员	1996.2—1998.5	
	姚金宝（女）	委员	1996.2—1998.5	
	钱传根	委员	1996.2—1998.5	
	陆巧珠（女）	副书记	1997.3—1998.5	

1949—2001 年中共田乐乡(公社)委员会(支部)领导一览表

表 13－5

机构名称	姓　名	职　务	任　职　时　间	备　注
中共长兴乡支部	秦维山	书记	1949.9—1950.3	1949 年 9 月建立。1950 年 3 月，长兴乡分设为田乐、梅兴和南汇等 3 个乡；同时，中共长兴乡支部撤销
中共梅兴乡支部	朱正泉	书记	1953.10—1955.5	1953 年 10 月建立。1956 年 2 月并入南汇乡党总支
	李秉仁	书记	1955.5—1956.2	
中共田乐乡支部	沈景林	书记	1954.4—1956.2	1954 年 4 月建立。1956 年 2 月并入南汇乡党总支
中共田乐人民公社委员会	陶海林	书记	1961.6—1962.7 任书记 1962.7—1965.7 任副书记 1965.7—1966.5 任书记	1961 年 6 月建立。1963 年 1 月，田乐公社召开第一次党员代表大会，选举产生中共田乐公社第一届委员会
	王保林	书记	1962.7—1965.7	
	朱阿马	副书记	1961.6—1966.5	
中共田乐人民公社委员会	陶海林	书记	1966.5—1968.3	
	朱阿马	副书记	1966.5—1968.3	
	费顺观	副书记	1966.5—1968.3	
中共田乐人民公社革命委员会核心小组	朱阿马	组长	1970.2—1970.5	1968 年 3 月，建立公社革命委员会。1970 年 2 月，建立党的核心小组
	丁生观	组长	1970.5—1970.7	
中共田乐人民公社委员会	丁生观	书记	1970.7—1975.12	1970 年 7 月，田乐公社召开第二次党员代表大会，选举产生中共田乐公社第二届委员会
	金惠人	书记	1970.7—1975.12 任副书记 1975.12—1976.10 任书记	
	费顺观	副书记	1972.5—1975.12	
	范玉明	副书记	1973.5—1973.8	
中共田乐人民公社委员会	金惠人	书记	1976.10—1979.5	1979 年 12 月，田乐公社召开第三次党员代表大会，选举产生中共田乐公社第三届委员会
	凌昌峰	书记	1979.3—1979.9 任副书记 1979.9—1983.12 任书记	
	王杏娜(女)	副书记	1977.2—1983.12	

续表 13－5

机构名称	姓　名	职　务	任　职　时　间	备　　注
中共田乐人民公社委员会	史桂兴	副书记	1977.2—1983.12	
	储传根	副书记	1978.10—1980.6，实际离任 1981.1	
中　共田乐乡委员会	史桂兴	书记	1983.12—1987.2	1983 年 12 月，中共田乐公社委员会改建为中共田乐乡委员会
	陆甫根	书记	1987.2—1987.12	
	金桂福	副书记	1983.12—1985.9	
	沈海兴	副书记	1985.9—1987.12	
	王杏娜(女)	副书记	1985.9—1987.9	
	凌昌峰	调研员	1987.11—1987.12	
中　共田乐乡委员会	陆甫根	书记	1988.1—1988.11	1985 年 9 月 16—17 日，田乐乡召开第四次党员代表大会，选举产生中共田乐乡第四届委员会
	沈海兴	副书记	1988.1—1988.11	
	吴法根	委员	1988.1—1988.11	
	沈跃春	委员	1988.1—1988.11	
	於金牛	委员	1988.1—1988.11	
中　共田乐乡委员会	陆甫根	书记	1988.11—1990.9	1988 年 11 月 18—19 日，田乐乡召开第五次党员代表大会，选举产生中共田乐乡第五届委员会。后区委任命徐志坤、姚金宝(女)、许海林为委员
	沈海兴	副书记	1988.11—1990.9	
	吴法根	委员	1988.11—1990.9	
	於金牛	委员	1988.11—1990.9	
	徐志坤	委员	1990.1—1990.9	
	姚金宝(女)	委员	1990.2—1990.9	
	许海林	委员	1990.8—1990.9	
中　共田乐乡委员会	陆甫根	书记	1990.9—1993.2	1990 年 9 月 4—5 日，田乐乡召开第六次党员代表大会，选举产生中共田乐乡第六届委员会。后区委任命何小弟为副书记，汝金观、钱金元、倪金珠(女)为委员
	沈海兴	副书记	1990.9—1992.4	
	於金牛	副书记	1990.9—1993.2	
	许海林	委员	1990.9—1992.12	
	吴法根	委员	1990.9—1993.2	
	姚金宝(女)	委员	1990.9—1991.11	
	何小弟	副书记	1992.5—1993.2	
	汝金观	委员	1992.12—1993.2	

续表 13－5

机构名称	姓　名	职　务	任　职　时　间	备　　注
中　共 田乐乡 委员会	钱金元	委员	1992.12—1993.2	
	倪金珠(女)	委员	1992.12—1993.2	
中　共 田乐乡 委员会	陆甫根	书记	1993.2—1996.2	1993年2月27—28日，田乐乡召开第七次党员代表大会，选举产生中共田乐乡第七届委员会。后区委任命陈志林为副书记，钱玉坤、史海明、梅宝观为委员
	於金牛	副书记	1993.2—1994.4	
	何晓迪 (1995年7月31日前姓名为何小弟)	副书记	1993.2—1996.2	
	汝金观	委员	1993.2—1996.2	
	吴法根	委员	1993.2—1996.2	
	钱金元	委员	1993.2—1995.12	
	倪金珠(女)	委员	1993.2—1996.2	
	陈志林	副书记	1994.4—1996.2	
	钱玉坤	委员	1995.12—1996.2	
	史海明	委员	1995.12—1996.2	
	梅宝观	委员	1995.12—1996.2	
中　共 田乐乡 委员会	陆甫根	书记	1996.2—1998.6	1996年2月2—3日，田乐乡召开第八次党员代表大会，选举产生中共田乐乡第八届委员会。后区委任命陈志林为书记，沈菊英(女)为副书记，梅宝观、钱传根、徐海新为委员
	陈志林	副书记	1996.2—1998.6	
	何晓迪	副书记	1996.2—1999.1	
	史海明	委员	1996.2—1997.3	
	钱玉坤	委员	1996.2—1998.6	
	汝金观	委员	1996.2—1998.6	
	陆建萍(女)	委员	1996.2—1999.1	
	陈志林	书记	1998.6—1999.1	
	沈菊英(女)	副书记	1998.6—1999.1	
	梅宝观	委员	1997.3—1999.1	
	钱传根	委员	1998.6—1999.1	
	徐海新	委员	1998.6—1999.1	

续表 13－5

机构名称	姓　名	职　务	任　职　时　间	备　　注
中　共 田乐乡 委员会	陈志林	书记	1999.1—2001.4	1999 年 1 月 18—19 日，田乐乡召开第九次党员代表大会，选举产生中共田乐乡第九届委员会。2001 年 4 月，田乐乡并入王江泾镇。田乐乡党委撤销，并入王江泾镇党委
	何晓迪	副书记	1999.1—2001.4	
	沈菊英（女）	副书记	1999.1—2001.4	
	陆建萍（女）	委员	1999.1—2001.4	
	李国华	委员	1999.1—2001.4	
	梅宝观	委员	1999.1—2001.4	
	钱传根	委员	1999.1—2001.4	

1949—2001 年中共南汇镇（乡、公社）委员会（支部）领导一览表

表 13－6

机构名称	姓　名	职　务	任　职　时　间	备　　注
中　共 长兴乡 支　部	秦维山	书记	1949.9—1950.2	1949 年 9 月建立。1950 年 3 月，长兴乡分设为田乐、梅兴和南汇等 3 个乡；同时，党支部撤销
中　共 南汇乡 支　部	李德法	书记	1953.6—1954.10	1953 年 6 月，由田乐、梅兴、南汇 3 个乡和嘉兴养鱼场的党员组成，建立乡党支部
中共南汇乡 总支部	沈金和	书记	1954.10—1955.5	1954 年 10 月，改建为乡党总支
中共南汇乡 支部	张关兴	书记	1955.5—1955.11	1955 年上半年，调整为乡党支部
	沈小虎	书记	1955.11—1956.2	
中　共 南汇乡 总支部	宋锦荣	书记	1956.2—1956.8 任书记 1957.2—1958.3 任书记 1958.3—1958.9 任副书记	1956 年 2 月，南汇、梅兴和田乐 3 个乡党支部合并建立南汇乡党总支部
	李秉仁	书记	1956.2—1956.11 任副书记， 其中 1956.8—1956.11 主持工作， 1956.11—1957.2 任书记， 1957.2—1958.9 任副书记	
	韦白明	书记（兼）	1958.3—1958.6	
	王保林	书记	1958.3—1958.6 任副书记 1958.6—1958.9 任书记	
	沈小虎	副书记	1956.2—1958.3	
	汤小康	副书记	1956.4—1958.3	

续表 13－6

机构名称	姓名	职务	任职时间	备注
中共东风公社委员会（中共南汇人民公社委员会）	王升言	书记	1958.9—1958.11	1958年9月，南汇、澄溪和荷花3个乡党总支部合并建立中共东风公社临时工作委员会。10月，正式建立中共东风公社委员会。1959年5月，更名为中共南汇公社委员会。1959年12月，南汇公社召开第一次党员代表大会，选举产生中共南汇公社第一届委员会
	王保林	书记	1958.9—1958.11任副书记 1958.11—1961.6任书记	
	金文福	副书记	1958.9—1961.6	
	陆大兴	副书记	1958.9—1961.6	
	沈小八	副书记	1958.9—1960.2	
	陈阿福	副书记	1958.9—1961.6	
	王叙法	副书记	1958—1959.12 1960.2—1961.6	
	宋锦荣	副书记	1960.2—1961.6	
中共南汇人民公社委员会	宋锦荣	书记	1961.6—1966.5	1961年6月建立。1963年1月，南汇公社召开第二次党员大会，选举产生中共南汇公社第二届委员会
	杨春荣	副书记	1961.6—1966.5	
	宋锦荣	书记	1966.5—1968.3	
	杨春荣	副书记	1966.5—1968.3	
中共南汇人民公社革命委员会核心小组	许炳土	组长	1970.4—1970.6	1968年3月，建立公社革命委员会。1970年4月，建立党的核心小组
	吴万兴	副组长	1970.4—1970.6	
中共南汇人民公社委员会	许炳土	书记	1970.6—1976.10	1970年6月，南汇公社召开第三次党员大会，选举产生中共南汇公社第三届委员会
	张炳年	副书记	1970.6—1975.10	
	吴万兴	副书记	1972.5—1976.10	
	江关泉	副书记	1974.4—1976.10	
中共南汇人民公社委员会	许炳土	书记	1976.10—1978.1	1979年4月，南汇公社召开第四次党员大会，选举产生中共南汇公社第四届委员会
	江关泉	书记	1976.10—1978.1任副书记 1978.1—1981.1任书记	
	储传根	书记	1980.6任命为副书记，未到职 1981.1—1982.12任书记	
	吴万兴	副书记	1976.10—1980.2	
	金桂福 陆甫根	副书记 副书记	1977.12—1979.4 1977.12—1983.12	
	顾政宇	副书记	1981.3—1983.12， 其中1982.4—1983.12主持工作	

续表 13－6

机构名称	姓　名	职　务	任　职　时　间	备　　注
中　共 南汇镇 委员会	吕桂林	书记	1983.12—1985.9	1983 年 12 月，中共南汇公社委员会改建为中共南汇乡委员会
	陆甫根	书记	1983.12—1984.11 任副书记 1984.11—1985.9 任代理书记 1985.9—1987.2 任书记	
	朱菊生	书记	1987.2—1987.12	
	张昌荣	副书记	1985.9—1987.12	
	吕　行	副书记	1985.9—1986.6	
	徐志坤	副书记	1987.7—1987.12	
中　共 南汇镇 委员会	朱菊生	书记	1988.1—1988.9	1985 年 9 月 9—10 日，南汇镇召开第五次党员代表大会，选举产生中共南汇镇第五届委员会。同年 12 月，中共南汇乡委员会改为中共南汇镇委员会，原南汇乡党委的委员、副书记、书记改任南汇镇党委的委员、副书记、书记
	张昌荣	副书记	1988.1—1988.9	
	徐志坤	副书记	1988.1—1988.9	
	许海林	委员	1988.1—1988.9	
	徐海荣	委员	1988.1—1988.9	
	盛永祥	委员	1988.1—1988.9	
中　共 南汇镇 委员会	朱菊生	书记	1988.9—1990.9	1988 年 9 月 28—29 日，南汇镇召开第六次党员代表大会，选举产生中共南汇镇第六届委员会。后区委任命顾太文、史桂兴为副书记，俞玉林、陆文延为委员
	张昌荣	副书记	1988.9—1990.1	
	徐志坤	副书记	1988.9—1988.12	
	许海林	委员	1988.9—1990.1	
	徐海荣	委员	1988.9—1990.9	
	顾太文	副书记	1989.1—1990.9	
	史桂兴	副书记	1990.1—1990.9	
	俞玉林	委员	1989.7—1990.9	
	陆文延	委员	1990.1—1990.9	

续表 13－6

机构名称	姓　名	职　务	任　职　时　间	备　　注
中　共 南汇镇 委员会	朱菊生	书记	1990.9—1992.10	1990 年 9 月 7—8 日，南汇镇召开第七次党员代表大会，选举产生中共南汇镇第七届委员会。后区委任命朱明生为书记，陆文延为副书记，沈锦福、陆巧珠（女）、钱玉坤为委员
	史桂兴	副书记	1990.9—1992.10	
	顾太文	副书记	1990.9—1993.2	
	陆文延	委员	1990.9—1992.10	
	张四娜（女）	委员	1990.9—1992.12	
	俞玉林	委员	1990.9—1992.12	
	徐海荣	委员	1990.9—1993.2	
	朱明生	书记	1992.10—1993.2	
	陆文延	副书记	1992.10—1993.2	
	沈锦福	委员	1992.12—1993.2	
	陆巧珠（女）	委员	1992.12—1993.2	
	钱玉坤	委员	1992.12—1993.2	
中　共 南汇镇 委员会	朱明生	书记	1993.2—1995.3	1993 年 2 月 24—25 日，南汇镇召开第八次党员代表大会，选举产生中共南汇镇第八届委员会。后区委任命金桂福为书记，周洪根、周史金为副书记，吴云飞为委员
	顾太文	副书记	1993.2—1995.3	
	陆文延	副书记	1993.2—1995.3	
	沈锦福	委员	1993.2—1996.1	
	陆巧珠（女）	委员	1993.2—1996.1	
	赵志良	委员	1993.2—1996.1	
	钱玉坤	委员	1993.2—1995.12	
	金桂福	书记	1995.3—1996.1	
	周洪根	副书记	1995.3—1996.1	
	周史金	副书记	1995.4—1996.1	
	吴云飞	委员	1995.12—1996.1	
中　共 南汇镇 委员会	金桂福	书记	1996.1—1997.3	1996 年 1 月 28—29 日，南汇镇召开第九次党员代表大会，选举产生中共南汇镇第九届委员会。后区委任命周洪根、陆甫根为书记，倪顺荣为副书记，史海明、胡海根为委员
	周洪根	副书记	1996.1—1997.3	
	周史金	副书记	1996.1—1999.1	
	吴云飞	委员	1996.1—1999.1	
	沈锦福	委员	1996.1—1999.1	
	陆巧珠	委员	1996.1—1997.3	
	周洪根	书记	1997.3—1998.5	
	陆甫根	书记	1998.6—1999.1	

续表 13－6

机构名称	姓　名	职　务	任　职　时　间	备　注
中　共 南汇镇 委员会	倪顺荣	副书记	1997.3—1999.1	
	史海明	委员	1997.3—1999.1	
	胡海根	委员	1998.6—1999.1	
中　共 南汇镇 委员会	陆甫根	书记	1999.1—1999.12	1999 年 1 月 18—19 日，南汇镇召开第十次党员代表大会，选举产生中共南汇镇第十届委员会。2001 年 4 月，撤销南汇镇，将南汇镇并入王江泾镇。南汇镇党委撤销，并入王江泾镇党委
	滕根林	书记	1999.12—2001.4	
	倪顺荣	副书记	1999.1—2001.4	
	周史金	副书记	1999.1—2001.4	
	史海明	委员	1999.1—2001.4	
	吴云飞	委员	1999.1—2001.4	
	沈锦福	委员	1999.1—2001.4	
	胡海根	委员	1999.1—2001.4	
	盛地金(女)	委员	1999.1—2001.4	

1949—2010 年中共王江泾镇(乡)委员会(支部)领导一览表

表 13－7

机构名称	姓　名	职　务	任　职　时　间	备　注
中　共 王江泾 乡支部	刘更生	书记(兼)	1949.10—1950.3	1949 年 10 月建立。1950 年 3 月，王江泾乡分设为双阳、虹阳和北桥 3 个乡；同时，王江泾乡党支部撤销
中　共 双阳乡 支　部	杨留生	书记	1953.9—1954.10	1953 年 9 月建立。1956 年 2 月，并入王江泾乡党总支
	吴春荣	书记	1954.10—1956.2	
中　共 王江泾乡 总支部	陶来观	书　记 副书记	1956.2—1958.3 1958.3—1958.9	1956 年 2 月，虹阳、双阳 2 个乡党支部和双桥乡党支部(部分党员)合并建立王江泾乡党总支部。1958 年 9 月，王江泾乡党总支合并入中共双桥公社临时工作委员会
	张连观	书记	1958.3—1958.9	
	沈裕生	副书记	1956.2—1958.3	
	黄顺根	副书记	1956.2—1958.3	
	王惠泉	副书记	1958.3—1958.9	

续表 13－7

机构名称	姓　名	职　务	任　职　时　间	备　　注
中　共 王江泾镇 委员会	朱敏杰	书记	1984.6—1987.2	1984 年 6 月，建立中共王江泾镇委员会。1985 年 9 月 17—18 日，王江泾镇召开第一次党员代表大会，选举产生中共王江泾镇第一届委员会
	胡　寅	书记	1987.2—1987.12	
	朱海泉	副书记	1985.9—1987.2	
	严德林	副书记	1987.2—1987.12	
	陶良珍(女)	副书记	1987.3—1987.12	
	朱敏杰	调研员	1987.2—1987.12	
中　共 王江泾镇 委员会	胡　寅	书记	1988.1—1988.11	1988 年 10 月，双桥乡并入王江泾镇。1988 年 11 月 1 日，区委决定成立王江泾镇党代会筹备领导小组，任命吕行为组长，汪薛平、胡寅为副组长，组员有周兴福、徐傅荣、高永根
	严德林	副书记	1988.1—1988.10	
	陶良珍(女)	副书记	1988.1—1988.11	
	徐富金	委员	1988.1—1988.11	
	徐傅荣	委员	1988.1—1988.11	
	高永根	委员	1988.1—1988.11	
中　共 王江泾镇 委员会	吕　行	书记	1988.11—1990.10	1988 年 11 月 24—25 日，王江泾镇召开第二次党员代表大会，选举产生中共王江泾镇第二届委员会。后区委任命金茂祥、钱永祥为副书记，陈兴荣为委员
	汪薛平	副书记	1988.11—1990.1	
	胡　寅	副书记	1988.11—1990.8	
	毛涧龙	委员	1988.11—1990.10	
	周兴福	委员	1988.11—1990.10	
	徐傅荣	委员	1988.11—1990.10	
	金茂祥	副书记	1989.11—1990.10	
	钱永祥	副书记	1990.8—1990.10	
	陈兴荣	委员	1989.6—1990.10	
中　共 王江泾镇 委员会	吕　行	书记	1990.10—1991.12	1990 年 10 月 10—11 日，王江泾镇召开第三次党员代表大会，选举产生中共王江泾镇第三届委员会。后区委任命王金根为书记，方建平(金华市挂职)为副书记，陆根荣、肖根华、陈金荣为委员
	金茂祥	副书记	1990.10—1993.2	
	钱永祥	副书记	1990.10—1993.2	
	毛涧龙	委员	1990.10—1993.2	
	李爱珍(女)	委员	1990.10—1993.2	
	陈兴荣	委员	1990.10—1992.8	
	周兴福	委员	1990.10—1992.12	
	王金根	书记	1991.12—1993.2	

续表 13-7

机构名称	姓　名	职　务	任　职　时　间	备　　注
中　共 王江泾镇 委员会	方建平	副书记	1992.6—1993.2	
	陆根荣	委员	1992.10—1993.2	
	肖根华	委员	1992.12—1993.2	
	陈金荣	委员	1992.12—1993.2	
中　共 王江泾镇 委员会	王金根	书记	1993.2—1994.8	1993年2月25—26日，王江泾镇召开第四次党员代表大会，选举产生中共王江泾镇第四届委员会。后区委任命金茂祥、金永和为书记，怀国华、陆文延为副书记，张连生（嘉兴市交通局下派）、姚高玉、章云峰为委员
	金茂祥	副书记	1993.2—1994.8	
	钱永祥	副书记	1993.2—1995.3	
	毛润龙	委员	1993.2—1995.12	
	肖根华	委员	1993.2—1996.2	
	陆根荣	委员	1993.2—1995.12	
	陈金荣	委员	1993.2—1996.2	
	金茂祥	书记	1994.8—1995.12	
	金永和	书记	1995.12—1996.2	
	怀国华	副书记	1994.8—1996.2	
	陆文延	副书记	1995.3—1996.2	
	张连生	委员	1995.4—1996.2	
	姚高玉	委员	1995.12—1996.2	
	章云峰	委员	1995.12—1996.2	
中　共 王江泾镇 委员会	金永和	书记	1996.2—1998.5	1996年2月7—8日，王江泾镇召开第五次党员代表大会，选举产生中共王江泾镇第五届委员会。后区委任命倪金珠为委员
	怀国华	副书记	1996.2—1998.5	
	陆文延	副书记	1996.2—1998.5	
	肖根华	委员	1996.2—1998.5	
	张连生	委员	1996.2—1997.3	
	陈金荣	委员	1996.2—1998.5	
	姚高玉	委员	1996.2—1997.3	
	章云峰	委员	1996.2—1998.5	
	倪金珠（女）	委员	1997.3—1998.5	

续表 13－7

机构名称	姓　名	职　务	任　职　时　间	备　注
中　共 王江泾镇 委员会	金永和	书记	1998.6—1999.1	1998 年 5 月 21 日，荷花乡、虹阳乡并入王江泾镇。区委决定建立王江泾镇筹建工作领导小组。金永和任组长；朱菊生、於金牛、怀国华、李文雷、钱永祥任副组长；陆文延、肖根华、陈金荣(油车港籍)、姚高玉、章云峰、倪金珠(女)、顾万金、张根泉(荷花籍)、沈凤兴、陆巧珠(女)、陆爱兴、陆根荣、姚金宝(女)、钱传根、李永明、边界明、徐磊明、高松泉、沈永林、吴夏莲(女)、胡苗(女)、王永良、张惠明、陶坤海、谢惠珍(女)任组员。1998 年 6 月 23 日，区委决定，建立中共王江泾镇委员会
	於金牛	副书记	1998.6—1999.1	
	李文雷	副书记	1998.6—1999.1	
	陆文延	副书记	1998.6—1999.1	
	毛涧龙	委员	1998.6—1999.1	
	倪金珠(女)	委员	1998.6—1999.1	
	陆爱兴	委员	1998.6—1999.1	
	陆根荣	委员	1998.6—1999.1	
	王永良	委员	1998.6—1999.1	
	张根泉	委员	1998.6—1999.1	
	沈凤兴	委员	1998.6—1999.1	
	李永明	委员	1998.6—1999.1	
	陈志林	书记	2001.5—2002.1	
	於金牛	副书记	1999.1—1999.12	
	陆文延	副书记	1999.1—2001.4	
	沈凤兴	副书记	1999.12—2002.1	
	徐永良	副书记	1999.12—2002.1	
	沈菊英(女)	副书记	2001.5—2002.1	
	毛涧龙	委员	1999.1—2002.1	
	倪金珠(女)	委员	1999.1—2002.1	
	陆爱兴	委员	1999.1—2001.4	
	陆根荣	委员	1999.1—2001.4	
	王永良	委员	1999.1—2001.4	
	沈锦福	委员	2001.5—2002.1	
	陈祥森	委员	2001.5—2002.1	
	吴云飞	委员	2001.5—2002.1	
	赵志良	委员	2001.5—2002.1	

续表 13－7

机构名称	姓　名	职　务	任　职　时　间	备　　注
中　共 王江泾镇 委员会	陈志林	书记	2002.1—2005.4	2002年1月18—19日，王江泾镇召开第七次党员代表大会，选举产生中共王江泾镇第七届委员会
	周洪根	书记	2005.5—2006.12	
	沈凤兴	副书记	2002.1—2005.5	
	沈菊英(女)	副书记	2002.1—2005.5	
	徐永良	副书记	2002.1—2003.4	
	吴云飞	副书记	2002.1—2004.6 任委员 2004.6—2006.8	
	陈兴荣	副书记	2005.5—2006.12	
	徐坤荣	副书记	2005.5—2006.12	
	毛涧龙	委员	2002.1—2005.4	
	倪金珠(女)	委员	2002.1—2006.7	
	沈锦福	委员	2002.1—2006.7	
	陈祥森	委员	2002.1—2006.12	
	阮雅芬(女)	委员	2003.4—2006.7	
	何文彪	委员	2004.3—2006.12	
	陈荣根	委员	2005.1—2006.8	
	干根华	委员	2005.2—2006.12	
	郭林尧(女)	委员	2006.7—2006.12	
	严金良	委员	2006.8—2006.12	
中　共 王江泾镇 委员会	周洪根	书记	2006.12—2009.12	2006年12月11—12日，王江泾镇召开第八次党员代表大会，选举产生中共王江泾镇第八届委员会。2010年1月，王江泾镇全体党员“公推直选”镇党委书记，选举陈天荣为书记
	陈天荣	书记	2008.1—2010.1 任副书记 2010.1 任书记	
	徐坤荣	副书记	2006.12—2008.5	
	陈兴荣	副书记	2006.12—2008.5	
	孙　超	副书记	2007.6—2009.12	
	吴云飞	副书记	2008.5—2010.10	
	季　翔	副书记	2009.12—2010.12	
	郁勤根	副书记	2010.4—2010.12	
	李陈源	副书记	2010.8—2010.12	

续表 13－7

机构名称	姓　名	职　务	任　职　时　间	备　注
中　共 王江泾镇 委员会	干根华	副书记	2006.12—2010.8 任委员 2010.8—2010.12 任副书记	
	郭林尧(女)	委员	2006.12—2010.12	
	陈祥森	委员	2006.12—2010.8	
	严金良	委员	2006.12—2009.6	
	何文彪	委员	2007.1—2007.6	
	包国伟	委员	2007.8—2010.12	
	钱学明	委员	2009.10—2010.12	
	许雁军	委员	2009.12—2010.12	
	朱晏秋	委员	2010.8—2010.12	
	王根林	委员	2010.8—2010.12	

1984—2010 年中共王江泾镇党组织基本情况表

表 13－8

年　份	党委（个）	总支（个）	支部（个）	党员总数（人）	正式党员（人）	预备党员（人）	男党员数（人）	女党员数（人）	大学本、专科及以上（人）	中专（人）	高中（人）	初中及以下（人）
1984	1		11	66	64	2	59	7	0	2	2	62
1985	1		12	88	79	9	80	8	4	6	8	70
1986	1		12	120	103	17	111	9	6	11	14	89
1987	1		14	144	131	13	129	15	9	13	26	96
1988	1		35	484	470	14	433	51	13	26	52	393
1989	1		35	492	483	9	440	52	14	29	55	394
1992	1		35	544	527	17	487	57	17	34	58	435
1993	1		35	558	537	21	497	61	17	35	60	446
1994	1		35	566	11	555	505	61	17	37	65	447
1995	1		35	578	25	553	513	65	18	36	79	445
1997	1		33	612	593	19	538	74	31	51	75	455
1998	1		61	1473	1422	51	1310	163	45	88	210	1130
1999	1		54	1510	1464	46	1341	169	60	91	199	1160
2000	1		56	1530	1447	83	1349	181	68	106	202	1154

续表 13－8

年　份	党委（个）	总支（个）	支部（个）	党员总数（人）	正式党员（人）	预备党员（人）	男党员数（人）	女党员数（人）	大学本、专科及以上（人）	中专（人）	高中（人）	初中及以下（人）
2001	1		91	2480	2393	87	2177	303	118	158	352	1852
2002	1		84	2526	2457	69	2200	326	126	167	365	1868
2003	1		85	2570	2476	94	2229	341	139	177	369	1885
2004	1	5	94	2605	2550	55	2252	353	142	185	377	1901
2005	1	5	93	2647	2597	50	2270	377	181	190	383	1893
2006	1	5	93	2674	2619	55	2269	405	208	199	383	1884
2007	1	5	101	2724	2657	67	2296	428	260	208	389	1867
2008	1	6	99	2861	2756	105	2389	472	352	223	406	1880
2009	1	6	86	2946	2866	80	2424	522	427	255	406	1858
2010	1	14	103	3061	2957	104	2473	588	601	342	412	1706

说明：1984—1987 年为王江泾镇区情况，1988—1997 为双桥乡并入后情况，1998—2000 年为虹阳乡、荷花乡并入后情况，2001 年起为南汇镇、田乐乡、嘉北 4 个村并入后情况

第二节　党代会

中华人民共和国成立初，乡镇党组织负责人采用任命制，由地、县直接任命。1959 年 12 月始，建立党代会制，乡镇（公社）党组织领导主要由党员代表大会选举产生。

1983 年 12 月，中共王江泾区委员会更名为中共王江泾区工作委员会，宋锦荣任书记。1986 年 4 月，中共王江泾区工委由凌昌峰任书记。此后，田乐、南汇、荷花、油车港（澄溪）、双桥、王江泾、虹阳、栖真和七星等 9 个乡（镇）党委隶属于嘉兴市郊区区委，同时接受王江泾区工委检查督导。1987 年 12 月，王江泾区工委撤销。

1985—2010 年王江泾镇共召开八次党员代表大会，一次全体党员会，选举产生八届中共王江泾镇委员会。

【王江泾镇历次党代会】

1985 年 9 月 17—18 日，王江泾镇召开第一次党员代表大会，正式代表 74 名，实到代表 62 名。选举产生中共王江泾镇第一届委员会。朱敏杰、胡寅先后任书记；副书记朱海泉、严德林、陶良珍；委员 5 名。1988 年 10 月，双桥乡并入王江泾镇。同年 11 月 1 日，区委决定成立王江泾镇党代会筹备领导小组，任命吕行为组长，汪薛平、胡寅为副组长，组员有周兴福、徐傅荣、高永根。

1988年11月24—25日，王江泾镇召开第二次党员代表大会，正式代表115名，实到代表114名。大会主席团由7人组成。吕行作《中共王江泾镇第二次代表大会筹备情况的报告》。大会审议通过了工作报告，选举产生中共王江泾镇第二届委员会，委员6名。吕行任书记，汪薛平、胡寅任副书记。1989年6月，区委组织部任命委员1名；1989年11月和1990年8月，先后任命金茂祥、钱永祥为副书记。

1990年10月10—11日，王江泾镇召开第三次党员代表大会，正式代表96名，实到代表96名。大会主席团由15人组成。吕行作题为《团结一致，振奋精神，同心同德，艰苦创业，努力推进王江泾镇两个文明建设》的党委工作报告。大会审议通过工作报告，选举产生中共王江泾镇第三届委员会，委员7名。吕行任书记，金茂祥、钱永祥任副书记。1991年12月和1992年6月，区委先后任命王金根为镇党委书记、方建平为副书记；1992年10月和12月，组织部先后任命镇党委委员1名、2名。

1993年2月25—26日，王江泾镇召开第四次党员代表大会，正式代表113名，实到代表108名。大会主席团由13人组成。王金根作题为《解放思想，真抓实干，为推进王江泾镇两个文明建设而努力》的党委工作报告。钱永祥作题为《全面履行四项基本职能，努力为经济建设保驾护航》的纪律检查委员会工作报告。大会审议通过了上述报告，选举产生中共王江泾镇第四届委员会，委员7名。王金根任书记，金茂祥、钱永祥任副书记。1993年3月，区委任命方建平为副书记（金华市挂职交流干部）。1994年8月22日，区委任命金茂祥为书记、怀国华为副书记。1995年3月30日，区委任命陆文延为副书记。1995年4月28日，区委任命委员1名。1995年12月26日，区委任命金永和为书记，委员2名。

1996年2月7—8日，王江泾镇召开第五次党员代表大会，全镇35个支部以无记名投票和差额选举的方法，选出党员代表117名。其中乡、村及企事业单位党员干部代表75名，占代表总数的84.1%。选举产生中共王江泾镇第五届委员会，书记金永和，副书记怀国华、陆文延，委员5名。1997年3月21日，区委任命委员1名。1998年5月21日，荷花乡、虹阳乡并入王江泾镇。区委决定，建立王江泾镇筹建工作领导小组，金永和任组长，负责全面工作；朱菊生、於金牛、怀国华、李文雷、钱永祥任副组长。1998年6月23日，区委决定，建立中共王江泾镇委员会，任命书记1名，副书记3名，委员8名。金永和任书记，於金牛、李文雷、陆文延任副书记。

1999年1月21—22日，王江泾镇召开第六次党员代表大会，应到代表149名，实到代表149名。大会听取和审议《把握新机遇，迈向新世纪，为实现王江泾跨世纪的目标任务而努力奋斗》的党委工作报告和《围绕三大战略，履行纪检职能，为加快王江泾经济发展而努力奋斗》的纪委工作报告，并通过相应的决议。大会选举产生中共王江泾镇第六届委员会委员8名；选举产生中共王江泾镇纪律检查委员会，委员5名。1月22日，在王江泾镇第六届党委第一次会议上，选举金永和为书记，於金牛、陆文延为副书记。同年12月29日，区委任命沈凤兴、徐永良为副书记。2001年4月，秀洲区实施行政区划调整。5月15日，区委任命陈志林为书记、沈菊英为副书记。

2002年1月18—19日，王江泾镇召开第七次党员代表大会，应到代表118名，实到代表

117名。大会听取和审议《立足新起点，谋求新突破，为把王江泾建设成卫星重镇而努力奋斗》的党委工作报告和《实践“三个代表”重要思想，加强和改进党的作风建设》的纪委工作报告，并通过相应的决议。大会选举产生中共王江泾镇第七届委员会，委员9名；选举产生中共王江泾镇纪律检查委员会，委员5名。1月19日，七届党委第一次会议选举产生：陈志林任书记，沈凤兴、沈菊英、徐永良任副书记。2003年4月18日，区委任命委员1名。2004年3月16日，区委任命委员1名。同年6月23日，区委任命吴云飞为副书记。2005年1月10日，区委任命委员1名。同年4月6日，区委任命委员1名。同年5月17日，区委任命周洪根为书记、陈兴荣为副书记。同年5月25日，区委任命副书记徐坤荣。2006年7月11日，区委任命委员1名。同年8月14日，区委任命委员1名。

2006年12月11—12日，王江泾镇召开第八次党员代表大会，应到代表100名，实到代表100名。大会听取和审议《以人为本，和谐发展，加快推进社会主义新农村建设》的党委工作报告和《标本兼治，惩防并举，努力开创我镇反腐倡廉工作新局面》的纪委工作报告，并通过相应的决议。大会选举产生中共王江泾镇第八届委员会委员7名。同年12月12日，八届党委第一次会议选举周洪根为书记，徐坤荣、陈兴荣为副书记。2007年1月10日，区委任命委员1名。

【原南汇镇(乡、公社)历次党代会】

1958年9月，南汇、澄溪和荷花3个乡党总支部合并，建立中共东风公社临时工作委员会。10月，正式建立中共东风公社委员会。1959年5月，更名为中共南汇公社委员会。

1959年12月，南汇公社召开第一次党员代表大会，选举产生中共南汇公社第一届委员会。王升言、王保林先后任书记；金文福、陆大兴、沈小八、陈阿福、王叙法、宋锦荣任副书记。

1963年1月，南汇公社召开第二次党员代表大会，选举产生中共南汇公社第二届委员会。宋锦荣任书记，杨春荣任副书记。

1970年6月，南汇公社召开第三次党员代表大会，选举产生中共南汇公社第三届委员会。许炳土任书记，张炳年、吴万兴、江关泉任副书记。

1979年4月，南汇公社召开第四次党员代表大会，选举产生中共南汇公社第四届委员会。许炳土、江关泉、储传根先后任书记，吴万兴、金桂福、陆甫根、顾政宇任副书记。1983年12月，中共南汇公社委员会改建为中共南汇乡委员会。

1985年9月，南汇乡召开第五次党员代表大会，选举产生中共南汇乡第五届委员会。同年12月，中共南汇乡委员会改为中共南汇镇委员会，原南汇乡党委的委员、副书记、书记改任南汇镇党委委员、副书记、书记。吕桂林、陆甫根、朱菊生先后任书记，张昌荣、吕行、徐志坤任副书记。至1988年1月，朱菊生任书记，张昌荣、徐志坤任副书记。

1988年9月28—29日，南汇镇召开第六次党员代表大会，正式代表78名，实到代表73名。大会主席团由11人组成。朱菊生作《加强党的领导，为振兴南汇镇经济而努力奋斗》的党委工作报告。大会审议通过了工作报告，选举产生中共南汇镇第六届委员会，朱菊生任书记，张昌荣，徐志坤任副书记。1989年1月、7月，区委先后任命顾太文为副书记、俞玉林为委员。1990年1月，区委先后任命史桂兴为副书记、陆文延为委员。

1990年9月7—8日，南汇镇召开第七次党员代表大会，正式代表83名，实到代表80名。大会主席团由12人组成。朱菊生作《振奋精神，艰苦创业，努力推进南汇镇两个文明建设》的党委工作报告。大会审议通过了工作报告，选举产生中共南汇镇第七届委员会。朱菊生任书记，史桂兴、顾太文任副书记。1992年10月，区委任命朱明生为书记、陆文延为副书记。同年12月，区委组织部任命委员3名。

1993年2月24—25日，南汇镇召开第八次党员代表大会，正式代表100名，实到代表99名。大会主席团由11人组成。朱明生作《全面振兴经济，加快南汇镇两个文明建设的步伐》的党委工作报告；陆巧珠作《紧紧围绕经济建设中心，努力开创纪检工作新局面》的纪委工作报告。大会审议通过了两个报告，选举产生中共南汇镇第八届委员会，委员7名。其中，朱明生任书记，顾太文、陆文延任副书记。1995年3月30日，区委任命书记、副书记各1名：金桂福任书记，周洪根任副书记。同年4月16日，任命周史金为副书记。

1996年2月，南汇镇召开第九次党员代表大会，选举产生中共南汇镇第九届委员会，委员6名。书记金桂福，副书记周洪根、周史金。1997年3月21日，区委任命书记、副书记、委员各1名：周洪根任书记，倪顺荣任副书记。1998年6月23日，区委任命陆甫根为书记。

2001年4月，南汇镇并入王江泾镇。

【原双桥乡(公社)历次党代会】

1958年9月，王江泾、嘉北2个乡党总支部合并建立中共双桥公社临时工作委员会。10月，正式建立中共双桥公社委员会。

1959年12月，双桥公社召开第一次党员代表大会，选举产生中共双桥公社第一届委员会。田川、许文光、阮新法、方刘荣先后任书记。张连观、吴春林、王宪经、陶来观、王昌林、刘金陵、董永春、章伟祥、张永春、王惠泉、韩凤祥为副书记。

1963年1月，双桥公社召开第二次党员代表大会，选举产生中共双桥公社第二届委员会。阮新法任书记，王惠泉、张永春、沈星甫任副书记。

1970年7月，双桥公社召开第三次党员代表大会，应到党员158名，实到149名。选举产生中共双桥公社第三届委员会。宋锦荣任书记，沈福昶、杨含清、陈星辉、张连观、张昌荣任副书记。

1980年2月，双桥公社召开第四次党员代表大会，正式代表124名，实到代表119名，选举产生中共双桥第四届委员会。宋锦荣、赵忠林先后任书记，沈福昶、张连观、张昌荣、周志明、张永春、沈洪德、张培基任副书记。1984年1月，中共双桥公社委员会改建为中共双桥乡委员会。

1985年9月，双桥乡召开第五次党员代表大会，选举产生中共双桥乡第五届委员会。顾政宇、仲建平、吕行先后任书记，朱明生、汪薛平任副书记。1988年1月，吕行任书记，汪薛平任副书记。

1988年10月，双桥乡并入王江泾镇。

【原田乐乡(公社)历次党代会】

1963年1月，田乐公社召开第一次党员代表大会，选举产生中共田乐公社第一届委员会。陶海林、王保林先后任书记，朱阿马任副书记。

1970 年 7 月，田乐公社召开第二次党员代表大会，选举产生中共田乐公社第二届委员会。丁生观、金惠人先后任书记，费顺观、范玉明任副书记。

1979 年 12 月，田乐公社召开第三次党员代表大会，选举产生中共田乐公社第三届委员会。金惠人、凌昌峰先后任书记，王杏娜、史桂兴、储传根任副书记。1983 年 12 月，中共田乐公社委员会改建为中共田乐乡委员会。

1985 年 9 月，田乐乡召开第四次党员代表大会，选举产生中共田乐乡第四届委员会。史桂兴、陆甫根先后任书记，金桂福、沈海兴、王杏娜任副书记，凌昌峰为调研员。

1988 年 11 月 18—19 日，田乐乡召开第五次党员代表大会，正式代表 80 名，实到代表 78 名。大会主席团由 12 人组成。陆甫根作《适应改革形势，加强党的建设，为加快建设文明富裕的田乐乡而奋斗》的党委工作报告。大会审议通过了工作报告，选举产生中共田乐乡第五届委员会，委员 4 名。陆甫根任书记，沈海兴任副书记。1990 年 1 月、2 月和 8 月，区委组织部先后任命委员各 1 名。

1990 年 9 月 4—5 日，田乐乡召开第六次党员代表大会，正式代表 89 名，实到代表 84 名。大会主席团由 12 人组成。陆甫根作《振奋精神，艰苦创业，努力推进田乐乡两个文明建设》的党委工作报告。大会审议通过了工作报告，选举产生中共田乐乡第六届委员会，委员 6 名，其中书记 1 名、副书记 2 名：陆甫根任书记，沈海兴、於金牛任副书记。1992 年 5 月和 12 月，区委先后任命何小弟为副书记、委员 3 名。

1993 年 2 月 27—28 日，田乐乡召开第七次党员代表大会，正式代表 64 名，实到代表 62 名。大会主席团由 13 人组成。陆甫根作《解放思想换脑筋，真抓实干求实效，为推进田乐乡两个文明建设而奋斗》的党委工作报告；何小弟作题为《紧紧围绕经济建设中心，努力开创纪检工作新局面》的纪委工作报告。大会审议通过两个工作报告，选举产生中共田乐乡第七届委员会，委员 7 名。陆甫根任书记，於金牛、何小弟任副书记。

1996 年 2 月 2—3 日，田乐乡召开第八次党员代表大会，选举产生中共田乐乡第八届委员会，委员 7 名。书记陆甫根，副书记陈志林、何晓迪。选举产生中共田乐乡纪律检查委员会，委员 4 名。1997 年 3 月 21 日，区委任命委员 1 名。1998 年 6 月 23 日，区委任命书记 1 名，副书记 1 名和委员 3 名。陈志林任书记，沈菊英任副书记。

2001 年 4 月，田乐乡并入王江泾镇。

【原荷花乡(公社)历次党代会】

1963 年 1 月，荷花公社召开第一次党员代表大会，选举产生中共荷花公社第一届委员会。金文福、王汉兴任书记，陈阿福、陆大兴、范玉明任副书记。

1970 年 5 月，荷花公社召开第二次党员代表大会，选举产生中共荷花公社第二届委员会。陈阿福任书记，范玉明、黄伯明、董掌生、王峰林任副书记。

1980 年 10 月，荷花公社召开第三次党员代表大会，选举产生中共荷花公社第三届委员会。陈阿福、宋锦荣、严德林先后任书记，黄伯明、褚惠泉、徐善良、吴中强任副书记。1984 年 1 月，中共荷花公社委员会改建为中共荷花乡委员会。

1985年9月，荷花乡召开第四次党员代表大会，选举产生中共荷花乡第四届委员会。吴中强、高振坤先后任书记，朱菊生、金桂福任副书记。1988年，高振坤任书记，金桂福任副书记。

1988年10月21—22日，荷花乡召开第五次党员代表大会，正式代表90名，实到代表85名。大会主席团由9人组成。高振坤作《加强党的建设，继续深化改革，为加快建设文明富裕的荷花乡而奋斗》的党委工作报告。大会审议通过了工作报告，选举产生中共荷花乡第五届委员会，委员7名。高振坤任书记，金桂福、姚良根任副书记。1989年12月，区委任命金桂福为书记。1990年1月，区委组织部任命周史金为委员。1990年3月，区委任命李文雷为副书记。

1990年9月15—16日，荷花乡召开第六次党员代表大会，正式代表94名，实到代表94名。大会主席团由13人组成。金桂福作《团结奋斗，艰苦创业，为加快建设文明富裕的荷花乡而奋斗》的党委工作报告。大会审议通过了工作报告，选举产生中共荷花乡第六届委员会，委员7名。金桂福任书记，姚良根、李文雷任副书记。1992年4月、12月，区委先后任命洪根祥、孙祥玮为副书记。1992年4月、12月，区委组织部先后任命委员2名。

1993年2月25—26日，荷花乡召开第七次党员代表大会，正式代表100名，实到代表97名。大会主席团由13人组成。金桂福作《解放思想，真抓实干，为推进荷花乡两个文明建设而奋斗》的党委工作报告。姚金宝作《围绕经济建设中心，开创纪检工作新局面》的纪委工作报告。大会审议通过了上述报告，选举产生中共荷花乡第七届委员会，委员7名。金桂福任书记，李文雷、孙祥玮任副书记。

1996年2月9日，荷花乡召开第八次党员代表大会，选举产生中共荷花乡第八届委员会。八届党委第一次会议选举产生书记1名、副书记2名。书记於金牛，副书记钱永祥、倪顺荣。1997年3月21日，区委任命陆巧珠为副书记。

1998年5月，荷花乡并入王江泾镇。

【原虹阳乡(公社)历次党代会】

1970年7月，虹阳公社召开第一次党员代表大会，选举产生中共虹阳公社第一届委员会。邹正奎、陶海林先后任书记，俞月初、江关泉、朱敏杰、王志良、罗雪浩任副书记。

1980年1月，虹阳公社召开第二次党员代表大会，选举产生中共虹阳公社第二届委员会。俞月初、朱敏杰先后任书记，李荣奎、顾政宇、钱仁观任副书记。1984年1月，中共虹阳公社委员会改建为中共虹阳乡委员会。

1985年9月，虹阳乡召开第三次党员代表大会，选举产生中共虹阳乡第三届委员会。刘庆祥任书记，李荣奎、朱明生、陈志林任副书记，李荣奎为调研员。

1988年9月29—30日，虹阳乡召开第四次党员代表大会，正式代表72名，实到代表72名，大会主席团由11人组成。刘庆祥作《继续深化改革，切实加强党的领导，为全面振兴虹阳经济而奋斗》的党委工作报告。大会审议通过了工作报告，选举产生中共虹阳乡第四届委员会，委员5名。刘庆祥任书记，朱明生、陈志林任副书记。1989年12月和1990年1月，区委先后任命朱明为书记、高松泉为副书记。1990年5月，区委组织部任命陆根荣为委员。

1990 年 8 月 29—30 日，虹阳乡召开第五次党员代表大会，正式代表 74 名，实到代表 74 名。大会主席团由 13 人组成。朱明生作《团结奋斗，艰苦创业，努力推进两个文明建设》的党委工作报告。大会审议通过了工作报告，选举产生中共虹阳乡第五届委员会，委员 7 名。朱明生任书记，陈志林、高松泉任副书记。1992 年 10 月和 12 月，区委任命朱菊生为书记。

1993 年 2 月 26—27 日，虹阳乡召开第六次党员代表大会，正式代表 75 名，实到代表 73 名。大会主席团由 12 人组成。朱菊生作《解放思想，真抓实干，为推进虹阳乡两个文明建设而奋斗》的党委工作报告；王柏林作《紧紧围绕经济建设中心，努力开创纪检工作新局面》的纪委工作报告。大会审议通过了两个报告，选举产生中共虹阳乡第六届委员会，委员 6 名。朱菊生任书记，陈志林、高松泉任副书记。

1996 年 2 月 9—10 日，虹阳乡召开第七次党员代表大会，选举产生中共虹阳乡第七届委员会，委员 7 名。朱菊生任书记，李文雷、高松泉任副书记。

1998 年 5 月，虹阳乡并入王江泾镇。

第三节　党务工作及党内重要活动

1949 年 9 月，境内各乡党组织领导群众开展摧毁旧政权斗争、剿匪反霸的运动。1950 年 1—8 月，开展土改运动。1950 年 11 月，执行中共中央作出的“抗美援朝、保家卫国”决策，开展大规模的宣传教育活动。1952 年 2 月，领导群众开展“三反”“五反”运动。1955 年 8 月，组织领导群众学习毛泽东主席《关于农业合作化问题》的报告，按照“全面规划，加强领导”的方针，推动农业合作化运动的发展。1958 年 9 月，全体党员干部学习贯彻“鼓足干劲，力争上游，多快好省地建设社会主义”的总路线，发动“大跃进”和人民公社化运动。1961 年，贯彻落实“调整、巩固、充实、提高”的八字方针和《农业六十条》《工业七十条》条例。1962 年 10 月，认真学习贯彻中共八届十中全会精神，把发展农业放在首要位置。1963 年，组织开展“工业学大庆”“农业学大寨”，继续发扬艰苦奋斗、自力更生的精神。开展“比、学、赶、帮、超”的社会主义劳动竞赛。1979 年 1 月，学习贯彻中共十一届三中全会精神。1982 年 10 月，贯彻执行中共十二大精神，执行党在新时期的总任务——团结全国各族人民，自力更生，艰苦奋斗，逐步实现工业、农业、国防和科学技术现代化，把中国建设成为高度文明、高度民主的社会主义国家。1985 年，认真学习和贯彻执行党在社会主义初级阶段的理论，以经济建设为中心，坚持四项原则、坚持改革开放的总方针。1988 年 10 月，全面开展党的基本路线教育和“我为党旗增辉，为秀洲添彩”活动。1989 年 11 月，全面开展党的群众路线教育活动，牢固树立马克思主义群众观点。

1990 年 11 月 15 日，虹阳乡党委、乡政府联合发布《关于在全乡开展党的基本路线教育的意见》，要求全乡党员根据中共十三届五中、六中全会和中央农村工作座谈会会议的精神，以“稳定、鼓劲、改革、发展”为基础，广泛、扎实、深入地对农村干部和群众进行以社会主义、爱国主义、集体主义思想为主要内容的基本路线教育，进一步提高干部群众的思想觉悟，振奋精神，增强信心，进一步深化农村改革，完善双层经营体制，发展壮大集体经济；进一步加强以党支部为核心的农村基层组织建设，密切党群、干群关系，推动当前和1991年农村工作任务的完成，促进全乡的两个文明建设。各乡镇先后开展基本路线教育活动。

1991年，王江泾镇党委发布《一九九一年度组织工作要点》，提出并要求党的组织工作主要以中共十三届六中、七中全会精神为指针，以迎接建党70周年为动力，以经济建设为中心，认真贯彻党的基本路线，大力开展党的基层组织建设，着力提高党员队伍建设，为实现王江泾镇"五新"目标提供组织保证；要求扎实开展"双争"目标管理和农村党支部评类升级达标活动，以及农村党支部书记中争当两个文明建设带头人活动等等。

1992年3月30日，王江泾镇党委发布《王江泾镇一九九二年度宣传工作要点》，指出并要求党的宣传工作继续坚持"团结、稳定、鼓劲"的方针，围绕继续抓好发展经济、加强党的建设和维护社会稳定三件大事和镇党委提出的年度奋斗目标，抓住"统一思想，狠抓落实"这两个重要环节，切实搞好经济宣传，加大改革开放宣传的分量，深入进行坚持四项基本原则的教育，用中国特色社会主义的理论和路线，统一干部群众的思想，精心组织中共十三届八中全会等重大会议文件精神的学习宣传贯彻；围绕中心工作，广泛开展社会主义宣传活动。

1992年4月3日，王江泾镇党委发布《关于进一步健全联村干部岗位责任制的通知》，要求联村干部要经常下村，要与联系村的干部群众联心联事业，把各项工作落到实处。

1992年，王江泾镇党委工作以中共十三届八中全会精神和江泽民总书记的七一讲话为指针，以迎接中共十四大召开为动力，以经济建设为中心，坚持从严治党，本着"抓重点、打基础、创特色、求实效"的要求，更好地发挥基层党支部的战斗堡垒作用和共产党员的先锋模范作用。

1992年9月15日，王江泾镇党委、镇政府联合发布《关于一九九二年度农村支部、村民委工作目标责任制考核的实施意见》，对各农村党支部、村委会进行目标责任制考核，考核内容分经济建设、党建群团工作和社会发展3个方面，共19个项目，考核总分为100分，其中经济建设48分，党建群团工作28分，社会发展24分。

1992年11月30日，王江泾镇党委发布《关于学习贯彻党的十四大精神实施计划的通知》，规定各党组织从11月28日开始，认真学习中共十四大文件，用中国特色社会主义理论武装广大党员干部和群众，坚持党的基本路线不动摇，进一步解放思想"换脑筋"，抓住有利时机，加快发展经济，按照建立社会主义市场经济体制要求，深化农村改革，着重研究如何进一步把农业和乡镇企业推向市场，真抓实干，推动农村各项工作的开展。

1992年12月28日，王江泾镇党委发布《关于认真开展1992年度民主评议党员工作的意见》，要求全镇党员在认真学习中共十四大会议精神的基础上，集中精力，花5天时间进行民主评议党员工作。评出优秀党员、不合格党员；镇优秀党员原则上以党支部为单位，党员总数在15人以内的评1名，15名以上的评2名；不合格党员按照郊区区委组织部印发的15种表现行为之一的，一般应评为不合格党员。

2000年4月28日，田乐乡党委发布《关于在全乡农村积极开展“思源更思进，建设新田乐”集中教育活动的实施意见》，要求全体党员教育主要以全乡农村提前基本实现现代化为出发点和落脚点，引导干部群众进一步认清形势，明确任务，进一步思出方向、思出办法、思出凝聚力和战斗力，坚定信心，振奋精神，团结拼搏，再创佳绩。

2000年4月28日，田乐乡党委发布《关于在全乡开展“思源更思进，建设新田乐”系列活动的总体方案》，要求全体党员以乡“三引工程”和“三区联动”为目标，团结奋斗，再创新业，全面推进“面向新世纪，建设新田乐乡”的伟大事业，以实际行动迎接建党80周年。

2000年8月18日，田乐乡党委发布《关于在农村开展“关心下一代先进村”争创活动的通知》，强调关心下一代工作要做到制度化、经常化，村里有一名主要领导担任关心下一代工作领导小组组长，并把关心下一代工作列入党支部的议事日程，做到年初有安排、年终有总结，每季有活动。有80%健康老人参加关心下一代活动，60岁以上老同志多数具有关心下一代的思想意识，了解关心下一代组织的性质与任务。农村实现“三无”，即无犯罪（指青少年没有犯罪的）、无懒汉（指没有游手好闲的青少年）、无不孝子女（指青少年中没有打骂长辈的、没有虐待老人的、没有不赡养老人的）。

2000年11月18日，田乐乡党委发布《关于在全乡开展星级文明户评创活动的通知》，规定星级文明户的评创分为两个层次，即乡评选星级文明家庭，村评选九星级文明户；星级文明户的评选标准分为九个方面，每个方面叫一颗星，九个方面就是九颗星；村以评创九星级文明户为载体，乡在村九星级文明户基础上，评选乡级星级文明家庭。

2001年，镇党委根据秀洲区委发布的文件《关于在全区农村开展“三个代表”重要思想学习教育活动的实施意见》，对镇级机关、单位人员开展集中教育，并集中抓了村级班子的学习教育。

2002年，镇党委按照区委的统一部署，在全镇机关内开展“转变作风年”和“调查研究年”活动，以进一步推进干部的作风建设，巩固党群、干群关系，推动经济发展。

2003年，镇党委根据区委部署，全面开展农村基层组织“先锋工程”建设活动，力争经过5年的努力，使90%以上的党组织成为领导班子坚强有力、经济健康、快速发展，管理科学规范，精神文明协调共进，农民群众拥护满意的基层党组织。

2006年，镇党委开展学习党章、保持共产党员先进性活动，要求全镇党员认真学习党章，重温入党誓词，整改自身差距，永葆共产党员的先进性本色。

2010年，在区委的统一布置下，镇党委作为全市镇党委书记公推直选的试点，开展公推直选中共王江泾镇党委书记活动。全镇共有2524名党员参选，陈天荣当选为镇党委书记。

第四节　纪律检查

1950年6月，根据中共中央《关于成立中央及各级党的纪律检查委员会的决定》，成立中共嘉兴纪律检查委员会。同年年底，各县相继建立县纪律检查委员会。

1956年5月，中共嘉兴纪律检查委员会改建为中共嘉兴地方监察委员会。1956年9月，为了保证农业合作化的健康发展和其他各项社会主义建设事业的顺利进行，党的监察工作必须加强。为此特根据县委关于改进领导方法决议中的有关规定，对县属各乡支部、镇委设监察员。沈裕生任王江泾乡监察员、沈小虎任南汇乡监察员、仲兴观任荷花乡监察员，从事各乡党支部的纪律检查和监察工作。

1959 年公社化时，设公社监察委员会，陶来观任双桥公社监察委员会书记，沈小八任南汇公社监察委员会书记。

1960 年，党的政治任务和中心工作是“大办农业、大办粮食”。监察工作围绕反右整风、三反、改造落后队伍。在领导方式上贯彻“两手抓”和“两条腿走路”的方针，既抓重点，又抓全面；既抓农村方面的问题，又抓城镇方面的问题。

1963 年 5 月，沈小虎任南汇公社监察委员会主任，潘照兴任田乐公社监察委员会主任，沈裕生任双桥公社监察委员会主任，仲兴观任荷花公社监察委员会主任。

1966 年 5 月，凌昌峰任田乐公社监察委员会主任。

“文化大革命”开始后，各公社的纪律检查工作均处于瘫痪状态。

1976 年粉碎江青反革命集团后，各公社的纪律监察工作恢复。各公社由党委委员分管纪律监察工作，并着手对各公社的冤假错案进行逐步调查、平反。

1984 年体制改革后，各乡镇的纪律检查工作由各乡镇党委委员分管，主要从事党的路线、方针、政策和决议的执行，协助党委加强党风建设和组织协调反腐工作。

1990 年根据上级纪委的要求，各乡镇始设乡镇党委纪律监察小组，由党委委员担任小组长。

1992 年各乡镇建立乡镇纪律检查委员会，设纪委书记、副书记。

【乡镇纪检组织】

中共田乐乡纪律检查委员会　1990 年 5 月 5 日，田乐乡建立纪检、监察组。纪检监察组组长吴法根，副组长倪金珠，组员沈跃春。

1992 年 8 月 13 日，建立中共田乐乡纪律检查委员会，委员 3 名。何小弟任书记。

1993 年 2 月 27—28 日，田乐乡召开第七次党员代表大会。何小弟作题为《紧紧围绕经济建设中心 努力开创纪检工作新局面》的纪委工作报告。选举产生中共田乐乡纪律检查委员会，委员 3 名。倪金珠任书记。

1996 年 2 月 2—3 日，田乐乡召开第八次党员代表大会，选举产生中共田乐乡纪律检查委员会，委员 4 名。纪委第一次会议选举产生书记、副书记各 1 名。何小弟任书记，俞玉林任副书记。

1996 年 4 月 7 日，田乐乡监察室由俞玉林、金海明、孟福观组成，俞玉林任主任。

1998 年 6 月 23 日，区委任命纪委书记 1 名。沈菊英任书记。

中共南汇镇纪律检查委员会　1990 年 2 月 7 日，建立南汇镇纪检、监察组，由顾太文任组长。

1992 年 3 月 30 日，建立中共南汇镇纪律检查委员会，委员 3 名。顾太文任书记。

1993 年 2 月 24—25 日，南汇镇召开第八次党员代表大会。陆巧珠作题为《紧紧围绕经济

建设中心 努力开创纪检工作新局面》的纪委工作报告。大会审议通过上述报告，选举产生中共南汇镇纪律检查委员会，委员3名。纪委第一次会议选举陆巧珠为书记。

1996年1月28—29日，南汇镇召开第九次党员代表大会，选举产生中共南汇镇纪律检查委员会，任期到1999年1月。

1994年3月20日，南汇镇纪检、监察机关合署办公，陆自忠任监察室主任。

1996年4月7日，监察室由陆自忠、王健龙、沈汉泉组成，陆自忠任主任。

1998年8月24日，区委组织部、区纪委任命严金良为南汇镇纪委副书记。

1999年1月18—19日，南汇镇召开第十次党员代表大会。听取和审议《围绕经济 履行职责 为促进南汇镇两个文明建设而努力奋斗》的纪委工作报告，并通过相应的决议。大会选举产生镇纪律检查委员会委员4名。1月19日，十届党委第一次会议选举产生镇纪委，纪委第一次会议选举盛地金为书记、吴志勇为副书记。

中共荷花乡纪律检查委员会 1990年5月28日，建立荷花乡纪检、监察组，由周史金任组长。

1992年3月30日，建立中共荷花乡纪律检查委员会，委员4名，副书记姚金宝。

1993年2月25—26日，荷花乡召开第七次党员代表大会。姚金宝作题为《围绕经济建设中心 开创纪检工作新局面》的纪委工作报告。大会审议通过了上述报告，选举产生中共荷花乡纪律检查委员会，委员3名，书记姚金宝。

1994年4月14日，区委任命李永明为纪委副书记。

1996年2月9日，纪委第一次会议选举产生书记姚金宝、副书记李永明。

1996年4月7日，荷花乡监察室由李永明、王松林、高永昌组成，李永明任主任。

1998年5月21日，撤销荷花乡建制，其行政区域并入王江泾镇。

中共虹阳乡纪律检查委员会 1990年5月5日，虹阳乡建立纪检、监察组。纪检监察组组长黄品荣，副组长张宝良，组员张惠明、阮海荣、姚高玉。

1992年3月30日，建立中共虹阳乡纪律检查委员会，委员3名，高松泉任书记，张惠明任副书记。

1993年2月26—27日，虹阳乡召开第六次党员代表大会。王柏林作题为《紧紧围绕经济建设中心 努力开创纪检工作新局面》的纪委工作报告。选举产生中共虹阳乡纪律检查委员会，委员3名。纪委第一次会议选举王柏林为书记。

1994年3月20日，王柏林任虹阳乡监察室主任。

1996年2月9—10日，虹阳乡召开第七次党员代表大会，选举产生中共虹阳乡纪律检查委员会，委员4名。高松泉任书记，张惠明任副书记。

1996年4月7日，虹阳乡监察室由张惠明、阮海荣组成，张惠明任主任。

1998年5月21日，撤销虹阳乡建制，其行政区域并入王江泾镇。

中共王江泾镇纪律检查委员会 1990年5月5日，王江泾镇建立纪检、监察组。纪检监察组组长徐傅荣，副组长陶良珍，组员金尧梅。

1992年3月30日，建立中共王江泾镇纪律检查委员会，委员5名。钱永祥任书记，李爱珍任副书记。

1993年2月25—26日，王江泾镇召开第四次党员代表大会。钱永祥作题为《全面履行四项基本职能 努力为经济建设保驾护航》的纪律检查委员会工作报告。选举产生镇纪律检查委员会，委员3名。纪委第一次会议选举钱永祥为书记、李爱珍为副书记。

1994年3月20日，李爱珍任王江泾镇监察室主任。

1996年4月7日，王江泾镇监察室由顾万金、李爱珍组成，顾万金任主任。

1998年5月，荷花乡、虹阳乡并入王江泾镇。1998年6月23日，区委决定建立王江泾镇纪律检查委员会，任命倪金珠为纪委书记。1998年8月24日，区委组织部、区纪委任命张惠明为副书记。

1999年1月21—22日，王江泾镇召开第六次党员代表大会。大会听取和审议《围绕三大战略 履行纪检职能 为加快王江泾经济发展而努力奋斗》的纪委工作报告，选举产生中共王江泾镇纪律检查委员会委员5名。纪委第一次会议选举产生书记倪金珠、副书记张惠明。同年5月15日，区委任命纪委书记1名；同年6月29日，区委组织部、区纪委任命吴志勇为副书记。

2002年1月18—19日，王江泾镇召开第七次党员代表大会。大会听取和审议《关于实践“三个代表”重要思想 加强和改进党的作风建设》的纪委工作报告，选举产生镇纪律检查委员会委员5名。1月19日，纪委第一次会议选举沈菊英为书记、倪金珠为副书记。同年5月17日，陈兴荣任纪委书记。2006年7月11日，区委任命干根华为镇纪委副书记。

2005年，倪金珠任王江泾镇监察室主任。

2006年12月11—12日，王江泾镇召开第八次党员代表大会。大会听取和审议《标本兼治 惩防并举 努力开创我镇反腐倡廉工作新局面》的纪委工作报告，选举产生镇纪律检查委员会委员5名。12月12日，纪委第一次会议选举产生陈兴荣为书记、干根华为副书记。

王江泾镇及原各乡镇历任纪检负责人任职一览表

表13－9

机构名称	姓　名	职　务	任　职　时　间	备　　　注
中共田乐乡纪律检查委员会	何小弟	书记	1993.2—1993.2	
	倪金珠(女)	书记	1993.2—1996.2	田乐乡第七次党员代表大会
	何小弟	书记	1996.2—1998.6	田乐乡第八次党员代表大会、纪委第一次会议
	俞玉林	副书记	1996.2—	
	沈菊英(女)	书记	1998.6—2001.4	区委任命
	沈菊英	书记	1999.1—2001.4	
	俞玉林	副书记	1999.1—2001.4	

续表 13－9

机构名称	姓　名	职　务	任　职　时　间	备　　注
中共南汇镇纪律检查委员会	顾太文	书记	1992.3—1993.2	
	陆巧珠(女)	书记	1993.2—1994.1	南汇镇第八次党员代表大会
	陆巧珠(女)	书记	1994.1—1996.1	
	周史金	书记	1996.1—1999.1	南汇镇第九次党员代表大会
	陆自忠	副书记	1996.1—1998.6	
	严金良	副书记	1998.8—1999.1	
	盛地金(女)	书记	1999.1—2001.4	南汇镇第十次党员代表大会、纪委第一次会议
	吴志勇	副书记	1999.1—2001.4	
中共荷花乡纪律检查委员会	姚金宝(女)	副书记	1992.3—1993.2	
	姚金宝(女)	书记	1993.2—1994.1	荷花乡第七次党员代表大会
	姚金宝(女)	书记	1994.1—1996.2	
	李永明	副书记	1994.4—1996.2	区委任命
	姚金宝(女)	书记	1996.2—1998.5	荷花乡第八次党员代表大会、纪委第一次会议
	李永明	副书记	1996.2—1998.5	
中共虹阳乡纪律检查委员会	高松泉	书记	1992.3—1993.2	
	张惠明	副书记	1992.3—1993.2	
	王柏林	书记	1993.2—1994.1	虹阳乡第六次党员代表大会、纪委第一次会议
	王柏林	书记	1994.1—1995.12	
	高松泉	书记	1996.2—1998.5	虹阳乡第七次党员代表大会
	张惠明	副书记	1996.2—1998.5	
中　共王江泾镇纪律检查委员会	钱永祥	书记	1992.3—1993.2	
	李爱珍(女)	副书记	1992.3—1993.2	
	钱永祥	书记	1993.2—1994.1	
	李爱珍(女)	副书记	1993.2—1994.1	
	钱永祥	书记	1994.1—1995.3	王江泾镇第四次党员代表大会
	李爱珍	副书记	1994.1—1996.2	
	陆文延	书记	1996.2—1998.5	王江泾镇第五次党员代表大会
	顾万金	副书记	1996.2—1998.5	

续表 13-9

机构名称	姓　名	职　务	任　职　时　间	备　　注
中　共 王江泾镇 纪律检查 委员会	倪金珠(女)	书记	1998.6—1999.1	区委任命
	张惠明	副书记	1998.8—1999.1	
	倪金珠(女)	书记	1999.1—2002.1	王江泾镇第六次党员代表大会、纪委第一次会议
	张惠明	副书记	1999.1—2001.4	
	吴志勇	副书记	2001.6—2002.1	区委任命
	沈菊英(女)	书记	2002.1—2005.5	王江泾镇第七次党员代表大会
	陈兴荣	书记	2005.5—2006.12	区委任命
	倪金珠	副书记	2002.1—2006.7	
	干根华	副书记	2006.7—2006.12	区委任命
	陈兴荣	书记	2006.12—2010.12	王江泾镇第八次党员代表大会
	干根华	副书记	2006.12—2010.12	

【纪检工作】

1987年，荷花乡党委利用查处的典型案例，在向党员进行生动、具体的党性教育的同时，认真做好违纪党员处理后的回访工作。采取“一访、二听、三结合”的方法，耐心进行疏导，使他们能深刻认识到自己所犯错误的严重性及错误的根源。由于党委做了大量的思想政治工作，使这些犯错误的党员不怨上、不怨下，表示接受组织帮助，坚决改正错误。双桥乡党委进行党风大检查，发现党组织和党员所存在的问题，摸清各支部和党员的思想状况及政治素质。南汇镇、虹阳乡党委通过党风大检查，进一步建立党委、支部党风责任制，及时解决群众反映的问题，做到早发现早抓，不发现早防。

1992年，王江泾镇纪检工作为积极保护支持农村改革，努力维护集体利益，促进集体经济的巩固和壮大。在抓违纪案件的查处时，提倡企业廉洁经营，对开拓创新的厂长、经理召开“企业在我心中”工作交流会，树立典型，弘扬正气。

1993年，田乐乡党委、乡政府注重抓好班子和党员干部的自身建设，采取一些扎实措施，收到实效。一是严抓考勤制度，规定工作人员每天上班必须按时到传达室签到，不得迟到早退。每月迟到超过2次以上者，每次扣2元，月结月清；不签到者作不上班处理，每天扣5元，按月兑现。乡政府统一把好财务关，凡是属于乡政府下属部门单位的财务账，全部由乡政府总会计、总出纳统一管理，并坚持财务审批乡长“一支笔”制度。严格控制公费外出。虹阳乡对个别党员干部“小麻将”赌博现象，党委召开支委以上干部会议进行批评教育；乡农电、三电办合并后，实行综合电价，制止行业不正之风；乡纪委对全乡公款吃喝费用作一次检查，对不正之风进行及时批评教育。荷花乡举办2期由乡村干部、企事业单位负责人共180人次参加的培训班，进行党风党纪、廉政勤政教育；全乡分4片2次轮流组织播放录像，开展电化教育，共有400多名党员干部观看有关党风党纪教育专题片；乡党委领导与全乡的村支部书记、村委会主任、企事业单位负责人共33人进行逐个谈心。

1995年，荷花乡党委在廉洁自律教育中，在乡机关开辟图片展览，对先进集体的民主村、民和村、振兴村、太平村4个村支部和一批先进个人进行表彰；利用孔繁森事迹报告会和《怪圈，停止滚动》等录像资料，组织党员干部观看，放映10场，使大家受到正反两方面的教育。对乡村两级领导干部及其工作人员个人使用的通信设备进行检查、登记造册，把每个人使用的大哥大、BP机、对讲机、住宅电话的产权、价格的幅度控制在10%～15%。王江泾镇党委拟定“十条规定”，其中有不准以任何形式和理由到所属单位、村牟取私利；不准利用集体的营业执照，个人私自经商办企业；不准用集体的名誉为个人担保借贷资金等。南汇镇党委、镇政府修订完善了考勤制度、请假制度、值班制度、学习制度等一整套制度。虹阳乡党委、乡政府制定了《关于领导班子廉洁自律的十条规定》。田乐乡党委抓好全乡党员干部的党风廉政教育，组织进行学习、培训、电化教育等活动，受教育人数达380人次。在行风评议活动中，王江泾医院投资18万元改善环境，组织全体医务人员除杂草、搞卫生。荷花卫生院发扬艰苦创业的精神，自已动手，出动127人次，粉刷墙面1900余平方米，捞清荷花池内的大量垃圾，清除5处卫生死角，自制30多块科室标牌，还修路灯、建车棚，为病房装吊扇。南汇中心医院制订了一整套规章制度，开展病历处方检查，尤其是抢救危重病人，只要有百分之一的希望，便作出百分之百的努力。双桥卫生院对已无心跳呼吸的3岁溺水儿童实施人工呼吸，直到60分钟时才出现明显心跳，坚持到100分钟后才基本恢复正常。

2004年，王江泾镇开展反腐倡廉建设，认真组织机关干部学习《中国共产党党内监督条例》和《中国共产党纪律处分条例》，开展形式多样的廉政教育活动，完善机制，从源头上防止腐败。规范镇村投资建设项目的监督管理和政府采购制度，全镇实行公开招投标建设项目47项，总投资为1190万元。

2006年，王江泾镇纪检组织实行规范化管理，实施“组织先行、能力提升、制度规范、考核激励”建设，配备好镇纪检干部，各行政村纪检组织全覆盖，使纪检工作制度流程有章可循、有据可依。

2010年，王江泾镇纪检工作积极创新，利用乡土素材，开展乡土廉政教育，在涟泗荡创办“运河廉影”——历代清官教育长廊。5月6日，市委常委、纪委书记冯志礼一行实地考察镇“运河廉影”——历代清官教育长廊。

第十四章　地方政权

解放前,国民政府在域内虽然也设有乡(镇)民代表会,也有议事机构,但形同虚设,人民群众没有表决权。解放后,1950 年 5 月,域内各乡镇设立人民代表大会制,各乡(镇)均由村民选举产生人大代表和公社社员代表,人民代表大会和社员代表大会定期召开,选举产生各乡(镇)人民政府组成人员和公社管理委员会。1968 年 1—9 月,各公社相继成立革命委员会,取代公社管理委员会。1981 年,中央纠正“文化大革命”错误,恢复人民代表大会制度。1990 年起,各乡镇设人大主席团常务主席,由常务主席主持乡镇人大工作。

第一节　机构设置

【清代及民国时期】

清宣统元年(1909),浙江省在地方权力机构中实行自治,秀水县分 16 个自治区。境内有双桥、王江泾、廉让、澄溪(部分)、南汇、梅湖、渠东、尖墩角、塘汇(部分)等自治区。1914 年,袁世凯解散国会,设县管制,停止地方自治。秀水县与嘉兴县合并为嘉兴县。嘉兴县划为 9 个自治区,境内有王江泾、廉让、南汇、澄溪、梅湖、渠东、尖墩角等区。1917 年,民国政府恢复自治制度,王江泾、廉让、南汇、澄溪(部分)、梅湖、渠东、尖墩角等区设自治委员。1928 年 6 月,浙江省停办自治,实行村里制。据 1928 年 12 月 28 日《申报》载:“嘉兴全县各区村里制筹备会经县政府多次催促办理,各区邻闾长均已选定,并立即办理村里长的选举。王江泾、南汇、梅湖、廉让等区都呈报备案。”嘉兴县重新划为 7 个区,王江泾划为第三区,即王江泾区,管辖王江泾、廉让、南汇、澄溪、梅湖、渠东、尖墩角等乡镇。原来各区的自治委员均被撤销。1934 年,王江泾区即嘉兴县第三区区公所辖王江泾镇、渠东乡、廉让乡、梅湖乡、尖墩角乡;嘉兴县第一区区公所辖双南乡、双北乡、双中乡、双桥乡;南汇镇镇公所归属第二区公所;复里(礼)乡归属第四区公所。1935 年,境内全面实行保甲制。1939 年 9 月,国民政府公布县各级组织纲要,明文确立乡、镇为县以下的基层行政区域,设立法机关乡民代表会和执行机关乡公所。王江泾各区分别设立乡民代表会。1942 年 4 月,日伪在王江泾建立伪政权,分别建有王江泾“区公所”、双桥“区公所”、南汇“区公所”。1943 年,梅湖乡改为镇建置,双北、双桥二乡不存在。1945 年,抗日战争胜利后,增设双桥镇,嘉兴县实行代表会议制,各保产生保民代表,然后在各镇(乡)举行镇(乡)民代表大会。境内各镇(乡)分别通过镇(乡)民代表大会,产生常务委员会,并推选县参议员,审议通过镇(乡)公所事业经费、壮丁安家经费、保民学校经费等事项。1949 年 5 月,嘉兴县设王江泾等 7 个区,域内有王江泾区、新塍区(部分)、塘汇区

(部分),王江泾区辖长兴、澄溪、廉让、王江泾4个乡,新塍区辖新北乡等5个乡1个镇,塘汇区辖双桥乡(由镇改为乡)等5个乡。

【中华人民共和国成立以来】

嘉兴县解放后,人民政府接管上述7个区、30个乡、2个镇。

1953年3月,《中华人民共和国全国人民代表大会及地方各级人民代表大会选举法》颁布,根据选举法和浙江省人民政府的指示,嘉兴县开始进行普选工作,进一步加强了农村基层政权建设和人民当家做主。1954年3—4月,境内田乐、梅兴、东林、荷花、洪典、双阳、双南、双桥、虹阳分别召开第一届乡人民代表大会。1956年9—10月,南汇乡、荷花乡、王江泾乡分别召开第二届人民代表大会。1958年3—5月,南汇乡、荷花乡、王江泾乡分别召开第三届人民代表大会。同年9月,建立人民公社。东风人民公社、双桥人民公社分别召开公社社员代表大会。1961年12月至1962年1月,田乐、南汇、荷花、双桥公社分别举行第四届公社社员代表大会。1963年3—6月,田乐、南汇、荷花、虹阳、双桥公社分别举行第五届公社社员代表大会。1966年,域内各公社召开第六届公社社员代表大会。

"文化大革命"期间,人民代表大会制度暂停。1968年1—4月,域内各公社相继成立革命委员会,取代公社管理委员会。

1981年,恢复人民代表大会制度。同年9—10月,南汇、田乐、荷花、双桥、虹阳5个公社分别召开第七届公社人民代表大会。1984年1月,根据中央有关指示,公社人民代表大会又改为乡人民代表大会,同时,省人民政府批准:嘉兴市郊区增设王江泾建制镇;同年7月,王江泾集镇和王江泾村从双桥乡划出正式建立王江泾镇。

1988年10月,双桥乡建制撤销,并入王江泾镇。1990年起,人民代表大会制度进一步完善,各乡镇设立乡镇人民代表大会主席团常务委员会(简称人大),增设镇、乡人民代表大会主席团常务主席1名,提名选举产生,处理人民代表提案及日常工作。同年4月,召开王江泾镇第三届人民代表大会;同时,田乐乡、南汇乡、荷花乡、虹阳乡均召开第十届人民代表大会。自此,域内每届乡(镇)人民代表大会依法选举产生镇、乡人大主席团及常务主席。

1998年5月21日,根据上级扩镇并乡要求,撤销荷花乡、虹阳乡建制,其行政区域并入王江泾镇。

2001年4月,田乐乡、南汇镇并入王江泾镇。至2010年,王江泾镇共召开九届人民代表大会。

第二节　人民代表大会

1953年3月,《中华人民共和国全国人民代表大会及地方各级人民代表大会选举法》颁布,根据选举法和浙江省人民政府的指示,嘉兴县开始进行人大代表普选工作。1954年4月9—10日,双阳乡召开首届人民代表大会第一次会议,出席会议的乡首届人大代表50名,会议依法选举产生双阳乡人民政府第一届政府,并产生乡长、副乡长,同时选举产生出席嘉兴县第一届人民代表大会的代表。1954年3—4月,田乐乡、梅兴乡、南汇乡、东林乡、荷花乡、洪典乡、双阳乡、双桥乡和双南乡先后召开第一次人民代表大会。

随着农业合作化等各项事业的日益发展，浙江省人民委员会（简称省人委）发出《调整区、乡行政区域的方案》。1956 年 2 月，嘉兴县人民委员会发出《关于并乡选举成立人民委员会，应按照宪法及地方各级人民代表大会和地方各级人民委员会组织法的规定办理》的通知。同年春，双阳乡、虹阳乡和双桥乡合并为王江泾乡；南汇乡、梅兴乡和田乐乡合并为南汇乡；荷花乡、东林乡和洪典乡合并为荷花乡。由原来各个乡的第一届人民代表大会的人大代表参加，举行了并乡后的王江泾乡、南汇乡、荷花乡、澄溪乡第一届人民代表大会，依法选举产生各乡第一届人民委员会组成人员。

1956 年 8 月，根据国务院关于选举工作的指示，嘉兴县人民委员会发出《关于第二届乡、镇人民代表大会及同级人民委员会选举工作的指示》。同年 10 月 7—8 日，王江泾乡第二届人民代表大会第一次会议召开，出席会议的代表 60 名，依法选举产生王江泾乡第二届人民委员会组成人员，由 15 人组成，并产生乡长、副乡长 5 名，同时选举出席嘉兴县第二届人民代表大会代表 9 名。同年，南汇乡、荷花乡也通过选举产生乡人民委员会。

1958 年 4 月 19—20 日，按照国务院关于第三届乡、镇人民代表大会及同级人民委员会选举工作的指示，王江泾乡第三届人民代表大会第一次会议召开，出席会议的代表 60 名，会议选举产生王江泾乡第三届人民委员会组成成员，由 15 人组成，产生乡长、副乡长 3 名，会议选举出席嘉兴县第三届人民代表大会代表 9 名。同时，南汇乡、荷花乡也通过选举产生乡人民委员会。

1958 年 8 月，中共中央政治局通过《关于在农村建立人民公社问题的决议》。在人民公社化运动的高潮中，中共嘉兴县委决定王江泾乡与嘉北乡合并，并于同年 9 月 29 日建立双桥人民公社，召开双桥人民公社社员代表大会，选举产生公社管理委员会组成人员。同时，南汇、荷花和澄溪 3 个乡合并建立东风公社，并召开东风人民公社社员代表大会，选举产生公社管理委员会组成人员。1959 年 5 月，东风人民公社改称南汇人民公社。

1961 年 3 月，中共中央制定《农村人民公社工作条例（草案）》（简称《农业六十条》）。在贯彻过程中，中共嘉兴地委总结经验教训，开始纠正社队规模过大的问题。同年 9 月，原南汇人民公社分设为南汇、田乐、荷花、澄溪 4 个人民公社，原双桥人民公社分设为双桥、嘉北 2 个人民公社。1961 年 12 月至 1962 年 1 月，各公社先后召开第四届人民代表大会，选举产生第四届公社管理委员会组成人员。1963 年 2 月，由原新农人民公社的新力、大律、东石桥，桃园人民公社的永兴、新建，双桥人民公社的尖墩角、东圩、常圩、光明、新联、阳城、虹阳、东南、天圩（一部分）等 14 个生产大队合并建立虹阳人民公社。

1963 年 3—6 月，虹阳、田乐、南汇、荷花和双桥公社分别召开公社第五届社员代表大会，选举产生第五届公社管理委员会组成人员。

1966 年 4—5 月，虹阳、田乐、南汇、荷花和双桥公社分别召开第六届社员代表大会，选举产生公社第六届管理委员会组成人员。其后，“文化大革命”开始，各级人民代表大会制度暂停。1968 年 1—9 月，各公社相继成立革命委员会，取代了公社管理委员会。

1981 年 9—10 月，田乐、南汇、荷花、双桥和虹阳 5 个人民公社分别召开第七届人民代表大会，选举产生公社管理委员会组成人员。1983 年 12 月至 1984 年 1 月，各公社人民代表大会改称为乡人民代表大会，并选举产生乡长、副乡长。

1984 年 7 月，田乐、荷花、双桥、虹阳、南汇各乡均召开第八届人民代表大会，选举产生乡第八届人民政府。王江泾镇和王江泾村从双桥乡划出正式建立王江泾镇，并举行镇一届人大一次会议，出席会议的人大代表 73 名，列席人员 16 名，特邀代表 10 名，朱敏杰作政府工作报告；会议依法选举产生镇第一届人民政府，隶属于嘉兴郊区人民政府；会议通过《关于政府工作报告决议》。

1987 年 5 月，田乐、荷花、虹阳、南汇乡(镇)均召开乡(镇)第九届人民代表大会，依法选举产生乡(镇)长、副乡(镇)长；王江泾镇召开第二届人民代表大会，选举产生镇长、副镇长，组成本届政府。

1988 年 7 月，田乐、双桥、虹阳、荷花、南汇乡(镇)分别召开乡(镇)九届人大二次会议，各增选副乡(镇)长 1 名。同年 10 月，撤销双桥乡建制，并入王江泾镇，实行镇管村体制。同年 11 月，成立王江泾镇人民政府工作班子。

1989 年 2 月，召开王江泾镇二届人大第三次会议，正式代表 93 名，实到代表 88 名，大会选举产生镇长 1 名，副镇长 3 名。

1990 年 4 月，田乐乡、荷花乡、虹阳乡、南汇镇均召开第十届人民代表大会，王江泾镇召开第三届人民代表大会，各通过产生人大主席团常务主席 1 名，选举产生镇(乡)长、副镇(乡)长。田乐乡人大主席团主席先后为凌昌峰、陆甫根，南汇镇人大主席团主席先后为朱菊生、朱明生，荷花乡人大主席团主席金桂福，虹阳乡人大主席团主席李荣奎，王江泾镇人大主席团主席先后为吕行、王金根。

1993 年 4 月 15—16 日，召开王江泾镇第四届人民代表大会第一次会议，正式代表 77 名，实到代表 76 名，大会主席团由 10 人组成，金茂祥作政府工作报告，王金根作《王江泾镇第三届人民代表大会第三次会议主席团工作报告》；大会还作了《1992 年财政决算和 1993 年财政预算的报告》，并审议通过上述报告；经大会主席团提名，通过王金根任人大主席团常务主席，大会选举产生镇长 1 名、副镇长 4 名。田乐乡、荷花乡、虹阳乡和南汇镇均举行第十一届人民代表大会，会议听取和审议《政府工作报告》和《乡(镇)财政决算和预算报告》；各通过人大主席团常务主席 1 名：田乐乡人大主席团主席陆甫根，荷花乡人大主席团主席金桂福，虹阳乡人大主席团主席李荣奎，南汇镇人大主席团主席朱明生；各选举产生镇(乡)长，副镇(乡)长。

1996 年 3 月 15—16 日，王江泾镇召开第五届人民代表大会第一次会议，选举产生镇长 1 名、副镇长 5 名。同时，荷花乡、虹阳乡、田乐乡、南汇镇分别召开第十二届人民代表大会，通过人大主席团常务主席各 1 名：田乐乡人大主席团主席朱宝根，荷花乡人大主席团主席於金牛，虹阳乡人大主席团主席朱菊生，南汇镇人大主席团主席周洪根；各选举产生乡(镇)长、副乡(镇)长。

1998 年 5 月 21 日，撤销荷花乡、虹阳乡建制，其行政区域并入王江泾镇。秀洲区委与区政府决定由怀国华、钱永祥负责行政工作。1998 年 6 月 24 日，召开王江泾镇第五届人大四次会议，选出镇长 1 名、副镇长 6 名。

1999 年 1 月 27—28 日，王江泾镇召开第六届人民代表大会第一次会议，应到代表 77 名，实到代表 77 名；大会听取和审议五届人大主席团工作报告、政府工作报告和财政预决算报告，并通过相应的决议；大会选举金永和为镇人大主席、李永明为副主席。同月 29 日，田乐乡和南汇镇召开第十三届人民代表大会，大会听取和审议十二届人大主席团工作报告、政府工作报告和财政预决算报告，并通过相应的决议；大会选举产生乡人大主席团和乡长、副乡长：朱宝根任田乐乡人大主席，陆甫根任南汇镇人大主席、赵志良任副主席。

2000 年 1 月 11—12 日，王江泾镇召开六届人大二次会议，通过同意接受金永和辞去人大主席、於金牛辞去镇长职务的决定，依法补选陆文延为人大主席和镇长 1 名、副镇长 1 名。

2001 年 4 月，撤销田乐乡、南汇镇建制，其行政区域并入王江泾镇。

2002 年 1 月 28—29 日，王江泾镇召开第七届人民代表大会第一次会议，应到代表 100 名，实到代表 100 名；大会听取和审议六届人大主席团工作报告、政府工作报告和财政预决算报告，并通过相应的决议；选举产生镇人大主席、副主席和镇长、副镇长。

2003 年 4 月 24 日，王江泾镇七届人大三次会议，通过同意接受屠春华辞去副镇长职务的决定，依法补选副镇长 1 名。

2004 年 1 月 6 日，王江泾镇七届人大四次会议，通过同意接受张惠明辞去副镇长职务的决定，依法补选副镇长 1 名。

2005 年 1 月 16 日，王江泾镇七届人大五次会议，通过同意接受吴云飞辞去副镇长职务的决定，依法补选副镇长 2 名。同年 6 月 20 日，王江泾镇召开七届人大六次会议，通过同意接受沈菊英辞去人大主席、沈凤兴辞去镇长职务的决定，依法补选人大主席 1 名、镇长 1 名。

2006 年 8 月 12 日，王江泾镇召开七届人大八次会议，通过同意接受严金良、吴志勇辞去副镇长职务的决定，依法补选副镇长 1 名。

2007 年 1 月 18—19 日，王江泾镇召开第八届人民代表大会第一次会议，应到代表 100 名，实到代表 99 名；大会听取和审议七届人大主席团工作报告、政府工作报告和财政预决算报告，并通过相应的决议；选举产生镇人大主席、副主席和镇长、副镇长。

1990—2010 年王江泾镇历届人大主席一览表

表 14－1

机构名称	姓　名	职　　务	任　职　时　间	备　　注
第三届人民代表大会主席团	吕　行	常务主席	1990.4—1992.4	第三届人民代表大会依法选举产生主席团
	王金根	常务主席	1992.4—1993.4	
第四届人民代表大会主席团	王金根	常务主席	1993.4—1994.9	第四届人民代表大会依法选举产生主席团
	金茂祥	主席	1994.9—1996.3	
第五届人民代表大会主席团	金永和	主席	1996.3—1998.5	第五届人民代表大会依法选举产生主席团
	李爱珍	副主席	1996.3—1998.5	

续表 14－1

机构名称	姓　名	职　　务	任　职　时　间	备　　注
第六届人民代表大会主席团	金永和	主席	1999.1—2000.1	第六届人民代表大会依法选举产生主席团
	陆文延		2000.1—2002.1	
	李永明	副主席	1999.1—2001.4	
第七届人民代表大会主席团	沈菊英(女)	主席	2002.1—2005.6	第七届人民代表大会依法选举产生主席团
	吴云飞	主席	2005.6—2007.1	
	赵志良	副主席	2002.1—2007.1	
第八届人民代表大会主席团	吴云飞	主席	2007.1—2010.12	第八届人民代表大会依法选举产生主席团
	赵志良	副主席	2007.1—2010.12	

1990—2001年田乐乡历届人大主席一览表

表 14－2

机构名称	姓　名	职　　务	任　职　时　间	备　　注
第十届人民代表大会主席团	凌昌峰	常务主席	1990.4—1991.12	第十届人大一次会议，依法选举产生主席团
	陆甫根	常务主席	1992.4—1993.4	第十届人大三次会议通过
第十一届人民代表大会主席团	陆甫根	主席（常务主席）	1994.1—1996.3	第十一届人民代表大会依法选举产生主席团
第十二届人民代表大会主席团	陆甫根	主席	1996.3—1998.6	第十二届人民代表大会依法选举产生主席团
	朱宝根	主席	1998.6—1999.1	
	姚良根	副主席	1996.3—1998.6	
第十三届人民代表大会主席团	朱宝根	主席	1999.1—2001.4	第十三届人民代表大会依法选举产生主席团

1990—2001年南汇镇历届人大主席一览表

表 14－3

机构名称	姓　名	职　　务	任　职　时　间	备　　注
第十届人民代表大会主席团	朱菊生	常务主席	1990—1992.12	第十届人大一次会议通过
	朱明生	常务主席	1992.12—1993.4	第十届人大四次会议通过
第十一届人民代表大会主席团	朱明生	常务主席	1993.4—1995.4	第十一届人民代表大会依法选举产生主席团
	金桂福	主席	1995.4—1996.3	第十一届人民代表大会依法选举产生主席团

续表 14-3

机构名称	姓　名	职　　务	任　职　时　间	备　　注
第十二届人民代表大会主席团	金桂福	主席	1996.3—1997.5	第十二届人民代表大会依法选举产生主席团
	周洪根	主席	1997.3—1998.5	
	赵志良	副主席	1996.3—1999.1	
第十三届人民代表大会主席团	陆甫根	主席	1999.1—2001.4	第十三届人民代表大会依法选举产生主席团
	赵志良	副主席	1999.1—2001.4	

1990—1998 年荷花乡历届人大主席一览表

表 14-4

机构名称	姓　名	职　　务	任　职　时　间	备　　注
第十届人民代表大会主席团	金桂福	常务主席	1990.4—1993.4	第十届人民代表大会依法选举产生主席团
第十一届人民代表大会主席团	金桂福	常务主席	1993.4—1995.4	第十一届人民代表大会依法选举产生主席团
	於金牛	主席	1995.4—1996.3	
第十二届人民代表大会主席团	於金牛	主席	1996.3—1998.5	第十二届人民代表大会依法选举产生主席团。1998 年 5 月 21 日，撤销荷花乡建制，其行政区域并入王江泾镇

1900—1998 年虹阳乡历届人大主席一览表

表 14-5

机构名称	姓　名	职　　务	任　职　时　间	备　　注
第十届人民代表大会主席团	李荣奎	常务主席	1990.4—1993.4	第十届人民代表大会依法选举产生主席团
第十一届人民代表大会主席团	李荣奎	常务主席	1994.1—1994.4	第十一届人民代表大会依法选举产生主席团
	朱菊生	主席	1994.4—1996.3	
第十二届人民代表大会主席团	朱菊生	主席	1996.3—1998.5	第十二届人民代表大会依法选举产生主席团。1998 年 5 月 21 日，撤销虹阳乡建制，其行政区域并入王江泾镇
	曹锡云	副主席	1996.3—1998.5	

第三节　政府机构

解放前，域内各乡（镇）公所的乡（镇）长均由国民政府嘉兴县县长任命，乡（镇）公所的职责主要是负责征收税赋及征兵等事宜。解放后，境内王江泾区公所及各乡（镇）人民政府的组成人员均由上级党委任命或乡（镇）人民代表大会和公社社员代表大会选举产生。1949—1958年各设乡长，1958—1966年各设社长和公社管理委员会。1968年各设公社革命委员会。1981年各设公社管理委员会。1983年年底各公社改制为乡镇人民政府。后经乡镇体制的变迁，各乡镇行政行政区划调整，至2010年为王江泾镇人民政府。2010年，王江泾镇人民政府下辖33个行政村、8个居委会。

【清代及民国时期】

区机构 清宣统元年（1909），秀水县举办自治，分16个自治区。境内有王江泾区、双桥区、廉让区、南汇区、澄溪区（部分）、梅湖区、渠东区、尖墩角区、塘汇区（部分）。1914年，秀水县与嘉兴县合并为嘉兴县。嘉兴县划为9个自治区，设立王江泾自治区，设乡区公所。1928年6月，停办自治，全县重新划为7个区，王江泾划为第三区，即王江泾区，设立区公所，区长为潘清华。后因"擅自闯入王江泾镇万成米行进行搜查，酿成王江泾镇米业罢市风潮……商民大动公愤，联名三十余商号，向省呈控潘之非法举动。潘亦知难安于位，递呈辞职。"（载1931年7月10日《申报》）1934年，管辖境内各乡镇的有嘉兴县第三区区公所（辖王江泾镇、渠东乡、廉让乡、梅湖乡、尖墩角乡）、嘉兴县第一区区公所（辖双南乡、双北乡、双中乡、双桥乡等）、嘉兴县第二区区公所（辖南汇镇等）、嘉兴县第四区区公所（辖复里乡、新塍镇等）。1935年，国民党嘉兴县政府将原有的7个区调整为6个区，区下设乡镇建设联合办事处，乡镇设乡镇公所，对各乡镇的保甲组织重新进行调整编制，加强对基层组织的管辖。

1939—1941年，嘉兴县政府建立了王江泾区署。1940年年初，嘉兴县政府任命高永年为王江泾区区长。任命之初，王江泾区人力财力兵力都很单薄，仅有几支短枪，流动在王江泾各乡镇之间。1941年，王江泾区政府主要人员有高永年、王家鹏、沈仰宾、施永兴等。同年年底，高永年以征收田赋为名，每亩征4升。1942年，嘉兴自卫大队来至王江泾区，要求分一部分田赋，以作军需。后日军十余船、100多人途经洪家港，王江泾区长高永年被日军打死。此后，张鹏飞派金选仁率部进驻王江泾区。同年4月，日伪在王江泾建立伪政权，分别建有王江泾"区公所"、双桥"区公所"、南汇"区公所"。统治区域有限，主要是征粮收税、征丁拉夫、办理良民证、编组保甲、搜刮军需物资，全面为日敌效劳。1944年5月，国民政府在虹阳、双桥一带设城西区，区长刘先正。1945年，抗日战争胜利后，嘉兴县改设7区，嘉兴北部有王江泾区公所、新塍区区公所。1949年5月，境内有王江泾区公所、塘汇区区公所、新嘉区区公所。

镇机构 王江泾建立镇行政机构始于明宣德五年（1430）。据明代《嘉兴府志》载："宣德五年，始分嘉兴西北五福等乡为秀水县，领乡八。王江泾为永乐乡北境及思贤乡地，旧为王氏江氏所居，因以名镇。南尽秀水县界，北据吴江县界，居民七千余家。"据明万历《秀水县志》载，秀水县共有四镇：王江泾、新塍、濮院、陡门。清代，清政府继续设王江泾镇，并设置官府衙门。因为王江泾在运河所经，为往来要冲，有巡检司。清雍正十三年（1735），裁巡检司，移嘉兴府同知驻此。清乾隆七年（1742），改驻嘉兴通判。镇在县北永乐乡。王江泾镇管辖柿林乡、复礼乡、永乐乡、思贤乡、麟瑞乡。民国时，继续保留王江泾镇机构。1928年，境内有王江泾镇公所、南汇镇公所。1934年，嘉兴县划7个区、27个镇。其中第二区有南汇镇公所；第三区有王江泾镇公所。1943 年被日军占领时，嘉兴县划为 28 个镇，与 1934 年乡镇基本相同。境内梅湖乡改为镇建置，设“镇公所”。1945 年，嘉兴划 7 个区、28 个镇，境内除王江泾镇公所、南汇镇公所，增加双桥镇(原属乡)，设双桥镇公所。1949 年 5 月，王江泾镇、南汇镇、双桥镇建制不存在。

【中华人民共和国成立以来】

1949 年 5 月 7 日，嘉兴解放。同月，中共嘉兴县委和嘉兴县人民政府成立。同时，中共嘉兴县委工作队到达王江泾，建立嘉兴县王江泾区人民政府，开始接管旧政权的工作。同年 7 月，王江泾乡人民政府成立，廉让乡、长兴乡也分别建立人民政府，均隶属于嘉兴县王江泾区人民政府领导；双桥乡人民政府隶属于塘汇区人民政府领导。

1950 年 3 月，根据浙江省人民政府指示和嘉兴县人民政府决定，调整乡的规模。王江泾乡按自然条件划分为双阳、虹阳和北桥 3 个乡(北桥乡成立不久，并入虹阳乡)。成立双阳乡和虹阳乡人民政府，长兴乡按自然条件划分为南汇乡、梅兴乡和田乐乡，廉让乡按自然条件划分为荷花乡、东林乡和洪典乡，均成立乡人民政府，隶属于王江泾区。双桥乡按自然条件划分为双南乡和双桥乡，隶属于塘汇区。1950 年 6 月，王江泾区人民政府改称为王江泾区公所。塘汇区人民政府也改称为塘汇区公所。

1953 年 3 月，《中华人民共和国全国人民代表大会及地方各级人民代表大会选举法》颁布，根据选举法和浙江省人民政府的指示，嘉兴县开始进行普选工作，加强农村基层政权建设和人民当家做主。1954 年 3—4 月，境内各乡召开第一届人民代表大会，双阳乡选举产生乡人民委员会和第一届乡长姚阿大，南汇乡选举产生乡长沈小八，梅兴乡选举产生乡长李秉仁，田乐乡选举产生乡长沈景林，双桥乡选举产生乡长陶来观(受塘汇区监督)。

随着农业合作化等各项事业的日益发展，浙江省人民委员会(简称省人委)发出《调整区、乡行政区域的方案》。1956 年 2 月，嘉兴县人民委员会发出《关于并乡选举成立人民委员会，应按照宪法及地方各级人民代表大会和地方各级人民委员会组织法的规定办理》的通知。同年春，双阳乡、虹阳乡和双桥乡合并为王江泾乡，由原来三个乡的第一届人大代表参加，举行并乡后的王江泾乡第一届人民代表大会。会议选举产生乡长吴凤辉，副乡长陈春明、钱阿巧。同时，南汇乡、梅兴乡和田乐乡合并为南汇乡，举行并乡后的南汇乡第一届人民代表大会，选举产生乡长沈景林，副乡长张小八、金明生、沈景荣。稍后撤区，各乡人民委员会均隶属于嘉兴县人民委员会。

1956 年 8 月，根据国务院关于选举工作的指示，嘉兴县人民委员会发出《关于第二届乡、镇人民代表大会及同级人民委员会选举工作的指示》。10 月 7—8 日，举行王江泾乡第二届人民代表大会第一次会议，依法选举产生乡长吴凤辉，副乡长陈春明、钱阿巧、董桂珍、诸启诚。同时，南汇乡举行第二届人民代表大会第一次会议，依法选举产生南汇乡人民委员会组成人员。

1957 年 9 月，经浙江省人民委员会批准，恢复王江泾区的建制，王江泾乡和南汇乡均属县人委领导，同时接受王江泾区公所领导。

1958 年 4—5 月，按照国务院关于第三届乡、镇人民代表大会及同级人民委员会选举工作的指示，王江泾乡、南汇乡召开第三届人民代表大会第一次会议，选举产生乡长、副乡长和乡人民委员。王江泾乡乡长张海涛，南汇乡乡长沈小八。

1958年8月，中共中央政治局通过《关于在农村建立人民公社问题的决议》，在人民公社化运动的高潮中，中共嘉兴县委决定，王江泾乡与嘉北乡合并，于9月29日建立双桥人民公社。与此同时，王江泾区公所撤销。9月30日，王江泾乡、嘉北乡的人大代表参加双桥公社社员代表大会，选举产生公社管理委员会领导机构。双桥公社隶属嘉兴县人民委员会领导。9月9日，南汇乡、荷花乡、澄溪乡合并成立东风人民公社。1959年5月23日，嘉兴县人民委员会发文，东风人民公社改称为南汇人民公社，隶属于嘉兴县人民委员会领导。

1961年，中共中央制定《农村人民公社工作条例(草案)》(简称《农业六十条》)，在贯彻《农业六十条》的过程中，中共中央总结经验教训，开始纠正社队规模过大等问题。同年5月，中共嘉兴地委批准嘉兴县委调整嘉兴县人民公社和生产队规模。同年9月，嘉兴县人民委员会第十三次全体会议决定：将双桥人民公社分设为双桥、嘉北2个人民公社，分别设立公社管理委员会；将南汇人民公社分设为南汇、荷花、澄溪、田乐四个人民公社，分别设立公社管理委员会。

1961年12月至1962年2月，南汇、田乐、荷花、双桥公社分别召开第四届人民代表大会，选举产生第四届人民委员会(公社管理委员会)组成人员：双桥公社社长王惠泉，南汇公社社长杨春荣，荷花公社社长陈阿福，田乐公社社长朱阿马。

1962年3月，原双桥乡南部吴家浜、洪泗(四)村、陈家村、丁家村划入双桥公社；1963年2月，从双桥、新农、桃园三公社划出部分生产大队新建虹阳公社，成立虹阳公社管理委员会。

1963年5—6月，南汇、荷花、田乐、双桥公社召开第五届人民代表大会(社员代表大会)选举产生第五届人民委员会组成人员。

1966年4—5月，南汇、荷花、田乐、双桥公社召开第六届人民代表大会(社员代表大会)，选举产生第六届人民委员会组成人员。南汇、荷花、双桥3个公社社长连任，费顺观担任田乐公社社长。

1966年5月，“文化大革命”开始。不久，全县出现混乱局面，公社行政机构逐渐瘫痪。1967年3月，各公社由人武部主持行政工作。1968年1—4月，建立集党、政、财、文大权于一身的南汇、荷花、双桥、田乐、虹阳公社革命委员会(简称革委会)：南汇公社革委会主任杨春荣，荷花公社革委会主任陈阿福，双桥公社革委会主任沈星甫，田乐公社革委会主任朱阿马，虹阳公社革委会主任邹正奎。

1976年10月，“文化大革命”结束。中共嘉兴县委对南汇、荷花、双桥、田乐、虹阳公社革委会领导成员进行充实和调整：田乐公社革委会主任金惠人，南汇公社革委会主任许炳土(后由江关泉、陆甫根先后任公社革委会主任)，荷花公社革委会主任陈阿福(后由宋锦荣任主任)，双桥公社革委会主任宋锦荣(后由赵忠林任主任)，虹阳公社革委会主任俞月初。

1981年3月，嘉兴县改设为嘉兴市，南汇、荷花、双桥、田乐、虹阳公社均隶属嘉兴市人民政府领导。同年10月，各公社举行第七届人民代表大会第一次会议，将公社革命委员会改建为公社管理委员会，选举产生各公社第七届管理委员会领导成员：田乐公社管委会主任史桂兴，南汇公社管委会主任陆甫根，双桥公社管委会主任张培基，虹阳公社管委会主任李荣奎。

1983 年 8 月，嘉兴市(县级市)改设为省辖嘉兴市，设城区和郊区，实行市管县(区)的体制。同年 10 月，嘉兴市郊区人民政府成立，南汇、荷花、双桥、田乐、虹阳公社均隶属嘉兴市郊区人民政府领导。

为适应农村经济体制改革的形势，中共中央、国务院于 1983 年 10 月发出《关于实行政社分开建立乡政府的通知》。同年 12 月至 1984 年 1 月，南汇、荷花、双桥、田乐、虹阳公社先后召开第七届人民代表大会第三次会议，改变人民公社政社合一的体制，将公社人民代表大会改称为乡人民代表大会，实行政社分设，恢复建立南汇、荷花、双桥、田乐、虹阳乡人民政府，选举产生乡人民政府。与此同时，建立乡经济联合会，取代人民公社的经济职能。

政社分设后，为促进农村商品经济的进一步发展，1984 年 1 月，经省人民政府批准，嘉兴市郊区增设王江泾建制镇，归双桥乡管辖。同年 6 月 13 日，嘉兴市财政税务局郊区分局发布文件，同意王江泾镇人民政府在开办初期，一次性拨给开办费用 3050 元，凡属于控购商品范围的，购买时必须报送社会集团购买商品申请表，经嘉兴市财政税务局郊区分局批准后准予购买。同年 7 月，王江泾镇和王江泾村从双桥乡划出，正式建立王江泾镇，并实行以镇管村的体制。同月，召开王江泾镇首届人民代表大会第一次会议，选举产生第一届人民政府领导班子，隶属于嘉兴市郊区人民政府，镇长朱敏杰。同年，南汇、荷花、双桥、田乐、虹阳乡分别举行第八届人大一次会议，选举产生乡第八届人民政府：田乐乡乡长王杏娜，南汇乡长张昌荣，荷花乡乡长朱菊生，双桥乡乡长朱明生。

1985 年 9 月 19—20 日，王江泾镇首届人民代表大会第二次会议召开，同意朱敏杰辞去镇长职务的请求，补选朱海泉任镇长。同年 10 月，南汇乡改为建制镇，乡政府改为镇政府，实行以镇管村的体制，管辖范围不变。

1986 年 9 月 15 日，王江泾镇首届人民代表大会第三届会议召开，镇长朱海泉代表政府向大会作政府工作报告；会议通过《关于政府工作报告》等决议。

1987 年 5 月，王江泾镇第二届人民代表大会召开，选举产生第二届人民政府，镇长严德林。同月，田乐、南汇、荷花、双桥、虹阳乡(镇)分别举行第九届人民代表大会，选举产生第九届人民政府：田乐乡乡长沈海兴，南汇镇镇长张昌荣，荷花乡乡长金桂福，双桥乡乡长汪薛平，虹阳乡乡长朱明生。

1988 年 10 月，撤销双桥乡建制，并入王江泾镇，实行镇管村体制。11 月，成立王江泾镇人民政府工作班子。1989 年 2 月，王江泾镇二届人大第三次会议召开，正式代表 93 名，实到代表 88 名，选举产生镇长汪薛平。

1990 年 4 月，王江泾镇召开镇第三届人民代表大会。田乐乡、荷花乡、虹阳乡、南汇镇召开乡镇第十届人民代表大会，选举产生镇(乡)长、副镇(乡)长：王江泾镇镇长金茂祥，田乐乡乡长沈海兴，荷花乡乡长姚良根，虹阳乡乡长陈志林，南汇镇镇长史桂兴。

1992 年 4 月，田乐乡十届人大三次会议补选乡长於金牛，荷花乡十届人大三次会议补选乡长洪根祥、副乡长钱传根，区政府任命王江泾镇镇长助理肖根华、葛志新。同年 12 月，王江泾镇三届人大第四次会议补选肖根华为副镇长，区政府任命王江泾镇镇长助理 2 名；南汇镇十届四次人民代表大会补选顾太文为镇长，区政府任命镇长助理2名；荷花乡十届人大四次会议再次补选李文雷为乡长，区政府任命乡长助理2名；区政府任命田乐乡乡长助理3名、虹阳乡乡长助理2名。

1993年4月15—16日，召开王江泾镇第四届人民代表大会第一次会议，选举产生镇长1名、副镇长4名，镇长金茂祥。同年4月，田乐乡、荷花乡、虹阳乡和南汇镇召开第十一届人民代表大会第一次会议，选举产生镇（乡）长、副镇（乡）长：荷花乡乡长李文雷，虹阳乡乡长陈志林，田乐乡乡长於金牛，南汇镇镇长顾太文。

1994年4月24日，王江泾镇召开镇四届人大第二次会议通过同意接受贝海荣辞去副镇长职务的决定，补选副镇长一名。同年4月4日，荷花乡第十一届二次会议通过同意接受李文雷辞去乡长职务的决定。同日，虹阳乡第十一届二次会议通过同意接受陈志林辞去乡长职务的决定。同日，田乐乡第十一届人大二次会议通过同意接受於金牛辞去乡长职务的决定。同年4月29日，荷花乡十一届人大三次会议依法补选於金牛为乡长。同年5月11日，虹阳乡十一届人大三次会议依法补选李文雷为乡长。同年5月13日，田乐乡十一届人大三次会议依法补选陈志林为乡长。同年9月16日，王江泾镇召开镇四届人大三次会议，通过同意接受金茂祥辞去镇长职务的决定，依法补选怀国华为镇长。

1995年4月13—14日，王江泾镇四届人大四次会议通过同意接受陶良珍辞去副镇长职务的决定，依法补选张旦为副镇长。同年4月14—15日，荷花乡十一届人大四次会议通过同意接受於金牛辞去乡长职务的决定，依法补选钱永祥为乡长。同年4月19—20日，南汇镇第十一届人大三次会议通过同意接受顾太文辞去镇长职务的决定，依法补选周洪根为镇长，赵志良为副镇长。

1996年3月15—16日，王江泾镇第五届人民代表大会第一次会议选举产生镇长1名、副镇长5名，镇长怀国华。同月，荷花乡、虹阳乡、田乐乡、南汇镇分别召开第十二届人民代表大会第一次会议，选举产生乡（镇）长、副乡（镇）长：荷花乡乡长钱永祥，虹阳乡乡长李文雷，田乐乡乡长陈志林，南汇镇镇长周洪根。

1997年3月25日，虹阳乡十二届人大二次会议通过同意接受殳松堂辞去副乡长职务的决定。同年3月26日，南汇镇第十二届人大二次会议通过同意接受周洪根辞去镇长职务的决定，依法补选倪顺荣为镇长。同年3月28日，王江泾镇五届人大第二次会议通过同意接受张旦辞去副镇长职务的决定，依法补选姚高玉为副镇长。

1998年5月21日，撤销虹阳乡、荷花乡建制，其行政区域并入王江泾镇，区委区政府决定由怀国华、钱永祥负责行政工作。同年6月24日，举行王江泾镇第五届人大四次会议，大会选出镇长1名、副镇长6名，镇长於金牛。同年6月26日，田乐乡十二届人大四次会议通过同意接受陈志林辞去乡长职务，钱玉坤、沈菊英辞去副乡长职务的决定，依法补选何晓迪为乡长、钱传根、李国华为副乡长。

1999年1月27—28日，王江泾镇召开第六届人民代表大会第一次会议。大会选举产生镇人大主席、副主席和镇长於金牛。同月29日，田乐乡、南汇镇召开第十三届人民代表大会第一次会议，大会选举产生人大主席团和乡长、副乡长：田乐乡乡长何晓迪，南汇镇镇长倪顺荣。同年6月2日,区委组织部任命王江泾镇长助理1名。

2000年1月11—12日,王江泾镇召开镇六届人大二次会议,通过同意接受金永和辞去人大主席、於金牛辞去镇长职务的决定,依法补选沈凤兴为镇长、徐永良为副镇长。同月13日,南汇镇十三届人大二次会议,通过同意接受陆甫根辞去人大主席职务的决定。同年11月16日,南汇镇十三届人大三次会议,通过同意接受徐士根辞去副镇长职务的决定,依法补选屠春华为副镇长。同年12月4日,区委组织部任命顾洪波为镇长助理。

2001年4月,秀洲区行政区划调整,撤销田乐乡、南汇镇建制,其行政区域并入王江泾镇。同年5月15日,区委决定建立王江泾镇行政工作委员会,任命主任1名、副主任5名,主任沈凤兴。同年9月4日,区委组织部任命龙隆为镇长助理。

2002年1月28—29日,王江泾镇召开第七届人民代表大会第一次会议,选举产生镇人大主席、副主席和镇长、副镇长。

2003年4月24日,王江泾镇召开镇七届人大三次会议,通过同意接受屠春华辞去副镇长职务的决定,依法补选王永华为副镇长。同年12月23日,区委组织部任命镇长助理1名。

2004年1月6日,王江泾镇召开镇七届人大四次会议,通过同意接受张惠明辞去副镇长职务的决定,依法补选张金良为副镇长。同年8月2日,区委组织部任命陈国希为镇长助理。

2005年1月16日,王江泾镇召开镇七届人大五次会议,通过同意接受吴云飞辞去副镇长职务的决定,依法补选陆强、陈荣根为副镇长。同年6月20日,王江泾镇七届人大六次会议,通过同意接受沈菊英辞去人大主席、沈凤兴辞去镇长职务的决定,依法补选人大主席、镇长。

2006年5月9日,区委组织部任命镇长助理张华强。同年7月3日,区委组织部任命镇长助理姚佩英。同年8月12日,王江泾镇召开镇七届人大八次会议,通过同意接受严金良、吴志勇辞去副镇长职务的决定,依法补选副镇长。

2007年1月18—19日,王江泾镇召开第八届人民代表大会第一次会议,选举产生镇人大主席、副主席和镇长、副镇长。

2010年,王江泾镇人民政府先后由陈天荣、李陈源任镇长,陈荣根、姚佩英、张金良、朱建明、卜忠伟任副镇长,周燕任镇长助理。

1949—1958年王江泾区人民政府(公所)历届区长、副区长一览表

表14-6

机构名称	姓　名	职　务	任　职　时　间	备　　注
王江泾区人民政府	马庆同	区长	1949.5—1950.5	1949年5月建立,下辖长兴、廉让、澄溪、王江泾4个乡人民政府
	侯砚忠	区长	1950.2—1950.6	
	刘更生	副区长	1949.10—1950.3	

续表 14－6

机构名称	姓　名	职　务	任　职　时　间	备　　注
王江泾区公所	侯砚忠	区长	1950.6—1951.5	1950年6月，王江泾区人民政府改称。此后，田乐、梅兴、南汇、东林、荷花、洪典、澄溪、双阳、虹阳9个乡人民政府隶属于嘉兴县人民政府，同时受王江泾区公所监督指导。1954年4月，原属塘汇区的双桥乡划归王江泾区。1956年3月，王江泾区公所撤销
	康润仁	区长	1951.5—1952.8	
	王保林	区长	1952.8—1954.4	
	王绪振	区长	1955.8—1956.5	
	宋宝泉	第一区长	1952.8—1954.4 任副区长 1954.4—1954.9 任第一区长	
	张昌荣（塘汇籍）	第二区长	1954.4—1956.8	
	陈玉英（女）	副区长	1954.6—1956.8	
	张连观	副区长	1954.6—1956.8	
	沈小八	副区长	1955.3—1956.8	
王江泾区公所	卢　芳	区长	1957.9—1958.8	1957年9月，王江泾区公所复设，监督指导所辖乡人民委员会的工作。1958年10月，王江泾区公所撤销

1949—1988年双桥乡人民政府(公社管委会、革委会)历届主要领导人一览表

表 14－7

机构名称	姓　名	职　务	任　职　时　间	备　　注
双桥乡人民政府	王炳南	乡长	1949.7—1949.10	1949年6月建立。1950年6月，双桥乡分设为双桥、双南2个乡
	金光明	副乡长	1949.6—1949.11	
	邵阿美	副乡长	1949.12—1950.3	
	金小毛	副乡长	1950.3—1950.6	
双桥乡人民政府	陈常兴	乡长	1950.6—1950.11	1950年6月，由原双桥乡分设为双桥、双南2个乡新建。1954年4月，乡第一届人民代表大会召开，选举产生乡人民政府委员会。同月，由塘汇区划归王江泾区
	俞阿牛	乡长	1950.11—1952.8	
	陶来观	乡长	1952.8—1956年春	
	许士成	副乡长	1950.11—1952年春	
	黄顺根	副乡长	1953.4—1956年春	
	何文炳	副乡长	1954.4—1956年春	
	钱阿巧	副乡长	1954.4—1956年春	
	陈春明	副乡长	1955.4—1956年春	

续表 14－7

机构名称	姓　名	职　务	任　职　时　间	备　注
双桥人民公社管理委员会	张连观	社长	1958.9—1959.3	1958 年 9 月 30 日，王江泾、嘉北 2 个乡合并建立双桥人民公社，并召开双桥人民公社社员代表大会，选举产生公社管理委员会组成人员
	刘金陵	社长	1959.3—1959.6	
	阮新法	社长	1959.8—1960.5	
	章伟祥	社长	1960.5—1961.6	
	王惠泉	副社长	1958.9—1961.6	
	张海涛	副社长	1958.9—1959.11	
	周云才	副社长	1958.9—1961.7	
	孙凤翔	副社长	1958.9—1961.7	
	李士法	副社长	1958.9—1960.9	
	李志坤	副社长	1958.9—1960.5	
	沈裕生	副社长	1958.9—1961.7	
	张永春	副社长	1958.9—1961.7	
	朱润华	副社长	1958.9—1961.7	
	诸国瑜	副社长	1960.2—1961.7	
	楼尤灿	副社长	1960.2—1961.7	
	朱彩彩(女)	副社长	1960.2—1961.7	
双桥人民公社管理委员会	王惠泉	社长	1961.6—1963.3	1961 年 9 月，由原双桥人民公社分设为双桥、嘉北 2 个人民公社新建。1962 年年初、1963 年 6 月和 1966 年 4 月，先后召开公社第四、五、六届社员代表大会，选举产生公社第四、五、六届管理委员会组成人员
	陶来观	社长	1963.10—1966.5	
	黄金福	副社长	1961.7—1962.6	
	蒋有生	副社长	1962.3—1963.6	
	钱阿巧	副社长	1962.3—1962.11	
	张关兴	副社长	1962.3—1966.5	
	徐阶瑞(女)	副社长	1962.3—1963.6	
	伏庆芝	副社长	1962.12—1966.5	
	吴胜荣	副社长	1965.6—1966.5	
	沈裕生	副社长	1966.4—1966.5	
双桥人民公社管理委员会	陶来观	社长	1966.5—1968.4	嘉兴县人民政府任命
	张关兴	副社长	1966.5—1968.4	
	伏庆芝	副社长	1966.5—1968.4	

续表 14－7

机构名称	姓　名	职　务	任　职　时　间	备　　注
双桥人民公社管理委员会	吴胜荣	副社长	1966.5—1968.4	
	沈裕生	副社长	1966.5—1968.4	
双桥人民公社革命委员会	沈星甫	主任	1968.4—1969.5	1968年4月建立革命委员会，由嘉兴县革命委员会任命
	宋锦荣	主任	1970.4—1976.10	
	沈福昶	第一副主任	1968.4—1969.5任副主任 1969.5—1973.4任第一副主任 1973.4—1976.10任副主任	
	陶来观	副主任	1968.4—1973.5	
	张五四	副主任	1968.4—1976.10	
	胡文吉	副主任	1969.5—1976.10	
	杨含清	副主任	1972.2—1972.3	
	陈星辉	副主任	1972.5—1975.10	
	张连观	副主任	1973.7—1976.10	
	张昌荣（塘汇籍）	副主任	1974.4—1976.10	
双桥人民公社革命委员会	俞月初	主任	1976.10—1978.1任副主任，主持工作；1978.1—1978.10	由嘉兴县革命委员会任命
	李荣奎	副主任	1976.10—1981.10	
	汪学文	副主任	1976.10—1977.7	
	李秉仁	副主任	1976.10—1980.1	
	朱敏杰	副主任	1976.10—1981.10， 其中1978.10—1981.10主持工作。	
	顾政宇	副主任	1978.3—1981.3	
双桥人民公社管理委员会	张培基	主任	1981.9—1984.1	1981年9月，双桥公社第七届人民代表大会召开，选举产生公社管理委员会组成人员
	朱明生	副主任	1981.9—1984.1	
	李文雷	副主任	1981.9—1984.1	
	沈金林	副主任	1981.9—1984.1	

续表 14－7

机构名称	姓　名	职　务	任　职　时　间	备　　注
双桥乡人民政府	朱明生	乡长	1984.1—1987.5	1984 年 1 月，双桥公社七届人大三次会议决定将公社人民代表大会改称为乡人民代表大会，并选举产生乡人民政府乡长、副乡长。同年 7 月，乡八届人大一次会议召开，选举产生乡第八届人民政府。1985 年 9 月，乡八届人大二次会议召开，初选和增选副乡长各 1 名。1987 年 5 月，举行乡九届人大一次会议，选举产生乡第九届人民政府
	汪薛平	乡长	1987.5—1987.12	
	姚良根	副乡长	1984.1—1987.5	
	倪泉荣	副乡长	1984.1—1985.3	
	周兴福	副乡长	1985.9—1987.5	
	高松泉	副乡长	1985.9—1987.12	
	李永明	副乡长	1987.5—1987.12	
双桥乡人民政府	汪薛平	乡长	1988.1—1989.2	1987 年 5 月 8—9 日，双桥乡第九届人民代表大会第一次会议召开，选举产生乡长 1 名、副乡长 2 名。1988 年 7 月，双桥乡第九届人民代表大会第二次会议增选副乡长 1 名；9 月，区委组织部任命乡长助理 2 名。1988 年 10 月，撤销双桥乡建制，并入王江泾镇
	李永明	副乡长	1988.1—1989.2	
	高松泉	副乡长	1988.1—1989.2	
	崔志明	副乡长	1988.7—1989.2	
	程启荣	乡长助理	1988.9—1989.1（河南罗山挂职）	
	俞新才	乡长助理	1988.9—1988.12（人武干部代职）	

1949—1998 年荷花乡人民政府（公社管委会、革委会）历届主要领导人名录

表 14－8

机构名称	姓　名	职　务	任　职　时　间	备　　注
廉让乡人民政府	卢玉山	乡长	1949.8—1950.2	1949 年 7 月建立。1950 年 2 月，廉让乡分设为东林、荷花、洪典 3 个乡

续表 14－8

机构名称	姓 名	职 务	任 职 时 间	备 注
东林乡人民政府	陆天福	乡长	1950.2—1951.9	1950年2月，由原廉让乡分出建立。1954年4月，乡第一届人民代表大会召开，选举产生乡人民政府委员会。1956年2月，东林乡并入荷花乡
	仲兴观	乡长	1951.6—1952.8任代乡长 1952.8—1956.2	
	沈道忠（沈道中）	副乡长	1950.2—1951.2	
	顾龙清	副乡长	1950.2—1955.8	
	施阿五	副乡长	1951.8—1956.2	
	张爱生（荷花籍）	副乡长	1954.4—1956.2	
荷花乡人民政府	谢长法	乡长	1950.5—1951年下半年	1950年2月，由原廉让乡分出建立。1954年4月，乡第一届人民代表大会召开，选举产生乡人民政府委员会
	姚阿大	乡长	1951.5—1951年下半年任副乡长 1951年下半年—1953.8	
	卜宝兴	乡长	1953.3—1953.8任副乡长 1953.8—1954.4任乡长 1954.4—1955.3任副乡长	
	宋锦荣	乡长	1953.4—1954.4任副乡长 1954.4—1955.3	
	陆大兴	乡长	1955.4—1956.2	
	王玉珍（女）	副乡长	1952.8—1953.11	
	周关泉	副乡长	1952.8—1953.1	
	陈阿福	副乡长	1953.8—1955.11	
	徐善光	副乡长	1955.3—1956.2	
	方振声	副乡长	1955.11—1956.2	
洪典乡人民政府	杨海棠	乡长	1950.5—1950.11	1950年2月，由原廉让乡分出建立。1954年4月，乡第一届人民代表大会召开，选举产生乡人民政府委员会。1956年2月，洪典乡并入荷花乡
	李新法	乡长	1950.11—1952.4	
	王永年	乡长	1952.4—1953.2	
	周关泉	乡长	1953.1—1954.4	
	方振声	乡长	1953.2—1954.4任副乡长 1954.4—1955.11	
	陈阿福	乡长	1955.11—1956.2	
	沈瑞高	副乡长	1950.5—1951.11	

续表 14－8

机构名称	姓　名	职　务	任　职　时　间	备　　注
洪典乡人民政府	林文奎	副乡长	1950.11—1952.10	
	顾祖明	副乡长	1953.10—1956.2	
	唐四香	副乡长	1954.4—1956.2	
荷花乡人民委员会	仲兴观	乡长	1956.2—1958.3 任乡长 1958.3—1958.9 任副乡长	1956 年 2 月，荷花乡、东林乡和洪典乡(除 4 个代表区外)合并为荷花乡。同时，并乡后的第一届人民代表大会召开，选举产生乡第一届人民委员会组成人员。1956 年 10 月和 1958 年 3 月，乡第二、三届人民代表大会召开，选举产生乡第二、三届人民委员会组成人员
	黄兴强	乡长	1958.3—1958.9	
	施阿五	副乡长	1956.2—1957.4	
	方振声	副乡长	1956.2—1958.3	
	唐四香	副乡长	1956.2—1958.3	
	朱阿马	副乡	1956.5—1958.9	
澄溪乡人民委员会	杨春荣	乡长	1956.1—1958.5	1956 年 1 月，澄溪乡和洪典乡(4 个代表区)、池湾乡(除 5 个代表区以外)合并为澄溪乡。同时，并乡后的第一届人民代表大会召开，选举产生乡第一届人民委员会组成人员。1956 年 10 月和 1958 年 5 月，乡第二、三届人民代表大会召开，选举产生乡第二、三届人民委员会组成人员
	高品荣	乡长	1958.5—1958.9	
	李金牛	副乡长	1956.1—1958.5	
	华培荣	副乡长	1956.1—1958.5	
	陈根寿	副乡长	1956.1—1958.5	
	梅四宝(女)	副乡长	1956.10—1958.9	
	马鸿勋	副乡长	1958.5—1958.9	

续表 14-8

机构名称	姓　名	职　务	任　职　时　间	备　　注
荷花人民公社管理委员会	陈阿福	社长	1961.6—1966.5	1961年9月，由原南汇人民公社分出建立。1962年1月、1963年6月和1966年4月，公社第四、五、六届社员代表大会召开，选举产生公社第四、五、六届管理委员会组成人员
	仲兴观	副社长	1961.6—1962.1 1966.3—1966.5	
	金明生	副社长	1961.7—1962.1	
	顾锦福	副社长	1963.4—1966.5	
荷花人民公社管理委员会	陈阿福	社长	1966.5—1968.1	由嘉兴县人民政府任命
	仲兴观	副社长	1966.5—1968.1	
	顾锦福	副社长	1966.5—1968.1	
荷花人民公社革命委员会	陈阿福	主任	1968.1—1976.10	1968年1月建立，由嘉兴县革命委员会任命
	黄伯明	副主任	1968.1—1976.10	
	单爱生	副主任	1968.1—1973.3	
	范玉明	副主任	1968.1—1973.5	
	仲兴观	副主任	1972.5—1976.10	
	顾锦福	副主任	1972.5—1976.10	
	董掌生	副主任	1973.4—1974.4	
荷花人民公社革命委员会	陈阿福	主任	1976.10—1978.5	由嘉兴县革命委员会任命
	宋锦荣	主任	1978.5—1979.5	
	黄伯明	副主任	1976.10—1979.12	
	仲兴观	副主任	1976.10—1980.4	
	顾锦福	副主任	1976.10—1981.10	
	褚惠泉	副主任	1978.4—1981.1	
	严德林	副主任	1979.3—1981.10， 其中1979.5—1981.10主持工作	
	徐善良	副主任	1979.12—1981.10	
	陶来观	副主任	1980.6—1981.10	

续表 14－8

机构名称	姓　名	职　务	任　职　时　间	备　　注
荷花人民公社管理委员会	徐善良	副主任	1981.10—1984.1	1981 年 10 月，荷花公社第七届人民代表大会召开，选举产生公社管理委员会组成人员
	吴中强	副主任	1981.10—1984.1	
	陶来观	副主任	1981.10—1984.1	
荷花乡人民政府	朱菊生	乡长	1984.1—1985.9	1984 年 1 月，荷花公社七届人大三次会议决定将公社人民代表大会改称为乡人民代表大会，并选举产生乡人民政府乡长、副乡长。同年 7 月，乡八届人大一次会议选举产生乡第八届人民政府。1985 年 9 月，乡八届人大二次会议召开，补选乡长 1 名，增选副乡长 1 名。1987 年 5 月，乡九届人大一次会议召开，选举产生乡第九届人民政府
	金桂福	乡长	1985.9—1987.12	
	姚金宝(女)	副乡长	1984.1—1987.12	
	钱金元	副乡长	1984.1—1987.5	
	李文雷	副乡长	1985.9—1987.12	
荷花乡人民政府	金桂福	乡长	1988.1—1990.4	1987 年 5 月 10—11 日，荷花乡第九届人民代表大会第一次会议召开，选举产生乡长 1 名、副乡长 2 名。1988 年 7 月，乡九届人大二次会议增选副乡长 1 名
	李文雷	副乡长	1988.1—1990.4	
	姚金宝(女)	副乡长	1988.1—1990.2	
	李德荣	副乡长	1988.7—1990.4	

续表 14－8

机构名称	姓　名	职　务	任　职　时　间	备　　注
荷花乡人民政府	姚良根	乡长	1990.4—1992.4	1990年4月15—16日，荷花乡第十届人民代表大会第一次会议召开，选举产生乡长1名、副乡长3名。1992年4月，乡十届人大三次会议补选乡长1名、副乡长1名；1992年12月，乡十届人大四次会议再次补选乡长1名；1992年12月，区政府任命乡长助理2名
	李德荣	副乡长	1990.4—1992.12	
	张根泉	副乡长	1990.4—1993.4	
	金培荣	副乡长	1990.4—1992.4	
	洪根祥	乡长	1992.4—1992.12	
	李文雷	乡长	1992.12—1993.4	
	钱传根	副乡长	1992.4—1993.4	
	李永明	乡长助理	1992.12—1993.4	
	沈菊英(女)	乡长助理	1992.12—1993.4	
荷花乡人民政府	李文雷	乡长	1993.4—1994.4	1993年4月18—19日，荷花乡第十一届人民代表大会第一次会议召开，选举产生乡长1名、副乡长4名。1994年4月29日，乡十一届人大三次会议补选乡长1名。1995年4月14—15日，乡十一届人大四次会议补选乡长1名。1995年5月2日、1996年1月4日，区政府先后任命乡长助理3名
	於金牛	乡长	1994.4—1995.4	
	钱永祥	乡长	1995.4—1996.3	
	李永明	副乡长	1994.1—1996.3	
	沈菊英(女)	副乡长	1994.1—1996.1	
	张根泉	副乡长	1994.1—1996.1	
	钱传根	副乡长	1994.1—1996.3	
	陈　胜	乡长助理	1995.5—1995.12(嘉兴市委宣传部下派)	
	边界明	乡长助理	1996.1—1996.3	
	徐磊明	乡长助理	1996.1—1996.3	
荷花乡人民政府	钱永祥	乡长	1996.3—1998.5	1996年3月21—22日，荷花乡第十二届人民代表大会第一次会议召开，选举产生乡长1名、副乡长4名。1998年5月21日，撤销荷花乡建制，并入王江泾镇
	边界明	副乡长	1996.3—1998.5	
	李永明	副乡长	1996.3—1998.5	
	钱传根	副乡长	1996.3—1998.5	
	徐磊明	副乡长	1996.3—1998.5	

1949—1998 年虹阳乡人民政府(公社管委会、革委会)历届主要领导人一览表

表 14－9

机构名称	姓　名	职　务	任　职　时　间	备　　注
双阳乡人民政府	王阿毛	乡长	1950.10—1952.3	1950 年 3 月,由原王江泾乡分出建立。1954 年 4 月,乡第一届人民代表大会召开,选举产生乡人民政府委员会
	李秉仁	乡长	1952.5—1953.8	
	姚阿大	乡长	1953.8—1954.9	
	沈裕生	乡长	1954.4—1954.9 任副乡长 1954.9—1956 年春	
	吴春荣	副乡长	1950.3—1951.5, 其中 1950.3—1950.10 主持工作	
	张连观	副乡长	1950.3—1951.5	
	黄小毛	副乡长	1952.5—1952 年秋	
	杨有昌	副乡长	1953.8—1954.4	
	曹阿玉	副乡长	1954.4—1956 年春	
	顾永林	副乡长	1955.3—1955.7	
	李海观	副乡长	1955.11—1956 年春	
虹阳乡人民政府	黄金福	乡长	1950.3—1951.6	1950 年 3 月,由原王江泾乡分出建立。同年 6 月,北桥乡并入。1954 年 3 月,乡第一届人民代表大会召开,选举产生乡人民政府委员会
	陈春桂	乡长	1951.10—1952.3	
	沈景荣	乡长	1952.3—1955.4	
	沈金观	乡长	1951.11—1955.6 任副乡长 1955.6—1955.10	
	吴金生	副乡长	1950.3—1950.9	
	张生泉	副乡长	1950.3—1950.12	
	夏掌生	副乡长	1950.9—1951.12	
	诸启诚	副乡长	1954.3—1956 年春	
	吴凤辉	副乡长	1955.5—1956 年春, 其中 1955.10—1956 年春主持工作	
北桥乡人民政府	萧云山	乡长	1950.3—1950.6	1950 年 3 月,由原王江泾乡分出建立,隶属于王江泾区人民政府。同年 6 月,因规模过小而并入虹阳乡
	陆三男	副乡长	1950.3—1950.6	

续表 14－9

机构名称	姓　名	职　务	任　职　时　间	备　　注
虹阳人民公社管理委员会	王惠泉	社长	1963.3—1966.5	1963 年 2 月，由原新农人民公社的新力、大律、东石桥，桃园人民公社的永兴、新建，双桥人民公社的尖墩角、东圩、长圩、光明、新联、阳城、虹阳、东南、天圩（一部分）等 14 个生产大队合并建立。1963 年 3 月和 1966 年 4 月，先后举行公社第五、六届社员代表大会，选举产生公社第五、六届管理委员会组成人员
	沈景荣	副社长	1963.3—1964.12	
	李秉仁	副社长	1963.3—1966.5	
虹阳人民公社管理委员会	王惠泉	社长	1966.5—1968.2	由嘉兴县人民政府任命
	李秉仁	副社长	1966.5—1968.2	
虹阳人民公社革命委员会	邹正奎	主任	1968.2—1972.3	1968 年 2 月建立，由嘉兴县革命委员会任命
	陶海林	主任	1970.8—1972.3 任副主任 1972.3—1975.12	
	马新章	第一副主任	1970.5—1970.9	
	李荣奎	副主任	1968.2—1976.10	
	王惠泉	副主任	1968.2—1970.8	
	徐桂林	副主任	1969.6—1975.9	
	江关泉	副主任	1972.5—1974.4	
	俞月初	副主任	1972.5—1978.1	
	俞月初		1978.1—1978.10 任主任	
	汪学文	副主任	1972.5—1976.10	
	李秉仁	副主任	1973.2—1976.10	
	朱敏杰	副主任	1973.5—1978.10	
	朱敏杰		1978.10—1981.10 主持工作	

续表 14－9

机构名称	姓　名	职　务	任　职　时　间	备　　注
虹阳人民公社管理委员会	李荣奎	主任	1981.10—1984.1	1981年10月，虹阳公社第七届人民代表大会召开，选举产生公社管理委员会组成人员
	张宝良	副主任	1981.10—1984.1	
虹阳乡人民政府	李荣奎	乡长	1984.1—1987.5	1984年1月，虹阳公社七届人大三次会议决定将公社人民代表大会改称为乡人民代表大会，并选举产生乡人民政府乡长、副乡长。同年7月，乡八届人大一次会议召开，选举产生乡第八届人民政府。1985年9月，乡八届人大二次会议举行，增选副乡长1名。1987年5月，乡九届人大一次会议举行，选举产生乡第九届人民政府
	朱明生	乡长	1987.5—1987.12	
	张宝良	副乡长	1984.1—1987.12	
	吴夏莲(女)	副乡长	1984.1—1987.5	
	魏金荣	副乡长	1985.9—1987.5	
	沈金林	副乡长	1987.5—1987.12	
虹阳乡人民政府	朱明生	乡长	1988.1—1990.4	1987年5月9—10日，虹阳乡第九届人民代表大会第一次会议召开，选举产生乡长1名、副乡长2名。1988年7月，乡九届人大二次会议增选副乡长1名
	沈金林	副乡长	1988.1—1990.2	
	张宝良	副乡长	1988.1—1990.4	
	陶坤海	副乡长	1988.7—1990.4	
虹阳乡人民政府	陈志林	乡长	1990.4—1993.4	1990年4月14—15日，虹阳乡第十届人民代表大会第一次会议召开，选举产生乡长1名、副乡长3名。1992年12月，区政府任命乡长助理2名
	张宝良	副乡长	1990.4—1992.12	
	陶坤海	副乡长	1990.4—1993.4	
	曹锡云	副乡长	1990.4—1993.4	
	张惠明	乡长助理	1992.12—1993.4	
	谢惠珍(女)	乡长助理	1992.12—1993.4	

续表 14－9

机构名称	姓　名	职　务	任　职　时　间	备　　注
虹阳乡人民政府	陈志林	乡长	1993.4—1994.4	1993年4月21—22日，虹阳乡第十一届人民代表大会第一次会议召开，选举产生乡长1名，副乡长4名。1994年5月11日，乡十一届人大三次会议补选乡长1名。1995年5月2日、1996年1月4日，区政府先后任命乡长助理2名
	李文雷	乡长	1994.5—1996.3	
	张惠明	副乡长	1993.4—1996.3	
	陶坤海	副乡长	1993.4—1996.3	
	曹锡云	副乡长	1993.4—1996.3	
	谢惠珍(女)	副乡长	1993.4—1996.3	
	殳松堂	乡长助理	1995.5—1996.3 (嘉兴市教委下派)	
	王永良	乡长助理	1996.1—1996.3	
虹阳乡人民政府	李文雷	乡长	1996.3—1998.5	1996年3月21—22日，虹阳乡第十二届人民代表大会第一次会议召开，选举产生乡长1名，副乡长5名。1998年5月21日，撤销虹阳乡建制，并入王江泾镇
	张惠明	副乡长	1996.3—1998.5	
	陶坤海	副乡长	1996.3—1998.5	
	谢惠珍	副乡长	1996.3—1998.5	
	王永良	副乡长	1996.3—1998.5	
	殳松堂	副乡长	1996.3—1997.3 (嘉兴市教委下派)	

1949—2001年田乐乡人民政府(公社管委会、革委会)历届主要领导人一览表

表 14－10

名　称	姓　名	职　务	任　职　时　间	备　　注
长兴乡人民政府	王绍洪	乡长	1949.10—1950.3	1949年7月建立。1950年3月，长兴乡分设为田乐、梅兴、南汇3个乡
	柳水贤	副乡长	1949.9—1950.3	
梅兴乡人民政府	孙阿弟	乡长	1950.3—1951.12	1950年3月，由原长兴乡分出建立。1954年4月，乡第一届人民代表大会召开，选举产生乡人民政府委员会
	费杏观	乡长	1951.12—1954.4	
	李秉仁	乡长	1954.4—1956.2	
	马佩华(女)	副乡长	1950.3—1950.12	
	黄杏观	副乡长	1951.3—1954.4	
	黄小毛	副乡长	1952年秋—1954.4	

续表 14－10

名　称	姓　名	职　务	任　职　时　间	备　　注
梅兴乡人民政府	朱正泉	副乡长	1954.4—1956.2	
	金明生	副乡长	1954.4—1955.9	
	李海观	副乡长	1954.4—1955.8	
	黄阿珍(女)	副乡长	1955.11—1956.2	
	吴万兴	副乡长	1955.11—1956.2	
田乐乡人民政府	沈景林	乡长	1950.3—1956.2	1950年3月,由原长兴乡分出建立。1954年4月,乡第一届人民代表大会召开,选举产生乡人民政府委员会。1956年2月,田乐乡撤销,并入南汇乡
	沈瑞高	副乡长	1953.1—1954.4	
	孔立中	副乡长	1953.3—1953.4	
	吴凤辉	副乡长	1953.4—1955.5	
	凌昌峰	副乡长	1954.4—1956.2	
	王文琴(女)	副乡长	1954.7—1955.9	
	沈景荣	副乡长	1955.5—1956.2	
田乐人民公社管理委员会	朱阿马	社长	1961.6—1962.7	1961年9月,由原南汇人民公社分出建立田乐人民公社。1962年1月、1963年5月和1966年5月,公社第四、五、六届社员代表大会召开,选举产生公社第四、五、六届管理委员会组成人员
	陶海林	社长	1962.7—1965.7	
	费顺观	社长	1966.5当选	
	张荣贵	副社长	1961.7—1962.5	
	潘照兴	副社长	1962.6—1963.4	
	汤小康	副社长	1963.4—1966.5	
田乐公社管理委员会	费顺观	社长	1966.5—1968.3	由嘉兴县人民政府任命
	汤小康	副社长	1966.5—1968.3	
	朱阿马	主任	1968.3—1970.5	
田乐人民公社管理委员会	丁生观	主任	1970.5—1975.12	1968年3月建立,由嘉兴县革命委员会任命
	金惠人	主任	1970.5—1975.12任副主任 1975.12—1976.10	
	卜德贤	副主任	1968.3—1976.10	
	费顺观	副主任	1968.3—1975.12	
	汝菊生	副主任	1968.3—1976.10	

续表 14-10

名　称	姓　名	职　务	任　职　时　间	备　　注
田乐人民公社管理委员会	王正平	副主任	1972.5—1976.10	
	范玉明	副主任	1973.5—1973.8	
	范玉明	副主任	1973.5—1973.8	
田乐人民公社革命委员会	金惠人	主任	1976.10—1979.5	由嘉兴县革命委员会任命
	卜德贤	副主任	1976.10—1981.10	
	汝菊生	副主任	1976.10—1979.1	
	王正平	副主任	1976.10—1980.3	
	王杏娜(女)	副主任	1977.2—1981.10	
	史桂兴	副主任	1977.2—1981.10	
	储传根	副主任	1978.10—1980.6，实际离任 1981.1	
	凌昌峰	副主任	1979.3—1981.10，其中 1979.10—1981.10 主持工作	
田乐公社管理委员会	史桂兴	主任	1981.10—1983.12	1981 年 10 月，田乐公社第七届人民代表大会召开，选举产生公社管理委员会组成人员
	王杏娜(女)	副主任	1981.10—1983.12	
	卜德贤	副主任	1981.10—1983.12	
田乐乡人民政府	王杏娜(女)	乡长	1983.12—1987.5	1983 年 12 月，田乐公社七届人大三次会议决定将公社人民代表大会改称为乡人民代表大会，并选举产生乡人民政府乡长、副乡长。1984 年 7 月，乡八届人大一次会议召开，选举产生乡第八届人民政府。1985 年 9 月，乡八届人大二次会议举行，增选副乡长 1 名。1987 年 5 月，乡九届人大一次会议举行，选举产生乡第九届人民政府
	沈海兴	乡长	1987.5—1987.12	
	陆自忠	副乡长	1983.12—1987.12	
	金海明	副乡长	1983.12—1987.5	
	於金牛	副乡长	1985.9—1987.5	
	倪金珠(女)	副乡长	1987.5—1987.12	

续表 14－10

名　称	姓　名	职　务	任　职　时　间	备　　注
田乐乡人民政府	沈海兴	乡长	1988.1—1990.4	1987年5月20—21日，田乐乡第九届人民代表大会第一次会议召开，选举产生乡长1名、副乡长2名。1988年7月，乡九届人大二次会议增选副乡长1名；1990年2月，区政府先后任命乡长助理2名
	陆自忠	副乡长	1988.1—1990.1	
	倪金珠(女)	副乡长	1988.1—1990.4	
	钱金元	副乡长	1988.7—1990.4	
	许海林	乡长助理	1990.2—1990.4	
	沈金林	乡长助理	1990.2—1990.4	
田乐乡人民政府	沈海兴	乡长	1990.4—1992.4	1990年4月25—26日，田乐乡第十届人民代表大会第一次会议召开，选举产生乡长1名、副乡长3名。1992年4月，乡十届人大三次会议补选乡长1名；12月，区政府先后任命乡长助理3名
	沈金林	副乡长	1990.4—1993.4	
	钱金元	副乡长	1990.4—1993.4	
	倪金珠(女)	副乡长	1990.4—1993.4	
	於金牛	乡长	1992.4—1993.4	
	许海林	乡长助理	1990.4—1990.8 1992.12—1993.4	
	边界明	乡长助理	1992.12—1993.4	
	俞玉林	乡长助理	1992.12—1993.4	
田乐乡人民政府	於金牛	乡长	1993.4—1994.4	1993年4月20—21日，田乐乡第十一届人民代表大会第一次会议召开，选举产生乡长1名、副乡长4名。1994年5月13日，乡十一届人大三次会议补选乡长1名。1995年5月2日、1996年1月4日，区政府先后任命乡长助理3名
	陈志林	乡长	1994.5—1996.3	
	边界明	副乡长	1993.4—1996.1	
	许海林	副乡长	1993.4—1996.3	
	钱金元	副乡长	1993.4—1996.1	
	袁国旗	乡长助理	1995.5—1996.3 (嘉兴市计生委下派)	
	钱玉坤	乡长助理	1996.1—1996.3	
	沈菊英(女)	乡长助理	1996.1—1996.3	

续表 14－10

名　称	姓　名	职　务	任　职　时　间	备　　注
田乐乡人民政府	陈志林	乡长	1996.3—1998.6	1996年3月14—15日,田乐乡第十二届人民代表大会第一次会议召开,选举产生乡长1名、副乡长5名。1998年6月26日,乡十二届人大四次会议补选乡长1名、副乡长2名。1998年11月3日,区委组织部任命乡长助理1名
	何晓迪	乡长	1998.6—1999.1	
	钱玉坤	副乡长	1996.3—1998.6	
	许海林	副乡长	1996.3—1999.1	
	沈菊英(女)	副乡长	1996.3—1998.6	
	俞玉林	副乡长	1996.3—1999.1	
	袁国旗	副乡长	1996.3—1997.3	
	钱传根	副乡长	1998.6—1999.1	
	李国华	副乡长	1998.6—1999.1	
	应方明	乡长助理	1998.11—1998.12	浙江遂昌挂职
田乐乡人民政府	何晓迪	乡长	1999.1—2001.4	1999年1月,为1996年3月14—15日召开的田乐乡第十二届人民代表大会第一次会议选举产生的乡级政权组织领导机构任期
	许海林	副乡长	1999.1—2001.4	
	俞玉林	副乡长	1999.1—2001.4	
	钱传根	副乡长	1999.1—2001.4	
	李国华	副乡长	1999.1—2001.4	
田乐乡人民政府	何晓迪	乡长	1999.1—2001.4	1999年1月29日,田乐乡第十三届人民代表大会第一次会议召开,选举产生乡长、副乡长。2001年4月,田乐乡撤销,并入王江泾镇
	许海林	副乡长	1999.1—2001.4	
	俞玉林	副乡长	1999.1—2001.4	
	钱传根	副乡长	1999.1—2001.4	
	徐海新	副乡长	1999.1—2001.4	

1949—2001年南汇镇(乡)人民政府(公社管委会、革委会)历届主要领导人一览表

表 14－11

机构名称	姓　名	职　务	任　职　时　间	备　　注
长兴乡人民政府	王绍洪	乡长	1949.10—1950.3	1949年7月建立。1950年3月,长兴乡分设为田乐、梅兴、南汇3个乡
	柳水贤	副乡长	1949.9—1950.3	

续表 14－11

机构名称	姓　名	职　务	任　职　时　间	备　　注
南汇乡人民政府	陈春桂	乡长	1950.3—1951.10	1950年3月，由原长兴乡分出建立。1954年3月，乡第一届人民代表大会召开，选举产生乡人民政府委员会
	陆天福	乡长	1951.9—1953.1	
	沈小八	乡长	1952.11—1955.3	
	沈瑞高	副乡长	1951.11—1953.1	
	蒋裕隆	副乡长	1951.11—1953.3	
	王仁观	副乡长	1954.3—1956.2	
	张关兴	副乡长	1954.3—1956.2， 其中1955.3—1956.2主持工作	
	金明生	副乡长	1955.9—1956.2	
南汇乡人民委员会	沈景林	乡长	1956.2—1958.5	1956年2月，南汇乡、梅兴乡和田乐乡合并为南汇乡。同时，并乡后的第一届人民代表大会召开，选举产生乡第一届人民委员会组成人员。1956年9月和1958年5月，乡第二、三届人民代表大会召开，选举产生乡第二、三届人民委员会组成人员
	沈小八	乡长	1958.5—1958.9	
	张小八	副乡长	1956.2—1958.9	
	金明生	副乡长	1956.2—1958.5	
	沈景荣	副乡长	1956.2—1958.5	
	黄阿珍（女）	副乡长	1956.9—1958.5	
	陶海林	副乡长	1957.7—1958.9	
南汇人民公社管理委员会	王保林	社长	1958.9—1958.11	1958年9月9日，南汇、荷花、澄溪3个乡合并建立东风人民公社，并召开东风人民公社社员代表大会，选举产生公社管理委员会组成人员。1959年5月，东风人民公社改称南汇人民公社
	金文福	社长	1958.11—1961.6	
	宋锦荣	副社长	1958.9—1961.6	
	陶海林	副社长	1958.9—1959.10	
	仲兴观	副社长	1958.9—1961.7	
	杨春荣	副社长	1958.9—1961.6	
	朱阿马	副社长	1958.9—1961.6	
	盛八斤	副社长	1958.9—1961.7	
	王正华	副社长	1958.9—1961.7	
	张阿妹（女）	副社长	1958.9—1961.7	
	俞丽英（女）	副社长	1958.9—1959.6	

续表 14 - 11

机构名称	姓　名	职　务	任　职　时　间	备　　注
南汇人民公社管理委员会	朱连章	副社长	1960.2—1961.6	
	金明生	副社长	1960.9—1961.7	
	张荣贵	副社长	1960.9—1961.7	
	高品荣	副社长	1960.9—1961.7	
南汇人民公社管理委员会	杨春荣	社长	1961.6—1966.5	1961年9月，原南汇人民公社分设为南汇、田乐、荷花、澄溪4个人民公社。1961年12月、1963年5月和1966年4月，先后召开公社第四、五、六届社员代表大会，选举产生公社第四、五、六届管理委员会组成人员
	吴万兴	副社长	1961.7—1963.5	
	张小八	副社长	1961.12—1966.5	
南汇人民公社管理委员会	杨春荣	社长	1966.5—1968.3	由嘉兴县人民政府任命
	张小八	副社长	1966.5—1968.3	
南汇人民公社革命委员会	杨春荣	主任	1968.3—1970.4 任主任 1970.4—1970.5 任第一副主任	1968年3月建立，由嘉兴县革命委员会任命
	许炳土	主任	1970.4—1976.10	
	吴万兴	副主任	1968.3—1976.10	
	王宝根 （嘉兴嘉北籍）	副主任	1968.3—1976.10	
	沈小虎	副主任	1968.3—1976.10	
	张炳年	副主任	1970.8—1975.10	
	张小八	副主任	1972.5—1976.10	
	江关泉	副主任	1974.4—1976.10	
南汇人民公社革命委员会	许炳土	主任	1976.10—1978.1	1979年4月，南汇人民公社社员代表大会召开，选举产生南汇公社革命委员会组成人员
	江关泉	副主任、主任	1976.10—1978.1 任副主任 1978.1—1979.4	
	陆甫根	副主任、主任	1977.12—1979.4 任副主任 1979.4—1981.10	
	吴万兴	副主任	1976.10—1980.2	

续表 14－11

机构名称	姓　名	职　务	任　职　时　间	备　　注
南汇人民公社革命委员会	王宝根（嘉兴嘉北籍）	副主任	1976.10—1979.4	
	沈小虎	副主任	1976.10—1980.12	
	张小八	副主任	1976.10—1978.3	
	金桂福	副主任	1977.12—1979.4	
	储传根	副主任	1980.6，未到职	
	顾政宇	副主任	1981.3—1981.10	
南汇人民公社管理委员会	陆甫根	主任	1981.10—1983.12	1981 年 10 月，南汇公社第七届人民代表大会召开，选举产生公社管理委员会组成人员
	顾政宇	副主任	1981.10—1983.12	
	吕桂林	副主任	1981.10—1983.12	
	俞和生	副主任	1981.10—1983.12	
南汇镇人民政府	张昌荣	乡长、镇长	1983.12—1985.10 任乡长 1985.10—1987.12 任镇长	1983 年 12 月，南汇公社七届人大三次会议决定将公社人民代表大会改称为乡人民代表大会，并选举产生乡人民政府乡长、副乡长。1984 年 7 月，举行乡八届人大一次会议，选举产生乡第八届人民政府。1985 年 9 月，乡八届人大二次会议召开，增选副乡长 1 名。同年 10 月，南汇乡改为建制镇，实行以镇管村的体制，管辖范围不变。同月，乡人民代表大会改称为镇人民代表大会，乡长、副乡长改任镇长、副镇长。1987 年 5 月，镇九届人大一次会议召开，选举产生镇第九届人民政府
	王健龙	副乡长、副镇长	1983.12—1985.10 任副乡长 1985.10—1987.5 任副镇长	
	陆巧珠（女）	副乡长、副镇长	1983.12—1985.10 任副乡长 1985.10—1987.12 任副镇长	
	徐善良	副乡长、副镇长	1985.9—1985.10 任副乡长 1985.10—1987.12 任副镇长	

续表 14－11

机构名称	姓　名	职　务	任　职　时　间	备　　注
南汇镇人民政府	张昌荣	镇长	1988.1—1990.1	1987年5月9—10日，南汇镇第九届人民代表大会第一次会议召开，选举产生镇长1名、副镇长2名。1988年7月，镇九届人大二次会议增选副镇长1名；1990年1月，区政府任命镇长助理1名
	陆巧珠(女)	副镇长	1988.1—1990.4	
	徐善良	副镇长	1988.1—1990.1	
	史桂兴	副镇长	1988.7—1990.4	
	陆自忠	镇长助理	1990.1—1990.4	
南汇镇人民政府	史桂兴	镇长	1990.4—1992.12	1990年4月20—21日，南汇镇第十届人民代表大会第一次会议召开，选举产生镇长1名、副镇长3名。1992年12月，镇十届四次人民代表大会补选镇长1名；同月，区政府任命镇长助理2名
	陆巧珠(女)	副镇长	1990.4—1992.12	
	陆自忠	副镇长	1990.4—1993.4	
	钱玉坤	副镇长	1990.4—1993.4	
	顾太文	镇长	1992.12—1993.4	
	张四娜(女)	镇长助理	1992.12—1993.4	
	周洪根	镇长助理	1992.12—1993.4	
南汇镇人民政府	顾太文	镇长	1994.1—1995.4	1993年4月16—17日，南汇镇第十一届人民代表大会第一次会议召开，选举产生镇长1名、副镇长4名。1995年4月19—20日，南汇镇十一届人大三次会议补选镇长、副镇长各1名。1995年5月2日、1996年1月4日，区政府先后任命镇长助理3名
	周洪根	副镇长、镇长	1994.1—1995.4 任副镇长 1995.4—1996.3	
	张四娜(女)	副镇长	1994.1—1996.3	
	陆自忠	副镇长	1994.1—1996.3	
	钱玉坤	副镇长	1994.1—1996.1	
	赵志良	副镇长	1995.4—1996.3	
	曾燕(女)	镇长助理	1995.5—1996.3 (嘉兴市政协下派)	
	吴云飞	镇长助理	1996.1—1996.3	
	严金良	镇长助理	1996.1—1996.3	

续表 14－11

机构名称	姓　名	职　务	任　职　时　间	备　　注
南汇镇人民政府	周洪根	镇长	1996.3—1997.3	1996年3月12—13日，南汇镇第十二届人民代表大会第一次会议召开，选举产生镇长1名、副镇长5名。1997年3月26日，南汇镇十二届人大二次会议补选镇长1名。1998年6月29日，南汇镇十二届人大五次会议补选副镇长3名
	倪顺荣	镇长	1997.3—1999.1	
	严金良	副镇长	1996.3—1999.1	
	吴云飞	副镇长	1996.3—1999.1	
	张四娜(女)	副镇长	1996.3—1998.6	
	陆自忠	副镇长	1996.3—1998.6	
	曾燕(女)	副镇长	1996.3—1997.3（嘉兴市政协下派）	
	吴志勇	副镇长	1998.6—1999.1	
	盛地金(女)	副镇长	1998.6—1999.1	
	徐土根	副镇长	1998.6—1999.1	
南汇镇人民政府	倪顺荣	镇长	1999.1—2001.4	1999年1月，南汇镇第十二届人民代表大会第一次会议召开，选举产生的镇级政权组织领导机构任期
	严金良	副镇长	1999.1—2001.4	
	吴云飞	副镇长	1999.1—2001.4	
	吴志勇	副镇长	1999.1—2001.4	
	盛地金(女)	副镇长	1999.1—2001.4	
	徐土根	副镇长	1999.1—2001.4	

续表 14－11

机构名称	姓　名	职　务	任　职　时　间	备　　注
南汇镇人民政府	倪顺荣	镇长	1999.1—2001.4	1999 年 1 月 29 日，南汇镇第十三届人民代表大会第一次会议召开，选举产生镇长、副镇长。2000 年 11 月 16 日，南汇镇十三届人大三次会议补选副镇长 1 名。2001 年 4 月，撤销南汇镇，南汇镇并入王江泾镇
	严金良	副镇长	1999.1—2001.4	
	吴云飞	副镇长	1999.1—2001.4	
	吴志勇	副镇长	1999.1—2001.4	
	徐土根	副镇长	1999.1—2000.11	
	屠春华	副镇长	2000.11—2001.4	

1949—2010 年王江泾镇(乡)人民政府历届主要领导人一览表

表 14－12

机构名称	姓　名	职　务	任　职　时　间	备　　注
王江泾乡人民政府	刘更生	乡长	1949.10—1950.3	1949 年 7 月建立。1950 年 3 月，王江泾乡分设为双阳、虹阳、北桥 3 个乡
王江泾乡人民委员会	吴凤辉	乡长	1956 年春—1958.4	1956 年春(2 月或 3 月)，虹阳乡、双阳乡和双桥乡(除 5 个代表区以外)合并为王江泾乡。同时，并乡后的第一届人民代表大会召开，选举产生乡第一届人民委员会组成人员。1956 年 10 月和 1958 年 4 月，乡第二、三届人民代表大会召开，选举产生乡第二、三届人民委员会组成人员。1958 年 9 月 30 日，王江泾乡撤销，并入双桥人民公社
	张海涛	乡长	1958.4—1958.9	
	陈春明	副乡长	1956 年春—1958.4	
	钱阿巧	副乡长	1956 年春—1958.9	
	董桂珍(女)	副乡长	1956.10—1958.4	
	诸启诚	副乡长	1956.10—1958.4	
	张关兴	副乡长	1958.4—1958.9	

续表 14-12

机构名称	姓 名	职 务	任 职 时 间	备 注
王江泾镇人民政府	朱敏杰	镇长	1984.7—1985.9	1984年1月，增设王江泾建制镇，归双桥乡管辖。同年7月，王江泾镇和王江泾村从双桥乡划出，正式建立区属王江泾镇。同月，镇一届人大一次会议召开，选举产生镇第一届人民政府，隶属于郊区人民政府。1985年9月，镇一届人大二次会议补选镇长1名。1987年5月，镇二届人大一次会议召开，选举产生镇第二届人民政府
	朱海泉	镇长	1985.9—1987.5	
	严德林	镇长	1987.5—1987.12	
	陶良珍(女)	副镇长	1984.7—1987.5	
	徐富金	副镇长	1984.7—1987.5	
	俞和生	副镇长	1987.5—1987.12	
王江泾镇人民政府	严德林	镇长	1988.1—1989.2	1987年5月11—12日，王江泾镇第二届人民代表大会第一次会议召开，选举产生镇长1名、副镇长1名。1988年7月，二届人大二次会议增选副镇长1名。1988年10月，撤销双桥乡建制，并入王江泾镇。11月，成立王江泾镇人民政府工作班子，组成人员有：汪薛平、李永明、崔志明、高松泉、陶良珍、俞和生。由汪薛平负责。1989年2月27—28日，合并后的王江泾镇第二届人大第三次会议举行，选举产生镇长1名，副镇长3名
	俞和生	副镇长	1988.1—1989.2	
	徐富金	副镇长	1988.7—1989.2	
	汪薛平	镇长	1989.2—1990.1	
	李永明	副镇长	1989.2—1990.4	
	高松泉	副镇长	1989.2—1990.1	
	陶良珍(女)	副镇长	1989.2—1990.4	

续表 14 - 12

机构名称	姓　名	职　务	任　职　时　间	备　注
王江泾镇人民政府	金茂祥	镇长	1990.4—1993.4	1990年4月18—19日，王江泾镇第三届人民代表大会第一次会议召开，选举产生镇长1名、副镇长3名。1992年4月和6月、1992年12月，区政府先后任命镇长助理4名。1992年12月，三届人大第四次会议补选副镇长1名
	李永明	副镇长	1990.4—1992.12	
	钱智明	副镇长	1990.4—1992.12	
	陶良珍(女)	副镇长	1990.4—1993.4	
	肖根华	镇长助理	1992.4—1992.12	
	葛志新	镇长助理	1992.6—1993.4(挂职干部)	
	贝海荣	镇长助理	1992.12—1993.4	
	李德荣	镇长助理	1992.12—1993.4	
	肖根华	副镇长	1992.12—1993.4	
王江泾镇人民政府	金茂祥	镇长	1993.4—1994.9	1993年4月15—16日，王江泾镇第四届人民代表大会第一次会议召开，选举产生镇长1名、副镇长4名。1994年4月24日，镇四届人大二次会议补选副镇长1名。1994年9月16日，镇四届人大三次会议补选镇长1名。1995年4月13—14日，镇四届人大四次会议补选副镇长1名。1994年7月2日、1995年6月12日、1996年1月4日，区政府先后任命镇长助理5名
	怀国华	镇长	1994.9—1996.3	
	贝海荣	副镇长	1993.4—1994.4	
	李德荣	副镇长	1993.4—1996.3	
	肖根华	副镇长	1993.4—1996.3	
	陶良珍(女)	副镇长	1993.4—1995.4	
	顾万金	副镇长	1994.4—1996.3	
	张　旦	副镇长	1995.4—1996.3	
	葛志新	镇长助理	1994.1—1994.1(嘉兴市安全局下派)	
	崔鹤年	镇长助理	1994.7—1994.10(贵州省铜仁地委挂职)	
	杨政刚	镇长助理	1994.7—1994.10(贵州省铜仁地委挂职)	
	潘　侃	镇长助理	1995.5—1996.3(嘉兴市环保局下派)	
	沈凤兴	镇长助理	1995.6—1996.3	
	张根泉	镇长助理	1996.1—1996.3	

续表 14－12

机构名称	姓　名	职　务	任　职　时　间	备　　注
王江泾镇人民政府	怀国华	镇长	1996.3—1998.5	1996 年 3 月 15—16 日，王江泾镇第五届人民代表大会第一次会议召开，选举产生镇长 1 名、副镇长 5 名。1997 年 3 月 28 日，镇五届人大第二次会议补选副镇长 1 名。1998 年 5 月 21 日，撤销荷花乡、虹阳乡建制，并入王江泾镇。区委、区政府决定由怀国华、钱永祥负责行政工作。1998 年 6 月 24 日，合并后的王江泾镇五届人大四次会议选举产生镇长 1 名、副镇长 6 名
	肖根华	副镇长	1996.3—1998.5	
	张根泉	副镇长	1996.3—1998.5	
	顾万金	副镇长	1996.3—1998.5	
	沈凤兴	副镇长	1996.3—1998.5	
	张　旦	副镇长	1996.3—1997.3	
	姚高玉	副镇长	1997.3—1998.5	
	潘　侃	镇长助理	1996.3—1997.3（嘉兴市环保局下派）	
	於金牛	镇长	1998.6—1999.1	1998 年 6 月 24 日王江泾镇五届人大四次会议召开，选举产生镇政府领导班子
	王永良	副镇长	1998.6—1998.12	
	边界明	副镇长	1998.6—1998.12	
	沈凤兴	副镇长	1998.6—1999.1	
	沈玉根	副镇长	1998.6—1998.12	
	张根泉	副镇长	1998.6—1999.1	
	张惠明	副镇长	1998.6—1999.1	
	於金牛	镇长	1999.1—2000.1	
	王永良	副镇长	1999.1—2001.4	
	沈凤兴	副镇长	1999.1—2000.1	
	张根泉	副镇长	1999.1—2001.4	
	张惠明	副镇长	1999.1—2001.4	

续表 14－12

机构名称	姓　名	职　务	任　职　时　间	备　　注
王江泾镇人民政府	於金牛	镇长	1999.1—2000.1	1999年1月27—28日，王江泾镇第六届人民代表大会第一次会议召开，选举产生镇长、副镇长。6月2日，区委组织部任命镇长助理1名。2000年1月11—12日，王江泾镇六届人大二次会议补选镇长1名、副镇长1名。12月4日，区委组织部任命镇长助理1名。2001年3月19日，区委组织部任命镇长助理1名
	沈凤兴	镇长	1999.1—2000.1 任副镇长 2000.1—2001.4	
	王永良	副镇长	1999.1—2001.4	
	张根泉	副镇长	1999.1—2001.4	
	张惠明	副镇长	1999.1—2001.4	
	徐永良	副镇长	2000.1—2001.4	
	冯仲传	镇长助理	1999.6—1999.8(挂职)	
	顾洪波	镇长助理	2000.12—2001.1(挂职)	
	邱正明	镇长助理	2001.3—2001.5	
王江泾镇行政工作委员会	沈凤兴	主任	2001.5—2002.1	2001年4月，秀洲区行政区划调整。5月15日，区委决定建立王江泾镇行政工作委员会，任命主任1名、副主任5名。9月4日，区委组织部任命镇长助理1名
	吴云飞	副主任	2001.5—2002.1	
	屠春华	副主任	2001.5—2002.1	
	张惠明	副主任	2001.5—2002.1	
	严金良	副主任	2001.5—2002.1	
	吴志勇	副主任	2001.5—2002.1	
	龙　隆	镇长助理	2001.9—2001.11(挂职)	
王江泾镇人民政府	沈凤兴	镇长	2002.1—2005.6	2002年1月28—29日，王江泾镇第七届人民代表大会第一次会议召开，选举产生镇长、副镇长。2003年4月24日，王江泾镇七届人大三次会议补选副镇长1名。12月23日，区委组织部任命镇长助理1名。2004年1月6日，王江泾镇七届人大四次会议补选副镇长1名。8月2日，区委组
	徐坤荣	镇长	2005.6—2007.1	
	严金良	副镇长	2002.1—2006.8	
	吴云飞	副镇长	2002.1—2005.1	
	吴志勇	副镇长	2002.1—2006.8	

续表 14－12

机构名称	姓　名	职　务	任　职　时　间	备　　注
王江泾镇人民政府	张惠明	副镇长	2002.1—2003.12	织部任命镇长助理1名。2005年1月16日，王江泾镇七届人大五次会议补选副镇长2名。6月20日，王江泾镇七届人大六次会议补选镇长1名。2006年5月9日，区委组织部任命镇长助理1名。8月12日，王江泾镇七届人大八次会议补选副镇长1名
	屠春华	副镇长	2002.1—2003.4	
	王永华	副镇长	2003.4—2004.12	
	张金良	副镇长	2004.1—2007.1	
	陆　强	副镇长	2005.1—2007.1	
	陈荣根	副镇长	2005.1—2007.1 2003.12—2005.1 任镇长助理	
	姚佩英(女)	副镇长	2006.8—2007.1 2006.7—2006.8 任镇长助理	
	陈国希	镇长助理	2004.8—2004.10(挂职)	
	张华强	镇长助理	2006.5—2006.7(挂职)	
王江泾镇人民政府	徐坤荣	镇长	2007.1—2008.5	2007年1月18—19日，王江泾镇第八届人民代表大会第一次会议召开，选举产生镇长、副镇长
	陈天荣	镇长	2008.5—2010.8	
	李陈源	镇长	2010.8—2010.12	
	陈荣根	副镇长	2007.1—2010.8	
	陆　强	副镇长	2007.1—2009.7	
	姚佩英(女)	副镇长	2007.1—2010.12	
	张金良	副镇长	2007.1—2010.12	
	朱建明	副镇长	2009.7—2010.12 (2009.4—2009.7 任镇长助理)	
	卜忠伟	副镇长	2010.8—2010.12 (2009.7—2010.8 任镇长助理)	
	闫　斌	镇长助理	2008.5—2009.12	
	王黎伟	镇长助理	2009.6—2009.12	
	周　燕	镇长助理	2009.11—2010.12	

第十五章　政协与群团组织

政协是政治协商、民主监督、参政议政的一个职能部门，为促进地方物质文明、政治文明、精神文明建设建言献策，推进当地经济和社会发展，发挥重要作用。

解放前，除民间商会外，域内无群团组织。清光绪三十年(1904)，王江泾、南汇成立商会分会组织。1950 年，域内成立工会，并产生工会领导机构。工会建立后，带领广大工人群众，在党的领导下，发挥了主力军作用。此后，妇联、共青团、工商联等人民团体相继建立，带领妇女、青年和工商界等群众，为完成党的目标任务作出一定的贡献。

第一节　政协组织

解放后很长一段时间内，乡镇无政协组织，仅有少数市、区政协委员。2005 年，为发挥政协组织在基层的作用，秀洲区政协在王江泾镇设立政协委员活动组。2008 年 4 月，正式建立秀洲区政协王江泾镇联络室，在发挥政协职能、建言献策上发挥一定的作用。

【组织机构】

2005 年前，域内无政协组织，仅有为数不多的嘉兴市、秀洲区政协委员，每年参与市、区的政协活动。

2005 年 3 月，经政协秀洲区一届主席会议研究决定，建立区政协王江泾镇政协委员活动组，镇党委委员(分管统战)、区政协委员沈锦福担任组长。

2008 年 4 月，区政协确定在王江泾镇设立联络室。政协在乡镇一级设立联络室，此为全区首举。同年 9 月，嘉兴市政协在王江泾镇召开政协联络室创建工作现场会，镇领导在会上作联络室创建试点经验介绍。之后，此项工作在全市推广。

2009 年 4 月，中共秀洲区委正式任命镇党委委员(分管统战)郭林尧兼任联络室副主任。从此，联络室作为区政协的工作延伸，实现了乡镇政协工作有组织、有编制、有牌子、有活动场所。

【主要工作】

2005 年 3 月，镇政协委员活动组建立后，每年组织辖区内政协委员开展视察调研活动，举办中秋和春节茶话会。每次联谊会时，区政协和镇党政主要领导都到会慰问政协委员及社会各界人士，通报工作，征求意见。每年的镇人民代表大会开会期间，组织政协委员列席会议。

2008 年 3 月，在区政协、市政协的支持和帮助下，镇政协委员活动组深入青鱼养殖大户、国税、农经等部门走访，与市国税局形成《基层建议重新认定自产鲜活青鱼腌制青鱼干为初级农产品，扶持农业产业化发展，促进农民增收》的书面意见，市国税局取消对王江泾镇自产青鱼干开征的特产税。

2008年4月，区政协确定王江泾镇在全区率先开展政协联络室创建工作，并落实活动场所、设备、经费、人员，使镇政协联络室成为政协委员学习交流的平台、参政议政的舞台，为政协委员联系群众、了解民情、服务民生、有效履职创造条件。在此基础上，联络室制定学习、视察、接待群众、述职、考评、外出考察等工作制度，采取“约请群众上来谈、组织委员下去听、邀请部门进来讲”的工作模式，选派政协委员参加听证会、论证会，担任行风监督员，并制订年度活动计划，做到月月有活动、有工作台账。

2008年5月，秀洲区政协“界别活动周”在王江泾镇启动。此后，每年5月，联络室组织政协委员开展界别活动。

2009年起，政协委员每年与镇辖区内2名贫困学生结对，送去学费和学习生活用品。

同年2月，聘请8名镇情民意信息员，每月定期报送涉及民生方面需要与政府沟通解决的信息。

同年3月，创刊《镇情民意》刊物。此后，每年出刊3～4期。

2006—2010年，倡导委员为群众办实事，如委员所在的企业与新安国际医院建起“爱心病房”，让一些家庭困难的群众得到更好的住院治疗；政协委员、嘉兴市鸣业棉纺织造有限公司董事长罗春荣与一位已有62年党龄的老党员结对，还为一个贫困家庭的三胞胎捐款2万元，共为嘉兴市的绿化建设捐款6万元。联络室（活动组）年年被评为区先进政协联络室（活动组）和报送社情民意信息先进单位。

2011年2月，又聘请2名镇情民意信息员。至此，全镇共有10名镇情民意信息员，每季度召开一次座谈会。同年，联络室被评为嘉兴市政协先进联络室。

【委员提案】

2005年以来，域内政协委员向区政协提交提案17件，均被列为重点提案，其中优秀提案4件：《关于加大散户喷水织机治理工作力度的建议》《加大各级财政投入，加强北部乡镇抵御洪涝灾害能力》《关于加大对“两违”清理整治力度的建议》《关于提升我区纺织染整业整体水平的建议》。

【委员情况】

王江泾镇政协联络室2010年共有市、区政协委员16名，其中市政协委员2名，区政协委员14名，分布在工商联、台联、农业、医卫、科技、宗教、特邀、妇联、新居民9个界别。

在域内工作的区政协一至二届的委员：

第一届（2005年2月至2007年1月）7名：沈锦福（特邀）、卜菊明（工商联）、沈金荣（工商联）、陈玲珠（女、妇联）、郭珍芳（台联）、金华明（医卫）、周亮亮（宗教）。

第二届（2007年2月至2012年1月）11名：郭林尧（女、特邀）、金华明（医卫）、汝兴龙（工商联）、严涛（文教）、张和乐（台联）、杨永兴（工商联）、陈玲珠（女、妇联）、周亮亮（宗教界）、罗春荣（工商联）、金明祥（民主建国会）、高明慧（女、农业）。

第二节　工　会

【工会组织】

解放前，镇域内无工会组织。

1950年5月，浙江省总工会设立嘉兴专区办事处，后嘉兴县各镇开始筹建基层工会组织。同年11月25日，由王江泾区区长侯砚忠发起成立王江泾镇工会筹备会。1951年4月，王江泾镇工会正式成立，并选举张欣堂、蔡元澜、陈德明等任镇工会负责人，工会会员148人，各行业的工会干部17人。同年，南汇镇也成立镇工会，金菊生任南汇镇工会主席，沈仪冰、沈梅生、朱明惠、丁浩成等任镇工会委员，工会会员120人，各行业的工会干部13人。

1952年8月，王江泾镇工会进行民主改选，朱永春、何文源、周正荣组成镇工会领导班子，朱永春任镇工会主席。1953年12月，王江泾镇工会、南汇镇工会改称嘉兴县王江泾镇联合工会、南汇镇联合工会。

"文化大革命"期间，王江泾、南汇两集镇的工会组织处于停滞状态。

20世纪80年代初，重新成立基层工会。1981年9月，吴海生任南汇集镇基层联合工会工作委员会主任。

1986年4月，在市总工会郊区办事处的指导下，通过民主协商的办法，王江泾镇基层工会联合会由嘉兴市绸厂、电器四厂、供销社、铁器社、学校等10多家在镇区域内的各单位基层工会组成，受镇党委和市总工会郊区办事处双重领导，电器厂杨锦明为主任，嘉兴市绸厂王洪德为副主任，有委员5人，配合企业做好思想宣传、文体活动、生产安全、女工生活等工作，所有人员均为兼职。

1991年4月，上级工会正式批准建立王江泾镇工会，工会委员会设主席、副主席和委员共8名，徐富金任工会主席，王洪德兼任工会副主席负责日常工作；同时，工会归属当地群团组织，由镇党委领导。另外，建立经费审查委员会，委员3名，沈巧林任主任，活动费用由市总工会根据上交经费多少按一定比例回拨。南汇镇工会于1999年6月成立，周史金任工会主席，张金根任工会副主席。田乐乡工会于1999年7月成立，沈菊英任工会主席，钱玉坤任工会副主席。荷花、虹阳、双桥一直无乡级工会组织。2001年7月乡镇合并后，王江泾镇工会由沈菊英任工会主席，钱玉坤任工会副主席。至2010年5月，全镇拥有职工28515人，工会会员27451人，入会率为96%，农民工22847人，女性农民工11701人，外来农民18277人，有下属基层工会131家，覆盖企业941家；其中村、社区联合工会34家，楼宇联合基层工会1家。2005年，镇工会获评省级示范镇工会。

【职工代表大会】

1991年4月22日，王江泾镇第一次职工代表大会召开。出席职工代表43名，选举产生镇工会委员8名，徐富金当选镇工会主席，王洪德兼任副主席。

1996年8月23日，王江泾镇第二次职工代表大会召开。出席职工代表46名，选举产生镇工会委员7名，李爱珍当选镇工会主席，王洪德任副主席。1998年9月8日，镇工会召开全委会，李爱珍辞去镇工会主席职务，补选陆文延为镇工会主席。

1999年6月3日，王江泾镇第三次职工代表大会召开。出席职工代表50名，选举产生镇工会委员7名，陆文延当选镇工会主席，李爱珍任副主席。

同年7月，田乐乡召开首届工会代表大会，沈菊英当选首届工会主席，钱玉坤当选副主席。

2001年7月，田乐、南汇并入王江泾后，镇工会由沈菊英任主席，钱玉坤任副主席。

2002年8月30日，王江泾镇第四次职工代表大会召开。出席职工代表72名，选举产生镇工会委员9名，沈菊英当选镇工会主席，钱玉坤任工会专职副主席。2005年6月，沈菊英调离后由党委副书记陈兴荣兼任工会主席。2006年6月，增补王凤珍为工会专职副主席。

2007年5月，王江泾镇第五次职工代表大会召开。出席职工代表100名，选举产生镇工会委员9名，由党委副书记陈兴荣兼任工会主席，王凤珍为工会专职副主席。2008年7月，陈兴荣调离后由党委副书记吴云飞兼任工会主席。

2009年11月，王江泾镇第六次职工代表大会召开。出席职工代表100名，选举产生镇工会委员9名，由党委副书记吴云飞兼任工会主席，王凤珍为工会专职副主席。2010年10月，吴云飞调离后由党委副书记干根华兼任工会主席，王凤珍仍为工会专职副主席。

【工会活动】

1951年，王江泾镇工会、南汇镇工会积极配合当地政府开展手工业和商业改造等各项工作：协助政府开展“三反”“五反”运动，取缔当地的反动门道会组织；响应抗美援朝运动，召开动员大会、订立爱国公约，有163名会员签名，捐款捐物有151人，共捐款6337550元、银圆22枚、金戒指2个；组建文艺宣传队、篮球队，并开展一系列活动，慰问烈军属；开展爱国主义劳动竞赛；解决劳资双方的各类劳资争议；开办夜校速成识字班。

工会组织建立后，配合政府中心工作，组织职工学习有关方针政策，参加各类社会活动，开展安全生产，参与文化、科技、教学等活动。

近几年，工会十分重视组织规范化建设、制度规范化建设、“职工之家”阵地规范化建设、“职工书屋”阵地规范化建设。随着市场经济不断发展，非公有制经济迅速壮大，工会在重视公有制经济工会组织建设的同时，也重视非公有制经济工会的组织建设，建立、健全非公有制经济工会干部人事档案、工会花名册和开展工会费收缴工作。

建立集体协商、集体合同制度。确定每年4月开展工资集体协商推动月活动，指导基层工会开展工资集体协商工作。全镇单建工会的企业签订工资专项协议98份，其中区域性34份，覆盖企业623家；行业性1份，覆盖企业217家。工会还建立职工代表大会制度，实行厂务公开，民主管理，全镇职代会建会率达100%，厂务公开率达89%。

建立镇劳动争议调解委员会，工会社会化维权机制不断创新。劳动关系三方协商制度进一步得到完善，与镇有关部门建立协调机制，对企业集体合同履行情况进行检查，发现问题及时纠正。工会每年协助劳动部门调解劳动报酬争议，保护职工的合法权益，维护社会的安定。基层工会还设有和谐劳动关系创建办公室，创建率达95%。有3家企业获市级劳动关系和谐企业先进称号，1家企业获评市级劳动关系示范企业，13家企业获区级劳动关系和谐企业先进称号，14 家企业获镇级劳动关系和谐企业先进称号。

建立职工维权帮扶站。维权帮扶站提供信访咨询、法律援助、指导签订劳动合同等服务。开通“12351”职工服务热线，为困难职工提供及时方便的服务。镇工会组织企业与困难职子女结成助学对子，累计助学款 30 万余元。2007 年以来，发动基层工会职工捐款 130 多万元，救治 20 多名重症病人。

90 年代起，工会创办以“职工之家”“巾帼之友”为形式的活动，与岗位练兵、技术革新相结合，以“职工书屋”为阵地激发职工对新知识、新科学、新技能学习，全面提高职工队伍素质。礼恩派(嘉兴)有限公司铆机安全保护装置的技术改造合理化建议，获省级安全生产合理化二等奖；天伦纳米染整公司 M141 甲班，获省安康杯竞赛优胜班组称号；浙江明效丰汇控股集团有限公司工会、欣悦工业园工会，先后获省级模范职工之家称号；欣悦工业园工会“职工书屋”，获国家级职工书屋称号；田乐村联合基层工会沈金凤、嘉兴市元丰纺织有限公司总经理钱文云和东风村联合基层工会高明慧，先后获评市级劳模。全镇建立“职工之家”的企业有 65 家，其中 15 家获市、区级先进称号；建成“职工书屋”的企业有 15 家。

镇工会每年在五一期间，表彰先进职工之家、劳动关系和谐企业先进单位、工会工作先进集体、优秀工会工作者、技能标兵、文明新居民、十佳职工、职工之友。举办职工春节茶话会，组织工会干部每两年进行一次健康体检。

“职工之家”的建立带动全镇各项文体活动的开展。每年举办各类文体活动、技能操作比赛。2003 年，举办镇女职工“爱岗敬业 增效创业”演讲比赛；2004 年，举办首届职工乒乓球比赛和迎五一计算机操作比赛；2005 年，举办五一职工演讲比赛；2006 年，举办新王江泾人迎五一通俗歌曲演唱比赛；2007 年，镇工会举办情系农民工赠送收音机活动；2008 年，举办“迎圣火 庆奥运”职工文体活动和“新大众杯”职工技能比赛；2009 年，举办“诚恒世嘉杯”职工演讲比赛；2010 年，举办“新永联杯”安全生产征文比赛。在工会活动的带动下，全镇 34 个村、社区联合基层工会都有文艺队，礼恩派有职工合唱团、腰鼓队、舞蹈队等，越龙提花织造有限公司有合唱团，浙江明效丰汇控股集团有限公司至 2010 年共举办 9 届职工操作运动会。镇工会动员各基层广大职工参加各类文艺演出，体育比赛、技能操作比武等，丰富职工的业余文化生活。

第三节　共青团

【乡镇(公社)共青团组织】

1950 年，王江泾区的 9 个乡开始建立乡团支部，但各乡的共青团员较少。土改开始后，各乡抽调当地优秀青年参与土地改革工作，经过锤炼有一大批青年加入共青团组织，使各乡的共青团组织得到较快发展。

1954 年，王江泾区成立王江泾区团委，由查国康负责王江泾区的共青团工作。境内各乡团支部受王江泾区团委的领导。

1956 年，吴万兴、徐善光分别任南汇、荷花团总支书记。

1958年，南汇乡、王江泾乡、荷花乡成立乡团支部，吴万兴任南汇乡团支部书记，沈福昶任王江泾乡团支部书记，徐善光任荷花乡团支部书记。东风、双桥人民公社成立后建立公社团委，吴万兴任东风人民公社团委书记，沈福昶任双桥人民公社团委书记。

1961年，公社规模调整后，张小八任南汇公社团委书记，顾阿留任荷花公社团委书记。

1962年6月，张荣贵任南汇公社团委书记，王忠义任公社团委委员。

1963年2月，虹阳人民公社成立，朱敏杰任虹阳公社团委书记，蒋有生任双桥公社团委书记。

1966年1月，金明生任荷花公社团委书记；同年4月，王明泉任南汇公社团委书记，张顺关任双桥公社共青团半脱产干部，董掌生任荷花公社共青团半脱产干部，李尚政任田乐公社共青团半脱产干部，阮福荣任虹阳公社共青团半脱产干部。

1970年11月，俞柏根任荷花公社团委书记。

1971年1月，张炳年任南汇公社团委书记；同年2月，王连根任荷花公社团委书记；同年3月，金卫人任田乐公社团委书记，徐德华任双桥公社团委书记。

1973年，杨永生任荷花公社团委书记；同年12月，吕桂林任南汇公社团委书记，许海林任田乐公社团委书记，沈洪德任双桥公社团委书记，顾政宇任虹阳公社团委书记。

1975年，罗培英任虹阳公社团委书记。

1978年3月，仲建平任双桥公社团委书记。

1979年9月，许海林任田乐公社团委书记。

1980年1月，吕桂林任南汇公社团委书记。

1980年2月，钱金元任荷花公社团委书记。

1981年7月，魏金荣任虹阳公社团委书记。

1982年10月，金培荣任双桥公社团委书记。

1983年3月，仲建平任双桥公社团委书记。

1983年12月，顾阿福任荷花公社团委书记。

1984—2010年田乐乡等乡、镇共青团组织负责人一览表

表15-1

单位名称	姓名	职务	任职期限	备注
共青团田乐乡委员会	陈炳华	书记	1984.4—1987.6	第六届委员会
	陈炳华	书记	1987.6—1989.1	第七届委员会
	徐海荣		1988.1—1989.1	主持工作
	冯林荣	书记	1989.1—1990.8	第八届委员会
	史海明	书记	1990.8—1992.7	第九届委员会
	史海明	书记	1992.7—1994.1	第十届委员会

续表 15－1

单位名称	姓名	职务	任职期限	备注
共青团田乐乡委员会	史海明	书记	1994.1—1996.7	第十一届委员会
	薛　萍	书记	1996.7—1998.8	第十二届委员会
	汤琴芳	书记	1999.8—2001.4	第十三届委员会
共青团南汇镇委员会	王雪根	书记	1984.1—1985.5	第六届委员会
	俞玉林	书记	1985.5—1988.1	第七届委员会
	俞玉林	书记	1988.1—1988.7	第八届委员会
	戴建忠	书记	1988.7—1990.7	第九届委员会
	朱宝荣	书记	1990.7—1992.7	第十届委员会
	朱宝荣	书记	1992.7—1994.8	第十一届委员会
	朱宝荣	书记	1994.8—1996.7	第十二届委员会
	朱建明	书记	1996.7—2001.4	第十三届委员会
共青团荷花乡委员会	倪顺荣	书记	1984.4—1986.9	第一届委员会
	倪顺荣	书记	1986.9—1988.6	第二届委员会
	陆惠明	书记	1988.6—1990.6	第三届委员会
	陆惠明	书记	1990.6—1992.6	第四届委员会
	陆惠明	书记	1992.6—1994.7	第五届委员会
	陆爱兴	书记	1994.7—1996.7	第六届委员会
	陆爱兴	书记	1996.7—1998.5	第七届委员会
共青团双桥乡委员会	金培荣	书记	1984.6—1986.11	第八届委员会
	沈正明	书记	1986.11—1988.11	第九届委员会
	董叶明	书记	1988.1—1988.10	第十届委员会
共青团虹阳乡委员会	张志根	书记	1984.4—1985.5	第一届委员会
	阮美春	书记	1985.5—1988.1	第二届委员会
	吴夏莲	书记	1988.1—1989.12	第三届委员会
	包芳英	书记	1989.12—1992.7	第四届委员会
	包芳英	书记	1992.7—1993.1	第五届委员会
	沈建松	书记	1993.9—1994.1	
	寿小法		1994.1—1994.8	全面负责
	阮雅芬	书记	1994.8—1998.5	第六届委员会

续表 15－1

单位名称	姓名	职务	任职期限	备注
共青团王江泾镇委员会	钱永明	书记	1984.4—1985.6	第一届委员会
	李忠林	副书记	1985.6—1988.1	第二届委员会
	李忠林		1988.1—1988.5	主持工作
	肖根华	书记	1988.5—1990.7	第三届委员会
	肖根华	书记	1990.7—1992.8	第四届委员会
	干根华	书记	1992.8—1994.7	第五届委员会
	干根华	书记	1994.7—1996.7	第六届委员会
	干根华	书记	1996.7—1998.5	第七届委员会
	阮雅芬		1998.5—1999.8	主持工作
	阮雅芬	书记	1999.8—2002.8	第八届委员会
	阮雅芬	书记	2002.8—2005.7	第九届委员会
	韩　卿	书记	2005.7—2008.10	第十届委员会
	何雪芳	书记	2008.10—2010.12	

【团委活动】

共青团组织在配合政府开展的各项中心工作中，起到了助手作用。土改期间，境内各乡、村共青团员作为积极分子被抽调到各地的土改工作组开展土地改革工作和“三反”“五反”运动。1958 年“大跃进”时期，共青团员是各条战线上的骨干，在大办钢铁、兴修水利、抗洪救灾等工作中都成为主要力量。1959 年 7 月，南汇公社团委开展“读好书”活动和“二爱、三比、六好、十化”运动，即爱国、爱社，比干劲、比效力、比质量，勤干巧干劳动好、大搞试验田间管理好、积肥造肥多快能手好、双抢双细高质好、发展家禽家畜好、扩种作物搞得好，支部领导健全化、团的活动多样化、思想教育政治化、组织生活经常化、发展工作计划化、缴纳团费及时化、竞赛评比定期化、先进人物标兵化、联系青年群众化、业余学习制度化。

“文化大革命”初期，各公社的共青团组织处于停滞状态，但共青团员仍是各地的文艺宣传、技术比武、劳动竞赛的主力军。

80 年代，各乡镇的共青团活动逐步走向正轨，每年的五四青年节、国庆节、元旦都有正常的活动，如举办“振兴中华读书演讲比赛”、“五讲四美三热爱”活动、“学雷锋树新风”活动和篮球、乒乓球等传统体育活动。

1994—1996 年，共青团田乐乡各级组织以培育“四有”新人为目标，大力倡导雷锋精神，倡导奉献精神，全乡成立青年突击队 7 支，有 11 名团干部被列为村级后备干部培养对象，2 名团干部被选拔为易村挂职锻炼干部，6 名优秀团员加入中国共产党；共发展团员 147 名，团员在青年中的比例达到 16.5%；全乡有一类团支部 3 个、二类团支部 8 个。

1996—1999年，田乐乡共青团组织推进“青年志愿者”活动，倡导社会主义文明新风。全乡有青年志愿者服务队13支，拥有队员400多名。每年3月，都开展“为民服务一条街”活动，为群众免费进行自行车与家电的维修、理发、医疗咨询、法律咨询、计生知识咨询等服务，同时积极参与“重晚情、送温暖、献爱心”活动，成立青年志愿者助残队和助残联络站，长期为敬老院的老人、困难户和残疾人服务；通过调查摸底，建立贫困生档案，开展“让孩子的天空更灿烂”助学结对活动，有15名特困生得到资助。

【团组织基本情况】

王江泾镇

1985年，青年1374人，团总支1个，支部11个，团员294名。

1988年，14～28周岁青年3959人，团员641名，4名团员加入中国共产党。

1989年，14～28周岁青年3959人，团员648名，4名团员加入中国共产党。

1991年，团总支2个，团支部33个，团员654名。

1993年，14～28周岁青年4323人，团员718名，2名团员加入中国共产党。

1995年，团支部28个，团员581名。

1997年，团支部24个，团员582名。

1999年，14～28周岁青年8205人，团员1887名，25名团员加入中国共产党。

2002年，团总支2个，团支部59个，团员2384名。

2003年，14～28周岁青年11134人，团员2611名，11名团员加入中国共产党。

2005年，14～28周岁青年9134人，团员1911名，11名团员加入中国共产党。

2010年，王江泾镇有91个团支部，1487名共青团员。

双桥乡(公社)

1958年，团总支4个，团支部27个，团员399名。

1964年，团员2427名，团支部24个。

1985年，14～28周岁青年3084人，团支部18个，团员580名。

南汇镇(公社)

1958年，团总支5个，团支部36个，团员1054名。

1964年，团员1186名，团支部21个。

1985年，14～28周岁青年4469人，团支部23个，团员404名。

1986年，14～28周岁青年3614人，团员541名，17名团员加入中国共产党。

1987年，团支部19个，团员553名。

1995年，团支部21个，团员479名。

1999年，团支部16个，团员379名。

田乐乡(公社)

1964年，团员278名，团支部15个。

1985年，14～28周岁青年2785人，团支部16个，团员501名。

1991年，团支部11个，团员398名。

1995年，团支部11个，团员431名。

1999年，14～28周岁青年2445人，团员626名，4名团员加入中国共产党。

虹阳乡（公社）

1964年，团员1532名，团支部15个。

1985年，14～28周岁青年3446人，团支部16个，团员555名。

1987年，团支部16个，团员622名。

1990年，团支部16个，团员316名。

1992年，14～28周岁青年3420人，团员388名，3名团员加入中国共产党。

1995年，团支部18个，团员368名。

1996年，团支部28个，团员435名。

荷花乡（公社）

1964年，团支部24个，团员656名。

1995年，团支部22个，团员552名。

第四节　妇　联

【妇联组织】

1949年5月，嘉兴解放后，大批南下干部到达嘉兴，县委在王江泾组建工作队，建立王江泾区委员会，接管王江泾乡、长兴乡、廉让乡，并有分管妇女工作的领导，长兴乡由沈玲玲负责妇女工作。

1950年，王江泾区共有215个村，有4个小乡建立妇女联合会，会员共有4957名，三分之二的会员为贫农和知识分子。

1951年6月8日，成立王江泾区妇女代表委员会。

1952年，王江泾区妇女代表大会召开，由陈玉英任王江泾区妇联主任。

1953年，王江泾区妇代会改选。

1954年，陈玉英任王江泾区妇联主任，潘建群任副主任，汤有如任干事。

1956年3月，朱云英任南汇乡妇联主任，俞丽云任荷花乡妇联主任，罗桂珍任王江泾乡妇联主任、施玉琼任副主任。

1958年，朱彩彩任王江泾乡妇联主任。

1959年8月，杨美玉任南汇公社妇联主任。

1961年，朱云英任南汇公社妇联主任。

1962年，凌掌珍负责田乐公社妇联工作。同年3月，徐阶瑞任双桥公社妇联主任。同年4月，吴阿仁任南汇公社妇联主任。

1963年，陈咏芬任虹阳公社妇联主任。

1966年1月，陈爱菊任荷花公社妇联主任。同年2月，吴雪芬任双桥公社妇联主任，凌掌珍任田乐公社妇联主任，沈海宝任虹阳公社妇联主任，沈阿银任南汇公社妇联主任。

1970 年 7 月，何金宝兼任双桥公社妇联主任。

1971 年 3 月，朱云英任田乐公社妇联主任；同年，姚金宝任荷花乡妇联主任。

1973 年，姚金宝任荷花公社妇联主任，沈爱珍任南汇公社妇联主任，王杏娜任田乐公社妇联主任。

1980 年 1 月，姚金宝任荷花乡妇联主任，祁爱玉和孙蚕宝任副主任，有 11 名委员；同年 2 月，高瑞英任双桥公社妇联主任。

1982 年 9 月，双桥公社妇联产生五届执委，陶良珍任妇联主任，王小娜、汪泽韵任副主任。同月，虹阳公社妇联产生三届执委，沈海宝任妇联主任。

1983 年 3 月 21 日，王杏娜任田乐公社妇联主任。

1984 年起虹阳乡等乡镇妇联负责人任职情况表

表 15－2

妇联名称	姓名	职务	任职期限	妇联执委届次
虹阳乡妇女联合会	阮美春	主任	1984.7—1987.7	虹阳乡妇联四届执委
	阮美春	主任	1987.7—1994.6	虹阳乡妇联五届执委 虹阳乡妇联六届执委
	吴夏莲	主席	1993.12—1994.10	虹阳乡妇联七届执委
	屠利民	主席	1994.10—1996.9	
			1996.9—1998.5	虹阳乡妇联八届执委
双桥乡妇女联合会	王小娜	主任	1984.8—1987.12	双桥乡妇联八届执委
	王小娜	主任	1987.12—1988.10	双桥乡妇联九届执委
荷花乡妇女联合会	沈菊英	主任	1984.6—1987.5	1987 年 5 月荷花乡妇联九届执委
	沈菊英	主任	1987.5—1990.8 1990.8—1993.7	1990 年 8 月荷花乡妇联十一届执委
	马永珍	主席	1993.7—1995.12	荷花乡妇联十一届执委
	潘金妹	主席	1996.7—1998.5	荷花乡妇联十二届执委
南汇(乡)镇妇女联合会	沈彩珍	主任	1984.3—1987.7	南汇乡妇联四届执委
	沈彩珍	主任	1987.7—1990.9	南汇镇妇联五届执委
	张四娜	主任	1990.9—1993.9	南汇镇妇联六届执委
	沈爱珍	主席	1993.9—1996.9	南汇镇妇联七届执委
	沈爱珍	主席	1996.9—1998.8	南汇镇妇联八届执委
	潘金妹	主席	1998.8—2001.4	南汇镇妇联九届执委

续表 15－2

妇联名称	姓名	职务	任职期限	妇联执委届次
田乐乡妇女联合会	倪金珠	主任	1984.7—1987.3	田乐乡妇联九届执委
	倪金珠	主任	1987.3—1990.11	田乐乡妇联十届执委
	陆建萍	主席	1990.11—2001.4	田乐乡妇联十一届执委
王江泾镇妇女联合会	王凤珍	主任	1984.9—1987.10	王江泾镇妇联一届执委
	李爱珍	主任	1987.10—1990.11	王江泾镇妇联二届执委
	王凤珍	主席	1990.11—2001.4 2002.9—2006.8	王江泾镇妇联三届、四届、五届、六届、七届执委
	冯　莉	主席	2006.8—2010.12	王江泾镇妇联八届执委

【妇代会】

1951 年 6 月 8 日，荷花乡举行妇女代表大会，共有 185 名妇女代表参加。会上庆祝三八国际妇女节，并响应“光荣参军、保家保田”的号召。

1953 年，王江泾区妇代会改选。

1958 年 9 月，荷花乡举行建设社会主义妇女积极分子评比大会，共 389 名妇女代表参加会议，初评“全面优胜、妇女试验田、妇儿福利工作”等 3 个先进单位和 12 名优秀个人。

1971 年，荷花乡召开第四次妇女代表大会，姚金宝当选妇联主任。

1980 年 1 月 11—12 日，荷花乡召开第五届妇女代表大会。姚金宝作《为实现社会主义的四个现代化，发挥妇女的“半边天”作用》的工作报告，会议选举产生 11 名委员，姚金宝当选妇联主任，祁爱玉和孙蚕宝任副主任。同年 3 月 1 日，南汇公社召开第三次妇女代表大会，沈爱珍当选妇联主任，听取《妇女顶起半边天，要为四化作贡献》的工作报告。

1982 年 9 月 12—13 日，虹阳公社召开第三次妇女代表大会，选举产生第三届妇女联合会，沈海宝当选妇联主任。同年 9 月 27—28 日，双桥公社召开第五届妇女代表大会，选举产生第五届执委，陶良珍当选妇联主任，王小娜、汪泽韵任副主任。

1983 年 4 月 18 日，荷花公社召开第七次妇女代表大会，姚金宝作《努力开创妇女工作的新局面》的工作报告，选举产生第七届执委。

1984 年 3 月 8 日，南汇乡召开第四次妇女代表大会，选举产生第四届执委，沈彩珍当选妇联主任。同年 6 月 25 日，荷花乡召开第八次妇女代表大会，会议听取《解放思想，勇于改革，为开创妇女工作的新局面而奋斗》的工作报告，选举产生第八届执委，沈菊英当选妇联主任。同年 7 月 10 日，虹阳乡召开第四次妇女代表大会，听取《为实现四个现代化而开创妇女工作新局面》的工作报告，选举产生第四届执委，阮美春当选妇联主任。同年 7 月 15 日，田乐乡召开第九次妇女代表大会，听取《解放思想，开创妇女工作新局面》的工作报告，选举产生第九届执委，倪金珠当选妇联主席。同年 8 月 15 日，双桥乡召开第八次妇女代表大会，听取《奋发自强,开创妇女工作新局面》的工作报告,共有119名代表出席会议,选举产生第八届执委。同年9月29日,王江泾镇召开第一次妇女代表大会,62名正式代表参加会议,选举产生5名执委委员,王凤珍当选妇联主席。

1987年3月6日,田乐乡召开第十次妇女代表大会,听取《发展经济建设,开创妇女工作新局面》的工作报告,选举产生第十届执委,倪金珠当选妇联主席。同年5月12日,荷花乡召开第九次妇女代表大会,听取《坚持四项基本原则,坚持改革开放,为开创我乡妇女工作的新局面而奋斗》的工作报告,选举产生第九届执委,沈菊英当选妇联主席。同年7月5日,双桥乡召开第九次妇女代表大会,选举产生第九届执委,王小娜当选妇联主任。同年7月12日,虹阳乡召开第五次妇女代表大会,选举产生第五届执委,阮美春当选妇联主任。同年7月18日,南汇镇召开第五次妇女代表大会,听取《解放思想,勇于改革,为开创妇女工作的新局面而努力奋斗》的工作报告,选举产生第五届执委,沈彩珍任妇联主任。同年10月20日,王江泾镇召开第二届妇女代表大会,42名妇女代表参加会议,选举产生第二届执委,李爱珍当选妇联主任。

1990年8月25日,荷花乡召开第十次妇女代表大会,听取《自尊、自信、自立、自强,为振兴荷花再立新功》的工作报告,选举产生第十届执委,沈菊英当选妇联主席。同年9月28日,南汇镇召开第六次妇女代表大会,听取《解放思想,勇于改革,为振兴南汇作出新贡献》的工作报告,选举产生第六届执委,张四娜当选妇联主任。同年10月29日,虹阳乡召开第六次妇女代表大会,听取《自尊自信自立自强,为振兴虹阳再作新贡献》的工作报告,选举产生第六届执委。同年11月24日,田乐乡召开第十一次妇女代表大会,听取《自尊、自信、自立、自强,为振兴田乐再立新功》的工作报告,选举产生第十一届执委,陆建萍当选妇联主席。同年11月25日,王江泾镇召开第三次妇女代表大会,代表66名,选举产生第三届执委,王凤珍当选妇联主任。

1993年7月24日,荷花乡召开第十一次妇女代表大会,听取《发扬“四自”精神,为振兴荷花经济再立新功》的工作报告,选举产生第十一届执委,马永珍当选妇联主席。同年9月20日,南汇镇召开第七次妇女代表大会,听取《投身改革,努力工作,为振兴南汇经济再立新功》的工作报告,选举产生第七届执委,沈爱珍当选妇联主席。同年10月20日,田乐乡召开第十二次妇女代表大会,听取《投身改革,团结奋斗,为振兴田乐经济添砖加瓦》的工作报告,选举产生第十二届执委,陆建萍当选妇联主席。12月24日,王江泾镇召开第四次妇女代表大会,59名正式代表参加会议,选举产生第四届执委,王凤珍当选妇联主任。

1994年6月10日,虹阳乡召开第七次妇女代表大会,听取《振奋精神,开拓进取,为振兴虹阳经济再立新功》的工作报告,选举产生第七届执委,吴夏莲当选妇联主席。

1996年7月26日,荷花乡召开第十二次妇女代表大会,听取《团结拼搏,务实发展,为振兴荷花经济再立新功》的工作报告,选举产生第十二届执委,潘金妹当选妇联主席。同年9月20日,虹阳乡召开第八次妇女代表大会,听取《团结拼搏,务实创新,为振兴虹阳经济再立新功》的工作报告,选举产生第八届执委。屠利民当选妇联主席。同年9月28日,南汇镇召开第八次妇女代表大会,听取《团结拼搏,务实创新,为南汇经济再立新功》的工作报告,选举产生第八届执委,沈爱珍当选妇联主席。同年10月18日,王江泾镇召开第五次妇女代表大会,

48 名正式代表出席会议，听取《团结拼搏，开拓创新，为王江泾镇经济再立新功》的工作报告，选举产生第五届执委，王凤珍当选妇联主席，陆月英任副主席。同年 10 月 22 日，田乐乡召开第十三次妇女代表大会，听取《立足本职，乐于奉献，为田乐的两个文明建设再创辉煌》的工作报告，选举产生第十三届执委，陆建萍当选妇联主席。

1999 年 9 月 16 日，南汇镇召开第九次妇女代表大会，听取《迎接新世纪，巾帼创新业，为实现我镇跨世纪宏伟目标而努力奋斗》的工作报告，选举产生第九届执委会，潘金妹当选妇联主席。同日，田乐乡召开第十四次妇女代表大会，听取《立足本职，开拓进取，为实现田乐乡跨世纪宏伟目标而努力奋斗》的工作报告，选举产生第十四届执委，陆建萍当选妇联主席。同年 10 月 15 日，王江泾镇召开第六次妇女代表大会，39 个代表团、68 名正式代表出席会议，选举产生第六届执委会，王凤珍当选妇联主席。

2002 年 9 月 23 日，王江泾镇召开第七次妇女代表大会，选举产生第七届执委会，王凤珍当选妇联主席。

2007 年 1 月 30 日，王江泾镇召开第八次妇女代表大会，听取《振奋精神，锐意创新，团结动员广大妇女，为实现王江泾经济社会新跨越建功立业》的工作报告，选举产生第八届执委，冯莉当选妇联主席。

【妇联活动】

20 世纪 50 年代，境内各乡妇联围绕党的中心工作，积极开展“光荣参军、保家卫国”爱国行动，开展贯彻《中华人民共和国婚姻法》、抗美援朝教育、妇婴卫生和环境卫生活动，树立妇女也顶“半边天”思想；健全基层组织，建立各种例会和学习制度。如荷花乡各级妇女组织开展勤俭建国、勤俭持家的增产节约运动，并根据勤俭持家为主，结合爱国爱社等 6 条原则，评选出妇女优秀社员 143 名、“全面优胜、妇女试验田、妇儿福利工作”等先进单位若干个和优秀个人若干名。

60 年代，各公社妇联组织妇女社员积极开展社会主义劳动竞赛，组织“铁姑娘”劳动竞赛，将妇女社员的劳动干劲充分调动起来。

70 年代，各公社妇联积极举办妇女干部路线教育学习班，组织各公社妇联、大队妇代会、团支部、民兵连、贫协等妇女骨干参加学习班；开展男女“同工同酬、各尽所能、按劳分配”的宣传，更好地发挥妇女在农业技能大赛和革命群众运动中的“半边天”作用。

80 年代，各乡(镇)妇联积极开展“五讲四美”宣传活动和“五好家庭”评选活动；在妇女挡车工中开展技能比赛“双学”、“双千元”妇女竞赛活动；开展“双学双比”活动；开办培训班；开展“捐款捐粮”活动等。如：王江泾镇妇联围绕经济建设中心，开展“双学”文明女职工的竞赛活动；举办提高幼师素质的培训班；开办家长学校；开展“五好家庭”评选活动，共评出 63 户“五好家庭”，占总数的 5.12%；在企业开展“双学双比”巾帼赛，在农村开展“巾帼插秧竞赛”等，共举行 6 次巾帼比武，有 1436 名妇女参加。南汇镇妇联向妇女群众进行爱国家、爱集体、爱人民的“三热爱”教育，积极开展文明礼貌月、争创“五好家庭”、“三八红旗手”和“三八先进集体”等活动；开展妇女合法权益保障、家庭教育、共产主义思想教育等活动。田乐乡妇联积极宣传党的富民政策，鼓励妇女解放思想、放开手脚走“勤劳致富”道路，为物质文明建设发挥

“半边天”作用;对妇女进行“自尊、自爱、自重、自强”的“四自”教育。双桥乡妇联开展“五好家庭”评比活动;在全乡妇女中开展多种经营和发展家庭副业活动,涌现出276户以妇女为主的专业户、重点户。虹阳乡妇联广泛开展社会主义“三八红旗手(集体)”活动和“五好家庭”活动,评出“五好家庭”35户、市“三八先进集体”1个,“三八红旗手”2名;充分发动广大妇女积极投入农业、工业生产,发展养兔生产,妇女干部带头养兔;在种植养殖业、卫生、文教等多个领域举办“巾帼赛”系列活动,提高妇女群体形象。

90年代,各乡镇妇联号召妇女投身改革,团结奋斗,为振兴家乡的经济添砖加瓦。如:王江泾镇妇联对26个基层妇代会进行换届工作,各村妇代会建起“妇女之家”,妇女维权,信访结案率100%;围绕“美好家庭”主题,开展家庭文化建设活动;深入贯彻执行《中华人民共和国妇女权益保障法》和《中华人民共和国劳动法》,配合做好计划生育工作;围绕经济建设中心,开展“双学双比”“巾帼建功”活动;做好妇女维权工作,结案率达99%以上;以“巾帼建功”、“双学双比”和“家庭文化建设”为载体,开展“女性创业”“女性成才”“女性扶贫”“女性文明建功”活动。另外,在农村领域,各村妇代会开展“双学双比”竞赛;在企事业单位,开展“巾帼建功”活动;在窗口行业,开展“巾帼文明示范岗”活动;广泛宣传“男女平等”基本国策,切实维护妇女儿童的合法权益。荷花乡妇联举办妇女扫盲班和双学班,实施“三八”吨粮田工程和“三八”绿色村带工程。1994—1996年,田乐乡妇联开展各项有利于妇女身心健康的有益活动,开展“四重、四有、四自”等政治性教育活动,开展“双学双比”“巾帼建功”活动;抓好计划生育工作、妇幼保障工作和扶贫帮困工作;兴办各种服务实体,拓宽妇女就业渠道;开展农村扫盲活动,共有78名妇女脱盲。虹阳乡妇联开展“双学双比”“巾帼建功”活动,将“双学双比”活动与“科技、质量、品种、效益”活动等有机结合;参与兴修水利、绿化造林活动;组建村级“妇女之家”,开展各项学文化、学技术、学法律活动。

2000年后,王江泾镇妇联开展以“爱岗位、学技术、创新业、长才干”为主题的“巾帼建功”活动,共有11个岗位被评为嘉兴市“巾帼文明示范岗”,其中王江泾幼儿园被评为省级巾帼文明示范岗。2005年,成立嘉兴市第一家巾帼果蔬合作社、秀洲区第一家女企业家协会。通过各种途径,为妇女举办“蔬菜种植技术”“水果种植技术”“特种水产养殖技术”“计算机知识培训”“烹饪技术培训”“喷水织机技能培训”等培训班280多期,受训妇女30000多人次。2006年10月起,开展“巾帼文明示范村”创建活动,在东荷村开展“巾帼文明示范村”的创建试点工作;全镇有30个村建立妇女维权站和法律援助点,669个村民小组中设立了妇女维权联络点和妇女维权联络员;围绕“家”字做文章,开展文明家庭、学习型家庭、绿色家庭、平安家庭、百户和谐家庭创建活动和“农民朋友手拉手,致富路上一起走”“小手牵大手、我与爸爸妈妈共成长”“我学习、我致富、我发展”等一系列活动,播出“广播家长学校”100多期,举办各类大型家教讲座30多期;帮助妇女创业创新,争取市、区级小额贴息贷款额度共273万元,39名妇女得到创业扶助。2009年以来,配合区妇联实施“信贷助推妇女创业创新”行动,五年累计授信贷款103人次,金额达1850万元。

2010年,镇妇联探索建立文明家庭信用贷款奖励机制,共为200户“百户和谐家庭”进行信用授信,授信额度为820万元;王江泾镇巾帼果蔬专业合作社与10名贫困户签订帮扶协议，帮助其脱贫致富，被评为嘉兴市巾帼科技致富基地，女能手高明慧也被授予全国城乡妇女岗位建功先进个人、浙江省双学双比女能手、嘉兴市三八红旗手、秀洲区首届“画乡骄子”等称号。至同年年底，全镇已建成省级巾帼文明岗 4 家、市级巾帼文明岗 5 家、区级巾帼文明 6 家。同年，王江泾镇妇联被评为嘉兴市“十佳”巾帼建功先进集体。

第五节　科学技术协会

【科协组织】

1988 年 4 月，南汇镇第一次科协会员代表大会召开，选举产生南汇镇第一届科协委员会，徐志坤当选科协主席。这是境内最早建立的科协组织。1988 年 12 月至 1991 年 10 月，李德荣负责科协工作。

1991 年 10 月，南汇镇第二次科协会员代表大会召开，选举产生南汇镇第二届科协委员会，顾太文当选科协主席。

1991 年 10 月 17 日，虹阳乡第一次科协会员代表大会召开，选举产生虹阳乡第一科协委员会，陶坤海当选科协主席。

1992 年 3 月 18 日，王江泾镇第一次科协会员代表大会召开，选举产生王江泾镇第一届科协委员会，李永明当选科协主席。1993 年 1 月起，肖根华负责科协工作。

1992 年 6 月 29 日，田乐乡第一次科协会员代表大会召开，选举产生田乐乡第一届科协委员会，何小弟当选科协主席。

同年 9 月 9 日，荷花乡第一次科协会员代表大会召开，选举产生荷花乡第一届科协委员会，李文雷当选科协主席。1994 年 4 月 5 日至 1996 年 10 月 8 日，倪顺荣负责科协工作。

1996 年 10 月 8 日，荷花乡第二次科协会员代表大会召开，选举产生荷花乡科协第二届委员会（1997 年 3 月 21 日起，陆巧珠负责科协工作）。同年 10 月 22 日，王江泾镇第二次科协会员代表大会召开，选举产生王江泾镇科协第二届委员会。同年 11 月 22 日，虹阳乡第二次科协会员代表大会召开，选举产生虹阳乡科协第二届委员会。同年 11 月 28 日，田乐乡第二次科协会员代表大会召开，选举产生田乐乡科协第二届委员会（1997 年 3 月 28 日至 1998 年 6 月 26 日，钱玉坤负责科协工作）。同日，南汇镇第三次科协会员代表大会召开，选举产生南汇镇科协第三届委员会，周史金当选科协主席。

1997 年 3 月 28 日起，田乐乡科协由钱玉坤主持工作；1998 年 6 月 26 日起，由钱传根负责。

1999 年 10 月 21 日，王江泾镇第三次科协会员代表大会召开，选举产生王江泾镇科协第三届委员会，陆文延当选科协主席。

1999 年 10 月 27 日，南汇镇第四次科协会员代表大会召开，选举产生南汇镇科学技术协会第四届委员会，周史金当选科协主席。

1999 年 12 月 16 日，田乐乡第三次科协会员代表大会召开，选举产生田乐乡科协第三届委员会。沈菊英当选科协主席。

2001 年 5 月至 2002 年 9 月，王江泾镇科协由沈菊英主持工作。

2002年9月28日，王江泾镇第四次科协会员代表大会召开，选举产生王江泾镇科协第四届委员会，沈菊英当选科协主席。2005年9月，王江泾镇科协增补陈兴荣为科协主席。

2007年11月1日，王江泾镇第五次科协会员代表大会召开，选举产生王江泾镇科协第五届委员会，陈兴荣当选科协主席。2010年，干根华任科协主席。

1988—2010年田乐乡等乡镇科协主要负责人任职情况表

表15-3

机构名称	姓名	职务	任职时间	备注
田乐乡科协	何晓迪	主席	1992.6—1996.11	
	袁国旗	主席	1996.11—1997.3	
	钱玉坤		1997.3—1998.6	主持工作
	钱传根	主席	1998.6—1999.12	
	沈菊英	主席	1999.12—2001.4	
南汇镇科协	徐志坤	主席	1988.4—1988.12	
	李德荣		1988.12—1991.10	主持工作
	顾太文	主席	1991.10—1996.11	
	周史金	主席	1996.11—2001.4	
荷花乡科协	李文雷	主席	1992.9—1994.4	
	倪顺荣		1994.4—1997.3	主持工作
	陆巧珠		1997.3—1998.5	主持工作
虹阳乡科协	陶坤海	主席	1991.10—1998.5	
王江泾镇科协	李永明	主席	1992.3—1992.12	
	肖根华		1993.1—1994.1	主持工作
	李永明	主席	1994.1—1996.10	
	陆文延	主席	1996.10—1999.10	
	陆文延	主席	1999.10—2001.4	
	沈菊英		2001.5—2002.9	主持工作
	沈菊英	主席	2002.9—2005.5	
	陈兴荣	主席	2005.9—2007.1	
	干根华	主席	2007.1—2010.12	

【科协活动】

2002—2007年，王江泾镇科协组织开展形式多样的群众性、社会性、经常性的科普宣传；

举办各种以科技、文化、法律为主题的知识送下乡活动 15 次，发放各类宣传、科普资料 5000 多份，受教育面达 1.5 万人次以上；组织科技干部、农村科普员、科技示范户 2000 多人次参加科普活动、科技培训和科技考察取经活动；在有线广播中举办农业技术讲座，利用镇报刊登科普知识；同时各村、企事业单位利用科普宣传栏、黑板报进行科普宣传；开展多种形式的青少年科普教育活动，全镇中小学在校学生参与科普活动率达到 98%以上。

镇科协每年举办青少年科普活动，在 2005 年和 2006 年特色科技（科普）活动周中，王江泾中心小学和王江泾实验学校分别开展了科技环保服装制品展示比赛和科普儿童画比赛，并在六一儿童节等活动中进行展示。

在“争当科技明白人活动”中，邀请有关专家、教授到王江泾镇上课，传授水产品的健康养殖技术和鱼病防治技术培训；加强对失地农民的技能培训，对 35 个行政村（居委会）的 5000 多名村民进行纺织技术培训。

2006 年，开展“科普惠三农，建设新农村”活动，在南汇等村举办 25 场科普培训讲座，有 1500 多名农民接受培训，并在 35 个行政村（居委会）放映科普电影；抓好村、社区科普阵地建设，大力普及科学思想。

同年起，镇科协在 35 个行政村（居委会）建起科普站和科普栏，南汇、虹阳、荷花、双桥、田乐、金鱼桥等村组建科普宣传队伍，并积极开展科普活动；举办农函大培训班，对农民进行水稻、水果、花卉苗木栽培和观赏鱼养殖技术等系统培训，5 年来，有 3817 人次参加各类种植养殖培训。

此外，做好科技项目的申报工作。2004 年，共申报并立项省、市、区级重点项目 87 项，其中国家级火炬计划 1 项，省级新产品 47 项，市级项目 21 项，共申报市民营科技型企业 7 家，区级科技项目 21 项，有 20 多家企业通过 ISO9000：2000 质量认证和 ISO1400 环境认证。欣悦印染、金乐染织、元丰纺织等 10 多家企业分别与江南大学、苏州大学、浙江理工大学等院校建立产学研合作关系。

2002—2007 年，共引进各类人才 600 多人，有 230 名专业技术人才晋升职称。

2010 年 3 月 4 日，王江泾镇科协组织科协会员，在镇区闻川广场为居民提供科普知识；同时在南汇、虹阳两个小集镇及宇四浜新居民密集点，开展丰富多彩的科学宣传咨询和便民服务活动。同年，还与其他部门联合发起“创意生活，袋袋相传”环保袋设计制作大赛，推进环保工作的开展。当年，镇科协获秀洲区“金桥工程”组织奖。

第六节　工商业联合会

据《嘉兴商会志》记载，清光绪二十八年（1902）二月，嘉兴禾商以王江泾镇绅商盛萍旨（名沅）为主，创办嘉兴民间商会，汇集各业公所联名呈请省会行政官厅，经核准设立嘉兴府商务总局，由此开始嘉兴商界的民间自治组织，成为全国、浙江省最早实行专职管理商务的府级机构之一。众推盛萍旨为总办。1914 年，王江泾商会分会、南汇商会分会归嘉兴县商会管辖。

1923 年 12 月 12 日《申报》载：“王江泾镇商市繁盛，尤以丝绸两业为大宗。由商人周子清等人发起，组织王江泾商界联合会。业已筹备就绪，于前日选定陆士华为正会长，钱侃如、周子清为副会长。各部干事也当日推定，昨天成立会。县署派姚科长、警所派徐巡查代表莅会，参事会及北大街、城东、城湾中街、南门外、北市等商联会，均派代表到会。是日来宾约二百余人，摄影散会，已钟鸣四下矣。”1924 年 12 月 14 日，王江泾镇商联会各职员任期已满，照章改选，经讨论后，主张继续办理；12 月 21 日，改选正副会长及各部职员。

中华人民共和国成立后，南汇镇工商业联合会于 1949 年 12 月成立，刘光汉任主任；王江泾镇工商业联合会于 1950 年成立，周兆麟任主任。1957 年，王江泾镇工商联（包括双桥、虹阳）有工商业厂店 179 户、摊贩 20 户；南汇镇工商联工商业有厂店 128 户、摊贩 65 户。

20 世纪 50 年代，工商业联合会主要职责是协助党和政府贯彻工商业政策，教育会员爱国守法，努力完成生产、经营和各项税收任务；代表私营工商业者合法权益，及时向政府反映工商业者的实际情况；在私营工商业社会主义改造时，组织私营工商业者学习过渡时期总路线任务，推动私营工商业者走社会主义道路。

1962 年 12 月 23 日，南汇人民公社商贩联合会成立，商会委员有沈竹君等 11 人。

1964 年 4 月，王江泾商贩联合会辖有澄溪、南汇、虹阳、双桥 4 个分会，管理小商小贩 415 人。

“文化大革命”期间，各商会都受到冲击，停止一切活动。后国家进入计划经济时期商会组织基本不存在。

20 世纪 90 年代后，私营企业在王江泾一带蓬勃发展，一些私营企业家为更好地把握商业机遇、及时了解各地商业信息，由政府牵头组建商会组织。田乐商会于 1998 年 10 月成立，沈金荣任会长，有会员企业 51 家；2004 年 7 月 16 日召开第二次会员大会，有会员企业 68 家，沈桢荣任会长。王江泾商会成立于 2000 年 9 月 13 日，首任会长为章贵荣。

2000—2010 年王江泾商会领导任职情况表

表 15-4

届　次	会　长	任职时间	秘书长
第一届	章贵荣	2000—2004	怀根昌
第二届	章贵荣	2003—2006	陆水明
第三届	汝兴龙	2006—2009	张永芳　施　强
第四届	卜菊明	2009—2010	施　强　吴爱明

第七节　残疾人联合会

1990 年 12 月 28 日，《中华人民共和国残疾人保障法》于第七届全国人民代表大会常务会议第十七次会议通过。同日，中华人民共和国主席令第三十六号发布，自 1991 年 5 月 15 日起施行。其后，各级地方相继成立残疾人联合会。

【王江泾镇残疾人联合会】

1991年9月28日，王江泾镇残疾人协会第一次代表大会召开，选举产生第一届执行理事会理事9名，聘请金茂祥任名誉理事长，理事长为陶良珍(女)。

1994年7月21日，王江泾镇残疾人联合会(根据上级精神，从该届起乡镇残疾人协会更名为残疾人联合会)第二次代表大会召开，选举产生第二届执行理事会，聘请金茂祥任名誉理事长，选举陶良珍为理事长。1995年4月14日起，由张旦主持残联工作。1997年3月28日起，由姚高玉主持残联工作。

1997年12月10日，王江泾镇残疾人联合会第三次代表大会召开，选举产生第三届主席团人员：主席、理事长姚高玉，名誉主席怀国华。1998年5月21日，荷花乡残联、虹阳乡残联并入。同年6月24日起，由边界明主持残联工作。同年12月11日起，由张惠明主持残联工作。2001年4月，南汇镇、田乐乡残疾人联合会并入。

2002年7月18日，王江泾镇残疾人联合会第四次代表大会召开，正式代表70名，其中残疾人代表37名，选举产生第四届残疾人联合会主席团，产生第四届残联执行理事会，严金良任主席和执行理事会理事长，沈菊英为名誉主席。2006年8月26日，王江泾镇残疾人联合会第四届主席团会议召开，调整有关组成人员，姚佩英任主席团主席和执行理事会理事长。

2007年8月8日，王江泾镇残疾人联合会第五次代表大会召开。正式代表70名，其中残疾人代表36名。经过选举，产生王江泾镇第五届残疾人联合会主席团委员。陈兴荣任主席，姚佩英为执行理事会理事长，徐坤荣、吴云飞为名誉主席。

【原其他乡镇残疾人联合会】

荷花乡残疾人联合会　1991年9月28日，荷花乡残疾人协会第一次代表大会召开，正式代表43名，特邀代表22名，选举张根泉为荷花乡第一届残疾人协会理事长，聘请金桂福为名誉理事长。1994年7月，荷花乡残疾人联合会第二次代表大会召开，正式代表60名，特邀代表8名，选举产生第二届残疾人联合会主席团领导机构，沈菊英任理事长，聘请金桂福为名誉理事长。1996年1月4日，由边界明主持残联工作。1997年11月14日，荷花乡残疾人联合会第三次代表大会召开，选举产生第三届主席团委员，边界明为主席和执行理事会理事长，聘请於金牛任名誉主席。1998年5月，并入王江泾镇残联。

虹阳乡残疾人联合会　1991年11月29日，虹阳乡残疾人协会第一次代表大会召开，选举产生虹阳乡第一届残疾人协会执行理事会，理事长为张宝良，聘请李荣奎任名誉理事长。1994年8月2日，虹阳乡残疾人联合会第二次代表大会召开，选举产生第二届执行理事会，推举谢惠珍为执行理事会理事长，聘请朱菊生任名誉理事长。1998年5月，并入王江泾镇残联。

南汇镇残疾人联合会　1991年11月19日，南汇镇残疾人协会第一次代表大会召开，选举产生南汇镇第一届执行理事会，理事长为陆巧珠，聘请朱菊生任名誉理事长。1994年7月28日，南汇镇残疾人联合会第二次代表大会召开，选举产生第二届执行理事会，理事长为张四娜，聘请朱明生任名誉理事长。1997年12月31日，南汇镇残疾人联合会第三次代表大会召开，选举产生第三届残疾人联合会主席团领导机构，张四娜为主席和执行理事会理事长，周洪根任名誉主席。1998 年 6 月 29 日起，盛地金主持残联工作。2001 年 4 月，并入王江泾镇残联。

田乐乡残疾人联合会 1991 年 12 月 6 日，田乐乡残疾人协会第一次代表大会召开，选举凌昌峰为田乐乡第一届残疾人协会名誉理事长，倪金珠为理事长。1994 年 7 月 12 日，田乐乡残疾人联合会第二次代表大会召开，选举产生第二届执行理事会，推举边界明为理事长，聘请陆甫根任名誉理事长。1996 年 1 月 4 日起，沈菊英主持残联工作。1998 年 4 月 29 日，田乐乡残疾人联合会第三次代表大会召开，选举产生第三届主席团委员，建立工作机构执行理事会，陈志林为主席，沈菊英为理事长，聘请陆甫根任名誉主席。1998 年 6 月 26 日起，李国华主持残联工作。2001 年 4 月，并入王江泾镇残联。

第八节　农民协会、贫下中农协会

清末至民国时期，嘉兴县成立农会、渔会。1927 年 3 月，嘉兴县各区乡农民协会纷纷成立。王江泾、新塍等地成立区农协。农民协会为农民减租减息与地主阶级展开斗争。

1950 年年初，嘉兴县各区、乡建立农协组织，配备农协专职干部，域内各村农协选举产生不脱产委员会及主任。农民协会在带领农民反对封建制度、实行土地改革、保护农民利益、组织农民生产、举办互助组合作社、发展农业合副业生产等方面做了大量工作。

1954 年，互助合作组织迅速发展，各级农协先后停止活动。

1964 年，开展社会主义教育运动。1965 年年初，各公社和大队相继成立贫农、下中农协会筹备委员会，简称“贫协”。

“文化大革命”期间，各公社造反派夺贫协的权力，成立“贫代会”。粉碎江青反革命集团后，“贫代会”解体，贫协恢复活动。1983 年，贫协机构撤销。

第九节　其他社会团体

【计划生育协会】

1988 年 6 月嘉兴市郊区计划生育协会成立后，域内各乡镇筹备成立计划生育协会。1989 年 7 月，王江泾镇计划生育协会成立，会员 71 人。乡镇计生协会设正副会长秘书长和常务理事及理事若干名，由乡镇分管领导和计生办、共青团、妇联、卫生等有关部门负责人，村、单位计生工作人员以及部分老党员、老干部担任。计生协会是一个群众自治团体组织。协会制定章程，每季召开 1 次会议，通报计划生育工作中的一些重大问题，讨论研究有关解决问题的对策。计划生育协会的主要任务：协会会员在控制人口增长，提高人口质量，实行计划生育中起带头作用；向群众宣传人口科学理论，宣传国家计划生育的方针、政策和法律、法规，传播计划生育和生殖健康等科学技术知识；协调社会力量，向群众提供生产、生活服务，帮助群众解决实行计划生育的实际困难和后顾之忧；履行民主参与和民主监督职能，反映群众的意愿与要求，维护群众的合法权益；交流工作经验。

各村和企事业单位一般由妇女干部具体负责各自单位的计划生育工作，同时设立计生联络员。有200人以上育龄妇女的行政村和单位，建立计生基层协会；人数较少的单位，则建立计划生育小组，这样，在全镇形成一支较完整的专兼职相结合的计生工作队伍。

【老年人体育协会】

1992年下半年至1993年年初，境内各乡镇先后建立老年人体育协会。协会设主席、副主席和秘书长若干名，一般由乡镇分管文体工作的领导或党委分管党群工作的副书记任主席，由善于组织老年人体育活动的教师或退休干部任秘书长。1995年9月，南汇镇老年人体育协会由周史金任名誉主席，张四娜任主席，朱忠平任秘书长。1996年8月，田乐乡老年人体育协会由何晓迪任名誉主席，沈菊英任主席，鲍悟胜任秘书长；2000年由沈菊英任名誉主席，徐海新任主席。2000年，王江泾镇老年人体育协会由沈福昶任主席，王瑞林任秘书长；2002年，由沈菊英任主席，钱玉坤任秘书长；2007年，由姚佩英任主席，王瑞林任秘书长。

【王江泾个体劳动者协会】

全称为秀洲区个体劳动者协会王江泾分会，成立于1984年10月，归属王江泾工商所领导和管辖，并由王江泾工商所负责人兼任会长，首任会长为田福观。后由江关泉、钱金甫、汤文宏继任。1995年，协会被评为省级先进协会；1998年1月被命名为省第三批规范化个体劳动者基层协会。

【王江泾私营企业协会】

全称为秀洲区私营企业协会王江泾分会，成立于1994年5月，归属王江泾工商所领导和管辖，并由工商所负责人兼任会长，首任会长为钱金甫；后由汤文宏担任会长。

【王江泾消费者协会】

全称为秀洲区消费者协会王江泾分会，成立于2003年4月，归属王江泾工商所领导和管辖，并由王江泾工商所负责人兼任会长，首任会长为殷明华；后由徐建军、王亚琴、夏泳、钱峰担任会长。

【王江泾镇女企业家协会】

全称为秀洲区王江泾镇女企业家协会，成立于2009年7月，由镇妇联主管，共有54名会员，陈玲珠任会长。

第十六章　公　　安

域内治安机构早在宋代就已建立，从王江泾巡检司直至民国时建立警察所，维护当地治安。解放初各区设公安员，后更名为公安特派员，负责各乡镇(公社)的治安，打击土匪恶霸，保护人民生命财产安全。1960年，成立王江泾公安派出所，为专职负责地方治安的机构。此后，各乡镇(公社)都先后建立公安派出所。“文化大革命”期间，派出所被撤销，代之以“群众专政”，在维持治安上民兵起了较大作用。进入20世纪80年代，境内各乡镇都恢复建立公安派出所，并建立遍布境内的三级治安巡逻网，有效地遏制了治安案件的发生。20世纪90年代，境内以纺织业为主的经济发展较快，大批外来人员进入，公安派出所将户籍登记作为重点，有效地建立起户籍管理制度，并建立起与全市110报警服务台相连的群众报警机制。此后，不断地开展声势浩大的“严打整治”斗争，不间断地开展扫黑除恶、扫黄打非等专项斗争，建立业余和专职消防队。进入21世纪，王江泾镇开展社会治安综合治理，建立健全基层治保组织，各村(居委会)设置警务站，确保一方平安，为经济建设的快速发展奠定了良好的社会治安基础。

第一节　机　构

【旧时治安机构】

南宋时，王江泾市集设王江泾巡检司，有巡检1名，负责当地刑事、治安案件。元代，王江泾巡检司配弓兵30名，主管防盗、缉盗。明代，王江泾巡检司配弓兵40名，辖区南至秀水县界金桥，东北至油车港和嘉善天凝，西北至吴江黎里、黄家溪、盛泽界。清代，设王江泾巡检司，配弓兵20名；境内设总捕、同知、通判官署。清光绪三十二年(1906)，设巡警局，有巡长、巡勇若干名。1912年1月，设嘉兴县警察署王江泾分署，辖甸上警察分驻所。1913年，设王江泾警察分所，有警佐、警员若干名，辖甸上警察分驻所。1929年，王江泾警察分所改为嘉兴县第七公安分局，辖甸上警察分驻所。抗日战争期间，境内设伪警察所。1946年，设伪王江泾区警察所，辖南汇警察分驻所。1949年5月7日，旧治安机构解散。

【公安派出所】

1949年7月，嘉兴县人民政府公安局分别在王江泾区、塘汇区设公安员，管理辖区内的刑事、治安案件，维护社会治安。1950年，境内治安保卫工作由乡镇武装委员兼管。1954年6月，王江泾区公安员改名为公安特派员，归属嘉兴县公安局。1960年，成立王江泾派出所。1965年12月，分别设双桥公社、南汇公社公安派出所，取消两公社公安特派员。1966年5

月，撤销公安派出所，各公社设立“群众专政指挥部”，取代公安派出所职能，维护社会治安。1971年，恢复公安派出所。1972年6月，南汇、双桥、虹阳、荷花、田乐等公社设立专职治安保卫干部。“文化大革命”结束后，各公社组建治安办公室，设公安员，维护社会治安。

1981年4月，设嘉兴市(县级)王江泾派出所，辖虹阳、双桥、澄溪、荷花、南汇、田乐公社，所址在王江泾集镇。1984年，王江泾派出所辖虹阳乡、双桥乡、荷花乡、田乐乡；油车港派出所辖南汇乡、澄溪乡。1985—1986年，先后设南汇乡派出所、荷花乡派出所、田乐乡派出所。1987年1月，南汇镇派出所更名为南汇派出所。1994年10月，虹阳乡民警值勤室升格为虹阳乡派出所。后荷花乡派出所、田乐乡派出所、虹阳乡派出所分别更名为荷花派出所、田乐派出所、虹阳派出所，均归属郊区公安分局。1998年，荷花派出所、田乐派出所、虹阳派出所撤销，设荷花警务区、田乐警务区、虹阳警务区，归属王江泾派出所。

1999年9月，嘉兴市公安局郊区分局王江泾、南汇、田乐派出所更名为嘉兴市公安局秀洲区分局王江泾、南汇、田乐派出所。2001年，设王江泾刑侦队，与王江泾派出所两块牌子、一套班子。8月，撤销南汇、田乐派出所，并入王江泾派出所，设南汇、田乐警务站。2002年，王江泾派出所辖6个农村警务区、1支专职保安队。2005年1月，派出所迁至镇区万福路150号(原王江泾医院)。2010年，王江泾派出所有1个刑侦队、1个治安队、7个警务区，辖33个行政村、8个居委会。

1981—2010年王江泾镇域内派出所主要负责人一览表

表16-1

派出所别	姓名	职务	任职时间
王江泾派出所	徐金康	副所长(主持工作)	1981.2—1985.1
	祝阿水	副所长(主持工作)	1984.10—1988.1
	徐文兴	副所长(主持工作)	1988.1—1991.9
	张昌荣	所长	1988.11—1997.1
	徐文兴	指导员	1991.9—1998.9
	周小明	所长	1997.1—1998.2
	徐永良	所长	1998.2—2001.2
	冯志峰	指导员	1998.9—2003.5
	陈建祥	所长	2001.2—2003.10
	何文彪	所长	2003.10—2007.8
	杨洁峰	教导员	2004.3—2004.8
	张卫泉	教导员	2004.8—2007.8
	包国伟	所长	2007.8—2010.12
	陈永良	教导员	2007.9—2010.12

续表 16－1

派出所别	姓名	职务	任职时间
荷花乡派出所	徐益明	副所长	1986.1—1987.1
	张其荣	副所长	1987.1—1988.6
荷花乡派出所、荷花派出所、警务区	徐永法	所长	1993.9—1997.12
	冯佰祥	副所长	1997.1—1998.8
虹阳乡派出所 虹阳派出所	杨天林	负责人	1995.6—1997.1
	李雪根	副所长	1997.1—1998.8
南汇乡派出所	黄永才	副所长	1985.9—1987.1
南汇派出所	黄永才	副所长	1987.1—1992.7
	山林根	副所长(主持工作)	1992.7—1993.3
	山林根	所长	1993.3—1997.1
	何文彪	副所长(主持工作)	1997.1—2001.2
	卢永明	所长	1998.9—2000.9
	陶　聿	指导员	1998.9—1998.11
	李雪根	指导员	1998.11—2000.9
	李雪根	所长	2000.9—2001.8
田乐乡派出所	王海鑫	副所长	1986.1—1988.1
	沈才根	负责人	1986.8—1995.6
田乐派出所	徐永法	副所长	1997.12—1998.9
	徐永法	所长	1998.9—2001.8

【治安联防队】

1924年,成立民间组织王江泾保卫团,设团总1人;设王江泾镇防务公所,维护地方治安。1945年秋,廉让乡成立冬防队,巡逻放哨,加强自卫。1946年,廉让乡15个保均成立维持地方治安的保卫队。1949年5月,各单位建立治安保卫委员会、治保小组,巡逻、放哨、治安值班,保护一方平安。1966年"文化大革命"开始,各单位靠治保组织维持治安。1982年2月,王江泾、南汇两集镇组建治安联防队。王江泾镇治安联防队,位于王江泾派出所内。队员从王江泾绸厂、王江泾铁器社、嘉兴电器四厂等单位抽调。此后,各乡镇先后成立治安联防队。1985年起,境内各乡镇先后成立治安联防队。1992年3月,成立嘉兴市绸厂经济民警小队。1994年10月,建立王江泾镇治安联防队粮管所分队。1998年5月,荷花乡、虹阳乡治安联防队并入王江泾镇治安联防队。2001年12月,撤销王江泾镇、田乐、南汇治安联防队,各设保安队。保安队与镇义务消防队合而为一。2010年,王江泾镇专业保安队归属王江泾派出所管理。

第二节　治　安

【禁赌】

解放前，境内各乡镇每年都进行禁赌。王江泾镇公所在各茶馆都贴有《禁赌公约》，宣传赌博的危害。1948 年，廉让乡颁布《禁烟禁赌自治公约》，违者每人罚捐乡镇自治事业费 20 万～100 万元（当时旧币，下同）。长兴镇颁布《自治公约》，不仅禁赌，还规定邻居若有赌博不举报者，每户罚捐乡镇自治事业经费 20 万元。1949 年下半年，人民政府严厉禁止赌博，各乡镇每年春节期间，都要张贴禁赌布告，要求城乡居民自觉遵守，并组织民兵、治安人员清查赌窟，收缴赌具，对赌博参与者给予拘留、罚款、警告等处分。1981 年 3 月，南汇公社革委会发布《关于处理赌博的几点决定》。1997 年 4 月，虹阳乡成立禁赌禁毒工作领导小组。2004 年 5 月 1 日，王江泾派出所抓获一个从外地来专门从事赌博的“台板”公司，当场抓获涉赌人员 32 名，缴获赌资人民币 13.96 万元、港币 2.04 万元、美元 1400 元。4—5 月，派出所共受理立案赌博案件 22 起，收缴赌博游戏机 7 台。2007 年，查处赌博案件 29 起，对 100 名参赌人员实行治安拘留。2008 年，打击重点有组织赌博，查获赌博案件 22 起。2009 年 3 月 11 日，派出所在虹阳集镇查获一起有组织的赌博案件，当场抓获涉赌及组织赌博人员 29 名，收缴赌资 2 万余元。当年共查处赌博案件 21 起。2010 年，境内开展禁赌专项斗争，共查处赌博案件 12 起，其中刑事打击 5 人，治安处罚 104 人，收缴各类赌博游戏机 467 台。

【禁毒】

1948 年，廉让乡公所规定居民不准吸、售、种、运、制、藏烟毒，违者拘送法办。长兴镇公所在禁毒中，规定居民贴邻 5 户之内，凡有吸、售、种、运、制、藏毒品之事而不举报者，依法连坐处分；并要求居民不与烟民子女通婚，违者视同烟民，不能享受各种权利。1950 年 2 月，境内开展禁毒运动，对吸、售、种、运、制、藏毒品的案件进行打击。2004 年 10 月 13 日，秀洲区公安分局与王江泾派出所在和尚荡养鱼场铲除毒品原植物大麻 120 余株。2006 年，王江泾派出所开展花甲圩毒品问题整治，将宇四浜村花甲圩、北周浜，金鱼桥村庙头纳入重点整治范围，共查获吸贩毒人员 22 名，破获涉毒案件 9 起。2007 年，继续巩固花甲圩地区毒品整治成果，抓获吸毒人员 24 名。2009 年，查处涉毒案件 34 起，其中在收藏村抓获吸毒人员 13 名，抓获各类违法犯罪嫌疑人 17 名。11 月 27 日，王江泾镇中学被嘉兴市公安局命名为个禁毒教育示范学校。2010 年，组织开展禁毒严打专项整治行动，共破获贩毒案件 5 起，抓获各类涉毒违法犯罪嫌疑人 25 名，打击贩毒人员 6 名；办理吸毒行政案件 38 起，行政处罚 47 人，强制戒毒 4 人，社区戒毒 15 人。

【禁娼与查处淫秽违禁物品】

解放后，境内严厉禁止卖淫嫖娼活动，严禁私藏和流通淫秽违禁物品。20 世纪 80 年代，卖淫活动死灰复燃，各乡镇派出所给予坚决打击，平均每年查处卖淫嫖娼案件 20 多起。1996 年 4 月，王江泾派出所等一举查获“兰梦”美容厅等卖淫团伙窝点。1998 年，破获震惊全市的王江泾某地下黑店组织卖淫案，主犯被依法判处死刑。1999 年，查处黄、赌、毒案件 53 起。

2002年，公安民警、保安队员对容易发生卖淫嫖娼活动的美容、美发场所及路边店、出租房屋，进行集中检查和蹲点守候，共查处黄赌毒案件153起，处理违法人员666名，其中拘留13名；查处违法单位5家。2004年4—5月，查获卖淫嫖娼案件6起、销售淫秽违禁物品案件1起，涉案人员139名，其中治安拘留1人、罚款133人，其他处理4人，收缴淫秽碟片38张。2006年，查获卖淫嫖娼案件23起、招嫖案件4起。2008年，查获卖淫嫖娼案件27起。2010年，王江泾派出所等部门设立省际卡点，实行24小时执(备)勤，查禁淫秽违禁物品，对卖淫嫖娼活动进行严厉打击。

【内保】

1956年1月，公安机关严厉打击王江泾、南汇等4处反动组织“小群派”，依法逮捕暗藏的反革命分子5名。1974年11月1日，吴兴县一辆邮政车途经嘉兴县双桥公社时遭到枪击，汽车挡风玻璃被打碎，邮电员被打掉半只耳朵，邮路中断6天，嘉兴县公安部门对肇事者进行处理。1978年8月26日晚，嘉兴市养鱼场巡逻船在巡逻中发现养鱼荡边有人捕鱼而追赶，捕鱼人跳入水中欲逃跑溺水而亡，后其家属、亲属及不明真相的群众上千人大闹养鱼场，发生严重的打、砸、抢事件，嘉兴县公安部门对此事进行严肃处理。2001年，在金融网点、烟草、学校等重点企事业单位安装18个CK报警装置。2010年，各学校、幼儿园的7件套防护装备全部落实到位，内部监控设施和报警装置正常运行。

【110接处警】

20世纪90年代，各乡镇设110报警电话，建110报警服务台和设接处警专职人员，并制定接处警制度。2000年，王江泾派出所受理110报警1320起。2004年，接处警4502起，其中110指令3864起。2005年，受理报警6327起，其中刑事案件381起，行政案件受理122起，查处76起。2008年，受理报警7450起，调处各类纠纷2000余起，办理信访案件12起。2009年，受理报警7783起，其中110指令6296起、群众报警1487起。2010年，受理报警7426起，其中110报警6395起、群众报警1031起。

【治安整治】

解放后，人民政府在域内各村、各单位建立治安保卫组织，并开展治安巡防活动，使治安形势趋好。1982年，南汇公社管理委员会发布《关于在“双抢”期间加强治安管理，搞好“四防”“四禁”的通告》。1988年10月，郊区公安分局在王江泾路段建立反暴卡点。1995年7月，各派出所出动公安干警在汛期加强受灾地区治安巡逻，及时打击违法犯罪活动。同年，虹阳乡虹阳村治保主任阮生泉获全省公安系统先进工作者称号。1996年4月，王江泾派出所实施基层基础大排查。2003年，共立治安案件371起，查处197起，共处罚各类违法人员456人，其中行政拘留24人。同年12月，民主村村民陆卫丰获浙江省第八届见义勇为先进分子称号。2005年，王江泾派出所对27家歌舞、桑拿场所，6家网吧，59家宾馆、中小旅社，进行治安监控。收缴非法交易自行车及赃车228辆，查处涉案违法人员59人，其中治安拘留43人，罚款1人；摧毁以陈某、周某为首的盗窃销售自行车团伙2个，瓦解成员9人，破案20余起。2006年，开展废旧金属收购业整治工作，对境内收购废旧物品最为集中的7个村进行整治，将从事废旧金属收购业的人、船进行调查摸底、拍照建档，每月由社区民警、保安开展定期检查，登记废旧金属收购户 643 家；同时对机动车修理业、旧货交易业、二手机等行业加强管理，每周检查，四项经营活动相关信息登记率达 100%。2010 年，以上海世博会“环沪护城河”安保工作为中心，对浴室、美容美发店、网吧等特种行业场所实行专人管理，责任到人；对废金属收购业开展专项整治，摸清底数，掌握动态。

第三节　刑事侦查

【打击刑事犯罪】

1988 年 7 月，王江泾派出所破获双桥乡腾云村一小店发生的抢劫案，受到区政府的表彰。1991 年，连续破获王江泾镇纺配店盗窃案、双桥农场皮革服装厂皮夹克失窃案和田乐乡栋梁村 7 组农户家现金失窃案等三起盗窃大案，追回价值近万元的赃款赃物；王江泾派出所、荷花乡派出所摧毁 1 个 7 人重大盗窃犯罪团伙，破获纺织品等被盗案件 12 起，其中大案 6 起。1995 年 11 月，王江泾派出所破获王江泾等地连续发生的 7 起特大抢劫案，侦破组被浙江省公安厅记集体二等功 1 次，被郊区公安分局记集体二等功 1 次。2000 年，王江泾派出所共立刑事案件 231 起，破获刑事案件 143 起，协助其他公安机关破案 18 起，抓获违法犯罪嫌疑人 44 人。2001 年，各警务区共抓获犯罪嫌疑人 16 名、违法人员 100 多名，协助破获刑事案件 60 多起，协助查处治安案件 250 余起。2006 年 3 月，民警徐坚由于抓获盗窃团伙 10 余名，被嘉兴市公安局记个人三等功。10—12 月，秀洲区至江苏省吴江市公路沿线连续发生货运车辆布匹被盗案件，其中浙江(王江泾)段发案 10 余起，该系列案被省公安厅列为督办案件。秀洲公安分局、王江泾派出所经缜密侦查，抓获傅某、敖某等 14 名犯罪嫌疑人，破获江浙公路沿线车辆布匹被盗案 14 起、其他盗窃案 27 起及抢劫案件 6 起，涉案价值 200 余万元。2007 年 2 月，民警徐坚在打掉的 2 个犯罪团伙中，共抓获犯罪嫌疑人 8 名，破获抢劫、抢夺案件 14 起，盗窃案件数十起，被嘉兴市公安局记个人三等功。王江泾派出所共立刑事案件 522 起，破获 279 起。其中破获命案 1 起，成功破获民和村“9・22”持刀抢劫案、虹南村“9・27”蒙面入室抢劫案等一批刑事大要案。2010 年，王江泾派出所共破获各类刑事案件 374 起，刑事打击处理 119 人，抓获各类网上逃犯 49 名。

【专项行动】

1983 年 8 月，各公社根据全省统一部署，开展严厉打击刑事犯罪活动第一战役。1996 年 4 月，王江泾派出所围绕“破大案、追逃犯、打团伙、反窃车、端窝点”，组织“反窃车、打流氓恶势力犯罪、扫丑专项斗争”专项整治斗争，一举端掉王江泾“兰梦”美容厅等卖淫团伙窝点。1998 年 12 月，境内各乡镇派出所开展严打整治集中统一行动。2000 年，各乡镇派出所开展扫黑除恶专项行动，王江泾派出所打掉经常在沈家浜纺机市场敲诈勒索、抢劫财物、寻衅滋事的李某法犯罪团伙，并摸排出被拐妇女 56 名、被拐卖儿童 79 名、拐卖妇女儿童犯罪嫌疑人 24 名。2001 年，王江泾派出所开展以搜捕逃犯、清查外来人口特别是“三无”人员为重点的严打整治斗争集中行动，出动民警、保安等 220 名，设卡点 17 个；开展“场所、特种行业专项整治”“旅馆业、浴室业专项整治”行动。2010 年，打击整治盗窃自行车、摩托车专项行动，共抓获

“两车”违法犯罪嫌疑人56人，其中刑事打击32人、治安拘留24人，成功打掉“两车”犯罪团伙2个，共查获被盗赃车277辆；开展区域乱点整治行动，重点对南片工业区和宇四浜、金鱼桥村、收藏村进行整治，共开展7次集中清查行动，检查出租房屋762间，查获可疑车辆12辆，查获吸毒人员12名；在王江泾南片区域共查处赌博案件3起，刑事拘留赌博犯罪嫌疑人5名，治安处罚29名。

第四节　综合治理

【队伍建设】

2000—2007年，王江泾派出所开展“为警徽添光彩，为小康作贡献”系列活动，内容有“百企大走访”“百户大征询”“百警大辩论”“百案大评判”等，对社会各界发放宣传资料408份，社会各界对公安的满意率达95%。派出所认真梳理、检查公安队伍在执法思想上存在的突出问题，通过召开座谈会、发放征求意见信、登门走访等形式，广泛征求社会各界、人大代表、政协委员、执法监督员的意见。召开35次警民恳谈会，1200余名群众代表参加；开展“进企业、进村居、进农户；比谁在群众中知警率高、比谁接处警规范、比谁窗口服务好”活动，在群众满意度测评中，满意率达到99%。王大毛警务站获得嘉兴市公安系统“模范社区警务站”称号。精心组织爱民实践活动，到王江泾镇荷花敬老院看望40多名老人，到双桥村石安浜看望、慰问困难家庭。制定《王江泾派出所办公区域定置化管理规定》等一系列规章制度，对各警务站和全所民警实行月考核制度，每月对7个警务区开展考核。派出所获评秀洲公安分局“人户一致”专项行动先进单位。王江泾派出所获评秀洲区公安分局先进集体，被秀洲区公安分局记集体三等功。

2008年，派出所严格执行公安部“五条禁令”、青年民警住所制、请销假制度，未在车、酒、枪、赌等重点环节发生违反禁令和其他违纪行为；同时加大对保安、协勤队伍的管理力度，开展保安队伍专项整治，进一步增强保安队员的责任心。全年共有8人次民警获得分局嘉奖，集体嘉奖2次，3名保安获得三等荣誉奖章，所长包国伟被嘉兴市人民政府授予“嘉兴市劳动模范”称号。做细民警入户调查制度，社区民警主动上门进行刑事案件回访、回告共1000多次；所长下社区接待群众。虹阳警务区获得全省十个老百姓最喜爱警务区提名奖；警长张明良获评三季度全市社区之星。2010年，配合上海世博会的召开，加强综治建设，抓好新桥丝绸工业园巡区，工业区企业巡区，宇四浜村、收藏村巡区，金鱼桥村、沈家桥村巡区4个重点巡区建设。严格做到“七个一律”和“两个严禁”，自觉遵守警车管理规定。

1981—2010年，王江泾派出所获得集体三等功3次，共有150余人次被市、区两级公安机关嘉奖；1名民警被评为五县二区“十佳”民警；1名民警被评为省级优秀人民警察；1名民警被评为全省公安机关优秀派出所民警；1名民警被评为嘉兴市“五一劳动模范”；3名民警各获个人三等功1次；1名保安获评省“见义勇为先进个人”；8名保安获得三等治安荣誉奖章。

【公共场所管理】

1950年，域内公安部门对饭店、面店、茶馆、酒馆、菜馆等，执行填具保结申请、经审检批准后方能营业制度。1987 年 10 月，各乡镇对公共场所范围、安全要求、管理和处罚作出具体规定。2000 年，王江泾派出所对公共场所开展安全检查和管理，发放整改通知书 31 份、整改意见 80 条。2002 年，境内公共复杂场所 75 家、特种行业 42 家，对发现有盗、火隐患的发出整改通知书 17 份。2004 年，开展了 4 次严密防控网络、遏制盗抢犯罪的“百日攻坚战”活动，共出动人员 1579 人次，清查公共场所 311 家(次)。2005 年，召开娱乐场所和中小旅社业主、负责人会议，进行法治、法规宣传，签订治安责任承包书 96 份。2006 年，完善街面电子监控系统，在全镇 17 家洗浴场所、9 家网吧、13 家旅馆、1 家迪吧等 64 家场所安装监控设备，落实专人开展 24 小时实时监控。2009 年，派出所、卫生执法部门在收藏村取缔了 4 个非法行医点，收缴非法行医设备 4 套、各类药品 6 箱。5 月 7 日，又会同工商执法部门，在收藏村取缔黑网吧 5 家，查扣电脑 48 台。

【社区村落管理】

解放前，集镇、村落治安管理主要由警察所及保长、甲长负责。解放后，集镇、村落治安管理均由公安员(公安特派员)负责，依靠农会和民兵组织，后由公安派出所和治保主任(大队长)及民兵负责。2000 年 9 月，闻川居委会挑选 18 名身体健康、政治良好、热心治安工作的退休人员，组建境内首支居民治安巡逻队，利用白天对王江泾集镇居民住宅区、出租私房密集区和公共场所进行治安巡逻，印发 3500 份居民安全防范须知分发给居民，以提高居民的自身防范能力。2002 年，王江泾派出所投入 10 多万元，建立 14 个标准化治安卡点(岗亭)，新建 1 个村级警务点；共配备专职岗亭值班人员 24 名，每夜由保安带班上岗检查。警务区组建专职夜间巡逻队，对案件多发地段和治安复杂地段进行巡逻检查。8 月 2 日，在全区社区警务工作会上，王江泾派出所的这一做法在全区推广。南汇卡点两次获得二等奖，其他岗亭也多次受到区公安局的表扬。通过社区、村落巡逻、设卡，全年抓获犯罪嫌疑人 7 名，破获刑事案件 32 起，提供各类线索 115 条，破获刑事案件 43 起，查处治安案件 137 起。2006 年，王江泾派出所调整值班备勤模式，将 5 天轮换值班制改为 4 天，增加夜间值勤警力，夜间在所警力达到 25%；扎实开展农村警务工作，按照“五统一”要求成功创建一级警务站“王大毛警务站”；在宇四浜村、双桥村设立警务室，配备 2 名民警、4 名保安开展工作；加强夜间巡逻工作，完善 24 小时巡逻机制，增强群众安全感。专职巡逻队在全年巡逻中破获现行案件 37 起，追回赃车 30 余辆。2007 年，王大毛警务站、荷花警务站分别获得秀洲区一、二类巡区防控工作考核第一名；工业功能区警务站两次获得秀洲区一类巡区防控工作考核第一名。2010 年，派出所为加强社区、村落管理，每半个月召开一次警民恳谈会，让群众参与到日常的警务工作中来。

第五节 户政管理

【旧时保甲制】

汉代，域内 10 里设 1 亭，10 亭设 1 乡；唐代以县统乡(500 家)，以乡统里(100 家)；北宋熙宁年间实行保甲法，10 家为保，50 家为大保，10 大保设 1 个都保，为乡管辖。明宣德五年(1430)，域内实行里甲制和都保制。清代，继续实行保甲制，以户为基本单位。1933 年，实行保甲制，10户为1甲，设甲长；10甲为1保，设保长，各乡镇首次进行保甲户口编查。1937年11月，日军侵占王江泾，设置伪区公所、伪镇公所，辖各保甲。1945年8月抗日战争胜利后，各乡公所重新整顿保甲，南汇镇设19个保，尖墩角乡设7个保，渠东乡设7个保，双桥镇设10个保。1946年，廉让乡设29个保、236个甲。1947年3月，按保甲进行户籍登记，其中双中乡有9个保、77个甲，梅湖乡有14个保、159个甲，南汇镇有19个保、189个甲，渠东乡有7个保、69个甲，双南乡有6个保、57个甲，廉让乡有15个保，双桥镇有12个保、159个甲，长兴镇有15个保、227个甲，新北乡有10个保、126个甲。

【户籍制度】

1949年11月，废除原国民政府保甲制度，开始建立新的户籍制度。域内各集镇建立居民委员会和居民小组，居委会设户政委员，对居民审查登记、建立迁入迁出报告制度。1950年，公安机关开展城镇户口管理，城镇户口分为住家户口、工商户口、船舶户口、公共户口。农村划分行政村及小组。王江泾区辖4个乡、22个代表组、142个行政居民组，10880户居民，45004人，其中当地户籍人口40483人、外籍人口4521人。1951年，执行户口迁移制度，集镇以户为单位发放居民户口簿，建立暂住、出生、死亡、迁出迁入变更的户口变动登记制度。1953年，居民常住人员户口的出生、死亡、迁出、迁入、来客住宿等由各街道居民委员、村委会及时上报公安员。农村开展人口调查登记，登记表以村为单位装订成册，成为首本户口登记簿。1954年，乡镇户口由民政部门登记管理。1956年，农村户口的登记、统计和户籍工作由公安机关管理。1958年，户口登记管理由公安机关负责，户口管理分为城镇、农村、集体和暂住户口，分别进行登记管理。划定农业户口和非农业户口界限，农村人口由人民公社管理，生产大队登记。1959年以后，农村户口登记由公社秘书（文书）与大队会计办理。“文化大革命”开始后，户口管理一度陷入混乱。1970年，开展户口清查，逐步恢复各项户口登记管理制度。1976年1月，农业人口转非农业人口及申报户口，均由公安、粮食部门会审批准后，凭准迁证办理迁出、迁入手续，申报户粮。

1981年4月，域内户口管理由各乡人民政府移交给王江泾派出所。1985年，各乡镇部分农民开始办理迁入集镇的“自理口粮”非农户口。1987年起，“自理口粮”非农户口陆续迁回原户口所在村。1989年，所有获中级以上职称教师的18周岁以下的农村户口子女全部办理农业户口转非农业户口。派出所对“农转非”户口实行“两公开、一监督”制度（即指标、政策公开，接受群众监督）。1990年，派出所受理、审核并上报居民户口的迁移、申报、分户、立户等，居民户籍由郊区公安分局户政科管理。1992—1995年，根据省人民政府和嘉兴市郊区人民政府关于“农民进城镇落户问题的规定”，境内共有1000余个农业户口办理入迁城镇的“蓝色户口”。1996年，农村户口按城镇户口同一模式进行户籍管理。1997年，整顿农村户口，发放小户口簿，进行农村户口城市化管理。1998年，根据规定，1997年6月10日以后出生的婴儿，可以随母或者随父登记常住户口。2000年，对夫妻、未婚子女、父母投靠，可不受投靠年限、迁移人年龄、婚龄等条件限制，按照居住地登记户口和人户一致的原则，准予在城镇投靠落户等。2002年7月，在城镇有合法固定住所、稳定职业或生活来源的居民，可在常住地申报登记为城镇户口；土地被征用、撤村建居、撤村并居的农民，可在实际居住地登记为城镇户口;在城镇从事非农产业的农民,可登记为城镇户口等。2005 年,王江泾派出所为居民换发户口本 4000 本。2008 年,境内全面推开城乡一体化户籍管理制度改革,在全镇实行城乡统一的户口登记和户口迁移制度,不再划分农业户口与非农业户口,统一称为居民户口。

【流动人口管理】

20 世纪 80 年代,域内经济发达,流动人口增多,派出所负责流动人口的管理工作。1984 年 4 月,加强对流动人口的登记管理,对各乡镇城镇暂住人口进行调查登记。1991 年,各乡镇建立暂住人口管理小组,对暂住人口发放暂住证。1997 年 4 月,境内各乡镇成立暂住人口管理工作领导小组,全面开展流动人口的清理、登记和发证,共登记外来人口 4790 人,发放 IC 卡 3650 张。2001 年,登记外来人口 7374 人,发放流动人员居住卡 2000 余张,发 IC 卡 6874 张,出租房登记 416 户。2002 年,开展流动人口、出租房屋清理整顿工作,民警、保安、村干部上门入户,对流动人口和出租房屋进行登记和发证,共登记流动人口 9000 名,发证 9000 名,登记出租房屋 636 家,摸排出"三无"[①]人员 5 名,清理出租房屋 7 家。办理户口迁移 3445 份,补发身份证 1125 张。2003 年,对实有人口进行核对,共核对实有人口 77524 人、常住人口 73969 人、人户分离 9725 人。清整户籍档案资料 573 份,身份证纠错 6 份。摸排不安定因素 12 条,违法犯罪线索 6 条。排查重点单位 14 家、特种行业场所 55 家、出租房屋 577 家、租房人员 1174 人。共清理常住户口卷 1493 卷、居民身份证卷 183 卷。获分局考核第三名。2004 年,共登记办理暂住证 26551 张,摸清其身份类型、暂住理由、户籍所在地情况,并发函调查。通过调查,于 6 月 7 日抓获公安部通缉的网上逃犯刘某等 4 人。派出所与房屋出租户主签订房屋出租治安责任保证书,并落实相关检查管理制度,按要求将全部出租房屋的信息及时录入金硅系统。2005 年,流动人口管理全部实行微机化管理,共办理暂住证 8718 人,出租房屋登记 2016 户。对暂住人口除上网比对外,还对嫌疑人及时发函联系,共发协查函 240 份。2006 年,开展流动人口高危人员管控工作,制定《王江泾派出所流动人口高危人员管控试点工作实施方案》,开展分层次管理,全警参与,列管高危人员 372 人,其中打击处理 18 人。制定实施《王江泾镇流动人口"人户一致"整治工作方案》,选择宇四浜村开展试点,并在全镇 29 个村(社区)全面铺开并完成"人户一致"整治工作。通过专项整治,协破刑事案件 16 起,打击处理犯罪嫌疑人 14 人,抓获公安部网上逃犯 1 人。共新登记外来人口 34539 人,登记出租屋 3643 户、16407 间。2010 年,强化新居民管理,共办理新居民居住证 48089 张,新登记出租房 207 户。

【居民身份证管理】

1985 年 10 月,开展第一代居民身份证发放工作,建立居民身份证领导小组及其办事机构。1988 年年底,派出所建立起居民身份证管理网络。2004 年,王江泾镇为嘉兴市换发第二代居民身份证的试点单位,召开换发第二代居民身份证动员大会,对 33 个行政村、7 个居委会进行动员培训,共核对户口 1155 户,发现人户分离 276 人,主要项目差错 64 人,次要项目差错 45 人,新编门牌 15 张。2005 年 5 月,域内居民开始换发第二代居民身份证。2010 年,域内第二代居民身份证办证率达标。

---

① "三无",即无工作、无住址、无暂住证。

第六节 消 防

【旧时消防机构】

解放前，各乡镇建有民间救火会，由商界及地方人士筹措发起，一遇火灾即出动，保证镇上消防安全。王江泾镇、南汇镇均有民间消防组织，为业余性质，置办有消防泵、水龙等简易设施，均需人工操作。消防人员系店员、手工业者等。

【专职消防队】

2004 年 9 月 21 日，王江泾镇成立专职消防队，队员 6 名，设队长、指导员各 1 名。当年共扑灭火灾 75 起，挽回直接经济损失 25 万元。2006 年，王江泾镇专职消防队在秀洲区消防比武中获得团体第一名。在扑救新嘉爱斯热电厂火灾事故中表现突出，被秀洲区政府通令嘉奖。全年共接警 95 次，其中火警 81 起、抢险与社会救助 14 起，共有效扑救 68 起火灾，无重大火灾事故。2007 年，共接警 82 次，其中火警 59 起、抢险与社会救助 23 起，共有效扑救 56 起火灾。2009 年，共接警 155 次，其中火警 112 起、抢险与社会救助 43 起，出动车辆 264 辆次，出动人员 717 人次，保护公私财产 70 多万元。2010 年，共接警 170 起，其中火警 113 起、抢险救援 57 起，出动车辆 266 车次，出动人员 916 人次，保护公私财产 80 多万元。

【消防管理】

解放初，各集镇居民住宅、商店多为木结构，极易引起火灾，居民委员会均建立防火检查小组，由各家各户轮流值勤检查防火。1972 年 10 月，荷花公社购置消防船 1 艘。1984 年 5 月《中华人民共和国消防条例》颁布后，境内广泛开展宣传活动。此后每年冬季开展消防宣传，通过印发宣传资料，放映电影、录像，张贴标语、横幅，开展智力竞赛等形式，增强广大群众的防火意识。20 世纪 80 年代起，各乡镇、企业组建义务消防队。1992 年 10 月 21 日，位于王江泾镇的嘉兴市华灵电器厂发生火灾，共烧毁厂房 176 平方米，直接经济损失 70 余万元。以此为鉴，加大消防管理力度。2001 年，王江泾镇购置消防车 1 辆，成立 6 支义务消防队；加大消防检查和处罚力度，共处罚 6 家单位。2002 年，王江泾派出所获得嘉兴市冬季防火工作先进集体称号。2004 年，为吸取海宁黄湾镇“2·15”特大火灾事故的教训，对全镇庙宇以及消防重点单位进行消防检查，共摸排出非法封建迷信点 88 个，并摸排出新的不安定因素 5 条，其中 2 条得到妥善处理；检查消防重点单位 32 家，发出整改通知书 63 份，督促其限期整改。2006 年，开展“多合一”建筑消防安全专项治理、“集中火灾隐患整治、除隐患、保平安”三十天大会战，共开展各类防火检查 176 次，检查各类单位 578 家，消除各类火灾隐患 300 多处。10 月 13 日，嘉兴市教育局、嘉兴市消防支队推广王江泾镇中学将消防知识纳入义务制教学的做法。2010 年，组织企业开展消防安全培训，参训单位共 286 家，共发放消防安全手册 2000 余册，调整上报 52 家企事业单位为重点防火单位；对出租房屋的消防安全开展消防大检查共 6 次，检查场所和企事业单位 340 家，当场整改隐患 100 余处；共办理行政处罚案件 6 起，其中单位处罚 2 起、个人处罚 4 起，共发出限期整改通知书 6 份，确保域内无重特大火灾事故发生。

第十七章 司　法

解放前，域内的司法均由国民政府嘉兴县法院管理。解放初，人民政府在域内设立巡回法庭，1953 年成立王江泾政法领导小组，在打击反革命分子、刑事犯罪分子上，起到了较大的作用。1956 年成立王江泾法庭，负责境内的民事、经济案件的审判。“文化大革命”期间，司法工作一度受到冲击。1985—2010 年，随着改革开放进程的加快，境内先后建立并健全了法庭、司法所、司法联运中心、社会综合治理中心等司法机构，开展普法、民事纠纷调解、归正人员的教育等工作。司法机构在维护社会稳定、调解处理民事纠纷问题，加强社会治安综合治理上，起到了重要的作用。

第一节 审　判

【组织机构】

古时，境内不设审判机构，案件均由县衙门知县主审。民国时，案件由嘉兴县地方法院审判。1950 年 5 月，境内案件由县人民法院巡回审判庭受理、判决。同年 10 月，全面开展土地改革，镇压破坏土改的反革命分子，设嘉兴县人民法庭王江泾分庭。1956 年，更名为王江泾人民法庭，负责王江泾、双桥、栖真、澄溪、田乐、南汇、虹阳、荷花等乡镇民事、经济案件审判。1966 年 5 月“文化大革命”开始，王江泾法庭停止工作。1973 年，恢复王江泾法庭。1980 年，王江泾法庭迁至镇区济阳路中段，办公楼、宿舍建筑面积 323.68 平方米。1990 年 8 月，迁至 07 省道边，办公用房 150 平方米。2005 年，迁址 07 省道南方纺织城边上。2007—2010 年，王江泾法庭先后获评浙江省“模范五好法庭”、嘉兴市法院系统集体三等功。王江泾法庭副庭长李国明被评为嘉兴市“十佳调解能手”，书记员卢晶被评为嘉兴市“十佳书记员”。

【案件审判】

1950 年 5 月起，嘉兴县人民法院巡回审判庭主要审判境内土地改革中的案件及民事、经济案件。在土改运动中，各乡共斗争地主 76 人、富农 67 人，逮捕法办惯匪、恶霸地主 3 人，管制 5 名不法分子。二十世纪五六十年代，法庭主要审判境内的民事、经济案件。1966 年 5 月“文化大革命”开始后，法庭被撤，审判工作停止。1981 年，王江泾法庭主要审查、甄别和平反冤假错案。王江泾法庭聘请南汇公社卜维生等 4 人为人民陪审员，对公正审判起到监督作用。2005 年 6 月 10 日，王江泾法庭与江苏省吴江市盛泽法庭签订省际司法协作协议，约定工作协助、联系交流和信息反馈等三项机制，为全省首创。2010 年，为及时审判处理交通事故，王江泾法庭在王江泾交警中队设立交通事故调解室。是年，王江泾法庭共受理民商事案件630余件，审判结案近600件。

第二节　司法行政

【组织机构】

1953年9月26日，王江泾区政法领导小组成立，由区公所、县公安局、县人民法院、县人民监察委员会抽调6人组成。二十世纪五六十年代，境内司法调解工作均由乡镇治保干部负责。“文化大革命”期间，司法工作停止。1983年1月，双桥乡成立司法所。1984年1月，各乡政府建立司法办公室，配备司法助理员，实施司法行政。1985—1988年，南汇镇、田乐乡、荷花乡、虹阳乡、王江泾镇分别成立司法所。1995年10月，浙江省司法厅授予田乐乡司法所所长郁海华“优秀司法工作者”称号。2000年，田乐乡司法所、南汇镇司法所、王江泾镇司法所获评秀洲区第一批规范化司法所。2001—2010年，王江泾镇司法所负责境内法治、社会治安综合治理、司法行政、人民调解、普法教育等工作。

【法治宣传】

解放初期，各乡镇在土地改革、镇压反革命及“三反”“五反”等运动中，围绕《中华人民共和国土地改革法》《中华人民共和国惩治反革命条例》《中华人民共和国惩治贪污条例》《中华人民共和国婚姻法》《中华人民共和国宪法》等法律、法规的贯彻实施，通过黑板报、幻灯片、宣传栏、大字判决布告等多种形式，广泛地进行法治宣传。1958年后，法律宣传工作逐渐削弱。“文化大革命”期间，普法宣传完全停止。1979年10月，开展以《中华人民共和国刑法》《中华人民共和国刑事诉讼法》为主要内容的“法治宣传月”活动。1982—1984年，各公社(乡镇)先后组织“打击经济领域中严重犯罪活动”、学习宣传《中华人民共和国宪法》、严厉打击刑事犯罪活动、维护妇女儿童合法权益等4次广泛深入的法治宣传活动。1986年，根据中共中央、国务院批转的《关于向全体公民普及法律常识的五年规划》的要求，各乡镇开展“一五”(1986—1990年)普法教育，主要围绕经济建设中心，以社会安定为重点，开展法治宣传。1990年，开展《中华人民共和国行政诉讼法》宣传活动。配合打击刑事犯罪活动，进行广泛宣传；开展《中华人民共和国税法》《中华人民共和国土地管理法》《中华人民共和国城市规划法》《中华人民共和国兵役法》《计划生育条例》等法律、法规的宣传。“二五”普法(1991—1995年)中，主要宣传《中华人民共和国土地法》《计划生育条例》法律法规，并配以《中华人民共和国行政诉讼法》《中华人民共和国环境保护法》《中华人民共和国残疾人保障法》《中华人民共和国义务教育法》等法律法规的宣传贯彻。“三五”普法(1996—2000年)以《中华人民共和国刑法》《中华人民共和国刑事诉讼法》和全国人大《关于严惩严重危害社会治安犯罪分子的决定》等为宣传教育的重点。“四五”普法(2001—2005年)主要宣传贯彻《中华人民共和国劳动法》《中华人民共和国刑法》《中华人民共和国婚姻法》《中华人民共和国民法通则》《中华人民共和国老年人权益保障法》《治安管理处罚条例》等法律法规。“五五”普法(2006—2010年)以《中华人民共和国刑法》、“法律八进”和社会主义市场经济法律知识为重点；对象以领导干部、新居民家庭、外来务工人员、在校学生、企业经营者为重点，面向全体公民，突出执法部门；在司法所、派出所、法庭、民政办、计生办、社会事业所、农技服务中心、王江泾成人文化技术学校以及各村（居）建立机关、单位干部、村（居）调解主任、村（居）民组长、村（居）民代表等为主要成员的王江泾镇法治宣传队伍731名；相继制定《法制宣传工作制度》《干部学法用法考试考核制度》《学法日制度》等一系列制度，利用每年“12·4”法制宣传日活动平台，突出宪法主题，集中开展法治课堂、法治下乡、街头宣传、普法考试等活动；利用“3·8”国际劳动妇女节、“3·15”消费者权益保护日、“6·26”国际禁毒日等大型宣传日、纪念日活动，以各种形式开展大规模的法治宣传、咨询活动。全镇共上法治课56场，受教育15546人，利用广播电视宣传62次，通过宣传栏、宣传橱窗进行普法宣传60期，接待群众法律咨询7354人次，集中开展法律骨干培训10次，2753人次参训，印发宣传资料12600余份、标语宣传270余条。

【人民调解】

解放前，境内民间调解大多由警察、地方乡绅牵头进行。1946年，廉让乡调解委员会有成员8人。1954年，各乡镇先后建立人民调解委员会，各居民委员会成立人民调解小组。调解范围包括债务、邻里、房屋、婚姻、家庭纠纷等。1955年，人民调解工作由各乡镇治保干部负责。1956年5月起，各村（大队）建立调解小组，主要调解人民内部的矛盾纠纷。“文化大革命”时期，调解组织瘫痪停顿。1978年，各公社逐步恢复人民调解委员会。1981年，人民调解委员会以“依靠群众、调查研究、就地解决、调解为主”为方针，依靠群众，及时调解民间纠纷，进行政策法规教育。1983年，境内以“组织、思想、制度、工作、报酬”五落实对调解组织进行整顿，建立目标管理岗位责任制，加强调解组织建设。1996年，开展第三次民间纠纷疏导排解活动，成立王江泾镇民间纠纷疏导排解领导小组。2000年，加强各乡镇人民调解中心规范化建设，王江泾镇、田乐乡、南汇镇建立专人负责的纠纷调解中心，主任由各镇乡综治委主任兼任，副主任由镇（乡）分管政法、信访的领导兼任，成员由镇、乡政府办公室、综治办公室、派出所、司法所、法律服务所、交管、土管、城建、文卫、民政等部门人员组成。纠纷调解中心与镇乡综治办合署办公，日常工作由综治办公室负责，其他职能部门派员配合工作。2004年7月，为及时受理、接待民间矛盾纠纷申请、当事人来信来访及开展民间纠纷和社会不稳定因素的排查、调查工作，建立王江泾镇司法联动中心，人员6名，为纯公益类事业单位。2010年，镇调解委员会下属基层调解委员会69个。其中包括镇调解委员会1个，各村、居委会调解委员会35个，企事业单位调解委员会29个，医疗纠纷调解委员会1个等；人民调解员共245人，其中专职40人，兼职205人。2006—2010年，王江泾镇各级人民调解组织共受理调处各类矛盾纠纷2231起，调处成功2222起，成功率达99.6%。矛盾纠纷主要涉及婚姻、赡养、抚养、邻里、宅基地、债务、生产经营、赔偿等多方面。5年内调解处置非正常死亡事件76起。

【法律服务所】

1985年，境内各乡镇先后建立法律服务所。主要职能为担任企事业单位常年法律顾问、协办公证与见证、解答法律咨询、代写法律文书、开展法律援助，负责辖区内应收款追讨、审查经济合同事务和代理诉讼事务等。1987年，双桥乡法律服务所成立，有3名专职人员、2名兼职人员；田乐乡法律服务所成立，有成员4名；1988年6月，南汇镇法律服务所成立。1989年

5月，撤销双桥法律服务所，成立王江泾法律服务所。1992年6月，成立王江泾南方市场经济法律事务所。1994年11月，王江泾镇法律服务所定编3名，经费自收自支。乡镇法律服务所实行条块结合、以块为主的管理体制，由乡镇政府领导和管理，区司法局负责业务指导，为集体所有制事业单位。1995年5月，田乐乡法律服务所被省司法厅评为优秀法律服务所。2001年7月，王江泾镇法律服务所进行机构改革，改制组建独立的社会中介服务机构，经费自收自支。2004年5月，镇法律服务所转为王江泾镇法律服务中心，为群众提供法律服务。

【社区矫正与安置帮教】

1997年，各乡镇相继成立刑释解教人员帮教安置协调小组和办公室。荷花乡政府率先成立乡刑释解教成员帮教安置管理领导小组，各村建立相应的帮教管理小组，由3～5人组成。2008年10月，成立王江泾镇社区矫正工作领导小组，区司法局与王江泾镇举行社区矫正工作交接仪式，社区矫正对象由公安派出所移交至王江泾司法所管理。社区矫正办公室主要对社区矫正对象实施管理，会同公安机关对社区矫正对象进行监督、考察；对社区矫正对象进行考核，根据考核实施奖罚；组织相关社会团体、民间组织和社区矫正工作志愿者，对社区矫正对象开展多形式的教育，帮助社区矫正对象解决遇到的困难和难题；组织有劳动能力的社区矫正对象参加公益劳动；完成上级司法行政机关交办的其他有关工作。同年，全镇共接收社区矫正对象11名。2009年，全镇新接收社区矫正对象40名。2010年，全镇新接收社区矫正对象24名，在册社区矫正对象共62名，其中缓刑50名，假释5名，保外就医1名，剥夺政治权利6名；男性59名、女性3名。全镇共有帮教对象162人，解教7人。

第十八章　军　　事

王江泾地处交通要冲，历来为兵家必争之地。自春秋战国时期吴国在此筑射襄城起，域内驻军及兵事连绵不绝。明嘉靖三十四年(1555)五月，明军统帅张经统率明军2万余人，在秋茂桥一带与倭寇激战，斩倭寇1980余人，史称“王江泾大捷”。清咸丰十四年(1860)，太平军在王江泾一带与清军激战。1937年11月，日军入侵王江泾，在镇区纵火三天三夜，随后在一里街周家大院及王江泾火车站驻军，直至抗日战争结束。日军侵占期间，境内抗日武装奋起反抗，多次与日军开战，并取得局部胜利。解放前夕，域内国民兵队300余人受中国共产党的感召，加入由中共领导的吴嘉湖独立团，为保护百姓的利益和支援解放战争作出贡献。解放初期，解放军与域内区中队、民兵协同作战，剿匪反霸，维持治安，深受群众拥护。1949年6月，域内驻扎人民解放军，并成立人民武装部，统一指导民兵组织。民兵组织在和平年代，维持治安，抗洪救灾，巡逻盘查，军事训练，多次获得南京军区、浙江军区和嘉兴军分区的嘉奖，在改革开放中作出新贡献。

第一节　驻　军

【古代驻军】

春秋战国时，王江泾为吴国、越国的交界处。两国为征战，均在边境筑城屯兵，如射襄城、主城等，槜李池(今南雁荡、北雁荡、西雁荡等水域)为吴国造军舰处。西晋建武元年(304)，嘉兴监屯田校尉高使君领兵3000人，在王江泾一带屯田，以备军粮之需。唐大历三年至六年(768—771)，大理寺评事朱自勉在王江泾一带领兵屯田。五代后梁贞明元年(915)，杭嘉湖平原置撩浅军一部，疏浚水利。北宋时，为御方腊部将方七佛的军队，宋将王禀率数万军兵驻扎王江泾。南宋初，将仕郎陶观屯兵金桥；南宋末，陶观后裔陶菊隐募义兵3000人驻守金桥、王江泾。元至正十六年(1356)，苗军杨完者部吕才率领7000余人驻扎王江泾，以御张士诚之义军。明宣德五年(1430)，王江泾巡检司驻弓兵40名、巡检2名。明嘉靖三十三年至三十六年(1554—1557)，为与倭寇作战，王江泾驻军频繁，先后达十万余众。清顺治七年(1650)，王江泾驻巡检司，并设防汛营。防汛营有千总1名、兵士60名，快船3条。清道光二十二年(1842)，侵华英军进攻乍浦，朝廷派出钦差大臣扬威将军、皇侄奕经率部屯居王江泾，商讨和英军进行谈判。清咸丰十年(1860)，太平军进驻王江泾，分别在南汇、东禅寺、北胜湾设置乡官局。清同治三年(1864)一月，淮军总兵程学启部上万人进驻王江泾、金桥等地。同治四年(1865)，清军千总金朝元率军重建王江泾防汛营公署。

【民国驻军】

1916年4月，浙军21团1营4连的兵轮1艘、水警1队，驻守王江泾。1925年2月6日，军阀混战，直系军阀1团1营的2个连，移驻王江泾。同年10月，直系军阀5团1个营入驻，营部设在今王江泾镇小学处。1937年11月，日军侵占王江泾，少佐黑田大队的大队部和一个中队设在铁店港樊家大房子里，另有2个中队分驻盛泽和油车港。1938年5月，日军11混成旅团汤迁小队、日野警备中队驻王江泾。1939年，日军独立混成旅团驻王江泾，敌酋为中尉吉田长枝，兵力60人，配有重机枪1挺。日军在王江泾修筑许多军事建筑，用以防备抗日武装的袭击。1940年，日军在王江泾建有碉堡、机枪垒，驻军500余人。抗日战争期间，共有11支大小不一的日军驻扎王江泾。另外还有大量的伪和平军、伪区公所、伪镇公所、伪警察分局、伪水上警察分局、汪伪政治保卫分局等。此间曾驻扎在王江泾的抗日武装有国民政府62师、192师、独立45旅、嘉兴县抗日自卫队、嘉属抗日义勇军、浙西保安独立支队、忠义救国军等。1945年8月，抗日战争胜利。1948年6月，浙江省保安司令部第一支队第一大队驻王江泾一带。同年12月13日，国民党75军16师47团进驻王江泾镇、廉让乡，王江泾镇、廉让乡各驻一个营。1949年1月，国民党军队步兵16团驻双桥、王江泾。同年4月下旬，国民党暂编第八师进驻双桥、王江泾一带。国民政府在境内还驻扎过水警、专署保安队、地方保卫团、县属自卫队、国民兵警备队等地方武装和民团等。

【解放后驻军】

1949年5月初，中共领导的吴嘉湖独立团进驻王江泾。同月5日，中国人民解放军第三野战军10兵团29军教导营，从吴江到达并进驻双桥。同月7日，嘉兴解放。同年6月，解放军浙江第一军分区独立营驻扎王江泾。同年10月，为支援嘉兴剿匪，苏南部队某团驻扎王江泾。1950年5月，苏南部队某团调离王江泾。1959年，人民解放军某军高炮团进驻王江泾。1969年，解放军6284部队在双桥公社南雁荡围湖造田。同年10月，嘉兴县人民防空领导小组在王江泾镇设立预指挥所。1970年，浙江省军区下辖浙江建设兵团某师某团进驻王江泾。1975年，解放军83015部队调驻王江泾。解放军某军高炮团调出王江泾。浙江省军区浙江建设兵团某师某团撤销建制。1980年3月，解放军73026部队某营进驻王江泾。1990年3月，解放军73026部队某营调出王江泾。1992年10月至2010年12月，人民解放军73026部队某营驻扎王江泾。

第二节　兵　事

【古代兵事】

域内地处交通要道，历来为兵家必争之地。春秋时期，周敬王二十四年(前496)，吴国、越国大战，吴王阖闾的脚被越军砍伤，吴军大败，退至陉(现金桥村)，阖闾伤重死于军中，史称“槜李之战”。南宋德祐元年(1275)十二月，元兵伐宋，嘉兴告急。金桥士绅陶菊隐散家财，募三千义兵勤王，与元兵大战于金桥、王江泾。元至正十六年(1356)六月，反元势力首领张士诚的弟弟张士德准备攻打嘉兴，元兵在通秀桥东南官塘之西(今王江泾镇一宿庵之西)准备决一死战，元江浙丞相达实穆尔檄调苗军杨鄂勒哲（即杨完者）部驰援。杨以数万兵屯嘉兴，先锋吕才率7000名士兵屯王江泾。后义军转平望、乌墩（今乌镇）直取杭州。明嘉靖三十四年（1555）五月，明军统帅张经指挥各军与湖广土狼兵，在王江泾围歼倭寇5000余人，杀贼1980余人，史称“自军兴以来称战功第一”。清咸丰十年（1860）六月十五日，从南京南下的太平天国侍王李世贤率军与清军江长贵部在境内激战，击溃清军，进而占领嘉兴府城。“王江泾镇、黄家溪，俱遭兵燹，尽存焦土。”清同治三年（1864）正月，清军将领程学启部下刘士奇以四营、李朝斌水师屯于金桥，与太平军交战。正月二十九日，湖州太平天国堵王黄文金围王江泾，与清军将领程学启部王永胜、郑国魁激战。清光绪二十年（1894）七月，枭徒头目王均义率部与清军太湖水师提督李部在境内激战，王均义战死，清军死伤10余人。清光绪三十三年（1907）六月初八夜，经革命党人敖嘉雄策动，青帮盐枭首领余孟庭率众在王江泾发动反清起义。两三百名义军袭击南汇镇清军防营，清兵90余名逃走，被击毙数名。义军将营中新式枪炮等物全部缴获。

【民国兵事】

1916年4月18日，革命党人何嘉禄在江苏吴江起兵反对袁世凯，后何军弹尽退至王江泾，嘉兴军政当局前往迎接。民国初，军阀混战，1924年8月4日晨，浙军37团步兵2营炮兵2连及水警2连约500人（皖系军阀卢永祥部），从王江泾出发袭击盛泽江军（直系军阀齐燮元部），并占领盛泽；8月7日夜，浙军撤回王江泾。同年9月3日，齐军、卢军又在王江泾开战，王江泾被军队征用船只十余艘，用以装载兵士，以便出防。1924年9月11日《申报》载：“晚间9时以后，行人稀少，军警梭巡，通宵达旦，北乡及王江泾一带防地，连日开去军队不少，防务严密，居民安心。”驻境内交战军队“稍有接触，浙防线展至盛泽，此间已特别戒严，不准妄谈战事”。同年9月23日夜，江苏军阀2师5团及军舰2艘、水警船8艘，从盛泽紧急赶往王江泾，但浙江军阀已撤离王江泾；9月27日夜，皖军5混成旅1营由湖州开至盛泽，再度进占王江泾。1926年12月15日4时，直奉联军、浙军在临平交火，军阀在王江泾拉壮丁，人心大骇；12月16日，嘉兴、王江泾等处到处可见避难者，箱笼物件沿途皆是，王江泾的钱庄、绸庄均停业。1927年2月23日，北伐军第一师、第二十二师先后入嘉兴，抵达王江泾时，盛泽国民党区党部派代表到王江泾进行接洽，并作北伐军的向导。1937年7月7日，抗日战争全面爆发；11月16日，日军攻占境内，烧杀抢掠无恶不作，生灵涂炭。

抗击日军　抗日战争爆发后，国民政府为了运兵畅通，在双桥至新塍间，督造一条4人纵队可以行走的纵队路，以便运兵及给养。同年11月13日，国民党军队与日军在嘉善车站混战，王江泾包围被解。随即，日军主力又进攻王江泾，企图切断国民党军队苏嘉铁路、苏嘉公路交通线，后被国民党军队击败，日军一小股逃至平望，亦被国民党军队肃清。同年11月15日，日军入侵嘉兴，逼近王江泾时，国民党守军于境内南官荡一线坚决抗击日军的入侵。同年11月中旬，日军进逼王江泾，国民党军队调集援军，与日军在王江泾殊死一战，另出奇兵抄袭日军后路，收复枫泾、嘉善；后日军再次反扑，于11月16日攻占王江泾。

1938年，嘉兴抗日武装嘉属义勇军总队第六大队大队长杜鹏翎在境内打击日军。同年9月，游击队队员陈阿祥、李来法、叶长根在汤连城带领下，在苏嘉公路客车上扮成工匠，打死车上押车日军2名、逃走1名,缴获三八步枪3支。后逃脱的日兵因丢枪被日军处死。沈家兜村钱姓村民数人,设计将1名企图强奸村中妇女的日军杀死,将其尸体埋至桑园,枪支扔到河中,子弹埋到地里。后日军找不到这名士兵,不了了之。1939年春,游击队分队长韩民率4名队员,化装奔袭双桥,伏击4名日军,其中击毙2名、抓获2名,缴获三八步枪4支、子弹300余发。后将俘虏押送至国军62师。同年11月7日,国军62师进攻苏嘉铁路王江泾站。守备王江泾的日军警备队得讯后,迅即出动,双方在王江泾镇东一里处接战港发生激战。同时,民众抗卫队队长王伯梅率挺进队30余名,乘镇区日军空虚,一举收复王江泾。接战港之日军闻讯纷纷溃退,遭伏击死伤甚多。1942年1月18日,抗日游击队攻入王江泾镇区,缴获日伪军枪支15支。同年2月,游击队张鹏飞部攻入王江泾。同年5月,浙西保安独立第一支队第三大队金选仁部对双桥镇日军据点进行袭击,该部特务分队长罗剑平带领短枪队员10余人,击毙日军数名,缴获轻机枪1挺、步枪7支;抗日武装张鹏飞部在王江泾、双桥等地迎战日伪军,俘虏一部分伪军。同年冬,张鹏飞部在苏嘉公路东侧王江泾驻地,与敌伪日夜苦战,历时两个月,粉碎日伪军的扫荡行动。

1943年秋,双桥之北新桥头农民丁阿木在通过被日军用竹篱笆阻隔的苏嘉公路时,和化装成农民的1名日军便衣殊死搏斗,用石块将日军便衣砸死后逃脱,其家人后被日军杀害。1944年春,嘉兴抗日自卫总队第二总队第三大队长汤连城带突击队30余人,向王江泾日军据点进攻,使得敌人死伤较多,缴得步枪、机枪共25支,随后撤出。同年5月,上海公共租界的英、美侨民余立克、福特等5人,从上海日军集中营逃到嘉兴王江泾区廉让乡,廉让乡村民用船将其渡过运河,送至沙村港。国民党嘉兴县城西区政府区长刘先正等接待他们,并安排他们住在沙村港西南的蒋家浜。最后护送他们撤离至天目山浙西行署。同月,途经王江泾的全长74.44千米的苏嘉铁路所有路轨,被日军拆除北运。同年秋,在上海提篮桥发电厂工作的英国人亨利和2名美国人,从日军集中营逃出至双桥镇姚家甸,王江泾抗日武装将其3人护送至天目山安全地区,后安全抵达重庆。1945年年初,嘉兴县自卫总队王江泾大队袭击境内日军炮楼,缴获轻机枪3挺、步枪20余支。

武装起义 1948年,按照中共吴嘉工作委员会的指示,为组织革命武装,由钱品康(王江泾人)负责路东(王江泾区)三德乡澄溪等地,刘先正(王江泾人)负责双桥乡、王江泾乡等地,李世雄(双桥镇人)负责双桥镇,金选仁(双桥镇金桥村人)、俞金水(东风村人)负责双桥乡南部,汤连城(王江泾人)负责南汇、廉让等乡国民自卫队,宣传起义,控制武器。刘先正利用国民党嘉兴县参议员、县农会常务理事、王江泾乡农会主任身份,将王江泾乡的武器放置在古塘泾、东禅寺,以备起义之用。同年9月,金选仁、俞金水的双桥乡国民兵队,汤连城的水警护航队接受共产党的感召,并联络南汇、廉让乡国民自卫队及李世雄的双桥镇国民自卫队准备起义。1949年4月,解放大军即将渡过长江,经嘉兴地下党的工作,双桥、王江泾等地的国民党地方武装宣布起义,编入由中共吴嘉工委领导的中国人民解放军江南军区吴嘉湖独立团,其中:王江泾乡陈培显冬防自卫队40多人,长短枪40支、轻机枪1挺;双桥镇李世雄部队40多人,长短枪40多支;双桥南部金选仁、俞金水部120人,长短枪100支、轻机枪2挺;三德乡钱品康部50人,步枪57支、短枪9支;南汇、廉让乡汤连城水警护航队70人,长短枪60多支,起义的王江泾国民自卫队共计400余人。同月19日,以刘先正为团长、沈如淙任政委的中国人民解放军江南军区吴嘉湖独立团在新塍东乡新庙桥广场成立,受中共吴嘉工委领导,金选仁任副团长兼第一营营长,李世雄任团部副官,俞金水任第二营营长,汤连城任第三营营长。同月22日,俞金水率双桥乡战士杨杏官、应扣宝、王宪章、吴大庆、陶阿连等20人,夜袭嘉兴市区杨柳湾国民党武器库,缴获三八式步枪18支、捷克式机枪2挺、日本式手枪1支、步枪子弹2箱、短枪子弹若干、钢盔15顶。同年4月下旬,汤连城带领吴嘉湖独立团第三营,在里仁乡徐家埭、升罗桥一带,围歼从江苏某地溃逃来的国民党保安团的一个连;两个星期内,在新塍东栅公路茧厂前,吴嘉湖独立团多次截击溃敌,俘获敌校尉级军官连长、科长、参谋等5人,缴获短枪2支、望远镜1架及通信器材。同年5月初,中国人民解放军第九兵团第二十七军从湖州出发,进军嘉兴,第十兵团第二十九军从苏州向嘉兴推进;5月3日,国民党驻军企图炸毁苏嘉公路上沙河塘桥和王江泾一石桥,企图阻止解放军的进军,吴嘉湖独立团立即抢修王江泾至嘉兴被国民党军破坏的公路和桥梁,确保苏嘉公路的畅通,为解放大军进军嘉兴提供交通保障;5月7日,由200多名王江泾人组成的吴嘉湖独立大队配合中国人民解放军第三野战军二十九军,一举解放嘉兴。同年4—5月,李世雄带领吴嘉湖独立团一个排,驻防双桥乡陆安坝,保护李家湾尚存30万斤粮食的粮仓。时值雨季,为确保粮食的绝对安全,全排战士轮班放哨,日夜守卫,还借来1台碾米机,把少量稻谷在蒋湾浜加工成大米,以供应吴嘉湖独立团急需。后,解放军二十九军派出数艘木船接收李家湾粮仓军粮。

【解放初及新中国成立初兵事】

1949年,嘉兴解放初期,土匪活动猖獗,有股匪一百余股、数千人。王江泾因地处江浙交界,经济发达,水网密布,土匪较多。匪特利用有利地形,四处袭击区乡政府,捕杀干部、战士和积极分子。同年6月22日,嘉兴县根据中共浙江省委、浙江军区"关于清剿匪特工作的指示",决定成立剿匪指挥部,县长任指挥,华东子弟兵团杜团长、二十三军某部沈副政委任副指挥。在指挥部统一领导下,杜团长、沈副政委率独立营2个连、子弟兵团2个连到王江泾清剿。同年6—8月,浙江省第一行政专区公安局警卫排清剿武装匪特,将伪先遣纵队胡伯龙土匪帮消灭,缴长枪百余支。同年8月5日傍晚,驻双桥及厍浜(今荷花村厍浜)的军分区嘉兴独立营三连一排长张阿福和一个外号叫莫阿七(原田丰村人,今为长虹村人)的反革命分子为首,分别在双桥、厍浜同时策动叛乱,连长中枪负伤,指导员盛君超(中共党员)、副指导员顾德方(中共党员)、文书沈鹤龄、勤务兵凌水林和战士周其官、于忠秀6人牺牲。解放军二十三军与嘉兴军分区、县剿匪指挥部果断平叛,将首恶分子张阿福、杨兆正枪决,莫阿七负伤逃走。同年9月,中共王江泾区委组织委员张汝桂被土匪暗杀,壮烈牺牲。同年10月8日,苏州面粉厂7艘轮船装运面粉支援前线,途经王江泾七里湾时,遭匪首计家珍率部数十人抢劫,被抢走货物1310件,10名解放军战士被杀害。同年10月23日,解放军苏南部队19团与王江泾区中队兵分6路,冒雨剿匪。经数日激战,打垮计家珍部,迫降胡伯龙部。经20多天日夜追踪,终在上海将匪首计家珍抓捕归案。同年11月10日至12月,解放军继续军事清剿,着重开展强大的政治攻势,并总结推广王江泾区举办投降俘虏管训班的经验,深挖、清剿散匪和潜藏匪特,追缴枪支弹药及其他物资。在强大的军事攻势、政治瓦解和群众的大力支持下,不少潜伏土匪向政府投诚。嘉兴县投诚土匪280多人，仅王江泾区就有235人。同年11月15日，伪苏浙皖边区政府兼沪杭专员公署第二旅旅长胡伯龙（南汇人）被上海市公安局逮捕（1950年8月8日，经苏南人民行政公署核准，胡伯龙被押赴黎里执行枪决）。当年年底，经过大规模剿匪，境内共击毙匪特1人，生俘18人，投降235人，破获匪特情报站4个；投诚匪首中，有伪45军湖嘉行动大队队长王绍华、伪浙江独立旅第一营营长吴金龙、伪45军特务中队长王亭松、伪浙东独立旅副官、伪45军行动三大队副官沈学良（后改名杨荣）；缴获的物品：大米2000千克、黄豆1500千克、洋面200袋、羊10头、小船4条、布135尺、绸7匹、收音机1台、电报机1台、衣服54件、步枪6支、3号驳壳枪2支、手枪1支、子弹1000余发。经过全面围剿，基本上消灭境内的大股匪特武装，摧垮土匪的组织指挥系统。

专记：

王江泾大捷始末

明嘉靖三十三年（1554）五月，明朝以南京兵部尚书张经总督浙、福、江南江北军务，便宜行事。同年十一月，改张经右都御史兼兵部右侍郎，专办讨贼事宜。同年十二月，张经开府嘉兴。当时，倭贼最大一股为徐海，盘踞柘林（上海奉贤南海滨）、川沙洼（上海东南54里），众达二万余。为此。张经又奏调田州、东兰、那地、南丹、归顺等州狼兵①5000名，永顺、保靖两宣慰司统辖土兵②6000名（官数6000名，实私加一倍，共调12000名）。

倭寇部署及企图 倭寇以柘林、川沙为基地，以嘉兴、苏州为作战目标。其部署以沈南山、林碧川两贼部2000人为右路，会同陈东部围攻上海，控制吴淞江交通线，牵制太仓、镇海两卫及苏州方面之狼兵；以徐海部3000人为左路，破金山侵浙北诸郡县，并进窥湖州，掩护主力侧翼之安全；以徐海部主力控制于柘林、松江间地区，相机攻嘉善、嘉兴与陈东部会师苏州。

明军兵力及部署 明军参加作战之兵力分为三种：第一为卫兵，计有金山、太仓、镇海三卫及千户所十余，约2000人。水上有福山、刘河、吴淞、乍浦等寨船300艘，兵2000余人，但战力较弱。第二为水师。计有福、清、温、台之海防水兵，狼山、福山、刘河、吴淞之江防水军及太湖以东沼泽区之苏州、松江、嘉兴诸府县之联合水兵。第三为客兵，明嘉靖三十四年（1555）三月初，田州土官妇瓦氏兵及东兰州官舍各兵继至。张经为捣巢计，以瓦氏兵配总兵俞大猷屯金山卫，以东兰、那地、南丹三州兵配游击邹继芳屯闵行，为西路；北路以归顺兵及慕至思恩兵、广东东莞打手配参将汤克宽屯乍浦，为西路右哨。

明军兵力 永顺宣慰土司军队3000人，指挥官是总兵俞大猷，配备地点是泖湖；保靖宣慰司兵，兵力3000人，指挥官是参将卢镗，配备地点是嘉兴；容美麻土兵，兵力2000人，指挥官是兵备任环，配备地点是苏州；田州瓦氏兵，兵力4100人，指挥官是游击白泫，配备地点是

① 时称广西壮族人组建的军队为“狼兵”，意即打仗勇猛鸷悍不怕死。

② 即当时中国西南少数民族土司统辖的士兵。

金山卫；东兰、南丹兵，兵力1300人，指挥官是游击邹继芳，配备地点是闵行；归顺、三川兵，兵力1450人，指挥官是参将汤克宽，配备地点是乍浦。以上诸路各令相机战守，张经坐镇华亭（今上海枫泾）。

战争过程　明嘉靖三十四年(1555)三月下旬，倭自川沙西进，窜犯上海，张经调狼兵由松江往剿，转险为安。四月十七日，倭左翼徐海部3000人自柘林陷金山卫，总兵俞大猷督游击白泫及田州瓦氏兵邀击之，不胜。中路地区，贼首徐海、麻叶等探知嘉杭兵调松江捣巢，李天宠守杭州，张经不在嘉兴，乃亲率四千余众自柘林出，突入嘉善，水陆并进，声言先攻嘉兴再攻杭州。张经以狼兵四百守双溪桥（嘉兴城东），寇以三百来攻，受挫。不久敌主力至，而保靖兵新到未谙地形与寇首战石塘湾（嘉兴南堰附近），遇伏而败。御史胡宗宪方巡浙东台温诸郡，闻警星夜驰归。倭贼前驱已薄城外。胡度势不能力敌，密嘱取酒百余罂，钻其颠，投以毒剂，塞如原来，分载两船，遣机警勇卒，化装解官，称解酒劳军，驶向贼所必经河道，见贼即脱去冠服，弃船走脱。贼夺而不疑，得酒大欢，相率痛饮，毒死数百人。胡又招保靖宣慰彭荩臣，指画石塘地形，设伏诱敌，与寇再战于石塘湾，迫敌北走平望。张经由松江兼程来嘉视师，即命俞大猷督永顺兵从泖湖间道西出平望，以扼寇路。胡宗宪、卢镗率保靖兵追敌于后，汤克宽出水师中路邀击。

四月二十六日，寇从嘉兴至唐家湖（平望北十六里），吴江兵已先期决去堰堤，湖水汹涌，使贼不能渡，复袭夺寇舟，寇骇奔平望，由故道转窜王江泾，期与左翼会合，并以一部分兵力分置运河南北要道之秋茂桥与杨家桥附近水港，以湖沼为依托，而控制主力于镇内，此时寇兵新旧相合尚有5000余人。二十八日，明军水师已至杨家桥附近水港，保靖兵2000人也追寇而至，继而陆兵亦由平望驰到。二十九日晨，双方战于秋茂桥（在今双桥村寺前附近）。先是俞兵抵马家浜，闻秋茂桥战急，即驱兵前进，截击寇侧。寇阵河岸与俞军对峙。当晚，汤克宽率舟师至，明军士气益振。五月一日，俞大猷先以舟师控制王江泾诸陆道，再挥水陆击之。永顺宣慰土舍彭翼南攻其前，保靖宣慰使彭荩臣蹑其后，胡宗宪、卢镗由南向北，汤克宽击之中路，附近各县民兵也赶到助战，形成四面合围。寇背水作战，三面受敌，既疲于奔，又病于馁，本无统纪，遂大溃，明军乘之，擒斩1900余人，焚溺死者甚众。贼奔至中途复遭田州瓦氏兵阻击，倭窜回柘林，不及三百。

王江泾大捷打破了倭不可胜的神话。后来有人竖碑一块（现已无存），以记功旌。历代文人墨客也留下了不少诗句："一擎残石卧荒烟，凯捷当初奏管弦；至今海氛容易靖，追思俞（大猷）戚（继光）竟茫然。""第一平倭迹，荒墩吊昔人；秋风寒白骨，夜雨湿青淡；狼辱功何补，将军战有神；亏临京观壮，冤狱竟谁审。"为了纪念王江泾大捷，后来明王朝将王江泾镇夹河的一段表旌为"平倭

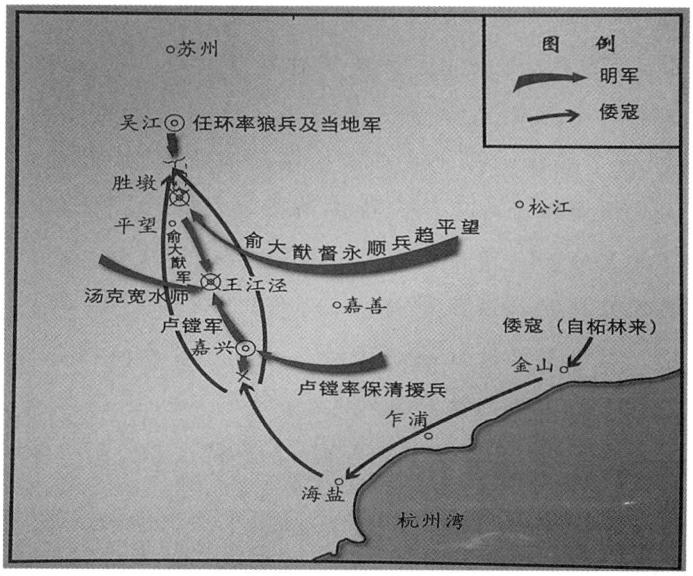

王江泾大捷作战路线示意图

泾”(埋有部分倭寇尸首),大量填埋倭寇尸首的地方为“倭墩浜”。此战,自明与倭寇开战以来称第一,后世为纪念嘉兴抗倭诸将分建祠庙以享之(现大多湮灭):三贤祠,在春波坊漏泽寺西,纪念御史胡宗宪、将领刘焘等;张襄愍公祠,在王江泾兴福庵旁,纪念总督张经;任公庙,在大平桥北堍,纪念兵备任环;平倭泾,在王江泾,纪念总兵俞大猷。

(据《秀洲区军事志》)

日军罪行录

抗日战争全面爆发后,日军侵入王江泾,境内人民遭受空前苦难。

1937年11月8日(农历十月初六)8时左右,一架日机飞临王江泾汽车站上空,投下一枚炸弹,弹片击中车站正在维持秩序的尹创业手臂。72岁的居民何某右大腿被炸断,血流如注。三天后,何某因失血过多而死亡。同年11月16日(农历十月十四日)傍晚,从杭州湾登陆的日军一个联队(2000余人),经水路从嘉善杨庙、嘉兴廉让乡进入王江泾镇,镇上来不及逃走的居民都躲在家中,闭门不出。次日(农历十月十五日)凌晨,镇上居民出来赶市,商家也照常营业,一批过境日军用硫黄枪扫射房屋,同时持枪到处射击手无寸铁的居民,全镇大火四起,哭声震天。63岁的居民蒋某原来已逃往外地,回来想拿些东西,当走到镇东铁路洋桥边时,恰被日军发现,日军便朝他开枪。蒋某胸口和其他部位多处中弹,当场死亡。2个被日军拉来的民夫(浦东人)因饥饿疲乏,走到铁路洋桥边时,实在走不动,其中一个民夫恳求日军放他俩回去。日军却用军刀将他杀死,然后又挥刀向另一个民夫徐某砍去。徐某躲避不及,被砍去左手。徐某后来在樊家空房子里乞食度日,伤愈后回到王江泾。镇东“蔡元来”茶叶店陈某见日军,便急转身往里躲避,日军追至屋内开枪把他打死。一农民在“顶风”咸肉店被日军子弹打死。日军在镇西“万春园”茶馆开枪杀人,茶客纷纷跳入河中逃命,其中3名居民当场惨死。日军在镇西,见一乞丐坐在屋檐下不逃,便将其杀死。同日,日军在王江泾镇掳掠居民财产,并拉抓民夫。居民沈某、陶某、张某等被强拉去搬运军火。50岁的沈某因体弱而跌倒在地,还不及爬起,便被日军用刺刀刺死。第三日(农历十月十六日),居民陆某、张某在万福桥看到有死者7人,都是被日军从他处拉来的民夫。有的被砍了头,有的被刺刀刺死,血肉模糊,惨不忍睹。此次被日军残杀的同胞共20余人。大火蔓延三天三夜,烧毁房屋地段从镇东闸店桥至镇西郁家桥。南有河南埭,西有湾龙轩、陶家浜等,几乎成为白地,难得有几间因筑有封火墙而免遭大火吞噬。房屋共计被烧毁1300余间。镇区一里街、河南埭、湾龙轩、陶家浜等处楼房经日军焚烧后,几乎无一幸免。同年农历十月末,日军由双桥方向首次入侵虹阳镇。当日军经过虹西北埭时,一名30多岁的妇女、一名60多岁的看庙老人和一名20多岁的男青年陆某分别被日军枪杀。

1938年,日军入侵南汇镇,各个村庄都遭到日军的扫荡,共杀害无辜农民12人,烧毁农民住房7间。在日军的扫荡中,有不少农民都被日军杀害,其中有西联村、小曲村、红联村、莫家甸村的农民。1939年,驻扎在王江泾炮楼的日军将一名年轻妇女捆至柴堆中,活活烧死。

1945年8月,抗日战争胜利。嘉兴县政府对境内廉让乡、渠东乡、玉溪镇、王江泾镇、尖墩角乡、池栖乡在抗日战争时期被日军毁坏财物进行调查,财物受损情况如下。

渠东乡:1939年,杨厍海潮庵房屋20余间及器材、杨厍玄宁观房屋20间、西湾里放生庵房屋20余间、南张浜龙隐庵房屋19间全部被拆,被日军建筑炮台用。

王江泾镇:1937年,中心小学礼堂1所及东西楼房2所、一切教学用品、厢房2间及运动器具等一切遭日军破坏。11月,王江泾九乡镇联合办事处平屋共11间及一切应用器具,被日军焚毁;11月,育婴堂房屋共4间及应用器具,兴仁善堂房屋9间及一切应用器具被日军焚毁;所存房屋被伪区长赵忠志改为刘王庙。耶稣堂房屋共6间及一切应用器具被日军破坏。1939年,王江泾汽车站洋房3间及一切应用物件,洋房全部被拆,物件搬运一空。1942年农历六月,王江泾镇公所礼堂1所、平屋6间、西厢房及一切办公用具等被日军拆毁。1944年农历四月,王江泾火车站洋房3间房屋拆毁,一切应用物件搬运一空,连铁轨桥梁全部拆除。

尖墩角乡:乡公所房屋3间,器具全部,屡次经敌伪抄劫,所有器具及公文簿册等均遭敌伪搜罗一齐焚毁。

廉让乡:1939年,廉让小学,课桌课椅30余副、房屋11间,拆毁变卖殆尽。

池栖乡:1937年,中心国民学校,儿童图书约1300册、教师参考书400余种、文具图表约30件、教具30余件、四人桌课凳约30副、办公桌5张、八仙桌4张、铺床架棕垫共计9副、书橱2个、风琴2个,活动器具如秋千架、篮球架、滑梯、跷上板、杠架、台球桌等,厨房全部,成绩橱,其他如时钟牌、凳子、大算盘等,不计其数,均被毁。地方被日军占领后,时遭敌人来乡破坏焚毁,以致该校开办40余年来的内容积聚,毁坏一空,此不能一时复兴。

1946年,国民党嘉兴县政府调查抗日战争之一切损失,对前县政府、县党部及王江泾等处之桥梁等的调查,估计损失代价,预定数额为600亿元(旧币),报由省社会处派督军叶青来嘉实际调查,并摄照片,加以说明,并转提交联合国机构。

(摘编自《嘉兴县廉让乡、渠东乡、玉溪镇、王江泾镇、尖墩角乡、池栖乡战时机关团体学校损失破坏调查表》《秀洲文史》等)

第三节 兵 役

【兵役制度】

中国古代即有兵役制度。先秦时期,主要实行民军制。秦汉时,实行征兵制。三国、两晋、南北朝,实行世兵制。隋唐时期,实行府兵制。宋时实行募兵制。元时实行世兵制。明时实行募兵制。清时先后有世兵制和募兵制。民国时期,多为募兵制。1936年1月,国民政府颁布中国历史上第一部兵役法。同年3月1日起实行征兵制。1943年3月、1945年10月,国民政府先后两次修订、重颁兵役法。1946年10月,南京国民政府再颁修订后的兵役法,征召18~45岁的所有男性公民当兵;嘉兴县政府发布《临时征兵实施方法》。1947年,嘉兴县政府规定18~45岁的男性均须参加民众自卫队,应召训练与服役,每保编成一分队,每乡、镇成立一中队。1948年,嘉兴县再度实行征兵制。中华人民共和国成立后,彻底废除了旧中国的兵役制度，逐步建立一套完整的、受到广大公民拥护的兵役法规和制度。中华人民共和国成立后的前五年(1949—1954年)，基本继承沿用革命战争年代的做法，即通过党政军组织在人民群众中广泛宣传，动员适龄青年自愿应征参军。1955年7月31日，第一届全国人民代表大会第二次会议批准颁布《中华人民共和国兵役法》，规定在中国公民中，实行义务兵役制度，由自愿入伍进入依法征集义务兵时期，将服兵役和参加民兵组织法定为第一个适龄公民的应尽义务。后又实行预备役制度。1978年，全国五届人大常委会一次会议决定实行义务兵与志愿兵相结合的兵役制度。1984年5月31日，全国六届人大二次会议审议通过重新修订的兵役法，将兵役分为现役和预备役两种，实行以义务兵兵役制为主体的义务兵和志愿兵相结合、民兵和预备役相结合的兵役制度。

【兵役机构】

先秦时期，奴隶主贵族掌握着军队。秦汉至南北朝时期，郡县政府统管征兵。隋、唐时，由各地府军负责招兵。唐中后期起至明代前期，由州县政府统管招兵。明正统二年(1437)起，由地方统兵官负责募兵；明弘治二年(1489)起至清代，主要由州(府)县政府负责招兵。民国初期的20多年，没有专门的兵役机构，兵员的补充主要由军队自行向社会招募。1936年5月，嘉兴县成立县社会军事训练总队，为县级政府最初之兵役机构。民国后期，乡(镇)公所为兵员征召实施单位，承担适龄壮丁的身体、家庭调查，兵员征集、壮丁费筹集等事务。乡(镇)公所除由乡(镇)长主持有关兵役工作外，另设乡(镇)队副1名(同时兼任乡镇警卫股主任)，具体承办组训乡(镇)国民兵队和兵役业务。乡(镇)以下设有保公所，由保长及保队副主持兵役工作，协助乡(镇)公所办理征兵事宜。解放后，兵役工作实行党、政、军相结合的统一领导体制。1950年2月，境内各区设置人民武装部，作为党委、政府的兵役机构。之后，境内的兵役工作均由区、乡(镇、公社)人民武装部负责。

【兵员征集】

历朝兵役详情，旧志罕有记载。明正德六年(1511)，江西发生农民起义，皇帝下诏训练民壮守御各地县城，秀水县抽调205名民壮；明崇祯九年(1636)，皇帝下诏州县练兵，嘉兴县募381名。1944年，国民政府嘉兴县王江泾等6个区为国军兰嘉师管区募得新兵20名。1946年10月，团管区司令部征兵规定每3保抽2丁，王江泾区名额70名。1948年，国民政府在王江泾等十余个乡镇招募兵员80多名。抗美援朝期间，各乡建立参军动员委员会，进行全面扩军动员工作，适龄青年志愿报名参军者甚多，形成“一人参军，全家光荣”的良好风尚。1955—2010年，中国实行义务兵役制，境内适龄青年踊跃报名参军。到解放军部队服役的军人，大多在人民解放军陆军和中国人民武装警察部队，还有少量海军、空军及驻藏、驻疆、驻港、驻澳部队；少量女性服役兵种主要为卫生兵、通讯兵。

第四节　人民武装

【人武机构】

1949年6月，中共嘉兴县委在王江泾区建立区中队，隶属嘉兴独立营，同时接受区党委领导。1950 年 2 月，王江泾区建立区人民武装部，属地方编制，负责区内各乡的人民武装工作，区的党委会领导各兼任指导员。其时，双桥乡、双南乡、马河乡的人民武装工作由塘汇区人武部管辖。1951 年 3 月，王江泾区中队撤销，王江泾区人民武装部列入中国人民解放军序列，并由浙江军区嘉兴军分区决定区的党委会领导各兼任副教导员。1952 年 6 月，王江泾区人民武装部隶属于嘉兴县人民武装部，同时接受王江泾区党委领导。1954 年 10 月，王江泾区人民武装部撤销。1959 年 4 月，建立东风公社人民武装部、双桥公社人民武装部，由各公社党委副书记或副社长兼任部长。同年 5 月，东风公社人民武装部更名为南汇公社人民武装部。各公社人民武装部属地方编制，受嘉兴县人民武装部和所在公社党委的双重领导。1961 年 7 月，调整公社规模后，境内成立田乐、南汇、荷花、双桥公社人民武装部。1963 年 1 月，由嘉兴军分区任命各公社的人民武装部部长；2 月，增设虹阳公社人民武装部。1967 年 3 月，建立由各公社人民武装部牵头的生产领导小组，主持公社日常工作。1968 年，各公社陆续建立革命委员会，人武部负责人多数进入当地革命委员会领导班子。1983 年 10 月，田乐、南汇、荷花、双桥、虹阳公社人武部由嘉兴市郊区人民武装部管辖。1984 年 1 月，荷花、田乐、南汇、双桥、虹阳公社人武部分别更名为乡人武部。同年 7 月，建立中共王江泾区工作委员会人武部，为嘉兴市郊区人武部的派出机构，负责检查督导所属乡镇人武部工作。1985 年 8 月，建立王江泾镇人武部。南汇乡人武部更名为南汇镇人武部。1987 年 12 月，中共王江泾区工作委员会人武部撤销。1988 年 10 月，双桥乡人武部并入王江泾镇人武部。1998 年 5 月 21 日，荷花乡、虹阳乡人武部并入王江泾镇人武部。2001 年 4 月，南汇镇、田乐乡人武部并入王江泾镇人武部。

【民兵组织】

1949 年 6 月，嘉兴地委、嘉兴军分区发出《关于建设地方武装的批示》，王江泾区、塘汇区设武装干事，各乡开始建立民兵组织，王江泾区共有民兵、自卫队队员 958 人。1950 年 2 月，王江泾区、塘汇区人民武装部负责对民兵的领导。1951 年，境内民兵分为基干民兵和普通民兵两种形式。1953 年，根据浙江省委和省军区下达的《关于普遍实现民兵制》指示，实行普通民兵与基干民兵相结合制度，荷花乡、东林乡、洪典乡、田乐乡、南汇乡、梅兴乡、双阳乡、虹阳乡、澄溪乡及塘汇区双桥乡、双南乡、马河乡均建立民兵组织，制定民兵制度。1957 年 6 月，根据中央军委《关于改进民兵工作的指示》，各乡对民兵组织进行“三位一体”整顿，对民兵、预备役人员进行登记和整组。1958 年，东风、双桥公社成立分别成立民兵团；生产大队、小队分别成立民兵营、连、排。民兵总数占总人口的 38%。1960 年，为适应战备需要，双桥等公社建立 1 个民兵团。同年 1 月，出席嘉兴县民兵干部代表大会的代表参观双桥公社亭子桥民兵连开展民兵整组、进行社会主义教育、发展生产的情况。同年 6 月，南汇公社部分民兵编入浙江嘉兴、江苏吴江联防委员会第一联防大队，双桥公社部分民兵编入第二联防大队下设中队。1961 年 7 月，民兵工作分别由所在公社人武部管理。1962 年，民兵工作按照组织落实、政治落实、军事落实的“三落实”精神，进行较大规模的改组。各公社按普通民兵、基干民兵、武装民兵进行分类造册。下设民兵连、排，有专职民兵干部。县委常委孙镜秋到荷花公社蹲点检查民兵工作，指导民兵整组，推广“三落实”经验。1966 年 5 月，“文化大革命”开始，民兵组织一度陷入瘫痪。1969年，成立荷花公社民兵团及嘉兴县民兵独立团某连。1974年，各公社先后成立“民兵指挥部”。1975年，根据中央指示，各公社撤销“民兵指挥部”，武器收缴封存。1976年10月，“文化大革命”结束，民兵组织开始全面恢复。

1978年中共十一届三中全会后，民兵统编为普通民兵和基干民兵，基干民兵为18～28周岁，普通民兵为18～35周岁；健全完善民兵组织的各项制度，公社党委书记任民兵营教导员，大队党支部书记任民兵连指导员；建立“十二册、十五表”，如现役军人花名册、退役军人花名册等。1980年，田乐公社东方红大队民兵连、南汇公社双联大队民兵连、荷花公社前进大队民兵连、虹阳公社东红大队民兵连、双桥公社双桥大队民兵连被授予嘉兴县民兵工作“三落实”先进单位称号；田乐公社企事业单位民兵连、南汇公社红联大队民兵连、荷花公社立新大队民兵连、荷花公社农增大队民兵连、荷花公社民主大队民兵连、虹阳公社永红大队民兵连、双桥公社卫东大队民兵连获得嘉兴县民兵工作“三落实”奖状。1984年，双桥乡获得郊区民兵武器管理“百日无事故”先进单位称号，双桥乡民兵杨连根获得郊区民兵武器管理“百日无事故”先进个人称号。1993年，南汇镇小曲村民兵连被浙江省军区评为学雷锋先进集体；王江泾镇民兵应急分队为提高快速反应能力，配置三轮摩托车1辆。1994年，南方丝绸市场率先组建民兵连，嘉兴市政府、嘉兴军分区工作组充分肯定民兵组织纳入企业管理的做法。1995年，南汇小曲村民兵连被省军区政治部评为学雷锋先进集体。1998年，各乡镇、村两级基层民兵工作“三落实”达标率100%；乡镇民兵组织资料全部实行微机处理、电脑管理，做到统一内容、统一标准、统一格式、统一装订。2004年9月，王江泾镇组建嘉兴市民兵高炮团对空观察连某班。2010年，全镇建有民兵应急等各类保障队伍。

【民兵训练】

1949年6月，境内民兵组织成立以后，在解放军部队的带领下，开展严格的军事训练，配合解放军主力部队和嘉兴独立营对王江泾的土匪进行围剿。1949—1955年，各乡民兵训练以分散、小型、多样的方法，开展群众性的练武活动；每年，各乡组织民兵冬训，时间约一周。1956—1976年，训练内容以战备教育、学习毛泽东思想等为主，开展“四好连队”“五好民兵”活动。1958年，民兵训练以开展群众性练武为主，训练内容增加了通信、侦查等科目。20世纪60年代初，为适应战备需要，民兵训练以县集中训练和公社分点训练相结合的办法，进行抗登陆、反空降、反暴乱和“三防”“三打”等训练。1964年，各公社挑选6名民兵参加县里的强化训练。“文化大革命”开始后，民兵训练一度中断。1978年中共十一届三中全会后，民兵训练以学文化、学科学、学技术，争当致富能手为主，军事训练以集中为主，每年冬季组织基干民兵分期分批集中训练，时间为8～15天，民兵中开展“青年民兵之家”活动和国防知识宣传教育活动。1979年3月19日，虹阳公社东方红大队武装民兵发生携带武器追赌，以开枪相威胁，打掉子弹35发的严重违纪事件，县人武部就此发出通报并予以严肃查处。1984年9月21日，双桥乡民兵在郊区人武部下达应急扩编命令后，紧急动员兵员。2天内，双桥乡扩编兵员全部按时到达指定地点集结报到。1987年4月1日，郊区军警民联防指挥部在双桥乡组织了联防演练，参演人员仅用15分钟，就封锁了18条要道和3条主航道，同时布下67个哨卡，对假想区域实施了地毯式搜索，迅速捕获了“要犯”，显示出境内民兵联防队伍的快速反应能力。2010 年，全镇民兵训练以应急维稳、抢险救灾等非战争军事行动能力为主，并抓好民兵应急分队的基本技能和指挥训练，强化民兵执行任务能力的基础。2000—2010 年，境内训练以提高战场管制、机动防卫、动员支前能力为目标，每年组织基干民兵骨干、专业分队人员 20 人，主要训练反空袭、保畅通、科技支前等内容。

【抢险救灾】

1949 年 6 月，民兵组织成立以后，积极参加和支援地方社会主义经济建设，如参加治水工程、环境整治，以及抢险救灾。1968 年 7 月 19 日，双桥公社等 4 个公社圆满完成供应部队 10 万千克军马草任务。1995 年 7 月，王江泾镇水灾严重，民兵在王江泾、虹阳等重灾乡镇参加抗灾，灾后又参加修复道路等工作。1999 年“6・30”洪涝灾害，境内组织民兵迅速赶到现场，组成抢险突击队。田乐人武部部长带领 60 人的突击队，转战险要地段 8 天 8 夜，排除 160 余次险情。王江泾镇人武部部长率民兵在北雁塘堤上，坚守 10 天 10 夜，确保了塘堤不失守。参加抢险救灾的民兵达 1250 人次，受到上级领导称赞。2010 年，民兵帮助 6 户贫困户脱贫，还开展学雷锋活动 19 次，做好事 293 件，义务植树 15604 棵，无偿献血 200 人次，捐款捐物累计数十万元。2001—2010 年，全镇民兵年均出动 500 多人次参加抢险救灾，积极参与社会主义精神文明活动，组成义务帮工队 36 个，与 146 户贫困户结成帮困对子。

【维护治安】

1949 年 6 月，新成立的民兵队伍根据嘉兴县委清剿匪特工作的指示，配合解放军主力部队和嘉兴独立营，对土匪进行围剿，打垮计家珍部，迫降胡伯龙部，大小股匪基本肃清。1950—1953 年，民兵积极配合土改运动，维护治安，保护土改的胜利成果。1958 年，各大队民兵连组织民兵夜间巡逻，防止治安事故发生。1986 年，王江泾镇民兵和驻地部队建立维护治安共建制度，在南方丝绸市场派出民兵维持市场秩序，宣传法律法规。1987 年年底，境内建立多个维护治安民兵快速小分队。1989 年，境内组建民兵快速反应排，承担应对危及国家安全与人民生命财产的突发事件。1990 年，王江泾镇人武部被评为郊区“达标创先先进单位”“民兵维护社会治安先进单位”。1999 年，王江泾镇民兵积极维护大中型集贸市场的稳定，组织民兵应急分队协助公安机关追捕逃犯、反恐防暴。当年，王江泾镇人武部、南汇镇人武部被评为“民兵预备役基层建设先进单位”。2003 年“非典”肆虐期间，民兵小分队在 07 省道王江泾收费站参加执勤、登记、警戒工作，协助医务人员测量体温，保护人民群众的生命安全，受到市委、市政府的表彰。2009 年起，每届“江南网船会”期间，民兵都参与安保活动，维持节会秩序。2010 年，民兵维护社会治安，协助地方公安执行巡逻放哨和值班，协助公安民警、治保干部参与打击各类违法犯罪活动，取得较好的成效。

第十九章　教　　育

境内历来崇教兴文。宋朝，官府就拨置学田供学堂作办学经费。明代，士绅出资兴建私塾、义塾多所。明嘉靖年间，建闻湖书院；清乾隆年间，建雁湖书院、竹林书院；清道光初年，建雁湖义塾；清光绪中年，建泾南学舍；清光绪三十二年(1906)，设南汇、廊下小学堂。

民国时期，小学逐渐增多，至1948年，共有国民小学(包括中心国民小学)30所、私塾15所。

解放初，人民政府接管民国时期的国民小学，并增办村级小学。人民公社化后，教育事业“大跃进”，南汇、王江泾建立县办中学，生产大队逐渐达到队队办有小学。20世纪60—70年代，小学数量达到高峰，全境共有小学71所。70年代起，部分小学附设初中班，部分中学设立二年制高中，小学学制缩为5年。因学生数量庞大，师资不足，校舍简陋，各校教育质量受损。进入80年代，开始调整小学布点，部分初级小学、教育点逐步向完全小学撤并。90年代，各乡镇政府加大对教育的投入，改善校舍等教育条件，进一步调整小学布点，至1998年，境内5个乡镇小学缩减为28所。2001年，王江泾镇被浙江省教育厅命名为教育强镇。21世纪初，为照顾新居民子女入学，创办2所新居民子弟学校，新建镇中学、镇成人文化技术学校，扩建王江泾镇南汇中学、镇中心小学、镇中心幼儿园等校舍，全镇教育条件得到极大改善。2010年，王江泾镇有中学1所、九年一贯制实验学校1所、中心小学1所(下辖片完全小学7所)、民办小学1所。全镇在校学生7399人，在职教师480人。基础教育、幼儿教育、成人教育均衡发展，总投资5500万元的镇中心小学易地新建工程开工建设。

境内的学前教育起步较早，清晚期时已有私人捐办的善堂作为学前教育场所。民国初，国民学校设有蒙养园、幼稚园。人民公社化初期，各大队办有短期幼儿园。70年代后期，部分大队设立学前班；80年代起，各小学普遍设立幼儿班；90年代初，各乡镇建有幼儿园。2010年，全镇有幼儿园7所、幼儿教育点4个，在园儿童1841名，幼儿教师79名。

境内的成人教育始于民国时期，各学校内建立民教部，教成年人识字、读书。解放初，各乡、村建立冬学会。1956年，政府发动全民积极参与扫除文盲运动，各村办起夜校(民校)，大力开展扫盲运动。1984年起，在“文化大革命”时期停顿的扫盲教育又开始得到重视。1994年，各乡镇建立成人文化技术学校，开展农业种养技术、企业职工技能、企业管理等培训班。2010年，全镇有成人文化技术学校1所，办班150期，参加学习6500人次。

第一节 旧 学

【书院】

闻湖书院 在闻湖中央(今梅家荡商品鱼基地北围湖堤靠近廊下村处)。明嘉靖年间,佥事沈谧、太守盛周建,知县林应亮撰记。按《王阳明先生年谱》,明嘉靖十六年(1537),佥事沈谧建书院于闻湖。闻湖广环十里,中积一洲,四面澄碧。佥事闻涯叙曰:“闻湖中有‘十亩宫’,阳明先生祠在焉。学士生徒因结合坛会,咸谓有文明之象,更号‘文湖’。”又据《嘉兴市志》记,该院建于明嘉靖元年(1522)。

竹林书院 在财神堂(王江泾集镇西南)。按《志旧集注》,书院为清乾隆时文人会文处,庭中叠石出檐,松声在屋,石笋嶙峋插篱落间,颇觉幽胜。清嘉庆中期,财神堂改为新庵,中塑关公像,东室悬文昌像。农历二月三日,里人举文昌会,礼忏如仪,岁以为常。

雁湖书院 在雁湖(雁荡)埂东。按《桑梓吟注》,清乾隆十八年(1753),里人钱其昌筑荡埂、建三桥,竣工后复于桥之左构建雁湖书院,后有听歌轩;拦水为池,植荷池中,夏日诸文人觞咏其地。清嘉庆、道光年间,里中无耻者将书院屋拆毁。清宣统三年(1911),已售作牛棚。

【义塾 学堂】

雁湖义塾 据《志旧集注》,清道光四年(1824),里人计楠、陈椐等人在西社庙西(王江泾集镇西)创建书塾,中塑文昌像,旁设厨舍、卧房,徐鉴有记刻石,俗称“雁湖义塾”。此举受到秀水邑令吕延庆的赞赏,特送给雁湖书塾对联和“有教无类”匾额,以示关注。清咸丰十年(1860),义塾毁于兵火。清同治年间,唐佩金捐资,在市河之南重建义塾,延陈爽亭为塾师。后雁湖义塾归兴仁善堂经办。

泾南学校 在王江泾集镇南寨基浜。校址原有普信尼庵,清咸丰十年(1860),庵毁于兵火。清同治初年,庵中老尼募资重建。清光绪中年,改为文昌宫。后于此设“泾南学舍”。清宣统年间改为市立初等学校,一年十二课,四季为官课,知县刘颂年通详立案。

南汇小学堂 创建于清光绪三十二年(1906),位于南汇镇中市大弄底,校长蒋紫澜。学生约 100 人,教员 5 名。

廊下小学堂 创建于清光绪三十三年(1907),设在廊下盛家处,名廊下初等小学堂,有学生 29 人,教员 2 名。

第二节 学前教育

清同治五年(1866),里人唐纯(字孔良)、陶模等十数人在一里街西侧的陶菊隐祠内设立兴仁善堂,收养孤儿,并对收养的幼儿进行学前教育。1915 年,各国民学校附设蒙养园,保育满三岁到可入国民学校读书前的幼儿。1922 年,国民政府公布学校新学制,改蒙养园为幼稚园,列入初等教育范围。1945 年第二学期,王江泾地区 21 所学校存有小学生和幼儿名册。幼稚班中,幼儿较多的学校:南汇国民学校有幼儿 31 名,双桥第一、二保国民学校有幼儿 32

名，廉让乡二十八保国民学校有幼儿29名。1946年，境内有国民学校30所，大部分国民学校附设幼稚班。

解放后，人民政府重视幼儿学前教育。1958年，各公社、大队办幼儿园、幼儿班，东风人民公社办有幼儿园8个，幼儿班73个；双桥公社办有幼儿园29个。1961年，大队办幼儿园全部关停。至1975年，有少数小学附设幼儿学前班。1980年，各公社在小学内普遍附设学前班，初为暑假时开办，后逐步改为一年制。1987年，境内王江泾、双桥、南汇、田乐、荷花、虹阳6个乡镇共设幼儿班39个，其中在小学附设15个班，在园幼儿共1247名，教职工41名。1998年起，王江泾镇政府引入民营资本，参与幼儿园建设。随着行政区划调整，同年，王江泾镇幼儿园更名为王江泾镇中心幼儿园，辖双桥、虹阳、荷花幼儿分园。2001年，行政区划再次调整，全镇有幼儿园7所，设67个班，在园幼儿1980名。2010年，镇中心幼儿园辖双桥、新桥、荷花、南汇、田乐、虹阳6个幼儿分园和4个幼儿教育点，共有班级53个，幼儿1841名，教师79名。镇域内另有1所民办幼儿园，属区教育局管辖。

2001—2010年王江泾镇幼儿园基本情况表

表19－1

年份	园数（个）	班数		在园人数		入园率（%）	教职工人数（人）	园长、专任教师学历				
		计（个）	其中学前班	计（人）	其中学前班			合计（人）	本科毕业	专科毕业	高中段	高中以下
2001	7	67	30	1980	988	64.07		75			58	17
2002	7	58	29	1650	763	92.19	84	66		1	60	5
2003	7	58	24	1791	719	92.18	104	76		5	64	7
2004	9	58		1994	581	93.31	105	73		28	43	2
2005	9	58		1986		94.53	140	78		30	48	
2006	7	55		1808			138	77		45	32	
2007	9	54		1708			127	76		52	24	
2008	10	50		1717			128	75	10	49	16	
2009	8	57		2149			145	88	23	50	15	
2010	7	53		1814			132	79	19	45	15	

说明：数据来源于区教育事业统计资料汇编

【幼儿园】

王江泾镇中心幼儿园　前身为王江泾镇幼儿园，成立于1986年8月，园址在寨基浜39号，建筑面积约560平方米，由镇妇联管理，集体性质，经费自收自支；首期招收镇辖区幼儿3个班级、80名，有教师3名、保育员2名；1989年9月，王江泾绸厂托儿所适龄儿童并入镇幼儿园。合并后，幼儿园有120名幼儿，4个班级，4名教师，2名保育员，2名炊事员。1994年，委托王江泾镇中心小学管理。1998年,设为王江泾镇中心幼儿园。与此同时,镇政府引入民营资本,参与幼儿园建设,投入资金260万元,在镇区长虹路26号新建园所,占地面积4590平方米,镇政府向投资者租赁使用;幼儿园设12个班级,幼儿340名左右,教师25名,保育员12名,职工4名。2002年5月,王江泾镇调整学前教育管理体制,王江泾镇中心幼儿园下设南汇、田乐、双桥、荷花、虹阳5所幼儿分园。2005—2009年,镇政府投入用于幼教基础设施的改建资金达130万元。2010年,镇中心幼儿园本园占地面积1950平方米,其中校舍面积1024平方米,有13个班,在园幼儿409名,专任教师27名;下辖6个分园(含新桥幼儿分园),共有班级53个,幼儿1814名,教师79名,保育员39名,职工36名,保安13名;幼儿教师中具有合格学历者达100%,其中大专学历占60.5%,本科学历占38.4%。镇中心幼儿园先后被评为省一级幼儿园、省巾帼示范岗、省园本示范园、省卫生先进单位、省食品等级A类单位、市达标乡镇中心幼儿园、市文明单位、市青年文明号、市校本教研示范园、市三八红旗集体、市实验幼儿园。

双桥幼儿分园 1985年8月,双桥乡中心小学开设学前班,供销社托儿所撤销并入,混合1个班,约20名幼儿,附设在乡中心小学内,活动室面积约为50平方米。1986年2月至1993年7月,幼儿园逐步扩展为3个班,教师增至3名。1993年8月,幼儿园单独分设,园舍建筑面积约为230平方米,经费实行自收自支,行政及业务上仍由中心小学分管。1998年,撤乡并镇后,属王江泾镇中心幼儿园下属的双桥分园,诸水菊任园长。2002年11月,幼儿分园搬入位于双桥建民路36号的新园舍,占地面积1686平方米,建筑面积为560平方米。2010年,幼儿分园占地面积1960平方米,其中校舍面积953平方米;设有8个班,311名幼儿,17名教职工,马菊英任园长。

新桥幼儿分园 原为新桥学前班,1987年8月开班,设在新桥小学内,1个班,约30名幼儿。随着幼儿人数增加,逐年扩大至2个班、3个班。2006年,办园初具规模,申报区三级幼儿园,并更名为新桥幼儿分园。2010年,幼儿分园占地面积1800平方米,其中校舍面积560平方米,设有3个班,113名幼儿,4名教职工。

荷花幼儿分园 创办于1987年8月,附设在龙象庵的荷花乡中心小学内。有活动室1间,面积约60平方米,36名幼儿,由荷花乡中心小学分管。1991年8月,易地新建新园舍,成立荷花幼儿园,位于荷花新镇路67号,占地面积977.45平方米,建筑面积310.37平方米。1992年8月搬入使用。幼儿园单独分设,行政及业务仍由中心小学分管,幼儿园负责人为钮丽华;同年设4个班,幼儿102名,教师5名,职工2名。1998年,撤乡并镇后,隶属王江泾镇中心幼儿园下属的一个分园。2001年4月,被评为市级"巾帼文明岗"。2004年,北荷教学点并入;同年,被评为嘉兴市卫生先进单位。2008年,被评为浙江省三级幼儿园。2010年,幼儿分园(含红太教学点、东荷教学点、民主教学点、民和教学点)占地面积2886平方米,其中校舍面积1176平方米,共有10个班,323名幼儿,12名教师,7名职工,陶红芳担任分园园长。

南汇幼儿分园 1946年7月,南汇中心国民学校附设1个幼稚班,招收学前儿童35名。1980年起,南汇公社中心小学附设1个学前班。1989年下半年,开3个班,约110名幼儿。2000年8月,幼儿园单独分设,设在红联村村部内,利用原红联小学校舍改建,命名为南汇镇中心幼儿园,由南汇中心小学分管。园舍占地面积1760平方米,建筑面积757平方米,设5

个班，142名幼儿。2002年8月，并入王江泾镇中心幼儿园，为南汇幼儿分园，有4个班，146名幼儿，教师6名，职工4名，王丽玲担任分园园长。2010年，分园占地面积1940平方米，其中校舍919平方米，有7个班，239名幼儿，15名教职工，其中8名教师。

田乐幼儿分园 原为田乐教学点，创办于1997年。2001年，原市泾教学点、新农教学点并入，更名为田乐幼儿园。2002年，并入镇中心幼儿园，为田乐幼儿分园，设3个班，4名教师，园舍建筑面积约440平方米，陆卫珍任分园园长。2004年，陶红芳任分园园长。2005年，大坝教学点并入。2009年，叶青任分园园长。2010年，永聚教学点并入，分园占地面积（含田青教学点）7320平方米，校舍2380平方米，设7个班，213名幼儿，14名教职工。

虹阳幼儿分园 1981年2月创办，设在虹阳河东街虹阳小学内。虹阳学前班有1个班，魏建春负责。1990年8月，开设2个班。1996年8月，更名为苗苗幼儿园，有3个班。1998年，撤乡并镇，行政及业务由王江泾镇中心幼儿园直接领导管理，为虹阳幼儿分园。1999年2月，扩大到5个班，杨雅芬担任园长。2002年8月，开设6个班，褚飞飞任园长。2004年下半年，镇政府出资140万元在原址新建园舍。2005年2月，搬进新园舍。幼儿园共占地面积2087平方米，建筑面积1348平方米，有8个班。2010年，有5个班，206名幼儿，7名教师，6名职工。曾被评为浙江省三级幼儿园、浙江省卫生先进单位。

花家圩幼儿园 创建于2008年，隶属秀洲区教育局管辖，为民办幼儿园。设在王江泾镇开发区花甲圩小区内，是一所半日制幼儿园。2010年，幼儿园占地面积2700平方米，建筑面积1500平方米，活动场地1200平方米，有8个班。

【幼儿教学点】

红太教学点 原为红太幼儿园，1999年成立。成立初有3个班，幼儿126名，3名教师，园长潘新燕，园址在原红太小学内。2001年，设为教学点。2005年，评为区三级幼儿园。2010年，占地面积1720平方米，建筑面积680平方米，班级2个，幼儿68名，教师2名，职工1名。

民主村教学点 原为民主幼儿园，1985年9月创办，设在民主小学内，1个班，22名幼儿。2001年设为教学点。2010年，民主村教学点有3个班，112名幼儿，3名教师，1名职工，3间活动室约140平方米。

田青教学点 创办于1986年，设在田青村田乐中心小学内，1个班，约30名幼儿，没有专职幼儿教师，由小学教师兼任。随着幼儿人数逐年增加，扩大为2个班。2002年，双塔教学点并入；2003年，栋梁教学点并入。2010年，有3个班，90名幼儿，5名教职工。

东荷教学点 原为东荷幼儿园，1999年8月成立，设在东荷小学内，有3个班，97名幼儿，3名教师。2001年设为教学点。

王江泾镇域内其他原教育点情况表

表19－2

名　　称	开设年份	班级（个）	幼儿（名）	后　续　变　动
北荷教育点	1999	3	140	2004年并入荷花幼儿园

续表 19－2

名　　称	开设年份	班级(个)	幼儿(名)	后　续　变　动
栋梁教学点	1986	1	35	2003 年并入田青教育点
大坝教学点	1986	1	27	2005 年并入田乐幼儿园
市泾教学点	1986	1	28	2001 年并入田乐幼儿园
新农教学点	1986	1	43	2001 年并入田乐幼儿园
永聚教学点	1986	1	36	2010 年并入田乐幼儿园
双塔教学点	1986	1	37	2002 年并入田青教育点

【学前班】

1975 年，境内南汇公社廊下小学开设首个学前班，此后，开设学前班的学校逐年增多。随着乡镇教育设施的改善，20 世纪 90 年代末起，学前班先后并入就近的幼儿园。至 2010 年，全镇已无学前班。

双桥片、荷花片、南汇片、虹阳片原有学前班情况表

表 19－3

片名	名　　称	开设时间	班级(个)	幼儿(名)	后　续　变　动
双桥片	腾云学前班	1981 年 8 月	1	20	2003 年并入双桥幼儿园
	丁家浜学前班	1982 年 7 月	1	16	1999 年并入双桥幼儿园
	东风学前班	1984 年 8 月	1	25	2002 年并入双桥幼儿园
	洪四学前班	1985 年 8 月	1	20	2004 年并入双桥幼儿园
	古塘学前班	1985 年 8 月	1	20	2005 年并入新桥幼儿园
	范滩学前班	1987 年 3 月	1	35	2004 年并入双桥幼儿园
荷花片	田丰村学前班	1986 年 9 月	1	26	1999 年并入王江泾幼儿园
	长虹村学前班	1985 年 9 月	1	31	1999 年并入王江泾幼儿园
	太平村学前班	1985 年 8 月	1	35	1999 年并入红太教育点
	虹典村学前班	1985 年 9 月	1	47	1999 年并入红太教育点
	林塘村学前班	1986 年 9 月	1	25	1999 年并入北荷教育点
	建有村学前班	1986 年 9 月	1	18	1999 年并入北荷教育点
	八一村学前班	1986 年 9 月	1	12	1997 年并入林塘学前班
	前进村学前班	1985 年 9 月	1	20	1995 年并入荷花幼儿园
	振兴村学前班	1986 年 9 月	1	23	2002 年并入民和村
	东一村学前班	1986 年 9 月	1	17	1999 年并入东荷教育点

续表 19－3

片名	名　　称	开设时间	班级(个)	幼儿(名)	后　续　变　动
荷花片	东二村学前班	1986 年 9 月	1	18	1999 年并入东荷教育点
	民和村学前班	1986 年 9 月	1～3	18～118	2005 年后规模缩减
南汇片	廊下村学前班	1975 年 9 月	1～2	30～75	2002 年后规模缩减
	华联村学前班	1994 年 9 月	1～2	26～65	2003 年后规模缩减
	红联村学前班	1989 年 9 月	1	32	2000 年并入南汇幼儿园
	溪中此学前班	1998 年 9 月	1	17	2000 年并入南汇幼儿园
	莫家甸村学前班	1978 年 9 月	1～2	28～60	2004 年并入南汇幼儿园
	梅兴村学前班	1986 年 9 月	1	36	1991 年并入廊下学前班
	钮北村学前班	1994 年 9 月	1	17	1995 年并入华联学前班
	金珍村学前班	1993 年 9 月	1	22	2000 年并入华联学前班
	小曲村学前班	1996 年 9 月	1	19	2000 年并入华联学前班
虹阳片	西雁村学前班	1985 年 9 月	1	20	2007 年并入虹阳幼儿园
	虹南村学前班	1985 年 2 月	1	20	2005 年并入虹阳幼儿园
	虹北村学前班	1978 年 8 月	1	30	2005 年并入虹阳幼儿园
	虹西村学前班	1988 年 9 月	1	20	1999 年并入虹阳幼儿园
	阳城村学前班	1985 年 8 月	1	30	2001 年并入虹阳幼儿园
	天星村学前班	1985 年 8 月	1	25	1999 年并入虹阳幼儿园

第三节　小学教育

镇域的基础教育起源于何时暂无从考证。清道光初年，里人计楠、陈楣等捐资在王江泾西社庙西建雁湖义塾。清末，建有南汇小学、廊下小学。民国初创办双桥小学。20 世纪 20 年代，创办新桥小学、杜家浜小学，都为私塾。30 年代，新办的小学增多，有华溪小学、洪典小学、刘王庙小学、三隍庙小学、三贤祠浜小学等 10 多所小学开办。1940 年，王江泾、南汇、双桥设立中心国民学校，保设立国民学校。40 年代，境内创办的私塾和国民学校有 20 多所。至 1948 年，全境共有学校 30 所，另有私塾 15 所。

解放后，政府接管民国时期的公立小学，取消国民学校名称。王江泾区设立区辅导学校，各乡逐渐增办村小。1958 年，南汇公社、双桥公社建立中心小学，各公社分片设立完全小学，各大队办有初级小学。1961 年，境内双桥、南汇公社分设为 6 个公社，各公社设立一所中心小学，负责公社内小学教育。20 世纪 60 年代，小学和教学点数量达到高峰，全境共有71所;60年代末,规模小的学校逐步撤并。“文化大革命”期间,学制无统一规定,各地缩短学制年限,1973年起,小学普遍缩为五年制,其时,许多完全小学附设初中班。1983年,境内双桥、虹阳、南汇、荷花、田乐5个公社有小学51所、教育点4个,1～5年级共有173个班级,学生5079名,教职工230名。80年代中期,小学学制重设为六年制。进入90年代,乡村道路逐步得到改善,许多村小逐渐向完全小学或中心小学撤并。1990年,南汇镇有小学10所、王江泾镇10所、荷花乡14所、田乐乡7所、虹阳乡8所,嘉北4个村2所,共51所。至1998年,全境小学缩减为28所,其中完全小学10所。2010年,全镇调整为镇中心小学1所,下辖逸夫小学、荷花小学、民主小学、田乐小学、虹阳小学、金跃小学、长虹小学等完全小学7所,另有1所镇实验学校;1～6年级共有教育班117个,学生4861名,教师285名,其中有中学高级教师2名,小学高级教师165名;有民办小学1所——精英学校,设班级25个,学生1397名,教师49名。

1983—2000年部分年份王江泾镇域内小学基本情况表

表19-4

年份	乡镇	学校数(个)			班数(个)	其中复式班	在校学生数(名)						
		合计	其中				合计	一年级	二年级	三年级	四年级	五年级	六年级
			完小	初小									
1983	南汇公社	12			34		1189	139	187	288	262	293	
	荷花公社	12			37		1080	147	163	189	264	317	
	田乐公社	7			34		889	160	128	187	220	177	
	双桥公社	12			41		1436	273	167	231	343	422	
	虹阳公社	8			27		881	119	143	182	239	198	
1986	王江泾镇	1	1		5		244	46	48	51	51	48	
	南汇镇	10	4		29		811	218	174	130	133	156	
	荷花乡	12	3		29		837	211	184	158	137	147	
	田乐乡	7	4		27		671	128	161	144	134	104	
	双桥乡	11	3		29	29	888	160	192	216	177	143	
	虹阳乡	8	4		22	22	639	137	123	122	133	124	
1990	王江泾镇	10			36	36	1231	181	236	214	166	200	234
	南汇镇	10			35	35	1089	146	206	212	182	197	146
	荷花乡	14			44	44	1394	228	251	325	228	200	164
	田乐乡	7			33	33	832	138	161	142	136	126	129
	虹阳乡	8			29	29	801	112	149	158	131	132	119

续表 19－4

年份	乡镇	学校数(个)			班数(个)	其中复式班	在校学生数(名)						
		合计	其中				合计	一年级	二年级	三年级	四年级	五年级	六年级
			完小	初小									
1993	王江泾镇	10	3		39	10	1215	284	160	162	176	224	209
	南汇镇	6	3		36	2	1099	284	159	98	149	203	206
	荷花乡	14	2		48	13	1609	399	231	189	228	247	315
	田乐乡	7	1		32	1	891	227	155	90	134	150	135
	虹阳乡	8	2		29	5	727	155	62	99	109	147	155
1995	王江泾镇	8	2	5	44	2	1337	283	260	301	158	159	176
	南汇镇	6	3	2	39	3	1291	222	379	290	159	93	148
	荷花乡	8	2	5	54		1805	345	424	401	225	187	223
	田乐乡	5	1	3	31		931	149	184	224	154	89	131
	虹阳乡乡	4	2	1	25		719	113	177	155	64	99	111
1998	王江泾镇	18	6	11	123	4	4803	764	776	737	777	908	841
	南汇镇	5	3	1	38		1533	174	266	228	209	369	287
	田乐	5	1	3	36		1058	151	179	171	131	198	228
2000	王江泾镇	12	4	7	105		4719	802	858	782	778	737	762
	南汇镇	4	2	1	33		1355	220	241	185	270	232	207
	田乐乡	4	2	1	25		1027	194	198	153	180	168	134

2001—2010 年王江泾镇域内小学基本情况表

表 19－5

年份	学校	设置校数(个)	班级数(个)	在校学生数(名)							
				合计	其中女生	一年级	二年级	三年级	四年级	五年级	六年级
2001	王江泾中心小学	13	109	4920	2388	875	819	901	806	783	735
	南汇中心小学	4	32	1365	684	237	212	240	183	271	222
2002	王江泾中心小学	16	134	6051	2933	1000	1040	1015	1083	962	951
	南汇中心小学	4	31	1348	665	210	234	213	236	183	272
2003	王江泾中心小学	16	141	5987	2904	805	1045	1057	1030	1082	968
	南汇中心小学	3	29	1173	575	125	210	227	205	228	178

续表 19－5

年份	学　校	设置校数（个）	班级数（个）	在校学生数（名）							
				合计	其中女生	一年级	二年级	三年级	四年级	五年级	六年级
2004	王江泾中心小学	10	144	6079	2965	804	860	1115	1104	1051	1145
	南汇中心小学	3	27	1103	549	96	135	208	231	204	229
2005	王江泾中心小学	9	137	5689	2751	750	806	861	1118	1115	1039
	王江泾实验学校	2	25	977	472	111	93	130	202	233	208
2006	王江泾中心小学	8	126	5202	2517	739	721	776	821	1079	1066
	王江泾实验学校	1	26	868	420	116	114	91	127	197	223
2007	王江泾中心小学	8	123	4848	2311	703	753	732	777	820	1063
	王江泾实验学校		19	798	380	138	118	116	96	132	198
2008	王江泾中心小学	7	117	4422	2074	618	720	769	732	773	810
	王江泾实验学校		18	738	352	138	135	116	119	98	132
2009	王江泾中心小学	7	107	4256	2006	576	644	747	787	736	771
	王江泾实验学校		18	708	347	110	136	128	122	117	95
2010	王江泾中心小学	7	104	4147	1948	629	595	652	757	782	732
	王江泾实验学校		19	714	351	116	105	135	128	122	108

说明：数据来源于区教育事业统计资料汇编

【王江泾镇中心小学】

前身为清代的泾南学校，位于寨基浜文昌宫内。清宣统二年（1910），经县府批准为小学堂，名闻溪学堂。1915 年，更名为王江泾镇国民学校，学生有 80 多名；1917 年，更名为王江泾区国民学校；1930 年，更名为王江泾小学；1932 年，被命名为嘉兴县王江泾完全小学，并增设高小班；1935 年，改为区立王江泾中心小学；1937 年，更名为王江泾区代用中心小学。1937 年 11 月，王江泾被日军侵占后，汪伪政府教育局在民众教育馆办王江泾小学，有学生 40 多名，2 个教室。1945 年第二学期，王江泾小学有一年级学生 85 名、二年级 37 名、三年级 24 名、四年级 7 名、五年级 8 名、六年级 2 名，计 163 名。

1949 年 5 月，王江泾解放，成立王江泾区中心校。学校有 6 个年级 5 个教室，学生约 150 名，教职员工 8 名，王秀华担任校长。1951 年，迁至一宿庵，学生 200 多名，教职员工 10 名，洪贵舫任校长。1953 年下半年，沃宗鋆代理校长。1954 年，江燮清任校长。1955 年，为区中心辅导小学，有学生 200 多名，教职员工 10 多名，何发成任校长。1958 年，双桥小学成为双桥公社中心小学，王江泾区中心辅导小学改为王江泾完全小学，隶属双桥公社中心校，朱之琪任校长。1960年，张尧任任校长。1961年，怀金法任校长。1962年，有7个班级，学生250名左右。1963年，周云祥任校长。1965年，任锡亮任双桥中心校校长兼王江泾完全小学校长。1967年，王江泾小学改名为东方红小学。同年，贫下中农管理学校，徐传兴进校任教并负责学校工作。1970年附设初中班(1972年停办)。其时，有小学5个班，学生约250名；初中生40名左右。1976年复名王江泾完全小学。1978—1984年，隶属双桥公社，有5个班(五年制)。1980年，沈同春任校长。1981—1983年，汪坚任校长。1984年，易地新建，选址长虹路3号，征地10亩。同年，沈钰林任副校长兼负责人。1984年至1988年7月，沈钰林任校长。1988年8月，马永春任校长。1989年，双桥乡并入王江泾镇，镇中心小学设在双桥，王江泾完全小学隶属镇中心校，在校人数逐年增加。同年7月，原为区属学校的王江泾小学划为王江泾镇属。镇里投资17万元，区文教局补助10万元，建造2幢教育楼，共1190平方米，1990年竣工使用。1991年3月，投入24.3万元，共建1054平方米的16套教工宿舍和学校食堂。1996年5月，镇政府拨款98万元，兴建1460平方米南教学大楼；1997年5月启用，班级增至13个。1998年5月，更名为王江泾镇中心小学；同年8月，马永春任校长，下辖17所小学，有4803名学生。2007年8月，陈建明任校长；2008年8月，高惠明任校长。2010年，学校占地面积23468平方米，校舍建筑面积13076平方米，教学及辅助用房3671平方米，操场面积6125平方米，田径场1个，有标准200米环形塑胶跑道，标准篮球场2个，排球场1个，儿童足球场1个；绿化面积4267平方米，绿化率达20%；4幢教学楼、1幢艺术楼、1幢行政楼，设有29个班级，1226名学生，82名教师(其中大专学历占93%，小学高级教师占60%，市、区名师35名，约占43%)，马永春任校长；下辖完全小学7所。至2010年，学校获得浙江省示范学校、浙江省现代教育技术实验学校、浙江省绿色学校、浙江省创新教育实验学校等荣誉。

原建有小学　位于原荷花乡建有村吴家桥附近，前身是建有启蒙书塾，始建于1947年，有10多名学生。解放后，取名为建有小学。1956—1958年，搬迁至建有谭家湾，学生增至30多名，开设1～3年级，复式教学，1间教室，1间办公室，操场面积1002平方米。1962—1967年，学生增至40多名，开设1～4年级。1967—1977年，学生100多名，3个班级，教师4名，2间教室，学校面积1202平方米。1976年后，搬迁到荷花建有村盛家浜，学生150多名，班级5个，教师7名。1998年，并入镇中心小学。

原人民小学　1963年创办，校址在吴家桥北，1964年开学，1～3年级复式班1个，学生30多名。80年代初并入建有小学。

原田丰小学　1950年创办，校址在甸上村二庄里，学生20多名，仅有1年级，2名教师。1951年，学生数增加到40多名，开设2个年级。1957—1959年，学校搬迁到甸上村墙门头，占地0.5亩，学生70～80名，开设1～4年级，3个班级，3名教师。1972年后，学校占地0.7亩，学生100名左右，1～4年级，3个班级。1992年，易地至田丰村后港新建校舍，校园占地面积比原来大一倍，学生100多名，4个年级，4个班级。1994年，开设1～2年级。1998年，并入镇中心小学。

原杨天小学(西雁分校)　1974年创建，校址在小天圩。此前西雁大队11队学生一直就读于江苏吴江县盛泽公社杨天小学。1974 年,西雁大队出资在此建教室,公社中心校派 1 名小学教师任教,解决该队 30 名儿童入学,设 1～2 年级。1984 年,学生全部转到王江泾小学就读,教学点撤除。

原中城浜小学(红专小学) 1948 年前,中城浜在青莲庵内办过多年私塾,学生每期 20 多人。1948 年至 1956 年上半年,学校开设 1～4 年级,复式班,学生约 50 名,校址仍在青莲庵内正房。1956 年至 1976 年上半年(1974 年更名为红专小学),1～4 年级学生 80 余名。1976 年下半年,老校舍翻建成 10 间平房新校舍。1977 年,新校舍启用,有 1～6 年级 6 个班、初中 3 个班,学生 220 名左右。1978—1981 年,有 1～6 年级,学生 180 人左右。1981—1988 年,1～4 年级学生 80 名左右。1988 年下半年,并入徐家浜东升小学。

原西雁小学(龚南小学、东升小学) 解放前,西雁村东片有两所私塾,一所在张家场,一所在郎嘉桥,学生 20 名左右。1951 年,成立龚南小学,设在南厍一所三开间平房里;60 年代后期,建 1 间瓦房和 3 间草屋,开设 1～4 年级,1 个复式班,学生 50 名左右;1968 年,学生 80 名左右;1972 年,更名为东升小学,有 1～4 年级,学生 80 余人。1973 年下半年,搬迁至徐家浜新建校舍,1～4 年级,4 个班,学生约 120 人。1988 年下半年,中城浜小学并入,一并搬迁到郎嘉桥新建的二层教学楼,4 个教室,2 间办公室,并更名为西雁小学,开设 1～4 年级,学生 95 名左右。2006 年,并入镇中心校。

原古塘小学 创建于 1946 年,由陈锡贵等捐资创办,设在古塘沈家浜福平庵内;前殿有 3 间,设有教室、活动室,办公室,后殿 3 间成 1 个教室,操场约 700 平方米;有学生一年级 32 名,二年级 8 名,四年级 2 名。1949 年,发展到 3 个班,设 1～6 年级,3 个复试班。1968 年,在庵的东西两侧增建两幢平房做教室;1969 年,庵房全部拆除,造了一幢平房作教室、办公室。1970 年夏,古塘小学附设初中班。到 1975 年年底,有 7 个班级,其中小学 5 个班、初中 2 个班,有 13 名教师。1978 年,初中部并到王江泾中学,古塘小学更名为朝阳完全小学,开设小学 1～6 年级。1981 年,朝阳完小更名为古塘小学。1990 年,取消 4～6 年级,保留 1～3 年级。1995 年,古塘小学撤销,保留学前班。

原新桥小学 前身为私塾学校。20 世纪 20 年代,沈家兜已有私塾学校,设于沈家兜庙的厢房里,每学期有 10 名左右学生,学校停停办办。1936 年,王先生重新开办私塾学校,初办时有 7～8 名学生,开办不到 2 年,日军侵占王江泾,沈家兜私塾学校停办。1955 年,成立新桥小学,位于新桥村新东白果寺,有 1 个教学班,学生约 30 名,教师 1 名。1958 年,白果寺庙拆除,学校搬到沈根宣家。1960 年,学校在沈家兜庙西造草棚 4 间作为教室,为庙西小学,学生增至 40 余名,班级增至 2 个,其中有 1～4 年级,复试教学,教师增至 2 名。1965 年,建造 5 间新校房,班级 4 个。1968 年,在校北新建教室 8 间;1972 年,再建教室 2 间。至 1978 年,教师增至 6 名,学生增至 160 余名,班级增至 5 个。1989 年,建造 562 平方米二层教学楼,有 6 间标准教室、2 间办公室和教师宿舍。1990 年,有 6 个班,学生 200 余名,教师 8 名。1997 年,为镇中心小学新桥教学点,设 1～4 年级,教师 7 名。2002 年,设 1～2 年级,教师 5 名。2003 年,并入镇中心小学。

原杜家浜小学 20 世纪 20 年代初期,杜家浜(原名露字村)有私塾学校 1 所,办在杜家浜港西自然村沃美宝家，教室 2 间约 50 平方米，教师 1 名，班级 1 个，学生 10～20 名。1946 年，为王江泾镇第四保国民学校。1950 年，成立杜家浜小学，校址在杜家浜北厍自然村李四明家，教室 5 间，约 150 平方米，班级 4 个，学生 80 名左右，教师 3 名。1952 年下半年，学校搬至杜家浜大庙，教室 7 间，约 200 平方米，学生 80 名左右，教师 3 名。1969—1972 年，并入新桥小学。1973 年，重新开办杜家浜村小学，教室 6 间，约 170 平方米，班级 4 个，学生 35 名，操场 200 平方米。1984 年，再次并入新桥小学。

原红卫小学(范滩)　创办于 1945 年，设在范滩荡小普陀孝亲庵里，有 3 间教室，1 间办公室及厕所、操场；有 1～5 年级，学生 68 名。20 世纪 60 年代，搬迁到范滩荡荡南周阳庙地基上，建造 3 间草棚作教室，更名为红卫小学。1966 年，红卫小学和联丰小学合并，命名为利民小学，搬迁到北范滩村部。

原联丰小学　成立于 1951 年，设在小金桥土地庙内。成立之初，有 3 间教室，开设 1～4 年级，有学生 30 多名，复试教学。此后延续至 1965 年。1966 年，利民村将土地庙拆迁到北范滩，联丰小学与红卫小学合并成立利民小学。

原范滩小学　创办于 1966 年，前身是红卫小学和联丰小学合并的利民小学，位于原范滩村村部，有 1 幢平房作新校舍，4 间教室、3 间办公室。1977 年，学校扩大规模，开设 1～5 年级和附设初中一年级，学生近 200 名，教师 7 名。1988 年，旧校舍翻建一幢二层新教学楼，有 4 间教室、2 间办公室及操场、厕所等，并更名为范滩小学。1993 年 8 月，并入双桥中心校。

原洪典小学　前身为洪典桥初级小学，创办于 1930 年，设在洪典村种福桥的种福庵，占地面积 3 亩，教室、办公室各 1 间，学生 15 名左右。1944 年，有学生 51 名。1945 年，有学生 109 名，其中幼稚班学生 29 名，一年级 25 名，二年级 23 名，三年级 20 名，四年级 12 名。1951 年，更名为洪典小学，开设 1～6 年级，4 个班级，实行复式教学，占地面积 4 亩。50 年代中期，史家浜也办有 1～3 年级复式班，学生 20～30 名；60 年代中期，并入洪典小学。1968 年，教师由 4 名增至 7 名，操场面积增至 1300 平方米。1969—1972 年，小学附设初中部，11 个班级，学生 350 名左右，教室 12 间，教师 14 名。1973 年，撤掉初中部，恢复小学建制。1998 年，五、六年级学生到王江泾镇中心小学就读，一到四年级学生与太平小学合并，命名为红太小学。合并后的新校址在洪典、太平两村的交界处，占地面积 8 亩，二层教学楼，教师 8 名。2003 年，缩至 1～3 年级；2004 年，缩至 1～2 年级，为镇中心小学洪典教学点。2006 年，并入镇中心小学。

原太平小学　创建于 1945 年，前身为嘉兴县廉让乡第一、二保国民学校，设在余家浜西 1 所庵内，教室 2 间，办公室 1 间，宿舍，厕所、操场等占地 4.05 亩。1946 年 9 月，更名为嘉兴县廉让乡第二保国民学校。同年第二学期，有幼稚生 14 名，一年级 32 名，二年级 25 名，三年级 8 名，四年级 1 名，教师 2 名。解放后，学校规模扩大，教室增至 2 间。20 世纪 60 年代前中期，教室增至 4 间，设 1～4 年级，教师增至 4 名。1968 年，学生增到 250 名，班级 6 个，设 1～6 年级，教室 7 间，教师 8 名。2000 年 8 月，与洪典小学合并，易地新建，改名为红太小学。

【王江泾镇实验学校(1～6 年级部)】

前身为王江泾镇南汇中心小学。最早为南汇小学堂，创建于清光绪三十二年(1906)，设在南汇镇中市大弄底。1944年，有6个班，学生228名，教师8名。解放后，学校仍设在原址，4个班，1～6年级，教室4间，办公室1间，操场40平方米左右，教师4名。1950年，有6个班，学生300名左右，教师9名。先后由金丕操、何发成、徐秉仪任校长。1958年，因开办嘉兴第九中学，迁至南汇镇北大家港新建校舍，更名为南汇中心校，有教室6间，1～6年级，6个班级，280名学生，教师9名，占地面积5亩左右。1963—1969年，更名为南汇公社中心小学，6个班，220名学生，教师11名。校长为张基平。1970—1975年，更名为东方红小学，9个班，学生400名，教师16名。校长先后为卜富根、王宝根。1978年后，复名南汇公社中心小学，鲍福全任校长。1984年，更名为南汇乡中心小学，校长为姚荣奎。1985年起，为南汇镇中心小学。2001年4月，为王江泾镇南汇中心小学。1986—2005年，先后由吴彩英、金永林、雷鸣、朱兴林、顾成功任校长。2005年8月，与王江泾镇南汇中学合并，易名为王江泾镇实验学校，为九年一贯制学校。2010年，有1～6年级19个班，学生714名，专任教师45名，其中具有大专及以上学历占95%；职称上获得小学高级教师32名，小学一级教师7名，小学二级教师2名。

原双联小学　创建于1956年，设在大双港北(现南汇村22组)礼堂(原农会所在地)，1个班级，学生30名左右。后转为耕读小学。1959年，迁至小双自然村(原双联3队)，恢复全日制小学，2间教室、1间办公室，校舍面积140平方米，1个复式班，30多名学生。1968—1971年，有2个复式班，学生60名左右，教师3名。1972年，新建1间教室，校舍达到175平方米，2个复式班，1个单班，学生90名左右，教师4名。1981年秋，1个复式班，学生约30名，教师1名。1986年秋，并入南汇镇中心小学。

原西联小学　创办于20世纪50年代中期，校址在西联西湾里，教室3间，建筑面积约60平方米，1个复式班，20多名学生。60年代初，并入南汇公社中心小学。

原溪中小学　创办于1952年，设在唐林港南尼姑庵(东庵)内，生源多来自长溪桥、王家坝、唐林港自然村，设1～4年级，1个复式班，学生30多名。1956年，因尼姑庵成危房，易地搬迁到王家坝港南，新建3间教室、1间办公室，1～4年级，1个复式班，学生40名左右。20世纪60年代初，2个复式班，学生50多名，教师2名。60年代中期至70年代末，为完全小学，3个复式班，学生(含幼儿)近100名，教师5名。1976年，附设初中班。1981年，缩至1～3年级，2个复式班，学生(含幼儿)50多名。1986年8月至1989年7月，1个复式班，学生35人；1989年9月至1993年7月，1个复式班，学生40多名。1994年秋，迁址新教学大楼(原校址往西150米)，2间大教室，1间办公室，130多平方米，操场300多平方米，2个复式班(幼—3年级)，学生60多名，教师3名。1998年7月，并入南汇镇中心小学。

原莫家甸小学　创办于1936年。抗日战争时期，更名为莫家甸私立小学；1945年春，更名为王江泾区南汇十六、十七保国民学校；1945年，更名为嘉兴县南汇镇第十六、十七保国民学校。1945年9月，开设1～4年级及幼稚班，2个班的复式教学，学生98名。1954年，迁址莫家甸关阳庙后，开设1～4年级，1个复式班，1名教师，学生30多人。1956年，增至2个班，学生50多名，教师2名。1958年，关阳庙前殿翻造成学校，3间房子，3个班，学生70多名，教师3名。1967年，校舍整体翻造，建造4间大教室，1间办公室，2间教师宿舍，学生100多名，教师5名。1969年下半年起，有4个班，另在大队办公室处和在坟西港自然村各办一个教学点;全校共 7 个班,学生 200 多名,教师 8 名。1971 年,学生增至 320 多名,自行建办初中班,教师 13 名。1991 年,学校原地翻建,两层教学楼,建筑面积 826 平方米,造价 15 万多元;学校的落成典礼,《人民日报》、中央电视台均有报道。新学校共有 8 个班,300 多名学生,13 名教师。2001 年,4～6 年级学生并入南汇镇中心小学,剩下 2 个班级、2 名教师,学生 40 名。2003 年,3 年级并入南汇镇中心小学,剩 1～2 年级,学生 22 名。2004 年 9 月,1～2 年级也并入南汇镇中心小学。

原金珍小学 创办于 20 世纪 40 年代末,设在村民钱金荣住宅,教师 2～3 名,学生 30 名左右。1949—1950 年,迁至村民吴志汇家,学生 20～30 名。1951 年,校舍翻建,有办公室、宿舍,教师 1 名,1～4 年级,复式教学,学生 40 多人。1966—1976 年,更名为金珍五七小学。1968 年,迁址火烧场,有教室 2 间教室,办公室 1 间,占地面积 400 多平方米;年级增加到 5 个,其中一年级学生 16 名,二年级 28 名,三年级 18 名,四年级 14 名,五年级 22 名,共 98 名。1974 年,迁址金珍南埂中段,有新建校舍 7 间,其中教室 3 间,操场 900 多平方米,年级增加到 6 个,小学教师 2 名。"文化大革命"后,复名金珍小学。1983 年,学生 117 名。1985 年,四、五年级学生并到华溪小学就读,剩 1～3 年级学生及幼儿班。1994 年,1～3 年级学生并到华联小学就读,金珍小学停办。

原钮北小学 1952 年 9 月创办,借用张祖甫私房作教室,开设 1 个班级,学生 30 余名。1953 年,开设 1～2 年级,1 个班,复式教学,学生 40 余名。1956 年后,租用胡万明私房作教室,教师 1 名,开设 1～4 年级,学生 60 余名。1957 年,学生并到华溪小学。1964 年,与华溪小学分开,称钮北小学,办在私房内,教师 1 名。1973—1985 年,小学设在北家浜北公房内,设 1～3 年级,教师 4～5 名,学生 50～60 名。1986—1994 年,1～3 年级在浜北公房,教师 4～5 名,学生 40～50 名。1994 年后,只设幼儿班及 1 年级,教师 2 名,学生 30 多名。1999 年后,并入华联小学。

原华联小学 前身是华蟆港小学,创办于 1930 年,设在华蟆港南端太平庵内,教师 1 名,学生 20 名。1950 年,更名华溪小学,开设 1～4 年级,1 个班,复式教学,教室 1 间,学生 40 余名,办公室 1 间。1955 年秋,开设 1～6 年级,4 个班级,属完全小学,设教室 4 间,办公室 1 间,总占地面积 1.34 亩,学生 80 余名。1960 年,学校规模缩小到 1 个班,学生 40 人左右。1968 年,校舍翻建成 5 间教室及教师办公室。班级 5 个,学生 170 多名。1970 年,附设 2 个初中班,改名为向阳学校,教师 11 名。1971 年,更名为华溪学校。1985 年后,恢复为完全小学。1994 年,在原校址东边,征地 3 亩,新建二层教学楼,1～6 年级,6 个班,200 多名学生,教师 8 名。1999 年,更名为华联小学。2006 年 9 月,并入王江泾镇实验学校。

原小曲小学 创办于 1946 年,为南汇镇第八、九保国民学校。设在盛阿金家,开设 1～4 年级及幼稚班,其中幼稚班 6 名,1 年级 13 名,2 年级 16 名,3 年级 7 名,4 年级 1 名。1950 年,迁至小曲村永福庵内,命名为小曲小学(初小),2 个教室,4 个年级设 2 个复式班。1956 年,学生约 60 名。1957 年,教师 2 名,学生约 80 名。1969 年,小曲小学(永福庵)拆除,迁至新建校舍(原盛阿金宅基地处),有教室 3 间,办公室 1 间,教师宿舍 2 间,学校占地 420 平方米,1～5 年级,5 个班,成为完全小学,学生 175 名,教师 8 名。1979 年,附设二年制初中班。

20世纪80年代初，学校规模缩小。1996年秋，并入华联小学。后小曲小学旧址被列为嘉兴市文物保护点。

原红联小学　建于1969年，校址在红联村库上，有教室7间，办公室2间，开设小学1～6年级、初中1～2年级，学生210余名，操场约400平方米。1972年，只设小学，初中部并入南汇中学。1983年，仅开设1～3年级。1994年，学校迁至新校舍，位于红联村村部，有教室6间，办公室4间，教师7名。2000年，并入南汇镇中心小学。

原复地小学　创办于解放前夕，校址在蒋家头，1名教师，1个班，20多名学生。1958年，并入合丰小学，共3个班级，4名教师，学生100名左右。1960年，两校又分开，原复地小学重返蒋家头，改名蚕溪小学，3个班，4个教师。1961年，规模缩小，1名教师。1964年，迁址横港头，1个班，1名教师。1969年8月，并入红联小学。

原合丰小学　建于1956年，校址在虎啸浜自然村，教室2间，办公室1间，1～3年级，1个班，1名教师。1958年，复地小学并入，共3个班，4名教师，学生100名左右，操场约80平方米。1960年，原复地小学分出，合丰小学1名老师，1个班。1969年8月，并入红联小学。

原廊下小学　创办于清光绪三十三年(1907)，初名为廊下初等小学堂，设于廊下盛家处。民国成立后，更名为民国梅湖区第一国民学校。抗日战争时期，开办1个初中补习班；抗日战争结束后，补习班停止。1945年，更名为梅湖乡中心国民学校。解放初，复名为廊下小学，校舍6间，教师6人，5个班级，学生100名左右。60年代，开设1～4年级，五、六年级的学生到南汇中心小学就读。1965年，恢复1～6年级，班级4个，2个复式班，学生100多名。1969年，附设初中班，初中2个班，小学6个班，教师14名，校舍新造13间。1985年，初中停办。1987—1998年，教师12名。1994年，学校翻建三层教学大楼，建筑面积1024平方米，占地面积2000多平方米，9个班，教师16名，学生400多名。2007年9月，并入王江泾镇实验学校。

原梅兴小学　创办于1952年，设在张家漾原地主吴根洋家，1名教师，起初办1～2年级，后发展到1～4年级，共1个复式班，40名学生。1958年，1个班，30多名学生。1964年，30多名学生。1968年，在九龙潭新造校舍，5间房子，1个班，1～4年级，46名学生。1973年起，1～5年级，3个班，教师4名，学生105名。1980年起，高段学生并入廊下小学，梅兴小学剩下1个班，1～2年级，20多名学生，1名教师。1990年，并入廊下小学。

原建工小学　始办于1973年9月，师生从廊下小学分出，成立建工小学。起初办在世德桥边私人仓库内，2名教师，2个班，1～2年级，1年级25人，2年级18人。1974年，在世德桥西边新造校舍5间，增加1名教师，开设1～5年级，3个班，其中2个是复式班，学生91名。1982年，并入廊下小学。

【王江泾镇逸夫完全小学】

逸夫小学的前身为双桥小学。1913年，双桥国民初等小学创办，校址在原关帝庙旁边的一个堂屋里，有学生30名，教员1名。随后10余年，学生30～60名，教员2～3名。1945年，更名为双桥乡中心国民学校，校长杨正，教师3名，教室3间，有1～6年级。1946—1950年，屠中强任校长，学生100余名。

解放后，为双桥完小，担当辅导下属初小的职责。下属学校有腾云初小、小金桥初小、范滩初小、洪四初小、蓝荷湾初小、桥头港初小。1950—1954年,有教师7名,4个班级,学生140多名。1954年以后,鲍维良任校长。1958年10月,成立双桥人民公社。双桥完全小学更名为双桥公社中心校,下辖王江泾、嘉北、虹阳片下属各学校。1959年6月至1962年2月,县文教局派怀金发任校长。20世纪60年代初期,中心校迁至王江泾,双桥又改为完全小学。1969年秋,增设初中班,改为双桥公社中心学校,由副校长沈森林负责(1979.3—1983.6)。后由沈同春任校长(1984.6—1994.6)。1988年,双桥中心小学与王江泾镇小学合并成为王江泾镇中心小学,校址设在原双桥乡中心校。1993年8月,政府投入130万元,学校进行扩建,并接受香港爱国人士邵逸夫捐资50万元港币,学校更名为"王江泾镇逸夫小学",成为镇中心小学下的一所完全小学(镇中心小学行政仍设在双桥,于1998年迁王江泾)。

2010年,学校占地面积14980平方米,建筑用地6112平方米,教学及辅助用房2541平方米;运动场地面积6200平方米,田径运动场1个,为200米煤渣跑道,篮球场1个;绿化面积2668平方米,绿化率18%;教学楼1幢,其中普通教室12个,另有计算机房、实验室、音乐室、美术室、图书室等专用教室和辅助用房,电脑数台(学生机34台、教师机25台、手提电脑1台),多媒体3套,校园广播1套。学校图书册数7694册,生均图书册数15.6册;有学生492人,班级12个,教师25名,3名职工;教师本科学历7人,大专学历14人,中师学历4人。

原丁家浜小学 前身是嘉兴县双桥乡第二保国民学校,设在兴福桥边一座小庙的堂屋里。1946年,朱冠论任校长。1947年,吴允中担任校长(其间陶樟芝曾代理校长一段时间)。1949年,学校由曹婉英负责。解放后,迁址桥头港边,更名为桥头港小学,共有2个教室,开设1～4年级,2个班,采用复式教学,约有学生80名。1958年,迁址丁家浜,更名为丁家浜小学。"文化大革命"时期,又由丁家浜重新搬迁至桥头港(丁家浜村部),学校占地面积约2亩,有4个班级,配备操场,开设1～6年级及幼儿学前班。1992年,学校翻建成二层楼房。1999年暑期,并入逸夫小学。

原金桥小学 前身为蓝荷湾初级小学,创建于1932年,校址在蓝荷湾村庄中(现吴海观宅基地处)。随着学生人数增加,20世纪60—70年代,再分设金桥北、金桥中教学点。其中金桥北教学点在今吴家场一带,有教室1间、学生40名,开设1～4年级;金桥中教学点有2个班,60～80名,开设1～4年级。1983年,教学点均并入双桥中心小学。

原味达桥小学 校址在双桥集镇西味达桥(万丰桥)桥堍下双桥粮站边,1962年创办。1966—1971年,开设1～2年级,复式班,学生人数20～30名;1972—1978年,开设1～5年级,学生数60～80名。1981年暑假,并入双桥中心小学。

原腾云村小学 创办于1946年3月,为双桥乡第一保国民小学,设在腾云村姚家头南关阳庙中。1947年第一学期,有幼稚生14名,一年级16名,二年级25名,三年级9名,四年级8名,共72名学生。1949年停办。1952年,恢复腾云小学,设有4个年级的复式班,教师2名,学生年均25～35名。1958年,扩大到5个年级,教师4名,学生70～80名。1968年,增至6个年级,其中1～4年级为复式教学;5～6年级各一个班,教师6名,学生100名左右。1972年,扩至6个单班,分设在关阳庙、卫东大队礼堂两处,学生200名以上,教师有11名。1975年,设立1个初中班,教师共13名,学生有250名。1980年,4～6年级并入双桥中心小学，留有教师4名，学生70名。1984年，三年级也并入双桥中心小学，原校剩2个班、3名老师，学生约50名。1990年，学校翻建二层楼房6间，占地面积900平方米，投入资金15万元。1995年，教师3名，学生60名。1998年，学校撤除，学生按所在地段分别并入双桥小学和王江泾镇中心小学。

原洪四小学　前身为嘉兴县双桥乡第九保第一国民小学，位于池上西，创建于1947年，学生30余名。解放后，以复式班为教学班。1977年，学生有150名，并有初中2个班，教师7名。1978年，为完全小学。之后，学校规模逐年缩小。2001年，并入逸夫小学。

原东风小学　前身为双桥乡第九保第二国民小学、双桥乡第六保国民小学，均始办于1946年。解放前，第二国民小学设在钮家桥南百福庵内，第六保国民小学设在陆家浜。解放后，百福庵被拆毁，钮家桥那所小学迁址钮家桥东。1978年，东风小学建成。1984年、1986年，这两所小学先后并入东风小学。1996年，东风小学分别撤并入双桥中心校与洪四小学。

【荷花小学】

始建于1944年，前身是廉让乡第十二保国民学校。学校办在龙象庵，又称龙象庵小学，学生10余名。1946年，学生31名，其中幼稚班5名、一年级14名、二年级12名。1950年，更名为龙珍小学，学生近50名，开设1～4年级，教室2间，占地面积1亩左右。1953—1954年，教师4名。1956年，建为荷花乡中心小学，先后由胡瑞华、居金山任校长。1958年，成立人民公社时撤销中心小学。1961年，为荷花公社中心校，学校由港南翻建至港北，教师7名，徐秉仪任校长。1966年，更名为农增学校。1968年，附设初一、初二2个初中班，共有8个班级，学生400多名。1970年，招收一届高中班，人数20多名。1979年，恢复荷花中心校，吴忠强任校长。1980年，在中心小学东侧新建初中部。到1984年，学校发展成为中小学一体的九年一贯制学校，中小学生共600多名，12个教室，占地面积5亩多，中小学教师共36名。1990年，荷花乡中学从荷花乡中心小学分开，易地新建，马掌生任校长。1998年，荷花乡中心小学成为王江泾镇中心校下属的一所完全小学，更名为荷花小学。同年，学校搬迁到原荷花乡中学校舍。2010年，有学生9个班，339名，教师19名。

原前进小学(观音堂小学)　创办于1943年，前身是廉让乡第三保国民小学，位于观音堂，借用观音堂大殿作为教室。1944年，有学生43名，教师1名。1951—1954年，开设1～4年级，四复式教学，学生40多名。1956年，分为2个班。其中1个在观音堂大殿，1个在观音堂东厢房。1961年，由于观音堂改建为荷花公社碾米厂，学校搬入莫家头大队礼堂。班级仍然是四复式，学生近40名。1967年，在双福桥新建1所规模较大的学校。1969年，附设初中班，学生200名左右，7间教室，占地2.5亩。1980年，初中生到荷花中学就读。1981年起，有1～4年级(2个复试班)。1988年，仅有1～2年级，教师1名。1995年，撤并至荷花乡中心小学。

原林塘小学　前身是廉让乡十四、十五保国民学校，成立于1945年，位于梅家荡西南的河月(荷叶)庵内。1946年春，有幼稚班52名，一年级42名，二年级9名，3个班级、3间教室，操场约80平方米。20世纪60年代，唐家路又开设高小班，设在唐家路港北万福庵内。70年代初，异地新建教室15间，教师7名，唐家路高小班并入；后设初中班，教师增至13名。1987

年，林塘小学改建楼房，分为12个班，开设1～6年级，学生365名，教师增至13名。

原长虹小学 1935年创建，名为长虹小学，位于顾字角，学生10名，教师1名。1941年，学校迁至孙家浜。1949年，设小学1～2年级，学生15名左右。1953年后，学校搬迁至荷花溇，学生40多名。1962年起，学生60多名，面积120多平方米。后又迁回孙家浜。1967年，学生160多名，班级5个，位于铁店港。1976年后，开设初中班，学生200名左右，教师12名。1979年，撤掉初中班，改为1～5年级，5个班，面积250平方米。1982年，为1～4年级的不完全学校。1985年后，学生60多名。1997年下半年，撤并至荷花中心校。

原花伏小学 20世纪50年代初开始办学，设于张家门大书房，一个复式班。70年代初，建造小学4间，教师3名。1981年，在种子坊新建6间教室，幼儿园2个班，1～2年级1个班。后并入荷花中心校。

【民主小学】

解放前，由私塾改为刘王庙小学，何时成立不详。1932年，更名为连三连四荡小学，位于大悲庵庙宇内。1944年，学生26名，1个班，教师1名。1945年上半年，幼稚班25名，一年级33名，三年级5名，四年级1名。解放初，设1～4年级，复式班，每班约30名。1953—1966年，更名为东林小学(完小)，设6个班级。1958—1959年，学校设在唐家埭民居中，6个年级，8名教师，学生来自6个自然村；有土地4亩，建立红领巾农场、少年科学院，开展科技创新活动，多次被评为省、地区、县先进单位，全国优秀红领巾农场。1960年，新建校舍7间大教室，设6个年级，10名教师。1966—1976年，改名为民主学校。1975年，设有小学1～5年级，初中一、二年级，高中一、二年级，教师22名。1980—1985年，学校位于民主村村部边，设有小学1～5年级，初中一、二年级，高中撤并至荷花五七学校，教师21人。1986—1989年，更名为民主小学，设有小学6个年级、12个班，教师12名。1990—1999年，由村出资，在民主村油车湾荡边，新建二层教学大楼1幢，设有小学6个年级、12个班，教师16名。荷花公社东片6个村五、六年级学生并到民主小学。2000年，新建教育大楼和体育场地。2010年，学校占地面积7755平方米，建筑面积3435平方米，有一幢三层教学楼，共18间教室，其中小学教室12间，3间为教师办公室，3间为幼儿园所用；运动场地4320平方米，操场1个，为200米环形煤渣跑道；篮球场1个；绿化面积900平方米；在校学生11个班、369名，教师21名，其中有本科学历7名，大专学历9名，中专学历2名；有图书600册。

原振兴小学 建于20世纪30年代，位于原三王庙，取名三王庙小学，班级数1个；后学生增加到40名，班级2个，年级有1～4年级。1947年，学校稍作扩建，利用庙中角落庵堂的灶房做学生的活动场地。1962年，学生55名，有一个年级单独成班。1966年后，将原庙宇进行改造，全用作教学。1968年，三王庙小学更名为立新小学，班级3个，学生100名，教师5人。1970—1971年，立新大队与民和大队合办初中班，校舍办在民和大队。1973年，校舍搬至立新大队。1978年，学校初见规模，校舍南移至原先的篮球场，扩建为3个教室和1个办公室，另设有操场、活动室、厕所。1982—1983年，学校北移，更名为振兴小学，总面积1500平方米，校舍扩建为二层楼房，共6间教室，有办公室、操场、宿舍、食堂、乒乓室，学生300多名，教师7人。1998年春，并入民主小学。

原民和小学 1939年为私塾。1939—1943年，搬至居民农舍，1个班级，学生10名左右。1944—1946年，教室搬入圆通庵。1947—1949年，又搬到凌陆金家中，学生7名。1956—1958年，学校搬至王家地主厅中，年级为1～4年级，学生35名。1959—1962年，再次搬入圆通庵。1966年，由光明大队投资改造，命名为光明小学，在庵西建造新校舍，占地面积800平方米，13间教室，有操场、活动室，6名教师，学生200余名。1987年，老校舍用于建绸厂，拆迁至张家浜，改名为民和小学，占地700～800平方米，14间教室，学生200名左右。1990年，村需要办厂，学校迁移至原校址圆通庵西面，规模为初小，二层建筑，5个班级，4名教师。1998年春，并入民主小学。

原东一小学 创办于1932年，位于三贤祠浜苏宅，学生20～30名，1935年左右停办。几年后又建一所私塾，教室2间，学生30～40名。后为国民小学。1939—1949年，该小学在当地颇有名气。解放后，学校设于范家私人住宅，名为民贤小学。1951年，在三贤祠浜周家浜底建造4间共150平方米的校舍，设1～4年级的复式班，学生50名左右。1966年，更名为东一小学，5个班级，200多名学生。1972—1973年，与东二大队合办过1届两年制初中。1984年，校舍被作为绸厂，学校搬迁到笠帽港机埠兼粮食加工厂内。1997年，并入村新办的东荷小学。

原东二小学 20世纪40年代初，虹来之港中医潘费竞在自家东厢房办起1间学堂，20多个学生。1947年，成为国民小学，位于西厍浜高家厅，学生数十名，1～3年级复式教学。后搬迁到浜东忠良庵。解放初，学生40～50名，采用一至四年级复式教学，校名西厍浜小学。1973年，学校迁到虹来之港，更名为东二小学，有校舍8间，240平方米，有篮球场。1990年，在东边5间平房上加建一层楼房，面积增加150平方米。1972—1973年，与东一大队合办过一届两年制初中班。1996年，两村合并为东荷村后，在三贤祠浜与西厍浜的中段新建一幢8开间三层教学楼。1997年，东二小学并入新的东荷小学。

原东荷小学 创办于1997年，位于三贤祠浜与西厍浜的中段，一幢8开间三层楼，顶层为村行政用房，下两层作为教室，共16间，建筑面积480平方米，有篮球场。1997年9月至1998年8月，有1～4年级5个班(4年级有2个班)，教师7名。1998年9月，三、四年级并到民主小学，保留一、二年级，教师2名。2004年9月，东荷小学全部撤并到民主小学。

【田乐完全小学】

前身为永聚小学，设于北家港聚福庵内。1954年，称聚兴小学，学生20余名。1958年，迁肖家湾，在杨家浜建草屋5间，学生30名左右。1964年，学生30余名，1～4年级。1967年，改名为永红小学。1975年，在朱家路港桥堍新建学校。1977年，成立田乐中心小学，学生400余名，卜金福任校长。90年代，更名为田乐西片永聚小学。2002年，大坝小学、市泾小学并入，并更名为田乐完小。2004年，异地搬入原田乐中学校舍(肖家湾北海荡边)。同年，田青小学并入。2010年，学校占地面积11253平方米，建筑用地4575平方米，教学及辅助用房1761平方米；运动场地面积6249平方米，田径运动场1个，为环形煤渣跑道；篮球场1个，排球场1个；教学楼2幢，普通教室13个，电脑房、实验室各1个；13个教学班，学生465名；30名教师，其中本科学历10名，大专学历13名，中专学历7名，区教学能手1名；有学生电脑40

台,教师电脑30台,图书1280册。

原田青小学 创办于1957年,位于大家甸,称田乐小学。初时3间砖木平房和3间草棚,同年青龙小学并入。1958年,广阳庙小学并入,迁至吴金男、吴通海家,7间房子,学生100名左右,教师6名。1963年,有14间平房,1～6年级,复式班,教师8名,招收田青、双塔、栋梁村的学生120余人。1970年,更名为向阳小学,原地(大家甸)重建二层楼,共6间大教室,占地200余平方米,增设初中班、幼儿班,教师14名,学生300名左右。1978年,改名为田乐公社中心小学,建造平房16间、二层楼房12间。1980年,建造为8开间的三层楼和1幢二层小楼。1990年代,命名为田乐乡中心小学,教师20多名。2002年,田乐中心小学迁到肖家湾,大家甸原址的小学更名为田青小学。

原青龙小学 前身为田西港私塾、祥迎港私塾。1947年9月,田西港私塾开办,设于宝胜庵的3间房子内,学生30余名;1946年3月,祥迎港私塾开办,8名学生,后青字私塾并入,学生15名。1951年9月,两私塾学生并为青龙小学,有学生50多名,位于唐庵里。1957年,并入大家甸的田乐小学。

原广阳庙小学 开办于1955年9月,为高小班五、六年级,设于广阳庙前殿,约80平方米,教师4名,招收祥迎港、田西港、小港、青字、奈字、东埂、西埂、史家港、戴方港、东潜、西潜、七家港、田北听、南听港、塔上等学生50余名。1958年,广阳庙拆除,学校停办,学生转入大家甸的田乐小学。

原新农小学 前身是田禾浜初级小学,设于田禾浜河东卜家账房,私塾性质,教室经常更换。1944年,更名为梅湖乡十四保国民学校,教师1名,学生32名。1946年,学校搬回卜家账房内。解放后,命名为新农小学,学生40名左右,生源来自新农及永聚、市泾。1951年,教师3名,学生30名。1958年,学生30～40名。1963年,教师8名,学生100余名。1964—1968年,教师12名,学生120余名,年级1～5年级,开设初中班,易地新建校舍5间。70年代初,增至13间,有操场。1968—1981年,教师14名,学生330余名,3个初中班。1988年,学校搬入村开发区新建的二层教育楼(今田乐幼儿园)。1999年夏,并入市泾小学。

原北海小学 前身是所私塾学校,1940年创办,学生10余人。1944年,为梅湖乡第八、九保国民学校,教师1名,1个班,学生32名。解放后,设在李富宝家,教师1名,学生10余名。1962年,新建教室,成立北海小学,教师1～3名,学生20余名。1975年,学生40名左右,后撤并到永红小学。

原长爿头小学 1939年,史振萧在自家办私塾,学生10名左右,后停办。解放后,在原地办起长爿头小学,学生20余名,后并入永红小学。

原芥字港小学 前身是所私塾学校,1945年由杨先生创办,私塾性质。1947年,为国民小学。1～6年级,复式教学,位于费桂林家。解放后,初时学生30多名,后增至90余名。1951年,将钱家庄福田庵拆除,建造校舍。1952年冬,新校舍建成,有4间教室、1间办公室,有操场、篮球场,开设1～4年级,按年级分成2个班。1990年,校舍重新翻建。1998年,撤并到田青小学。

原立新小学 创办于1970年,位于现栋梁村村部边,1～4年级,复式教学,教学用房6

间，有篮球场，教师12名，主要招收栋梁村适龄儿童。1980年左右，撤并到向阳小学。

原市兴小学　创办于1950年9月，又叫加庙小学，设于现市泾村东面一所庵内，2幢6开间，占地面积200多平方米，学生32名。1958年，五、六年级并入新农小学，一至四年级留在本校。

原才来小学　1961年创办，位于现市泾村西南面，4间房子，其中教室2间，30多名学生，复式班。1972年，与市兴小学合并为卫东小学。

原市泾小学　1972年，市兴小学和才来小学合并为卫东小学，位于现市泾村东面，教室12间，教师18名。1984年7月，更名为市泾小学。1999年，向西移300米新建三层教学大楼，投入资金68万元，面积380平方米，教室8间。2003年，并入田乐小学。

原红旗小学　前身是培英模范小学，私塾，设于西潜港东岸北端的集福庵内。1943年7月，更名为梅湖乡第十保国民学校，学生47名。1953年，学校迁至东潜，成立红旗小学，开设1～4年级，复式教学，房子2间，其中1间教室，招收东片、中片的学生约40名。1967年，撤并至心红小学。

原新联小学　创办于1958年，设在田北厅，3间房子，其中教室2间，开设1～4年级，复式教学，招收七家港、南厅港、湾菱港、木行里和田北厅的学生46名。1967年，撤并至心红小学。

原新北小学　创建于1963年，设在塔上村，房子2间，后易地建房5间，其中1间教室，开设1～4年级，复式教学，招收塔上、杨苏路的学生38名。1967年，并到心红小学。

原心红小学　1967年，红旗、新联、新北三所小学合并到七家港，成立心红小学。3间草屋为教室。1988年，翻建成二层楼房14间，其中教室10间，常年招收学生150余名。2003年，并入田乐中心校。

原史家路小学　前身是长兴乡第17保寒家斗国民学校，始建于1942年2月，设于大坝寒家斗李金奎家里，面积100平方米，学生12名，开设1～4年级，1951年，搬迁到史家路原保圣庵内，更名为史家路小学。有房子5间，其中4间教室，学生55名。1958年，与陆家池小学合并成立寺下港小学。

原陆家池小学　前身是七家扇国民学校，始建于1946年2月，设在王金福家的下场屋，教室等共85平方米，学生9名，开设1～4年级。1952年，搬迁到陆家池刘王庙内，更名为陆家池小学，有5间房子，其中教室3间，学生50名。1958年，与史家路小学合并成立寺下港小学。

原寺下港完全小学　1958年，由陆家寺小学、史家路小学合并成立寺下港完全小学，教室7间，1～6年级，复式班。2003年，并入王江泾镇田乐中心校。

【虹阳完全小学】

创建于1949年2月，前身是一所私塾，有七八名学生，设在一座小庙内。1957年9月，教师7名，班级5个，学生125名左右。1973年9月，增设初中与高中，教师16名，班级14个，学生483名左右，校长为徐关林。1977年9月，有小学与初中，教师15名，班级12个，学生490名左右，校长阮福荣。1984年9月，教师17名，学生531名，吴尚德任校长。1989年9月，教师20名，班级13个，学生550名左右，校舍扩大近三倍，李祥生任校长；初中部分离，单独为小学部。1993 年 9 月，教师 23 名，班级 14 个，学生 570 名左右，张建华任校长。1998 年 8 月，改建为王江泾镇虹阳小学。此后，新力完全小学、阳城完全小学、尖墩角完全小学、虹西初级小学、东石桥初级小学、东南初级小学、天星初级小学 7 所小学先后撤并到虹阳小学。1996 年投资建设逸夫教学楼，2006 年，新建南教学楼。2010 年，学校位于虹阳村天虹路 16 号，占地面积 15236 平方米，建筑用地 7069 平方米，教学及辅助用房 2806 平方米。运动场地 6809 平方米：田径运动场 1 个，2010 年改造成 200 米环形塑胶跑道；儿童足球场 1 个，标准篮球场 2 个。绿化面积 1358 平方米。有实验室、美术室、电脑房、图书室、阅览室等。2005 年被评为秀洲区“书香校园”。有图书 9460 册。生均图书 15 册。师生共有电脑 104 台，多媒体 12 套。学校共有 16 个班级，629 名学生，35 名教师，其中有区教学能手 2 名。

原阳城北片小学　前身是所私塾学堂，创办于 1938 年，设在北墓城滚灶庙内，1 个班级。后改名为墓城国民小学，学生 20 名左右，复式班。解放后，更名为光明小学，教师 3 名，2 间教室，教师宿舍 1 间，操场 150 平方米。1968 年，改名为阳城北片学校，教师 2 名。1976 年，设有三年级、四年级 2 个班，学生 60 名左右。1979 年，并入东方红小学（阳城小学）。

原新联小学　创办于 1958 年，设于乌沙河的蒋姓地主的房子内，即老金宝家，教室 2 间，约 50 平方米，教师 1 名，学生约 30 名，1～4 年级，复式班。1968 年，并入东方红小学（阳城小学）。

原阳城西片小学　创办于 1975 年，在宋家浜浜北建造 5 间房屋，设 2 间教室，1 间教师办公室兼宿舍。设有 1～2 年级和 3～4 年级复式班各 1 个，学生 60 名左右，教师 3 名。1979 年，并入东方红小学（阳城小学）。

原阳城小学　创办于 1959 年，位于南墓城仲姓地主家的房子内，教室 1 间，办公室 1 间，教师宿舍 1 间，操场约 100 平方米。教师 1 名，学生 45 名左右，1～4 年级，复式班。1968 年，在南墓城港西北端易地新建校舍，更名为东方红（完全）小学，1～2 年级为复式班，学生 170 名左右，教室 4 间、有标准篮球场 1 个，操场 300 平方米。1981 年，东方红小学更名为阳城小学。教室 5 间，1～5 年级各 1 个班。1996 年夏，并入虹阳中心小学。

原尖墩角小学　创办于 1938 年，位于尖墩角北端白雀庵内，1 个班级，教师 2 名，学生 40 名，为尖墩角乡第九保国民小学。解放前，更名为尖墩角小学。解放后，2 个班，学生 60 多名。1966 年，并入长浜港的红卫小学。

原红卫小学（虹西）　前身是塔上小学，1950 年开办，设在塔上徐阿土家原房旧址，房子 2 间，其中 1 间教室，学生约 40 名。1957 年，搬到寺东埭，房子 3 间，2 个班，1～4 年级，复式班。1966 年，尖墩角大队在长浜港东侧建造 8 间小学用房，并与白雀庵的尖墩角小学合并成立红卫小学。后附设 2 个初中班，共有 7 个班，200 余名。70 年代后期，撤销初中班。1981 年，更名为尖墩角小学。

原天星小学　1964 年创办，设于石桥湾杨家，2 间房子做教室，教师 1 名，学生 50 名左右，1～4 年级，复式班。1968 年，天星大队建造二层大队办公用房 8 间，其中 5 间归学校用，学生 60 余名。1987 年起，四年级撤并到尖墩角小学就读，规模缩小到 1～3 年级。1999 年 7 月，并入虹阳完全小学。

原仲昌桥小学 1953年创建，设在仲昌桥庙里，设1～4年级。后仲昌桥小学并入新农乡钱家湾小学，属于镇东乡的学生全部到东石桥小学就读。1966年，仲昌桥小学拆除。

原合欢桥小学 1954年创建，设在合欢桥庙内，教师1名，设1～4年级。1963年，并入周家厅小学。

原周家厅小学 1963年7月，周家厅小学创建，设1～4年级，教师1名。1968年后，升级成完小。1975年7月，开设初中班；1977年夏，初中班集中到虹阳中学。

原东石桥小学 1963年7月，东石桥小学创建，教师1名，学生67名。1974年7月，开设高中班，教师6名。

原虹西小学 1938年3月创建，设在集福庵。庵为四合院，主殿约为150平方米作为教室，教师2名，复式教学，1～3年级，学生60名左右。1943年，更名为复礼乡第三保国民小学，教师2名，学生20多名。解放后，更名为集福庵小学，教室2间，教师1名。

原永红小学(虹阳) 20世纪60年代创建，名为永红小学，位于芦埂里，1～5年级，教师5名。20世纪70年代，移建至徐家门，更名为杨汇涝小学。每届学生约280名。1984年，迁至永兴桥，更名为虹西小学，最高为三年级，四年级学生在虹阳小学就读。

原荡埭小学 解放初创建，1间瓦房，教师1名，名为荡埭小学。学校几经扩建，"文化大革命"前期撤销，学生并到杨汇涝小学就学。

原鸡头浜小学 20世纪70年代创建，位于鸡头浜，教师1名。1984年，撤并入虹西小学。

【金跃小学】

1993年4月创办，位于沈家桥村张家浜3号，占地面积1947平方米，5个班级，1～5年级，一幢两层楼房，7间教室，1间办公室，学生约120名，7名教师，操场882平方米。2001年5月，更名为王江泾镇金跃小学，6个班级，设1～6年级，学生210名左右，7名教师。2009年6月，学校成为市首批非物质文化遗产传承剪纸教学基地。2010年，学校为王江泾镇中心小学所属的村完全小学，位于镇域南端，紧邻新塍公路，建筑面积693平方米，教学及辅助用房863平方米；6个教学班，学生206名；教师11名，其中小学高级教师9名，本科学历教师3名，专科学历教师6名，中专学历教师2名；有电脑房、多媒体教室、图书室、实验室及剪纸活动室，学生电脑26台，教师电脑13台(含1台手提电脑)，多媒体2套，图书2107册，生均图书册数10册。

原金鱼桥小学 创办于1949年以前，设于金鱼桥村关帝庙，名金鱼桥村小学。解放后，学校占地约2亩，1～4年级，复式班，学生10名左右。1957年，学生30名左右，2名教师。1968年，在原址翻建2间教室，2个教学班，1～4年级，复式班，学生40名左右。1974年，迁建至金跃桥河对岸，新建4间教室、1间办公室，学生65名左右，5名教师，结束复式教学。1983年，迁建至金鱼桥河边高地处，新建2间教室，1间办公室，学生30名左右，2个班级，2名教师。1993年，在沈家桥村部东建造二层楼校舍，与沈家桥小学并为金跃小学。

原沈家桥小学 创建于1963年下半年，位于沈家桥村西桥堍，名沈家桥完全小学，占地约2亩，操场约90平方米，校舍约120平方米，3间教室，1～5年级(复式班)，学生约80名，4名教师。1967年夏，翻建新校舍，5间教室，1间办公室，7名教师，学生130名左右。1970年，学校原址改造，教室增至9间，更名为东方红小学。70年代以后，更名为沈家桥小学。

1993年，在沈家桥村部东面建造二层楼校舍，该校与金鱼桥小学撤并为金跃小学。

原关帝庙小学 1942年9月创办，位于宇四浜关帝庙，1间教室，1间教师宿舍，操场（天井）70多平方米，学生28名，开设1～3年级。1945年以后，开设1～6年级。1951年冬，学校停办。

原德芳桥小学 1952年9月创办，设于德芳桥庙宇内，名德芳桥小学。3间教室，1间办公室，学生近100名，1～5年级，教师3名。1969年，并入甘草浜小学。

原永丰小学 1953年，学校设在杨老太庙，3间房间，复式教学，教师3名。1967年，在林家头建造村小学，名永丰小学，占地面积700多平方米，5间房子，3个教室，1个办公室，设1～4年级，复式教学。1990年，学校撤销，学生分别并入甘草浜小学和陶家桥小学。

【长虹小学】

创办于2002年3月，为公办小学，位于长虹村铁店港，占地面积约1亩，有一幢二层教学楼，6间教室，2间办公室，操场约160平方米，开设1～6年级，6个班，学生约70名，教师6名。随着新居民子女增多，学校规模逐年扩大，2004年，该校建起两幢教学房和一幢科技楼，10个班级，学生400多名，教师20名。该校设有电脑房、实验室、图书室、仪器室，配置电脑50台及实验器材。2010年，有11个班级，学生（基本为新居民子弟）480名，教师22名。

【精英学校】

创办于2002年3月，为新居民子弟学校，民营性质，位于嘉兴市城北路502号。2004年11月，迁至嘉北街道原嘉北中学旧址。2007年9月，搬迁至王江泾镇宇四浜村南横四路北侧，占地面积7841平方米，其中建筑面积3200平方米，操场面积5641平方米；投资人潘玉林，总投资530万元；19个班级，950名学生，教师25名。2010年，班级25个，学生1397名，教师49名。

第四节　中学教育

民国时期和解放后的一段时间，境内无中学教育。1958年9月，嘉兴县在南汇公社创办嘉兴第九中学（1961年改名为南汇中学），为初级中学。同年，王江泾小学附设初中班；次年，建办嘉兴第十一中学（1961年改名为王江泾中学）；1962年，并入南汇中学。1968年，荷花公社在小学内附设初中班，数年后又设高中班，并建立荷花中学。南汇中学、双桥公社王江泾中学分别于1971年、1973年设立高中班。其时，各公社欣起在小学内设立中学热，公社中心小学均设初中班，部分学校设高中班。1984年，双桥、南汇、荷花、田乐、虹阳乡均成立乡镇中学，同年，境内中学共有7所，初中46个班，学生2326名；高中2个班，学生92名。1987年，境内有区属中学2所，乡镇中学5所，共有初中学生1934名，高中学生83名。1988年，南汇中学撤销，高中部师生并入王江泾中学，初中师生并入南汇镇中学。随着乡镇行政区划调整，1989年双桥中学改名为王江泾镇中学。进入21世纪，部分中学进行撤并：2000年，虹阳、荷花中学和王江泾农技校三校部分学生迁入王江泾镇新校舍就读，次年三校学生全部并入王江泾镇中学；2002年，田乐中学并入王江泾镇南汇中学。2005年，南汇中学与南汇中心小学合并建立王江泾镇实验学校，成为全区第一所九年一贯制学校。2010 年，全镇设有初级中学一所，九年一贯制学校一所，共有中学生 2538 人，教职工 202 人，其中专任教师 183 人，教师中有高级职称 28 人、中级职称 149 人。

1983—1990 年王江泾镇域中学基本情况表

表 19－6

年份	学校（所）	附设的学校（所）	在校学生									
			合计		初一	初二	初三	二年制高中		三年制高中		
			班数（个）	学生（人）				高一	高二	高一	高二	高三
1983	2	8	43	1884	952	693	339	49	42			
1984	7	2	48	2418	947	825	554		47	45		
1985	7	2	47	2679	1124	859	696					
1986	7	2	50	2408	736	964	758					
1987	7		48	2016	620	606	707			83		
1988	6		37	1463	387	505	438			81	51	
1989	6		30	1067	238	308	391			49	37	44
1990	6		32	1167	694	263	283				40	33

1992—2010 年王江泾镇域中学基本情况表

表 19－7

年份	学校数（所）	班级数（个）	在校学生（人）				教　师　（人）						
			合计	初一学生人数	初二学生人数	初三学生人数	教职工总数	专任教师	专任教师学历				
									本科以上	专科	中专	高中	高中以下
1992	6	47	2044	779	691	574	138	112	10	58	32	4	8
1993	6	48	2183	762	760	661							
1994	6	51	2473	982	757	734							
1995	6	54	2569	871	955	743							
1996	6	55	2500	703	864	933		145	14	102	19	10	
1997	6	47	2093	565	687	841							
1998	4	44	1941	712	557	672		144	19	102	15	11	

续表 19－7

年份	学校数(所)	班级数(个)	在校学生(人)				教师(人)						
			合计	初一学生人数	初二学生人数	初三学生人数	教职工总数	专任教师	专任教师学历				
									本科以上	专科	中专	高中	高中以下
1999	4	53	2527	1279	699	549							
2000	3	66	3347	1385	1266	696							
2001	3	70	3655	1035	1369	1251	206	193	24	113	21	4	
2002	2	66	3399	1016	1031	1352							
2003	2	63	3084	1066	1008	1010							
2004	2	60	3008	959	1058	991	198	181	55	119		7	
2005	2	61	3131	1138	954	1039							
2006	2	61	3129	1075	1120	934							
2007	2	63	3270	1109	1062	1099							
2008	2	62	3161	1047	1095	1019	200	185	103	46		6	
2009	2	59	2893	785	1042	1066							
2010	2	58	2538	727	789	1022	202	183	150	29		4	

说明：数据来源于区教育事业统计资料汇编

【王江泾镇中学】

前身为双桥乡中学，创办于1984年，初设于双桥中心小学内。1985年，在双桥村苏嘉公路东侧征地20亩，建造从中心小学独立出来的乡中学新教学楼1幢，建筑面积1200平方米；后又建教师食堂等附属设施和篮球场2个。同年，设7个班级，375名学生，其中初一年级3个班，161名学生；初二年级2个班，106名学生；初三年级2个班，108名学生，20名教师。1989年，因撤乡建镇，双桥中学改称王江泾镇中学，校址仍设在双桥集镇。

1998年，虹阳中学、荷花中学并入王江泾镇中学，成为镇中学分部，学生仍在原地就读；同年，镇中学及两所分部共招收初一年级新生388人。2000年，位于镇区王江泾大桥西侧虹桥路与闻川路交叉口的新校舍建成，占地面积8520平方米，总投资715万元。同年8月，虹阳、荷花两所中学分部初三年级及农技校初中部率先并入，三校一部分学生迁入新校舍就读。2001年2月，虹阳、荷花中学分部撤销，师生全部并入。2005年，学校投资470万元兴建体育馆1座，建筑面积3100平方米；拥有一类标准的理、化、生实验室；校图书馆馆藏图书4万余册，被评为省级示范性图书馆；有校园音响、计算机网络、有线电视、多媒体教学系统等现代化教学设备，并有天文台、400米塑胶跑道、电子屏幕。2010年，学校占地面积50505平方米，建筑面积20975平方米，求知教学楼2幢，教师办公楼、科技楼、践行楼、综合楼、男女学生公寓、师生食堂各1幢，风雨操场1个，以及配电房、传达室等附属设施；有教师99人，其中大学本科学历95人（占教师总人数的95.96%），区级教学能手和区级学科带头人5人，中学高级教师职称30人；36个班级，1533名学生（其中初一年级12个班，学生499人；初二年级12个班，学生505人；初三年级12个班，学生529人）；当年度，初中毕业人数632名（占应届毕业生的99.4%），升学率94.3%，其中升入重点中学10.3%。

学校先后被评为“浙江省示范初中”“浙江省绿色学校”“浙江省教育学会课程分会会员学校”“浙江省教育学会义务教育分会会员学校”“嘉兴市文明单位”“嘉兴市教育科研基地”“嘉兴市五四先进团委”“嘉兴市实验教学先进集体”“嘉兴市中小学标准化实验室”“嘉兴市陶行知研究会实验学校”“嘉兴市百校消防安全教育示范学校”“嘉兴市首批中学共青团规范化建设示范团委”。

原王江泾中学　20世纪70年代初，位于王江泾集镇文昌阁原嘉兴十一中学老校园内的王江泾小学开始设初中班。1973年，成立双桥公社王江泾中学，首届招生初中3个班，高中2个班，学制均为两年。至1975年，初中毕业生107人，高中毕业生54人。1976年，开始在原校址的东区新建教学楼。1977年夏，新教学楼投入使用。1978年，学校招收两个高中班，隶属于县文教局。高中班除当地生源外，学生大多来自栖真、七星、荷花、虹阳、双桥等公社。同年，王江泾中学初中学制开始改革，由两年制改为三年制，2个高中班的学生全部改为初中三年级。1979年，学校再次招收一个县属高中班。1981年，首届高中毕业生43人。学校开办前期归属双桥公社（乡）中心小学领导，先后由胡茂才、沈森林、张尧等担任学校负责人。1985年5月起，学校归属王江泾镇管理，改名为王江泾镇中学，沈森林任校长。1986年7月，与嘉兴市农业技术学校合并，实行“一套班子、两块牌子”，学校隶属嘉兴市郊区文教局。合并时，王江泾镇中学共有初中班级6个，教师20名。1988年8月，南汇中学高中部迁入，学校更名为嘉兴市郊区王江泾中学（南汇中学迁入时，带有高二年级一个班）。同年，学校又招收2个高中班。1989年，高二学生毕业，另两个高一班级迁至新塍中学就读，部分教师随班去新塍中学任教或去附近乡镇支教（1991年后返回原学校）。2000年7月，初中学生并入王江泾镇中学，同时有10名教师分流去镇中学任教。王江泾中学撤销。

原嘉兴第十一中学　1958年，王江泾小学附设2个初中班。至初二时，由于流生较多，合并成一个班。初中班学生就读于王江泾小学原址——文昌阁。同年，初中班隶属于嘉兴九中（后改为南汇中学）。1959年，初中又招生2个班，遂正式成立嘉兴第十一中学。学校隶属嘉兴县文教局，黄伯明任校长。同年，学校有初一2个班，学生111人；初二1个班，学生39人。除了校长外，专任教师6名。1960年，学校继续招收2个班，学生总数达到245名，教师增至10人。同年4月，征用王江泾市河以西旱地31.9亩，作为学校基建用地。上级拨款2万多元，首期建造各类教育用房1400多平方米。1961年9月，嘉兴第十一中学改名为嘉兴县王江泾中学。1962年6月，嘉兴县王江泾中学撤销，师生等并入嘉兴县南汇中学，少量学生转入市区各中学学习，部分学生被动员回乡参加农业生产劳动。

原南汇中学　1958年9月创建。初时，校名为浙江省嘉兴第九中学，是一所三年制初级中学，收读南汇、澄溪、荷花3个乡学生。校址设在南汇镇大弄1号，原南汇中心小学所在地。

朱之麒任书记兼副校长(1960年前未设正校长)。1960年2月,叶孝林担任书记兼校长。1961年9月,学校改名为嘉兴县南汇中学,陈文达担任副校长,全面负责学校工作。1960年,学校有初中8个班,学生401名,教职员工25人。1962年9月,王江泾中学师生并入。1968年9月,学校下放归南汇公社革命委员会领导。同年10月,建立嘉兴县南汇中学革命委员会,陈文达担任革委会主任。1971年起,南汇中学增设普通高中班。首届普高招收两个春季班,学制两年。1972年,继续春季招生,招收两个班。1973年开始,实行秋季招生。1979年4月,南汇中学改为县属中学,由县教育局直接管理,殷省身担任学校党政负责人(1979年11月起任书记)。1984—1986年,因生源等原因,学校没有招收高中班。1987年,继续高中招生。1981—1987年,先后由朱伏川、金其生、陶宗明等担任副校长(学校未设正校长)。1988年8月,撤销南汇中学,高中部并入王江泾中学,有13名教职工同去。原校舍由南汇镇中学迁入使用,南汇中学初中学生留校成为南汇镇中学学生。

原荷花乡中学 1968年下半年,荷花公社中心小学(地点在农增村)附设初中班。1970年,第一批初中生毕业(学制小学5年,初中2年)。1971年9月,借用甸上粮站房子办一高中班。一学期后,迁至荷花公社中心小学。同年,公社中心小学的高中班有学生30多人。1974年,荷花公社中心小学又在原东风公社畜牧场后面新建校舍,建筑面积400多平方米。1974年9月,学校名为荷花五七中学,有4个高中班,学生140多人,教师增至7人,王瑞林任校长。1978年,公社中心小学高中班迁址荷花公社井冈霉素厂,高中不再招生。1980年,高中班又迁回公社中心小学新建的校舍。大队办小学不再附设初中班(除洪典、民主小学),公社中心小学中学班仅招收初中生,初中学制从2年改为3年,从6个班扩到9个班,学生300多人,老师22人。1984年,荷花乡中心小学中学部正式被命名为荷花乡中学。1985年,乡中学有11个班级,教职员工29人,547名学生,操场面积近3000平方米。1986年,乡中学在农增村钱家浜南、陶家荡北岸,征地15亩,新建校舍,投入资金共100多万元,建筑面积2200多平方米,其中教学楼2幢1180平方米,辅助用房700平方米。先后担任荷花乡中学校长的有王瑞林(1984—1994年)、陈佩华(1994—1997年)、盛华(1998—2000年)。1998年,荷花乡中学撤销,并入王江泾镇中学,成为镇中学荷花分部。2000年9月,初三学生先期并入王江泾镇中学;2001年2月,王江泾镇中学荷花分部撤销,所有学生并入王江泾镇中学就读。

原虹阳乡中学 创办于1984年8月,初期学校设在虹阳镇北中心校内,5个班级,271名学生,其中初一年级2个班,113名学生;初二年级2个班,104名学生;初三年级1个班,54名学生,姚荣祥任校长,18名教师。1985年,虹阳中学易地搬迁至阳城村,征地10.5亩,建起教学楼、实验楼、篮球场、食堂等基础设施,建筑面积2700平方米。同年有学生371名,初一3个班,初二、初三各2个班,学校教师人数21人。历任书记:吴上德(1984—1987年)、朱兴(1987—1995年)、姚荣祥(兼)(1995—1998年)。1998年,虹阳中学撤销,为王江泾镇中学虹阳分部。2000年9月,初三学生先期并入王江泾镇中学;2001年2月,王江泾镇中学虹阳分部撤销,所有学生并入王江泾镇中学。

【王江泾镇实验学校(7～9年级部)】

2005年8月,王江泾镇南汇中学和王江泾镇南汇中心小学两校合并,成立王江泾镇实验学校，位于南汇集镇北部，大家港自然村西，为秀洲区第一所成立的九年一贯制的实验学校。2010 年，学校占地 48029 平方米，全校 38 个教学班，1375 名学生，113 名教师。其中初中教师 72 名，具有本科及以上学历的占 95.5%，其中硕士研究生 2 名；职称上有中学高级教师 9 人、中级教师 60 人；区教学能手 11 人，区学科带头人 4 人，嘉兴市学科带头人 1 人。学校建有行政教学综合楼、实验楼、学生公寓（可供 700 人住宿）、师生餐厅（可容纳 1500 人）、300 米标准环形塑胶跑道等，有实验室、电脑室、多媒体教室、语音室、音乐室、美术室、劳技室、图书室、阅览室等，教学仪器设备按省Ⅰ类标准配备。校内有音响系统、闭路电视系统、计算机网络系统。学校先后获得“浙江省九年一贯制示范性学校”“浙江省Ⅰ类标准化学校”“嘉兴市青年文明号”“嘉兴市科技教育先进集体”“浙江省绿色学校”等称号。

原南汇镇中学　创办于 1984 年，为南汇乡中学，位于南汇大家港西南汇乡中心小学内，两校设在一起。1985 年，为南汇镇中学，设初中 6 个班级，学生 260 名，教职工 15 名，教师 14 名。1988 年，由于位于南汇镇大弄 1 号的南汇中学撤并至王江泾中学，镇中学即搬迁至原南汇中学校址；原南汇中学的部分教师在南汇镇中学任教，南汇镇中心小学仍在大家港。至此，中、小学完全分设两处。同年，陈佩华任校长。1990 年，学校有班级 5 个班，学生 191 名，教职工 23 名，其中教师 15 名。1994 年，陆海生任副校长，1996 年任校长。2001 年 4 月，更名为王江泾镇南汇中学。2002 年，有班级 24 个，学生 1187 名，教职工 78 名，其中教师 74 名。同年 8 月，王江泾镇田乐中学并入王江泾镇南汇中学。2003 年，王利伟任校长。2005 年，学校投资 250 万元，建造塑胶运动场及校园景观。同年 8 月，学校与王江泾镇南汇中心小学合并，成立王江泾镇实验学校。

原田乐乡中学　1971 年 8 月，田乐公社中心小学附设高中班，第一期高中学生 1 个班，45 名学生。高中班共举办 8 年、4 届。1979 年，高中班结束办学。同年，田乐公社其他小学附设的初中生集中到田乐公社中心小学，共有初三 3 个班，第一任校长为卜金福。1984 年，正式成立田乐乡中学。1992 年，学校搬迁至田乐乡北海荡，重新修建三层教学大楼。1994 年，中学又投资兴建一幢三层实践楼。原校址用于建田乐车站。2000 年，田乐中学初中 3 个年段共 12 个班级，27 名教师。历任田乐乡中学校长分别为卜金福、凌其男、吴金良、徐春林、葛雪荣、於凤海。2002 年 8 月，王江泾镇田乐中学并入南汇中学，田乐中学撤销。

原嘉兴县双桥农场高中班　1973 年夏，双桥农场高中班建立，同年下半年开班。初期，设在双桥农场旧房子里，学生睡在牛棚内。后在农场的西北角，新建 1 幢两层教学楼，2 间教室，1 间办公室，1 间男生宿舍，1 间活动室，女生睡在农场宿舍。招 2 个班，学制 2 年。其中 1 个城镇班、1 个农村班。共招收学生 108 名。李德寿任校长。该高中班只招收一届。1973 年上半年，该届学生毕业，学校解体。

第五节　职业技术教育

【嘉兴市农业技术学校】

成立于 1983 年 7 月。由嘉兴市郊区人民政府创设，校址设在王江泾镇原嘉兴第十一中

嘉兴市农业技术学校首届毕业生留影(1985 年)

学旧址王江泾镇北虹路 27 号,与王江泾中学合用一个校园,首届招生两个班,一为农学专业班,一为普通高中班,学制均为两年。学校归属嘉兴市教育局。同年 11 月,划归嘉兴市郊区文教局管理。1984 年 6 月以前,学校行政工作由南汇中学领导兼管。同年,学校招收水产专业班和普通高中班共两个班,同年 8 月,新三层教学楼、办公楼竣工投入使用,同时建三层师生宿舍楼,约 550 平方米。同年起,停止招收普通高中,专招职业教育班。学校历年开设的专业,有农经、水产、财会、供销、烹饪、护理、乡村医生等专业,后又开设发电厂与电力设备、计算机等专业。1986 年 7 月,市农技校和王江泾镇中学(于 1985 年改属镇)合并为一套班子。两校合并后,初中 6 个班、职高 4 个班,共有学生 500 多名。1987 年 11 月,征地 3.41 亩,校园扩大到 35 亩。同年建成 500 多平方米的学生食堂。1988 年 8 月,南汇中学迁入,学校更名为嘉兴市郊区王江泾中学,并入市农业技术学校。同年新设一个高二班(南汇中学带来),新招两个普通高一班。次年,普高二年级班(两年制)毕业后,另两个普高班即搬至新塍中学。自此,市农技校不再办普通高中班。

1988 年 4 月、10 月,市农技校分别竣工 1033 平方米的四层实验综合楼、近 800 平方米的四层教工宿舍楼,共投入 33 万元。1989 年,建造面积近 900 平方米的四层学生宿舍楼,投资 26 万元。1990 年,学校建设 200 米环形跑道、篮球场等。学校新兴的职业教育以财会等专业为主,逐渐成为知名专业。1989 年下半年,学校与郊区体委联合组建皮划艇训练队,在嘉兴市运动会上代表嘉兴郊区获得团体第一名;1990 年,在浙江省运动会上,代表嘉兴市获得 3 块铜牌。

1994 年 9 月,学校与郊区人武部联合创办“郊区预备军人学校”,于 1999 年 9 月停办(见嘉兴市郊区预备军人学校)。同年 8 月,市农技校和郊区王江泾中学重新分开设立,校址和隶属关系不变,党组织不变,两校共属一个党支部。1995 年 8 月,两校再次合并。1999 年 12 月,市农技校由市教育局管理,成为市属学校。2000 年 7 月,初中教育的任务下放给王江泾镇中学,同时有 10 名教师分流去王江泾镇中学任教。至此,市农技校成为纯职教学校。2004 年 8 月,市农业技术学校迁出王江泾镇,与另两所职校合并,进入嘉兴市高中园区(嘉兴市南湖区双溪路 1922 号)办学,更名为嘉兴市高级技工学校。

【嘉兴县农业技术学校】

1964 年 10 月筹办,校址设在今王江泾镇苏嘉公路旁,当年招收两个班,93 名学生,开设蚕桑和农作两个专业。1965 年 2 月,正式开办。同年 2—8 月,劳动 102 天,学习 90 天;劳动内容：参加双桥农场及王店蚕种场劳动，经营校舍周围7亩多荒地，以及劳动建校等活动。由于学校缺乏生产基地，1965年10月，县委决定将双桥农场坐落于王江泾的82亩旱地拨给学校做劳动教学基地使用。1966年2月，学校归还农场8.125亩作为饲料地。县农业技术学校由县文教局、农业局共同主管，实行半农半读制，学生毕业后按全日制中等专业学校同等学力对待。学校在全县范围内招生。教师队伍由县文教局、农业局从各自系统内抽调精悍力量组成。由于管理体制和经费的缘故，嘉兴县农业技术学校仅招过一届学生就解散。

【双桥农业中学】

1958年创办。开办初期，学校设在双桥中心小学内，后搬迁到双桥陈家桥眉毛汇。教室5间，占地面积约1000平方米，3个班，学生78名。首任校长为鲍维良，任课教师4名。1962年停办。

【荷花公社五七农民业余大学】

创办于1976年3月，共有68名学员。学员构成为生产大队党支部书记、大队干部、大队与生产队学习辅导员、贫下中农、知识青年、赤脚教师、社办企业工人等。设置农机班和马克思主义理论班各1个。校址设在原荷花中学内。校长为黄伯明，教师由荷花中学教师兼任，学制二年，授课时间均为晚上。教材由任教教师收集、整理。五七农民业余大学开办不到一学期即终止。

【嘉兴赤脚医生大学虹阳分校】

创办于1975年12月，由嘉兴县卫生局开办，校址设在虹阳卫生院内。县卫生局拨专款新建教育楼，建筑面积350平方米。学员主要来自嘉兴北片的农民，学制为一年。共有学员40名左右，共举办1期，教师大部分由嘉兴第二医院的医生、护士兼任。阮福荣任虹阳分校校长。

【嘉兴县双桥农场高中班】

创办于1973年下半年，是一所场校合一的高中班。学校由农场党支部、革委会领导，经费由国家负担，初期设在双桥农场旧房子里，学生睡在牛棚内。后在农场的西北角新建1幢两层教学楼，教室2间，办公室、男生宿舍、活动室各1间。女生睡农场宿舍。同年招生2个班，学生108名，教师6名，学制两年。嘉兴县双桥农场高中班只招收一届。1975年上半年，高中班学生毕业，双桥农场高中班同时解体。

【嘉兴市郊区预备军人学校】

创办于1994年9月，由市农业技术学校与郊区人武部联合开办，学校设立正副校长、正副政委和办公室、政治科、军训科、总务科。1995年，嘉兴市农业技术学校学生参加预备军人学校的民兵训练，经考核全部合格，被纳入预备役人员。1999年9月，预备军人学校停办。

第六节　成人教育

【民众教育】

民国时期，境内王江泾、南汇、双桥等镇均在中心国民学校内附设民教部。据《嘉兴市教育志》载，1933年3月，嘉兴县第一区双桥乡作为嘉兴县文庙民众教育馆择定实施区，以实施乡村民众教育。双桥实施区用房向双桥镇公所借用，民众学校附设在双桥小学，下设主任、教导员，经费由省教育厅拨款。1937年7月抗日战争全面爆发，11月嘉兴被日军占领，民众学校成流动学校，教育断断续续。抗日战争胜利后，民众学校恢复正常。1948年，双桥乡中心国民学校民教部有成人班和妇女班。王江泾镇民众学校创办于1940年9月，附设于王江泾镇中心国民学校，全称嘉兴县王江泾镇中心国民学校民教部。1947年第二学期民教部妇女班有毕业生15名，其中妇女14名，男生1名；年龄最大的24岁，最小的9岁。所学科目有语文、算术、常识(地理历史)、音乐、常识(自然公民)。

【扫盲运动】

中华人民共和国成立以后，扫盲教育作为政治文化运动。1950年，境内各乡、村建立冬学委员会。教员和农民业余小学校长小部分由嘉兴县集中培训后充任，大部分教师由村校的教师和小学毕业文化程度的人担任；冬学课本自买，教材由省政府发给；办公经费各自自筹或募捐解决；教室一般借用村里的寺庙、庵堂或村民住房。1951年，冬学由各级党委宣传部门、人民政府教育部门、青年团、妇联、农协等单位组成的农民业余教育委员会统一领导。扫盲重点是乡委员、村干部、农会和妇女会小组长以上的干部、民兵、青年团员和积极分子，要求每人在冬学中最少能识200字(冬学3年等于上小学1年)。王江泾区共开办民校3所。1952年，扫盲教育“以巩固冬学，发展民校，以创造速成识字法”为方针。速成识字法是运用象形字、同音字及借用实物等进行教学。教学内容：1. 人名、地名、合作社名、工具名、农活名、庄稼名、数字、量词和其他农业合作社迫切需要的词语；2. 当地常见的事物和常用词语等。标准是识2000字左右，能够阅读通俗的书报和写短文。1954年，调整提高，将冬学转为民校。1955年，各个乡镇配备专职扫盲干部，双桥为张尧，王江泾为潘烨。1956年，掀起扫除文盲热潮，荷花乡作为全县扫盲试点，县政府抽调嘉兴师范108班40余名学生参加，荷花乡兴隆社(今属长虹村)是该乡的试点。同年5月24日，荷花乡兴隆社扫除青壮年中的文盲、半文盲258人。同年5月31日，荷花乡共扫除青壮年中的文盲、半文盲3787人，占青壮年总数的84.4%。

“文化大革命”开始后，扫盲工作陷于停顿。农村的文盲、半文盲有新的增加。1974年各公社配备业余教育专职干部，负责扫盲和各种培训工作。1984年9月，各乡镇成立教育支部，各支部配备1名成人教育专职干部，多为从教师队伍中选拔。虹阳乡先后有朱新根，顾泉生；荷花乡先后有王海生、戴菊青；田乐乡先后有张和乐、鲍和生；南汇镇有张金根；双桥乡有张尧等。

1985年，各乡镇统计青壮年文盲、半文盲，开始大面积扫除青壮年文盲。扫盲教师由小学教师担任，小学高年级以上学生在假期也参与扫盲活动。至1990年，各乡镇的青壮年非盲率95%～98%，通过上级验收都被认定为基本扫除青壮年文盲乡镇。在扫盲的同时也举办各种培训，以虹阳乡1986年为例，全年举办技术培训班8期，参加学习人数329人次；荷花乡1990—1994年开办农函大班4期，结毕业生72人，每年开办农业种植技术培训班10多期。南汇镇、田乐乡的成人教育同样以农民技术教育和乡镇企业职工教育为主，开办农函大班和农业种植、养殖技术的培训班以及乡镇职工的技能培训班。

【成人文化技术学校】

1994年起，境内各乡镇先后经郊区有关部门验收后建立乡镇成人文化技术学校。各乡镇成校每年开办农业种植技术培训班、水产养殖技术为主要内容的种养殖技术培训班多期；开展对企业职工教育，组织举办电工、织机操作、企业管理、财务会计、建筑等职业技能培训以及摩托车驾驶员培训。各乡镇成人文化技术学校负责人：荷花乡王瑞林，虹阳乡顾泉生，两乡成人文化技术学校于1998年并入王江泾镇成人文化技术学校；南汇镇张金根（1999年任副校长），田乐乡鲍和生，两乡镇成人文化技术学校于2001年并入王江泾镇成人文化技术学校。

王江泾镇成人文化技术学校　于1994年建立，学校设于长虹路63～69号三楼上，教室3间，办公室3间及其他附属设施。2004年2月，学校搬迁至王江泾农技校原址；2006年搬迁到闻川路166号。1998年起，王瑞林任校长；2001年起，盛华任校长（后任正校级协理员）；2007年起，高云华任校长；2010年起，陶国林任校长。同年，学校有在编教师8人，其中高级职称1名，中级职称7名。教学用房面积1318平方米，有教室8间（都有空调），电脑房一间，拥有电脑50台，多媒体2套，电工实践设备50套。镇成校有下属培训基地33个（即33个行政村设有村级成人文化技术学校）。至2010年，镇成人文化技术学校开设的培训项目：大中专学历教学（承办自学考试报名等工作）、职业技能证书培训（计算机、电工、绿色证书等）、岗位培训、农民实用技术培训、SYB创业培训、中小学各类兴趣实践活动、少儿剑桥英语培训等。大中专学历教学：有业余大中专学历班8个，共有在校生206人。其中中专会计班2个，学生70人；会计大专班2个，学生35人，农村行政管理班1个，学生26人；会计本科班1个，学生24人；教学管理本科班2个，学生51人。参加对象系镇内企业会计人员、乡村干部、学校教师、社会待业人员等。至2010年，完成学历教育3548人，其中成人高中132人、自学考试大专2201人、远程教育大专1215人。农村劳动力职业技能培训：自2006年开始，每年组办转移技能、农业技术、农村实用技术的农村劳动力培训班15～20个750～1000人次；每年组织开展初级中级高级职业技能培训创业培训10个班左右500人次。培训人员中80%以上都能取得职业资格证。每年还组织举办新居民的技能等培训10个班500人次左右。至2010年，完成职业培训75691人次，其中岗位培训71506人次、技能培训2482人次、农村劳动力培训1703人次。该校于2001年1月被秀洲区教育局评定为省二级成校；2004年12月被嘉兴市教育局评定为省一级成校；于2002年12月、2003年10月经市劳动和社会保障局批准建立“王江泾镇职业技术培训学校”与“再就业技能培训基地”；2005年4月被省高等教育自学考试委员会评定为“剑桥少儿英语等级考试培训机构”；2005年7月被省教育厅、浙江省中小企业局评定为“浙江省中小企业职工培训示范基地”；2006年由嘉兴广播电视大学授牌“嘉兴广播电视大学王江泾工作站”；2007年4月被嘉兴市劳动和社会保障局评定为“外来务工人员技能培训基地”。

【嘉兴县五七干校】

“文化大革命”期间，于1967年下半年，嘉兴县在王江泾中学校内设立县五七干校，校长孙镜秋，工作人员10人。五七干校的学员有两类：一是部分嘉兴县级领导，有县委书记、县长、各局局长、机关干部等，约80人，集中到五七干校学习和劳动；二是为嘉兴县各公社的生产大队支部书记进行培训，同时培养新生力量，前后共培训各生产大队干部100多人。

第二十章　文化　旅游

镇域历史悠久，文化事业自古兴盛。明清时期，名人辈出，文学、艺术、教育、史学、科技等方面的著作和艺术作品不计其数。民间文化基础丰厚，特别是庙会文化颇为突出，较大的庙会有戏班演戏、跳民间舞蹈、踏白船比赛、走高跷等活动。民国时期，唱田歌和民间小调亦广泛流传。

解放后，农村文化事业不断发展。20世纪50年代，各村组织农民跳秧歌、打腰鼓欢庆农民获得翻身解放；组建业余剧团演出戏曲，宣传国家颁布的婚姻法和男女婚姻自由。60年代，农村建立俱乐部和文艺宣传队，活跃青年文化生活。70年代，各公社建立文化站和电影放映队，进一步活跃农村群众文化活动，丰富农民文化生活。80年代，境内部分公社建起影剧院，改变群众一直看露天电影和看戏的局面；农村普及唱流行歌曲，乡镇文化节活动年年有。90年代后，文化市场活跃，录像放映、舞厅、音乐茶座等文化娱乐场所在各集镇开办；各村建起业余文艺队，农民画等业余创作活动热烈开展。进入21世纪，文化设施快速发展，镇办起藏书3万册的图书馆，各村建立文化活动中心。2010年，全镇举办文化艺术展览4个，组织文艺活动16次，举办文化培训班6次。

广播、电视、报刊从无到有，取得较快发展。20世纪60年代后期，各公社建立广播站，农民家家装上广播喇叭；90年代起，有线电视逐步进入各家各户。2006年，创办《王江泾镇报》。2010年，全镇20850户装上有线电视。

数千年来，王江泾孕育了众多的古文化遗存，双桥遗址、干家埭遗址等为良渚文化的代表，射襄城、渚城等为吴越文化的代表。唐宋元明清各朝的名人古居园宅、古墓葬、古塔凉亭及寺观庙宇、古石桥等历代古迹更是不计其数，绝大多数古迹已废圮湮没。长虹桥、闻店桥、浔阳桥等一些古桥，如今仍保存完好，但为数不多。在古文化遗存中，已列入全国重点文物保护单位1个，嘉兴市文物保护单位2个，嘉兴市文物保护点24个。全镇非物质文化遗产项目众多，大多项目一直在民间传承，其中“网船会”已被列入第三批国家级非物质文化遗产名录。

王江泾地处京杭大运河边，横跨在大运河上的长虹桥自古就有“虹影卧澄波，登高供远瞻”的美誉。以大运河为中轴，由长虹桥、长虹寺、长虹公园、一里街组成王江泾镇的一大标志性景观；莲泗荡刘王庙在历史上已闻名于苏浙沪一带，经过重建开发，已成为镇内一处休憩游览、祭祀祈福的民俗文化旅游胜地。

第一节　文化机构和设施

【文化站】

1956年3月，王江泾文化站建立，为负责王江泾集镇开展群众文化活动的文化机构；1957年12月，南汇集镇建立文化站。初时，两集镇文化站均为民办性质，后王江泾文化站转为公办。1962年11月，在贯彻"调整、巩固、充实、提高"八字方针中，调整各级文化机构，王江泾、南汇文化站均被撤销。1964年，境内各生产大队普遍建立农村俱乐部。1965年下半年，各公社配备一名俱乐部辅导员，俱乐部辅导员为不脱产干部，由上级条线拨给部分补贴经费。"文化大革命"开始后，大队俱乐部活动基本停顿，俱乐部辅导员随之撤销。1973年11月，双桥公社在境内首家建立公社文化站；1974年1月，荷花、虹阳、田乐公社文化站相继建立；同年4月，南汇公社文化站恢复建立；王江泾镇文化站于1985年恢复建立。

文化站是国家最基层的文化事业机构，是乡镇设立的全民所有制文化事业单位。主要职能：采用各种文化艺术手段，积极宣传党的方针、政策，普及科学文化知识，传递经济信息，为当地经济建设服务；组织开展丰富多彩的文娱、体育、电影、录像放映等活动；开办图书阅览，举办各类文化艺术讲习班，辅导和培养群众文艺骨干；搜集、整理民族民间文化艺术遗产，做好文物的宣传保护工作，受上级文化主管部门委托，协助管理当地文化市场。

王江泾镇文化站　恢复建立于1985年3月，负责人为李忠林。1988年10月，双桥乡文化站并入，负责人为张才荣；1990年10月，负责人为李忠林。1992年4月，全省第二次文化站评级时，评定为二级文化站。1998年5月荷花乡、虹阳乡文化站并入，有工作人员3人，李忠林任站长。文化站于2000年在原荷花乡政府大礼堂建立镇文化中心。2000年4月，王江泾镇被浙江省文化厅命名为"浙江东海文化明珠"。2001年4月，南汇镇、田乐乡文化站并入，编制仍为3人。2003年10月，陈宏伟任站长。2010年，被评为省二级文化站。

原其他乡镇文化站　双桥乡（公社）文化站，建立于1973年11月，负责人为褚学良；1975年7月，由钱福卿负责；1979年1月，由王福观负责；1984年12月，由张才荣负责；1988年10月，并入王江泾镇文化站。虹阳乡（公社）文化站，建立于1974年1月，顾政宇负责至1978年4月；1983年2月，负责人为张志根；1985年4月，负责人为魏海泉，1992年4月，被评定为省二级文化站；1998年5月，并入王江泾镇文化站。荷花乡（公社）文化站，建立于1974年1月，负责人为王土明；1975年8月，负责人为金福生；1978年5月，负责人为卜柏兴；1985年7月，负责人为王炳荣；1985年8月，负责人为沈兴根；1988年9月，负责人为陈宏伟（1995年9月起任站长），1992年4月，被评定为省三级文化站，1998年5月并入王江泾镇文化站。田乐乡（公社）文化站，建立于1974年1月，负责人为马雪龙；1974年6月，负责人为张法林（1995年起任站长），1995年被评定为省三级文化站，2001年4月并入王江泾镇文化站。南汇镇（公社）文化站，恢复建立于1974年4月，负责人为陈金奎（1987年5月起任站长），1992年4月，被评定为省三级文化站，2001年4月并入王江泾镇文化站。

【图书馆】

20世纪60年代,荷花公社民主大队俱乐部办有图书阅览室。80年代后期,各乡镇文化站始开展图书阅览活动,购置图书,置办书橱,图书从数百册开始,逐年少量增加。90年代后期,各文化站的图书藏书量1000～2000册,没有专门的图书室,书橱置于文化站办公室,图书主要供机关人员借阅,对社会借阅较少。

镇图书馆 1998年乡镇行政区划调整,王江泾镇、荷花乡、虹阳乡合并,合并后的王江泾镇文化站有图书5000余册。为方便读者,在王江泾镇政府大院的大门北侧开办图书室。嘉兴市图书馆派人到图书室辅导,进行图书规范化编号,聘请1名管理人员负责日常借阅管理。2000年,图书室迁至王江泾镇文化中心(原荷花乡政府大会堂一楼)内,继续向外借阅。2007年,镇文化站租用王江泾长虹路58号500平方米的商业用房,成立王江泾镇图书馆——嘉兴市图书馆王江泾分馆,藏书3万多册,报纸杂志300种,配备电脑17台、投影仪、10兆光纤上网等设施,置有书架82个、报架34个、阅览座席84个;设有图书外借区、报纸杂志区、电子阅览区、少儿阅览区、成人阅览区、文化资源共享区;聘请4名图书管理员,其中市图书馆下派1名管理人员;同年6月26日正式开放,每周开放时间为周二至周日上午9点到晚上8点。至2010年,年平均阅览10万人次左右,年图书借阅量约12万册次。

镇中心小学图书馆 建筑面积429平方米,其中书库面积140.4平方米,学生阅览室105.3平方米,教师阅览室70.2平方米。2009年获浙江省示范图书馆称号;2010年藏书59687册,师生借阅共53720册。

镇中学图书馆 建筑面积612平方米,设有藏书室、阅览室,藏书55100册,2009年获浙江省示范图书馆称号;2010年7月,被评为全国中小学图书馆先进集体。

【影剧院】

域内早期文艺演出、电影放映没有一所正式的影剧场所,文艺演出和电影放映均在室外。20世纪70年代后期起,虹阳、王江泾、南汇先后各建起一所农村影剧院。

王江泾影剧院 1979年6月动工,1980年6月建成,在王江泾铁器社西侧,由双桥公社投资24万元。影剧院坐北朝南,总占地面积3.4亩,建筑面积1440平方米,舞台160平方米,座位768个;内设16毫米放映机2台、幻灯机1台,管理人员6人。1980年8月,影剧院对外开放,开演的第一场戏为越剧《春草闯堂》,由嘉兴市越剧团演出,连演3天,天天爆满。后由县电影公司统一安排放映电影和承接剧团演出业务。1983年6月暂停剧院业务,租赁给嘉兴市丝绸公司,作为蚕茧仓库。1984年10月,蚕茧仓库搬移,影剧院重新翻修,恢复电影放映和戏曲演出业务。1988年10月,双桥乡并入王江泾镇,影剧院重新翻建。翻建后影剧院坐南朝北,并新建影剧院三层楼门面,底层为候映大厅,二楼为放映室、办公室,三楼为录像放映室。1989年5月,影剧院购入两台35毫米放映座机。1991年由沈建忠个人投资4万多元在影剧院三楼开办“紫薇舞厅”。1994年5月,因影剧院连年亏损,采取业务对外承包经营。毛永红承包经营至2005年9月30日,后由董华坤、钱福卿承包经营至2006年10月。后由镇文化站接管。因有线电视发展迅速,影剧院业务极速下滑,电影放映业务基本停止,仅能承接一些剧团演出。2008年,影剧院因年久失修被定为危房,经营活动停止。

虹阳影剧院　建于1976年，为虹阳公社大会堂兼影剧院，地点在虹阳集镇的五家湾，公社办公大楼旁边。影剧院有500个座位，由公社电影队负责放映电影，每月放映多场；每年邀请多个剧团在影剧院演出。90年代时，影剧院的电影放映和演出业务较好，除放映电影外，最多时每月接待四五个剧团或歌舞团演出。1999年影剧院停业并被拆除。

南汇影剧院　原为南汇公社大会堂，位于南汇大家港北端的公社办公大楼南侧，建于1980年。1982年，大会堂进行内部改建，扩大舞台面积，观众厅由平地面改为前低后高地面，改成一所对社会开放的影剧院；建筑面积500多平方米，其中舞台面积约100平方米，设有座位700多个；经营管理由文化站负责，电影队负责放映电影。1983年春，影剧院开始接待越剧团演出。以后每年接待越剧团和歌舞团3～5个，越剧团一般可连续演出10多场，歌舞团可演2～3场。1990年9月起，电影放映和演出业务承包给个人经营。随着录像放映及舞厅、卡拉OK音乐茶座等娱乐业的兴起，影剧院的业务逐年衰退。20世纪90年代中期，影剧院停止演出和放映业务。

【书场】

王江泾书场　早时设在茶馆店里，为茶馆兼书场。解放前开设在蔡家茶馆，有时设在郁家桥西万春园茶馆店，民间二胡艺术家瞎子阿炳曾到万春园献艺。书场生意较好，一般在下午与晚上各一场。20世纪50年代后期，书场开在陶沙弄，原布厂倒闭后设为书场，由合作商店开办，书场有座位60～70个，票价约0.15元一人，带有一杯茶，创办人为沈昌元、钟香水。演出单位中嘉兴评弹团、苏州曲艺协会的较多。后在“文化大革命”中停业。

南汇书场　解放前有评弹艺人到南汇演出，但没有固定地点。解放后，南汇镇上有两家茶馆主办书场，一处在镇“白场”东首大弄口东侧的“宜泉”茶馆，另一处在东大街折弯处“得意楼”茶馆。“宜泉”书场老板为李荣昌，“得意楼”书场老板为沈大生。书场每天演评弹2场，下午、晚上各一场，听众每场30～40人，票价连茶水2角钱左右。20世纪50年代中期，商业体制改革后，改为一家综合书场，地点在宝禄弄口西河边，仍为茶馆兼办书场，有6开间房。70年代后期，供销社新建商场后，书场设在商场的二楼，由苏州、常熟、无锡、嘉兴和上海等地的评弹团演出，有传统书目和现代书目。后因评弹听众下滑，80年代中期，茶馆不再兼营书场。

【镇文化中心】

20世纪90年代起，嘉兴市各地开始兴办乡镇文化中心和村文化室热潮。王江泾镇文化活动中心于2000年创办，初时设于原荷花乡政府（今王江泾镇政府）大会堂一楼，内设图书室、乒乓球室、健身房、游戏室等。后迁于王江泾一里街郁家桥西堍原周家大院（原王江泾粮管所）内，建筑面积1000平方米，设多功能厅、乒乓球室、健身房、排练室、图书阅览室、教育培训室等多个活动室，常年开放。

【村文化活动中心】

1990年，新桥村（今新桥社区）投资30万元建成村文化活动中心，建筑面积288平方米，内设300多个座位的电影放映厅，购置电影放映和录像放映设备，于1991年元旦向村民开放，但数年后中止开放。2005年，村级文化活动中心建设启动。至2010年，全镇有市泾、田乐、东荷、洪典、宇泗浜、民主、民和、荷花、长虹、太平、东风、双桥、古塘、虹南、虹阳、虹北、南汇、华联、莫家甸、田青、大坝、双塔、收藏共 24 个村先后建成文化中心，另有 10 个村建成文化活动室。各村文化活动中心一般设置教育培训、文体娱乐、影视播放、图书阅览、老年活动等内容的活动室，室外建有篮球场、健身路径等体育设施。

第二节　文化活动

【群众文化活动】

解放前，境内民间文化活动主要集中在庙会期间。较大的庙会，大多配有舞龙、舞狮、扮戏文、踩高跷、扎肉提香炉以及摇踏白船比赛等多种娱乐活动。此外，在春季庙会时，有些村庄搭台请戏班子演"春台戏"，连演三五天；有请两个戏班子演"并台戏"。农闲季节，由民间筹资请"宣卷"、评弹或"堂名"（均为旧时流动乐艺班子）班在村间唱戏；运河东片农民流行唱山歌（今称田歌），在晚上乘凉时，或夜间船上耥螺蛳时唱山歌、哼小调，自娱自乐，调节精神生活。

中华人民共和国成立之初，境内各村为配合抗美援朝、土地改革、婚姻法颁布及农业合作化运动的宣传，普遍组织秧歌队、莲湘队等文艺队伍开展跳秧歌、打莲湘，多为青年男女参加。一些大村庄办起农民业余剧团，排演越剧《梁山伯与祝英台》、越剧戏歌《婚姻曲》的为多，宣传婚姻自由。王江泾联合村（今王江泾社区）业余剧团演《三上轿》《十五贯》等戏曲，除在联合村及周边村演出外，还受邀到嘉兴、新塍、东栅等地演出；南汇镇工会建立南汇镇业余京剧团，演员 20 多人，演出剧目有《甘露寺》《古城会》《玉堂春》《辕门斩子》等 10 多部戏，在南汇镇临时剧场（由原米厂改建）及农村场外搭台演出，并受邀在天凝、油车港、王江泾、黎里、盛泽、嘉兴演出过。1956 年后，这种文艺活动基本停止，文艺团队随之解散。

1962 年，荷花公社民主大队成立境内第一家农村俱乐部。俱乐部以青年为主体，开展图书阅览、读报活动，置有图书 600 余册；建立文艺创作组，自编自演文艺节目；利用生产队会议前讲革命故事、唱田歌；开展办展览、出黑板报，宣传好人好事。同年，王江泾、南汇两集镇各组织一支文艺宣传队伍，排练节目到街头、茶馆、饭店进行宣传。1963 年，嘉兴专区在全区推广荷花公社民主大队以俱乐部为中心，巩固群众宣传网的经验。1964 年，荷花公社民主大队俱乐部成为省、地、县先进俱乐部典型。同年，境内各生产大队全面建立农村俱乐部，每个俱乐部一般有三四十人参加。1965 年，各公社设立一名俱乐部辅导员（为不脱产），负责各大队俱乐部活动的辅导工作。俱乐部在农闲时利用晚上开展活动，以学文化、唱红色歌曲、排练文艺节目为主。文艺节目的主要形式有三句半、对口词、表演唱和演唱优秀歌曲。部分节目为自编自演，节日期间为群众演出，农忙时到田头宣传。此外，在大队分地段设立多块黑板报，由俱乐部负责定期刊登黑板报，宣传好人好事。

"文化大革命"开始后，各集镇和各生产大队建立"毛泽东思想文艺宣传队"，简称"文宣队"。随之，文宣队取代俱乐部，俱乐部活动停止。各"文宣队"初时以跳"忠字舞"、唱毛主席语录歌和红色歌曲为主。南汇集镇组织一支有供销社、医院、粮管所及手工业等单位的文艺骨干参加的文宣队，巡回下乡为农民宣传演出。1969 年，各文宣队掀起学演"革命现代京剧样板戏”热潮，境内以演出京剧《红灯记》《沙家浜》较多。1971年后，演“样板戏”热潮渐淡，较多的文宣队转演地方小戏。如南汇公社红旗大队（今属华联村）文宣队、荷花公社东一大队文宣队（今东荷村）演越剧小戏《半篮花生》；南汇公社双联大队（今南汇村）演锡剧小戏《一副保险带》等。1976年后，“文宣队”逐年减少。至1978年，“文宣队”全部解散。

20世纪80年代初，家庭联产承包责任制落实后，由大队集体组织的群众文艺队伍和文艺活动不再出现。随着通俗歌曲（后称流行歌曲）和“卡拉OK”的流行，农村青年唱卡拉OK的热潮日益高涨，域内多数乡镇文化站在节日期间组织开展以“卡拉OK”演唱为主体的文化节活动。至80年代后期，各乡镇文化节活动内容逐渐增多。1989年9月，王江泾镇举办首届“长虹之声”文化节，有文艺表演，书画展，篮球、乒乓球赛。同月，南汇镇举办首届“南汇之声”群众自娱自乐大赛，其中有卡拉OK演唱赛、书画作品赛、篮球赛、乒乓赛、象棋赛等多个项目的活动，共200多人参加。1991年3月，虹阳乡举办“金秋之夜”大型文艺晚会。同年9月，王江泾镇举办第三届“长虹碧波”文化节暨首届乡村运动会，大会开幕式举行由篮球、拔河等十多个项目的体育团队参加的入场仪式，“金秋文艺演出”为闭幕式，此次活动共有758人参加。

20世纪90年代后期，境内出现农民自发组织的文艺活动队伍，东荷村、洪典村率先各组建一支业余文艺队伍，以中老年妇女为主体，开展打莲湘、打腰鼓、挑花篮等民间舞蹈表演。此后，许多村相继建立此类文艺队伍。

2000年10月28日，王江泾镇举办第九届“长虹碧波”文化节，此次活动以“文化搭台，经济唱戏”的模式开展。在文化节开幕式上，首先举行中国科技丝织工业园区揭牌仪式、王江泾劳务市场揭牌仪式、工业园区招商引资签约仪式。经济类活动结束后，“运河之子娶新娘”、一里古街灯谜、少儿舞蹈表演等多种形式的文艺活动和各类体育比赛分别在各个活动场地进行。29日晚，举行颁奖仪式和大型文艺演出为内容的文化节闭幕式。

2005年，镇文化站组建“长虹农民艺术团”（为全镇村、社区业余文艺队伍合称），文化站置办舞台灯光、音响等设备。艺术团排演一批文艺节目，连续多年分片下乡演出。全团在村、社区的文艺分支队伍达40多支，文艺表演的节目有打莲湘、打腰鼓、挑花篮，扇子舞、伞舞、表演唱、说唱、快板等。其中许多节目为自编自演。2006年，举办镇第十届“长虹碧波”文化节，其中有“欢歌唱响新农村”演唱比赛、“百年戏曲在乡村”专场演出；2009年，举办“欢歌载舞迎国庆”民间文艺大展演，共有30多支村文艺团队参加演出。2010年，全镇举办业余书画作品、网船会图片等文化展览4个，先后组织开展文艺活动16次，举办农民画创作、小故事创作、舞蹈、表演等文艺训练班6次。

【参加县（区）、市活动】

1966年春，南汇公社小曲大队（今华联村）俱乐部自编自演的对口快板《颂新桥》、荷花公社东二大队（今东荷村）俱乐部自编自演的说唱《移风易俗》，经县农村俱乐部文艺会演选拔，参加嘉兴专区第二次农村俱乐部文艺观摩演出。

20世纪80—90年代，郊区举办的文艺活动较频繁，有卡拉OK演唱赛、小品创作节目会演、乡镇企业创作节目文艺会演、希望之路文艺会演等多种形式的活动，域内多数乡镇准备节目参加以上活动，一些节目在参演中获奖。

90年代起，境内各乡镇开展新故事创作和演讲活动，王江泾镇、南汇镇、虹阳乡、荷花乡的新故事作者和演讲人员，创作和演讲《公关小姐开饭店》《闲事不闲》《三进祝家庄》《宰冲头》《一条板凳》《血泪儿子》《三闯关东》《赵五传奇》等10多个新故事。如顾丽娟、戴菊青、高羲芳、董慧芳创作的《公关小姐开饭店》《闲事不闲》《宰冲头》《一条板凳》等新故事，在参加市和区举办的新故事演讲比赛中，获创作奖、演讲奖。

1999年5月2日，王江泾镇、田乐乡各装扮一辆大型彩车，南汇镇组织一支"荡湖船"队伍参加市庆祝嘉兴市解放50周年大型文艺行街活动。

2000—2001年，王江泾镇先后制作江南水乡虹桥画舫、彩船，参加嘉兴市彩船巡游活动。2002年，组织的舞蹈《红梅傲雪》节目在区"坚定信念，廉洁从政"文艺演出中获金奖；2006年，组织文艺队参加市闹元宵文艺演出、市非物质文化遗产保护日文艺演出、区"百架相机摄欢乐"农民摄影比赛；2007年，组织7名灶画艺人参加区第三届农民画艺术节灶画展览；2008年，创作两个小品节目参加区廉政文艺会演，参加区新故事创作演讲赛和农民歌手演唱赛；2009年端午节，东荷村文艺队《蚕花姑娘挑花篮》节目代表秀洲区参加市大型文艺行街活动，东荷村的挑花篮节目和南汇村的说唱节目，在参加市宣传部和市电视台举办的新农村嘉年华文艺演出中，获得优秀节目奖。

第三节　民间文艺

【农民画】

农民画是在江南传统民间艺术基础上成长起来的现代民间绘画艺术，作品构图多采用超现实的夸张、变形手法，色彩反差强烈，鲜艳明快，内容上大多以农民生产劳动、生活故事为主题。

1988年，郊区被文化部首批命名为"中国现代民间绘画画乡"。2002年，秀洲区在王江泾镇中心幼儿园建立农民画培训基地。至2010年，已培育一支有30多名以年轻人为主体的农民画创作队伍，共创作300多幅作品，其中参加国外画展的5幅；获全国奖项的18幅；获省级奖项的6幅；获市级奖项的18幅；获区级奖项的51幅。在王江泾镇的农民画创作队伍中，亦涌现多名较为优秀的农民画作者，如朱月祥、钱生荣、计云珍等，数年中创作不少优秀作品，在全国、省、市、区获得过较好荣誉。朱月祥的农民画作品《青鱼之乡》，在首届秀洲·中国农民画艺术节全国现代民间绘画优秀作品展中获铜奖，并赴希腊、法国展出；作品《暖雪》获2009年天津"大张庄杯"全国五省市民间绘画邀请赛银奖；作品《竞拍》获2009年"秀洲·中国廉政农民画大赛"三等奖；作品《艳阳》获2010年文化部主办的"时代新风"民间绘画新作展银奖等。朱月祥、钱生荣各建立起个人农民画画室。

【灶头画】

20世纪90年代以前，镇域农民家家有传统柴灶，灶上都画有不同的图画——灶头画，这些灶画均出自民间泥水工匠之手，是工匠们在砌完灶后用毛笔蘸水彩画或水粉画色画上去的。泥水匠通过师傅的传授，发挥自己的才艺，进行作画。一般作画时，没有画稿，随笔运作。颜色上多用大红大绿，对比强烈，以求吉利。镇域农户的灶画一般有：花卉植物类，如万年青、牡丹、仙桃等；动物类，如喜鹊、仙鹤、大公鸡、鲤鱼等；风景类，如宝塔、日出、山峰等；花边装饰和文字类，如福、喜、年年有余、吉祥如意等。有的还画上神仙故事的图画。一座灶，有灶座、灶身、灶山、灶君堂、烟相，上端还有灶帽。泥水匠在不同的位置画不同的图画，使一座灶不但具有烧菜做饭功能，还具有俗神信仰功能和艺术欣赏功能。早些年，境内好些村庄有会砌灶头、画灶画的泥水工匠，有的泥水工匠画的灶画艺术水平较高，莫家甸村施顺观于2008年被评为省级灶画艺术“非遗”项目代表性传承人，同年评为嘉兴市民间艺术家（灶画艺术）。在21世纪，因农村液化气灶普及，农户大多不再新砌传统灶头，灶画艺人亦逐年减少，新的灶画已很难见到。

【打莲湘】

打莲湘

打莲湘是境内较为流行的一种民间舞蹈，从嘉善县流入，已有200多年历史。打莲湘可有数人、数十人乃至上百人参加。表演时，各人持一根莲湘棒做各种动作，边唱边打。莲湘棒敲击肩、腰、背、臂、足等部位，节奏轻快明朗，娱乐性和观赏性较强，能够营造欢乐祥和的气氛，适合在节庆和庙会活动的场合表演。在土地改革、互助合作化运动时，打莲湘、扭秧歌等形式的民间舞蹈遍布境内各个乡村。20世纪60年代起，群众文化活动转入其他形式，打莲湘活动少有开展。1995年，荷花乡东荷村妇女率先自发组织打莲湘队伍，打莲湘活动重新活跃。2000年后，境内各村都组织起一支以上的打莲湘表演队伍。2010年11月11日，王江泾镇组织一支60人的打莲湘队伍，代表秀洲区，在浙江省老年体育特色项目暨嘉兴市庆祝第十四届省运动会上展演。

【挑花篮】

挑花篮是一种流传较广的民俗舞蹈，又称花篮舞，源于何时不详。据说是原始社会以巫舞祭神保留下来的一种遗俗。解放初期，南汇等地在许多庙会中有挑花篮活动。后庙会中止，挑花篮也消失。2000年后，挑花篮舞蹈又重新在境内各村落流行。挑花篮一般由10多名或20多名女舞者表演；每人肩挑一个竹编花篮，载歌载舞表演。2009年端午节，东荷村文艺队的《蚕花姑娘挑花篮》节目，参加嘉兴市大型文艺行街活动。

【舞龙】

舞龙又称“闹龙灯”，镇域内俗称“调龙”。舞龙是一种热闹和场面大的民间舞蹈，主要在庙会等活动中表演。嘉兴一带很早就有流传，历史上境内许多大型庙会都有舞龙、舞狮表演，但都是域外香队带入表演的。1998年，王江泾镇文化站组建一支由13名年轻男子组成的舞龙队，聘请嘉兴绢纺厂一名舞龙老师指导，在王江泾农技校排练，曾在嘉兴市政府广场、新塍镇庆元宵活动、王江泾镇的“长虹碧波”文化节以及许多大型民营企业落成典礼上表演过。该舞龙队于2005年解散。2002年，双塔村成立一支舞龙队，队员16人，多为中年妇女，备龙一条，未请老师指导。双塔村舞龙队建立后，每年在村内、村外的一些庆典和庙会上表演，至2010年，已演出50多场次。

【舞狮】

舞狮是从东北流传到江南的民间舞蹈。嘉兴地区农村的舞狮始于清光绪年间，由河南移民传入，但境内一直未有过自己的舞狮表演队伍。2005年，双塔村在舞龙队的基础上，又增加舞狮活动，备狮皮2张，无师传授指导，完全靠摸索自学。至2010年，该队的舞狮表演常与舞龙以及其他文艺节目同时演出。舞狮是由3人表演的民间舞，其中2人身披狮皮，1人为头，1人为尾，另1人则手拿绣球引逗狮子，用打击乐器配合表演。

【田歌】

俗称“山歌”，嘉兴地区解放后改称“田歌”。田歌起于明代，盛于清代和民国。田歌具有浓郁的水乡特色。内容上，多为反映劳动人民的思想感情、生活命运和愿望，有劳动歌、情歌、生活歌、历史传说歌、对唱歌和儿歌。境内东北片田歌流行较早，爱唱田歌的人颇多，许多是从事船上作业的农民，如捕鱼或耥螺蛳者，这些人就在摇船时边摇边唱；还有较多的是在田头休息或晚上乘凉时唱田歌、哼小调。田歌手大多没有文化，全凭自己的记忆熟背而成。莫家甸村田歌传承人吴四和(已故)与民和村田歌传承人王金珠、荷花村田歌传承人高阿荣传承的田歌、小调就有六七十首，如《五姑娘》《苦长工》《十劝郎》《小方卿》《农夫对山歌》《想出嫁的姑娘》《郎唱山歌出上塘》《四更天》等；小调《十只台子》《十送娘》《十房媳妇》《十朵莲花》《十送郎》《十二只元宝》《童养媳》等。解放后随着群众文化活动的普及开展，民歌、红歌、戏曲流行较广，田歌逐渐被冷落。20世纪60—70年代，民间唱田歌习俗基本消失。

【踩高跷】

亦称踏高跷、走高跷，是民间节日广场表演的一种舞蹈形式。表演者身着彩装，浓妆艳抹，在锣鼓、唢呐的伴奏下来往逗舞。民国后期至解放初，境内虹北村一带曾有一支高跷队，由20多个年轻男子组成，高跷棒脚踩离地高度达1.5米左右，比一般高跷表演高了很多。表演时，手拿一根木棍作拐杖，成为三点支撑。该高跷队主要在王江泾城隍庙和刘王庙等庙会上表演。1958年，庙会活动中止，高跷队随之解散。

第四节　电影放映

1952年，嘉兴县办起中苏友协电影队，在城乡巡回放映《白毛女》《抗美援朝》等影片。1953年11月，嘉兴专区设立电影中队部，下辖的电影队配合第一个“五年计划”和宣传社会主义建设总路线，实行“定点、定时、定线、定片”下农村放映电影。农业合作化后，县电影队在境内放映的电影渐多起来，有舞台艺术片《梁山伯与祝英台》，有配合农村合作化运动的《人往高处走》《走上幸福大道》等影片。20世纪60年代初，放映《李双双》《槐树庄》《红管家》《红色宣传员》等影片。“文化大革命”期间，放映《毛主席接见红卫兵》纪录片，《红灯记》《智取威虎山》等多部“革命样板戏”。担任境内电影放映工作的，东片为嘉兴县第三放映队，西片为嘉兴县第七放映队。放映队早期手摇一只小木船，后改为挂机船，三四个人吃住在船，以船为家，在片内各生产大队间巡回放映。

1971 年，田乐公社建立电影放映队，荷花公社、南汇公社于 1972 年建立电影放映队，虹阳公社、双桥公社于 1975 年建立电影队。各电影队配备放映员 2 名，荷花公社民主大队、洪典大队，双桥公社东风大队、新桥大队在 1976 年和 1977 年各办起电影放映队，后于八九十年代先后停办。电影放映队设备，初时大多使用的是 8.75 毫米的小机种放映设备，双桥公社使用 16 毫米放映机。8.75 毫米放映设备由放映员肩挑巡回到大队放映。由于银幕小、声光质量低下，不太受农民欢迎，逐渐淘汰。以后各电影队购置 16 毫米放映设备，配备水泥挂机船，轮流到各大队放映。各大队每月可放映 1～2 场电影。70 年代后期起，虹阳公社、王江泾集镇、南汇公社先后建造和改建影剧院。1982 年，宽银幕电影开始普及，受到农民的欢迎。王江泾影剧院于 1984 年 6 月起配备专用电影放映设备。

20 世纪 80 年代末，随着电视、录像放映的普及，电影业受到冲击，各乡镇先后采取承包制放映。1988 年，南汇镇电影队采取承包责任制，放映队自负盈亏；1991 年起，承包给个人放映。有的乡镇电影队解散。

1998 年 5 月，荷花乡、虹阳乡并入王江泾镇，境内农村电影放映由阮方松、沈林华以及田乐乡的朱阿六、嘉兴丝织三厂的李志阳等 4 名放映员负责放映。

2001 年 4 月，因王江泾镇行政区划调整，电影放映全镇由两名放映员、两套放映设备固定分片放映。放映员阮方松负责镇域双桥、虹阳、荷花片；放映员朱佳宾负责南汇、田乐片的放映。放映员使用一辆三轮车载放映设备下村或学校、企业放映。2007 年起，逐步实行农村电影数字化，镇内一套放映设备先改为数字化电影。至 2010 年，每年放映数字电影 420 场。

第五节　广播　电视　报刊

【广播电视机构】

1955 年 9 月，嘉兴县广播站建立。至 1957 年，全县各农业合作社通有广播喇叭（为舌簧喇叭）。1960 年 9 月，嘉兴县各人民公社建立起广播放大站，域内双桥人民公社、南汇人民公社同时建立广播站，下半年由于精简一并撤销。1966 年起，域内双桥、虹阳、荷花、田乐、南汇公社相继建立广播放大站。

王江泾镇广播电视站　1988 年，双桥乡并入王江泾镇，成立王江泾镇广播站。因王江泾镇无站所，广播站在双桥集镇原址办公。1990 年，更名为王江泾镇广播电视站。1997 年，搬迁到王江泾镇区北虹路 16 号办公。1998 年 10 月，荷花乡、虹阳乡广播电视站并入，胡爱凤任站长；全镇有广播小喇叭 4000 个，田头高音喇叭 30 个；推出《长虹之声》特色节目，实行定时定期播出，内容有本镇新闻、生活知识、为农服务，每周三档，每档 15 分钟。《长虹之声》广播节目多次被评为嘉兴市“十佳优秀节目”。2001年4月，乡镇行政区划再次调整，南汇镇、田乐乡广播电视站并入，胡爱凤任站长；全镇广播小喇叭6000多个，高音喇叭50个。2004年，鹿涛任站长。2007年7月，财政拨款，广电部门具体实施广播“村村通”“户户响”工程，实行广播电视共缆传输。2009年，筹集资金兴建王江泾广电中心，投资2000多万元，分别建造广电中心大楼和广电商务楼，占地面积5500多平方米，总建筑面积9900平方米。2010年，拥有固定资产5000多万元，为每家农户免费安装广播小喇叭1.6万多个，田头高音喇叭达到170多个；各行政村均建有广播室，广播覆盖率达95%以上。

原双桥乡广播电视站 成立于1966年，为双桥公社广播放大站，位于双桥集镇聂家老屋，张连芳负责创办并兼任线务员，配一名播音员，主要转播嘉兴县人民广播站节目。1977年，搬迁至双桥公社新办公大楼。当时，广播是公社唯一的宣传工具，利用广播向社员宣传党中央最新指示精神，召开广播大会，宣传农业防病治虫知识，发布台风警报和气象消息。1984年，乡镇体制改革后，为双桥乡广播站。1988年，双桥乡并入王江泾镇，更名为王江泾镇广播站。因王江泾无站所，广播电视站仍留于原址办公，于1997年搬迁至王江泾北虹路办公。

原虹阳乡广播电视站 成立于1967年6月，为虹阳公社广播放大站，站址设在虹阳集镇南公社驻地，负责人魏金荣兼线务员，配一名播音员；机房、播音室、办公室挤在一间平房内，无隔音设备，从一台120瓦的扩大机起家。初时，公社至大队的信号传输借用电话总线，每当广播响时，电话里会听到较大的广播声音。后由阮钱明任站长。20世纪70年代初，广播信号从电话线中分离出来，广播节目以转播县站节目为主，自办节目以文艺戏曲为主，同时播出当地新闻。1976年，广播站随公社办公楼搬迁至虹阳公社北五家湾处。1984年，更名为虹阳乡广播站，广播小喇叭2000多个，田头高音喇叭20个。1990年，更名为虹阳乡广播电视站。1998年10月，并入王江泾镇广播电视站。

原荷花乡广播电视站 成立于1967年6月，为荷花公社广播放大站，由莫福良负责，后由吴海金任站长。站址先设在荷花新镇原公社边的一间简易的平房内，后搬至公社政府内的一幢旧楼房里。1984年，更名为荷花乡广播站。1990年，更名为荷花乡广播电视站。20世纪90年代，荷花乡个体织机高峰期，织机声湮没了广播声，室外广播设备受到损坏，一段时期广播信号中断。1994年，在乡政府的支持下，重新架设线路，在全乡交通要道处安装10个室外高音喇叭。1998年10月，并入王江泾镇广播电视站。

原田乐乡广播电视站 成立于1966年8月，为田乐广播放大站，站址设在肖家湾。负责人一开始为郁文华，后由於金虎任站长。初办广播时，总线借用电话线，每个生产队的办公室仅安装一个舌簧喇叭，全公社共80个小广播。前期总线都用木杆、铁丝作为外线设备，生产队农户之间没有专用线路，采用户穿户传输广播信号。线路后经多次改造，从借杆到自立水泥杆，广播喇叭从简单的压电喇叭、舌簧喇叭发展到音箱动圈喇叭，每户1个，全乡2000个。1984年，更名为田乐乡广播站。1990年，更名为田乐乡广播电视站。2001年4月，并入王江泾镇广播电视站。

原南汇镇广播电视站 成立于1967年7月，为南汇公社广播放大站，创办时由王定宝集负责人、线务员、播音值机员于一身。站址先设在南汇宝禄弄南汇公社办公楼内，后搬迁到西大街南汇公社工业办公室三楼，20 世纪 70 年代末又迁移到公社新建的政府大楼（大家港）。70 年代，公社、生产大队成立报道组，广播放大站开设新闻节目，不定期地播出公社、大队的工作动态。公社利用广播开广播大会，向全社农民传达上级指示精神。每村装有 2～3 个田头高音喇叭，全镇有 2000 多个小喇叭。1985 年，更名为南汇镇广播站。1990 年，改名为南汇镇广播电视站。2001 年 4 月，乡镇行政区划再次调整，南汇镇广播电视站并入王江泾镇广电站。

【有线电视】

镇域居民使用电视机始于 20 世纪 70 年代中期，均为黑白电视机。80 年代起，有的单位购置彩色电视机，后发展到农村，屋顶上随处可见电视天线。1994 年 6 月，嘉兴第一绸厂安装有线电视前端接收设备，为 200 多户职工宿舍房安装有线电视，每户安装费 200 元。1994 年，荷花乡广播电视站安装有线电视前端接收设备，民和村率先为全村 250 户农户安装有线电视，后逐步向民主村等延伸。1996 年，嘉兴市本级实行有线电视光缆大联网，嘉兴有线电视信号直接接通王江泾、虹阳、荷花、田乐、南汇。1997 年，嘉兴绸厂有线电视用户由王江泾镇广播电视站归口管理。1998 年，虹阳乡、荷花乡并入王江泾镇，全镇有线电视用户达到 3000 多户，先后完成荷花、虹阳的光缆并网。2001 年 4 月，南汇镇、田乐乡并入王江泾镇，再一次进行光缆联网，有线电视达到 14000 多户。2007 年，对全镇的 300 多户低保户免费安装有线电视，免收有线电视收视费。2009 年，镇广电站筹集资金 2000 万元兴建占地面积 5500 平方米，建筑面积 9900 平方米的王江泾镇广电中心大楼。2010 年，全镇有线电视总用户达 20850 户，入户率达 96%以上，并开始对有线电视进行数字化整体转换。

【报刊】

《盛泾报》 创刊于 1923 年 10 月 10 日，盛泽绸业界丁趾祥等人，联合王江泾人士创办，程良俩、沈福镜任编辑，徐少方负责广告，洪和铃、施韵笙负责发行。该报所办专栏有社论、吴江及嘉兴两县各区新闻思潮、科学常识、商情、小评、文艺专载等。文章有文言文、白话文。《盛泾报》初为五日刊，出版至 24 期，因办报同仁皆为兼职，报务繁忙，曾延期出版。1924 年 3 月 6 日，改五日刊为旬刊；3 月 15 日复刊，出版 25 期；江浙战争时，该报暂行停刊；12 月 8 日又行复刊。1925 年 8 月 24 日改周刊，9 月 11 日出版至 53 期停刊，原因无考。

《王江泾镇报》 原为王江泾镇内部刊物《王江泾镇通讯》，于 2006 年 1 月起改版为面向全镇群众的镇报，由王江泾镇党委主管和主办。首页报头“王江泾镇报”由胡平题字。镇报发行周期为每月一期，每期发行 24500 份；报纸委托嘉兴日报社递送至各村（社区）、各企事业单位，全镇各农户达到每户 1 份，镇机关内部及区级驻镇部门自行发送。报刊采用 4 开纸双面印刷，共分为 4 个版，分别为一版“要闻”：刊登当月王江泾镇重大会议、上级主要领导调研、大型活动、重点项目等内容；二版“综合新闻”：刊登各部门、村、社区工作信息；三版“生产·生活”：刊登春泥计划、法律小知识、生活小窍门、农业生产指导等内容；四版“长虹桥·八面来风”：刊登王江泾镇历史典故、奇闻趣事、图片新闻、荣誉榜等内容；其中一版和四版采用彩色印刷。

第六节　文物保护

【全国重点文物保护单位】

长虹桥　位于王江泾一里街东首，横跨京杭大运河，是在浙北平原软基上修建的最大的石拱桥，始建于明万历三十九年（1611），明天启元年（1621）竣工。清康熙五年（1666）重建。清嘉庆十七年（1812）再重建。桥长 72.8 米，高 10.7 米，共 3 孔。中孔净跨 16.2 米，两边孔各为 9.3 米，桥宽 6.7 米，桥顶宽 4.9 米，东西桥阶斜长为 30 米，东西两坡各设 55 级石阶（石阶条石为 57 块）。长虹桥于 1960 年被列为嘉兴县文物保护单位；1981 年被列为嘉兴市级文物保护单位；1997 年被列为省级文物保护单位；2006 年被列为全国重点文物保护单位。

双桥遗址

【嘉兴市文物保护单位】

双桥遗址　位于双桥小学内，系新石器时代至春秋战国时期聚落遗址，面积约 11000 平方米。早在清光绪十六年（1890），双桥农民耕作时就曾发现过石器、玉器、陶片等。1932 年 8 月，浙江公路局赶筑苏嘉公路，在双桥附近吴姓田内掘土时发现“汉玉”甚多，大小粒三四百个，其中珍贵的有拱璧 2 个，玉枕 1 个。以后仍有不少出土玉璧、玉琮、玉圭等玉器被古玩商人大量贩卖至上海、杭州等地，以致上海古玩市场出现一个专有名称“双桥玉”。1953 年 7 月，省文物公路委员会组织专家到双桥实地调查后，确定遗址分布在双桥北面的一个土丘上，土丘南端紧连双桥小学的后门，北段走下土丘即为原双桥乡人民政府。双桥小学因开辟操场，占用了土丘的南部约 1/3 的土地。遗址被掘破部分的出土文物已散失。此次调查，发现陶鼎残足 6 件、陶鬲残足 1 件、残器盖 1 件。土丘的表面偶有发现印纹陶片，数量虽少，但分布面积极广。以及双桥小学教师胡某收集的陶鼎足 2 件、黑陶簋 1 件、黑陶壶 1 件，和当地居民收藏的石铲 3 件，均上交。1973 年，双桥小学拟在墩上扩建校舍，组建省、市文物考古队进行科学发掘，挖探方 6 个，计 160 平方米，发掘工作队从 1973 年 5 月 8 日开始，7 月 12 日结束。历时 66 天。发现墓葬 3 座、窖穴 1 个，完整和比较完整的器物共 103 件，可定形式和列为标本的残器 65 件。其中以有段石锛、扁平穿孔石斧为代表性的生产工具。陶器以夹砂红陶、泥质灰陶为主，有鼎、鬶、罐、盆、高脚杯、壶、碗、盆、瓮、镂孔豆，以及陶纺轮、网坠。并有稻谷、谷壳出土。根据出土的陶器分析，属于良渚文化，距今四千多年。窖穴出土的器物属崧泽类型。1960 年，被列为嘉兴县级文物保护单位。1981 年 10 月，被列为市级文物保护单位。

北溪桥遗存 该桥位于范滩村，坐落在天花荡南至穆溪的入口处，东西向，原名石穆溪众福桥，桥上仍保留石刻“穆溪众福桥”字样，而当地一直称为“北溪桥”。该桥建造年代不详，1931年大修，换过桥柱石。桥全长36.4米，桥宽2.2米，最大跨度5米，桥面由4块石板铺成。1992年8月，嘉兴市文化局在桥东和桥西立“北溪桥遗存”石碑，属市级文物保护单位。

北溪桥遗存

【嘉兴市文物保护点】

钱氏书屋 位于范滩村16组、东禅寺寺后浜，属于清代的传统民居。坐东朝西，为一进两开间，砖木结构，有花格窗户，东侧窗户外还设有美人靠。为抬梁式结构，有雕花梁坊，建筑工艺考究，梁枋、屋脊及小木构件雕刻精美。2009年被列为市级文物保护点。

钱氏书屋

商家祠堂 位于双桥村陈家村23号，属清代建筑。坐北朝南，一进三开间，穿枋式九架梁，神龛长4米，高1.02米，宽0.62米，上额绘祥云双龙抱珠纹。2009年被列为市级文物保护点。

倭墩浜遗址 位于新桥社区内，07省道以西，西临科技路，东西长约600米，浜最宽处约14米。时值日本进入南北朝分裂，日本西南的封建诸侯组织部分武士、浪人和商人，经常在中国沿海进行掠夺和骚扰，史称倭寇。明嘉靖三十四年(1555)四月底，明军与从平望奔窜过来的倭寇5000余人展开激战。至五月初，明军斩获倭寇2000余级，烧死溺死者甚众，倭寇大败。此次为明朝抗倭的二百年间第一次取胜，因主战场发生在王江泾秋茂桥一带，故史称“王江泾大捷”。倭墩浜为埋葬倭寇之地，现两岸均建有厂房和居民房子，2009年被列为市级文物保护点。

苏嘉铁路嘉兴段遗址 苏嘉铁路北起苏州，南到嘉兴，全长74.44千米。1935年2月开工，1936年7月15日正式通车。到1944年3月被日军拆除，

苏嘉铁路77号桥旁的路基涵洞

前后不到8年。苏嘉铁路嘉兴段起于北荷村吴家桥港南运河边，然后向南沿运河经过长虹村、太平村、油车港镇上睦村、马库村，进入嘉兴市区，沿东方路，穿过塘汇街道，终点到达解放街道嘉兴火车站。铁路整体已无存，仅残留部分遗迹。铁路76号桥桥墩仅存1座，保存尚完整。残存路基上种植有油菜等农作物，局部被取土破坏，保存断断续续。2009年被列为市级文物保护点。

王江泾小曲村小学校舍

长虹村碉堡群　位于长虹村10组(莫家村)，原王江泾火车站边。日军侵华时筑，筑有3个碉堡，呈"品"字形分布。2009年被列为市级文物保护点。

一里街碉堡　位于一里街西端，呈圆柱形，外墙用青砖砌成，外径4米，内径3米，高5.4米，是日军侵华留下的军事建筑。2002年被列为市级文物保护点。

小曲村小学校舍　位于华联村27组。该小学校舍属20世纪60年代文化教育建筑，现存教室有北侧、西侧各数间，呈L形分布。南面有个小操场，东南边有围墙环绕。因保存较好，且具有解放初期的建筑风格，2009年被列为市级文物保护点。

芥宇港费氏老宅　位于栋梁村6组，属清代宅第民居，坐北朝南，仅存原宅后两进的一部分。原建筑建造历史悠久，规模较大，做工考究，为典型的江南风格建筑。2009年被列为市级文物保护点。

苏式拱仓　位于双桥村蓝荷湾，建造于20世纪50年代。坐北朝南，10个形状相同的筒形组成蜂窝式的结构，每个直径4.7米。2009年被列为市级文物保护点。

芥宇港费氏老宅

苏式拱仓

千家埭遗址　位于虹南村20组千家埭，属崧泽文化新石器时代遗址。遗址主要分布在水田中间，另有部分在一块高墩上，面积约1000平方米，曾发现大量的兽骨及少量的陶片。据清代《闻川志稿》记载："龙坟，在复礼乡和尚荡南滩小律圩，元、明间，耕者常于田间获龙骨，永乐中为内珰所知，檄郡县兴役大发掘，得骨角齿牙数十船，讹传大禹治水至震泽斩黑龙祭天瘗骨于此。”1992 年被列为市级文物保护点。

郎嘉桥遗址　位于西雁村村委会西南面，属良渚文化新石器时代遗址，在河荡的包围之中，地势低凹，遗址大部分已被河荡淹没，仅留 100 余平方米的田地。1992 年被列为市级文物保护点。

金桥遗址　位于双桥村 42 组，属良渚文化新石器时代遗址，三面临河，东临京杭大运河，南为红旗塘，西为东荡。面积约 6 万平方米，文化层厚约 0.4 米。1992 年被列为市级文物保护点。

南墓城遗址　位于阳城村 1 组，属崧泽文化至良渚文化的新石器时代，南墓城遗址已无高墩，地面上建造有大量的村民住房，地面已找不到陶器标本，遗址范围模糊。1992 年被列为市级文物保护点。

孙家汇遗址　位于范滩村 6 组，属新石器时代至春秋战国集聚地。整体形状呈凹字形，面积约 2 亩，高墩高出地面约 7 米。1992 年列为市级文物保护点。

闻店桥　2002 年被列为市级文物保护点。详见“交通运输・桥梁”(以下桥梁同)。

济阳桥　2002 年被列为市级文物保护点。

浔阳桥　2002 年被列为市级文物保护点。

天德桥　2010 年被列为市级文物保护点。

正兴桥　2010 年被列为市级文物保护点。

怀丝桥　2010 年被列为市级文物保护点。

仲昌桥　2010 年被列为市级文物保护点。

洪典桥　2010 年被列为市级文物保护点。

九军河胡氏民宅　位于红联村 1 组九军河自然村。该建筑为民国所建，坐北朝南，原为宅院式建筑，现存后两进及东西厢房，木梁架结构，平房，穿枋抬梁式并存；前出檐，总占地面积 354 平方米；东西两厢房间原为天井，已改建。后一进有五开间，进深 5 米。当中为天井，进深 3.2 米。后二进进深 7.2 米，已废弃部分坍落。屋顶为单檐庑殿顶，地面均用小青砖铺设。该民居用料一般，但局部雕工较精，具有江南民居特色。2010 年被列为市级文物保护点。

九军河胡氏民宅

横港张氏老宅

横港张氏老宅 位于红联村5组。该建筑为民国所建。木梁架结构，坐北朝南，呈四合式建筑，原为三进，现存两进穿枋式五檩平房，总占地面积约169平方米。第一进中为门道，两侧为次间；中为天井，地面用小青砖铺设，两侧各有厢房（东侧1间已拆除做鸡舍）；第二进为三开间。该民居门罩等处局部雕刻，屋顶为硬山顶，两端翘脊，用料一般。2010年被列为市级文物保护点。

2010年王江泾镇市级文物保护点情况表

表20－1

序号	名　称	建造时代或年代	类　别	地　址
1	项家库沈氏民居	20世纪50年代	近现代重要史迹及代表性建筑	大坝村1组
2	大坝村包氏民居	20世纪50年代	近现代重要史迹及代表性建筑	大坝村3组
3	东风村日晖桥	清代	古建筑	东风村23组（宇泗浜村与东风村交界处）
4	东风村秀兴桥	清代	古建筑	东风村9组
5	东荷村礼堂	1971年	近现代重要史迹及代表性建筑	东荷村12组
6	芥字港东费建忠民居	清代	古建筑	栋梁村9组芥字港自然村
7	芥字港东费杏观民居	民国	近现代重要史迹及代表性建筑	栋梁村9组芥字港自然村
8	范滩村石泉桥	清代	古建筑	范滩村6组
9	朱家头朱氏民居	清代	古建筑	范滩村朱家头8～9号
10	荷花村延庆桥	清代	古建筑	荷花村10组
11	荷花村宜观桥	清光绪十五年（1889）	古建筑	荷花村18组
12	红联村蒋氏民居	清代	古建筑	红联村3组
13	虹北村仁德桥	清光绪五年（1879）	古建筑	虹北村11组
14	尖墩角张氏民居	清代	古建筑	虹北村8组
15	尖墩角98号民居	民国	近现代重要史迹及代表性建筑	虹北村8组尖墩角98号
16	虹南村万福桥	清至民国	古建筑	虹南村20组
17	虹南村正兴桥	清至民国	古建筑	虹南村26组

续表 20－1

序号	名　　称	建造时代或年代	类　　别	地　　址
18	新力村礼堂	1969 年	近现代重要史迹及代表性建筑	虹南村新力自然村
19	虹阳村大木桥	清宣统二年（1910）	古建筑	虹阳村 7 组
20	虹阳村便民桥	清代	古建筑	虹阳村大桥自然村
21	虹阳粮仓	20 世纪 60 年代	近现代重要史迹及代表性建筑	虹阳村集镇兴虹路
22	洪典村长生桥	清代	古建筑	洪典村 4 组
23	塘浜莫家民居	民国	近现代重要史迹及代表性建筑	洪典村 7 组
24	洪典村种福桥	清代	古建筑	洪典村 8 组
25	小曲村大礼堂	20 世纪 60 年代	近现代重要史迹及代表性建筑	华联村 25 组
26	华蟆港西陆氏居	民国	近现代重要史迹及代表性建筑	华联村华蟆港西侧
27	华蟆港西董氏居	民国	近现代重要史迹及代表性建筑	华联村华蟆港西侧
28	周相公庙桥	清代	古建筑	金鱼桥村与嘉北街道顾家浜村交界处
29	张家漾张氏民居	民国	近现代重要史迹及代表性建筑	廊下村 3 组（原梅兴村）
30	民和村圆通桥	清代	古建筑	民和村 5 组和 6 组交界处
31	民主村长生桥	清代	古建筑	民主村 14 组
32	凌家浜陆氏民居	民国	近现代重要史迹及代表性建筑	莫家甸村（原凌家浜自然村）
33	大家港东陈氏居	民国	近现代重要史迹及代表性建筑	南汇村 19 组大家港东
34	南汇村卜松生居	民国	近现代重要史迹及代表性建筑	南汇村东大街大家港西侧
35	南汇村西大街居	民国	近现代重要史迹及代表性建筑	南汇村西大街北端
36	大双港北杨民居	民国	近现代重要史迹及代表性建筑	南汇村大双港北 22 号

续表 20－1

序号	名　　称	建造时代或年代	类　　别	地　　址
37	沈家桥村西杨桥	清代	古建筑	沈家桥村 13 组
38	沈家桥村东杨桥	清宣统三年（1911）	古建筑	沈家桥村 13 组
39	市泾村军事瞭望塔	20 世纪 50 年代	近现代重要史迹及代表性建筑	市泾村
40	市泾村于氏民居	民国	近现代重要史迹及代表性建筑	市泾村 3 组
41	市泾港太平桥	1934	近现代重要史迹及代表性建筑	市泾村 5 组
42	双桥村兴福桥	清光绪二十年（1894）	古建筑	双桥村 12 组
43	双桥村褚家桥	清代	古建筑	双桥村 14 组
44	双桥村陈家桥	清光绪三十一年（1905）	古建筑	双桥村 19 组
45	双桥村圣橺桥	清至民国	古建筑	双桥村 3 组
46	双桥村绿涧桥	清宣统三年（1911）	古建筑	双桥村 44 组
47	双桥村计家桥	清光绪十二年（1886）	古建筑	双桥村计家桥自然村
48	双桥粮仓	20 世纪 70 年代	近现代重要史迹及代表性建筑	双桥村蓝河湾
49	双桥街胡氏民居	民国	近现代重要史迹及代表性建筑	双桥村双桥街 50～51 号
50	味达港吴氏民居	清至民国	近现代重要史迹及代表性建筑	双桥村味达港
51	味达港 27 号吴氏民居	清代	古建筑	双桥村味达港 27 号
52	味达港 30～32 号吴氏民居	清代	古建筑	双桥村味达港 30～32 号
53	太平村谢河桥	清代	古建筑	太平村 10 组
54	腾云村军备粮仓	1969 年	近现代重要史迹及代表性建筑	腾云村村委会东北侧约 500 米处
55	姚家弄 9 号姚氏民居	清代	古建筑	王江泾社区姚家弄 9 号
56	寨基浜 33 号姚氏民居	清代	古建筑	王江泾社区寨基浜 33 号

续表 20－1

序号	名　　称	建造时代或年代	类　　别	地　　址
57	一里街 150～154 号民居	民国	近现代重要史迹及代表性建筑	闻川社区一里街 150～154 号
58	一里街 175～179 号民居	民国	近现代重要史迹及代表性建筑	闻川社区一里街 175～179 号
59	一里街徐氏民居	清代	古建筑	闻川社区一里街东端
60	西雁村朗嘉桥	清乾隆五十三年（1788）	古建筑	西雁村村委西南侧
61	新桥张家桥	民国	近现代重要史迹及代表性建筑	新桥社区 7 组
62	阳城村会堂桥	清光绪十年（1884）	古建筑	阳城村 7 组

说明：以上资料来自嘉兴市本级第三次全国文物普查不可移动文物名录

第七节　已消失古迹

【塔亭】

平家塔　元代。位于陆家荡东南，李氏家族世代居住此地。北接江苏黎里界。据元代《至元嘉禾志》载："思贤乡有平塔里。"古时颇为有名。圩头称塔圩，所在地的村庄原称塔上村，邻近的湖荡称塔荡。

普同塔　清代。位于官塘东张字圩，又称义冢。占地三亩八分六厘，清乾隆年间建。清道光年间，寿生寺僧慧高重修。据清宣统《闻川志稿》载，清咸丰三年（1853）二月，清军为防范太平军，曾在此建起炮台，"不数月，雨注风尘，塌者大半，靡费扰民，不能御贼。以有限之资，施于无用之地，实甚惜也"。

羞墓亭　位于嘉兴县城北 7.5 千米处，运河西面。汉时，朱买臣为内史，衣锦还乡，其妻羞死于此，有羞墓，并在此建有羞墓亭。今废（下同）。

税暑亭　在梅家荡。元至顺年间，朱张穹寿建。

两洲亭　在梅家荡中。盛氏于明代建。

籍安亭　在杨桥港口。明代建。

望虹亭　在长虹桥西堍。筑于何时不详。旧有古井，上覆以亭。明成化九年（1473），陶椿等重建，煮茗备饮，亦称茶亭。古时往还嘉兴者，岁寒夜航到迟，好善者嘱守亭人赠以灯烛。蒋之翘《闻川杂咏》有诗云："卧波影涵亭，劳者歇还涉。忽见天垂绅，亦闻涧饮渴。"

望湖亭　位于雁湖堤上。明代四川布政使陶照所建。

籍安亭　在阳桥港口。明代所建。

闻喜亭　在澄溪桥普福庵旁。蒋之翘《闻川杂咏》有诗曰:“远岫夹烟光,孤亭积林霭。杖藜偶独来,闲鸥坐相契。”

东茶亭　在雁湖荡埂之东。清康熙年间曾为水月林僧舍,清乾隆初僧人鉴如改筑,夏日煮茗以饮路人。

碑亭　在雁荡彩东桥左边。清乾隆十八年(1753)钱其昌倡议筹建。

曰弊者亭　在清芬寺西。建于清代。

荡口亭　在南荡湾,为一茶亭。

西茶亭　在雁湖荡埂之西。亭旁有庵,塑大士像。

冠鳌亭　在雁湖荡埂的彩虹桥上。

注:雁湖在王江泾镇西,历史上记载最早叫“雁门荡”,荡之东南有海云楼、海云桥。雁湖由于面积大,古时在此设渡船,但遇风雨,会出现渡船倾翻情况。清康熙年间在荡中垫有一条土埂,供人行走,以阻洪涛,并在东侧筑东凉亭,僧人鉴如建两座木桥于埂之东西两头。清乾隆十八年(1753),蒋彩如、钱祈昌等倡捐改筑石堤及三座石桥。从此雁荡分为南雁荡、北雁荡。荡埂东为“彩东桥”,西为“彩西桥”,中间为“彩虹桥”,在彩虹桥上还建有“冠鳌亭”。因建三桥均由蒋彩如发起,故三桥名都用“彩”字,以示纪念。后称这三桥为“亭子三吊桥”或“姐妹三吊桥”。1968年,部队为开发解放军农场,南雁荡改荡为田,三桥均被拆除,改成堤岸。仅存北雁荡。

【丘墓】

羞墓　西汉。清《闻川志稿》载:“朱买臣妻改嫁杉青闸吏。买臣既贵,妻羞死于亭湾,称其冢曰羞墓。在县北十八里。又有羞墓桥,在金桥、六里桥之间,则羞墓当在六里桥南。”

闻人璪墓　宋代。位于永乐乡(今王江泾)。闻人璪,任推官,闻人建之孙。

闻人宏墓　宋代。位于麟瑞乡(今油车港池湾)一带。闻人宏,任通判,朝散大夫安远之子。

陶菊庄墓　宋代。位于金桥北三吕圩(今双桥)。陶菊庄,处士,陶菊隐之弟。此墓地自陶菊庄之前五世、其后八世皆葬于此。陶菊庄九世孙德在明代成化年间任职沂州州判。据史料载,明代时,此墓地占地一亩二分。

陶维一墓　元代。位于王江泾镇西南古塘泾。陶维一,字允中,陶菊隐次孙,元代处士。陶维一儿子陶贵生、陶广生、孙陶宣桓、曾孙陶守正等皆附葬此处。

陶氏鹤翅坟　元代。位于镇西南吴江境澄源乡宿字圩之南面、秀水大霜圩(今西雁村)。相传此墓地为明初刘伯温所定,俗称鹤翅坟。主穴之上为元处士陶范衣冠墓。陶范为陶菊隐子;其下为陶范第三个儿子陶维义。《闻川泛棹集》有诗赞曰:“马鬣谁封一片云?青田遗迹旧传闻。至今十里来龙水,独护陶家鹤翅坟。”

郭士元墓　元代。位于永乐乡(今王江泾)。郭士元,字元之,处士,精通力学,为尚书教授,一直侍奉母亲,自号溪南处士。

朱张恂墓　元代。位于闻家荡(即梅家荡)西之市泾,报恩院东。朱张恂,校尉,随南宋末帝在崖山蹈海殉国,其子朱张穹寿奉衣冠葬之。后朱张穹寿亦附葬此地。

徐宜人墓 明代。位于复礼乡天字圩南张村。徐宜人，提举司提举张霆发之妻，年三十九岁，聪颖早逝。

陶氏澄源南墓 明代。在镇西南苏浙接壤处，陶安生葬在此处。陶安生是陶维义次子，配沈氏，为吴兴沈万三秀之女。沈败，陶氏亦罹祸，陶安生子宗刚，宗刚子铉，铉子质、宾，质子五珏佩，宾子琛瑞，皆附葬此处。

陶氏归全墓 明代。在复礼乡大霜圩，赠御史陶楷葬在此处。陶楷原配沈氏以衣冠合葬，继配陆氏实葬此处。左为陶楷长子贡生儒墓。坟基二亩七分，东有余田五亩。此墓规制宏壮。以后，陶氏家族凋零，墓道荒芜。清代末年尚有石马残碑。

陶棨墓 明代。在杨舍港日字圩。陶棨，号竹所，明代散官，陶济第三子。陶棨子邑庠生陶炜附葬此处。

陶勋墓 明代。位于澄源乡宿字圩之南面、秀水大霜圩鹤翅坟西。旧有高大的大樟树，俗称樟树坟。

陶熙墓 明代。在寨基濠东阡。陶熙，举人。

陶煦墓 明代。在镇西复礼乡大天圩。陶煦，任福建按察副使。

陶照墓 明代。在镇东被字圩。陶照，陶松季子，任四川布政使。

陶俨墓 明代。在镇南庶二庄致字圩东阳浜。陶俨，陶楷次子，明代河南按察副使。墓东南港中有洲渚，俗称龙抢珠。

陶氏楼下支墓 明代。在镇西南为字圩楼下浜、陶三浜附近。陶源二子——枢，字文言；机，字文行，于明弘治末葬。枢次子燧附葬。

陶氏芝溪墓 明代。在南张荡西。为明成化中陶澍衣冠墓，与其配沈氏合葬。子桂附葬于此。

陶俸墓 明代。在金桥。陶俸，陶楷第三子，号勉斋，耆寿明经。

黄氏宫女坟 明代。在塘东杨家村，一名魏塘湾，俗称秀女坟。黄氏名婉，明洪武朝秀女，建文朝宫正司女史，永乐中放归，殁葬杨家村。《闻川泛棹集》有诗云："金莲曾步玉阶来，绣线抛残付劫灰。谁向荒坟浇麦饭？东风一树野棠开。"

沈烈妇徐氏墓 明代。在泾南富庄村。相传墓旁旧植梅数十，因号梅花坟。

永州知府汝泰墓 明代。在泾北里许亲字圩。汝泰，字元吉，吴江黎里人，明弘治九年(1496)进士。

给事中沈复墓 明代。在船圈港大调圩西，虎啸荡北。沈复儿子沈谧是湖广参议，沈谧及孙辈均附葬此处。墓地建筑宏壮，有祠在南汇。清《闻川志稿》载："清咸丰以后，沈氏后裔子孙失学，拆卖祠屋、祭田。岁辛酉，族中无赖更信谎言，谓穴内有金头宝器，竟毁冢劈棺无所得，尸骸十多具，掷于冰雪间，可谓无人心，士民亦莫为禁阻，城绅盛沅遣人以瓮埋之。"

沈蒙墓 明代。在闻家荡东。清《闻川志稿》载："盛禾诗注：闻人氏衰落，沈氏渐盛，濒湖数里间多两姓故物，今子姓无存者。"

孝子陈髙墓 明代。在镇南庶一庄三成圩主城浜双桥。

四川布经历陶讬墓 明代。在主城浜石牌坝。陶讬，字北湖，陶儒之长子，以邑庠生贡太学，授官贵州布政司都事，配张氏、翁氏、王氏合葬，妾朱氏、钱氏。

文林郎陶诺墓 明代。在士三庄大天圩，南张村西南万家浜。陶诺，字平柯，陶俨次子，国子生。

襄王府典仪陶岁墓 明代。在范滩南三成圩。

福建巡海副使卜大同墓 明代。在镇西北必暑圩田禾浜。

承德郎盛嵩墓 明代。在闻湖东，南露圩。侍郎姚宏谟撰志。其东为盛嵩子东昌府知府周墓。

寻甸知府卜大有墓 明代。在李字圩。

吏部郎中卜大顺墓 明代。在良字圩。

大中大夫盛维谦墓 明代。在闻湖北，朱张氏墓东。盛维谦为按察使盛万年之父。

尚书谥清惠丁宾赐墓 明代。在莲泗荡东正收圩，明万历年间谕祭葬。丁宾，字礼原，明隆庆五年(1571)进士。

倭寇冢 明代。在镇南后庄港西，亦名倭墩浜。相传明嘉靖中期埋所获倭寇处。另有倭寇冢在射襄桥南夹河中，旧有大捷山碑。

安吉教谕计楠墓 清代。在下睦港昃字圩南张浜。据史载，此墓庐数楹，梅花百本。

朝议大夫倪汝贤墓 清代。在陶家荡北昭三庄珍字圩。倪汝贤儿子楷廷、孙子焘皆赠大夫，附葬此处。清《闻川志稿》载："清光绪壬午元旦，有巨鲤长数尺跃墓前，乡人谓是秋焘子晋阶膺乡荐之兆。"

登仕郎杨堉墓 清代。在海云桥南，露字圩东舍港。

中宪大夫黄日升墓 清代。在庶二庄南结圩富庄港。黄日升为盛泽人，清《闻川志稿》载："子四品衔员外郎浚附葬于右。浚，字文甫，少遭乱离，勤苦起家，慈祥慷慨，旌表'乐善好施'。"

知县杨象济墓 清代。在寒字圩甘家浜。

光禄寺署正杨文汪墓 清代。在庶三庄露字圩小荡汇北。

太子少保两广总督谥勤肃陶模墓 清代。在露字圩顾店桥北。清光绪二十八年(1902)谕赐祭葬，御制碑文。旧友仁和陈豪撰志铭。左为长子，赠刑部主事邑庠生葆莹；右为季子，主事衔府学附贡生葆霖，皆附葬于此。

福建同知李春辉墓 清代。在塔荡赖字圩。

广孝阡 清代。清康熙十一年(1672)，巡抚范承谟行县建，王江泾亦有之，今地址无考。

陶氏义园 清代。在接战港南岸，为甸上陶氏合族公墓。

义冢 清代。在塘东张字圩，又分男、女、僧道，为普同塔三座。地三亩八分六厘，清乾隆中立；道光时，寿生寺僧慧高重修。清咸丰三年(1853)二月，清军为抵御太平军，曾筑炮台于此。

鸳鸯墓 清代。在雁湖旁，相传夫妇笃于伉俪者葬此，姓名、事迹失考。《闻川泛棹集》有诗云："雁门秋老晓霜微，影落平沙伴侣稀。古墓鸳鸯长比翼，双栖却是胜孤飞。"

【园宅】

海云楼 在南雁荡口原海云桥附近，四面环水，故名。陆以诚棹歌云："海云缥缈忆征人，岁岁行踪似泛频。夹岸荻花迷雁阵，秋风又见雁来宾。"今废(下同)。

忠孝堂 在原纯真道院旁。南宋时，将仕郎陶菊隐的祖先从汴京(开封)南迁金桥。南宋德祐末年，陶菊隐毁家勤王，屡抗元兵，最后，兵败国亡家破，遁居王江泾，筑忠孝堂以见志。元至正二十四年(1364)，陶菊隐曾孙陶长原重建，周伯琦篆额。明成化十一年(1475)又毁，陶长原之元孙陶楷又重建。清咸丰十年(1860)，清军与太平军在王江泾激战，忠孝堂屋宇、图书并烬。计楠《桑梓吟》曰："血战金桥气慨慷，义兵无力再勤王。黄冠同洒零丁泪，故里犹传忠孝堂。"

日涉园 在镇西天字圩南张村附近。为元代海沙场司令张霆发别墅，后遭难而废。元末明初诗人杨维桢有诗云："不到芝溪二十年，故人故宅两茫然。寿生寺在空遗址，日涉园荒又作田。"

愚懒斋 在大家浜相近。为明初处士陶贵诚筑。

同心楼 在雁湖之滨。明宣德年间，义士陶钲偕弟陶镒、陶镇隐居雁湖滨，筑此楼以示友恭之谊。内有许多湖山小景。屈茂垣有诗云："梦里池塘春草深，楼头风雨结同心。湖山小景今零落，剩有归鸦啼暮林。"

东庄别业 在东舍浜。明景泰年间，陶济所筑。园宅内有水竹居、野啸亭、来秀轩，还有玩月轩、山月楼。

春和堂 在大家浜。明成化中期，处士陶楷所居。园宅内叠石疏泉，曾有白鹤翔集亭下。明代沈周、祝允明、文徵明等人皆为此园宅赋诗。计楠《桑梓吟》有诗云："好把闻川拟辋川，陶翁卜筑爱林泉；雨窗点易青油幕，烟渚寻诗白板船。菊放疏篱秋色外，鹤来远浦暮云边。结茅闲饮湖中趣，觞咏幽情忆往年。"

听月窝 在东庄别业。旁有雁湖草堂、听歌轩等建筑。明代时，文人墨客均来此地游玩。以后，此园宅被农民当作牛棚，后荆棘荒墟。明代陶熙作诗："留题墨客尽凋零，壁上空遗旧姓名。惟有当年残月影，夜深常对此窝明。"

南楼 在雁湖边陶氏柳庄。明御史张魁曾作记。

思亲楼 在东庄别业。明成化中期，处士陶勋所建。

两洲亭 在梅家荡中。为祁门县丞盛志居处。蒋之翘《闻川杂咏》诗云："两洲亭榭傍湖边，偕隐同歌棣萼篇。寂寞荒墩闲吊古，梅花笼月竹笼烟。"

父子绣衣第 据清光绪《嘉兴府志》载："父子绣衣第在王江泾南市。为明副使陶俨、大理丞陶谟所居，门前小浜旧产五色螺。"明嘉靖末期，父子绣衣第被倭寇残毁。以后，陶谟子侄九畴等重修。明天启初，陶谟曾孙登莱任巡抚陶朗先被诬，家产被抄没；尽管明崇祯初昭雪给还，而家族就此衰败。清康熙三十五年(1696)，父子绣衣第又被风灾所摧；清雍正年间，学使宋至赠额"丹心化碧"；清乾隆、嘉庆时期以后，故址尚存。清李道悠作诗："公私未肯易清操，季世人才忌独高。一死尽忠供锻炼，孤儿血泪尽呼号。"

聚奎堂 在田乐村田禾浜。明嘉靖中期，卜大同、卜大有、卜大顺三进士所居。又有益泉别墅。卜大有罢官后，曾在此著书立说。明周思谦作诗："故人自有悠悠者，十年避地东山下。迹谢簪缨无是非，心将鱼鸟同闲暇。"

存石草堂 在南汇。明嘉靖中期，参议沈谧所筑。

巢云馆 在南汇。明万历初年，佥事沈启原筑。

王参政故宅 有两处，一在会源桥河东南，明嘉靖中王俸所居；一在镇西南永和潭，王氏子孙聚族住在此地。蒋之翘《闻川杂咏》有诗云："败槛深红叶，华堂掩绿苔。旧闻尊酒胜，谁复此徘徊。"

怡安堂 在祝家湾。明万历初年，参议王锡命旧居。园宅有百桐厅，楠木所建。清嘉庆、道光年间，厅堂曾作为酒肆，而庭中枯梅尚存。相传古梅为王锡命所植。蒋之翘作诗："曲巷既无泉石胜，选幽惟有一枝梅。却疑马远画中得，会见王猷雪里栽。"

修纪堂 在梅家荡东北中李圩。明万历中期，江西臬使盛万年所居。园宅内有世德堂、滴露堂、饮醇轩、宛委斋、四照阁等建筑。园内有2棵古松。清道光二十九年(1849)，大水；清同治七年(1868)，火灾，故迹全毁。盛禾有诗曰："先人蓬户柳桥西，松竹虽存径草迷。隙地空余三亩宅，旧巢方构一枝栖。"

栖老堂 在永乐乡南村。明天启中期，殷仲春自号东皋子，与子殷志伊，隐居此地。明陈继儒有诗云："樱桃花开春可怜，何处游人不放船。隙羡白头殷处士，鹁鸪声里独耕田。"

退庵 在陶家浜。明代孝廉陶学瞻所居。

黄氏故园 在定中桥西。明太学生黄而绣筑。园宅内有池上阁、隔霞楼。有诗曰："游宴怜当日，池台总断魂。客非旧巢燕，更入孟尝门。"

陆氏来鹤楼 在雁湖东茶亭之左。明末诗人陆钿樽酒论文之地。清宋景和《闻川泛棹集》有诗云："湖云一片秋复秋，湖水长年流复流。鹤再飞来人不见，陶家亭馆陆家楼。"

卢氏废圃 在莫家村。园中有古梅一枝，杆如轮，繁枝旁引数丈，花时如雪。计楠《桑梓吟》有诗云："卢家老圃无凡卉，古梅槎枒临溪水。虬枝偃蹇含春心，东风昨夜开蓓蕾。年年一度最幽寂，淡月轻烟抱孤洁。寻芳行过香影中，冻雀无声满林雪。"

繁响阁 在会源桥东南。为清代嘉兴骆云程(字天游)授经处，因居道左，凡巷杵邻歌鸡鸣犬吠，市井呼号无不闻，故名。

三径草堂 在定中桥东。明遗民蒋之翘所居，有诗云："谈诗薄丁卯，相对万里同；不浅沧浪兴，草堂我在东。"

剑啸台 在定中桥东、三径草堂之后。

东庄 在永乐乡。园宅内有锄菜轩。清顺治初年，诗人宋国显自盛泽迁至永乐乡，因号东庄，名其轩，曰锄菜。

双梧庭 在陶家浜。明经陶韩著《双梧庭集》，因名。陶韩子孙居住此地。陶韩为中丞郎陶先之曾孙，其父陶群为清雍正七年(1729)副贡，子陶鸿锦为清雍正十年(1732)副贡，鸿锦子陶观为清乾隆三十五年(1770)副贡。陶观子陶曾饴，字芬馀，廪生，有文名，幕游江汉，潦倒以没，士林惜之。

红豆斋 在河北埭计家浜。清代名人计哲居住此地。园宅内绕屋种梅，更号梅瘫。

半舫 在王江泾集镇。为清代周玉电(字蕙亩)读书处。园宅内遍栽荷竹。又有柳堂，在泾东荡湾，周方衡茂才所居。

荷竹村庄 在王江泾集镇西。为清代周上舍骏别业。计楠《桑梓吟》有诗云："荷风散清芬，竹雨洒空碧；溪水静当门，一径幽人宅。”

兰林书屋 即带香草堂，在万福桥西。清代诸生于楷所筑。清代时，文人墨客均在此饮酒作诗。

怡耕楼 在祝家湾。清代诗人张楷所居。

玉照堂 在后兴桥西北。张源瀚昆弟所居。宋代时，张功甫在园宅内植梅数百，名其堂曰玉照，后人称其为“玉照堂”。此堂后为怡圃，树石清旷。

德辉堂 在会源桥东南。另有乐山堂。清代国学生杨建故宅。乐山堂有易鹤轩。清咸丰中期，遭乱颓坏。

梦墨斋 在河北埭。王达故居。

张氏故园 在浔阳桥东、盐店弄内。园宅内有小山、竹树，桑柘映门。相传为张氏园宅。孙贯中有诗云：“断垣桑柘回老屋，中有先生号雪谷。残衫破帽面如玉，高声低声日课读。”

存厚堂 在后兴桥东南。为清代计长源筑。园宅有松、石、苍翠、桐柏。孙贯中有诗云：“凿得新池灌野蔬，日常饱饭午风初。一经课子留家训，不买良田买好书。”

一隅草堂 在王江泾集镇。为计楠筑。园宅内有地二亩，筑堂三间，庭前叠石为山，依山种树，并有水池。房舍有萃庐、寒玉山馆、如如亭等，并植有牡丹数十种，花时五色烂漫，秋日艺菊百本，幽香佳色。

惇朴堂 在南廊下。为清代周文德故居。其后有志远、崇礼二堂。周文德以勤俭起家，长子周城研究理学；次子周坤以孝悌闻，于宅东筑晚草香堂、爱莲书屋。

谦吉堂 在回龙桥西北。屈有成所居。屈有成为明大理寺评事，屈儒十二世孙，子佩璋，于堂后筑醒吟轩。屈佩璋孙子屈庆墉、屈茂垣皆能诗。

古香园 在谦吉堂东，清代布政司理问沈垣之宅。

二田斋 在一隅草堂之西，计楠从子光炘所建。

绿蕉山馆 在甸上前港。清代陶琯所居。清道光二十六年(1846)，园宅西隅枯梅生芝，直径四五寸，秀雅可玩。陶琯有诗云：“斋西矮屋五六间，婆娑老树清阴环；庭前一枝古梅好，枝斜影瘦苔痕斑。”

借山楼 在王江泾。为陶璐藏书之所。陶璐在此处广储图史，积卷轴至六十架。

东皋草堂 在三官埭。清顺治年间，陶菊隐十三世孙明经陶兆琦偕弟陶璠居此。

宝墨楼 在太平桥西北。清代诸生李王猷为其父李景昌筑，以贮法帖。

萝月山房 在一里街中。沈文锦所葺。清咸丰初，沈文锦购买孟氏老屋，新建为此园宅。内有萝月山房、棣华书屋、怡怡室，飞廊曲沼，花木翳如。清咸丰十年(1860)被战火毁坏。

后繁响阁 在百岁街。为清代陶锥庵的小楼。清道光二十三年(1843)，震泽陈寿熊客居此楼，常闻市声，因想起明代骆天游繁响阁故事，名之曰后繁响，有诗曰：“此乡故有繁响阁，榜之吾室乃颇宜。荒鸡三唱市门动，枕边摇兀无休时。”

亚凤巢 在梅家荡东。清代朱应沅所居。

桐祚堂 旧在小桥港，为清代唐廷枚故居。清咸丰十年(1860)，兵燹成墟；清同治初年，廷枚子唐员购得射襄桥钱氏废屋，修葺后成为园宅。

【牌坊】

孝子坊 清代。清唐佩金所著《闻川缀旧诗》载,此坊位于王江泾闻店桥南。清乾隆九年(1744),皇帝为表彰孝子屠世芳烈火中勇救老母亲所建。

寨基浜节烈坊 清代。位于镇区寨基浜边,市河东口南岸。为表彰张洪源妻叶氏所立,乾隆帝题旌。

闻湖节烈坊 清代。位于闻湖(今梅家荡)西来字圩祥湾浜,为表彰许九如妻沈氏所立。清咸丰八年(1858)咸丰帝题旌。

流芳千载坊 清代。位于镇区射襄桥夹河内,为王馨怀妻烈妇刘氏立,乾隆帝题旌。

洁操玉立坊 清代。位于闻店桥北官塘,为杨元鼎妻张氏立。乾隆帝题旌。清光绪年间重修。

松筠节操坊 清代。位于闻店桥南官塘,为州同沈廷佑妻张氏立。

冰壶玉瑛坊 清代。位于闻店桥北,为周秀山妻黄氏立,乾隆帝题旌。

霜筠懿范坊 清代。位于射襄桥夹河内,为吴江贡生宋永骐妻沈氏立。《闻川泛棹集》赞道:“诏下金泥姓氏芬,乌头绰楔焕龙文。贞松慈竹东庄口,三折清流一朵云。”

自天申锡坊 清代。位于珍字圩观音荡,为吴江太学生王机妻陈氏立,清乾隆二十七年(1762)建。

回龙桥贞节坊 清代。位于回龙桥北堍,为沈秀芳聘妻马氏立,嘉庆帝题旌。

义重移天坊 清代。位于张家圩朱家浜。

官塘北节孝坊 清代。位于官塘北,为汪曜临妻姚氏立。

姚婆荡节烈坊 清代。位于姚婆荡南滩张字圩,为职监陶世楷妻陈氏立。

恩五庄节烈坊 清代。位于恩五庄正收圩,为州同知衔陶世纲妻朱氏立。

恩二庄节烈坊 清代。位于恩二庄长圩,为国学生沈载华妻盛氏立。

露字圩节烈坊 清代。位于昭二庄露字圩,为蒋履成妻陆氏立。

长虹桥节烈坊 清代。位于长虹桥东堍,为监生陶瑚妻张氏立。

南麟字圩节烈坊 清代。位于闻湖(梅家荡)南麟字圩,清嘉庆十年(1805)为监生计家乐妻丁氏立。

【寺观庙宇】

保安讲寺 镇东北十八里合路南秋圩。旧为通圣兰若,东晋里人卜本常舍地,僧雪巢创建。萧梁时赐额。唐至德间改为保安禅院。唐会昌五年(845)废,唐大中元年(847)重建。南宋乾道七年(1171)僧普诚重修请额,升为讲寺。元末遭兵燹,断碑尚存;僧性成复建。明洪武初仍旧额,明天顺六年(1462)重建;成化、弘治年间,僧中悦又重建。清咸丰年间遭兵毁,清同治年间重建观音殿。解放后仅存一棵银杏,后被火烧毁。

东禅寺 在泾西南十里许。旧名延福寺,北宋元祐年间建,明洪武年间重修,明宣德年间奏请赐额,明隆庆中期增建法云堂于殿左以藏诸经板。寺有修竹轩,俗传为苏东坡留题之处,明吏部尚书陆光祖撰记。寺占地面积几十亩,殿宇众多,有微笑堂、林酒仙祠、斋堂、钟鼓楼等建筑。寺衰于清末民国初,1953年后陆续拆毁,仅存银杏一棵。

关圣庙 在长虹桥东，一名万寿庵。明朱文恪公题“祝圣万寿”额。同治初重建。

莲花庵 在莲花墩。初供佛，明季改为关侯庙，旋圮；清顺治中期，山西商人捐资重筑，延僧闻修主之，有碑记；清康熙十四年(1675)，置田十七亩有余；清咸丰十年(1860)，被太平军焚毁。

云深庵 在接战港东南。庵中亦供关侯，与关庙相近，向住僧。

北社庙 在圣塘浜前。俗传神姓李名明，唐太宗第十四子。

东社庙 在新开河西南。古称紫薇侯庙，又名田都庙。毁于清咸丰十年(1860)，清同治初年里人重建大殿。

西社庙 在北廊下西南。祀土地神及夫人像，并坐楼上；下供大士像。清咸丰初年起，中元节有赛观音会，外有剧台。

金龙四大王庙 在西社庙东。

正阳庙 在珍字圩，镇东约1千米处，俗称石桥头。庙祀刘王神，素著灵异。庭中一古柏，病人祈祷者辄以柏枝煎服。

蚕花殿 在纯真观西，即丝业公所。殿祀蚕神。

医仙祠 在成真观旁。祀吴、许、陶三仙，曩有道士曹端中。

施王庙 在三官埭，即三官堂。清李道悠《志旧集》注，庙之东有药王殿，为通判借居于内。清道光十四年(1834)，通判丁某不法扰民，几酿巨祸，遂撤去不复设。清同治八年(1869)，里人募资重兴。

趺隐寺 在王江泾集镇之西。相传地周千亩，寺碑湮没民家屋底，兴废年代不详，但有巨钟沉斜桥河中，泅者能识之，然移徙无常处，或云深夜有物如囷浮水面，人见之则入水作鋐鋐声，亦神矣。明万历年间，民家筑墙，掘出断碣，始知为唐贞观年间建。

流福寺 唐时建，未详遗迹所在，明人以流福鸣钟为八景之一。

寿生寺 在大中结字圩，元至正年间建。明嘉靖中期，平湖陆庄简公光祖，明万历年间吴中申文定公时行，先后重建。

梵音阁 在寿生寺后殿。清乾隆初年建，西有修竹轩，嘉兴张廷济书额。

云坞 在寿生寺西。明匡山僧智明住寺五年，著有《空响集》。清乾隆时僧达鉴在寺旁结茅，额曰“云坞”，著有《云坞诗存》。

观音阁 在史家村。

贝勒宫 在一宿庵南。

雨花界 在西雁荡东涯。元至正年间僧院，赵孟頫篆额曰雨花界。明末寺废。

兴福庵 在新开河东，僧觉新筑。有听竹堂，修竹千竿，绿荫满地，清籁风生最宜消暑。

小普陀 在新开河东社庙东。清顺治十一年(1654)，僧昙印自南海普陀山移锡于此始建，孝廉陶学瞻书额。

西方庵 在西北结字圩，白浪水湾南。毁于清咸丰十年(1860)。

具足庵 在中小结字圩四方汇南港口。

莲水庵 在来龙桥南。

普福庵 在澄溪桥东堍。

清隐精舍 在大中结圩许家浜。

万德庵 庵之隔河李氏墓所。有雪公龛，明天启年间，寒山诗僧雪谷所居。清道光二十四年(1844)，僧宏开募修，陈寿熊有记。

白云塔院 在莫家村口。

集福庵 在来龙桥北。

苇渡庵 在澄溪桥西堍。即韦驮庵，又称佛藏庵。

澄源精舍 在苇渡庵中，僧澄源所居。

云隐庵 明崇祯中僧樵野建，基址无考。

功德林 在莲花庵中。

老亲庵 在镇五里范滩。南宋淳熙二年(1175)建，元末毁，明洪武年间僧志宏重建。

莲社庙 在竹林书院北。

纯真道院 在济阳桥北，即南圣堂。南宋淳熙年间，陶菊隐舍宅建，旁有陶祠；清咸丰十年(1860)兵毁。清同治五年(1866)里人重建关帝殿及大殿、山门，内借设兴仁善堂。

玉枢阁 在纯真道院东。阁凡三层，最上层有"上帝高居"额，唐员书。毁于兵燹。

成真道院 在回龙桥南堍，即东圣堂。内有松溪小筑，明寿州守常龙撰碑记。

隐真道院 在北社庙东，即北圣堂，又名北道观，原名元武祠。

小宸洲 在镇西北江邑尘字圩。

洞真宫 在小宸洲北程林村。南宋淳熙二年(1175)建，明万历年间修，由王锡命撰香火田碑记。清顺治十七年(1660)吴鸣珂、清康熙二十六年(1687)汝飞卿重修。

林酒仙祠 在东禅寺旁。

五路财神庙 在西社庙西。后为米业公所(殿后屋三椽，米商每年在此校准斗斛)。

财神堂 在集福庵北，三楹。祀元坛，俗称金面财神。无僧道，一人司祝而已。

小武当 在东禅寺南一里。旧名南溪真武祠，元延祐年间建，明景泰时修，明隆庆年间主祠杨守成筑土山于殿后，建观音殿于上凿池叠石，清初里人许圣道捐修。

万寿庵 在澄溪桥东，又称神仙庙。

静峰庵 在万安桥北。

小洞天 在静峰庵中，唐佩金伯祖筠庭公唐煜书额。

急水桥庙 在江邑旧字圩。

莫老太庙 在莫家村南。

陶菊隐祠 在纯真观蚕花殿外，宋陶氏旧宅也。清乾隆三年(1738)，菊隐十五世孙楚珩重葺，悬额曰"尚义之门"，楹联云"彭泽风流垂裕远，荆州事业象贤多"。清道光十五年(1835)，十六世孙懋昆重修；清咸丰十年(1860)被毁，清同治初年再建。

报恩祠(寺) 在泾东北之墅泾港，元末朱张穹寿建。穹寿无子，以婿盛镶为后(元至正初释本成有记，学士柯九思篆刻)，二姓并奉祀于祠。明成化六年(1470)，六世外孙盛誉重建，朱彝尊题楹联曰"九原有兆招英魂，二姓同祠式孝思"。

郁司农祠 在迎曦桥北堍，唐佩金等募资重建。

三贤祠　在梅家荡南。相传于忠肃公于谦后人明末迁此，筑垂裕堂，又建三贤祠，祀忠肃公于谦及项某，余一人失考。

任公庙　在太平桥北堍楼上，误称财帛司庙。神姓任名环，山西潞安人，明嘉靖时为江苏右藩司库，后御倭有功，江浙间民咸德之。

张襄悫公祠　初在兴福庵旁舍，清咸丰十年(1860)毁。清同治九年(1870)，改祀于云深庵。

杨忠愍公祠　在杨家村魏塘湾东。

海刚峰祠　久废，遗址俟考。

吴公祠　在寨基浜，驻防厅对河。

沈氏祠堂　在南汇东露圩。前明建，祀义民沈度、隐士沈复、湖广参议沈谧、陕西副使沈启原、修撰沈自邠。

钱彦瘫先生祠　在济阳桥北堍，讹称土地祠。清光绪七年(1881)唐佩金募资重建。

清芬祠　在竹林书院中，祀明末清初处士蒋之翘。

明伦祠　在江邑厌字圩。明伦庵旁舍，祀宁绍台道仲孙懋及清咸丰十年(1860)殉粤逆之难者。

黎里李氏宗祠　在塔荡南滨男字圩，清乾隆四十二年(1777)南诏运兵备道李璜建。祀其始迁祖，明成化年间，人宗、茂宗、元宗盛，以下择有功德附祀，其妇人之宝供别室。

屋庙　在范滩荡东北边，道家庙观。解放后做小学，“大跃进”时被拆毁。

孝青庵　在范滩村，原名老青庵。南宋淳熙二年(1175)始建，元末毁，明洪武年间僧志宏重建。庵房10间，和尚近10人，解放前，庵房改为民房，后拆。

大悲庵　在民主桥西边，此庵在民国时期亦用作私塾学堂，解放后做民主小学，1958年拆除。

五圣堂　又名五圣太太堂，在民主村杨家浜口。解放初损毁。

师姑庵　在廊下村北庵里，庵堂有前后两大殿和两配殿，总占地面积5亩有余，尼姑最多时有数十人。解放前夕庵已衰落，解放初作征粮仓之用，1971年拆毁。

报恩院　在市泾村。元初，朱张穹寿因思念陪南宋末帝蹈海殉国的父亲朱张恂而建。久毁。

关阳庙　在长虹村铁店港北岸，农历九月十三日为关羽生日，有庙会。刘王庙网船会的刘王出会，此庙是必到之处。二十世纪六七十年代，被嘉兴养鱼场用为办公场所。

关帝庙(一)　又称关阳庙，在腾云村，20世纪40年代末，庙宇用于办小学，70年代被拆除建学校。

关帝庙(二)　在双桥村双桥集镇街道中段。解放后改建为小学。

关帝庙(三)　在宇泗浜，庙有3个大殿，1942—1951年办学使用，后用作村会场，庙废。

关帝庙(四)　在洪典村南埭，1间庙堂。1958年被拆除。

广福庵　在长虹村荷花溇，占地面积2亩以上，庵有5进，偏房10余间。庵前有一大荷花池。解放后，庵房用于廉让乡政府办公，后拆去部分殿堂，最后剩3间主殿办小学，1958年拆毁。

宁闩庵 又称东关帝，在长虹村铁店港南岸，有4开间庵房。

观音堂 在腾云村石家浜南，20世纪60年代末拆除。

东观音堂 在腾云村东洋浜第一湾东北，20世纪50年代末拆除。

西观音堂 在腾云村姚家头西木桥闸门东，20世纪50年代拆除。

红庙 在腾云村腾云公路桥西，20世纪50年代拆除。

施相庙 在腾云村的寺前村中部。解放初拆除。

申阳殿 在腾云村申家浜，有3开间庙堂。20世纪60年代拆除。

报恩寺 在民和村何字圩北边、长安桥南侧，建于明代。寺占地1000多平方米，有正殿、偏房共10余间。寺毁于20世纪70年代初。

东圣堂 在民和村姜字圩、周介港北端东侧，建于明代。有3间佛堂和4～5间辅助房，解放初，该堂用于振兴村扫盲办夜校，20世纪70年代拆除。

西圣堂 在民和村龙字圩东侧、万寿桥西旁。建于明代，占地面积500多平方米。毁于20世纪60年代后期。

泗洲大圣庵 在田青村青字圩，久毁，仅存银杏树一棵。《至元嘉禾志》载，北宋熙宁年间，有僧智微在永州兜率寺受业，其母张氏年九十四岁造庵一所，名泗洲大圣庵。知州吴司文于朝得太后旨，赐给张氏老人粟帛。后智微与母将所赐粟帛衣钵货易变卖后在青字建泗洲大圣庵，并种下银杏树一棵。

唐庵 在田青村今12组，庵有9间房，于20世纪50年代用来办小学，1958年办大食堂，20纪60年代拆除。

小庵 在田青村小港中桥北堍，建于清代，仅1间庵房。1958年拆除。

小庵(二) 在田青村祥迎港西南部，建于清代。1958年拆除。

卜家祠堂 在田乐村必署圩，据传建于明嘉靖年间。祠堂为前、中、后3进，占地面积约500平方米，为田禾浜卜姓大户家祠。1958年拆除。

永福庵 在田乐村淡字圩，占地面积约350平方米。1968年拆除。

芝庆庵 在田乐村大往圩东(今肖家湾桥西堍)，庵为前、后2进，有山门，占地面积约600平方米。解放后，庵堂屋曾是田乐供销社、粮站的临时用房。1970年拆除。

小庙 在田青村青字圩。建于明代，1958年拆除。

狐仙庙 在田乐村必署圩、上合路港南。1942年建，1958年拆除。

集福庵 在虹阳村鸡头浜底西约100米，庵有正殿4间，东西各有偏房2间；解放前期改作学校，1958年前后拆除。

太平庵 在双桥集镇西，味达港东首湾上。1950年，庵房用于办小学；农业合作化时，改为畜牧场。

观音庙 在双桥集镇东、篮河湾边上。解放后拆除。

保福寺 在双桥村丁家浜报(保)福桥边。解放时，此寺已毁尽，仅存石狮、石牌坊等残迹。寺基地里有11个和尚的坑洞。

长生庵 在市泾村东部、市泾港北，“文化大革命”期间拆除。

大仙庙 又称吕纯阳庙，在虹阳村荡埭佬中间，民国时期毁。

杜家浜庙 在新桥社区杜家浜西约100米处。庙占地面积约1800平方米。1952年，庙宇办杜家浜小学，1968年并大队后拆除。

土地庙 在新桥社区杜家浜庙北约100米处，1958年被拆除建机埠。

土地庙（二） 在新桥社区干家浜、前富庄桥西北，占地面积约300平方米。1958年被拆除建机埠。

土地庙（三） 在新桥社区新桥头西、苏嘉公路西约150米处。已拆除。

土地庙（四） 在新桥社区肖家荡出口处港南50米处。1958年被拆除建机埠。

土地庙（五） 在范滩小金桥村北边，庙在解放后改为小学，"大跃进"中被拆除另造小学。

土地庙（六） 在王江泾社区原后富庄。1958年已废弃，后拆除。庙址仅存一块刻有"后土之神"石板。

土地庙（七） 在虹南村顾斋浜小桥头南，1956年神像被毁，庙屋用作新民大队办公室；后又作学校。1967年拆除。

土地庙（八） 在虹南村陈家桥加工厂旁，1956年神像被毁，1959年庙堂拆除。

土地庙（九） 在虹南村留梗桥北面。1956年拆除。

顾店桥庙 在新桥社区顾店桥东湾北约100米处。1958年拆除。

七老爷庙 在新桥社区沈家兜港东中段，占地面积约1200平方米。1961年拆除。

白果树庙 在新桥社区沈家兜和蒋西港东交接口，因庙前有一银杏树，故名。占地面积约1200平方米。解放后，庙屋用作雨字村办公，1958年拆除。

掇转庙 在西雁村小天圩。据传建于清初，有大殿、偏房共9间，占地面积约250平方米。1958年水利建设时被拆除。

清莲庵 在西雁村中城浜，解放前后时，庵内办私塾小学，1967年被拆除重建教室。

圣堂庙 在西雁荡荡埂西端，紧临圣堂桥，建于清乾隆年间。占地面积400平方米，1958年拆除。

三元庙 在古塘村三元桥边，总占地面积300多平方米。1958年拆除。

沈家浜庵 在古塘村沈家浜，1946年改办小学，1969年拆除建学校。

古塘庵 在古塘村杨家浜。1958年拆除。

滚灶庙 在阳城村北墓城马家浜，建于清代。20世纪60年代，庙宇用作光明大队办公场所和学校使用；1970年，大殿拆除。

张家坝庙 在阳城村张家坝自然村港口西边，建于清乾隆年间。1958年拆除。

南长庙 在虹北村西雁荡荡埂西端金塘桥边，"大跃进"时期拆除。

南庙 在虹北村叶家浜。于"大跃进"时期拆除。

斜角庵 在虹北村虎啸湾东，相传此庵初建四向成斜角形，故称斜角庵，后称石观庵。"文化大革命"后建成粮食加工厂。

白雀庵 在虹北村尖墩角，此庵在民国后期办尖墩角乡国民小学。后在"文化大革命"时期拆除。

阴天庙 在虹阳村东蒋港庙，1957 年拆除。

金家庙 在虹阳村金介木桥西，1955 年倒塌。

曾家庙 在虹阳村曾家板桥东，有 8 间庙屋，占地面积 400 多平方米，1966 年拆除。

关泽庙 在虹阳村杨家漾机埠西，1955 年倒塌。

和尚寺 在虹阳村东蒋，有 6 间院屋，总占地面积约 300 平方米。1966 年拆除。

朝漾庙 在虹阳村云家浜出口东南方约 100 米，20 世纪 50 年代后自然破落。

朝漾庙(二) 在虹南村合欢桥桥东。1956 年神像被毁，1959 年庙拆除。

茅蓬庙 在虹阳村东港佬港东，毁于民国后期。

回龙庙 在虹阳村和尚荡西北角，庙前有回龙桥，故名。20 世纪 50 年代改建为大队办公室。

新庙 在虹阳村大木桥西约 200 米的西南方，1958 年拆除。

柏树庙 在虹阳村鸡头浜东岸的西南方，庙院中有棵老柏树，故名。解放初庙已十分破旧。

二太太庙 在洪典村张家扇港口，1958 年拆除。

二太太庙(二) 在洪典村赵家浜，1958 年拆除。

圣帝庙 在洪典村范家埭升平桥堍，民国时被日军烧毁。

子公庙 在洪典村唐浜，1963 年拆除。

西庵 在洪典村北埭西边，1958 年拆除。

种福庵 在洪典村姚家浜口，1959 年拆除建小学。

小红庙 在收藏村小红庙自然村，1966 年拆除。

杨老爷庙 在收藏村短浜林家头，1966 年拆除。

朝阳庙 在宇泗浜村德芳桥南边约 100 米处，1958 年拆除。

朝阳庙(二) 在洪典村北小港吴家漾边，1958 年拆除。

皇师大人庙 在宇泗浜村新浜楼。庙占地面积约 160 平方米。1958 年拆除。

姚家甸红庙 在宇泗浜村，1958 年拆除。

宝寺庵 在虹南村大力港顾斋浜，有 4 间庵房，有尼姑 10 人。1956 年，庵用作学校，1967 年拆除。

宝良庵 在虹南村合欢桥桥头，1963 年庙翻建为学校。

水仙庙 在虹南村顾斋浜浜口北，1962 年拆建为机埠。

小庙头 在虹南村仲家浜浜口，1958 年庙房拆除。

陈家桥庙 在虹南村陈家桥桥西，庙堂拆除建学校。

张义庵 在虹南村仲昌桥小桥头，占地面积 3 亩，庵有 3 进，两边串堂各 10 间；前殿供有四大金刚，中殿供蚕花老爷，后殿供千手观音等大小佛像 30～40 尊。1931 年因一场官司而败毁。

阿娜桥庙 又称东港庙，在虹南村闻家门南，占地面积约 1 亩。庙置大小神像 20 多尊。1956 年神像被毁，1961 年庙宇拆除。

万福桥庙 在虹南村万福桥北，1962 年被拆除。

观音庙 在虹南村新开河太平桥南，1956 年后改作学校。

草安头庙　在虹南村太平桥草安头，1956年庙屋做学校，后于1963年拆除。

陈家桥庵　在虹南村陈家桥东边，1956年佛像被毁，后庵堂翻建为大队办公室。

【其他】

射襄城　位于王江泾集镇。据元代《至元嘉禾志》载，射襄城在县东北15千米，为春秋时期吴越战争时筑，今废。宋代张尧同诗："此地连江海，曾经古战争。干戈今不见，空有射襄名。"

古烽堠　在闻店桥北，俗呼狼烟墩，为射襄城遗址。古人在此设立烽堠，敌来时点火冒烟以递报惊信。明代抵御倭寇时还在使用。清咸丰、同治时期以后废。

渚城　亦称主城，位于王江泾西南十余里双桥村一带。据元代《至元嘉禾志》载，渚城为吴越战争时筑，主城河与钱家溪相近。渚城南、北为吴越战争古战场，耕者常掘得古物，又有石锄、石斧等劳动工具出土。朱彝尊《鸳鸯湖棹歌》有诗："谷水由来出小湖，渚城辟塞总春芜。战场吴楚看犹在，折戟沙中定有无。"

槜李池　位于雁荡。据《闻川志稿》记载："嘉兴北三十里有槜李池，是吴越战处(一作吴造战舰处)"。蒋之翘作诗云："吴国艨艟昔此泾，平湖波浪昼含冥。一从人去沙禽古，槜李空传独有亭。"

隋堤　位于京杭大运河王江泾至嘉兴段西侧。隋大业六年(610)，敕开江南河时筑。隋堤也称官塘，为交通要道。计楠《桑梓吟》："渠自何年筑？传闻大业开。三洲堤屈曲，两岸水潆洄。驿骑征尘暗，邮亭画角哀。乱烟吴越路，曾否锦帆来。"

寨基　位于王江泾集镇市河南。据《闻川志稿》载，元至正十六年(1356)五月，农民起义军张士诚兵南下，元朝将军吕才以七千众屯王江泾，安营扎寨，故名塞基。

大捷山　位于射襄桥南夹河中。此处原有石勒"平倭大捷山"字。清乾隆、嘉庆时，此处为军队放马牧地。《闻川泛棹集》："大捷山高落照低，平倭泾静暮鸦啼。战功第一丰碑立，却向承平忆鼓鼙。"

旧闻川市　位于运河东，铁店港北。据明弘治《嘉兴府志》载："王江泾在县北二十七里，相传巨姓王氏、江氏建房贸易于此，故名。"明赵瀛《嘉兴府图记》载："闻川市亦名王江泾市，旧在官塘东，宋徙置塘西，有巡检司，水深土厚，多大姓居焉。"

江浙界牌　在闻店桥北500多米。西为吴江新杭里河口(即后市河口)，北为江苏吴江县境，南为秀水(今秀洲区)县境。

射襄桥　位于闻店桥西30米处，讹称寿香桥。单孔有栏，两端各有8级台阶，长约16米，宽约2.8米。东西走向，连接一里街。始建年代不详。清乾隆中重建。清咸丰十年(1860)为太平军所毁，同治初重修。清乾隆十六年(1751)御制诗："射襄桥下水长流，勾践夫差两并休。唯有王泾一弯月，入波影尚学吴钩。"1986年，一里街东建菜场时被拆除。

万福桥　位于王江泾万福港中部，东西走向，单孔石拱桥，建造年代不详，清光绪十六年(1890)里人杨文海、徐椿、顾宝清等募资重修。1982年建万福路公路桥时拆除，拆除时仅存单孔，已无石阶。

定中桥(俗称斜桥)　位于王江泾北虹路万福桥北50米左右，5孔平桥。相传桥下有卧钟，桥东有清诗人蒋石林故宅。清咸丰十年(1860)毁于兵燹。清宋景和《闻川泛棹集》："湖水沦涟漾碧空，沧浪清兴草堂东。定中桥畔诗人宅，相对应知万里同。”清杨象济诗：“贝阙秋寒百怪惊，千秋碧水卧长鲸。人间久来黄钟调，底用铿然作不平。”

会源桥 位于王江泾南方丝绸市场仓库东，养鱼场西。此桥为单孔拱桥，毁于清咸丰十年(1860)兵燹。

后兴桥 位于王江泾镇北后市河，南北走向，单孔石拱桥，始建年代不详，清康熙三十七年(1698)重修，1970 年，后市河拓宽时拆除。

海云桥 位于新桥居委会西北 400 米处，东西走向，横跨南雁荡港。东距苏嘉公路 100 米，北临南雁荡，西南临倭墩浜自然村。始建年代无考。三孔板桥，长 25 米，宽 2.5 米，最大跨度 4 米。两端各有 7 级台阶。1988 年毁。

福星桥 位于新桥居委会南 500 米处，横跨蒋西港，南北走向。南接腾云村，北接新桥头自然村，东靠蒋西港自然村。三孔板桥，长 25 米，宽 2.5 米，最大跨度 4 米。两端各有 7 级石阶。1948 年毁塌，1958 年将石块拆去兴修水利。

秋茂桥

秋茂桥 位于腾云村寺前村自然村，新嘉爱斯热电厂北侧。原为单孔无栏板桥，两端各有 13～15 级石阶。始建年代无考，毁于 20 世纪 80 年代。明嘉靖年间，“王江泾大捷”发生于此。

南岳庙桥 位于范滩村境内，南接双桥地界。桥长 20 多米，为三孔桥。始建年代不详。1995 年被人私拆，桥已无存。

南小桥 位于范滩荡南边南洋凌港入口处，南接双桥地界。始建年代不详。长约 6 米，单孔。2005 年，桥面条石被偷，桥墩塌圮，桥已无存。

福寿桥 位于古塘村北街郎南入口，杨家浜东入口处，横跨杨家浜上，南北走向。现桥建于 2008 年，钢筋混凝土结构拱桥，桥长 18 米，宽 5 米，最大跨度 15 米。

庆福桥 又名马鞍桥，位于小桥港西端，单孔平桥，有台阶 11 级。桥于 1997 年建长虹路时(桥已倒塌)全部拆除。

寿守桥 位于小桥港中段，单孔平桥，有台阶 11 级。桥于 20 世纪 70 年代建机耕水泥桥时拆除。

第八节 非物质文化遗产

【“非遗”普查】

2008 年 4—8 月，镇成立非遗普查领导班子，镇、村二级抽调非遗普查人员 40 名，经过业务培训、走村入户排模普查，全镇“非遗”共搜集非遗信息 3423 条，对重点“非遗”项目填写调查表 343 份，拍摄照片 343 个项目、2674 张，录音 103 个项目，录像 103 个项目。经过分类与整理，非遗项目共涉及 14 个类型，其中民间文学 79 项、民间音乐 3 项、民间舞蹈 5 项、民间杂技 2 项、民间美术 2 项、民间手工技艺 15 项、生产商贸习俗 4 项、消费习俗 9 项、人生礼仪 61 项、岁时节令 10 项、民间信仰 23 项、民间知识 6 项、游艺传统体育与竞技 5 项、传统医学 9 项。在非遗调查的基础上，全镇逐步完善落入非遗项目的传承保护。至 2010 年，全镇共有 3 个项目分别入选国家、市、区级非物质文化遗产名录。

2008 年王江泾镇非物质文化遗产普查项目情况表

表 20－2

类　　别	数量（项）	项　　目　　名　　称
民间文学	79	广阳庙的传说、西雁荡的来历、大坝村名的由来、荷月庵的故事、虹漫之港的由来、金带浜的故事、廊下的由来、刘王老爷的传说、莫老太庙的故事、七佛柱的传说、天花荡的传说、庙桥的传说、天花荡的故事、新农后浜三进士的故事、长坟滩的传说、长虹桥的台阶、杨家桥仙鹤的传说、浪溜连溜浪连、蚕花爷的传说、金牛潭、张家桥的故事、七老爷传说、牛溪漾的传说、菩提湾的故事、“猪尾巴”的故事、吴家传说、羊家桥的来历、银杏树的传说、月河潭、倭墩浜的由来、东禅寺的传说、白老鼠传说、张家庙、齐梁宝的故事、杨乃武与小白菜、八角亭的故事、拜堂趣事、呆大女婿、呆女婿、猛将和孝子的故事、千金和砒霜、巧媳妇、三兄四弟一条心、傻女婿、傻女婿摸屁、石头载船、陶疯子发家、青字银杏树传说、关帝庙吓强盗的故事、“有钱无子非为贵、有子无钱不为贫”、芥字港石桥、一只金船头向西、螺丝经、孟姜女唱十二、十二月花名、三十六个码头、十稀奇、十把扇子、五更会郎、八稀奇、习俗歌、一只橘子抛上天、胡兰英小姐、十杯香茶、猛将神歌、一个星星国伦墩、水果闹五更、十二讨人生、妹在河里洗手巾、西雁墙门歌谣、盏盏明灯照四方、做长工、十根烟杆古人、十串念珠、接元宝、孝堂歌谣、谚语、雨打丁卯日、人生谚语 22 条、谚语 10 条、谜语 7 个
民间音乐	3	田歌、五更调、杨柳青调
民间舞蹈	5	打莲湘、挑花篮、十二盏灯舞、摇荡舞、调马灯
民间杂技	2	口中穿线、空杯取水、走高跷
民间美术	2	灶头画、竹刻
民间手工技艺	15	糖糕板雕刻、公泰和栗酥制作、打船技艺、打铁、弹棉花、烧转窑、刺绣、绣花、竹编、编草鞋、编草囤、搓绳、打灶头、麦芽拓饼制作、米酒酿造
生产商贸习俗	4	养蚕习俗、开秧门、关秧门、清明放旱牛、船头打架逃船稍

续表 20－2

类　　别	数量（项）	项　　目　　名　　称
消费习俗	9	豇豆糕、米糕、立夏麦芽塌饼、端午粽子、糖糕、建房上梁、抛梁、建房做脊、建房做木梯和米糕蒸框
人生礼仪	61	产妇坐产、担糖、妊娠和分娩、出生、谢三太、满月、周岁礼、开荤、座车与帽子、穿黄衬衫、讨八字、做媒定亲、相亲、出亮、订婚担盘、吃礼篮、陪嫁二件宝、新郎官的帽子、抱舅、娶亲、拦水港、踏扶梯、结亲拜堂、吃花会、婚宴划拳、踏门槛、坐衣角、回门、谢外婆（转脚）、蛋箩头、请新客、送夏衣（出田角）、做寿习俗、六十六寿诞、送终、隐丧、小殓（挺尸）、批书、报丧、接报丧、上香、白挺带、孝堂、吊孝、守孝堂、拜别、拜金船（赞莲船）、拜娘恩、入殓、入殓哭丧、破重丧、抬材、吹打、送葬、回丧、结煞、做七、哭七、做五七、做六七、吃讲茶、收徒拜师
岁时节令	10	正月半掼火把、立夏日、端午节、五毒衫、插艾草、七月半、插地藏香、重阳节、掸烟尘、除夕
民间信仰	23	网船会、接灶神、献灶、送灶神、请财神、敬土地、拜七佛、圆桥彩、造桥插红旗、阿弥陀佛念心经、诵刘王忏、拜地藏王、祭祖习俗、关阳庙会、三阳庙会、广阳庙会、三王庙会、中良庵庙会、西卓庵庙会、拜三官会、三月庙会、庙桥庙会
民间知识	6	气象谚语 23 条、农谚 23 条、看云识天气 2 条、农事俗语 1 条、物象谚语 8 条、数理顺口溜
游艺、传统体育与竞技	5	踏白船、官兵抓强盗、滚铁环、跳皮筋、跳绳
传统医学	9	刮痧、捏痧、治蛇疙、移经、草药治蛇伤、癞蛤蟆婆经、祖传喉科土方子、高烧黄疸土方子、头痛偏方

【入选国家、市、区级非遗名录介绍】

网船会 是民间为祭祀元末除蝗英雄刘承忠而形成的一种大型庙会活动。自清代后期起，每年在清明节、中秋节前后一段时期内，有数以万计的渔船、商船及数万民众，围集到莲泗荡和刘王庙，祭祀刘猛将军，祈求人寿年丰，每次活动连续三五天，俗称“网船会”。该活动除“大跃进”“文化大革命”期间停止外，每年均有开展。2007 年 6 月，网船会被列入省第二批非物质文化遗产名录。2009 年王江泾镇政府举办第一届“江南网船会”文化节，同年，网船会被列入浙江省“非遗”保护基地。2010 年，由市政府主办、区政府承办“中国・江南网船会”。至 2010 年，各地成立参加该活动的民间社团组织 98 个。同年 5 月，列入第三批国家级民俗类非物质文化遗产名录，向全国公示；2011 年 5 月，网船会正式列入第三批国家级非物质文化遗产名录。“非遗”网船会代表性传承人为刘永萍。

公泰和栗酥

糖糕板雕刻技艺　糖糕印板是用于制作糖糕食品的木制印模，境内民间印制糖糕的传统已有较长的历史。印模的制作需具有一定刀刻功底的工匠为之雕刻，非遗传承人唐福生制作的印模花样多，花式美，2009 年 6 月被列入第三批嘉兴市非物质文化遗产名录。

公泰和栗酥制作技艺　公泰和栗酥是王江泾公泰和南货店出品的一种酥糖。公泰和南货店建立于清同治四年(1865)，其制作的栗酥食品工艺独特，“麻香浓郁、甜而不腻、脆而不疏、上口不黏”，一直受到消费者好评。2010 年 9 月被列入秀洲区第三批非物质文化遗产名录，传承人为沈金良。

第九节　旅游景点

【莲泗荡风景区】

莲泗荡风景区位于莲泗荡东北滨王江泾镇民主村，距王江泾镇区约 4 千米，为国家 AA 级旅游景区。因景区与 5000 余亩水域面积的莲泗荡相连而得名。景区成立于 2000 年，前身为刘王庙。刘王庙祭祀的是一位刘姓神明。清《闻川志稿》载：“刘王庙在连四荡东北滨，礼部则例，神姓刘名承忠，元官指挥，为民驱蝗，元亡自沉于河，世称刘猛将军。《大清会典》《通礼》皆同。”另有书记载：“刘猛将军庙，祀刘猛将军，赖以驱蝗卫穀，雍正二年列入祀典，……咸丰七年敕加保康号，案礼部则例载神刘姓名承忠，元时官指挥，能驱蝗，……旧志作刘琦误。”有民间传说，元末，江淮一带大闹蝗灾，朝廷张榜招贤除蝗，刘猛将军揭榜自荐，带兵赴阵，蝗灾扑灭后接着为百姓捕鱼捉蟹，救灾救难，不幸溺水身亡。

刘王庙一年两祭，农历正月二十日为开印日，农历八月十四日为诞辰日。每年清明节前后和农历八月十四日有两次庙会，其间，数以万计的渔船、商船、运输船汇集于莲泗荡，形成江南特有的水上庙会，称“网船会”，这种大规模的庙会在晚清至民国期间为最盛。清光绪十二年(1886)的《点石斋画报》载图《网船会》并附文：“远近者扁舟巨船不下四五千艘，自王江泾长虹桥至庙前十余里内排泊如鳞。”1937 年农历三月的网船会香客有十余万之多。如此大规模的网船会一直持续到中华人民共和国成立。1958 年，网船会中止，

莲泗荡风景区

但小规模的祭祀活动一直未停止。

刘王庙始建年代不详，清咸丰三年(1853)和1919年曾两次大修。20世纪50年代，庙为前后两殿，建筑面积约450平方米；主殿高12米，内有刘猛将等17尊塑像；前殿通向后殿的两边各有走廊，中间是串堂；庙内天井放有高约5米的大香炉；后殿正中上方挂有“普佑上天王”匾额。庙于1958年和1972年分两次被全部拆除，庙址建为大队办公室和大礼堂，此后又办成大队丝织厂，但到厂房周边烧香祭拜的民众一直未曾中断过。“文化大革命”结束后，到此祭拜的远地船民迅速增多。

1986年4月，荷花乡民主村经区有关部门批准，由村民资助，在刘王庙旧址重建80平方米的刘公祠，内祀刘猛将塑像。此后，增建后殿一座及荷花池、九曲长廊、湖心亭、望湖楼等多个景观，成为秀洲区第一个农民公园。1992年，更名为连四荡刘公园。1995年4月连四荡刘公园由荷花乡人民政府接管，改名为“莲泗荡公园”。1996年5月，经区政府批准为“刘承忠纪念馆”，吴瑞德任主任。2000年4月，莲泗荡公园更名为莲泗荡风景区，王江泾镇建立莲泗荡风景区管理委员会。同年6月，成立莲泗荡风景区开发有限公司，梁瑞文任总经理。2005年10月，王永兴任总经理。2008年，张文忠任总经理。2009年11月，被区旅游局批准为国家AA级旅游景区。

景区游客主要来自江、浙、沪一带。每年除夕夜至农历三月和中秋节前是景区的旅游旺季。除夕夜香客可达1万余人。清明节前后和农历八月十四日前后，是每年两次祭拜刘猛将军的民俗活动期。其间每逢星期天，游客少则数千人，多则数万人。游客量逐年增长，1996年26万人次，1999年28.5万人次，2006年24.2万人次，2010年35万人次。

2010年，景区占地面积9.7公顷，由刘承忠纪念馆、刘王殿、舅公祠、刘公塔、江南水乡渔俗文化博物馆、九曲长廊、九曲长桥、荷花池、湖心亭、刘承忠石雕像等祭祀场所和景观组成。景区服务设施有占地面积10000平方米的大型停车场，自停车场至刘王殿建有一条有96间商铺的游客购物街，景区大门口旁设有游客服务中心。已建成一处集休憩游览、祭祀祈福于一体的民俗文化旅游地。

刘王殿与刘承忠纪念馆 两场馆是莲泗荡风景区民俗活动的主要场所，刘承忠纪念馆建于1992年，位于刘公祠后方，建筑面积167平方米，内塑刘猛将军坐像1尊，为文官打扮，周围塑有其他神像共12尊，东西两壁绘有8幅刘猛将军传奇故事的壁画。1996年5月，经区政府批准为刘承忠纪念馆。刘王殿于2007年动工兴建，在刘承忠纪念馆前，拆除刘公祠建筑，即在刘王庙旧址稍前新建刘王殿，2008年竣工，建筑面积695平方米，殿高16.8米，双飞檐，高大壮丽。殿内塑有高6.5米的刘猛将军坐像，武

刘王殿

将打扮，身穿战袍、盔甲，威风凛凛，边上另塑有 2 尊神像，大殿两壁绘有 6 幅刘猛将军壁画，总投资 255 万元。刘王殿于 2008 年 8 月向游客开放。该殿与刘承忠纪念馆形成前后两殿，2009 年，在两殿前同时植下有近百年树龄的银杏各一棵。

刘公塔

刘公塔　1997 年，在距刘承忠纪念馆东约 300 米处的一个三面环水的湖心岛上动工兴建，1999 年落成，总投资 288 万元。塔为仿宋代制式建造，内墙设旋梯，168 级台阶，塔高 43.8 米，塔身八面七层，底层直径 8.3 米，各层外有回廊贯通；主体采用钢筋混凝土结构；塔基平面为花岗石八边形，边长 9.8 米，直径 25 米；塔飞檐斗拱，每只翘角下悬挂铜铃，风起铃声清脆悠扬；塔刹七层相轮，覆钵承托；顶层悬挂一口重 1.3 吨的铜钟，上铸“太平世界，莲水钟声”八个大字，游客到此，可撞响铜钟，以祈丰稔、祷民福；底层塑有刘猛将军坐像。塔西建有六角碑亭，亭内竖立一块黑色大理石碑，上镌建塔缘由和经过。刘公塔巍峨崇丽，为浙北水乡第一高塔，游客登塔远眺，可将莲泗荡的美景尽收眼底。

九曲长廊与荷花池　九曲长廊于 1993 年建在南荷花池中，东接与三层仿古建筑望湖楼相接，西连刘公园南大门。廊长 70 多米，曲折有姿，中间建有六角湖心亭 1 座。夏季满池荷花盛开与长廊相映，景色优美。北池中央于 1997 年建起刘承忠石雕像 1 座，像高 4.5 米，为站式，身穿盔甲、战袍、手把战刀，十分威武。像台两边建有九曲长桥，分别与池内的枕水亭、倚云亭相连接；池南部建有一荷花仙女塑像。望湖楼北侧建有一个小型园林，形成亭台楼阁、小桥流水、花红柳绿、景色十分优美。

舅公祠　俗称娘舅庙，位于刘公塔西侧，建筑面积 141 平方米。原址在河的对面，于 2007 年投资 44 万元迁建于此。祠的主神是刘猛将军的舅父包氏，据传是包公的后裔。相传刘承忠早年丧母，继母将其逐出家门，后由舅父抚养长大。此祠即为纪念其舅父而建。

江南水乡渔俗文化博物馆　简称“渔俗馆”，开办于 2009 年，设于望湖楼景观建筑内，该楼总建筑面积 298.5 平方米。渔俗馆为江南首家开办，整馆以太湖流域渔民文化为核心，以实物和图片资料分三个展厅布展，展示江南水乡悠久的渔俗历史文化。一楼是江南渔业发展史专题展厅，以众多的古今渔具为主体，介绍江南水乡数千年渔业发展的历史演变；二楼和三楼是“网船会”和渔俗专题展厅，展有多艘渔船模型和渔民的各种生活习俗用品，用数十张展板布展莲泗荡“网船会”民俗活动中的各个场景照片，可供游客感受历次网船会活动中轰轰烈烈的精彩场面和江南渔民纯朴、独特的风情民俗。

【长虹桥】

位于王江泾一里街东首，横跨京杭大运河，是一座连接大运河东西两岸交通要道的重要桥梁。此桥为浙北平原地区在软基上修建的最大石拱桥和大运河上罕见的巨型三孔实腹石拱大桥，遥遥相望，犹如长虹卧波，故名“长虹桥”。

该桥始建于明万历三十九年(1611)至明天启元年(1621)，于清康熙五年(1666)重修，清嘉庆十七年(1812)再修。太平天国时期，太平军和清军在王江泾激战，导致桥南北石栏损毁，后于清光绪六年(1880)修复如旧。据清《闻川志稿》载：“明万历间知府吴国仕创建(或云苏州申文定公有怂恿之力)。国朝康熙五年，知府王鑛率里人朱麟世、张应麟等重建。嘉庆初圮。十七年，里人唐秉义、谢丕勳、陈嗣昌等募赀重建。”相传桥原在闻店桥北，此时稍移于南；甸上村陶氏认桥面之石，嘉兴钱仪吉撰碑记。清咸丰十年(1860)，太平天国军毁其上栏石南北各一。清光绪六年(1880)里人唐佩金购石补之。南、北桥额镌有“重建长虹桥”。

桥长72.8米，桥宽6.7米，桥顶宽4.9米，东西桥阶斜长为30米，东西两坡各设55级石阶(石阶条石为57块)，均用花岗岩长条石砌置，桥栏也用长条石砌置，朝内凿成供人坐憩的弧形石凳。桥拱用三孔纵联分节并列砌筑的半圆形石拱，牢固坚实。中孔净跨16.2米，拱矢高约10.7米。东西两边孔净跨9.3米，拱矢高7.2米。西边孔内筑有石纤道，可供船只纤夫通行。桥身南北两侧的间壁柱上各镌刻有3幅楹联，为楷书阳文。南侧楹联从外到内依次为：“劝世成善，愿人作福”“淑气风光架岭遥登彼岸，洞天云汉横梁稳步长堤”“一年经始三岁落成庆四境康乐安平拱手而观盛世，共济多功交修懋德顾百姓睦婣任恤沃心以永淳风”。第三联有边款，上款为“嘉庆二十年乙亥岁四月谷旦”，下款为“知嘉兴府事张江钟崇严题”。北侧楹联由外而内依次为：“千秋永庆，万古长龄”“福泽长流物阜民安国泰，慈舟普渡江平海晏河清”“锁钥镇雄藩南通秀水北接吴江百里长渠迴地轴，杠梁遵古制再修康熙重建嘉庆三门杰构焕天弓”。桥上雕刻有各种精美的图案，桥东原建有一座高大的石牌坊，牌坊上雕有龙凤等图案，于1970年拆除。

长虹桥古有“虹影卧澄波，登高供远瞻。南浮越水白，北接吴山绿”等佳句。清乾隆皇帝下江南时，此桥为接驾处，嘉兴博物馆珍藏的《虹桥画舫图》描绘的即是接驾时热闹非凡的场景。1960年6月，长虹桥被列为嘉兴县人民委员会公布为文物保护单位。1981年10月，被嘉兴市人民政府列为文物保护单位，1997年8月，被列为浙江省文物保护单位，嘉兴市人民政府立碑于长虹桥西端。2001年10月，市文物部门投资13万元，给桥墩安装上防撞钢板及橡皮靠等保护装置。2002年7月，在依法处理桥被撞事件后，市港航部门出资在桥主孔的南北两侧河道中各修建2座防撞承台，每座台上各安置着1尊趴蝮，以示警戒并防止船只撞击桥梁。2006年5月，被公布为全国重点文物保护单位。

【长虹寺】

又名一宿庵，位于长虹桥西堍北侧，原名一粟庵，传说唐朝金陵牛首山天宝寺的国一大觉禅师法钦去杭州径山取经路过王江泾时，在此庵内住过一宿，后庵中住持多次梦见这位高僧，便请人将这高僧的肖像画了下来，悬挂在庵中膜拜；另有传说清乾隆皇帝下江南路过时也曾在此庵留宿一晚，故将庵名改为“一宿庵”。明代时，庵北侧建起一城隍殿，故也称“城隍庙”。

清咸丰十年(1860)，古庵被太平军焚毁，清同治初年重建三椽，后又颓圮。清光绪十九年(1893)，无锡邹寿祺和沈景修等乡绅，共募捐4200余缗重建大殿、山门，增建“五桂轩”“晚霞阁”等殿宇。大殿南北两边各建有僧舍一间，屋内悬挂十殿阎王画。1952年，大半庵房做王江泾小学用，大殿改成大礼堂。“文化大革命”中，庵内剩下的涉佛事物品被全部清除。1987 年，学校迁出，庵房全部腾空出来。1992 年 8 月，庙会活动恢复；同年 10 月，一宿庵成郊区第一家获批对外开放的恢复宗教活动场所。同年，庵增建观音殿，内塑一尊 6 米高的千手观音菩萨像(共有 1068 只手)，并找回庵中之宝——檐照镜，悬挂于大殿门楣。1998 年，增建大雄宝殿，重建山门、斋堂，同时增塑释迦牟尼佛像，以及文殊、普贤、毗庐、四大天王和弥勒、地藏菩萨等多尊塑像。2000 年，一宿庵得到重建，庵名改为“长虹古寺”。寺内自南向北建有城隍殿、地藏殿、观音殿、大雄宝殿、三圣殿、五观堂、天王殿、僧舍等殿宇，其中城隍殿的大门为朝南，其余的殿宇大门均朝东；2004 年，山门再次重建，从原朝东改为朝南。寺门石牌楼上方铸着“月光普照”“长虹古寺”八个金色大字，两侧主柱刻有“钟声鼓声磬声声声如壮，山色水色景色色色皆空”的对联，对联东侧肩上刻有“法界蒙勋”，西侧肩上刻有“同登彼岸”的金粉大字。两主柱前伫立着一对石狮子。寺门外西侧的荷塘内耸立着一尊石雕观音像。

一宿庵

2010 年，长虹寺占地面积 1980 平方米，建筑面积 1926 平方米，院内有一株 160 余年树龄的银杏。寺院有僧职人员 9 人，民间有皈依佛门的信徒 300 余人，其中 5 人参加佛教协会，有常到寺内做佛事的信众 1000 余人。每年大年夜和清明节前后，是长虹寺香火最旺期，每天有数千人到寺点香供佛，每年农历二月十九日、六月十九日、九月十九日举行佛教法会活动。

【长虹公园】

位于王江泾镇区长虹路东首，以长虹桥为中心，分列在大运河东西两岸。公园总占地面积 7.25 公顷，其中河东占地面积 4.44 公顷，河西占地面积 2.81 公顷。公园一期工程河西地块于 1998 年动工建设，2000 年 10 月竣工对游客开放，共投入资金 600 余万元。建成后的河西长虹公园北与一宿庵紧挨，西大门正对长虹路。园内小桥流水，花木扶疏，80%以上是绿地和水面。设有“虹波烟雨”、“春晖童意趣”、仿古九曲廊桥和长廊等景观；公园北边是荷花池，池旁建有一座治水纪念亭，亭中立有一块《王江泾集镇防洪工程碑记》碑，碑高 2 米，宽 1.2 米，碑立于 1996 年 12 月。长虹公园二期工程位于大运河东侧，《长虹公园二期建设初步设计方案》于 2006 年完成，2007 年动工建设，2009 年 10 月竣工，总投资 867 万元，建有古牌坊、六角亭、滨河绿地、密林、大草坪等景观。

【一里街】

位于长虹桥西堍稍北，今王江泾镇建成区的北部，东起运河西岸闻店桥北堍，西至济阳桥，南紧靠王江泾市河；街面为南、北双面街，街宽不足 2 米，狭长如带，街长 500 米左右，故称

一里街

一里街。

早时，王江泾原名闻川市，位于运河东的铁店港。北宋、南宋之际，有王氏、江氏两巨姓迁入闻川市，遂闻川市名演变为王江泾市。南宋时期，闻人家族便从运河东迁至运河西的射襄桥一带开店经商，此后，其他店铺也陆续迁于运河西。元代初，从射襄桥起向西逐渐形成一条一里街。明清时期，王江泾已成为一个极其繁华的大镇，曾与新塍、徒门、濮院合为秀水四大镇之称，鼎盛时有 3 街、10 坊、5 埭、26 弄。3 街为一里街、丝行街、百岁街。一里街乃是王江泾的主要街道，店坊林立，街面繁华，且有桐祚堂、三府衙门、驻防厅、郁司农祠、萝月山房、土地祠、纯真道院、玉枢阁、蚕花殿等衙宇驻所和名胜古迹。市河内有闻店桥、郁家桥、济阳桥和射襄桥等古桥。

清咸丰十年(1860)，太平军与清军在王江泾激战，镇上大部分建筑被烧毁，后由当地乡绅力邀外迁乡绅回乡重建，但仅扶起一条一里街和几条民居房巷弄。1937 年日军侵华，王江泾成为日军"三光"政策的对象，一里街被日军烧成废区，直至抗日战争胜利后逐渐恢复。

中华人民共和国成立后至 20 世纪 80 年代，一里街仍是王江泾仅有的一条商业街。1970 年 10 月，一里街石板路拆除，改作水泥路面。90 年代起，王江泾先后开发建设万福路、北虹路、闻川路，一里街的商店逐渐搬迁至新建的街区。2010 年，一里街仅存数家小商店还在经营，但沿街尚保存着供销社、合作商店等单位在 20 世纪 70—80 年代建造的几幢商店房和居住房；街北侧从东至西还保存着被太平军烧毁后重建的钱家弄、史家弄、淘沙弄、曹家弄、堂楼弄、朱家弄、镇西弄和 20 世纪初建造的杨家弄、解放后建造的金家弄共 9 条巷弄的老建筑。济阳桥西堍还保存着一座日军侵华时建造的碉堡。

第二十一章　医疗卫生　体育

镇域中医医疗历史悠久，早在南宋端平年间，中医挂牌开业行医者已有多人，并有名医。明代，中医行医者不断增多，也出现数位名医。清代，中医开业者更多，名医有多人。民国时期，镇域开业的仍以中医为主，亦开始涉及西医。

解放后，政府重视农村医疗卫生事业的发展。20 世纪 50 年代，各乡建立医疗卫生保健机构，并对个体诊所实行联营，建立联合诊所。60 年代，医疗卫生事业发展加快，联合诊所先后升格为卫生所(院)，医疗技术和医疗设备逐步改善，乡村建立医疗网络，各公社分片分点设立大队分诊所。60 年代中期，贯彻执行毛主席关于“把医疗卫生事业的重点放到农村去”的指示，嘉兴第三医院搬迁至南汇公社成立嘉兴县南汇地区医院，使南汇、田乐、荷花一带的医疗条件得到极大改善。农村开始全面实行合作医疗，农民治病医疗费开始由个人、集体共同负担。各生产大队建立卫生室，90 年代末起，合作医疗实行改革，由区、镇、村、个人四级筹资的大病统筹的新农村合作医疗制度，使农民治病负担大大减轻。21 世纪初，村卫生室改建为社区卫生服务站。2010 年，全镇医疗机构共有 27 个，其中医院 1 个、社区卫生服务站 26 个，卫生机构人员共 288 名，有床位 204 张。

镇域为水网地带，近代以来，是血吸虫病疫流行的重灾区。民国时期，境内死于血吸虫病的居民不计其数。20 世纪 50 年代中期起，各乡大力开展查病治病、查螺灭螺的血吸虫病防治工作，经过 30 多年的奋战，至 1989 年，境内 5 个乡镇全部达到消灭血吸虫病的标准。

20 世纪 50 年代以来，境内各乡着力开展爱国卫生运动，搞好除四害、预防免疫、疾病防治、妇幼保健、环境卫生、食品卫生等方面的工作。1997 年，王江泾镇获嘉兴市卫生镇称号；1998 年，南汇镇获浙江省卫生镇称号；1999 年，王江泾镇获浙江省卫生镇称号。

镇域民间开展体育活动源远流长，很早就有以摔跤、放风筝、拔河、游泳、跳绳、踢毽子之类的传统体育活动来增强居民的身体素质。民国时期，摇踏白船已在境内庙会中成为一项不可缺少的比赛活动。中华人民共和国成立后，许多现代体育活动项目进入集镇和乡村，如篮球活动在农闲季节颇为活跃。80 年代后，各乡镇每年开展文化节活动，其中设有一定的体育比赛项目。进入 21 世纪，政府对体育加大投入，体育设施得到快速发展，至 2010 年，全镇社会公共体育设施有灯光球场和标准篮球场 25 块，各村有乒乓球室、健身路径、健身晨练点等体育活动场所。全镇学校建有体育馆 1 座、塑胶跑道运动场和普通运动场 7 个、篮球场 18 个以及多个网球场、小足球场。

第一节　医疗机构

【私人诊所】

古时，镇域有不少民间中医行医，多为坐堂医。南宋端平年间的闻人规(字伯圜)，精于诊疗痘、疹。明万历年间的殷仲春、殷志伊父子，几乎精通全科；明崇祯末的朱承显，于清初挟秘籍隐居境内。清代时出现的名医更多，有钱经纶、朱旦伊、朱镭、唐秉义、唐廷枚、唐员、陈基、周以济、姚鉴、薛瘦吟(吴县籍)、杨竹山(“禾中四大名医”之一)、杨九牧、杨奎克等。其中：杨九牧，家在南汇镇，精针术，能拔盲为明，尤擅长诊疗疯痨臌膈杂症，求医者达诸县，清雍正年间设同善堂药店于嘉兴北门外；唐廷枚，住王江泾镇上，精于诊疗产后痘；杨竹山，家在虹阳港，擅诊疗伤寒、肠胃疾病。

1912年，蒋志新与朝鲜友人在南汇镇上合股开设一家小型医院，是镇域内有史料记载的最早的西医医院；1920年，蒋志新到嘉兴斜西街开设德心医院，这家小型医院才停业。自民国至解放初，王江泾、南汇、双桥、虹阳等集镇各有多家私人中医诊所或医馆、药堂，且各有名家坐堂。王江泾镇有吴剑青、徐叔夷、钱季章、朱瑾、汪振岐、杨步高、陶仲贤、潘费竟等；南汇镇有蒋兰涛、孙筱芳、林德标、潘旭光、谢娴志、董佩斐、林永春、曹镇华、沈新初、王文彬、沈子飞、沈翊廷、沈耕雨、沈补泉、沈祯祥、沈杏卿、沈银秋等；双桥镇有商帆夫、王承汉、胡一农等；虹阳港有杨方官、杨阿官、杨守仁、杨涤生、杨勤之、杨恺明等。另外，这些名医除在各集镇上坐堂外，还在家里开门诊，如芥字港的费恒甫，北漾埭的沈家，虹阳港的杨家等。20世纪50年代起，私人诊所医生大多转入所在地的联合诊所。

【王江泾医院】

成立于1985年8月，时南汇中心医院搬迁至王江泾，与双桥公社卫生院王江泾门诊部合并成立王江泾医院，位于王江泾镇万福路28号，占地面积2628平方米。双桥公社卫生院王江泾门诊部的前身为王江泾联合诊所，成立于1952年，在王江泾镇寨基浜原基督教堂内，医务人员19人。50年代后期，搬迁至一里街堂楼弄。60年代初，升格为王江泾卫生所，所长为朱菊观。1965年5月，王江泾卫生所改为双桥公社卫生院王江泾门诊部。1979年，在万福路新建医疗用房。1985年，医院由原南汇中心医院迁入的60余名职工和原王江泾门诊部的8名职工组成，其中专业卫技人员52人，有一部分为高级、中级医务技术人员，医院为全民所有制性质；设有78张床位，部分设备由南汇中心医院提供；有内科、外科、妇产科、口腔科、五官科，手术室、检验科、心电图、放射科、超声科等科室，并设内科/肿瘤科、外科/妇产科2个病区，主要治疗各科常见病，手术设施基本齐全；此外，还承担麻风病、血吸虫病等防疫工作。1989年，增设肿瘤放射、化疗业务，启用国产钴60放疗仪；同年，增名嘉兴市王江泾肿瘤医院。

1990年，医院有床位78张，职工73人，其中卫技人员62人(副主任医师2人、主治医师5人)；医疗设备有回转式钴60治疗机、B型超声波诊断仪、深层X线机、九孔冷光无影灯等，总价值34.7万元；门诊25233人，住院1512人次，业务收入84万元。1991年1月，正式增挂

“嘉兴市王江泾肿瘤医院”牌子，肿瘤科成为医院的特色科，为众多肿瘤病人提供放疗、化疗治疗，高峰时每天有20～30名肿瘤病人住院(2004年后，肿瘤科业务逐渐萎缩)。2000年4月，位于闻川南路与虹桥路交叉口(王江泾镇中学正北)的新院舍动工兴建。

2002年年末，有职工98名，其中卫生技术人员81名(副主任医师2名、主治及主管医师17名)；占地面积增至10.74亩，医疗用房共5413平方米，其中业务用房3095平方米；主要科室有内科、外科、儿科、妇产科、中医科、皮肤科、口腔科、五官科、肿瘤科、针灸推拿科等。同年，门急诊人数为43621人，住院病人2272人，业务收入588万元。

2003年10月，南汇医院并入王江泾医院，成为王江泾医院南汇分院。同年，金华明任王江泾医院院长。2004年5月，投资1800余万元的新院舍落成并投入使用，占地面积23亩，建筑面积23875平方米，位于王江泾镇虹桥路1号；医疗大楼整体构型为P形，分门诊、住院两部分，病床床位120张；妇产科病区设有新生儿沐浴中心；同时安装有电梯、中心供氧等先进设施。2005年，添置德国西门子螺旋CT设施。

2008年11月，荷花、田乐、双桥、虹阳卫生院并入王江泾医院。合并后，全镇医疗机构有各类人员279人，其中卫技人员212人，卫技人员中有副高职称1人，中级职称61人，乡村医生35人。

2010年，医院下辖26个社区卫生服务站，卫生机构职工总数288人(含社区卫生服务站服务人员108人)，其中卫生技术人员259人；卫技人员中有副主任中医师1名、副主任医师1名、主治医师38名、主管护师15名、主管技师3名、主管药师9名。常设门诊包括全科医疗科、内科、外科、儿科、妇产科、中医科、针灸推拿科、口腔科、麻醉科等主要科室，定期开设儿科、骨科专家门诊及糖尿病、消化内科专科门诊，辅助科室包括医学检验科、X线放射科、CT室、超声科、心电图室、胃肠内镜室、手术室、供应室、中西药房、挂号收费室、护理部(含5个护理单元)、公共卫生科、体检科等。下设的26个社区卫生服务站都能开展日常全科诊疗、输液及社区卫生服务相关服务。医院有德国西门子螺旋CT、美国GE彩超、阿洛卡彩超、德国狼牌腹腔镜、500mA带电视透视X光机、美国德灵全自动生化仪、进口全自动血球分析仪、血凝分析仪、心脏除颤机、进口麻醉机及手术监护仪、日本光纤胃镜等设备，床位204张。全年门诊366162人次，住院6266人次，接生2065人次，手术3193人次，业务收入4275.02万元，固定资产达4200万元。同年，糖尿病专科门诊日均60余例，完成接种人次33625人，参合居民健康体检15061人，妇女病普查9904人，学生体检7495人，职业病体检1400人，居民建档74947份，四类慢性病规范管理人数9475人。王江泾医院自建立至2010年，沈忠惠、林根良、盛震、沈益荪、游裕文、储水鑫、高文庆、金华明、王庆华等先后担任负责人或院长。

医院先后获得浙江省爱婴医院、浙江省群众满意基层卫生单位、浙江省200强中心集镇示范卫生院、浙江省规范化社区卫生服务中心、浙江省基层中医药适宜技术示范基地、浙江省五星级预防接种门诊、嘉兴市中医药参与社区卫生服务示范单位称号。

王江泾医院南汇分院　前身先后为南汇联合诊所、南汇卫生院、南汇医院。解放初，由私人诊所医生组成南汇联合诊所，位于南汇东木桥东侧。1952年有医务人员17人；1955年有职工8人，其中卫生技术人员7人，工勤人员1人。1962年，有职工23人，床位24张。此后，更名为南汇卫生院。1970年,有职工17人。1978年,卫生院支援农业生产第一线,在三秋巡回医疗中,共治疗社员12892人,其中治疗疟疾208人,分发疟疾预防药物2769人;治疗妇女闭经病621人。1979年,卫生院有职工18人,其中卫生技术人员15人,行政管理1人,工勤人员2人,副院长沈耀华全面负责医院工作。1982年,原址新建六楼六底医疗用房307平方米,底层做门诊科室,二楼做住院病房,经费由嘉兴市卫生局拨款8000元,其余部分由卫生院和公社分担解决。同年,有职工19人,其中卫生技术人员14人,行政人员4人,工勤人员1人。1985年,因位于蚕溪埂的南汇中心医院搬迁至王江泾,医院的部分医疗设备和医务人员留于南汇,南汇卫生院即迁入南汇中心医院原址,成立南汇医院。1995年,全年门诊人次数45744人,住院681人,职工人数43人,医生12人。1996年,搬迁至新大楼,地址在南汇镇开源路209号,设内科、外科、中医、妇产科、护理部、手术室等常规科室,新建口腔科、中药房、心电图超声科,新增及更新疗仪器设备:200毫安X线仪、尿液自动分析仪、生化分析仪、全自动血球仪、洗胃机、卧式消毒锅、发电机、监护仪、治疗仪等。2002年,有职工46人,其中卫技人员41人,设病床37张。1965—2003年,历任院长、党支部书记:付定恩、郑来修、李竹林、汪文铭、沈宗惠、田阿牛、毛志强、计海荣、姚其林、金来法、仲荣琴。2003年10月,并入王江泾医院,成为王江泾医院南汇分院。

原南汇中心医院 成立于1965年10月,位于南汇集镇西的蚕溪荡西南滨——蚕溪埂,由嘉兴第三医院搬迁至此建立,定名为嘉兴县南汇地区医院,占地面积约3亩,首任院长为付定恩。1965年,有职工近40名,医疗仪器设备有40毫安X线仪器机、A超、心电图、手术床、无影灯、显微镜、光电比色仪、水浴箱、培养箱、干燥箱、冰箱等,下设门诊、住院部(病床30余张)、内科、外科、妇产科、中医科、检验科、护理部(供应室)、放射科、药房、挂号室及后勤等科室,日门诊量约100人次,住院床位常满。内科以治疗血吸虫病为主,同时治疗大批传染病(流行性脑膜炎);外科手术以脾切除、下腹部手术为主;妇产科以接生为主;放射科摄片、胸透等;检验科以检验三大常规、脑脊液、胸腹水、尿三胆及血吸虫病普查等为主;中医为组方遣药、针灸、拔罐等。除常规业务运转外,还担任培训南汇地区农村及工厂赤脚医生、接生员等工作;组建医疗队下乡开展脾切除手术。南汇地区医院是上海第二军医大学实习基地。医院服务范围辐射嘉兴北片及嘉善陶庄、汾玉、天凝等地。1969年,获评浙江省卫生系统先进单位。1970年,医院有床位72张,职工53人,其中卫生技术人员36人(中医1人,西医9人,药师1人,医士5人,护士15人,检验士3人,其他技士1人,初级卫生技术人员1人),行政管理人员6人,工人6人,临时人员5人。70年代,医院扩大,占地面积约8亩。1978年6月,改名为南汇中心医院。同年,医院日门诊量150余人次,病区床位数80余张。医院曾多次派医护人员,前往上海瑞金医院、嘉兴一院、嘉兴二院等单位进修学习。内科有对常见病、多发病、肾病综合征、心血管疾病、内分泌疾病、呼吸道及消化道疾病的治疗,有对危重病人、机磷农药中毒病人的抢救及对传染病(流脑)、伤寒、霍乱的抢救与隔离治疗;外科有对疮疡、多发病、骨伤的治疗与手术,有脾切除、上腹部胃及胆囊的切除,甲状腺、直肠癌、阑尾、疝修补手术及急腹症处理等;妇产科拓展到人流、药流、子宫肌瘤切除,输卵管、输精管结扎,节育、宫外孕、黄体破裂、卵巢修补、剖宫产手术及自然分娩等。1980年,医院有卫技人员、职工共60人,有床位 80 张。1984 年有职工 83 人，其中卫技人员 66 人，设床位 128 张。1985 年 8 月，南汇中心医院迁至王江泾，医院的部分医疗设备和技术力量留于南汇，充实南汇卫生院。

原双桥卫生院　前身为双桥联合诊所，创建于 1952 年，由高帆夫、王承汉、胡一农等私人诊所联合组成，在双桥镇西租房开业，面积约 100 平方米，设内科、外科、中医科、骨伤科。1958 年，双桥人民公社成立后，将双桥、嘉北、虹阳、王江泾联合诊所合并，成立王江泾联合医院，行政领导由县卫生局下派干部担任，财务分开核算，人员近 50 名，增开妇产科、针灸科等。1963 年，双桥片联合诊所有职工 21 人。1965 年后，在陈家村成立王江泾地区晚血医院，主要业务为血吸虫病防治。1969 年 3 月，双桥公社举办首期赤脚医生培训班，由王江泾地区晚血医院负责培训辅导，全公社 6 个大队（5 个农业、1 个渔业），每个农业大队 2 名、渔业大队 1 名，共 11 人，培训 3 个月后分赴各大队上岗。1970 年下半年，成立双桥卫生院，卫生院设在原王江泾地区晚血医院。原下派在大队卫生室的医生陆续返回公社卫生院。1973 年，公社卫生院拆除原双桥村太平庵，扩建职工宿舍，约 250 平方米。1974 年 3 月，公社卫生院开展晚期血吸虫病治疗，同时，抽调部分赤脚医生和卫生员专门负责。1977 年，钟心明任双桥卫生院院长。1978 年，双桥卫生院征地建造孵化室，组建孵化组开展全公社血吸虫病查病工作。1979 年，双桥卫生院有职工 30 人，其中技术人员 27 人，行政人员 2 人，工勤人员 1 人，床位 15 张。1982 年，该院有职工 31 人，其中技术人员 25 人，行政人员 4 人，工勤人员 2 人，床位 27 张。1985 年，周明珠任双桥卫生院院长。1992 年年初，褚永泉任院长。1992 年，双桥卫生院在双桥村征地 3 亩，建造主体房，总面积 540 平方米。同年 5 月，卫生院整体搬迁至双桥新院址，医务人员 25 人，科室有内科、外科、妇产科、儿保、化验、手术室、X 光室、B 超室、分娩室，先后购入 200mA 双床双球管 X 光机，日产本田 B 超机，万能手术床，设施齐全的手术室，年腹部手术 300 余例，开展了胆囊、胃、脾等上腹部手术及子宫全切、乳腺癌扩大根除术等三四类手术，重点开展了剖腹产手术。2004 年，卫生院新院建成使用。2008 年 10 月，撤销双桥卫生院并入王江泾医院，原址改设双桥社区卫生服务站。

原虹阳卫生院　前身为双桥公社联合诊所虹阳分所，创建于 50 年代，地址在虹阳港桥西靠河边，租用吴启观家私房创建双桥公社联合诊所虹阳分所，2 间，面积约 50 平方米，共有医务人员 5 名。1961 年，新建医疗用房面积 650 平方米。1968 年 10 月，更名为虹阳卫生院，增设妇保、防保等科室，医务人员共 8 人，技术员 2 人，首任院长为张冠群。20 世纪 70 年代末，增设化验室，专设预防接种室（防保科）。1988 年，由乡政府出资 19 万元，翻建两层楼的门诊、住院楼，建筑面积 560 平方米。1996 年，购置手提式 B 超（海鹰）、尿液分析仪、心电图机、X 机（50 毫安），开设手术室。2000 年，搬迁至原虹阳乡交管站房子，建筑面积 685 平方米，占地面积 3497 平方米，又新建 312 平方米的医疗用房，并新建接种室、X 光室、食堂等用房；医疗器械设备新增 B 超（强生）、生化仪、电动洗胃机、胎监仪；科室设置：内科、外科、中西医骨伤科、妇产科、儿保科、放射科、预防保健科；在编职工 12 人，床位 10 张，年门诊 13000 人次，年住院 800 人左右。1968 年至 2008 年 11 月，先后担任虹阳卫生院（所）领导的有张冠群、王树松、王克勤、钱兴海、曹永裕、陈晞、龚方荣、唐剑林、魏培珍等。2008 年 11 月，虹阳卫生院并入王江泾医院，原址改设虹阳社区卫生服务站。

原田乐卫生院 前身为田乐联合诊所，1952年成立，所址设在田青祥迎港王姓私房内，80余平方米。初建时从南汇联合诊所调2名医生、2名护士。后医务人员逐渐增加到9人。1964年，田乐联合诊所改为田乐卫生院。同时，在双塔、大坝、永叙、新农大队设立4个卫生室，将4名在医学院、卫校的毕业生安排在卫生室工作。1967年，田乐卫生院职工有13人，其中卫生技术人员11人。1972年，卫生院搬至自建院舍田青小港，建筑面积400平方米，占地面积800多平方米，设立中医科、内科、外科、针灸科，共有职工11人，设立4个病房、20张床位，增加1个妇产科，并从全公社挑选20多名男女青年，进行赤脚医生培训进修。1975年3月，公社从赤脚医生中抽调5名骨干到田乐卫生院工作；同年，卫生院的平房改建为楼房，面积增加至600多平方米，增设外科、口腔科，开展下腹部手术。1980年，有职工17人，其中卫生技术人员15人，行政人员2人；床位18张。1994年，搬至田乐集镇庞家桥（田乐大桥）旁新建院区内，占地面积3000平方米，设有中医科、内科、外科、妇产科、口腔科，增添B超、50毫安X线机、生化设备，开设了6个病房、18张床位，增设规范预防接种室、儿保体检室，卫生院技卫人员最多时19人。1975年8月至2008年，史留根、孙球先后任负责人。2008年11月，田乐卫生院并入王江泾医院，原址改设田乐社区卫生服务站。

原荷花卫生院 前身为东风公社荷花分诊所，成立于1958年下半年，地址在倪家坟大门口，2间房屋，面积70平方米；下设东林管区民主医疗点、洪典管区洪典医疗点，总成员12人，主要开展以治疗血吸虫病为主的群防工作。1962年，易名为荷花公社卫生院，并迁至原东风公社试验场房屋内，9间房、250平方米，有门诊室、挂号室、注射室、妇产科、西药房，职工12人。1964年，扩建荷花卫生院，建造住院部、手术室，占地面积200平方米，设有床位20张。卫生院设有喉科特色科室，每天就诊180人次左右。1967年，有职工15人，其中卫生技术人员13人。同年，在南汇地区医院的帮助下，卫生院对东风公社14个村进行巨脾病人大普查，查出巨脾病人80余人，并动员病人切除患病脾脏。1983年，迁至陶家荡北滩。1984年，卫生院就地扩建六楼六底门诊部及四楼四底住院大楼。1987年，又扩建六楼六底院舍，卫生院占地面积扩至1100平方米，设有预防接种室、门诊部、中西医门诊、中西药房、中医喉科、妇产科、分娩室、放射室、化验生化、中西药库、住院部、护理部，设病床12张。同年，门诊量突破1万人次。1998年，卫生院迁至新大楼（在倪家坟北），门诊和住院楼面积1755平方米，有中西药库、挂号室、西医门诊、中医门诊、妇产科、放射科、手术室、化验室、生化室等，病床15张；卫技人员21人，其中中级职称5人、初级职称14人。1958—2008年，先后由俞蕴玉、叶福光、戴学海、徐掌林、崔万华、施剑雄、莫志伟、叶建荣等任院（所）长。2008年11月，荷花卫生院并入王江泾医院，原址改设荷花社区卫生服务站。

【社区卫生服务站（卫生室、医务室）】

中华人民共和国成立前，乡村无医疗卫生服务。20世纪50年代，各村先后选送稍有文化基础的青年，经过参加医疗培训，成为农村不脱产的保健员，背药箱到田头，为农民擦红药水、紫药水，发人丹、贴膏药等简易医疗。1960年，南汇公社在新农、叙兴、田乐、小曲、莫家甸、廊下、民主、龙珍、兴农、太平、跃进、杨溪、联合、澄二、澄溪等15个生产大队设立卫生分诊所，也称医务室。每个分诊所配备工作人员2～3名，由联合诊所下派的25名医务人员分头负责驻所当地的卫生保健医疗工作，所缺名额在生产大队中抽调有一定文化的青年，培养成保健员。未建立诊所的生产大队，其卫生保健工作由附近生产队大队分诊所下派的医务人员负责。

20 世纪 60 年代前期，在部分生产大队设有分诊所的基础上，境内各生产大队全部成立卫生室。卫生室配有卫生员，业务由公社卫生院指导，部分卫生室仍由卫生院医务人员驻所负责，开展门诊及巡回医疗，卫生员在生产大队领工分。1968 年前后，各大队卫生室的卫生员，经过短期培训后，成为赤脚医生，在卫生室上岗，为农民治疗常见小病。1969 年，荷花公社卫生院组织全公社 14 个大队的赤脚医生 28 名，赴嘉兴二院进修培训半年。此后，境内各公社卫生院就地、就近分批培训大队卫生室赤脚医生。至 1970 年 12 月，双桥公社 5 个大队共有 27 名赤脚医生，虹阳公社 7 个大队有 28 名，南汇公社 6 个大队有 19 名，田乐公社 7 个大队有 18 名，荷花公社 14 个大队 34 名。赤脚医生的报酬由在生产大队领工分，转入生产队计报酬。1983 年，农村实行家庭联产承包制后，各大队卫生室的管理普遍采取承包制。因医疗技术、资金、市场等因素影响，赤脚医生在农村慢慢失去作用。1985 年后，有的赤脚医生转变为个体从医者，有些则经过卫生部门的考试、考核，在当地聘为乡村医生。

1999 年 8 月，田乐乡率先实行镇(乡)村医疗机构一体化管理，即卫生院对村卫生室在人员调配、医疗业务、财务分配、药品采购、预防保健、业务培训等实行统一管理体制。同年，田乐卫生院管辖的 6 个村卫生室房屋面积从 40 平方米调整改造至 150 平方米；投资 17 万元，增设诊疗室、药房、观察室、注射室、值班室和各种规范用具，每个卫生室都装上空调。

2000 年 10 月，原荷花卫生院所属 14 个村卫生室，调整为 7 个(东荷村、民主村、振民村、北荷村、长虹村、太平村、洪典村)，原辖各村医务室的职业医生全部收归王江泾医院管理，实行村镇医疗一体化管理；所有乡村医生都要参加考试，考试不合格的乡村医生不纳入调整后的 7 个卫生室内。同年 12 月，原虹阳卫生院所属 8 个村卫生室调整为 3 个；乡村医生经过考试，从 9 名精减为 5 名。对符合条件的，由王江泾医院院长统一颁发聘书。同年，原双桥卫生院所属的乡村医生与村脱钩，实行镇村医疗一体化管理。

2001 年，全镇启动建立农村社区医疗服务站工作。服务站的布局，除离医院、卫生院较近村不设立外，其他村均需设立；每个站实用面积不少于 150 平方米，设诊疗室、治疗换药室、药房、补液室、康复室、信息室、消毒室等，并配备必要的医疗器械及办公用品；各卫生服务站配备医务人员为乡村医生 1 名、护士 1 名，配有办公设备、药柜药橱、医疗用品、电脑、VCD、电视等设备。

王江泾镇双塔社区卫生服务站

2002年12月，全镇农村社区医疗卫生服务站基本建立完成，各服务站归属王江泾医院领导，医院分别为社区人员建立健康档案。社区医疗卫生服务站除治疗普通常见小病外，还对村民开展健康服务，受服务对象每人每年缴纳20元服务费，进行两次常规体格检查，提供一次肝功能、心电图、B超、血常规、尿常规、胸透以及妇女病检查；全年免出诊费、挂号费，50岁以上有慢性疾病者和长期瘫痪在床的病人，可设家庭病床；服务对象如查出疾病，进行分类管理，指导治疗，定期随访。2010年，全镇设有社区卫生服务站26个，共有社区卫生技术人员108人。

2010年王江泾镇社区卫生服务站及卫生技术人员分布情况表

表21-1 单位：人

机构名称	执业医师	助理执业医师	乡村医生	执业护士	其他卫技人员	备注
长虹社区卫生服务站		1	1	1		
双塔社区卫生服务站			1	1		
华联社区卫生服务站			1	1		
荷花社区卫生服务站	2			3	3	
南汇社区卫生服务站	14	2		7	4	
大坝社区卫生服务站			1	1		
田乐社区卫生服务站	1			1	2	
沈家桥社区卫生服务站	1		2	1	1	
田青社区卫生服务站			1	1	1	
新农社区卫生服务站			2		1	
宇四浜社区卫生服务站	2			3	3	
东荷社区卫生服务站			1			
振民社区卫生服务站			1		1	原振兴与民和村
市泾社区卫生服务站			1	1		
虹阳社区卫生服务站			2	2	1	
北荷社区卫生服务站			1	1		
虹北社区卫生服务站			1	1		
东洪社区卫生服务站			1	1		东风与原洪四村
新桥社区卫生服务站			3	1		
收藏社区卫生服务站	1			1		

续表 21-1

机构名称	执业医师	助理执业医师	乡村医生	执业护士	其他卫技人员	备注
双桥社区卫生服务站	1			1	5	
范滩社区卫生服务站			1		1	
西雁社区卫生服务站			2	1		
虹南社区卫生服务站			2			
洪太社区卫生服务站			2	1		洪典与太平村
廊下社区卫生服务站			1	1		

第二节 合作医疗

20世纪60年代，境内农村开始实行合作医疗。1969年3月至1970年12月底，各生产大队先后成立合作医疗站，由社员代表、大队干部和赤脚医生组成大队合作医疗管委会。大队医疗合作站的经费由大队、生产队以及社员三方共同筹资，一年一次，以大队为核算单位。参加合作医疗的对象："文化大革命"期间，除"地、富、反、坏"分子外其他成年人、儿童都可参加。参加者每人缴合作医疗费1元、生产队缴2元，共上缴公社医管会3元。合作医疗的报销，除挂号费自理外，医药费定为自负30%，集体报销70%。慢性病及危重病人、特殊情况可有医管会视具体情况研究决定。同年，田乐公社实行合作医疗，农民参与率高，各大队均达到90%以上。该公社合作医疗实行三级筹资：初时每人缴2元，进而到每人10元；大队初时每人补助5元，后每人补助10元；公社从每人补助5元，增至每人补助20元。荷花公社各大队对社员治病采用记账单结算方法，基本由大队负责报销。1971年，南汇公社每人定为缴基金3元，其中个人1元、集体1元。社员治病手续和报销方法：参加合作医疗成员，有病应到大队医务室就诊；如医务室不能解决时，由大队医务室开介绍信至卫生所治疗；当卫生所不能解决时，由卫生所开具介绍信，到上级挂钩医院治疗。同年10月，南汇公社合作医疗由社办转为队办，对参加合作医疗的社员医药费用由卫生所负责代为办理与有关单位结算后，转给各大队负责支付。

1982年后，各公社合作医疗站大多实行经济承包责任制。20世纪80年代中期，合作医疗难以为继，纷纷解体。20世纪90年代，农村初级卫生保健全面实施，农村合作医疗逐步恢复，境内采取互助共济模式，由农民个人出资，实行村办村管。由于统筹范围小、保障水平低、管理不规范等问题，合作医疗发展缓慢。1995年，田乐乡个人缴纳20元、村补20元、乡政府补20元。合作医疗报销办法，基本上以大病、重病住院为主(报销40%～60%)，当地门诊报销40%。1996年，南汇镇合作医疗规定，农户集资按每人每年10元计算到户，在村级经济合同中加以筹取。报销范围:合作医疗属于大病补助型,住院一次或一人连续看病分别达 1000 元以上起报,基数 1000 元报 10%,1000～2000 元报 15%,2000～3000 元报 20%,3000～4000 元报 25%,4000～5000 元报 30%,封顶 5000 元。

1999 年,实行新型农村合作医疗,王江泾镇每年每名参保对象由政府财政出资 4 元、个人负担 15 元。同年,根据"四级筹资(区、镇、村及个人),两级管理(区、镇)"的大病统筹合作医疗制度,由政府投入资金,引导群众参保:农户每年人均出资 20～30 元,组成乡镇级基金,用于参保者住院医药费 100～10000 元分段按比例报销。报销比例:100 元以下不报销,100～4000 元报销 20%,4001～7000 元报销 25%,7001～10000 元报销 30%。区、乡、村每年为参保人员分别投入 1 元、1 元、2 元,组成区级基金,用于参保者 1 万元以上医药费按比例报销。报销比例:10001～15000 元报销 35%,15001～20000 元报销 40%,20001～25000 元报销 45%,25000 元以上的报销 50%。1999 年至 2002 年 6 月,王江泾镇累计有 7994 人享受到住院合作医疗保险补偿,补偿金额 336 万余元,其中有 193 名农民得到区级基金的补偿,补偿金额 42 万余元,个人最高补偿额达到 24000 元。

2003 年,全镇将农村居民和没有医疗保障的城镇居民全部纳入合作医疗保险。低保、残疾等弱势人群参加合作医疗,其个人缴费部分由区、镇两级财政各按 50% 承担;非王江泾户籍在王江泾就业或就学并办理居住证的企业中非城镇职工基本医疗保险对象和中、小学生全部纳入参保对象。同年 7 月,全镇 80% 以上的农民参加农村合作医疗保险;2005 年,全镇参保 64893 人,参保率 90.42%;2007 年,全镇在实行农村合作医疗保险改革中,每年每个参保对象由政府财政出资 132 元、个人负担 90 元,同年参保 72340 人,参保率 98.8%;2008 年参保 73961 人,参保率 98.5%;2009 年,参保 74713 人,参保率 98.38%。

2010 年年底,全镇共有 74713 人参加合作医疗保险。个人出资标准为 120 元,参保率达 99.38%。其中城镇居民参保数 3450 人,参保率达 99.1%。个人筹集资金 865.596 万元,各级政府补助 1375.794 万元。同年,合作医疗全年报销人数 275669 人次,报销金额 2414.3169 万元。全镇合作医疗保险共补偿 25.36 万人次,年受益率达 339.43%;住院补偿共 3297 人次,人均住院费用为 7490 元,报销补偿为 2813 元。全镇合作医疗累计支出补偿金额 2217.29 万元,占总筹集资金的 111%。

第三节　公共卫生

【公共卫生机构】

爱国卫生运动委员会　1952 年境内各集镇建立爱国卫生运动委员会,各单位建立相应组织,发动群众开展订立爱国卫生公约、开展清除垃圾、防疫宣传等工作。"文化大革命"中,爱卫会活动中止。1980 年,乡镇建立爱国卫生运动委员会恢复,重点抓除"四害"、健康教育、饮食卫生、环境卫生和农村改水改厕等工作。1984 年,王江泾镇爱卫会下设爱国卫生运动办公室,办公室主任由李爱珍兼任。境内其他乡镇也设立爱国卫生运动办公室。1998 年,双桥乡、荷花乡并入王江泾镇,2001 年,南汇镇、田乐乡并入。此后,王江泾镇爱卫会办公室主任先后由朱飞、陈建明、仲炳根、游裕文、孙琪、陆水明、冯莉担任。

环境卫生管理所 1951年10月，成立王江泾环境卫生管理所和南汇环境卫生管理所，主要职能是城镇环境和公共卫生管理。1956年，王江泾环境卫生管理所有主任1名，工人4名；南汇环境卫生管理所有主任1名，工人6名；双桥环境卫生管理所有主任1名。1961年3月，各集镇清卫所并入公社医院统一领导。1963年，体制改革，环境卫生管理所由原来的卫生系统划为各乡镇政府管辖。1973年，王江泾环境卫生管理所的工人增加到7名。1978年，各乡镇的环境卫生管理所成为县属集体所有制单位。1994年，王江泾环境卫生管理所划归王江泾镇人民政府管辖。2000年，王江泾镇环境卫生管理所与镇城管中队合并，对镇区环境卫生进行综合管理。2002年、2004年，王江泾镇环卫所先后被市建委评为先进集体。2006年10月，王江泾镇环卫所被评为市先进集体。王江泾镇环境卫生管理所历任负责人：1980年前沈有才；1980年朱春妹；1982年姚伟山；1999年陈新强。南汇镇环境卫生管理所历任负责人：1979年沈有才；1984年陈新强；1986年杨宝根；1997年周永根，2002年并入王江泾镇环境卫生管理所。

【除“四害”】

1958年，响应中央“除‘四害’，讲卫生”的号召，境内东风公社、双桥公社开展以消灭“四害”为中心的爱国卫生运动。当年，捕鼠数十万只，捕杀麻雀数十万只。采用敲盆敲鼓驱赶，猎枪、弹弓射杀，投放毒饵毒杀，放火烧麻雀窝等方法。1960年，麻雀不再列为“四害”之一，将麻雀改为臭虫，后臭虫改为蟑螂。20世纪60年代初期、中期，各公社爱卫会在春、秋季广泛宣传发动，开展全社性的灭鼠、灭蟑螂运动。为鼓励群众参与灭鼠，实行回收死鼠有奖办法，调动群众灭鼠积极性。同时，动员群众用常规药物灭杀鼠、蟑、蚊、蝇。1990年6月，各乡镇开展灭蟑运动。至20世纪90年代后期，各乡镇均建有除“四害”专业队伍，做到灭前培训、灭后检测。2010年，全镇坚持开展灭鼠、灭蟑活动，鼠害得到有效控制。

【改水改厕】

改水 历代以来，及解放后较长一段时间，境内居民、村民的饮用水，大多取自湖、河、荡、塘，家中均备有水缸，水缸内用明矾澄清或直接饮用，少数居民、村民挖井饮用井水。1982年，双桥公社投资筹建王江泾自来水厂；1984年6月1日，王江泾自来水厂向王江泾镇区供水，解决居民饮水卫生问题。此后，境内各乡镇陆续增挖深水井，到20世纪90年代，全境共有深水井29座，覆盖所有行政村，自来水受益人数达8万余人，占总人口的98%以上，每日自来水供应能力2万多吨。2007年，运河西片接入嘉源自来水公司，停用深井水。2009年，全镇居民生活饮用水来自嘉源公司自然水。

改厕 20世纪70年代起，境内各生产队重点清除露天粪缸，建集体厕所和大粪池，存放大粪。生产队设清卫员，负责倒马桶收集大粪。90年代各集镇开展清除简陋破漏厕所，督建卫生厕所。90年代后期，全镇普及开挖饮用深井水，管网通入各户，农户建房普遍设水充式卫生厕所，许多老房子亦增建水充式厕所。2010年，全镇共建造卫生厕所22000余座，其中三格式无害化厕所19500余座，使全镇8万余人用上了卫生厕所，改善了农村的卫生面貌。镇区建有公共厕所11座，全部为水冲式标准化公厕。各企事业单位均有水冲式卫生设施。

全镇粪便无害化处理率达88.6%。同年,成立王江泾卫生监督分所,在东风、西雁、古塘3个村开展国家农村改厕项目试点工作。

【环境卫生管理】

解放前,王江泾、南汇、双桥等集镇居民家庭的粪便收集清运均由居民自己雇工解决,马桶在河中洗刷,脏水多流入河道;农村居民家庭的粪便都集聚在粪缸,露天粪缸粪蚊蝇成群,逢大雨粪缸里的粪便四溢,环境肮脏。解放后,境内各集镇设立清卫所,居民的粪便有清卫所职工负责清运,大粪作肥料供应农村;街道路面由清卫所职工负责清扫,街道的环境卫生比解放前有明显好转。但农村因粪便仍存放于粪缸,环境卫生在很长一段时间内无多大改变。20世纪70年代,爱国卫生运动以消灭血吸虫病、消灭钉螺为中心,集中倒马桶,对粪便进行集中无害化处理。1984年,王江泾镇设2名专门搞街道清洁卫生的工作人员。从1985年11月起,王江泾镇对清运生活垃圾、经营性垃圾、水冲粪便实行服务收费。1986年6月,各乡镇开展以治理"脏、乱、差"为主要内容的爱国卫生运动,集镇和农村的环境卫生状况逐年有所好转。

2003年,洪典村在全区率先进行垃圾分类处理,向每户发放一个垃圾桶,每天由保洁员回收垃圾。大户每月交保洁费5元,小户3元;建立长效机制,全村道路和村民房前屋后保持干净整洁。2004年,全镇投入2000万元重点抓村庄整治,村村开展以环境洁化为重点的洁化行动,全面启动垃圾集中收集和集中处理工作,增加压缩式中转房和无公害储粪池、垃圾中转站、填埋场等公共卫生设施。2010年,镇政府重拳整治城镇环境卫生"脏乱差",将涉及的主干道路划分成24个责任区域,由镇主要领导和相关职能部门实行"分片包干",重点开展拆除违章搭建、取缔占道经营、河道清淤以及道路绿化修复等整治。全镇投入32.5万余元,新建10座村级垃圾聚集点,至此,共建村级垃圾聚集点114个,聘用保洁员355名。各村保洁员每天到农户家上门收集垃圾,用三轮车统一送运到村里的聚集点,并由镇统一运送至垃圾压缩房,再运至嘉兴市步云热电厂焚烧进行无害化处理;每天有95吨垃圾送至步云电热厂进行焚烧处理,年处理量为27850吨,全镇垃圾集中收集无害化处理率和开展生活垃圾集中收集处理的行政村比例均达100%。同年,镇区卫生管理实行市场化运作,由保洁公司实行16小时保洁制;农村环境卫生实行四位一体长效管理,6个保洁公司实行8小时保洁制。南汇村在秀洲区率先对农村卫生保洁实行市场化运作,将全村和集镇的卫生保洁、公厕保洁、绿化养护、卫生费收取等承包给专业的保洁服务单位;南汇片其他4个村也将卫生保洁承包给专业的保洁服务单位,有效地解决农村卫生保洁长效管理问题。同年,全镇有公共厕所21座,垃圾中转站1座,垃圾压缩机4台,800吨化粪处理池1座,垃圾桶250多个。

【食品卫生管理】

1946年7月,嘉兴县防疫委员会规定各有关饮食商店、摊贩申请卫生执照后,方可营业。1952年,嘉兴市政府颁发《嘉兴市熟食摊卫生管理细则》。1960年起,对饮食从业人员进行带菌者检查和X线胸部透视。1972年起,要求食品从业人员进行体检。1983年7月1日,《中华人民共和国食品卫生法(试行)》颁布,境内各公社(乡镇)建立专门机构,负责食品卫生法的贯彻执行及食品卫生检查。建立由各单位食品卫生人员、居委会卫生委员及健康教育宣传员等组成的群众性三级食品卫生网,宣传食品卫生和监督《中华人民共和国食品卫生法(试行)》的落实工作。1984年,王江泾镇建立食品卫生专门机构,由王江泾医院负责。同年,开展食品生产经营从业人员健康体检工作。从业人员上岗培训,并定期接受健康检查,肝炎、肺结核、艾滋病、性病、皮肤病等传染病患者让其离岗。除单位或系统自查互查外,每年组织食品卫生检查两次。1986年,境内从事食品生产经营的单位(饮食业、副食品商店、集体食堂)230户,从业人员710人;公共场所行业(美容美发、旅馆、歌舞厅、网吧、浴室、自来水厂)41户,从业人员115人。从事食品生产经营者都能做到防尘、防蝇、防鼠,并配有橱、罩、冰箱和消毒设施。1989年,各乡镇设有食品卫生监督员,以保证食品卫生执法工作正常进行。同年,王江泾镇食品卫生工作由镇爱卫办兼管。镇与所辖村(居委会)签订王江泾镇年度食品药品安全工作目标责任书。建立以食品、药品监督管理部门为主,食品药品监督联络(信息)员为辅的农村食品监督网络,境内建成食品安全责任网格177个。2005年,镇域农村构建形成现代物流网、群众监督网和责任监管网,农村食品卫生长效监管机制建成。2008年,镇有关部门对全镇的农贸市场、放心店、超市及校园周边的小卖部进行食品卫生安全检查,重点检查粮油、肉类以及酒类、儿童食品、禽蛋类、奶制品等食品的进货登记备查台账和有无“三无”食品和过期食品。2010年,全镇的食品卫生安全工作采取定期检查、随机抽查、日常巡查相结合。王江泾中心工商所对辖区内的656户食品经营户,全面推行食品安全电子监管和“一票通”工作。

第四节　血吸虫病防治

明清时期,嘉兴已有血吸虫病的记载。境内河、浜密集,地势低洼,更是血吸虫病严重流行区域。长虹村、杨家村等地,原村庄内河港不通外河,河沟纵横,杂草丛生,有螺面积颇大,血吸虫病流行严重。旧时有一顺口溜“不要刀山死,不要绳上死,只要到杨家村去做女婿”,反映了王江泾一带血吸虫病的严重程度。民国时期,荷花乡是血吸虫病严重流行地区,死于血吸虫病的农民就有340多人,全家都死亡的有18户。

解放初期,王江泾、虹阳等地的农村青年,许多因得血吸虫病而肝脾肿大,无法参军。1964年,荷花公社从大便中查出血吸虫病人4663人,患病率高达40%以上。在征兵工作中,有时竟没有合格的青年。

自20世纪50年代中期起,境内各乡镇(公社)坚持查螺灭螺、查病治病,至1983年,荷花、南汇公社连续3年以上没有查到钉螺,没有发现10岁以下的小病人,没有查到病牛,并且连续3年以上粪检阳性率在5‰以下,在考核中没有查到钉螺。同年12月27日,区委、区政府发布《关于同意荷花等六个公社宣布消灭血吸虫病的批复》(含南汇公社)。1984年12月27日,虹阳乡经市血吸虫防治检验,宣布消灭血吸虫病。1985年12月18日,王江泾镇、田乐乡经市血吸虫防治院验收,宣布消灭血吸虫病。1989年,双桥乡的血吸虫病防治工作经市血吸虫防治院检验达标,至此,境内所有乡镇宣布消灭血吸虫病。

【查螺灭螺】

20世纪50年代后期起，境内各乡开展查螺灭螺的防治工作。每年春季，组织查螺人员，对河边、沟渠、湿地和复杂地带进行查螺，然后对有螺地带，用土埋覆盖法灭螺。由于在开始几年里灭螺质量不够，60年代初出现血吸虫病疫情反复。60年代中期，各公社加强查灭螺工作，掀起查螺灭螺群众运动。1965年，荷花公社查出有钉螺面积54.45万余平方米（不包括有螺稻田600多亩），全社出动62800多人次，对1028条有螺沟开新沟填旧沟，对150条有螺河浜降水灭螺，使有螺面积下降到3000平方米左右。同年，境内各生产大队加强查螺小组队伍，对河浜边、田地横头、水沟边等地进行地毯式查螺。一发现有螺，对所有河浜两岸、水滩，用土覆盖夯实，埋住钉螺。对沟渠一是挖沟，把沟渠的表土、杂草等进行深埋；二是钉螺分布量较多的沟渠，采取开新沟填旧沟的方法；三是用药物五氯酚钠对沟渠进行喷洒。灭螺效果达到95%以上。每年春季，组织查螺人员，对原有老螺点及湿地、复杂地带进行查螺工作。同时，加强粪便管理，将分散的露天粪缸进行集中，消灭露天粪坑。粪坑加盖封闭式发酵10天以后，粪便方可肥田使用。生产队设立专人倒马桶，杜绝河里洗马桶，设立清洗马桶池。

20世纪70年代，各公社在每年春季继续开展查螺工作。各大队抽调有经验的查螺员，组织一支查螺专业队，对全大队所有河浜、沟渠，进行排摸细查，对有螺地当年灭清。1974年，荷花公社连续进行五次查螺，整修三次螺带。第一次发动群众全面查，共出动7118人，查出死螺点14处；第二次专业队伍重点查，共花工1025名；第三次集中核查，共花工423名，查出死螺点14处；第四次为交界地区联防查，共花工142名；第五次"竹林回来深入查"，共花工2012名。五次查螺共花工10717名，其中干部362名、"红小兵"1960名、专业队1730名、群众6665名，查出死螺点28处，活螺点未查到。完后，整修三次生活灭螺带，共花工6835名。

【查病治病】

从20世纪50年代后期开始，境内各乡开展血吸虫查病治病工作，每年卫生机构抽调医务人员下大队，集中免费给居民治疗血吸虫病；每年对所有人群进行一次大便粪检，各生产队安排专人挨家挨户收取大便，设粪检检查站，查出的阳性病人，随即分期分批治疗。王江泾（设在双桥陈家村）、南汇首先开设晚期血吸虫病医院。后各公社卫生院先后设立晚血病治疗站。1969年，荷花公社用锑液三天疗法治疗1500名血吸虫患者。各公社每年秋季开展一次血吸虫病查病，有些生产队的大便孵化阳性率达70%以上。对血吸虫病阳性患者，各公社采用分批免费集中突击治疗；严重者转送嘉兴血防医院治疗。

1970年，荷花公社查出血吸虫病人6803人次，疫情较为严重。该公社将血吸虫病患者及时送到医院治疗。1970—1971年，嘉兴二院下乡指导用锑剂疗法治疗血吸虫病，采用3～7天疗法，效果很好。后改用酒石酸锑钾20天疗法、3天疗法，再后试用吡喹酮(8440)，效果尤佳。1970—1972年，荷花公社开展5次"三送三检"，治疗血吸虫病人12824人次。公社培养一支580人的群众性血防队伍，其中赤脚医生33名、查灭螺专业队232名、清卫员173名、化验员39名、不脱产卫生员103名。1974年，荷花公社集中治疗三批血吸虫病人，共治疗233

人(其中公社集中治疗 135 人、大队治疗 98 人),使禁忌和症后病人压缩到历史最低水平,留下病人 209 人。同年 4 月 11 日起,荷花公社由赤脚医生为主体、公社医生参加,花半个月,对 16 岁以上成年人进行一次普查,查出脾肿大三级以上 83 人,腹水 13 人,脾血管结扎 2 人,侏儒症 2 人,共 100 人;加上已切脾的 103 人,共 203 人。1979 年,根据统计数据,虹阳公社有 9 个大队加一个集镇,共有历史累计血吸虫病人 7420 人,其中晚期血吸虫病人 248 人,所有病人全部得到免费治疗。

20 世纪 80 年代中期,境内各乡镇的工作重点是搞好农村合作医疗和初级卫生保健工作,同时做好血吸虫病的检测及治疗工作。

1956—1988 年王江泾镇境内血吸虫病查治情况表

表 21－2

年份	统计区域人口(人)	粪检及其他查病			实有病人		当年治疗人数(人)	晚血病人(人)
		抽检人数(人)	阳性人数(次)	阳性率(%)	病人数(人)	患病率(%)		
1956	7350	5670	4221	82.76	4221	57.42	475	
1958	8600	5600	4221	75.19	7957	92.52	3810	
1960	9960	4975	1794	36	5941	59.6	2737	
1962	11932				3204		572	
1963	13038				2092		1441	
1964	14028	7545	2483	32.9	3732	48.5	604	
1965	14384				3128		392	
1966	14743				2736		411	
1967	15031				2325		155	
1968	15288				2170		134	
1969	15591				2036		105	
1970	15871	7405	881	11.89	2812	17.71	1418	100
1971	16280	9718	808	8.13	2202	13.53	1034	100
1972	16899	13502	1369	10.8	2537	15.01	1273	97
1973	16961	13959	1921	14.69	3186	18.78	1431	97
1974	17187	12376	1243	9.2	3004	17.47	2038	52
1975	17187	14143	551	4.4	1517	8.82	974	57
1976	17335	14067	333	2.67	926	5.24	374	35

续表 21－2

年份	统计区域人口（人）	粪检及其他查病			实有病人		当年治疗人数（人）	晚血病人（人）
		抽检人数（人）	阳性人数（次）	阳性率（%）	病人数（人）	患病率（%）		
1977	17361	15316	274	1.93	804	4.56	491	32
1978	17853	15731	206	1.42	516	2.8	319	31
1979	17711	15609	163	1.06	294	1.51	182	23
1980	17391	13944	41	0.29	143	0.86	55	29
1981	17548	5322	2	0.03	91	0.54	30	30
1982	17795	5072	2	0.04	65	0.37	11	22
1983	17917	2416			44	0.28		19
1984	17958	3242			41	0.26	6	20
1985	17986	4739			37	0.24	6	19
1986	17962	2018			24	0.16	2	23
1987	17998	3928			25	0.15		23
1988	17747	2189			25	0.15	1	18

1956—1988 年部分年份王江泾镇境内血吸虫病儿童感染情况表

表 21－3

年份	检查次数（次）	0～4 岁			5～9 岁			10～14 岁		
		检查人数（人）	阳性人数（人）	阳性率（%）	检查人数（人）	阳性人数（人）	阳性率（%）	检查人数（人	阳性人数（人）	阳性率（%）
1956	1	382	41	10.73	635	265	41.73	589	359	60.95
1958	1	153	36	23.52	457	313	68.49	830	685	82.53
1964	1	15	2	13.33	932	218	23.39	1146	410	35.77
1970	1	304	6	1.97	566	70	12.36	833	171	20.52
1971	1	400	8	2	732	98	13.38	1056	146	13.82
1972	2	548	2	0.36	1028	43	4.18	1496	90	6.01
		467	1	0.21	875	24	2.74	1271	60	4.72
1973	3	159	1	0.62	1173	35	2.98	1028	54	5.25
		65	3	4.61	444	23	5.18	381	36	9.44
		305	9	2.95	1317	54	4.1	1321	79	5.98

续表 21－3

年份	检查次数（次）	0～4岁			5～9岁			10～14岁		
		检查人数（人）	阳性人数（人）	阳性率（%）	检查人数（人）	阳性人数（人）	阳性率（%）	检查人数（人	阳性人数（人）	阳性率（%）
1974	2	159	1	0.62	1173	35	2.98	1028	54	5.25
		124	5	4.03	763	12	1.57	899	20	2.22
1975	2	393	5	1.27	1087	23	2.11	1209	28	2.31
		261	1	0.38	941	1	0.1	1750	9	0.51
1976	2	163	2	1.22	1629	15	0.92	1969	22	1.11
		101	0	0	1409	11	0.78	1778	6	0.33
1977	2	101	0	0	1615	7	0.13	1969	5	0.25
		0	0	0	1380	1	0.07	1899	5	0.26
1978	2	27	0	0	1172	3	0.25	1907	6	0.31
		136	0	0	1279	2	0.15	1955	0	0
1979	2	0	0	0	1425	1	0.07	2097	4	0.19
		0	0	0	1342	2	0.15	1462	0	0
1981	1	1	0	0	124	0	0	366	0	0
1982	1	0	0	0	148	0	0	477	0	0
1983	1	0	0	0	7	0	0	87	0	0
1984	1	0	0	0	128	0	0	272	0	0
1985	1	0	0	0	225	0	0	357	0	0
1986	1	347	0	0	715	0	0	908	0	0
1987	1	82	0	0	357	0	0	509	0	0
1988	1	16	0	0	294	0	0	430	0	0

1956—1985年部分年份王江泾镇境内血吸虫病耕牛查治情况表

表 21－4

年份	检查次数（次）	耕牛头数（头）	检查头数（头）	受检率（%）	阳性头数（头）	阳性率（%）	年总阳性率（%）	治疗头数（头）	未治头数（头）
1956	1	628	206	32.8	24	11.65	11.65	9	15
1958	1	480	160	33.3	23	14.37	23.75	25	13

续表 21－4

年份	检查次数（次）	耕牛头数（头）	检查头数（头）	受检率（%）	阳性头数（头）	阳性率（%）	年总阳性率（%）	治疗头数（头）	未治头数（头）
1960	1	320	218	68.12	51	16	20	60	0
1970	1	338	292	89.39	22	6.5	6.5	21	1
1971	1	305	243	79.67	41	13	13.77	39	3
1972	1	276	248	89.85	3	1.2	2.17	6	0
1973	1	274	221	80.65	2	0.9	0.73	2	0
1974	1	273	242	88.64	23	9.5	8.42	23	0
1975	1	237	221	93.24	5	2.3	2.1	0	5
1977	1	228	160	70.17	1	0.6	2.63	6	0
1978	1	224	81	36.1	0	0	0	0	0
1979	1	232	206	88.79	4	2	1.72	0	4
1980	1	212	170	80.18	0	0	1.88	0	4
1981	1	182	147	80.76	0	0	2.19	4	0
1982	1	156	42	26.92	0	0	0	0	0
1984		112							
1985	1	22	22	100	0	0	0	0	0

第五节　妇幼保健

【新法接生推行】

解放前，妇女在生育分娩时，均靠民间接生婆采用的土法接生，危险性较大，如遇产妇难产时，接生婆基本没有办法接生。家境好一些的则立即送往镇上私人诊所或县城医院接生，但由于路途遥远，半路上产妇就有可能死亡；家境贫困的产妇，碰到难产只有在家等死。

解放后，政府重视逐渐推行新法接生，各联合诊所、卫生所均配有妇产科医生。20 世纪 60 年代后期，各大队卫生室配有女赤脚医生，部分女赤脚医生兼接生员，接生中全部采取新法接生。80 年代起，孕妇生产基本全部在医院、卫生院住院接生。90 年代起，推行孕妇访查制度，保健医生对孕妇早孕摸底，每月及时与村医生、妇女主任核对新婚名单，督促早孕妇女及时到院定期检查，并做好孕产系统管理，进行早孕建卡，并做好宣教工作，对各个村的孕妇及时建卡；对高危产妇进行干预，对查出的高孕妇积极做好转诊工作，分级管理，并对高危产妇做好随访工作；保健医生还做好妇女的产后随访，每位乡村医生都建立产后随访登记本，随访内容有测血压、量体温等，传授产妇正确的母乳喂养及婴儿护理知识，对高危产妇上门随访，对每位在卫生院或卫生室建卡的孕妇，发放健康教育资料。2010年1月起，王江泾镇开始实行“孕产妇住院分娩补助”，凡参加城乡居民合作医疗的镇户籍人口、符合国家计划生育政策和当地计划生育部门有关规定，在定点分娩医疗机构住院分娩的孕产妇都能领取分娩补助，分娩补助为每人一次性500元。

【妇女保健】

20世纪70年代以后，对妇女实行妇女病普查普治，每年2次。对已婚女及60岁以内的妇女进行查检，并建立查检登记制度。1972年，荷花公社从公社卫生所抽出妇产科医生和化验员，和大队赤脚医生一起，在“双抢”前后，用28天时间，对全社3883名妇女(已婚3324名，未婚559名)进行妇女病普查，占应检数的77.7%。对查出有妇女病的1518名妇女(约占受检数的39.1%)，大部分进行及时治疗。通过妇女病普查，摸清全社妇女病的情况，建立“一人一卡”，培养6名能独立检查的赤脚医生。此后，境内对妇女病的普查普治越来越精细。王江泾医院专门设置妇产科，收治在妇女病普查中所查出的患病妇女，并能有效地开展子宫肌瘤、子宫内膜癌、卵巢肿瘤等手术。

从1980年起，境内各乡镇对成年妇女逐步实行“五期”(月经期、怀孕期、产妇期、哺乳期、更年期)保护。许多企事业单位都对妇女职工的“五期”保护制定出规章制度，并开始实行孕产期保健。如产假期，给假3个月，工资照发，不影响晋级、调资；怀孕满7个月者，若原为三班制，改调常日班，并给予工间休息时间，每天1小时；妇女在哺乳期内，每天可离岗喂奶2次，上下午各1次，每次1小时。有条件的企业，产妇在产假期满后，还享受9～15个月的哺乳期假。在此期间，工资按70%左右发给，不影响晋级、调资。

2003年，王江泾医院增添先进的医疗设备，先后选派妇产科医师到嘉兴市妇幼保健院、浙江省肿瘤医院等进修。2006年，妇产科门诊13753人次，接产人数1606人，收治病人1776人。妇幼保健专项工作中的普查普治，对农村妇女“两癌”(宫颈癌、乳腺癌)进行筛查，发现病患，及时治疗。2010年，王江泾医院妇产科成为医院的重点科室，额定床位36张，能进行卵巢囊肿切除术、宫颈癌切除术、子宫内膜癌切除术、子宫全切术、盆腔淋巴结清扫术，并开展新型的子宫脱垂手术、宫颈糜烂微波手术等。

【儿童保健】

民国以前，境内无儿童保健机构。因战乱与灾荒，农村儿童营养不良，患脚气病、软骨病者很多，有些还患上麻疹、天花、流脑、血吸虫病等急性传染病，这些儿童往往因无力医治而死亡。

解放后，由卫生部门负责儿童健康检查和治疗。20世纪60年代，境内各医院、卫生院对辖区儿童进行预防接种工作，主要利用每年冬春季节，采用突击性接种的方式，开展疫苗的预防接种。1978年起，境内开始按规定对适龄儿童进行定期预防接种，相继将卡介苗、脊灰疫苗、百白破疫苗、麻疹疫苗纳入儿童计划免疫程序；1982年起，开展对儿童按月预防接种门诊工作；1986年起，推行儿童计划免疫保偿制；1991年起，创建规范化预防接种门诊；1992年起，将乙肝疫苗纳入计划免疫管理；1998年起，加强流动儿童计划免疫管理；1999年起，实行预防接种前告知制度；2004年起，实行计划免疫程序计算机管理。

第六节 防疫工作

民国时，境内曾爆发过数起较大的疫病，仅1926年8月，就发生多起霍乱疫病，病者挤挤，死者众多。

解放后，政府对疫病贯彻“预防为主”的方针。20世纪50年代初王江泾联合诊所成立后，主要负责治病和疫病预防及治疗。1956年10月起，贯彻执行《浙江省传染病实施细则》关于“预防为主，防治结合”的号召，有计划地开展防疫工作。50年代后期，各公社每年对居民进行白喉预防注射、鼠疫预防接种、乙脑预防注射、百日咳预防注射等，对疟疾病采取抗复发服药治疗，有效控制霍乱、麻疹、乙脑、疟疾、百日咳、小儿麻痹症等传染病的发生。60年代，各乡成立卫生院，并在各村设立医疗室，院、室结合开展防疫工作。每年春、秋两季对居民进行免费防疫注射。

1963年，实行传染病报告卡填报制度。接种卡介苗，控制结核病传染。此后，境内无天花、霍乱、白喉、鼠疫等传染病发生，这些历史上常见的多发病、传染病得到较好控制。1979年起，全面实施计划免疫，并明确规定新生儿出生42天后，接受免疫接种，建立一人一卡制。1982年起建立一卡一证制，并定期进行计划免疫接种。预防接种为“四苗防六病”。“四苗”，即卡介苗、“百白破”(百日咳、白喉、破伤风)、麻疹注治疫苗和小儿麻痹糖丸；“六病”指白喉、麻疹、结核病、百日咳、破伤风、小儿脊髓灰质炎。90年代后，传染病防治工作逐步走上法治化轨道。

进入21世纪，王江泾医院、王江泾医院南汇分院等医疗机构承担起全镇急慢性传染病控制、慢性非传染性疾病控制、健康教育、检验检测等工作职责。2003年春，在抗击“非典”时期，王江泾医院、王江泾医院南汇分院及各乡镇卫生院等医疗机构及时抽调到07省道王江泾收费站，对来往车辆人员24小时进行体温测试。2004年，王江泾医院等医疗机构坚持对来院门诊病人及其陪同者进行体温测试。

第七节 体育设施

中华人民共和国成立前，境内乡村基本无体育设施。中华人民共和国成立后，政府重视群众体育活动的开展，集镇和农村逐步建设一些简陋的体育设施，如泥地面篮球场等。20世纪80年代起，泥地面球场改为水泥球场。2001年，乡镇行政区划调整后，镇政府加大对公共体育设施、学校体育设施建设的投入，此后，许多标准的体育设施在镇域各地建成。

【公共体育设施】

至2010年，全镇建成标准篮球场25个。其中标准灯光球场4个，分别位于镇广电中心、南汇村(社区)、虹阳村、市泾村；标准篮球场21个，设于东荷、民主、民和、荷花、长虹、太平、洪典、东风、古塘、虹南、虹北、宇泗浜、华联、莫家甸、廊下、田乐、田青、大坝、双塔、收藏、沈家桥村；乒乓球室34处，设于各村文化中心及部分单位；健身路径37条；健身晨练点46个，设于各村和社区；老年活动室36个，设于各村、社区；镇老人年活动中心1个，设于王江泾镇文化中心内(一里街);门球场1个,设于长虹公园;排球场1个,设于华联村;桥牌室2个。

【学校体育设施】

2010年,全镇学校建有多功能体育馆1座;400米标准塑胶跑道运动场1个,300米和200米塑胶跑道运动场各1个;200米运动场5个;篮球场18个;塑胶网球场5个;排球场3个;小足球场5个。

王江泾镇中学 400米标准塑胶跑道运动场1个,标准塑胶篮球场4个,多功能室内体育馆1座。

王江泾镇实验学校 标准篮球场4个,300米塑胶跑道运动场1个,塑胶网球场4个。

王江泾镇中心小学 标准200米环形塑胶跑道运动场1个,标准篮球场2个,排球场1个,儿童足球场1个,网球场1个。

其他6所完全小学 200米煤渣运动场5个,篮球场8个,排球场2个,小足球场5个。

第八节 群众体育

【群众体育活动】

解放前,境内民间有摔跤、放风筝、爬竹竿、拔河、踏白船、游泳、跳绳、踢毽子等类的传统体育活动。清末,境内已有多个村庄组织起踏白船队伍,平时在空余时间锻炼,逢大型庙会汇集到庙会地附近开展比赛。莫家甸村和小曲自然村(今属华联村)在民国时期是境内在开展踏白船活动上颇有名气的村庄,一个村庄组织有两三支踏白船队伍。

解放后,党和政府重视发展人民体育事业,一些现代体育项目在农村逐步开展起来。20世纪50年代初,象棋、乒乓球等小规模的赛事在王江泾、南汇等集镇的供销社、学校、医院单位中常有开展。集镇和较大村庄组织篮球队,并常与异地球队开展交流比赛,如"联新"(今王江泾社区)篮球队,曾多次在与荷花、干窑、栖真等地的球队比赛中取得冠军。

60年代起,境内大部分生产大队建有篮球队,有的生产大队办有两三支球队,如南汇公社小曲自然村一个村庄共建有4支球队。球场则利用学校操场或生产队晒谷场,全都是泥场。一些篮球队力量较强的生产大队乐意主办篮球比赛,邀请周边大队球队和邻近公社的主要球队参加。一次球赛常有一二十个球队参加,连续比赛3～4天。

70年代,境内篮球活动依然活跃,赛事主要由公社组织举办,生产大队举办的篮球赛渐少。同时乒乓球、象棋比赛也较活跃。80年代,郊区多次举办全区性的乒乓球赛,域内南汇等乡镇每届组织参赛,并取得较好的比赛成绩。80年代中期,境内篮球运动的热潮再一次兴起,竞赛活动也就多起来,有的乡镇以"乡村运动会"的形式举办活动,有的以"文化节"的形式举办活动。1989年9月,南汇镇举办首届"南汇之声"群众自我娱乐大赛,其中有篮球、乒乓、象棋等比赛项目;同月,王江泾镇举办首届"长虹之声"文化节,其中有多项是体育比赛;1990年3月,南汇镇举办"农行储蓄杯"篮球赛,镇内有6个球队以及嘉兴电器开关厂队、油车港商业队共8个球队参加比赛。同年7月21日,嘉兴市第二届运动会(青少年部)皮划艇比赛在王江泾举行,全市7个县(市、区)近百名运动员参加比赛,此次比赛是嘉兴市自中华人民共和国成立后首次全市性的皮划艇比赛。

1991年10月，王江泾镇举办第三届“长虹碧波”文化节暨首届“乡村运动会”，有男子篮球、拔河、男女田径等11个比赛项目以及文艺活动，共有758人参加。

1992年下半年至1993年年初，境内各乡镇先后建立老年人体育协会。每年组织开展门球、乒乓球、棋牌等适合老年人的体育活动，南汇镇组织起一支老年人篮球队伍。

1995年10月24日，王江泾镇举办第四届“长虹碧波”文化节暨第二届“乡村运动会”。这次运动会除传统体育项目和男女田径项目外，还设有结伴跑、自行车慢车赛、掰手腕等多个趣味运动比赛项目，此次活动共有30多个项目，1000多人参加。

1997年10月20—23日，荷花乡举办首届农民运动会。比赛项目有篮球、象棋、乒乓球、自行车慢车、4×100米接力、拔河，历时4天，参加人数350人左右。1998年，田乐乡获得省体育先进集体称号；1999年，王江泾镇获得第六批省体育先进乡镇称号。

2001年，乡镇行政区划调整后，镇政府重视对文体设施建设的投入，农村体育设施迅速发展，各村和单位群众体育活动的开展。镇老年人体育协会的活动项目也逐年增加。几年后，除原开展的门球、乒乓球、象棋、桥牌活动外，增加气排球、太极拳、太极剑、长跑、柔力球等活动项目；打莲湘、腰鼓、排舞、演唱、书画等形式的文艺活动在老体协队伍中蓬勃开展。

2006年，王江泾镇举办第十届“长虹碧波”文化节，设乡村体育大擂台、“诚恒杯”农民篮球赛、“合作银行杯”职工乒乓球比赛等体育项目。同年，组织参加秀洲区六运会的广播体操、乒乓球、羽毛球、棋类、拔河、田径篮球等项目的比赛，取得篮球赛第一名的成绩；参加嘉兴市“建设新农村、创体育强镇”篮球赛，获第五名成绩。12月，秀洲区组织在长虹公园举办“新农村嘉年华”活动，活动项目有背“媳妇”比赛、“夫妻”运粮比赛、“夫妻”拉力比赛等多项体育活动。同年，镇获得省群众体育先进集体称号。

2007年，南汇村篮球队参加省农民篮球擂台赛；同年6月，参加全省首届体育强镇乒乓球赛，获团体第十名、女子单打第十、十二名成绩。

2009年9—12月，举办王江泾镇首届全民运动会，运动会分成年组、老年组、残疾人组，有拔河、乒乓球、跳绳、象棋、篮球、气排球、门球、飞镖、趣味插秧等十余个比赛项目。

象棋比赛

2010年，举办秀洲区第二届百村农民篮球联赛暨王江泾镇农民篮球联赛；同年5月，组建一支龙舟队参加全国龙舟邀请赛，组建二支踏白船队参加2010中国南湖踏白船比赛。

至2010年，全镇已有篮球、乒乓球、门球、象棋、气排球、踏白船等群众体育队伍，其中篮球队有15支。南汇村篮球队在近几年多次比赛中取得出色成绩，曾获嘉兴市农民篮球邀请赛第二名、秀洲区“禾城合作银行杯”篮球赛第一名、王江泾镇"诚恒杯篮球赛"第一名、秀洲区农民运动会篮球赛第一名等成绩。

【老年人体育活动】

1993年,境内各乡镇建立老年人体育协会后,每年组织开展门球、乒乓球、棋牌等适合老年人的体育活动,南汇镇老体协创办一支老年篮球队。2001年,乡镇行政区划调整后,全镇老年人体育活动的队伍逐步扩大,活动项目逐年增加。几年后,老年人体育协会组织开展的活动已有门球、气排球、篮球、乒乓球、太极拳、太极剑、象棋、桥牌、踏白船、长跑、柔力球等十多个体育项目,并有打莲湘、腰鼓、排舞、演唱、书画等形式的文艺活动,全镇建立起老年体育活动和老年文艺活动团队70多支,其中南汇村建立起老年排球、中老年篮球、乒乓球、踏白船、太极拳(剑)、长跑、象棋、桥牌、排舞、文艺等15支文体团队,成为全区唯一的王江泾镇老年体育示范村。镇老年人体育协会同时每年组织参加市、区举办的各种活动,其中一些项目取得较好的成绩,如2007年,镇乒乓球队获得秀洲区老年乒乓球赛男子团体第一名,单打第一名和第三名;2009年,镇门球队获得嘉兴市第七届镇际门球赛冠军、嘉兴市寿星杯门球赛第一名、国庆60周年市门球赛第一名、环太湖门球邀请赛(苏州、常州、无锡、湖州、嘉兴)第三名。同年,东荷村的莲湘队代表秀洲区在嘉兴市全民健身纪念日开幕式上进行打莲湘表演;2010年,镇门球队代表嘉兴市参加杭州市余杭区门球邀请赛,获得比赛第一名。同年,王江泾镇被命名为"浙江省老年体育特色项目之乡"。

南汇老年门球队

【乡镇体育运动委员会】

1991年起,境内王江泾、荷花、虹阳、南汇、田乐5个乡镇先后建立体育委员会,负责群众体育工作。此前,乡镇群众体育工作无专门机构负责,具体工作一般由各乡镇(公社)文化站兼管。乡镇体委成立后,由分管文、教、卫、体的乡镇领导干部任主任,另有委员由团委、妇联、工会、文化站、学校等机构的负责人或代表组成。乡镇体委工作上受郊区体委指导。各体委确定一名联络员,与郊区体委联络。1999年,区体委与区文化旅游局合并,成立区文化体育局,此后,乡镇体育运动委员会随之撤销,乡镇的群众体育的工作仍由乡镇文化站负责。2005年,全镇设立村体育指导员,负责组织村民体育活动的开展。

第九节　学校体育

【体育课】

民国初期,学校体操科为必修课。高等小学男女分开上课,初等小学以游戏为主。1915

年，体操教学内容注重田径、球类。1923 年，嘉兴小学施行六年制，体操课改称体育课。1936 年，嘉兴各小学低年级音乐、体育合并为游唱，农村小学基本没有执行。抗日战争胜利后，小学仍设体育课，学校除少数有体育场地和设备外，大多数小学场地小，设备差，甚至没有场地。1951 年，执行华东教育部小学教学计划，各年级均设体育课。1952 年秋，推行小学五年一贯制，一、二、三年级每周体育课 2 节，四、五年级每周 1 节。1955 年秋起，执行部颁六年制教学计划，各年级每周体育课均设 2 节。“文化大革命”期间，小学体育改为“军事体育”，课程设置没有统一的规定，一般每周 2 节。1978 年，各校贯彻教育部等单位《关于加强学校体育卫生工作的通知》和教育部颁发的《体育教学大纲》，重新加强体育教学。同年起，各年级设置体育课 2 节，每学年安排一周左右的“学军”时间。境内小学高年级和中学的学生基本落实这项工作。1979 年秋季，嘉兴教育局提出把身体好真正作为“三好”学生的标准之一。同年 11 月，城镇小学逐步配备专职体育老师。按照体育大纲坚持进行“两课两操两活动”（两节体育课，早操和眼保健操，两小时体育活动），组织体育达标活动。1980 年 7 月，学校的体育工作以体育课为中心，明确体育课在学校工作的地位。1983 年秋季，小学五年制改为六年制，一年级每周设游唱课 4 节，其他各年级每周体育课 2 节。1987 年 3 月，各校成立以行政领导和体卫教师为主体的学校体卫教育领导小组，加强对学校体育教学和卫生工作的领导。1990 年起，中小学统一按照《全日制义务教育普通高级中学体育（与健康）课程标准》的要求开设体育课，标准为 1～2 年级每周 4 节，3～9 年级每周 3 节。1991 年，初中升学考试，报考各类高一级学校的考生加试体育，设 50 米、1000 米（女生 800 米）铅球、立定跳远 4 个项目。2005 年起，小学 1～2 年级每周设 4 课时体育活动时间，3～6 年级和初中每周设 3 课时的体育活动。

【课外体育活动】

民国时期，各小学在上午上课前举行早操，下午正课结束后举行课外活动。双桥中心国民学校规定，每日功课完毕后为课外活动，以发展儿童生理、健全体格、增强体质、调剂精神。王江泾镇中心国民学校 1947 年第一学期作息时间表如下；8 点至 8 点 20 分早会、早操，8 点 30 分至 8 点 50 分，团体训练；下午三节课后，从 3 点 20 分至 3 点 50 分为课外活动时间。中华人民共和国成立以后，各小学均有早操和课外体育活动。1951 年执行华东教育部小学教育计划，每天安排晨操（课间操）、早会 20 分钟，课外活动 20 分钟；各小学还举行每年一次的越野跑比赛。1954 年秋起，先后推行一至七套少年儿童广播体操。1959 年秋起，课外活动列入教学计划，其中包括文体游戏活动时间。1961 年开始，小学开展眼保健操。1963 年秋起，执行省颁六年制教学计划，每天安排早操（课间操）10～15 分钟，每周课外活动 2～4 节，均安排在总课时以内。“文化大革命”期间，课外体育活动没有统一规定，越野跑比赛中断。1976 年以后，课外活动逐步恢复。1979 年各小学开展“新长征”象征性长跑活动，要求学生在 1—4 月，每天跑 500～1000 米。此后长跑运动在小学中形成，各校每年一次的冬季长跑比赛成为制度，列入学校工作计划。

【体育竞赛】

民国时期，镇国民中心学校每学期均有体育竞赛安排。南汇镇中心国民学校 1946 年第一学期校务进行计划（学校计划）中规定：第二周体育节，课外活动开始；第十三周，身高、体重检测和越野赛跑；第十四周，毽子比赛；第十五周，角力比赛；第十六周，拔河比赛。中华人民共和国成立后，王江泾原6个乡镇以中心校为单位不定期地举行小型运动会。1988年起，王江泾镇中心小学每年举行一次运动会。王江泾镇中心小学由于田径运动较为重视，经常在区、市获得佳绩，曾被秀洲区教文体局定为体育传统项目学校。20世纪90年代起，境内各中小学每年10—11月，举办一次学校运动会，运动项目以田径为主。学校每4年参加一次区全运会青少年部的比赛。

【主要学校体育教育情况】

王江泾镇中学　配有专职体育教师6人，学历都在本科以上，其中中学一级教师5人、中学二级教师1人，有秀洲区体育学科教学带头人1人。学校每年秋季都进行学生阳光体育运动会，至2010年，举办16届；学生课余体育活动有学校田径队、男子篮球队、女子篮球队、花样跳绳队等。学生在代表学校参加区级以上各类体育比赛中都取得优异成绩。

王江泾镇实验学校　配有专职体育教师5名。每周规定两节体育课，每天课间阳光体育大课堂20分钟，住宿生每天下午4时至4时30分为课外锻炼。组织有田径训练队和网球训练队二支校课外体育队伍。2008年区田径运动会中，有13名学生成绩分别获得第一至五名；同年，市田径运动会中，有5名学生成绩分别获得第一至三名；同年，区网球比赛中，获得团体第二名成绩，并有8名学生成绩分别获得第一至四名；同年，市网球比赛，有2名学生成绩分别获得第二名、第五名。2010年，区网球比赛中，有19名学生分别获得1～8名成绩。

王江泾农技校　1989年下半年，与嘉兴市郊区体委联合组建皮划艇训练队，取得良好成绩；在嘉兴市运动会上，代表嘉兴郊区获得团体第一名。1990年浙江省运动会上，代表嘉兴市获得3块铜牌。

第二十二章　民政　劳动　社会保障

解放后，境内各乡、公社由相关副乡长、副社长兼任民政管理工作，乡政府、公社文书受县民政局委托，兼职办理婚姻登记工作。1984年，各乡、镇开始配备专职民政干部1名，负责民政管理事务。2001年4月，撤乡并镇后，王江泾镇成立民政办公室。2004年，婚姻登记事项移交给区民政局统一办理。

旧时，境内劳动者均为自由择业，私人雇佣。解放后，逐步废除私人雇佣制度。20世纪80年代后期起，镇域个私经济快速发展，外来务工人员不断扩大，为对外来劳动者进行有序管理服务，各乡、镇建立劳动服务公司、劳动服务管理所等管理服务机构。进入21新世纪，镇成立劳动监察机构，对规范劳动力市场、规范用工行为、企业对工人工资拖欠等问题进行监察管理。2010年，王江泾镇劳动力市场交易人数23546人，全镇经技能培训转移农村劳动力1548人。

2003年，镇成立王江泾社会事业所。后开始实行城乡居民社会养老保险，2010年，全镇参加城乡居民社会养老保险18156人，企业及土地征用社会化管理2651人。职工基本养老保险11013人，农村养老保险29875人，参加合作医疗保险70713人。

第一节　双拥优抚

1970年前，境内每年拥军优属活动主要是逢元旦、春节、建军节，由各乡镇(社)党委、政府组织各群众团体，走访慰问革命残疾军人、复员军人、退伍军人和烈军属，并召开相应的座谈会，了解军属生产、生活中的困难，并予以解决。

【拥军】

1990年，镇党委、镇政府成立拥军优属领导小组。全镇各个行政村和居委会都建立拥军优属服务小组，负责具体的拥军优属事务。1998年，镇政府在新桥村为驻镇部队提供百亩蔬菜生产基地和20万元资金(后蔬菜生产基地易地至范滩村)，另投资4万元修筑一条“军民共建路”，改变驻镇部队“出行难”的状况。同年，在夏季长江抗洪关键时刻，镇政府组织慰问小组，由镇领导带队专程远赴江西九江，慰问奉命“严防死守”九江大堤的驻镇全体官兵。每逢重大节日，镇党政主要领导都带队，到驻镇部队走访慰问，并送上慰问品，如电视机、VCD、电脑、空调等。2010年建军节前夕，镇领导赴福建东山岛，慰问、看望正在该地军事演习的驻镇部队，并送去慰问金数万元；建军节期间，镇政府给驻镇部队送去4台空调(折合人民币13000多元)和慰问金10000元。除此以外，社会团体亦开展多种形式的拥军优属活动。王江泾镇中学自1998年起与驻镇部队建立共建单位，为驻镇部队培养军地两用人才提供电脑培训；逢年过节，还为驻镇部队送去丰富精彩的文艺演出。

【优属】

解放初，境内各乡镇对无劳动能力和缺乏劳动能力的烈军属、复员军人、退伍军人、残疾军人的优待方法，主要是由自然村或互助组、农业社实行代耕，有固定代耕、流动代耕、抽工代耕和包工代耕几种。农村实行集体化后，代耕改为优待劳动（工分）日制度，一般按同等劳动力的五分之三或三分之二给予优待，参加年终农业社里的分配。1958年人民公社化后一直实行此办法，延续至1982年。

1982年秋，农村实行土地承包责任制后，境内改优待劳动（工分）日为现金优待。1985年，农村义务兵家属的优待由村负担改为各乡镇统筹平衡负担，优待金额不低于同等劳动力年收入的50%～70%。同年始，嘉兴市政府规定：对服现役的义务兵服役期间被授予英雄称号、立一等功至三等功及被评为优秀士兵的给予奖励，发给其家属。标准：中央荣誉称号奖励10497元，军区荣誉称号奖励8529元，一等功奖励4592元，二等功奖励1968元，三等功奖励656元，优秀士兵奖励131元。在实际发放中，各乡镇向上加至整数发放，如优秀士兵奖励131元，实际发放为200元。2004年1月，全镇有94户军属，享受优待金额394800元，平均每户4200元；革命伤残军人等五种优抚对象132人，享受优待金额328144元，平均每人2486元。

2005年，下发《优抚对象医疗费补助的有关规定》，全镇农村和无就业的重点优抚对象全部参加农村合作医疗保险，费用由镇财政承担，看病报销比例可达85%以上；城镇伤残军人都参加城镇职工基本医疗保险，费用由镇财政负担；组织优抚对象进行免费健康体检、短期疗养。

对为国捐躯和因公牺牲的烈士优抚，根据国家有关规定执行。全镇有烈士7名，其中：解放战争中因战牺牲2名，抗美援朝战争中因战牺牲2名，1950年后因公牺牲3名。仅2009年，烈士家属享受到镇政府给予的抚恤金110362元，户均15766元。1986—2010年，境内数次大幅度调整烈军属的优待金。至2010年，全镇有76户军属，享受优待金额86.3万元，平均每户11360元，提高了170%。全镇重点优抚对象79人，其中：伤残军人17人，因战烈属、因公烈属、因病故属的烈士家属7人，老复员军人27人、带病回乡军人7人、参战人员21人。累计发放各类抚恤金184.3万元，平均每人23330元。2008—2010年，共走访各类优抚对象101人次，发放救助金8.51万元；慰问优抚对象764人次，发放慰问金（品）共20多万元。2010年，全镇现役军人在部队被评上优秀士兵29人；立三等功1人，镇政府向其家属共发放奖励金6400元。

【拥政爱民】

1986年建立军民共建点，由驻镇部队和镇人武部等共同制订共建活动计划。在南方丝绸市场交易旺季，部队派出人员协助维持市场秩序，宣传法律法规。1988年，73026部队某营在开展共建活动中，发现镇上的公交车站秩序比较混乱。正在该营蹲点的团政治处主任就着重抓好二营五连与市公交公司共建“嘉兴—王江泾文明一条路”活动。部队每天派出战士到车站和车上为旅客服务，宣传交通法规，维护正常秩序，深受群众好评。1990 年，镇人武部被秀洲区政府评为“民兵维护社会治安先进单位”。1991 年，驻镇部队奉命参加太浦河工程，全体官兵顶风冒雪，高标准完成任务。1997 年，73026 部队在“爱民月”期间，主动帮助西雁村铺设 4 米宽、200 米长的砂石路。1998 年起，驻镇部队每年在新学期开始时，为王江泾镇中学开展为期一周的军训。1999 年 6 月 30 日前后，秀洲区累计降雨量达到 609.6 毫米，王江泾水位猛涨到 4.89 米，均突破历史纪录。在这次抗洪斗争中，73026 部队某营英勇善战，成功地保住营区和装备，以及驻地人民群众的生命财产安全。同年 7 月 10 日，国务院副总理温家宝在考察王江泾镇的抗洪工作时，接见该营官兵，对驻军的抢险救灾工作给予充分肯定。2003 年 4 月 27 日至 6 月 24 日，抗击“非典”期间，镇人武部组织民兵应急分队 1133 人次，在 07 省道王江泾收费站参加执勤、登记、警戒工作，并协助医务人员测量体温，受到市委、市政府的表彰。

【退伍军人安置】

退伍军人指的是《中华人民共和国兵役法》实施后退出现役的军人。镇历年接收退伍军人累计数量庞大。按国家规定，退伍军人由地方安置，本着“各谋其业，各得其所”的精神作妥善安排。境内对解放初期的退伍军人，没有土地的则分配给土地或调剂解决，住房有困难的解决住房，生活有困难的给予经济补助。经济补助没有具体标准，困难大的多补助，困难小的少补助，有病的优先给予治疗。

《中华人民共和国兵役法》实施后，境内各乡镇（公社）对城镇入伍的义务兵退伍，实行“按系统分配包干，择优安置”的原则；对农村应征入伍的退伍兵，根据当地建设的需要，有被安置在工商财税、公检法等部门的，也有一部分被推荐至领导岗位和入学深造的，大部分则回生产大队。20 世纪 90 年代后，退伍军人的安置实行以货币安置为主，自谋职业、推荐工作岗位相结合。2008—2010 年，民政部门鼓励退伍军人自谋职业和自主创业，并联系区、镇劳动部门举办退伍军人专场招聘会，拓宽退伍军人就业渠道，开展职业技术培训，发放培训券；根据这些军人在部队从事的兵种和专业，安置退伍军人进保安、城管、协警队伍；另外，还把优秀的退伍军人推荐到村级组织工作，全镇有多名退伍军人通过基层民主选举到村级组织工作。

退伍兵的优待安置金，不同时期有不同的政策。如 1968 年，一名服役两年的退伍军人，可以从部队领到当月津贴 7 元的二倍计 14 元，加上一个月的当地平均工资 30 元，再加短途路费 5 元，合计 49 元，粮票 22.5 千克，地方民政部门没有安置费。2009 年，一名服役两年的退伍军人，可以从部队领到 9000 元的安置费，从地方民政部门可以领到 11466 元（农村）或 33457 元（城镇）的安置费，这样，一名农村的退伍军人一次性可领到退伍安置费 20466 元，城镇的退伍兵一次性可领到退伍安置费 42457 元。

国家对残疾军人的安置有两种办法。特级残疾军人由国家设立专门机构（如浙江省荣军医院）予以终身供养，轻度残疾复员军人到地方，由地方民政部门发给抚恤金。1987 年前，称残废抚恤，残疾分四等六级，并发给残废抚恤证。1988 年改称伤残抚恤。分 10 级，每级又分因战致残、因公致残、因病致残。在乡三等伤残军人，1965 年前发给一次性抚恤金，1966 年起改为终身抚恤，抚恤标准分因战、因公致残，并区别在乡、在职。因战致残抚恤标准高于因公致残；在乡的高于在职的，抚恤标准从1950年至1988年，作过7次调整提高，进入新世纪后又作一次较大幅度的调整、提高。依据上述政策，2010年，王江泾镇累计发放伤残军人补助金15.42万元。

第二节　社会福利

【五保户供养】

1956年起，境内各农业生产合作社对缺乏劳动能力、生活无依靠的鳏、寡、孤、独者，按照《一九五六到一九六七年全国农业发展纲要》的规定，实行五保，即保吃、保穿、保住、保医、保丧葬。五保户均保证吃饱，衣服、燃料由集体供应，每月还发给一些零用钱；逢年过节，社、队都组织慰问，使之生、老、病、死都有依靠。其时，境内各乡（公社）的五保户的粮食、燃料都由五保人员所在的生产合作社或生产队直接送到五保户家中，每年稻谷300千克，衣被、零用钱则从生产队的公益金中支付。1983年，各公社对五保户进行全面普查、登记、评定、发证，落实供养措施，分集中供养和分散供养两类；同时，根据省财政厅1982年文件规定，发给五保户每人每月农村15元，城镇20元。1985年，各乡镇又提高"五保户"供养标准。此后，"孤、老、残、幼"统称"五保户"。

1989年，各乡镇开始实行集中供养五保老人、"三无"老人（"三无"老人是指城镇居民中无劳动能力、无生活来源、无赡养人和抚养人，或者其赡养人和抚养人确无赡养或抚养能力的60周岁及以上老年人）。荷花乡办起敬老院，利用荷花乡卫生院搬迁后的空房，收养五保人员6名。1990—1991年，其他乡镇亦相继办起敬老院。2001年，国家确定了城乡居民最低生活保障线。2001—2002年城镇居民每月补助162元，2003年每月补助180元；2001—2002年乡镇居民每月补助113元，2003年每月补助130元。王江泾镇分散供养的五保户均享受以上标准的生活补助。

2001年，镇政府把分散在原各乡镇敬老院内的五保老人，集中搬迁到原荷花乡政府早时的办公房，办起新的镇敬老院，原各敬老院随之撤销。镇敬老院增加工作人员，提高护理质量。首任镇敬老院院长孙金华，职工人数6人，供养人数80人。五保户供养的标准，每年根据经济发展水平，逐年提高。

2004年，镇政府投资102.58万元扩建敬老院供养用房，把原敬老院扩建为二层楼房，增加14间房间，共28间，计1227平方米。根据调查摸底，同年，全镇有60周岁以上的孤寡老人304人，其中已享受五保供养对象71人，已进敬老院集中供养41人，已签约准备进敬老院18人，户院挂钩3人，集中供养率87.3%。

2005年，镇政府又启动对原敬老院生活用房二期改造工程。同年12月底，全镇有65名五保老人入院，集中供养率为97.01%。2006年，全镇农村五保和城镇三无人员的集中供养率达100%。全镇农村五保和城镇三无对象的集中供养标准逐年增长。2008年，镇敬老院集中供养城镇三无和农村五保老人81人，全年支出集中供养费47.2万元，年人均供养支出

5827元，人均供养费达上年度农村人均收入的64%。2009年，镇敬老院集中供养城镇三无和农村五保老人74人，供养率继续保持100%。镇敬老院支出集中供养费45万元，年人均供养费6081元。2010年，镇敬老院有职工9人，床位150张，集中供养66人，集中供养率100%，敬老院支出集中供养费45万元，年人均供养费达6819元。镇敬老院供养人员生活账单：衣被，冬季发棉衣、棉被及棉毛衫、羊毛衫（穿暖为主），夏季发凉席、单衣；看病，全部报销（由镇财政先行垫付，区民政报销）；伙食标准，每天13元/人，主食尽吃不定量，小菜是一荤一素；零用钱，每月20元的早餐小荤补贴，50元的生活补贴，区政府发放老龄补贴，60周岁以上的每人每月100元，70周岁以上的每人150元；过年红包，区政府送每人200元，镇政府送每人100元，慈善总会送每人100元；节假日补贴，双荤双素，加汤；年夜饭，24道菜（标准为10人一桌，每桌800元）；每天供应时令水果。同年，镇政府启动镇养老服务中心建设，计划投资1200万元，分两期将原荷花小学改建成王江泾镇养老服务中心，一期计划投资640万元，建筑面积2000平方米。

王江泾镇域内各乡镇敬老院情况表

表22-1

敬老院名称	建院时间	职工人数（人）	收养人数（人）	敬老院名称	建院时间	职工人数（人）	收养人数（人）
荷花乡敬老院	1989.11	2	6	南汇镇敬老院	1991.9	2	6
王江泾镇敬老院	1990.1	2	17	虹阳乡敬老院	1991.10	2	12
田乐乡敬老院	1991.5	2	10				

【最低生活保障】

2004年年初，全镇有334户低保户。经过摸底调查，对收入超过最低生活保障线的8户进行注销，对2户低保户调高救助标准，对9户条件有好转的低保户调低了补助标准，又将符合条件的70户困难户、172人列入最低生活保障。同年下半年，新增低保户54户、87人。据镇民政办2004年工作报告显示，该年下半年，全镇已有445户、1132人享受最低生活保障，镇政府为其发放低保金731319元。2007年上半年，全镇共有低保户651户、1304人，其中农村低保户529户、1164人，占农民总户数的2.76%，占农业总人口的1.64%；城镇低保户38户、56人，占城镇居民总户数的1.09%，占居民总人口的1.6%。2007年下半年，新增低保户19户，调整31户，停发25户。2010年，全镇共有低保户566户、1206人，其中农村528户、1150人，城镇38户、56人。

最低生活保障标准随居民可支配收入的增长而自然增长。2004年，全镇有低保对象445户、1132人，享受低保金731319元，平均每人救助646元；2007年全镇有566户、1206人，其中农村528户、1150人；城镇38户、56人。镇政府发放低保金646506元。其中农村586050

元，每月人均84.9元，全年人均1019元；城镇60456元，每月人均179.9元，全年人均2159元。至2010年，农村低保金人均月补差已达到221元，全年人均低保金2652元；城镇低保金人均月补差达300元，全年人均低保金3600元。2010年703户，1250人，发放低保金额2728100元。

1998—2010年王江泾镇最低生活保障标准一览表

表22-2

序号	调整时间	低保标准		
		城　　市	集　　镇	农　　村
1	1997年7月1日		1296元/人·年	996元/人·年
2	1998年1月1日		1300元/人·年	1000元/人·年
3	1999年7月1日	2184元/人·年	1690元/人·年	1000元/人·年
4	2001年1月1日	210元/人·月	162元/人·月	115元/人·月
5	2003年1月1日	230元/人·月	180元/人·月	130元/人·月
6	2006年7月1日	245元/人·月		147元/人·月
7	2007年7月1日	268元/人·月		161元/人·月
8	2008年4月1日	300元/人·月		161元/人·月
9	2009年4月1日	340元/人·月		210元/人·月

2004—2010年王江泾镇低保对象享受最低生活保障情况表

表22-3

年　份	户　　数（户）	人　　数（人）	发放低保金额（万元）	为低保户缴纳医疗保险金额（万元）
2004	445	1132	73.13	
2005	600	1316	94.23	10.21
2006	619	1265	119.00	
2007	644	1284	146.2	
2008	665	1291	230.00	
2009	718	1271	230.00	
2010	703	1250	272.81	

说明：以上数字含五保户集中供养

2003—2010 年王江泾镇发放失业救济金情况表

表 22-4

年 份	发放救济金人次（人次）	金 额（元）	灵活就业补贴人次（人次）	金 额（元）
2003	256	126882		
2004	218	123780		
2005	315	165832		
2006	224	136382	282	614640
2007	418	218851	312	610120
2008	524	307415	297	640400
2009	546	357630	334	733190
2010	230	176590	542	849640

【慈善活动】

民间慈善义举古而有之，在 20 世纪 80 年代后渐成风尚。1985 年，荷花乡长虹村沈桂金（管道工程承包人）捐资修筑一条水泥路，东起长虹东木港，西至长虹桥堍，全长约 2000 米，路宽 1 米。1998 年起，王江泾镇金乐染织有限公司经营者金永根，每年中秋节都到王江泾敬老院看望集中供养的五保老人，并给每人送上月饼及 100 元的红包。2002—2003 年，镇内数位民营企业经营者与镇中学的贫困学生结对助学，资助贫困学生每人每年 4000 元学费，以帮助他们完成学业。

2000 年后，建立秀洲区王江泾镇慈善分会，在全社会形成救助机制，全镇慈善事业呈现出以政府为主导、社会救助和民间参与相结合的特点，惠及面广，受益人数多。

2006 年，慈善募捐 42.32 万元，均为民营企业所捐。镇政府慈善大病救助 40 人次，救助资金 12.8 万元；小病医疗救助 74 人，每人补贴 500 元，共 3.7 万元。全镇助学在校困难大学生 10 人，提供助学金 2.9 万元；为 7 名考入大学的新生提供助学金 2.4 万元。

2007 年，慈善募捐 51.57 万元，其中民营企业捐助 40.38 万元。

2008 年，慈善募捐 71.976 万元，均为民营企业捐助。小病慈善救助 120 人，发放救助券价值 6 万元；大病慈善救助 30 户，发放救助金 12.76 万元；白血病慈善救助 10 人，发放救助金 3 万元。同年 3 月，王江泾镇依托巾帼果蔬专业合作社，成立王江泾慈善扶贫基地，制定慈善扶贫工作流程、工作职责；慈善扶持 12 户贫困家庭进行葡萄种植，补助扶持资金 10.5 万元；为 16 户贫困家庭发放种羊 200 只。同年，镇政府慈善助学 38 人，发放助学金 16.7 万元。

2009 年，慈善募捐 264.79 万元，其中民营企业 260.4 万元。全镇列出慈善造血型扶持对象 16 户，其中扶持 10 户贫困家庭种植葡萄，扶持 3 户养羊，扶持 3 户种植红薯 8 亩；小病慈善救助 120 人，发放慈善救助券价值 6 万元；“新安博士健康行”爱心助医 300 户，发放助医券价值 30 万元；大病慈善救助 47 户，发放救助金 17.6 万元；重度精神病救助 3 人，发放救助金 0.56 万元。同年，全镇慈善助学大中专学生 49 人，发放助学金 15.35 万元。万向集团“四个一千工程”慈善助学在校学生 9 人，助学金额 1.22 万元。

2010 年，慈善募捐 286.79 万元。新增慈善造血型扶持对象：养羊 1 户，发放种羊 15 只；小病慈善救助 100 人，发放救助券价值 6 万元；大病慈善救助 41 人，发放救助金 17.53 万元；重度精神病救助 6 人，发放救助金 2.82 万元；全镇慈善助学大中专学生 39 人，发放助学金 16.1 万元。另有公务员朱月祥个人在每年“学雷锋日”和儿童节，为王江泾中心小学赠送一批书籍，累计捐出图书 4600 册。

【为老服务】

自 2001 年撤乡并镇后，镇政府重视为老服务工作，为老年人安度晚年创造良好生活环境。2003 年，开设老年电视大学。2004 年，实施《中华人民共和国老年人权益保障法》，在洪典村、荷花村开设老年电视大学分校，共吸收老年学员 90 人。同年重阳节前夕，组织老年人开展打莲湘、腰鼓队、挑花篮等丰富多彩的文艺活动；10 月 18 日，送戏到敬老院，开展王江泾镇“人间重晚晴”文艺演出；镇政府领导走访慰问 90 周岁以上高龄老人 85 人，发放慰问品价值 4000 元。2007 年，各行政村设立老年人活动室，办理发放老年人优待证 655 张。70 岁以上持证老人在嘉兴市范围内免费乘坐公交车，60 岁以上老人乘坐公交车可以享受半价。持有老年优待证的老人，还可以免费参观政府创设的博物馆、动物园、纪念馆等。完成第一批 70 周岁以上老年人养老生活补助的申请工作，并将 27.9 万元补助金发放给 545 名老人；全镇老年电视大学教学点增加到 12 个，在校学员 300 名。重阳节期间，全镇 116 名 90 岁以上的老人，收到镇政府发放的慰问品计 0.98 万元。

2008 年，全年办理发放老年人优待证 432 张，办理 70 周岁以上高龄老人生活补助 501 人；电视大学教学点增至 13 个，在校学员 330 名。同年，开展居家养老工作，有居家养老对象 41 人，聘有居家养老服务人员 41 名；9 个村的老年活动中心通过达标验收。

2009 年，新办老年优待证 508 张，新增高龄老人补助 447 人，高龄老人补助累计 6500 人。又有 7 个村开展老年活动中心建设。至此，全镇共有 16 个村开展老年活动中心建设。

2010 年，办理老年优待证 2628 张，老年电视大学教学点增加到 15 个，在校学员 400 名，居家养老对象 70 名，居家养老服务人员 70 名。投资 100 多万元，对原粮管所大楼进行改造、装修，增添设施，用于建设镇为老服务中心。镇为老服务中心设有办公区、多功能活动室、老年电视大学教室，配餐中心、棋牌室、谈心室、阅览室、排练厅和室外健身区。

第三节　社会救助

明正统六年(1441)，境内发生饥荒，绅士陶耕学(陶钲)拿出自家谷麦 2280 石助赈，帮助渡灾，明正统皇帝朱祁镇特敕陶耕学为义民。明正统十年(1445)，嘉兴大饥，陶耕学又出谷数千石于常平仓，被朝廷赐旌为义士。明隆庆年间，客居秀水的山西人陆光祖在境内复礼乡三十都设义仓。明万历二十三年(1595)，秀水县知县李培建在王江泾建常平仓。王江泾常平仓占地一亩七分三厘，中为大厅，两旁为耳房，东西共有六个廒仓，“每廒谷五千石”，“纵横度可盈三百寻”。常平仓主要用于积谷备赈，为社会福利。丰时，政府购进农民粮食；歉时，政府再以平价售与百姓。

清道光年间，“在甸上，近称廉让乡，里人陶鹄元，捐创‘陶氏义庄’，济贫赈灾”。清同治十一年(1872)，镇上设有“兴仁善堂”，为镇上的乡绅所办，专门收养孤儿、弃婴。同治十一年，里绅吴兆基、杨恒、唐员、沈文珣等创办，东有楼屋三楹，设有育婴堂。清光绪中年，沈景修等接董堂务，捐田户充经费。光绪六年(1880)，里人唐佩金“捐资重创设塾溪南”。光绪十八年(1892)，里人杨象济、杨象泰、杨应钰、杨文江各捐资产，把杨家私产德辉堂、乐山堂合成一庄，“在闻川镇一里街东创办‘杨氏义庄’”。

1924年9月6日，江苏省盛泽灾民160余人寄留于王江泾甸上的第一收容所，红十字会嘉兴分会救济股赶去慰问，并每日提供一粥两饭。民国时期，镇上曾设有“王江泾救济院”，拥有田亩及房产。后因战争等，田租及房租收入不知所以。1946年秋，王江泾镇中心国民学校校长杨衔调查租米收入，发函嘉兴县县长，请求将救济院当年的田租收入充作教育经费。同年10月，蒋莱仙捐助南汇镇中心国民学校学田20亩5分。

中华人民共和国成立后，政府重视抗灾救灾。遇有天灾人祸，及时发放救济款、物，帮助灾民安排生产生活，重建家园。

1952年，境内各乡不同程度地出现夏季粮荒，许多农户缺粮、断粮，出现一些农户外出逃荒，也有拆屋、卖家具、农具的。嘉兴县人委下拨王江泾区9个乡救济粮7500千克，折款884万元；组织向凤桥区借粮95300千克，以解决夏荒。

1961年春，嘉兴县人民委员会下拨南汇公社5500元、双桥公社6500元。

1996年嘉兴市郊区民政局、财政分局补助王江泾镇救灾款0.95万元，用于受灾户、危房户、草棚户、特困户的房屋维修、重建。

2004年，秀洲区慈善总会救助王江泾镇优抚对象10户、5000元；困难群众大病救助12户、28500元，困难老人救助26人、13000元。镇政府组织联村干部慰问困难户130户，发放慰问金26000元。区民政局下拨一次性大病救助15户、10900元；春荒救助100户、60500元。镇民政办对因病致贫及突发性灾害的困难户进行救助，发放临时救助款，共380户、近10万元。

2005年，镇政府为全镇因病或因灾造成的困难户130户、440人，发放救助款39000元。春节前，给困难群众物价补贴500户、1193人、158790元。为104户困难户发放冬令救济物资，折合人民币36400元。同年，镇确定一类救助对象522户、二类对象363户。向34户困难群众发放首批医疗救助金52785元，发放困难群众慈善医疗救助18户、12706元。市“心连心”大病救助3人、22000元；华山医院向定向医疗救助对象17人，减免医疗费17000元。王江泾镇向宁夏中卫市灾民捐赠衣被38000件。同年夏，受强台风影响，造成部分住房严重受损甚至倒塌，镇政府向受灾户发放救灾款81000元。

2007年，为困难群众大病医疗救助4批、167人，发放救助金28.35万元；发放春荒救助86户，救助金2.5万元；临时救助239户。其中：镇级临时救助156户，发放救助金8.1万元；区级临时救助8户，发放救助金3.8万元。慈善医疗救助中，同年上半年小病救助110人，发放救助金 19.83 万元。

2008 年，对困难群众大病医疗救助 204 人次，发放救助金 41.6 万元；临时生活困难救助 37 人，发放救助金 2.89 万元。镇级临时困难补助 107 人次，发放救助金 9.6 万元；长期救济 26 人，发放定期补助 11 万元；补助低保对象参加医疗保险费 8.5 万元。同年年初，遇百年不遇的雪灾，镇政府发放雪灾生活补助 90 户、9.95 万元，区政府发放雪灾危房补助 12.7 万元。5 月 12 日，四川汶川发生特大地震，全镇积极开展“献爱心赈灾捐款”活动，各界共捐款 232 万元；捐物折合人民币 20 万元，向灾区捐出新衣服、新棉被 25 件、条。

2009 年，为困难群众大病医疗救助 217 次，发放救助资金 52.74 万元；临时生活困难救助 30 户，发放救助金 1.76 万元；自然灾害救助 81 户，补助资金 14 万元。镇级临时困难补助 100 户，发放补助金 7.85 万元；补助低保对象参加合作医疗保险费 10.6 万元。

2010 年，政府主导的社会救助困难户中，其中大病医疗 290 人次，发放救助资金 28.43 万元；区级临时生活困难救助 31 户，发放救助金 1.8 万元；镇级临时困难补助 126 户，发放补助金 7.62 万元；补助低保对象参加合作医疗保险费 12.184 万元。

2004—2010 年王江泾镇“百户贫困户住房改造工程”情况表

表 22－5

年　份	危房改造户数（户）	区政府救助拨款数（万元）	镇政府救助拨款数（万元）
2004	32	16.5	12.1
2005	36	17.5	17.6
2006	33	1	18.8
2007	30		
2008	55	28.8	10.3
2009	22	13.4	4
2010	34	13.2	11.9

第四节　残疾人事业

1998 年，王江泾镇对人均收入低于 800 元的特困残疾户，政府出台优惠政策予以扶持，并依靠社会力量结对扶持。1999 年年底，8 户特困残疾户已脱贫；12 户列入最低生活保障补助，其中 6 户领到秀洲区下发的残疾优惠证，每月可领 15～20 元水电燃料费补助。对有劳动能力的种养业户和个体户，予以贷款贴息。2000 年，2 户特困残疾户享受贷款贴息总额 1415 元。同年，镇残联组织各类残疾人参加体育活动，其中叶坤生被选送参加全国第五届残运会，获得个人“体育道德风尚奖”。

1998—2000年，境内对71名残疾人进行康复训练。其中智残2人，肢体康复训练4人，聋儿培训、白内障复明65人。

2001年，全镇有3户残疾户享受贷款贴息2000元。1999—2001年，电信部门为全镇残疾人优惠安装电话机。镇政府与教育部门配合，对全镇未入学的残疾少年儿童因人制宜，做好工作，使全镇26名适龄残疾儿童全部随班就读，并动员虹南村3组一残疾幼童到杭州育童学校就读，残疾儿童的入学率达到100%。

1998—2002年，镇政府出资为特困残疾户翻建房屋15户，建房补助款41000元。在元旦、春节和助残日期间，组织安排各级领导走访慰问残疾户。2002—2005年，走访慰问480多户次，赠送慰问金16万余元，给3位肢体残疾人赠送轮椅。

2006年7月，选拔30名残疾人运动员参加区第四届残疾人运动会，在6个大项137个小项的比赛中，共获得单项奖牌22枚，团体总分第三名。民和村吴保院在海宁残疾青少年田径游泳比赛中获得男子跳远第一名，东风村丁旭亮所在的球队在省残疾人坐式排球赛中获集体第三名。

2007年，为50名贫困肢体残疾人赠送轮椅车，给6名盲人发放收录机、盲表。对无劳动能力的贫困残疾家庭，优先安排列入最低生活保障，全镇残疾低保家庭161户，占低保总户数的25%。同年，将无亲人依靠、无经济来源、生活不能自理的7名重度残疾人送进敬老院集中托管。

2006年7月起，对不具备集中托管条件的29名重度残疾人给予每人每月80元的生活补助。

2002—2007年，为45户贫困残疾户翻建住房，发放补助款21万元，临时救济110户，补助人民币12500元。为白内障残疾人复明30例。镇政府共为125户残疾困难户发放苗鸡1万多只，使残疾困难户收益达10多万元。

2010年，有持证残疾人1477人，其中视力残疾175人，肢体残疾836人，听力残疾152人，言语残疾17人，智力残疾122人，精神残疾162人，多重残疾13人。

2010年5月16日，区残联在王江泾举行第二十次全国助残日系列活动暨乐丰年莲藕种植助残基地启动仪式。同年，王江泾镇用于残疾人事业费46.61万元。

【优待政策】

王江泾镇对王江泾镇户籍人口且持有中华人民共和国第二代残疾人证的各类残疾人实行如下优待政策：

免费乘坐公交车　各类残疾人均可免费办理公交爱心卡，凭卡免费乘坐市内公交。

免费参加新型农村合作医疗保险　各类残疾人均可免费参加新型农村合作医疗保险，住院报销比例比健全人提高20%。

重度残疾人集中托养　各类一级、二级残疾人，享受一定金额标准供养。2010年，供养标准为12000元/人·年。（注：原则上为符合条件的低保、低收入家庭一级残疾人优先考虑；待一级残疾人全部纳入后，另有名额，则优先考虑低保、低收入家庭和无固定工作收入的二级残疾人。）

重度残疾人居家安养　一级肢体、智力、精神、视力残疾人和二级肢体、智力、精神残疾人，给予一定金额的补助。2010年，补助标准为低保低收入家庭重度残疾人4800元/人·年；一般家庭重度残疾人2400元/人·年。（注：以一级肢体、智力、精神残疾人申请列入为主，待符合条件的一级肢体、智力、精神残疾人全部列入后另有名额再考虑一级视力残疾人和二级肢体、智力、精神残疾人，优先考虑低保低收入家庭和无固定工作收入的对象。）

城乡居民社会养老保险参保补助　低保低收入家庭中，参加城乡居民社会养老保险的各类持证残疾人，按照社保部门相关政策享受一定金额标准的参保费用补助，具体以当年社保部门出台的政策为准。

免费适配助听器、助视器、安装假肢　具有适应指征的残疾人，原则上以低保低收入和困难家庭中佩戴效果较好的残疾人为主。

免费享受白内障复明工程　全镇户籍人口，具有适应指征均可享受。

残疾儿童抢救性康复工程　有康复需求和适应指征的0～6周岁残疾儿童、家庭人均年收入在低保标准150%以内7～14周岁的残疾儿童（其中孤独症需经二级以上精神专科医院确诊），参加康复机构训练，给予每人每年不超过10000元的补助。其他家庭每人每年补助不超过5000元。残疾儿童康复训练的补助时间，原则上为1～2年，最长不超过3年。

初次自主创业补助　初次自主创业且正常经营三个月以上的残疾人，一次性给予3000元补助。

重度残疾人基本生活保障工程　低收入家庭中的各类一级、二级残疾人，参照低保标准全额享受重度残疾人补助金，2010年的标准为：农村居民310元/人·月，城镇居民465元/人·月。

就学补助　考取高中（中专）、大专和本科及以上，或参加自学考试、远程教育和成人高等教育并完成大专以上学业、取得文凭的残疾人，低保、低收入残疾户家庭子女给予一次性奖励。奖励标准：高中（中专）2000元，大专3000元，本科5000元。

【康复服务】

21世纪初，镇政府建立社区残疾人康复中心和康复指导站。康复中心和康复指导站均配备康复器具、康复普及读物，以及康复协调员兼指导员。

2010年王江泾镇残疾人社区康复站情况表

表22-6

名　　称	面积（平方米）	开放时间	器具数（件）	康复普及读物本（本）
民和社区康复站	40	8:00—17:00	7	23
虹南社区康复站	40	8:00—17:00	20	23
南汇社区康复站	50	8:00—17:00	20	23
王江泾社区康复站	30	8:00—17:00	7	23
闻川社区康复站	30	8:00—17:00	7	23
东荷社区康复站	30	星期二、五	8	23

续表 22－6

名　　称	面积(平方米)	开放时间	器具数(件)	康复普及读物本(本)
民主社区康复站	30	星期三、四	10	23
太平社区康复站	30	星期一、四	10	23
洪典村康复站	30	星期一、四	10	23
长虹社区康复站	30	星期二、五	8	23
北荷社区康复站	30	星期三、四	10	23
新桥社区康复站	30	星期一、四	8	23
西雁社区康复站	30	星期二、六	10	23
东风社区康复站	30	星期二、五	10	23
廊下社区康复站	30	星期三、四	8	23
华联社区康复站	30	星期一、四	10	23
双塔社区康复站	30	星期一、四	10	23
田青社区康复站	30	星期二、六	10	23
大坝社区康复站	30	星期二、五	10	23
新农社区康复站	30	星期二、五	15	23
市泾社区康复站	30	星期三、四	15	23
虹北社区康复站	30	星期一、四	10	23
范滩社区康复站	30	星期二、五	10	23
南汇社区康复站	50	星期一、四	15	23
荷花社区康复站	30	星期二、六	10	23
虹阳社区康复站	30	星期二、五	10	23
双桥社区康复站	30	星期三、四	10	23
宇泗浜社区康复站	40	星期一、四	15	23
收藏社区康复站	30	星期一、四	10	23
沈家桥社区康复站	30	星期二、五	8	23

【残疾人就业】

1996 年，王江泾镇推行按比例分散安置残疾人就业，除福利企业集中安置外，分散安置残疾人的单位有 19 家，安置残疾人 19 人。

1997 年，对残疾人劳动就业(安置)：荷花乡安置 5 人，王江泾镇安置 17 人，南汇镇安置 12 人，田乐乡安置 4 人，虹阳乡安置 5 人(均指安置在事业单位的残疾人)；同年，各乡镇安置在福利企业中的有 49 人。

2000 年，境内有残疾人种养殖大户 8 户、家庭手工业 58 户、其他个体户 68 户。

2007 年，全镇有 206 户残疾人家庭购置喷水织机，搞家庭纺织。按照《中华人民共和国残疾人就业保障法》，王江泾镇对未安置残疾人或安置不足的企业事业单位，依法收取残疾人就业保障金。同年，全镇 644 家企业中，其中 68 家企业抵扣残疾人就业保障金 350 万元。2005—2007 年，除民政福利企业安置 96 名残疾人就业外，新增 84 名残疾人在 64 家民企就业。同时，鼓励残疾人自谋职业，走个体就业、家庭工业及发展种养殖业之路，并给予政策优惠和技术指导。

1994—2010 年王江泾镇民政福利企业安置残疾人情况表

表 22－7

年　份	安置人数(人)	年　份	安置人数(人)	年　份	安置人数(人)
1994	56	2000	24	2006	97
1995	57	2001	42	2007	100
1996	52	2002	44	2008	106
1997	49	2003	71	2009	108
1998	32	2004	86	2010	108
1999	32	2005	94		

【福利企业】

20 世纪 80 年代，各乡镇办有民政福利企业，安置残疾人就业。1994 年，共有福利企业 10 家，销售收入 517 万元。1995 年，有福利企业 10 家，销售收入 734 万元。1996—1997 年，部分福利企业经过兼并、淘汰，剩下 7 家。两年销售收入 1432 万元。2001 年，撤乡并镇后，全镇有福利企业 4 家。2010 年，全镇有福利企业 3 家。

1998—2010 年王江泾镇民政福利企业情况表

表 22－8

年　份	企业数(家)	销售收入(万元)	年　份	企业数(家)	销售收入(万元)
1998	6	560	2005	4	25179
1999	4	1258	2006	3	42766
2000	3	1690	2007	3	17398
2001	3	1565	2008	3	15633
2002	3	9086	2009	3	23450
2003	4	18050	2010	3	50323
2004	4	23365			

第五节　社会事务管理

【婚姻登记】

旧时婚姻，都以父母之命媒妁之言，不需要办理结婚登记手续。

中华人民共和国成立后，男女结婚实行婚姻登记。其时，登记手续比较简单，结婚年龄没有明确规定，只规定一夫一妻和男女双方必须自愿。1950 年 4 月 30 日，中央政府颁布《中华人民共和国婚姻法》，并规定男性必须年满 20 周岁，女性必须年满 18 周岁，方可登记结婚，受法律保护。其时要求结婚的男女双方凭各自村或单位的证明，证明其婚姻状况及年龄，本人到乡镇人民政府，由乡、镇文书给予办理结婚手续（人民公社时由公社文书办理）。男女双方须申明自愿结婚，文书才给予登记，发给双方结婚证书。离婚和复婚手续亦由乡、镇人民政府办理。

1979 年 3 月，浙江省革委会下发《关于计划生育若干问题的规定》中对晚婚年龄确定：农村女 23 周岁、男 25 周岁，城镇女 25 周岁、男 27 周岁（公社集镇属农村）。根据规定，境内各公社分别制定乡规民约，要求村民自觉遵守晚婚要求登记结婚。因此，绝大部分青年登记结婚都按照晚婚年龄执行。

1981 年 1 月 1 日，新修订的《中华人民共和国婚姻法》颁布，规定结婚年龄为男方年满 22 周岁，女方年满 20 周岁。从此，结婚登记执行新修订的婚姻法规定结婚年龄。1987 年 11 月 1 日后，根据规定，凡办理结婚登记者，必须具有两个证明：户籍所在地开具的婚姻状况和年龄的证明、医疗单位开具的婚前体格检查合格证明（婚前检查由男女双方当地医院负责实施，并收取检查费 200 元）。2003—2007 年，一度取消婚前检查。2004 年 5 月，秀洲区民政局专设婚姻登记处，乡、镇人民政府兼办婚姻登记工作向区民政局移交，乡、镇文书兼办婚姻登记工作结束。2007 年后，恢复婚前体格检查，检查费用由政府买单，遵循自愿的原则；办理结婚登记，收取结婚证书工本费 9 元。同年起，办理结婚登记，男女双方只需带上各自的身份证、户口簿以及复印件、照片 2 张，到婚姻登记机构登记，领取结婚证。

2008 年，全镇申请结婚登记的有 396 对，离婚 90 对，复婚 8 对，离婚率达 22%。

1981—2000 年王江泾镇等乡镇婚姻登记情况表

表 22－9

年份	王江泾镇（对）	双桥乡（对）	虹阳乡（对）	田乐乡（对）	荷花乡（对）	南汇镇（对）
1981		282	185	233	505	275
1984	15	41	30	33	79	58
1985	46	88	48	165	201	104
1987	36	176	138	148	211	233

续表 22－9

年份	王江泾镇（对）	双桥乡（对）	虹阳乡（对）	田乐乡（对）	荷花乡（对）	南汇镇（对）
1988	182	147	100	61	269	131
1989	230	并入王江泾镇	131	117	346	153
1990	203		126	124	211	96
1991	214		130	139	225	118
1992	233		112	134	179	111
1993	203		98	190	179	86
1994	156		122	66	161	152
1995	165		93	93	159	133
1996	202		117	72	173	74
1997	146		87	46	166	62
1998	294		并入王江泾镇	81	并入王江泾镇	64
2000	301			77		76

2001—2010 年王江泾镇结婚登记情况表

表 22－10

年　　份	结婚登记（对）	年　　份	结婚登记（对）
2001	464	2006	404
2002	403	2007	310
2003	497	2008	396
2004	432	2009	493
2005	385	2010	402

【殡葬改革】

自古以来，境内流行以土葬为主的丧葬习俗。坟地地势低洼的，少数贫困人家采取入殓棺木浮厝于地面；地势较高的，挖穴直接将棺木埋于土下。少数大户人家有族葬处，称“义园”，亦称“×氏坟”。

解放初期，境内各乡先从改革土葬入手，禁止占用大片土地营建私人坟墓，实行平地深埋，不留坟头，不立墓碑。1965 年 7 月，内务部发布《关于殡葬改革工作的意见》，将推行火葬定为殡葬改革的方向。按此指示，境内各公社一手抓改革土葬，一手抓推行火葬，并由城镇向农村逐步扩展。1969 年 5 月，荷花人民公社革命委员会发布公告，重申“推行火葬，废止土葬，节约土地”。

此后，荷花公社全部实行火葬，火葬率达到100%。其他公社亦加快火葬进程。至1970年，所有公社都实施火葬。70年代初，各公社再次对原有的坟头、墓地进行清理。

80年代中期，境内的殡葬旧俗又有所抬头，一部分群众将死去亲人火化后的骨灰盒，进行二次土葬，修筑水泥坟墓，并立起墓碑。有的坟墓虽小，但修筑得豪华，田头地角又出现错落杂陈的坟墓。1988年，各乡镇均成立殡葬改革领导小组。1996年4月，开展制止滥建坟墓专项治理。同时，各乡镇分别建立公益性墓地、公益性安息堂。

2010年，实施惠民殡葬政策，规定具有王江泾镇户籍的居民死亡后，并在嘉兴火化殡仪馆办理火化事宜的，可享受四项免费服务项目：使用嘉兴火化殡仪馆普通接尸车辆在嘉兴市区接运遗体；使用普通火化炉火化遗体；在嘉兴火化殡仪馆冷藏存放遗体3天(含)以内；在嘉兴火化殡仪馆寄存骨灰1年(含)以内。并规定：对具有王江泾镇区户籍，属重点救助对象(低保、低收入家庭)和重点优抚对象死亡后，在嘉兴火化殡仪馆办理火化事宜的，在免费提供上述四项免费项目外，再免费提供使用嘉兴火化殡仪馆小告别礼厅一次，赠送价格300元以内的骨灰盒一个。此通知还就保护资源，积极推行节地、环保、生态葬法提出奖励措施。如王江泾镇区户籍居民死亡后，其骨灰撒入国家指定海域(江河)，不保留骨灰的，对每具骨灰给予一次性2000元的补助；王江泾镇区户籍居民死亡后，其骨灰在嘉兴市公墓、泰石公墓实行壁葬，或安放在镇内各乡村公益性墓地(含安息堂、骨灰墙等)的，对每具骨灰给予一次性360元的补助(直接减免存放管理费)。

2010年王江泾镇安息堂情况表

表22-11

名　　称	建成年份	占地面积(亩)	预计存放年数(年)	穴位总数(穴)	收费标准(元)	
					单　穴	双　穴
田乐安息堂	1995	4.75	10	2306		
南汇安息堂	1998	3.4	20	2825		
南虹安息堂	1998	2.25		2183		
虹阳安息堂	2003	3.5	10	1097		
长虹生态公墓	2002	10	10	12900	3000	4000
长虹安息堂	2002		10	2300		

【三峡移民安置】

2000年，因长江三峡工程建设，全镇安置三峡移民29户、129人。

2001年8月12日、8月19日，第一批三峡移民21户、98人分两拨顺利到达王江泾镇；2004年8月3日，第二批三峡移民8户、31人也入迁王江泾镇。其中来自奉节县21户、98人；来自重庆涪陵区8户、31人。三峡移民安置情况：东风村9户、40人，双桥村5户、24人，古塘村3户、13人，虹南村6户、27人，虹阳村2户、9人，范滩村4户、16人。

三峡移民入迁落户以后，在子女入学、参加合作医疗、从事个体工商、办理有关证明等方面享受优惠和照顾。

移民生产用地：按人均1.4亩划分土地承包田，发给土地承包证；生活用地（宅基地）每户占用耕地与当地居民相同，不超过120平方米，房前屋后自留地面积按建房用地面积1∶1比例安排。移民建房由镇、村统一选址，统一办理有关审批手续，各安置村负责平整宅基地和道路，通电、通水；建房按人均一次性补助2800元。移民购房按人均一次性补助3000元，困难补助费按人均853元发放，生产资料购置费按人均2945元发放，过渡期生活补助费按人均930元分两年发放。

移民的生活：在2001年21户移民中，新建住房16户，购旧房5户，住房面积户均164.5平方米，人均35.3平方米；在2004年8户、31名移民中，新建房屋38间、1218.26平方米，户均152.3平方米，人均达到39.3平方米。另外，29户移民均接通家庭电话、有线电视，户户使用自来水和液化气。

移民的生产、工作：在2001年21户、98名三峡移民中，有22人进企业工作，人均工资在1000元左右，8人个体经商，2人做泥木工；在2004年8户、31人移民中，有12人进企业工作，其中做泥水工、小生意、开货车的各1人。人均年收入达到9200元，与当地居民的人均年收入持平。

第六节　劳动管理

20世纪80年代，随着境内个私经济的迅速发展，外来劳动者不断增加，根据上级精神，各乡镇先后成立劳动服务机构，对外来劳动力进行有序化管理。

1983年，王江泾劳动服务公司成立，负责人为袁品珍。同年，南汇劳动服务公司成立，负责人为沈朝宗。

1989年9月，王江泾镇劳动服务公司与双桥乡劳动服务公司合并，陶良珍兼任经理。

1993年，王江泾镇劳动服务管理所成立，负责人为汤秀英。同年，南汇镇劳动服务管理所成立，负责人为吴爱明、丁荣华。

1996年，境内虹阳乡劳动服务管理所成立，负责人为仲俊根；田乐乡劳动管理所成立，负责人为柳甫荣（同年5月袁国旗任主任）；荷花乡劳动管理所成立，负责人为于福林。

1996年11月，王江泾镇成立王江泾劳动力市场管理委员会，下设市场管理办公室。

2000年5月，王江泾劳动力市场成立，负责人为朱富荣（2001年2月任镇劳动服务管理所所长，兼任劳动力市场主任）；市场建筑面积750平方米，位于07省道东侧（陶家浜西面）。劳动力市场主要承担外来劳动者就业介绍及企业用工信息发布。

2002年，王江泾镇社会事业所成立，负责人依次为吴爱明、李忠林、吴建荣。由于城镇化发展需要，2005年，王江泾劳动力市场拆除。2005年后，镇重视对企业职工的劳动技能培训，2006—2010年，全镇企业员工提升培训2453人，高技能培训126人，企业技能鉴定培训1587人，劳动力市场交易人数23546人。

2003—2010 年王江泾镇劳动培训、安置情况表

表 22 - 12

年份	转移农村劳动力（人）	外来务工培训（人）	办理失业证（个）	办理征地签协手续（个）	办理再就业优惠证（个）	提供就业	
						岗位（个）	提供岗位企业（家）
2003	1253		48	3189	90	500	39
2004	1470		71	641	349	500	45
2005	1385		65	56	300	500	43
2006	1530	500	78	90	427	500	37
2007	1536	500	50		115	500	46
2008	1546	500	65	11	40	700	58
2009	1560	500	50	366	200	700	68
2010	1548	300	48	1616	245	700	56

第七节　就业安置

【支援宁夏人员回原籍安置】

1958 年，嘉兴地区发动城乡支援宁夏建设。1959 年，境内南汇公社、双桥公社开展支宁动员工作。根据上级规定，支宁人员须思想好、本人自愿、身体健康、家庭负担较轻的青年为主体的要求，于 1959 年、1960 年分 2 批，共有 453 人（包括澄溪乡、嘉北乡）报名赴宁夏支援建设。

1959 年，南汇公社 260 人（青年），双桥公社 62 人（其中家属 12 人）。

1960 年，南汇公社 85 人（其中家属 20 人），双桥公社 46 人（其中家属 11 人）。

支援宁夏的人员大部分安置在宁夏的永宁、吴忠等县市农村务农，少部分安置在石咀市工矿务工。由于气候条件、生活习俗和语言的差异，几年后，大部分人员回原籍务农，少数人员留在宁夏。

【杭州支农人员安置】

1956 年后，杭州市根据省委布置，动员一批城市无业人员到嘉兴市支农，其中有一部分安置在后来的嘉北公社收藏大队、宇四浜大队、金鱼桥大队、沈家桥大队以及后来的双桥公社、虹阳公社的部分大队参加农业生产。

1956 年杭州支农人员在境内的安置情况，因缺乏当时的资料，具体户数人数不详。据 1983 年各公社的统计汇总的资料，安置在嘉北公社宇泗浜村、沈家桥村、收藏村、金鱼桥村的共有 18 户、62 人；安置在双桥公社的有 6 户、22 人；安置在虹阳公社的有 2 户、8 人。住房情况：嘉北公社宇泗浜等 4 个村 14 户有自有房，4 户为借用房，绝大多数是瓦房，少数是草房；双桥公社 5 户有自有房，1 户为借用房，其中 5 户为瓦房、1 户草房；虹阳公社 2 户都为自有房，其中 1 户瓦房、1 户草房。同年，根据嘉兴市人民政府《关于切实做好一九五六年杭州支农人员安置遗留问题工作意见》文件精神，当年，嘉北公社对杭州支农人员发放经济补助：收藏大队 4 户、2150 元，宇四浜大队 3 户、1480 元，金鱼桥大队 4 户、730 元，沈家桥大队 3 户、1600 元。

【城镇职工精简下放人员安置】

1958 年“大跃进”期间，全民掀起大办工业、大办钢铁热潮，农村大量劳动力进入城镇，城镇的非农户籍人口大幅度增长。据 1961 年年底统计，王江泾集镇人口为 1784 人，比 1957 年增加 287 人；南汇集镇人口 1739 人，比 1957 年增加 242 人；双桥集镇 290 人，比 1957 年增加 73 人；虹阳集镇 147 人，比 1957 年增加 20 人。

1961 年 1 月，中共八届九中全会提出国民经济“调整、巩固、充实、提高”的方针。同年 6 月，中央发出《关于减少城镇人口和压缩城镇粮食销量的九条办法》和《关于精简职工工作若干问题的通知》，从 1962 年春起，嘉兴县开始陆续精简城镇职工和城镇人口，重点精简 1958 年后从农村招进的新职工。境内各公社遵照上级指示，各集镇开展精简下放工作，动员职工和城镇人口回乡和下乡参加农业生产。政策规定，凡原籍是农村或在农村有投靠亲戚的，或在“大跃进”时期招用的农工均属精简下放的对象。大批精简下放安置工作在 1962 年和 1963 年完成，1964 年安置少量精简下放人员到农村落户。此后，按照政策，在 1981 年，精简下放人员全部重返城镇，户粮关系迁回下放前所在地。

1962—1964 年王江泾镇精简下放实有安置情况表

表 22－13

公　　社	回乡人员		下乡人员		回下乡合计	
	户　数（户）	人　数（人）	户　数（户）	人　数（人）	户　数（户）	人　数（人）
南汇公社	276	340	95	161	371	501
田乐公社	120	152	20	47	140	199
荷花公社	197	243	43	68	240	311
双桥公社	129	153	180	432	309	585
虹阳公社	47	49	69	108	116	157
合　　计	769	937	407	816	1176	1753

【下乡知识青年安置】

1964 年 1 月 16 日，中共中央、国务院下发《关于动员和组织城市知识青年参加农村社会主义建设的决定（草案）》；同年，嘉兴县开始动员城镇知识青年上山下乡，部分城镇中学毕业生插队落户到境内各生产队务农，并将其户粮关系迁入所在生产队。

1968 年知识青年上山下乡形成高潮，此后成为制度，每年各中学的城镇户口毕业生大量

嘉兴第一批上山下乡知识青年到王江泾

下乡插队。境内各公社认真做好知识青年安置工作，在住房上，采取腾出生产队仓库，或建造新房，或借用民房解决知青居住问题。知青与农村青年结婚的给予解决材料建造农婚房。在工作上，大部分知青在生产队从事农业生产，少部分安排在社办企业工作，有少数知青安排在学校担任代课教师和大队或生产队会计，也有少数知青经过多年锻炼，提拔为公社或单位干部。1979年，知识青年上山下乡停止，重点转移到知青回城的安置上来。此后几年，通过各种途径对知青回城进行安置，除极少数已在农村结婚生育自愿落户农村外，其余知青全部回城。1982年各公社知青回城工作结束。根据统计，1982年前，各公社安置的下乡知识青年人数如下表：

双桥公社等公社下乡知识青年安置情况表

表 22－14

公社名称	安置下乡知青人数（人）	知青下乡前所在地					
		境内集镇（人）	嘉兴（人）	杭州（人）	外县（人）	省外（人）	其中上海（人）
双桥公社	562	115	433	1		13	12
虹阳公社	208	13	147	23		25	22
南汇公社	295	247	34	3	2	9	9
荷花公社	146	9	114	3		20	19
田乐公社	155	8	136	2	1	8	8
嘉北公社4个大队	291		219	11	1	60	59
全境合计	1657	392	1083	43	4	135	129

双桥公社等公社获国家拨入知青安置经费、木材及建房等情况表

表 22－15

公社名称	拨入安置经费（万元）	拨入木材（立方米）	共建住房（间）	其中建在农村结婚知青住房（间）	在农村结婚老知青安排在社企中人数（人）
双桥公社	33.51	375.5	542	77	
虹阳公社	10.95	未报	228	未报	23

续表 22-15

公社名称	拨入安置经费（万元）	拨入木材（立方米）	共建住房（间）	其中建在农村结婚知青住房（间）	在农村结婚老知青安排在社企中人数（人）
南汇公社	11.39	160.5	201	22	10
荷花公社	8.82	94	168	1	10
田乐公社	8.23	88	160	3	8
合　计	72.88		1299		

第八节　劳动监察

20 世纪 80 年代后，外地籍人员到王江泾镇从事工业、服务业务工的颇多。为确保合法用工，维护劳动者的权益，2003 年，镇成立劳动监察中队。2003—2010 年，镇劳动监察中队每年重点开展规范劳动力市场、规范用工行为、企业是否拖欠工人工资、是否签订劳动合同的“四春”（“春蕾”“春苗”“春雨”“春风”）专项行动。8 年中，全镇共查处非法招用童工 6 人，涉及企业 3 家、家庭作坊 1 家；对是否拖欠工人工资方面，共检查企业 1984 家（次），在每年春节之前，共为劳动者讨回劳动报酬 256.15 万元；《中华人民共和国劳动合同法》实施后的 2008—2010 年，全镇企业补签劳动合同 2856 份。

2010 年 8 月，成立镇劳动监察网格化管理领导小组，各村（居）相应建立劳动保障工作领导小组，全镇 35 个村（居）建立起 36 个网格。2010 年，开展“迎世博，保稳定”劳动用工专项检查，共检查劳动密集型企业 114 家，涉及工人 7544 人。

2003—2010 年王江泾镇劳动监察情况表

表 22-16

年份	企业劳动合同签订率（%）	劳动年检单位（家）	劳动监察单位（家）	处理工资纠纷			处理工伤		
				起数（起）	涉及人数（人）	金额（万元）	起数（起）	涉及人数（人）	赔偿金额（万元）
2003	75	168	65	29	395	42.86			
2004	85	279	86	74	380	36.09	5	5	5.46
2005	87	420	90	78	333	122.43	8	8	7.38
2006	92	450	93	71	310	109.64	25	25	44.04
2007	95	490	98	69	176	78.78	29	29	137.39
2008	96	530	198	89	286	189.63	38	38	249.10
2009	96	590	203	34	122	66.09	39	39	219.88
2010	97	640	256	60	125	73.06	43	43	112.75

第九节 企业职工和城乡居民养老保险

【企业职工养老保险】

中国城镇企业职工的退休制度是50年代初期建立的，在1958年和1978年两次作了修改。境内王江泾、南汇、双桥等集镇的供销社、商业以及县区属集体企业的城镇企业职工达到退休年龄后，享受国家规定的退休待遇。

1992年11月26日，农业部颁发《乡镇企业职工养老保险办法》后，境内各乡镇逐步开展企业养老保险。2001年，因王江泾镇建设发展需要，征用王江泾村4组、5组、8组、9组、11组与新桥村5～9组、11组、22组土地，涉及村民共1008人，其中16岁以下人员211人，劳动年龄人员626人，达到退休年龄人员171人，镇政府为土地征用人员缴纳养老保险统筹费1580万元。2005年以后，根据上级精神，将企业退休人员纳入社会化管理。2006年，腾云村社会化管理254人、宇四浜村250人、新桥村292人、双桥村280人、王江泾村226人、长虹村130人、金鱼桥村32人、王江泾村(企业)33人、沈家桥村53人、闻川社区304人。2007年，闻川社区纳入社会化管理104人，其中土地征用社会化管理76人。2008—2010年，全镇企业及土地征用社会化管理2651人。

2003—2010年王江泾镇企业职工养老保险参保情况表

表22－17

年份	参加企业职工养老保险		年份	参加企业职工养老保险	
	参保单位(个)	参保人数(人)		参保单位(个)	参保人数(人)
2003	41	620	2007	583	8861
2004	398	5970	2008	619	9343
2005	486	7290	2009	655	9899
2006	535	8078	2010	723	11013

说明：各年的数字为累计数

【城乡居民社会养老保险】

2007年9月3日，嘉兴市人民政府印发《嘉兴市城乡居民社会养老保险暂行办法》，从2007年10月1日起实行。办法规定：嘉兴市行政区域内，年满16周岁至60周岁，符合参加职工基本养老保险或现有各类社会养老保障对象之外的城乡居民(不含在校学生)，可以参加城乡居民社会养老保险。参保人员年满60周岁，缴费年限满15年的，可按规定办理城乡居民社会养老保险养老金领取手续，养老金月标准按养老保险个人缴费账户与补贴账户储存额本息之和的一百五十六分之一计发。

2008年，镇内开始实行城乡居民社会养老保险。当年，全镇城乡居民养老保险参保人数为13031人；2009年，全镇参保人数增至14377人；2010年，全镇参保人数增至29875人。

第二十三章 民俗 宗教

镇域古属吴越之地，土地肥沃，民风淳朴，数千年来形成的风俗习惯，体现着江南水乡特色；虽经时代的不断变迁，各地岁时节令、婚丧嫁娶、饮食起居等风俗习惯大多一直延续下来。中华人民共和国成立后，特别是改革开放以来，居民的思想观念发生较大变化，许多旧的风俗习惯也出现新的改变。

宗教在境内流传久远，佛教传入已有近两千年历史，早在东晋时期已在合路南秋圩建起一座占地面积15亩的保安讲寺，唐以后境内各地寺庵庙宇等佛教和民间信仰场所不断增多，道观亦建有多座。19世纪末20世纪初，基督教、天主教相继传入，在王江泾镇上建有教堂。20世纪80年代起，国家宗教政策得到落实，佛教、天主教、基督教以及民间信仰活动相继恢复，已开展一个多世纪的大型水上庙会活动“网船会”重新活跃于莲泗荡畔。

第一节 民风民俗

【岁时节令】

春节 农历正月初一为“春节”，俗称“大年初一”。清晨起床，家家户户燃放“开门炮仗”，示意除旧迎新。接着到河埠提两桶河水，意为“有进水”。人人首先喝一杯糖汤，早点一般食糯米粉白糖汤团，含甜蜜、团圆之意，俗谓不可食汤饭，食之，一年出门必逢雨。男女老少穿着一新，喜气洋洋。女人们大清早提香携烛去寺庙抢“烧头香”。20世纪60年代起“烧头香”之俗消失，80年代渐恢复。年初一不动用扫帚、不泼水，意为扫地和泼水会走掉运气、破财，如非要扫地不可，必须从外边扫到里边，备一个大桶盛废水和垃圾。旧习这天不动针线、不打骂孩子、不借钱物、不动刀具、不访亲友。遇见亲友熟人，相互拱手作揖，口称恭喜发财。

年初二 开始走亲戚拜年和请吃饭。拜年的礼节，晚辈先往长辈家，女儿携丈夫、孩子先到娘家。主家以丰盛的酒菜招待客人。新年人来客往一般至年初十，谚有“拜年拜到正月半，开开橱门给你看”，意思是准备的菜肴已经吃尽。如今此俗渐改，年初一，子女拜父母，女婿拜岳父岳母，徒弟拜师傅，同学战友聚会等都自便。

年初三或初四 接灶神，俗称“接灶君”。傍晚在灶台上点蜡烛、香，放上糕点、水果，挂一张新的灶神祃幛，一块灶牌“迎接灶君自天上回归”。

年初五 迎“财神”。民间传说正月初五是财神生日。财神即“五路神”，意为出门五路均可发财。农家接财神，一般在清晨起来于中堂设馔祭迎。中堂门窗大开，意为让财神进来。桌上放糕点、水果、猪肉，鸡等物，鲤鱼是必不可少的供品，点上香烛，鸣放鞭炮。商店于年初五清晨敞开店门，灯烛辉煌，盛设供坛，接“财神”，是日起开市营业。此俗在解放后渐淡，21世纪又恢复，有的商店在初四夜或初五清晨大放鞭炮烟花，意为“接财神”。

元宵节　正月十五日为“元宵节”，亦称“上元节”，俗称“正月半”。民间习俗吃汤团，晚上到小镇上看花灯，农民到自己田里着田财，俗称“甩(兜)火把”。

土地生日　二月初二为“土地诞辰”，又称春龙节，这一天吃油煎年糕，称“撑腰糕”，人们认为吃了撑腰糕，能使腰板硬朗，插秧不会腰酸。又俗称“二月二，龙抬头”，当日剃发的人特别多。

百花生日　二月十二日为“百花生日”，又称“花朝”，依次为水稻等作物生日。此日，妇女用五色线扎在花枝上，以示庆贺。

三月初三　“三月三，鲈鲤鱼上岸滩”，意味着天气回暖，河水开始升温。有的在门户上挂野菜花，裹以红纸，称“野菜花开结牡丹”，以图吉利。

清明　为纪念先祖的重大节日。临近清明节，家家在家中备酒菜祭祖先，名“过清明节”。择日踏青扫墓，俗称“上坟”。墓地除草、培土，坟前敬上青团子、白团子，焚锡箔、纸锭，墓顶挂串银纸锭。20世纪60年代大批坟地被平。70年代土葬改为火葬。90年代后扫墓大多到安息堂或公墓。解放后，机关、学校、群众团体，组织干部、学生、职工前往烈士陵园墓地扫墓。

立夏　立夏是夏季的开始，江南蚕豆正开始成熟。是日，家家采一点蚕豆煮米饭，称“立夏饭”；菜有苋菜、竹笋、黄鱼。用红茶煮蛋，称“立夏蛋”，相互赠送，据说可避疰夏之疫。儿童少年成群结队，向邻里各家乞取米、肉，到地上任意采摘一把新鲜蚕豆，在野地里垒起锅灶烧起蚕豆饭，称为吃“野米饭”。是日，架起大秤，给大人、小孩称重，谓“立夏称人”。立夏前，乡间人家用麦芽粉、糯米粉、佛耳草，加入豆沙馅做成麦芽塌饼，是日食用，称为“立夏塌饼”。

端午　五月初五为“端午”，又称“端阳节”。是日吃粽子、喝雄黄酒、吃咸蛋。吃五种带黄字的食品(黄瓜、黄酒、黄鳝、黄鱼、雄黄炒豆)，也有将雄黄酒洒在地上，或用雄黄、雄黄酒蘸涂身上，或在孩子额上用雄黄写一“王”字，以示驱毒祛病。小孩着黄色绘有老虎图案衣物，以示孩子身体强壮如虎。中午以前，家家在门上挂艾叶、菖蒲、大蒜，称为艾旗、艾剑，用以避邪。室内燃熏苍术、白芷，用以灭菌消毒。中午，捉一只蛤蟆在灶台上爬一圈，说是可以避虫蚁，孩童腹痛也可以用蛤蟆捂肚，说是可缓解疼痛。端午吃粽子、黄鱼、黄鳝、咸蛋及挂艾叶之俗尚存。

天贶节　六月初六为“天贶节”，俗谚“六月六，买条面来落一落”。农历六月初六，有吃面条、馄饨的习俗。有谚“六月六，猫狗畜生潮个浴”，人们将自家的猫、狗抛入河中沐个浴。又有谚谓“六月六，晒得鸭蛋熟”，此日若是晴天，家家晾晒衣被，以防霉除虫。

七夕　七月初七为“七夕”，名“乞巧节”。当下西瓜已上市，农谚“七月七，买个西瓜切一切”。用蚕豆做兰花豆。姑娘少妇洗发染指甲，用树皮的液浆兑水洗头发，用凤仙花汁染指甲，意为更能年轻漂亮。此晚，妇女摆香案设瓜果于庭内，祭牛郎、织女，乞求智巧。

中元节　七月十五，道教叫“中元节”，佛教称“盂兰节”，又叫“鬼节”。家家在七月十五前祭祖先，新丧之家在七月十一斋祭新亡人，有的做道场，张“门匙”(给故者做床、翻棉被)，招待亲友，祭典隆重，称“新七月半”。此俗在20世纪50年代起基本消失，有做祭奠的，也较为简单。

七月三十　为地藏王诞辰，称“晦日节”。傍晚，家家在阶沿、水缸边、门口、河埠傍用湿泥块遍插棒香，称“地藏香”。点燃棒香后，口念“七月三十拜地藏，地藏菩萨上天堂……”此俗今仍流行。也有镂空西瓜、南瓜，扎荷花灯，木屑拌桐油捏团，点燃红烛、地藏香置瓜内，飘浮河港水面。此俗20世纪50年代消失。

中秋节　八月十五为“中秋节”，俗称“八月半”。入晚月出后家家祭月，设大香案，摆放月饼、西瓜、苹果、红枣、菱、葡萄等祭品，主妇们向天祈祷，请求上帝保佑，年年风调雨顺，五谷丰登。全家人赏月、吃月饼。月饼表示团圆，中秋全家人一起吃月饼，表示团团圆圆。是日，又有吃老南瓜求安宁的习俗。

重阳节　九月初九为“重阳节”。民间当日有登高的习俗，故重阳节又叫登高节。是日用糯米粉、栗子蒸糕，称“重阳糕”，此日吃重阳糕、饮重阳酒、赏菊花，借示登高避灾之意。中华人民共和国成立后，重阳节习俗渐淡。1988年，国家将此日定为“老人节”，全社会开展敬老活动。

十月初一　为十月朝，称“送寒衣节”。与清明节、中元节并称为一年中的三大“鬼节”。旧时，民间到纸扎店购买冥衣冥具焚烧祭祖。

冬至　冬至，古代为大节日，俗谚“冬至大如年”。民间冬至重祭祖，家家在节前设盛馔祭祖先。新丧人家，在节前举行祭奠新亡人称“新冬至”。旧时，需要掩埋浮棺骨殖，焚烧废棺的，都在冬至节办理。冬至后是一年中最冷的季节，民间崇尚冬至进补。

腊八节　十二月初八为“腊八节”，古代叫“腊日”。腊八是佛教的盛大节日。是日，较大的寺庙都会熬煮腊八粥供香客食用。腊八粥一般用糯米、桂圆、红枣、莲子、核桃、栗子、红豆、花生、枸杞等多种植物熬制，是一种滋补佳品。

十二月二十三或二十四　俗称“小年”，域内多以二十四为小年，又是“祭灶日”。是日，家家户户做“廿四粑粑”。廿四粑粑用糯米粉制作，馅子用鲜肉、豆沙、糖萝卜、白菜等多种。一家人吃过“廿四粑粑”，到灶房“祭灶”，也称“送灶”，向设在灶壁神龛中的灶王爷点上香烛，供上粑粑、糕点、麦芽饴糖、荸荠、慈姑，敬上纸箔，然后将“灶君”像请出神龛，连同纸马放在场中已堆好的稻草、扁豆藤上面一起焚化，送其上天。这时一家人围着火叩拜祷告，意在请灶君到天上去对玉皇进好言。是日起，家家掸檐尘，磨米粉。掸檐尘是一年一度的家庭大扫除，意为干干净净过年；磨米粉用于做粑粑、方糕等。

除夕　农历十二月三十日(小月十二月二十九日)谓“除夕”，俗称“年三十”“大年夜”。节前，家家置备年货，杀鸡杀鸭。有的杀猪或宰羊。划方糕、做印团、爆米花煎冬米糖。在外地的家庭人员赶回与家人团聚。是日贴春联、窗花、年画。上午，各家各户在中堂设馔祭年神。中堂放一方桌，桌上盛放一只大雄鸡，斩杀时需在尾巴、两翅膀尖留三根毛；一块猪条肉，一段猪肠，两只猪脚，糕点水果，数只酒杯，一条活的小鲤鱼请年神。桌边放上两根甘蔗，寓意生活甜甜蜜蜜，节节高升。点上香烛，鸣放鞭炮，烧上纸箔。下午，祭祖，设一桌丰盛菜肴，放上糕点、酒，焚纸箔祭祖宗。傍晚吃“年夜饭”，室内烛光齐明，谓“年三十夜满堂红”。吃年夜饭讲究多：全家不可缺一人，缺则“来年失落三石六斗饭粮”。所备菜肴多有吉利口彩：蹄子，谐音“提之”；全鱼，寓意“年年有鱼”；笋干烧肉，含“节节高”之意；黄豆芽是“如意菜”。满桌菜肴个个尝到，说是“来年爿爿田稻熟”。吃过年夜饭吃一点花生，花生称“长生果”，寓意长生不老。饭后长辈给小孩发压岁钱，俗称“百岁钱”。水缸储满水备年初一之用；洗足，否则“来生会投猪”；炒黄豆或发芽干蚕豆，将炒熟的豆加入一些铜钱，混在一起从门外向上抛往门内，口喊“顺顺溜溜，铜钿银子踢脚扳手”，祈盼来年生活美好；做糯米小团子，备年初一早点。燃一脚炉或火炉，全家围炉不寐“守岁”。解放前，穷人或举债者视除夕为“年关”，谚有“富人过年，穷人过关”。此夜，债主讨债逼债，债务人逃债避债过夜半，甚至彻夜不归。如今，除夕夜祥和之气溢于堂室，年夜饭丰盛甚于普通酒宴。饭毕全家看电视节目或彻夜进行文娱活动。

【婚嫁习俗】

旧时婚嫁，多为父母包办婚姻，讲究门当户对、身价财礼及年庚八字，男女双方不能自主，且婚嫁礼俗烦琐；尚早婚。民国以后，渐兴文明结婚。解放后，旧的婚姻制度才予废除。

说媒　又称“提亲”。旧时婚姻多凭媒妁之言，一般都由男方请媒人向女方提亲，称“讨八字”。按照门当户对的观念，媒人会对双方的情况尽一切能耐隐恶扬善，从而使双方满意。媒人向女方说媒时，如女方允应，女方即用红纸写出姑娘出生的年、月、日、时的生辰八字送男方，称“出帖”，俗称“出八字”。男方取得八字后，一般压帖数日后，再请算命先生算男女生辰八字是否相克，或到寺庙问佛求签，称“合八字”“合婚”。如五行相克相冲，则退回女方“帖子”，附送一些礼物示歉。富裕人家说媒会让媒人讨来多个姑娘的八字，然后分别合婚，将合中的庚帖放在簸筛中向外簸，剩下最后的一个算挑中。解放后，实行婚姻自主，但农村仍有流行请介绍人帮助说合之俗。20 世纪 60 年代起，出现男女相亲。女青年在介绍人陪同下首次到男家相亲时一般不喝男家茶。后又出现男女青年自由恋爱，征得家庭同意后确定婚姻关系，但一般仍请第三方作现成媒人。

订婚　亦称“定亲”。经“合婚”后，如婚姻可成，双方父母同意，便择日定亲行初聘，谓之“通讯”“缧红”。再择日行聘，男方让媒人持“和合盘”送到女家。盘中有礼金、钗镯、如意、茶叶、枣子、绫绸、定胜糕等物，称“文定”或“担小盘”。女方收受，名为“纳彩”或“受茶”。民间认为，茶树不宜移植嫁接，故一旦“受茶”，姻亲不应有变化，也就是所谓“一女不吃两家茶”。旧时，男女双方在婚前不可以去对方家走动的，全托媒人办理。如今办订婚礼俗时，男女双方各办酒席，请至亲到场，男女青年先后到对方家与亲戚首次见面收受红包。男方“担小盘”的礼物，用“四牲礼”，即鲤鱼、大雄鸡、白鹅、猪腿肉各一件，也有用“三牲礼”的。其他还有香烟、糕等礼品。

准日　结婚的请期，称“准日”，亦称“说亲”。男方须提前半年确定请期通知女方行礼俗，有所谓“六月里不说亲，十二月里讨不成”之说。说亲行聘时，男方再次备足聘礼。聘礼有绸缎、布料、金银首饰和丰厚的礼金托媒人送往女家，提议迎娶，谓之“担大盘”。也有女家讨价还价，致使男方送追礼金的。女家答以礼物，谓之“回盘”。清代时，婚前数日需送珠冠袍带以肃嫁，谓之“担上头盘”。“说亲”礼俗在农村仍流行，且随着农民生活水平的提高，聘礼越来越大，一般都要数万礼金。迎亲前一两个月，双方备糕点礼盒，逐家走访各自的亲戚，邀请亲戚到时前来吃喜酒，称“请酒”。亲戚即准备礼物或礼金送“人情”。至于朋友，如今一般都是发请帖。

迎娶　俗称“讨亲”“好日”，在婚事活动中最为隆重。旧时娶亲一般要分三日进行：隔夜落桌、娶亲、回门。娶亲前一天，男方约请厨师、自族及邻居（称“相帮人”）筹备菜肴，称“隔夜落桌”。是日租来“厂”（有称“勃倒厅”）、“茶担”，搭置妥当。将媒人请到男家，新郎的娘舅、姑父也要到达，设宴款待，称“待媒酒”。把娶亲用的六礼、正礼、堂上礼、抱舅礼、谢娘礼准备好。出嫁前数日内，女方准新娘要去娘舅、姑父家吃最后一餐饭，称“撬藤饭”。域内娶亲一般都用“迎亲船”迎娶，迎亲船俗称“亲船”。男方挑选好已婚青壮年人抬轿或摇船，富人家需用八人抬轿，称“八抬大轿”，小户人家用四人抬小轿，再有男女宾客、一名喜娘（俗称“喜阿妈”）、媒人、一名掌礼先生（也有称掌包先生，为掌管红包的主管），组成迎亲队伍。新郎需全新打扮。有新郎亲自去迎娶，也有派人迎娶。迎亲礼物用盘盛装，有“六礼”红包、谢礼、“四牲礼”。船上必备两根带叶的青竹，迎亲后，一根留在女家，一根带回男家，名谓“接竹种竹”。女家一早将准备好的嫁妆贴上大红喜字或扎上红绸带，陈列于庭前，称“亮嫁妆”。嫁妆中必备一对红漆马桶，俗称“子孙桶”，内放一包花生，两个染红的半熟鸡蛋，其他有红漆桶钵、被头褥毯、脚炉锡器、橱箱家具。男方迎亲船鸣炮敲锣启程，前面船只均须让路。亲船进女家村坊，有人用竹竿、绳索阻拦，索取香烟、糖果、红包，名谓“拦水港”。亲船将到女家河埠，船上鸣炮，女方“接炮”。亲船停妥，女方有人帮助承桩带缆，接跳铺板，接着迎亲人员托盘上礼，花轿抬至女家院中。此时，女家大门紧闭（镇域南片风俗），需先由掌礼先生向门内塞上红包后方能开门。嗣后，女方请新郎和迎亲人员堂中吃茶。新娘在喜娘的张罗下“开面”（用线绞除面部汗毛）、“上头”（梳成妇人发髻）梳妆打扮。等妆期间，迎亲人员先将陪嫁物品装入“行嫁船”或是迎亲船中。搬嫁妆时由女家“相帮人”将嫁妆送至家院外，每送一件嫁妆由掌礼先生给送妆人一个红包。待新娘打扮完后，掌礼先生催妆上轿，一般要催上几次。新娘的打扮，清代、民国时，身穿红花衣裙，头披红方巾，称“红盖头”。新娘上轿时，轿前铺米袋。新娘换上新的绣花红鞋踏着米袋上轿，意为不带娘家的泥土。也有不铺米袋，由舅父或兄弟抱上轿的，称“抱嫁”。新娘上轿后要低声嘤哭，意谓“哭发”。起轿后，女家将一盆水泼向门外，或泼至娶亲船的船头，俗称“嫁出囡囡泼出水”，表示女儿已是婆家的人了。亲船离岸时，船上撑篙的篙子应撑在石河埠上，意为不带走女方的泥和水。亲船到达男家，爆竹高升，鞭炮齐鸣。亲船停妥，新郎立即在河埠提两桶河水到家，称“乘风水”。待“行嫁”搬好，花轿抬至门前。新娘出轿时，公婆先以回避。轿前依次铺五只麻袋，喜娘扶新娘踏麻袋进门。传递麻袋铺路，意“传代”，用五只袋，兆“五子登科”。境内下塘（运河东）则用红毡毯铺地。新郎新娘入中堂举行婚礼，俗称“结亲”。婚礼有司仪主持，喜娘值堂。客堂后壁贴大红“囍”字，挂“和合”画轴。堂中置八仙桌，放一对大蜡扦，插上一对全通宵大红蜡烛，俗称“花烛”。桌前铺红地毯。司仪高唱议程，新郎新娘脚踏红地毯，跪拜天地、跪拜父母、相互交拜，谓之“拜堂”。民国起，取消跪拜，以三鞠躬代之。拜堂后，八仙桌上设馔，新人男左女右，南向而坐，喜娘一边挑菜肴放到新人面前的碗内，一边说吉利话讨口彩，此俗谓“吃花烛”或“花会”。两旁还有几位“陪花烛”喝酒猜拳。结亲礼毕，送入洞房，新郎持红绸带牵着新娘，由两名父母双全的男童手持花烛走在新郎新娘前导入洞房。洞房坐床男东女西，坐床后，新郎用秤杆（寓称心如意）挑起新娘红盖头。喜娘将枣子、花生、糖果等向新房床帐内四处抛撒，称“撒帐”。喜娘口中吟唱“撒帐歌”，祝夫妻恩爱、

“早生贵子”。当夜起，村上一批批男女老少前来看新娘，闹新房，所谓“三朝无大小”。如今，结亲“吃花烛”和洞房“撤帐”之俗已很少见。是日，男家、女家分别举办酒席，招待前来庆贺的客人。酒席都用八仙桌，每桌八个菜，称“蹄子八样头”。古代，迎娶多为下午，男家晚上办正酒。民国起，多为上午娶亲，男家中午办正酒。席宴中，新娘在喜娘和婆婆的引领下，一一见过至亲长辈，至亲长辈们向新娘致送“红包”，俗称“见面钿”。次日，新娘的兄弟前往探望，男家设宴招待，称“望朝”，俗称“通烟囱”。民间相传，昔时有新娘受婆家姑娘、妯娌捉弄，将烟囱堵死，新娘烧饭时烟雾弥漫，受到公婆指责。其兄弟前来探望，发现蹊跷，用长竹竿通烟囱，通后烟雾消失，饭菜烧好。遂形成了兄弟“望朝”习俗，此俗至今仍流行。解放后，“望朝”礼俗都放在结亲当天，当迎亲船离开女家不久，新娘的兄弟就要前往望朝。

回门 新郎随新娘第一次回娘家称“回门”。旧时有“三朝回门”“十二朝回门”和“满月回门”多种，多数三朝就回门。回门这一天，新人俩由新娘的娘家人用船来接，称“摆回门”。解放后，新郎新娘回门都在结亲当日下午。无须娘家来接，由男家派人摇船送往。带上一篮子回门米团子、米糕、喜糖和一桌酒菜。回门是女婿第一次拜见岳父母和女家亲戚，也会得到女家亲戚的“见面钿”。婚事办毕，新郎还要担一桌菜肴给外婆，补表孝敬之意，因为旧时外婆是不能赴外孙家吃喜酒的。中华人民共和国成立后，国家颁布了婚姻法，废除封建包办婚姻，青年男女自由恋爱。《中华人民共和国婚姻法》规定，男女双方向民政部门申请登记，审查合格发给结婚证书，便是合法夫妻。但民间仍有举办婚礼的习俗。政府倡导婚礼简化，婚事俭办，结婚新郎新娘不穿礼服，不抬轿子，不用喜娘。20 世纪 80 年代起，许多结婚旧俗重又恢复，农村大多沿袭对八字、定亲、担盘、娶亲等传统礼仪。在送彩礼、备嫁妆、娶新娘、办婚宴等婚事活动中，既有老传统，又不断出现新花样。20 世纪 90 年代以后，男方新房布置逐渐讲究，女方嫁妆从黑白电视机、录音机、电风扇发展到大屏幕彩电、空调、电脑，甚至也有汽车。娶亲流行用轿车，新郎穿高档西装，新娘穿礼服，用摄像、摄影留念。农村办婚宴大多在家里办，从原来的方桌改用圆桌，每桌 20～30 个菜肴，镇上居民结婚一般都在酒店办喜宴。

【其他婚俗】

招婿 又名“入赘”，俗称“招女婿”。女家一般有女无子，以招婿来传宗接代；或是“坐家囡”，弟妹年幼，以招人入赘来增加劳动力，赖以维持生活。男方大多因家中兄弟众多，家境贫困而无力婚娶，入赘女家。旧时，入赘者无须备彩礼，入赘后改姓女家姓，所生子女随母姓。20 世纪 50 年代后，也有入赘男子备有彩礼，不随女家姓，所生子女也有随父姓。

两头挂幡 又有称“两边开门”“两头挂”。由于男女双方都想传宗接代，男不愿入赘，女不想出嫁，经双方商定采取既非男方娶媳，又非女方招赘的两头挂，这样，男方就不需要准备礼金。婚后所生育的子女，轮流随父母姓，夫妇俩也将赡养双方父母。结婚时，男女双方可各准备一个新房，两家同样举行传统结婚仪式。在结婚仪式上，于双方的祖宗神龛（俗称“家堂”）上挂一块用红布或纸板剪成的幡旗，故称“挂幡”，表示传嗣的象征。如今民居内都无神龛设立，此“挂幡”形式已无。随着独生子女的增多，如今采取此婚俗成婚的较多见。

垫郎头 女子丧夫后，有男子入赘者，称“垫郎头”，俗称“钻火井”“接河泥帮”。一般是男子家庭经济困难，娶不到媳妇，而女方已有子女，丈夫死后缺少主要劳力。经介绍人说合后，约时间男子由介绍人领到女方，略备一桌酒菜，介绍人与男方陪来的人一起吃一餐，就算成亲。此俗如今仍流行。

调换亲　男女双方家境贫困，但兄弟姐妹齐全，委托媒人说合，双方家长协商同意，各自将女儿交换给对方做儿媳，并将婚事一同操办。也有好几户人家辗转，则称“三调亲”“四调亲”。习俗与一般婚娶大致相同，但嫁妆从简，双方相等。此俗中华人民共和国成立后的一段时期仍有流行，已基本绝迹。

抢亲　旧时男女自幼定亲，成年后男家无力迎娶，男方就用抢亲完婚，这样可以省去一大笔彩礼和举办婚事的花费。说是抢亲，而一般是假抢真婚。事先大多由媒人通知女方，往往选在庙会上，由媒人领着新郎及其亲友“抢”新娘回家拜堂成亲。此俗中华人民共和国成立后绝迹。

童养媳　俗称“养媳妇”。旧时贫苦人家为减少儿子将来娶媳妇的开支，并可以增加家中劳动力，就将人家的小女孩领来做养媳妇。女方往往家中贫困，子女多，父母无力抚养，而将女孩送出。到了婚龄，一般都是草草完婚。童养媳在夫家大多从小受歧视虐待。解放后，禁止领养“养媳妇”。

赶尸做亲　亦称“戴孝做亲”“拖亲”。男女订婚后，男方父母如有亡故，男家想急于成婚，可提出即日成亲，新郎新娘戴孝拜堂，或办完丧事后接着办婚事。

【婚后习俗】

送夏衣　新婚后第一个夏天来临之前，一般是在农历四月里，娘家要去女儿家送夏衣，俗称“四月客人”“送花客人”。此时，正值农忙种田即将到来，娘家为女儿送去一把拔秧伞、一根田丝绳、一只拔秧凳、一条竹篾凉席、几把蒲扇和几件夏天衣服，还有一篮肉粽。此俗沿袭下来一直流行，而送的物品已有改变。

歇夏　种完田，正值夏天，新婚夫妇在第一个夏天去岳父家（娘家），称“歇夏”。娘家先要去女儿家“邀歇夏”，带上两篮油馓子，让女儿、女婿将油馓子分与四邻五舍。然后，小夫妻俩在近日去“歇夏”。如今，娘家邀歇夏一般都在“送夏衣”时，趁便一起带上油馓子就是。油馓子是一种用面粉条做成蝴蝶状的油炸食品，吃起来既爽又香。

出田角　秋后冬初，娘家再次去女儿家看望，称“出田角”，又称“十月客人”。娘家准备一些米团子、米糕前往，让女儿将米糕、团子分与左邻右舍。

【丧葬习俗】

送终　转场　老人、病人垂危前，子女家人须随侍在侧，听取临终遗嘱，在外地的子女急速赶道归里见上一面，直至咽气，目睹瞑目，然后亲人放声痛哭，称“送终”。断气后，由小辈或雇请“土作”（从事遗体整理者）为其“揩身”“整容”，穿戴“寿衣”（俗称“老衣”）、“寿鞋”、“寿帽”，称“小殓”。寿衣、寿鞋、寿帽一般早已缝制准备，也有逝者临死或死后临时赶制。如今老人逝世多由死者较亲近者为其净身、易服。立即通知门里自族、近邻帮忙办理丧事。中堂（厢房）设灵堂，前挂白布幔。长子捧头，次子捧脚将遗体移于灵堂，称“转场”，遗体放于用两个长凳搁起的门板上，称“灵床”。头南脚北，嘴里放点茶叶，遗体用衾被遮盖，左右足外侧各放一块整砖，脚边置一油灯，昼夜不息，称“长明灯”。土作出“批书”，算出“回煞”之日。拆除逝者卧床，蚊帐甩于厨房屋面上。

报丧 灵堂安排妥当，丧家定好出殡日期，在第一时间派人急速四出报信给亲戚，称“报丧”。若晚间死亡的，也必须在天亮后报丧。派去报丧的人，须弄清其亲戚的姓名和详细地址，不可走错人家，否则该家就会感到不吉利而骂报丧人。报丧人前往时腰系白布带，也有在腋下夹一把雨伞，去时伞顶向前，走到时伞顶向后。亲戚煮两个水鸡蛋给报丧人吃，也有的泡一杯糖茶，报丧人走出其家门时，亲戚随即将刚用过的一个碗或茶杯扔向报丧人的脚后地上，将其打碎，意思是，这样就消除了晦气。如今，扔碗杯之俗已少见。

停丧 俗称“开丧”，一般人家多为三天，称“三朝丧”，富裕人家或较有身份的有五天、七天不等。亲属穿白衣、系白腰带，儿子、媳妇及女儿、女婿将白布带中间挽圈套在头上，拖到脚部，俗称“拖白布”，鞋弥缝白布。逝者嫡系子孙还要头戴“麻袋”，称为“披麻戴孝”；如今域内都戴孝不披麻，儿孙们当天理发。场中高搭彩棚，名“厂”。丧家门里自族、近邻都前来帮助办理丧事，分工负责招待客人，办宴席等事务。亲友在接到报丧后，按不同辈分准备丧仪（俗称“上箱礼”）前往吊唁。吊客将到达时，灵堂前有人高声呼报，丧家小辈立即哀哭，吊客在灵堂前跪拜逝者，孝子答谢。吊客送礼，设有账房先生收受登记。在治丧时内，孝子和亲属日夜守灵，每夜请和尚念经拜忏，也有同时请尼姑诵经。如今请的都是为丧事服务的俗家“和尚”（赞神手）来拜忏唱曲。出殡前晚，举行拜祭告别仪式，众子女、亲戚、门里、邻居按与死者亲远关系顺序排列，一律按“死者为大”规矩，先后成双成对地对逝者跪拜。随后举行一种名谓“拜莲船”也称“赞莲船”仪式，场中放一只纸船，头西尾东放置，纸船周围用铁链围住，撒上石灰，子女亲戚面对纸船跪着围成一圈，由和尚或尼姑诵经唱曲，子女亲戚不时跪拜，最后在纸船上放些纸锭一起焚烧。

大殓 将死者移入棺内，盖棺钉实，称“大殓”，俗称“落材”。落材前置棺材于堂，棺底铺垫煤炭、石灰之类吸水材料，然后长子捧头，次子捧脚将遗体放入棺内，吹打手奏乐不停，土作用稻草仔细量定死者头有无偏倚，加盖寿被，周围空隙处用纸填满，最后合盖封棺，铐上“子孙钉”。儿孙们在棺上吃豆腐饭，俗称“撬羹饭”。20 世纪 70 年代起，实行火化后，已无木棺，如今都装纸棺火化，棺内不垫石灰，不拷“子孙钉”，其他大殓习俗基本相同。

出殡　送葬 出殡时，撤去孝帷白布。孝子披麻戴孝，亲戚穿白衣戴白帽，门里及近邻拴白带。四人抬棺，二人拿扫帚扫地，一人掼甏（手举丧家一个旧甏掼地）。出殡队伍由吹灯开道，一人在路上不断抛洒纸锭，谓“麒麟买路”，接着是抬棺柩，长子捧牌位，次子捧米囤，其他子女亲属紧随其后。镇域地处于水网地带，一般都用船出殡。棺柩停于船内，送葬人站于船中，孝子跪于船艄，直至葬地。葬地上事前已看好墓地，定好方位，由门里人帮忙挖好墓穴。棺柩下葬时用绳索吊放入穴，子女亲戚及其他送葬人绕棺柩转三周，然后盖土垒坟。运河之东由于地势低洼，采取不挖墓穴的葬法也较多，即棺柩浮厝于地面，四周砌砖墙，上盖瓦顶，形似小屋状。穷人仅在棺上盖些稻草，年久后，棺木腐朽，亲属再收拾遗骨装入瓷甏（称骨殖甏）埋入土中。20 世纪 70 年代起，实行火化，遗体用船运往殡仪馆。火化后，骨灰盒埋于田头或自留地，有的立碑标志。80 年代中期，镇域内各乡镇建安息堂，骨灰盒都寄放于堂。90 年代中期起，遗体火化由殡仪馆专车接送。出殡落葬结束，众人回到丧主家，每人都要吃几片糕、喝一口糖茶，谓“利事茶”。中午，丧家办“回丧酒”，宴待众亲戚好友和自族近邻，表示谢意。宴席中除必有豆腐外，其他菜肴不亚于一般酒宴。

结煞 俗称“结太平”，结煞习俗在旧时都由道士或和尚算出日期，一般安排在“二七”，今多安排在出殡当天进行。是日下午，用豆腐馅馄饨3只、咸菜馅糰子2只，稻草串扎，俗称“接眚馄饨”“接眚粑粑”，从河埠到家设七堆，由孝子逐堆祭拜，最后打碎一瓦片，七堆馄饨、糰子让人抢走，就算“结太平”。

葬后祭奠(做七) 从死者咽气这天算起，每七天为一个祭日，谓“祭七”，俗称“做七”。第一个七天叫“头七”，第二个叫“二七”，至七七称“断七”，或“尽七”。于头七起设立灵亭、灵座，俗称“座台”，早晚供祭，焚香点烛，烧纸哭拜。至“五七”最为隆重，一般都由女儿主祭，请和尚或道士诵经，至亲好友到场，设宴席。焚衣物和纸扎“房屋”及装有“六斤四两”纸锭的“宝瓶”，以示敬献忘灵，如今，焚祭的纸扎品更多，有“电视机”“冰箱”“汽车”等。

周年祭及撤灵 逝世三年内，逢清明节、中元节、冬至节设斋祭拜，每逢忌日，须举行祭奠仪式。三年内孝子穿白鞋，不缝新衣，称“三年守制”。忌日第一年称“头周年”，第二年谓“二周年”，这两年的祭礼较简单，多为本家及至亲参加。到了“三周年”，祭奠最隆重，因守制三年已“服满”。这天撤除灵亭、灵座予焚化，换下孝服穿上正常服装，名“脱白”。丧家宴请亲友，治丧才告结束。现时都在“五七”或“断七”时撤灵台和脱白，结束丧期。

【生育习俗】

催生 孕妇临产前一月左右，亲戚们须做催生礼俗，谓“担糖”。先是娘家，娘家送来婴儿衣服，其中有两件不缝边的毛衫、两件棉袄、两条抱裙、一大摞尿布，还有红糖、鸡蛋、核桃、一大筐粽子。粽子分发到门里自族、近邻及其他亲戚，亲戚收到粽子后，紧随其后，前来“担糖”催生。域内也有由舅舅家开始“担糖”的，然后其他亲戚，最后是娘家。送鸡蛋、粽子均为单数，寓希望生男孩。

诞生 旧时，产妇做产都在家中卧室，产房称“红房”，男子不可进入。请民间接生婆接生，接生婆称“老娘”。遇到难产，只有行迷信一套，焚香祈求祖宗保佑，听天由命，故有妇女做产“一只脚在棺材里，一只脚在棺材外”之说。婴儿一诞生，必用红脚盆温汤洗澡，随后包入襁褓称重量。男婴放竹汏里称，女婴则放在笠帽里称。生男婴正门上方挂红布。20世纪70年代起，孕妇大多去医院生产，此俗渐废。妇女产后称“舍姆娘”，坐月子称“做舍姆”。产妇坐月子期间禁忌很多，未满月不可出门，一月内忌生人进入产妇居室。

三朝 产后第三天，买一点肉、面、糕点、果品、香烛斋佛，称“做三朝”，也有称“请监生”。敬过佛，盛上一碗面条、一块红烧肉、两个鸡蛋等分给门里自族谓“三朝面”。此俗仍流行，只是不是三朝，大多是做五朝或七朝，因为生孩子都在医院，第三天还未出院。

取名 旧时由祖父或外公取乳名的为多，有按兄弟姐妹出生序数取名的，称阿大、阿二、阿三。有以动物取名，叫阿毛(猫)、阿狗、阿牛，以贱生来祈求易养快大。上学时，由教书先生或有文化的人再取学名，有祈求富贵的，如荣、华、富、贵、发、财、宝、仁、福、寿等；有因算命“五行相缺”，起名加进金、木、水、火、土，或将五行文字加在字的偏旁中。生女孩的取名用珠、宝、玉、妹、凤的较多。中华人民共和国成立初期，取建国、卫国、爱国、国庆的名字为多；“文化大革命”中，取红、忠、卫、文的为多。20世纪80年代后，不论男女，取名用字都较新颖别致。

满月 婴儿出生一个月，办满月酒，剃满月头。外婆家送给外甥衣、帽，另有银项圈、手镯、脚环等“避邪”饰品，连同送有座车、摇篮。请剃头师傅上门给婴儿剃胎发，将剃下的胎发用红布包好挂在床头，也有从狗、猫身上剪下一撮毛和婴儿剃下的胎发混合，做成一个发团挂于床上。用狗毛和猫毛混合，寓意小孩将和猫狗一样听话、活泼和容易长大。有的剃完头后，舅舅一手拿把火钳，一手抱着小外甥走过房前屋后，以示小孩会胆大。如今，婴儿剃满月头的胎发做成胎毛笔的颇多。满月后，送红蛋和用糯米粉制作的寿桃粑粑“谢糖”，称“谢糖粑粑”，凡“担糖”的亲属都要送到。

百日 婴儿出生一百天，谓“百岁儿”。以外婆家为主赠“长命锁”“长命衣”，食品以百计。

周岁 婴儿出生满一年，舅家和亲戚送衣饰等物，称“周礼”。设宴招待办酒席，称“生日酒”。是日，小孩穿新衣，戴长命锁、手镯、脚镯，堂屋放置一张八仙桌，上供佛茶，点烛，焚香，桌上放文房四宝、钱币、玩具，任其挑选抓取，称“拿周”“抓周”，意为从拿物中可以卜测性情导向。

【寿诞习俗】

旧时，富家至三十岁即做生，含“三十而立之”意，每隔十年做一次，而一般四十不做，就提前一年做，因四与死谐音。故有“做九不做十”的习俗。五十始逢十做寿，称“×十大寿”，六十岁、八十岁和六十六岁最为隆重。寿庆时，儿女赠寿桃、寿糕、寿面、寿烛，亲属携寿礼到场贺庆。设寿堂，张灯结彩挂寿屏，点寿烛。小辈向寿老行跪拜礼，寿者赠小辈拜寿钱。而穷人大多不做寿，谓“穷人无生日”。中华人民共和国成立后，此俗渐废，大部分老人拒绝寿庆，一般只在六十岁、八十岁时，儿女和亲属送一只蹄膀或送人参、补酒、干面、鸡蛋之类物品，家属聚宴，共吃长寿面。20世纪80年代以后，开始流行儿童过生日习俗，外婆家送生日蛋糕，吹生日小蜡烛，唱“祝你生日快乐”，家人亲友分吃蛋糕，食面，送生日礼物。

【饮食习俗】

主食 镇域内历来以大米为主食，面粉制品为辅。大米以粳米为主。20世纪60—70年代，辅以食籼米较多。60年代前，农民喜吃“冬双米”，是一种存放在米囤中经加温发酵制成的大米，可耐久储藏，煮成米饭松软易消化。为调节口味，根据时令，有食豆饭、菱饭、青菜饭、咸肉菜饭等。面粉制品以食面条、馄饨为主。主食一日三餐，一般两餐米饭，早餐为粥，有的晚餐也食粥。农忙时，早、中餐食干饭。80年代前，农民为节省做饭时间，中午食早餐剩饭的较多。

点心 20世纪90年代前，乡村家庭都食自制点心，有赤豆粽、白水粽、红枣粽、栗子粽、肉粽、肉馅团子、青团子、菜馅团子、豆沙团子、肉馅汤圆、菜馅汤圆、豆沙汤团、麦芽塌饼、松糕（米糕）、豆沙馅水糕、糖糕、印花团子、馄饨、面饼、粉菜条等。如今，家庭自制的少了，向点心店购买的较多。

菜肴 20世纪80年代前，农村家庭吃菜主要靠自种自养，多数人家平时节俭，逢年过节招待客人时菜肴较丰富。平时家常菜烹调比较简单，一般食霉干菜烧肉、萝卜烧肉、红烧鱼、螺蛳、蚬子、各种腌菜、臭卤制品。腌制菜中，有腌八月菜、腌芥菜、腌苔心菜、腌大头菜、腌雪菜、腌洋姜、腌萝卜干，冬季腌咸肉、做酱肉。大多家庭备有臭卤甏，做臭卤制品，臭卤一般用芥菜卤制成，存放久后会有很浓的臭味。臭卤制品有臭豆腐干、臭毛豆、臭豆腐、臭西瓜皮、臭苋菜梗等，均可炖吃，其味异香。80年代后，石油液化气逐渐普及，家庭烹调愈益讲究，农村家庭吃菜除自种自养外，平时也较多买新鲜蔬菜。

茶酒　20世纪90年代前，境内乡村、集镇，家家备有水缸，贮河水用明矾将杂质沉淀后备做饭、饮茶、饮水使用。民间饮茶习俗历史久远，旧时农民、手工业者多喜饮红茶。男人们喜欢到茶馆饮茶，每天大清早便到茶馆泡上壶茶坐上几个小时。茶馆遍布大小集镇及乡村。乡民到茶馆喝茶不只是为解渴，还是一种生活享受，可以会熟人、聊天、“灵市面”。到茶馆喝茶的大多是上了年纪的农民，有些农民将自己的农副产品置于店前出售。茶馆内下棋、斗鸟、看相、算命、卖唱的都有。90年代起，境内各村都办起老年活动室。活动室除喝茶外，还可看电视，并有棋牌等活动。镇域人饮酒者，多为男性。旧时多饮黄酒、烧酒、米酒。黄酒以甏装的绍兴酒为主；米酒为农家用糯米自酿自用，称“甜酒”，口味香甜醇厚。解放后，多以饮白酒、黄酒为主。80年代以后，喝啤酒、葡萄酒的也不少，也有的以雪碧、可口可乐等饮料代酒。进入21世纪后，更有各种果汁、乳制品代酒。

【服饰习俗】

衣着　清末民国初，体力劳动者多为“短装”，商人、教员、医生等都穿长袍，城镇女性流行旗袍。男性农民上身穿对襟短衫、短袄，下身穿中式折腰裤。中年以上的男性腰束“大布襕”。大布襕一般为土蓝布，长达脚背，秋冬春均宜。农村女性穿大襟短衫、长裙。已婚妇女腰系围身，头包毛巾。年轻的包“花包头”，年老的用蓝条毛巾为主。劳动者穿着衣料多为土布，富者用的衣料有直贡呢、哔叽、织锦缎、真丝、纺绸等。解放后，流行过列宁装、青年装、中山装、军便装、春秋装。长衫、老式折腰裤逐渐淘汰。20世纪80年代起，衣料颜色多样，服装款式不断翻新，逐渐流行羊毛衫、滑雪衫、夹克衫、牛仔服、连身裙、直筒裙、西装、羽绒服。青年、中年的衣着已无明显的城乡差别。

发饰　清代，男子前半头剃光，后半头留发梳辫子；女子以长发编髻。民国时期，男子剪掉辫子理短发；女子留齐耳短发，或披肩长发，或长发梳辫，中年以上妇女多为蓄发盘在脑后，俗称“头发把”。解放后至20世纪80年代，男女发型无多大变化。80年代后，妇女的“头发把”逐渐减少，一般改成理短发，留长发、烫卷发者日见增多。90年代后，传统的理发演变为美发，烫发、焗油流行，发型发式多样，有长发、短发、卷发，发色有黑色、棕色、金黄色。旧时，男子以戴戒指、玉佩为主；女子戴项链、手镯、发簪、耳环、头钗等；小孩戴手镯、脚镯、项圈、锁片、木鱼、响铃之类。富人戴的饰品贵重，以金器、玉器为主；普通百姓多数是银器、铜器。解放后，佩戴首饰者渐少，“文化大革命”时绝迹。80年代起，佩戴首饰重又流行，男女佩戴的饰物品种多样，档次渐高，有金戒指、金项链、金手链、金镯、玉镯等。

【居住习俗】

旧时，镇域农村住宅都沿河建造，便于用水和交通，方位朝南，可以冬暖夏凉。多数为“三开间一横屋”的低矮平房，形如“7”字，正屋中间是客堂，两边为房间，横屋作厨房。正屋前有一块场地，作晒谷之用。农村富裕人家多建成四合大院，正屋高大宽敞，一般有“五开间”以上，有的在正屋后还建“后埭”，成前后两进。大院东、西两边建多间横屋，最前面为朝南“墙门”。若家旁的河流为南北走向的，其墙门则成朝东或朝西墙门。域内从绍兴一带迁徙来的农民，旧时多住草棚。

20 世纪 70 年代起，乡村农家开始出现翻建房屋，但仍是砖木结构平房，大多是“新造房子旧木头”，有用水泥梁建房的。进入 80 年代，农民开始建造楼房，一般是二层楼，砖混结构，水泥预制楼板。90 年代以后，较富裕的农民开始建造两层或三层的别墅式楼房，琉璃瓦盖屋面，瓷砖贴墙面，有套间、阳台，内部卫生、厨房等设施均配套。

【庙会习俗】

20 纪 50 年代末以前，境内寺庙众多，由此衍生的庙会活动遍布各个村落。农民每逢庙会，就聚集在寺庙开展祭神、娱乐和购物等活动，成为民间广为流传的一种传统民俗。镇域内除刘王庙每年两次规模最大的“网船会”活动外，其他较大的庙会还有不少，这里仅选载部分庙会的活动情况。

刘王庙会(网船会) (详见此章第二节网船会)

王江泾庙会 旧俗二月初八为张大帝生日，多风雨，有“请客风送客雨”之谣。据《古禾杂识》记载，南宋时，已有“二月初八张大帝生日”一说。民国时期，二月初八、初九，为王江泾庙会，当时轮船公司每年于初六、初七两日，增开班船至王江泾运客。

广阳庙会 广阳庙位于田青村东潜圩西南湾，神祇“金大老爷”。广阳庙建后，香火一直旺盛，在江、浙、沪交界一带较有影响。每年农历九月十六日为金小玉的生日，当地民间举行庙会。庙会时，附近 20 多个村庄民众都会前来进香祭拜。上海的青浦、朱家角和境内今廊下村金银浜(据传是金的出生地)等地，也会有大批香客到此进香。其间，民众请剧团在庙内演戏，有时请两个戏班同时演出，称“并台戏”。广阳庙于 20 世纪 60 年代拆除，庙会终止；80 年代，村民捐资重建，广阳庙会又兴起。每年春季或秋季，村民请戏班子在庙园内演戏，并有舞龙、挑花篮、歌舞等文艺节目。

三王庙会 三王庙位于民和村庄连自然村。每年清明时节，都会举行一次庙会，庙会持续三天，参与庙会活动的民众多达数千人。每次庙会都有“出会”活动，出会队伍由锣鼓开道，接着是舞龙、舞狮，其后由六人或八人抬“大老爷”，紧随着踩高跷、提香炉、打莲湘等表演。第一天，从三王庙出发，经化然浜、北漾埭、唐家浜、东林港、蒋家浜、毛文港，在杨家湾娘舅庙过夜；第二天，经龙象庵、塘口、花伏，到唐家路小庙过夜；第三天，过白龙泾、金家浜、西圣堂、东圣堂、回三王庙。

三阳庙会 三阳庙位于东荷村三贤之浜，始建于清代。庙内供奉“茅三老爷”“杨老爷”神祇，每年农历八月二十五日(杨老爷生日)、十月初三(茅三老爷生日)举行庙会。庙会时，三贤之浜和附近村庄数百人来庙烧香，供物、鱼肉、酒菜、糕点、粽子、水果，堆上好几桌；还在庙内搭台，请戏班子演戏。三阳庙于“文化大革命”中拆除。20 世纪 80 年代，村民集资重建。

关阳庙会 关阳庙位于华联村的小曲自然村。旧时，每年农历九月十三日，村里举行庙会。每次庙会都选一块大的场地，搭台请戏班子演戏。是日，先抬着关公塑像，在全村出会巡游一圈，然后将塑像放于戏台对面，并将附近其他庙中的神佛塑像一一抬来，一同“看戏”。各地小商贩纷至沓来，水果、小吃、糕点、玩具样样都有，打拳头卖膏药、算命、相命也来轧闹猛，热闹异常。关阳庙于“文化大革命”中被毁，庙会消失。

济阳庙会　济阳庙在民主村与原前进村姚家桥交会处。该庙祀七老爷、二老爷、杨老爷三神祇，昔时，每年清明前后举行一次出会。出会时，将庙内三尊神像一起抬出去，出会队伍要经过多个自然村，从济阳庙出发，经蒋家浜、杨家浜、潘家桥、汲水桥、三贤之浜、北家港、戴西港，午后到妞妞庙、十字路、神仙庙、张家庙、八角亭，到南汇过夜；第二天经虎哨浜、三王庙、陈家桥、杨家湾、观音堂、关阳庙，回济阳庙，历时二天。如今搞出会已不抬神像，一队男女穿着红衣绿袄，举着各色旗子、号牌，敲锣打鼓，沿着民主、民和、荷花三个自然村环绕一周。

中良庵庙会　中良庵在东荷村。每年农历五月十三日(关帝诞辰)有庙会活动，香客携糕点、鱼肉、猪头等供品，来庙进香祭拜。村上请戏班子演几天“并台戏”，家家户户邀亲戚来看戏。庙里向其他庙宇发请帖，其他庙宇应邀抬来神像、佛像，前来“看戏”。

张家庙会　张家庙在南汇村大双港港北，每年都要举行多次庙会。农历三月十四日的庙会最为隆重，一般都进行一次“出会”，由四个汉子抬着放有一尊神像的轿子，在附近村庄巡游一周，数百名男女一路随行，并有民俗舞表演，锣鼓声、鞭炮声震耳欲聋，颇为壮观。

正阳庙会　正阳庙在荷花新镇西约1千米。《闻川之稿》载，庙中供奉刘王神。今当地民间说是刘猛将兄刘继忠。旧时，每年刘王庙网船会期间，该庙也赛会三天。

【其他习俗】

建房上梁　农民建房上梁这天都办“上梁酒”，亲戚朋友携礼到场贺庆。主人妻子的娘家送来米糕、状元糕、粽子、糖果、甘蔗、蚊帐、梯子、鞭炮等礼物。上梁时，主人夫妇穿新衣裳，女主人发系红头绳。新屋正中设一八仙桌，放上香烛、祭品；木工筑头师傅在正梁中间扎上“红肚兜”(红布)，四角钉上四个铜钿，然后将此梁提上，安装在两边主柱榫头中。东西两边的木工师傅用木柄石榔头一边敲，一边轮流唱《上梁歌》：“头记拷来金鸡叫，二记拷来东风红，三记拷开金山门，四记拷来四季发，五记拷来五谷丰，六记拷来六六顺，七记拷来财神到，八记拷来家家好，九记拷得怎么样？十记拷来十全十美。”最后两边齐喊：“榔头落地，状元出在此地。”爆竹响起，筑头师傅将米糕、粽子、甘蔗、糖果、香烟、硬币等物往四处抛洒，谓“抛梁”，并高喊：“抛梁抛过东，子孙满堂红；抛梁抛上南，来年造只船；抛梁抛过西，买田又买地；抛梁抛落北，代代造新屋。”众人在下面争抢，得者象征吉利。抛梁毕，正梁的“红肚兜”披上蓑衣，大家吃“上梁酒”。此俗延续下来，唯唱《上梁歌》者已不多见，亲友贺礼送现金为多。娘家送礼较大，送家电、家具的颇多。

过房　过房即孩子认“寄伯”。其有两种形式：一是认寺庙中的神佛为寄伯。过房时，除了给神佛送上香烛外，还要献上若干千克香油供佛前点灯之用。僧人则给过房的取一个名字。以后每年大年初一、佛寄伯生日，过房儿子都要以巨烛高香供奉佛寄伯。二是认自己认为适当的人为寄伯。选好对象后，经双方认可，便约定日期，举行礼仪，一般是送礼、点烛、跪拜、放炮、宴请。仪式毕，寄父母要为干儿子取名，并冠上寄父母姓氏，以后就一直沿用此名。旧时认过房双方都郑重其事，因为过房儿子被称为半子，并非一般亲友。此俗已淡化。

拜师学艺　旧时收徒拜师仪式大同小异。师徒双方明确职责，各司其职，以便培养合格徒弟。学徒拜师先由介绍人(也称作荐人)提前两三个月和师傅接洽,同意后,择一吉日举行拜师仪式。一般选择端午、中秋、年初四等节日。拜师时,学徒携猪肉、面条、蜡烛、红枣、桂圆等物,随介绍人到师傅家。先由介绍人引见,然后书写“关书”,写明学徒期限为3～4年,也有长达5年的。“关书”还写明学徒期间无论伤残病死,概与师傅无关。“关书”由学徒、师傅及介绍人画押签字,各执一份收藏。师傅大多由业主充当,铁器业中也有的由资深技高的把钳师傅充当。竹器业、泥水业大都由筑头师傅担任。“关书”签署后即举行拜师仪式,点燃红烛一对,师傅上座,学徒跪在红毡上向师傅行叩头礼。铁器业则用围身(蒲包)代替毡毯。礼毕,介绍人将红枣、桂圆分送在场的大小师傅及师兄们吃,意为结缘。然后学徒由师傅带领拜见师母,引见各位师兄及老工人。长木工学徒随后还得在师傅陪同下祭拜鲁班先师。学徒期间由师傅供给膳宿,每月发给一块银圆的“月规钿”。学徒第一年常充师傅家杂役,第二年如收有新学徒,才开始学艺。学徒满师后,大都留在师傅家做伙计,少数经师傅同意,可“跑码头”自行谋生。解放后,学徒拜师仍延续,但仪式已改革,师徒关系建立在尊师爱徒的基础上。

吃讲茶 旧时手工业者行会观念十分强烈,不可跨行跨业。如建房长木工不许做圆木(木桶、木盆等),做家具的短木工不能做农具。其他跨行也类似。若有违反行规的,便要到茶馆里吃“讲茶”解决,茶钱由犯规和理亏一方付给。

结拜 结拜就是与外姓志同道合者结为兄弟、姐妹,仪式较为简单,一般就是吃一顿饭,叫一声对方父母。结拜后,就视同亲戚,往来不断,有事时尽力相互帮助,婚丧嫁娶时以重礼相赠。

小孩上学 小孩开始上学读书,舅家要做“上学客人”。划数箓米糕、送书包等礼物。书包内放入算盘、笔砚等文具,还有一把葱和几包状元糕,意为“聪明”“中状元”。现在子女考上大学,大多要举办宴席,亲朋送上“红包”以示祝贺,也有送手机、电脑等贵重物品的。

开秧门·关秧门 插秧第一天,俗称“开秧门”,也称“开秧把”。旧时,农家都很重视此俗。此日,在家中设三牲祭“田土地”,食团子、糕,寓家庭团圆、农事“步步高”之意。早餐食鲞鱼,象征种田有想头。开秧门时有许多忌讳,如拔第一只秧把和插第一只秧把时不得开口,跟别人手与手不互传秧把;甩秧把时,忌甩在插秧人身上。插秧时,秧护柴不可丢在别人的埭头上。插到田横头时,手中的余秧应全部插在田岸边,不能丢掉,表示当年有余粮。插秧结束日称为“关秧门”。这天必须安排在傍晚前完成插秧。如觉得来不及,就及早请帮工,如田中插剩一小块完不成,被认为田里“开天窗”,以致一年不如意。“关秧门”后,出嫁女儿回娘家省亲。农谚云:“插好黄秧,望望爷娘。”

斋天 即祭天,是大规模的祭祀仪式,祈求上天给予风调雨顺、五谷丰登的活动。此俗古老,为中原文化现象,属古代农业社会的遗风。镇域许多村落有此俗流传,20世纪50年代后期中止,80年代起一些村庄恢复此类活动。一般每年开展两次斋天,每次全村妇女出动,各户准备香烛和鱼肉、糕点、水果等祭品,集中在村内一块较大的场地上焚香祭拜,请道士(民间赞神手)唱长短篇赞神歌送神。

拜桥忏 域内乡间建桥,多地民间有“拜桥忏”习俗。在钉完桥桩时,工地上摆放红糖、团子为祭桥神。上桥梁时,献上“四牲礼”、糖糕、蛋糕、方糕、水果等供品为敬桥神。桥完工正式通行时，众多村民聚集一起，请和尚拜忏，桌上放水果、水面等供品，搭置一座“香桥”和“香塔”，然后放上锡箔，一起焚烧。妇女们烧香点烛，表演挑花篮、打莲湘等民俗舞节目，意为祈求桥神保佑出行平安。

第二节　网船会

网船会又称刘王庙会，是活跃于莲泗荡内的大型水上庙会。刘王庙位于王江泾镇民主村境内，坐落于莲泗荡北岸。清代中期以来，每年清明节前后和中秋节前，来自浙北、苏南、上海等地的成千上万条大大小小的渔船及商船，汇集到莲泗荡，为祭祀刘王庙中的刘姓神明，祈盼粮渔丰收、出入平安。因船只中以小渔船为多，小渔船俗称“网船”，故称“网船会”。

【网船会活动】

莲泗荡北滨的刘王庙，祭祀的是一位刘姓将军。据清宣统《闻川志稿》载：“神姓刘名承忠，元时官指挥，为民驱蝗，元亡自沉于河，世称刘猛将军。”《嘉兴府志》载：“清雍正二年列入祀典，一年两祭，正月十三为诞祭，冬至后第三日为亡祭，民间则以农历正月二十为开印日、八月十四为诞辰日两祭。”据传，刘王庙原名刘猛将军庙，清同治皇帝加封刘承忠为“普佑上天王”后始称刘王庙。刘王庙因此名声大振，更有一个刘王之灵保护有难百姓的故事在江南各地相传，渔民、船民也因此将“刘王”作为农渔丰收和安全的保护神。信奉的民众遍布江苏无锡、江阴、苏州，上海崇明、奉贤，浙江海盐、平湖和湖州等地，每年二、三月之交和八月“刘王”诞辰期间，由渔民中各帮“香会”(即香社，今称社团)的香头负责组织，渔民们各自驶船赶至莲泗荡。有大到六七十吨的太湖渔船，崇明、海盐的出海渔船，小到扒螺蛳、蚬子的小渔船，还有商船、运输船。数千条甚至上万条船常将莲泗荡挤得只剩下一条窄窄的单行航道，船只停靠从刘王庙东的急水桥直至王江泾，延伸数千米。前来赶庙会的渔民、船民，每到莲泗荡，有的船上竖插绣金龙的三角旗，旗上书“普佑上天王”大字。船上列祭品，有猪头、猪爪、蹄膀、鱼、条肉、豆制品、水果、糕点等，还有黄酒。船驶近刘王庙，船上燃放爆竹。靠岸后，船民第一件事是抬着木盘，盘上放着各种祭品到庙内供刘王塑像。有的香会将几条船并排起来，用大型松板钉成船排，搭起香棚，祭祀“刘王”。

清咸丰年间至民国时期，网船会活动达到最盛阶段。清光绪十二年(1886)的《点石斋画报》载图《网船会》并附文：“嘉兴北乡连四荡，八月十三为刘王诞期，远近者扁舟巨船不下四五千艘，自王江泾长虹桥至庙前十余里内排泊如鳞，是日奉神登舟，挨荡巡行，午后回宫。”《闻川志稿》载：“一逢开印日与诞辰日，江浙渔船咸集荡中，以数万计，演曲献牲，岁以为例。至二、三月之交，船至集尤多，谓之网船会。”1937 年农历三月的网船会盛况空前，香客约有十余万人，商贩摊位林立。由于香客购物争闹，造成挤死七人，伤三四十人的惨重后果。当年，日军入侵，此后几年的网船会规模大大萎缩，直至抗日战争结束。1947 年，刘王庙庙会盛况有文字记载：“十八万三千之多的猪头献上神座”，“高高竖着桅杆的大船约有八百余艘，轮船二十四艘，其他汉口船三艘，青岛和香港来的船各一艘，其余小网船和民船不知凡几”。1948 年 4 月 28 日，《嘉善民权报》亦记载有刘王庙会“五十万人虔诚顶礼”，敬献给刘王的沙帽“价值黄金六两”。

在民国时期，每次网船会一般持续3～5天，其间，“猛将出会”是网船会的高潮。出会队伍先请出刘王塑像，从刘王庙出发，向西北行进，由两人舞耍“火流星”开路，接着是一二十个青壮年肉臂扎铁钩提香炉，称为“扎肉提香”，或赤膊吊挂倒钩装肉身灯；紧随着是一只只台阁上由童男童女站立上方、穿着漂亮的戏装，扮演着一出出戏文；也有几人戴着刑具，扮着罪人；其后是调龙灯、打莲湘、走岸船、踩高跷，还有敲锣鼓、奏丝弦、演滑稽、武术表演，个个身着艳装，女的红衣绿带，男的绿衣黄带。在猛将像前面，由十六名大汉抬着一杆高高的旗杆，上面挂着一面巨幅“刘”字大旗，旗杆上段用四根粗索放至几十丈开外，用上百人牵引，使旗杆不倒。善男信女提香携烛紧跟其后，一路上锣鼓鞭炮齐鸣，上万人的出会队伍浩浩荡荡向前。长虹桥下踏白船比赛船同时拉开。从刘王庙到长虹桥的出会路上，各种小贩买卖齐集路边。出会队伍到达王江泾关帝庙，行程7.5千米；在关帝庙夜宿后返回，为时两天。每年“猛将出会”的形式和路程不尽相同，有几次仅在附近村庄巡游一圈，称“猛将串会”。猛将出会在民国时期每年农历三月举行一次，解放初中断3年，1953年起恢复“出会”活动，但规模没有解放前的大，赴会的各种船只也减少很多。

网船会于1958年中止，刘王庙在1972年被拆除，但在春、秋“两祭”期间，远近香客仍络绎不绝前往庙址，小规模的烧香祭拜未曾停止过。1986年，民主村筹资在刘王庙旧址重建刘王祠后，网船会又逐渐恢复，赴会的船只不断增多。随着公路交通的发展和一些渔民转变职业，人们赴庙会相继弃船从陆，赶会的渔船逐年减少，1990年降至1200条左右，2003年降至800多条，2005年仅有600多条船，并逐年继续下降。每年除夕夜，远近香客到莲泗荡“烧头香”超过1万人次。清明前和农历八月上半月，每天有一两千名香客到达，每逢星期天，香客可达到5000～1万多人。许多刘猛将军信仰社团带有调龙、舞狮、莲湘、花鼓、扇舞之类的民俗舞在莲泗荡刘公园内外表演，扎肉提香炉和提铜锣这种敬神活动依然活跃在网船会民俗之中。而装肉身灯、扮戏文、踩高跷等形式的民俗活动已消失。

2009年3月21—22日，王江泾镇人民政府在莲泗荡风景区主办首届“江南网船会”。21日，省文化厅、省海洋与渔业局、嘉兴市委宣传部、秀洲区人大有关领导出席参加了“江南网船会”开幕式。当日，举行大型文艺演出。22日早晨，举行“猛将出会”民俗活动，锣鼓队和五十多个民间信仰社团举着社团牌子一路前行，紧随的有“扎肉提香”、舞龙、腰鼓、莲湘等民俗表演，数万民众跟着巡游队伍行进，出会队伍从莲泗荡景区刘王殿出发，向莲泗荡大道及周边村道巡游一周。莲泗荡内，300多条渔船的渔民们在船上，摆开祭品祭刘猛将。两天网船会活动共吸引六七万人参加。

2010年4月11—12日，由嘉兴市人民政府主办“流淌着的运河民俗——2010·中国江南网船会”开幕式，其间举办民俗风情摄影大赛、龙舟比赛、网船会民俗风情大展演及社团组织船民祭祀等多项活动，两天活动有近10万人参加。

【网船会社团组织】

在清代和民国时期，因网船会的兴旺，各地相继成立朝拜刘猛将为主的民间信仰团体，该团体旧时称“香会”“香社”和“班口”，今习称“社团”。这些社团大多以姓氏家族为一个部落，每个社团少则有十几户、几十户，多则百余户、数百户。如江苏吴江平望渔业村的刘氏部族，名嘉兴南六房长生社，旗帜上写有80多户户名，且每年结船而来，每次驻扎3天。有的社团则以多地的信仰者联合组建而成。

各社团仿照朝廷机构设立南、北六房，对参加网船会进行管理。在每年刘猛将出会节时，各个社团按照南、北六房的排班和各自职能，分别亮出令班、十字牌班、轿班、旗班、龙虎班、龙灯班、大爷班、护香班、音朝班、腰鼓班、扎肉提香等仪仗、技艺队。各社团首尾相衔，护送刘猛将神像在各船、各村中巡游，队伍长度达好几里。

1966—1976年，社团全部解散。1986年刘王庙重建后，社团慢慢重组。2009年首届江南网船会，57个社团参加。截至2010年12月，已重组和新发展到98个社团。社团中都备有旗、伞、牌、服饰、锣鼓等器具，大多社团准备多种民俗舞节目。嘉兴南六房长生社、先锋提香社和太湖公义社是目前仅有的几个能表演扎肉提香炉、提铜锣等敬神活动的社团。社团队伍一般都有老、中、青结构，形成一个较大的刘猛将信仰圈和网船会传承人队伍。

2010年12月王江泾镇网船会社团组织情况表

表23-1

序号	社团名称	分布区域	人数（人）	创办时间
1	旗伞社	吴江芦墟渔业村	310	清嘉庆六年(1801)
2	莲花社	吴江平望金家坝	200	1940年
3	北六房	吴江八坼渔业村	86	清嘉庆十七年(1812)
4	北六房苏州虎丘暖轿班	苏州新庄二村	700	1930年
5	太湖老兴隆社(联湖社)	吴江庙港渔业村	106	1930年
6	太湖老兴隆社周氏堂门	常熟武进皇里乡渔业村	不详	不详
7	吴江新江海社	苏州吴江中区横泾	160	清光绪二十七年(1901)
8	常州老公门	苏州新区新狮	170	1935年
9	太湖兴隆社	苏州东山	150	不详
10	新塍老公门	新塍洛东渔业村	150	1993年
11	石湖大社	苏州越区杨庄村	80	清同治三年(1864)
12	公子社	吴县甪直渔业村	200	1938年
13	香亭社	昆山南港车坊渔业村	250	清咸丰十年(1860)
14	新义大社	吴江北都渔业村	不详	不详
15	莲泗荡嘉兴班	苏州浒关渔业村	40	20世纪初
16	莲泗荡联合社	嘉善汾玉	108	1991年

续表 23－1

序号	社　团　名　称	分　布　区　域	人数（人）	创办时间
17	二爷社	苏州万荣	138	1933 年
18	苏州金家桥暖轿班	苏州虎门金家桥渔业村	153	清宣统二年(1910)
19	公民社	苏州庙港渔业村	200	1937 年
20	湖州新立社	湖州	400	1963 年
21	长生分社	吴江庙港渔业村	150	1972 年
22	苏州王家南桥班	吴江工业园区唯亭	36	1940 年
23	北六房沙家浜暖轿班	常熟唐市	800	1934 年
24	嘉兴船班	嘉兴南湖烟雨楼社区	160	不详
25	兴隆社	吴江松陵镇	180	清嘉庆二十五年(1820)
26	金大社	吴江震泽渔业村	130	清嘉庆四年(1800)
27	永兴堂杨伟社	昆山陈墓渔业村	150	清宣统二年(1910)
28	苏州北六房北大社	苏州国泰新村	102	清宣统二年(1910)
29	黑胡长岸七省社	吴江庙港	200	1913 年
30	南六房长生社	吴江震泽渔业村	300	1933 年
31	倪门社	昆山周庄南湖村	45	1934 年
32	老兴隆分社	吴江平望	350	清光绪十九年(1893)
33	小刘王	嘉善魏塘	130	1988 年
34	时辰忏	吴江黎里、平望	1080	清康熙五十四年(1715)
35	七省社	吴江震泽	300	1930 年
36	岸七省社	嘉善大舜、姚庄	120	1932 年
37	公兴社	昆山周庄屯村	120	1933 年
38	南六房	嘉兴烟雨楼社区	320	清光绪十九年(1893)
39	南六房长生社	嘉善魏塘钱桥村	100	1933 年
40	江海社	平湖	850	1972 年
41	上海老公门社	松江	不详	不详
42	白茅枪社	吴江同里	100	清光绪十六年(1890)
43	头门社	吴江盛泽渔业村	600	1985 年
44	家丁班	苏州工业园区	600	清同治三年(1864)
45	直景班	莲泗荡令班	300	清咸丰十年(1860)

续表 23－1

序号	社　团　名　称	分　布　区　域	人数（人）	创办时间
46	旗牌班	王江泾镇虹阳村	200	清嘉庆十五年(1810)
47	红班社	吴江芦墟、嘉善大舜	60	清宣统三年(1911)
48	嘉兴南六房老长生分社(会)	吴江八坼渔业村	240	清道光十年(1830)
49	龙旗社	苏州车坊	100	1983 年
50	太湖北六房	苏州吴中区	500	清光绪八年(1882)
51	孙水社	苏州吴娄门	100	清光绪二十六年(1900)
52	龙虎队	吴江八坼	140	1993 年
53	二爷社护香班	苏州吴中区越溪	150	1930 年
54	南朝第一会	上海南汇新场镇	385	1940 年
55	沈塘大锣社	苏州常青新益村	不详	不详
56	大旗班	苏州娄葑镇群立村	680	1936 年
57	沈氏堂门公子社	吴江同里	650	明洪武年间
58	嘉兴南六房麦弓老长生社	吴江平望、盛泽、海盐	400	清光绪二十六年(1900)
59	苏州三兴社	苏州娄门、吴县	200	清光绪十六年(1890)
60	莲泗荡令班	吴江黎里梨花村	46	清乾隆二十五年(1760)
61	共兴大爷班	苏州车坊	180	1983 年
62	新塍线条班	嘉兴新塍渔业村	403	清光绪二十六年(1900)
63	国序会社	湖州青湖家园	400	1913 年
64	苏州龙灯班	苏州娄葑金益村	800	1983 年
65	太湖北六房工艺长生社	吴江庙港渔业村	60	清嘉庆十五年(1810)
66	大爷南桥班开箱二爷社	苏州梅花新村	不详	不详
67	北六房二爷社开箱船	苏州娄门安新村	不详	不详
68	莲泗荡沙家浜堂门兴隆社	苏州吴中区	80	2007 年
69	苏州北六房北大社大旗班	苏州	不详	不详
70	麦弓老长生社	海盐	70	清嘉庆七年(1802)
71	苏州大旗班	苏州、吴江、甪角	96	清咸丰十年(1860)
72	大爷二爷新社	苏州金阊区、申庄村、新渔村	不详	不详
73	震泽吴家老社	新塍洛东村	208	1995 年
74	洋南田共和社	湖州菱湖	710	1945 年

续表 23-1

序号	社　团　名　称	分　布　区　域	人数（人）	创办时间
75	新市解差社	湖州新市渔业村	158	1983 年
76	南浔公义社	吴江黎里、盛泽	220	清光绪年间
77	苏州北六房音朝班	吴江黎里、盛泽	700	清同治三年(1864)
78	公义大社	吴江同里屯村	180	1955 年
79	杨八文	八坼渔业村	180	1945 年
80	阳澄湖兴隆社	苏州	60	1935 年
81	西山太湖产生社	苏州	130	清嘉庆二十五年(1820)
82	朱大社	吴江庙港	30	不详
83	巡捕社	嘉善西塘渔业村	47	不详
84	江苏扬州丝网社	扬州金湖县塔集镇渔业村	300	1912 年
85	谭丘长生分社	吴江南麻、盛泽渔业村	360	1928 年
86	锣班社	常熟沙家浜华阳村	113	1978 年
87	龙旗社	常熟沙家浜	100	1978 年
88	太湖老兴隆社徐家公门	吴江七都、庙港	290	清嘉庆五年(1800)
89	江苏太仓冲手班	太仓新湖	不详	1990 年
90	阳朝班	江苏吴中区角直镇	120	1935 年
91	秦氏堂门手臂比相	苏州吴中区东山光荣社	400	清嘉庆十八年(1813)
92	斜塘渔民腰鼓班	苏州吴中区	22	2006 年
93	刘香社	嘉善丁栅渔业村	80	清嘉庆十七年(1812)
94	平望兴龙社	吴江平望联丰村	不详	不详
95	苏州胥山外公兴社	苏州吴中区光福镇	130	清光绪十三年(1887)
96	先锋提香社	嘉善姚庄、里泽建设堂	215	1935 年
97	太湖公门社	苏州庙港渔业村	400	1982 年
98	嘉兴老长生社姚庄分社	姚庄杨家池塘渔业村	180	1913 年

第三节　宗　教

【佛教】

佛教传入镇域内较早。据《闻川志稿》记载，域内历史上寺庙众多：镇东北合路南秋圩（今大坝村史家路)的“保安讲寺”建于东晋,为域内有记载最早的佛教场所。该寺在唐至德间改为“保安禅院”,唐会昌五年(845)废,唐大中元年(847)重建。南宋乾道七年(1171)重修,升为讲寺。元末遭兵燹,后复建。明天顺六年(1462)重建。其寺规模庞大,占地面积约 15 亩,僧人众多。清咸丰年间兵毁,清同治年间重建观音殿(今当地传称“四青寺”)。一宿庵始建于唐代,清咸丰时亦遭兵毁,于清同治初重建三椽,后又渐圮。清光绪十九年(1893)重建大殿、山门、五桂轩、晚霞阁。一宿庵自古以来闻名于江浙一带,香客众多,佛事常年不绝。解放后十多年内仍有和尚二人,其中一老和尚于 1965 年去世,嗣后小和尚去了三塔寺。境内宋代和元代兴建的寺庙较多:东禅寺(在范滩)建于北宋元祐年间,明洪武初重修,明宣德年间奏请赐额,寺有修竹轩,俗传为苏东坡留题之处。寺为三进,占地广,僧房数十间,僧人四五十名。此寺在清末起渐衰,后遭日军毁坏。解放后,在 1953 年后逐步拆除;老亲庵(在范滩),建于南宋淳熙二年(1175),元末毁,明洪武年间重建,常有僧人 10 来人,解放后,寺院拆建为民房;寿生寺,在大中结字圩,建于元至正年间;雨花界,在西雁荡东,建于元至正年间。其他有兴福庵、小普陀、具足庵、焚音阁等建于明清时期。未入载《闻川之稿》的寺、庵尚有不少,会庆庵(在今莫家甸村)、东庵(在今南汇村唐林港)、西卓庵(在今东荷村)、师姑庵(在今廊下村)、报恩寺(今民和村)、保福庵(在今双桥村)等都是规模不小的佛事场所,僧尼均有 10 多名。域内其他较小的寺、庵及有多名僧人的寺庙还有数十所。中华人民共和国成立后,僧人全部还俗,寺庙房屋移作他用,多数寺庙在“大跃进”或“文化大革命”期间拆除。

长虹寺(原名一宿庵),于 1992 年被批准为全区第一家对外开放的宗教活动场所,该寺位于长虹桥西堍北侧,约建于唐代。《闻川志稿》载,唐朝有一高僧法钦在去南海取经路过王江泾时,曾在庵内住过一宿,故名一宿庵。明代时,庵北侧建起一城隍庙。后庵、庙合为一个整体。解放后,庵房仍保留原状。1952 年,大半庵房作王江泾小学使用,大殿改成大礼堂。“文化大革命”开始后,庵宇遗留部分被全部拆除。1992 年 8 月,经省、区二级宗教部门批准,成为嘉兴市郊区第一家恢复宗教活动的场所,庵内增建观音殿,内塑一尊 6 米高的千手观音菩萨像,找回檐照镜,恢复大殿原貌。1998 年,庵内增建大雄宝殿、山门、斋堂,增设释迦牟尼以及文殊、普贤、毗庐、四大天王和弥勒、地藏菩萨等多尊塑像。庵内留有一株 160 多年历史的银杏树。2000 年更名为长虹古寺。2010 年,总占地面积约 1980 平方米,建筑面积 1926 平方米。有僧职人员 9 名。民间有皈依佛门的信徒 300 余人,其中 5 人参加佛教协会,有常到寺内做佛事的信众 1000 余人。每年大年夜和清明前后,是长虹寺香火最旺期,每天有数千人到寺点香供佛,每年农历二月十九日、六月十九日、九月十九日进行佛教法会活动。

【天主教】

天主教于清宣统二年(1910)由王江泾居民周云仙主持开设传教,教堂设于一里街西段的民房内,教徒 20 多人,由一名在濮院天主教堂任职的韩姓神父到王江泾传教。后教徒逐渐增多。1935 年,周云仙主持在王江泾陶家浜南侧建教堂,主楼三大间和附房建筑面积共有 1000 余平方米,名为“圣女德肋撒教堂”。1963 年 4 月,教堂房产由房管部门接受管理,其间,将 10 间平房租给王江泾电工段。1973 年,教堂由房管所拆除,土地由王江泾电工段使用。1979 年后,宗教政策得到落实,天主教逐步恢复活动。1992 年,王江泾镇政府划给土地,在小桥港重建天主教堂,为七间平房,建筑面积402平方米,投资76500余元。2001年12月周亮亮任王江泾天主教堂管理委员会主任。2007年4月,因遭暴风雨,天主教堂倒塌。2008年8月,得到秀洲区政府和王江泾镇政府的拨款资助,以及教民的募捐,投资85万元,在原址重建天主教堂。新天主教堂为二层结构,主楼高22米,建筑面积797平方米。2009年12月,成立王江泾天主教堂管会,成员8名,主任王明娟,副主任朱惠君。同年,有天主教徒300人。2008年被评为平安活动场所;2010年被评为三星级平安活动场所。

【基督教】

19世纪末基督教始传入境内。1916年11月,嘉兴基督教宣传教师毛逵孙携青年会会员,取得嘉兴县张知事同意并介绍,在王江泾演说“共和真理”,并携带理化器械以佐兴趣。

20世纪30年代初,境内已建有耶稣堂,坐落于王江泾市河南一宿庵西,并有三楼三底居住楼和辅助房,总占地面积4.5亩,1936年毕业于美国神学院的花第生之子花翘奇,来嘉兴区教会供职,专门从事游行布道。花翘奇流动传教,备有大篷帐、汽艇,专供下乡布道之用。王江泾耶稣堂也由花翘奇牧师传教,花翘奇回国后,由魏塘叶瑞山牧师任职,传教至1950年。其间信徒近200人。

1951年起,教堂由海盐牧师张耀忠主持传教多年。1954年,中华基督教嘉兴区会王江泾耶稣堂牧师为封达三,教徒共47名;1961年,由嘉兴莫长老接任讲道,主持传教。1986年起,随着宗教政策的落实,王江泾基督教活动逐渐恢复。先由基督教信徒朱乃光组织信徒聚会,开始有5人参加,逐增至几十人。1988年,嘉兴牧师龚杨付到王江泾主持传教,并成立王江泾基督教堂管会,由8人组成。1990年起,龚扬付牧师学生王志良开始主持传教。1992年,由王志良牧师主持将原牧师住宅房改建为教堂,并盖住宅楼房。1993年,经区政府登记为基督教活动场所。1997年,又争取到教堂东边的土地,于2006年在原址重建基督教堂。重建后的基督教堂和辅助房建筑面积达到2000平方米,占地面积约3亩。2010年,基督教徒达到1500人,教徒多数分布在王江泾镇区周边,少部分分布在荷花片、双桥片、南汇片、田乐片和盛泽等地。基督教徒每星期一次聚会,参加人数800人左右。每年圣诞节和正月初四至初七,各有一次大聚会,1500人全部参加。2008年被评为平安活动场所;2010年,被评为三星级平安场所。

第四节　庙宇　庵堂

明清时期,境内寺、庵、庙、观等佛教、道教和民间信仰场所众多,后于晚清战乱时期,一些寺庙被毁。民国时期,寺庙有减无增。解放后,剩下的大部分寺庙在“大跃进”中被拆除。20世纪80年代,除刘王庙经上级有关部门批准重建外,其他庵、庙均由民间集资自行陆续重建。此目收录的庙宇、庵堂均为现存在的民间神、佛信仰祭供场所,共79所。其他历史上曾有过,已不存在的寺、庙、庵、观均收录在第二十章《文化 旅游》第七节中。

【庙宇】

刘王庙(一)　在莲泗荡风景区内。(参见《文化 旅游》章第九节旅游景点)

刘王庙(二)　在大坝村陆家池,庙供奉刘猛将军,始建年代不详。原庙占地面积约 450 平方米,共 15 间。“文化大革命”期间拆除山门数间,余下的作小学教室。20 世纪 90 年代,村民重建 8 间庙屋,占地 245 平方米。

舅公祠　在莲泗荡风景区内。(参见《文化 旅游》章第九节旅游景点)

相公庙　在大坝村七家扇小塘圩,始建年代不详。现庙由村民重建于 20 世纪 90 年代,建筑面积约 80 平方米。

娘舅庙　在民主村东北方、汲水桥港西南口,始建于清光绪年间。原庙有正殿 3 开间,两边有穿堂。庙中主祭刘猛将舅父谓金老爷。1947 年,在庙堂西增建 3 开间房,供奉观音等菩萨。1970 年被拆除,后由生产队建仓库;1996 年重改建为庙宇。

迎阳庙　在民主村河东埭中部,传为晚清时期建造。原庙有 3 间合勒舍庙堂,祀刘猛将舅父金氏。“大跃进”时期被拆除,20 世纪 80 年代由村民重建。

神堂庙　又名小刘王庙,在民主村湾塘里。据传在清朝早期,有一山东人士,刘姓名笃照,举家到湾塘里定居,并带有几尊神像,后建造一座小庙,供奉刘王,称神堂庙。

八角亭　在南汇村桥湾里、长荡西南角的一个土墩上。原八角亭名为八角,实为六角,每只角挂一铜铃。亭子为上、下两层,下层供关帝等神像 3 尊。亭西建有数间庵房,置观世音等数尊菩萨像。始建年代不详,毁于“文化大革命”期间,20 世纪 90 年代由村民重建。

张家庙　又名伸古庵、正阳庙,在南汇村大双港港北,始建年代不详。庙主祭刘王(刘猛将),每年农历三月十四日有较隆重的庙会。庙毁于 20 世纪 60 年代,后在 80 年代由村民重建。

济阳庙(一)　在华联村金珍南埂西、杨家河港港北的中段。据传始建于清乾隆年间。庙有前、后两殿,东西厢房,为通转 8 间,中间天井。“文化大革命”期间被拆除,20 世纪 90 年代由村民重建 3 开间的庙堂。

济阳庙(二)　在民主村与姚家桥交会处。庙有山门、四大天王殿,两边有穿廊;正殿 3 开间,祭供七老爷等神明。始建年代不详,1958 年被拆除。2000 年前后由村民集资重建。

济阳庙(三)　在荷花新镇东北约 1 千米,荷花村与民主村交界处,始建年代不详。原庙前有山门,中有天井,后有大殿,200 余平方米,内置杨老爷等 3 神像,庙毁于 1958 年。2001 年,村民在原址重建庙宇约 120 平方米。

关阳庙(一)　在莫家甸村陈义之港南,始建年代不详。庙有前、后两殿,各为 3 间,偏房有多间。前殿祀关羽;后殿称“会庆庵”,供有多尊佛像。庵最盛时有和尚 19 名。解放后,部分庙屋被拆毁;1990 年,由村民在原址重建,占地面积约 860 平方米。

关阳庙(二)　在华联村小曲圩西南湾,庙坐北朝南,面对小曲漾。建有 1 个大殿,祀关羽神,塑像有丈余高。始建年代不详,“文化大革命”期间被拆除,1986 年由村民重建 1 间庙堂。农历五月十三日、九月十三日为传统庙会期。

关帝庙(三)　在北荷村甘家浜北,建于清代。庙有前、后两殿,中间有大天井,天井两侧有走廊,总建筑面积 500 多平方米。庙内供关帝及其他多尊神佛像。每年五月十三日、九月十三日有庙会。1960 年庙被拆除,2001 年重建 3 间房的小庙。

三阳庙 在东荷村前浜口东岸。庙堂为3开间合勒舍，主神茅山。始建年代不详，“文化大革命”期间被毁；20世纪80年代由村民在原址重建3开间的庙宇，建有围墙及院子，庙内增加杨老爷神像和济公佛像。

顾烈之庙 也称顾大人庙，在荷花村陶家荡东北、朱家簖村东。建于1985年，建筑面积约80平方米，祀一位名叫顾烈之的抗日好汉。顾家为杨溪（今属油车港镇）大户，顾烈之为顾作之的弟弟，曾求学于黄埔军校洛阳分校炮兵科。1937年11月，日军占领嘉兴后，顾拉起一支地方武装抗日，常活动于陶庄、下甸庙一带，1939年在王江泾苏嘉路沿线活动。由于顾维护佃户利益，不准地主收租，引起地主阶级的仇恨而遭顾的卫士杀害。当地村民为了纪念这位抗日好汉，多次募捐，建成此庙。

杨家湾庙 在荷花村荷花新镇东北、杨家浜东，始建于清咸丰年间。有前、后2个殿，东西厢房。建筑面积300余平方米。主祀刘猛将的舅父。每逢刘王庙会，此庙也有庙会。20世纪40年代初，该庙西厢房用来开私塾；“文化大革命”期间被拆除建生产队仓库；1987年由村民重建约80平方米的小庙。

正阳庙 在荷花村，陶家荡东北，荷花新镇西约1千米处。始建于清乾隆二十四年（1759）。庙祀刘王（即刘猛将）神，又有说是刘猛将兄刘继忠。《闻川之稿》载，庭中一古柏大数抱，病人祈祷者辄以柏枝煎服；每年于网船会前后，亦赛会三日。庙毁于解放初，1993年由村民在原址重建，建筑面积约100平方米。

三王庙 在民和村内字圩西侧，庙前浜后面。据传始建于元以前，原庙占地面积约有3000多平方米，有前、中、后3个大殿，西侧有数个偏殿，十分高大宏伟。大殿置大老爷、二老爷、戚老爷、金老爷4座神像，偏殿置关羽神像及观音菩萨、弥勒佛像，前殿置四大金刚像，有和尚6～7人。庙前植有两棵高大的黄榉树。庙毁于“文化大革命”期间。1978年由村民在原址南侧重建约160平方米的小庙，为3开间的大殿和两间偏房，置大老爷、二老爷、戚老爷、金老爷等多尊神像和观音菩萨像。

广阳庙 在田青村东潜圩西南湾，始建于清乾隆二十年（1755）。庙祀清代一位当地的侠义英雄，名金德明，又名金小玉，是一位年轻力壮，武艺高强的勇士。传说在乾隆皇帝下江南时遇险，金挺身相救，立有大功。殁后，乾隆皇敕命建庙（见俚编传说—广阳庙传说）。庙有前后两大殿加辅助房，正南方向，两边走廊，中间一个大天井。庙宇建筑考究，飞檐高翘，圆全瓦，盘龙脊，脊上塑有两条龙，镌刻着“风调雨顺，国泰民安”八个大字。庙后有两棵高大的银杏。总占地面积10余亩。解放初，庙宇用作附近几个村的村干部开会场所，1956—1957年办小学。1958年，该庙被彻底拆除。20世纪90年代

广阳庙

初，当地及周边村民自发筹资在原址重建庙宇占地面积 4.2 亩，建筑面积 750 平方米。其中有 1200 多平方米的停车场，并有社戏舞台 1 座。

南堂庙 在田乐村改字圩、史家湾东首。据传始建于清代。庙为 3 开间的大殿，两边偏房，前有山门，占地面积约 280 平方米。该庙于 1958 年被拆除，材料全部运往荷花用于建造畜牧场。1995 年，由村民在原址重建，占地面积约 500 平方米。

北堂庙 在田乐村南效圩，朱家路港长兴桥（今永新南桥）南堍东，建造年代不详。庙占地面积约有 500 平方米，有前、后 2 进，东、西各有偏房，内设多尊神像，1959 年被拆除，材料运往开挖红旗塘工地。1996 年，由村民在原址重建，建筑面积约 160 平方米。

小庙 在田乐村中往圩，始建年代不详。庙占地面积约有 500 平方米，庙宇于 1960 年被拆除。2010 年由村民易地重建 70 平方米的小庙。

嘉北杨庙 原名新庙，在田乐村大湾圩南厅（今永北桥北桥堍），建于 1947 年。有 3 间庙堂，内设多尊神像。该庙于 1951 年作粮食仓库，1958 年被拆除建畜牧场。2000 年，由村民在原址重建占地面积约 190 平方米的新庙，改名为“嘉北杨庙”。

刘王小庙 在双塔村中心圩，始建于明代。有庙屋 1 间，内置刘猛将、戚老爷等神像。“文化大革命”时被拆除。1998 年重建，3 间房屋，一间为庙堂，内设多尊神像。每年农历六月二十日有庙会。

路头庙（一）（二） 在双塔村东潜圩，建于清代。庙宇为 2 间屋的小庙，“文化大革命”时被拆除，1991 年重建，仍为 2 间庙屋。内设路头神、地藏王等 5 尊神佛塑像。另一座在赖字圩，建于清代。“文化大革命”期间被拆除，1992 年重建，庙屋 1 间，内置路头神等 3 尊神像。

路头庙（三） 在华联村商字圩西北湾，即小曲窑墩头。为一小庙，始建年代不详，毁于解放初。1989 年重建，庙堂 3 开间，占地面积约 80 平方米。

小庵全 在双塔村南字圩。始建年代等不详，“文化大革命”时被拆除，1990 年重建，庙屋 1 间。农历十二月十二日有庙会。

北胜堂 在双塔村正泉圩，始建年代不详。庙屋为 3 间，内置刘王、朱天神像。“文化大革命”时被拆除。1990 年重建庙屋 3 间，面积约 50 平方米。

西汇庙 在双塔村赖字圩，建于清代，庙屋仅 1 间房。“文化大革命”期间被拆除；1993 年重建，仍为 1 间。

永福庙 在栋梁村凌字圩。相传建于清乾隆年间，有 9 间庙屋和辅助房，占地面积约有 2 亩。“文化大革命”中被毁。1994 年重建。每年正月二十日、十二月二十日有庙会。

福田庙 在栋梁村钱家庄。相传建于清光绪年间，有庙屋及辅助房共 6 间，占地面积约 1 亩。供奉观音菩萨，另有大小佛像 15 尊。庙宇于“文化大革命”期间被拆除，20 世纪 90 年代重建。

化菇庙 在栋梁村庙头。相传建于清乾隆年间，建有庙屋及辅助房共 5 间，内置财神像和其他神像 10 多尊。“文化大革命”中被拆除。20 世纪 90 年代重建。每年正月二十一日、十二月二十一日有庙会。

来峰庙 在栋梁村史家港。相传建于清乾隆年间，有庙屋 4 间，内主祭刘猛将军。“文化大革命”期间被毁，20 世纪 90 年代重建。

大仙庙　在栋梁村西埂。始建于 20 世纪 50 年代，庙屋及辅助房共多间。庙内置金大仙、红大仙 2 神像。“文化大革命”中被拆除，20 世纪 90 年代易地至东埂重建。每年农历四月十四日、八月十八日有庙会。

杨爷庙　在栋梁村西埂，即原大仙庙庙址。大仙庙于“文化大革命”时被拆除，20 世纪 90 年代由村民重建，称杨爷庙。

二太太庙（一）　在洪典桥港口，始建年代不详。庙有 1 大殿，1958 年被拆除，后在彩虹桥东重建庙宇。

二太太庙（二）　在洪典村东浜，始建年代等不详。1958 年被拆除。

二太太庙（三）　在洪典村朱家湾南埭港北，始建年代等不详。1958 年被拆除，2006 年重建 1 间庙堂。

二太太庙（四）　在华联村钮家港港北，始建年代不详。庙有 3 开间的大殿，两边有偏房，中间有天井。“文化大革命”时被拆除，1987 年重建 3 间庙屋。

金家荡庙　在太平村光字圩、金家荡桥西南侧。始建于清末。庙正殿建筑为挑空 3 间，东、西各还并有 1 间；东侧有墙门；天井内有 1 棵桂花树，树下拦有一只“金丝马”，总建筑面积约 220 平方米。庙主祭七老爷、七夫人，并供有观世音等菩萨像。每年农历七月初七有庙会，出会时带着“金丝马”同行。“金丝马”脚下装有弹簧和滚珠，能蹦能跳。庙于“文化大革命”期间被拆除，1996 年由村民重建一小庙，面积约 80 平方米。

小庙基　在廊下村正吉圩，原庙始建年代不详，“文化大革命”期间被拆除，1996 年村民在原址重建 3 间庙房，占地面积约 70 平方米。

【庵堂】

和尚庵　在大坝史家村大修圩，始建年代不详。现庵由村民重建，建筑面积约 80 平方米。

三仙庵　在大坝村南秋西，始建年代不详。现庵由村民重建于 20 世纪 90 年代，建筑面积约 80 平方米。

韭菜庵　在大坝村项家厍小圩，始建年代不详。现庵由村民重建于 20 世纪 90 年代，建筑面积约 70 平方米。

东庵　在南汇村唐林港港南东，始建年代不详。原庵有前殿、后殿、边房、杂房共 24 间（一说 16 间），尼姑 10 多名，其中龙室高太尚颇有名望。解放初，尼姑疏散回家，该庵作溪北小学校舍；20 世纪 50 年代中期被拆除，材料建小学。90 年代由村民重建一所小庙。

菜馆庵　在南汇村西湾里与南北浜的交会处。据传此庵有 300 多年历史，庵有前、后两殿，后殿供奉如来及三观，其中二塑像为铜制；前殿置关羽、刘王等多尊神像，有 1 名尼姑。该庵于“文化大革命”期间拆除。20 世纪 80 年代，村民 4 次迁址易地重建，建筑面积约 200 平方米。

长生庵　在红联村横港，始建于民国时期。原庵建筑面积 400 平方米，内供奉佛像 10 尊，有和尚 2 名。1964 年在庵内开缫丝厂，1970 年缫丝厂迁移。1998 年由村民重建 45 平方米的庵房。

宝树庵 在红联村虎啸浜，始建年代不详。原庙建筑面积约400平方米，内供奉佛像14尊。1964年被拆除，1997年由村民在原址东南重建，建筑面积约100平方米。

大佛庵 在红联村九军河，始建年代不详。原庵面积约80平方米，内置佛像4尊。1964年被拆除，1997年由村民在原址东南400米处重建，建筑面积60平方米。

南海庵 在华联村华蟆港东偏南端，始建年代不详。原庵坐北朝南，后边为大殿，东西两边各有偏房，前有两前殿，中间有一大天井。1930年，庵内办小学；20世纪70年代，改建为学校。1997年由村民重建占地面积约120平方米的小庵。

幸福庵 在华联村小曲圩西北湾，始建年代不详。1947年重建，庵有一后大殿，两边有厢房，前山门边各有一殿，中间有一小天井，庵内供奉观音等菩萨。1950年庵房用作办村小学，1970年拆除，易地建学校。村民于1985年在原址重建庵堂4开间，占地面积约200平方米。

地藏庵 在长虹村浩东浜东侧，始建年代不详。原庵有前、后2大殿，供有地藏王、观音等菩萨像。1966年撤掉佛像作民丰村会计室，后建为生产队仓库。仓库拆除后建1间庵堂。又改建为3开间的地藏庵。

忠良庵 忠良庵在东荷村西厍浜底西岸，始建年代不详。庵为合勒舍房，约四五十平方米，已毁。另处西连庙有5开间屋，100余平方米，20世纪70年代被拆除，庙址建生产大队礼堂，建筑面积约200平方米。1998年起，村民将大礼堂房屋改成民间信仰场所，取名忠良庵。

西卓庵 在东荷村卜家港杨家浜底，始建年代不详。该庵为前、后2进，各5间，东西厢房各3间，后殿中间3间为大殿，供奉一尊如来佛像。民国时期有和尚10名，解放前迁往大双张家庙。此庙于1951年被拆除，材料用于建小学。20世纪80年代，由村民建有1个单间的小庙。

龙象庵 在荷花新镇北、龙象庵桥北，始建年代等不详。庵有前后殿，规模较大，有尼姑数人。1944年在该庵开设国民小学，1967年被拆除，1990年由村民重建约70平方米的小庵，置地藏菩萨等3尊佛像。

观音堂 在荷花新镇东1千米、双福桥港北岸，始建年代不详。观音堂规模较大，有前后殿、东西厢房，中间为天井，建筑面积400多平方米，供奉大小观音像10多尊。有尼姑数人，香火鼎盛。民国后逐渐衰落。1948年创办国民小学，解放后为观音堂小学。1961年改建为碾米厂。1987年由村民重建，建筑面积约100平方米。

云隐庵 在北荷村三庄林字圩南洋港西侧支流深处。据记载，云隐庵建于明崇祯九年(1636)，清乾隆元年(1736)扩建，有正殿3间，两旁有边殿，两厢有侧屋，前有山门，内有天井，置有假山。庵供奉释迦牟尼、观音佛像及财神、土地神像。民国时期庵房失修，僧人走散。解放后庵房改设为学校，“文化大革命”时拆毁。1995年由村民及外来老板捐资重建，称“宏馥寺”。

圆通庵(一) 在民和村，建于明代。庵内建有主殿、偏房，中间有一大天井，边有一条长弄，弄堂内有一棵参天大柏树。庵内置菩萨像和神像多尊，2名和尚长期住庵。此庵毁于“文化大革命”期间，仅保留一部分。

圆通庵(二) 在沈家桥村庙桥港西侧，始建年代不详，为1间屋的小庵。

德胜庵 在田青村文汇里。初建于清代，庵有6～7间房屋，前殿供奉弥勒佛，后殿供奉观音菩萨。有2名尼姑，解放前后一次出游后不归，从此无人管理。该庵于20纪60年代初被拆除，90年代重建1间小庵。

明圆寺 在田青村田西港东岸南端，始建于明代。该寺建筑共有12间房屋，寺后有2～3亩面积的后花园。寺院于20世纪50年代初被拆除。2005年由村民重建寺屋2间。

宝胜庵 在田青村田西港碧鸡桥西，建于清嘉庆年间，庵有6间房。1958年被拆除，2010年由田西港自然村村民重建2间房的小庵。

谢天庵 在田乐村改字圩、史家湾小(独)圩。据传始建于清代，清光绪十三年(1887)重修。庵为前后2进，后殿5开间，置如来、观音、弥勒、地藏等佛像，同置关帝、三官神像。东、西各有偏房带走廊，为诵经、休息、饭堂用房，占地面积约有1亩。该于庵于1958年用作嘉兴养鱼场田乐分场住所，1965年被拆除。村民于1998年易地(肖池河套闸旁)重建，占地面积约280平方米。

古柏庵 在田乐村必署圩田禾浜，始建年代不详。庵坐西朝东，有前、中、后3殿，共9开间，占地面积约500平方米。此庵供奉如来、观音、韦陀、地藏，还有多尊神像。该庵于1958年和1965年分两次拆除。村民于2009年易地(杨家湾北首渚上)重建，占地面积约200平方米。

东珠庵 在田乐村南效圩南，始建年代不详。庵占地面积约260平方米，内设观音佛像及关帝等神像，有3～5名尼姑居住诵经念佛。1959年被拆除。2003年由村民在原址重建，建筑面积约60平方米。

西厅庵 在田乐村北海圩，始建于清代。为3开间庵堂，占地面积约200平方米。1958年被拆除建畜牧场。2001年，由村民在原址重建，占地面积120平方米。

集福庵 在双塔村东潜圩，始建于明代。庵堂正3间为大殿，两边各有偏房，正殿塑有多尊高大的佛像。该庵于解放前后时段办过小学，“文化大革命”时被拆除。1991年重建，庙屋1间。传统香期为农历六月十八日。

花龙庵 在双塔村赖字圩，建于民国时期，仅1间庵堂。“文化大革命”期间被拆除；1991年重建，庵堂1间，内供奉主佛为观音。

地藏庵 在双塔村赖字圩，建于清代，仅2间庵堂。“文化大革命”期间被拆除；1993年重建，庵堂1间，内供地藏等5尊菩萨像。

太平庵(一) 在市泾村南部祥湾里，建造年代不详。庵为3间大殿，后有4间小屋，建筑面积约200多平方米。太来庵于“大跃进”时被拆除，材料运往荷花公社建造养猪畜牧场。2003年由村民重建太来庵，4间庵堂，100多平方米。

太平庵(二) 在北荷村张字圩安庆桥东北侧，始建年代不详。庵有前、后2殿，两侧为走廊，中间大天井，占地面积约460平方米，置有如来、观音等佛像和关帝及当地神数尊。1959年被拆毁，由村民于2001年重建庵堂2间。

凝和庵 在市泾村东部、青龙桥桥堍，始建年代不详。庵有前、后2殿，6开间房，占地面积200多平方米。“大跃进”时被拆除，2003年由村民在原址重建庵堂3间，占地面积100余平方米。

大成庵　在太平村三长子。始建于清光绪六年(1880),2004 年重建。5 间房,建筑面积约 90 平方米。

木闸庵　在太平村木闸浜,始建年代等不详。1985 年重建 2 开间庵堂,约 40 平方米。

一枝庵　在今廊下村 1 组,原庵始建于晚清时期,庵有 1 间正殿和 2 间偏房,“文化大革命”时被拆毁,村民于 20 世纪 90 年代重建 3 间庵房,占地面积约 80 平方米。

西罗庵　在廊下村西里圩,原庵始建于民国时期,“文化大革命”时被拆除,1994 年村民在原址重建庵房 3 间,占地面积约 80 平方米。

东庵　在廊下村金银浜自然村,原庵始建年代不详,“文化大革命”期间被拆除,1992 年,村民在原址重建庵房 6 间,占地面积约 320 平方米。

第二十四章　方　　言

镇域方言属吴语系统。但因区域面积大，东与西之间、南与北之间的方言语音也有一定的差异，处在运河东田乐片的方言有明显的吴江语音特征，运河西侧北片的方言亦与吴江盛泽方言接近。在方言中的地方用语上，区域之间稍有差别。

第一节　地方用语

【称谓用语】

太里太——高祖父（母）

太太——曾祖父（母）

大爹、爷爷——祖父

娘娘、亲妈——祖母

阿爸、爹、阿爹——父亲

姆妈——母亲

阿叔、叔叔——叔父

婶妈——婶母

外公、大爹——外祖父

外婆、娘娘——外祖母

丈人、阿爸——岳父

丈母、姆妈——岳母

舅佬——妻之兄弟

舅嫂——舅佬之妻

娘娘、嗯娘、阿妑——姑妈

阿夫——姑夫

大姨——母亲之姐

娘姨——母亲之妹

伯姆——妯娌

新妇——儿媳妇

杜伯——丈夫之兄长

大伯——伯父

小叔——丈夫之弟弟

大妈、妈妈——伯母

阿公、公阿爹——丈夫之父亲

阿婆、婆阿妈——丈夫之母亲

杜佬——哥哥

兄弟——弟弟

家婆、屋里人——妻子

男人、男客、老官——丈夫

上代头——祖宗

娘舅——舅父

舅妈——舅母

小鬼头——小孩

小把戏——儿童

嗯子、伲子——儿子

有喜娘娘——孕妇

舍姆娘——产妇

朝黎头——少年

老大姑娘——大龄未婚女青年

寄爸——干爹

寄妈——干妈

慢（晚）爷——后父

慢（晚）娘——后妈

囡嗯——女儿
过房囡嗯——干女儿
小毛头——婴儿
学生子——学生
定头货——办事不灵活
丫婷——丫头
内啦、嗯那——你们
嗯伢、吾啦——我们
伊啦——他们(她们)
猪头三——愚蠢
十三点——傻瓜
掼脱货——浪荡子没出息
阿无乱——不明事理的人
三只手——扒手
过房儿子——干儿子
毛头小伙子——男小青年
小男头、小男伍——小男孩
郎中——医生
话婆——巫婆
内、那——你
嗯、嗯奴、吾奴——我
伊——他(她)
毒牌位——脑子不灵巧
二百五——傻乎乎
大好佬——有本事
拖油瓶——改嫁带来前夫的子女
三脚猫——都能干一些

【方位用语】

上头——上面
下底——下面
外肆——外面
里肆——里面
嗨边——旁边
门底——面前
南嗨——南面
北嗨——北面
前头——前面
后底——后面
近段里——附近
野搭里——偏出地方
哈里——什么地方
格里、隔佬——这里
格头、纪面——哪里
当中横里——中间
里向——里面
外头——外面
顺面——右边
济面——左面
对过——对面
倒笃——颠倒

【时间、天象用语】

真朝——今天
门朝——明天
昨日——昨天
后伲——后天
大后伲——大后天
格尼子——前天
上年、旧年——去年
来年、开年——明年
纪开年——后年
上昼——上午
下昼——下午
黄昏头——傍晚
早上头——早晨
夜来快、夜快边——傍晚
半夜巴——半夜前后
年脚边——岁末
年头佬——新年里
月半——农历每月十五

热天公——夏天
冷天公——冬天
热中心——中午
点心、热头直——中午
日脚——日子
日阵佬——近期
日巴——一天左右
日常——每天
日里——白天
格歇——现在
一歇歇——一会儿
辰光——时间
头卯——刚才
隔歇——过一会
豪骚——赶紧
天河——银河
移星——流星
热头——太阳
秀——虹
打阵头——雷阵雨
雷响——打雷
霍险——闪电

【人体用语】

顺手——右手
济手——左手
额骨头——额头
头颈骨——颈椎、脖子
后靠山——后脑勺
旋螺——发旋
臂膊——胳膊
臂膊弯——胳膊
肋格支里——腋
节头骨——手指
指枣——指甲
脚枣——脚指甲
大拇节头——大拇指
点人节头——食指
心窝潭——心口
胸芒头——胸脯
脚曼头——膝盖
脚亏子——脚踝
脚节头——脚趾
脚喔——脚趾间
肋旁骨——肋骨
尾巴桩——尾椎骨
妈妈——乳房、乳汁
末——耳屎
后靠山——后脑勺
鼻子管——鼻孔
馋吐水——口水
盘牙——臼牙
牙床肉——牙龈
拉搭胡子——络腮胡子
背脊梁骨——脊柱
骨伽——关节
眼乌珠——眼珠
眼仙仁——瞳孔、晶状体
麦须——近视眼
跷脚——跛子
聋蚌——聋子
喔子——哑巴
叼子——讲话咬字不清
革子——口吃
手喔——手指间

【物件用语】

头绳——绒线
被头——被子
包衫——罩衫
捏帽——斗笠

潮面手巾——毛巾
余身——布兜
馋拦——小孩胸前围巾
骨牌凳——长方凳
夜壶——尿壶
热水壶——热水瓶
墩头——木菜板
条勾——条羹
洗帚——锅刷
尖米——籼米
山茹——番薯
杜素菜——豆腐
精肉——瘦肉
炒头——炒的菜
时件——用鸡鸭内脏炒的菜肴
海舌头——海蜇
油酥绞——面粉膨化油煎食品
灰鸭蛋——咸鸭蛋
露黍——玉米
辣茄——辣椒
小蒲桃——山核桃
野菜——荠菜
勃桃——葡萄
叉袋——麻袋
污袋——尿布袋
蚌壳棉鞋——老式棉鞋
四脚蛇——壁虎
胡知了——蝉
弯转——虾
活猕——猴子
灶头间——厨房
蓬尘——灰尘
沙哈牌——扑克牌

绢头——手帕
雨披——雨衣
吃饭台子——饭桌
杌头凳——小方凳
夜壶箱——床头柜
洋火子——火柴
炝刀——锅铲
匹碗——汤碗
慢米——粳米
面——面条
洋山茹——马铃薯
小菜——菜肴
油肉——肥肉
门腔——猪舌头
几力——翅膀
油登——米粉制有馅油煎食品
油石乖——油条
白焐蛋——白煮蛋
弯黍——高粱
蒲桃——胡桃
长生果——花生
圆豆——豌豆
洋蓓——草筐、背篓
洋机——缝纫机
布头——尿布
曲蟮——蚯蚓
暂蠼——蟋蟀
蚕蚁——蚕蛹
田鸡——青蛙
百脚——蜈蚣
柱脚——柱子
掸帚——掸子

【动作及其他用语】

潮面——洗脸
扎衣裳——穿衣

拉起——起床
搓牙齿——刷牙

潮浴——洗澡
荡碗——洗碗
收桌——收拾
牵磨——推磨
抗——藏
郎——稀
捉稻——割稻
出门——出嫁
圆房——办喜事
有喜——怀孕
吃妈妈——婴儿吸奶
落小货——赚私房钱
体榻——慢慢来
值钿——宠爱
劣结——难伺候
来三——能干
疰船——晕船
板扎——坚固
交关——很多
有生——形容年轻
专门——一贯
翻梢——报复
出山——出息
板要——一定要
难为——浪费
搭僵——马虎、草率
搭死掼——懒散、拖沓
着地退——耍无赖
吃生活——挨打
轧苗头——摸人心底
造乱说——造谣
戳背脊——被人指责
调枪花——玩手段
业嘛——可惜
触霉头——倒霉
触嘴——吵架

净脚——洗脚
洒茶——倒茶
端整——准备
掮——肩扛
莽——密
七勿搭廿五——不符合规律干蠢事
答头——点头
好日——结婚
拜堂——成亲
做舍姆——产妇做产坐月子
寻铜钿——挣钱
横白眼——白眼看人
道好——喜欢
洋盘——摆阔气
历络——好动
淘喧——开玩笑
老策——老练
市货——质量好
勃相——玩
腻心——肮脏使人恶心
索性——干脆
出尖——帮出气
逋倒——蹲下
覅意——不要
博细——小心谨慎
蹩脚——差
掮水浸木梢——受人怂恿
戳壁脚——中伤他人
勿作兴——不可以
坍招势——丢面子
茄嘴皮——争执
拆棚脚——捣乱或中伤他人
扣扣叫——正好
海外——特别好大
齐整——漂亮
实介——这样

落场势——收场、下台阶的面子
搬乱说——搬弄是非
钝爪爪——说话带刺
隑牌头——倚仗人势
打顺板——随声附和
吃黄货——上当
扛东道——合伙聚餐
讲空头——聊天
作嗝多——打呃
扣克扣——刚好、没多余
勿推扳——蛮好
拆烂污——闯祸
鸭屎臭——丢脸
垫舌头——塌台、显丑
野豁豁——言行出格
打磕冲——打瞌睡
茄门相——不起劲
密列列——突然
郭咯咖——原来如此
发虎跳——翻跟斗
戳璧脚——暗中使坏
吃勿落——吃不下、无能力完成
极出胡拉——着急的样子
敲钉转脚——办事牢靠
踢脚扳手——障碍多,碍手碍脚
恶里恶客——太不巧、动坏脑筋
瞎三话四——胡说八道
死样活气——无精打采
滞粘搭五——喻人呆行为迟钝
寿头寿脑——傻里傻气
恶节百拉——恶作剧
大推八扳——相差很大
细里卡莫——处心积虑
自五搭六——糊里糊涂
瞎七搭八——不准确
半作弄席——半数被糟蹋

轧闹猛——凑热闹
嚼死话——信口胡说
艮固头——性格固执
骂山门——谩骂
擀坏板——挑拨离间
行东道——打赌
吃牌头——受批评
寻吼狮——找岔子
打昏杜——打鼾
敲竹杠——敲诈勒索
做人家——节俭
讨死吃——自找麻烦
捉跷头——戏弄别人
无介事——若无其事
不落当——不巧
办勿倒——身体欠佳
勿道是——不料
捏木着——随便
打相打——打架
扳叉头——挑刺
打墨团——潜水
死样活气——无精打采
一塌括子——全部
脱底棺材——不讲节俭
密丝退笼——只进不出
乱头韭菜——办事无头绪
搞七念三——胡搅
脱头落角——与事实相差很远
板板六十四——不灵活
疙里糊涂——啰唆,纠缠
待便伊去——随他去
大头天话——聊天、讲笑话
勿尴勿尬——左右不成
哈搭糊涂——盲目糊涂
三对六面——当众对质
困自梦东——睡眼惺忪

昏头七冲——遇事头脑不清醒

亨浜冷打——全部

偷鸡摸狗——偷偷摸摸

喔杯节拉——闹纠纷

触义勿三——瞎弄

无啥话头——无话可说

狗屄倒灶——吝啬，不大方

朵落人头——嘲笑别人

行情行事——数量很多

勿二勿三——不正经

木知木角——反应迟钝

第二节　俗语　谚语

【生活俗语】

矮脚母鸡勤生蛋。

拔根汗毛比腰粗。

帮人帮到底，救人救到头。

比死人多口气。

兵败如山倒。

百步无轻担，长病无孝子。

朝中有人好做官。

长痛勿如短痛。

船到桥门自会直。

吃家饭，惹野污。

吃软勿吃硬。

苍蝇摘脱个头。

打蛇勿煞害人精。

低头勿见抬头见。

躲了初一，躲勿了十五。

豆腐里挑骨头。

饿老子，冻小子。

翻脸勿认人。

风吹箬帽告诉天。

挂羊头卖狗肉。

跟当官的爹不如跟讨饭的娘。

狗改勿了吃污。

狗嘴吐勿出象牙。

鬼哭到老坟上。

各人各法，只要得法。

皇帝勿急，急煞太监。

八抬大轿请不去。

拔出萝卜带出泥。

半路上出家。

便宜没好货，好货不便宜。

薄皮棺材膛子大。

唱对台戏。

苍蝇勿叮无缝蛋。

丑话说在前头。

拆污勿出怪茅坑。

吃力勿讨好。

吃光用光，身体健康。

打蛇要打七寸里。

打肿脸充胖子。

多一事勿如少一事。

倒吃甘蔗老来甜。

嗯(儿)子像娘，金子打墙。

恶人先告状。

反咬一口。

逢小看大。

官大一级压死人。

狗捉老鼠，多管闲事。

狗眼看人低。

关子头上敲潮烟。

各打五十大板。

横是横，拆牛棚。

话不投机半句多。

好记性及不来烂笔头。
好食勿给饱人吃。
会捉老鼠猫不叫。
教出来蠢气，生出来志气。
寄信寄在木排上。
鸡蛋里面挑骨头。
家家都有一本难念的经。
姜太公钓鱼愿者上钩。
困头里想热屁吃。
看伊勿起，及伊勿来。
空心萝卜外皮好。
临时抱佛脚，越抱越蹩脚。
老实人勿吃亏。
老人口中有黄金。
六月里朝风坐，十月里看人家稻堆大。
砻糠搓绳起头难。
猫惹污，狗做主。
眉毛胡子一把抓。
拿着鸡毛当令箭。
南瓜生在甏里。
捧着猪头寻勿着庙门。
跑得了和尚跑不了庙。
千年陈书好合药。
千错万错，马屁勿错。
强盗碰到贼爷爷。
清官难断家务事。
掮门槛。
巧媳妇烧不出呒米饭。
人要面子树要皮。
人靠衣装，佛靠金装。
人往高处走，水往低处流。
人心隔肚皮，内外看勿清。
若要功夫深，铁钉磨成绣花针。
上梁不正下梁歪。
三代勿出舅家门。
三个臭皮匠，抵个诸葛亮。
好汉不吃眼前亏。
好马不吃回头草。
酒逢知己千杯少，话不投机半句多。
金窝银窝，不如家里穷窝。
急惊风碰着慢郎中。
鸡缩脚，做不发。
嫁出去的女儿泼出去的水。
开店容易守店难。
捆绑不成夫妻。
看人挑担勿吃力，自上肩胛嘴要歪。
留得青山在，勿怕无柴烧。
临时上轿穿耳朵。
老大多，拨翻船。
六十年风水轮流转。
冷啦风里，穷啦债里。
满饭好吃，满话难讲。
卖相蛮好，全无老调。
毛头姑娘十八变，临时上轿变三变。
南京到北京，只要嘴巴不停。
拼死吃河豚。
棒头上出孝子，筷头上出逆子。
千金难买老来瘦。
千做万做，蚀本生意不做。
敲碎狗食钵，大家吃不成。
拳头大，臂膀粗，不怕内(你)拉弟兄多。
亲兄弟，明算账。
桥归桥，路归路。
七寸三分。
人怕出名猪怕壮。
人活在世，吃穿二字。
人不可貌相，水不可斗量。
若要俏，骨头冻得嘎嘎叫。
若要好，老做小。
上有天堂，下有苏杭。
三百六十行，行行出状元。
三句话不离本行。

少吃多滋味，多吃坏肚皮。
说到曹操，曹操就到。
死要面子活受罪。
赊一千勿如现八百。
水火不相容。
汤里来卤里去。
头发白松松，勿做勿成功。
铜钱用在刀口上。
田鸡剥皮眼不闭，甲鱼剖腹心不死。
驼子跌跤，两头不着地。
勿看僧面看佛面。
勿会种田看上埭。
勿怕一万，就怕万一。
勿怕别人看不起，只怕自介呒志气。
王小二过年，一年不如一年。
无苦不来钿。
无事不登三宝殿。
外来和尚好念经。
鞋子落地一半价。
心慌吃勿得烫粥，性急办不成大事。
笑嘻嘻，不是好东西。
象牙筷子上扳恰丝。
小和尚念经，有口无心。
戏法人人会变，各有巧妙不同。
烟酒不分家。
洋眼豆棚嗒搭滴，既无柴来又无米。
眼见为实，耳听为虚。
有账算不蚀。
有来吃不穷，无来省不有。
有生苦，不算苦；老来苦，真格苦。
远水救不了近火。
一方曲蟮吃一方泥。
一篙子插到底。
一家人不说两家话。
一口吃不成胖子。
少年夫妻老来伴。
死了杀猪屠，勿吃带毛猪。
死猪不怕开水烫。
水火不让人。
狮子大开口。
天无绝人之路。
贪贱两家穷。
逃脱鲤鱼十八斤，捉牢鲤鱼吃勿成。
偷鸡不着蚀把米。
勿管三七二十一。
勿见棺材勿落泪。
勿怕县官，只怕现管。
勿是冤家勿聚头。
勿识相，吃点辣火酱。
危难时刻见真情。
无巧不成书。
外甥不出舅家门。
物以稀为贵。
闲时勿烧香，急来抱佛脚。
想得角溜圆，剩个轱辘圈。
乡下人靠天，街上人靠尖。
想到苦做到死，想到死苦到底。
小小秤砣压千斤。
鸭吃砻糠空开心。
洋来触气。
眼睛一眨，老母鸡变鸭。
有借有还，再借不难。
有打有骂有值钿。
有福不会享，坐等到天亮。
有借有还，再借不难，有借不还，再借就难。
一步错，步步错。
一村姑娘三村舅。
一只碗勿响，两只碗叮当。
一个巴掌拍不响。
一夜勿困，十夜勿醒。
一个和尚挑水吃，两个和尚扛水吃，三个和尚没水吃。

羊肉不吃惹身臊。
种好黄秧，望望爷娘。
只有软柴捆硬柴，无不硬柴捆软柴。
丈二和尚摸不着头脑。
猪头肉，三勿精。
嘴上无毛，办事勿牢。
捉贼见赃，捉奸捉双。
摇里瓮中。
造房子看梁，讨媳妇看娘。
真金不怕火来烧。
丈母娘看女婿，越看越欢喜。
猪八戒倒打一耙。
竹篮打水一场空。
做生意勿着一遭，讨老婆勿着一世。

【气象谚语】

立春有雨春雨多。
春雾雨，夏雾热，秋雾风来冬雾雪。
春风勿隔夜，隔夜就要赖(下雨)。
上看初三，下看十六。
廿二三，月亮半夜堆。
吃了端午粽，还要冻三冻。
黄梅天，十八变。
小暑一声雷，翻转做黄梅。
开门落雨吃饭晴，吃饭落雨勿肯停。
春东风，雨祖宗；夏东风，干松松。
六月六打个阵，要打六十六个阵。
早西夜东风，日日好天公。
日出胭脂红，勿雨便是风。
早上薄薄云，中午晒煞人。
东鲎日头西鲎雨。
早看头顶星，晚看四脚云。
西天黑沉沉，夜饭吃不成。
早立秋，热吼吼；夜立秋，凉飕飕。
三朝雾露发西风，若无西风雨无空。
早雾晴，夜雾雨，重雾三天必下雨。
春长雨水多。
过了二月八，赤膊小囝冻勿煞。
三月三，落到茧头白。
初三夜里的月亮，有搭无一样。
清明断雪，谷雨断霜。
日晕三更雨，夜雨到明天。
曲蟮唱上歌，有雨落勿大。
雷轰天顶雨勿猛，雷轰天边雨连天。
东北风，雨太公；东南风，燥烘烘。
六月初三打个阵，上昼耘苗下昼困。
六月六，晒得鸭蛋熟。
日头东南红，既雨定有风。
南显火门开，北显大雨来。
天上钩钩云，地下雨淋淋。
夏雨隔爿田。
乌云接日头，半夜雨不愁。
东南阵，有雨落勿成，西南阵，带过落三村。
秋雨落一场，天气日变凉。
三朝雾露发西风，一旦浓霜吊南风。
雾露醒，跳落井(天热)。
九月九刮辣辣，晚稻柴烧不着。
九月南风阔唛尺(天旱)，十月南风毒似药(要下雨)。
十月南风连夜雨。
晴过冬至落过年。
十二月初三晴，干干湿湿到清明。
立冬有雨立冬晴，立冬无雨过寒晴。
狗扒泥，要下雨。
十二月初三阴，晴到过清明。

【农事谚语】

百年难逢岁早春。
冬雪是个宝，春雪是把刀。
雨打正月半，一年勿好看。
杨柳青，粪如金。

良种育壮秧，秧好半年田。
浅水插秧，深水扶苗，薄水发棵。
麦看四月四，稻看八月八。
稻倒一半，麦倒全完。
芒种，芒种，样样要种。
有钿难买夜落株。
养猪勿赚钱，转身望望田。
六月勿热，五谷勿结。
花靠锄头稻靠耥（花指棉花）。
晚稻要高产，把好肥料关。
宁可老黄稻，莫用过头肥。
白露前后一场风，乡下人做个空（指台风）。
不怕秋分连夜雨，只怕寒露一朝霜。
种子年年选，产量节节高。
麦浇芽，菜浇花。
农活调调做，好比白相过。
若要多收麦，麦泥年前压。
冻勿煞葱，干勿煞蒜。
千浇万浇，不如腊肥一浇。
稻熟螺蛳麦熟蚬。
猪吃百样草，看你找不找。
兔一鼠二，猫三狗四，猪五羊六，牛七马八。
一分稻种一分秧，秧好要抵半年粮。
楝树花开，眯眼勿开。
做天难做四月天，秧要热头（太阳）麻要雨。
人误地一时，地误人一年。
早稻勿种六月田，晚稻勿过立秋关。
庄稼一枝花，全靠肥当家。
六月盖被，有谷无米。
雨打黄梅头，田岸变成沟。
若要谷，处暑两边摸。
猪多肥多，肥多粮多。
白露白迷眯，秋分稻秀齐。
麦花要风，稻花要雨。
人怕老来穷，禾怕寒露风。
若要麦，泥来压；若要油，埨头沟里养泥鳅。
寒露蚕豆霜降麦。
未到寒露勿是稻。
冬天压麦泥，胜似一条被。
小雪勿见叶，小满不见荚（指蚕豆）。
寒雪一条被，春雪一把刀。
种田人勿养猪，好比秀才不读书。
矮脚母鸡勤生蛋。

【生活谚语】

白露鳗鲡霜降蟹。
臂膊扭勿过大腿，穷人斗不过财主。
吃一次亏，学一次乖。
吃了新米饭，勿提陈年话。
聪明一世，懵懂一时。
出门看天色，进门看脸色。
赤链蛇出个名，灰链扁咬煞人。
船怕打弯，人怕落难。
绸勿搭布，穷勿搭富。
大树底下好乘凉。
刀不磨生锈，路不走生草。
打狗要看主人面。
恶鬼念经难成佛。
菜花甲鱼稻花蟹。
背后不讲人，夜里不讲神。
吃素碰着月大，开荤碰着断屠。
长工做到老，勿及一棵草。
春打六九头，穷人脱苦头。
初学三年天下通行，再学三年寸步难行。
撒尿引出污来，烧香引出鬼来。
苍蝇不叮无缝蛋。
大难勿死，必有后福。
大佛叩叩拜，小佛踢一脚。
打蛇打七寸，斩草要除根。
冬吃萝卜夏吃姜，一世勿用看医生。
儿大不由爹，女大不由娘。

饭吃三大碗，闲事少管管。
功夫勿负有心人。
狗急跳墙，猪急扒墙。
好男勿吃分家饭，好女勿着嫁时衣。
好猫不多叫，好人不多笑。
花花轿子人抬人，铜钿银子人骗人。
叫人不蚀本，舌头打个滚。
君子动口，小人动手。
看伊浠勿象，是个雕花匠。
开弓没有回头箭。
冷粥冷饭好吃，冷言冷语难受。
路遥知马力，日久见人心。
篱笆扎得紧，野狗钻不进。
六十不借债，七十不过夜。
木匠屋里无凳脚，泥司屋里无灶头。
明人不做暗事，真人不说假话。
面黄昏，粥半夜，南瓜粥吃了走出街沿石。
男人四十一枝花，女人四十豆腐渣。
宁愿独养一只狗，不愿合养一头牛。
朋友千个少，冤家一个多。
拳头打出外，臂膊朝里弯。
人正勿怕影子歪。
人善被人欺，马善被人骑。
三人六样话，主意自己拿。
少壮不努力，老大徒伤悲。
树怕烂根，人怕烂心。
千错万错，马屁勿错。
头痛医头，脚痛医脚。
无农不稳，无工不富，无商不活。
勿比勿知道，一比吓一跳。
外行看热闹，内行看门道。
想得骨碌圆，剩个轱辘圈。
学好三年，学坏三天。
绣花枕头一包草，聪明面孔笨肚肠。
要吃羊卵子，勿顾羊性命。
远亲不如近邻，近邻不如对门。
斧头吃凿子，凿子吃木头。
各庙各菩萨，各人各做法。
过房亲料子亲，浇一浇亲一亲(青)。
好事勿出门，坏事传千里。
好货不便宜，便宜无好货。
货比货买勿成，人比人活勿成。
见风扯篷，看风使舵。
酒逢知己千杯少，话不投机半句多。
看人挑担勿吃力，自上肩胛嘴要歪。
开水不响，响水不开。
冷勒风里，穷勒债里。
落雨勿爬高墩，穷人勿配高亲。
临时抱佛脚，越抱越蹩脚。
萝卜白菜，各有所爱。
骂人勿骂短，打人勿打面。
明枪好躲，暗箭难防。
苗头勿轧，苦头吃煞。
泥鳅难捉，人心难摸。
朋友妻，不可欺。
前人种树后人凉。
人呒千日穷，花呒百日红。
人有失言，马有失蹄。
人往高处走，水往低处流。
三斤嫩姜，勿及一片老姜。
手指头上做，牙齿缝里省。
识得人头天下通行，勿识人头寸步难行。
堂堂衙门八字开，有理无钱莫进来。
天无全年雨，人无一世穷。
无风勿起浪，无云勿起雨。
勿怕人家看勿起，只怕自家呒志气。
歪理千条，不抵真理一条。
新三年，旧三年，缝缝补补再三年。
戏法人人会变，各有巧妙不同。
鸭吃砻糠鸡吃谷，各人自由各人福。
远水难救近火，远亲勿如近邻。
一年两头春，饿死种田人。

一朝被蛇咬，三年怕草绳。
饮水不忘掘井人，吃饭勿忘种田人。
有理走遍天下，无理寸步难行。
坐得正，立得正，勿怕半夜鬼敲门。
只可明枪明战，不可暗箭伤人。
猪头肉，三勿精。
嘴唇两面皮，说好说坏都是伊。
一村讨个好媳妇，三村姑娘全学好。
有福同享，有难同当。
雨天不踏高墩，穷人不攀高亲。
坐得正，立得稳，哪怕尼姑和尚合板凳。
真人不露相，露相不真人。
猪懒长肉，人懒卖屋。
贼偷石臼，只要脱手。

第三节　歇后语

阿巧啦阿妈养阿巧——巧上加巧
白墙头上刷白水——白说(刷)
拆屁脱裤子——多此一举
柴草人救火——自身难保
吃素碰着月大——勿凑巧
潮烟管打鸟——不像枪(腔)
赤鼻头勿吃酒——冤枉煞人
搭烂胡葱——心不死
刀切豆腐——两面光
吊煞鬼拍大腿——来不及了
顶石臼做戏——吃力勿讨好
豆芽菜延藤——老嫩
额骨头上摆扁担——头挑
风箱里只老鼠——两头受气
关云长卖豆腐——人硬货不硬
挂羊头卖狗肉——假货
狗咬吕洞宾——勿识好人心
狗对毛坑发愿——做不到
隔年皇历——过时
黄鼠狼给鸡拜年——不安好心
和尚的木鱼——日日敲
喉咙头博脉——客气
江西人钉碗——自顾(箍)自
脚锣盖当镜子——越看越穿
脚踏西瓜皮——滑到哪里就哪里
鸡蛋碰石臼——自不量力
矮子穿长袍——拖泥带水
白布落在染缸里——这生这世洗不清
出头椽子——先烂
草棚上装步鸡——勿像样子
城头上出棺材——远兜转
慈姑烧芋艿——自骗自
大姑娘上轿——头一趟
戴箬帽撑伞——多此一举
刀劈海水——分不开
吊煞鬼涂粉——死要面子
豆腐里挑骨头——硬扳错头
冬瓜缠勒茄门里——瞎七搭八
鹅吃草，鸡吃谷——各享各的福
关公面前试大刀——自称大好佬
扞面杖吹火——一窍不通
棺材里伸出手来——死要铜钿
狗头上摆油灯——活里活络
狗捉老鼠——多管闲事
隔年蚊子——老口
黄鼠狼爬在鸡棚上——勿偷也是偷
和尚拜丈母——头一回
海湖里洗马桶——野豁豁
脚踏两头船——心神不定
脚底下揩油——溜走
脚馒头上打磕聪——自靠自
鸡蛋里挑骨头——硬扳错头

叫花子讨饭——只进勿出
韭菜面孔——一拌就熟
砻糠里榨油——呒啥啥
烂湖田里翻石臼——越陷越深
老虎头上拍苍蝇——胆大包天
老太婆说话——勿关风
癞痢头伲子——自道好
痢痢头绕辫子——兜勿转
芦席爬到地上——差勿多
刘备招亲——弄假成真
陌生人吊孝——死人肚里得知
麻布袋背铁钉——里戳出
麻袋布做龙袍——勿是料
木匠师傅弹墨线——睁一只眼闭一只眼
门缝里看人——把人看扁(小看人)
泥菩萨过河——自身难保
捧着卵子过桥——过分小心
强盗碰着贼——黑吃黑
俏眼打给瞎子看——白打
热镬子上蚂蚁——团团转
砂锅里推面饼——厚兹纳得(面皮厚)
三个指头撮田螺——稳牢牢
石板上掼乌龟——硬碰硬
狮子大开口——讲大话
水牛角,黄牛角——大家各归各
四金刚腾云——悬空八只脚
铜钿眼里千跟斗——一钿如命
兔子尾巴——长不了
偷来锣鼓——敲不得
蚊子叮石臼——不感着
歪嘴吹喇叭——邪气
乡下人勿识拉风箱——触进触出的气
象牙筷上扳鹊丝——硬扳错头
小鸡踏扁头——无救
小和尚念经——有口无心
瞎子磨刀——快了

叫花子吃三鲜——要样无样
郎中先生开棺材店——死活要铜钱
弄堂里掮木头——直出直进
老虎屁股——摸不得
老孵鸡生疮——毛里有病
两个哑子困一头——无话无商量
癞痢头撑伞——无法无天
癞狮蹿拉戥盘里——自称自赞(载)
六月里着棉鞋——日(热)脚难过
盲子看戏——瞎笑
麻子擦粉——蚀煞老本
麻袋布绣花——底子太差
木头人摇船——勿推扳
猫哭老鼠——假慈悲
南瓜生勒甏里——出不来
蟛蜞裹馄饨——馅里戳出
砒霜拌生姜——毒辣
蜻蜓吃尾巴——自吃自
缺嘴吃鼻涕——落路
肉骨头敲鼓——荤(昏)咚咚
山东人吃麦东——一懂勿懂
三铜买个鸭头——独好一张嘴
石灰拌白糖——分不清
水豆腐出毛——难话(画)难描
师姑养囡——众人帮
四金刚摇船——大进大出
驼子跌在高墩上——两头不着落
兔子眼睛——眼红
无头苍蝇——乱撞
蚊子叮菩萨——看错人头
外甥给娘舅照灯笼——照舅(旧)
乡下人勿识走马灯——又来了
小鸡惹污——尽力扳
小葱拌豆腐——一清二白
瞎子吃馄饨——肚里有数
瞎子吃死蟹——只只好

瞎猫拖死老鼠——凑巧
新造茅坑三日香——好景不长
阎罗王啦阿爹——老举(鬼)
哑子吃黄连——有苦呒话处
萤火虫触屁股——亮通通
有喜娘娘拴裤子——呒搭头
张弓养鸟——越养越小
猪八戒照镜子——里外不是人
竹罐倒豆——一点不留
瞎猫拖死鸡——碰着就是
年初一看皇历——日子还长
逆风摇柴船——一动不动
一条肚肠通到底——直心肠
鸭吃砻糠——空开心
丈母看女婿——越看越有趣
造屋请箍桶——外行
竹篮打水——一场空

第二十五章　人　　物

王江泾镇历史文化积淀深厚，古往今来人才济济。此志共收录有记载的古时和当代人物500人。古时人物有许多为饱学之士，他们有的为官后造福一方，为民办实事；有的不惜身家性命，敢于为正义请命；有的著书立说，为社会留下许多宝贵的精神财富。在当代人物中，有许多人在经济、科技、教育、医学、文学、艺术、政界等领域，作出了较大贡献，还涌现出许多各条战线上的先进模范人物。古今众多的优秀人物，一直在激励着王江泾人民为实现社会主义现代化建设而奋力拼搏。

第一节　人物传略

盛　周

盛周（1509—1563），字文郁，号文湖，秀水闻湖（今王江泾）人，明朝官员。盛惟谦父，盛万年祖父。明嘉靖三十二年（1553）进士。少从王龙溪，曾与沈靖夫讲学于闻湖书院，入为刑部主事，历任刑部郎中、山东东昌府知府、广东布政使司右参政。归葬南露圩先茔之东。生前著有《滴露堂稿》《南曹唱和集》。崇祀名宦乡贤。

沈启源

沈启源（1526—1591），一作启原，字道升、道存，一字道初，又字道卿，号霓川，一号鹅园，又号道原，别署巢云，自署存石居士、澄源居士、岷峨泰华主人，秀水长溪（今南汇）人。明朝官员、学者、藏书家。明嘉靖三十八年（1559）进士。仕至陕西、山东按察副使。医药卜筮之书，无不探究，人称博物君子。好聚书，书室曰“巢云馆”“存石草堂”“芳润楼”“与闲堂”“紫芝阁”“阆风阁”“徐于斋”“止观斋”“香云台”“苍玉亭”“点易亭”“乾坤着眼楼”。著有《鹅园集》4卷、《星卦论》、《巢云馆诗纪》、《斑马异同》、《麟经考》、《存石居士集》、《存石草堂书目》10卷，辑有《谢康乐集》4卷、《沈隐侯集》4卷。

盛万年

盛万年（1559—1632），字恭伯，一作伯恭，一字叔永，号若华。秀水（今嘉兴）人，居闻家荡中孝圩。明朝官员。明万历七年（1579）举人，万历十一年（1583）进士，廷试第二甲第六名。初为刑部主事，历工部郎中，出为福建按察副使，历广东、贵州、江西按察使，迁云南布政使，未任卒。崇祀名宦乡贤，葬于长水塘黄字圩新阡。著书处曰“修纪堂”，又有“世德堂”“滴露堂”“宛委堂”“四照阁”等。著有《拙政编》1 卷、《附诗》、《曼寄轩集》1 卷、《岑西水陆兵纪》2 卷。

沈德符

沈德符（1578—1642），初名麟祯，字景倩，号虎臣、景伯，秀水长溪（今南汇）人。明朝学者。明万历四十六年（1618）举人。父为太史，其自幼习闻朝章国故。于两宋史乘别集，故家旧事，尤能敷陈本末，疏通其端绪，亦精音律。春闱屡试不第，中年南还，室名曰“清权斋”“敝帚轩”。所撰《万历野获编》30 卷、《补遗》4 卷，多记万历以前的朝章国故、里巷琐语，无不备载。又有《顾曲杂言》1 卷、《敝帚轩剩语》3 卷、《补遗》1 卷、《飞凫语略》1 卷、《清权堂集》22 卷、《历朝正闰考》10 卷、《万历前三朝朝章国故里巷琐语》、《靡不备战》、《秦玺始末》1 卷，另辑有《荷兰人侵据澎湖残档》。

蒋之翘

蒋之翘（1604—1667），字楚稚，号石林，又号雪樵，别署石户农，江苏吴江籍，秀水（今嘉兴）人，居射襄城（今王江泾镇）定中桥东。明朝藏书家。蒋兢裔孙，蒋宗瞻子，蒋之华弟。少时应郡邑试，为奸人所诱，诖误终身。乃致力古学，游焦竑之门。后隐于市。家贫好藏书，收罗名人遗集数十种。惜晚年无子，授徒自给，为了生活，出售所藏书与同里侍郎曹溶，书籍散佚无余。清顺治十六年（1659），朱彝尊犹访其于射襄城。所居处曰“剑啸台”“三径斋”“三径草堂”“硕迈书屋”，著书室曰“山晓阁”。著有《天启宫词》1 卷，校刊有《楚辞》、《晋书别本》130 卷、《韩柳文集》、《甲申前集》、《甲申后集》，又辑有《携李诗乘》40 卷、《楚辞后语》8 卷、《辩证》2 卷、《附览》2 卷，撰有《韩昌黎集辑注》40 卷、《柳河东集辑注》45 卷、《外集》5 卷、《附录》1 卷、《遗文》1 卷，后人撰有《蒋石林先生遗诗〈闻川杂咏〉》3 卷。

沈萃士

沈萃士（1696—1772），字约安，又字縠园，号东田，别署郊居，秀水长溪（今南汇）籍，新溪（今新塍）人。清诗人。沈士宏孙，沈大淳次子，沈渭弟。与兄读书般若精舍。文法大家，诗追正始。中年客游四方，足迹半天下。晚筑“郊居草堂”于老屋之南，时与同里俊彦联诗文会。“郊居草堂”毁于清道光七年（1827）同里火灾。著有《新溪文钞》4 卷、《长溪诗钞》、《郊居诗话》、《敦素堂集》、《婆罗林集》、《江淮集》、《北游集》、《西行集》、《甲外集》、《新塍集》、《汴泗集》、《河岳集》、《武林集》、《周甲集》、《谷园文稿》、《新溪古迹考》、《长溪沈氏宗谱》。

盛百二

盛百二（1720—1785），字相舒，一字秦川，又字秋墅，号柚堂，又号问水，别署罗浮山人，秀水（今嘉兴）人，世居梅湖廊下，迁居郡城香严浜（今香橼浜）。清朝学者、藏书家。盛枫孙，盛熙祚子，盛百一、盛百朋弟，盛世选、盛世逢父，盛善成、盛善持祖父。清乾隆二十一年（1756）举人。任山东淄州知县。为令一年，以忧去遂不仕。晚居齐鲁间，主讲蕙城书院。与程晋芳友善。宗程朱理学，尤对天文、地理、赋役、河梁考证有研究。著述较多，家富藏书。藏书处曰“春草堂”“皆山阁”“惜分书屋”“柚堂”。著有《皆山阁吟稿》4卷、《柚堂续笔谈》8卷、《观录》4卷、《问水漫录》4卷、《淄州砚铭谱》2卷、《古文意宗》30卷、《增订教稼书》2卷、《李播大象赋注》1卷、《唐诗式》16卷、《少陵诗录》(佚)等，尤以《御制律立渊源》著名。

计 芬

计芬(1783—1846)，一作棻，初名光炜，字分石、荭石，一字小隅，号担石，又号儋石、窸斋，别署寒玉馆主、金赘馆主人、雁水画隐、雁门画史、食研主人、莲叶砚主、红丝莲叶两砚斋主、儋石生、木石生、木石道人、白纻山人、僦月子、小沧浪种花叟、丈山尺树寸马分人，秀水闻川(今王江泾)人。计长源孙，计楠次子。清诗人、画家、收藏家，通六法，性嗜古，善鉴别。与吴江杨龙石、钱塘赵穀庵、虞山蒋宝龄称松柏。于画无不通晓，人物师金冬心，花卉出入白阳、云溪间，诗学桐乡孙古杉。藏砚不下三百方，以莲叶、红丝两砚为最。因颜其室曰“莲叶红丝两砚石室”，又室名曰“饮寿堂”“鱼戏莲叶室”“儋石山房”“金蕡花馆”“十砚楼”“瓶花馆”“秋雪舲”“握兰居”“餐英诗屋”。著有《二砚斋诗集》《计芬绢本花卉册》。

陶 模

陶 模

陶模(1835—1902)，字子方。王江泾陶家浜人。清同治七年(1868)进士，改翰林院庶吉士，初任甘肃文县、皋兰知县，清光绪元年(1875)冬任秦州知州。光绪十年(1884)署甘肃按察使，次年擢直隶按察使。光绪十四年(1888)迁陕西布政使，护理陕西巡抚。光绪十七年(1891)迁任新疆巡抚，后署陕甘总督。光绪二十六年(1900)调任两广总督。

陶模祖籍江西浔阳，先世以武职自汴京(今河南开封)扈从宋高宗南渡，屯守秀州，遂定居嘉兴北郊金桥。宋亡，迁居嘉兴雁湖(今王江泾)。陶模自幼家贫，一边读书一边操劳家务，把母亲纺织的丝绸去市集上变卖，以维持生活。陶模早年刻苦读书，诸子百家无所不窥。文宗桐城派，不喜八股文章，以为“祸乱之基由于人心不正，空言文章”，立志用世治国。清咸丰十年(1860)太平军攻占嘉兴，陶模一度在太平军中从事杂役。入仕后专心务实，以清廉干练知名。任秦州知州时，天大旱，饥民数十万，于是拿出积累的俸金并公款四万余两，设立粥场，修建养济院，增义田抚恤孤儿寡妇，以救济灾民。又在州南筑堤浚池，兴修水利，并在堤上广栽树木，人称陶公堤。在任甘州知府时，豁免各县按例供奉的钱财，得到左宗棠的赞赏，向清政府奏称陶模“治行第一”，调补迪化(现乌鲁木齐市)州知州。时迪化民族矛盾尖锐，社会动乱，民户寥落，陶模采取安抚政策，减轻田赋，团结各族人民，使边城得以安宁。光绪十七年(1891)陶模任新疆巡抚，在罗布淖尔北筑蒲昌城，南设囤防局，组织回民前往定居开发，扩展行政建制。同年十二月，英俄争夺帕米尔，英军侵占中国领土坎巨提，陶模镇定交涉，终使坎巨提归属祖国，嗣后练兵筹粮，严密防守。俄国强借中国巴尔鲁克山逾期不还，陶模据约力争终得归还，捍卫了中国领土主权完整。光绪二十一年(1895)陶模向清政府上疏，请求政府励精图治，认为“国强弱视人才”，建议停捐例、汰冗员、破除旗兵积习，禁止士大夫吸食鸦片；设立算学、艺学等教育课程；废武科考试，变练兵操法；选拔勋旧子弟游学各国，培植工艺等。陶模治理新疆近 10 年，维护国家领土主权、抵御外侮有功，并为发展南北疆交通，分道测绘地图，勘察各类矿藏，积极准备建设开发，因限于条件未如愿。在新疆陶模组织回族民众读书、学习汉语，以便进行民族交流，民族关系得以缓和。

光绪二十七年(1901)，陶模在两广总督任内主张维新，曾派吴稚晖率领学生赴日留学。其子葆廉更以新党自居。陶氏父子喜阅革命党人陈少白在香港主编的《中国日报》，并与留日革命党人沈翔云等相交往，受他们影响很深。陶模在广东安定社会秩序，推行开明措施，向清政府上疏请求裁减宦官，改革朝政。认为：“变通政治宜务本原，本原在朝廷，必朝廷实能爱国爱民，乃能以爱国爱民责百官；必朝廷先无自私自利，乃能以不自私自利望天下。转移之道，一曰除壅蔽，一曰去畛域，一曰务远大，朝廷当以身作则，克己胜私。否则虽日言变通，无由获变通之效。”所言皆人之所不敢言，切中清政府腐败政治的要害。

陶模自知县至总督 30 余年，尤以治理西北边疆政绩卓著。甘肃《文县志》立有陶模生传，兰州、迪化建有专祠。光绪二十八年(1902)十月十日病逝广州后，赠太子少保，谥勤肃，归葬王江泾镇新桥居委会顾店桥。著有《陶勤肃公奏议》等。

敖嘉熊

敖嘉熊(1874—1908)，字梦姜、孟疆，又字咸愚，生于平湖，因祖父辈均在嘉兴经营腌腊业，举家移居南汇镇，后迁城内柴场湾。在秀水县署当过钱谷师爷，因与知县不睦，不到一年即辞去。清光绪二十六年(1900)春，义和团运动爆发，敖嘉熊在反帝爱国思潮影响下，在杭州与王维桀(维忱)、蒋方震(百里)等 10 余人成立时事研究会，名“浙会”。后因受清政府查办，改名为“浙学会”。同年，在嘉兴与唐纪勋、祝廷锡等创办竹林启蒙书塾，为嘉兴最早之学堂。接着又与唐、祝等在竹林创办学稼公社，提倡改良农业。光绪二十九年(1903)在上海加入由蔡元培、章太炎、黄炎培等发起成立的中国教育会和“爱国学社”，立志革命。敖嘉熊愤世嫉俗，曾白天提灯笼行街市，人问之，他说：“这世界太黑暗，我要以光明之火，照亮黑暗大地。”受陈天华《猛回头》启发，用白话文编写宣传反清革命的《新山歌》，请蔡元培审改后在沪广为传播。后《新山歌》被清政府查获追究列为“大案”，幸得有力人士保护得免。同年六月，“苏报案”发生后，回嘉兴与褚辅成、田月斧等创立竞争体育会，宣传禁烟禁赌，抵制美货。并倡建“演说会”“教育会”，秘密宣传革命思想。不久，敖嘉熊游历温州、乐清、台州、宁波等地，广结反清志士。为了联系基层群众聚集反清力量，拟以温台处三府迁居嘉兴的“客民”为依托，建立温台处会馆代办租税，创办团练，以谋握地方财权与武力，进而借此联络江、浙、皖相邻 10 余府会党，组织武装起义，陶成章力促其成。光绪三十年(1904)加入光复会。同年九月、十月间，嘉兴温台处会馆正式成立(在嘉兴东门外，今汽车站职工宿舍址)，陶成章介绍魏兰为总理，敖嘉熊聘请冯豹、陈乃新等任执事员，会馆成为浙江革命党人联络活动的重要据点之一。在此基础上，敖嘉熊又欲在松江、湖州、杭州三地设立分馆，以联络更多会党力量，伺机起义，攻略南京。敖嘉熊又创祖宗教(一说皇帝教)，以宗教名义号召组织汉族同胞进行革命。后事泄，他的革命活动受到清朝地方官吏注视。光绪三十一年(1905)四月，敖迭遭家难，温台处会馆经济困乏，乃将妻子的金银首饰变卖充作经费以保存会馆。但最终仍难维持，会馆关闭，联络中心转往绍兴大通学堂。光绪三十二年至三十三年(1906—1907)，秋瑾等先后两次到嘉兴会晤敖嘉熊、褚辅成等人，密谋在浙江起义。秋瑾、徐锡麟起义事败后，浙江革命形势趋于低落，敖嘉熊也郁郁难有作为。光绪三十四年(1908)二月初九，敖嘉熊夜出未归；二月二十八日，尸体在嘉兴城东乌桥港被发现，一说遭暗杀，一说失足落水。

敖嘉熊性豪迈，有辩才，慷慨任侠，凡恤嫠育孤养老赈穷各种慈善事业无不为之倡。他提倡教育，创建学校，造就人才甚众，对社会人心影响颇大。自兴立温台处会馆后，深受浙东士民敬仰，陶成章说："嘉熊死而浙西、江南一带之革命事业坠矣。"嘉兴光复后，敖嘉熊遗体移葬杭州栖霞岭。1925 年 5 月 12 日，嘉兴各界人士为敖嘉熊等嘉兴辛亥革命七烈士举行公祭。

陶葆霖

陶葆霖(1870—1920)，字惺存，号景藏。清南洋大臣、两广总督陶模第三子。清末民国学者。清光绪二十一年(1895)补嘉兴府生员，后纳资为候选主事，长居家乡，任邑学校长。光绪二十八年(1902)留学日本东京法政大学。归国后张元济延入商务印书馆，任编辑。清宣统二年(1910)任浙江谘局议员，辛亥革命后，因反对资政院举袁世凯为内阁总理，南归入商务印书局。著有《惺存遗集》。光绪三十年(1904)，陶葆霖和前湖南永顺知府金蓉镜(甸丞)在原鸳湖书院藏书的基础上，捐书集款组织成立嘉郡图书馆。在创办嘉郡图书馆的过程中，陶葆霖、金蓉镜及嘉兴一府七县的士绅、藏书家纷纷捐书集款，甚至南浔的刘承干也捐赠了图书，馆藏图书数量 2 万册左右，都是线装图书。嘉郡图书馆的馆舍借用当时秀水县学堂的校舍，并由秀水县学堂总理沈进忠(稚岩)兼主馆务，聘谭新嘉(志贤)编馆藏书目。嘉郡图书馆成立以来，一直没有自己的馆舍，先后借用秀水县学堂、省立嘉兴二中(原嘉兴府中学堂)做馆舍。陶葆霖、金蓉镜等筹集经费，谋划建造馆舍，因经费不够，一直未能实施。

王维忱

王维忱(1875—1922)，名嘉榘，别名家驹，字维忱，号伟人，曾用名渭忱、渭仁、加渠、加伟、嘉祎、祎人等。嘉兴人。幼年时居王江泾镇，后住江苏盛泽镇。清光绪二十三年(1897)考入浙江求是学院。光绪二十六年(1900)春夏间，与蒋方震、敖嘉熊等在杭州成立浙会，后因受清政府查办，改名为浙学会。光绪二十七年(1901)官费留学日本，先后入东亚商业大学和早稻田大学学习。光绪二十八年(1902)四月，参与章太炎提议的"支那亡国 240 周年纪念日"，为发起人之一。纪念会虽未能按计划举行，但影响甚大，是留日学生走向反清革命的重要一步。同年冬，东京留学生发起组织中国青年会，当选为干事，又与陈仲权等组织旅日学生学会。光绪二十九年(1903)浙江同乡会成立，为会刊《浙江潮》的编辑与发行者(主要撰稿人有鲁迅等)。《浙江潮》编辑部名义上设在东京神田区学生会馆，实际常在东京早稻田大学附近榎木町王维忱寓所进行编务活动，也是革命志士秘密集会之所。同年四月中国青年会为抗议沙俄帝国主义侵略东北，要求清政府立即对俄宣战，并在东京锦辉馆召开留学生全体大会，组织抗俄义勇队，后改称学生军，王维忱与黄兴、陈天华、方声洞、秦敏鋆等均加入。后学生军被日方强行解散，王维忱等15人随即发起成立秘密的反清革命团体军国民教育会，以“养成尚武精神，实行民族主义”为宗旨，以“鼓吹、起义、暗杀”为斗争的主要手段。不久，王维忱受命去南洋一带活动；同年秋，由南洋返东京，与“浙学会”成员蒋尊簋、沈飑民、许寿裳等十多人，两次策划武装起义。光绪三十年(1904)十月，王维忱参加长沙起义，事泄，受清兵追捕，身中枪弹，带伤避居盛泽家中。伤稍愈返日本。光绪三十一年(1905)二月，王维忱任光复会东京分部负责人；又与黄兴等签写盟书，加入同盟会；年末，去南洋宣传革命，并在爪哇泗水埠中华学校任教。光绪三十二年(1906)十二月初，萍浏醴起义爆发，王维忱回国在上海与章太炎、敖嘉熊、秋瑾、陶成章、龚宝铨等人会商响应事宜，后因起义失败，避居于嘉兴马厍汇。

1912年1月，任浙江省军政府秘书，不久改任浙江省高等学堂教务长，后去北京任教育部佥事，与鲁迅、许寿裳等同事。1923年2月2日，王维忱因腹部枪伤复发，呕血而逝。其灵柩迁返嘉兴时，沿途均设祭吊仪式。其墓在嘉兴郊区荷花乡，已无存。1931年嘉兴建辛亥革命烈士纪念塔，王维忱列为七烈士之一。

唐佩金

唐佩金(1858—1929)，字暎荪，号印生，亦作印僧，秀水闻川(今王江泾)人。晚清、民国初诗人、书画家。唐员孙。邑庠生。以县佐出任金阊。工诗，善书画。早岁得同里杨利叔(象济)、陶古山、李子远(道悠)、沈蒙叔(景修)诸宿老指授。勤学不暇，驰誉艺林。室名曰“求有益斋”。著有《闻川缀旧诗献曝亭賸稿》5卷等，著有《闻川志稿》20卷。

盛　沅

盛沅(1846—1935)，原名恺华，字子彬，更名沅，字萍旨，晚号闻湖剩叟，秀水闻溪(今王江泾)人。清末官员、书法家。盛庆琳、盛庆琜父，清光绪元年(1875)举人，光绪十二年(1886)登进士二甲56名。授翰林院庶吉士，历任台州临海县教谕，刑部湖广清吏司主事，山西夏县知县，补用直隶州知州，癸巳科山西乡试同考官，光绪二十七年(1901)过班分发江苏补用道员。世居郡城北门外香严浜，迁郡城西门内金明寺埭。因案革职。归里后，任嘉兴学堂监督。擅行、草书。著有《江南水道纪要》8卷、《宗孟庐行水考》4卷，光绪二十五年(1899)重修《闻湖盛氏家乘》。

陶葆廉

陶葆廉(1862—1938)，字拙存，别署淡庵居士。王江泾人，陶模子。少年入学为优贡生。秉性俭约，好学不倦，博览群书，专心撰著，对史地考证、医学、算术，都颇有研究。清光绪十七年(1891)，陶模任新疆巡抚，葆廉随父赴新疆，沿途逾长城、渡瀚海，经古代蒲类(今巴里坤)、车师(今吐鲁番)等地，行程11200余里抵乌鲁木齐。陶葆廉以日记方式记述途中所见所闻，著成《辛卯侍行记》，该书除记日月程途酬应往来之外，详述各地地理形态、户口变迁、人心风俗物产的异同，并对某些民间流传的古代传说，或加考证，或加澄清；对上古尧舜禹关系的考据推理，对回族、蒙古族、维吾尔族等少数民族的渊源变化，均有提纲挈领的综述，使该书成为晚清西北史地学的一部力作。还著有《求己录》等。1914 年浙江通志局成立，被聘为分纂，对整理地方史料颇多贡献。他还校阅了《闻川志稿》《盛湖志》《竹林八圩志》等志书，并为之作序跋。

陶葆廉一生淡于名利，倾向维新。清光绪末曾因大臣屡荐，为硕学通儒，记名提学使。光绪二十八年(1902)代理浙江大学堂总理，光绪三十四年(1908)又被召入内廷，授陆军部军机司郎中。辛亥革命后寓居上海，对嘉兴地方公益事业颇多关注。1919 年 11 月，曾奉命会办苏浙太湖水利工程。1921 年 10 月 19 日，陶葆廉在上海致电北洋政府内务部、财政部，汇报嘉兴、平湖、海盐、嘉善、桐乡、海宁各县迭遭飓风和水灾的情形，要求救济灾民。1937 年，抗日战争全面爆发，避居桐乡。1938 年秋，因愤疾交加去世。

盛光伟

盛光伟(1870—1950)，字树人，号壶道人，晚号壶叟、老壶，秀水(今嘉兴)人。书法家、篆刻家。盛光柱弟。清光绪二十三年(1897)与其兄同寓北京，乡试未中。光绪末年知四川灌县。辛亥革命后，以遗民自居，隐居不仕，以卖字、刻印自给。擅书法，尤以篆著称。工治印，朱文师秦玺，白文法铸。室名曰“心香室”“待归草堂”。印作汇辑为《心香室印存》《印草》，光绪三十年(1904)辑有《退补斋印谱》3 册，著有《篆文联稿》。

陶昌善

陶昌善(1879—1950)，字俊人，号匋山、陶山、韬庵，自署五柳居士，秀水雁湖(今王江泾)人。书画家、收藏家，民国官员。日本北海道帝国大学农科毕业。先后任南京临时政府实业部农政司司长、北洋政府农林部农林司司长、农商部农林司司长、吉林省实业厅厅长、农商部秘书兼国立北京大学农学院教务长，后任国民政府考试院编辑、财政部北平印刷局局长、财政部公债司司长。工书画，富收藏。尤多藏北魏墓志拓片。著有《吉林矿务纪要》。

蒋志新

蒋志新(1880—1960)，名保徵，字志新、梓心。南汇人。辛亥革命前留学日本，肄业大阪工专、长崎医科大学，并在日本参加同盟会。清光绪三十四年(1908)冬，陈其美在上海天保客栈设立秘密革命机关，约期召开浙江各府属革命党代表会，商议在浙江起义的革命方略，蒋志新与褚辅成被推选为嘉属代表，秘密到上海。后因遭到清政府搜查，会议未能开成。清宣统三年(1911)十一月，江浙军分兵四路进击南京，蒋志新任浙军军医。南京光复后归里，与一朝鲜友人合设小型医院于嘉兴南汇镇。1920 年创办德心医院任院长，并受聘浙江医药专门学校，兼任附属医院产科主任 4 年。后设立德心医学及助产两校，培植地方医务人员。1924 年被选为平民教育筹备会委员。1938 年八一三淞沪抗战爆发，蒋志新购置了大量药物用品，并成立红十字会嘉兴分会，准备救护伤员。1939 年去上海开设德心医院分院。抗日战争胜利后回嘉兴恢复德心医院，并被推选为嘉兴医师公会会长。1949 年 5 月嘉兴解放前后，蒋志新被推举主持嘉兴各团体联合办事处，为维护地方治安、保护人民财产，做了有益的工作。中华人民共和国成立后，蒋志新曾任嘉兴市各界人民代表会议协商委员会副主席、卫生工作者协会会长。蒋志新医术精湛，擅长妇科，对贫困病人免费施诊赠药，医德高尚。著有《医学讲义》若干种，未刊。

杨勤之

杨勤之(1897—1970 年)，虹阳港人，肄业于嘉兴秀洲中学。杨家世代在虹阳港开设诊所，他师从其叔父杨涤生。杨涤生小名七宝、七郎，师从其父杨竹山，时与乌镇张艺诚、嘉兴陈骏北、朱斐君为禾中四大名医。杨勤之擅长治疗伤寒，远近闻名。1917 年 8 月 20 日，虹阳港杨勤之家遭张兄奎等 20 多名枭匪盗劫，被劫现洋 4000 多元、金银首饰百余件，共价值 2 万多元。1926 年，杨勤之一家移居盛泽红木桥，开设中医内科。解放后杨勤之任盛泽联合医院院长，其子杨恺明师承父衣钵，为盛泽、王江泾一带中医。

吴国淙

吴国淙(1913—1982)，出生于双桥蓝河湾吴氏望族。1937 年毕业于浙江之江大学文理学院。后聘为宁波三一中学国文教师。不久抗日战争全面爆发，他返归故里另择职业，先后任中学国文教员和商家司账等职。1945 年，受聘于新塍南湖中学，任国文、英文教员。中华人民共和国成立初期，为新塍南湖中学校长。从 1952 年的南湖中学，到 1975 年的新塍中学，担任校长长达 23 年。

吴国淙是无党派人士，系当时嘉兴教育界的三杰之一。从 1955 年起，连续五届当选为嘉兴人民委员会委员，多次出席浙江省政治协商会议，享受国家特殊津贴。他国学造诣极深，尤其精于诗词学、音韵学和古文学。

担任中学校长 20 多年，于校务、教务之外，还兼任语文、英语、历史地理和生物等课程的教师。在他和同事们的努力下，1958 年，学校办起高中班，成为一所完全中学。

钱元亮

钱元亮(1908—1983)，住今王江泾镇东菜场 42 号。钱元亮出生于大户人家，自小饱读诗书，后随其姐钱碧英住王江泾。1928 年，钱元亮在上海《申报》副刊《自由谈》发表作品《抗旱》。解放后，钱元亮注重戏剧创作，创作的独幕剧《全家上冬校》被收入《建国十年文学选·戏剧分册》，剧本《半夜失牛犊》获全国文学作品二等奖。他在晚年还创作了多部独幕剧，逝世后被浙江省作家协会追认为浙江省作家协会会员。

潘文渊

潘文渊(1912—1995)，出生于虹来之港(今东荷村)。早年在盛泽完成小学学业，1925 年在秀州中学就读，1931 年高中毕业考入上海交通大学电机系，1935 年毕业。在校期间，其父

潘文渊

潘伯良呈文国民政府交通部，将潘文渊在报考时填写的籍贯浙江嘉兴改为江苏吴江，被获准。1937年7月公费赴美国斯坦福大学无线电系留学，师从当时世界无线电权威特曼(Terman)教授。1939年6月获斯坦福大学工程学硕士学位，1940年9月获博士学位，旋即任职于美国麻省剑桥的电波放射实验室。据其四叔潘简良(原任联合国粮农组织稻麦专员)反映，潘文渊在第二次世界大战后期是雷达的主要发明人之一。1945—1974年任职于RCA(Radio Coporation of America美国无线电公司)普林顿实验室，出任微波研究室主任，研究超短波(UHF)技术。此后30年间共发表科技论文百篇，获30项美国专利及200项国际专利，包括彩色电视的研发。1974年9月16日提前退休后致力于发展台湾集成电路技术。1995年1月3日辞世，被誉为台湾“积体电路之父”。

钱筑人

钱筑人(1925—2010)，号同春，出生于王江泾镇，五代十国钱镠王三十一世孙，民盟嘉兴委员。通书画，精诗词，解古文，能文武，终生在王江泾中学从教，书香流芳。1956年被评为县级先进教育工作者。退休后曾任鸳鸯湖诗社社长。晚年著有《蒲华年谱》《和棚下弹词八十首》《集榻百家印选》。

刘先正

刘先正(1915—2014)，王江泾后富庄(今王江泾社区)人。1927年小学毕业进入嘉兴二中念初中。1929年，因病休学。后到上海书店做学徒，接受中共地下党员进步思想的教育，开始对中国的新民主主义革命有了认识。1937年7月抗日战争全面爆发后回到王江泾，先后担任国民党嘉兴县指挥队指导员、国民党游击队指导员，嘉兴城西区、王江泾区区长。在此期间，带领队伍积极抗日，曾掩护和护送从上海日军集中营逃出的美国、英国等外籍人士至浙西国民党统治区。1945年8月抗日战争胜利后，先后担任嘉兴县农会常务理事、嘉兴县参议员。1948年5月，在中共地下党员沈如淙等人的动员下，秘密参与中共地下工作。1949年4月，中共地下党领导的吴嘉湖独立团成立，刘先正担任团长。同年5月，任解放军某独立大队大队长，指挥战士和老百姓一起，将国民党撤退时炸掉的苏嘉公路上的两座桥及时修复，保证了解放军顺利通过。同年6月，任解放军某营营长。1950年起，先后任解放军某部营管员、司令部参谋、劳营公司副经理。1955年1月，转业至嘉兴地方，先后担任嘉兴军属酱油厂副厂长、嘉兴酿造厂副厂长。1981年7月退休。1983年4月，经中共嘉兴市委组织部批准，由退休改为离休，享受副县级政治生活待遇。1984年11月，加入中国国民党革命委员会。1985年5月，担任民革嘉兴市委会筹备委员会主任委员。1986年4月，任民革嘉兴市委会第一届主任委员。其间，他努力加强民革组织建设，带领全市民革党员履行好参政议政、民主监督职能，尤其是在对台的祖国统一工作中，做出了积极努力。1992年10月，嘉兴市政协机关党支部吸收刘先正为中共党员。他还先后担任嘉兴市政协第一、二、三届常务委员。

陶诗言

陶诗言(1919—2017),气象学家,今长虹村人。1928 年就读于嘉兴集贤小学(嘉兴实验小学前身),1932—1934 年就读于浙江省立第二中学(今嘉兴市第一中学),1942 年毕业于中央大学理学院地理系(校址在重庆)并留校任助教两年,1944 年调入中央研究院气象研究所任助理研究员。中华人民共和国成立后,历任中国科学院地球物理研究所研究员、中国科学院大气物理研究所研究员及副所长与代理所长、国家环境保护局顾问、中国气象研究院科学技术顾问。1980 年当选中国科学院院士。后任中国气象学会理事长、名誉理事长、联合国世界气象组织全球气象计划科学技术委员会委员,中国人民政治协商会第五届、第六届、第七届全国委员会委员。生前获得的荣誉有 1956 年度全国先进工作者,1964—1966 年中国人民解放军一等功和二等功,1978 年全国科学大会成果奖,1986 年获国家科技进步奖三等奖,1987 年国家自然科学奖一等奖和三等奖,1992 年中科院自然科学一等奖,1996 年获何梁何利科技进步奖。

第二节　人物简介

【历史人物简介】

历史人物简介传略遴选 254 人,其中宋代 9 人,元代 4 人,明代 95 人,清代 143 人,近代 3 人。相对集中于数户官宦世家、名门望族、诗人、书画家、名医,其中包括寓居在境内的历史人物。为方便查阅,采取跨越朝代,按姓氏叙述。对其他家族按时代先后排列。

闻人建　字端木,北宋官员,北宋天禧三年(1019)进士。历道州推官、婺州推官,迁著作郎、骑都尉,监秀州都盐仓,转秘书丞,以子贵赠工部尚书。

闻人颖立　字秀成,槜李闻溪人(今王江泾人),迁居郡城东天心湖。宋官员。年十九即贡入京,南宋嘉定四年(1211)进士。南宋建炎年间以江都簿为嘉兴典监税,迁崇德令。

闻人大雅　嘉兴人,南宋官员,南宋绍兴二十一年(1151)进士。

闻人符　嘉兴人,南宋官员。南宋绍兴二十七年(1157)进士。

闻人阜民　嘉兴人,南宋官员。南宋绍兴二十七年(1157)进士,官婺州通判。

闻人茂德　名滋,字茂德,以字行,人称沙随先生,槜李闻湖(今嘉兴王江泾)人,南宋官员,藏书家,南宋隆兴元年(1163)进士。少时开豆腐羹店,后为敕局册定官,谈经义衮衮不倦,发明极多,尤邃于小学,多蓄书,喜借人。曾任德兴丞,终进贤县令。著有《闻人滋五说》《南湖草堂记》。

闻人耆年　槜李闻湖(今王江泾)人,南宋医家。业医。精针灸术,行医四五十年。南宋宝庆二年(1226)刻印过自编的《备急灸法》1 卷。

闻人规　字伯圜,槜李闻湖(今王江泾)人,南宋端平年间名医。攻举子业二十年,仅得待补国学进士,遂转而深究《黄帝内经》及张仲景诸书,精痘疹专科,著有《闻人氏痘疹论》4 卷。

陶造图　号菊隐,原籍汴州,先祖南迁至秀水金桥(今嘉兴北郊)。为南宋将仕郎,陶君晦父，陶安节、陶允中、陶宜中祖父。南宋德祐末年，其毁家勤王，屡抗元兵。南宋亡后迁居王江泾，筑忠孝堂于雁湖之南滨，并植菊千枝，因以为号。积书 2 万卷，两经宋元叔季之扰，存者什一。

陶宜中　字惟义，号松竹居士，嘉兴雁湖（今王江泾）人，元学者，陶造图孙，陶范（君畴）季子，陶安节、陶允中弟，素好书画，手自校对，不止万卷。

陶长原　字孟生，号松竹主人，嘉兴雁湖（今王江泾）人，元末明初诗人，陶范孙，陶宜中长子。

陶　钲　字伯铉，号耕学，秀水闻川（今王江泾）人。明藏书家。陶长原孙，陶贵诚子，陶链（仲铉）、陶镒（叔铉）、陶镇（季铉）兄，陶泽（德民）、陶济（济民）父，陶楷、陶樟祖父。有父风，喜藏书。明正统五年（1440），出谷麦二千二百八十石输常平仓，朝廷旌为义民。室名“同心楼”“远翠楼”。

陶允中　字惟一，嘉兴雁湖（今王江泾）人，元学者，陶造图（菊隐）孙。

陶廷烨　（？—1645），字英人，秀水闻川（今王江泾）人，寓居吴江。明末官员。陶锐曾孙，陶元寀子。明崇祯七年（1634）进士。知临川县，崇祯十七年（1644）补行人司副，南台建转司正。清顺治二年（1645）禾中乱，被仇家杀于郡城北门外。

陶贵诚　字士敬，号愚懒，自号归来子，嘉兴闻川（今王江泾）人。明诗人、藏书家。陶菊隐玄孙，陶宜中孙，陶长原子，陶钲、陶链、陶镒、陶镇父，陶泽、陶济、陶润祖父，陶楷、陶樟曾祖父。曾谪戍辽东铁岭（宁远卫），以老疾归，命次子陶链代役。陶氏藏书，毁于宋元叔季之扰，只存什一，自愚懒起重蓄积累，渐见起色。

陶　泽　字德铭、德民，号尚义，秀水闻川（今王江泾）人。明藏书家。陶贵诚孙，陶钲子，陶济兄，陶楷、陶樟父，陶儒、陶俨、陶俸、陶僎、陶俑、陶傃祖父，陶讬、陶记、陶谟、陶诺、陶讷、陶训、陶谊、陶言、陶诗、陶诰、陶试、陶诫、陶诚、陶谶、陶诚、陶讲、陶诵、陶口曾祖父。闻川陶氏藏书，虽由宋元叔季之扰，所存仅什一，但经陶贵诚、陶泽祖孙三世累积，还其旧貌。

陶　济　字济民，号存恕，秀水闻川（今王江泾）人。明诗人。陶贵诚孙，陶钲子，陶泽弟，陶松父，陶煦、陶照祖父。在镇东舍浜筑有“东庄别业”，内有“水竹居”“野啸亭”“夹秀轩”“阅耕初”等。室名“衍庆堂”。

陶　松　号松兰，秀水闻川（今王江泾）人。明诗人。陶钲孙，陶济子，陶煦、陶照父，陶至、陶里、陶培祖父。封刑部主事。

陶　楷　字文式，号菊亭，又号来鹤，别号耐久道人，秀水闻川（今王江泾）人。明诗人、书画家。陶钲孙，陶泽长子，陶儒、陶俨、陶俸、陶僎、陶俑、陶傃父，陶讬、陶记、陶谟、陶诺、陶讷、陶训祖父，从祖父。喜购奇书，蓄藏名画。善写兰竹，吟诗作文，真草书法得古人笔意。室名曰“春和堂”“来鹤楼”。

陶　熙　字时雍，秀水（今嘉兴）人。明朝官员。陶钲曾孙，陶松从子，陶煦、陶照从兄。明弘治十四年（1501）举人。

陶　俨　字时庄，号敬斋，秀水闻川（今王江泾）人。明朝官员。陶钲曾孙，陶泽孙，陶楷次子，陶熙、陶煦、陶照从弟，陶儒弟，陶俸、陶僎、陶俑、陶傃兄，陶谟、陶诺、陶讷、陶训父。明正德九年(1514)进士。授阳信知县,官至云南道监察御史、江西巡按使。

陶　俸　字时学,号勉斋,秀水闻川(今王江泾)人。明诗人。陶泽孙,陶楷叔子,陶儒、陶俨弟,陶僎、陶俑、陶傃兄,陶谊、陶言(凤潮)、陶诗(麟湖)父。岁贡生。

陶　僎　字时佐,号雪斋,秀水闻川(今嘉兴王江泾)人。明官员。陶泽孙,陶楷季子,陶儒、陶俨、陶俸弟,陶俑、陶傃兄,陶诰(一溪)父。官益府典膳。

陶　俑　字时宜,号中斋,秀水闻川(今王江泾)人。明官员。陶泽孙,陶楷五子,陶儒、陶俨、陶俸、陶僎弟,陶傃兄,徐棻洁夫,陶试(鉴湖)、陶诚(鹤湖)、陶諴(少湖)、陶诶(碧湖)、陶诚(观湖)父。国子生。官蜀府典膳。旁通医卜阴阳诸术。

陶　坎　字大本,号甓斋,秀水闻川(今王江泾)人。明诗人。陈谘婿,陶坤弟,陶鉴、陶镐、陶鋆父,陶天汉、陶天池、陶天河、陶天津、陶天滨、陶天法、陶天渊祖父,陶国桢曾祖父。博士弟子员。性孝义。

陶　讬　字大节,号北湖,秀水雁湖(王江泾人)。明官员、诗人。陶楷孙、陶九乐、陶九文父,陆光祖岳翁。官四川布政使,以子九礼遇覃恩赠徵仕郎。

陶　煦　字时和,号东溪,秀水闻川(今王江泾)人。明官员。陶钲曾孙,陶济孙,陶松子,陶熙从兄,陶照兄,陶里、陶至父,叶可大、乌程吕学岳翁,陶铨、陶钥祖父。明弘治三年(1490)进士。知永丰、溧水县,迁湖广道御史。明正德中升安庆知府、大新学宫,官至广西按察副使。

陶　照　(1468—1534),字时明,号一庵子,秀水闻川(今王江泾)人,明朝官员。陶济孙,陶松子,陶煦弟。与兄同举明弘治三年(1490)进士,人称“雁湖二俊”。受工部都水司主事。明正德中期任四川布政司参议,升四川按察副使。明嘉靖时期任云南、四川布政使。

陶　锐　(1519—1567),原名说,更名锐,字思抑,号柴墟,秀水闻溪(今王江泾)人,寓居桐乡。明官员。陶炜孙,陶远子。

陶廷锦　原名万钧,字公重,号晋溪,秀水闻川(今王江泾)人。明朝官员、诗人。陶熙孙,陶涵中父。明嘉靖三十一年(1552)举人。授饶州府推官,历韶州府司李,终镇江府通判。

陶　谟　字大显,秀水闻川(今王江泾)人,明官员。陶楷孙,陶俨长子,陶诺、陶讷、陶训兄,陶九万嗣父。明嘉靖十一年(1532)进士。授建德知县,调蒲田,擢四川道御史,仕致大理佐丞。

陶涵中　字墟来,号雪凡,秀水(今嘉兴)人,明诗人。陶熙曾孙,陶廷锦(万钧)子。明万历十六年(1588)举人。历仁和教谕,安化知县,仕至建昌同知。著有《清酣草》。

陶九韶　字舜卿,号葵石,秀水闻川(王江泾人),明朝官员,陶俨孙,陶诺子,陶朗先、陶耀先祖父。明嘉靖三十七年(1558)应天府中式。历官庐州府无为,巢湖县知县,不乐吏治,挂冠归。

陶朗先　(1584—1625),字元晖,别号开普,秀水(今嘉兴)人,居闻川(今王江泾)。明官员。陶诺曾孙,陶九韶孙,陶学瞻、陶学琦父,明万历三十五年(1607)进士。授南京工部都水司主事。万历四十一年(1613)知登州府。明天启五年(1625)被奸党所害。著有《陶元晖中丞遗集》。

陶龙见　字云从,一字训之,秀州闻川(今王江泾)人,明学者、诗人。陶朗先从弟、国子监太学生。明崇祯六年(1633)承诏纂修国史。尝游三山。曹学铨、徐勃诸名流一见及契。所著有诗文未刻而佚。

陶学瞻　字原胥,自号退庵,秀水闻川(今王江泾)人,明末诗人。陶朗先子。明崇祯十二年(1639)举人。为白父冤,奔走燕兖十余年,荼苦倍至,遂屏迹公车。著述颇多,而简于吟咏。

陶学琦　字汾儒,号萧庵,秀水(今嘉兴)人,居闻溪(今王江泾)。清初诗人。陶朗先叔子,陶学瞻弟。诸生。倜傥不群,诗学昌谷,整蔚有序,家贫作客四方,间关万里。与黎里玛瑙庵僧觉源称莫逆交,寓居赠章亭,诗文酬酢无虚日。道中所著,脱稿即为友人携去。

陶让德　字逊庵,秀水闻川(王江泾)人,居甸上。清善士。陶璐祖父。善治生。清乾隆十三年(1748)平价出粟六百石,乾隆十五年(1750)又出粟六百石,乾隆二十年(1755)助赈米六百斗;尝承修文庙,费白金一千五百两,独力重修闻店桥。太守旌有"志存任恤"。

陶世仁　字济苍,号乐山,秀水闻川(今王江泾)人,清画家。陶琯、陶琳父。太学生,承父逊庵余荫,家颇殷富。好画花竹,娴写生,储藏古人名画甚多,故一门风雅,均妙绘事。

陶　璐　(1774—1850),字斯咏,号云岑,秀水闻川(今王江泾)人,居甸上。清诗人、收藏家。陶琯从兄,陶鹄元从父。国学生。秉性正直,无不畏服,重整义庄,又喜嗜古,广储图史,卷轴至六十架,惜遭兵乱,荡然无存。室名曰"借山楼"。

陶　溶　字鸿上,号镜庵,又号月艇,别署随安子、吴隐山樵、红薇馆主、芦泾逸史、白门画隐,秀水闻溪(今王江泾)人,寓居苏州。清画家。陶淇弟,陶寿桐父。善花卉,兼翎毛。敷色鲜艳,用笔松秀。与其兄锥安竞名一时。室名曰"红薇馆""施花馆"。

陶　馥　(1830—1866),字蕙娟,秀水闻川(今王江泾)人。清女画家。陶琯次女,善山水、花卉。用笔神似乃父,曾与同邑钱斐仲女史绘有《杏林宾敬图》。

陶　琯　(1794—1849),字声和、磬符,号梅石,又号鉏云馆主,鉏云外史、梅茗别署老梅云史、护蕉生、恬梅居土地、双云研主。秀水闻川(嘉兴王江泾)甸上人。清诗人、画家。著有《绿蕉山馆集》等。

陶　韩　字荆州,号双梧主人,秀水闻川(今王江泾)人。清学者、藏书家,陶朗先曾孙。曾藏书万卷,著书处曰"双梧庭"。著有《双梧庭集》等。

陶　绅　字南伟,秀水(今嘉兴)人,清诗人。著有《南伟诗钞》1卷,辑入《陶氏贤奕书楼丛书》。

陶品玉　字朗卿,秀水闻川(今王江泾)人,清女诗人。陶世仁女、陶琯、陶琳姐,沈道腴室。工诗,无脂粉气。

陶　淙　(1817—1863),号澹园,别署澹园逸史,秀水闻川(今王江泾)人,清画家。陶琯、陶琳从弟,陶耿元父。善花卉,深得南田之神,逊于陶琯,而优于陶元。

陶敏兹　(1825—1860),原名兆麟,字初斋,后更名为敏兹,字时斋,秀水闻川(今嘉兴王江泾)人,居石槛弄。清画家。

陶　谿　(1831—1896),字秀娟,秀水闻川甸上(今王江泾东)人,清女诗人、画家。陶世仁孙女,监生陶琳三女,陶谻、陶谽妹,江苏吴江黎里徐莹妻,幼承家学,善诗能画。

陶　允　字谷辰,秀水(今嘉兴)人,清画家。家有掇英山馆。工花卉,清瘦纤细,雅为是病。

陶惕若 名善乾，字惕君，以字行，号历斋，秀水闻川（今王江泾）人。清末画家、篆刻家。陶模侄孙。诸生。清宣统二年（1910）曾受周子儒聘，任闻溪学堂教席。擅山水及草虫小品，又善治浙派印。

陶元镛 （1878—1944），字陶篛，号慧斧，别署怀苏亭长，秀水闻川（今王江泾）甸上人，居郡城。清附贡生。历任黄岩县知事，浙江烟酒税局嘉兴分局局长，淞沪商埠局秘书等。工诗能文。著有《南湖名胜记》4卷、《鸳鸯湖小志》、《州东杂咏》1卷、《陶篛诗存》6卷。

陶崇信 （1879—1922），字景口，秀水闻川（今王江泾）甸上人。清末民国初诗人，室名曰"松涛斋"。著有《松涛斋诗稿》。

卜宗洛 别号长醉翁，秀水思贤乡（今王江泾）田禾浜人。明诗人。卜大同、卜大有、卜大观、卜大顺父，钱应麟、张南雄岳翁，卜雨、卜蒙、卜曰谋、卜曰时、卜自彰、卜自邦祖父，国学生。性孝友，轻财喜施。

卜大同 （1503—1549），字吉夫，号监泉，秀水思贤乡（今王江泾）田禾浜人，明官员，卜宗洛子，周同婿，卜大有、卜大顺、卜大观兄，卜雨、卜蒙父，周来岳翁。明嘉靖十七年（1538）进士。授刑部主事，升湖广按察使佥事。仕终福建巡海副使。著有《备倭图记》4卷、《历代市舶记》1卷、《征苗图记》1卷、《监泉集》。

卜大有 （1512—1583），字谦夫，号益泉，秀水思贤乡（今王江泾）田禾浜人，明官员、学者。卜宗洛子，怀铣婿，卜大同弟，卜大观、卜大顺兄，卜曰谋父，卜二南、卜兆龙祖父。明嘉靖二十六年（1547）进士，除知江苏无锡县，调安徽潜山，迁南礼部主事，终云南寻甸知府，不赴。所居处曰"益泉别墅"，著书处曰"聚奎堂"。著有《益泉诗稿》2卷、《明皇续记》3卷、《续通记》6卷、《史学要义》4卷、《补》1卷、《故翼》、《曾王文粹》、《经学要义》8卷。

卜大观 （1516—1580），字中夫，号盥泉，秀水思贤乡（今王江泾）田禾浜人，明官员。卜宗洛三子，史永纪婿，卜曰时父，卜万祺祖父。入赀为蜀藩典宝正。

卜大顺 （1520—1561），字信夫，号篚泉，秀水思贤乡（今王江泾）田禾浜人，明官员。卜宗洛子，顾君瑞婿，卜大同、卜大有、卜大观弟，卜自彰、卜自邦父，陆基诚、项时亨岳翁，明嘉靖三十二年（1553）进士，官直隶当塗知县，入为刑部主事，改吏部，历稽勋司郎中。著有《篚泉集》。

卜　蒙 秀水思贤乡（今王江泾）田禾浜人，明学者，卜宗洛孙，卜大同子，卜雨弟。庠生。辑有其父的《监泉集》。

卜曰时 秀水思贤乡（今王江泾）田禾浜人，明官员。卜宗洛孙，卜大观子，卜万祺父。太学生，赠主事。

卜曰谋 秀水思贤乡（今王江泾）田禾浜人，明官员、卜宗洛孙，卜大有子，卜二南、卜兆龙父，卜不矜、卜陈彝、卜不疑祖父，恩贡生。明万历四十一年（1613）任清流县知县。

卜自彰 字曰方，秀水思贤乡（今王江泾）田禾浜人，明诗人，卜大贤长子，郑履淳婿。

卜五典 秀水思贤乡（今王江泾）田禾浜人，明官员，卜大同孙，明万历十九年（1591）举人。

卜二南 字太始，号南仲，秀水思贤乡（今嘉兴王江泾）田禾浜人，明学者。卜大有孙，卜曰谋子，卜兆龙兄，卜长生祖父。明万历三十一年(1603)举人。授临邑黄陂教谕，迁知广东西宁县，调临桂，以病乞休。两举乡饮大宾。工篆隶。著有《鸡肋集》。

卜世臣　(1572—1645)，字孝裔、长公，又字大匡、大荒，号蓝水、蓝史，又号兰女，别署大荒逋客。秀水思贤乡(今王江泾)田禾浜人，明戏曲作家，卜二南从弟。博学多闻，所蓄书籍甲于一郡。著有传奇《冬青记》《乞麾记》《双串记》《四劫记》各一本，又著《乐府指南》《山水合谱》，散曲有《北大荒散曲》1卷。

卜万祺　字戬甫，秀水思贤乡(今王江泾)田禾浜人。明官员，卜大观孙，卜曰时子，明天启元年(1621)顺天府经魁，授宁国教谕，迁国子助教，转户部司务，再迁刑部福建司主事，进山西司员外，终韶州知府。

卜长生　字僧寿，秀水思贤乡(今王江泾)田禾浜人，明末诗人，卜二南孙，明崇祯十一年(1638)举人，早世，陶氏继卒，妾沈氏抚孤以苦节闻。

卜不矜　字去贤，号竽公，秀水思贤乡(今王江泾)田禾浜人，明末清初诗人、戏曲家。卜曰谋孙，卜兆龙子，卜世臣从子，卜不疑兄。县学生，弃举子业，隐居山野，专事吟咏，尤工曲律。著有《复觚集》8卷，传奇《杖头钱》《鸳鸯扇》，均佚。

卜陈彝　(1628—1689)，又名之仪，字声垓，号简庵，秀水思贤乡(今王江泾)田禾浜人，清官员，卜大有曾孙，卜曰谋孙，卜兆龙子，卜彭年、卜彭颐父。未冠为博士弟子。清康熙三年(1664)进士。选得洛川知县，补武昌县，擢礼部主事，调吏部主事。卒年六十二。室名曰“握兰轩”，著有《握兰轩随笔》2卷。

卜　鉴　号虚斋，秀水长溪(今南汇)人。清学者。恩贡生。经明行修，兼善教育，远近从学，先后百数十人。

沈贞永　字琼山，秀水长溪(今南汇)人，明末清初女诗人。尝与鸳湖归淑芬、武水沈恂仲、桐川孙蕙媛同辑(古今名媛百花诗余)4卷。

沈　复　(?—1554)，字时旸，号东园，秀水长溪(今南汇)人，明诗人。沈谧父，吴堂、陈谏、杨茂春岳翁，沈启原、沈启南祖父。有义行，推乡饮宾不赴。封征士郎，刑科给事中。

沈　谧　(1501—1553)，字靖夫，一字静夫，号石云，一号石山，又号石溪，秀水长溪(今南汇)人，明官员。沈复子，沈启原、沈启南父，吴邦校、盛潮纲、项国亨岳翁。沈自邠、沈自郜、沈自郇祖父。明嘉靖八年(1529)进士。由行人选刑科给事中，迁山东按察佥事、江西按察佥事。毕生专王守仁良知之学。不尚文辞。所作皆发明道学之旨。人称“石湖先生”。著书处曰“万书楼”，室名曰“存石草堂”，著有《石云家藏集》。

沈启南　字道明，号志崇，又号巢云，自署澄源居士，秀水长溪(今南汇)人。明万历年间诗人、书法家。沈复孙，沈谧子，王爱婿，沈启源弟，沈自郜、沈自郇父。以赀任光禄署丞。书法宗李北海。室名曰“有竹居”。著有《溪居草》。刻印过《晏子春秋》4卷、何景明《何仲默诗选》4卷、唐李贺《李长吉诗选》4卷、唐李白《李太白诗选》6卷。

沈自邠　(1554—1589)，字茂轩，号几轩，又号茂秀，秀水长溪(今南汇)人。明官员。沈谧孙，沈启源子，王俸婿，沈凤华、沈瑶华、沈德符、沈翠华、沈凤、沈鸾祯父，沈过庭、沈克家、沈大詹、沈大迁祖父。明万历五年(1577)进士。授检讨，改庶吉士，历修撰。与修《大明会典》。

著有《尚书衷引》《诗文集》《归省述征》。

沈凤华　字伯姬，秀水长溪（今南汇）人。明女诗人、书法家。沈启源孙女，沈自邠长女，沈瑶华、沈德符、沈翠华、沈凤姐。幼攻书史，善诗文，尤工楷书，法欧阳。徐媛（范）跋有云："彩笔生芳，墨香含素。欧率更允拜下风，卫夫人终当北面。"许配黄承昊，年十八将婚而卒。著有《古诗十九首》。

沈瑶华　(1577—1606)，字无非，秀水长溪（今南汇）人。明女诗人、书法家。沈启源孙女，沈自邠次女，沈凤华妹，沈德符、沈翠华、沈凤女兄，项鼎铉室。酷情笔砚，朝夕读书不倦。尤喜临池，绝肖褚遂良《九成宫》。有手书所撰《朝鲜徐景樊士女集小序》一首，为其兄临摹上木。室名曰"密云之深深斋"。

沈翠华　秀水长溪（今南汇）人，明女诗人。沈启源孙女，沈自邠季女，沈凤华、沈瑶华、沈德符妹，沈凤姐，屠懋和室。工诗。与凤华、瑶华为沈门三才女之称。亦不寿。著有《游仙草》。

沈纯祉　字受繁，秀水长溪（今嘉兴南汇）人。明末学者。沈启南孙，沈自郇子，沈德符从弟。亦以博洽称。曾校记从兄沈德符《清权堂集》。

沈　凤　(1581—1603)，又名凤祯，字超宗，秀水长溪（今南汇）人。明书法家。沈启源孙，沈自邠仲子，冯梦祯婿，沈凤华、沈瑶华、沈德符、沈翠华弟，沈鸾祯兄，沈大詹、沈大迁（当户）父。富才华，惜英年病逝早卒。曾藏有刘松年的《孟公投辖图》、张择端的《清明上河图》。

沈蕙镶　一作蕙缫，字馨闻，号三实居士，人称独行先生，秀水长溪（今南汇）人。明末清初学者、诗人。沈修端、沈修诚父。少补校官弟子，覃研著作，文誉鹊起，至性奇笃。

沈大詹　小名豹孙，字伯远，秀水长溪（今嘉兴南汇）人。明末学者。沈自邠孙，沈凤长子，李日华婿，沈大迁（当户）兄。喜收藏。晚年除遂昌训导，值耿逆乱，变服匿深山，为逻卒所得，强以冠带，佯病不食死。

沈大迁　(1604—?)，小名闰孙，乳名顺朗，字仲谋，号当户，秀水长溪（今嘉兴南汇）人。明末学者。沈自邠孙，沈凤次子（遗腹子），包鸿逵婿，沈大詹弟，朱德机岳翁。庠生。与兄并有文名。

沈纯佑　一作纯祐，字开宪，秀水长溪（今南汇）人。明末学者。沈启南孙，岳元声门人。著有《嘉兴县启祯两朝实录》，国家图书馆古籍善本部现藏有清初抄本 1 册；与他人同校岳元声《潜初子文集》之谭易卷。

沈修诚　(1611—1744)，字辞立，号似笠，秀水长溪（今南汇）人。明末清初学者。沈蕙镶子，沈修端弟，沈道熙父，孙女适丹阳主簿朱源、诸生于启元，沈元昶嗣祖父。弱冠寄籍江苏昆山，补苏州郡学弟子员。与高安朱文端交。素负经世才，足迹涉燕齐秦晋楚梁间，以明经终老。

沈忆年　又名袞年，字矩承，号豳祁，秀水长溪（今王江泾）人。明末清初词人。沈德符孙，沈英节兄。师事蒋平阶。明亡后隐居吟咏自娱，清顺治九年(1652)编刻蒋平阶、周积贤师弟及他本人三人唱和词《支机集》3 卷（各人一卷）。

沈英节　字旌生、旌叔，秀水长溪（今南汇）人。明末清初诗人。沈德符孙，沈忆年弟，沈芾皇、沈维伦兄。

沈维铦　字犀伯，号穉秋，秀水闻溪（今王江泾）人。清诗人。性慧，喜书画。从海盐吴彦宜（廷燮）游，彦宜以诗词名，故穉秋亦能小诗。

沈兆坊　字竹四，秀水闻湖（今王江泾）人。清诗人、书法家。善行楷，亦能画。

沈兆坤　字隅生，号子墙，秀水闻川（王江泾）人。清官员。沈秀昌孙，沈峰子，沈兆衔兄。国学生。福建石马镇通判，署漳州府知府加盐运司衔。

沈绍洙　字益水，号子宣，秀水闻川（王江泾）人。清官员、诗人。清道光二十三年（1843）举人。授江苏候补知县郁郁不得志，归里。

沈庚藻　字采侯，号小蒙，又号鱼乡居士，秀水闻川（今王江泾）人，寓居盛湖（今江苏盛泽），清末民国初书画家，沈景修子。书法一似其父。

沈　云　（？—约 1929），字秋凡，号蘧庐，又号闻湖蘧庐生，秀水闻溪（今嘉兴王江泾）人，寓居盛湖（今江苏盛泽）。诗人、南社社员。著有《盛湖竹枝词》2 卷，附《杂录》。

沈克家　字庆仲，秀水长溪（今南汇）人，清初诗人，沈自邠孙，沈德符仲子，沈过庭弟，顺治间诸生。工诗文，著有《庆仲诗抄》；与兄共校其文《清权堂集》。

沈纯禔　字苍悦，海盐籍，秀水长溪（今南汇）人，清初诗人。沈启南孙。清顺治五年（1648）副榜。著有《尘埃》《喟燕》《台意》诸稿。

沈迈人　字辞远，秀水长溪（今南汇）人，清诗人。沈自邠曾孙，朱丕襄岳翁。太学生。

沈　振　秀水长溪（今南汇）人，寓居江苏常熟。清康熙年间学者，沈德符五世孙。曾搜辑补遗先祖《万历野获编》8 卷，后按钱氏例重排分为 4 卷。

沈大淳　字绍黄，号嫩翁，秀水长溪（今南汇）籍，新溪（今嘉兴新塍）人，清初诗人，沈自鄗孙，沈士宏子，沈渭士、沈莘士父，著有《嫩翁诗草》。

沈渭士　字慎安、慎庵，号东滨，秀水长溪（今南汇）籍，新溪（今嘉兴新塍）人，清诗人，沈士宏孙，沈大淳长子，沈莘士兄，清雍正十三年（1735）举人。

沈　氏　嘉善柳溪（今陶庄）北窑籍，秀水闻溪（今王江泾）人，清女诗人，杨象济族叔祖杨堂聘室。堂未婚卒，氏守志于家。阅八年，清道光六年（1826）父母欲嫁之，氏遂绝粒以死。

沈其璇　字齐衡，号若坡，秀水（今嘉兴人）人，居城北思贤乡（今莲泗荡一带）。清书画家。郭照母舅。工书画，私淑殷云楼，笔法克肖。兼能诗词，暇则莳花饮酒，歌曲调禽，洵属风雅自娱。

沈景修　字蒙叔，一作梦粟，号蒙庐、汲民，秀水王江泾人。清诗人、书法家。清咸丰十一年（1861）拔贡生，历署宁波、萧山训导，分水、寿昌等县学教谕。善诗词杂文，工书法，作楷如初唐诸家及魏晋六朝，名重于江浙一带。

盛　嵩　字橘厓，秀水闻湖（王江泾人）。明诗人。盛景芳孙，盛洪子，盛周父，盛惟勋、盛惟传、盛惟谦、盛惟德、盛惟恒祖父。以子贵赠承德郎，中宪大夫。

盛惟谦　字肖湖，秀水闻湖（王江泾人），明诗人，盛嵩孙，盛周子，盛惟勋、盛惟传弟、盛惟德、盛惟恒兄，盛万年父，盛士元、盛士表祖父人。以子贵赠大中大夫。

盛士元　字元长，号崑柱，秀水闻湖（今王江泾）人，明末官员。盛万年子，盛士表兄，盛以约父。诸生。入太学时广宁失守，草疏陈固守山海，保障京师之议，不报。授内阁中书舍人。

在事一年卒。

盛士表 (1610—1653),字其仪,秀水闻湖(今王江泾)人。明书法家。盛万年次子。太学生。喜书法。

盛可大 字祖宏,嘉兴长溪(今南汇)廊下人。明初官员。盛辕孙,盛明德长子,盛可久兄,盛宗恺父,盛由(孟清)、盛完(孟澄)祖父。正八品省祭官。

盛可久 字祖常,号源义,嘉兴长溪(今南汇)廊下人。明初官员。盛辕孙,盛明德仲子,盛可大弟,盛鼎、盛彝(秉彝)父,盛誉、盛敬祖父。明洪武中充万石。

盛宗恺 字伯悌,嘉兴长溪(今南汇)廊下人。明初官员。盛明德孙,盛可大子,盛由、盛完父。明永乐中任太常寺典簿。

盛　由 字孟清,嘉兴长溪(今南汇)廊下人。明诗人。盛可大孙,盛宗恺长子,盛完兄。郡庠生。无嗣。

盛　完 字孟澄,嘉兴长溪(今南汇)廊下人。明诗人。盛可大孙,盛宗恺仲子。明永乐十六年(1418)随父流寓京郡,今子孙繁衍不明。

盛　誉 字文广,号耕读,嘉兴长溪(今南汇)廊下人。明诗人。盛可久孙,盛彝长子,盛敬兄,盛茂、盛寔父,盛琁、盛瓛、盛琪、盛瑢祖父。

盛　茂 字景名,号爱松,嘉兴长溪(今南汇)廊下人。明诗人。盛彝孙,盛誉长子,盛寔兄,盛琪嗣父。

盛　寔 字景升,号可竹,嘉兴长溪(今南汇)廊下人。明诗人。盛彝孙,盛誉次子,盛琁、盛瓛、盛琪、盛瑢父,盛忠、盛宪、盛志祖父。

盛　琪 字国珍,嘉兴长溪(今南汇)廊下人。明官员。盛誉孙,盛寔三子,盛茂嗣子。郡庠生。例入监,任鸿胪寺主籍。

盛　瑢 字国仪,号闻涯,嘉兴长溪(今南汇)廊下人。明官员。盛誉孙,盛寔四子,盛宪、盛志父。郡庠生。例入监,任永安县主籍。

盛　宪 字君章,号墅南,嘉兴长溪(今南汇)廊下人。明官员。盛寔孙,盛瑢长子,盛志兄。例入监,明嘉靖年间授南京西城兵马司指挥,未任,卒于途。

盛　志 字君成,号两洲,嘉兴长溪(今南汇)廊下人。明官员。盛寔孙,盛瑢次子,盛宪弟。例入监,三与京试,一登副榜,任祁门县丞。

盛　藻 字贯玉,秀水闻湖(今王江泾)人。明诗人。盛以约孙,盛子邺子,陶学瞻婿,盛大镛、盛时雍兄,盛烈父。清康熙二年(1663)举人。

盛子邺 字子襄,号李侯,自号惰性斋主人,秀水闻湖(今王江泾)人,清初康熙间学者,盛以约子、陈山毓婿,盛民誉兄,盛藻、盛大镛、盛时雍父,盛烈、盛缅、盛支炳祖父。监生。历官学正。著有《类姓登科考》6卷。

盛民誉 (1618—1699),字来初,一字仲来,秀水闻湖(今王江泾)人。清官员、学者。盛以约子,谭贞良、姚以亨婿,盛子邺弟,盛枫、盛禾、盛本柟、盛本樟、盛本梓、盛本楫父,钟渊映岳翁,盛支煋、盛支焯、盛熙祚、盛熙荣、盛熙昌、盛熙烜、盛熙爆、盛支燮、盛支莹、盛支荦祖父。清顺治十七年(1660)顺天举人,顺治十八年(1661)进士,任桂阳县知县,壬子湖广乡试同考官。葬南露字圩。著有《庐阳集》《庐阳残稿》。

盛大镛　初名叶，字奕云，更名大镛，字匏仲，号匏庵，秀水闻湖（今王江泾）人。清诗人。盛以约孙，盛子邺子，盛藻弟，盛时雍兄，盛缥父，盛世琦嗣曾祖父。生而颖异，五岁通声韵。补博士弟子员。候补训导。淡于仕进，好收藏前贤文集，乃卜宅居春波里之虹桥。得巢鸣盛之手制匏，爱之，颜其斋曰“匏庵”。集里中诗人为竹林之会，朱彝尊每会必鼓楫而来。室名曰“自怡堂”“香树斋”。著有《涑水集》、《匏庵集》12 卷。

盛　枫　(1661—1709)，字黼成，号丹山，秀水（今嘉兴）人。清学者、诗人。盛民誉子，吴端木婿，盛禾、盛本柟、盛本梓、盛本樟、盛本楫兄，盛支煋、盛支焯、盛熙祚、盛熙荣、盛熙昌、盛熙烜、盛熙熑、盛支爕父，朱稻孙、钱以煓岳翁，盛百一、盛百朋、盛百二、盛颂烈、盛百琯祖父。康熙二十年(1681)举人。官安吉州学正。著有《鞠蒙集》、《丹山草》9 卷、《梨雨选声》、《安吉耳闻录》、《墨屑》、《观澜录》、《嘉禾徵献录》46 卷，与弟盛禾、盛本柟有合集《棣华乐府》6 卷。

盛　禾　(？—1735)，字既同、季同，号玉山，又号稼轩、稼村，秀水（今嘉兴）人。清学者、诗人。盛民誉仲子，盛枫弟，盛本柟、盛本梓、盛本樟、盛本楫兄，盛支烇、盛支爚父。清康熙初岁贡生。官天台县训导。工词。著有《稼村填词》、《稼村笔记》16 卷、《膏馥集》12 卷，与兄盛枫、弟盛本柟著有合集《棣华乐府》6 卷。

盛本柟　字让山，嘉兴人。清诗人，盛枫、盛禾弟。室名曰“滴露堂”。著有《滴露堂小品》，与兄盛枫、盛禾著有词合集《棣华乐府》6 卷。

盛　缥　字觐三，秀水（今嘉兴）人。清官员。盛子邺孙，盛大镛长子，盛世琦嗣祖父（因无子，以盛百穀子世琦为嗣孙）。监生，考授州同知。

盛　烈　原名燿，字赞扬，号竹坡，秀水（今嘉兴）人，清官员、诗人，盛子邺孙，盛藻子，孔兴储婿。廪生。岁贡候选训导。

盛时雍　原名蕖，字心莲，号和叔，秀水闻湖（今王江泾）人，清官员。盛以约孙，盛子邺子，盛藻、盛大镛弟，盛支炳父。庠生。例入监，候选县丞，赠文林郎。

盛支炳　(1684—1749)，字虎文，秀水闻湖（今王江泾）人，清画家。盛子邺孙，盛时雍子，清雍正元年(1723)举人。历任建德、荣城、颍上知县，署庐州，分州，改淳安教谕。能文、工画，得北宋遗意。

盛支焯　(1684—1762)，字赍园，晚号菊畦，秀水（今嘉兴）人。清官员。盛民誉孙，盛枫仲子，陆奎勋婿，盛支煋弟，盛熙祚、盛熙荣、盛熙昌、盛熙烜、盛熙熑、盛支爕兄。清雍正元年(1723)举人。历任广西贵县、天保，河南叶县等知县。晚年致力考古订讹。尝手辑小册曰《备忘》。父撰《嘉禾征献录》未竟而殁，其补苴参校，用心垂三十年而成书。有诗文制艺稿若干卷。

盛熙祚　(1686—1752)，原名支煜，字西京。号晴谷，秀水（今嘉兴）人。清官员。盛万年裔孙，盛民誉孙，盛枫三子，朱彝尊、冯景夏婿，盛支煋、盛支焯弟，盛熙荣、盛熙昌、盛熙烜、盛熙熑、盛支爕兄，盛百一（母朱氏）、盛百朋（母朱氏）、盛百二（母冯氏）父，朱赐书、张亲保岳翁。贡生。荐举试用，清雍正八年(1730)官吴川知县。曾修有《吴川县志》10 卷；重梓其祖《岭西水陆兵纪》1 卷。

盛支燮 字恺同，号理斋，秀水（今嘉兴）人。清诗人。盛民誉孙，盛枫八子，吴焘婿，盛支煜、盛支焯、盛熙祚、盛熙荣、盛熙吕、盛熙烜、盛熙爆弟，盛百琯、盛百世父，吴江庠生潘训老岳翁。增广生。

盛百一 原名百基，字奉思，号容斋，秀水（今嘉兴）人，清诗人，盛枫孙、盛熙祚长子，朱嵩龄婿，盛百朋、盛百二兄，庠增生。

盛百朋 原名百珏，字鞠思，号余之，秀水（今嘉兴）人，清诗人，盛枫孙，盛熙祚仲子，盛百一弟，盛百二兄，太学生。

盛百琯 （1737—1818），字舜和，一字舜江，号惠圃，秀水（今嘉兴）人。清诗人。盛枫孙。盛支燮子，许尧咨婿，盛世儒父亲，盛善杨祖父，邑庠生。赠通奉大夫。

盛世佐 （1718—1755），字庸三，号存斋，秀水（今嘉兴）人，清学者，清乾隆六年（1741）举人，乾隆十三年（1748）进士，官贵州龙里县知县，升任丽江分府，授文林郎。深于经学，著有《仪礼集编》40卷，又订正杨复《礼义图》，辨之亦祥。以解饷卒于仪征舟次，归葬大阙圩新阡。

盛世逢 字吉甫，号君尚，秀水（今嘉兴）人。清诗人。盛熙祚孙、盛百二子，盛世选弟，盛善持父，盛崇礼、盛时霖、盛镄祖父。岁贡生。

盛世琦 （1749—1822），字对扆，号镜斋，又号香泉，秀水长溪（今南汇）廊下人。清书法家。盛民益裔孙，盛缥嗣孙，盛百穀子，盛濂父。四库馆贡事议叙四川，由县佐军功擢知县，官晋涿如。卒于官。工篆隶，多藏名人手迹碑帖，撰有《所见碑金石时地考》4卷。

盛壬兰 号听樵，秀水（嘉兴）人，清诗人。室名曰“拈花微笑室”。

盛　寿 秀水（今嘉兴）人，清诗人。盛青选女，江苏太仓陈赫妻。

盛善持 （1769—1814），字念中，号茭坡，秀水（今嘉兴）人。清诗人。盛百二孙，盛世逢子，褚鹏飞婿，盛崇礼、盛时霖、盛镄父，盛庆瑞、盛庆瑎、盛庆玮祖父。清嘉庆十二年（1807）举人。

盛世儒 字立群，号鹤楼，秀水（今嘉兴）人。清诗人。盛支燮孙，盛百琯子，王浩婿，盛善杨父，盛桂芬祖父。邑庠生。

盛世美 号有堂，秀水（今嘉兴）人。清书法家。县学生。少习贾，会计之暇，读书自励，性嗜金石文字，凡秦、汉碑碣无不临摹，苍劲古法，迥出侪辈，清嘉庆中寓平望三四年，求书者无虚日，归后数年卒于家。有遗稿。

盛时霖 （1794—1862），乡榜名钫，字方仲，号犀林，秀水（今嘉兴）人。清官员、诗人。盛世逢孙，盛善持子，陈渼婿，盛镄兄，盛庆玮父。清道光十四年（1834）举人。道光二十四年（1844）大挑教职，监理崇文书院，署理於潜县训导，选授昌化教谕、永康教谕。清咸丰元年（1851）荐举孝廉方正，议叙内阁中书。室名“清芬阁”“诚意斋”。著有《诚意斋诗集》、《禹贡纂要》1卷；编有《闻湖盛氏选述总目》。

盛　镄 （1799—1836），字而梅，号笛江，秀水（今嘉兴）人。清诗人。盛世逢孙，盛善持子，许洪涛婿，盛庆瑞、盛庆瑎父。邑庠生。

盛善杨 字以言，号少鹤，秀水（今嘉兴）人。清诗人。盛百琯孙，盛世儒子，盛桂芬父。邑庠生。

盛　镛　字步康，号吟州，又号白云逸史，嘉兴人。清诗人。

盛　濂　字师周，号颐斋，秀水闻溪（王江泾）人，清官员。盛世绮子。官历公安、临武等县知县，终四川叙州府。儿孙均在四川为官。

盛庆玮　亦名卿玮，字树奇，号葆岩，秀水（今嘉兴）人。盛善持孙，盛时霖子，增贡生。

盛庆瑞　（1823—1879），字瑞符，号佑蓝，秀水（今嘉兴）人。清官员。盛善持孙，盛镄子，盛庆瑎兄。清同治元年（1862）恩贡生，官直隶州州判。

盛朝辅　字子黻，号咏仙，秀水（今嘉兴）人。清诗人。贡生。攻举业，有声庠序。诗以真朴胜。室名曰“得树轩”。著有《得树轩初稿》。

盛传均　（？—1896），字篪仲，号洗孙，秀水闻湖廊下（今南汇）人。清官员。岁贡生。官至萧山县学教谕，曾与蒋人彦、沈景修等修筑“闻湖埂”。

盛　檝　（？—1914），字西棠，嘉兴人，清末民国初书法家、篆刻家。清同治、光绪年间历任蜀川、荣昌、合江等知县。性耿介，不苟言笑。善书法、工篆刻。卒于成都。

盛庆琳　（1861—1935），号子瑾，嘉兴人。诗人。盛沅长子，盛庆琜兄。清末附贡。民国期间曾任北京崇文门警察分署署长，吉林省长春市警察署署长。归里后，随父襄办地方公益事务。晚年避寇居月河外抱月村，晨起练拳，习以为常。著有《范湖诗存》4卷。

蒋宗瞻　字交如，号方泉，晚髯曜翁，秀水闻川（今王江泾）人，明诗人。蒋淇曾孙，蒋之华、蒋之翘父，中岁屏绝外事，莳花弄石，与道人苏天顽善究参同抱朴之学。室名“硕迈堂”。著有《古逸民传》《赞明世说》《先贤言行录》《硕迈堂吟稿》《慈济简易方》。

蒋之华　字淳还，秀水闻川（今王江泾）人，明末诗人，蒋芳泉子，蒋之翘兄。曾试集同志重修故里闻店桥，功未半而殁。前一日犹口占二绝寄予同事，诸人阅诵者泫然。

蒋人彦　原名珍，字莲溪，号希伯，秀水（今嘉兴）人，居南汇镇，清诗人、书画家。蒋保华父。清咸丰八年（1858）举人。善书画、精医术，兼能篆刻。著有《闻六居诗钞》。

蒋长龄　秀水闻溪（今王江泾）人，清学者。清咸丰七年（1857）纂修《秀水闻溪蒋氏家乘》。

蒋　璠　字西畴，秀水（今嘉兴）人，清画家。计楠外甥孙。善画花卉。

蒋潮宗　（1879—1955），字紫澜，南汇人，富商、诗人。蒋长林长子，蒋可宗兄，曾任南汇小学校长，善诗文，喜书画。室名曰“三益堂”。

蒋可宗　（1883—1943），字秋然。南汇人。日本大阪高等医学校毕业。辛亥革命后，浙江督军署成立军医课，任课长，负责部队军医管理。历任国民革命军总司令部军医处处长、国民政府卫生部技正，1930年1月27日任军政部陆军署军医司司长，1932年6月辞职，1936年9月9日被南京国民政府任命为陆军军医监、军事参议院中将参议。

于　楷　字端士，秀水闻川（今王江泾）人。清学者。刻书室曰“兰林书屋”。辑有《地理录要》。

于德基　字厚堂，号二莪，秀水（今嘉兴）人，居闻川（今王江泾）。清诗人、书画家。计楠外甥，于鹤年父，国学生。善画花卉、芦雁，尤长擘窠大字，庵观字额，皆其手书。并精医学、地理，能诗。著有《餐香馆诗集》。

于鹤年 （？—1860），字小莪，一作子和，秀水闻溪（今王江泾）人。于德基子。邑诸生。刻苦自励，不涉浮华，屡蹈省闱不售，遂以诗画自娱。善花卉、工诗。

计 埏 字在镕，号冶甫，又号小田，秀水闻川（今王江泾）人。清画家。计光炘次子，计城弟。承家学，年五十后工画山水。

计宝镄 字颂君，号钧人，秀水闻川（今王江泾）人，清画家。计光炘孙。善画山水，法宋二米；兼擅花卉。

计 楠 （1760—1834），字幹堂，号寿桥，一号春树，又号石隐，别署甘俗外史、老隅、隅志、檍华农、雁湖花主、芙蓉屏客、如如居土地，秀水闻川（王江泾）人。清画家。计鉴孙，计长源子，计标兄，计芬父，计埰祖父，廪贡生，曾任江西吉安训导，严州教授。清道光四年（1824）曾创建雁湖书塾。

计 标 （？—1814），字慕云，先世籍隶吴江，秀水（今嘉兴）人，居闻川（今王江泾），清藏书家。计长源长子，沈如藻婿，计楠弟，计光炘父，计珠仪、计珠蓉、计城、计埏、计塏、计坻、计堉祖父。生前好藏书，去世后藏书由子光炘继承，藏书室名为“存泽楼”。

计宝斋 字梅癯，嘉兴闻溪（今王江泾）人。清书法家。工书法。

计 堉 字遂生，秀水闻川（今王江泾）人，清诗人。计光炘幼子，计芬从子，计珠仪、计珠蓉、计城、计埏、计塏弟。曾为陶淇《山楼纪梦图》题跋。

计 哲 字圣儒，号梅臞，吴江籍，秀水闻川（今王江泾）人，清诗人、书画家。博学工诗，兼长书画，精岐黄术。种梅绕舍，因以自号。室名曰“厉青斋”。著有《厉青斋诗集》《楚游草》。

计 城 字心成，号诗巢，又号希谢，秀水闻川（今王江泾）人。清画家、收藏家。计光炘长子，计埏兄。工诗，嗜书画。家有小园，绕水竹之胜。藏书画、金石甚富。

王明福 字斌禄，号宾麓，号雁湖渔叟，秀水闻川（今王江泾）人，国学生，清诗人。

王 沛 号菊溪，秀水闻川（王江泾）人。清官员。王永钤子。清咸丰年间江苏候补通判加知府衔。

王士珠 （1730—1794），原名涛，字品南，号春浦，又号琴舫，秀水（今嘉兴）人，居闻川（今王江泾镇）。清诗人、画家。官翰林院孔目。生于汉皋（今武汉），壮游三湘七泽间，得山水之助，韵语特工。好写兰蕙。酒酣放笔，潇洒纷披，时人逸品。尝作《伴梅图》，题者甚多。书室名曰“槐荫草堂”。有《槐荫草堂诗集》6 卷，郭麟（茄蘋）为之序。

王 周 字存朴，一字宗文，号质斋，自号雁湖钓叟，嘉善人，赘居秀水闻川（今嘉兴王江泾），明诗人，约明世宗嘉靖初在世。王俸父。屡试不第，诗率意真书，不拘格律。著有《雁湖钓叟自在吟》9 卷（附《题词》1 册）行世。

王 俸 （1534—?），字廉甫，号会泉，秀水闻川（今王江泾）人，明官员、诗人。王周子。明嘉靖四十一年（1562）进士。授武库主事，进郎中，出守永州，历升江西参政。

王锡命 （1537—1606），字予卿，一字天宇，号文泉，盛湖（今盛泽）李墩人，迁居秀水闻川（今王江泾）。明官员、诗人。明嘉靖四十一年（1562）进士，授刑部主事，升江西参议。以母病告归，绝意禄仕。与周应愿等二三老友倡酬，诗亦清洒。室名曰“葆光阁”。著有《葆光阁草》。

杨 建 （1730—1791），字立三，号芷亭，又号维园、竹坡，秀水闻溪（今王江泾）人。清诗人、画家、藏书家。杨明曾孙，杨光震孙，杨元龙子，杨志麟父，杨锡圭祖父。工诗，善画山水，甚得倪、黄笔意。好书法、名画，每得异书，朝夕校勘，鉴别精审。与郭频伽辈诗酒酬唱。居曰“秋水一湾”，室名“梅竹双清馆”。著有《画隐录》2卷、《维园诗钞》1卷。

杨汝鍪　(1803—1837)字奂周，号咏花，秀水闻川(王江泾)人。清诗人。杨象济、杨象泰父。以子象济赠夺品封典。

杨象济　字调一，号利叔，一号啸溪，一作小溪，自号汲庵，别署啸疑，秀水闻川(王江泾)人。清诗人、文学家。杨象泰兄。清咸丰九年(1859)举人。

杨象泰　字次庵，秀水闻川(今王江泾)人，杨象济弟。性俭约，闭门扫轨，不与人接。无子，不立嗣，命以家产捐置义庄。室名曰“德辉堂”，后改家祠，以奉祭祀。

杨贞淑　字慧清，号药生，毘陵(今江苏常州)籍，秀水闻溪(今王江泾)人。清女诗人、书画家。嘉兴举人秦光第室。性至孝，好读书，善鼓琴，偶写兰，无闺阁气。作有《西泠双隐图》，时人以赵管目之。工诗，精楷法，临灵飞经，妩媚酷肖。室名曰“眉影楼”。著有《眉影楼诗钞》。

杨九牧　原姓龚，承杨姓，字莲峰，原籍江苏，秀水长溪(今南汇)人。清名医。精针术，能拔盲为明，尤擅长疯痨臌膈杂症，求医者达诸县。清雍正年间，设同善堂药店于嘉兴北门外。曾用药酒治愈大臣钱陈群足疾。其曾孙奎克，清嘉庆时继其业。

杨奎克　秀水长溪(今南汇)人。清名医，杨九牧曾孙，清嘉庆时继祖业，遂以石佛为药店标记。

唐　寿　号菊卿，嘉兴人，清画家。唐韵(半人)子。写真继家学。曾在当湖寓斋乞郭照画菊花扇面一帧。

唐　煜　字筠庭，秀水闻川(今王江泾)人。清画家。唐诰子，唐员兄。国学生。工书，尤善写墨兰，人皆珍之。

唐　辉　原名耿，字介岩，秀水闻溪(今王江泾)人。清诗人、画家。武庠生，唐煜弟。能诗善画，喜骑射。纵酒无度，恃才傲物，常有不可一世之概。壮岁负气出门后竟不知所终。

唐　员　字益之、益子，号逸子，秀水闻川(今王江泾)人。清诗人、书画家。唐诘子，唐煜弟。附贡生。工书画，诗作较雄放。精医理。交郭丹叔兄弟，学益精。清道光二十二年(1842)英军入侵乍浦时，曾参加守防王江泾的斗争。著有《石帆阁集》、《芹献编》、《献曝编》、《逸子诗草》8卷、《兵法辑要》。

唐　彤　字丹卿，一字丹清，秀水闻溪(今王江泾)人。清女诗人、画家。唐煜妹，适同里钱氏。工画花鸟。

唐秉义　秀水闻川(今王江泾)人。清名医、诗人。唐廷桂父。与钱仪吉交善。宣发已皤，立志重建乡里长虹桥。縻白金三万二千两有奇，集数百人之财力，鸠工肇建。建桥开工之年因劳累过度而卒。桥越五年于清嘉庆二十年(1815)冬告成。钱仪吉撰有《重筑长虹桥碑》碑文，惜在“文化大革命”中被毁。

唐　荣　号秋槎，别署玉梅华主，省躬馆主，秀水闻川(今王江泾)人。居射襄里。清嘉庆、道光年间画家。善画山水，擅写花鸟。细腻纤丽纯乎恽法。

唐廷枚 原名浩(一作诰),字晋封,更名后字孟传,号艺圃。附贡生。清官员。官雷琼道库大使。善擘窠大字,清嘉庆年间重建长虹桥落成,柱联为其手书。诗超拔,有《石帆阁稿》。《和王渔洋秋柳原韵》尤为脍炙人口。精医理,于产痘独得秘奥,应手立效。隐于溪南,曲水平桥,翛然意远。子三:煜、辉、员。多材艺,以诗画名于时。晚寓盛湖(今江苏盛泽),尝司同仁堂。著有《琼海纪政》。

唐茂垣 字紫卿,吴江籍,秀水(今嘉兴)人。清诗人,生平无嗜好,吟咏外惟小饮三蕉,悠然自得。醇谨无纨绔习,诗亦如其人。

秦　瀚 更名凤瀚,字秋槎,山阳(今江苏淮安)人,移居秀水闻湖(今嘉兴王江泾),清书法家。秦光第、秦廷栓父。中岁贫苦,授徒自给。工诗善书。著有《思淮草堂集》。

秦光第 (?—1851),原名廷樞,字少游,号次游,又号少微云君、微云道人,江苏山阳(今淮安)籍,秀水闻溪(今王江泾)人。清诗人。秦瀚子,秦廷栓(花农)兄,杨贞淑夫。咸丰元年(1851)举人。候选江苏同知。工诗词、书法。书法苏、米,参以飞白。曾寓嘉善柳溪(今陶庄)圆觉寺。室名曰"半枯树斋"。有《吊秦淮》8首写太平天国后的南京情况,有晚唐风味。著有《半枯槲斋词》、《军行法戒录》。

秦廷栓 字花农,江苏淮安籍,秀水闻溪(今王江泾)人,清画家。秦瀚次子,秦光第(次游)弟。善花卉、仕女。

殷志伊 字古耕,秀水(今嘉兴)人,居永乐南村。明诗人、书法家。殷仲春子,殷观国父。有文名,亦善楷书。著有《古耕堂集续》《医说汇编志》。

殷观国 字宾光,秀水(今嘉兴)人,居永乐南村。明末诗人。殷仲春孙,殷志伊子。亦能诗。

殷仲春 (?—1621),字方叔,自号东皋子,秀水(今嘉兴)人,居永乐南村。明诗人、医学家。殷志伊父,殷观国祖父。得钱辄入市买断烂书读之。尝慕王绩为人,隐居教授。精于医。著书处曰"栖老堂"。有《柳枝词》、《栖老堂集》1卷,原有诗千余首,现仅存什一。家中收藏医术颇丰,编有《医藏目录》,附《疹子心法》。

陈世隆 字彦高,号北轩,钱塘(今杭州)人,寓居秀水(今嘉兴)。元诗人、藏书家。陈思从孙,元顺帝至正中,避兵槜李,馆秀水闻川(今嘉兴王江泾镇)陶氏。精经史,工诗文,学问渊博,元末死于兵燹。著有《宋诗补遗》23卷(存8卷)、《北轩笔记》1卷,另有《两宋名贤小集补辑》。

陈　煌 字尚贤,号二希,秀水闻川(今王江泾)人,清诗人,国子生。嗜酒,尤爱读史,每与饮,辄引史为证。家贫亲老,弃业服贾。著有《北溪吟草》。

陈春熙 (?—1874),原名明赐,更名春熙,字明之,号雪厂,亦号锡庵,又号剙安,别署金粟山民、雪道人,海宁人,寓居秀水闻川(今王江泾)计芬家,后迁居江苏吴江。清布衣书法家、篆刻家。工书法,篆、隶、行、飞白皆能,笔力苍劲,取法高古,或临摹金农、陈鸿寿一派,无不神似,性疏懒,求其墨者必候奇穷,斯援立就。嗜金石,精篆刻,宗法秦汉。与杨龙石、翁陶斋、王石香齐名。尤擅篆刻竹,讲究传神,刀法熟练,扇骨摹钟鼎款识,几可与归安刻竹名手韩潮抗手。

陈邦新　字圣木，号述庵，秀水闻川（王江泾）人。清官员。江苏候补知县，以清道光二十九年（1849）水灾助赈赏给同知县。

丘民贵　（1551—1618），字伯畏，号仲鹗，更号曾诚，直隶华亭（今上海松江）籍，秀水闻川（今王江泾）人，明官员、诗人，丘用孙，丘国贤子，丘履嘉父。明万历十九年（1591）举人。授兰溪教谕，万历二十九年（1601）官福建长汀知县。

丘履嘉　（1574—1631），字原礼，号存峰，直隶华亭（今上海松江）籍，秀水闻川（今王江泾）人，明官员、诗人，丘国贤孙，丘民贵子。明万历三十八年（1610）进士，官铜陵知县，改商丘知县，迁礼部主事，累官湖广参议，四川参政。著有《西归杂咏》、《藩封邮政议》2卷。

邱一元　字立堂，秀水（今嘉兴）籍，江苏吴江黎里人。清官员，清乾隆十二年（1747）监生，官直隶霸州吏目。

周以济　字鲁庵，秀水闻川（今王江泾）人，居接战港。清名医、精医，凡剧病，他医束手，独能奏功，有半仙之称。著有《伤寒摘要》4卷。

张畹英　一作畹瑛，秀水闻湖（今王江泾）人，入籍江苏吴江平川（今平望）。清女诗人，平望马氏妻。著有《迎霞楼集》。

许九安　（？—1860），字端书，号丙斋，秀水闻川（今王江泾）人。清官员。许九成兄。国学生。援例候选同知。性慷慨，好施予，集同志购地于西结字圩，欲创立善堂，因乱未果。与弟九成出赀修筑镇东官塘，督饬工役，始终无倦。清咸丰十年（1860）与弟先后殉难于粤逆之乱。

陆　增　（？—1833），字嵩岳，号秋山，一号松堂，又号鸭船，别署冰壶道人，平湖新溪（今新埭）人，寓居秀水闻川（今王江泾）。清诗人、书画家。工诗词，善书画，亦精医。曾客阮元积吉斋，得交诸前辈，其学益进。画山水极苍老，然不多作。曾游荆、楚、闽、越诸胜地，视野益广。与邹霞轩、杨莲塘等友人结诗社，吟咏不辍。著有《鸭船吟草》、《绿蕉词》、《鹦鹉湖棹歌百咏》1卷、《闽游纪略》、《瘟疫新编》。

钱　栋　字鹏云，秀水（今嘉兴）东禅寺村人。清诗人。居地极幽僻，莳花艺竹，不与外事，吟咏之外，兼工六法。

史　鉴　（1434—1496），字明古，号西村，嘉兴闻溪（今王江泾）史家村人，居合路（因史家村与江苏吴江合路接邻，史氏家属散居两地）明文学家，于书无所不读，尤熟于史，得于闻见者，勤于笔录。诗学魏晋。明弘治、正德年间，吴中高士，首推沈周，史鉴次之。著有《西村集》。

岑　琬　字公琬，号雪崖，余姚籍，寓居秀水（今嘉兴），明诗人。明宣德、正统年间学究，馆榖于雁湖（今王江泾）陶氏、穆溪朱氏终老。

陆　钿　字韦公，秀水（今嘉兴）人，居雁湖（今王江泾）。明诗人。明崇祯时萍社社员，曾入阁部史可法幕中，鼎革后流落睢阳以终，著书处曰“耒鹤楼”。

孟庆瑎　（1825—1854），字元美，号啸山，秀水（今嘉兴）人。清诗人。盛善持孙，盛镛子，盛庆瑞弟。邑庠生。

方受榖　（1822—1889），号耕花，自署桃溪鱼隐、稻香馆主，嘉兴人。清诗人。方惟寅长子，方锡川、方锡泉父。贡生。候选训导。学问渊博，擅长诗词、歌赋。避庚申兵事，迁居北乡桃墩，从事耕读。著有《稻香馆粲香词》4卷。

万受淦 秀水闻川（今王江泾）人。清诗人。室名曰“味梅书屋”。

郑斗山 佚其名，号斗山，秀水闻湖（今王江泾）人，清收藏家。曾由沈祥叔牵线以家藏之古泉百枚售于高焕文。以为高氏嗜泉之始。

劳 纺 （1867—1901），字织文，自号织文女史，桐乡青镇（今乌镇）籍，秀水闻川（今王江泾）人。清末女诗人。劳乃宣次女，劳缃妹，劳绩（缀文）、劳纲章、劳絅（善文）姐，陶保廉继室。清光绪二十四年（1898）暮春，随夫去甘肃兰州侍亲；光绪二十六年（1900）夫陶模任广州两广总督，随去广州，早年罹鼠疫亡于广州。其词作精湛，字字珠玑，堪与宋代词人李清照、朱淑贞媲美。著有《织文女史诗词遗稿》、《女诫浅释》1卷。

吴秀淑 （1792—1863），字玉枚，号嫩卿，江苏吴江籍，秀水闻溪（今王江泾）人。清女诗人、画家。陶云史梅石（琯）室。善写墨兰。吟咏小诗，亦清丽可诵。

张 楷 字瑞如，号雪泉，又号灌畦子，秀水闻川（今王江泾）人，清道光年间诗人。工诗，好客，有至行，室名曰“怡耕楼”。

宋景和 秀水闻川（今王江泾）人，清诗人，戴素蟾夫，宋贞琇、宋贞珮、宋贞球、宋贞琬父。官江苏吴江教谕。著有《闻川泛棹歌》2卷。

周 坤 字乐泉，秀水闻川（今王江泾）人，清诗人。周金英父，沈垓岳翁。有孝行，友爱尤挚。著有《勺水集》6卷。

周振均 字鸣韶，号子权，秀水闻川（王江泾）人。清官员、诗人。周坤子，周金英弟，邑庠生。清道光二十二年（1842）乍浦英夷之警，邀嘉兴朱苏、同里唐员招募乡勇百名，训练成军，防堵王江泾。议叙县丞加州同衔，补湖北麻城县丞，署罗田县知县。

周金英 字韵娥，秀水闻川（今王江泾）人，清女诗人。周乐泉长女，沈垓妻。著有《绣徐吟》。

严光禄 （？—1794），字铭书、铭斯，号石帆，桐乡人，寓居大梁。清诗人。清乾隆三十九年（1774）岁贡。候选训导。所至游览名胜，皆写于诗。其五言古律，言成意深。胸中英气，从容不迫，久方谙其味。晚年授徒闻川（今嘉兴王江泾）。乾隆五十九年（1794）将《东山》《大梁》《射襄》诸集合刻为《石帆诗钞》10卷。

张 藻 字秋岩，秀水闻川（今王江泾）人，清诗人、画家。工山水、人物。遗缣故纸，零落殆尽，几不能举其姓氏。唯所摹金而仍除夕图，里中存者仅十余幅。

释智明 （1569—1631），字若昧，号匡山僧，俗姓毛，海陵（今南通州）人。明末清初诗僧。投东隐庵出家，从雪浪习《楞严》。寓嘉兴王江泾寿生院五年，晚居黄岩十年。蒋之翘称其诗可称警句。著有《空响集》。

释义椽 一名成椽，字石泉，号竹溪、如溪、洒然，别署雁水琴僧，清秀水闻川（今王江泾）万寿庵僧。曾主枫泾海会寺方丈。博通才艺，于琴棋则就正于吴郡名家，落手娴雅。诗虽不多，颇有禅理。尝以画梅一幅贻计二田。

释寅晖 （？—1860），清道光、咸丰年间卓锡于秀水闻川（今王江泾）之万寿庵。清咸丰十年（1860）太平军攻占苏州，即赋诗誓死。嘉郡被攻占，从容自缢。

朱张穹寿　字梅趣，嘉兴闻湖（今王江泾人），居墅泾村（今田乐市泾）。元末明初诗人。朱张恂子，朱张天任兄。先祖武节将军朱张宣南，徙家闻湖。其元孙恂以征蛮功迁进义校尉，随驾崖山，同殉国难。

黄　婉　（？—1433），嘉兴永乐乡魏塘湾人（今长虹村杨家村人）。明初女诗人。黄婉幼敏慧，通诗礼，善文辞。洪武中选入为宫正司女史。明洪熙元年（1425）以年老放归回乡。有诗一帙，皆归后所作，著有《黄婉诗》（一名《归后吟》）2卷。

华观光　字如陵，号南麓，秀水闻川（王江泾）人，清寿翁。授州同衔，习拳技，能自养。生年百岁有一，里人醵金为寿，固辞示受，云："我衣食无缺，多金何用，不若以此办地方公益事。"里人即以金修治街道，称其为百岁街。

李王猷　字显若，号耘庵，又号蓉镜，晚号汕翁。居太平桥西北新杭里，秀水闻川（王江泾）人。清诗人、收藏家。李景昌子，李王学、李持玉弟，李王伟兄，万国禧岳翁，李道悠从祖父。诸生。少攻举业，三踏乡闱，辄弃去。闭户读书，寒暑不辍。藏书数千卷，丹黄殆遍。著有《芦雪菰烟集》等。

【当代人物简介】

盛庆琜　别号子东，1919年出生。1936年毕业于上海中学，1941年毕业于上海交通大学机械系。1944年考中教育部公费留学生。1945年前往英国，初在克朗顿派金森公司实习，次年入爱丁堡大学，1948年取得博士学位，1949年任教于台大电机系。1958年，交大筹议在台复校，被选为筹备委员之一。1962年，应加拿大渥太华大学邀聘，前往讲学。1971年返台，于台大任客座教授一年。时值刘浩春院长病殁，在各界校友及师生的推举之下，盛庆琜于1972年任台大工学院院长。6年的任期届满后，再赴加拿大任教。1985年再度回台，被聘任为淡江大学管理科学研究所讲座教授，退休后膺选为该校荣誉教授。

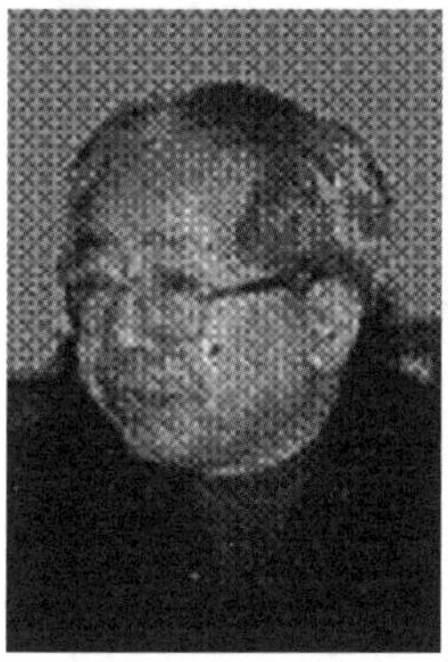
胡　平

胡　平　1930年7月出生于今华联村蛙螟港，曾任福建省省长、商业部部长、全国政协常委。1938—1944年在嘉善陶庄小学就读，1944年4月至1945年5月在江苏常州贫儿院就读，1945年10月至1946年2月在江苏省立常州中学就读，1946年2月至1946年8月在上海正风中学就读，1946年10月至1948年12月在江苏省立苏州工业专科学校就读，1948年12月至1949年2月在苏北解放区泰州区委干校就读并加入新民主主义青年团，1950年3月在厦门支前司令部加入中国共产党。1949—1955年在厦门市军管会、厦门市支前司令部、厦门市政府办公室、厦门市委办公室工作，1955—1981年在福建省工业厅、省计委工作，1981年10月至1982年8月任福建省副省长兼计委主任，1982—1987年任福建省委副书记、省长，1987—1988年任国家经委副主任、党组副书记，1988—1993年任商业部部长，1993—1996年任国务院特区办公室市场主任，1996年3月在全国政协八届三次会议上当选全国政协常委，1998年3月在全国政协九届一次会议上当选全国政协常委。另在中国共产党第十二次全国代表大会上当选中央候补委员，在中国共产党第十三、十四次全国代表大会上当选中央委员。胡平长期从事经济工作，并创立"商业文化"学说，著作有《胡平商业文化论集》（中国商业出版社)、《经济市场化与流通新秩序》(人民出版社)等近10部,其中《论商业文化》一书曾获得光明杯全国哲学、社会科学优秀成果荣誉奖。

卜雨亭 1930年10月出生于今田乐村,曾任中国运载火箭技术研究院办公室副主任、情报资料所副所长、院办公室调研员。1949年就读于省立嘉兴中学,1949年8月至1952年9月在桐乡濮院区工作,任乡干事、乡长、土改工作队长、共青团区工委副书记。先后参加征粮、剿匪、反霸、镇反、土改、抗美援朝和"三反""五反"运动。1952年调入华东工业部,入南京同济高级工业学校机械科学习一年。1953年9月在第一机械工业部大连俄文专科学校学习俄语,两年后毕业。1955年7月在第一机械工业船舶工业局专家工作室任俄语翻译。随后派往上海驻沪工作组任武器组组长,参加在上海江南、沪东、求新等造船厂制造苏联援助的包括潜艇、护卫舰、猎潜艇等在内的新型军舰的翻译工作。1957年5月,调森林工业部采划设计院专家工作室任翻译。反右后森林工业部并入林业部,在建设局工作。先后参加黑龙江大兴安岭林区和甘肃白龙江流域林区开发的翻译工作。1959年9月调国防部第五研究院第一分院(中国运载火箭技术研究院)办公室专家工作室,从事俄语翻译工作。苏联专家撤走后改做秘书工作。1960年参军,1965年集体转业。1966年夏毕业于北京电视大学中文系。"文化大革命"期间任研究院办事组秘书组组长。改革开放后任研究院办公室副主任、情报资料所副所长、院办公室调研员。先后参加第一代战略导弹的仿制和自主研制以及长征系列运载火箭的研制工作,1991年离休。卜雨亭早年参加革命工作,经历了中国各个时代发展与变化,具有极其丰富的社会阅历和专业技术知识。50年代在森林工业部、林业部期间翻译《林区架空索道设计》《苏联森林工业史》两书,后均由林业出版社出版。1983年后从事我国战略导弹和运载火箭边史料收集、整理、编写、编纂工作,参加当代中国丛书《当代中国的航天事业》和中国人民解放军历史资料丛书《军事工业·航天》卷的编写工作,撰写了战略导弹和运载火箭等相关章节,参与编写《中国运载火箭系统工程管理》、《中国航天文化》和《航天型号研制管理手册》等专著的相关内容。主持、策划并编纂卫星与导弹发展史料《液体地地战略导弹》卷、《中国运载火箭技术研究院院史(1957—1987)》、《中国运载火箭技术研究院大事记(1957—1987)》、《院办公室大事记实(1957—2001)》。另外还参与组织编写了《开辟通天路——长征火箭发展史》一书;2008年参加了20世纪中国著名科学家书系的编纂工作,编著了中科院院士《谢光选》一书。卜雨亭50年代在桐乡期间的三大运动中立二等功一次,1958年在林业部获中央国家机关青年社会主义建设积极分子称号,1984年在航天部执行洲际导弹全程试验、潜艇水下发射和发射地球同步通信卫星试验"三抓"任务中立部级三等功一次,在编写《当代中国的航天事业》和卫星导弹发展史料中立部级一等功一次。

徐家松 1934年3月出生于王江泾一里街东,1950年7月毕业于吴江盛泽盛湖中学,1951年3月在华东人民革命大学学习,后入伍参加空军。1953年7月抗美援朝胜利后转业到沈阳112厂(飞机制造厂)工作,1954年3月任厂生产科高度员、主管工程师,1962年任试飞场党支部书记,1966年5月调贵阳双阳飞机制造厂任宣传科长、党办主任、厂办主任、712大学第一副校长、技校校长、春雷工学院第一副校长,1984年任双阳飞机制造厂副总工程师,1995年退休。

沈留荣　1934年8月出生于今大坝村，1952年高中毕业。1952年参军，就读于青岛海校。1956年青岛大连海校毕业后留校任教，曾5次获得个人三等功。1969年以来任武汉海军工程学院教授。

梅福根　1937年4月出生于王江泾，1952年毕业于王江泾小学，1955年嘉兴初师毕业，并于同年考入浙江省话剧团。1957年调入浙江省文物管理委员会工作。自1957年开始从事文物考古工作。曾任中国考古学会会员、中国文物学会理事、浙江省考古学会常务理事顾问、浙江省文物鉴定委员会副主任、浙江省名城保护专家委员会委员、同时兼任杭州大学历史系副教授。1982—1993年在中央党校学习，1985年任浙江省文物局副局长，1998年退休。曾任浙江省七届政协委员。参加过河姆渡遗址、嘉兴马家浜遗址的发掘，王江泾长虹桥省级文物保护单位的评定工作。

褚新民　1939年11月出生于今双桥村，1954年9月至1957年7月就读于嘉兴三中，1957年9月至1960年7月就读于嘉兴一中，1960年11月入伍，1965年7月毕业于解放军通信工程学院，同年8月分配到总参通信总站，任通信总站技师、副中队长、参谋、副科长、科长、副参谋长、总工程师。1979年4月立个人三等功，1992年5月被评为先进个人，1995年5月立个人三等功。

陶德华　1941年出生于今长虹村，1958年7月至1963年7月就读于华东化工学院石油炼制专业，1963年7月至1981年7月就职于石油部上海炼油厂研究所，1981年7月至1985年9月在上海工业大学机械系齿轮室任工程师，1985年9月至1992年9月在上海工业大学机械系润滑化学研究室任副教授、室主任，1992年9月至1997年在上海大学机械自动化学院机械自动化系润滑化学研究室主任、教授、博士导师，1998年以来任上海交大兼职教授。陶德华教授长期从事摩擦学、摩擦化学、润滑添加剂工艺学、特种润滑剂、仿生润滑、人工关节润滑与经，纳米润滑、环境友好润滑剂等研究。1965年因石油部重点项目“高分子聚甲基丙烯酸高级酯润滑油增粘降凝添加剂T—602添加剂工艺改革”成功国产化获上海市红旗青年突击手荣誉；1983年因“葛洲坝水船闸启闭器关键技术研究”获上海市重大科技成果二等奖；1986年因“引进生产线设备特种油品国产化创新”获电子工业部科技进步二等奖；1988年因“液压油用磷氮型无灰抗磨剂制备工艺”获国家发明四等奖；1989年因“TAW无灰抗磨剂制备工艺”获上海市科技进步二等奖；2003年获上海市科技进步二等奖。自然基金项目：“边界润滑的游离氯固定和保护膜”“用环氧油脂改质氯化石蜡”。1992年获国务院政府特殊津贴。任教期间共培养博士13名、硕士10名，代表性著作有《润滑化学》(1984年上海工业大学出版)，共发表各种论文80多篇，为中国的润滑学研究作出巨大贡献。

项　维　1941年11月出生于今虹北村，1961年毕业于浙江美术学院，师从画家潘天寿；同年8月应征入伍，在铁道兵某团服役，参加多条铁路建设，并从事部队的宣传和文化创作工作，因工作优秀立三等功3次。一次工程事故中，项维右耳受伤致聋，左耳听力减半，1968年离开部队，回到家乡。改革开放后，他拾起画笔，创作出一大批新作品，其中最有代表性的是宽0.9米、长50米的《万里长江图》和宽0.45米、长32米的《成昆铁路》两幅长卷国画巨作。他因精通中国书画和具有相当的甲骨文读释能力，被聘为中国书画家协会理事、殷都文化艺术研究院研究员，江苏省文联特聘书画指导老师等。

刘培钧 1942 年 3 月出生于王江泾镇，1954 年毕业于王江泾小学，1957 年毕业于吴江盛泽镇初级中学，1960 年毕业于嘉兴六中（新塍中学），1965 年毕业于上海交通大学。1966 年分配至广西桂林市 611 厂工作，先后担任技术员、工程师、厂子弟学校副校长。1984 年 9 月起先后任广西桂林市七星区区长、象山区区长、象山区委书记。1995 年 9 月任桂林市委常委、市纪委书记，2001 年任桂林市人大常委会副主任，2003 年 7 月退休。

何云泉 1946 年出生于王江泾，名其澄，号乙君。靠自学通文史。20 世纪 60 年代开始从事美术工作。1988 年考入中国画研究院研修班，因工作拖累，未能如愿。90 年代后致力于山水画的研究创作。曾任嘉兴市一至四届政协委员，现为嘉兴画院艺术顾问、嘉兴市政协书画会副会长。70 年代，何云泉从临摹李可染的作品入手自习山水画。80 年代后，研习宋元以来的优秀传统，对元四家、清四僧、龚贤、黄宾虹、黄秋园的研究尤多。他在学术上坚持西为中用。认为“意境、笔墨、气韵”是中国画的灵魂，“外帅造化、中得心源”是山水画者的终生课题。何云泉性情恬淡，以山水为乐。常曰：“泉声可养耳，山色可养目，静坐可养心，漫步可养足。”写生足迹遍及大江南北名山大川。1985 年，上海人民美术出版社出版了他的首部写生画册《山水园林图》。其后，岭南美术出版社、北京荣宝斋等单位先后出版了他的《世界风光》《中国名胜图》《鸳鸯湖棹歌书画双璧》《乌镇揽胜图》等画册、图稿。90 年代后，何云泉的山水画渐为世所重，多次应邀参加全国性画展并获奖，入选重要典籍画册，作品广为海内外收藏。

来乐春 1950 年 4 月出生，浙江嘉兴人，大专文化，中共党员，现任嘉兴市秀洲区农科所所长，高级农艺师。1984 年获评全国农林科技推广先进工作者，1987 年获全国自学成才奖，1985 年、1993 年获浙江省劳动模范称号，1992 年获浙江省突出贡献中青年科技工作者称号，1992 年享受国务院政府特殊津贴，1993 年获全国优秀科技工作者称号和五一劳动奖章，1995 年获评全国先进工作者，1997 年入选浙江省跨世纪学术和技术带头人第二层次，2001 年获浙江省农业科技先进工作者称号，2008 年获嘉兴市农业科技突出贡献奖。曾任第七届全国人大代表，第八届、第九届省人大代表，中共浙江省第十一次代表大会代表。1969 年 3 月，来乐春下乡插队，通过自学钻研农业科学知识，并结合生产实践进行农业科学试验和科学种田技术的推广，提高了粮食产量。1971 年 8 月，他担任嘉北公社农业技术员，在进行技术指导的同时，开始进行水稻杂交和辐射育种。1978 年 3 月，调入嘉兴县农科所从事水稻育种工作，先后育成了“二九丰”“嘉籼 222”“嘉籼 758”等一批早籼高产抗病品种。二十世纪八九十年代，其育成的早籼品种在省内外累计推广 6300 多万亩，增产稻谷 15.75 亿千克，新创社会、经济效益近 15 亿元。其育种成果先后获浙江省科技进步奖一等奖 1 项、三等奖 2 项，嘉兴市科技进步一等奖 3 项、二等奖 2 项。20 世纪 90 年代末，育成的杂交粳稻有 3 个组合通过浙江省品种审定委员会审定。其中高产抗病的粳杂组合“嘉乐优 2 号”在浙江省已累计推广面积 29.5 万亩，每亩比常规品种增产 50 千克以上。每年高产示范方验收测产，亩产都在 700 千克以上。2006 年新塍镇小金港村高产示范方种植的 190 亩“嘉乐优 2 号”，经浙江省农业推广基金会和市农经局验收，平均亩产 753.7 千克，其中平炳房农户种植的 1.32 亩示范田，亩产达到 812.1 千克，创嘉兴市单季晚稻单产最高纪录。

金锦根　1955 年 9 月出生于今北荷村。1973 年 12 月至 1978 年 4 月任嘉兴县王店财税所助征员、专管员；1978 年 4 月至 1980 年 6 月任嘉兴县财税局办事员；1980 年 6 月至 1983 年 8 月任嘉兴市（县）财税局预算股副股长，1983 年 8 月至 1988 年 8 月任嘉兴市财税局郊区分局预算股股长；1988 年 8 月至 1991 年 12 月任嘉兴市财税局预算科科员、副科长、科长；1991 年 12 月至 1993 年 10 月任嘉兴市财税局局长助理、党委委员；1993 年 10 月至 1994 年 9 月任嘉兴市财税局副局长、党委委员；1994 年 9 月至 2001 年 3 月任嘉兴市财政局副局长、党委委员、地税局副局长（其间：1995 年 8 月至 1998 年 6 月在浙江省委党校现代企业管理专业大专班学习）；2001 年 3 月至 2001 年 4 月，任嘉兴市财政局局长、党委书记、地税局副局长、国资局局长；2001 年 4 月至 2006 年 11 月任嘉兴市财政局局长、党委书记、地税局局长（其间：2003 年 8 月至 2005 年 12 月在浙江省委党校经济管理专业本科班学习）；2006 年 11 月至 2007 年 4 月任嘉兴市财政局局长、党委委员，地税局局长；2007 年 4 月至 2007 年 6 月任嘉兴市政协副主席、党组成员，市财政局局长、党委委员，地税局局长；2007 年 6 月至 2010 年 12 月任嘉兴市政协副主席、党组成员。

俞四兴　1955 年 9 月出生于今红联村。1976 年 3 月至 1978 年 2 月任嘉兴县南汇公社红联小学民办教师；1978 年 2 月至 1980 年 12 月，为上海冶金专科学校学生；1980 年 12 月至 1984 年 8 月任嘉兴冶金机械厂质管科技术员；1984 年 8 月至 1986 年 7 月，为浙江省委党校政治经济学专业本科班学员；1986 年 7 月至 1988 年 1 月任嘉兴冶金机械厂综合办主任助理；1988 年 1 月至 1991 年 9 月任嘉兴冶金机械厂厂办副主任、主任；1991 年 9 月至 1993 年 3 月任嘉兴冶金机械厂厂长助理；1993 年 3 月至 1994 年 12 月任嘉兴冶金机械厂副厂长；1994 年 12 月至 1997 年 12 月任海盐县副县长；1997 年 12 月至 1999 年 3 月任嘉兴市政府副秘书长、市政府办党组成员；1999 年 3 月至 1999 年 8 月任嘉兴市政府副秘书长、市政府办党组成员兼市实业资产经营公司董事长、党组书记（其中：1997 年 9 月至 1999 年 12 在浙江省委党校在职研究生班经济学专业学习）；1999 年 8 月至 2000 年 3 月任嘉兴市秀洲区委副书记、代区长；2000 年 3 月至 2003 年 1 月任嘉兴市秀洲区委副书记、区长；2003 年 1 月至 2004 年 12 月任嘉兴市政府秘书长、党组成员，市政府办公室主任、党组书记；2004 年 12 月至 2005 年 10 月任嘉兴市政府秘书长、党组成员，市政府办公室党组书记；2005 年 10 月至 2006 年 1 月任嘉兴市政府秘书长、党组成员，市政府办公室党组书记，嘉兴港区党工委书记；2006 年 1 月至 2006 年 2 月任嘉兴市市长助理，嘉兴市政府秘书长、党组成员，市政府办公室党组书记，嘉兴港区党工委书记；2006 年 2 月至 2006 年 3 月任嘉兴市市长助理，嘉兴市政府秘书长、党组成员，嘉兴港区党工委书记；2006 年 3 月至 2007 年 4 月任嘉兴市市长助理、市政府党组成员，嘉兴港区党工委书记；2007 年 4 月至 2009 年 12 月任嘉兴市人大常委会副主任，嘉兴港区党工委书记；2009 年 12 月至 2010 年 12 月任嘉兴市人大常委会副主任。

汝荣兴　1958 年 5 月出生于今田乐村，微型小说作家、评论家，中国微型小说学会理事。已在国内外近 400 家报刊上发表小小说作品 800 多篇、小小说评论 300 余篇，出版《爱广告小姐》《三色月季》《汝荣兴幽默小小说选》《汝荣兴哲理小小说选》《下雪的黄昏》等多部个人小小说作品集和评论集《中国当代微型小说名篇赏析》，并主编《感动你一生的微型小说全集》《感动中学生的100篇微型小说（精华版）》《中学生必读的100篇校园小小说》《小学生必读的100篇校园小小说》等；其200多篇作品曾被《小说月报》《读者》等选刊转载或入选各种选本，多篇作品被翻译成英文、法文等介绍到国外或入选国外大、中学教材，并曾获《微型小说选刊》“我最喜欢的微型小说作品奖”等全国性大奖，其评论被收入《微型小说鉴赏辞典》等权威书籍；2002年4月，入选由中国作家协会创作研究部、文艺报社、《小小说选刊》编辑部等联合评定的“中国当代（1982年、2002年）小小说风云人物榜”，获“小小说星座”称号；其个人传略被收入《世界华人文学艺术界名人录》等多部大型辞书，其作品集《下雪的黄昏》被中国现代文学馆永久收藏，其主编的《中学生必读的100篇校园小小说》《小学生必读的100篇校园小小说》获2009年度“冰心儿童图书奖”。

李仁根 1959年出生于今大坝村，1975年毕业于南汇中学（高中）。毕业后，他回乡务农，曾担任代课教师。1977年考入杭州大学教育系，主修小学数学教育。1982年毕业后留校任教。1983年，被选送到美国印第安纳大学进修。1984年，获理学硕士。同年，经导师推荐，他转入佛罗里达州大学攻读博士学位。在国际教学系统设计专家罗博特·摩尔根博士和行为心理学鼻祖罗博特·加涅博士指导下，专攻宏观及微观教学系统设计理论和实践。1988年获哲学博士学位，其博士论文《论激活高中生不同层次的斯基玛塔对其认知记忆学习内容之作用》获得美国教育通信与技术学会（AECT）最佳博士论文奖，以及罗博特·加涅最佳研究生研究奖。毕业后，参加美国佐治亚州成人与技术教育部“快速起步”部门开发利用电脑辅助培训的工作。其间，他将自己的工作研究成果写成论文，发表在美国专业杂志《教育技术》上。1990年获佐治亚州立大学商业管理硕士（EMBA）学位。其间加入Toastmasters的国际演讲协会，积极参加演讲活动。1994年受聘于美国可口可乐总公司，主管全球培训项目的开发。1995年，被可口可乐公司派到中国，任可口可乐中国区培训总监，专门负责全国特许瓶装业务的培训。他先驻北京，后驻上海，成立“可口可乐管理学院”，担任第一任校长。并与上海复旦大学商学院合作，培养可口可乐系统的中国高级主管。2000年奉调回美国可口可乐总部，任职于该公司全球采购部，重新设计组织“供应商多元化”部门。2000—2010年，积极参与从社会上选择并且向公司内部推荐少数民族和妇女企业作为供应商，使公司从2001年至2005年，共向美国社会少数民族和妇女企业采购超过10亿美元的商品，可口可乐公司的少数民族和妇女企业的供应商数也从数十家增至600多家。2009年，可口可乐公司对少数民族和妇女企业的采购量超过4.6亿美元。他还与中国国家民族委员会联系，成立了中国少数民族企业协会，并担任中国少数民族企业发展协会理事兼中国少数民族企业发展委员会主席。同年8月，在四川成都召开的中国少数民族企业发展协会的首届年会上，组织主持“少数民族企业如何与跨国公司做生意”的专题讲座。美国劳工部部长、华裔赵小兰曾会见李仁根。2010年3月，在美国佛罗里达州天柏市九个国际商会联合召开的国际商务高峰会上作主题演讲，美国《世界日报》进行专题报道。他的照片曾作为美国《黑人企业家》杂志的封面，美国《少数民族企业新闻》杂志、《多元化加加》杂志都曾对他作过多次专题报道。李仁根曾担任美国多个专业协会的理事、副主席等职务。曾任全美泛亚裔商会东南分会首任理事会主席、佐治亚州亚裔商会理事、佐治亚州亚裔传统基金会理事兼策略计划委员会主席、佛罗里达少数民族企业发展协会理事会秘书长。现任佐治亚少数民族企业发展协会理事会主席、佛罗里达少数民族企业发展协会理事、全美泛亚裔商会东南分会理事、美国供应管理协会下属“供应商多元化组”理事会理事和会员发展委员会主席，并担任美国佐治亚州肯尼索州立大学兼职教授。李仁根多次被评为全美对少数民族企业发展影响最大的一百人之一。当选为美国五十杰出亚裔商业领袖（纽约）、杰出多元化人士（德克萨斯州），并获得全美泛亚裔商会的年度最佳推广者奖、佐治亚少数民族企业发展协会年度最佳推广者奖。2010 年，李仁根被《亚裔时报》评为佐治亚州最具有影响力的 25 名亚裔人士之一。

唐菊兴　1964 年出生于今洪典村，1984 年 7 月成都地质学院矿产系毕业后留校任教，1990 年 7 月获成都地质学院硕士学位，1998 年就读于成都理工大学，2003 年获博士学位，从事青藏高原地质研究。2004 年 6 月进入中国地质学院博士后工作站，2006 年出站，2007 年 3 月调入中国地质科学院矿产资源研究所区划室，现任中国在质科学院矿产资源研究所区划室副主任、教授。自 1984 年参加工作以来，主要从事固体矿产勘查与评价和区域矿产规律研究工作，先后承担和参与 30 多项国家、省部级横向项目的勘查评价工作，获国家科技进步一等奖 1 项、二等奖 2 项，获省部级科技一等奖 1 项、二等奖 2 项，全国科学大会奖 2 项。主持西藏大型矿床的勘查和评价工作，发表论文 70 多篇，培养硕士 17 名、博士 3 名。

詹建龙　1964 年出生于今王江泾村，考入浙江大学机械工程系，1987 年获浙江大学硕士学位，1989 年获加拿大 UBC 大学硕士学位。1989—1992 年任加拿大 SUNCOR 石油公司工程师，1992—2000 年任加拿大 Cantronic Systems Inc. 总裁。2000—2003 年任浙江嘉兴加拿大科学工业园区董事长兼总经理，2003—2006 年任浙江嘉兴加拿大科学工业园区董事长，2006—2010 年任加拿大加创系统人限公司总裁。2003 年在全球爆发“非典”疫情时在加拿大独家开发机场红外线体温扫描热成像仪，获加拿大女皇金禧勋章。2008—2010 年加创集团在中国连续收购、兼并了四家从事安防视频监控领域的高科技制造企业，并组建加创安防系统（中国）有限公司。现任社会职务：加拿大华人青年联合会共同主席、中国侨联青年委员会理事、中国青联华商会理事。

张雄伟　1965 年出生于今北荷村，现任解放军理工大学系主任、教授。1977 年 9 月至 1980 年 7 月就读于荷花中学，1980 年 9 月至 1982 年 7 月就读于嘉兴三中，1982 年 9 月考入原解放军通信工程学院（中华人民共和国第一批重点高校），于 1989 年、1992 年获该校硕士、博士学位，1989 年留校任教。1999 年合并组建解放军理工大学后，担任系主任。2001 年获国务院政府特殊津贴，2009 年获个人二等功。张雄伟主要从事信息与通信工程学科领域的教学、科研和人才培养工作。先后获得国家级教学成果奖 1 项、省部级科技进步奖 19 项，主编教材专著 10 部，发表重要学术论文 100 多篇。指导培养硕士、博士 50 多人。在语言信号处理及其应用的研究达到国际先进水平，主持研制的多项科研成果获得国家发明专利，并得到广泛应用。

唐金根　1965 年 1 月出生于今洪典村，现任浙江中大房地产集团副总裁、成都公司总经理、四川省浙江商会会长。1982 年毕业于杭州机械工业学校，后留校任教，90 年代初就职于浙江省服装进出口公司，从事财务工作，1992年获得高级会计师职称，1994年任房产公司副总经理兼办公室主任。2004年4月起先后任中大集团成都公司常务副总经理、总经理和中大集团副总裁。2006年4月当选四川省浙江商会会长，后又任成都市青羊区政协常委。在“5·12”汶川抗震救灾期间，他及时组织大量资金和救灾物资送往灾区，被民政部、四川省委授予多项荣誉和奖励，并获得“2008年风云浙商”年度特别奖，被中华慈善总会评为突出贡献人物奖。

顾菊林 1965年12月出生于今田青村，现任美国嘉兴联谊会主席、亚特兰大中华专业人士协会会长、美中投资协会秘书长。顾菊林早年就读于美国佐治亚州肯索尼州立大学和美国佐治亚州领袖学院。2009年任美国亚特兰大世界贸易中心副总裁兼中国部主任、美国银行资深项目经理，同时也是银行锁箱业务、账单信息管理和网络债务自动化处理方面的专家。顾菊林致力于中美友好，为推动中美两国在科技、经济、文化和人才方面的交流，领导和组织一系列活动，其中包括2005年的国美科技、经济发展、教育和人才交流研讨会，2007年和2008年的苏州节能环保论坛，2007—2009年三届亚裔职业招聘会，北京奥组委联合举办的奥运雕塑亚特兰大展，中国侨联艺术团的多次访美演出，广西《刘三姐》艺术团赈灾义演；组织和主持2009年中美建交30周年纪念雕塑落成和演出活动，并协助把最后纪念雕塑放置在佐治亚州立大学及卡特中心；筹备和主持了亚特兰大中华专业人士协会主办的中美环保和能源高峰及科技产品交流会，有200多名专家学者参加会议。2007年以来组织了10多个海外高层次人才代表团近千人访问中国相关城市及高科技园区，进行高科技人才引进、项目对接交流。顾菊林留美20多年来一直关心和关注家乡的建设和发展，以2007年美国环保代表团访问嘉兴为契机成立美国嘉兴联谊会，并邀请嘉兴海外联谊会访问美国并签署多项合作协议。

盛政明 1966年7月出生于今市泾村，1987年7月毕业于合肥工业大学应用物理系，1990年7月毕业于中国科学院等离子体物理研究所并获硕士学位，1993年9月毕业于中国科学院上海光机所并获博士学位。1995年6月至1998年9月在德国马普量子光学研究所工作，是德国洪堡基金会和马普学会的研究员，1998年10月至2001年11月任日本大阪大学激光核聚变研究所研究员、讲师、日本学术振兴会研究员，2001年4月至2007年7月任中国科学院物理研究所光学物理研究室研究员、博士生导师，2007年8月以来任上海交通大学特聘教授。2004年获国家自然科学基金委杰出青年基金，2006年获国家自然科学二等奖，2007年获中国物理学会饶毓泰奖。盛政明长期从事强场物理、高能量密度物理、激光等离子体物理研究，包括强激光驱动高能粒子产生、新型激光等离子体辐射源、激光核聚变物理等科学研究。在国内外主要物理学专业期刊上发表学术论文200多篇，获国家发明专利3项。

唐关敏 1967年11月出生于今民和村，1990年毕业于浙江医科大学临床医学系，获学士学位，分配至嘉兴市第一医院内科工作。1995年起从事心血管工作。1998年2月至1999年7月先后在上海长征医院及瑞金医院进修学习心血管内科。2001年在北京安贞医院、2007年在浙江第二医院接受短期心血管病介入治疗培训。2002年9月至2003年12月在湖州医学院进修临床医学专业研究生课程。2007年晋升为主任医师，同年被嘉兴市委组织部及市人事局评为新世纪专业技术带头后备人才。2008年起任嘉兴市第一医院心内科病区主任、硕士生导师，2009年起兼任心内科专科主任。现为中华医学会会员、浙江省医学会心血管病分会青年委员、嘉兴市医学会心血管病副主任委员、嘉兴市第一医院心内科主任。

第三节　当代人物名录

王江泾镇副处级以上干部一览表

表 25－1

姓　名	性别	出生时间	行政级别	所在地原籍	主要任职单位及职务
金锦根	男	1955年9月	厅级	北荷村	嘉兴市政协副主席
卜柏兴	男	1957年5月	副处	民和村	秀洲区政协
盛海华	男	1966年5月	副处	民和村	浙江省电力公司
魏建明	男	1962年12月	正处	范滩村	嘉兴市南湖区委书记
金选仁	男	1920年		金鱼桥村	解放前老干部
周志明	男	1947年6月	正处	东风村	秀洲区人大
蔡士泉	男	1957年8月	副处	双桥村	嘉兴市中级人民法院，高级法官
汪泽韵	女	1956年11月	副处	双桥村	南湖区人大常委会副主任
汝学雷	女	1964年8月	副处	廊下村	杭州江干区劳动局副局长
朱益民	男	1946年10月	正处	南汇村	秀洲区委组织部部长、市文化局局长
胡　平	男	1930年7月	正部	华联村	商业部部长
陆叙生	男	1946年	副司	华联村	中国铁道部国际合作司巡视员
吕桂林	男	1948年	正处	华联村	嘉兴市水利局
储传根	男	1947年12月	副处	市泾村	秀洲区人大常委会副主任
许再明	男	1942年5月	正处	大坝村	秀洲区人大常委会主任
王文达	男	1932年4月	正处	双塔村	吴江市委党校校长
沈洪德	男	1947年9月	正处	西雁村	嘉兴市南湖区人大
沈风兴	男	1963年7月	副处	西雁村	嘉兴市秀洲区副区长
刘培钧	男	1942年	副厅	闻川社区	广西桂林市纪委书记(1995年9月)
梅福根	男	1936年	正处	闻川社区	浙江省文物局局长
汪　坚	男	1950年2月	副处	闻川社区	嘉兴市公安局

续表 25－1

姓　名	性别	出生时间	行政级别	所在地原籍	主要任职单位及职务
盛承君	男	1938 年	副厅	闻川社区	武汉市经委主任
顾政宇	男	1953 年 11 月	正处	虹阳	桐乡市政协主席
俞四兴	男	1955 年 9 月	副厅	红联村	嘉兴市人大常委会副主任
贝贤新	男	1962 年		腾云村	杭州市人防办主任
吴顺荣	男	1944 年 6 月	正处	田青村	秀洲区人大常委会副主任
肖传金	男	1967 年 6 月	副团	栋梁村	南湖区人武部
朱全根	男	1962 年 9 月	副处	田乐村	嘉兴经济技术开发区管委会副主任
卜红明	男	1955 年 3 月	正处	田乐村	嘉兴市商务局
潘明荣	男	1967 年 4 月	正团	东荷村	空军后勤部计划财务处
张雄伟	男	1965 年 11 月	师级	北荷村	南京解放军理工大学
莫文华	男	1969 年 8 月	正团	北荷村	中国人民解放军海军指挥学院
姚金林	男	1949 年 7 月	副团	荷花村	上海浦东高桥某部
杨海生	男	1972 年 9 月	副团	长阳村	南京军区后勤部
王春华	男	1970 年 3 月	副团	民主村	秀洲区统战部
钱云祥	男	1974 年 6 月	副团	范滩村	河北石家庄某部
沈志宏	男	1933 年	正团	范滩村	嘉兴市委党校校长
俞金水	男	1918 年 2 月		东风村	解放前老革命
李世雄	男	1919 年	离休干部	双桥村	解放前老革命
褚新明	男	1939 年 11 月	正师	双桥村	北京总参谋部
褚明良	男	1965 年 3 月	正团	双桥村	广州军区
陶春明	男	1954 年 6 月	正团	双桥村	岱山长涂 37662 部队
陶家根	男	1965 年 2 月	正团	双桥村	北京空军后勤部
张志强	男	1958 年 1 月	副师	南汇村	江苏淮安市淮阴区某后勤部
沈根兴	男	1969 年 1 月	正团	莫家甸村	卫生部
许昌明	男	1963 年 4 月	正团	廊下村	云南宣城 35020 部队
陆志华	男	1963 年 3 月	副团	华联村	浙江省武警总队
王瑞忠	男	1937 年 8 月	正团	华联村	广州军区
孟兴荣	男	1956 年 3 月	正团	市泾村	空军第二空防工程处
沈留荣	男	1934 年 8 月	大校	大坝村	武汉海军工程学院

续表 25－1

姓　名	性别	出生时间	行政级别	所在地原籍	主要任职单位及职务
堵传兴	男	1961 年 2 月	副团	古塘村	台州市椒江区政协
胡洪达	男	1967 年 12 月	副团	王江泾社区	湖北省人民检察院
沈　军	男	1970 年 8 月	副团	南汇社区	73651 部队
诸彩英	女	1966 年 12 月	正师职	虹北村	北京军区某研究所
张明荣	男	1967 年 11 月	正团	虹北村	嘉兴市食品监督局
阮永泉	男	1954 年 8 月	副团	阳阳村	沈空机场军事股

王江泾镇获得高级职称的知识分子一览表

表 25－2

姓　名	性别	出生时间	专业技术职称、职务	原籍所在地	任职单位
吴利华	男	1964 年 9 月	高级工程师	东荷村	嘉兴民丰造纸厂
周煦燕	男	1968 年 2 月	正高	东荷村	嘉兴市第一医院麻醉科
陶德华	男	1958 年 7 月	教授、主任	长虹村	上海大学润滑研究室
顾刘金	男	1965 年 1 月	研究员	民主村	浙江省医学科学院卫生学研究所
彭建华	男	1964 年 6 月	副教授、副部长	民主村	浙江中医药大学党委宣传部
姚卫军	男	1976 年 10 月	高级工程师、博士	荷花村	美国硅谷苹果公司
钮和荣	男	1955 年 8 月	副教授	荷花村	上海海事大学
吴忠华	男	1971 年 6 月	副教授	民和村	南开大学
于雪龙	男	1965 年 11 月	高级工程师	民和村	上海电器科研所(集团)
唐永明	男	1965 年 5 月	高级工程师	民和村	南京浦镇车辆厂
王掌林	男	1952 年 4 月	高级工程师	民和村	嘉兴市海晨建筑工程公司
高松林	男	1964 年 12 月	高级农艺师	太平村	秀洲区农经局
孙胜荣	男	1959 年 8 月	高级农艺师	太平村	秀洲区农经局
仲勤芳	女	1983 年 6 月	高级讲师	阳城村	嘉兴学院
陈海泉	男	1965 年	副教授	范滩村	轮机工程学院
葛建凤	女	1963 年 9 月	高级工程师	金鱼桥	嘉兴市公安局刑侦大队
吴永明	男	1971 年 4 月	高级工程师	金鱼桥	嘉兴市秦山核电站
陈泉根	男	1968 年 5 月	副总工程师	收藏村	中国工程物理研究院计算机应用研究所

续表 25－2

姓　名	性别	出生时间	专业技术职称、职务	原籍所在地	任职单位
杨　明	男	1968 年 9 月	副主任医师	东风村	新塍人民医院
姚建飞	男	1966 年	教授	东风村	
陶根泉	男	1964 年 2 月	高级工程师	东风村	嘉兴市经济开发区
胡雪敏	女	1978 年 3 月	高级经济师	双桥村	秀洲区办证中心
仲守春	男	1966 年 4 月	高级经济师	双桥村	嘉兴市人力资源和保障局
仲云龙	男	1964 年 1 月	高级工程师	双桥村	秀洲区农经局
计伟荣	男	1964 年 10 月	教授	华联村	浙江工业大学
陈学强	男	1972 年 1 月	高级工程师	华联村	嘉兴市民丰建工设计咨询有限公司
俞荣华	男	1967 年 8 月	高级工程师	红联村	嘉兴市建筑工业学校
盛政明	男	1966 年 7 月	教授	市泾村	上海交通大学
储水鑫	男	1956 年 11 月	副教授、主任	市泾村	嘉兴市第二医院中医教研室
盛兴根	男	1967 年 10 月	高级工程师	市泾村	杭州佩灵轴承有限公司
马雪雄	男	1946 年 6 月	高级电影编辑	双塔村	浙江省衢州市电影公司
张留荣	男	1946 年 1 月	高级工程师	双塔村	贵州凯里无线电厂
詹建龙	男	1964 年	总裁	王江泾社区	加创安防系统(中国)有限公司
高明正	男	1939 年 2 月	作家	闻川社区	
傅逅勒	男	1950 年 8 月	作家	闻川社区	
张潇青	女	1965 年	英语高级翻译	闻川社区	外交部
何其耀	男	1937 年	研究员	闻川社区	北京故宫博物院
徐家松	男	1934 年 3 月	副总工程师	闻川社区	贵州双阳收音机制造厂
何云泉	男	1944 年	画家	闻川社区	嘉兴市画家协会
来乐春	男	1950 年 4 月	高级农艺师	双桥社区	嘉兴市农科院
陶诗言	男	1919 年 8 月	中科院院士	长虹村	中国大气物理研究所
唐菊兴	男	1964 年	博士	洪典村	中国地质矿产研究所
唐金根	男	1965 年 1 月	高级会计师	洪典村	浙江中大房产集团
顾菊林	男	1965 年 12 月	会长	田青村	亚特兰大中华专业人士协会
卜雨亭	男	1930 年 10 月	副所长	田乐村	中国运载火箭研究所
卜佳俊	男	1973 年 7 月	教授、博士	田乐村	浙江大学

续表 25－2

姓　名	性别	出生时间	专业技术职称、职务	原籍所在地	任职单位
蒋陈华	男	1935 年 1 月	中学高级教师	双桥村	王江泾镇中学
沈传亘	男	1952 年 2 月	中学高级教师	西雁村	嘉兴科技工程学校
马永春	男	1957 年 12 月	中学高级教师	太平村	秀洲区教师进修学院
洪春荣	男	1965 年 1 月	中学高级教师	新桥社区	嘉兴实验初中教育集团
彭雪华	男	1960 年 11 月	中学高级教师、秀洲新教育秘书长	民主村	
沈雪珍	女	1970 年 2 月	中学高级教师	荷花村	南湖国际实验小学
马留福	男	1946 年 9 月	中学高级教师	双塔村	嘉兴市第一中学
袁金泉	男	1964 年 12 月	中学高级教师	荷花村	嘉兴高级中学
史建琴	女	1976 年 3 月	中学高级教师	大坝村	嘉兴洪兴实验中学
朱伟育	男	1973 年 3 月	中学高级教师	田青村	嘉兴洪兴实验中学
刘小龙	男	1964 年 9 月	中学高级教师	太平村	嘉兴市高级技工学校
董　权	男	1973 年 7 月	中学高级教师	油车港	王江泾镇中心小学
钱永珍	女	1963 年 4 月	中学高级教师	双桥村	王江泾镇中学
盛　华	男	1955 年 2 月	中学高级教师	荷花村	王江泾镇中学
凌小平	女	1962 年 3 月	中学高级教师	西雁村	王江泾镇中学
贝建荣	男	1964 年 10 月	中学高级教师	新塍镇	王江泾镇中学
陈凤祥	男	1954 年 12 月	中学高级教师	余新镇	王江泾镇中学
陈荣富	男	1947 年 10 月	中学高级教师	虹南村	王江泾镇中学
范志飞	男	1969 年 10 月	中学高级教师	江西贵溪	王江泾镇中学
高燮芳	男	1948 年 3 月	中学高级教师	虹南村	王江泾镇中学
葛雪荣	男	1956 年 11 月	中学高级教师	王江泾镇	王江泾镇中学
葛燕青	男	1966 年 12 月	中学高级教师	四川富顺	王江泾镇中学
顾歌堂	男	1945 年 5 月	中学高级教师	江苏泰兴	王江泾镇中学
顾加林	男	1953 年 10 月	中学高级教师	民和村	王江泾镇中学
江友才	男	1971 年 9 月	中学高级教师	江西贵溪	王江泾镇中学
孔法泉	男	1958 年 7 月	中学高级教师	王江泾镇	王江泾镇中学
李　斌	男	1976 年 9 月	中学高级教师	双塔村	王江泾镇中学
柳水华	男	1955 年 3 月	中学高级教师	嘉兴曹庄	王江泾镇中学

续表 25-2

姓　名	性别	出生时间	专业技术职称、职务	原籍所在地	任职单位
陆金荣	男	1952 年 2 月	中学高级教师	虹北村	王江泾镇中学
陆志荣	男	1970 年 1 月	中学高级教师	民主村	王江泾镇中学
孟玉珍	女	1961 年 3 月	中学高级教师	王江泾镇	王江泾镇中学
倪飞根	男	1968 年 12 月	中学高级教师	田青村	王江泾镇中学
钱加林	男	1964 年 8 月	中学高级教师	王江泾镇	王江泾镇中学
汤银华	男	1966 年 4 月	中学高级教师	荷花村	王江泾镇中学
王金生	男	1966 年 5 月	中学高级教师	北荷村	王江泾镇中学
王雪男	男	1969 年 12 月	中学高级教师	王江泾镇	王江泾镇中学
王元华	男	1964 年 7 月	中学高级教师	嘉兴净乡	王江泾镇中学
徐金华	男	1967 年 2 月	中学高级教师	范滩村	王江泾镇中学
徐荣根	男	1966 年 3 月	中学高级教师	北荷村	王江泾镇中学
许荣林	男	1967 年 4 月	中学高级教师	西雁村	王江泾镇中学
许跃进	男	1958 年 8 月	中学高级教师	湖南宁乡	王江泾镇中学
俞瑞华	女	1964 年 4 月	中学高级教师	古塘村	王江泾镇中学
张伟荣	男	1958 年 7 月	中学高级教师	双塔村	王江泾镇中学
周林华	男	1968 年 4 月	中学高级教师	东荷村	王江泾镇中学
卜建忠	男	1966 年 10 月	中学高级教师	田乐村	王江泾镇实验学校
陆前进	男	1975 年 3 月	中学高级教师	闻川社区	王江泾镇实验学校
汝掌鑫	男	1956 年 11 月	中学高级教师	市泾村	王江泾镇实验学校
吴顺荣	男	1961 年 2 月	中学高级教师	南汇村	王江泾镇实验学校
徐凤林	男	1971 年 2 月	中学高级教师	油车港	王江泾镇实验学校
杨国华	男	1970 年 12 月	中学高级教师	田青村	王江泾镇实验学校
杨恺悌	男	1954 年 11 月	中学高级教师	南汇村	王江泾镇实验学校
费健男	男	1953 年 10 月	中学高级教师	田青村	嘉兴市高级技工学校
卜有根	男	1947 年 8 月	中学高级教师	虹阳村	王江泾镇中学
汝荣兴	男	1958 年 5 月	中学高级教师	田乐村	嘉兴教育学院
张解林	男	1956 年 11 月	中学高级教师	南汇村	秀洲区教育研究和培训中心
张爱林	男	1968 年 8 月	中学高级教师	廊下村	秀洲区教文体局
唐关敏	男	1967 年 11 月	主任医师	民和村	嘉兴市第一医院

续表 25－2

姓　名	性别	出生时间	专业技术职称、职务	原籍所在地	任职单位
金华明	男	1971 年 8 月	副主任医师	古塘村	王江泾医院
王庆华	男	1970 年 9 月	副主任医师	七星镇	王江泾医院
仲永根	男	1973 年 11 月	副主任医师	北荷村	王江泾医院
唐剑林	男	1966 年 11 月	副主任医师	油车港	王江泾医院
汪世军	男	1973 年 7 月	主任医师	闻川社区	嘉兴市第一医院心内科
俞菊英	女	1971 年 8 月	主任医师	南汇社区	嘉兴市中医院消化内科
卜昌荣	男	1966 年 4 月	主任医师	东荷村	嘉兴市中医院
潘永观	男	1938 年 7 月	主任医师、主任	东荷村	浙江大学附属邵逸夫医院妇科
张荣明	男	1956 年 12 月	主任医师	北荷村	上海瑞金医院泌尿科
仲永勤	男	1973 年 6 月	副主任医师	阳城村	新安国际医院
朱百先	男	1926 年	中医主任医师	范滩村	嘉兴市第一医院
盛建明	男	1973 年 3 月	副主任医师	民和村	嘉兴市第二医院骨科
吴建明	男	1969 年 6 月	副主任医师	民和村	嘉兴市第一医院感染科
葛家美	女	1958 年 8 月	主任医师	太平村	嘉兴市妇保院
潘末末	女	1963 年 4 月	主任医师	闻川社区	嘉兴市妇保院
费国忠	男	1941 年 12 月	教授	栋梁村	上海市医疗急救中心
陈会林	男	1968 年 7 月	主任医师、副院长	双桥村	嘉兴市中医院
王金荣	男	1953 年 4 月	主任医师	双桥村	嘉兴市疾控中心
张永勤	女	1971 年 2 月	副主任医师	南汇村	王江泾医院

王江泾镇劳动模范一览表

表 25－3

姓　名	性别	出生时间	获得荣誉称号、时间	出　生　地
沈三山	男		1952 年浙江省水稻丰产劳动模范	北荷村
凌仁娜	女	1930 年 11 月	1953 年浙江省劳动模范	双塔村
王金生	男	1915 年	浙江省劳动模范	民主村
沈凤金	男	1945 年 6 月	市级劳动模范	田乐村
张寿生	男	1937 年 7 月	1969 年嘉兴县劳模	民和村
陈春贵	男	1922 年	1956 年全国农业水利生产先进工作者	王江泾社区

王江泾镇革命烈士一览表

表 25－4

姓　名	性别	出生地或生前所在单位	出生、牺牲时间	牺牲地点	牺牲时所在单位
宋阿马	男	莫家甸村龙花洋	1929—1954.5	浙东海西	中国人民解放军华东军区海军某部
杨林华	男	小曲村	1926—1952	朝　鲜	中国人民志愿军某部
王惠春	男	王江泾养鱼场	1937.12—1960.4	浙江省昌化县龙王桥水库	地方国营嘉兴养鱼场
袁文良	男	丁家浜村高家浜	1918.7—1950	福建省厦门市	中国人民解放军陆军某部
王三宝	男	东风村东小浜	1918.7—1950	朝　鲜	中国人民志愿军某部
孟荣生	男	市泾村	1925—1949.6	嘉兴县廉让乡	嘉兴县大队二连
卜森林	男	虹阳乡新力村杨家浜	1958.7—1978.7	浙江省温州市	中国人民解放军83244部队后勤修理连

丛　　录

镇域历史悠久，文人辈出，文化底蕴深厚，千百年来留存下文献史料不少，特别有关历代名胜古迹的碑记、纪事文、诗歌等珍贵文献甚多。这里仅选载了部分古文和古诗。王江泾古属吴地，吴歌、民谣蕴藏丰富，民间传说广为流传，但文字资料缺失。根据2008年开展的非物质文化遗产普查和当前修志搜集的资料，选编了部分曾经广泛流传和仍在流传的民间传说故事和民间歌谣。

第一节　文献辑录

【碑记】

修运河官塘碑记

明·赵文华

嘉兴为东南水陆之冲，运河经其城限，延袤百余里，贡赋、漕挽、輶使皆出焉。南极语儿境为土塘，北入闻川为石塘，皆障水便陆。自闻川以南，处杭嘉下流，其水特大。时水泛滥，辄奔驶横决，伤沿河诸塘。而田者又依塘浚河、行水、溉田，故塘益受伤。其势易败，败则石沦于河，桩木戟立，往往触舟破之。石去而土溃，塘断如栉，途而纤者危怖不能度，度则时有垫溺。风雨冰雪之候，其患尤甚。使有司者时省而谨修之，败虽易，可以即完无患也。顾今吏多视时令所须急，堂陛跬步间，忽漫不省，谁复介意水陆之行旅邪？夏令曰：九月除道，辰角见，雨于是毕也；十月成梁，天根见，而水涸也。其时儆曰：火之初觌，期于司里、司空视涂陂泽梁川，此先王之政所以广施德于天下者也。左山赵公守郡，率用古道，不随时好为上下。人急或舒之，弛或张之，惟民利所在。是力既浚城湟，正经界，易原隰，塞圩导渠，以即田功。乃丁未九月，令属邑司水者，各修其涂而缮运河之塘。石塘起杉青，迄闻川，袤凡二十七里，广凡若干尺。石之沦于河者，皆起而复之。稍不足，俾塘长出石，官给其需，工皆坚完可久。土塘起语儿，迄西水，凡百又十里，亦残缺不治久矣，并令新之。凡再阅月而二塘告成，皆坦然如砥，患去而利存。途者歌，舟者和，田者岁登，嬉游以舞。呜呼，观今日之所喜，则前之患苦益又可知矣。而世方忽民患而不省其知，所省忧而急于兴利，已害者又辄来谗訾之口。公独信不疑，挽今师古，而事皆用济。使世之守令皆若公，尚复遗利遗患有哉？其于国家，授时立政、柔远能迩之泽，顾不旬宣旁达，而益有光也哉？公名瀛，字文海，关中三原人，登己丑进士，与予为同年。

佐是役者，德化陈节判守义、赣榆阎节判大祥、玉山姜节推文序。董役者，嘉兴则丁丞盛时，秀水则蔡丞玉成。诸君咸属予，言树石津上，以纪仁政示来者，使修其迹勿坏。诗曰：

古之役民岁三日，相度利害审劳逸。利多劳省倍功秩，吁嗟善政堪纪述。运河长堤逵道出，於皇御统车书一。入藩贡觐走徒卒，献琛賝刺会蓝毕。涂茀不治行旅疾，郡公心恻议拯恤。搜石河壖合鳞栉，火瓺水涸雨初毕。劳民勿亟亦勿失，周行荡荡堤屹屹。四方宾至如归室，和气欢腾岁康吉。群僚瑑珉祈直笔，薄劣惭何著美实。公昔石隰统戒律，筑塞雁门探虏窟。虏人闻之心兢栗，功媲受降为甲乙。此塘宁足论敌匹，试拯泥涂倪仁术。一念隐轸民患息，驱之庄康称师帅。

注：赵文华（？—1557），字元质，号梅林，明嘉靖八年（1529）进士，历任刑部主事、工部侍郎、工部尚书、太子太保、右副都御史。纂有《嘉兴府图记》《文华全集》。

督问工部盛公若华去思碑记

明·张汝济

荆南当楚蜀之冲，梗楠杞梓蔽大江而下。其商之射利者，我国家为设关以榷之。岁命工部尚书一人督其务，盖上以佐县官之急，而下亦以通商法，何尝不善？久之，法渐骫于胥徒之浸渔，而督务者之为，递代之易也。姑俟之以遗后来，则有耗国病商之虞；欲一一督过而严为搜除，则有薰城灼社之虑。盈缩有我，稍匿其端，而使之不测，则见为愚商而用之；见其端，人即由其端以入我，则又乘我隙之。我有所不取，以示洁也者，则豪吏之为乏于算，而商得以原额自匿；我有所科条，以示法卅者，则又为益羡于法外，而刻核于法内。然则荆关之提衡者，亦怨府也。兹盛公奉命而来，甫下车，即慨然榷政之滋敝也，曰："理榷莫如剔蠹，剔蠹莫如先剔其所蠹之人。于是政必因人，人必由政，釐清宿弊，举积猾之冯射于先者，一旦电照霆击，人人股栗，惩一二大猾而胥徒戢，奸商不敢隐税矣。"方公之来也，属岁水涸，牌筏不得下，公方虑无以佐国家之用。及夏水泛涨，水稍稍集，而公顾宽然于法曰："第国用是斯已耳，其余固商之所自为也。"往者大司马檄买木植，与夫台使者檄造浅船，势不能不取之商。而公为条，省其太甚者，商遂以宁。学故无田，公为给淤田以异之；又择士之敦行者，旌异之。其余节妇、孝子、顺孙之类，莫不被其风励。是时水灾为患，公巡行堤防，民遂以不鱼鳖往见。渴者之思汲也，涉者之思济也，暴骸者之欲其掩也。则为之开义井、造桥梁、设渡船、置义冢。若亲见下民之疾苦，进之堂下而逐一生存之也。夫威殚于豪横而不以阻善良，恩殚于商贾而又及土民。商若民，思公而记之，在有以哉？虽然，商若民之思公者惠耳，岂所以惠哉？彼夫渊渊默默之中，名利双遣，心齐生忘。其视此，榷若莲之泥而不污、玉米尘而自莹者。公且自忘，其何思何虑之？天乌知有人之思，人且不知公之所以为德，而又何所容其思哉？商若民佥曰："精矣！子之言非区区日用之，民所知也。请以书之不？"赞曰：惟尔荆南都会之衢，西枕巴蜀，东连三吴，木集舟泊为商贾区。我公奉命来榷斯邦，上以裕国，下以通商，惠以春膏，肃若秋霜。有豪有猾，积蠹其间，公为震怒，歼厥巨顽，以遏商弊，以清江关。惠商之余，波及土民，顺孙、节妇、孝子、忠臣，公悉旌异，世教一新。巡堤障水，为梁，济渡，埋胔，饮渴，口碑载路。学田养士，士林景慕；

穆穆斋居，萧然吏隐；垂帘塞兑，操养惟谨。安庸思虑？安置唇吻？公兹报命扬绩，当芟蔽芾甘堂。受天之祐，仁垂不朽，视此珉树。万历癸巳孟冬十月吉旦。赐进士出身，都察院右副都御史，巡抚福建等处，地方前吏部文选司郎中。郡人张汝济撰。

重筑长虹桥碑记

清·钱仪吉

浙江秀水北境，第一桥曰“长虹”。始筑于前明吴府君皋，康熙间重修之。百年而又圮，人病涉焉。余友布衣唐君秉义以为己忧。嘉庆十五年，将自京师归，别余而言曰：“吾归，必为是桥。吾老矣，虽殉焉，勿恤也。”余介君之志，顾念费巨，万非君力所及。逾年而君卒。

后数年，桥竟成焉。于是君之子廷桂走京师，请余碑其事。具言君所设施状，盖几于殉焉者。退，征诸乡人，皆曰：“信。”惟吾郡风俗厚，人勇于义；而我邦伯、邑长又善任，使不以胥隶扰。是役也，宜可以久。

自十六年春鸠工肇建，越二十年冬告成，縻白金三万二千两有奇，出财者数百人。力其事者，又有谢武权、蒋秀元、杨志鹏诸君，具列姓名碑阴。而道士陈复古，中事忧其不成，至绝食以信其志，尤足尚已。乃为铭曰：

洋洋闻川，浙之漕河。大桥翼然，环临通波。东村西庄，往来逶迤。东西数千武，易日以俄。忽阤而隤，邦之人咨嗟，崩石不见，形当津要。遮望衡贩，遗行蹿而嗟。雨黑呼渡，遂漂其查。唐君遻焉，俯睇滂沱，曰：“我必复之。力小敢荷，以医为檀。”或咍其疟。黾皇经始，劳极得瘥。孪指擿臆，不言而哆。友泣以肩，矢心匪他。邦之人咸劝，既庶且多。庸还旧观，如龙如鼍。始下樘硥，溃若浮苴。解神捷应，祠于左坡。凡功之成，惟义之和。非以为己任，虽多则那。我识唐君，宣发已皤。广颡丹颜，梦寐不遐。孑倡烝举，乡里一家。庶几可久，长为楷恕。乡里之懿，宜为咏歌。后来其宪兹，我怀如何。

注：钱仪吉（1783—1850），号衎石。清嘉庆十三年（1808）进士，选庶吉士。曾任户部主事、工科给事中，学者。

王江泾集镇防洪工程碑记

王江泾镇人民政府

王江泾位于嘉兴北部，方圆数十里，工农业发达，市场活跃，商业兴旺，经济繁荣，为江浙相交之重镇。王江泾地处水网地带，三面环水，地势低洼，每逢汛期淹田毁宅，工商业停业，学校停课。为有效抵御洪灾，发展经济，保障人民群众生命财产安全，一九九六年初，镇党委政府发动全镇人民发扬自力更生精神，在郊区人民政府和有关部门人民群众的支持下，筹集人民币壹佰陆拾万元，于一九九六年三月破土动工兴建防洪工程，同年七月竣工。防洪工程总防洪面积一点五平方公里，投工二点五万工日，建成镇北、镇中、镇南水闸三座，镇南、南雁排水站二座，小型应急排水站三处，铺设排水管一公里，三闸二站，有二点五公里围堤相连，围堤吴淞标高五米。瞰望三闸二站，长堤蛇舞，石坡坚围，人民安居乐业。王江泾防洪工程建成，是党和政府为民造福之壮举。特此勒碑以志纪念。

注：《闻湖志稿》即为《闻川志稿》。

【纪事文】

税暑亭记

元·岑士贵

距嘉禾郡北三十余里，乃市泾。运湖之东，闻湖之胜也。而斯亭之建，名以税暑，厥名有自来矣，非援类而夸美，诚朱张公孝行所据之地耳。其先世居汴，有武节将军讳宣者事宋，扈跸南迁，居临官驿也。自诏及镠与弼，皆蝉联不替。逮恂遇元之逼，随驾厓山，尽忠溺海。其子曰梅趣，名穹寿，与弟竹臞，名天任，奉母徙居闻湖之乾，市泾之阴，从别墅也。厥居违官道咫尺。为时更化，兵扰江南，公惧寇掠，遂避居东焉，即闻湖之艮。维时天命既定，世颇安。至元二十五年，梅趣昆弟禀命祖母，以旧居舍为僧居，牒于官，建额曰报恩。既出资以庄严佛像，复割田以赡僧徒。不惟俾院有所主，亦欲使久而弗替，其设若是，将有所志焉。故于院之东百余步间，卜为宅兆，奉其父进义校尉及祖母之骨殖厝焉，置神主于院，院之僧旦夕洒扫焚香以及之。而梅趣公或于朔望之日，或由家务之暇，常往省焉，非特清明祭扫而已。可谓事之如生，而无忘亲之心也。犹患闻湖之隔，风波之险，或舟楫往来之不便，故于湖之东处填一区，约数亩，区之左右筑塘，以连东西。塘之两腋，各建一石梁，曰问柳、曰寻梅。于塘与区周，甃石岸以防湖涛之圮，存久也。自是由家至墓道，径湖中昨皆风波，今则坦途也。而公也一有风木之思，欲往省墓，可以徒出而至，可以策蹇而往，无复有如昔之险阻。由是于暑月往远，缘无息暑处，故于湖中所填之区中创一亭，或遇骄阳炽赫，流金铄石，炎气蒸人，公于省墓爰及斯亭，未免流汗成浆，心焦体疲。于斯时也，或辍步停骑，濯清流，盥寒泉，入斯亭，涤斯暑，但觉湖风徐来，波爽继至，袢暑却外，微凉袭内。而公则徘徊乎斯亭之上，徜徉乎斯亭之景，使体之疲者顿以宁，心之焦者渐以清，而斯暑之冒，于斯而脱矣。名其亭曰税暑，固非援类而夸美，实张公孝行之所在耳。岂如苏东坡之作喜雨亭，特以其喜雨耳；欧阳公之作无双亭，但取其无双耳。而张公梅趣之作税暑亭，虽为税暑也，而有孝行者存，殆一名而有二义系焉。因其请记斯亭，乃询其作亭之故，而为之记云。

注：岑士贵(1294—1328)，字尚周。元至治元年(1321)辛酉科以《凌烟阁赋》登第九名进士，任黄岩路州判，惩治贪吏，颇有政绩。

市泾报恩院记

元·释本诚(觉隐)

距嘉禾郡北三十五里，墅曰"市泾"，朱张梅趣先世别业也。梅趣向居临安，以父进义公殉难崖山，奉其慈闱，避地市泾之东。至元二十五年，以别业为僧伽蓝，牒于官，建额曰"报恩"。

中奉舍那三圣，辟楼以庋藏典。门、庑、厨、库、廪、湢，皆即其旧。割田顷有奇，以所入赡众。延僧明净居之。即院之东，择地奉其父进义公衣冠及母夫人之骨茔。环树松柏，幽埏步武，密迩净境，冀神灵有所依赖。又虑不能世守，以致废弛，乃戒之曰："自为兰石，吾祖父昕夕香火不替，向后我之子孙勿参予焉。"明净患疾，吴兴莲社僧明心继之。心没，净之徒曰师瑞，操行淳谨，善经理，栋宇之摧损者，完治之；垣墉之敝陋者，丹垩之。殖田以增廪给，安僧以阅藏教修，焚诵益谨。启云堂以憩四方包笠之行者，劳迎供膳，未尝有厌倦。其亦知创始之志，而克任厥责者。师瑞来，谒文为记。因即其名而求其义，知梅趣中有所见矣。凡受恩于人，必思所以报，理固然也。恩之大者，莫若父母，报之宜如何哉？世有受人小知寡惠，略遂进取，则抚躬铭心思效忠不暇，至其亲而情反落落者有之，此皆人心之溺，賔内崇外，专利而义偏，卒紊其序。予未尝不叹世风之下也。梅趣舍居，先于报亲，延僧以修冥福，俾种类薰善见闻获益，其本末先后秩然有序，殆卓然有所见者欤，足以励薄俗，厚民德，扶植世教，可书也。但勒辞金石，宜在当世文儒之士。而余与梅趣交厚且久，即记报恩，忻然执笔，而忘其僭逾也。梅趣，名穹寿，有弟名大任。大任暨子仲德，俱早逝。仲德子曰嗣芳，继其业云。至正二年壬午三月二有五日，语溪觉隐释本诚记并书，奎章阁学士院参书柯九思篆题。（出处：《盛氏家乘》）

王江泾战功本末记

明 • 胡松

国家地广，治极文褆武嬉；海壖奸商，乘时盗贩转为寇贼。民不觌兵，为日既久；望风奔溃，莫之谁何？贼既连得利，内附外连，声应气合。徒党滋蔓，动以数千万计；又善用兵，能以少为众，所征四方材勇、懻忮武力之士，率歼其手，热若烈火，焰焰狡焉思启。盖自壬子春，更癸丑、甲寅，恣行转掠、戕杀、燔烧，丛萃薮窟，新故环迭，而两浙三吴之祸变惨矣。乙卯春，柘林巢贼积增至万余人，出掠嘉善诸处。夏四月，剧贼徐海、麻叶等探知嘉杭兵调松江捣巢，率众数千人，水陆并进，声言先攻嘉兴，次及杭。时故巡抚李公留守杭，总督军门在华亭，无兵可恃，军民汹汹甚惧。按史梅林胡公方巡浙东台、温诸郡，得报连日夜驰询嘉兴。会贼从嘉善来，前驱迤逦薄城外，众益惧甚。公曰："在法攻为上，角力为下。"矧又无兵，乃密属吏，取酒百余罂，钻其颠，投以毒剂，塞如故。载两船，选兵卒机警而猛者，假冠服，持尺牍，坐船上，称解官，解酒饷军，载向贼所从道，见贼即褫去冠服走。贼信不疑，驰报诸酋长，得酒大欢，相率高会痛饮，率多死已。又令村市酒家，皆入毒瓮中，约偿以直。民所有米渍药水淅而遗之。贼往往争取饮，啜辄又死。然贼党尚众，我兵寡具恇怯。适保靖宣慰慰彭荩臣，所领土兵数千人至，可使胡公策。其恃勇犯忌。使人传语之曰："贼善伏，且知分合，我兵常为其诱，宜分奇正左右翼，击防其冲围。"荩臣不听，乘锐直前，果遇伏，堕贼计，挫于城南石塘湾。始大悔，遂有溃志。远近震骇，大失望。胡公深忧之曰："如是，则我技穷矣。"于是亲诣军营宣谕，且劳苦之，曰："胜负兵家常事，恶足介介。凡尔所以偾者，以不知地利中其伏。我闻贼酋多死，众丝棼无纪，且久不得食，息瑕可攻，若等无畏。"顾兵多无衣与器械，乃使人悉索诸，质肆故衣颁给之，加赐钱帛、牛酒饮食；召诸金木工昼夜缮造器具，悬重赏。苗兵感激思奋。察可用，乃指画石塘形势曲折，曰："汝宜以兵若干为前锋，从塘路进；若干为奇兵，伏道左；水兵船若干，环列道右，防其逸；皆后前锋数里，候贼将至某处，前锋迎敌人佯败走，俟其过伏，伏尽起，三面夹击，蔑不胜矣。”荩臣如公策，贼果偾败，北走平望。平望故别有苗兵营，贼不知。会总督张公从松江兼程来视师，而永顺宣慰彭翼南复从泖湖西出，胡公又同督察赵公部署参将卢镗等厉激之，且躬擐甲胄。经驰马趋出，四面合围，军声逐大振。贼大沮，还走王江泾，既连疲于奔，又馁且病，矧无统纪，遂大溃不支。土兵与我军乘之，斩首倭二千余级，堕溺水死者不可胜校。盖自是，嘉兴、杭人始安枕，军民土客始知贼犹人，非真若鬼神、雷电、虎豹然，不可响迩，浸有斗志。贼亦自是稍稍顾忌，逆气狂谋渐以亏朒，始可诱而图矣。嗟呼！嗟呼！洛涧袭而淮淝捷，嘉山合而博陵奔。盖自昔祸乱之兴，必有忠义材武韬钤之臣以指挥擘画，敉宁戡定。盖天所以奠安维极，绥辑神人，鸿德好生，常假手巨公伟人实为之，孰云其果梦梦哉？昆陵左子好论次当世事，而谓故所收公私牍牒所载王江泾战功淆无纪，属余铨次。余为铨次而归之，庶后经世者有考焉。

重修学官记

清·伊汤安

学校为三代圣王治民之县，厚人伦、广教化、美风俗、兴贤才，胥于是乎在。后世率循，莫敢或废。我朝列圣相承，作君作师，尤以学校为首务。余自括苍移守嘉禾，下车之日，仰承圣天子兴学重道之意，广励学官，整修文庙。时嘉兴学缮葺方竣，秀学倾圮逾十载。垣颓木蠹，瞻顾悚惕，亟谋聿新。会邑人陶世仁、张纯熙、杨志麟、敖寿倡率输资佐费，共襄厥事。大成殿，陶氏独任之；戟门、两庑，张氏、杨氏分任之。鸠工饬材，踊跃恐后。易朽腐，正倾欹，加瓦甓以厚底。覆施髹漆，以焕丹雘。筑万年之台石，修隔水之宫墙，栗主一新，规制加宏焉。学始建于明宣德五年，屡修屡圮。国朝以来，递有增建。乾隆二十四年知府曾日理、知县杨国华重加修葺。邑人陶让德董其役，距今四十余年；让德子若孙，复襄盛举。陶氏可谓世济其美矣。经始于嘉庆三年三月，迄工于十二月，凡木石陶旊，钉铰丹漆，匠役之费，计若干。落成之日，邑绅士来乞余记。洪维皇国式廓，声教所讫，无间遐迩。凡隶学宫者，涵濡沐浴，旁皇周浃，阅百五十余载。秀水人文甲他邑，名宦辈出，科第踵接。其所以冀仰答者何如？夫三代之学，皆以明人伦为本。人伦厚，斯教化广而深，风俗美，贤才兴。多士仰瞻庙堂，诚能齐一心志，勉励学问，践其实，不徒骛其名。苟有得于己，而为闾里之型，为邦家之望于。焉发之乎盛德大业，以懋佐朝廷之盛治，是余之所厚望也。夫既以是告，即书以为记。

【序文】

闻湖志稿序

清末民国初·沈云桂(秋帆)

唐子映荪辑《闻湖志稿》若干卷，属为审定。余辞不获，参校既讫，乃为之叙，曰：闻川介吴越间，去县治二十余里，控引漕河，吐纳雁荡，烟波澹沱，灵秀所丛。《越绝》所称“槜李池”、“射襄城”者，说者以为即其地云。汉唐之世，靡得而述。

钱氏开国，闻人氏俶居之。入宋以后，簪缨弗绝，云礽繁衍，而“闻川”之名以著。厥后王氏、江氏，萃族而处，遂以谥其泾。平倭一役，张经战绩照耀明史。蕞尔一隅，更为兵事重地，遐哉邈乎，由来旧矣。《诗》曰：“维桑与梓，必恭敬止。”后生不识恭敬之心，日远日忘，余滋惧已，文献之征，曷庸已乎。昔德祐之末，胡元入纂篡，迁义我校尉，蹈海厓山；穹寿天任，恫父不返，黄冠野服，义不帝秦。子孙承其志，终元之世，未尝仕宦。临安既陷，菊隐毁家起义；金桥一旅，再接再厉，虎虎有生气。迨夫日薄崦嵫，鲁戈空挥，犹后与殷澄、孟僩，抗西山之节；秀州三义，皎然不欺其志。呜呼，伟矣！浸淫及于明代，有若敬斋、靖夫、益泉、天宇之伦，内行纯笃，粹然儒者；而见湖、文郁、会泉，俱以文章吏治著声于时。嘉靖以后，国家多故，大同、道初、恭伯、朗先之俦，荩谟硕画，忠谔震殿毂而志节不阿，侃侃与奸党抗，与权奄抗，虽埋身狴狱，前仆后起，曾无挠色，斯亦里乘之光也。独怪鼎革之初，奇节靡闻，采薇韬迹，差可与逸民比者，仅有墨庵一人。岂晚明气节之隆，独不验于兹邑欤？抑固有其人，小夫龌龊畏祸，而莫之载欤？昔欧阳作五代史一行传仅得四五人，而吴门彭氏补之数十人而未已。呜呼，乱世崩离，遗文散轶多矣，又何尤焉？洎入今朝，文史之盛椎轮乎石林，诗篇秀丽，高出侪辈，尤时时留心掌故，辑《槜李诗乘》《闻湖杂咏》。风气既开，宾麓、赋渔、兰岑踵之，世济其美，清芬弥永，厥功烂焉。盛氏一门，雅才蔚起，庸三、百二朴学古楙，为世所重；而出宰百里、决狱如神者，贲园、晴谷、砚山、振衢诸人，亦足称也。乾嘉以后，遭世承平，物力充牣，高门丰屋，名园绣壤，甲于他邑；风雅之士，宾宾而起，雪泉、芬余创沧浪亭之社；同时名辈，若蘅圃、寿乔、曦伯、耘庵、春浦诸彦哲，送襟推抱，更唱迭和，文酒之宴，累月不绝，懿铄乎极一时之盛矣。自金田发难，东南扰攘，园林邸第，鞠为茂草，一二文士转徙无所。物炽而衰，固其理也。杨汲庵氏晚出，益以经济自命，投笔从军，卒无所遇，晚乃覃精著述，重兴芦庵之社；而唐逸子、李匏斋、李子远、沈蒙庐继之，相与发潜阐幽，表章节义，优游文学，蔚然为枌榆生色者。复数十年，迄今老成凋谢，文物衰歇，求如诸先辈之风流儒雅，抒情述德，以成盛业者，渺不可得。吁其慨已，抑余更有感者。吾乡自入今朝后二百数十余年间，文章政事，裒然载在国史者，独有勤肃陶公。勤肃释褐之初，惓惓桑梓，尝有志乎振兴之矣而卒不果。讵地运之衰，固非人力所能挽耶？余读《闻川百咏》及《泛棹志旧》等集，穆然想见先民之遗烈。一往过之，而瓦砾纵横、蓬蒿没径，益动余麦秀黍离之感焉。唐子博雅能文，克继诸先哲之绪论，辑是书以贻来者，其勤至矣。余虽谫陋，敢无一言以塞其请乎？用是缀其颠末，而叙之如此。

风宪纪事序

宋・张守（子固）

唐氏父子皆以论宰相南贬，高名劲节，冠映两朝。夫潞公之功名，荆公之眷遇，非异时宰相比。二公廷诤懔然，不少回隐，亦一门盛事也。当质肃公上疏，昭陵震怒，召执政示之。公辩论不已。枢密副使梁适叱下殿，而词益坚。潞公逊谢不已，且独留再拜，言台臣论事职也，愿不加罪。始贬春州别驾。而御史中丞王居正修起居疏，蔡襄相继救之。昭陵寻亦悔悟，改英州而罢潞公，遣中使护送，曰："毋令道死。"不数月，起监彬阳税。寻倅长沙，而复召用矣。呜呼！昭陵之听纳，潞公之谢过，祖宗所以至太平者，可以概见矣！至林夫之论"荆公于裕陵，委已信任"之时，越班叩陛请对，而亟言其非亦难矣哉。始贬潮阳别驾。而荆公乃谓："唐某素狂，不足深责。"遂受大理评事，监广州军资。其欲薄其罪，仅以潞公而言，则异矣。时熙宁五年秋，耆旧往往去朝廷，莫有出力救之者，而卒不复召用，甚至流落以死，尤可哀也。林夫之从侄遵，以其《送行诗》《谢表》编次而刊之石，既显扬前哲之美，且传示来世以饰稚昧于无穷，则遵之居宦行已必将无愧云。绍兴乙卯七月下浣。（出处：《唐氏宗谱》）

赠盛文郁明府之浦城任序

明·雷礼

西山真文忠序《大学衍义》叹："为人臣者不可以不知《大学》。"而《衍义》一书，实为治国平天下而作，其稽证古今，虽极世变，而其端莫先于审治体察民情。故其辩德刑之先后，别义利之轻重，与夫生灵向背，田里戚休，要之，崇宽仁，窒利源，轻赋省徭，不尽其财力，以收大学之效而已。我圣祖览而悦之，揭置庑壁，列圣相承，用于经筵，凡以资圣学也。况人臣捧檄临民，欲求自尽于上，使不知是书，又何以尽事君之义耶？余承乏视浙学，谓诸生皆学为臣者，恒以是书课之。见文郁洞悉要领，不落章句，发愤思古之心，恨不出于其时，而讲服感慕于无穷。莅举进士，出宰浦城，为文忠倡道之乡。瞻望西山精舍，如起诸九原，为之抠衣欣然也，宁读其书而不师其人乎？然文忠以正学自任，欲溯伊洛，以探洙、泗之渊源，不徒阐其微言尔矣。及乎临位从政，历知潭湘、龙兴、三山诸路，动敦治体，以滥刑横敛徇私黩货为戒，而孚结民情，俎豆至今。久之，入朝论对，于诚正之学尤极发明，必使君心炳如白日，以絜矩乎天下，所以尝于事而见功也。文郁于文忠之学，笃信不惑；又中介外温，见可而后言，择地而措是，卓然为任道之器。使施之浦城者，于治体民情少有不合，是有愧于文忠矣，而其心岂但已耶？矧文忠当宋室不造，奸谀交诋，正心诚意之论为世所厌闻，而悯天命、悲人穷不以遗佚厄困少负所学。今《衍义》一书，亦既表章圣朝权衡百度矣。诚由文忠之所衍者，而措之为实践，使德刑义利轸界截然，与民顺流而治，以无愧于文忠，则大学之效征于浦城者，皆文忠之遗也。异时入召大廷，列近侍，从容论思。吾见文忠之学，圣明且虚纳而奖行之矣。其不究所蕴于宋者，不可以舒泄于明时耶？独愧余课诸生，以是书而内省，有疚甚多于文郁之行也。书以贻之，盖致属望之私云。进士出身，顺天府府尹，前浙江等处提刑按察司副使，提督学政，友生丰城雷礼拜赠。

重修朱张合谱序

明·岑琬（式玉）

人之异于物者，以其礼仪根于心知，所以尊宗敬祖也。而称孝子，则必以奉终为难；称追远之孝，又必以重谱合族为尤难。由百世之下而知百世之上，察统系之异同，辨传承之久远，定尊卑，收涣散、敦亲睦，非谱焉不可也。然有征之不书，则为弃其祖；无征而书之，则为诬其祖。若信而有征，吾于嘉禾盛氏谱见之矣。盛氏，汴京世族，建炎中南迁，六传而为制置使。天祐季子提举辕，大德中，为朱张梅趣公之赘婿。梅趣无子，遂承其后，而有其业。辕生明德，明德生可大、可久；可大生宗恺，可久生彝、鼎；彝生誉及敬。誉之别号耕读，即修兹谱者，于梅趣又六世矣。顾为盛氏之子孙，而能不忘朱张之宗祖，合二姓而修之，其宅心抑何忠厚也！窃觏朱张氏，自都统制而下蝉联映显赫，至进义校尉宗厚，扈跸厓山，与陆秀夫诸公同时死难。梅趣奉母避地，舍宅建祠以报父恩，湮筑湖涛以通展墓之道，忠臣孝子萃于一门。而耕读君继志，述事如此，复何愧两公？亦何必以伯道无儿为梅趣憾哉？琬之先，元进士及第，讳士贵公，与梅趣翁婿称莫逆。至琬五世已，交与益笃，敢承耕读君之意而叙之。

【诗词】

射襄桥

宋·张尧同

此地连江海，曾经古战争。

干戈今不见，空有射襄名。

注：射襄桥位于王江泾一里街东端，于 1991 年拆毁并填河作东菜场。射襄桥一带就是古射襄城遗址，为吴王夫差筑，以抵御越国。

东禅寺

宋·苏轼

清风肃肃摇窗扉，窗前修竹一尺围。

纷纷苍雪落夏簟，冉冉绿云沾人衣。

日高山蝉抱叶响，人静翠羽穿林飞。

道人绝粒对寒壁，为问鹤骨何缘肥。

注：东禅寺在王江泾西南 5 千米处。北宋元祐年间建，明洪武中期重修，明宣德年间奏请赐额。明隆庆时期，增建法云堂于殿左，以藏诸经板。寺内筑有修竹轩。东禅寺旧名延福寺。

闻川八景

明·王周

运河扬帆

吾乡原是古扬州，赋道扬帆兢去舟。

人力不如风力迅，马行曾是水行悠。

万山苍翠供蓬底，千顷烟霞逐水流。
遥望帝城歌击壤，夕阳沽酒上江楼。

七桥新涨

七桥曲曲跨闻川，桥下波纹泛碧涟。
梅子雨晴歌艇度，楝花风暖酒旗悬。
休论司马题何在，可说苏堤胜独泉。
光景年年春意足，游人共乐雁湖边。

流福鸣钟

水云窝里静鸣钟，野水声声度远风。
朝鼓农家欣出作，夜和衲子坐谈空。
焚魂应断寒山月，心事还悬长乐宫。
何似披蓑眠独稳，清风钓艇任西东。

寨濠高柳

寨柳清清舞夕晖，红巾战马几时归。
高枝袅袅侵征骑，飞絮纷纷点铁衣。
野店小桥流水绕，官塘古渡阵云依。
杨张往事悲啼鸣，留得清风拂钓矶。

武祠玄谈

武祠庙貌已巍然，日日云霞绕洞天。
瑶草紫芝尘不染，青松白鹤月还园。
元天辰极谁能阐，护法龟蛇只浪传。
我亦扶犁瞻拜毕，惟看壁上挂蒲团。

花汇吟趣

八月秋风拂淡烟，芦花汇上趣依然。
踏沙鸥鹭供吟句，浸月沧浪引笔端。
载酒纵游诗兴剧，放歌濯足醉归便。
莫言咫尺无佳景，我爱闻川即辋川。

舸潭箫声

百尺寒潭夜泊船，洞箫袅袅水涓涓。
孤衾客子乡心切，对酌佳人逸兴牵。

窈窕数声来凤舞，凄其一曲起龙眠。
休将嫠妇惊悲泣，月下飞琼尚未还。

雁湖菱歌

雁湖风急荡菱舟，八月菱歌满渡头。
骚客爱听归更晚，渔翁喜伴话偏稠。
数声欸乃芦花白，两岸惊看落叶秋。
日暮到家灯火密，卖菱沽酒醉方休。

注：七桥新涨的“七桥”，即闻店桥、迎曦桥、济阳桥、浔阳桥、万福桥、定中桥、会源桥。

长虹桥下波潺潺

明·潘伦

长虹桥下波潺潺，长虹桥上行人还。
估客帆樯出复没，翩如飞鸟来云间。
水光远与天光乱，落日苍烟复一片。
我友脱帽狂叫呼，笑指洞庭双峰见。
南风拂拂吹面轻，何处长处渔歌声。
游子系马官道侧，逢人还说射襄城。
五游不上范蠡舟，劳生强半霜盈头。
家善迢迢百里外，暮云回望愁复愁。
日日看花花自了，人生那得开怀抱。
与君且赋远游篇，扶筇去寻山色好。

注：长虹桥建于明万历三十九年（1611）至明天启元年（1621），清康熙五年（1666）重修。清嘉庆十七年（1812），在唐秉义等人的发动下，静峰庵道士陈复古坐关三年，募金三万才得以修成。后因遭太平军的破坏，又在清光绪六年（1880）进行一次修补。现大桥完好如初。

东禅寺

明·文徵明

古寺幽深带碧川，坐来清昼永于年。
虚堂市远人声断，小彻风微树影园。
笔砚更偿闲里债，茗薰聊结静中缘。
落花啼鸟春如许，欲诵新诗忆遇贤。

雁　湖

明·陶照

蘅皋秋色满，枫老叶疑花。
翠黛衔残日，金波浸落霞。
牧归犹弄笛，渔散却移槎。
一水盈盈隔，柴桑处士家。

注：雁湖在王江泾西。历史上记载最早叫“雁门荡”，荡之东南有海云楼、海云桥。陶照，字时明，号一庵子，秀水闻川（今嘉兴王江泾）人，明弘治三年（1490）进士，出任四川按察副使，云南、四川布政使。

接战港

明·蒋之翘

川原连大泽，戈艘此驰争。
下濑知谁将，犹传接战名。

注：接战港在长虹桥东，今称“铁店港”。相传为吴越交战的地方。

繁响阁

明·宋承𪩘

天地皆蘧庐，客居似邮传。
小阁寄嚣尘，幽人来缱绻。
河边系钓轮，窗下耕石砚。
缅维天游翁，授经集群彦。
槜李采英华，射襄主坛坫。
曾此祀诗仙，一杯花下奠。
尼父与姬公，风雅溯正变。
苏李别河果，配享宝无忝。
欲回既倒澜，持论示针砭。
想当得意初，清吟操素翰。
寒犬吠深巷，荒鸡啼野店。
夜杵舂白雪，秋灯织素绢。
邻歌兢喧阗，市声杂负贩。
一时繁响作，不闻亦不见。

溪南松风来，入耳泠然善。

注：繁响阁在会源桥东南(现北虹路嘉兴养鱼场一带)，明代嘉兴骆云程(字天游)授经处。因地处繁华地段，唱歌声、鸡叫、犬吠、小商小贩的叫喊声此起彼落，故取名为“繁响阁”。

嘉兴道中杂咏之入浙江境

清·乾隆帝

午临于越晓句吴，一水何曾易舳舻？
尔界此疆人纵别，民胞物与我宁殊！
敢忘求瘼心常切，且喜行程春与俱。
万姓尊亲盈跸路，岂辞膏泽以时敷？

嘉兴道中杂咏之射襄桥

清·乾隆帝

射襄桥下水长流，勾践夫差两并休。
惟有王泾一弯月，入波影尚学吴钩。

闻川十二景

清·李王猷

花街探春
窈渺香台覆绿莎，花街遗迹至今讹。
画图幻出芳华境，勾引游人打桨过。

柳湾载酒
三起三眠杨柳湾，诗翁佳句香难攀。
觥船一棹回波绿，春在飞花落絮间。

东禅访竹
映轩寒碧锁丛�，坡老留题句未湮。
新笋放梢闻屐响，萧萧风雨打门人。

合溪怀古
玉山佳址尽苍凉，别墅重寻云水乡。
蔓草萦烟苔井合，络丝虫语送斜阳。

沧浪逭暑

耆旧清游水阁开，风骚接迹未应颓。
荷风竹露全无暑，便不吟诗也合来。

水月观荷

雁湖草堂云水空，听歌轩畔野花红。
过客无聊僧舍冷，蜻蜓飞遍藕花风。

古庵听雨

歌楼嘈杂客舟酸，未抵僧庐一枕安。
彻夜风喧鸭脚树，晓添浓绿上阑干。

雪龛问禅

松雨茶烟成独赏，诗情禅悦好同参。
忏尘不上倪迂笔，野水荒荒画古庵。

冠鳌伫月

彩虹如带印中流，一笠虚亭空际浮。
怪底林塘归独晚，月明如镜正当头。

剑台扫叶

一瓣心香托渺然，皮书高阁散飞烟。
为君扫叶寒窗下，樵桔丛残次第编。

菊祠尝秋

堂标忠孝系人思，手汲清泉荐菊枝。
却爱裔孙嗜风雅，秋林踏叶与论诗。

芦泾泛雪

萧萧飒飒满回汀，舵尾凉风吹酒醒。
目断古人晴雪外，秋江水浅可扬舲。

闻川十二景(四首)

清·陶淇

剑台扫叶

白首仇书竟失传，古台遗迹复荒烟。

裒然前后甲申集，应有凄凉宝剑篇。

水亭贮月

隔浦渔歌深复深，冠鳌亭子独竹吟。
不知脚底风波恶，辄有江湖浩荡心。

雪龛听雨

长松挂月冷禅关，一片闲云去不还。
曾与阿师参水墨，迢迢青煞洞庭山。

菊祠延秋

嗜古溪东计鱼计，吾家旧事网珊瑚。
冷香秋色无衰歇，兀兀祠堂见画图。

闻川十二景(六首)

清·唐员

荇藻观荷

花开菡萏倚汀烟，水鸟来窥荇藻天。
为忆年时杯酒兴，露花如雨不回船。

水亭贮月

秋来凉意水亭多，露白风清任啸歌。
亭内湖光亭外月，有人亭角看银河。

云坞闻钟

钟闻古寺路非遥，云里诗僧已寂寥。
自笑频年常作客，听来犹忆泊枫桥。

雪龛听雨

云公一去白云扃，夜半龛中佛火星。
留得梧桐枝上雨，丝丝衰鬓不堪听。

菊祠延秋

冬青哭罢几沧桑，艺菊还存晚节香。
秋客自倾桑落酒，古祠云水为苍茫。

玉枢眺远

凌空高阁到云间，望里遥天似半环。
欲我游踪何日定，江南江北望青山。

闻川十二景

清·杨象济

雁湖春泛

人家多半住桃花，柳色湖光疑若耶。
化作龟鱼吾亦得，不须天上问乘槎。

剑台扫叶

抱书矻矻自全真，抚剑何堪忆甲申？
可惜神锋悭一试，匣中龙虎泪犹新。

玉枢晚眺

低行雁字写霜天，苍茫江山气万千。
雨点洞庭青似黛，爰渠高处看风烟。

陶祠访菊

白雁红羊事已穷，遗民犹是赵家风。
一椽突兀空王宇，合把纯真例悯忠。

雪龛听雨

耳聋岂止禁三日，三百年来数雪公。
诗境画禅谁会得？溪头大叶自吟风。

花汇寻诗

埋玉香尘海水枯，灯红酒绿记欢娱。
蓬莱我亦曾亲到，愁绝山楼记梦图。

芦泾钓雪

孤村雪压静寒庞，只有残芦认石矼。
便欲逃名终隐去，一篷风雨卧荒江。

沧浪逭暑

苔荒翠墨已无存，残柳依微出断垣。

一种诗坛兴废感，天风海月对空尊。

禅关访竹

瞽说曾鳌李氏讹，宋时残碣半消磨。
墙阴竹色无今古，寒玉声中秋水多。

荇藻观荷

红衣楚楚压孤篷，鬓影钗香在镜中。
应倩鸳鸯偷眼妒，玉窗人亦似惊鸿。

水亭贮月

虹桥宛转夕阳低，竟把新名换旧题。
俎豆此间吾已足，红亭一角水之西。

云坞晚钟

百八钟声打白云，此间无地着尘氛。
楼头一片莺湖月，唤起诗仙拾旧文。

闻川十二景

清·李道悠

雁湖春泛

三桥浅水长新芦，碧玉湖光画得无。
无恙洞庭青雨髻，居然酒舫石鱼湖。

东禅访竹

游迹重寻七百年，是否休说旧诗篇。
疏疏烟筱清风起，不着坡公境亦仙。

花汇寻诗

一径靡芜春雨丝，画船无赖缭人思。
烟花三月扬州梦，惆怅诗人杜牧之。

水亭贮月

桥头亭子小于舟，夜静菰蒲渐入秋。
林月欲升人未见，水光已动几家楼。

沧浪逭暑

团蕉莫笑此区区，一片琼田正要渠。
美酒新诗粗辨了，待看绿浪濯红蕖。

荇藻观荷

一舸花花叶叶间，酒人举盏见青山。
不知昼日水风过，香到湖光第几湾。

雪龛听雨

雪龛不见雪公居，绕屋枯桑秋意疏。
已醒晓钟声里梦，只应听雨到僧庐。

玉枢远眺

飘飘仙袂到檐前，迢递云山欲化烟。
抟得扶摇一呼吸，便跻青琐揖群仙。

云坞闻钟

诗心夜夜佛前灯，悟彻钟声更上乘。
一坞风来花自落，蒲团坐冷白云僧。

陶祠赏菊

前朝阀阅总荒凉，郁郁祠堂锁道旁。
高士菊花亲手植，寒泉同荐水仙王。

剑台扫叶

二百年来已古今，剑台风雨感秋深。
甲申前后荒烟尽，扫叶谁知具苦心。

芦泾钓雪

知否江湖行路难，生涯寄尔一渔竿。
芦花飞罢寒波定，可是高人钓雪滩？

（后）闻川八景

清·唐佩金

虹桥晚眺

南北通津控锁来，飞桥百尺势崔巍。

千帆雁黑凭空落，一发螺青入望颓。
估舶炊烟浮水动，连畦香稻卧云堆。
登临凭吊平倭迹，破浪乘风亦快哉。

雁湖秋泛

潋滟湖光似镜平，扁舟容与晚烟轻。
月摇极浦渔灯澹，风曳荒村牧笛清。
萧瑟菰蒲鸥入梦，苍茫云树雁无声。
岿然野水亭重筑，不尽流连感旧情。

芦庵怀旧

一碧蒹葭夕照残，荒凉何处问诗坛。
劫余亭榭吟魂托，画里溪山醉眼看。
芦雪菰烟鸥梦冷，青枫白草雁声寒。
后生空抱沧桑感，忍把新图韫泪观。

新杭夜织

隔溪小市是新杭，多少人家织纴忙。
五夜篝灯勤妇女，一方民物重蚕桑。
往来过客听鸣杼，辛苦频年作嫁裳。
寄语翩翩纨绔者，要知爱惜绮罗香。

荇藻观荷

荇藻湖边透晚芳，水禽飞起带斜阳。
眠沙鸥鹭不知处，过雨坡塘取次香。
红粉妆残秋暑净，碧筒杯沁水风凉。
卅年旧侣今何在，愁绝临波鬓欲霜。

沧浪钓雪

矾水清涟泛钓槎，生涯自笑侣鱼虾。
茆庵压雪圆于笠，荻渚摇风散作花。
沿岸歌声渔子艇，隔溪灯火野人家。
于今濯足人多少，莫为清流俯首嗟。

射襄玩月

鸥飞草长没城孤，故址依稀说霸图。

泥淆街头人着屐，船喧渡口客提壶。
高楼近水明灯火，小市连塘杂贩屠。
月色照人清不寐，填然戍鼓起声粗。

寿生探梅

雨余疏磬戛空林，闲过溪桥古刹寻。
几树寒香团佛顶，一轮明月朗禅心。
灵廊鱼寂斋厨冷，曲径蛇行梵宇深。
修竹轩荒题额废，解元名节久销沈。

注：闻川八景，明代时创有运河扬帆、七桥新涨、流福鸣钟、寨濠高柳、武祠玄谈、花汇吟趣、舸潭箫声、雁湖菱歌八景。清代定十二景：雁湖春泛（雁湖中界一堤）、东禅访竹（东禅寺）、花汇寻诗（雨花界）、水亭贮月（雁湖堤上三桥，中桥有“冠鳌亭”）、沧浪逭暑（小沧浪，在莲花墩前）、荇藻观荷（荇藻湖遍种荷花）、雪龛听雨（在万寿庵，诗僧雪谷所居）、云坞闻钟（在寿生寺，僧可闻结茅处）、玉枢晚眺（在纯真观，阁为三层）、菊祠延秋（纯真观旁，宋陶菊隐祠）、剑台扫叶（蒋石林筑有剑啸台）、芦泾钓雪（王江泾名芦泾）。清咸丰十年(1860)遭太平军破坏，景物俱变，后另拟八景：虹桥晚眺、雁湖秋泛、荇藻观荷、沧浪钓雪、芦庵怀旧、新杭夜织、射襄玩月、寿生探梅。

一宿庵

明·蒋之翘

一宿高僧亦法筵，团瓢小立驿陂边；
残寮断城今余儿，独树婆娑八百年。

清·王明福

荒祠谁识旧经筵，鸭脚阴深古道边；
自是高僧飞锡到，从教一宿永千年。

清·宋景和

只园半亩访烟霞，一宿高僧今在耶；
独树婆娑八百载，忽飞清影落谁家。

清·计楠

国一初开山，五峰曾托处；
老龙天目归，深秋现梵宇。
白衣有弟子，护法来西京；
帝遣诏师至，赐号度众生。

飞锡过闻川，茆庵曾一宿；
银杏遗法筵，鸭脚逐繁郁。
圣灯不可见，黛色撑嵯峨；
至今无移植，千载犹婆娑。

清·杨象济

开士亲栽只树林，数椽老屋藓苔深；
三唐二宋真弹指，八百年来老树荫。

注：一宿庵在长虹桥西堍，传说清乾隆皇帝下江南时，在此住过一宿。又传唐代一老僧在古庵住过一宿，后古庵主持梦见老僧，故称一宿庵。

槜李池

明·蒋之翘

吴国船船昔此泾，平湖波浪昼含冥。
一从人去沙禽古，槜李空传独有亭。

清·王明福

荼火军容此几经，船船森列耀空冥。
属镂赐后长城坏，剩有荒池与旧亭。

清·宋景和

菰芦烟雨满寒汀，槜李池荒接窈冥。
不用连江浮巨舰，只宜稳泛小吴舲。

注：据清《闻川志稿》记载，“嘉兴北三十里有槜李池，是吴越作战处”，又为吴国打造战舰之处。

剑啸台

明·蒋之翘

林静秋光淡，台孤夕照空。
有怀时啸咏，已欲衔冷风。
惆怅一钩在，峥嵘双鬓穷。
莫须嗟落落，老我桂花丛。

清·孟彬

昔年剑啸阁，风雨寄吟声。

谈艺卑丁卯，编诗纪甲申。
湘灵空有托，山鬼自为邻。
一片骚人怨，溪光接楚滨。

注："剑啸台"在定中桥三径草堂后面。传说明天启五年(1625)，蒋雪樵屋后出现红光千尺，横射南斗，掘之数十丈，忽现一个石匣，揭开一看仅见清水一泓，厥后忽闻龙吼，石匣中出现宝剑一把，大家感到十分惊异，后名曰"剑啸台"。

三径草堂

清·计楠

幽兰芳杜寄情高，吊古悲歌首自搔。
尚忆停杯当木落，满楼风雨注离骚。

诗话名留静志君，当年著作有遗书。
荒台寂寞土花紫，剑啸空闻处士庐。

三径云深净绿筠，草堂题咏尽名人。
剧怜高士偏无后，谁守残编记甲申。

坎坷频遭磊落晚，闲寻旧迹兴偏浓。
断烟衰草闻溪曲，怀古诗传石户农。

注：三径草堂在定中桥东(今嘉兴养鱼场西侧)，明遗民蒋子翘居住于此。

绿蕉山馆

清·陶琯

斋西矮屋五六间，婆娑老树清阴环。
庭前一枝古梅好，枝斜影瘦苔痕斑。

三载以前千忽萎，只剩灵根受霜露。
岁逢丙午节中天，喜见芳芝一茎吐。

初似蓬壶小朵云，临风转侧多奇纹。
夜雾侵帘笼淡月，晓霞照户流清芬。

形同如意更奇特，面作苍黄底粉白。

合与幽兰结素心，疑是寒梅幻仙魄。

凉生景退秋风吹，名花次第阶前开。
轻红淡白一相映，向人似把新诗催。

芝兮芝兮孰能艺，质理天然何雅丽。
拟马蕉窗记瑞图，先此拈毫作诗记。

注：绿蕉山馆是清代画家陶琯居所，在甸上前港(现长虹村甸上)。

陶家荡

清 · 李王猷

吾乡本泽国，界水种菱芡。
不意此湖头，凌波见菡萏。
露泻珠晶莹，风翻香掩冉。
擢茎淤泥中，不受微瑕玷。
譬彼寒闺女，静好身独检。
闹红一舸游，娟娟回笑脸。
静爱水天凉，荇藻亦堪揽。
忽破汀洲烟，白鹭飞几点。

注：陶家荡在王江泾东。据清康熙《秀水县志》载，陶家荡、莲泗荡统称思贤荡。

要听残荷叶上秋

清 · 李道悠

野蝉声里一舟移，濯濯芙蕖出水姿。
空外香风正无际，可容住我碧玻璃。

云裳水佩记谁裁，一曲词成酒盏开。
白石老仙今不见，花时犹复几人来。

凉痕一抹溯遥青，水鸟窥人酒未醒。
袅袅茶烟飞不去，野风才梦落前汀。

舵尾斜阳淡欲妆，游鱼吹沫入芦洲。
不妨更著潇潇雨，要听残荷叶上秋。

注：李道悠，字子远，秀水闻川(王江泾)人，清道光年间诗人。

忆闻川

清·唐佩金

自昔肩摩地，塘西宋代迁。
荒村存野店，茅屋散炊烟。
鸡犬余今日，鱼虾非往年。
夕阳芳草外，犹忆旧闻川。

注：北宋时，王江泾称闻川市。旧地在运河东铁店港（接战港）莫家村一带。南宋时逐渐西迁。

税暑亭

清·张燕昌

千顷湖光两岸菱，湖心洲渚苇花零。
寻梅问柳桥何许，犹说当年税暑亭。
郎来问柳妾寻梅，水镜花容岁月催。
漫道闻湖梅与柳，亭空税暑好迟回。

清·宋景和

梅正黄时柳正清，桥西暂把小船停。
当年填海心谁识，空忆湖中税暑亭。

注：税暑亭，在闻家湖（今梅家荡），建于元至顺年间，由朱张穹寿建，废于明末。

大捷山

明·蒋之翘

功成表京观，卧碣遗残照。
迷离海门烟，鬼哭汀花笑。

清·王明福

倭骨聚一墩，寒烟幕落照。
何苦来作寇，天下供戮笑。

清·计楠

第一平倭绩，荒墩吊昔人。
秋风寒白骨，夜雨湿青淡。

狼竖功何补，将军战有神。
剧怜京观壮，冤狱竟谁伸？

注：据清《闻川志稿》载：“大捷山，在射襄桥南夹河中，有石勒‘平倭大捷山’字，俗称‘倭墩’。”为明将张经败倭埋骨之处。

平倭泾

清·计楠

阴云昼埋日光蚀，岛倭出没来海国。
米纨已死寇大作，哭声动地走避贼。
挥扇吹螺二万余，双刀霍霍横驰驱。
柘林川沙据巢穴，剽掠荼毒东南隅。
天子惊闻赫然怒，咨汝曰经督军务。
遣将隶兵有奇策，屯军崎贼分三路。
奸党合谋趋进兵，将军不听便宜行。
援师一到倭丧胆，鲸鲵授首在此泾。
军兴以来功第一，万全筹划谁兴匹。
宵小侧目密劾疏，诬以糜饷殃民泬。
孤行不阿将军忠，力战而捷将军功。
忌功冒功颈血红，干儿干父真奸雄。
千秋公论彰史策，穹碑不立将军石。
荒草蒙茸大捷山，落日寒塘秉太息。

注：平倭泾在王江泾西南1千米处，今为新桥居委会。明嘉靖三十四年(1555)五月，明军在张经、卢镗、汤克宽的带领下，在王江泾对入侵的倭寇形成三面包围之势。经过激烈的战斗，明军大获全胜，斩获倭寇1980余人。为了纪念“王江泾大捷”，后来明王朝将王江泾表旌为“平倭泾”。

海云楼

明·蒋之翘

小海白云何处湾，一矼横锁玉潺湲。
昔人若得传图绘，尚见飞楼出树间。

清·王明福

蓼渚芦滩湾复湾，飞梁横亘水潺湲。
凭谁杰阁凌空起，眺尽云涛杳霭间。

清·陆以诚

海云缥缈忆征人，岁岁行踪似泛频。
夹岸荻花迷雁阵，秋风又见雁来宾。

注：海云楼古时位于王江泾南雁荡东南侧，何时毁已无考。

吴公祠

明·蒋之翘

岿然仰止堂，芳筵污土苴。
鸟雀有余悲，啁啾颓宇下。

清·王明福

庙貌废何年，倾颓没污苴。
萧鼓漫喧阗，谁拜荒祠下。

清·计楠

隔塘利涉赖吴公，百尺虹桥驾彩虹。
欲酌寒泉荐秋菊，夕阳一片鸟声中。

清·杨象济

百丈虹桥界水烟，役民只是与民便。
即今庙貌为禾黍，尚有人传太守贤。

注：在王江泾寨基浜，以前有吴公祠，俗称"生祠口"，是为纪念明万历年间为推动建造长虹桥作出功勋的嘉兴府知府吴国仕而设的。

后新桥

清·宋景和

锦绫织就费千丝，花样新鲜是折枝。
估客不辞千里远，新杭桥外卸帆迟。

瓜棚豆架隐秋灯，纺织家家织手能。
估舶连樯千里集，新杭桥下贩吴缯。

注：后新桥又叫后兴桥，最早叫新杭桥。何时初建不详。清康熙三十七年(1698)重修。清乾隆十九年(1754)十月，耗资三百两白银，建成一座三孔石桥。清光绪十五年(1889)重修。解放后，由于江浙两省交界处疏浚河道，此桥被拆除。

寨基浜

明·蒋之翘

数株衰柳自成村，落日萧条故垒昏。
何限往来争战地，伤心只为近柴门。

清·王明福

铁骑曾屯市外村，鼓鼙动地阵云昏。
居人坐惯承平世，不信当年是棘门。

清·王士珠

溪南小径曲通村，疏柳寒蝉暮色昏。
见说前朝争战地，古原草色是军门。

清·计楠

白龙飞舞白昼黑，腥风怪雨水壁立。
妻儿叫号走相失，雷鼓磕磕城岌岌。
妖氛兆起泰州张，勇胜军营如虎狼。
堑豪义勇不能御，郡城一旦民罹殃。
锦衣银铠驱战船，水师数万来横攻。
角贼者谁杨参政，杀贼者谁吕先锋。
杉青之闸积苇待，乘风纵火烟焰红。
小艘饵敌大军伏，东瓜堰内声汹汹。
统军伏水潜遁去，玩辞诡向军门降。
阴谋袭杀杨完者，海运输粮徒虚讧。
吁嗟乎，
白驹临徒本寇贼，胜负何常值顷刻。
可怜一溃万里桥，吴谣卒验黄草叶。
残戈断戟埋荒涘，屯军立寨渺何所。
数株衰柳雁湖滨，落日啼鸟空故垒。

注：寨基浜在王江泾东南，现长虹公园之西北部。元末先锋吕才以七千兵屯王江泾，在此地立寨抵御张士诚。此处并非明嘉靖年间剿倭时屯兵处，后称寨基浜。

小沧浪

清·计光炘

曲岸平桥路熟径，又来觅句坐溪亭。
轩窗最好开三面，鸥鹭无猜聚一汀。
临水花宜尘外尝，隔林山似画中青。
关心几树垂杨柳，曾见诗坛旧典型。
莫叫负此好烟波，且向风前倒碧螺。
诗街真如芳草绿，酒颜先映夕阳酡。
涘无尘事僧为侣，醉露清狂佛不诃。
只合早成消暑约，溪边已见长新荷。

注：小沧浪，在莲花庵旁，清乾隆年间，该地种有万柄荷花，花开时乘游艇吟唱，恍入画中。清咸丰十年(1860)，毁于清军与太平军的激战中。后呼为莲花墩。

芦雨庵

清·杨象济

年年菡萏开，常恐风早慓。
及此酣红时，亮贤况在列。
佳章孰光成，好补粉墙缺。
朋齐数应刘，稿纻订乔札。
须谋尽日欢，庶尝识时别。
白鹭群翱翔，夕阳半明灭。
我笑泽畔人，独醒身察察。

注：杨象济，字利叔，号啸溪，一作小溪，自号汲庵，别署啸痴、苹叟、白鹤峰主、最惜花人、芦庵、粥饭僧。秀水闻川(今嘉兴王江泾镇)人。清文学家，清咸丰九年(1859)举人。

芦雨庵

清·陶模

濯足弄涟漪，临流清复绮。
水乡苦少山，一发青尔尔。
芦苇声萧萧，听雨合蒙被。
入山何用深，巢许或不解。
坐中几诗老，一杯应惜此。

注：芦雨庵，清咸丰初年是江浙一带文人吟诗结社的地方。清咸丰四年(1854)，杨象济等一批文

人在此结社作诗，留下了不少文化遗作。芦雨庵在咸丰十年(1860)遭焚毁。陶模，字子方。秀水闻川(今王江泾镇)人。清同治七年(1868)进士，曾任清陕西布政使、陕西巡抚、新疆巡抚、陕甘总督、两广总督。

第二节　民间故事和传说

公泰和栗酥

清同治年间，王江泾镇上有一个做糕点茶食的老师傅，他做的酥糖，要采用天津产的芝麻、无锡产的白面粉、台湾产的白砂糖；这还不算，做香料的桂花一定要用青梅的卤汁浸渍，做拌料的饴糖必用当地的糯米加工精制。由于他选料讲究，制作精良，因此做出来的酥糖别具风味，在嘉兴一带很有名气。后来，老师傅过世了，他的三个徒弟也就被镇上三爿南货茶食店分别聘请去了。

大师兄先进山门，跟着师傅日子长，自然本事学得道地，技艺高超，被最大的一爿茶食店重金聘用，他也使出了浑身解数，做得跟师傅不相上下。二师兄生性老实，说话不多，也不善于钻营，故而进的是一爿顶小的公泰和茶食店。但他一门心思在手艺上用功夫，除了记住师傅教给的技艺之外，自己还肯刻苦钻研，要是天津芝麻断了货，他想方设法到汉口去采办；原先酥糖里规定放多少糖，也无人去改动，他却琢磨出一个“天燥糖潮点，天潮糖燥点”的道理，把货色做得好上加好，竟比大师兄还要高出一头，公泰和的招牌也跟着响了起来。那个小师弟也进了一爿小作坊，做糕点不专心，马马虎虎，又懒惰，采购原料贪近贪便宜，敷敷衍衍，做出来的糕饼点心叫人越吃越触气。只因当时这几爿店规模都不大，手工操作，产量不多，两位师兄做出来的货色卖完了，他店里的货色迟早也能脱手，也能勉勉强强混碗饭吃。一天传来消息，说是上海有一位老板听说王江泾酥糖有名气，要亲自来品尝，哪家货色好就跟哪家订长期合约，明天就到。这件事对三爿茶食店来说，确实非同小可。不过，货色究竟是哪家的好，就像瞎子吃馄饨，各人肚皮里都是有数的。这一来，大师兄和小师弟便免不了要想对策了。大师兄跟他的东家一商量，决定明天“加码”，将酥糖做得比平常大，比平常厚，比平常香，比平常甜。总而言之要千方百计压倒公泰和。那小师弟呢，作坊里原料本来就差，不管他怎样加码，怎样抛血本，也做不出好酥糖来的。但他眼珠一转，想了个不入调的鬼主意，他叫了几个人天不亮就守在公泰和店门口，等店的排门板一卸，立刻抢进去将他们的酥糖全部买下了，再换上自己的包装纸，当作自己的货摆在柜台里卖。只有二师兄还蒙在鼓里，仍跟平常一模一样，一板一眼地做。

第二天早晨，那位上海客商果然来了，他首先奔进大师兄的店堂门。也不多言语，摸出铜钿买了一包酥糖，当场就要拆封品尝。他手拿着这包酥糖掂了掂分量，沉甸甸的，再一看一层油透过了包皮纸，不由暗暗点头内心里赞好。大师兄忙上前招呼：“小店酥糖精工制作，不惜工本，远近闻名，请老板指教。”上海客商微笑答道：“师傅不必客气，我正是前来讨教的。”这位上海客商是生意场中的老手,好不精明,正当他翘起右手小指,用修得长长的指甲去剔开包皮纸时,忽然停住不动了,两眼不住的把那包酥糖前后上下翻来覆去看了半天,又问道:“请问师傅,这酥糖的配料如何?一百斤面粉能做出多少包酥糖?”大师兄不提防有这一招,只得把原有的数目相告,上海客商听了,肚皮里算盘一拨,摇摇头笑道:“按师傅所言,今天这酥糖恐是加码特制的,否则便会无利可图了。只怕订了合约文书后,贵号难以长期供应如此足量的货色呢?”一席话,说得大师兄面孔红得像关公,支支吾吾地说:“伙计们粗心,包装不免有大有小。”上海客商又笑了,说:“师傅不必瞒我,按常理,这包皮纸上印的朱红招牌字号总是跟酥糖本身大小相仿。贵号今天却是酥糖大,印章小,相差了许多。连这张包皮纸也显得紧绷绷的,可见与往日里的规格是不一样的!”说罢,双手一拱,说了声“打扰”就出门走了。

却说小师弟得知上海客商一到王江泾就进了大师兄的店堂,只急得叫了一声“不好”,拔腿就奔来,立在店门外看动静。这一会,看见大师兄生意没有做成功,上海客人径自出了店门,不禁满心欢喜。他三步两步兜上前,堆着一脸笑,弯腰作揖道:“先生请到小店略坐,过去三五十步便到,如何?”到了店里,送烟、泡茶、让座。接着又双手捧上一包酥糖,亲自拆了封,请客人品尝。上海客人一闻,一股芝麻清香钻入鼻孔,再用三个指头撮起一块送进嘴里,果然入口就溶,满口香甜,真是脆而不松,酥而不腻,甜而不黏,名不虚传。客商连声说道:“好!好!”小师弟听了笑得嘴巴咧到了耳朵边,立即端上文房四宝,请上海客商签立字约。正在这时,忽听门外有人叫叫嚷嚷:“这一清早公泰和栗酥就卖得一包也不剩,害得我白白跑了几十里路!”上海客人一听,觉得奇怪,便有意赶上前去说:“这位大哥,公泰和的栗酥卖完了,何不在此买上几包?”那人眼角也不看一下小师傅的店门,硬翘翘迸出一句话来:“伊啦酥糖,勿晓得是啥地方弄来的,经常做出来的酥糖酸是酸得勒!”上海客人越加奇怪了,我刚才吃的酥糖味道蛮好吗,他为何说是酸的呢?难道其中另有文章?于是他提出要去作坊看一看。小师弟心中暗暗叫苦。没奈何只得硬硬头皮陪着去看作坊。上海客商进门就向饴糖缸走去,揭开缸盖用食指沾了沾放到舌尖上一尝,不由眉头都缩紧起来,果真是酸。又转到包糖的案板跟前,发现乱七八糟地堆着一堆被撕破过的包糖纸,心中不免暗暗奇怪,就弯腰拾起一张一看,没想到纸上印着“嘉兴王江泾公泰和栗酥”十个字,这下子上海客商都明白了,他忍不住讥讽道:“原来贵号的栗酥乃是公泰和的货色换了一件衣裳。”小师弟此刻恨不得打个地洞钻下去,额上直冒冷汗,站着一动也不动了。

后来上海客商走进公泰和,他未坐定就说:“我要跟贵号订五年合约。”二师兄正在为酥糖卖光而苦恼,现在手上连一包样品都没有。只好说:“请您老等一等,让我们再做一些出来尝一尝,再订货吧。”上海客人哈哈大笑:“我已在你小师弟店里吃过你店的栗酥了。”

广阳庙的传说

在田青村东潜圩西南湾上有一座庙宇,名叫“广阳庙”,据传该庙建于清乾隆二十年(1755),已有200多年历史。建庙以来,香火十分旺盛,影响直至江浙沪一带。每年农历九月十六日有庙会,据说这是广阳庙金小玉王爷的生日。庙会期间,善男信女纷纷前来朝拜进香,舞龙、舞狮、做社戏、打莲湘，庙场内人山人海，热闹非凡，年年如此。

金小玉，又名金德明，出生在境内廊下金银浜。他家道贫寒，故外出谋生度日，在途中结交一位武艺高手，拜其为师，经过勤学苦练，学得一身高强的武艺。金小玉为人正直，爱打抱不平，经常劫富济贫，乡亲们若有患难，总是仗义相助。当时他住在东潜圩上，和当地的人搞得亲亲热热，人们称赞他是一位侠义英雄。

一次，乾隆皇帝微服私访下江南，一路了解民情。一天，乾隆皇要去廊下看望一位官员，当路过夹港时，不料遭到朝中奸党的兵将埋伏，被奸党捉住，关押在菩提荡南岸一个暗室里。奸党企图谋皇篡位。金小玉识破奸党阴谋，早已跟踪。在关键时刻，金小玉杀退奸兵，破掉了机关，救出皇帝，保驾下江南。事后，乾隆皇帝十分感激这位勇士相救，封他为安乐王。还要以金银财宝给他嘉奖。金小玉说，我不要金银财宝，这里的百姓还很苦，只要给百姓造一点房子就够了。皇帝说“也好”。知道他有弯弓射箭的好本领，说道“给你弓箭，你能射多远路程就造多大房子”。过一会儿，差人拿来弓箭，金小玉就在东潜圩一空旷地带向南尽力一箭，谁知只射数十丈远。他哪儿知道朝里有奸人作对，差人在他用的弓箭上已动了手脚。他恨自己无能，十分懊丧。否则，凭他的本领可以射过北长港直达大家甸。房子建起以后，金小玉把这些房子给了百姓居住。后人为了纪念金小玉的恩德，就将这些房设为庙宇，为纪念他为百姓广送温暖，故取名“广阳庙”。

廊下的由来

传说在很早的时候，廊下是一个小镇，叫长兴镇，镇上有一户姓盛的人家在京城做官，那盛家人便在自己家里造了一个“金銮殿”，可与皇宫相比。此事传到京城，被皇帝知道了，皇帝便派钦差到地方查访此事。钦差到了一看，这盛家房子气派不凡，龙墙龙柱，果然像皇上的“金銮殿”。那钦差说：“你们想谋权篡位，那是要满门抄斩的啊。”盛家人听了吓得面如土色，便求钦差大人将这事大事化小，小事化了，送了很多金银财宝给钦差大臣，求他在皇上面前说无此事。钦差得了财宝，说你们必须马上把这些龙柱包住，龙墙连夜涂黑。盛家人一一照办。钦差回京后向皇上回禀说并无此事，盛家造的房子只及皇宫的廊下。皇上听了，说既然无此事，那就罢了。盛家这才免去一场灾祸。从此，“盛家廊下”就这样传开了，渐渐地这个小镇也称作“廊下”。

刘王爷的传说

传说在很早以前，江南水乡的农业、渔业就十分发达，是闻名天下的鱼米之乡。一天，有一渔民清早动身摇船，向东去捕鱼，途中看见水面漂浮着尺来长的一块木头，便捞起一看，原来是个小菩萨，于是就放在船艄上，随口说：“小菩萨，我救你起来，如果你有灵气的话，马上吹西风，让我顺风而行。”很巧，话音刚落，真的吹起了西风，渔船很快到了捕鱼地点，当天捕了很多鱼，便提早收工，向西行驶就成了逆风，于是那渔民又对小菩萨说：“小菩萨，你如果有灵气的话，请吹东风，送我回去，我为你修建一座小庙，给你一个安身之地。”然后，果然吹起了东风，渔民便乘风而归。于是该渔民到处宣传，并为小菩萨在莲泗荡边上建了一座小庙，将小菩萨安放在庙中。渔民们及周围百姓得到消息后，纷纷前来烧香点烛，祈求许愿。一天清晨来了四位香客，其中一人要播种芝麻，因泥土干燥，请求下雨；另一人要翻晒种谷，希望大晴天。另两人开船出门做生意，一个朝南去，另一个要朝北去，都要求顺风。四人要求各不相同，互相抵触，众香客听了之后，暗暗为小菩萨担忧。忽然间，天空乌云密布，雷声大作，一阵大雨下了半个小时。忽然间，云散雨停，一轮红日升起，并吹起了东风。早饭过后，播种的就好播种，晒谷的又好晒谷，二位行船者拉起了帆杆，施右帆脚便可上南而去，施左帆脚又能往北行驶。于是小菩萨名声大振，众香客纷纷捐款建造了规模宏大的“刘王庙”，小菩萨成了“刘王老爷”。众百姓只要有灾难，刘王老爷总是有求必灵。如有人落水，只要喊刘王老爷救命，落水者就会浮出水面。从此“刘王老爷”深受百姓爱戴，香火越来越旺盛。庙会期间，成百上千的香客前来点香还愿，特别是渔民们，每到庙会期间，上千条渔船，以全猪全羊为供品，聚集于莲泗荡欢度“刘王庙会”，此风俗一直延续下来。

牛溪漾

沈家桥村有一条河叫牛溪漾。在很早的时候，漾边住了一户人家，这户人家房子边上长有一棵草。每到晚上，这家人总是觉得好像有什么东西在吃这棵草，他们感到既奇怪又可怕，听见外面有声音也不敢出来看个明白。有一天，一个收古董的人路过这里看见了这棵草，便问他们这草卖不卖，这家人反问道你为啥要买这棵草。收古董的人说：“这棵草是仙草，这里有头金牛，夜里常要来吃这棵仙草的。”这家人听说是仙草，便不愿卖了。收古董的人不管主人卖不卖，伸手去拔这棵仙草。刚把草拔起，漾里突然蹿出一头金牛追了过来，收古董人拎着这草拔腿就逃，金牛紧追不舍。就在快要被追到的时候，收古董人赶紧把手中的草扔到河里，金牛就停止了追赶，在扔下草的地方跳进水里，后来再也没有上来过。从此以后，人们便把这条河叫作牛溪漾。

金牛潭

王江泾镇西雁村的西雁荡荡埂（荡中行道）西端与圩岸相接处的圣塘桥东桥堍，原有一座圣塘庙，庙背后不远处是一条航道，河内水流比较急。就在庙后这段航道底上有着一个凹潭，这里也是西雁塘最深的地方，据说不论是怎么冷的严冬，就算整个大塘封冻，唯有此处的水不结冰。传说之所以不结冰，是此潭底卧着一头金牛。那金牛体形彪悍，牛身上拴着一条长长的金链条。当有缘的人晚上经过金牛潭时，会看到潭底射出金光来，此人定会交好运，但千万不能惊醒了金牛，万一惊醒了它定会出大事。一次，一位耥螺蛳的渔民摇了只小渔船在金牛潭附近耥螺蛳，他只觉得手中的耥网碰上了一团硬邦邦的东西。拉起网来一看，竟网上来一条金灿灿的金链条。渔民喜出望外，丢下网杆，用双手把金链条拉到船头上。眼看船头上越积越多，渔民激动得满脸通红，顾不得船头渐渐下沉，继续拼命往上拉。这时从水底传出一声怪叫，渔民惊得一松手，金链条便往水中沉下去。眼看着那金链条越滑越短。渔民急中生智。他身子仰到后舱，拿起一把砍刀，狠狠地朝船头的金链条砍去，只听咔嚓一声，手起刀落，船头上留下短短一节金链条与一段血淋淋的手指。原来渔民心太急，慌乱中竟把左手手指剁掉。待治好手指，卖掉金链条的那些钱也就所剩无几了。

梅家荡蚬子

梅家荡的蚬子，壳薄，肉肥而嫩，远近闻名。梅家荡的蚬子为啥比别处好？事情出在中国一大美女西施的身上。

西施帮助越王勾践打败了吴国，完成复国任务后，与范蠡一起隐居到嘉兴城南的一个小湖边。她每日清晨，对着青铜镜梳妆完毕，便提着篮儿到湖边去浣洗衣裳。在湖对面，总是见到一位衣衫穿得很破的老婆婆在叫卖蚬子。直到黄昏，这位老婆婆才挑起卖剩下的蚬子，颤颤巍巍地回家去。

这老婆婆风里来、雨里去，任日晒风吹、雨淋雪打，天天如此。还有，她的担子常常是满载而去，一天也卖不了几个铜钿。西施将这些看在眼里，见老婆婆这么大年纪，终年辛辛苦苦，却是穿得破破烂烂，吃也吃不饱，十分可怜。

一天，西施来到老婆婆面前，问道："老妈妈，蚬子生意可好？"老婆婆连忙行礼，回答说："生意不好，有时一整天毫无一点进账。这日子真不比讨饭好过呀！"西施又问："这卖不掉的蚬子如何处置啊？"老婆婆说："卖不掉的蚬子，我夜里要放回梅家荡里去，第二天天不亮再去捞起来，以免发臭。我是上了年纪的人了，再过几年，也做不动了，这日子还不知怎么过呢？"老婆婆说罢，眼泪就好像断了线的珠子滚了下来。西施听了也不觉心酸。两人又谈了一阵子，西施方知老婆婆的丈夫和两个儿子都在吴越两国的战争中战死了，如今孤身一人，无依无靠。西施怜悯之心油然而生，便取了一锭银子送给老婆婆。老婆婆千恩万谢，称道："大嫂子真是菩萨心肠。"西施又拨弄了一阵蚬子，并取出几只蚬子仔仔细细地看了一番，说："这蚬子壳太厚，肉太薄，当然是无人喜爱。要是壳再薄一些，肉再厚一些，便不愁卖不掉了。"说罢，随手将蚬子在石头上摩擦了几下，便又将其丢进了蚬子篮里。

老婆婆回家以后，照旧将卖不掉的蚬子放回梅家荡中，到下半夜，她再摸黑起身，到荡里去捞蚬子。刚行至荡边，就听得梅家荡中有一片嘈杂的沙沙声。老婆婆不由大吃一惊。她壮了胆子，轻手轻脚摸上前去一看，只见荡中水波翻滚，无数的蚬子在水中上下闹腾，相互摩擦，就好像有人在一个大铁锅里，用铲刀翻来覆去地搅拌一般。老婆婆再轻手轻脚走近前去，轻轻捞起几只蚬子来看看：嗬！蚬子壳磨得发出了青色的亮光，薄得好像一层绢帛。而那只足，因为伸出壳外行走，也突然变得厚实起来！

老婆婆满心欢喜，急忙捞起了蚬子，摇起小船，兴冲冲地向嘉兴南门而去。到了嘉兴城，头一件事，就是称上几斤蚬子，送给那位大娘子西施。老婆婆对西施说："大娘子吃惯了山珍海味，这蚬子是粗菜，吃不惯的。只因为大娘子说了一句话，蚬子就变得壳薄肉厚了。我老婆子也有指望了！今天特地送点蚬子给你尝尝，这全是托了你的福呀！"西施听了，也是十分高兴，忙笑着说："我原本就是个农家姑娘，如今也还是平民百姓。老妈妈，这蚬子也是我小时候最喜欢吃的东西呢！"

消息传开，大家都知道梅家荡蚬子一夜之间变了样，便纷纷争相购买。一尝，果然肉嫩汤鲜，味美可口。从此，梅家荡蚬子便出了名。又过了好多日子，人们渐渐得知那位大娘子原来就是隐居嘉兴的西施。人们都说：怪不得有这样的福气，原来是西施娘娘来相助！还有许多贵妇人及闺阁千金等，相互传言，都说西施美貌非凡，那是因为吃了蚬子的缘故。此说就越传越神奇了。

至今，梅家荡的蚬子仍旧是青壳、壳薄、肉厚，名闻四方！

菩提湾

传说很久以前，廊下北村的湾过去不称菩提湾，荡也不称菩提荡。湾称荡南湾，荡称方荡。那么为什么改称菩提湾和菩提荡了呢？说是有一天，唐僧到西天取经路过此地，他看见荡南湾土埂上有很多的菩提树，便以为离西天不远了，就双手合一跪拜说："菩提树啊菩提树，总算快到西天了。"当地人听见他这么一说，便告诉唐僧："师傅，这里不是西天而是东天，是我们村边的一条菩提树带，你去西方还有很多很多路呢。"那唐僧恍然大悟，他说："你们这里叫什么地方啊？"村上人说："这里叫荡南湾。"唐僧便说："以后你们这就叫菩提湾吧，荡就叫菩提荡。"从此菩提湾、菩提荡的名称就流传下来了。

泗洲大圣庵和青字银杏树

王江泾北面有个村庄叫青字（现属田青村），那里生长着一棵银杏树，已经有一千多年了。很久很久以前，这里建有一座庵堂，住着母子两人。

据元《至元嘉禾志》记载，北宋熙宁初，有位名叫智微的僧人在永州兜率寺受业。他的母亲张氏在她 94 岁那年造了一座寺院，名叫泗洲大圣庵。当时活到 94 岁的人是极少的，永州知府吴司文向朝廷禀报了这件事。太后知悉此事后，颁旨赏赐给张氏许多粮食和布匹。拿到御赐品后，智微与母亲将它们连同家产全部变卖掉，于北宋熙宁六年（1073）将泗洲大圣庵从永州搬迁到了青字。此外，老人还在庵中移栽下了一棵银杏树。

另相传在唐朝末年，有人看到这棵银杏树的树苗是在地墩边上的一个甏里长出来的。因此，这棵银杏树有 100 多年的历史了。

历年来，人们几乎看不到银杏树有虫子和刺毛，叶片总是很茂盛。但在 1985 年秋季时，银杏树突然出现大批害虫，将树叶子吃得精光，人们看到后以为银杏树的寿数到了。可是到了下一年春天，整棵树又长满了新鲜叶片。有人采新叶子泡茶喝了后心绞痛好转了，有人喝了新叶汤后咳嗽痊愈了，也有人喝汤后肠胃舒服了。这样一传十、十传百，江浙沪一带有很多人都前来采摘银杏树叶子。人们提着袋子、拎上篮子，也有带蛇皮袋的，到青字圩的银杏树上摘叶子；有人站在台子上，有人爬在树枝上，有的用梯子，有的用钩子，将此银杏树上的叶片及小梗子几乎全部采光。有人说，这是泗洲大佛在显灵了；也有人说，这是智微母子虔诚的心血在昭示。

有趣的是，该银杏树树大根粗，其中有一段树根弯曲延伸，露出地面直到村民顾掌林家的灶口，顾家人正好坐在树根上烧火做饭。

二十世纪五六十年代，该树因高大而成为航空标志，如今是嘉兴市秀洲区古树名木保护对象。

月河潭

传说西雁村南厍王家在几百年前是官宦人家，曾在朝中任兵部尚书。他家中有一件宝贝，该宝贝是一对蜡钎，形状为一对鹦鹉。每年八月十五点起蜡烛时，京城里望来，可以看到一道豪光上天，成弧形。天文台上的军师算到此方向有国宝。京城就派监察官来想要取此国宝。王家得知京城派人来取宝贝，感到进退两难，私藏国宝要杀头，交出来也要杀头，那就干脆就把这个宝贝来个毁灭。于是，趁人们都在睡觉的时候把此宝沉入王家附近的一深潭中。监察官来了，王家一口咬定没有国宝，周边的老百姓也不敢作声。监察官只好回京回复无国宝。天文台上的军师又算定此国宝已被沉入王家附近的深潭中。京城又派人来用当地的拖网船来打捞，几乎是把潭翻了个底朝天，结果把潭水搅浑了也没有打捞上来。人们就说这个宝贝要有缘人才能得到，京城来人没有这个福分得到此宝，因为此宝形如一对鹦鹉。从此以后，沉宝贝的潭就称“鹦鹉潭”，后来叫成“影河潭”，也称“月河潭”。

天花荡(一)

传说天花荡在从前并不是一个荡，地势和周边一般高，住着一户姓沈叫万三的大户人家。他的家有一个祖传的宝贝——金磨子，无论什么东西，只要往金磨子里扔，出来的都是黄金，所以沈家的东西都是金子做的，就连丫鬟用的勺子也是金子做成。这家丫鬟是一个很有善心的人，她经常把家里没吃完的饭菜，喂给一只流浪狗吃。一次，管家就出个歪主意，把粪放到金磨子里，想看看出来是不是金的，可是没出来什么。原来，这金磨子是天上一个神仙放下来的，这个宝物今天却遭到这家人如此恶劣的对待，很是恼火，便决定教训一下。

都知道狗是通灵性的。一天，那只流浪狗知道这家人要得到报应了。以前，那狗由于一直受到过丫鬟的施恩，所以，在大难来临的时候，就准备对丫鬟报恩。那天，丫鬟还是像往常一样给狗喂饭，可是狗没有吃饭，而是叼着金勺子跑了，丫鬟怕老爷责骂，就去追那狗了，跑了好远，终于追到了那只狗，抢回了那个金勺子。就在这时，身后“哗啦啦”一阵巨响，沈家就被大水淹没了。昔日富有的沈家变成了一片汪洋，这就是现在的天花荡。

传说金磨子分成两片，上片冲到芦荡湾，下片冲到芦墟三白荡。在芦荡湾有人割芦苇时发现无节的芦苇说是从金磨子的心里长出来的。俗谚“芦墟三白荡，无风三尺浪”，就是说是金磨子在作怪。

天花荡(二)

很早以前,大运河边住着一个叫阿牛的农民。阿牛小时候家里很穷,阿牛母亲因子幼丧夫,生活艰辛,经常哭泣,把眼睛都哭烂了。阿牛长到13岁时,一天夜里他做了一个梦,梦见一个漂亮的姑娘来帮他种菜,并告诉他说:“沿运河往西数十里,有个天荒荡,荡中有一株白色的菊花,你用这花煎汤给你母亲吃,定能治好她的眼病”。第二天一早,阿牛带了干粮来到天荒荡,他在那里找了很久很久,只找到黄菊花。阿牛没有泄气,一直找到下午,才在草荡中一个小土墩旁的草丛中找到一株白色的野菊花。于是他采下八朵白菊花回家,每天用一朵煎汤给母亲服用。当吃完了第七朵菊花之后,阿牛母亲的眼睛便开始复明了。故后人把天荒荡改叫天花荡。

陶疯子的传说

传说陶疯子生有一身癞皮风。有一天,陶疯子跟母亲两人摇着一只网船,摇啊摇,摇到一棵元宝树底下停下了,两人准备烧早饭。掀开锅子盖,锅里放好米和水,哪知道树上掉下一条蛇,“啪”得一下,正好掉在锅子里。因为陶疯子家穷,这一点饭米舍不得倒掉。他马上把锅盖盖上,连米带蛇一块烧起来。陶疯子吃了这顿饭,却是全身的癞皮风都掉光了。过了一段时间,陶疯子母亲到一个叫周天官的家里做阿婆。到了年底,陶疯子摇着船接娘回家过年,船摇到陶家荡中,不想被一个浅滩搁住了,无论他怎么撑也撑不动。陶疯子就下水去摸,看看是什么东西搁住了,摸着摸着就摸到了一块砖,仔细一看是一块银砖,上面刻着周天官三个字。陶疯子虽然穷,但他想,自己再穷,捡到人家的东西就得去还给人家。于是,陶疯子就摇着船回到周天官家,把银砖捧还给周天官,并把捡到银砖的经过告诉了他。周天官说,你拾到就是你的了,不用还我。陶疯子得了这块银砖,就发家了,后来就在甸上造了几千间房子。

晒银圆

在王江泾东面有一个地方叫“甸上”,过去那里住着个大财主,叫陶宏智。人家说他有银洋钿九瓮十三缸,田地占得很多,房子造了九九八十一间。他自称“无穷日”。

陶宏智死后,家产传给了儿子陶少山。这个陶少山,人们背后称伊“陶傻山”。为啥呢?因为陶少山从小娇生惯养,不读书文,傻里傻气。这个陶少山对上代头传下来的银洋钿,一天到晚瞎寻思:一怕强盗抢;二怕黄梅天霉掉。有一天天气好,他叫长工们把银洋钿扛出去,放在大天井里晒太阳。但又怕长工们拿去,就坐在那里看牢,还一枚一枚地数钱。一个长工很聪明,他对陶少山说:“老爷,你犯不着这么辛苦。你把银洋钿称一称,收工时再称一称就好了。”陶少山一听也对,就叫长工将银洋钿过了秤,自己还记了数。

等陶少山转身进屋去了,那个长工叫其他长工拿出一些银洋钿。太阳从西面落下时,收银洋钿了。陶少山又叫长工把银洋钿扛来过秤。那长工对陶少山说："老爷，今天天气蛮好，银洋钿里的潮气晒掉了，分量越轻晒得越干。"陶少山一听，觉得有点道理。称完后，少了十多斤，他还蛮高兴，觉得银洋钿晒得蛮干，明天不要再晒了。长工们觉得好笑。从此以后，陶少山变成了"陶傻山"，人们在背后就唱开了。还有一次，长工们把陶家运来的长梢木埋在田里。到了晚上，长工们又用细麻秆将长梢木调出来，把细麻秆说成是长梢木变成苗的肥料。陶少山信以为真。这些事，在王江泾当地村民嘴里都变成了笑话。

莫老太庙的传说

长虹桥几百年仍安然无恙，最主要的原因是桥的基础打得好。据说长虹桥在建桥的时候，东桥墩的基础木桩从窑墩湾一直打到了莫家村。当时没有打桩设备，就凭人力要把这么多的木桩打下去，要打到何年何月？那么，这些木桩是怎么打下去的呢？传说就在那些桥工们打桩打得筋疲力尽的时候，有个神仙大脚婆走了过来，她站到木桩上面，用脚一踩，木桩一下子就下去了。然后她把这么多的木桩一个接一个地都用脚踩下去了，踩得二脚出血，都肿了起来，后来就走不动路了，躺在附近渐渐地死去。后人就在莫家村港口建了一座庙，取名为莫老太庙，纪念这位神仙大脚婆。

七佛柱传说

七佛柱是一根竖着的石柱子，位于西雁村12组的双阳湾居民区以东的一块自留地上。柱高约1.8米，直径20多厘米，柱身有7个侧面，侧面上刻有7个佛的头像，头像以下刻有7句词。这片地的前面是一条河流，传说很久以前，这条河内的水流很急，但过往的船只很多，经过此地往往会出现船翻人亡的悲剧。后有一位高人到此说，此处落水鬼很多，常要拖人下水，说有一破法可以避免死人。于是，人们就按这位高人的指点，在此片地上竖了一根"七佛柱"，说是有了这根七佛柱，落水鬼想要拖人下水，就必须先得绕行这根柱子七圈后才可拖人。而绕完七圈以后，行船早已过了此处，拖人也来不及了。据说，从此以后，这里就没有翻船事故了。

定三砍手

定三姓蔡，德清县人，少时随父母迁居王江泾双花浜，后来在韦驮庵出家为僧，拜道溥和尚为师。

韦驮庵旁有一条大河，名澄溪。河上有一座澄溪桥，为十一拱石桥，是王江泾通往盛泽的必经之路。因澄溪水深、流急、溪阔，故而桥梁屡坍屡修。

清雍正七年(1729)五月，该桥又坍塌。人们就搭了浮桥以便渡河。但浮桥既窄又险，过往很不方便。道溥和尚就召集弟子商议募银建桥。道溥对定三等徒弟说："我老了，你们年轻，一定要尽力募化银两建桥,以方便大家。”定三立即说:“人贵立志,心无私念,何事不能成?师父放心,我们有决心做好这件事!”当年七月起,定三同师兄畏三就外出筹措建桥经费。经半年募化,响应者却寥寥。次年十月,他们又开始募银。虽经半年努力,但所需银两数额巨大,终难动工。

王江泾钱茂公等人知道了这事后十分感动,一面捐银,一面呈文地方当局,要求官方加以支持,劝导乡民捐款,以使桥早日建成。当时还有人出于私心而从中阻挠,定三知此,心意更坚,就在观音大士前举刀对自己的左手连砍三次,将手骨砍断,以示“必建此桥”之决心。

定三和尚为建桥而“断手”的消息传遍王江泾一带后,人们都为之感动,认为他要造桥并非沽名钓誉,于是纷纷解囊。当时有沈居士、张居士各捐银百两,两人又劝说其他六人各出银五十两。定三十分高兴,待刀伤痊愈后又继续募化,终于募到足够的建桥资金。

新的澄溪桥建成了,王江泾、盛泽两地的乡民奔走相告。定三新建的桥,由原来的十一拱改为五拱,并加宽了桥面,往来行人过桥时如履坦途,人人称便。

保福寺的传说

传说,当年何文秀从张堂水牢被救后,更姓改名,三年后,赴京赶考,殿试高中,官封江浙巡抚,重回海宁。一路上,何文秀喜忧参半,喜的是,此行到海宁,得以除奸惩恶,铲除张堂这个恶霸;忧的是爱妻兰英生死未卜,不知身在何处。当何文秀的官船沿塘河(运河)南下,来到双桥村丁家浜附近时,已经是夜深人静了。那天晚上,何文秀心事重重,睡不着觉,站在船头吹风,忽然听见岸上传来女子的哭声,触动了何文秀的恻隐之心。于是,何文秀命船工停船,自己带着随从上岸,循声前去,发现女子的哭声竟来自保福寺中。寺庙中怎会有女子哭声?其中必有蹊跷。于是,第二天,就在这里私行查访,终于查了个水落石出。原来寺中的和尚是个淫僧,专门利用村妇的善良心理,进行坑蒙拐骗,糟蹋良家妇女。后来何文秀联络当地官员,严惩保福寺中的和尚,解救了被关的女子。从此以后,保福寺香火逐渐冷落,寺庙年久失修,终于倒塌。

第三节　民间歌谣

【旧时歌谣】

十只台子

第一只台子四角方,岳飞枪挑小梁王,
朝廷比武中头名,精忠报国抗金兵。
第二只台子凑成双,辕门斩子杨六郎,
穆桂英挂帅无敌手,杨门忠良响当当。
第三只台子桃花红,张飞猛将称英雄,

文武双全关夫子，连环巧计是庞统。
第四只台子四角平，吕蒙正落难破窑墩，
朱买臣落难樵柴卖，何文秀落难唱道情。
第五只台子是端阳，莺莺小姐烧夜香，
红娘月下偷棋子，勾引张生跳粉墙。
第六只台子和六方，白马银枪赵子龙，
三进当阳阿斗救，常胜将军美名扬。
第七只台子是七巧，刘猛将军江山保，
扑灭蝗虫灾民救，功高帝封上天王。
第八只台子八神仙，姜太公八十遇文王，
黄飞虎大将神通广，妖魔鬼怪全除尽。
第九只台子九重阳，重阳美酒菊花香，
诸葛亮把东风借，三气周瑜芦花荡。
第十只台子唱完全，唐僧西天取经文，
观音娘娘指行程，悟空保驾除妖精。

放掉黄秧望爷娘

阿妈看见囡儿聚，揩台抹凳笑嘻嘻。
爷爷看见囡儿聚，背只篮篮买肉去。
弟弟看见姐姐聚，抡起竹头打雄鸡。
哥哥看见妹妹聚，掮把铁搭田里去。
嫂嫂看见姑娘聚，关转房门了布机。

大千世界多少灯

大千世界多少灯，一问难答两眼瞪。
屈指试数多少灯，勿要忘记长明灯。
天上太阳当天灯，有月之夜月当灯。
元宵佳节展览灯，城乡处处可见灯。
树上屋前挂满灯，河里还有放水灯。
重幡宝盖帝王灯，万家灯火百姓灯。
几层宝塔几层灯，宝塔结顶造就灯。
逢年过节挂宫灯，蜡烛点在新龙灯。
出会带演调马灯，狮子喜滚雪球灯。
双龙戏珠互乐灯，鸳鸯戏水团圆灯。

蚂蚁爬过上桥灯，游龙戏凤连理灯。
富贵双全福寿灯，庆吉庆祥如意灯。
招财进宝路头灯，生意兴隆财神灯。
五子登科及第灯，玉堂金马官运灯。
朝山进香念心经，信佛得福功德灯。
善心点亮五福灯，身体健康长寿灯。
大雄宝殿慈光灯，照亮百姓心头灯。
观音送子麒麟灯，盏盏莲灯报娘恩。
千盏灯、万盏灯，牢记佛殿长明灯。
佛家提倡人爱人，长明灯是灯中灯。

习俗歌

正月踢毽子，二月放鸢子，
三月清明做青团子，四月看蚕采茧子，
五月端午裹粽子，六月噼里啪啦赶蚊子，
七月馄饨裹馅子，八月桂花勿结子，
九月芦棒敲枣子，十月割稻收谷子，
十一月里绣花做鞋子，十二月里过勿起年苦恼子。

上梁歌

头纪拷来金鸡叫，二纪拷来东方红。
三纪拷来金三门，四纪拷来四季发。
五纪拷来五谷丰，六纪拷来六六顺。
七纪拷来财神到，八纪拷来家家好。
九纪拷来怎么样？十纪拷来十全十美。
榔头落地，状元出在此地。

抛梁歌

抛梁抛过东，子孙满堂红，
抛梁抛上南，来年造只船。
抛梁抛向西，买田又买地，
抛梁抛落北，代代造新屋。

行酒令

一朵金花　　二龙抢珠
三元及第　　四季发财
五子登科　　六六大顺
七巧玲珑　　八仙过海
九子莲灯　　全堂富贵

一只橘子抛上天

一只橘子抛上天，抛在晚娘枕头边，
晚娘仍在青草里，青草开花结牡丹。
牡丹姐姐要出门，翻箱倒柜寻手巾，
小手巾，揩茶杯，大手巾，掼堂门，
揩得二十四只茶杯亮晶晶。
泡碗茶来碧波清，移出移进待媒人，
媒人吃得笑盈盈，立起身来就动身。

蚌壳里摇船出太湖

一个姑娘生来茧子大，蚌壳里摇船出太湖。
要到太湖边上掘野菜，要到洞庭湖山上拾田螺。
拾个田螺笆斗大，裹条手巾里要去望外婆。
外婆有勒摇篮里嗡哇嗡哇哭，外孙拍手拍脚抱外婆。

十稀奇

一稀奇，蚱蜢拖只大雄鸡。
二稀奇，西山老虎猫拖去。
三稀奇，三岁姑娘出两根拐子须。
四稀奇，尼姑庵里挂灯结彩讨女婿。
五稀奇，五只水牛养在鸟笼里。
六稀奇，六十岁婆婆拉屎拉尿拉在夜壶里。
七稀奇，七石缸放在盖碗里。
八稀奇，八仙桌摆在圆盘里。

九稀奇，厨子师傅跌在汤罐里。

十稀奇，长虹桥被贼偷去。

摇啊摇

摇啊摇，摇啊摇，摇到外婆桥，
外婆娘娘真要好，买个鲑鲑烧，
烧来头勿熟，尾巴焦，
盛勒碗里豁虎跳，一豁豁跳到城隍庙，
城隍庙里香炉蜡扦全翻倒，三个和尚别跛逃。

新娘子

新娘子，摆架子：
蚂蚁抬轿子，苍蝇分帖子，
蜜蜂吹笛子，蝴蝶照镜子，
一抬抬到新房子，咪哩吗啦吹一吹。
停轿子，出娘子，
原来是只金铃子。

天上一颗星

天上一颗星，地上一只钉，
丁零当啷挂油瓶。油瓶漏，炒黑豆；
黑豆焦，买胡椒；胡椒辣，买只鸭；
鸭要叫，买只鸟；鸟要飞，买只鸡；
鸡要啼，买只梨；骗骗那个小把戏。

民国廿三年

民国廿三年，河浜底朝天，
种谷收勿着，讨饭卖长年。

户长号啕大哭

乡长买田买屋，保长吃鱼吃肉，
甲长上南落北，户长号啕大哭。

【现代歌谣】

小毛头

从前有个小毛头，苦是苦到无话头；
只有一条破被头，盖了上头呒下头。
盖了下头无上头，盖了中间呒两头；
还有破篮破钵头，讨饭讨到地主门口头；
地主放出狗咬伊个脚馒头，鲜血淌到脚板头。
小毛头连忙转过头，狗腿子追在背后头；
跑到自家的草棚头，灰尘挂到碰鼻头；
狗腿子跳到门口头，三角眼睛光秃头；
驳壳枪背在屁股头，凶是凶到无话头；
小毛头吓倒床横头……
春雷一声出日头，党的阳光照心头，
小毛头从此出了头，幸福生活有奔头，
电线挂到床横头，小毛头处处来带头，
生产劳动有劲头，美好生活靠双手，
生活更上一层楼。

增产万斤粮

锄头当刀枪，河底做战场，
苦战一冬春，增产万斤粮。

（此歌谣流传于“大跃进”时期）

社会主义阳关道

单干好比独木桥，走一步来摇三摇，
人民公社是金桥，社会主义阳关道。

（此歌谣流传于“大跃进”时期）

有个懒相公

有个懒相公，鞋袜两头通。
出工九点钟，收工打冲锋。

学习喊头痛，开会打瞌充。
看戏脚板松，干活磨洋工。

（此歌谣流传于20世纪60—70年代）

积极分子评勿着

搭襻鞋子尼龙袜，西装裤子蛮挺括。
开会坐到前八尺，积极分子评勿着。

（此歌谣流传于20世纪60年代）

你姓啥

你姓啥？我姓黄。啥个黄？草头黄。
啥个草？青草。啥个青？笔历青。
啥个笔？毛笔。啥个毛？羊毛。
啥个羊？山羊。啥个山？高山。
啥个高？年糕。啥个年？1960年。
待你吃碗肉丝面。

（此歌谣流传于三年经济困难时期）

改革开放百业旺

大锅饭，清水汤；小锅饭，满口香。
联产承包千家富，改革开放百业旺。

第四节　著作书目

【古代】

闻人茂德　《闻人滋五说》《南湖草堂记》。

闻人耆年　《备急灸法》(1卷)。

闻人规　《闻人氏痘疹论》(4卷)。

陶　照　《一庵吟草》。

陶　熙　《麟郊录》《学古拙编》。

史　鉴　《西村集》。

沈　谧　《石云家藏集》(12卷)。

盛　周　《滴露堂稿》《南曹唱和集》。

沈启源　《鷃园集》(4卷)、《星卦论》、《巢云馆诗纪》、《斑马异同》、《麟经考》、《存石居士集》、《存石草堂书目》(10卷)、《谢康乐集》(4卷)、《沈隐侯集》(4卷)。

沈启南　《溪居草》。

沈自郊　《尚书衷引》《诗文集》《归省述征》。

沈自郃　《达生斋集》。

沈凤华　《古诗十九首》。

沈瑶华　《朝鲜徐景樊士女集小序》。

沈翠华　《游仙草》。

王锡命　《葆光阁草》。

卜大同　《备倭图记》(4卷)、《历代市舶记》(1卷)、《征苗图记》(1卷)、《监泉集》。

卜大有　《益泉诗稿》(4卷)、《明皇续记》(3卷)、《续通记》(6卷)、《史学要义》(4卷)、《史学要义补》(1卷)、《古文翼》、《曾王文粹》、《经学要义》(8卷)、《策学类钞》、《六子选注》、《益泉遗集》。

卜大顺　《簠泉集》。

盛万年　《岑西水陆兵纪》(2卷)、《拙政编》(2卷)、《曼寄轩集》(1卷)。

陶朗先　《陶元晖中丞遗集》。

沈德符　《万历野获编》(30卷)、《万历野获编补遗》(4卷)、《顾曲杂言》(1卷)、《敝帚轩剩语》(3卷)、《敝帚轩剩语补遗》(2卷)、《飞凫语略》(1卷)、《清权堂诗文集》(22卷)、《历朝正闰考》(10卷)、《万历前三朝朝章国故里巷琐语》、《靡不备战》、《秦玺始末》(1卷)、《荷兰人侵据澎湖残档》。

丘履嘉　《西归杂咏》、《藩封邮政议》(2卷)。

陶涵中　《清酣草》。

沈纯祉　《清权堂集》。

沈纯佑　《潜初子文集》。

卜二南　《鸡肋集》。

卜　年　《言志集》。

卜日又　《清枫阁集》《放白鹇集》。

卜世臣　《挂颊言》、《冬青记》、《乞麾记》、《双串记》、《四劫记》、《乐府指南》、《山水合谱》、《北大荒散曲》(1卷)、《玉树清商》、《多识篇》。

陶学瞻　《东家颦》。

陶学琦　《萧庵集》。

王　周　《雁湖钓叟自在吟》(9卷)、《闻湖八景诗》。

卜不矜　《复觚集》(8卷)、《杖头钱》、《鸳鸯扇》。

沈纯禔　《尘埃》《唃燕》《台意》。

沈　起　《大易测分图义》、《象数字画订讹》、《春秋经传》、《诗说诗匡偶存》、《四书慎思录》、《墨庵经学考》、《评国语八卷》、《学困集》(8卷)、《学困集续编》(1卷)、《诗逆诗存》、《资暇录》、《宗门近录》、《明书习传》。

钱经纶 《脉法须知》(3卷)、《伤寒辑要》。

殷仲春 《柳枝词》、《栖老堂集》(2卷)、《医藏目录》、《疹子心法》。

蒋之翘 《甲申前后集》、《晋书》、《天启宫词》、《〈河东集〉校注》、《天启宫词》(1卷)、《〈楚辞〉校勘》、《〈晋书〉别本》(130卷)、《韩柳文集》、《甲申前集》、《甲申后集》、《槜李诗乘》(40卷)、《〈楚辞〉后语》(8卷)、《〈楚辞〉辩证》(2卷)、《〈楚辞〉附览》(2卷)、《闻川杂咏》、《闻川怀古》。

柳　是 《戊寅草》(1卷)、《湖上草》(1卷)、《尺牍》(1卷)、《我闻室鸳鸯楼词》、《西山唱和集》、《素兰集》(2卷)、《香国吟》(1卷)、《河东小集》(1卷)、《红豆村庄杂录》。

沈　振 《万历野获编(续)》(8卷)。

沈克家 《庆仲诗抄》。

沈忆年 《支机集》(3卷)。

沈贞永 《古今名媛百花诗余》(4卷)。

殷志伊 《古耕堂集续》《医说汇编志》。

卜陈彝 《握兰轩随笔》(2卷)。

盛　枫 《嘉禾徵献录》(46卷)、《吉安耳闻录》、《观澜录》(10卷)、《鞠蒙集》、《丹山草》(9卷)、《梨雨选声》、《墨屑》。

盛　禾 《膏馥集》、《棣华乐府》(6卷)、《稼村诗集》、《稼村词钞》。

盛大镛 《涑水集》、《匏庵集》(12卷)。

盛民誉 《庐阳残稿》。

盛熙祚 《春草亭集》、《吴川县志》(10卷),重梓其祖《岭西水陆兵纪》1卷。

高永祺 《砚山近稿》。

高勇正 《鉴洲吟草》。

盛世佐 《仪礼集编》(40卷)。

盛支焯 《备忘》。

盛世绮 《所见碑金石时地考》。

王明福 《纪游草》《怡安堂集》《和〈闻川杂咏〉》《和〈闻川怀古〉》。

孟　彬 《闻湖诗初钞》、《〈闻湖诗初钞〉附诗》(3卷)、《十国宫词》(100首)。

宋国显 《东庄农隐集》《梅花泾竹枝词》。

陶　观 《东皋小草》。

计　哲 《厉青斋诗集》《楚游草》《红豆吟》。

周　珣 《易图贯义》。

盛百二 《皆山阁吟稿》4卷、《柚堂文存》4卷、《柚堂笔谈》4卷、《柚堂续笔谈》8卷、《尚书释天》6卷、《周礼句解》(佚)、《观录》4卷、《问水漫录》4卷、《淄州砚铭谱》2卷、《古文意宗》30卷、《增订教稼书》2卷、《李播大象赋注》1卷、《唐诗式》16卷、《少陵诗录》(佚)、《御制律立渊源》。

张　楷 《雪泉诗存》。

杨志鹫　《金石释文》《溆浦·安仁两邑志》。

陶　琯　《澹园诗存》《绿蕉山馆全集》。

王大祖　《友梅蜗隐草》《自怡集》。

宋存礼　《湘舲渔唱》。

计　楠　《一隅草堂集》《握兰吟草》《瓶花馆集》《十国杂事诗》《富春游草》《桑梓吟》《续桑梓吟》。

宋景和　《疃浮书屋集》《闻川泛棹集》。

唐廷枚　《石帆阁诗钞》《产痘要编》。

赵凌云　《闻湖竹枝词》《�亭诗钞》。

李景昌　《雁湖闲吟草》。

李福昌　《伴梧吟稿》。

沈玉垣　《白纻山人稿》。

郁文普　《字汇母证》。

周　城　《范身录》。

周　坤　《勺水集》(6 卷)。

屈珮璋　《醒吟馆诗钞》。

陶鹤元　《三十六砚斋诗稿》。

屈庆墉　《忆山亭稿》。

樊钟岳　《壶山堂剩稿》。

王士珠　《伴梅图》、《槐荫草堂诗集》(6 卷)。

樊徐雷　《学稼堂诗集》(4 卷)。

屈茂垣　《招鹤山房诗稿》。

姚仁瑛　《怀芬馆诗集》(4 卷)、《怀芬馆赋钞》。

杨大炘　《苜蓿湾钓鱼诗钞》《闻川古迹考》。

陶　淇　《忠孝堂全集》。

徐　鑑　《拙存小筑古今文》(4 卷)。

李王猷　《芦雪菰烟集》(6 卷)、《古文》(4 卷)、《王江泾志稿》(4 卷)、《省身录》(4 卷)、《闻湖诗续钞》(7 卷)。

计光炘　《守甓斋诗集》(8 卷)、《读画绝句一百首》。

计　芬　《二砚斋诗集》《计芬绢本花卉册》。

盛时霖　《清芬阁集》。

唐　员　《献曝编》(4 卷)、《兵法辑要》(6 卷)、《参花会典》(2 卷)、《逸子诗集》(8 卷)、《诗赘》(2 卷)。

唐　诰　《琼海纪政》。

宋方吉　《编竹斋诗文集》。

王厚堃　《寒玉山房诗词集》。

杨象济 《汲庵诗文集》(14卷)、《汲庵文录》(40卷)、《钱塘百咏》(1卷)、《南归草》(1卷)、《易鹤轩烬余草》(2卷)、《白鹤峰诗屋初稿》(6卷)、《欲寡过斋存稿》(4卷)、《鹿门游草》(1卷)、《吹箫集》(1卷)、《菰芦笔记》、《王江泾志稿》、《甲申前后集》,译绘《六洲地图说》(100卷)。

李葆恩 《咏霓仙馆诗稿》(4卷)。

蒋人彦 《闻六居诗钞》、《十亩闲庐古今体诗》(4卷)、《欲寡过斋文集》(4卷)。

李龄寿 《松陵文录》(16卷)、《续吴江县志》、《匏斋诗文遗集》。

吴兆基 《震旡咎斋文稿》《雁湖吟抄》。

盛元均 《〈诗经〉集解》(10卷)、《骈体文》(4卷)。

盛传均 《经说》(8卷)、《望湖楼诗钞》。

姚　鑑 《伤寒合璧》《集方》。

李道悠 《闻湖诗三钞》、《求有益斋诗》(12卷)、《志旧集》(4卷)、《竹里诗萃》(16卷)、《丛录》(20卷)。

沈景修 《蒙庐诗存》(4卷)、《蒙庐诗存外集》(1卷)、《井华词》(2卷)、《闻湖诗三辑续编》(1卷)、《小桃花盦题辞》(合著)、《日记》。

沈萃士 《新溪文钞》(4卷)、《长溪诗钞》、《郊居诗话》、《敦素堂集》、《婆罗林集》、《江淮集》、《北游集》、《西行集》、《甲外集》、《新塍集》、《汴泗集》、《河岳集》、《武林集》、《周甲集》、《縠园文稿》、《新溪古迹考》、《长溪沈氏宗谱》。

薛　福 《瘦吟医赘》(上、下卷)。

盛　沅 《江南水道纪要》(8卷)、《宗孟庐行水考》(4卷)。

于　楷 《地理录要》。

于德基 《餐香馆诗集》。

蒋宗澹 《古逸民传》《赞明世说》《先贤言行录》《硕迈堂吟稿》《慈济简易方》。

沈　云 《盛湖竹枝词》(2卷),附《杂录》。

沈大淳 《嫩翁诗草》。

周全英 《绣徐吟》。

严光禄 《石帆诗钞》(10卷)。

陶　馥 《杏林宾敬图》。

陶　韩 《双梧庭集》。

陶　绅 《南伟诗钞》。

陶昌善 《吉林矿务纪要》。

陶崇信 《松涛斋诗稿》。

杨　建 《画隐录》(2卷)、《维园诗钞》(1卷)。

杨贞淑 《眉影楼诗钞》。

秦　瀚 《思淮草堂集》。

秦光第 《吊秦淮》《半枯榭斋词》《军行法戒录》。

周以济 《迎霞楼集》。

陈　煌　《北溪吟草》。

陆　增　《鸭船吟草》、《绿蕉词》、《鹦鹉湖棹歌百咏》(1卷)、《闽游纪略》、《瘟疫新编》。

盛子邺　《类姓登科考》(6卷)。

盛本枏　《滴露堂小品》、《棣华乐府》(6卷)。

盛朝辅　《得树轩初稿》。

盛光伟　《退补斋印谱》(3册)、《篆文联稿》。

蒋长龄　《秀水闻溪蒋氏家乘》。

释智明　《空响集》。

劳　纺　《织文女史诗词遗稿》、《女诫浅释》(1卷)。

陶　模　《陶勤肃公奏议遗稿》(12卷)、《养树山房遗稿》(2卷)。

【近现代　当代】

陶元镛　《南湖名胜记》(4卷)、《鸳鸯湖小志》、《州东杂咏》(1卷)、《陶篨诗存》(6卷)。

唐佩金　《闻川志稿》(20卷)、《闻川缀旧诗》。

盛庆琳　《范湖诗存》(4卷)。

陶葆廉　《测地肤言》(1卷)、《辛卯侍行记》(6卷)、《求己录》(2卷)、《陶子方行述》(1卷)、《舌尖辨证》(2卷)、《医学答问》(4卷)。

钱元亮　《全家上冬学》《半夜失牛犊》。

吴顺荣　《散草集》《吴顺荣散文集》《卧牛斋文集》。

汝荣兴　《爱广告的小姐》《三色月季》《汝荣兴幽默小小说选》《汝荣兴哲理小小说选》。

编 后 记

2012年7月，经镇党委、政府研究决定开展《王江泾镇志》编纂工作，由王江泾镇政协联络室主任郭林尧牵头实施此项工作，并由郭林尧任王江泾镇志办主任，聘请《嘉兴日报》秀洲区主编欧福泰任主编，李忠林负责镇志办后勤联络，由镇退休老干部、教师等七人组成编纂成员。自2012年7月至2021年4月已近9年时间，现《王江泾镇志》终于尘埃落定。

《王江泾镇志》是自王江泾镇建制以来第一轮修志。清宣统三年(1911)曾出版过由唐佩金编纂的《闻川志稿》，但仅存四卷。后在南京地理与湖泊研究所找到未出版的《闻湖志稿》二十卷。由于《闻川志稿》的记述存在诸如覆盖面不广、史实遗漏、内容简单等原因。且现王江泾镇由原王江泾镇、虹阳、南汇、荷花、田乐五乡镇合并而成，这给《王江泾镇志》编纂带来较大难度。

2012年8月起镇志办全体工作人员对如何修编《王江泾镇志》进行探索、研讨、学习。先后三次设置修改志书纲目，按门类分工到人。2012年9月起先后去浙江省档案馆、嘉兴市图书馆、嘉兴市档案馆、秀洲区档案馆、湖州市档案馆等查阅档案数千卷，走访老人近百位，召开座谈会三十多次，搜集照片近千张。各村(社区)至少有3名信息员，单位、部门至少1名信息员从事此项工作。2015年《王江泾镇志》形成初稿，并请镇、村、各相关部门、单位核实，形成《王江泾镇志》征求意见稿。后镇志办归纳镇、村、各相关部门、单位意见，修改校对后形成《王江泾镇志》校对稿。2018年2月形成《王江泾镇志》送审稿，并送镇党委政府三套班子审阅，还聘请嘉兴市、秀洲区、平湖市、南湖区地方志专家进行会审。2018年8月审稿专家和区志办全体成员来王江泾对《王江泾镇志》进行评审。2018年9月镇志办根据专家评审意见对《王江泾镇志》送审稿进行调整和修改。2020年3月形成《王江泾镇志》二审稿，再请专家进行第二次会审。2020年6月镇志办根据专家二审意见再一次对镇志进行完善和修改。2020年11月《王江泾镇志》终审稿定稿，并送方志出版社进行出版审核。

《王江泾镇志》共25章142节，有序、凡例、目录、概述、大事记、正文、丛录、编后记共120余万字。全书坚持以专志为主体，以事实为依据，详今明古，体现地方特色。志书全面、系统、真实地记述了王江泾镇区域内历史、地理、人文、经济、政治、文化、城乡建设等各方面变迁和发展。

在《王江泾镇志》编纂期间经历两届党委、政府，四任党委书记和四任镇长。镇党委、政府各任领导始终给我们镇志编纂工作予高度重视，在人员配备、经费落实等方面一路支持，确保志书编纂顺利进行。同时在这9年时间里承蒙嘉兴市、秀洲区、南湖区、平湖市地方志专家给予的大力支持，两次会审并提出中肯和宝贵的意见，使我们志书编纂布局更加合理，表述更为规范。《王江泾镇志》的编纂也得到了驻镇单位、全镇各有关部门、村(社区)信息员大力支持和协助,得到了王江泾镇各届老领导的热情帮助,为我们提供了许多信息和文字资料。特别是已九十高龄的原国家商业部部长胡平亲笔为《王江泾镇志》题字并送来墨宝。在此我们谨向为《王江泾镇志》作出奉献的各级领导、各位专家、社会各界人士致以最诚挚的谢意。

编纂《王江泾镇志》是一项全新的工作,镇志办的所有编纂人员也是第一次从事这项工作,由于我们学识浅薄,又缺少经验,特别是还有一些档案资料中无法查寻的数据,志书中难免有许多疏漏,恳请社会各界人士不吝赐教。

《王江泾镇志》编纂办公室

2021年3月